DIE ORTSNAMEN DES LANDKREISES NORTHEIM

v|rg

VERÖFFENTLICHUNGEN
DES INSTITUTS FÜR HISTORISCHE LANDESFORSCHUNG
DER UNIVERSITÄT GÖTTINGEN

Band 47

NIEDERSÄCHSISCHES ORTSNAMENBUCH (NOB)
Herausgegeben von Jürgen Udolph

Teil V

Die Ortsnamen des Landkreises Northeim

von

Kirstin Casemir, Franziska Menzel und Uwe Ohainski

Verlag für Regionalgeschichte
Bielefeld 2005

DIE ORTSNAMEN
DES LANDKREISES NORTHEIM

von

Kirstin Casemir, Franziska Menzel und Uwe Ohainski

Verlag für Regionalgeschichte
Bielefeld 2005

Gefördert
mit Hilfe von Forschungsmitteln des Landes Niedersachsen
und
vom Landschaftsverband Südniedersachsen e.V.

Bibliografische Information Der Deutschen Bibliothek

Die Deutsche Bibliothek verzeichnet diese Publikation in der Deutschen Nationalbibliografie; detaillierte bibliografische Daten sind im Internet über http://dnb.ddb.de abrufbar.

© Verlag für Regionalgeschichte
Alle Rechte vorbehalten

ISSN 0436-1229
ISBN 3-89534-607-1

Satz: Uwe Ohainski
Druck und Bindung: Hubert & Co, Göttingen

Gedruckt auf alterungsbeständigem Papier nach ISO 9706
Printed in Germany

Inhalt

Vorwort 7
Allgemeines zum Inhalt des Niedersächsischen Ortsnamenbuches 9
Die Gemeindeeinteilung des Landkreises Northeim (Karte) 10
Hinweise zum Aufbau und zur Benutzung des Lexikonteiles 11
Abkürzungen 16
Zeichen 18

Die Ortsnamen des Landkreises Northeim 21

Ortsnamengrundwörter und -suffixe 423
   a) Ortsnamengrundwörter 423
   b) Suffixbildungen 437
Erläuterung einiger ausgewählter Fachausdrücke 441
Literatur-, Quellen- und Kartenverzeichnis 445
   a) Literatur und Quellen 445
   b) Karten und Atlanten 486
Register 487

Übersichtskarte im hinteren Einbanddeckel

Vorwort

Nachdem im Jahre 2000 der Band „Die Ortsnamen des Landkreises Osterode" und im Jahre 2003 der Band „Die Ortsnamen des Landkreises Göttingen" erschienen sind, kann mit dem hier vorliegenden fünften Band des Niedersächsischen Ortsnamenbuches über die Orts- und Wüstungsnamen des Landkreises Northeim die Erfassung des historischen Siedlungsnamenbestandes Südniedersachsens als im Kern abgeschlossen betrachtet werden. Lediglich der Bereich des Landkreises Holzminden fehlt zur endgültigen Aufarbeitung noch, er wird aber demnächst in Angriff genommen.

Es sei der Wunsch der Unterzeichneten ausgedrückt, nicht nur die Fachwissenschaftler der historischen und sprachwissenschaftlichen Disziplinen erreichen zu wollen, sondern insbesondere die Einwohner des Landkreises und darüber hinaus alle an Fragen der Namenforschung Interessierten. Aus diesem Grund stand und steht bei den Bänden des Niedersächsischen Ortsnamenbuches und so auch bei diesem Band das Bemühen um Allgemeinverständlichkeit und gute Lesbarkeit bei der Formulierung der beschreibenden und deutenden Teile des Buches im Vordergrund. Trotzdem bleibt die Verpflichtung zur wissenschaftlichen Exaktheit natürlich erhalten und sie führt bei komplexeren Diskussionen und Beweisführungen zu bestimmten sprachwissenschaftlichen oder historischen Problemen fast unweigerlich zu Einschränkungen in der Allgemeinverständlichkeit. Dies wird nicht zuletzt mit einer gewissen „Betriebsblindheit" der Autoren zusammenhängen, die es auf Grund ihrer Arbeit gewohnt sind, sich in erster Linie an Fachkollegen zu wenden. Wir bitten dafür die Leser im Voraus um Nachsicht.

Wie die sehr erfreulichen Verkaufszahlen und die gewöhnlich positiven Reaktionen in den wissenschaftlichen Zeitschriften, aber auch in der interessierten Öffentlichkeit auf die ersten vier Bände des Niedersächsischen Ortsnamenbuches gezeigt haben, scheinen Inhalt und Aufbau der Bände im wesentlichen den Erwartungen der Leserschaft zu entsprechen. Deshalb sahen wir uns verlaßt, die Anlage der beiden letzterschienenen Bände unverändert beizubehalten und lediglich kleinere Änderungen im Detail vorzunehmen.

Wegen der immer wieder auftretenden Mißverständnisse möchten wir darauf hinweisen, daß die einzelnen Bände des Niedersächsischen Ortsnamenbuches immer auf die aktuelle administrative Gliederung Bezug nehmen. Das bedeutet für diesen Band, daß nicht etwa nur der Altkreis Northeim untersucht wird, sondern der heutige Landkreis Northeim, der zu Beginn der Siebziger Jahre des zwanzigsten Jahrhunderts im wesentlichen aus den damaligen Kreisen Northeim und Einbeck sowie aus unterschiedlich großen Anteilen der Kreise Gandersheim und Osterode gebildet wurde.

An der Entstehung dieses Bandes waren zahlreiche Personen beteiligt, die uns mit Kritik und Verbesserungsvorschlägen zur Seite standen und denen wir deshalb gern unseren Dank aussprechen möchten. Dr. Peter Aufgebauer, Dr. Dieter Neitzert, Prof. Dr. Ernst Schubert und Dr. Gerhard Streich, Institut für Historische Landesforschung der Universität Göttingen, sowie Edgar Müller M.A., Diplomatischer Apparat der Universität Göttingen, gaben uns Auskunft bei historischen Fragen; Herr Prof. Schubert sorgte überdies erneut für die Aufnahme des Bandes in die Veröffentlichungsreihe des Instituts. Die Geschäftsführerin der Historischen Kommission für Niedersachsen und Bremen, Dr. Sabine Graf, hat uns den Zugang zu den Arbeitsmitteln und den Sammlungen der Kommission ermöglicht. Auf Grund des freundlichen Entgegenkommens von Dr. Karin Gieschen, Ronnenberg, war es uns möglich, das im Entstehen begriffene Urkundenbuch des Klosters Katlenburg zu benutzen. Prof. Dr. Michael Job und Evelyn Marx, Sprachwissenschaftliches Seminar der Universität Göttingen, und Ursula Geller, Institut für Historische Landesforschung, beseitigten die nicht unerheblichen Probleme, die bei der Abwicklung von Drittmittelprojekten unvermeidlich zu sein scheinen. Den Mitarbeitern des Niedersächsischen Landesarchives - Hauptstaatsarchiv Hannover und Staatsarchiv Wolfenbüttel -, der Niedersächsischen Staats- und Universitätsbibliothek und der Bibliothek des Seminars für Mittlere und Neuere Geschichte der Universität Göttingen sei für ihre unermüdliche und freundliche Hilfsbereitschaft bei der Bereitstellung von Archivalien und Büchern gedankt.

Der Hauptdank gebührt Prof. Dr. Jürgen Udolph, Institut für Slavistik der Universität Leipzig, Abteilung Deutsch-Slavische Namenforschung, der für die Finanzierung zweier Teilzeitstellen sorgte und der uns mit der kritischen Durchsicht des Manuskripts sehr half.

Die Personalmittel für die Erarbeitung dieses Bandes stellte das Niedersächsische Ministerium für Wissenschaft und Kultur zur Verfügung. Die Druckkosten wurden vom Landschaftsverband Südniedersachsen e.V. übernommen. Diesen beiden Institutionen bzw. ihren Entscheidungsträgern sei deshalb sowohl für ihre finanzielle Unterstützung wie auch für ihr dadurch bewiesenes Interesse an wissenschaftlicher Grundlagenforschung in Niedersachsen unser Dank ausgedrückt.

Göttingen und Leipzig, im Mai 2005

Kirstin Casemir   Franziska Menzel   Uwe Ohainski

Allgemeines zum Inhalt des Niedersächsischen Ortsnamenbuches

Das „Niedersächsische Ortsnamenbuch" (NOB) orientiert sich an heutigen administrativen Grenzen, d.h. den Grenzen von Landkreisen und kreisfreien Städten, um das zu untersuchende Gebiet und die Quellengrundlage jeweils überschaubar zu halten sowie in vertretbarem Zeitrahmen ohne einen großen Mitarbeiterstab bearbeiten zu können.

Da es sich von der Konzeption her um ein historisches Ortsnamenbuch handelt, bei dem die Deutung der Orts- und Wüstungsnamen im Vordergrund steht, sind einige inhaltliche und zeitliche Vorgaben notwendig.

Innerhalb des Untersuchungsraumes werden alle bis zu einem bestimmten Zeitpunkt in schriftlichen Quellen nachzuweisenden Siedlungen erfaßt. Die Aufnahme von Wüstungen, d.h. von Siedlungen, die im Laufe der Zeit, zumeist aber im späten Mittelalter aus unterschiedlichsten Gründen wieder aufgegeben wurden, ist im Rahmen eines Namenbuches zwingend geboten, da ohne ihre Kenntnis eine Rekonstruktion der Namenlandschaft wie auch der Kulturlandschaft unvollständig ist.

Eine zeitliche Beschränkung und damit die Ausklammerung von erst nach diesem Zeitpunkt belegten Orten findet ihre Begründung darin, daß nur neuzeitliches Quellenmaterial häufig keine Deutung erlaubt, da sich die Namen im Laufe der Jahrhunderte stark verändert haben können; man käme in diesen Fällen mithin über Mutmaßungen kaum hinaus. Andererseits sind junge Namen gewöhnlich durchsichtig und leicht erklärbar; so wird jeder die modernen Stadtteilbezeichnungen wie *Südstadt* oder solche wie *Landwehrschenke, Ölmühle, Dampfziegelei* oder *Leineturm* sofort verstehen. Außerdem ist zu bedenken, daß die Aufnahme solch junger Namen die jeweilige Darstellung, ohne daß dadurch ein Erkenntnisfortschritt im Hinblick auf die ältere Namenlandschaft gegeben wäre, zu sehr anschwellen ließe.

Je nach Landkreis wird wegen der unterschiedlichen Quellenlage die zeitliche Beschränkung zu variieren sein, aber in den meisten Fällen zwischen 1500 und 1600 zu liegen haben. Dadurch soll sichergestellt werden, daß Zufälligkeiten der Überlieferung weitgehend kompensiert werden. Denn es ist häufig zu beobachten, daß vom Namen her definitiv alte Siedlungen erst relativ spät in den Quellen Erwähnung finden.[1]

Diesem von uns gewählten räumlichen Konzept steht die Aufarbeitung einzelner Ortsnamengruppen in ihrer Gesamtheit (z.B. Ortsnamen auf *-büttel, -ingerode* und *-leben*) gegenüber, die ihre unbestreitbaren Stärken vor allem in systematischer Hinsicht hat. Die Erfassung der Siedlungen eines abgegrenzten Raumes bietet dem gegenüber die Möglichkeit, eine relative Altersschichtung und die Beziehungen der

---

[1] Vgl. bei Casemir/Ohainski, Orte, das Ortsnamengrundwortregister der bis um 1000 erwähnten niedersächsischen Orte; auch die Arbeiten von Möller, Siedlungsnamen, Nasalsuffixe und Dentalsuffixe bieten durch ihre zeitliche Beschränkung auf bis 1200 entstandene Quellen bei weitem nicht alle einschlägigen Namen.

Ortsnamengruppen zueinander zu erkennen. Entscheidend ist aber, daß auch Ortsnamengruppen mitbearbeitet werden, die wie die Ortsnamen auf *-hūsen*, *-rode* etc. zu zahlreich sind und häufig als zu wenig interessant angesehen werden, um sie einer Gesamtuntersuchung zu unterziehen. Ferner werden so Ortsnamentypen erfaßt, die selten vorkommen oder völlig vereinzelt dastehen, um sie auf diese Weise für eine spätere systematische Betrachtung vorzubereiten.

Grundsätzlich ist, um eines schnelleren Zugriffs willen, eine alphabetische Anordnung der Orts- und Wüstungsnamen erfolgt.

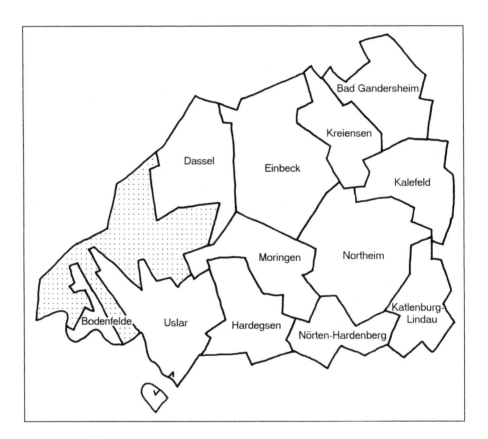

Die Gemeindeeinteilung des Landkreises Northeim

Hinweise zum Aufbau und zur Benutzung des Lexikonteiles

Allgemeines

Ausgenommen von der Erfassung sind, sofern sich aus ihnen keine Ortsnamen entwickelt haben:
 1. Bezeichnungen für natürliche Gegebenheiten, also Berg- und Gewässernamen (z.B. *Gladeberg, Vogelberg, Bölle, Leine*),
 2. Bezeichnungen für politische oder landschaftliche Einheiten (z.B. Gaunamen *Rittigau* und *Leinegau, Fürstentum Grubenhagen, Amt Hunnesrück, Langforst-Graben*),
 3. Namen von Gerichtsstätten (z.B. *Königsstuhl, Predige Stuhl*) und Zollorten (z.B. *Töllenbleek*),
 4. Wald- und Flurnamen (z.B. *Solling, Kohlhai*),
 5. Funktionsnamen (Brücken-, Mühlen- und Wirtshausnamen),
 6. Stadtteilnamen, die entweder sehr jung sind oder sich nicht aus ehemals selbständigen Siedlungen entwickelt haben (z.B. *Wieterviertel* in Northeim).
Auch bei der Auswahl der aufzunehmenden Orte mußte für das Ortsnamenbuch eine Einschränkung getroffen werden: Prinzipiell fanden nur solche Orte Aufnahme, die **bis 1600** in gedruckten Quellen belegt sind. Allerdings sind zu diesem Zeitpunkt nahezu alle heute bestehenden Orte nachzuweisen.[1]

Wüstungen

Sie werden im Prinzip wie die bestehenden Orte behandelt, allerdings erhalten sie einen leicht veränderten Artikelaufbau, der einem zu den bestehenden Orten unterschiedlichen Informationsinteresse Rechnung trägt. Auch bei den Wüstungen muß man sich der für dieses Ortsnamenbuch getroffenen Einschränkungen bewußt sein:
 1. Aufgenommen sind nur solche Wüstungen, deren Name urkundlich bis 1600 belegt ist; das bedeutet, daß sowohl aus späteren Flurnamen erschlossene Wüstungen wie auch namenlose, durch Bodenfunde belegte Wüstungen hier fehlen![2]

---

[1] Vgl. das Verzeichnis der Gemeinden und Wohnplätze in Niedersachsen 1978. Hg. vom Niedersächsischen Landesverwaltungsamt - Statistik. Hannover 1979; dieses amtliche Verzeichnis enthält eine Reihe weiterer, jüngerer Namen und zwar zumeist Wohnplätze (z.B. *Abbecke, Carlshof, Lietberg, Polier, Warneckenfeld* etc.), die gewöhnlich noch zu Beginn des 19. Jh. nicht in den Quellen erscheinen.

[2] Ohne Anspruch auf Vollständigkeit seien hier zunächst vier namenlose Wüstungen genannt: 1. ca. 1 km südwestl. Seboldshausen (Karte 18. Jh. Bl. 4126); 2. ca. 1,5 km südl. Lutterhausen (Kühlhorn, Wüstungen Bd. III S. 516-517); 3. ca. 0,8 km nordöstl. Gladebeck (Kühlhorn, Wüstungen Bd. III S. 517-519); 4. ca. 1 km südöstlich Stroit (Karte 18. Jh. Bl. 4025-4125). Unsicher, urkundlich gar nicht bzw. zu spät belegt sind folgende Wüstungen: † Brüggeborn/Brüggefeld östlich Lauenförde (Nolte, Flurnamen S. 354ff.); † Heideminde südwestl. Gehrenrode (Kleinau GOV I Nr. 899 S. 899); † Heldeshusen südl. der Einmündung der Ilme in

2. Unterschieden werden nur zwei Wüstungskategorien: Ortswüstungen, die nicht wieder besiedelt wurden (mit † gekennzeichnet) und temporäre Wüstungen, also in späterer Zeit an gleicher oder nahe gelegener Stelle unter Beibehaltung des z. T. leicht veränderten Namens wieder aufgesiedelte Wüstungen (mit [†] gekennzeichnet).

3. Weitere in der Wüstungsforschung übliche Kategorien, wie partielle Wüstung, Flurwüstung etc. finden hier keine Anwendung und waren, da sie für die Deutung der Namen keine Rolle spielen, auch nicht Untersuchungsgegenstand.

Um es noch einmal zu betonen: Die hier aufgenommenen Wüstungen repräsentieren keineswegs alle bekannten Wüstungen, sondern dem Zweck dieses Buches entsprechend nur diejenigen, für deren Existenz schriftliche Belege bis 1600 aufzufinden waren.

Der Stand der Wüstungsforschung ist für Südniedersachsen, also auch für den Landkreis Northeim, als außerordentlich gut zu bezeichnen. So konnte für die Ermittlung der Wüstungen auf mehrere verläßliche Standardwerke zurückgegriffen werden. An erster Stelle sind hier das vierbändige wüstungskundliche Werk Erhard Kühlhorns[1] und das dreibändige Geschichtliche Ortsverzeichnis des Landes Braunschweig von Hermann Kleinau[2] zu nennen, in denen fast alle mittelalterlichen Wüstungen für das Untersuchungsgebiet erfaßt sind. Ergänzend wurden die Historisch-Landeskundliche Exkursionskarte von Niedersachsen[3] (Blätter Höxter, Moringen, Osterode), die Arbeit von Georg Ernst über die Wüstungen im Kreis Einbeck[4] sowie eine Reihe von jeweils beim Ortsartikel aufgeführten Spezialuntersuchungen herangezogen, deren Nennung hier zu weit führen würde.

---

die Leine am Fuße des Hungerberges (Ernst, Wüstungen S. 82); † Helmshagen nördl. Asche (Kramer, Moringen S. 1107-1109; Kühlhorn, Wüstungen Bd. II Nr. 162 S. 143-145); † Hillershausen ca. 1,3 km südwestl. Kalefeld (Exkursionskarte Osterode S. 43; Jäckel, Willershausen Karte 1; Kühlhorn, Wüstungen Bd. II Nr. 182 S. 190-194); † Hünenburg südöstl. Greene (Kleinau GOV I Nr. 1060 S. 309); † Juliusmühle bei Einbeck (Ernst, Wüstungen S. 82); † Klingenhagen dicht nördl. Dankelsheim (Kleinau GOV I Nr. 1183 S. 340; Mühe, Dankelsheim S. 131); † Kosmans Dorf ca. 3 km südl. Schloß Westerhof (Exkursionskarte Osterode S. 44; Jäckel, Willershausen Karte 1; Kühlhorn, Wüstungen Bd. II Nr. 212 S. 326-331); † Nienrode ca. 2,4 km nördl. Voldagsen (Kleinau GOV II Nr. 1496 S. 429); † Schliebeck ca. 0,5 km südöstl. Edesheim (Jäckel, Willershausen Karte 1; Kühlhorn, Wüstungen Bd. III Nr. 331 S. 244); † Sülde westl. Naensen (Kleinau GOV II Nr. 2008 S. 608); † Walliehusen ca. 1,5 km nordwestl. Dassel (Ernst, Wüstungen S. 88; Exkursionskarte Moringen S. 83; Kühlhorn, Wüstungen Bd. III Nr. 382 S. 393-395); † Wellbeck Lage unbekannt im Untersuchungsgebiet (Kühlhorn, Wüstungen Bd. III Nr. 386 S. 399). Die jeweils zu † Goldbach dicht nördl. der Quelle des Goldbaches 2 km nordöstl. Marke, Kr. Osterode (Exkursionskarte Osterode S. 42; Jäckel, Willershausen Karte 1; Kühlhorn, Wüstungen Bd. II Nr. 139 S. 70-73) angeführten Belege dürften sich auf Golmbach im Kr. Holzminden beziehen.

[1] Siehe Literaturverzeichnis unter Kühlhorn, Wüstungen.
[2] Siehe Literaturverzeichnis unter Kleinau GOV.
[3] Siehe Literaturverzeichnis unter Exkursionskarte.
[4] Siehe Literaturverzeichnis unter Ernst, Wüstungen.

Artikelschema

Bestehende Orte
Name mit Angabe der Gemeindezugehörigkeit
Historische Belegformen des Ortsnamens
I. Quellenkritische Angaben und Angaben zur Belegentwicklung
II. Bisherige Deutungen
III. Eigene Deutung

Wüstungen
Name der Wüstung
Angaben zur Lage der Wüstung
Historische Belegformen des Wüstungsnamens
I. Quellenkritische Angaben und Angaben zur Belegentwicklung
II. Bisherige Deutungen
III. Eigene Deutung
IV. Literaturangaben zur Wüstung

Erläuterungen zum Inhalt der Artikelteile

Kopf
Der Kopf enthält den Namen der bestehenden bzw. wüst gefallenen Siedlung. Wüstungen erhalten als Zusatz zur Kenntlichmachung ein †. Bei temporären Wüstungen wird das † geklammert (†).
Bei bestehenden Orten erfolgt in Klammern hinter dem Ortslemma ein Zusatz der Gemeindezugehörigkeit nach den gegenwärtigen politischen Grenzen. Bei Wüstungen, bei denen naturgemäß keine Gemeindezugehörigkeit anzugeben ist, findet sich in einer separaten Zeile ein Nachweis der Lage in Beziehung zum nächstgelegenen bestehenden Ort. Als Ausgangspunkt für die Entfernungsangabe wurde im bestehenden Ort gewöhnlich die Kirche gewählt (wenn keine Kirche im Ort vorhanden ist, der mutmaßlich älteste Siedlungskern) und von hier aus in Luftlinie unter Angabe der Himmelsrichtung eine Linie zum mutmaßlichen Kern der Wüstung gemessen. Alle Angaben sind nur Näherungswerte, die zum Teil auch aus der Literatur gewonnen wurden.

Historische Belegformen des Orts- bzw. Wüstungsnamens

A. *Die Auswahlkriterien*: Die hier abgebildeten Ortsnamenbelege sind nach sprachlichen Gesichtspunkten ausgewählt, was bedeutet, daß keine Rücksicht auf evtl. historisch bedeutsame urkundliche oder chronikale Belege genommen wird. Die Auswahl ist in der Regel nur ein geringer Querschnitt aus dem gesammelten Material, der zum einen nach seiner sprachlichen Aussagekraft für die Entwicklung des Namens und zum anderen im Hinblick auf eine möglichst breite zeitliche Streuung gelegt wurde. Immer ist - soweit dies den Autoren gelingen konnte - der Erstbeleg abgebildet; bis 1200 ist möglichst eine Vollständigkeit in der Wiedergabe der Ortsnamenbelege angestrebt, wovon allerdings bei zu zahlreichen Belegen (z.B. bei Gandersheim) Abstand genommen werden mußte. Im allgemeinen wird Ortsnamenbelegen vor Personennamenbelegen, die mit einem Ort in Verbindung zu bringen sind, der Vorzug gegeben. Die Angabe mundartlicher/dialektaler Formen, deren Wert für die Namendeutung ohnehin recht bescheiden ist, konnte nicht immer erfolgen, da flächendeckende Untersuchungen auf sprachwissenschaftlicher Basis fehlen. Bei Wüstungen wird eine Auswahl von Flurnamen gegeben, die dazu dienen soll, die Entwicklung des Ortsnamens nach dem Wüstfallen der Siedlung zu dokumentieren.

In der Auswahl der Belege, aber auch in der vorhandenen Materialsammlung fehlen Belege aus ungedrucktem Material fast vollständig, da es den Bearbeitern wegen der im allgemeinen recht guten Materiallage[1] für den Landkreis Northeim kaum geboten schien, sich den Mühen, den Kosten und dem zeitlichen Aufwand einer systematischen Arbeit in den vielen in Frage kommenden Archiven (Hauptstaatsarchiv Hannover, Staatsarchiv Wolfenbüttel, Staatsarchiv Marburg, Stadtarchiv Einbeck etc.), die mit der Exzerption von Belegen für über dreihundert Orte verbunden wäre, zu unterziehen. Aber selbst dann, wenn man diese Mühen auf sich nähme, könnte man nur annähernd die Hoffnung haben, alle Nachweise gefunden zu haben. Besonders aber liegen die Frühbelege, deren Kenntnis für die Deutung in aller Regel am wichtigsten ist, gewöhnlich in Editionen vor.

B. *Datierung*: Jeder Beleg beginnt mit der Datierung, die in den gedruckten Quellen angegeben oder die von uns nach der Literatur erschlossen worden ist. Es kann sich dabei entweder um ein exaktes Datum oder, wenn der Quelle eine ursprüngliche Datierung fehlt, um einen mehr oder weniger großen Zeitraum handeln. So bedeutet ein Bindestrich zwischen zwei Zahlen am Anfang des Eintrages, daß das früheste und das späteste in Frage kommende Jahr für die Entstehungszeit der Quelle bekannt ist (1304-1324 heißt also: zwischen den Jahren 1304 und 1324 entstanden). Ähnlich sind auch die Zusätze vor/um/Anfang/Ende zu verstehen.

C. *Überlieferungsangaben*: Folgt auf die Datierung keine Angabe, sondern der kursiv gesetzte Belegtext, so ist davon auszugehen, daß es sich um im Original überlieferte Quellen bzw. deren Druck handelt.

Schließen sich an die Datierung zwei runde Klammern an, nehmen diese zwischen sich Hinweise zu abweichenden Formen der Überlieferung auf. Da eine Vielzahl von Urkunden bzw. anderen Quellen (wie Grenzbeschreibungen, Rechnungsbücher) heute oder zur Zeit des kritischen Druckes nicht mehr in originaler Form, sondern nur noch in Abschriften oder frühen Drucken erhalten war, ist diese Angabe von hoher Wichtigkeit, denn sie weist auf die tatsächliche Entstehungszeit des Überlieferungsträgers. Von Bedeutung für die Namenforschung ist das deshalb, weil das Abschreiben von Quellen immer das Risiko der versehentlichen oder absichtlichen Veränderung des Originals birgt, was insbesondere für die Schreibung von Ortsnamen gilt, die von den Kopisten besonders gern, um die Verständlichkeit für die eigene Zeit herzustellen, der Lautung ihrer Zeit angepaßt wurden.[2] Um die Interpretation des

---

[1] Die gedruckte Quellenlage hat sich für unseren Raum vor allem durch die von der Historischen Kommission für Niedersachsen und Bremen seit dem Ende der siebziger Jahre des 20. Jahrhunderts herausgegebenen „Roten" Urkundenbücher erheblich verbessert.

[2] Fast eine Warnung ist die Aussage des Caesarius, der im 13. Jh. das Prümer Urbar des 9. Jh. kopiert: *Verumtamen villarum vocabula, que ex longevitae quasi barbara videbantur, nominibus, que eis modernitas indicit, commutavi* [...]. Prümer Urbar S. 158.

Namens nicht zu gefährden, hat die Auswertung gerade solcher Belege mit besonderer Sorgfalt zu erfolgen.

Gelegentlich findet sich hier auch die Angabe Fä. (=Fälschung). Es handelt sich dabei um Urkunden, die eine Rechtslage, die in dieser Form nicht existierte, oder einen Rechtsvorgang, der in dieser Weise nicht stattgefunden hat, beinhalten. Der Zweck der Fälschung ist im Mittelalter entweder die Erreichung eines tatsächlich nie vorhandenen Vorteils, aber auch die schriftliche Fixierung eines Rechtsvorgangs, der zwar stattgefunden hatte, aber nicht beurkundet worden war. In der Neuzeit treten die sogenannten *gelehrten Fälschungen* hinzu, die zur Steigerung vor allem des wissenschaftlichen Ansehens oder der Begründung von eigenen Thesen eines Autors dienten. Von Bedeutung ist die Kenntlichmachung einer Fälschung für unseren Zusammenhang vor allem deshalb, weil gerade bei den „besseren" Fälschungen zu beobachten ist, daß in der sprachlichen Gestalt der Urkunden archaisierende, aber nicht zwingend zuverlässige Schreibungen verwendet wurden, um die Glaubwürdigkeit zu erhöhen; zugleich sind die meisten Fälschungen natürlich deutlich nach dem vorgeblichen Entstehungszeitpunkt entstanden, so daß auch das für Abschriften Gesagte gilt.

D. *Belegtext und Quellenfundstelle*: Auf die Angabe der Überlieferung folgt der kursiv gesetzte Belegtext nach der für eine Quelle maßgeblichen Edition. Steht der Name ohne jeden Zusatz, so handelt es sich um die Nennung des Ortes. Dem gegenüber werden Personennamennennungen durch Zusätze (wie *Johannes de, fratres de* etc.) ausgewiesen. Die Schreibung der Ortsnamen folgt der Edition im Buchstabenbestand getreu; allerdings wurden bei der Groß- und Kleinschreibung entsprechend den neueren Editionsrichtlinien die Schreibungen gegenüber älteren Editionen hier insofern verändert, als Ortsnamen konsequent mit Großbuchstaben beginnen.

Ist im Belegtext eine eckige Klammer gesetzt, so handelt es sich um Ergänzungen, die entweder von den Herausgebern der Quelle oder von uns zur Verdeutlichung der Quellenstelle stammen. [!] steht in diesem Zusammenhang für einen Beleg, der zwar inhaltlich hierher gehört, aber sprachlich so stark abweicht, daß eine Diskussion seiner Gestalt unter Punkt I in der Regel nicht sinnvoll ist.

Auf den eigentlichen Belegtext folgt in Klammern die Angabe der Fundstelle, um eine Verifizierung unserer Angaben zu ermöglichen. Sie enthält den Kurztitel des zitierten Werkes, den Paragraphen, die Urkundennummer (sofern vorhanden) und die Seite, auf der sich das Zitat befindet.

Die numerierten Artikelteile

I. *Quellenkritische Angaben und Angaben zur Belegentwicklung*: In diesem Punkt werden bei Bedarf Belegzuordnungen und Probleme der Belegschreibung diskutiert. Besonderes Gewicht wird dabei auf die Zurückweisung von Falschzuordnungen und auf die Angabe in der Literatur gebuchter, aber für uns unauffindbarer Belege gelegt. Weiterhin wird hier knapp die sprachliche Entwicklung des Ortsnamens geschildert.

II. *Bisherige Deutungen*: In diesem Punkt werden alle uns bekannt gewordenen auf den betreffenden Ort bezogenen Deutungen des Ortsnamens wiedergegeben. Eine Auseinandersetzung mit den zutreffenden oder verfehlten Deutungen findet in diesem Punkt nicht statt.

III. *Eigene Deutung*: In diesem Punkt wird auf die bisherigen Deutungen kritisch eingegangen und diese nach den eigenen Erkenntnissen verifiziert oder falsifiziert. Es erfolgt entweder die Übernahme, eventuell auch Präzisierung der bisher vorliegenden Deutungen oder eine neue Deutung des Ortsnamens. Abschließend werden am Ende oder - wenn es die Argumention erfordert - im laufenden Text in Auswahl Vergleichsnamen genannt oder auf bestehende Zusammenstellungen der in Frage kommenden Vergleichsnamen verwiesen.

Die Grundwörter und Namenbestandteile (Suffixe) werden nicht im lexikalischen Teil abgehandelt, sondern finden sich in einem besonderen, ebenfalls alphabetisch angeordneten Kapitel.

IV. *Literaturangaben*: Dieser Punkt kommt nur bei Wüstungen zum Tragen. Er hat den Zweck, dem Benutzer die wichtigere Literatur zu einer Wüstung aufzuzeigen, der die hier wiedergegebenen Angaben entnommen sind.

Abkürzungen

A.	Abschrift	bzw.	beziehungsweise
a.a.O.	am angegebenen Orte		
Adj.	Adjektiv	ca.	circa
ae./aengl.	altenglisch		
afries.	altfriesisch	dän.	dänisch
afrz.	altfranzösisch	Dat.	Dativ
agriech.	altgriechisch	Dép.	Département
ags.	angelsächsisch	dgl.	der-, desgleichen
ahd.	althochdeutsch	d.h.	das heißt
aind.	altindisch	dial.	dialektal
air.	altirisch	d. i.	das ist
aisl.	altisländisch	dt.	deutsch
airan.	altiranisch		
aksl.	altkirchenslavisch	ebd.	ebenda
alban.	albanisch	engl.	englisch
altbrit.	altbritisch	etc.	et cetera
Anf.	Anfang	evtl.	eventuell
Anh.	Anhang		
Anm.	Anmerkung(en)	Fä.	Fälschung
anord.	altnordisch	f.	folgend
apreuß.	altpreußisch	FamN	Familienname
armen.	armenisch	färö.	färöisch
asä.	altsächsisch	fem.	feminin (weiblich)
avest.	avestisch	ff.	folgende
awestnord.	altwestnordisch	fläm.	flämisch
		FlurN	Flurname
bair.	bairisch	FlußN	Flußname
belg.	belgisch	fries.	friesisch
bulg.	bulgarisch	Gem.	Gemeinde
BW	Bestimmungswort	Gen.	Genitiv

germ.	germanisch		n.	nach
GewN	Gewässername		ndt./nd.	(neu)niederdeutsch
gleichzeit.	gleichzeitig		ndl.	niederländisch
got.	gotisch		nengl.	neuenglisch
griech.	griechisch		nhd.	neuhochdeutsch
GW	Grundwort		neunorw.	neunorwegisch
			Nfl.	Nebenfluß
H.	Hälfte		nhd.	neuhochdeutsch
hd./hdt.	(neu)hochdeutsch		nichtidg.	nichtindogermanisch
holl.	holländisch		nisl.	neuisländisch
idg.	indogermanisch		nl./nnl.	(neu)niederländisch
ir.	irisch		NN	Normalnull[punkt]
isländ.	isländisch		nnd.	neuniederdeutsch
			Nom.	Nominativ
Jh.	Jahrhundert		nördl.	nördlich
			nord.	nordisch
kelt.	keltisch		norddt.	norddeutsch
km	Kilometer		nordseegerm.	nordseegermanisch
Kr.	Kreis		norw.	norwegisch
kymr.	Kymrisch		Nr.	Nummer
			nw.	nordwestlich
langobard.	langobardisch			
lat.	lateinisch		o.ä.	oder ähnlich(es)
lett.	lettisch		oberdt.	oberdeutsch
lit.	litauisch		ON	Ortsname
Lit.	Literatur		ostfäl.	ostfälisch
			östl.	östlich
m.	maskulin (männlich)		OT	Ortsteil
maked.	makedonisch			
mengl.	mittelenglisch		Plur.	Plural
mhd.	mittelhochdeutsch		PN	Personenname
Mi.	Mitte		polab.	polabisch
mir.	mittelirisch		poln.	polnisch
mnd.	mittelniederdeutsch		Prov.	Provinz
mnl.	mittelniederländisch			
mua.	mundartlich		russ.	russisch

S.	Seite	ukrain.	ukrainisch
s.	siehe	urslav.	urslavisch
schwed.	schwedisch	usw.	und so weiter
s.d.	siehe dort	u.v.a.m.	und viele(s) andere(s) mehr
serbokroat.	serbokroatisch		
Sg.	Singular	Var.	Variante
slav.	slavisch	vgl.	vergleiche
s.o.	siehe oben		
sog.	sogenannt	weißruss.	weißrussisch
Sp.	Spalte	westf.	westfälisch
st.	stark	westgerm.	westgermanisch
s.u.	siehe unten	Wg.	Wüstung
süddt.	süddeutsch	Wz.	Wurzel
südl.	südlich		
südöstl.	südöstlich	z.	zum
		z.B.	zum Beispiel
Trans.	Transsumpt	z. J.	zum Jahr
u.a.	und andere/unter anderem	z.T.	zum Teil
u.ä.	und ähnlich(es)	Zufl.	Zufluß
u.a.m.	und andere(s) mehr	z. Zt.	zur Zeit

Zeichen

*	erschlossene Form (sprachlich)	ā	langer Vokal
*	Nachtrag (bei Urkunden)	ă	kurzer Vokal
>	geworden zu	→	siehe (Verweis auf hier behandelte Orte)
<	entstanden aus		
†	Wüstung		

DIE ORTSNAMEN
DES LANDKREISES
NORTHEIM

A

(† ABBENRODE
Lage: Ca. 1,7 km östl. Düderode.

1302 *Abbenrode* (Sudendorf I Nr. 169 S. 99)
1318 *Abbenrode* (Flentje/Henrichvark, Lehnbücher Nr. 165 S. 45)
1414 *Abbenrode* (UB Boventen Nr. 269 S. 221)
um 1440 *Abbenrode* (Flentje/Henrichvark, Lehnbücher S. 85 Erg. k)
1528 *Abenrode* (Upmeyer, Oldershausen S. 101)
um 1583 *Abenroda* (Zimmermann, Ökonomischer Staat S. 24)
1597 *Abbenroda* (Upmeyer, Oldershausen S. 107)
1651 *Das Abbenröder Feld ist noch vorhanden, und liegt östlich von Düderode* (Max, Grubenhagen I S. 521)
1715 *Imgleichen soll vor der Ollershausischen Holzung, vor dem Appenröder Berge vor Zeiten ein Dorff von solchem Nahmen gestanden seyn, wovon aber nicht die geringsten rudera mehr vorhanden* (Bodemann, Wüste Ortschaften S. 253)
1784 *Appenroder Berg* (Kurhannoversche Landesaufnahme Bl. 143)

I. Das GW lautet bis auf vereinzelte Formen mit *-roda* unverändert *-rode*. Das BW ist bis auf einige Ausnahmen im 16. Jh. (*-b-* statt *-bb-*) und im 18. Jh. (*-pp-* statt *-bb-*) ebenfalls stabil.

II. Nach Casemir, Grundwörter S. 193 mit dem GW *-rode* gebildet.

III. Bildung mit dem GW *-rode* und dem schwach flektierenden PN *Abbo*, einer Kurzform, deren Zuordnung zu einem bestimmten PN-Stamm umstritten ist. Eine Herleitung vom PN-Stamm ABA zu germ. *aƀa, got. *aba* 'Mann, Gatte' (Förstemann, Personennamen Sp. 10ff.) mit Gemination des Konsonanten ist ebenso möglich wie eine Umbildung der Kurzform *Albo* < *Albrecht* durch Assimilation *-lb-* zu *-bb-* (Bach, Personennamen I S. 100f.). Die Verschärfung von *-bb-* > *-pp-*, welche auch bei Abbenrode, Kr. Wolfenbüttel (NOB III S. 55), zu beobachten ist, ist eine nicht seltene Erscheinung; vgl. Wesche, Verschlußlaute S. 284ff., besonders S. 293. Vergleichsnamen sind u.a. Abberode, Kr. Mansfelder Land, Abbenrode, Kr. Wernigerode (vgl. Förstemann, Ortsnamen II Sp. 2), Abbenrode, Kr. Wolfenbüttel (NOB III S. 55f.), und (†) Appenrode, Kr. Göttingen (NOB IV S. 27ff.).

IV. Jäckel, Willershausen Karte 1; Kühlhorn, Wüstungen Bd. I Nr. 3 S. 34-38; Max, Grubenhagen I S. 520-521; Upmeyer, Oldershausen S. 244-245.

† ABBENSHUSEN
Lage: Ca. 0,3 km westnordwestl. des ehemaligen Bahnhofes von Willershausen.

1342 *Abbenshusen* (Müller, Willershausen Nr. 51 S. 135)
1362 *thu Abbenshusen* (UB Oldershausen Nr. 31 S. 48)
1446 *Abbenshusen* (FB Weende Nr. 223)

1449 *to Abbenhusen* (FB Weende Nr. 230)
1479 *Abenhusen* (UB Boventen Nr. 545 S. 359)
1499 *Abbenszhussen* (UB Boventen Nr. 578 S. 374)
1514 *Abbenshusen* (UB Boventen Nr. 583 S. 376)
1592 *mit dem dorffe zu Abbenshusen* (Upmeyer, Oldershausen S. 103)
1597 *Abbenhausen* (Upmeyer, Oldershausen S. 107)
1715 *Zwischen Willershausen und Echte soll der Leute Geständnis nach vor dießem ein Dorff Appenhausen genandt, gelegen haben, ist anitzo wüste und nichts mehr davon zu sehen* (Bodemann, Wüste Ortschaften S. 253)
1784 *Wüstung Abbenhausen* (Kurhannoversche Landesaufnahme Bl. 143)

I. Das GW *-husen* erscheint ab dem 16. Jh. auch als hd. *-hausen*. Das BW schwankt zwischen *Abbens-* und seit dem 15. Jh. *Abben-*. Im 15. Jh. treten Formen mit *-b-*, im 18. Jh. mit *-pp-* statt *-bb-* auf (vgl. auch → † Abbenrode).

II. Nach Casemir, Grundwörter S. 192 mit dem GW *-husen* gebildet.

III. Bildung mit dem GW *-hūsen*. Die recht spät einsetzende Überlieferung zeigt ein *-s-* zwischen BW und GW, welches auf einen stark flektierenden PN *Abben* im BW schließen läßt. Förstemann, Personennamen Sp. 11 führt die Form *Abban*, Schlaug, Altsächs. Personennamen S. 55 und Schlaug, Studien S. 168 *Abban, Abbon* jedoch nur als Dativformen von *Abbo* (zu diesem PN vgl. → † Abbenrode) an. Die Schwankungen zwischen *Abbens-* und *Abben-* weisen auf eine Erscheinung, die Flechsig, Namenforschung S. 111f. beschreibt. Danach kann ein „s im Auslaut eines Bestimmungswortes [...] auch [...] nachträglich regelwidrig an ein ursprünglich schwach flektiertes Bestimmungswort angehängt sein, wenn ein n vorausgeht." Die ON-Grundform ist somit als *Abbenhusen* anzusetzen und das Fugen-*s* als sekundäre Bildung in Analogie zu den zahlreichen *-shusen*-Orten zu betrachten; vgl. auch → Avendshausen.

IV. Dolle, Studien S. 403; Exkursionskarte Osterode S. 41; Jäckel, Willershausen S. 467 und Karte 1; Kühlhorn, Wüstungen Bd. I Nr. 4 S. 38-41; Max, Grubenhagen I S. 521-522; Upmeyer, Oldershausen S. 245.

† ÄBTISSINRODE

Lage: Wüst ca. 0,4 km südöstl. Schachtenbeck.

973 *Abbetiskonrod* (MGH DO II. Nr. 35 S. 45)
um 979 *Abbaetiskonrod* (MGH DO II. Nr. 35 S. 45)
um 1007 *Aebbediscanrod* (Goetting, Gandersheim S. 256)

I. Die nur einen kurzen Zeitraum umfassenden Belege enthalten im GW konstant *-rod*. Das BW zeigt neben dem Wechsel von *-t-* und *-d-* die Umlautung des anlautenden *A-* > *Ae-* durch das *-i-* der dritten Silbe über die tonschwache zweite Silbe hinweg.

II. Nach Casemir/Ohainski, Orte S. 140 mit dem GW *-rode* gebildet. Mühe, Wrescherode S. 84 deutet den Namen als „Rodung einer Äbtissin" und weist, „wie ja auch der Name bezeugt", auf die Zugehörigkeit zum Stift Gandersheim hin. Dieses Besitzverhältnis beschreiben ebenfalls Hahne, Flurnamensammlung S. 169 („nach der Äbtissin von Gandersheim so benannt"), Dahms, Hagen S. 68f., Mühe, Seboldshausen S. 14

und Goetting, Gandersheim S. 261: „Von hier aus [Harriehausen] muß auch von seiten des Stifts schon sehr bald Rodungssiedlung in Richtung auf Äbtissinberg und Kühler betrieben worden sein, denn 973 konnte dem Marienkloster von seiten einiger Kanonissen und fideles des Stifts Besitz in *Äbtissinrode [...] geschenkt werden." Förstemann, Ortsnamen I Sp. 7 führt die Belege von 973 und 1007 mit unsicherer Zuordnung zu einem Ort auf und vermutet im BW das Adjektiv *abbatisk* 'äbtisch'.

III. Bildung mit dem GW *-rode*. Aufgrund der geschilderten Besitzverhältnisse fällt es nicht schwer, im BW asä. *abdisca, ab(be)diska* 'Äbtissin, Vorsteherin eines Nonnenklosters' im Genitiv Singular zu sehen und den ON entgegen Förstemann als 'Rodung einer Äbtissin' zu deuten. Das *-t-* der ersten Belege ist der hd. Überlieferung zuzuschreiben.

IV. Casemir/Ohainski, Orte Nr. 558 S. 84; Jäckel, Willershausen Karte 1; Kleinau GOV I Nr. 14 S. 6; Karte 18. Jh. Bl. 4126.

ACKENHAUSEN (Bad Gandersheim)

um 1007 *Akkanhusi* (Goetting, Gandersheim S. 256)
1361-1364 *Ackenhusen* (UB Goslar IV Nr. 807 S. 595)
1398 *Akkenhusen* (UB H. Hild. VI Nr. 1544 S. 972)
1410 *Akkenhusen* (Goetting, Findbuch I Nr. 289 S. 125)
1458 (A. 16. Jh.) *Ackenhusen* (Deeters, Quellen S. 85)
1487 *Ackenhußen* (Goetting, Findbuch II Nr. 632 S. 80)
1542 *Ackenhusen* (Kayser, Kirchenvisitationen S. 34)
um 1583 *Ackenhausenn* (Zimmermann, Ökonomischer Staat S. 24)
um 1616 *Ackenhaußen* (Casemir/Ohainski, Territorium S. 44)
1712 *Ackenhausen* (UB Uslar II S. 1143)
1803 *Ackenhausen* (Hassel/Bege, Wolfenbüttel II S. 200)
dialekt. (1950) *ackənhíusən*, (1954) *ackənhiusən* (Kleinau GOV I Nr. 8 S. 3)

I. Das GW lautet zumeist *-husen*, die hd. *-hausen*-Form tritt zum ersten Mal im 16. Jh. auf und setzt sich im 17. Jh. durch. Der älteste Beleg zeigt den Dativ Singular *-husi*. Das BW schwächt sich von *Akkan-* zu *Acken-* ab.

II. Förstemann, Ortsnamen I Sp. 18 stellt den ON zu PN des Stammes AG. Die BuK Gandersheim S. 1 deuten ihn als „Behausung eines Aggo". Goetting, Gandersheim S. 53 sieht in Ackenhausen „Eigenbesitz der liudolfingischen Familie, deren Glieder den um Altgandersheim gegründeten Orten ihren Namen gegeben haben" und verweist auf den Ludolfinger Agius. Wenskus, Stammesadel S. 71 denkt ebenso an Agius, dessen Name in Ackenhausen „die bei Kurznamen häufig zu beobachtende Inlaut-Verschärfung zeigt".

III. Bildung mit dem GW *-hūsen*. Die Singularform *-husi*, welche auf einen Einzelhof schließen lassen müßte, kann vernachlässigt werden, da sie lediglich einmalig im Güterverzeichnis des Stifts Gandersheim bei allen dort aufgeführten *-husen*-Orten erscheint (vgl. Flechsig, Beiträge S. 44 und Flechsig, Gandersheim S. 53), wobei es sich wohl um die Eigenart eines einzelnen Schreibers handelt. Das BW enthält mit *Akkan-*, abgeschwächt *Acken-*, den schwach flektierenden PN *Akko*, welchen Förstemann, Personennamen Sp. 14f. zum mehrdeutigen PN-Stamm AG stellt; auch Schlaug, Altsächs. Personennamen S. 74 belegt den PN *Akko*. Als Vorform des Namens ist *Ago* anzusetzen und dessen Entwicklung zu *Akko* durch expressive Gemination und Verschärfung des *-g-* zu *-kk-* zu erklären (Kaufmann, Untersuchungen S. 11ff.). Ortsgründung und Benennung durch einen Agius, welcher historisch nicht in der Kurzform *Akko* belegt ist, bleiben Spekulation.

† ÆRNULUESHUSI

Lage: Im Verzeichnis von 1007 zwischen † Äbtissinrode und Jerze genannt, woraus wohl auf eine Lage im Untersuchungsgebiet geschlossen werden kann.

um 1007 *Aernulveshusi* (Goetting, Gandersheim S. 256)

I. Es liegt nur ein Beleg vor.

III. Obwohl nur ein Beleg ermittelt werden konnte, läßt sich eine Deutung vornehmen. Das GW lautet *-hūsen*. Zum Dativ Singular *-husi* vgl. → Ackenhausen. Der im BW vorliegende stark flektierende zweigliedrige PN ist aufgrund des im Beleg sichtbaren Umlautes als **Arinwulf* anzusetzen. Dessen Erstelement *Arin-* gehört zum PN-Stamm ARA, erweitert ARIN, zu ahd., asä. *aro, arn* 'Adler'; vgl. Förstemann, Personennamen Sp. 135ff., Schlaug, Altsächs. Personennamen S. 39 und Schlaug, Studien S. 72. Zur Erweiterung auf *-in* vgl. auch Kaufmann, Untersuchungen S. 88f. Das Zweitglied *-wulf*, welches mit asä. *wulf* 'Wolf' zu verbinden ist, erscheint in dieser Position in PN meist als *-ulf*, da das *-w-* im Silbenanlaut von PN-Zweitgliedern gewöhnlich früh ausfällt (Lasch, Grammatik § 300).

IV. Kleinau GOV I Nr. 15 S. 6.

AHLBERSHAUSEN (Uslar)

1232 *Heinricus de Albretheshusen* (Falckenheiner, Zusätze Nr. 2 S. 385)
1234 *Heinricus de Alberehusen* (UB Fredelsloh Nr. 18 S. 33)
1299 *Albrechteshusen* (UB Boventen Nr. 37 S. 54)
1438 *Albrechteshusen* (UB Uslar II S. 895)
1519/20 (A. 16. Jh.) *Allershusen* (Krusch, Studie S. 265)
1585 *Albrechtshausen* (Burchard, Calenberg-Göttingen S. 72)
1603 *Allershusen* (Krabbe, Sollingkarte Bl. 2)
um 1616 *Albrechtshausen* (Casemir/Ohainski, Territorium S. 57)
1730 *Albrechtshausen* (UB Uslar II S. 1183)
1791 *Ahlbershausen* (Scharf, Samlungen II S. 5)
1823 *Ahlbershausen* (Ubbelohde, Repertorium 2. Abt. S. 2)
dialekt. (1951) *ålpĕshiusĕn* (Flechsig, Beiträge S. 11)
dialekt. (1963) *olpersh'ōuzen* (Nolte, Flurnamen S. 9)

I. Ein Beleg von 1071 (Fä. 12. Jh.) *Albrehteshusen* (MGH DH IV. Nr. 245 S. 311), der von Kramer, Abschwächung u.a. hierher gestellt wird, ist mit einiger Wahrscheinlichkeit zu → (†) Albrechtshausen zu stellen, da es sich bei dem in der Urkunde genannten Besitz um Zubehör zur Pfalz Pöhlde handelt. Kaum sicher zuzuordnen sind 1248 *Heinricus de Albrechteshusen* (UB Walkenried I Nr. 277 S. 290) und 1257 *dictus de Albregteshusen* (UB Walkenried I Nr. 357 S. 351). Flechsig, Beiträge S. 11 führt einen Beleg ohne Datierung und ohne Nachweis *Eluerigeshusen* auf, der sprachlich kaum mit Ahlbershausen zu verbinden ist; genausowenig überzeugt allerdings auch die bei Kühlhorn, Ortsnamen S. 14 vorgenommene Zuordnung zu → Elvershausen. Das GW lautet kontinuierlich -husen bzw. ab dem 16. Jh. hd. -hausen. Das BW zeigt vorwiegend die Form Albrecht(e)s- (um 1232 dürfte -brethes wohl für *-brehles stehen). Einmal erscheint Albere- ohne Dental und Fugen-s, im 16. Jh. zweimal Allers-. Ende des 18. Jh. setzt sich die heutige Form Ahlbers- durch.

II. Nolte, Flurnamen S. 8 stellt den ON zum PN Albrecht.

III. Bildung mit dem GW -hūsen und dem stark flektierenden zweigliedrigen PN Albrecht, einer Kontraktion aus Adalbreht, dessen Namenglieder zu asä. aðali 'Adel' und ber(a)ht 'glänzend, berühmt' gehören (vgl. Förstemann, Personennamen Sp. 163, Schlaug, Altsächs. Personennamen S. 48 und Schlaug, Studien S. 64), mit einer im Asä. häufigen Metathese von -ber(h)t zu -bre(h)t (Gallée, Grammatik § 200), wobei hier diese Formen wechseln. Obwohl sich Albrechts- lange hält, schwächt sich das BW ab, wie die zwei Belege Allers- zeigen. Diese Form setzt im PN-Zweitglied wieder -berts- voraus, des weiteren den Ausfall des interkonsonantischen -t- (Lasch, Grammatik § 310) und Assimilation von -lb- > -ll-. Bis heute bleibt allerdings die nicht assimilierte Form Ahlbers- erhalten. Das -h- zeigt eine Vokallängung an, welche sich in den Mundartformen mit Tendenz zu -o- niederschlägt. Der PN liegt auch in → (†) Albrechtshausen vor. Förstemann, Ortsnamen I Sp. 244f. verzeichnet weitere mit dem PN gebildete ON.

AHLSHAUSEN (Kreiensen)

1141 (Fä. 13. Jh.; A. 16. Jh.) *Adeleshusen* (Mainzer UB II Nr. 28 S. 49)
1141 (Fä. 13. Jh.; A. 17. Jh.) *Adeleshusen* (Orig. Guelf. IV S. 525)
1208 *Helmwicus sacerdos de Aleshusin* (Scheidt, Codex Diplomaticus Nr. 69a S. 684)
1238 *Aleshusen* (Petke, Wöltingerode Anhang III Nr. 8 S. 565)
1307 (A. 18. Jh.) *ecclesie Aleshusen* (UB Boventen Nr. 43 S. 58)
1318 *Alshusen* (Flentje/Henrichvark, Lehnbücher Nr. 175 S. 46)
1337 *gheheten van Aleshusen* (UB Fredelsloh Nr. 146 S. 106)
1380 *Syverd von Alshusen* (Grote, Neubürgerbuch S. 20)
um 1440 *Alshuszen* (Flentje/Henrichvark, Lehnbücher S. 86 Erg. k)
1527 *Alshußen* (Tschackert, Rechnungsbücher S. 374)
1568 *Alshausen* (Spanuth, Quellen S. 274)
1605 *Aelshausen* (Müller, Lehnsaufgebot S. 394)
1678 *Ahlßhausen* (Kopfsteuerbeschreibung Wolfenbüttel S. 431)
1740 *Ahlhusen* (Lauenstein, Hildesheim II S. 117)
1783 *Ahlshausen* (Kurhannoversche Landesaufnahme Bl. 142)
1803 *Alshausen* (Hassel/Bege, Wolfenbüttel II S. 218)
dialekt. (1950) *ålshiusən* (Kleinau GOV I Nr. 16 S. 6)

I. Ein Beleg 1162 (Fä. 13. Jh.; A. 14. Jh.) *Adeleuissen* (MGH Urk. HdL Nr. 58 S. 85) ist wegen des Überlieferungszusammenhanges mit den beiden Fälschungen für das Kloster Northeim, die auf das Jahr 1141 datieren, trotz seiner sprachlich abweichenden Form auf diesen Ort zu beziehen. Die Abweichung ist wohl so zu erklären, daß der Fälscher bei der Anfertigung der Urkunde, die vorgeblich von Heinrich dem Löwen stammen soll, zwar die anderen gefälschten Urkunden kannte, aber beim Abfassen des Falsikats offenbar an (die sprachliche Form von) Adelebsen dachte. Wegen der Unvereinbarkeit mit der restlichen Überlieferung haben wir den Beleg nicht in die Reihe für Ahlshausen gestellt. Der Beleg ist in NOB IV S. 22, wo er für Adelebsen in Anspruch genommen wurde, zu streichen. Die Überlieferung zeigt im 13./14. Jh. eine Entwicklung von *Adeles-* über *Ales-* zu *Alshusen*. Ab dem 16. Jh. lautet das GW hd. *-hausen*.

II. Die BuK Gandersheim S. 6 vermuten im ON die „Behausung eines Adelo?". Förstemann, Ortsnamen I Sp. 241 stellt den Beleg von 1141 *Adeleshusen* der Orig. Guelf. (allerdings mit falscher Zuordnung zu einer Wüstung bei Varenholz) zum PN-Stamm ATHAL.

III. Bildung mit dem GW *-hūsen*. Im BW liegt ein stark flektierender PN vor. Ein PN *Adelo*, wie die BuK Gandersheim vorschlagen, würde schwach flektieren. Es ist von einem PN *Adal* auszugehen, der auf einen älteren *Athal* zurückgeht, da sich mnd. *-d-* aus asä. *-th-* entwickelt. Der PN ist ein KurzN zum PN-Stamm ATHAL, zu asä. *aðali* 'Adel' (vgl. Förstemann, Personennamen Sp. 158f.). Förstemann, Ortsnamen II Sp. 241 verzeichnet weitere ON, die mit diesem PN gebildet sind.

(†) **ALBRECHTSHAUSEN, DOMÄNE** (Katlenburg-Lindau)

1071 (Fä. 12. Jh.) *Albrehteshusen* (MGH DH IV. Nr. 245 S. 311)
1261 *Albechteshusen* (UB Plesse Nr. 193 S. 224)
1266 *Albechteshusen* (Urk. Katlenburg Nr. 19)
1281 *Albechteshusen* (Urk. Katlenburg Nr. 38)
um 1300 (A. 18. Jh.) *Albrechtshusæ* (UB Plesse Nr. 367 S. 348)
1307 *Albegteshusen* (Urk. Katlenburg Nr. 66)
1393 (A. 14. Jh.) *Albrechteshusen* (UB Wangenheim Nr. 134 S. 136)
1483 *hoff to Albrechteshusen* (Urk. Katlenburg Nr. 265)
1525 *Albechteshusen* (Lagerbuch Katlenburg S. 73)
1785 *Albrechtshausen* (Kurhannoversche Landesaufnahme Bl. 151)
1791 *Albrechtshausen* (Scharf, Samlungen II S. 6)
1823 *Albrechtshausen* (Ubbelohde, Repertorium 2. Abt. S. 3)

I. Zur Zuordnung des ersten Beleges → Ahlbershausen. Ein Beleg von 1105 (Fä. Mitte 12. Jh.) *Alfrideshusen* (Mainzer UB I Nr. 424 S. 331) ist gegen den Schreiber des Rückvermerkes zu dieser Urkunde aus dem 16. Jh. (*donacione curie in Albechteshusen*), Winzer, Katlenburg S. 17 und Kühlhorn, Wüstungen Bd. I S. 50f., der recht willkürlich ein Versehen des Fälschers annimmt, kaum mit diesem Ort zu identifizieren. Sein Argument, die Abfolge der Orte in der Urkunde spräche für eine solche Zuordnung, ist nicht stichhaltig, da das in der Urkunde zuvor genannte *Rotheshusen* kaum mit → † Rodereshusen, sondern eher mit † Roteshusen, Kr. Osterode (NOB II S. 140f.), zu identifizieren ist. Der danach genannte Ort ist → Gillersheim. Aus der Abfolge der genannten Orte läßt sich kaum etwas gewinnen, so daß wir die sprachlich deutlich überzeugendere Verbindung mit → Elvershausen wahrscheinlicher finden. Besitzgeschichtlich läßt sich die Zuordnungsfrage leider nicht entscheiden, da sowohl in Albrechtshausen wie in Elvershausen Besitz des Klosters Katlenburg gut bezeugt ist. Die von den Editoren des Mainzer UB I S. 331 Anm. 4 geäußerte Ansicht, mit dem Beleg sei → Allershausen gemeint, ist aus sprachlicher Sicht abzulehnen und außerdem ist in Allershausen sonst kein Besitz des Klosters Katlenburg bezeugt. Eine Nennung des Ortes von 1254 (nach Leuckfeld, Pöhlde S. 134) war nicht zu verifizieren (vgl. auch Winzer, Katlenburg S. 17).

Das GW lautet unverändert -*husen* bzw. ab dem 18. Jh. hd. -*hausen*. Das BW wechselt zwischen *Albrecht(e)s-* und *Albechtes-*, einmal in der Schreibung *Albegtes-*, wobei von der Grundform *Albrechteshusen* auszugehen ist.

II. Nach Casemir, Grundwörter S. 192 mit dem GW -*husen* gebildet. Förstemann, Ortsnamen I Sp. 244 stellt den ON zum PN-Stamm ATHAL.

III. Bildung mit dem GW -*hūsen* und dem PN *Albrecht*, vgl. → Ahlbershausen. Der Wegfall des -*r*- im Zweitglied ist zeitweilig auch bei → Hilprechtshausen, → Sebexen, → † Wolbechteshusen, Hülptingsen, Kr. Hannover (NOB I S. 223f.), und † Delbechteshusen, Kr. Göttingen (NOB IV S. 93f.), zu beobachten. In *Albegteshusen* liegt die Schreibung -*gt*- für -*cht*- vor (Lasch, Grammatik § 356).

IV. Exkursionskarte Osterode S. 41; Kühlhorn, Wüstungen Bd. I Nr. 8 S. 49-51; Max, Grubenhagen I S. 510-511; Merl, Anfänge S. 9; Winzer, Katlenburg S. 17-20.

ALLERSHAUSEN (Uslar)

1318 *Allerdeshusen* (Flentje/Henrichvark, Lehnbücher Nr. 139 S. 42)
1375 *Allerdeshusen* (Sudendorf V Nr. 54 S. 62)
1384 *Alhardeshůsen* (Sudendorf VI Nr. 75 S. 84)
1406 *Aldehusen* (Feise, Einbeck Nr. 479 S. 108)
1537 *Allerßhusenn* (Meyer, Steuerregister S. 75)
um 1588 *ein durflein, heist Allershausen* (Lubecus, Annalen S. 190)
1602 *Allershausen* (Nolte, Flurnamen S. 8)
1784 *Allershausen* (Kurhannoversche Landesaufnahme Bl. 149)
1823 *Allershausen* (Ubbelohde, Repertorium 2. Abt. S. 3)
dialekt. (1951) *allĕrshiusĕn* (Flechsig, Beiträge 12)
dialekt. (1963) *allersh'ōuzen* (Nolte, Flurnamen S. 8)

I. Die von Brodhage, Allersheim S. 13f. und Hellwig, Allershausen S. 11 unter Bezug auf ältere Literatur (mit der dortigen ungenauen Datierung) vorgenommene Zuordnung von 826-876 (A. 15. Jh.) *Algereshusun* (Trad. Corb. § 148 S. 107), 989-992 (A. 15. Jh.) *Aliereshusen* (Trad. Corb. § 430 S. 148) und 993-996 (A. 15. Jh.) *Aliereshusun* (Trad. Corb. § 450 S. 151) sind mit Schütte, Mönchslisten S. 163 zu Allersheim, Kr. Holzminden, zu stellen. Die in der Edition, bei Nolte, Flurnamen S. 8 und bei Lagers, Untersuchungen S. 209 vorgenommene Zuordnung eines Beleges von 1015-36 (A. 12. Jh.) *predium in marca, quę vocatur Alieressun* (Vita Meinwerci Kap. 62 S. 46) zu unserem Ort ist wegen der späteren Belege kaum aufrecht zu erhalten; eher käme das schon genannte Allersheim in Frage (vgl. dazu Kleinau GOV I Nr. 33 S. 11 und Schütte, Mönchslisten S. 271). Ein Beleg von 1105 (Fä. Mitte 12. Jh.) *Alfrideshusen* (Mainzer UB I Nr. 424 S. 331), der in der Edition auf diesen Ort bezogen wird, gehört recht sicher zu → Elvershausen. Vgl. zur Zuordnungsproblematik → Albrechtshausen. Während das GW stets -*husen* bzw. ab dem 16. Jh. -*hausen* lautet, zeigt das BW im 14. Jh. *Allerdes-* neben *Alhardes-* und ab dem 16. Jh. vorwiegend *Allers-*. Aus der Reihe treten singuläres *Alde-*, *Als-* und *Alberhusen*, wobei dieses vielleicht eine Verwechslung mit dem nicht weit entfernt südlich gelegenen → Ahlbershausen darstellt.

II. Brodhage, Allersheim S. 13 deutet den ON aufgrund seiner falschen Belegzuordnung als „Haus des Alger", ebenso Wenskus, Stammesadel S. 311. Nolte, Flurnamen S. 8 stellt ihn zum PN *Adalhard*.

III. Bildung mit dem GW -hūsen. Das BW enthält einen stark flektierenden PN, der aus dem Beleg von 1384 Alhardeshusen recht gut zu erschließen ist. Es liegt der gut bezeugte zweigliedrige PN Adalhard vor, dessen Namenglieder zu asä. aðali 'Adel' und asä. hard 'tapfer, kühn, stark' gehören (vgl. Schlaug, Altsächs. Personennamen S. 50, Schlaug, Studien S. 66 und Förstemann, Personennamen Sp. 170f. mit den verschliffenen FamN Allard, Allardt, Allerdt). Die Entwicklung Adalhardes- > Alhardes- > Allerdes- > Allers- über Ausfall des intervokalischen -d- im Erstglied, Schwund des zweiten (interkonsonantischen) -d- in Alerds- (Lasch, Grammatik § 310) und Abschwächung der Nebentonsilben entspricht den verbreiteten nd. Lautveränderungen. Förstemann, Ortsnamen I Sp. 247 führt weitere mit diesem PN gebildete ON auf.

ALTGANDERSHEIM (Bad Gandersheim)

780-802 (A. 12. Jh.) in loco Gandesheim (UB Fulda I Nr. 505 S. 497)
um 1007 Aldangandesheim (Goetting, Gandersheim S. 256)
1189 Aldengandersem (UB H. Hild. I Nr. 472 S. 448)
1217 Aldengandersem (Petke, Wöltingerode Anhang III Nr. 2 S. 562)
1251 Aldengandersem (UB Plesse Nr. 159 S. 196)
1256 Henricus clericus de Aldengandersem (Urk. St. Marien Gandersheim Nr. 8)
1271 apud antiquam Gandersem (UB Stadt Hild. I Nr. 330 S. 161)
1334 Oldengandersem (Urk. Clus/Brunshausen Nr. 27)
1366 Oldengandersem (Goetting, Findbuch I Nr. 202 S. 96)
1432 kerkhove to Oldengandersem (Urk. Stadt Gandersheim Nr. 33)
1488 Oldenganderßen (Urk. Stadt Gandersheim Nr. 80)
1542 Olden Gandersheim (Kayser, Kirchenvisitationen S. 199)
1552 Altengandersheim (Kleinau GOV I Nr. 57 S. 17)
um 1616 Alten Ganderßheimb (Casemir/Ohainski, Territorium S. 45)
1678 Altengandersheimb (Kopfsteuerbeschreibung Wolfenbüttel S. 207)
1803 Altgandersheim (Hassel/Bege, Wolfenbüttel II S. 201)
dialekt. (1934) ōlngandərßən (Kleinau GOV I Nr. 57 S. 17)

I. Der ON ist zuerst in einer hd. Quelle als Gandesheim überliefert. Das GW liegt ab dem 12. Jh. in nd. Lautung verkürzt zu -em vor. Vereinzelt erscheint -en. Im 16. Jh. wird hd. -heim wieder zur dominanten Form. Das BW wird im 12. Jh. durch -r- erweitert. Im 11. Jh. erhält der ON den Zusatz Aldan-, welcher sich zu Alden-, Olden-, Alten- und Alt- entwickelt. 1271 begegnet die lat. Entsprechung antiqua.

II. Gehmlich, Wappenbuch S. 143 schildert die Entwicklung des ON: „Einst hatte das Dorf Gandersheim geheißen und [...] seinen Namen zuerst der Mark gegeben, wie eine Schenkungsurkunde aus der Zeit um 800 bezeugt. Dann nannte sich das 852 gegründete Reichsstift nach ihm [...]. Das Dorf Gandersheim verlor dadurch seine Bedeutung und wurde schon 1007 'Aldangandersheim' genannt [...]." Da die bisherigen Deutungen des ON aufgrund der Namensübertragung gleichermaßen → Gandersheim, Bad betreffen, werden sie dort zusammengefaßt.

III. Zur Deutung vgl. → Gandersheim, Bad. Zur Unterscheidung von Stift und Stadt Gandersheim erhält der ON schon früh als Zusatz das flektierte Adjektiv asä. ald, old mnd. ōld 'alt'.

AMELSEN (Dassel)

826-876 (A. 15. Jh.) *Amaleueshusun* (Trad. Corb. § 196 S. 116)
1003-1005 (A. 15. Jh.) *Amaleueshusun* (Trad. Corb. § 474 S. 156)
1006-1007 (A. 15. Jh.) *Amaleuessem* (Trad. Corb. § 494 S. 159)
1345 *Ameloyssen* (Kramer, Abschwächung S. 41)
1370 *Amelossen* (Kramer, Abschwächung S. 41)
1383 *Amelossen* (UB Fredelsloh Nr. 173 S. 123)
1417 *Amelossen* (Urk. Dipl. App. Nr. 223)
1458 (A. 16. Jh.) *Amolosßen* (Deeters, Quellen S. 111)
1588 *Amelsen* (Kayser, Generalkirchenvisitation S. 191)
um 1616 *Amelsen* (Casemir/Ohainski, Territorium S. 58)
1740 *Amelsen* (Lauenstein, Hildesheim II S. 96)
1789 *Amelßen* (Status Contributionis S. 4)
1823 *Amelsen* (Ubbelohde, Repertorium 2. Abt. S. 6)
1833 *Amelsen* (Gaußsche Landesaufnahme Bl. 22)
dialekt. (1950) *åmĕltsĕn* (Flechsig, Beiträge S. 12)
dialekt. (1951) *åmĕlsĕn* (Flechsig, Beiträge S. 12)

I. Der ON unterliegt einigen Veränderungen: In den ältesten Belegen ist eine Grundform *Amaleveshusen* zu erkennen, die sich im folgenden zu *Amelossen* und *Amelsen* abschwächt. Singulär liegt im GW -sem vor.

II. Nach Casemir/Ohainski, Orte S. 135 mit dem GW -*husen* gebildet. Harland, Einbeck S. 14 vermutet in Amelsen den Namen des Amelunger-Geschlechts. Förstemann, Personennamen Sp. 94 stellt unseren Erstbeleg *Amaleveshusun* ohne Lokalisierung zu einem PN *Amallev*. Im Band Ortsnamen I Sp. 137 allerdings wird eine Grundform *Ameleveshusen* angesetzt und der Name mit dem „dtsch.-belg. fluss- u. ortsnamen" Amel bei Malmedy verbunden (und damit eine Verbindung zum Flußnamengrundwort *am- hergestellt). Zur Form *Amal-* des ersten Beleges ist dort vermerkt: „Das zweite *a* in *Amal-* sehe ich hier übrigens als spätere angleichung an das erste, eventuell sogar erst als kopistenflüchtigkeit an".

III. Als GW ist -*hūsen* anzusetzen. Der auf das GW -*hēm* weisende Beleg *Ameleuessem* ist ein Einzelfall in der Überlieferung. Im BW liegt ein stark flektierender PN vor, der keine Hinweise auf den von Harland vermuteten PN *Amelung* bietet. Vielmehr ist ein zweigliedriger PN *Amallev* zu erschließen. Förstemann, Personennamen Sp. 94 verzeichnet allerdings nur einen hd. PN *Amaleip*. Auch bei Schlaug fehlt ein solcher PN für das asä. Gebiet. Die Namenglieder sind jedoch in anderen Kombinationen gut bezeugt. Das Erstglied *Amal-* stellt Schlaug, Altsächs. Personennamen S. 44 zu got. **amals* 'tüchtig, tapfer', wobei nach Förstemann, Personennamen Sp. 88 die Etymologie noch strittig ist. Das Zweitglied -*lef* ist mit asä. *lēba* 'Hinterlassenschaft, Überbleibsel' bzw. in PN in der Bedeutung 'Nachkomme, Sproß' (Kaufmann, Ergänzungsband S. 224) zu verbinden; vgl. die Auflistung von asä. PN auf -*lef* bei Schlaug, Altsächs. Personennamen S. 189. Die Sippe um das Flußnamengrundwort *am- bleibt auf jeden Fall fern (vgl. dazu die ausführliche Darstellung bei Udolph, Germanenproblem S. 246-251). In der Entwicklung des ON ist der Sprung von *Amaleueshusun* zu *Amelossen* bemerkenswert, denn eine Abschwächung des flektierten PN-Zweitgliedes -*leves-* zu -*los-* ist ungewöhnlich. Möglicherweise hat hier die in südniedersächsischen -*hūsen*-Namen häufig vorliegende Variante -*hosen* eingewirkt.

ANDERSHAUSEN (Einbeck)

1235 *Andvordesusen* (UB Fredelsloh Nr. 19 S. 34)
1305 *Antwordishusen* (Westfäl. UB IX Nr. 406a S. 184)
1312 *Antwardesh(use)n* (Kramer, Abschwächung S. 37)
1409 *Anderdeshusen* (UB Fredelsloh Nr. 185 S. 130)
1419 *Antwordeshusen* (Feise, Einbeck Nr. 599 S. 128)
1447 *Antworteshausen* (Upmeyer, Oldershausen S. 246)
1484 (A.) *Andershusen* (Bilderbeck, Sammlung II Nr. 31 S. 80)
1539 *Andwordessen* (UB Hardenberg II Nr. 83 S. 221)
1544 *Andershusen* (Kayser, Kirchenvisitationen S. 586)
1590 (A.) *Andewershausen* (Müller, Lehnsaufgebot S. 396)
1703 *Andershausen* (Reg. Wallmoden Nr. 742 S. 742)
1783 *Andershausen* (Kurhannoversche Landesaufnahme Bl. 139)
1823 *Andershausen* (Ubbelohde, Repertorium 2. Abt. S. 6)
dialekt. (1951) *annĕrshiusĕn* (Flechsig, Beiträge S. 12)

I. Das GW zeigt fast kontinuierlich *-husen*, im 16. Jh. verkürzt zu *-sen*. Im 18. Jh. hat sich hd. *-hausen*, erstmals 1447 in Erscheinung tretend, durchgesetzt. Das BW variiert bis zum 16. Jh. leicht zwischen *Andwordes-*, *Antwardes-*, *Antwerdes-*, *Anderdes-* und *Andewers-*. Ab dem 15. Jh. erscheint daneben abgeschwächt *Anders-* und wird im 18. Jh. zur alleinigen ON-Form.

III. Bildung mit dem GW *-hūsen*. Das BW enthält einen zweigliedrigen stark flektierenden PN *Andward*. Förstemann, Personennamen Sp. 104 führt die Formen *Antwart* und *Antwarth* an, Schlaug, Studien S. 71 belegt einen PN *Anduuard*. Die Etymologie des PN ist unsicher: Schlaug, Altsächs. Personennamen S. 45 stellt PN wie *Andger*, *Andred* und *Andulf* zum Präfix asä. *and*, *ant* 'ent-'. Die Verwendung eines Präfixes als Namenglied ist jedoch in Frage zu stellen. Heintze/Cascorbi, Familiennamen S. 114 bietet einen anderen etymologischen Aspekt: Unter dem Lemma ANDAN 'Hauchen, Schnauben', zu asä. *ando*, aengl. *anda* 'Zorn', anord. *andi* 'Atem, Geist', ahd. *anado*, *anto*, mhd. *ande* 'Gefühl der Kränkung' sind die PN *Andahari*, *Andhart*, *Andarich*, *Andualt* und *Andwich* aufgeführt, wobei *And-* „in PN wohl 'seelische Anregung, zorniger Mut'" bedeutet. Vgl. zum Stamm AND- auch Kaufmann, Ergänzungsband S. 34. Das zweite Namenglied *-ward* geht auf asä. *ward* 'Hüter, Wächter' zurück. In unserem ON liegt es auch in der Form *-word* mit Verdumpfung des *-a-* zwischen *-w-* und *-rd-* vor. Nebentonig schwächt es sich stark ab: Silbenanlautendes *-w-* fällt aus (Lasch, Grammatik § 300), ebenso der interkonsonantische Dental (Lasch, Grammatik § 310), so daß sich die BW-Form *Anders-* durchsetzt. In der Mundartform wird dazu Assimilation von *-nd-* > *-nn-* sichtbar.

ANGERSTEIN (Nörten-Hardenberg)

1082 (Fä. 12. Jh.) *Angersten* (Mainzer UB I Nr. 361 S. 261)
1139 *Thietericus de Aggerstein* (Mainzer UB II Nr. 8 S. 12)
1150 (A. 16. Jh.) *Angerstheim* (Mainzer UB II Nr. 143 S. 264)
1150 (A. 16. Jh.) *Angerstein* (Mainzer UB II Nr. 143 S. 265)
1235 (A. um 1300) *Crachto de Ancherstene* (UB Plesse Nr. 100 S. 142)
1241 *Crachto de Angerstein* (UB Boventen Nr. 9 S. 35)
um 1250 *Angersten* (Harenberg, Gandersheim S. 532)

um 1263 *Angersten* (UB Eichsfeld S. 509)
1318 *Aggerstene* (Goetting, Findbuch I Nr. 116 S. 61)
1376 *Angersteyn* (UB Göttingen I Nr. 280 S. 290)
1409 *Angersteine* (UB Hardenberg II Nr. 49 S. 130)
1433 *villanus in Angersteyn* (FB Weende Nr. 208)
1493 *Angersteyna* (Wolf, Steine Nr. 13 S. 24)
1535 *Angersteyn* (Goetting, Findbuch II Nr. 797 S. 136)
1588 *dorf Anngerstainn* (Salbuch Plesse II S. 201)
1620 *Andreas Meyer vonn Angerstein* (Kelterborn, Bürgeraufnahmen I S. 275)
1784 *Angerstein* (Kurhannoversche Landesaufnahme Bl. 150)
1823 *Angerstein* (Ubbelohde, Repertorium 2. Abt. S. 6)
dialekt. (1951) *Angerstain* (Flechsig, Beiträge S. 12)

I. Bei der von Metge/Rinnert, Angerstein S. 5 genannten Ersterwähnung des Ortes für 1056, die nicht zu verifizieren war, handelt es sich wahrscheinlich um eine Verwechslung mit dem Erstbeleg für → Marienstein von 1055. Ein Beleg um 1126 (Fä. 18. Jh.) *Angerstene* (UB Plesse Nr. 6 S. 46) wurde nicht in die Belegreihe aufgenommen, da es sich um eine „gelehrte" Fälschung J. Chr. Harenbergs aus dem 18. Jh. handelt, der für das Mittelalter keinerlei Quellenwert zuzurechnen ist. Der ON unterliegt keinem großen Wandel. Das BW zeigt den Nasallaut *-ng-* auch in den graphischen Varianten *-gg-*, *-nch-* und *-ngh-* (vgl. Lasch, Grammatik § 344). Das GW wechselt zwischen *-sten(e)* und *-stein(e)*. 1150 lautet es abweichend *-stheim*, 1493 *-steyna*. *Angenstein* und *Argersteyn* sind singuläre Erscheinungen.

II. Förstemann, Ortsnamen I Sp. 154 reiht den ON unter die *Anger*-Namen. Nach Casemir, Plesse S. 272f. enthält der ON das GW *-stein* < asä., mnd. *stēn* 'Fels, Stein'. Im BW liege das Appellativ asä. *angar*, mnd. *anger* 'freie Fläche' < germ. **angra-* 'ungepflügtes Grasland' vor, welches „ursprünglich wohl eine Bezeichnung für den an einer Flußkrümmung liegenden Grasstreifen" war, „da **angra-* zu einer indogermanischen Wurzel mit der Bedeutung 'krümmen, biegen' gehört". Ein Fluß namens **Angara/*Angira*, wie bei Förstemann, Ortsnamen I Sp. 151ff. häufig belegt, sei bei Angerstein nicht zu ermitteln, weswegen von „einer direkten Ableitung vom Appellativ bzw. von einem ursprünglichen Flurnamen ausgegangen werden" müsse. Es handle sich „um eine an einem Anger, bei einem Anger gelegene Siedlung".

III. Der Deutung von Casemir ist zuzustimmen, wonach der ON aus dem BW *Anger-* und dem GW *-stēn* besteht. Nach Schröder, Burgennamen S. 8 ist *Stein* eine allgemeine Bezeichnung für Fels, in Felsen hineingebaute Behausungen oder auffällige Steinsbildungen in der Umgebung. Seit dem 11. Jh. werde es aber wohl ausschließlich für Burgennamen verwendet und als „Steinburg, Burg" aufgefaßt. Nach Flechsig, Beiträge S. 51 befand sich bei Angerstein nie eine Burg, somit ist hier nicht von einem Burgnamen auszugehen. Wie Casemir, Plesse S. 273 bereits erwähnt, läßt sich die konkrete Motivation für das hier vorliegende GW nicht ermitteln. Es sei aber auf das nahegelegene → Marienstein hingewiesen.

† ANSCHETE
Lage: Ca. 1,8 km nördl. Marke (Kr. Osterode).

1105 (Fä. Mitte 12. Jh.) *Anschede* (Mainzer UB I Nr. 424 S. 331)
1141 (Fä. 13. Jh.; A. 16. Jh.) *Anschete* (Mainzer UB II Nr. 28 S. 50)

1141 (Fä. 13. Jh.; A. 17. Jh.) *Anschete* (Orig. Guelf. IV S. 525)
1162 (Fä. 13. Jh.; A. 14. Jh.) *Anschete* (MGH Urk. HdL Nr. 58 S. 86)
1230-31 (A. 14. Jh.) *in loco, qui vocatur Manschede prope Westerhove* (UB Walkenried I Nr. 173 S. 206)
1643 *Manscheider Kercke* (Denecke, Wegeforschung S. 313)
1715 *In der Westerhofeschen Forst, wenn man von Westerhofe nach der Dorffschafft Marke reisen will, hat vor Zeiten ein Dorff gelegen, die Manscheyde genandt, wovon annoch von der daselbst gestandenen Capelle oder Kirche einige rudera vorhanden seyn* (Bodemann, Wüste Ortschaften S. 253)

I. Die Belege des 12. Jh. variieren im Dental, da *-t-* für *-d-* eintritt. Die späteren Belege enthalten wieder *-d-*, in den jüngsten liegt hd. *-scheide* für *-schede* vor. Auffällig ist das an den Anlaut getretene *M-*.

II. Nach Casemir, Grundwörter S. 194 mit dem GW *-skeid* gebildet. Förstemann, Ortsnamen I Sp. 143 stellt den Beleg 1141 *Anschete* (den er → † Asche zuordnet), zum ahd. Präfix *an(a)* 'an, auf, hin'. Einen nl. Vergleichsnamen Enschede (1118 *Aneschedhe*) führt er in Ortsnamen I Sp. 151 unter dem Stamm ANDER, zu ahd. *ander* 'der zweite, der fremde', auf. Nach Bach, Ortsnamen II § 619,2 und Gysseling, Woordenboek I S. 322 gehört der nl. ON Enschede zu den *-scheid/-schede*-Orten. Das BW deuten sie nicht. Udolph, *-ithi* S. 129 hält eine an sich mögliche *-ithi*-Bildung aufgrund der Beleglage für zu unsicher.

III. Bildung mit dem GW *-schede*, zu asä. *skeðia*, mnd. *schēi̯de* 'Scheidung, Begrenzung, Grenze'. Das BW *An-* ist mit asä. *an, ana*, mnd. *an, āne* 'in, inmitten, entlang; an, bei; nach zu, bis zu' zu verbinden. Der Ansatz *Anskēthia* 'an/bei der Grenze' wird durch die Lage des Ortes zwischen → Westerhof und Marke, Kr. Osterode (NOB II S. 106f.), im alten Grenzgebiet der Ämter Brunstein, Katlenburg, Herzberg und Westerhof (vgl. Flechsig, Beiträge S. 28) unterstützt. Die *t*-Schreibung in den Belegen *Anschete* ist eine Verhochdeutschung des nd. *-d-*. Die mit *M-* anlautenden Belege sind nur mit der Verschmelzung des ON mit dem vorangehenden Artikel in einer Wendung *to/bi dem(e) Anschede* zu erklären, wobei sich der Artikel nach dem Genus eines dabei gedachten *dorpe* (**to dem dorpe Anschede*) gerichtet haben muß, da *schēde* feminin ist.

IV. Kühlhorn, Wüstungen Bd. I Nr. 15 S. 79-81.

ASCHE (Hardegsen)

1055 (A. 16. Jh.) *Ascha* (Mainzer UB I Nr. 296 S. 186)
1239 (A. 13. Jh.) *Bertoldo de Asche* (UB Plesse Nr. 110 S. 152)
um 1270 *Johannes dictus de Hasche* (UB Fredesloh Nr. 35 S. 42)
1275 *Johannes dictus de Asche* (UB Fredesloh Nr. 42 S. 45)
1290 *Johannes de Ascha* (UB Fredesloh Nr. 65 S. 59)
1347 *gherichte to dem Asche* (Sudendorf II Nr. 208 S. 118)
1378 *Dethmarus de Assche* (Kelterborn, Bürgeraufnahmen I S. 29)
1404 *gheheten van Asche* (UB Fredesloh Nr. 182 S. 128)
1453 *Henrik von Assche* (Kelterborn, Bürgeraufnahmen I S. 93)
1537 *Asche* (Meyer, Steuerregister S. 77)
1596 *Ascha* (Letzner, Chronica Buch 5 S. 11r)

um 1616 *Asche* (Casemir/Ohainski, Territorium S. 56)
1791 *Asche* (Scharf, Samlungen II S. 11)
1823 *Asche* (Ubbelohde, Repertorium 2. Abt. S. 7)
dialekt. (1951) *aschĕ* (Flechsig, Beiträge S. 12)

I. Ein von den Editoren hierher gestellter Beleg 1105 (Fä. 12. Jh.) *Anschede* (Mainzer UB I Nr. 424 S. 331) gehört ebenso wie weitere von Lange, Northeim S. 80 genannte Belege zu → † Anschete. Der ON verändert sich kaum. Im Auslaut wechselt -*a*- zu -*e*-. Im Beleg um 1270 erscheint *H*- im Anlaut, wobei es sich um das sogenannte prothetische *H*- handelt, das Namen mit vokalischem Anlaut gelegentlich vorgesetzt wird. Abweichend kommen im 15. Jh. selten *Attze* und *Atze* vor.

II. Weigand, Heimatbuch S. 397f. schreibt zum ON: „Asche soll seinen Namen [...] davon haben, daß er siebenmal abgebrannt und immer wieder aus der Asche neu erstanden sei. Wahrscheinlicher aber ist, daß es den Namen von seinem Gründer, der Asche hieß, erhalten hat." Flechsig, Beiträge S. 28 meint, man könne den ON nach der Namenform zunächst für ein Dorf „am Eschenbach" halten. „Da für Asche die Urkundenform 'to dem Asche' 1347 bezeugt ist, möchte ich glauben, daß ein Waldname Asch in der Bedeutung Eschengehölz zugrunde liegt [...]; über Asche erhebt sich ja der Escheberg, der eine solche Deutung nahelegt." Förstemann, Ortsnamen I Sp. 213 stellt den ON als **Ask(a)* oder **Ask-aha* zu ahd. *asc*, aengl. *aesc*, anord. *askr* 'Esche; auch Eschengehölz', im zweiten Ansatz erweitert mit dem FlußN-GW -*aha*. Eine Entscheidung ist nach Förstemann nicht möglich.

III. Weigands Vermutung einer Verbindung mit dem Wort *Asche* als Verbrennungsrückstand gehört in den Bereich der Volksetymologien. Ebenso falsch ist die Annahme eines PN *Asche*, da der FamN *Asche* erst als Herkunftsname aus dem ON entstanden ist und eine solche Bildung zudem der ON-Struktur völlig widerspricht. Sowohl Förstemann als auch Flechsig erwägen zwei mögliche Grundformen **Asc-aha* und einfaches **Asc(a)*. Sicher ist, daß der ON asä. *asc*, mnd. *asch* 'Esche, Eschengehölz' enthält. Das GW -*aha* liegt im allgemeinen schon früh abgeschwächt zu -*a* vor, so daß eine Entscheidung zwischen beiden Ansätzen aufgrund der Überlieferung allein nicht getroffen werden kann. Da Asche aber nicht direkt an einem Wasserlauf liegt und der Beleg von 1347 *to dem Asche* nicht auf das feminine GW -*aha* weist, ist der Ansatz **Asca* vorzuziehen. Die Endung -*a*, Zeichen des asä. Dativ Singular, schwächt sich nebentonig zu -*e* ab. Jellinghaus, Westf. ON S. 13 führt einige ON und FlurN auf, die zum Vergleich herangezogen werden können, z.B. Asch, Berg bei Polle an der Weser, und Asch, Dorf bei Buren/Gelderland (1288 *Aske*), die mit *asch* 'Ansammlung von Eschen' zu verbinden sind. Förstemann, Ortsnamen I Sp. 213 verzeichnet zahlreiche weitere ON. Vgl. auch → † Asschowe.

† ASCHEN
Lage: Ca. 0,6 km südöstl. Dankelsheim.

um 1217 (A. 16. Jh.) *Adesten* (Petke, Wöltingerode Anhang III Nr. 1 S. 562)
1222 *in villa, que Adestense vocatur* (Urk. Clus/Brunshausen Nr. 10)
1237 *Adestessen* (Urk. Clus/Brunshausen Nr. 12)
1238 *Adestissen* (UB H. Hild. II Nr. 508 S. 248)
1258 *Adestessen* (UB H. Hild. II Nr. 1064 S. 530)
1273 *Adestessen* (Goetting, Findbuch I Nr. 81 S. 46)

1297 *Athestesseym* (Urk. Clus/Brunshausen Nr. 18)
1429 *Addenssem* (Herbst, Klus S. 25 Anm.)
1549 *Adesten bei Dancklevessen* (Kleinau GOV I Nr. 124 S. 29)
1706 *Atschen* (Mühe, Dankelsheim S. 131)
1757 *Aschen* (Mühe, Dankelsheim S. 131)

I. Die älteren Formen schwanken zwischen *Adesten* und *Adestessen*. Der Beleg 1222 enthält eine latinisierte Form *Adestense*. Dann folgen zwei Belege auf *-eym* und *-em*, in denen der erste Dental des BW als *-th-* und *-dd-* erscheint. *Addenssem* ist insgesamt abweichend. Die jungen Formen *Atschen* und *Aschen* sind stark verschliffen.

II. Nach Mühe, Dankelsheim S. 129 und den BuK Gandersheim S. 5 ist der ON als „Heim des Adisto" zu verstehen. Goetting, Brunshausen S. 19f. rekonstruiert aus einer Form *Adistessen* (er meint aber *Adestessen*, wie sich in Goetting, Gandersheim S. 253 zeigt) eine Grundform *Hadistesheim* und sieht darin „die bei den Liudolfingern vorkommende Namenssilbe Had- mit st-Suffix". Diese Rekonstruktion wiederholt er in Goetting, Gandersheim S. 253 und sieht in der Siedlung „Eigenbesitz der liudolfingischen Familie, deren Glieder den um Altgandersheim gegründeten Orten ihren Namen gegeben haben".

III. Die bisherigen Deutungen gehen von einem *-hēm*-Namen aus. Dieses GW wäre jedoch nur aus den Belegen 1297 und 1429 zu erschließen. Das frühere *Adestessen*, *Adestissen* weist vielmehr auf das GW *-hūsen*, welches im Untersuchungsgebiet häufig zu *-sen* verkürzt vorliegt. Der Erstbeleg *Adesten* ist eine Abschrift aus dem 16. Jh. und gleicht auch dem Beleg von 1549, so daß fraglich ist, ob es sich um die Originalschreibung oder eine dem 16. Jh. entsprechende Form handelt. Der Beleg 1222 *Adestense* sieht wie eine flektierte lateinische Form aus, liegt im Kontext allerdings im Nominativ vor, so daß man eine Verschreibung aus **Adeste(s)sen* vermuten kann. Im BW werden bisher ein PN **Adisto* oder ein PN-Konstrukt *Had-st-* angenommen. Da PN des Stammes HATHU im Asä. nie ohne das anlautende *H-* vorliegen, ist ein mit *Had-* gebildeter PN auszuschließen. Der PN **Adisto* würde schwach flektieren. Die ON-Belege weisen aber ein Fugen-*s* auf, somit muß ein stark flektierender PN gesucht werden. Außerdem hätte das *-i-* in **Adisto* Umlautung zu **Edest-* bewirkt. Förstemann, Personennamen Sp. 154 verzeichnet die mit *st*-Suffix gebildeten asä. PN *Addasta* und *Addasto*, ebenso Schlaug, Altsächs. Personennamen S. 53, zum PN-Stamm ATHA. Diese PN unterliegen keiner Umlautung, flektieren aber schwach, wie Förstemanns zu den PN aufgeführte Beispiele *Addestanstidi* und *Addestondorp* (ohne Lokalisierung) zeigen. Es ist also ein nicht bezeugter stark flektierender PN **Adast*, **Adost* oder **Adust* für unseren ON anzunehmen. Nach Kaufmann, Ergänzungsband S. 15 kommt das *st*-Suffix vor allem im Asä. vor.

IV. BuK Gandersheim S. 5-6; Karte 18. Jh. Bl. 4126 als Adestessen; Kleinau GOV I Nr. 124 S. 29; Mühe, Dankelsheim S. 129-131.

† ASSCHOWE

Lage: Dicht südwestl. der Kapellenruine St. Marien, nordöstl. Lagershausen.

1299 *Johannes de Ascboe* (UB Oldershausen Nr. 6 S. 13)
1313 *Theodorici de Asschowe* (UB Grubenhagen Nr. 37 S. 18)
1360 (A. 15. Jh.) *dorp to Asschowe* (Harenberg, Gandersheim S. 851)

1420 (A. 15. Jh.) *vogedie to Aschauwe* (Schwarz, Register Nr. 38 S. 46)
um 1440 *Asschwe* (Flentje/Henrichvark, Lehnbücher S. 86)
1487 *Asschauwe* (Goetting, Findbuch II Nr. 632 S. 80)
1554 *Aschauwe* (Scheidt, Codex Diplomaticus Nr. 23 S. 507)
1595 *auff der Asschauw* (Max, Grubenhagen I S. 523)
1605 *Aschaw* (Müller, Lehnsaufgebot S. 394)
1784 *In der Aschau* (Kurhannoversche Landesaufnahme Bl. 143)

I. Ein von verschiedenen Autoren hierher gestellter Beleg von 1055 (A. 16. Jh.) *Ascha* (Mainzer UB I Nr. 296 S. 186) gehört ebenso wie Belege des Typs 1286 *Johannes de Ascha* (UB Fredelsloh Nr. 57 S. 54) zu → Asche; andererseits ist der Beleg von 1420, den der Herausgeber Asche zugeordnet hatte, wegen der gleichzeitig genannten Orte recht sicher auf die vorliegende Wüstung zu beziehen. Das GW liegt als *-oe*, *-owe*, *-auw(e)*, *-aw* und *-au* vor. Der Erstbeleg zeigt im BW abweichend *Ascb-*, in der weiteren Überlieferung lautet es *A(s)sch-*.

II. Nach Casemir, Grundwörter S. 191 mit dem GW *-au* gebildet. Garke, Bachnamen S. 37 erwähnt einen FlußN Aschau „an der oberen Northeimer Aue" und sieht darin die Baumbezeichnung *Esche*, die in Namen auch als *Asch-*, *As-* erscheine. Kettner, Flußnamen S. 17 Anm. 41 meint: „Der WüN *Aschau* [...] könnte ein ursprünglicher FlußN mit dem GW *au* [...] und dem BW as. *asc* 'Esche' sein. Da es aber auch FlurN mit dem GW *au* gibt, bleibt die Herkunft des WüN *Aschau* unsicher." Philipps, Aschau-Kapellen S. 88 denkt eher an mnd. *asch* 'Äsche', eine Fischart.

III. Als GW liegt *-au* vor. Es gehört zu germ. **awjō* 'Land am Wasser, Insel', mnd. *ouw(e)*, *ow(e)*, *ou*, *ō* 'vom Wasser umflossenes Land; feuchtes Wiesenland; Wasserlauf'. Das BW enthält asä. *asc*, mnd. *asch* 'Esche, Eschengehölz' in einem Stammkompositum. Das Appellativ asä. *asco* 'Äsche' bleibt als schwach flektierendes Maskulinum fern. Zum BW vgl. → Asche.

IV. Exkursionskarte Osterode S. 49; Jäckel, Willershausen Karte 1; Kühlhorn, Wüstungen Bd. I Nr. 18 S. 94-101; Max, Grubenhagen I S. 523; Philipps, Aschau-Kapellen S. 88-91; Upmeyer, Oldershausen S. 247.

AVENDSHAUSEN (Einbeck)

1286 (A. 19. Jh.) *Auenhusen* (UB Saldern I Nr. 142 S. 62)
1314 (A. 16. Jh.) *Avenhusen* (Harenberg, Gandersheim S. 997)
1339 (A. 17. Jh.) *Avenshusen* (Sudendorf I Nr. 656 S. 333)
1386 *plebano in Avenshusen* (UB Goslar V Nr. 651 S. 289)
1527 *Avenshußen* (Tschackert, Rechnungsbücher S. 374)
1544 *Auenßhusen* (Kayser, Kirchenvisitationen S. 585)
1581 *Hans Bertram vonn Avenshusenn* (Kelterborn, Bürgeraufnahmen I S. 229)
1585 *Avenßhusen* (Feilke, Untertanenverzeichnis S. 110)
1596 *Avenshausen* (Letzner, Chronica Buch 5 S. 16v)
um 1616 *Avensen* (Casemir/Ohainski, Territorium S. 71)
1783 *Avenshausen* (Kurhannoversche Landesaufnahme Bl. 139)
1791 *Avendshausen* (Scharf, Samlungen II S. 12)
1823 *Avendshausen* (Ubbelohde, Repertorium 2. Abt. S. 9)
dialekt. (1951) *åfĕnhiusĕn* und *åmĕlshiusĕn* [!] (Flechsig, Beiträge S. 12)

I. Das GW zeigt stabil -*husen* bzw. ab dem 17. Jh. hd. -*hausen*. Um 1616 erscheint eine abgeschwächte -*sen*-Form. Die ersten zwei Belege enthalten kein Flexions-*s*, in der Folge aber lautet das BW fast kontinuierlich *Avens*-. Ende des 18. Jh. tritt ein Gleitlaut -*d*- zwischen -*n*- und -*s*-. Stark abweichend und singulär erscheinen 1458 (A. 16. Jh.) *Anenhusen* [!] (Deeters, Quellen S. 58) und 1519/20 (A. 16. Jh.) *Amenshusen* [!] (Krusch, Studie S. 266).

III. Bildung mit dem GW -*hūsen*. Unsicher ist, ob im BW ein schwach oder stark flektierender PN vorliegt. Die Form *Avenhausen* ohne -*s*- setzt den schwach flektierenden PN *Avo*, zu germ. **aƀa*- 'Mann', got. *aba* 'Mann', voraus (belegt bei Schlaug, Altsächs. Personennamen S. 54, Schlaug, Studien S. 167 und Förstemann, Personennamen Sp. 217). *Avenshausen* dagegen läßt an einen stark flektierenden PN denken. Schlaug, Altsächs. Personennamen S. 54 verzeichnet auch einen PN *Auen*. Förstemann, Personennamen Sp. 218 schreibt den PN aus selber Quelle *Aven* und stellt ihn zum ungeklärten Stamm AVI. Man kann *Avenshusen* jedoch als sekundäre Bildung betrachten, in die -*s*- erst später eingefügt wurde (vgl. auch → † Abbenshusen). Demnach ist eine Bildung mit dem PN *Avo* vorzuziehen.

B

† BALDFELDE

Lage: Unsicher bei Haieshausen, möglicherweise auch bei Mechtshausen im Kr. Goslar.

1003-1005 *Baldualdun* (Trad. Corb. § 472 S. 156)
1590 *Balvelde* (Müller, Lehnsaufgebot S. 452)
1609 *Balvelde* (Müller, Lehnsaufgebot S. 452)

I. Die Zuordnung der Belege von 1590 und 1609 ist unsicher; die Zuordnung des Beleges 1003-1005 bzw. zumindest die Lokalisierung der Wüstung beruht auf der von uns nicht geteilten Gleichsetzung von dem in derselben Tradition an das Kloster Corvey genannten *Aieshusun* mit → Haieshausen. Der Erstbeleg zeigt das GW als -*ualdun*, in den späteren Belegen lautet es -*velde*. Das BW enthält zunächst einen Dental -*d*-, der in den weiteren Formen fehlt.

II. Nach Casemir/Ohainski, Orte S. 141 mit dem GW -*wald* gebildet. Förstemann, Ortsnamen I Sp. 343f. stellt den ON mit dem Beleg von 1003-1005 zusammen mit Balbronn im frz. Departement Bas Rhin (1178 *Baldeburne*, 1192 *Balbrun*), Beller bei Brakel, Kr. Höxter (9. Jh. *Balgeri* und *Balderi*), und weiteren ON zu einem Stamm BALD unbekannter Bedeutung.

III. Es gilt zunächst, das GW zu ermitteln. Die beiden jüngeren Belege -*velde* weisen eindeutig auf -*feld*. Der Erstbeleg enthält -*a*- und deutet damit auf -*wald*. Das anlautende -*w*- wird im Asä. aber üblicherweise durch -*uu*- wiedergegeben, für -*f*- dagegen kann auch -*u*- stehen (Gallée, Grammatik § 157 und § 164), so daß eher von -*feld* auszugehen ist. Die Form -*ualdun* dürfte durch Angleichung des Stammvokals an das BW *Bald*- entstanden sein. Die Endung -*un* zeigt den bei frühen Ortserwähnungen häufigen Dativ Plural. ON mit dem GW -*feld* enthalten im BW zumeist Appellative, die sich auf das Landschaftsbild beziehen, oder FlußN. Doch was verbirgt sich hinter *Bald*-? Der ON Beller bei Höxter ist nach Udolph, Germanenproblem S. 171 trotz des *Balgeri*-Beleges aufgrund der übrigen Überlieferung *Balderi*, *Baldere*, *Beldere* auf eine Form *Baldira* mit *r*-Suffix zurückzuführen. Den Vorschlag von Wesche, Ortsnamen S. 41, den ON mit einem germ. Götternamen *Balder* zu verbinden, lehnt Udolph ab und zieht Beispielnamen aus dem Baltischen wie Baldayn, Baldupe, Baldija zum Vergleich heran. Ein Deutungsansatz wird aber nicht geboten. Der von Förstemann, Ortsnamen I Sp. 343f. ebenfalls erwähnte ON Balbronn enthält als GW ein Wasserwort. Bei Vanagas, Hidronimu S. 56f. findet man außerdem die lit. GewN Baldõkas, Baldõnas, Baldupe, die lett. FlurN (Wiesen) Baldas, Balduone und die apreuß. GewN Baldayn, Baldingis. Es scheint naheliegend, *Bald*- mit dem Bedeutungsfeld 'Wasser' und dessen Eigenschaften zu verbinden. Fraenkel, Wörterbuch S. 30 stellt den lit. ON Baldainiai und den lett. Fluß- und ON Balduone zu lit. *balá* 'Sumpf, Morast, Pfuhl'. Dieses Appellativ geht auf die idg. Wurzel *bhel*- 'glänzend, weiß' („auch von weißlichen Tieren, Pflanzen und Dingen") zurück, die in Dentalableitungen in slav. *bolto* 'Sumpf, Teich, See', lit. *báltas*, lett. *balts* 'weiß' vorliegt (Pokorny, Wörterbuch S. 118f.). Eine andere Möglichkeit ist der Anschluß an die idg. Schallwurzel *bhel- 'schallen, reden, brüllen, bellen', deren Erweiterung *bhel-dh- sich in dän. baldre, norw. mdal. baldra, schwed. mdal. ballra, mnd., nl. balderen 'lärmen' findet (Pokorny, Wörterbuch S. 123). Eine andere Dentalerweiterung *bhel-d- 'pochen, schlagen' liegt in norw. mdal. bolta 'poltern, vorwärtsstürmen', lit. beldù 'pochen, klopfen', bildu 'dröhnen, poltern', báldau 'klopfen, stark poltern' vor (Pokorny, Wörterbuch S. 124). Die dritte Möglichkeit ist eine Verbindung mit der idg. Wurzel *bhel- 'aufblasen, aufschwellen, sprudeln, strotzen', die in anord. bali 'Erhöhung entlang dem Uferrande; kleine Erhöhung auf ebenem Boden' und mit Dentalerweiterung in aschwed. bulde, bolde, byld 'Anschwellung, Geschwür' begegnet. Die ursprüngliche Bedeutung 'geschwollen' der to-Ableitung *bhólto- wird in 'hochfahrend, kühn' übertragen, wie in got. balþei 'Kühnheit', anord. baldinn 'trotzig', aengl. beald 'kühn, dreist' und asä., ahd. bald 'kühn, dreist, schnell' (Pokorny, Wörterbuch S. 120f.). Alle drei Wurzeln in den Bedeutungen 'weiß; Sumpf', 'schallen, lärmen, poltern' und 'schwellen, Anschwellung; sprudeln' können dem BW Bald- in einer Dentalableitung der Ablautform *bhol-t- (> germ. *balþ-) oder *bhol-dh- (> germ. *balð-) zugrundeliegen. Eine Realprobe anhand tatsächlicher örtlicher Gegebenheiten kann aufgrund der fehlenden Lokalisierung nicht vorgenommen werden. Bei Bevorzugung von *bhel- 'schwellen, Anschwellung; sprudeln' wäre ein Bezug sowohl auf eine Erhebung als auch ein Anschluß an einen ursprünglichen GewN möglich. Bei *bhel- 'schallen, lärmen, poltern' käme nur ein GewN, der sich im BW erhalten hat, in Frage. Zieht man *bhel- 'weiß; Sumpf' vor, ist ebenfalls ein GewN, aber auch ein Sumpfgebiet als namengebend möglich. Aufgrund der Form des BW Bald- ist die Annahme eines GewN fraglich (zu erwarten wäre Balda-), so daß der Bezug auf eine Erhebung, angesichts der zahlreichen baltischen Namen aber vor allem die Bedeutung 'weiß, Sumpf' überzeugender erscheint. Da silbenauslautender Dental bei Kontakt mit dem folgenden Konsonanten ausfallen kann (Lasch, Grammatik § 310), ist unter sprachlichem Aspekt nichts gegen die Zuordnung der beiden jüngeren Belege Balvelde zum Erstbeleg zu sagen, wenn man von der oben vorgenommenen GW-Diskussion absieht.

IV. Casemir/Ohainski, Orte Nr. 251 S. 47; Kleinau GOV I Nr. 167 S. 41; Schütte, Mönchslisten S. 282.

† BALEHORNE
Lage: Ca. 1 km südöstl. Bühle.

1283 (Druck 18. Jh.) *in villa quae vocatur Balehorne* (UB Plesse Nr. 287 S. 291)
1364 *Walthere von Balehorn* (UB Goslar IV Nr. 808 S. 596)
1409 *to Balhorne wort* (UB Hardenberg II Nr. 49 S. 116)
1440 *uppe deme Balhornde* (UB Hardenberg II Nr. 56 S. 158)
1497 *Balhuren* (Negotium monasterii Steynensis S. 148)
1745 *Am Ball-Horne* (Kühlhorn, Wüstungen Bd. I Nr. 21 S. 109)

I. Ein Beleg 972-973 *Balahornen* (Trad. Corb. § 352 S. 138) ist nicht auf diesen Ort zu beziehen, sondern am ehesten auf eine Wüstung bei Dardesheim, Kr. Halberstadt (vgl. Schütte, Mönchslisten S. 253). Das BW schwächt sich von *Bale-* zu *Bal-* ab, im 18. Jh. wird wohl dt. *Ball* eingedeutet. Das GW liegt als *-horn(e)* vor, vereinzeltes *-hornde* und *-huren* weichen ab.

II. Nach Casemir, Grundwörter S. 192 mit dem GW -*horn* gebildet. Kramer, Flurnamen Moringen S. 29 verzeichnet einen FlurN *im Balhorn* bei Bishausen, in dem er eine Wüstung (also unsere) vermutet. Der FlurN gehöre zu einer Reihe hessischwestfäl. und südniedersächs. FlurN Balhorn, zu deren Deutung Kramer auf Schröder, Namenkunde S. 54ff. verweist. Schröder führt die ON Balhorn, Ballhorn (alt *Balahorna, Balahornun*), die Förstemann, Ortsnamen I Sp. 343 zu aengl. *bæl*, anord. *bāl*, dän. *baal* 'Scheiterhaufen, Flamme, Glut' oder asä. *balu* 'Unheil' gestellt hatte, auf germ. **balaz* 'leuchtend weiß, weiße, helle Farbe' (zu idg. **bhel-* 'glänzend, weiß') zurück. Zur auffälligen Verbindung von *bala-* und *-horn* verweist er S. 59 auf semantisch parallele ON Weißenhorn und den FamN Blankenhorn. Kramer weist darauf hin, „daß der Farbwert 'weiß' in Berg- und FlurN [...] nicht absolut genommen werden muß, sondern auch auf einen kahlen Berggipfel oder -vorsprung bezogen werden kann. Solche Partien fallen bei einem exponierten Berg auch aus größerer Entfernung besonders ins Auge, sie 'leuchten' weithin ins Land. Eine 'weiße' Gesteinsfarbe ist also nicht unbedingt Voraussetzung für diese Namen." Bahlow, Ortsnamen S. 16 führt das BW solcher ON auf ein Sumpfwort zurück, welches lit. *balà* 'Sumpf' entspreche.

III. Der ON besteht aus dem BW *Bale-* und dem GW *-horn*. Zu Bahlows Bezug auf ein Sumpfwort ist anzumerken, daß lit. *balà* 'Sumpf, Moor' zusammen mit lit. *báltas* 'weiß' ebenfalls auf die idg. Wurzel **bhel-* 'weiß, glänzend' zurückzuführen ist (was wohl im Bewuchs sumpfiger Flächen mit weißleuchtenden Pflanzen begründet ist; vgl. Fraenkel, Wörterbuch I S. 30). Das BW *Bale-* ist mit Kramer und Schröder mit germ. **balaz*, got. *bala* 'weiße, helle Farbe' < idg. **bhel-*, **bhal-* 'weiß, glänzend' zu verbinden (vgl. Pokorny, Wörterbuch S. 118f.). Der *a*-Stamm des Wortes ist z.B. in einem Beleg für Balhorn, Kr. Kassel, (9. Jh. [A. 12. Jh.] *Balahorna* [Breviarium sancti Lulli S. 18]) und in bereits abgeschwächter Form in unserem *Balehorne* erkennbar, was gegen die von Förstemann, Ortsnamen I Sp. 343 angesetzten Appellative spricht (vgl. dazu auch Schröder, Namenkunde S. 54ff.). Das GW *-horn* gehört zu asä. *horn* 'Horn, Vorgebirge, Landspitze', mnd. *hōrn, hōrne* 'Ecke, Winkel'. Das Benennungsmotiv des ON, der wohl auf einen FlurN zurückgeht, wäre also in einem kahlen, weithin sichtbaren Bergsporn zu sehen. Die Form *-huren* geht auf Zerdehnung des Vokals vor *-r-* zurück, die sich häufig durch *-e-*Einschub zwischen *-r-* und *-n-* zeigt (Lasch, Grammatik § 62).

IV. Exkursionskarte Moringen S. 77; Kühlhorn, Wüstungen Bd. I Nr. 21 S. 109-113.

† BAROLVESHUSEN

Lage: Ca. 1 km südwestl. Sebexen.

1145 *villulam, videlicet Barolueshusun* (Mainzer UB II Nr. 78 S. 155)

I. Es konnte nur ein Beleg ermittelt werden.

II. Nach Casemir, Grundwörter S. 192 mit dem GW *-husen* gebildet.

III. Obwohl nur ein Beleg vorliegt, kann eine Deutung vorgenommen werden. Das GW ist *-hūsen*. Das BW enthält einen stark flektierenden zweigliedrigen PN **Barolf*. Das Zweitelement *-olf* gehört zu asä. *wulf, wolf* 'Wolf', dessen *w-* im Silbenanlaut schwindet (Lasch, Grammatik § 300). Für das Erstglied *Bar-* gibt es zwei Anschlußmöglichkeiten: Zum einen ahd. *bero* 'Bär' und eine Grundform *Berolf* (vgl. Förstemann, Personennamen Sp. 266), die dem Wechsel von -e- > -a- vor -r- unterliegt (Lasch, Grammatik § 76), wie Schlaug, Studien S. 175 für den um 1159 belegten PN *Bare* annimmt. In der Regel findet dieser Wechsel jedoch vor Konsonant statt. Aus diesem Grund ist eine zweite Möglichkeit, die Verbindung mit dem PN-Stamm BARA mit unklarer Etymologie vielleicht vorzuziehen (vgl. Förstemann, Personennamen Sp. 246 mit den PN *Paro, Barfrid, Pargund, Baroald* usw.). Kaufmann, Untersuchungen S. 41 stellt den KurzN *Paro* als anlautverschärfte Form eines asä. PN **Baro* dar, gibt für diesen aber keine Etymologie an.

IV. Jäckel, Willershausen Karte 1; Kühlhorn, Wüstungen Bd. I Nr. 23 S. 124; Max, Grubenhagen I S. 519-520.

† BARTESHUSEN

Lage: Ca. 1,8 km nordwestl. Hevensen.

1336 *Thilo de Bardeshusen* (Kelterborn, Bürgeraufnahmen I S. 6)
1424 (A. 16. Jh.) *in dem velde to Barteshusen* [...] *dorp Barteßhusen* (Lechte, Hardegsen S. 342)
1439 *Barthiehusen* (Domeier, Hardegsen S. 49)
1440 (A. 17. Jh.) *in campis et terminis villa defecta Bartishusen* (Kühlhorn, Wüstungen Bd. I. Nr. 24 S. 126)
1588 *Borshusen* (Kayser, Generalkirchenvisitation S. 131)
1588 *Bartshausen* (Kayser, Kirchenvisitationen S. 281 Anm. 550)
1605 *Barthusen* (Müller, Lehnsaufgebot S. 376)
1609 *Barteshausen* (Müller, Lehnsaufgebot S. 342)
1715 *Zwischen Hevensen und Hardegsen hat vor Jahren ein klein Dorff, Bartzhausen genandt, gelegen, welches in denen Kriegsjahren gantz wüste worden* (Bodemann, Wüste Ortschaften S. 246)
1771 *Bartshausen* (Domeier, Hardegsen S. 85)
1784 *Bartshauser Feld* (Kurhannoversche Landesaufnahme Bl. 150)

I. Während das GW stabil -husen bzw. hd. -hausen lautet, unterliegt das BW einigen Schwankungen. Im Erstbeleg liegt -d- vor, die weiteren Belege zeigen -t- als Dental. 1588 tritt eine Form *Bors-* ohne Dental und mit Vokalverdumpfung von -a- > -o- vor -r- auf. Das Fugen-s fehlt in *Barthie-, Barthusen*. In der Leitform schwächt sich *Bartes-* zu *Barts-* ab, die Affrikate erscheint einmal als -tz-.

II. Nach Casemir, Grundwörter S. 192 mit dem GW -husen gebildet.

III. Bildung mit dem GW -hūsen und einem stark flektierenden KurzN, der als **Bard(i)* angesetzt werden muß, obwohl nur der Erstbeleg -d- zeigt. Das -t- der späteren Formen ist als Verschärfung zu interpretieren. Allerdings ist im asä. Gebiet nur ein schwach flektierender KurzN *Bardo* bezeugt. Dennoch ist aus dem ON eine stark flektierende Variante **Bard(i)* zu rekonstruieren. Schlaug, Altsächs. Personennamen S. 56 stellt *Bardo* zu asä. *bard* 'Bart'; Schlaug, Studien S. 175 denkt eher an asä. *barda* 'Streitaxt'. Förstemann, Personennamen Sp. 247 setzt die PN des Stammes BARDA in Beziehung zu den Langobarden. Ein PN **Bardi* oder *Bardo* liegt auch in Berenbostel, Kr. Hannover (NOB I S. 42), vor.

IV. Exkursionskarte Moringen S. 63; Kramer, Moringen S. 1098-1100; Kühlhorn, Wüstungen Bd. I Nr. 24 S. 125-130; Lechte, Hardegsen S. 211-216.

BARTSHAUSEN (Einbeck)

1400 *Barteldeshusen* (Kleinau GOV I Nr. 179 S. 45)
1439 *Barteldeshusen* (Harland, Einbeck I Nr. 50 S. 375)
um 1535 *Bertoldeshusen* (Kleinau GOV I Nr. 179 S. 45)
1542 *Bertzhusen* (Kayser, Kirchenvisitationen S. 207)
1544 *Bartshausen* (Hahne, Bartshausen S. 6)
1567 *Bartzhausen* (Kleinau GOV I Nr. 179 S. 45)
um 1600 *Barxhausen* (Reller, Kirchenverfassung S. 223)
1678 *Bartzhausen* (Kopfsteuerbeschreibung Wolfenbüttel S. 244)
1759 *Bartshausen* (Hahne, Bartshausen S. 14)
1783 *Bartshausen* (Kurhannoversche Landesaufnahme Bl. 139)
1803 *Bartshausen* (Hassel/Bege, Wolfenbüttel II S. 319)
dialekt. (1950) *bartshíusən* (Kleinau GOV I Nr. 179 S. 45)

I. Der von Hahne, Bartshausen S. 6 nach der Dürreschen Regestensammlung im Staatsarchiv Wolfenbüttel auf um 1380 datierte Beleg *Barteldeshusen* wird unserem von 1400 entsprechen. Das GW ist stabil -*husen* bzw. hd. -*hausen*. Das BW wechselt erst zwischen *Barteldes*- und *Bertoldes*- und schwächt sich dann zu *Bertz*-, *Barts*-, *Bartz*-, *Barx*- ab.

II. Die BuK Gandersheim S. 423 deuten den ON als „Behausung eines Bartold".

III. Im GW liegt -*hūsen* vor. Das BW enthält den stark flektierenden zweigliedrigen PN *Bertold*. Die beiden ältesten Belege zeigen den PN in der nd. Entwicklung von -*er*- > -*ar*- vor Konsonant (Lasch, Grammatik § 76) und nebentonig abgeschwächtem PN-Zweitglied. Der PN besteht aus den Namengliedern *Bert*-, zu asä. *ber(a)ht* 'glänzend, berühmt', und -*old*, welches sich aus -*wald* entwickelt hat (Gallée, Grammatik § 53), zu asä. *waldan* 'herrschen'. Im Asä. ist er gut bezeugt; vgl. Schlaug, Altsächs. Personennamen S. 60, Schlaug, Studien S. 74f. und Förstemann, Personennamen Sp. 295f. Das Zweitglied wird zu -*eld*- abgeschwächt und fällt dann ganz aus. Die Affrikate -*ts*- wird mit verschiedenen Graphemen wiedergegeben. Der PN liegt auch in Barterode, Kr. Göttingen (NOB IV S. 37f.), vor. Förstemann, Ortsnamen I Sp. 428f. nennt weitere Vergleichsnamen.

† **BEDESO**
Lage: Ca. 1,5 km nördl. Lüthorst.

1366 *tegenden to der Bedingheso* (Orig. Guelf. IV Nr. 41 S. 506)
1390 *de weesten dorpstede* [...] *Bedeso* (Petri, Lüthorst S. 144)
1400 (A. 15. Jh.) *Baddengeß* (Schnath, Everstein S. 27)
1469 *van eyneme tegeden to Bedingeso* (Kramer, Artikel S. 89)
1596 *cappellen to Bedeso* (Letzner, Chronica Buch 5 S. 11v)
1715 *Beedesoe* (Bodemann, Wüste Ortschaften S. 246)
1783 *Auf der Beysau* (Rohmeyer, Lüthorst S. 42)
dialekt. (1970) *Up d'r Besäu* (Rohmeyer, Lüthorst S. 42)

I. Die von Kühlhorn, Wüstungen Bd. I Nr. 25 S. 130 zitierte Urkunde des Siverd von Homburg ist nicht 1344, sondern 1366 ausgestellt. Die Belege, von denen der erste den ON als FlurN in präpositionaler Form zeigt, wechseln zwischen Formen mit und ohne -*ing*- bzw. -*eng*-. *Baddengeß* zeigt -*a*- statt -*e*- und geminierten Dental. Außerdem fehlt der Auslautvokal. In den jungen Formen liegt -*au*- statt -*o*- vor, der Dental ist ausgefallen.

II. Nach Casemir, Grundwörter S. 191 evtl. mit dem GW -*au* gebildet. Rohmeyer, Lüthorst S. 45 vermutet eine „Wortverdrehung: au oder aue=Verhochdeutschung von Ahe ('in der Eye')=Wasserlauf. Bede=frühere Steuerart, also wahrscheinlich: ein Auegelände, das mit einer Bede belastet war".

III. Da eine Trennung in *Bedinge-so* zu keinem plausiblen GW führt, ist der ON in *Bedinges-o* zu trennen. Der Erstbeleg weist in der präpositionalen Form auf ein feminines GW *to der o, worin das GW -*au* zu sehen ist. Die *Aue* ist aber keine Verhochdeutschung des Wasserwortes *aha*, wie Rohmeyer meint, sondern lediglich mit diesem verwandt. Es gehört zu germ. *awjō 'Land am Wasser, Insel', mnd. *ouw(e)*, *ow(e)*, *ou*, *ō* 'vom Wasser umflossenes Land; feuchtes Wiesenland; Wasserlauf'. Hier liegt die Variante *ō* vor. Das BW enthält das Suffix -*ing*- und ist somit nicht als *Bede* zu deuten. Rohmeyer scheinen nicht alle Belege vorgelegen zu haben. Aufgrund des Fugen-*s* darf kein Appellativ, sondern ein stark flektierender PN *Beding vermutet werden. Ein solcher PN ist nicht bezeugt, und es stellt sich die Frage nach dessen Ableitungsbasis. Kaufmann, Untersuchungen S. 40 führt asä. PN *Bēd*- < *Baid*- auf got. *baidjan*, asä. *bēdian* 'gebieten' zurück. Möglich wäre allerdings auch ein Stamm *Bad*-, welcher durch das -*ing*-Suffix zu *Bed*- umgelautet wird. Schlaug, Altsächs. Personennamen S. 55 verzeichnet einen KurzN *Bado*, *Baddo*, der zu dem asä. PN-Element *badu* 'Streit' gestellt wird. Förstemann, Personennamen Sp. 224ff. verbindet die KurzN *Bad(d)o* und *Bad(d)i* mit dem PN-Stamm BADU, zu aengl. *beadu*, *beado*, anord. *bǫð* 'Kampf', ebenso Schlaug, Studien S. 174. An diesen PN-Stamm kann der PN *Beding angeschlossen werden. In der weiteren Entwicklung fällt das -*ing*-Suffix aus, später das intervokalische -*d*-.

IV. Ernst, Wüstungen S. 84; Kramer, Artikel S. 89; Kühlhorn, Wüstungen Bd. I Nr. 25 S. 130-133; Rohmeyer, Lüthorst S. 42.

BEHRENSEN (Moringen)

vor 1225 *Theodericus de Bernersheym* (UB Walkenried I Nr. 140 S. 176)
1229 *Theodericus de Bernersen* (UB H. Hild. II Nr. 276 S. 123)
1239 (A. 13. Jh.) *Widikindo de Bernersem* (UB Boventen Nr. 6 S. 31)
1240 (13. Jh.) *Widekindo de Bernersen* (UB Plesse Nr. 118 S. 158)
1241 *Theodoricus de Bernersen* (UB Plesse Nr. 131 S. 172)
1244 (A. 13. Jh.) *Widikindus de Bernersen* (UB Plesse Nr. 140 S. 179)
1347 *Bernherssen* (Sudendorf II Nr. 208 S. 118)
1404 *Bernsen* (Kühlhorn, Wüstungen Bd. I Nr. 11 S. 67)
1409 *Bernssen* (UB Hardenberg Nr. 49 S. 115)
1430 *Berensen* (Urk. Stadt Gandersheim Nr. 31)
1497 *Bernsen* (Negotium monasterii Steynensis S. 189)
1537 *Bernßenn* (Meyer, Steuerregister S. 74)
um 1616 *Bernsen* (Casemir/Ohainski, Territorium S. 56)
1735-36 *Behrensen* (Forstbereitungsprotokoll S. 137)
1784 *Behrensen* (Kurhannoversche Landesaufnahme Bl. 150)
1823 *Behrensen* (Ubbelohde, Repertorium 2. Abt. S. 13)
dialekt. (1951) *bīrĕnßĕn* (Flechsig, Beiträge S. 12)

I. Bei Kühlhorn, Wüstungen Bd. I Nr. 11 S. 65-68, Ohlmer, Moringen S. 6 und in der Exkursionskarte Moringen S. 63 findet sich unter dem Lemma Alt-Behrensen eine ca. 0,5 km nördl. Behrensen gelegene, auf Grund von Scherbenfunden angesetzte Wüstung. Wir halten den Ansatz einer separaten Siedlung, die im 15. Jh. aufgegeben wurde und deren Siedlungsplatz zu diesem Zeitpunkt an die heutige Stelle verlegt wurde, für wenig überzeugend. Eher ist von einer langgezogenen Siedlung Behrensen auszugehen, von der der nördliche Teil im 15. Jh. aufgegeben wurde. Belege des Typs *Bernsen by dem Groten Rode*, die Kühlhorn mit der vermeintlichen Wüstung in Verbindung bringt, gehören zu † Bernsen, westl. Adelebsen (vgl. NOB IV S. 46). Die im Register MGH DH II. S. 764 getroffene Zuordnung zweier Belege 1022 (Fä. 1. H. 12. Jh.) *Beringoteshusen* (MGH DH II. Nr. 260 S. 306) und damit verbunden 1022 (Fä. 2. H. 12. Jh.) *Bergoteshushen* (UB H. Hild. I Nr. 67 S. 65) zu Behrensen ist nicht korrekt; die Belege gehören zu → † Bergoldeshusen. Dieser Ort ist sehr leicht mit † Bernsen und † Bernherssen, beide Kr. Göttingen (vgl. NOB IV S. 46 und S. 43f.), zu verwechseln, weshalb wir auf die Zuordnung von PN-Belegen 1334 *Henricus de Bernhersen* (Göttinger Wortzinsbuch S. 12), 1338 *Henricus de Bernherssen* (Grote, Neubürgerbuch S. 6), 1346 *Hermannus de Bernhersen* (Kelterborn, Bürgeraufnahmen I S. 10), 1438 *Albrecht von Bernßen* (Meyer, Adelebsen Nr. 2 S. 136) verzichtet haben. Mit einiger Wahrscheinlichkeit gehören die oben aufgeführten PN-Belege, die eine adlige Familie meinen - im Gegensatz zu NOB IV S. 44 - jedoch hierher.[1] Ein Mitglied der Familie - Dietrich - ist als Mitglied des Deutschen Ordens (UB Plesse Nr. 131 und 132 von 1241) in Bilshausen nachzuweisen, und wohl direkt aus seinem oder aus dem Besitz seiner Familie ist der Orden - evtl. auf dem Umweg einer Auflassung an den Herzog - zu Grundbesitz im Stammsitz Behrensen gelangt, der nach der Verlegung des Ordenshauses nach Göttingen (UB Göttingen Nr. 129; Sudendorf II Nr. 208) faßbar wird. Das GW zeigt vereinzelt *-heym* und *-em*, sonst erscheint *-(s)en*. Im BW erfolgt eine Entwicklung von *Berneres-* über *Berners-* zu *Berns-*. Ab dem 15. Jh. ist *e*-Einschub in *Be(h)rens-* zu beobachten.

II. Nach Casemir, Grundwörter S. 192 mit dem GW *-husen* gebildet. Domeier, Moringen S. 147 führt im Jahre 1753 aus: „Das Dorf Berensen [...] heisset eigentlich Berendshausen, ohne Zweifel von seinem Erbauer, der den Nahmen Bernd, oder Bernhard, geführet hat." Weigand, Heimatbuch S. 354 meint: „Behrensen oder Behrendsen, soll heißen Behrendshausen, hat seinen Namen von einer ausgestorbenen Adelsfamilie." Weigand, Ortsnamen S. 14 führt den ON konkret auf einen PN *Behrend* zurück. Bernotat, Moore-Gau S. 5 vermutet fragend eine Grundform **Bernshusen* und darin einen PN *Berno*.

III. Nur *Beneresheym* und *Bernersem* deuten auf das GW *-hēm*, sämtliche anderen Belege auf *-sen* sprechen eher für ein GW *-hūsen*. Die bisherigen Deutungen des PN gehen von falschen Prämissen aus: Weigands Form *Behrendsen* liegt in der Überlieferung nicht vor; Bernotats Ansatz **Bernshusen* ist bei Einbeziehung der älteren Belege auszuschließen. Das BW enthält einen stark flektierenden zweigliedrigen PN, dessen hier überlieferte Form *Berner* auf den PN *Bernheri* weist. Der PN ist asä. gut bezeugt (vgl. Schlaug, Altsächs. Personennamen S. 58, Schlaug, Studien S. 76 und Förstemann, Personennamen Sp. 269f.) und besteht aus den Namengliedern *Bern-*, zu ahd. *bero* 'Bär', und *-heri*, zu asä. *hēri* 'Heer'. Das anlautende *-h-* ist schon vor Beginn der Überlieferung ausgefallen (Lasch, Grammatik § 350). Der Ausfall des

---
[1] Freundlicher Hinweis von Gerhard Streich, Göttingen.

Zweitglieds im Nebenton ist keine ungewöhnliche Erscheinung. Die Zerdehnung des -*e*- vor -*r*- (Lasch, Grammatik § 62) bewirkt den Einschub eines bis heute erhaltenen -*e*- zwischen -*r*- und -*n*- (Lasch, Grammatik § 62). Die Länge des ersten -*e*- wird durch das nachfolgende -*h*- bezeichnet (Lasch, Grammatik § 237 Anm. 3). Der gleiche PN liegt auch in → † Bernecen und † Bernherssen, Kr. Göttingen (NOB IV S. 43f.), vor.

† BEKANHUSIADONE
Lage: Nördl. Harriehausen.

um 1007 (A. 15. Jh.) *Bekanhusiadone* (Engelke, Grenzen S. 4)

I. Es liegt nur dieser eine Beleg vor.

II. Nach Casemir/Ohainski, Orte S. 134 evtl. mit dem GW -*dune* gebildet. Förstemann, Ortsnamen I Sp. 338 führt den Beleg unter dem Ansatz BAK zu asä. *beki* 'Bach' auf.

III. Die ON-Form weicht von der üblichen Kompositionsweise, bestehend aus BW und GW, ab. Offenbar ist an einen ON *Bekenhusen*, der hier als *Bekanhusi* erscheint, noch ein Element angefügt worden. Doch was ist -*adone*? Ob darin ein zusätzliches GW -*dune* (zu aengl. *dūn*, mnd. *dūne* 'Erhebung, Hügel') steckt, ist fraglich, auch die Bildungsweise ist problematisch, eine Lösung muß ausbleiben. Die anzusetzende Grundform des ersten ON-Teils *Bekenhusen* enthält das GW -*hūsen* (zu -*hūsi* vgl. → Ackenhausen). Das BW läßt zunächst an asä. *beki* 'Bach' denken, doch zeigen nur ganz wenige ON, die *beke* im BW enthalten, dieses in flektierter Form (vgl. Förstemann, Ortsnamen I Sp. 336f.). Zudem wäre allenfalls starke Flexion, d.h. *Bekes*-, zu erwarten. Deshalb ist eher an einen schwach flektierenden PN *Beko* zu denken, wie es Förstemann, Personennamen Sp. 300f. für einen ON Bekenhusen annimmt. Unter dem PN-Stamm BIC, zu anord. *pikka*, ahd. *bicken* 'hauen und stechen', verzeichnet er die PN *Beco*, *Becco*. Im Asä. ist ein solcher PN jedoch nicht bezeugt.

IV. Casemir/Ohainski, Orte Nr. 563 S. 85; Engelke, Grenzen S. 7.

† BELTERSBERG
Lage: Ca. 2 km westl. Lüthorst.

1410 *Hanse Belterberge* (Kühlhorn, Wüstungen Bd. I Nr. 26 S. 134)
1491 *Belzerberg* (Urkunden Hist. Verein Nr. 345 S. 401)
1555 *Belzerberg* (Urkunden Hist. Verein Nr. 423 S. 407)
1590 (A.) *Beltzerberg* (Müller, Lehnsaufgebot S. 401)
1609 *Beltzerberg* (Müller, Lehnsaufgebot S. 401)
1735-36 *der Belters oder Beltsberg* (Forstbereitungsprotokoll S. 140)
1783 *Beltzer Berg* (Kurhannoversche Landesaufnahme Bl. 138)
dialekt. (1970) *Beltsbarg* (Rohmeyer, Lüthorst S. 40)

I. Nach Max, Grubenhagen II S. 369 gehörte „Beltershausen" um 1390 zum Gericht Lüthorst, ohne daß es in der in Frage kommenden Urkunde (gedruckt bei Petri, Lüthorst S. 144) ausdrücklich genannt wird. Ihm folgt Ernst, Wüstungen S. 84. Die

Überlieferung setzt spät ein. Neben -t- liegt -(t)z- vor. 1735-36 und in der Dialektform erfolgt eine Kürzung zu *Belts*-. Die junge Form *Belters*[-berg] zeigt wieder -t- und dazu ein Flexions-s.

II. Nach Casemir, Grundwörter S. 191 mit dem GW -*berg* gebildet. Nach Rohmeyer, Lüthorst S. 45 ist die Wüstung „am gleichnamigen Berg gelegen". In einem dortigen „Campborn" sieht er „wahrscheinlich eine dem Gott Baldur geheiligte Quelle" und setzt diesen GötterN damit für den BergN an.

III. Die Belege geben keinen Hinweis auf ein früheres „Beltershusen". Als GW liegt -*berg* vor, der ON wird auf einen FlurN zurückgehen. Heute noch existiert der Name Belterberg für die mit 392 m höchste Erhebung der Amtsberge. Das BW *Belter*- zeigt keine Flexion, somit dürfte kein PN vorliegen, und auch der GötterN bleibt fern. Vielleicht enthält das BW einen ursprünglich eigenständigen BergN, an den das GW -*berg* sekundär angefügt wurde. Die Form *Belter*- spricht für ein *r*-Suffix, welches gern zur Bildung von BergN diente, vgl. Heber, Weper, Wieter (vgl. auch Udolph, Germanenproblem S. 185). Als Basis sind die idg. Wurzeln **bhel*- 'glänzend, weiß' oder **bhel*- 'aufblasen, aufschwellen' denkbar. Das Benennungsmotiv liegt hier in den Eigenschaften des Bergzuges, z.B. weiß schimmernde Kalkfelsen oder die überragende Höhe des Berges als solche. Im Unterschied zu → † Baldfelde ist eine andere Wurzelerweiterung anzusetzen, da *Belter*- auf germ. -*t*- < idg. -*d*- zurückgeht, *Bald*- jedoch auf idg. -*t*- oder -*dh*-. *Belter*- verlangt eine Dentalableitung **bhel-d-*, **bhol-d-*. Die Grundform kann als **Belt-ara* oder **Balt-ira* angesetzt werden. Durch Abschwächung der Nebentonsilben bzw. Umlautung von -*a*- durch -*i*- ergibt sich eine Form **Belter(e)*. Die Formen *Bel(t)zer*- zeigen die Verhochdeutschung von -*t*- zu -*z*-.

IV. Ernst, Wüstungen S. 84; Kühlhorn, Wüstungen Bd. I Nr. 26 S. 133-138; Rohmeyer, Lüthorst S. 40-41.

† BENGERODE

Lage: Ca. 1,5 km östl. Fredelsloh.

1138 *Beiggerode* (Mainzer UB II Nr. 5 S. 5)
1223-1231 *Beiinegerothen* (UB Fredelsloh Nr. 25 S. 37)
1251 *villa Begenrothe* (UB Fredelsloh Nr. 26 S. 38)
1306 *Henrico de Begeherode* (UB Fredelsloh Nr. 97 S. 76)
1332 *Bengherode* (UB Fredelsloh Nr. 135 S. 99)
14. Jh. (Rückvermerk zur Urkunde von 1138) *Bengerode* (Mainzer UB II Nr. 5 S. 4)
1404 *an dem Benggeroder holte* (Kühlhorn, Wüstungen Bd. I Nr. 27 S. 143)
1589 *Begenrode* (Westfäl. UB IV S. 294 Anm. zu Nr. 465)
1706 *zum Bennig Rode* (Kramer, Moringen S. 1084)
1711 *Bengeroda* (Ohlmer, Thüdinghausen S. 41)
1715 *Rengerode* (Bodemann, Wüste Ortschaften S. 249)
1753 *Rengerode* (Domeier, Moringen S. 154)
1760 *im Bennierode* (Kramer, Moringen S. 1084)

I. Die Überlieferung schwankt stark: neben *Beigge*- liegen *Beiinege*-, *Begen*-, *Begehe*-, *Beng(h)e*-, *Bennig*-, *Bennie*- und im 18. Jh. zwei verderbte Formen mit anlautendem *R*- vor. Das GW lautet -*rode*, -*rothe*, -*roda*.

II. Nach Casemir, Grundwörter S. 193 mit dem GW -*rode* gebildet.

III. Die stark schwankenden Belege lassen sich übereinbringen, wenn von einem -*ingerode*-Namen ausgegangen wird. Das Suffix -*inge*- unterliegt in ON des Untersuchungsgebietes unterschiedlichen Abschwächungen des Nasals über -*ige*- > -*ije*- > -*i(e)*-, die sich in den Belegen widerspiegeln. Die Schreibungen lassen auf Schwierigkeiten bei der Wiedergabe dieser Entwicklungsstufen schließen. Im Erstbeleg wird der Nasal als -*gg*- wiedergegeben (Lasch, Grammatik § 344). Das -*g*- der folgenden Belege ist schon als -*j*- nach Nasalschwund zu sehen (Lasch, Grammatik § 342 B). Die -*ingerode*-ON enthalten einen PN als Ableitungsbasis. Hier ist der KurzN *Beio* anzusetzen, der im Asä. bezeugt ist. Schlaug, Altsächs. Personennamen S. 57 stellt ihn zum Volksnamen *Beiur* 'Baier'; nach Schlaug, Studien S. 176 ist die Herkunft des KurzN umstritten. Förstemann, Personennamen Sp. 324 verzeichnet ihn unter dem PN-Stamm BOJ zum Volksnamen der Bojen und dem davon abgeleiteten der Baiern (nach Kaufmann, Ergänzungsband S. 66 geht der Stamm auf germ. **bauja* zurück, womit hd. *bauen* zu verbinden ist). In der Grundform **Beiingerode* treffen drei Vokale aufeinander, die in Verbindung mit der Entwicklung des -*inge*-Elements die Schwankungen der Schreibung verständlich machen. Die Belege *Bennig Rode* und *Bennierode* scheinen die nasalierte und entnasalierte Form zu vermischen, vielleicht wurde auch ein PN *Ben*- hineingedeutet. Der gleiche PN liegt wohl auch in Beinum, Stadt Salzgitter (NOB III S. 85ff.), vor.

IV. Both, Fredelsloh S. 6-7; Exkursionskarte Moringen S. 63; Kramer, Moringen S. 1084-1086; Kühlhorn, Wüstungen Bd. I Nr. 27 S. 138-148; Ohlmer, Moringen S. 6-7.

† **BENNENHUSEN**
Lage: Ca. 0,4 km südöstl. des Pinkler, ca. 2 km nordwestl. Odagsen.

826-876 (A. 15. Jh.) *Bennenhusen* (Trad. Corb. § 201 S. 117)
826-876 (A. 15. Jh.) *Bennenhusen* (Trad. Corb. § 250 S. 125)
um 1000 (A. 15. Jh.) *Bennenhusun* (Heberolle Corvey § 5 S. 199)
1008-1009 (A. 15. Jh.) *Bennanhusun* (Trad. Corb. § 505 S. 160)
1010-1015 (A. 15. Jh.) *Bennanhusun* (Trad. Corb. § 518 S. 162)
1210 *Bennenhusen* (Westfäl. UB IV Nr. 41 S. 31)
1240 *Bennenhosen* (Heinemeyer, Lippoldsberg II S. 97)
um 1264 *Bennenhosen* (Falckenheiner, Zusätze Nr. 5 S. 154)
1298 *ecclesia in Benhusen* (UB Fredelsloh Nr. 86 S. 70)
1335 *Benhusen* (Feise, Einbeck Nr. 180 S. 43)
1370 (A. 14. Jh.) *duo de Benhusen* (UB Göttingen I Nr. 262 S. 258)
1395 *Bensen* (Kramer, Abschwächung S. 32)
1458 (A. 16. Jh.) *up dem velde tho Bentzem* (Deeters, Quellen S. 58)
1487 *Benhusen* (Rock, Bodenfelde Nr. 3 S. 111)
1529 *Benssen* (Reg. Wallmoden Nr. 425 S. 131)
1596 *die wüsten Bentershausen* (Letzner, Chronica Buch 8 S. 150)
1605 *Beserfelde* (Müller, Lehnsaufgebot S. 311)
1605 *Bensen* (Müller, Lehnsaufgebot S. 442)
1715 *Bensen, ist ehemahls ein Dorff gewesen, hat gelegen am Lammerbeke, nicht weit von Pinckelers Thurm* (Bodemann, Wüste Ortschaften S. 244)
1752 *Benser Felde* (Bilderbeck, Sammlung III Nr. 32 S. 206)
1780 *Bensen* (Reg. Wallmoden Nr. 991 S. 288)

I. Die Belege von 826-876 sind nicht mit letzter Sicherheit zuzuordnen; vgl. Schütte, Mönchslisten S. 188, der auch 1. † Bensen bei Brakel, 2. Benhausen bei Paderborn, 3. † Bensen bei Hofgeismar vorschlägt. Die bei Deppe, Besitzungen S. 23 vorgenommene Zuordnung der Belege 1015-36 (A. 12. Jh.) *Bennanhus* (Vita Meinwerci Kap. 58 S. 45), 1031 (A. 12. Jh.) *Bennanhusun* (Vita Meinwerci Kap. 207 S. 120) und 1031 (A. 12. Jh.) *Bennanhusun* (Vita Meinwerci Kap. 208 S. 121) ist beim ersten Beleg zweifelhaft, bei den beiden von 1031 wegen der Gauangabe bzw. der Zugehörigkeit zum Haupthof Sandebeck ausgeschlossen. Eine Angabe von B. Crome (nach Ernst, Wüstungen S. 81), daß der Ort als *Bansithi* belegt sei, war nicht zu verifizieren. Mit einem von Kühlhorn nach Wolf, Geschichte I S. 94 hierher gestellten Beleg 1089-1109 *Bennenhusen*, korrekt 1089-1093 (Fä. 12. Jh.) *Bennenhusen* (Mainzer UB I Nr. 384 S. 288), ist eine Wüstung bei Lippoldsberg gemeint. Das BW liegt als *Bennen-*, *Bennan-*, später verkürzt zu *Ben-* vor, das GW als *-husen* und *-sen*. Im 13./14. Jh. begegnet neben *-husen* die in Südniedersachsen häufig auftretende Form *-hosen*, 1596 hd. *-hausen*. Abweichend sind *Bentzem*, *Bentershausen* und *Beserfelde*.

II. Nach Casemir/Ohainski, Orte S. 135 und Casemir, Grundwörter S. 192 mit dem GW *-husen* gebildet. Förstemann, Ortsnamen I Sp. 390 stellt den ON zum PN-Stamm BEN. Harland, Einbeck S. 14 und Wendeborn in Bilderbeck, Sammlung I S. 8ff. (nach Feise, Einbeck oder Eimbeck S. 118) sehen - von der ON-Form *Bensen* ausgehend - im BW eine Ableitung des PN *Benith*.

III. Bildung mit dem GW *-hūsen*. Die Zuordnung zu einem PN *Benith* ist abzulehnen, da die Belege keinen Dental enthalten. Die anzusetzende Grundform *Bennenhusen* enthält eindeutig den schwach flektierenden PN *Benno*, eine assimilierte Kurzform von PN auf *Bern-*. Der PN gehört zu ahd. *bero* 'Bär'; vgl. Schlaug, Altsächs. Personennamen S. 59, Schlaug, Studien S. 177 und Förstemann, Personennamen Sp. 257, der allerdings verschiedene Möglichkeiten für die Herkunft von *Benno* annimmt. Mit dem gleichen PN sind † Bennenhof und evtl. Bennemühlen, Kr. Hannover (NOB I S. 38ff.), Benniehausen, Kr. Göttingen (NOB IV S. 39f.), und weitere bei Förstemann, Ortsnamen I Sp. 389ff. verzeichnete ON gebildet.

IV. Casemir/Ohainski, Orte Nr. 564 S. 85; Ernst, Wüstungen S. 81; Exkursionskarte Moringen S. 63-64; Kramer, Abschwächung S. 32; Kühlhorn, Wüstungen Bd. I Nr. 28 S. 148-160; Max, Grubenhagen I S. 529-530; Niedersächsischer Städteatlas II S. 4; Rock, Bodenfelde S. 51.

† **BENNETHE**
Lage: Unsicher bei Dassel.

1022 (Fä. 1. Hälfte 12. Jh.) *Bennethe* (MGH DH II. Nr. 260 S. 307)
1022 (Fä. 2. Hälfte 12. Jh.) *Bennethe* (UB H. Hild. I Nr. 67 S. 66)
1183 (A. 15. Jh.) *Conrat de Bennethe* (UB H. Hild. I Nr. 422 S. 409)

I. Der Ort ist wegen des in denselben Urkunden genannten Ortes Dassel mutmaßlich in dessen Umgebung zu suchen. Die wenigen Belege zeigen keine Schwankungen.

II. Förstemann, Ortsnamen I Sp. 355 stellt den ON (mit einer Lokalisierung als Benser Bach bei Odagsen) zu mnl., mnd., mhd. *bāne*, nhd. *bahn* 'geebneter Platz, Fläche'. Dem schließt sich Udolph, Suffixbildungen S. 165 an. Nach Möller, Dentalsuffixe

S. 27f. besteht der ON aus asä. *ban(n)* 'öffentlicher Bezirk, Gerichtsbezirk' und dem Suffix *-ithi*.

III. Der ON enthält das Kollektivsuffix *-ithi*. Das *-e-* der Ableitungsbasis dürfte somit durch das *-i-* der Folgesilbe aus *-a-* umgelautet sein (Lasch, Grammatik § 42f.). Als Grundform ist **Bannithi* anzusetzen. Für den als Vergleichsname heranzuziehenden ON Benthe, Kr. Hannover (NOB I S. 41f.), wird aufgrund dessen Hanglage eine Verbindung mit mnd. *bāne*, nhd. *bahn* 'geebneter Platz, Fläche' ausgeschlossen und ein Anschluß an asä. *ban(n)* 'Aufgebot, Befehl, Bann' vorgezogen, welcher eine Deutung als 'Gerichtsplatz' ermögliche. Da für Bennethe keine genaue Lokalisierung vorliegt, ist die Einbeziehung örtlicher Gegebenheiten wie Hügellage oder Flachland nicht möglich. Um eine Verbindung mit mnd. *bāne* herzustellen, ist dies aber gar nicht nötig, da nach Pfeifer S. 110 von einer Grundbedeutung 'Durchhau durch einen Wald' oder 'festgeschlagener Weg' auszugehen ist. Nach Pfeifer und auch nach Pokorny, Wörterbuch S. 126 ergibt sich eine Beziehung zu got. *banja* 'Schlag, Wunde, Geschwür', anord. *ben*, aengl. *benn* 'Wunde', asä. *beni-wunda* 'Wunde' und damit zur idg. Wurzel **bhen-* 'schlagen, verwunden'. Somit kann für Bennethe eine Bedeutung 'Ort/Stelle an einer Schneise, einem Weg durch den Wald' in Betracht gezogen werden. Eine Verbindung zu asä. *ban(n)* 'öffentlicher Bezirk, Gerichtsbezirk' < germ. **banna-* 'Aufgebot, Befehl, Bann' ist allerdings ebenso möglich. Eine Entscheidung kann nicht getroffen werden.

BENTIERODE (Kreiensen)

1309 *Henricus de Bentigherode* (Urk. Katlenburg Nr. 76)
vor 1362 (A. 1441) *Bentingerode* (Goetting, Findbuch Bd. II Nr. 411 Bl. 1)
1458 (A. 16. Jh.) *Bentingherode* (Deeters, Quellen S. 59)
1489 *Bentingerod* (Goetting, Findbuch II Nr. 647 S. 85)
1542 *Bentirode* (Kayser, Kirchenvisitationen S. 205)
1552 *Bentingerode* (Kleinau GOV I Nr. 196 S. 50)
um 1616 *Bentirode* (Casemir/Ohainski, Territorium S. 44)
um 1616 *Bentingerode* (Casemir/Ohainski, Territorium S. 44)
1721 *Bentingerodhe* (Goetting, Findbuch III Nr. 1267 S. 115)
1803 *Bentierode, auch Bentirode* (Hassel/Bege, Wolfenbüttel II S. 195)
dialekt. (1937) *Bentjiero* (Boegehold, -ingerode S. 29)
dialekt. (1949) *bentjərou(ə)* (Kleinau GOV I Nr. 196 S. 50)

I. Die Überlieferung weist kaum Schwankungen auf. Die Abschwächung des Elements *-inge-* zu *-i(e)-* liegt bei diesem Namentypus häufig vor.

II. Boegehold, -ingerode S. 29 stellt den ON zum *-ingerode*-Typ. Die BuK Gandersheim S. 14 vermuten die „Behausung der Sippe eines Bernt?". Nach Flechsig, Gandersheim S. 57 bedeutet der ON „Rodung der Leute des Benti (oder Banto)". Gehmlich, Wappenbuch S. 256 deutet das Ortswappen namenkundlich: „Der Rohrkolben steht für den Ortsnamen, denn 'bente' ist die Binse."

III. Es liegt ein *-ingerode*-Name vor. Ableitungsbasis dieses ON-Typs ist stets ein PN, somit ist Gehmlichs Vorschlag, *Bent-* mit der Binse zu verbinden (asä. *binut*), abzulehnen. Der ON enthält einen PN-Ansatz **Bant-*, wobei *-a-* durch das darauffolgende *-i-* zu *-e-* umgelautet wurde. Förstemann, Personennamen Sp. 244ff. verzeichnet die PN *Bando, Banto* und *Bant* unter dem PN-Stamm BANT, den er einerseits zu (nicht bezeugtem) asä. **bant* 'Gau, Land', andererseits zu langobard. *bando* 'Fahne' stellt. Nach Schlaug, Altsächs. Personennamen S. 56 gehört der PN *Bant* zu langobard. *bando* 'Fahne'; Schlaug, Studien S. 175 stellt einen flektierten PN *Bandan* zu got. *bandwō* 'Zeichen', mit dem das langobard. Wort verwandt sei.

† BERGOLDESHUSEN
Lage: In der Nähe von Berwartshausen zu suchen bzw. in diesem aufgegangen.

1022 (Fä. 1. H. 12. Jh.) *Beringoteshusen* (MGH DH II. Nr. 260 S. 306)
1022 (Fä. 2. H. 12. Jh.) *Bergoteshushen* (UB H. Hild. I Nr. 67 S. 65)
1156 *Bergadeshusin* (MGH Urk. HdL Nr. 33 S. 48)
1238 *Bergoldeshusen* (Orig. Guelf. IV Prefatio Nr. 6 S. 66)
1240 (A. 13. Jh.) *Thidericus de Bergodeshusen dimidium mansum in eadem villa situm* (UB Plesse Nr. 118 S. 158)
1254 *Beregodeshusen* (Wolf, Nörten Nr. 3 S. 6)
1258 (A. 16. Jh.) *Beregodeshusen* (UB Eichsfeld Nr. 396 S. 324)
Ende 13. Jh. (A. 14. Jh.) *Bergoteshusen* (UB Hardenberg I Nachtrag Nr. 8 S. 12)
1303 (A.) *ad villam Bercholteshusen, que nunc destructa est* (Falke, Trad. Corb. Nr. 243 S. 866)
1311 *Bergoldeshusen apud Snetinghusen sita* (Falke, Trad. Corb. Nr. 337 S. 888)
1338 *Helmich de Berchteshusen* (Grote, Neubürgerbuch S. 12)
1354 *Bergoldishusen* (Sudendorf II Nr. 471 S. 248)
1404 *Berchteshusen* (Kühlhorn, Wüstungen Bd. I Nr. 31 S. 167)
um 1530 *Berchteshusen* (Fahlbusch, Erwerbung II S. 66)

I. Der Ort ist offenbar zu Beginn des 14. Jh. und noch einmal im 15. Jh. wüstgefallen. Danach wurde er, soweit das der derzeitige Forschungsstand zu erkennen erlaubt, offenbar im späteren 16. Jh. an fast derselben Stelle unter dem Namen → Berwartshausen wieder errichtet. Das GW bleibt unverändert *-husen*. Das BW liegt in verschiedenen Formen vor. Der Erstbeleg enthält im Gegensatz zu den folgenden *Berin-*. Die nächsten schwanken verkürzt zwischen *Bergotes-*, *Bergades-* und *Ber(e)godes-*. Im 13. Jh. tritt die Form *Bergoldes-* hinzu, die später mit *Bercholtes-* wechselt. Diese schwächt sich im 14. Jh. zu *Berchtes-* ab.

II. Nach Casemir, Grundwörter S. 192 mit dem GW *-husen* gebildet. Förstemann, Personennamen Sp. 268 und Ortsnamen I Sp. 400 stellt die Belege von 1022 (die er allerdings → Behrensen zuordnet) zu den PN *Berengaud, Berengoz*.

III. Bildung mit dem GW *-hūsen* und einem stark flektierenden zweigliedrigen PN, der im Erstbeleg als *Beringot* vorliegt. Schlaug, Studien S. 75 verzeichnet einen PN *Berengozus*. Das erste Namenglied gehört zum PN-Stamm BERA, BERIN, zu ahd. *bero* 'Bär'; vgl. Förstemann, Personennamen Sp. 258ff., besonders S. 266ff. Zum zweiten Namenglied bemerkt Schlaug, Studien S. 102: „Die Form *gōz* ist vorwiegend bayrisch [...] und kölnisch". Die asä. Entsprechung dieses Namengliedes, welches unser PN enthält, ist *-got*. Schlaug, Altsächs. Personennamen S. 188 führt 19 mit den verschiedenen regionalen Varianten dieses Namengliedes gebildete PN auf, darunter 13 auf *-got* und 5 auf *-gad/-gat*. Es ist mit dem Volksnamen der Goten zu verbinden; vgl. Schlaug, Altsächs. Personennamen S. 97 und besonders ausführlich Förstemann, Personennamen S. 606ff. Im Untersuchungsgebiet liegt es auch in → † Ratgodessen vor. In den weiteren Belegen scheinen sich mehrere Einflüsse zu vermischen. Die Entwicklung zu *Bergoldes-* ist als Angleichung an mnd. *gold* 'Gold' oder als Eindeutung eines PN *Berg-old* erklärbar. *-old* ist die in PN-Zweitgliedern übliche verschliffene Form von *-wald* (zu asä. *waldan* 'herrschen') mit nd. Übergang von *-ald* > *-old* (Lasch, Grammatik § 93). Das Namenglied *Berg-* in der mnd. Variante *berch* 'Berg' hätte dann die Form *Bercholtes-* ergeben, die im 14. Jh. zu *Berchtes-* verkürzt wurde.

IV. Exkursionskarte Moringen S. 64; Fahlbusch, Erwerbung II S. 66; Kühlhorn, Wüstungen Bd. I Nr. 31 S. 165-169.

BERKA (Katlenburg-Lindau)

1105 (Fä. 12. Jh.) *Richerus presbiter Barcensis* (Mainzer UB I Nr. 424 S. 332)
1241-1255 *H. de Barke* (UB Plesse Nr. 136 S. 176)
1261 *villa Barke* (UB Plesse Nr. 193 S. 224)
1271 *plebano de Barche* (UB Plesse Nr. 247 S. 263)
1322 *Berckhe* (UB Hardenberg I Nr. 45 S. 60)
1337 *ecclesie parrochialis in Barken* (Urk. Katlenburg Nr. 137)
1366 *Barka* (Urk. Katlenburg Nr. 194)
1375 *Barke* (UB H. Hild. VI Nr. 182 S. 97)
1412 *Barke* (UB Grubenhagen Nr. 87 S. 48)
1438 *Berke* (UB Uslar I S. 216)
1472 *ecclesie sancti Martini in Barke* (Urk. Katlenburg Nr. 253)
1514 *to Berke* (Urk. Katlenburg Nr. 291)
1527 *Barcka* (Tschackert, Rechnungsbücher S. 373)
1569 *Johann vonn Bercke* (Kelterborn, Bürgeraufnahmen I S. 209)
um 1588 *im durf Barke* (Lubecus, Annalen S. 359)
1596 *dorff Bercka* (Letzner, Chronica Buch 2 S. 24r)
1785 *Bercka* (Kurhannoversche Landesaufnahme Bl. 151)
1823 *Berka* (Ubbelohde, Repertorium 2. Abt. S. 15)
dialekt. (1951) *barkĕ* (Flechsig, Beiträge S. 12)

I. Die Zuordnung einer Nennung in einer Bursfelder Urkunde von 1093 (Fä. 12. Jh.) *Berge* (Mainzer UB I Nr. 385 S. 291) ist mit Mainzer UB II Nr. 54 S. 105 Anm. 15 nicht zu halten; es dürfte Berge, Kr. Witzenhausen, gemeint sein. Der ON ist zunächst stabil als *Barke* belegt. Ein *-e-* als Stammvokal tritt erstmals im 14. Jh. auf, wird jedoch erst im 16. Jh. häufiger. Auslautendes *-a* begegnet seit dem 14. Jh., variiert aber bei zunehmender Häufigkeit noch im 16. Jh. mit *-e*.

II. Flechsig, Waldbäume S. 73 stellt den ON zur Baumbezeichnung *Birke*, „and. birka, ostfäl. berke". Allerdings komme die Birke „in Flurnamen im Gegensatz zur Eiche [...] so gut wie gar nicht im Singular vor". Der FlußN Berke bei Emsen, Kr. Alfeld, bedeute „birkenumstandener Bach"; wahrscheinlich sei ebenso Berka „von einem gleichnamigen Dorfbach [...] übertragen worden". Gehmlich, Wappenbuch S. 232 erklärt den ON anhand des Ortswappens, welches einen Bach und ein Birkenblatt zeigt: „Der Wellenbalken im Wappen von Berka steht für die Lage des Ortes in den Talauen von Söse und Rhume. Der zweite Teil des Ortsnamens ist von 'aha' abgeleitet und bezeichnet fließendes Wasser. Das Birkenblatt ist 'redendes' Wappenbild für den ersten Teil des Ortsnamens, der 'Birke' bedeuten soll." Ebenso meint Gebhardt, Berka S. 97: „Das Birkenblatt wird gerechtfertigt durch die Deutung des Namens Berka als Birk-aha gleich Birkenfluß." Flechsig, Beiträge 28 rekonstruiert eine Grundform *to dem Barke und sieht „ein Birkengehölz als namengebend". Schröder, Namenkunde S. 168 vermutet eine Namenübertragung von Siedlern aus den thüringischen Orten namens Berka.

III. Zugrunde liegt das Appellativ *Birke*, asä. *birka*, mnd. *berke, barke*. Doch ist die Wortbildung nicht eindeutig erkennbar. Es ist nicht ausgeschlossen, daß der knapp 3 km lange Abschnitt der Rhume zwischen Einmündung von Oder und Söse ursprünglich einen eigenen Namen **Berk-aha* 'Birkenbach' besessen hat. Gerade bei derartigen Teilstücken lassen sich entsprechende Erscheinungen immer wieder beobachten. Schon sehr früh würde sich dann hier der nd. Übergang von *-e-* > *-a-* vor *-r-* (Lasch, Grammatik § 76) in einer Entwicklung von **Berka(ha)* > *Barke* bei Abschwächung des GW zeigen. Andererseits ist auch eine ursprüngliche Kollektivbildung mit dem im Nd. seltenen Kollektivsuffix *-ah, -ahi* nicht auszuschließen; vgl. dazu Bach, Ortsnamen I § 193ff. Dies wäre jedoch nur unter der Voraussetzung möglich, daß sich das Suffix zu *-a* bzw. *-e* abgeschwächt hat, wofür Bach einige Beispiele anführt.

† BERNECEN

Lage: Ca. 2,2 km nördl. Wahmbeck.

1. Hälfte 13. Jh. *Bernersen* (Falckenheiner, Geschichte Nr. 3 S. VII)
1255 *Bernersen* (Westfäl. UB IV Nr. 627 S. 359)
1291 *Bernecen* (Westfäl. UB IV Nr. 2161 S. 991)
1291 (A.) *Bernescen* (Westfäl. UB IV Nr. 2163 S. 991)
1291 *Berndessen* (Westfäl. UB IV Nr. 2167 S. 993)
1495 *Bernsen* (Desel, Lippoldsberg S. 121)

I. Die ersten beiden Belege lauten *Bernersen* mit verkürzter *-husen*-Form, welche bei Ausfall des *-r-* zu *-essen*, auch in den auffälligen graphischen Varianten *-ecen* und *-escen*, abgeschwächt wird; im dritten Beleg von 1291 mit eingeschobenem *-d-*. 1495 erscheint die weiter verkürzte Form *Bernsen*.

II. Nach Casemir, Grundwörter S. 192 evtl. mit dem GW *-husen* gebildet.

III. Im GW liegt *-hūsen* vor. Im BW ist der stark flektierende zweigliedrige PN *Bernheri, Berneri, Berner* (vgl. Förstemann, Personennamen Sp. 269f., Schlaug, Altsächs. Personennamen S. 58, Schlaug, Studien S. 76) noch gut zu erkennen. Die Namenglieder des PN gehören zu ahd. *bero* 'Bär' und asä. *hēri* 'Heer'. Vergleichsnamen findet man in → Behrensen und † Bernherssen, Kr. Göttingen (NOB IV S. 43f.). Der einmalige *d*-Einschub in *Berndessen* ist auch im ON † Bernsen, Kr. Göttingen (um 1380 *Berndessen*; vgl. NOB IV S. 46), zu beobachten.

IV. Desel, Lippoldsberg S. 120-121; Exkursionskarte Höxter Karte; Junge, Bodenfelde S. 52-53; Kühlhorn, Probleme S. 187-189; Kühlhorn, Wüstungen Bd. I Nr. 32 S. 169-173.

BERWARTSHAUSEN (Northeim)

1580 *Barverßhusen* (Kühlhorn, Ortsnamen S. 21)
1585 *Berweßhausen* (Burchard, Calenberg-Göttingen S. 19)

Ende 16. Jh. *Barvershausen* (Leerhoff, Karten S. 39)
1735-36 *Barkeshusen* [!] (Forstbereitungsprotokoll S. 137)
1784 *Berwardshausen* (Kurhannoversche Landesaufnahme Bl. 150)
1791 *Berwartshausen* (Scharf, Samlungen II S. 22)
1823 *Berwartshausen* (Ubbelohde, Repertorium 2. Abt. S. 16)
dialekt. (1950) *barwatshau(i)sĕn* (Flechsig, Beiträge S. 12)
dialekt. (1951) *barwartshūsĕn* (Flechsig, Beiträge S. 12)

I. Ein bei Flechsig, Beiträge S. 12 aufgeführter Beleg 1014 *Bernwardeshusen* dürfte 1006-1007 (A. 15. Jh.) *Bernwardeshusun* (Trad. Corb. § 495 S. 159) meinen, der gegen Casemir/Ohainski, Orte S. 85 und auch Flechsig kaum hierher gehört. Zu den älteren Belegen vgl. → † Bergoldeshusen. Im GW liegt *-husen* bzw. *-hausen* vor. Das BW wechselt anfangs zwischen *Barvers-* und *Berweß-*, ab dem 18. Jh. lautet es *Berwards-*, *Berwarts-*. Die ON-Form *Barkeshusen* von 1735-36 weicht stark ab.

II. Nach Casemir/Ohainski, Orte S. 135 mit dem GW *-husen* gebildet. Weigand, Ortsnamen S. 15 vermutet den Namenwechsel von Bergoldeshusen zu Berwartshausen beim Wiederaufbau des Ortes und nimmt an, daß „eine Person namens Berwart oder Bernwart dabei von Bedeutung gewesen" sei. Fahlbusch, Erwerbung S. 66 geht von einer „Ableitung von einem mit Ber- zusammengesetzten Personennamen" aus. Unter Bezug auf den unter I. genannten Beleg aus den Trad. Corb. stellt Förstemann, Ortsnamen I Sp. 403 den ON zum PN *Berenward*.

III. Bildung mit dem GW *-hūsen* und einem stark flektierenden zweigliedrigen PN im BW. In den überlieferten Belegen ist eine verschliffene Form des PN *Berwart* und damit eine Grundform *Berwarteshusen* anzunehmen, deren BW in der nebentonigen Silbe zu *Berwerts-*, *Berwers-* und *Berwes-* abgeschwächt wird. Außerdem liegt nd. Übergang von *-e-* > *-a-* vor *-r-* vor (Lasch, Grammatik § 76). Der PN, der im 18. Jh. wieder in der Vollform aufgenommen wird, besteht aus den Namengliedern *Ber-*, zu ahd. *bero* 'Bär', und *-wart*, zu asä. *ward* 'Hüter, Wächter' (vgl. Förstemann, Personennamen Sp. 265, Schlaug, Altsächs. Personennamen S. 59 und Schlaug, Studien S. 76).

BEULSHAUSEN (Kreiensen)

1188 *Boseleshusem* (Kallen, Vogteiweistum S. 98)
1231 *Alexander de Boseleshusen* (Orig. Guelf. IV Prefatio Nr. 1 S. 62)
1247 *Boselshusen apud Leynam* (Asseburger UB I Nr. 243 S. 169)
1305 *Boseleshusen* (Goetting, Findbuch I Nr. 104 S. 57)
1338 (A.) *Gerbodo von Boleshusen* (Dürre, Homburg Nr. 247 S. 96)
1393 *Boleshusen* (Goetting, Findbuch I Nr. 242 S. 109)
1428 *Bolshusen* (Goetting, Findbuch I Nr. 357 S. 147)
1475 *Boilshusen* (Goetting, Findbuch II Nr. 580 S. 61)
1535 *Bŏlshusen* (Goetting, Findbuch II Nr. 802 S. 138)
1542 *Bolßhusen* (Kayser, Kirchenvisitationen S. 202)
1542 *Bulhausen* (Kayser, Kirchenvisitationen S. 205)
1544 *Bolhusen* (Kayser, Kirchenvisitationen S. 205 Anm.)
um 1600 *Bulshausen* (Reller, Kirchenverfassung S. 223)
1675 *Boelßhusen* (Kleinau GOV I Nr. 217 S. 60)
um 1780 *Böhlshausen oder Beulshausen* (Kleinau GOV I Nr. 217 S. 60)

1803 *Beulshausen – Bůhls= auch Buhlshausen* (Hassel/Bege, Wolfenbüttel II S. 194)
dialekt. (1950) *boilshíusən* (Kleinau GOV I Nr. 217 S. 60)
dialekt. (1957) *boltshiusen* (Kleinau GOV I Nr. 217 S. 60)

I. Zu zwei gelegentlich hierher gestellten Belegen von 960 und 973, die sich tatsächlich auf süddeutsche Orte beziehen, vgl. die Ausführungen bei Kleinau GOV I Nr. 217 S. 60. Das GW ist konstant -*husen* bzw. hd. -*hausen*. Im BW fällt im 13. Jh. das intervokalische -*s*- aus. Das zweite -*s*- schwindet seit dem 16. Jh. gelegentlich. Umlaut ist in einigen Belegen des 15. Jh. (-*ou*-, -*oi*-, -*ó*-) und ab dem 17. Jh. (-*ü*-, -*oe*-, -*ö*-, -*eu*-) im Schriftbild zu erkennen. Auch die Mundart zeigt in einer Variante Umlaut.

II. Die BuK Gandersheim S. 15 vermuten im ON die „Behausung eines Bosilo"; ähnlich Ehlers, Erzhausen S. 22, der einen PN *Bosil* annimmt. Wenskus, Stammesadel S. 111 Anm. 961 sieht in *Boseleshusen* den PN *Boso*.

III. Bildung mit dem GW -*hūsen* und einem stark flektierenden PN im BW, der mit einem *l*-Suffix gebildet wurde. Dabei ist mit Ehlers von einem PN **Bosil* bzw. **Bosili* auszugehen, da der von den BuK Gandersheim angesetzte PN *Bosilo* schwach flektieren würde. Förstemann, Personennamen Sp. 329 verzeichnet unter dem PN-Stamm BOSI den *l*-suffigierten, allerdings ahd. PN *Puosili*. Für den asä. Raum ist kein solcher PN bezeugt, doch sind bei Schlaug, Altsächs. Personennamen S. 64 der PN *Boso* und eine *k*-Ableitung *Bosuc* verzeichnet; Schlaug, Studien S. 179f. führt ebenfalls eine *k*-Ableitung *Bosico* auf. So ist es nicht problematisch, auch im Asä. eine *l*-Suffigierung zum PN *Boso* anzunehmen und eine ON-Grundform **Bosilishusen* anzusetzen. Der PN-Stamm wird von Schlaug, Altsächs. Personennamen S. 64 mit angeblichem asä. **bōso* 'Edler' verbunden; Kaufmann, Ergänzungsband S. 68f. denkt an germ. **bausja-* 'stolz, keck', Förstemann an ahd. *bōsi* 'böse'; vgl. zum PN auch Casemir, -büttel S. 122. Die angesetzte Grundform entwickelt sich im BW von **Bosilis-* zu *Boseles-*, wobei das -*i*- der Folgesilbe umlautend auf -*o*- > -*ö*- gewirkt haben muß, auch wenn dies in den älteren Belegen nicht schriftlich fixiert ist (Lasch, Grammatik § 43ff.). Der *s*-Schwund ist nach Möller, -sen-Namen S. 366 eine Dissimilation durch Einfluß der nachfolgenden Spiranten, ein Vorgang, der wohl auch bei → Kohnsen vorliegt. In der heutigen Form Beulshausen wird die mnd. Diphthongierung des langen -*ō*- > -*oi*- (Lasch, Grammatik § 204) deutlich.

BILLERBECK (Kreiensen)

826-876 (A. 15. Jh.) *Billurbeki* (Trad. Corb. § 141 S. 106)
1297 *Conradus de Bilrebeke* (UB H. Hild. III Nr. 1125 S. 551)
1303 *Bilderbeke* (Goetting, Findbuch I Nr. 101 S. 55)
1344-1365 *Gherhardus Billerbeke* (Flentje/Henrichvark, Lehnbücher Nr. 145 S. 69)
1355 *3 decimales, qui fuerunt Bilrebekes* (Flentje/Henrichvark, Lehnbücher Nr. 222 S. 76)
1398 *Bilderbeke* (Goetting, Findbuch I Nr. 253 S. 113)
1410 *Bylderbeke* (Goetting, Findbuch I Nr. 287 S. 124)
1480 *Bilderbeke* (Harenberg, Gandersheim S. 946)
1542 *Bilderbecke* (Kayser, Kirchenvisitationen S. 201)
1596 *Bilderbeck* (Letzner, Chronica Buch 5 S. 18v)
um 1616 *Bilderbeck* (Casemir/Ohainski, Territorium S. 44)

1803 *Billerbeck* (Hassel/Bege, Wolfenbüttel II S. 195)
dialekt. (1950) *bildərbeck* (Kleinau GOV I Nr. 229 S. 67)

FlußN BILLERBACH
1580 *biß an den Bilderbeck* (Kettner, Flußnamen S. 28)

I. Die Überlieferung ist recht konstant: Das GW erscheint als *-beki, -beke, -beck*; das BW schwächt sich von *Billur-* zu *Biller-* bzw. *Bilre-* ab. Im 14. Jh. tritt die Form *Bilder-* ein, die sich lange hält und auch in der Mundart vorliegt.

II. Nach Casemir/Ohainski, Orte S. 132 mit dem GW *-beke* gebildet. Nach den BuK Gandersheim S. 16 ist die „Bedeutung gleich Bullerbach, nach der starken Quelle im Orte, die sogleich eine Mühle treibt." Gehmlich, Wappenbuch S. 259 erläutert den ON anhand des Ortswappens, der einen Bach andeutet und ein Mühlrad zeigt: „Die blaue Spitze steht für den Bach, der dem Ort den Namen gab. Die Quellschüttung war so stark, daß das Wasser schon nach wenigen 100 Metern eine Mühle anzutreiben vermochte." Bückmann, Flußnamenforschung S. 213 sieht im ON einen „Murmelbach". Kettner, Flußnamen S. 28 geht ebenfalls von einem GewN aus, der in Norddeutschland nicht selten sei, und verbindet ihn mit dem Verb **billern*, einer Ablautform zu *ballern, bollern, bullern* 'poltern, lärmen, murmeln'. Er weist aber auch auf die Möglichkeit hin, daß eine Pflanzenbezeichnung vorliegen könne, wie aengl. *billere* „Brunnenkresse", *Beekbilder* „Schmaler Merk", *Dullen Biller, Dull Billerkrut* „Bilsenkraut". Den GewN Billerbeck, Kr. Geestemünde, stellt Witt, Beiträge S. 144 ebenfalls zu *ballern, bollern, bullern*. Nach Schmitz, Lüchow-Dannenberg S. 30 ist der ON Billerbeck (1330/52 *Bilrebeke*), Kr. Lüchow-Dannenberg, der auf einen FlußN zurückgeht, auf eine *r*-Ableitung zu idg. **bhel-* 'glänzend, weiß, weißlich' zurückzuführen.

III. Bildung mit dem GW *-beke*. Der ON geht auf den FlußN zurück. Das Benennungsmotiv des BW ist jedoch nicht im Vorkommen von Bilsenkraut an den Flußufern zu suchen. Zwar ist die Gift- und Heilpflanze ein schon in der Antike bekanntes Schmerz- und Rauschmittel, doch wächst sie als Ruderalpflanze nur auf besonders stickstoffreichen Böden wie Wegrändern, an Mauern und auf Schuttplätzen. Kettner übersieht bei seiner Herleitung des BW aus einer Ablautform **billern* zu den Verbvarianten mnd. *ballern, bollern, bullern* 'poltern, lärmen, murmeln', daß es sich bei diesen um assimilierte Formen von mnd. *balderen, bulderen, bolderen* handelt, eine *d*-Ableitung zur idg. Schallwurzel **bhel-* 'schallen, reden, brüllen, bellen' (vgl. Pokorny, Wörterbuch S. 123). Diese Annahme setzt eine Grundform **Bilderbeke* voraus. Billerbeck ist jedoch im 9. Jh. als *Billurbeki* überliefert. Auch Billerbeck, Kr. Coesfeld (834 *Billarbeci*, 890 *Billurbeki*), und Billerbeck bei Wöbbel, Kr. Lippe (9. Jh. *Billurbechi*), zeigen *-ll-* in den ältesten Belegen. Zwar verzeichnet Gallée, Grammatik § 274 die Assimilation von *-ld-* zu *-ll-* in einigen asä. Quellen, doch handelt es sich dabei um frühe Ausnahmeerscheinungen. Viel eher ist von der nicht erweiterten Wurzel **bhel-* auszugehen. Dabei sind die oben genannte Schallwurzel **bhel-* 'schallen, reden, brüllen, bellen' oder gleichlautend idg. **bhel-* 'aufblasen, aufschwellen, sprudeln, strotzen' für einen FlußN plausibel. Die Beschreibung des kräftigen Wasserlaufs des Billerbachs (vgl. unter II.) läßt beide Bedeutungen zu. Wie Schmitz, Lüchow-Dannenberg S. 30 annimmt, handelt es sich um eine *r*-Ableitung **bhel-r̥-*, wobei sowohl eine Nominal- als auch eine Verbalableitung möglich sind. Aus **bhel-r̥-* wird *Billur-* mit Verdopplung des *-l-* nach kurzem Vokal. Der Nebentonvokal wird zu *-e-* (*Biller-*) abgeschwächt. Die Form *Bilre-* entsteht durch *r*-Metathese mit Vereinfachung des -ll- vor Konsonant, vgl. *aller* > *alre* (Lasch, Grammatik § 231 und § 234). Die im 14. Jh. eintretenden Formen *Bilder-* zeigen *d*-Einschub, wie er zwischen -*n*- und -*r*-, -*l*- und -*r*- nicht selten ist, vgl. mnd. *donder* 'Donner', *kelder* 'Keller' (Lasch, Grammatik § 309 und § 325). In der modernen ON-Form ist -*ld*- zu -*ll*- assimiliert worden. Der ON (†) Billerbeck, Kr. Stendal (1265 *Tidericus de Bilrebeke*, 1458 [K.] *Bilderbeke*), durchläuft eine ähnliche Entwicklung. Ein weiterer Vergleichsname ist der dänische FlußN Billerbaek (1554 *Billerbech*), vgl. Kvaran, Zuflüsse S. 15.

† BILLINGESSEN

Lage: Dicht nördl. oder nordöstl. Strodthagen.

1274 (A. 15. Jh.) *in comicia Billingessen* (UB Plesse Nr. 256 S. 270)
1338 *Arnoldus de Billingheshusen* (Grote, Neubürgerbuch S. 11)
1444 (A.) *Gese Billinghusen* (Harland, Einbeck Bd. I Nr. 38 S. 363)
1475 *Bartold Billingehusen* (Feise, Einbeck Nr. 1617 S. 305)
1489 *Billinghessen* (Goetting, Findbuch II Nr. 647 S. 85)
um 1580 *Billingswiese* (Max, Grubenhagen II S. 430)
17. Jh. *Billigser Wiese* (Ernst, Wüstungen S. 81)

I. Eine Angabe von B. Crome (nach Ernst, Wüstungen S. 81), daß der Ort „früher" als *Bulskidi* belegt gewesen sei, war nicht zu verifizieren. Der Erstbeleg von 1274 ist recht sicher mit diesem Ort zu verbinden, weshalb er in NOB IV S. 50 zu streichen ist. Das GW tritt als -*husen* und verkürzt zu -*sen* auf. Das BW wechselt zwischen *Billinges-* und *Billing(e)-*. Die jüngeren Formen sind FlurN, die den ON in verkürzter Form enthalten.

II. Nach Casemir, Grundwörter S. 192 mit dem GW -*husen* gebildet.

III. Bildung mit dem GW -*hūsen* und dem stark flektierenden PN *Billing* im BW, vgl. Schlaug, Studien S. 77, Schlaug, Altsächs. Personennamen S. 61f. und Förstemann, Personennamen Sp. 303f. Der PN gehört zum Stamm BIL(I), zu asä. *bil(i)* 'Schwert, Beil'. Die Formen ohne Flexions-*s* sind wohl eine Angleichung an die -*ing(e)hūsen*-ON. Der PN liegt auch in Billingshausen, Kr. Göttingen (NOB IV S. 50ff.), vor. Förstemann, Ortsnamen I Sp. 455 verzeichnet weitere mit diesem PN gebildete ON.

IV. Ernst, Wüstungen S. 81; Exkursionskarte Moringen S. 77; Kühlhorn, Wüstungen Bd. I Nr. 41 S. 213-217.

(†) BINDER

Lage: Beim bzw. an der Stelle des heutigen Dorfes Hunnesrück.

1360 (A.) *decimam in Binder ante oppidum Dassle* (UB Everstein Nr. 493 S. 471)
1585 *Binder* (Feilke, Untertanenverzeichnis S. 115)
1609 *Bienrode unter der Hunsrück* (Müller, Lehnsaufgebot S. 401)
1783 *Hunnesrücker Amtshaus zum Binder* (Kurhannoversche Landesaufnahme Bl. 138)

I. Bis auf die auffällig abweichende jüngere Form *Bienrode* zeigen die wenigen Belege keine Schwankungen. 1783 liegt der ON als FlurN vor.

II. Nach Casemir, Grundwörter S. 194 liegt eine suffixale Bildung vor.

III. Der ON, dem wohl ein Ansatz *Bind-r- mit r-Suffix zugrundeliegt, hat eine Namenparallele in Binder, Kr. Wolfenbüttel (NOB III S. 96f.). Dort wird nach der Diskussion vorheriger Deutungen eine Verbindung zu idg. *bhendh- 'binden' angenommen, wobei ein semantischer Zusammenhang problematisch ist. Letztlich vergleicht die Autorin den ON mit engl. ON wie Binthwaite, Cumberland, die wohl aengl. binde 'Kletterpflanze' enthalten (vgl. Smith, Elements 1 S. 35 und Voc. Epn. S. 101): „Das Wort bezeichnet alle möglichen Arten von Kletterpflanzen wie 'Wein, Efeu' usw. Binder könnte also ebenso eine Stelle bezeichnen, wo es *binde 'Kletterpflanzen' gibt." Dieser Deutung schließen wir uns an, da sie den gegenwärtigen Stand der Forschung darstellt.

Der Name Binder wurde nach der Verlegung des Amtssitzes von der Burg Hunnesrück in das Tal nach Binder von → Hunnesrück verdrängt.

IV. Ernst, Wüstungen S. 84; Koken, Dassel S. 232; Kühlhorn, Wüstungen Bd. I Nr. 42 S. 217-218.

BISHAUSEN (Nörten-Hardenberg)

1055 (A. 16. Jh.) *Biscopeshusen* (Mainzer UB I Nr. 296 S. 187)
1313 *Bischovishusen juxta castrum Hardenberg* (Wolf, Nörten Nr. 22 S. 26)
1360 *Biscopeshusen* (UB Hardenberg I Nr. 69 S. 95)
1385 *Byschoppishusen* (Wolf, Nörten Nr. 42 S. 53)
1409 *Bishusen* (UB Hardenberg II Nr. 49 S. 107)
1440 *Byshusen* (Scheidt, Adel Nr. 58 S. 342)
1497 *Bishusen* (Negotium monasterii Steynensis S. 152)
1554 *Hans Hardegen von Bishusen* (Kelterborn, Bürgeraufnahmen I S. 195)
1564 *Bischofshausen im gericht Hardenberg* (UB Hardenberg II Nr. 90 S. 246)
1596 *dorff Bishausen* (Letzner, Chronica Buch 2 S. 43r)
1607 *Bischhausen* (UB Hardenberg II Nr. 101 S. 286)
1670 *Bischhausen* (Wolf, Nörten Nr. 105 S. 167)
1784 *Bishausen* (Kurhannoversche Landesaufnahme Bl. 150)
1823 *Bishausen* (Ubbelohde, Repertorium 2. Abt. S. 18)
dialekt. (1950) *bishau(i)sĕn* (Flechsig, Beiträge S. 12)
dialekt. (1950) *bishuisĕn* (Flechsig, Beiträge S. 12)

I. Ein von Schütte, Mönchslisten S. 228 und Casemir/Ohainski, Orte S. 85 hierher gestellter Beleg 826-876 (A. 15. Jh.) *Bisihusun* (Trad. Corb. § 276 S. 129) ist wegen seiner stark abweichenden Form nur schwer mit den Belegen für Bishausen zu vereinigen und wird deshalb von uns nicht in die Belegreihe aufgenommen. Auch die Zuordnung der weiteren Belege bereitet wegen der in der näheren Umgebung mehrfach vorhandenen gleich gebildeten ON große Schwierigkeiten; insbesondere ist die Verwechslungsgefahr mit Bischhausen, Kr. Göttingen, sehr groß. Der Beleg von 1055 läßt sich wegen des später nachzuweisenden Besitzes des Nörtener Petersstiftes (siehe vor allem 1313) recht sicher für Bishausen in Anspruch nehmen. Die häufig auch in Zusammenhang mit Bishausen genannten Besitznachweise für das Kloster Bursfelde (1093 [Fä. 12. Jh.] *Biscopeshusen* [Mainzer UB I Nr. 385 S. 291], 1144 *Biscopeshusen* [Mainzer UB II Nr. 54 S. 105], 1152 [Fä. 12. Jh.] *Biscopeshusen* [Mainzer UB II Nr. 172 S. 317] jeweils Hof und Kirche) sowie für das Blasiuskloster in Northeim (1141 [Fä. 13. Jh.; 16. Jh.] *Bischophusen* [...] *in altero Biscopshasen* [Orig. Guelf. IV S. 525], 1141 [Fä. 13. Jh.; A. 16. Jh.] *Bischofeshusen* [...] *in altero Bischofeshusen* [Mainzer UB II Nr. 28 S. 51], 1162 [Fä. 14. Jh.] *Biscopeshusen* [...] *in altero Biscopeshusen* [MGH Urk. HdL Nr. 58 S. 85]) sind Bischhausen bei Eschwege zuzuordnen (vgl. NOB IV S. 53f.). Die PN-Belege des Typs 1384 *Henricus de Bisscoppeshusen* (Kelterborn, Bürgeraufnahmen I S. 32) etc. werden wegen der Verwechslungsgefahr hier nicht berücksichtigt. Ein von Flechsig, Beiträge S. 12 hierher gestellter Beleg 1288 *Bysenhusen* war nicht aufzufinden, wäre aber auch unter sprachlichen Gesichtspunkten kaum mit Bishausen zu verbinden. Das BW *Bisc(h)opes-* wird im 15. Jh. zu *Bis-* verkürzt. Ab dem 17. Jh. erscheint es als *Bisch-*, bevor im 18. Jh. die bis heute erhaltene Form *Bis-* wieder dominiert. 1313 *Bischovis-* ist eine mhd. Form.

II. Nach Casemir/Ohainski, Orte S. 135 mit dem GW *-husen* gebildet. Laut Weigand, Heimatbuch S. 309 war Bishausen „wie schon der Name sagt, ursprünglich eine Truppsiedlung Höriger des Erzbischofs von Mainz". Gehmlich, Wappenbuch S. 312 schließt sich der Deutung an und erläutert das Ortswappen: „Der Bischofsstab soll auf die Herkunft des Ortsnamens 'Biscopeshusen' hindeuten. Die Siedlung war eine Gründung des Erzbischofs von Mainz."

III. Bildung mit dem GW *-hūsen*. Im BW liegt asä. *biscop*, mnd. *bischop* 'Bischof' im Genitiv Singular vor. Wie in Bissendorf, Kr. Hannover (NOB I S. 48f.), † Bistorf, Kr. Wolfenbüttel (NOB III S. 98), und Bischhausen, Kr. Göttingen (NOB IV S. 53f.), entsteht *Bishusen* durch Ausfall des Elements *-copes-*; wie bei Bischhausen liegt später *Bisch-* vor. Förstemann, Ortsnamen Sp. 470 nennt weitere mit diesem Appellativ gebildete ON.

BLANKENHAGEN (Moringen)

1318 *medietatem ville Blankenhagen* (Flentje/Henrichvark, Lehnbücher Nr. 150 S. 43)
um 1389 *Conrad Blankenhaghen* (UB Goslar V Nr. 781 S. 366)
1479 *Blanckenhaghen* (Wisotzki, Nörten II S. 70)
1479 *tome Blanckenhayn* (Kramer, Artikel S. 89)
1519/20 (A. 16. Jh.) *Blankenhagen* (Krusch, Studie S. 265)
1594 *zum Blanckenhagen* (Kramer, Artikel S. 89)
1602 *Elisabeth Brunn vom Blankennhagen* (Kelterborn, Bürgeraufnahmen I S. 252)
1791 *Blanckenhagen* (Scharf, Samlungen II S. 25)
1823 *Blankenhagen* (Ubbelohde, Repertorium 2. Abt. S. 18)
dialekt. (1951) *blankĕnhågĕn* (Flechsig, Beiträge S. 12)

I. Die Überlieferung zeigt keine Schwankungen. Bemerkenswert ist die Erwähnung als *villa* im ersten Beleg, während viele weitere Belege den ON wie einen FlurN mit Artikel aufführen, obwohl der Ort nicht wüst fiel.

II. Nach Flechsig, Beiträge S. 58 ein *-hagen*-Name. Domeier, Moringen S. 149 bemerkt, daß Hagen „Aṅhôhe" oder „Gehåge" und „Blanck" etwas, „was helle scheinet, oder was man weit und breit erblicken kann," bedeute. Dies stimme mit der Lage des Ortes „auf der Hôhe des Wepergebirges" überein. Krack, Blankenhagen S. 2 verbindet den ON mit der Erhebung des Blankensteins im Weper. Kramer, Moringen S. 55

stellt den ON zu mnd. *blank* 'glänzend' und erwähnt die Lage des Ortes „auf der Höhe des ehemals waldfreien Weper". Den BergN Blankenstein charakterisiert er als „weithin sichtbare, früher waldfreie Bergspitze über dem Weperpaß". Flechsig, Gandersheim S. 60 sieht den *-hagen*-Namen als späte Bildung, da das BW *blank* enthalte, ein Eigenschaftswort „von recht durchsichtiger Bedeutung", welches „ein geradezu modern anmutendes ästhetisches Empfinden" verrate.

III. Den Deutungen ist zuzustimmen. Der ON, ein ursprünglicher FlurN, besteht aus dem GW *-hagen* und dem Adjektiv mnd. *blank* 'glänzend, weiß, hell' im Dativ. Zugrunde liegt eine Wendung *tom blanken hagen*, die im Zusammenhang mit der Lage des Ortes als weithin sichtbares waldfreies Gelände zu verstehen ist.

BODENFELDE (Bodenfelde)

822-826 (A. 15. Jh.) *Budinifelde* (Trad. Corb. § 29 S. 87)
822-826 (A. 15. Jh.) *Budinifeld* (Trad. Corb. § 40 S. 89)
826-876 (A. 15. Jh.) *Budinefeldun* (Trad. Corb. § 166 S. 111)
833 *in ducatu Budinisvelt* (Wilmans, Kaiserurkunden I Nr. 14 S. 43)
10. Jh. (Rückvermerk zur Urk. von 833) *de opere salis in Budinoveldun* (Wilmans, Kaiserurkunden I S. 45)
976-979 (A. 15. Jh.) *Budinueldun* (Trad. Corb. § 363 S. 140)
980 *Budineveldon* (MGH DO II. Nr. 227 S. 255)
nach 1078 (A. 12. Jh.) *Budineveld* (Chronik Lippoldsberg S. 548)
vor 1158 *Budeneuelde* (Hoffmann, Helmarshausen S. 125)
1232 *Andreas de Budenevelde* (Falckenheiner, Zusätze Nr. 2 S. 385)
Mitte 13. Jh. *Budenevelde* (Chronik Lippoldsberg S. 558)
1262 *Hermannus de Budenevelde* (westfäl. UB IV Nr. 1032 S. 519)
1272 *Bodenvelt* (Sudendorf I Nr. 73 S. 47)
1278 *tres villa, scilicet Bodeneuelde, Gotmersen et item Bodeneuelde* (Westfäl. UB IV Nr. 1533 S. 733)
1288 *Bodeneuelde et Gotmersen et item Bodeneuelde* (Westfäl. UB IV Nr. 1982 S. 917)
um 1380 (A. 15. Jh.) *Bodenvelde* (Desel, Lippoldsberg S. 188)
1437 *Bodinfelde* (UB Göttingen II Nr. 180 S. 130)
1497 *Bodenfelde* (Junge, Bodenfelde S. 30)
1537 *Bodenfelde* (Meyer, Steuerregister S. 74)
1569 *Hinrick Selter von Bodennfelde* (Kelterborn, Bürgeraufnahmen I S. 213)
1603 *Bodenfelde* (Krabbe, Sollingkarte Bl. 2)
1652 *Bödenfelde* (Nolte, Flurnamen S. 7)
1722 *flecken Bodenfelde* (Desel, Lippoldsberg S. 176)
1823 *Bodenfelde* (Ubbelohde, Repertorium 2. Abt. S. 20)
dialekt. (1940) *Bunfelle* (Rock, Bodenfelde S. 5)
dialekt. (1951) *bōənfellĕ* (Flechsig, Beiträge S. 12)
dialekt. (1963) *būnfelle* (Nolte, Flurnamen S. 7)

I. Der Ort bestand ursprünglich aus zwei gleichnamigen Ortschaften, die durch den Reiherbach getrennt waren. Das GW liegt als *-feld(e)*, *-velt*, *-veld(e)* und in den Pluralformen *-feldun*, *-ueldun*, *-ueldon* vor. Das BW enthält zunächst *-u-* im Stammvokal. Die Formen variieren zwischen *Budini-*, *Budine-*, *Budinis-*, *Budino-*, *Budin-*

und *Budene-*. Im 13. Jh. wechselt *-u-* zu *-o-* in *Bodene-*, *Boden-* und auslautendes *-e* schwindet Ende des 13. Jh.; im 17. Jh. tritt selten *-ö-* ein.

II. Nach Casemir/Ohainski, Orte S. 134 mit dem GW *-feld* gebildet. Flechsig, Beiträge S. 52 vermutet im BW einen Ansatz **Boda(na)* oder **Buda(na)* als früheren Namen des Reiherbaches. Nach Schröder, Namenkunde S. 166 handelt es sich um eine Übertragung des FlußN Bode aus dem Harz, was Nolte, Flurnamen S. 7f. bezweifelt, da es keine Hinweise auf einen FlußN Bode, Bodana oder Budana in der Nähe gäbe. Aufgrund des Beleges 833 *Budinisvelt*, den er als den ältesten ansieht, setzt er wegen der *s*-Fuge den PN *Bodwin* an. Diese Ansicht unterstützt Junge, Bodenfelde S. 23f. Kaufmann, Ergänzungsband S. 66 sieht im Beleg *Budinisvelt* die latinisierte Form eines asä. PN **Būden-* als Genitiv Sg. eines *Būdo*. Rock, Bodenfelde S. 6ff. gibt eine volksetymologische Deutung der Einwohner wieder, man hätte sich durch „guten Boden im Felde" hier angesiedelt. Die Übertragungstheorie des FlußN Bode auf den heutigen Reiherbach lehnt Rock ab, da die alten Formen nicht *-o-*, sondern *-u-* enthalten. Möller, Nasalsuffixe S. 51ff. geht erst von einem PN **Būdīn* aus, der in der Form *Budinisvelt* enthalten sei, doch würden die späteren *-o*-Belege auf ursprüngliches kurzes *-u-* in offener Silbe hinweisen, „das später gedehnt und gesenkt wurde". Da die weitere Belege jedoch nicht zu einem PN-Ansatz passen würden, erwägt Möller (nach Flechsig), daß es sich eventuell um den früheren Namen des Reiherbaches handelt, etwa **Budana*, besonders da *-feld*-Namen häufig FlußN im BW enthielten. Im Folgenden führt er die ON Böen, Kr. Cloppenburg (1177 *Engelberto de Bodene*), und Bollensen, Kr. Uelzen (1006 *Budinsola*), auf ein Gewässerwort **budana*, **budina* (mit Suffixwechsel) zurück, in welchem er eine Verbindung zum etymologisch unklaren Wort *buddeln* 'mit Händen im Sand wühlen, graben' sieht. NOB I S. 64ff. erwähnt Bodenfelde als Vergleichsnamen für Bothfeld, Kr. Hannover. Beiden ON und wohl auch † Bodensvedhe, Kr. Hannover (NOB I S. 53f.), liegt nach den Autoren eine idg. Wurzel **bheudh-*, **bhoudh-*, **bhudh-* zugrunde, für die aber noch keine Bedeutung gefunden sei. Es sei aber anzunehmen, daß sie zum semantischen Feld 'Wasser, Feuchtigkeit' gehöre.

III. Bildung mit dem GW *-feld*. Für das BW ist ein PN auszuschließen, da (bis auf einmaliges *-is-*) keine Flexionsendung ersichtlich ist, die den Ansatz eines PN möglich macht. Die Grundform des Namens ist - trotz des fehlenden Umlauts - aufgrund der stabilen Überlieferung der ältesten Formen auf *-in-* als **Budina-feld* anzusetzen. Die zu erwartende Umlautform *Böden-feld* dürfte unter Einfluß von dt. *Boden* geraten sein und dadurch zur modernen Form geführt haben. Das BW **Budina-* ist als *n*-Ableitung zu einer Basis **Bud-* zu sehen, die auf eine idg. Wurzel **bhudh-* zurückgehen muß. Nach den Autoren von NOB I S. 64ff. steht diese in Beziehung zum Bedeutungsfeld 'Wasser', auch Flechsig und Möller vermuten im BW einen FlußN, bei dem es sich um den alten Namen oder zumindest einen Teilabschnittsnamen des Reiherbaches handeln wird. Es ist an eine Variante der Wurzel **b(e)u-*, **bh(e)u-*, **b(h)ū-* 'aufblasen, schwellen' zu denken, welche mit Dentalerweiterung in aengl. *pudd* 'Wassergraben', mengl. *podel*, engl. *puddle*, nhd. mdal. *Pfudel* 'Schlammpfütze', westf. *pōt* 'Pfütze, Pfuhl', mnd. *buddelen*, *bod(d)elen* 'Blasen werfen, schäumen', norw. mdal. *boda* 'brausen, brodeln, vom Wasser', anord. *boði* 'Wellenbruch, Brandung' begegnet (vgl. Pokorny, Wörterbuch S. 98f.). Die Grundform **Budina-* entwickelt sich über Abschwächung der Nebentonvokale zu *Budine-* und *Budene-*. Im 13. Jh. wird *-u-* zu *-o-* zerdehnt (Lasch, Grammatik § 155), gleichzeitig fällt das auslautende *-e-* aus. Neben den unter II. erwähnten ON sind hier ebenfalls Böddenstedt,

Kr. Uelzen, Böddenstedt, Kr. Altmarkkreis Salzwedel, Büddenstedt, Kr. Helmstedt, und Böddensell, Kr. Ohrekreis, anzuschließen. Auch zahlreiche baltische und ostpreuß. GewN und ON wie *Budupe, Budupis, Bùdasas, Budisch, Budike, Budde, Budrich, Budrenu* (vgl. Vanagas, Hidronimu S. 72 und Toporov S. 258f.) können hier ihre Deutung finden.

BOLLENSEN (Uslar)

1015-36 *Bullanhusun* (Westfäl. UB I Nr. 87 S. 67)
1286 *Bollenhosen* (Warnecke, Dinkelhausen S. 133)
1318 *Bollenhusen* (Flentje/Henrichvark, Lehnbücher Nr. 139 S. 42)
1355 *Nolte de Bolnhusen* (Grote, Neubürgerbuch S. 15)
um 1380 (A. 15. Jh.) *Bollnhusen* (Desel, Lippoldsberg S. 187)
1400 *Tydericus de Bollenhosen* (Bruns, Urkunden Nr. 18 S. 30)
1537 *Bollensenn* (Meyer, Steuerregister S. 75)
1588 *Bollenhaußen* (Kramer, Abschwächung S. 34)
1602 *Bollhausen* (Nolte, Flurnamen S. 9)
1603 *Bollensen* (Krabbe, Sollingkarte Bl. 2)
um 1616 *Pollensen* (Casemir/Ohainski, Territorium S. 57)
1712 *Bollensen* (UB Uslar II S. 1122)
1784 *Bollensen* (Kurhannoversche Landesaufnahme Bl. 149)
1823 *Bollensen* (Ubbelohde, Repertorium 2. Abt. S. 21)
dialekt. (1951) *bollĕnsĕn* (Flechsig, Beiträge S. 12)
dialekt. (1963) *bolnsen* (Nolte, Flurnamen S. 9)

I. Die fragende Zuordnung eines Beleges von 1089-1093 (Fä. 12. Jh.) *Bothleueshusen* (Mainzer UB I Nr. 384 S. 288) bei Lange, Northeim S. 101 ist zu streichen; gemeint ist † Botleveshusen im Kreis Göttingen (vgl. NOB IV S. 70f.). Ein von Nolte, Flurnamen S. 9 hierher gestellter Beleg 1184 *Bolenhusen* ist mit † Bolenhusen bei Drakenburg zu identifizieren. Das GW lautet *-husen* bzw. südniedersächs. *-hosen*, in jüngerer Zeit verkürzt zu *-sen*. Im 16. Jh. tritt hd. *-hausen* ein. Der Erstbeleg zeigt im BW *-u-*, die folgenden *-o-*. Das BW verändert sich kaum, vereinzelt liegt eine abgeschwächte Form *Bol(l)n-* vor, im 15./16. Jh. auch ohne Flexionsfuge *-n-*. Selten ist die Anlautverschärfung zu *P-* sichtbar.

II. Nach Flechsig, Beiträge S. 45 ist der ON ein *-husen*-Name. Laut Nolte, Flurnamen S. 9 kann die Form *Bullan-* „auf einen PN hinweisen, der zu der Namengruppe auf 'Bald' gestellt werden muß. Das a geht häufig unter dem verdumpfenden Einfluß des l in u über; ld wird zu ll assimiliert". Förstemann, Ortsnamen I Sp. 535 stellt den ON zum PN *Bolo*. Wienecke/Bauer, Bollensen S. 18 vermerken: „Über die Bedeutung des Ortsnamens gibt es nur Vermutungen!" Danach zitieren sie die Deutungen von Förstemann und Nolte.

III. Das GW ist *-hūsen*. Das BW enthält einen schwach flektierenden PN, bei dem es sich auf keinen Fall um *Bald-* handelt, wie Nolte vorschlägt. Die Verdumpfung des *-a-* vor *-l(d)-* führt zu *-o-*, nicht zu *-u-* (Lasch, Grammatik § 93). Die Assimilation *-ld-* > *-ll-* ist ein Prozess des Mnd., nicht des Asä., mit wenigen früheren Ausnahmen (Lasch, Grammatik § 323). Daher ist Förstemanns Erklärung plausibler. Zugrunde liegt also ein PN *Bolo,* der auch als *Bollo* und *Bulo* erscheint; vgl. Förstemann, Personennamen Sp. 325f. Die Etymologie ist nicht sicher. Förstemann und Schlaug,

Altsächs. Personennamen S. 64, der den PN *Bolo* ebenfalls verzeichnet, denken an mhd. *buole*, mnd. *bōle* 'Bruder, Gatte, Freund, Geliebter'; vgl. hd. *Buhle*. Nach Kluge/Seebold S. 143 geht das Wort *Buhle* auf germ. **bōla-* 'Schlafplatz', übertragen auf 'Schlafgenosse' zurück. Westgerm. *-o-* kann im Asä. als *-o-* und *-u-* erscheinen (Lasch, Grammatik § 27), insofern wäre unser PN gut anzuschließen, allerdings unter der Voraussetzung einer frühen Kürzung des Vokals verbunden mit Gemination des *-l-*. Kaufmann, Untersuchungen S. 47 und S. 291 vermutet eher „das Ergebnis einer frühen Mitlaut-Angleichung" *-dl-* > *-(l)l-* aus *Bōdilo* > *Bo(l)lo*, *Būdilo* > *Bu(l)lo* als aus dem Westfränkischen in andere germ. Gebiete getragene Namen und erhärtet dies durch den Eintrag bei Förstemann, Personennamen Sp. 326 „Puolo a. 1040 neben Pulo und Pudilo" (in dem Fall legt Kaufmann den PN-Stamm BOD- zugrunde, in dem mehrere Stämme zusammenfließen). Da aber die Überlieferung, die recht zeitig einsetzt, keinerlei Hinweise auf einen solchen PN enthält, und Kaufmanns Überlegung auch wieder auf das Problem einer sehr frühen Assimilationserscheinung trifft, ist die erste Variante vorzuziehen. Vgl. auch die Diskussion um † Bolenwende, Kr. Göttingen (NOB IV S. 60ff.).

† BONEKENHUSEN

Lage: Wahrscheinlich im Bereich des Bahnhofes Salzderhelden ca. 0,6 km östl. des Ortes.

1154 *Madelgerus de Bumkenhusen* (MGH Urk. HdL Nr. 27 S. 38)

1169-1191 (A. 14. Jh.; Kopie 17. Jh.) *Bonckenhusen* (Petke, Wöltingerode Anhang II Nr. 2 S. 554)

1240 *Heinricus de Bonekenhusen* (UB Goslar I Nr. 572 S. 541)

1312 *fratres dicti de Bonnekenhusen* (UB Fredelsloh Nr. 103 S. 79)

1361 *Jane von Bonkenhusen* (Max, Grubenhagen II S. 346)

1405 *Hans van Bonkensen* (Sudendorf X Nr. 41 S. 130)

1418 *Bonnekensen* (Urk. Dipl. App. Nr. 225)

1441 *Bonkensen* (Boegehold, Urkunden Nr. 6 S. 28)

1527 *Bonkenßen* (Tschackert, Rechnungsbücher S. 374)

1554 *mit dem halbenn zehendenn zw Bockensen vor dem Saltze zur Heldenn* (Scheidt, Codex Diplomaticus Nr. 23 S. 507)

1596 *Búnickenhausen* (Letzner, Chronica Buch 5 S. 19r)

1602 *Bönigshausen vor dem Soldt* (Urkunden Hist. Verein Nr. 508 S. 422)

1617 *Bönnighauser Feld* (Max, Grubenhagen I S. 527)

1715 *Bönnickhausen* (Bodemann, Wüste Ortschaften S. 251)

1783 *Bonneker Gehre* [...] *Bönneke Berg* (Kurhannoversche Landesaufnahme Bl. 142)

I. Das GW erscheint als *-husen*, *-hosen*, verkürzt *-sen* und hd. *-hausen*. Der erste Beleg zeigt das BW *Bumken-* mit *-u-* und *-m-*, die folgenden Belege enthalten *Bon(e)ken-* mit *-o-* und *-n-*. Ab Ende des 16. Jh. wird der Umlaut im Schriftbild sichtbar. Nach dem Wüstfallen des Ortes liegt der ON in stärker abweichenden Formen wie *Bönigshausen* und als Bestandteil von FlurN vor.

II. Nach Casemir, Grundwörter S. 192 mit dem GW *-husen* gebildet.

III. Bildung mit dem GW *-hūsen* und einem schwach flektierenden PN, welchen man aufgrund des Umlauts in den jüngeren Belegen als **Boniko* deuten würde. Ein solcher PN ist jedoch im asä. Raum nicht bezeugt. Bezieht man den ersten Beleg *Bum-*

kenhusen ein und sieht die folgenden Formen als dessen gesetzmäßige Entwicklung, fällt die Deutung leichter. Zu vermuten wäre ein PN *Buniko* und eine ON-Grundform **Bunikenhusen*. Die Form *Bumken-* könnte eine Verschreibung aus **Buneken-* oder **Buncken-* (vgl. *Boneken-* und das 1169-1191 belegte *Bonckenhusen* mit Schwund des *-e-* in der Nebentonsilbe) sein. Möglich wäre auch eine Assimilation von *-nk-* zu *-mk-*. Nach Lasch, Grammatik § 54 a 1 wird *-u-* bzw. umgelautetes *-ü-* in offener Silbe zu zerdehntem *-o-/-ö-*, eine Entwicklung, die bei Einsetzen der schriftlichen Überlieferung von Bonekenhusen wohl fast vollzogen war. Die Heranziehung eines vergleichbaren ON unterstützt diesen Lösungsansatz. † Bunekenhusen, Kr. Göttingen (1237 *Bunikenhusen*, 1308 *Ruppoldus van Bonekenh[usen]*, 1317 *Bonkenhusen*), zeigt eine ähnliche Entwicklung. NOB IV S. 80f. sieht im BW den schwach flektierenden *k*-suffigierten KurzN *Buniko*. Dieser PN ist auch hier anzusetzen. Im Asä. ist er gut bezeugt; vgl. Förstemann, Personennamen Sp. 345, Schlaug, Altsächs. Personennamen S. 180 und Schlaug, Studien S. 66f. Er gehört zu dem etymologisch ungeklärten PN-Stamm BUN-. Die stark flektierende PN-Form *Bunik(i)* liegt in † Bonkeshusen, Kr. Göttingen (NOB IV S. 64f.), vor.

IV. Ernst, Wüstungen S. 82; Exkursionskarte Moringen S. 64; Kühlhorn, Wüstungen Bd. I Nr. 49 S. 249-253; Max, Grubenhagen I S. 527; Upmeyer, Oldershausen S. 248.

† BOSSEKENHUSEN
Lage: Ca. 1,5 km südwestl. Westerhof.

1331 *Bosekenhusen* (Goetting, Findbuch I Nr. 134 S. 68)
1338 *Johannes de Bosekenhusen* (Grote, Neubürgerbuch S. 10)
1458 (A. 16. Jh.) *Boskenhusen* (Deeters, Quellen S. 73)
1482 *Bossekenhusen* (UB Oldershausen Nr. 64 S. 114)
1590 (A.) *Bosekenhausen* (Müller, Lehnsaufgebot S. 395)
1590 (A.) *Bosegkenhausen* (Müller, Lehnsaufgebot S. 306)

I. Der ON zeigt sich fast unverändert. In *Boskenhusen* ist nebentoniges *-e-* ausgefallen.

II. Nach Casemir, Grundwörter S. 192 mit dem GW *-husen* gebildet.

III. Bildung mit dem GW *-hūsen* und einem schwach flektierten PN mit *k*-Suffix. Förstemann, Personennamen Sp. 329f. führt unter dem PN-Stamm BOSI (vgl. dazu → Beulshausen) die mit *k-* suffigierten PN *Bosico, Bosoco, Bosuc* auf. Schlaug, Studien S. 64 verzeichnet *Bosico*, Schlaug, Altsächs. Personennamen S. 179 den stark flektierenden PN *Bosuc*. Da in der Entwicklung von Bossekenhusen keine Umlautung zu beobachten ist, ist im BW nicht *Bosico*, sondern eher *Bosoco* oder ein nicht bezeugter, aber analog anzunehmender PN **Bosuco* anzusetzen, dessen Nebentonsilben in Bossekenhusen abgeschwächt sind.

IV. Exkursionskarte Osterode S. 41; Jäckel, Willershausen Karte 1; Kühlhorn, Wüstungen Bd. I Nr. 55 S. 291-292; Max, Grubenhagen I S. 523-524 als Bennekenhusen; Upmeyer, Oldershausen S. 249.

† BREDENBEKE (I)
Lage: Ca. 3 km nordöstl. Offensen.

1318 *villam Bredenbeke* (Flentje/Henrichvark, Lehnbücher Nr. 143 S. 42)

1321 (A. 15. Jh.) *villam nostram dictam Bredenbeke* (Sudendorf I Nr. 348 S. 197)
1479 *Breydenbecke* (Wisotzki, Nörten II S. 21)
1519/20 (A. 16. Jh.) *Bredenbeck* (Krusch, Studie S. 260)
1603 *Wüste Niedern Bremke* [...] *Wüste Obern Bremke* (Krabbe, Sollingkarte Bl. 1)
1784 *Bremker Kirche* (Kurhannoversche Landesaufnahme Bl. 149)

I. Die ON-Form *Bredenbeke* entwickelt sich bis zum 17. Jh. zu *Bremke*. Singulär liegt 1479 -*ey*- statt -*e*- vor.

II. Nach Casemir, Grundwörter S. 191 mit dem GW -*beke* gebildet. Nolte, Flurnamen S. 367 führt den ON auf die präpositionale Ortsbestimmung „*bī (resp. tō) der brēden beke" zurück und verweist auf Schröder, Namenkunde S. 358 zum ON-Typ Breitenbach/Bredenbeck: „Und tatsächlich liegt ein lokaler Dativ vor: *ze dem (der) breiten bach*, und es wird damit ein Platz bezeichnet, der sich durch die meist wohl kurze Verbreiterung, sei es nun des Wasserlaufs oder des Talgebildes, für die Siedlung besonders empfahl [...]." Kramer, Moringen S. 69 sieht in *Brem-* eine „Kontraktionsform aus breden-" zu „breit mdal. brēd", welches sich „stets auf die Ausdehnung der betreffenden Flurstücke" beziehe. Förster, Forstorte S. 50 rekonstruiert den ON zwar ebenfalls „aus dem alten Breden-Beke", deutet den angesetzten FlußN „Bredane-Beke" allerdings als „Bach an einer Grenzhecke oder an einem Grenzzaun".

III. Bildung mit dem GW -*beke* und asä. *brēd*, mnd. *brēit*, *brēide* 'breit' in der Wendung **an der/to der* bzw. *am/tom brēden beke* 'am/zum breiten Bach'. Der ON geht also auf einen BachN zurück. Förstemann, Ortsnamen I Sp. 554f. führt eine Reihe gleich gebildeter Namen auf; vgl. auch → † Bredenbeke (II), Bredenbeck, Kr. Hannover (NOB I S. 67f.), und Bremke, Kr. Göttingen (NOB IV S. 76f.). Anhand der Belegreihe zu diesem letztgenannten ON läßt sich die Entwicklung besser nachvollziehen, die auch unser ON durchläuft: Ausfall des intervokalischen -*d*- (**Brēnbeke*), Angleichung von -*nb*- zu -*mb*- (**Brēmbeke*), Schwund des nebentonigen zweiten -*e*- (**Brembke*) und Ausfall des -*b*- (*Bremke*). Der Diphthong -*ey*- in *Breydenbeke* ist eine graphische Variante des langen -*ē*- (Lasch, Grammatik § 97 V). Försters Deutung entbehrt jeglicher Grundlage.

IV. Dolle, Studien S. 408; Exkursionskarte Moringen S. 64-65; Förster, Forstorte S. 50; Kühlhorn, Wüstungen Bd. I Nr. 58 S. 295-302; Nolte, Flurnamen S. 366-367.

† BREDENBEKE (II)

Lage: Ca. 2,5 km nördl. Bodenfelde.

1290 *Bredenbeke* (Falckenheiner, Zusätze Nr. 7 S. 391)
1594 *Bremke* (Nolte, Flurnamen S. 202 Nr. 27)
1784 *Im Bremcke* (Kurhannoversche Landesaufnahme Bl. 149)

I. Die ON-Form *Bredenbeke* entwickelt sich bis zum 16. Jh. zu *Bremke*.

II. Nach Casemir, Grundwörter S. 191 mit dem GW -*beke* gebildet. Rock, Bodenfelde S. 47 sieht den ON als „Zusammenschleifung von bredanbike (= breite bieke)".

III. Zur Deutung vgl. → † Bredenbeke (I).

IV. Exkursionskarte Höxter Karte; Kühlhorn, Probleme S. 195; Kühlhorn, Wüstungen Bd. I Nr. 59 S. 302-305.

† BRODERHUSEN

Lage: Unsicher; wahrscheinlich in der näheren Umgebung von Nörten-Hardenberg zu suchen.

1243 *duo allodia, scilicet Brodehusen et Oyshusen* (Wolf, Steine Nr. 4 S. 7)
1409 *Bruderhusen* (UB Hardenberg II Nr. 49 S. 110)
1459 *Cord Broderhusen* (Kelterborn, Bürgeraufnahmen I S. 98)
1497 *Broderhusen desolata* (Negotium monasterii Steynensis S. 153)
1585 *Andreas Broderhausen* (Burchard, Calenberg-Göttingen S. 48)

I. Das GW lautet -*husen*, im 16. Jh. hd. -*hausen*. Im ersten Beleg erscheint das BW als *Brode*-, in der Folge als *Bruder*- bzw. *Broder*-. In keiner Form ist eine Flexion ersichtlich.

II. Nach Casemir, Grundwörter S. 192 mit dem GW -*husen* gebildet.

III. Bildung mit dem GW -*hūsen*. Da das BW keine Flexion zeigt, ist ein PN auszuschließen und ein appellativischer Ansatz zu suchen. Die unterschiedliche Überlieferung des BW ohne und mit -*r*- führt zur Frage, von welcher Form man auszugehen hat. Ist *Brode*- die ursprüngliche Form, wäre -*r*- in Angleichung an das Appellativ mnd. *brōder* 'Bruder' sekundär eingefügt worden. Für *Brode*- ist ein Anschluß an asä., anord. *broð* 'Brühe' < germ. *$bruða$*- denkbar, dem idg. *$bhru-dh$-, eine Dentalableitung zur idg. Wurzel *$bher$-, erweitert *$bh(e)reu$-, *$bh(e)rū$- 'sich heftig bewegen, wallen, bes. vom Aufbrausen beim Gären, Brauen, Kochen' zugrundeliegt, vgl. auch dt. *brodeln* (Pokorny, Wörterbuch S. 143f., Kluge/Seebold S. 136 und Pfeifer S. 217). Der ON stünde damit in Bezug zur Lage an einem Gewässer. Da die Überlieferung des ON jedoch lückenhaft ist und die *r*-lose Form *Brode*- nur einmal begegnet, ist nicht auszuschließen, daß es sich dabei um einen Fehler bei der Wiedergabe des ON handelt. In dem Fall ist *Broder*- als Ausgangsform anzusetzen. Das Appellativ asä. *brōðar*, mnd. *brōder* 'Bruder' bleibt für die Deutung aus semantischen Gründen fern. Da sich auch kein anderer appellativischer Ansatz aus dem Asä. ergibt, kann das BW nur als *r*-Ableitung zu einer Basis *Brod*- interpretiert werden, die sich wiederum mit der oben genannten idg. Wurzelerweiterung *$bhru-dh$-, germ. *$bruð$- verbinden läßt. Deren Bedeutung 'sich heftig bewegen, wallen' in Verbindung mit einem *r*-Suffix, welches FlußN bilden kann, weist auf einen alten FlußN als BW des ON. Die Grundform dieses FlußN ist als *$Brud-ara$* oder, unter der Voraussetzung, daß der Umlaut in der Überlieferung noch nicht sichtbar wurde, als *$Brud-ira$* anzusetzen. Durch Abschwächung der nebentonigen Suffixvokale (*$Brudere$*-) und Ausfall des Auslautvokals entstünde die Form *Bruder*-. Das -*u*- der Stammsilbe wird mnd. zu -*o*- zerdehnt (Lasch, Grammatik § 155). Die fehlende Lokalisierung läßt keine sachliche Bestätigung dieser Hypothesen zu, wenn man nicht Kühlhorn, Wüstungen Bd. I Nr. 60 S. 305-306 folgt, der die Wüstung eventuell im Rodebachtal östl. von Nörten-Hardenberg in der Nähe des Brüderbergs vermutet, und ein Abschnitt des Rodebaches damit als Benennungsmotiv möglich wird.

IV. Exkursionskarte Moringen S. 77-78; Kühlhorn, Wüstungen Bd. I Nr. 60 S. 305-306.

BRUCHHOF (Kreiensen)

um 1180 (A. 12. Jh.) *Bruichof* (Kleinau GOV I Nr. 343 S. 108) vor 1220 (A. 13. Jh.) *grangia nostra, quę Brochoue vocatur, primo sita fuit in Greine* (Mainzer UB II Nr. 57 S. 111 Anm. 57)

um 1244 (A. 13. Jh.) *curia, que dicitur Brochove* (Petke, Wöltingerode Anhang III Nr. 13 S. 568)

1270 (A. 15. Jh.) *in monte iuxta palludem* (Petke, Wöltingerode Anhang III Nr. 26 S. 573)

1277 (A.) *in palude apud Grene* (Falke, Trad. Corb. Nr. 278 S. 875)

1288 (A.) *sita in palude pertinente grangie sive allodio Brockhoue* (Falke, Trad. Corb. Nr. 288 S. 878)

1340 *Brochove* (Falke, Trad. Corb. Nr. 374 S. 895)

1384 *dorffe zu Bruchofen* (Sudendorf VI Nr. 103 S. 109)

1441 *to dem Brockhove* (Kleinau GOV I Nr. 343 S. 108)

1539 *Brochoff* (Kleinau GOV I Nr. 343 S. 108)

1544 *Borchhoff* [!] (Kayser, Kirchenvisitationen S. 205 Anm.)

um 1600 *Brockhof* (Reller, Kirchenverfassung S. 223)

1678 *Bruchoff* (Kopfsteuerbeschreibung Wolfenbüttel S. 239)

1803 *Bruchhof oder Bruchdorf und Brockhof* (Hassel/Bege, Wolfenbüttel II S. 318)

dialekt. (1954) *bräokhoff* (Kleinau GOV I Nr. 343 S. 109)

I. Ein Beleg um 1126 (Fä. 18. Jh.) *Bruckhof* (UB Plesse Nr. 6 S. 46; UB Eichsfeld Nr. 54 S. 34) wurde nicht in die Belegreihe aufgenommen, da es sich um eine ‚gelehrte' Fälschung J. Chr. Harenbergs aus dem 18. Jh. handelt, der für das Mittelalter keinerlei Quellenwert zuzurechnen ist. Das GW lautet -*hof*, -*hove*, später hd. *hoff*. 1803 liegt neben -*hof* auch -*dorf* vor. Das BW ist *Broc*-; der Erstbeleg zeigt -*ui*-, das -*i*- ist Dehnungszeichen. Spätere Formen sind *Brock*-, *Bruc*-, *Brugk*- und hd. *Bruch*-. Singulär erscheint *Borch*-. Im 13. Jh. begegnet das lat. *palūs* 'Sumpf' in flektierter Form als *in palude* oder *iuxta palludem*.

II. Die BuK Gandersheim S. 424 bezeichnen Bruchhof als „der nach einem Bruch genannte Ort". Flechsig, Gandersheim S. 65 deutet den ON als Siedlung am Sumpf, das GW -*hof* bezeichne einen „Wirtschaftshof eines geistlichen oder weltlichen Großgrundbesitzers", und er erwähnt die Zugehörigkeit von Bruchhof zum Kloster Amelungsborn. Gehmlich, Wappenbuch S. 261 interpretiert das Ortswappen: „Der Wellenbalken symbolisiert die Leine, die Schilfpflanzen sind Zeichen für den Ortsnamen und die ursprüngliche Landschaft." Auf S. 262 zitiert er Kronenberg (ohne Quellenangabe): „[...] Bruchof wurde von den Mönchen von Amelungsborn gegründet. Dieses Kloster der Zisterzienser [...] hatte sich die Aufgabe gestellt, unfruchtbares Land urbar zu machen [...]. So gingen die Mönche [...] in diesen Bruch und verwandelten den Sumpf in Felder und Wiesen."

III. Den Deutungen ist zuzustimmen. Der ON ist ein Kompositum aus mnd. *brōk* 'Bruch, sumpfiges Gelände' und dem GW -*hof*. Die lat. Bezeichnung *in Palude* und die Tatsache, daß der Ort am Rande eines alten Überschwemmungsgebietes der Leine liegt, unterstreichen diese Deutung. Ein Vergleichsname ist † Bruchhof auf der Flur Amelungsborn, Kr. Holzminden; vgl. Kleinau GOV I Nr. 344 S. 109.

BRUNSEN (Einbeck)

1148 *Brunessen* (Goetting, Findbuch Bd. I Nr. 26 S. 17)

1220 (A. 15. Jh.) *militi de Brunessen* (Pfaff, Helmarshausen II Nr. 9 S. 64)

1231 (A. 14. Jh.) *miles dictus de Brunessen* (Urk. Clus/Brunshausen Nr. 21)
1271 (A. 15. Jh.) *Brunessen* (Petke, Wöltingerode Anhang III Nr. 30 S. 576)
um 1290 *Brunessen* (Dürre, Amelungsborn S. 49)
1317 *Brunesse* (UB H. Hild. IV Nr. 403 S. 211)
um 1382 *Brunsen* (UB H. Hild. VI Nr. 546 S. 398)
1436 *Brunsen* (UB Uslar I S. 211)
um 1470 *Brunessen* (Lüneburger Lehnregister Nr. 782 S. 70)
1527 *Brunßen* (Tschackert, Rechnungsbücher S. 374)
1542 *Bruensen* (Kayser, Kirchenvisitationen S. 206)
1548 *Brauntzen* (Wittkopp, Greene S. 53)
1568 *Brunsen* (Spanuth, Quellen S. 279)
um 1616 *Brunsen* (Casemir/Ohainski, Territorium S. 44)
1783 *Bruensen* (Kurhannoversche Landesaufnahme Bl. 139)
1803 *Brunzen oder Brunsen* (Hassel/Bege, Wolfenbüttel II S. 318)
dialekt. (1950) *briunßən* (Kleinau GOV I Nr. 359 S. 112)

I. In den überlieferten Belegen gibt es kaum Schwankungen. Der ON verkürzt sich nur von *Brunessen* zu *Brunsen*. In *Bruensen* wird langes -$\bar{u}$- durch den Längungsvokal -e- verschriftlicht und im 16. Jh. gelegentlich zu -au- diphthongiert. Das stimmlose -s- wird z.B. 1548 und 1803 durch -tz-/-z- wiedergegeben.

II. Die BuK Gandersheim S. 425 vermuten im ON die „Behausung eines Brun?". Hahne, Brunsen S. 6 stellt den ON zu den Bildungen auf -*hēm*. Im GW sieht er einen PN, der mit *brun* 'braun' zu verbinden sei und vielleicht im metaphorischen Sinne 'Bär' bedeute. Nach Flechsig, Gandersheim S. 50 gehört Brunsen zu den -*heim*-Namen, da die Entwicklung -*husen* zu -*sen* im 12. Jh. noch nicht in Frage komme (vgl. dazu auch Möller, -sen-Namen S. 356-375).

III. Entgegen den Annahmen von Hahne und Flechsig ist -$h\bar{u}sen$ als GW anzusetzen, da kein einziger Beleg auf -*hēm* deutet. Die Überlieferung zeigt -*s-sen*, was als verkürztes -*sen* < -*husen* nach auslautendem -*s* eines stark flektierten PN zu erklären ist. Im BW ist der stark flektierende PN *Brūn(i)* enthalten, der asä. sehr gut bezeugt ist. Förstemann, Personennamen Sp. 338 führt den PN unter dem Stamm BRUNJA 'Brünne, Brustharnisch' auf, verbindet einen Teil der dort genannten PN aber auch mit asä. *brūn* 'braun'. Schlaug, Studien S. 180 und Schlaug, Altsächs. Personennamen S. 65 stellen den KurzN zu asä. *brūn* 'glänzend braun'. Die ON-Entwicklung verläuft ausgehend von *Bruneshusen* über *Brunessen* zu *Brunsen* nach den verbreiteten nd. Lautveränderungen.

BRUNSHAUSEN, VORWERK (Bad Gandersheim)

zu 852 (A. 15. Jh.) *Bruneshusen* (Chron. Hild. S. 851)
856 (Fä. 13. Jh.) *Brvnnistashvson* (Goetting, Gründungsurkunde S. 368)
um 1007 *Brunisteshusi* (Goetting, Gandersheim S. 256)
Anfang 11. Jh. *Brunesteshuson* (Goetting, Brunshausen S. 19)
1134 *Brunsteshus* (UB H. Hild. I. Nr. 208 S. 191)
1159 *Brunesteshusen* (Urk. Clus/Brunshausen Nr. 4)
1188 *Brunesteshusen* (Kallen, Vogteiweistum S. 98)
1201 *Brunesteshusen* (UB H. Hild. I Nr. 564 S. 543)
1204 *Brunnistishusen* (Goetting, Brunshausen S. 20)

um 1223 *Brunsteshusen* (UB Walkenried I Nr. 121 S. 162)
1256 *Brunsteshusen* (Goetting, Findbuch I Nr. 67 S. 40)
1313 *Bronstishusen* (UB H. Hild. IV Nr. 192 S. 93)
1327 *Brunteshusen* (UB H. Hild. IV Nr. 943 S. 512)
1408 *Brunteshuß* (Urk. Clus/Brunshausen Nr. 33)
1452 *Bruntzhusen* (Kleinau GOV I Nr. 363 S. 113)
1473 *Brunteshusen* (Urk. Clus/Brunshausen Nr. 70a)
1497 *Brunshusen* (Negotium monasterii Steynensis S. 139)
1524 *Brunshausen* (Mühe, Dankelsheim S. 123)
1574 *Braunßhausen* (Kleinau GOV I Nr. 363 S. 113)
um 1600 *closter Brunshausen* (Reller, Kirchenverfassung S. 223)
1718 *Brunshausen* (Goetting, Brunshausen S. 38)
1803 *Brunshausen* (Hassel/Bege, Wolfenbüttel II S. 185)
dialekt. (1950) *brenshíusən* (Kleinau GOV I Nr. 363 S. 113)

I. Das GW erscheint als *-husen*, *-hus*, und ab dem 16. Jh. hd. als *-hausen*. Beim Vergleich der ältesten Belege scheint 852 *Brunesteshusen* in der Abschrift des 15. Jh. nicht der Originalform zu entsprechen, da die asä. Vollvokale schon abgeschwächt sind. Das BW entwickelt sich von *Brunnistas-* über *Brunistes-*, *Brunestes-* zu *Brunstes-* (gelegentlich auch mit *-o-*) und weiter über *Bruntes-*, *Bruntz-/Brunts-* zu *Bruns-*. 1574 liegt eine hd. Form *Braunß-* vor.

II. Die Frage um die Gründung des Ortes und damit um den im ON enthaltenen PN wird stets mit dem Geschlecht der Ludolfinger verbunden und ein *Brun* als Ortsgründer vermutet, eine Annahme, die dann zum Teil aufgrund der alten ON-Formen relativiert wird. Nach Goetting, Brunshausen S. 19f. und Kronenberg, Brunshausen S. 6 ist der ON mit *-hausen* und dem PN *Brunist* gebildet, der sich aus *Brun* und *st*-Suffix zusammensetze. In der Anm. 1 meint er: „Abwegig dürfte der Versuch von W. Flechsig sein [= Flechsig, Braunschweig S. 32], den Namen mit brunst (= Waldrodung durch Abbrennen) in Verbindung zu bringen." Schubert, Niedersachsen S. 91 sieht im ON den PN Bruno, den er als einen Leitnamen der Liudolfinger bezeichnet. Wenskus, Stammesadel S. 70 lehnt dies ab, da die „älteren Namenformen [...] den Namen Brun stets mit einem *-st*-Suffix erweitert" zeigen. Förstemann, Ortsnamen I Sp. 595 stellt den Namen zum PN-Stamm BRUN, genauer im Personennamenband Sp. 340 zum PN *Brunist*. Die BuK Gandersheim S. 37 deuten den ON als „Behausung eines Brunisto". Hahne, Brunesteshus S. 62 meint zur Struktur des PN: „Der Personenname 'Brunisto' ist die Superlativform eines Adjektivums brun = dunkelfarbig, glänzend, braun."

III. Das GW ist *-hūsen*. Im BW liegt ein stark flektierender PN mit *st*-Suffix vor, dessen Ableitungsbasis *Brun* ist. Der von den BuK Gandersheim und Hahne vorgeschlagene PN *Brunisto* würde schwach flektieren. Schlaug, Studien 180 belegt einen PN *Brunist*; ebenso Förstemann, Personennamen Sp. 340, der ihn zum PN-Stamm BRUN stellt (vgl. dazu → Brunsen). Allerdings würde der präsuffixale Vokal *-i-* eine Umlautung des vorangehenden *-u-* bewirken, so daß man eigentlich von einer PN-Form *Brunast*, *Brunost* oder *Brunust* ausgehen müßte. Dies widerspricht jedoch der sehr früh einsetzenden Überlieferung, die die Form *Brunist* enthält; auch geben die jüngeren Belege, in denen der Umlaut auch graphisch dargestellt worden wäre, keine entsprechenden Hinweise. Anzunehmen ist also, daß in diesem Fall *-ist* keinen Umlaut erzeugte, vielleicht, weil *brun* appellativisch lebendig blieb? Den PN enthält auch → † Brunsteshusen. Weitere mit *st*-Suffix gebildete PN liegen in → † Aschen und → Erzhausen vor.

BRUNSTEIN, SIEDLUNG (Northeim)

Südwestl. der Siedlung/Domäne Brunstein lag die mittelalterliche Burg Brunstein, die seit dem Ende des 17. Jh. allmählich abgerissen wurde. Vgl. Exkursionskarte Osterode S. 74.

1341 *Brunsteyn* (Sudendorf VIII S. 60 Anm.)
1349 *in castro nostro Brunstene* (UB Fredelsloh Nr. 161 S. 117)
1368 *hus ztu dem Brunsteyne* (Sudendorf III Nr. 380 S. 256)
1409 *borch Brunstein* (UB Hardenberg I Nr. 86 S. 131)
1482 *under deme Brunsteyne* (UB Boventen Nr. 554 S. 362)
1525 *sloth und ampt Brunstein* (UB Oldershausen Nr. 86 S. 150)
1537 *gericht Brunstain* (Meyer, Steuerregister S. 76)
um 1588 *Brunstein bie Northeim* (Lubecus, Annalen S. 48)
um 1588 *Braunstein das haus* (Lubecus, Annalen S. 494)
1644 Amt *Brunstein* (UB Boventen Nr. 684 S. 432)
1712 *Amt Brunstein* (UB Uslar II S. 1119)
1791 *Brunstein* (Scharf, Samlungen II S. 40)
1844 *amtshaushalte zu Brunstein* (Friese, Sonderhagen Nr. 15 S. 65)

I. Für die sagenhaften Angaben bei Sandfuchs, Brunstein S. 10, daß die Burg um 830 oder 840 erbaut wurde, gibt es keine Belege. Ebenso ist die ebd. S. 12 gemachte Angabe, 1057 habe der Hildesheimer Bischof die Burg zu Lehen erhalten (gemeint ist wohl MGH DH IV. Nr. 22 S. 27f.), nicht nachzuvollziehen. Der ON verändert sich kaum, er liegt als *Brunsteyn(e)*, *-stene*, *-stain* und *-stein* vor. 1588 tritt singulär hd. *Braun-* auf. Zu bemerken ist, daß der ON gelegentlich mit männlichem Artikel bezeugt ist.

II. Flechsig, Beiträge S. 51 bezeichnet den ON mit dem GW *-stein* als zur „Gruppe jüngerer Burgennamen" gehörig. Nach Sandfuchs, Brunstein S. 10 ist Brunstein als „Brunonis castrum = Bezeichnung für herzogliche Burg" zu verstehen und sei von „Herzog Bruno II. von Sachsen" erbaut worden. Weigand, Heimatbuch S. 235 schreibt zur Ortsgeschichte: „Auf der höchsten Stelle des jetzt bewaldeten, kegelförmigen Berges stand einst die Burg Brunstein, soll heißen Brunos Steinhaus. Nach Johann Georg Leuckfelds 'Geschichte von Blankenburg' baute Herzog Bruno 836 in der Grafschaft Northeim den Brunstein. Diese Zahl stimmt wohl kaum; 936 dürfte richtiger sein. Der Name Brunstein zeigt aber, daß der Ursprung der Burg mit dem Edelgeschlechte der Brunonen in Zusammenhang steht"; und ebenso sehen Behrens, Brunstein S. 23 und Grote, Northeim S. 9 den Herzog Bruno von Sachsen als Erbauer der Burg. Sander, Ortsnamen S. 91 bezeichnet Brunstein als „Anlage der Brunonen". Weigand, Ortsnamen S. 17 führt Brunstein als Beispiel dafür an, daß im Gegensatz zu früheren Holzgebäuden nun Steingebäude auf den Bergen gebaut wurden.

III. Bildung mit dem GW *-stēn*; vgl. dazu auch → Angerstein. Nach Schröder, Burgennamen S. 8 wird es „seit dem 11. Jh. aber wohl ausschließlich für Burgennamen verwendet" und als „Steinburg, Burg" aufgefaßt. Das BW lautet konstant *Brun-*, es ist keine Flexion ersichtlich. Bei der Annahme eines PN *Bruno* würde der ON mit schwacher Flexion des PN *Brunenstein lauten. Es ist also von einem appellativischen Ansatz mit dem Adjektiv asä., mnd. brūn 'braun' auszugehen, welches in Stammkomposition mit dem GW verbunden ist. Als Benennungsmotiv dient die Färbung des Burgberges oder des Materials, mit welchem die Burg erbaut wurde.

† BRUNSTESHUSEN

Lage: Ca. 1 km westl. Domäne Katlenburg.

1268 B(ru)nsteshusen (UB Plesse Nr. 231 S. 250)
1269 Bronsteshusen (Urk. Katlenburg Nr. 21)
1271-1273 Brunsteshusen aput Katelenborg (Urk. Katlenburg Nr. 28)
1273 Brunesteshusen (UB Plesse Nr. 252 S. 267)
1299 decimam in Bronsteshusen (Urk. Katlenburg Nr. 54)
1308 Brunisteshusen (Urk. Katlenburg Nr. 67)
1327 Brunsteshusen (Urk. Katlenburg Nr. 120)
1329 Brunteshusen (Max, Grubenhagen I S. 513)
1336 Iohannis de Brunteshusen (Urk. Katlenburg Nr. 133)
1525 de Brunteshusessche Grunt (Lagerbuch Katlenburg S. 73)

I. Der ON ist relativ stabil; abgesehen von seltenen Formen auf -o- schwankt er v.a. zwischen Brunstes-, Brunestes- und Brunisteshusen. In den jüngsten Belegen liegt abgeschwächt Bruntes- vor.

II. Nach Casemir, Grundwörter S. 192 mit dem GW -husen gebildet.

III. Bildung mit dem GW -hūsen und einem stark flektierenden st-suffigierten PN Brunist-, dessen Ableitungsbasis Brun- ist; vgl. dazu → Brunshausen.

IV. Exkursionskarte Osterode S. 41; Kühlhorn, Brunsteshusen S. 32-37; Kühlhorn, Wüstungen Bd. I Nr. 62 S. 311-317; Max, Grubenhagen I S. 513; Merl, Anfänge S. 9; Winzer, Katlenburg S. 25-26.

BUENSEN (Einbeck)

um 1120 Buggonhuson (Hoffmann, Helmarshausen S. 98)
1142 Bvkkenhvsvn (Mainzer UB II Nr. 33 S. 60)
1270 Bukkenhusen (UB Fredelsloh Nr. 34 S. 42)
1289 Buggenhosen (UB Fredelsloh Nr. 62 S. 57)
1298 Bugenhusen (UB Fredelsloh Nr. 86 S. 70)
1303 Buckennosen (UB Fredelsloh Nr. 94 S. 74)
1339 Bugghenhosen (Pfaff, Helmarshausen II S. 23)
1386 Buggenosen (UB Fredelsloh Nr. 176 S. 124)
1408 Buwensen (UB Fredelsloh Nr. 184 S. 129)
15. Jh. (Rückvermerk zur Urkunde von 1142) Buwenhusen (Mainzer UB II Nr. 33 S. 59)
1544 Buwesen (Kayser, Kirchenvisitationen S. 590)
1596 Bugenhausen (Letzner, Chronica Buch 5 S. 29r)
um 1616 Buensen (Casemir/Ohainski, Territorium S. 71)
1710 Buensen (Heine, Grubenhagen S. 20)
1783 Buensen (Kurhannoversche Landesaufnahme Bl. 142)

1823 *Buensen* (Ubbelohde, Repertorium 2. Abt. S. 29)
dialekt. (1951) *biunsĕn* (Flechsig, Beiträge S. 13)

I. Die in MGH Urk. HdL Nr. 1 S. 1 (= ein aus der genannten Mainzer Urkunde von 1142 erschlossenes Deperditum) vorgenommene Identifizierung des Beleges von 1142 mit † Bavensen, Kr. Hameln-Pyrmont, ist falsch. Bis Ende des 14. Jh. verändern sich im BW lediglich Qualität und Graphie des *g*- bzw. *k*-Lautes; er liegt als -*gg*-, -*kk*-, -*gh*-, -*ck*-, -*g*-, -*k*- und -*ggh*- vor. Dann tritt ein Wechsel zu -*w*- ein, das im 17. Jh. ausfällt, wodurch der Diphthong -*ue*- entsteht. Das GW -*husen*, -*hosen* verkürzt sich im 15. Jh. zu -*sen*; im 16. Jh. erscheint hd. -*hausen*, das sich jedoch nicht hält.

II. Wenskus, Stammesadel S. 333 vermutet im ON den KurzN *Bucco* als Kurzform von *Burkhard*.

III. Das GW ist -*hūsen*. Im BW liegt ein schwach flektierender PN vor, auszugehen ist von *Buggo oder *Bukko. Schlaug, Altsächs. Personennamen S. 67 und Schlaug, Studien S. 181 verzeichnen die KurzN *Buccu*, *Bucco*, *Bugko* und *Bugco*, dazu einen weiblichen KurzN *Bugga* als Kurzformen zu zweigliedrigen PN mit dem Erstglied *Burg*- wie *Burghard*, *Burchard*. Kaufmann, Untersuchungen S. 138 stellt die Kurzform *Buggo* ebenfalls zum PN *Burchard*; vgl. auch Gottschald, Namenkunde S. 189 und Heintze/Cascorbi, Familiennamen S. 156. Förstemann, Personennamen Sp. 343f. führt die PN *Bucco*, *Bukko* und *Bucko* unter dem PN-Stamm BUG auf. Nach Lasch, Grammatik § 343 sind u.a. *ck*-Schreibungen im 13. und 14. Jh. nicht seltene „versuche, den verschlusslaut [...] vom spiranten *g* zu trennen, [...] die orthographie des 15. jhs. führt hauptsächlich *gg*, *ggh* durch". Somit ist von einem PN *Buggo auszugehen. Den Wechsel von intervokalischem -*g*- zu -*w*- und den Ausfall des -*w*- beschreibt Möller, -sen-Namen S. 366 als weit verbreiteten Vorgang; vgl. auch Lasch, Grammatik § 304.

BÜHLE (Northeim)

1103 *curię in Buile* (UB H. Hild. I Nr. 158 S. 147)
1241 *Godescalcus de Bule* (UB Boventen Nr. 9 S. 35)
1294 (A. 16. Jh.; A. 20. Jh.) *Ioannes plebanus de Bule* (UB Plesse Nr. 345 S. 332)
1316 *plebanus in Bula* (Urk. Bursfelde Nr. 50)
1361 *Bertold de Bule* (Grote, Neubürgerbuch S. 16)
1376 *Hildebrand de Büle* [!] (Grote, Neubürgerbuch S. 18)
1440 *Bule* (UB Hardenberg I Nr. 94 S. 144)
1497 *Bule* (Negotium monasterii Steynensis S. 197)
1521 *Bŭle* (UB Hardenberg I Nr. 104 S. 166)
1580 *Adam Ernstes vonn Buile* (Kelterborn, Bürgeraufnahmen I S. 228)
1596 *Beule* (Letzner, Chronica Buch 6 S. 68v)
1661 *Buhla* (Kelterborn, Bürgeraufnahmen I S. 373)
1703 *Bühla* (Wolf, Nörten Nr. 121 S. 183)
1768 *Bühla* (Wolf, Nörten Nr. 150 S. 233)
1791 *Bühle* (Scharf, Samlungen II S. 41)
1823 *Buehle* (Ubbelohde, Repertorium 2. Abt. S. 23)
dialekt. (1951) *builĕ* (Flechsig, Beiträge S. 13)
dialekt. (1951) *boilĕ* (Flechsig, Beiträge S. 13)
dialekt. (1951) *böölĕ* (Flechsig, Beiträge S. 13)

I. Der ON zeigt wenig Veränderungen. Der Erstbeleg enthält -ui-, die folgenden -u-. Zum ersten Mal erscheint der Umlaut -ü- 1376, regelmäßig tritt er aber erst im 16. Jh., auch als -ŭ-, -ui-, -ue- und -üe- ein. 1596 erscheint singulär -eu-. Im 17. Jh. wird -h- eingefügt. Ab dem 14. Jh. liegt im Auslaut gelegentlich -a- vor.

II. Förstemann, Ortsnamen I Sp. 616 und Möller, Nds. Siedlungsnamen S. 42 stellen Bühle zu ahd. *buhil* 'Hügel', einem Wort, welches auch in Südniedersachsen vorliege. Laut Gehmlich, Wappenbuch S. 338 bedeutet Bühle „wohl soviel wie 'Auf der Höhe'". Nach Flechsig, Beiträge S. 28 könnte Bühle „auf ein altes buhil-aha = Hügelwasser zurückgehen".

III. Die Annahme des ahd. Appellativs *buhil* 'Hügel' in einem ON des asä. Sprachraums ist fraglich. Außerdem erklärt diese Vermutung nicht das auslautende -e des ON. Es müßte mit Flechsig von einer Grundform *Buhil-aha* ausgegangen werden, die das GW -*aha* enthält und sich auf ein Gewässer bezieht. Nun wird Bühle zwar von einem Bach durchflossen, was die Annahme stützen könnte, doch wäre zumindest im Erstbeleg ein auslautendes -a als verkürztes GW zu erwarten, da die Abschwächung von aus -*aha* verkürztem -a zu -e gewöhnlich frühestens Mitte des 12. Jh. einsetzt (bei den jüngeren a-Belegen handelt es sich um Latinisierungen bzw. Kanzleiformen des ON). Die von Flechsig, Bodenerhebungen S. 84 „am Südwest- und Westrande der ostfälischen Sprachlandschaft" gefundenen und zu ahd. *buhil*, mhd. *bühel* gestellten FlurN „Bül bzw. Buil, geschrieben Bühl" können zum einen jüngere hd. Bildungen sein, zum anderen kann ihnen ein anderes Appellativ aus dem Bedeutungsfeld 'Hügel' zugrundeliegen: Förstemann, Ortsnamen I Sp. 536 setzt unter BOL „ein wort bol, bul, runder hügel" an, verwandt mit nd. und mnd. *bult* 'Hügel'; vgl auch Jellinghaus, Westf. ON S. 32 unter *bol* „kuppelförm. o. doch flach gerundeter Hügel". Auch für den ON Bühle ist eine Verbindung mit asä. *būla*, mnd. *būle* 'Beule' < germ. *$b\bar{u}l\bar{o}$-, einer *l*-Erweiterung zu idg. *$b(e)u$-, *$bh(e)u$-, *$b(h)\bar{u}$- 'aufblasen, schwellen' (vgl. Pfeifer S. 162), weitaus wahrscheinlicher. Als Grundform des ON ist aufgrund des späteren Umlauts -ü- eine i̯a-Ableitung *$B\bar{u}l$-i̯a 'Stelle am Hügel' anzusetzen, welche auch das auslautende (aus -i̯a- abgeschwächte) -e- erklärt. Der Diphthong -ui- des Erstbeleges ist noch keine Darstellung dieses Umlauts, -i- ist hier Längezeichen für langes -$\bar{u}$- (Lasch, Grammatik § 22). Die bei Bildung mit einem i̯a-Suffix eintretende Verdopplung des vorausgehenden Konsonanten begegnet bei Bühle nicht, da sie nach langem Vokal wieder vereinfacht wird (Krahe/Meid I § 84).

C

† CLAWENBURG
Lage: Burganlage ca. 2 km nördl. Berka.
1245 *Henricus de Clawuenberge* (UB Walkenried I Nr. 259 S. 277)
1252 *Heinricus de Clauwenberch* (UB Walkenried I Nr. 308 S. 315)

I. Der BurgN, der hier als HerkunftsN einer Person vorliegt, enthält als GW -*berge* und -*berch*. Das BW variiert nur geringfügig als *Clawuen*- und *Clauwen*-.

II. Max, Grubenhagen I S. 515 vermutet, „die 1365 zerstörte Clawenburg" wird wie → † Clawenhagen und → † Clawenhusen „den Herren von Clawenberg gehört haben".

III. Nach den beiden Belegen ist als GW -*berg* anzusetzen. Ob die Burg ihren Namen vom -*berg*-Namen übernahm oder älteres **Clawenburg* vorlag, kann nicht entschieden werden. Ein GW-Wechsel oder Schwanken ist nicht auszuschließen und mehrfach bei -*burg*/-*berg* zu beobachten. *Berg* und *Burg* sind zudem etymologisch verwandt und lautlich ähnlich. Schröder, Namenkunde S. 201 bemerkt dazu: „Es gibt unzweifelhaft zahlreiche mit =burg bezeichnete Berge, die niemals eine Befestigung getragen haben, und es gibt umgekehrt eine Menge Burgen, die von vornherein, eben als Burgen, doch mit =berg bezeichnet wurden." Das BW scheint mnd. *klawe, klauwe, klouwe* 'Klaue' zu enthalten. Nach Smith, Elements I S. 96, Ekwall, Place-Names S. 110 und Ekwall, River-Names S. 81 bezeichnet aengl. *clā, clēa, clawu* 'Klaue' in ON und FlußN wie Clawford, Clawton, Claw, Clawe und Clow Beck etwas Klauenähnliches oder Gespaltenes, etwa eine Flußgabelung, eine Landzunge zwischen zwei Flüssen oder ein enges Tal, in welches ein Fluß einmündet. Dittmaier, Rhein. FlurN S. 144 sieht im BW von Namen wie Klauberg und Klauheim die Bedeutung 'Schlucht, enges Tal'. In diesen ON liegt das Appellativ als starkes Femininum unflektiert vor. Clawenburg hingegen zeigt die Endung -*en* der schwachen Flexion. Trotzdem kann *klawe* hier angesetzt werden, wenn man Gallée, Grammatik § 308 Anm. 1 und § 336 Anm. hinzuzieht, der eine Vermischung starker und schwacher Feminina aufgrund gemeinsamer Formen im Nominativ Singular, Genitiv und Dativ Plural feststellt und auf *n*-Formen in der Flexion starker Feminina hinweist. Tatsächlich ist *klawe* nach [1]DWB V Sp. 1026 auch schwach flektierend belegt. Die ungenaue Lokalisierung der Wüstung erschwert eine Bestätigung dieser Deutung, doch wird sie im Berkaer Wald in der Nähe des Büchenberges gelegen haben, dessen Südhang recht steil zur Söse abfällt und dessen Osthang nach Kühlhorn, Wüstungen Bd. I S. 335 einen streckenweise schluchtartigen Talgrund aufweist, so daß sich der Name auf eine örtliche Gegebenheit beziehen kann. Falls es sich um einen primären BurgN handelt, ist aber nicht ausgeschlossen, daß das Benennungsmotiv in einem heraldischen Bezug steht, die Burg also nach einer Tierklaue im Wappen der Besitzer benannt wurde. Namenparallelen gibt es wohl in Klauenberg, Kr. Warendorf, Klauenburg, Kr. Harburg, und einer Wüstung im Kr. Verden, die im 15. Jh. als *to der Klawenborch wart* erwähnt ist

(Bückmann, ON Peine S. 65). Das BW enthalten auch → † Clawenhagen, → † Clawenhusen und → † Klauensen.

IV. Dennecke, Wegeforschung S. 381.

† CLAWENHAGEN

Lage: Ca. 1,3 km nordwestl. Dorste (Kr. Osterode).

1330 *Clawenhagen* (Urk. Katlenburg Nr. 126)
1369 *Heneke de Clawnenhaghen* (Grote, Neubürgerbuch S. 17)
1416 *de dorpsted Clawischagen* (Philipps, Rethoberg S. 65)
1556 *Clawenhagen* (Regesten Uslar-Gleichen Nr. 957 S. 512)
1568 *Klawenhagen* (UB Uslar I S. 348)
1569 *Clawenhagen* (UB Uslar I S. 352)
1768 *Clagenhagen* (Max, Grubenhagen I S. 515)
1768 *Clagenhäger Anger* (Max, Grubenhagen I S. 516)

I. Die von Max, Grubenhagen I S. 515 und II S. 138 – und ihm folgend Kühlhorn, Wüstungen Bd. I Nr. 68 S. 332ff. – gemachten Angaben, Albert von der Rhume hätte 1290 und 1318 dem Kloster Katlenburg Besitzungen in Clawenhagen verkauft, beruhen offenbar auf einer rückschreibenden Interpretation der zitierten Urkunde von 1330, in der Clawenhagen genannt wird und in der die Söhne Alberts Rechtsgeschäfte ihres verstorbenen Vaters bestätigen. In den beiden in Frage kommenden Urkunden Alberts von der Rhume für das Kloster Katlenburg (Urk. Katlenburg 47 von 1290 über Güter in *Ellingherode*; Urk. Katlenburg Nr. 99 von 1318 über Güter in *Eldingerode*) wird Clawenhagen nicht genannt. Das GW lautet stabil *-hagen*; im BW tritt im 18. Jh. *-g-* für *-w-* ein. Abweichend erscheint 1416 die Form *Clawisc-*. Der Beleg 1369 *Clawnen-* enthält wohl eine Verschreibung aus *Clawuen-*.

II. Nach Casemir, Grundwörter S. 191 mit dem GW *-hagen* gebildet. Max, Grubenhagen I S. 515 vermutet, „das Dorf wird wie gewiß auch die 1365 zerstörte Clawenburg (und Clawenhusen nicht weit von Hammenstedt bei Husum) den Herren von Clawenberg gehört haben".

III. Bildung mit dem GW *-hagen*. Die räumliche Nähe zu → † Clawenburg läßt vermuten, daß die beiden Wüstungen miteinander in Zusammenhang stehen. Möglicherweise gehörte der Hagen zum Besitz der Herren von Clawenberg. Darauf könnte der Beleg von 1416 *Clawischagen* deuten, dessen BW-Form adjektivisch ist und wohl auf einer Wendung **der Clawische Hagen* beruht. Ebenso denkbar ist, daß das BW keinen Bezug zu † Clawenburg, sondern das Appellativ mnd. *klouwe, klauwe, klawe* 'Klaue' in eigenständiger Motivation enthält. Es kann sich auf ähnliche auffällige Landschaftsformen beziehen wie jene, die zur Benennung von † Clawenburg geführt haben. Nach Kühlhorn, Wüstungen Bd. I S. 335 bildet der Osthang des Büchenberges mit seinem streckenweise schluchtartigen Talgrund die Westgrenze der Feldmark der Wüstung, die selbst am Deisterberg gelegen haben soll. Die Taleinschnitte zwischen Bohl-, Deister-, Weintals- und Büchenberg prägen das Landschaftsbild. Zum BW vgl. auch → † Clawenhusen und → † Klauensen.

IV. Exkursionskarte Osterode S. 41; Kühlhorn, Wüstungen Bd. I Nr. 68 S. 332-336; Max, Grubenhagen I S. 515-516; Winzer, Katlenburg S. 26.

† CLAWENHUSEN
Lage: Beim Vorwerk Güntgenburg südöstl. Northeim.

1242 (A.) *Clawenhusen* (Max, Grubenhagen I S. 516)
Mi. 13. Jh. (A. 14. Jh.) *Clowenhosen* (Lehnbuch Schönberg Nr. 2 S. 40)
Mi. 14. Jh. (A. 14. Jh.) *Clowenhosen* (Lehnbuch Schönberg Nr. 193 S. 67)
1462 *Clawenhusen, anderst genannt die Gimtjigenborg* (Vennigerholz, Northeim I S. 93)
1480 *Clauenhusen* (Vennigerholz, Northeim I S. 104)
1666 *Die Güntgenburg, sonst vor alters Clawenhusen genant* (Kühlhorn, Wüstungen Bd. I Nr. 69 S. 336)
1715 *Klauenhausen, so anitzo Güntzenburg genandt wird und dem Stiffte S. Blasii in Northeimb zugehörig, hinter den Wieterbergen südwerts der Stadt belegen* (Bodemann, Wüste Ortschaften S. 250)
1785 *Güntgenburg* (Kurhannoversche Landesaufnahme Bl. 151)

I. Das GW liegt als -*husen*, -*hosen* und 1715 als -*hausen* vor. Im BW wechseln -*aw*-, -*ow*- und -*au*-. Im 15. Jh. tritt ein Namenwechsel in *Gimtjigenborg*, *Güntgenburg*, *Güntzenburg* ein.

II. Nach Casemir, Grundwörter S. 192 mit dem GW -*husen* gebildet. Nach Weigand, Heimatbuch S. 211 „hieß der Ort Clawenhusen, weil er den Herren von Clawe oder von Clawenburg gehörte, die in der Nähe von Berka ihre Burg [...] hatten". Weigand, Güntjenburg S. 200 wiederholt diese Annahme und bezieht sich dabei auf Vennigerholz, Northeim. Nach diesem war Clawenhusen eine Siedlung der Herren von Clawen oder Clawenberg aus der Nähe von Berka an der Söse. Das Geschlecht sei 1350 ausgestorben. Die Güntgenburg ist laut Weigand, Heimatbuch 211 keine Burg gewesen, „der Name ist vielmehr eine volkstümliche Bezeichnung, den der Ort wegen seiner niedrigen Lage erhielt; 'güntge' ist plattdeutsch und bedeutet 'Tiefe'." Weigand, Ortsnamen S. 18 fügt hinzu: „'Güntge' bedeutet 'Vertiefung'", es handele sich um „in einer Vertiefung errichtete[n] Gebäude". Weigand, Güntjenburg S. 200 schildert nach Vennigerholz, Northeim die Errichtung von Wirtschaftshöfen des Blasiusklosters Northeim in einer trockengelegten Vertiefung, und „da die neue Hofanlage in die Tiefe gestellt wurde, so nannte sie der Volksmund Güntjenburg; denn Güntje heißt auf plattdeutsch Tiefe".

III. Bildung mit dem GW -*hūsen*. Das BW enthält wie → † Clawenburg, → † Clawenhagen und → † Klauensen das Appellativ mnd. *klawe*, *klauwe*, *klouwe* 'Klaue' in schwacher Flexion (vgl. dazu besonders → † Clawenburg). Der Ort lag in einer schmalen Mulde umsäumt von den Hängen des Wieters und des Northeimer Stadtwaldes, der Höhenunterschied zu diesen beträgt in unmittelbarer Nähe zwischen 10 und 115 m. Das BW wird sich auf diese auffällige Landschaftsform beziehen und in übertragener Bedeutung ein enges Tal bezeichnen.

Die jüngere Benennung Güntgenburg enthält das GW -*burg*. Bei der Bestimmung des BW ist Weigand zu folgen. Nach dem Niedersächs. Wb. 5 Sp. 803f. bedeutet *güntje* 'Ausgußrohr, Tülle; Ausflußstelle bei einem kleinen Damm', und *günte* 'Schnabel an einem Gefäß', also eine Art Vertiefung. Das ¹DWB IV, I, 6 Sp. 1139f. führt aus dem Hd. *gunt(e)* < ahd. *gumpito*, mhd. *gumpe* als Bezeichnung für 'Höhlung, Vertiefung im Flußbett, Teich, größere Lache' an, für nd. *gunte* die Bedeutung 'großer Zuber'. Nach ¹DWB gehen diese Appellativa auf mlat.-gall. *cumbeta* < *cum*-

ba 'Tal; Gefäß' zurück und sind eine Entlehnung aus dem oberdt.-alemannischen Raum; vgl. die Allgäuer FlurN Hochgundspitze, Güntlealpe etc.

IV. Baudenkmale Northeim S. 291; Exkursionskarte Osterode S. 41; Friese, Hammenstedt S. 58-59; Kühlhorn, Wüstungen Bd. I Nr. 69 S. 336-339.

CLUS (Bad Gandersheim)

1127 *novum monasterium [in] loco, cui antiquitas Clusa vocabulum indidit* (Urk. Clus/Brunshausen Nr. 1)
1129 *in loco, qui Clusa vocatur* (MGH DL III. Nr. 18 S. 22)
1134 *locus Clusa* (UB H. Hild I. Nr. 208 S. 190)
1134 (A. 12. Jh.) *ęcclesiarum Brunsteshus et Clusę* (MGH DL III. Nr. 59 S. 94)
1159 *ecclesię [...] ad Clusam* (Urk. Clus/Brunshausen Nr. 4)
1189 *Clusa* (UB H. Hild. I Nr. 472 S. 448)
1192 *in Clusa* (UB H. Hild. I Nr. 486 S. 462)
1217 *ecclesia in Clusa* (Urk. Clus/Brunshausen Nr. 9)
1251 *ad Inclusam* (Goetting, Findbuch I Nr. 62 S. 38)
1327 *in Inclusa prope Ganderseym* (UB H. Hild. IV Nr. 943 S. 512)
1344 *clostere to der Clus* (UB Oldershausen Nr. 21 S. 33)
1390 *to der Clus* (Urk. St. Marien Gandersheim Nr. 64)
1447 *von der Kluß* (UB Göttingen II Nr. 225 S. 196)
1480 *tor Cluß by Gandersßem* (Urk. Clus/Brunshausen Nr. 75)
1497 *Clusa* (Negotium monasterii Steynensis S. 162)
1570 *zur Claus* (Goetting, Findbuch III Nr. 905 S. 15)
um 1600 *closter Claus* (Reller, Kirchenverfassung S. 223)
1678 *closter Clauß* (Kopfsteuerbeschreibung Wolfenbüttel S. 714)
1768 *Claus* (Kleinau GOV I Nr. 415 S. 129)
1803 *Kloster Klus* (Hassel/Bege, Wolfenbüttel II S. 186)
dialekt. (1950) *klius* (Kleinau GOV I Nr. 415 S. 129)

I. Bis 1222 enthält die Überlieferung *Clusa, Clusę* und die lat. präpositionalen Wendungen *ad Clusam, apud Clusam, in Clusa*; ab 1351 dann daneben nd. *to der, van der Clus*, auch *Kluß, Klusa*; ab dem 16. Jh. hd. *Claus*. Im Zeitraum von 1231 bis 1346 zeigen die Belege neben *Clus* auch Benennungen *Inclusa, ad Inclusam, de Inclusa, in Inclusa*.

II. Nach Harland, Einbeck S. 174 bedeutete „das Wort Klus [...] ursprünglich einen einsam liegenden, eingeschlossenen Ort, wurde aber später der Name für den einsam liegenden Aufenthaltsort der Mönche." Förstemann, Ortsnamen I Sp. 1696 stellt den ON zu mlat. *clusa* „klosterzelle, einsiedelei. auch gebirgspass?". Goetting, Clus S. 21f. berichtet von Henricus Bodo, der in seiner „Chronica cenobii Clusini" aus dem 16. Jh. den ON von einer Klause des Mönchs Walingus herleitet. Goetting selbst (Clus S. 32f.) zieht zur Deutung die Belege *ad Inclusam* usw. heran und sieht in ihnen „eine Inkluse als 'Ureinwohnerin' des Platzes". Auch Goetting, Brunshausen S. 190 deutet den ON nach den *Inclusa*-Belegen als „Zelle einer Inkluse, einer eingeschlossenen frommen Frau". Flechsig, Gandersheim S. 66 meint ebenso: „Der Name des Klosters Clus [...] geht auf die ehemalige Zelle einer Inkluse zurück." Kronenberg, Clus S. 5f. bezieht sich erst auf die Schilderung Bodos: „Seinen Namen erhielt das Kloster [...] von einer schlichten Klause." Die Belege *Ad Inclusam* wiesen allerdings

„auf die Zelle einer Frau, einer Klausnerin" hin. Hahne, Clusen S. 72ff. meint, „der Name geht zurück auf lateinisches clusus = eingehegtes Grundstück [...]. Es sind kleine Steinkapellen [...], neben denen zur Betreuung ein [...] mönchischer Einsiedler seinen ständigen Wohnsitz hatte." Das Benennungsmotiv des ON sieht er dann aber doch in der „Zelle einer Inkluse". Möller, Nds. Siedlungsnamen S. 86 stellt den ON zu *klūsa* 'Klause'; die Deutung „ursprüngliche Wohnstätte einer wohl mit dem Stift Gandersheim in Zusammenhang stehenden Klausnerin" überzeugt ihn nicht völlig.

III. Die Autoren, die sich in ihrer Deutung auf die *Inclusa*-Belege stützen, übersehen, daß diese erst 100 Jahre nach Beginn der Überlieferung einsetzen und auch nur über einen relativ kurzen Zeitraum als Nebenform auftreten – zu kurz, um den ON ursprünglich auf die Benennung nach einer Einsiedlerin zurückzuführen. Vor dem 13. und nach dem 14. Jh. liegt ausschließlich *Clusa* vor. Eine Einsiedlerin wird jedoch mit dem mlat. Wort *inclūsa* 'Nonne' (< mlat. *inclūdere* 'einschließen') bezeichnet, im Mnd. ist es die *klūsenerinne*. Doch wird hier wohl tatsächlich eine Einsiedelei existiert haben, da der ON in appellativischen Wendungen *ad Clusam, apud Clusam* etc. gebraucht wird. Grundlage des ON ist das mlat. Wort *clūsa* (einer Nebenform zu *clausa* < *claudere* 'schließen'), welches nach Bach, Ortsnamen I § 375 'eingehegtes Grundstück' bedeutete, etwas Umschlossenes, auch 'Gebirgs-, Engpaß', und schließlich 'Zelle, Klause'. Die mnd. Entsprechung ist *klūse* 'Zelle, Klause'. Das Eintreten der Form *Inclusa* ist eine interessante Erscheinung, die auf die Verschmelzung der Präposition *in* mit dem ON *Clusa* zurückgeht: aus *in Clusa* wird *Inclusa*. Dieser Vorgang wurde sicher auch durch den Gleichklang mit dem Appellativ *inclusa* 'Nonne' begünstigt und führte sogar zu der tautologischen Bezeichnung *in Inclusam*.

† CORRIEHAGEN

Lage: Bei Moringen; es ist unsicher, ob es sich um eine selbständige Siedlung handelte oder ob der *vicus* nur ein Ortsteil des Oberdorfes von Moringen war.

1302 *in vico Corriehagen* (Hennecke, Lippoldsberg S. 73 Anm. 144)

I. Weitere Belege konnten nicht ermittelt werden.

II. Nach Casemir, Grundwörter S. 191 mit dem GW *-hagen* gebildet. Nach Kramer, Moringen S. 334 liegt mit dem FlurN Kirschhagen „eine volkstümliche Bezeichnung für das alte Oberdorf Moringen" vor, welches laut Weigand, Heimatbuch S. 401 „bis 1890 eine selbständige Gemeinde" war. In diesem FlurN sei, „wenn auch stark entstellt, die Erinnerung an ein altes Dorf Corriehagen erhalten". Diesem könne ursprünglich **Cor(r)ingehagen* zugrundeliegen, mit dem vielleicht „der 1585 in Mor. belegte FamN Kory" zu verbinden sei. Kramer verweist noch darauf, daß der von Hennecke mitgeteilte Beleg von 1302 jünger sein kann.

III. Kramer vermutet, der Beleg *Corriehagen* sei jüngeren Datums als 1302, da die Form auf einen abgeschwächten *-ingehagen*-Namen schließen läßt (den er als **Cor(r)ingehagen* ansetzt), da im Mnd. *-inge-* über *-ige-* und *-ije-* zu *-i-* verschleifen kann (Lasch, Grammatik § 346). Die zu *-i-* abgeschwächten Formen von ON, die das Element *-inge-* enthalten, treten allerdings noch nicht zu Beginn des 14. Jh. auf. Kramer unterstützt seine Vermutung mit dem FamN *Kory*, den er wohl ebenfalls aus einer früheren FamN-Form **Koring* ableitet. Nach Zoder, Familiennamen I S. 940 ist der FamN *Kohring*, zu dem auch *Kory* gestellt wird, eine patronymische

-*ing*-Ableitung zur PN-Kurzform *Cord* < *Konrad* „mit Ausstoß[un]g des inlaut[en]d[en] d und Dehnung des vorangehenden Vokals". Nimmt man an, daß es sich um eine ON-Bildung mit einem PN **Coring* und dem GW -*hagen* handelt, ist allerdings eine Flexionsfuge -*s*- (**Coringshagen*) zu erwarten, oder, wenn es sich um einen FamN handelt, eine Ableitungssilbe -*er* (**Coringerhagen*). Da in unserem Beleg keine Fuge erkennbar ist, wäre an einen -*ingehagen*-Namen zu denken, der als Ableitungsbasis einen PN *Cor*- enthält, für den es jedoch keinen Anschluß gibt, nimmt man nicht einen schon verschliffenen **Cord*- an. Für solche umfassenden Abschwächungsvorgänge scheint das Belegdatum 1302 wirklich zu früh. Aufgrund des einen überlieferten Beleges kann hier keine Deutung gefunden werden.

IV. Exkursionskarte Moringen S. 78; Kühlhorn, Wüstungen Bd. I Nr. 73 S. 346; Ohlmer, Moringen S. 8.

† CRUMELE
Lage: Ca. 1 km nordöstl. Espol.

1280 *Krumele* (UB Fredelsloh Nr. 51 S. 50)
1292 *Krummelen* (UB Fredelsloh Nr. 69 S. 61)
1306 *Crumele* (UB Fredelsloh Nr. 97 S. 76)
1316 *capellam* [...] *in villa Crummele* (UB Fredelsloh Nr. 107 S. 81)
1568 *Krumellen* (Zoder, Familiennamen I S. 992)
um 1583 *wusten dorfstedt, di Khrumme gnant* (Zimmermann, Ökonomischer Staat S. 18)
1609 *Krummeln* (Müller, Lehnsaufgebot S. 498)
1662 *inn der Crummelln* (Kramer, Moringen S. 1095)
1735 *der Crummel Weg* (Kramer, Moringen S. 1094)

FlußN KRUMMEL
1301 *rivuli, qui vocatur Crummele* (Falke, Trad. Corb. Nr. 301 S. 882)
1409 *boven der Krumeln* (UB Hardenberg II Nr. 49 S. 111)
1876 *die Krummelwiese* (Kettner, Flußnamen S. 155)

I. Es ist nicht sicher zu entscheiden, ob die von Kühlhorn, Wüstungen Bd. I S. 353f. hierher gestellten PN-Belege 1502 *Henrik Krummelen von Dalinrode* (Kelterborn, Bürgeraufnahmen I S. 135), 1502 *Hans Krummelen ex Groten Sneyn* (Kelterborn, Bürgeraufnahmen I S. 136), 1507 *Hinrick Krummel* (Kelterborn, Bürgeraufnahmen I S. 139) und 1521 *Hinr. Krummeln* (Kelterborn, Bürgeraufnahmen I S. 154) mit diesem Ort zu verbinden sind, da der FamN unterschiedlicher Herkunft sein kann (vgl. Zoder, Familiennamen I S. 992). Im ON und im FlußN wechseln -*m*- und -*mm*-. Gelegentlich liegt die Dativ-Endung -*n*- vor. Im Beleg um 1583 lautet der ON abweichend *di Khrumme*. Ab dem 17. Jh. ist er Bestandteil von FlurN.

II. Nach Casemir, Grundwörter S. 194 liegt wahrscheinlich eine suffixale Bildung vor. Kramer, Moringen S. 374 führt den ON auf den FlußN Krummel zurück und verbindet diesen mit dem Adjektiv *krumm*, womit die Gestalt bezeichnet werde. Flechsig, Gandersheim S. 46 denkt an eine Bildung mit dem Suffix -*ila*. Flechsig, Sprachreste S. 17 sieht im ON einen ursprünglichen mit *l*-Suffix gebildeten GewN. Kettner, Flußnamen S. 155 verzeichnet 5 FlußN Krummel, darunter auch die Krummel links zur Moore östl. Moringen und unsere Krummel links zur Espolde östl. Espol. Zum ON Krummele vermerkt er: „Der Ort lag im Quellgebiet der Krummel." Der FlußN sei mit *l*-Suffix von asä. *krumb* 'krumm' gebildet; „da der Umlaut in fast allen Belegen fehlt, ist als ursprüngliche Form *Krumb-ala anzusetzen. [...] *Krumbala entwickelte sich regelmäßig über *Krummala und *Krummele* zu *Krummel*." Witt, Beiträge S. 211 führt die Krummel zur Moore als Beispiel für einen mit *l*-Suffix gebildeten Namen an; auf S. 138 stellt er unsere Krummel zum Adjektiv *krumm*, das die Form des Laufes bezeichne. Bernotat, Moore-Gau S. 7 interpretiert den ON als „Krummeloh". Der Name enthalte das GW -*loh* 'Wald' und sei ein Rodungsort. Auch Helmold, Krummele S. 102 sieht den ON als -*loh*-Kompositum: „Die Feldmark Krummel liegt zwischen dem Dorf Espol und der Weper, die hier in ihrem Höhenzuge eine sofort in die Augen fallende Krümmung macht. [...] Krummel oder Krummeloh bedeutet nichts anderes als ein Gehölz (loh) an der Krümmung."

III. Der ON geht auf den FlußN Krummel zurück, welcher mit dem Adjektiv asä. *krumb*, mnd. *krum* 'krumm, gekrümmt' und einem *l*-Suffix gebildet wurde. Aufgrund des fehlenden Umlauts ist mit Kettner nicht von -*ila*, sondern von -*ala* und einer Grundform *Krumb-ala 'die Krumme' auszugehen. In der weiteren Entwicklung wird -*mb*- zu -*m(m)*- assimiliert, die Vokale der Nebentonsilben werden zu -*e*- abgeschwächt. In den FlurN fällt das auslautende -*e*- aus. Das GW -*loh* 'Wald' ist sowohl sprachlich als auch sachlich auszuschließen. Es bleibt gewöhnlich als -*lo* oder -*la* bis in jüngere Zeit erhalten (vgl. NOB III S. 456ff.), die Überlieferung von Crumele zeigt jedoch konstant die Endung -*ele*. Zudem liegt ein ursprünglicher FlußN vor, der nicht mit -*loh* gebildet sein kann. Förstemann, Ortsnamen I Sp. 1741f. verzeichnet zahlreiche Vergleichsnamen. Eine Wiese bei → Katlenburg, 1520 *wissche, de grote Krummele ernennet* (Urk. Katlenburg Nr. 295), scheint ebenfalls einen gleich gebildeten Namen zu tragen.

IV. Both, Fredelsloh S. 7; Exkursionskarte Moringen S. 65; Helmold, Krummele S. 101-103; Kramer, Moringen S. 1094-1096; Kühlhorn, Wüstungen Bd. I Nr. 75 S. 350-355; Lechte, Hardegsen S. 223.

D

† DANCQUARDESSEN
Lage: Ca. 2 km westl. Schönhagen.

1318 *Dancquardessen* (Flentje/Henrichvark, Lehnbücher Nr. 167 S. 45)
1603 *Danckelwiese Grundt* (Krabbe, Sollingkarte Bl. 5)

I. Weitere Belege konnten nicht ermittelt werden. Der Beleg 1603 zeigt den stark verschliffenen ON als FlurN-Bestandteil.

II. Nach Casemir, Grundwörter S. 192 mit dem GW -*husen* gebildet.

III. Trotz der schlechten Überlieferung kann anhand des Beleges von 1318 auf die Grundform **Danquardeshusen* geschlossen werden. Das GW ist -*hūsen*, verkürzt zu -*sen*. Das BW enthält den stark flektierenden zweigliedrigen PN *Danquard*, der auf eine ältere Form *Thancward* zurückgeht; vgl. Schlaug, Altsächs. Personennamen S. 158, Schlaug, Studien S. 82 und Förstemann, Personennamen Sp. 1405. Die Namenglieder gehören zu asä. *thank* 'Gedanke; Dank' und asä. *ward* 'Hüter, Wächter'. Vgl. auch → † Dankwardeshusen und Degersen, Kr. Hannover (NOB I S. 92f.). Förstemann, Ortsnamen II Sp. 1022 führt weitere mit dem PN gebildete ON auf.

IV. Exkursionskarte Höxter Karte; Kühlhorn, Wüstungen Bd. I Nr. 76 S. 355-356.

DANKELSHEIM (Bad Gandersheim)

1129 *villa Thancoluisse* (MGH DL III. Nr. 18 S. 23)
1326 *Dankeleuissen* (Urk. Clus/Brunshausen Nr. 23)
1342 *Danclevessen* (UB H. Hild. V Nr. 59 S. 39)
1355 *Dankelevessen* (UB H. Hild. V Nr. 587 S. 354)
1410 *Danclevessen* (Goetting, Findbuch I Nr. 285 S. 124)
1437 *Dangklevessen* (Urk. Clus/Brunshausen Nr. 46)
1447 *Dancklevessen* (Urk. Clus/Brunshausen Nr. 52)
1524 *Danckelsen* (Kleinau GOV I Nr. 432 S. 136)
1577 *in dem durfe Dankkelleuessen* (Mühe, Dankelsheim S. 124)
1607 *Dancklebessen* (Kleinau GOV I Nr. 432 S. 136)
1678 *Dankelsheimb* (Kopfsteuerbeschreibung Wolfenbüttel S. 204)
1737 *Danckelsheim* (Kleinau GOV I Nr. 432 S. 136)
1803 *Danckelsheim* (Hassel/Bege, Wolfenbüttel II S. 202)
dialekt. (1930) *dankəlβən* (Kleinau GOV I Nr. 432 S. 136)

I. Der erste Beleg zeigt anlautendes *Th*- und -*o*-. Die nachfolgenden Formen enthalten *D*- und abgeschwächtes -*e*-, wobei der Übergang von -*olvis*- zu -*levis*- auffällt. Das GW erscheint als -*se*, -*sen*. Im 16. Jh. verkürzt sich der ON zu *Danckelsen, Dangelsen*. Dann erscheint das BW wieder zweigliedrig, z.T. verhochdeutscht zu -*lebes*-. Im 17. Jh. tritt -*heim(b)* als GW an das wieder verkürzte *Dankels*- an.

II. Flechsig, Beiträge S. 42 meint, Dankelsheim müsse „in älterer Zeit ein ganz anderes GW. gehabt haben". Flechsig, Gandersheim S. 50 jedoch stellt den Namen zu den -*heim*-Orten, da eine so frühe Abschwächung aus -*husen* sonst bei sicheren Belegreihen nicht vorkomme. Nach den BuK Gandersheim S. 63 bedeutet der ON „Heim eines Dankolf". Goetting, Brunshausen S. 19f. sieht im ON ein „Thankolfesheim". Mühe, Dankelsheim S. 123 gibt erst eine volksetymologische Deutung wieder: „Im Orte selbst geht die Sage, daß das Dorf aus mehreren Siedlungen: Klingenhagen, Aschen und Ludolfshausen entstanden sei. Zu unruhigen Zeiten hätten sich die Einwohner der betreffenden Orte an neuer Stelle angebaut, und als das neue Dorf stand, Gott gedankt fürs neue Heim, daher der Name Dankelsheim." Mühe selbst deutet den ON als „-heim (eines Dankolf)". Laut Wenskus, Stammesadel S. 67 enthält der ON den PN *Thanculf*. Förstemann, Ortsnamen II Sp. 1584 stellt Dankelsheim zu den PN des Stammes THANK.

III. Die Frage nach dem GW -*hūsen* oder -*hēm* stellt sich bei ON des Untersuchungsgebietes immer wieder, da sie häufig schon zu Beginn der Überlieferung mit verkürztem -*se(n)* auftreten. Die doppelte Spirans -*ss*- hilft nicht bei der Entscheidung: Auch verschliffenes -*s-hēm*, bei dem eigentlich nur einfaches -*s*- als Zeichen des Genitiv Singular des vorangehenden stark flektierten PN zu erwarten ist, kann intervokalisch -*ss*- aufweisen. Trotzdem ist bei Dankelsheim – entgegen den bisherigen Deutungen – eher von einem -*hūsen*-Namen auszugehen, da die frühen Belege fast ausschließlich -*en* und keinen konkreten Hinweis für -*hēm* zeigen. Dieses GW wird erst im 18. Jh. eingedeutet, wohl in Analogie zum nahen Gandersheim. Das BW des ersten Beleges enthält den stark flektierenden PN *Thancolf*, der bei Förstemann, Personennamen Sp. 1405f., Schlaug, Altsächs. Personennamen S. 159 und Schlaug, Studien S. 82 auch mit anlautendem mnd. *D*- nachgewiesen ist. Er besteht aus den Namengliedern *Thank*-, zu asä. *thank* 'Gedanke; Dank', und -*olf*, zu asä. *wulf* 'Wolf', welches in der Regel als PN-Zweitglied in der Form -*ulf*, -*olf* auftritt. Als nächsten Entwicklungsschritt hat man sich wohl ein abgeschwächtes **Dankelves*- vorzustellen, welches dann zu einer Umdeutung zum PN-Zweitglied -*lev* zu asä. *leba* 'Hinterlassenschaft, Überbleibsel', in PN eher in der Bedeutung 'Nachkomme, Sproß', führt. Ein Wechsel zwischen -*lev* und -*olf*, -*elf* aufgrund deren lautlicher Nähe ist öfter zu beobachten, vgl. → Hilwartshausen, → † Radelfeshusen, → † Rickelshausen, → † Rolfshagen, † Roleveshagen und Rollshausen, Kr. Göttingen (NOB IV S. 345f.), † Wendeleveshusen, Kr. Göttingen (NOB IV S. 417), und † Wyckleveshusen, Kr. Göttingen (NOB IV S. 435). Die Belege von 1607 enthalten die hd. Entsprechung -*leb*- zum nd. -*lev*-. Durch Vokalabschwächung der Nebentonsilbe kommt es zu einer Konsonantenhäufung -*lvs*-, wobei das -*v*- ausfällt: es entsteht die 1524 vorliegende Form *Danckelsen*, die sich allerdings nur in der Mundart hält. Der PN ist auch in Dankelshausen, Kr. Göttingen (NOB IV S. 90), enthalten; vgl. weitere ON bei Förstemann, Ortsnamen II S. 1023.

† DANKWARDESHUSEN

Lage: Ca. 1,2 km nordwestl. Wiebrechtshausen.

1141 (Fä. 13. Jh.; A. 16. Jh.) *Tanqwardishusen* (Mainzer UB II Nr. 28 S. 49)
1141 (Fä. 13. Jh.; A. 17. Jh.) *Tanckwardishusen* (Orig. Guelf. IV S. 525)
1162 (Fä. 13. Jh.; A. 14. Jh.) *Danquardeshusen* (MGH Urk. HdL Nr. 58 S. 85)
1226 (A. 16. Jh.) *Tanquardeshusen* (Wenke, Urkundenfälschungen S. 58)

1247 (Regest 18. Jh.) *Bartholdus de Danqvardeshusen* (UB Plesse Nr. 152 S. 191)
1309 *Henricus de Dangwardessen* (UB Mariengarten Nr. 112 S. 104)
1311 (A. 17. Jh.) *Dankwardeshusen* (Regesten Mainz I Nr. 1407 S. 247)
1338 *Henricus Dangwerdeshusen* (Grote, Neubürgerbuch S. 10)
1356 *Conradi de Dancwordeshusen* (Urk. Katlenburg Nr. 160)
1454 *Hans Dankwordes* (Grote, Neubürgerbuch S. 29)

I. Die gelegentlich erfolgte Zuordnung der Belege zu Dankelshausen, Kr. Göttingen, ist falsch (vgl. NOB IV S. 90). Die von Kühlhorn, Wüstungen Bd. I S. 356 vorgenommene Zuordnung von 1082 (Fä. 12. Jh.) *Dancdagessun* (Mainzer UB I Nr. 361 S. 261) zu dieser Wüstung ist aus sprachlicher Sicht nicht zu halten; ohne eine – bisher nicht bekannte – Stützung aus dem außersprachlichen Bereich über eine nachzuweisende Besitzkontinuität des Martinsstiftes in Nörten ist von einer Zuordnung abzusehen. Eher ist von einer Zuordnung zu → † Dentigessen auszugehen. Das GW ist konstant *-husen*, 1309 abgeschwächt zu *-sen*. Das BW zeigt erst anlautendes *T-*, dann *D-*. Die Konsonantengruppe *-kw-* wird mit *-qw-*, *-ckw-*, *-qu-*, *-qv-*, *-gw-*, *-kw-* und *-cw-* wiedergegeben. Das Element *-ward-* liegt auch als *-werd-* und *-word-* vor.

II. Nach Casemir, Grundwörter S. 192 mit dem GW *-husen* gebildet.

III. Bildung mit dem GW *-hūsen* und mit dem stark flektierenden zweigliedrigen PN *Danquard* im BW; zur Deutung vgl. → † Dancquardessen. Statt des anlautenden *T-* ist in den älteren Belegen eigentlich *Th-* oder *D-* zu erwarten, da sich mnd. *-d-* aus asä. *-th-* entwickelt. Es ist hier von expressiver Anlautverschärfung auszugehen.

IV. Exkursionskarte Osterode S. 42; Kühlhorn, Wüstungen Bd. I Nr. 77 S. 356-359; Philipps, Wiebrechtshausen S. 22.

DANNHAUSEN (Bad Gandersheim)

um 1007 *Dandanhusi* (Goetting, Gandersheim S. 256)
1229 *Henric de Dandenhusen* (Urk. St. Marien Gandersheim Nr. 6)
1356 *Johanne de Dandenhusen* (UB Goslar IV Nr. 547 S. 418)
1364 *Jan von Dandenhusen* (Goetting, Findbuch I Nr. 199 S. 94)
1419 *Dandenhusen* (Urk. St. Marien Gandersheim Nr. 74)
1552 *Dannenhusen* (Kleinau GOV I Nr. 437 S. 138)
1568 *Dandenhusen* (Spanuth, Quellen S. 278)
um 1600 *Danhausen* (Reller, Kirchenverfassung S. 221)
1678 *Dannenhausen* (Kopfsteuerbeschreibung Wolfenbüttel S. 211)
1784 *Dannhausen* (Kurhannoversche Landesaufnahme Bl. 140)
1803 *Dannhausen* (Hassel/Bege, Wolfenbüttel II S. 199)
dialekt. (1950) *dánhiusən* (Kleinau GOV I Nr. 437 S. 138)

I. Der erste Beleg zeigt im GW *-husi*, die folgenden enthalten *-husen* bzw. hd. *-hausen*. Das BW schwächt sich von *Dandan-* über *Danden-* zu *Dannen-* ab, bis es im 17. Jh. die heutige verkürzte Form *Dan(n)-* erhält.

II. Die BuK Gandersheim S. 65 vermuten fragend „Behausung bei den Tannen?" Meyer, Dannhausen S. 8 nimmt als GW *-husen/-hausen* an. Zum BW meint er: „Die erste Silbe (Dann-) von Tannen herzuleiten, ist fragwürdig, da es in der mutmaßlichen Gründungszeit im Vorharzgebiet weder Tannen- noch Fichtenwälder gegeben

hat. Möglich ist die Ableitung von einem nicht mehr bekannten Personennamen."
Förstemann, Ortsnamen I Sp. 685 stellt den ON zum PN *Dando*. Kaufmann, Untersuchungen S. 145f. stellt den ON ebenfalls zu einem PN *Dand-*.

III. Im GW liegt *-hūsen* vor. Zum Beleg um 1007, der das GW im Dativ Singular zeigt, vgl. → Ackenhausen. Die Überlegung, ob im BW *Tannen* zu sehen sind, wird hinfällig, wenn man die älteren Belege betrachtet, die bis zum 16. Jh. konstant *-nd-* aufweisen. Die älteste Form *Dandan-* enthält einen schwach flektierenden PN, der als *Dando* anzusetzen ist. Die Entwicklung von *Danden-* zu *Dannen-* beruht auf Assimilation von *-nd-* zu *-nn-* (Lasch, Grammatik § 323). Der PN ist bei Schlaug, Altsächs. Personennamen S. 70f. belegt und wird von ihm als Lallname bezeichnet. Förstemann, Personennamen Sp. 402 führt den PN unter dem Stamm DAND an, dessen Herkunft unsicher sei. Kaufmann, Untersuchungen S. 145f. vermutet, daß der PN *Dando* auf den Lallnamen *Dado*, geminiert zu *Daddo* und expressiv nasaliert zu *Dando* (vgl. *patschen-pantschen*) zurückgeht. Im Ortsnamenband Sp. 685 verzeichnet Förstemann weitere mit diesem PN gebildete ON.

DASSEL (Dassel)

826-876 (A. 15. Jh.) *Dassila* (Trad. Corb. § 229 S. 122)
1022 *Daschalon* (MGH DH II. Nr. 479 S. 611)
1022 (Fä. 1. Hälfte 12. Jh.) *Daschalen* (MGH DH II. Nr. 260 S. 307)
1022 (Fä. 2. Häflte 12. Jh.) *Daschala* (UB H. Hild. I Nr. 67 S. 66)
1157 *Ludoldus de Dassela* (MGH DF I. Nr. 171 S. 291)
1157 *Liudolfus comes de Dassele* (MGH DF I. Nr. 172 S. 293)
1162 *Liudolfus comes de Dassele* (MGH Urk. HdL Nr. 51 S. 73)
1189-1190 *Ludewico de Dassele* (Mainzer UB II Nr. 531 S. 881)
1190 *Liudolfus de Dassela* (Mainzer UB II Nr. 534 S. 892)
1190 *Liudolfus de Dasla* (Mainzer UB II Nr. 535 S. 893)
1205 *Adolfus comes de Dasle* (Urk. Bursfelde Nr. 13)
1220 *Adolfo iuniore de Dasla* (UB Plesse Nr. 66 S. 113)
1238 *comes de Dasle* (UB Walkenried I Nr. 234 S. 253)
1240 *comes de Dassele* (UB Everstein Nr. 67 S. 73)
1262 *comes de Dassele* (UB Hilwartshausen Nr. 62 S. 72)
1266 *comitis de Dasle* (Westfäl. UB IV Nr. 1076 S. 539)
1270 *fratres dicti de Dasle* (UB Fredelsloh Nr. 34 S. 42)
1307 (A. 14. Jh.) *herscap to Dasle* (UB Goslar III Nr. 169 S. 120)
1322 *opido Dasle* (Westfäl. UB IX Nr. 2091 S. 1004)
um 1350 *Dassele* (Corveyer Lehnregister Nr. 204 S. 299)
um 1350 *Dasle* (Corveyer Lehnregister Nr. 207 S. 299)
1385 *Dasle* (UB Boventen Nr. 163 S. 156)
um 1403 *Dasle* (Sudendorf IX Nr. 205 S. 280)
1428 *Dassle* (Urk. Dipl. App. Nr. 234)
um 1471 *Dassel* (Lüneburger Lehnregister Nr. 814 S. 72)
1527 *Daßel* (Tschackert, Rechnungsbücher S. 374)
1554 *teufelsbleck vor Dassel* (Scheidt, Codex Diplomaticus Nr. 23 S. 507)
um 1588 *Daßel* (Lubecus, Annalen S. 465)
1603 *Dassell* (Krabbe, Sollingkarte Bl. 11)
1783 *Dassel* (Kurhannoversche Landesaufnahme Bl. 141)

1833 *Dassel* (Gaußsche Landesaufnahme Bl. 22)
dialekt. (1951) *dassël* (Flechsig, Beiträge S. 13)

I. Neben überwiegendem -*ss*- ist der ON in drei Belegen von 1022 mit -*sch*- überliefert. Das Zweitelement lautet im Erstbeleg -*ila*, dann -*ala* (bzw. mit Dativendung -*alon*, -*alen*), bevor es zu -*ele* abgeschwächt wird. Das erste -*e*- schwindet zunächst in der Form *Dasle*, wobei -*s*- hier nicht mehr geminiert vorliegt; daneben bleibt aber die Form *Dassele*, wenn auch vor allem ab Mitte des 13. Jh. in geringer Zahl, erhalten. Die heutige Form *Dassel* tritt ab dem 15. Jh. dauerhaft ein. Im 12. und 13. Jh. begegnen nochmals vereinzelt Belege mit auslautendem -*a*.

II. Nach Casemir/Ohainski, Orte S. 138 mit einem *l*-Suffix gebildet. Laut Plümer, Dassel S. 7f. ist der ON wegen der zuerst überlieferten Endung -*ila* aus einem FlußN *Dassila entstanden. Der namengebende Bach sei der durch Dassel fließende Spüligbach, der umbenannt worden sei, nachdem sein Name auf die Siedlung übertragen worden war. Bahlow, Lexikon S. 25 sieht in Dassel, welches er in *Das-lo trennt, ein Wort für 'Schmutz, Moor', belegt dieses jedoch nicht. Flechsig, Beiträge S. 31, der den ON wegen des fehlenden Umlauts auf *Dassala zurückführt, hatte das GW -*loh* bzw. ostfäl. -*la(h)* 'lichter Laubwald' jedoch bereits ausgeschlossen, da dieses als GW in ON meist unverändert bis heute bewahrt worden sei. Außerdem liege Dassel südlich des Gebiets, in welchem -*lo* in der Form -*la* erscheine. Möller, Bildung S. 76 sieht im ON einen FlußN mit *l*-Suffix. Meyer, Städtenamen S. 46 schreibt: „In der Endsilbe liegt a, aha, da die Niederlassung in der Nähe des Ilmeflüßchens stattfand; das dasch, dass beruht auf irgend einer Localität, wovon die Erinnerung im Laufe der langen Zeit entschwunden ist." Förstemann, Ortsnamen I Sp. 668 stellt den Namen zu ahd. *thahs,* mnd. *das* 'Dachs'. Auch nach Wesche, Ortsnamen S. 44 enthält Dassel mnd. *das* 'Dachs'. Gysseling, Woerdenbook I S. 258 teilt den ON in germ. *þahsu* 'Dachs' und *lauha* 'Wäldchen auf Sandhügel'. Udolph, Tiere S. 39 lehnt eine Verbindung mit der Tierbezeichnung *Dachs* aufgrund der alten ON-Bildung mit *l*-Suffix jedoch ab.

III. Bei der Argumentation gegen das von Bahlow vermutete GW -*loh* 'Wald' ist Flechsig zu folgen. Auch -*aha* bleibt fern, da der sehr frühe Erstbeleg dieses noch zeigen müßte. Der ON enthält ein *l*-Suffix, welches häufig zur Bildung von FlußN diente. Weil nur der Erstbeleg präsuffixales -*i*- zeigt (in den späteren Belegen 1222 *Dassile* und 1224 *Dassili* steht -*i*- für -*e*-) und in jüngerer Zeit kein Umlaut eintritt, ist von der Suffixform -*ala* auszugehen. Da Dassel im Mündungswinkel des Spüligbaches in die Ilme liegt, könnte der ON auf einen alten FlußN oder Flußabschnittsnamen zurückgehen, der auf die Siedlung übertragen wurde. Problematisch ist die Ableitungsgrundlage. Die *ss*-Formen weisen auf eine Grundform *Dass-ala, deren Erstelement zu germ. *das- führt, wobei die *s*-Geminate durch das vorangehende kurze -*a*- entsteht. Doch bezieht man die drei *sch*-Belege ein, sind diese mit den *ss*-Formen nur in einer Grundform *Dask-ala zu vereinbaren, da im Asä. inlautend sowohl -*sch*- als auch -*ss*- auf germ. *-*sk*- beruhen können (Gallée, Grammatik § 290). Die bisherigen Deutungen gehen von *Dass- aus. Die frühe und konstante Überlieferung des *D*-Anlauts läßt auf germ. *-*d*- < idg. *-*dh*- schließen. Unter der Voraussetzung einer ungewöhnlich frühen Entwicklung von anlautendem asä. *D*- < *Th*- (vgl. die Beispiele bei Gallée, Grammatik § 279) kann auch germ. *-*þ*- < idg. *-*t*- angenommen werden. Der von Förstemann, Wesche und Gysseling vorgeschlagene Bezug zum *Dachs* < germ. *þahsu-, ist wegen des schon im Asä. in einigen Fällen auftretenden Schwundes von -*h*- vor -*s*- (vgl. Gallée, Grammatik § 264 *Thasbiki* neben *Thahsbeki*, und § 289) nicht gänzlich auszuschließen. Doch die Annahme, daß sich beide Erscheinungen so früh im Erstbeleg wiederfinden, überzeugt ebenso wenig wie die Bildung des Namens aus einer Tierbezeichnung und dem Suffix -*ala*. Mit Annahme einer Herleitung aus germ. **thas-* könnte dem Namen auch idg. **tā-*, **tə-* 'schmelzen, sich auflösen (fließen), hinschwinden (Moder, Verwesendes)' zugrundeliegen, welche auf Wasser oder die Lage im Feuchtgebiet weist. Pokorny, Wörterbuch S. 1053 führt zahlreiche Ableitungen dieser Wurzel, darunter auch mit -*s*-, auf, doch auch hier bleibt die früh vorauszusetzende Anlautentwicklung *Th*- > *D*- problematisch. Ein anderer zu diskutierender Ansatz ist die idg. Wurzel **dhē-*, **dhə-* 'hinschwinden', die nach Pokorny, Wörterbuch S. 239 und Falk/Torp I S. 132 mit *s*-Ableitung u.a. in anord. *dāsi*, schwed. *dåsig* 'träge', norw. dial. *dase*, schwed. dial. *dåse* 'schlappe Person', dän. *dase* 'faul sein', anord. *dǣsa(sk)* 'verschmachten, verkommen', *dasask* 'verkommen, schlechter werden', mengl. *dasen* 'betäuben' vorliegt, welche germ. **dēs-*, **das-* voraussetzen (vgl. auch Torp, Nynorsk Ordbok S. 57). Das Ansetzen dieser Wurzel würde auf einen kargen oder trägen Flußlauf als Benennungsmotiv deuten, vielleicht auf den im Vergleich zur Ilme weniger Wasser führenden Spüligbach?

Geht man von einer Grundform **Dask-ala* < germ. **dask-* aus, ist die Herleitung nicht weniger schwierig. Das Dictionary of Etymology S. 113 gibt für das engl. Verb *to dash* 'u.a. schlagen, schleudern, spritzen, stürzen, stürmen, rasen, gießen' die mengl. Formen *dasche*, *dasse* an und führt diese auf eine, vielleicht lautmalerische, Basis **dask-* zurück, die sich in schwed. *daska*, dän. *daske* 'schlagen, klatschen' wiederfindet, für die aber anord. Belege fehlen; vgl. auch Falk/Torp I S. 137. Mit dem ¹DWB II Sp. 825f. ist hd. *dätscheln, tätscheln*, österreichisch *daschln*, oberdt. *datschen, dätschen, täschlen* 'klapsen, mit der flachen Hand (auf den Teig) schlagen, daß es schallt, platschen' zu ergänzen. Jóhannesson, Wörterbuch S. 499 stellt zwar norw. dial. *dassen* 'schwer und feucht, schmutzig', schwed. dial. *daskig* 'schmutzig' zu oben genannter idg. Wurzel **dhē-* 'hinschwinden', vermutet aber eine „Verquickung von das- mit dask-", wozu noch norw. *daska* 'schlagen', steirisch *taschen, ta(t)scheln*, schwäbisch *tatschen* 'schnalzend schlagen' gehören. Eine solche Vermischung erwägt auch Torp, Nynorsk Ordbok S. 57 anhand von norw. *dassa* 'matschen', isl. *dessast* 'sudeln', norw. *dassen* < *dasken* 'schwer und feucht, schmutzig', schwed. dial. *daskig* 'schmutzig', die er mit engl. *dash* in der Bedeutung 'sprühen, spritzen' vergleicht. Ein FlußN *Dask-ala* kann somit eine Basis **dask-* enthalten, die auf stark bewegtes Wasser und seine (auch geräuschvollen) Auswirkungen hinweist. Eine endgültige Deutung muß letztlich ausbleiben. Im belg. ON Dessel, Prov. Antwerpen, mit den Belegen 1270 *Boidin van Desle*, 1336 *Heinricke van Dessele*, 1340 *Giselbertus de Desschele* (Debrabandere, Familienamen S. 368), der auf eine Form **Dask-ila* zurückgehen könnte, liegt vielleicht ein Vergleichsname vor.

Die Entwicklung des ON von **Dassala* zu *Dassel* verläuft über die Abschwächung der Nebentonvokale (*Dassele*), den Ausfall des schwachtonigen -*e*- der zweiten Silbe (*Das(s)le*) und die Metathese von -*l*- und -*e*- (*Dassel*). Bei den jüngeren Belegen mit *a*-Auslaut handelt es sich um Latinisierungen des ON.

DASSENSEN (Einbeck)

Mi. 13. Jh. (A. 14. Jh.) *Dassenhusen* (Lehnbuch Schönberg Nr. 20 S. 43)
Mi. 13. Jh. (A. 14. Jh.) *fratres de Dassenhůsen* (Lehnbuch Schönberg Nr. 20 S. 43)

1280 *Wedekindus de Dassenhosen* (UB Fredelsloh Nr. 50 S. 50)
1307 *Dassenhosen* (UB Fredelsloh Nr. 100 S. 77)
1336 *Thile Dassennosen* (UB Goslar IV Nr. 11 S. 7)
1341 *Dassenhusen* (UB Fredelsloh Nr. 154 S. 112)
1421 *Dassensen* (UB Fredelsloh Nr. 190 S. 133)
1456 *Dassensen* (UB Fredelsloh Nr. 213 S. 153)
1479 (A. 16. Jh.) *Dassensen* (Reg. Wallmoden Nr. 382 S. 116)
1544 *Dassensen* (Kayser, Kirchenvisitationen S. 586)
1596 *Dassensen* (Letzner, Chronica Buch 5 S. 35r)
um 1616 *Dastensen* (Casemir/Ohainski, Territorium S. 71)
1762 *Dassensen* (Hartmann, Schicksale S. 37)
1823 *Dassensen* (Ubbelohde, Repertorium 2. Abt. S. 36)
dialekt. (1951) *dassĕnsĕn* (Flechsig, Beiträge S. 13)

I. Ein gelegentlich auf diesen Ort bezogener Beleg 826-876 (A. 15. Jh.) *Diseldashusen* (Trad. Corb. § 261) gehört zu Delligsen im Landkreis Holzminden; vgl. Casemir/Ohainski, Orte S. 74. Der ON ist recht stabil. Im GW liegt neben -*husen* auch die südniedersächsische Form -*hosen* vor. Im 15. Jh. tritt eine Verkürzung zu -*sen* ein. Das BW zeigt bis auf singuläres *Dasen*- und *Dasten*- stets *Dassen*-.

III. Bildung mit dem GW -*hūsen*. Das BW enthält einen schwach flektierenden PN, der nach der Überlieferung als *Dasso* anzusetzen ist. Förstemann, Personennamen Sp. 404ff. verzeichnet einen PN *Dasso* unter dem PN-Stamm DAS, dessen Etymologie umstritten ist. Schlaug, Studien S. 186 belegt einen PN *Daso*, ist sich aber die Herkunft betreffend ebenso wie Kaufmann, Ergänzungsband S. 93 unsicher. Ein ähnlicher PN liegt vielleicht auch in Desingerode, Kr. Göttingen (NOB IV S. 95f.), und † Dessinghusen (um 1545 *Desingehusen*), Kr. Holzminden, vor.

† DEELMISSEN
Lage: Ca. 1,3 km östl. Opperhausen.

um 1007 (A. 15. Jh.) *Thiedulfessun* (Engelke, Grenzen S. 4)
um 1007 *Thiaedulveshusi* (Goetting, Gandersheim S. 256)
1152-1179/80 (A. 14. Jh.; A. 17. Jh.) *Thiedelvessen* (Petke, Wöltingerode Anhang II Nr. 1 S. 553)
1360 (A. 15. Jh.) *Dedelmissen* (Harenberg, Gandersheim S. 850)
1382 (A. 15. Jh.) *Dedilmissen iuxta Oberhusen* (Harenberg, Gandersheim S. 852)
1403 *uppe dem velde to Dedelnissen* (Urk. St. Marien Gandersheim Nr. 68)
1434 (A. 15. Jh.) *Dedelyssm by Obberhusen* (Kleinau GOV I Nr. 440 S. 140)
1480 *Dedeldissen by Obberhusen* (Harenberg, Gandersheim S. 947)
1488 *Dedeldissen* (Goetting, Findbuch II Nr. 643 S. 84)
1535 *Deelsen* (Kronenberg, Opperhausen S. 40)
1749 *Dedelszen Felde vor Opperhauszen* (Kleinau GOV I Nr. 440 S. 140)

I. Ein Beleg von 1151 *Thiedelmissem* (UB H. Hild. I Nr. 275 S. 258), der im Register der Edition hierher gestellt wird, gehört zu Deilmissen, Kr. Hildesheim. Durchaus fraglich ist wegen der sonst genannten Zeugen auch ein Beleg 1194 *Richardus de Didilmessen* (UB H. Hild. I Nr. 508 S. 483), der im selben Register hierher gestellt wird, aber eher Dielmissen, Kr. Holzminden, zuzuordnen ist. Das GW erscheint als -*sun*, -*husi*, -*sen* und -*sm*. Das BW unterliegt starken Veränderungen: Die ersten drei Belege zeigen anlautendes *Th-*, die folgenden *D-*. Der Stammvokal lautet zunächst *-i-*, *-iae-*, *-ie-*, später konstant *-e-*. Das *-u-* im Zweitelement *-ulfes-* wird zu *-e-* abgeschwächt. Bemerkenswert ist die Entwicklung des ursprünglichen *-v-*, welches im 14. Jh. durch *-m-* ersetzt wird. Im Beleg von 1403 begegnet *-n-* an dessen Stelle; in den Belegen *Dedelyssm* fällt dieser Konsonant aus, dafür tritt Ende des 15. Jh. *-d-* ein. Im 16. Jh. schwinden die Silbe *-dis-* und das intervokalische *-d-*, welches aber im Beleg von 1749 wieder vorliegt.

II. Nach Casemir/Ohainski, Orte S. 135 evtl. mit dem GW *-husen* gebildet. Förstemann, Ortsnamen II Sp. 1049 stellt Deelmissen zusammen mit einer Wüstung Dippelshausen, Kr. Waldeck-Frankenberg (1074 *Thiedolueshusen*), und Deilmissen, Kr. Hildesheim (1151 *Thiedelmissen*), zum PN-Stamm THIUD.

III. Bildung mit dem GW *-hūsen*. Der Erstbeleg enthält eine frühe Verkürzung der alten Form *-husun*. Zu *-husi* vgl. → Ackenhausen. Im Beleg von 1434, der *-sm* zeigt, liegt sicher eine Verschreibung aus *-sen* vor. Das BW enthält den stark flektierenden zweigliedrigen PN *Thiadulf*, der asä. sehr gut bezeugt ist; vgl. Schlaug, Altsächs. Personennamen S. 84, Schlaug, Studien S. 164 und Förstemann, Personennamen Sp. 1453. Er besteht aus den Namengliedern *Thiad-*, zu asä. *thiod(a)*, *thiad* 'Volk, Menge', und *-ulf*, zu asä. *wulf* 'Wolf', welches in PN-Zweitgliedern als *-ulf*, *-olf* erscheint. Asä. *Th-* entwickelt sich zu *D-*, asä. *-ia-* zu *-ie-* und *-ē-* (Lasch, Grammatik § 305 bzw. § 110f.), aus *Thiad-* wird *Ded-*. Im Zweitglied wird nebentoniges *-u-* zu *-e-* abgeschwächt. Für den Lautersatz von *-v-* durch *-m-/-n-/-d-* gibt es keine in der nd. Lautentwicklung begründete Erklärung. Ein ähnlicher Wechsel (allerdings von *-m-* zu *-v-*) ist bei Deilmissen, Kr. Hildesheim, zu beobachten (1151 *Thiedelmissen* [UB H. Hild. I Nr. 275 S. 258], um 1219 *Thetdelvessen* [UB H. Hild. I Nr. 733 S. 690], nach 1302 [A. 14. Jh.] *Dedelmissem* [UB H. Hild. III Nr. 1409 S. 673]). Diesem ON liegt der PN *Thiadhelm* zugrunde. Es scheint, als hätten beide Orte aufeinander beeinflussend gewirkt, wodurch die Formenvermischung zwischen *Thiadulfes-* und *Thiadhelmes-* zustandekam. Auch Deilmissen, Kr. Holzminden (1194 *Richardus de Didilmessen* [UB. H. Hild. I Nr. 508 S. 483]), kann daran Anteil haben. Der Nasal *-m-* wird an das vorausgehende *-l-* assimiliert; der Ersatz durch *-d-* scheint eine falsche Rückführung zu sein. Der Ausfall des intervokalischen *-d-* im Erstglied ist eine verbreitete Erscheinung (Lasch, Grammatik § 326).

IV. Casemir/Ohainski, Orte Nr. 570 S. 86; Engelke, Grenzen S. 7; Jäckel, Willershausen Karte 1; Karte 18. Jh. Bl. 4126; Kleinau GOV I Nr. 440 S. 140; Kronenberg, Opperhausen S. 15-20.

DEITERSEN (Dassel)

826-876 (A. 15. Jh.) *Thiatberteshusen* (Trad. Corb. § 261 S. 127)
1310 *Dethersen* (Sudendorf X S. 280 Anm. 1)
1329-1364 (A. 20. Jh.) *Detherssen* (Upmeyer, Oldershausen S. 250)
1350 (A.) *imme dorpe tho Deterssen* (Falke, Trad. Corb. Nr. 423 S. 914)
1433 *Deyttersen* (Kramer, Abschwächung S. 41)
1444 *Deithardessen* (Feise, Einbeck Nr. 1065 S. 203)
1447 *Dederssen* (Upmeyer, Oldershausen S. 250)
1482 *Deddersen* (Upmeyer, Oldershausen S. 250)
um 1583 *Dederßen* (Zimmermann, Ökonomischer Staat S. 25)

um 1583 *Diethardeßen* (Zimmermann, Ökonomischer Staat S. 25)
1588 *Detersen* (Kayser, Generalkirchenvisitation S. 191)
um 1616 *Deterßen* (Casemir/Ohainski, Territorium S. 58)
1740 *Deytersen* (Lauenstein, Hildesheim II S. 96)
1789 *Deitersen* (Status Contributionis S. 4)
1833 *Deitersen* (Gaußsche Landesaufnahme Bl. 22)
dialekt. (1951) *daitsĕn* (Flechsig, Beiträge S. 13)

I. Entgegen den Einwänden von Schütte, Mönchslisten S. 218 ist der Erstbeleg aus den Corveyer Traditionen wegen der außerdem genannten Orte (Delligsen, † Odelevessen, Mackensen, † Thiatberteshusen und das Gebiet um Moringen) recht sicher mit Deitersen zu verbinden. Der von Ernst/Sindermann, Einbeck I S. 274 hierher gestellte Beleg 822-826 (A. 15. Jh.) *Theutmareshusun* (Trad. Corb. § 22 S. 86) ist nach Schütte, Mönchslisten S. 83 mit † Detmarsen nördl. Warburg zu verbinden. Erhard Kühlhorn setzt für diesen Beleg eine Wüstung mit nur einem Nachweis an: † Thiatberteshusen bei Mackensen (Kühlhorn, Wüstungen Bd. III Nr. 360 S. 323-324.) Die Zuordnung von 1003-1005 (A. 15. Jh.) *Thiedressun* (Trad. Corb. § 473 S. 156) zu Deitersen bei Casemir/Ohainski, Orte S. 86 ist nicht haltbar; gemeint ist → † Thiedressun. Zwischen dem ältesten Beleg *Thiadberteshusen* und dem folgenden *Dethersen* liegen beinahe 500 Jahre. Weitere 100 Jahre später tritt die Form *Deithardessen* ein. Die verkürzte Form *De(d)dersen, Detersen* bleibt aber erhalten und setzt sich jetzt durch. Das *-ē-* der ersten Silbe erscheint im 15. und 18. Jh. auch als *-ei-*. Den Diphthong enthält auch die weiter verkürzte Mundartform.

II. Nach Casemir/Ohainski, Orte S. 135 mit dem GW *-husen* gebildet. Förstemann, Ortsnamen I Sp. 1043 stellt Deitersen zu den PN des Stammes THIUD, genauer in Förstemann, Personennamen Sp. 1424 zu einem VollN *Theudobert*.

III. Sicher ist die Zuordnung zum GW *-hūsen*. Das BW unterlag einigen Veränderungen. Der Erstbeleg zeigt den stark flektierten PN *Thiadbert*. Das Namenglied *Thiad-* ist die asä. Form zu Förstemanns angesetztem *Theud-* und gehört zum produktivsten PN-Stamm THEUDA. Dem Namenglied liegt asä. *thiod(a), thiad* 'Volk, Menge' zugrunde. Das Zweitglied *-bert* gehört zu asä. *ber(a)ht* 'glänzend, berühmt'. Neben Förstemann belegen ihn auch Schlaug, Altsächs. Personennamen S. 160 und Schlaug, Studien S. 82. Daß die folgenden Belege *Dethersen* mit *Dether-* eine Verschleifung von *Thiadbert* enthalten, ist nicht unmöglich, wäre aber ungewöhnlich. Die Entwicklung von *Thiad-* zu *Det-* bereitet keine Probleme: Asä. *Th-* wird zu mnd. *D-* (Lasch, Grammatik § 317 und § 319), und asä. *-ia-* kann sich auch schon asä. über *-ie-* zu *-ē-* entwickeln (Gallée, Grammatik § 102ff. und Lasch, Grammatik § 111). Der Ausfall des *-b-* im Zweitglied zu einer Form **Det-ert* wäre aber nur schwer erklärbar; eine Assimilation von *-db-* zu einfachem *-d-* bzw. verschärftem *-t-* ist untypisch. Es wäre eher eine Entwicklung von *-db-* zu *-bb-* zu erwarten, wie sie in † Debberode, Kr. Hannover (NOB I S. 88f.), vorliegt, welches den asä. PN *Thetberga* enthält. Die Form des BW *Dether-* läßt an einen PN *Thiadheri* denken, der sekundär in den ON eingetreten sein könnte. Interessanterweise scheint es im 15. Jh. zu einer weiteren Umbenennung gekommen zu sein; nun enthält das BW den PN *Diethard, Dethard*. Vielleicht handelt es sich auch um eine falsche Rückführung von *Dether* auf *Dethard*. Beide PN enthalten das gleiche Erstglied wie *Thiadbert*. Die Zweitglieder *-heri* und *-hard* gehören zu asä. *hēri* 'Heer' und *hard* 'stark, kühn'. Beide PN sind gut bezeugt;

vgl. Schlaug, Altsächs. Personennamen S. 161, Schlaug, Studien S. 83f. und Förstemann, Personennamen Sp. 1432ff.

DELLIEHAUSEN (Uslar)

1015-36 *Daillanhus* (Vita Meinwerci Kap. 69 S. 48)
1293 (Druck 18. Jh.) *Deligehusen* (UB Plesse Nr. 343 S. 330)
1366 *Dellinghusen* (Nolte, Flurnamen S. 11)
1380 *Herman de Delinghehusen* (Grote, Neubürgerbuch S. 19)
1385 *Cord Delingehusen* (Feise, Einbeck Nr. 397 S. 91)
1411 *Cord Delinghusen* (Feise, Einbeck Nr. 512 S. 114)
1497 *Delingehusen* (Negotium monasterii Steynensis S. 158)
1557 *Delligehausen* (Urk. Dipl. App. Nr. 383c)
1585 *Dellinghausen* (Burchard, Calenberg-Göttingen S. 75)
1603 *Dellighusen* (Krabbe, Sollingkarte Bl. 4)
1684 *den Delliehäusern* (Bierkamp/Reuse, Delliehausen S. 41)
1735-36 *Delligehaußen* (Forstbereitungsprotokoll S. 134)
1791 *Delliehausen* (Scharf, Samlungen II S. 54)
1823 *Delliehausen* (Ubbelohde, Repertorium 2. Abt. S. 37)
dialekt. (1951) *deljĕhiusĕn* (Flechsig, Beiträge S. 13)
dialekt. (1963) *deljehiusen* (Nolte, Flurnamen S. 11)

I. Der erste Beleg *Daillanhus* weicht im BW von den folgenden Formen ab: Neben -*ai*- im Stammvokal liegt eine Flexionsendung -*an*- vor. Die weiteren Belege haben -*e*- im Stammvokal, keine Flexionsendung und enthalten das Element -*ing(e)*-, welches über -*ig(e)*- zu -*ie*-/-*je*- verschliffen wird. Das GW begegnet als -*hus*, -*husen* und ab dem 16. Jh. hd. -*hausen*.

II. Flechsig, Beiträge S. 37 stellt den ON zu den -*ingehusen*-Namen. Nolte, Flurnamen S. 11 erwägt, den ON auf nd. *Delle* „flache Bodenvertiefung" und -*ing* als „lokatives Suffix" zurückzuführen. Förstemann, Ortsnamen I Sp. 669 vermutet aufgrund des Erstbeleges einen Ansatz **Dagilanhus* zum PN-Stamm DAG.

III. Ohne den Erstbeleg wäre der ON als -*ingehusen*-Name zu deuten. Der Beleg *Daillanhus* zeigt jedoch, daß das GW ursprünglich nur -*hūsen* lautete. Es hat also ein späterer Übergang in die -*ingehusen*-Gruppe stattgefunden, wie er auch bei → Lutterhausen und Luttringhausen, Kr. Hannover (NOB I S. 308f.), zu beobachten ist. Das BW *Daillan*- weist aufgrund der Flexionsendung -*an* auf einen schwach flektierenden PN **Dailo* hin. Förstemann, Personennamen Sp. 391f. vermutet im PN *Daila* eine kontrahierte Form von PN wie *Dagalo*, *Tacilo* und *Dahilo*. Diese mit *l*-Suffix gebildeten PN gehören zum Stamm DAG, zu asä. *dag* 'Tag'. Auch die von Förstemann, Personennamen I Sp. 399 zum PN-Stamm DAILA, zu got. *dails*, asä. *dēl* 'Teil', gestellten PN *Deil*, *Tailo* und *Teilo* sind ebenso wie *Daila* eher als Kontraktionen aus **Dagil(o)* zu betrachten; vgl. Kaufmann, Ergänzungsband S. 90. Hier ist Delliehausen gut anzuschließen. Die anzusetzende Grundform ist **Dagilanhusen*. Durch Ausfall des intervokalischen -*g*- entsteht der im Erstbeleg vorliegende Diphthong -*ai*- bzw. -*ei*-, der im Folgenden zu -*ē*- monophthongiert wird (Gallée, Grammatik § 91 und § 94), wodurch zunächst die Form *Del*- mit langem Vokal entsteht, dessen spätere Kürzung mit Verdopplung des Konsonanten (*Deling*- > *Delling*-) einhergeht. Die Kasusendung -*an* bzw. anzunehmendes abgeschwächtes -*en* wird zum Suffix -*inge*-

umgedeutet. Dessen Verschleifung zu -*i(j)e*- ist ein verbreiteter Prozeß (Lasch, Grammatik § 346).

DENKERSHAUSEN (Northeim)

1141 (Fä. 13. Jh.; A. 16. Jh.) *Tenckhershusen* (Mainzer UB II Nr. 28 S. 49)
1141 (Fä. 13. Jh.; A. 17. Jh.) *Teneckhereshusen* (Orig. Guelf. IV S. 525)
1162 (Fä. 13. Jh.; A. 14. Jh.) *Denkershusen* (MGH Urk. HdL Nr. 58 S. 85)
1181-85 (A. 13. Jh.) *Cŏnradus de Thankershusen* (KB Amelungsborn Bl. 23r)
1197 (A. 15. Jh.) *Iohannes de Thenkershusen* (Upmeyer, Oldershausen S. 122)
1207 *Conradus de Thenkereshusen* (UB Everstein Nr. 29 S. 38)
1213 *Iohannes de Thenkershusen* (UB H. Hild. I Nr. 664 S. 634)
1270 *H. de Denkershusen* (Urk. Katlenburg Nr. 24)
1287 *Henricus de Denkershusen* (Urk. Katlenburg Nr. 44)
1339 *Henricus de Denkershusen* (Grote, Neubürgerbuch S. 12)
1537 *Dengkerßhausenn* (Meyer, Steuerregister S. 75)
1542 *Denckershusen* (Kayser, Kirchenvisitationen S. 312)
1611 *Arendt Kahllnn vonn Denckerßhausen* (Kelterborn, Bürgeraufnahmen I S. 262)
1791 *Denkershausen* (Scharf, Samlungen II S. 54)
1823 *Denkershausen* (Ubbelohde, Repertorium 2. Abt. S. 37)
dialekt. (1950) *denkĕrshauisĕn* (Flechsig, Beiträge S. 13)
dialekt. (1951) *denkĕrshūsĕn* (Flechsig, Beiträge S. 13)

I. Das GW lautet konstant -*husen*, ab dem 17. Jh. hd. -*hausen*. Das BW verändert sich geringfügig: Der anlautende Dental liegt als *T*-, *D*- und *Th*- vor. Der Vokal der ersten Silbe ist schon im ersten Beleg -*e*-, nur einmal, aber noch früh, erscheint -*a*-. Das -*h*- im Zweitelement der ältesten Formen fällt aus.

II. Weigand, Heimatbuch S. 257f. meint: „Das Dorf hat jedenfalls von seinem Gründer, der Thankher oder Thankmar hieß, seinen Namen." Weigand, Ortsnamen S. 14 führt den ON auf eine Form **Thankherishusen* zurück und nimmt den PN *Thankher* an.

III. Bildung mit dem GW -*hūsen*. Das BW enthält einen stark flektierenden zweigliedrigen PN. Der Beleg *Thankershusen* weist auf das Namenerstglied *Thank*-. Weigands Vermutung eines *Thankmar* ist auszuschließen, da das -*m*- des Zweitgliedes -*mar* nicht ausfallen würde. Für *Thankher* sprechen die beiden ältesten Belege, die -*her*- enthalten. Die weitere Entwicklung führt von **Thankheris*- über **Thenkheres*- zu *Thenkers*- (silbenanlautendes -*h*- fällt aus, vgl. Lasch, Grammatik § 350). Der Wechsel von -*a*- zu -*e*- in *Thenk*- ist wohl eine Angleichung an das -*e*- im Zweitglied. Asä. *Th*- wird mnd. zu *D*-, so daß *Denkers*- entsteht. Das *T*- der ältesten Formen ist eine oft zu beobachtende Anlautverschärfung (vgl. Kaufmann, Untersuchungen S. 57). Der PN *Thankheri* ist gut bezeugt, vgl. Förstemann, Personennamen Sp. 1403f. und Schlaug, Studien S. 81, wo auch ein *Thenkerus* belegt ist. Die Namenglieder *Thank*- und -*heri* gehören zu asä. *thank* 'Gedanke, Dank' und *hēri* 'Heer'.

† DENTIGESSEN

Lage: Nördl. Moringen zwischen Böllenberg und Ahlsburg.

1082 (Fä. 12. Jh.) *Dancdagessun* (Mainzer UB I Nr. 361 S. 261)
1203 (Fä. 13. Jh.; A. 17. Jh.) *Tengtigissen* (UB Plesse Nr. 37 S. 80)

1223-31 *Themethingehusen* (UB Fredelsloh Nr. 25 S. 37)
Mitte 13. Jh. *Thencteghessen* (Chronik Lippoldsberg S. 558)
1316 (A. 15. Jh.) *Henricus de Dentingehusen* (Westfäl. UB IX Nr. 1439 S. 683)
1342 *Dentingessen* (Desel, Lippoldsberg S. 160)
1422 *Dentingessen* (Denecke, Wegeforschung S. 394)
1506 *Dentingessen* (Desel, Lippoldsberg S. 160)
1589 *Tenetingehausen* (Westfäl. UB IV S. 294 Anm. zu Nr. 465)
1605 *Deniessen* (Müller, Lehnsaufgebot S. 350)
1715 *Dentissen* (Bodemann, Wüste Ortschaften S. 249)
1771 *Die Wüstung Dentissen* (Kühlhorn, Wüstungen Bd. I Nr. 82 S. 380)
1963 *im groen Dentissen* (Kramer, Moringen S. 1071)
1963 *im kleinen Dentissen* (Kramer, Moringen S. 1071)

I. Beim Beleg von 1223-31 ist nach dem UB Fredelsloh auch die Lesung *Theinethingehusen* möglich. Das GW liegt als *-sun*, *-sen*, *-husen* und *-hausen* vor. Das BW zeigt starke Schwankungen. In den älteren Belegen variiert es zwischen *Dancdages-*, *Tengtigis-*, *Themethinge-* (ohne Flexions-*s*) und *Thencteghes-*, bevor ab dem 14. Jh. eine Entwicklung von *Dentinge(s)-* zu *Dentis-* einsetzt. Im Beleg von 1605 ist *-t-* ausgefallen. Der Beleg 1589 *Tenetingehausen* greift eine ältere Form auf.

II. Nach Casemir, Grundwörter S. 192 mit dem GW *-husen* gebildet.

III. Das GW ist *-hūsen*. Der älteste Beleg zeigt mit *-sun* eine frühe Verkürzung aus der älteren Form *-husun*. Der Erstbeleg enthält im BW ohne Zweifel den stark flektierenden PN *Dankdag*, der auf einen älteren *Thankdag* zurückgeht. Dieser PN ist asä. gut bezeugt; vgl. Schlaug, Altsächs. Personennamen S. 158, Schlaug, Studien S. 81 und Förstemann, Personennamen Sp. 1403. Seine Namenglieder *Thank-* und *-dag* gehören zu asä. *thank* 'Gedanke, Dank' und *dag* 'Tag'. Die folgenden Formen *Tengtigis-*, *Themethinge-* und *Thencteghes-* sind ungewöhnlich, sie entsprechen keiner zu erwartenden Entwicklung von *Dancdages-*. Es hat den Anschein, als sei allmählich das Element *-inge-* für *-dag-* eingetreten und der ON an einen *-ingehusen-*Namen angeglichen worden, wodurch das *-a-* des Erstgliedes zu *-e-* umgelautet wurde. Das anlautende *-d-* von *-dag-* wird, offenbar durch den vorangehenden stimmlosen *k*-Laut des Erstglieds, zu *-t-* verschärft. Die Form *Theme-* weicht vollkommen ab, wahrscheinlich handelt es sich um eine Verschreibung aus *Thenc-*. Der unterschiedliche Anlaut der ersten Formen bereitet keine Probleme, da asä. *Th-* sich in vielen Namen bis ins Mnd. hält und auch oft verschärft zu *T-* vorliegt. Ab dem 14. Jh. setzt sich dann in *Dentingehusen* und *Dentingessen* D-Anlaut durch. Der *k*-Laut des Erstgliedes ist interkonsonantisch geschwunden. Das *-inge*-Element hat sich erhalten, doch tritt nun wieder die *s*-Fuge der starken Flexion dauerhaft hinzu. Ende des 16. Jh. bildet sich nach Abschwächung von *-inge-* die Form *Dentissen*.

IV. Exkursionskarte Moringen S. 78; Kramer, Moringen S. 1071; Kühlhorn, Wüstungen Bd. I Nr. 82 S. 380-382; Ohlmer, Moringen S. 7.

† DETNISSEN
Lage: Nahe nördl. des Friedhofes Lauenberg.

822-876 (A. 15. Jh.) *Thiednodeshusun* (Trad. Corb. § 188 S. 115)
1296 *Dethnessen* (Kruppa, Dassel Nr. 559 S. 503)

1304 *Dhedenisse* (Westfäl. UB IX Nr. 263a S. 110)
1310 *Decnissen* (Sudendorf I Nr. 184 S. 111)
1320 *Dicuisse* [!] (Sudendorf I Nr. 184 S. 115)
1335 *Detnissen* (Feise, Einbeck Nr. 177 S. 42)
1384 *Dethmißen* (UB Everstein Nr. 405a S. 370)
1385 *Detnissen* (UB Boventen Nr. 163 S. 156)
1388 *dorff zu Dietnissin* (Sudendorf VI Nr. 221 S. 240)
1402 *Detnissen* (UB Grubenhagen Nr. 80 S. 44)
1479 *plebanus in Dethnißen* (Wisotzki, Nörten II S. 73)
1519/20 (A. 16. Jh.) *Deitnissen* (Krusch, Studie S. 265)
1596 *Detenissen vor dem Sollingerwalde unter dem Lawenberge an der Diessen und der Ußlarischen straß gelegen* (Letzner, Chronica Buch 3 S. 91r)

I. Der frühe Erstbeleg zeigt im GW sehr deutlich den alten Dativ Plural *-husun*, in den späteren Belegen verkürzt zu *-sen, -se*. Das BW, im 9. Jh. noch *Thiednodes-*, schwankt ca. 400 Jahre später geringfügig zwischen *Dethnes-, Dhedenis-, Deitnis-, Dietnis-* etc. In zwei kurz aufeinanderfolgenden Belegen lautet das BW verderbt *Decnis-, Dicuis-*. Einmal erscheint abweichend *-mißen*.

II. Nach Casemir/Ohainski, Orte S. 135 und nach Casemir, Grundwörter S. 192 mit dem GW *-husen* gebildet. Förstemann, Ortsnamen II Sp. 1047 ordnet den ON dem PN-Stamm THIUD zu asä. *thiod(a)* 'Volk' zu. In Förstemann, Personennamen Sp. 1443 stellt er ihn genauer zum PN *Thiadnod*.

III. Bildung mit dem GW *-hūsen*. Der frühe Erstbeleg *Thiednodeshusun* weist den Weg zur Deutung des BW, in welchem ein stark flektierender zweigliedriger PN *Thiednod* zu vermuten ist. Bei Förstemann, Personennamen Sp. 1163 findet man unter dem PN-Stamm NODI zu got. *nauþs*, anord. *nauð*, ahd. *nōt*, asä. *nōd* 'Not' 41 maskuline PN, welche das Zweitglied *-nod/not* enthalten, darunter auch *Thiadnod*. Im Erstglied steckt asä. *thiod(a), thiad* 'Volk'. Trotz der großen zeitlichen Lücke zwischen dem ersten und den weiteren ON-Belegen *Dethnessen, Dhedenisse* können diese lautgesetzlich gut angeschlossen werden. Anlautendes *Th-* entwickelt sich über *Dh-* zu *D-*; aus dem Diphthong *-io-, -ia-* wird im Asä. *-ie-* und *-ē-* (Gallée, Grammatik § 102ff., Lasch, Grammatik § 110f.), und das silbenauslautende *-d-* verschärft sich zu *-t-*. Das flektierte Zweitglied *-nodes-* durchläuft Abschwächungsprozesse über *-nedes-, *-neds-* zu *-nes-*. In jüngerer Zeit tritt neben einem Wechsel mit *-ī-* (Lasch, Grammatik § 113) eine Diphthongierung des langen *-ē-* zu *-ei-* ein (Lasch, Grammatik § 202f.).

IV. Casemir/Ohainski, Orte Nr. 572 S. 86; Desel, Lippoldsberg S. 127-128; Ernst, Wüstungen S. 84; Exkursionskarte Moringen S. 65; Kühlhorn, Wüstungen Bd. I Nr. 83 S. 382-388; Upmeyer, Oldershausen S. 251.

DINKELHAUSEN (Uslar)

1286 *Dinkellingenhusen* (Warnecke, Dinkelhausen S. 133)
1296 *Dincklingehosen* (Warnecke, Dinkelhausen S. 134)
1303 *Dinckelingehusen* (Warnecke, Dinkelhausen S. 136)
um 1380 (A. 15. Jh.) *Dinkelshusen* (Desel, Lippoldsberg S. 187)
1438 *Dinkelingehusen* (UB Uslar II S. 895)

1511 *Dingkelingehusenn* (UB Uslar II S. 949)
1585 *Dincklinghausen* (Burchard, Calenberg-Göttingen S. 77)
1588 *Dingkelshausen* (Kayser, Generalkirchenvisitation S. 182 Anm.)
1598 *Dinklihausen* (Nolte, Flurnamen S. 11)
1603 *Dinckelhusen* (Krabbe, Sollingkarte Bl. 5)
um 1616 *Dinckelshausen* (Casemir/Ohainski, Territorium S. 57)
1735-36 *Dinkelhaußen* (Forstbereitungsprotokoll S. 26)
1735-36 *Dünkelhausen* (Forstbereitungsprotokoll S. 134)
1784 *Dinkelhausen* (Kurhannoversche Landesaufnahme Bl. 149)
1823 *Dinckelhausen* (Ubbelohde, Repertorium 2. Abt. S. 38)
dialekt. (1951) *dinkĕlhiusĕn* (Flechsig, Beiträge S. 13)
dialekt. (1963) *dinkelhuisen* (Nolte, Flurnamen S. 11)

I. Die Belege zeigen zunächst das Element *-inge(n)-*, welches erstmals um 1380 in einer jüngeren Abschrift und dauerhaft ab Ende des 16. Jh. ausfällt. Der ON liegt dann als *Dinkel(s)husen* bzw. *-hausen* vor. Das BW wird zum Teil von *Dinkel-* zu *Dinkl-* abgeschwächt. Nach Ausfall von *-inge-* wird *-e-* vor *-l-* wieder eingefügt. Seit dem 16. Jh. begegnet selten gerundetes *Dunckels-* bzw. *Dünkel-*.

II. Nolte, Flurnamen S. 11 vermutet im BW *Dink(el)* die Bedeutung 'Gerichtsbezirk'; eine Bestätigung meint er mit in der Nähe belegten Flurnamen Galgenfeld und Galgengrund und der Nachricht von einem Hochgericht zu finden. Warneke, Dinkelhausen S. 19 referiert zwei unterschiedliche Deutungen des ON: Zum einen könne er mit der „Weizenart 'Dinkel'" bzw. deren Anbau in Verbindung gebracht werden, was wegen der guten Bodenqualität beim Dorf aber wenig wahrscheinlich sei. Zum anderen könne er mit „Dink" in der Bedeutung Gerichtsstätte im Zusammenhang stehen, was wegen eines im 18. Jh. nachgewiesenen Galgenfeldes möglich, aber noch nicht sicher erforscht sei. Er gibt aber zu bedenken, daß die hauptsächliche „Schreibart" des Wortes für Gerichtsstätte 'Ding' laute. Kaufmann, Untersuchungen S. 30f. sieht im ON den PN **Thinkil(o)*.

III. Warnekes Bedenken darf man sich anschließen. Die konstante *k*-Schreibung und die in den älteren Belegen dominierende Namenstruktur *Dinkel-inge-husen* erlauben weder eine appellativische Verbindung mit asä., ahd. *thing* < germ. **þenga-* 'Übereinkommen, Versammlung' noch mit der Pflanzenbezeichnung *Dinkel*, ahd. *thinkil*. Die *-ingehūsen*-Bildung verweist auf einen PN mit *l*-Suffix als Ableitungsbasis. Kaufmann, Ergänzungsband S. 356 rekonstruiert die PN **Thinkil(o)*, **Thinkal(o)* als suffigierte Formen zu **Thinko*, welcher durch expressive Verschärfung *-ng-> -nk-* aus dem KurzN **Thingo* entstehen konnte (vgl. dazu auch die ausführlichen Darlegungen zu angeblichen *Dinkel* und *Ding* in ON bei Kaufmann, Untersuchungen S. 29ff.). Für Dinkelhausen kann eine Grundform **Thinkilingehusen* angesetzt werden, die diesen PN enthält. Das asä. *Th-* wird mnd. zu *D-*, das *-i-* der zweiten nebentonigen Silbe wird zu *-e-* abgeschwächt und fällt zum Teil ganz aus. Das Element *-ing(e)-* wird abgeschwächt. Diese Entwicklung ist in der Überlieferung am Beleg von 1598 *Dinklihausen* mit rudimentärem *-i-* < *-inge-* (Lasch, Grammatik § 144 und § 346) zu erkennen. In den übrigen Belegen ist *-inge-* völlig geschwunden. Nach Scheuermann, Barsinghausen S. 102 kann *-inge-* im völlig unbetonten Mittelteil restlos ausfallen; ein auf dem ersten und letzten Namenglied betontes *Dínkelingehùsen* wird zu *Dínkelhùsen*. Die *s*-Fuge in *Dinkelshusen* entstand wohl in Anlehnung an ON, deren BW einen stark flektierten PN mit der Flexionsendung -s- enthalten. Kaufmann, Untersuchungen S. 31f. führt weitere mit einem PN *Thinkil(o) gebildete ON auf.

† DODELBECK

Lage: Östl. Moringen an der Krummel zu suchen.

1298 (A. 16. Jh.) *iuxta locum dictum Dodelbeke* (UB Plesse Nr. 359 S. 342)
Ende 16. Jh. (A. 20. Jh.) *locus dictus Dodelbeck et ut modo dicunt Dolmke* (UB Plesse Nr. 359 S. 342)

FlußN DÖHLENKE, Oberlauf der Krummel östl. Moringen
1632 *im Dölmke* (Kettner, Flußnamen S. 45)
1632 *beym Dolmke* (Kettner, Flußnamen S. 45)
1647 *jenseit dem Dolmcke* (Kettner, Flußnamen S. 45)
1729 *dißeit dem Dölmcke* (Kettner, Flußnamen S. 45)
1729 *jenseit dem Döhlcke* (Kettner, Flußnamen S. 45)
1771 *Dölmckes Anger* (Kettner, Flußnamen S. 45)
1778 *Dölmeckens-Anger* (Kettner, Flußnamen S. 45)

I. Der ON ist nur zweimal überliefert. Der zweite Beleg zeigt eine Doppelbenennung des Ortes als *Dodelbeck* und *Dolmke*. Diese Form erscheint auch in der Überlieferung des FlußN Döhlenke, der ab dem 17. Jh. – als *Dölm(c)ke*, *Dolm(c)ke* und als Flurnamenbestandteil *Dölmcke* und *Dölmecke* – belegt ist.

II. Kettner, Flußnamen S. 45 rekonstruiert für den FlußN eine Ausgangsform *Dölenbeke*, ist sich aber das BW betreffend unsicher. Er zieht Alpers/Barenscheer, Flurnamenbuch S. 112 heran, die im vergleichbaren FlußN Döhlbeck mnd. *dōle*, mnl. *doele* 'Grenzgraben' sehen. Dann vermutet er, *Dōlenbeke* sei vielleicht durch Dissimilation aus *Dōnenbeke* (< *de dōnende beke*) entstanden; im BW läge dann mnd. *dōnen* 'tönen, lärmen' vor. Nolte, Flurnamen S. 284 verzeichnet mit dem Fluß Dölme, der südl. von Neuhaus, Kr. Holzminden, in die Ahle fließt, einen vermutlich ähnlich gebildeten FlußN: 1565 *Dölmke*, 1647 *die Dölmkebeke*. „Das BW 'Döl' kann wohl in der Bedeutung von 'toll' verstanden werden, ein 'toller Bach'." Nach Flechsig, „Wer" S. 169 sind einige Flurnamen auf *-(e)l* in Ostfalen „kaum zu deuten und daher gewiß hochaltertümlich, wie [...] Dodel".

III. Bildung mit dem GW *-beke*. Der ON ist ein auf die Siedlung übertragener FlußN. Aufgrund der ältesten Belege ist von einem BW *Dodel-* auszugehen und Kettners Ansatz *Dölen-* < *Dönen-* abzulehnen. Für *Dodel-* ergibt sich jedoch kein Anschluß an ein asä. oder mnd. Appellativ. Die Struktur des BW mit auslautendem *-l-* läßt auf eine Bildung mit einem *l*-Suffix schließen, welches häufig in FlußN vorliegt. Das BW kann somit ein alter FlußN sein, an den sekundär das GW *-beke* angefügt wurde (vgl. → [†] Mandelbeck). Da im 17. Jh. in den Flußnamenbelegen Umlaut erkennbar ist, ist eine Grundform *Dodila* anzusetzen, die an die ältesten überlieferten Formen von Hohendodeleben, Kr. Bördekreis, und Niederndodeleben, Kr. Ohrekreis, erinnert. Im 10. Jh. sind diese Orte als *Dudulon* belegt (UB Magdeburg S. 2, S. 6, S. 9, S. 18 und S. 106); im 12. bzw. 13. Jh. liegen die ersten Belege mit *o*-Vokalismus vor. Es ist somit nicht auszuschließen, daß auch den spät überlieferten Dodelbeck-Belegen Formen mit ursprünglichem *-u-* vorausgehen (zur Entwicklung *-u-* > *-ō-* im Mnd. vgl. Lasch, Grammatik § 155). Aufgrund Vermutung ist eine Grundform *Dudila* anzusetzen, welche wie Duderstadt, Kr. Göttingen (NOB IV S. 110ff.), mit der idg. Wurzelerweiterung *dheu-dh- 'durcheinanderwirbeln, schütteln, verwirren' (zu idg. *dheu- 'laufen, fließen', vgl. Pokorny, Wörterbuch S. 264f.) zu verbinden ist. Diese Wurzelerweiterung führt zu germ. *dud-. Der FlußN *Dudila ist als 'die Wirbelnde' zu deuten. Die weitere Entwicklung führt durch Abschwächung der Nebentonvokale zu *Dudele bzw. *Dodele. Der Umlaut wird erst später im Schriftbild sichtbar. Nach sekundärer Anfügung des GW -beke durchläuft der Name die für -beke-Namen verbreiteten Abschleifungen, außerdem fällt das intervokalische -d- aus: aus Dodelbeke wird *Dolbke. Die Konsonantengruppe -lbk- wird zu -lmk- assimiliert, wie es auch zeitweilig bei → Vogelbeck (1572 Volmke) zu beobachten ist.

IV. Michael, Steina S. 42.

DÖGERODE (Kalefeld)

1534 (A. 16. Jh.) *Dögrode* (Reg. Wallmoden Nr. 439 S. 136)
um 1534 *Dögrode* (Reg. Wallmoden Nr. 440 S. 136)
1568 *Dörode* (Spanuth, Quellen S. 279)
1740 *Derode bey Oldershusen* (Lauenstein, Hildesheim II S. 118)
1784 *Dögenrode* (Kurhannoversche Landesaufnahme Bl. 143)
1791 *Dögerode* (Scharf, Samlungen II S. 57)
1823 *Dôgerode* (Ubbelohde, Repertorium 2. Abt. S. 39)
dialekt. (1951) *düüjĕrūĕ* (Flechsig, Beiträge S. 13)

I. Bei einem von Flechsig, Beiträge S. 13 ohne Nachweis zu 1418 aufgeführten Beleg *Dügerode* handelt es sich um 1418 *Dugherode* (UB Oldershausen Nr. 49 S. 85). Dieser Beleg ist aber aus inhaltlichen Gründen trotz seiner abweichenden Form mit → Düderode zu verbinden. Vgl. dort unter I. Die sehr spät einsetzende Überlieferung zeigt den Stammvokal -ö-, die Mundartform hingegen -ü-; einmal liegt entrundet -e- vor. Der Ausfall des -g- ab dem 16. Jh. deutet sich heute zumindest noch in der Mundartform an, da sie spirantisiertes -j- < -g- enthält.

III. Bildung mit dem GW -rode. Das -ü- bzw. -ö- im Stammvokal kann nur sekundär durch Umlautung entstanden sein, was ein nachfolgendes -i- voraussetzt. Demzufolge ist ein -ingerode-Name anzunehmen, der aufgrund der spät einsetzenden Überlieferung schon stark abgeschliffen erscheint. Das Element -inge- durchläuft in -ingehusen- und -ingerode-ON meist einen Abschwächungsprozeß über entnasaliertes -ige- zu spirantisiertem -ije- und -ie- und kann auch ganz ausfallen. Nimmt man einen ähnlichen ON wie → Düderode zum Vergleich, der 1055 als *Dudiggeroth* und 1542 als *Düderode* vorliegt, erhärtet sich die Vermutung, daß auch hier ein -ingerode-Name vorliegt, dessen Ableitungsbasis ein PN *Dog- bzw. *Dug- ist. Förstemann, Personennamen Sp. 431f. behandelt einen PN-Stamm DUG, unter dem er die hd. PN *Tugus*, *Tuch* und *Tukko* aufführt. Der Stamm gehört zu asä., aengl. *dugan*, anord. *duga*, ahd. *tugan* 'taugen'. Kaufmann, Untersuchungen S. 113 stellt den PN-Stamm zu aengl. *dugan* 'taugen'. Kaufmann, Untersuchungen rekonstruiert auf S. 158 einen KurzN *Dugo. Ein solcher PN liegt auch in (†) Düendorf, Kr. Hannover (NOB I S. 114), vor. So kann man recht sicher von einer ON-Grundform *Dugingerode ausgehen, die sich durch Umlautung und Ausfall des Elements -ing(e)- zu *Dügerode entwickelt. Das -g- fällt intervokalisch aus, was zumindest zeitweilig auch schriftlich fixiert wird. In der Mundartform wird dessen Spirantisierung zu einem j-Laut sichtbar. In jüngerer Zeit ist dann ein Wechsel von -ü- zu -ö- anzunehmen (Lasch, Grammatik § 174).

DÖRRIGSEN (Einbeck)

um 1120 *Thuringesson* (Hoffmann, Helmarshausen S. 98)
1206 *Albertus de Doringessem* (UB H. Hild. I Nr. 615 S. 586)
1213 *Albertus de Thuringessem* (UB H. Hild. I Nr. 660 S. 631)
1251 *Dorengessen* (UB Fredelsloh Nr. 27 S. 38)
1289 *Doringesen* (UB Fredelsloh Nr. 63 S. 57)
1332 *Doringessen* (UB Fredelsloh Nr. 131 S. 95)
1346 *Conrad van Doringess(en)* (UB Boventen Nr. 105 S. 101)
1481 *Doringessen* (Urk. Clus/Brunshausen Nr. 79)
1544 *Dorringesen* (Kayser, Kirchenvisitationen S. 590)
um 1583 *Dorigsen* (Zimmermann, Ökonomischer Staat S. 24)
1596 *Dorringssen* (Letzner, Chronica Buch 4 S. 158v)
1762 *Dörrigsen* (Hartmann, Schicksale S. 37)
1783 *Doerrigsen* (Kurhannoversche Landesaufnahme Bl. 142)
1823 *Dȯrrigsen* (Ubbelohde, Repertorium 2. Abt. S. 39)
dialekt. (1951) *dörjĕssĕn* (Flechsig, Beiträge S. 13)
dialekt. (1951) *dörßĕn* (Flechsig, Beiträge S. 13)

I. Die von Kühlhorn, Ortsnamen S. 34 mit diesem Ort in Verbindung gebrachten PN-Belege z.B. 1431 *Hanse Dorynghes* (UB Boventen Nr. 411 S. 291), 1441 *Herman Doringes* (Kelterborn, Bürgeraufnahmen I S. 82) etc. weichen von ON-Überlieferung wegen des Fehlens der zweiten Silbe des GW stark ab; sie könnten zwar von dem vorliegenden ON abgeleitet sein, sind aber im vorliegenden Fall offenbar schon „echte" FamN, deren Grundlage auch eine andere sein kann. Wir nehmen sie deshalb nicht in die Belegreihe auf. Die überlieferten ON-Formen wechseln anfangs zwischen anlautendem *Th-* und *D-*. Im Stammvokal des BW löst -o- nach und nach -u- ab. Der Umlaut -ö- wird erst 1762 schriftlich fixiert. Das Element -*ing*- erscheint gelegentlich als -*eng*-, in jüngerer Zeit entnasaliert als -*ig*-. Die Mundart zeigt es spirantisiert zu -*je*- bzw. belegt dessen völligen Schwund. Das GW schwankt anfangs auslautend zwischen -*n* und -*m*.

II. Möller, -sen-Namen S. 364 führt Dörrigsen als -*heim*-Name auf. Förstemann, Ortsnamen II Sp. 1065ff. führt einen Beleg 1120 *Thuringesson* an, der unserem Erstbeleg zu entsprechen scheint. Er ordnet ihn mit einem anderen Beleg 1046 *Duringeshusen* einer unbekannten hessischen Wüstung zu und stellt diese zum PN-Stamm THURING.

III. Entgegen Möller liegt im GW eher -*hūsen* vor. Im ältesten Beleg lautet es -*son*, was eine Verkürzung aus dem alten Dativ Plural -*huson* sein dürfte. Zwar enthalten drei Belege -*em*, was auf eine Verkürzung aus -*hēm* schließen lassen könnte, doch liegen diese Formen nicht als reine ON-Erwähnungen, sondern nur in Verbindung mit PN vor. Außerdem sind -*hūsen*-Orte im Untersuchungsgebiet wesentlich häufiger. Das BW enthält den stark flektierenden PN *Thuring*. Er gehört zum PN-Stamm THURING, der mit dem Volksnamen der Thüringer zu verbinden ist; vgl. dazu Förstemann, Personennamen Sp. 1467f., Schlaug, Altsächs. Personennamen S. 165, Schlaug, Studien S. 86 und Kaufmann, Ergänzungsband S. 360. Das anlautende *Th*-

wird mnd. zu *D-*. Das *-u-* der Stammsilbe wird vor *-r-* zu *-o-* zerdehnt (Lasch, Grammatik § 64). Aufgrund des nachfolgenden *-i-* tritt eine Umlautung des Stammvokals ein, die aber erst sehr spät im Schriftbild erscheint. Vergleichsnamen, die den PN *Thuring* enthalten, sind † Duringesrode, Kr. Wolfenbüttel (NOB III S. 132f.), und † Thüringesbüttel, Stadt Braunschweig (Casemir, -büttel S. 198); weitere ON vgl. bei Förstemann, Ortsnamen II Sp. 1065ff.

† DRODMINNE

Lage: Unbekannt; evtl. im Untersuchungsgebiet gelegen.

966 *Drodminne* (MGH DO I. Nr. 328 S. 442)

I. Nur einmal belegt. Zu den Lokalisierungsversuchen vgl. Kühlhorn, Wüstungen Bd. I S. 415f.

II. Nach Casemir, Grundwörter S. 193 ist der ON mit dem GW *-minde/-menni* gebildet. Förstemann, Ortsnamen II Sp. 1059 stellt den ON neben Dortmund zu aengl. *þrotu*, ahd. *throzza*, westfäl. *struate* 'Kehle'. Er verweist ferner auf GewN wie Drote, Strote und Drootbeke. Nach Schröder, Namenkunde S. 162 enthält der ON wie Dortmund „eine uralte Bachbezeichnung *-manni, -menni, -minni*". Den ON Dortmund (974 *Trotmenni*, 978 *Thrutmanniu*) führt Derks, Dortmund S. 173ff. auf eine Verbindung aus (nicht bezeugtem) asä. **throt* 'Kehle, Gurgel' und *-menni* 'Bach' als 'Kehlbach, Gurgelbach' zurück.

III. Der einzige Beleg läßt keine sichere Deutung zu. Als GW scheint *-minde/-menni* wie in Hedemünden, Kr. Göttingen (NOB IV S. 184ff.), vorzuliegen, welches die Autoren mit germ. **mend-* 'Berg, Erhebung' in einer Entwicklung von *-en-* > *-in-* vor Konsonant und der Assimilation von *-nd-* > *-nn-* verbinden. Das BW *Drod-* ist in der vorliegenden Form mit auslautendem *-d-* mit dem vermuteten asä. **throt* < germ. **þrutō-* 'Kehle' mit auslautendem *-t-* schwer zu vereinbaren, wohingegen weitere Appellative zur idg. Wurzel **(s)treu-d-* wie anord. *þrútinn* 'geschwollen', *þrútna* 'schwellen, auch vor Hochmut', *þroti* 'Anschwellung', aengl. *þrūtian* 'vor Hochmut oder Zorn schwellen' (vgl. Pokorny, Wörterbuch S. 1027) semantisch gut zum GW *-minde* passen. *Drod-* weist jedoch eher auf eine Vorform **Throth-*. Es wäre also von einer Variante idg. **treu-t-* auszugehen. Aufgrund fehlender weiterer Belege und unklarer Lokalisierung ist keine Deutung möglich.

IV. Exkursionskarte Moringen S. 78; Kühlhorn, Wüstungen Bd. I Nr. 91 S. 415-416.

DRÜBER (Einbeck)

um 1235 (A. 13. Jh.) *Ludolfo de Drubere* (UB Plesse Nr. 102 S. 145)
1238 (A. 13. Jh.) *Ludolfus de Drubre* (UB Boventen Nr. 5 S. 30)
um 1270 *dicto de Drubere* (UB H. Hild. III Nr. 269 S. 131)
um 1290 *Drubere* (Dürre, Amelungsborn S. 27)
1300-1330 *Drubere* (Harenberg, Gandersheim S. 536)
1322 (A. 15. Jh.) *Drubere* (Winzer, Hemerueldun S. 330)
1461 *Hans Smet von Drüber* (Grote, Neubürgerbuch S. 31)
1519/20 (A. 16. Jh.) *Druber* (Krusch, Studie S. 261)
1544 *Drüber* (Kayser, Kirchenvisitationen S. 590)

um 1616 *Druber* (Casemir/Ohainski, Territorium S. 71)
1783 *Drübber* (Kurhannoversche Landesaufnahme Bl. 142)
1823 *Drŭber* (Ubbelohde, Repertorium 2. Abt. S. 42)
dialekt. (1950) *druiběr* (Flechsig, Beiträge S. 13)

I. Die Belege zeigen wenige Schwankungen zwischen *Drubere*, *Drubre*, *Druber* und ab dem 15. Jh. *Drüber*. Im Beleg von 1783 liegt -*bb*- vor.

II. Jellinghaus, Bestimmungswörter S. 35 stellt Drüber und Drübber, Kr. Verden (1357 *Drubbere*), zu „mnd. drū, ahd. drūh(e), thrūch f. Falle (für wilde Thiere)". Im GW sieht er „bere=Fruchtwald". Nach Flechsig, Beiträge S. 40f. enthält der ON entweder das GW -*ber* zu aengl. *bearo* 'Wald, Hain' oder das GW -*būr* 'Haus', wobei er -*ber* den Vorzug gibt, da die meisten der -*ber* enthaltenden ON in waldreichen Gegenden lägen. Nach Udolph, Suffixbildungen S. 162 ist der ON keine Komposition, sondern eine Bildung mit *r*-Suffix.

III. Es ist zunächst zu entscheiden, ob der ON in *Drub-ere* oder in *Dru-bere* zu trennen ist. Bei einer Trennung in *Drüb-ere* wäre mit Udolph eine Bildung mit *r*-Suffix, etwa *Drub-ira*, anzusetzen, in der das -*i*- der zweiten Silbe den späteren Umlaut -*u*- > -*ü*- bewirken würde. Dabei ist jedoch das konstante -*b*- problematisch, denn im Asä. und Mnd. erscheint -*b*- nur im Wortanlaut, im Anlaut starktoniger Silben und in der Gemination (Gallée, Grammatik § 219f. und Lasch, Grammatik § 282). Im Inlaut liegt immer -*v*- vor. Dies macht einen Ansatz *Dru-bere* wahrscheinlicher, der das GW -*ber*, zu aengl. *bearo* 'Wald', enthält. Das GW -*būr* ist auszuschließen, da die Überlieferung kein -*u*- zeigt. Für das BW *Dru*- ergibt sich jedoch kein asä. oder mnd. appellativischer Anschluß. Zu erwägen ist eine Verbindung mit der idg. Wurzel **dhreu*- 'zerbrechen, zerbröckeln, abbröckeln', die zu germ. **dreu*- führt. Da sich nach Lasch, Grammatik § 187 germ. -*eu*- im Asä. zu -*iu*- entwickeln kann, welches im Mnd. als -*ü*- begegnet, könnte man von diesem Ansatz ausgehend zu den Formen **Driubere* und *Drubere* bzw. mit Kennzeichnung des Umlauts im Schriftbild *Drüber* gelangen. Die Bedeutung 'Waldstück, wo etwas abbröckelt' wäre mit der Lage des Ortes „auf einer Landzunge, die mit steiler Böschung in das Leinetal vorspringt" (Plümer, Einbeck S. 48f.) gut zu vereinbaren. Allerdings ist idg. **dhreu*- weder in germ. noch außergerm. Appellativen ohne konsonantische Erweiterung belegt. Die Labialerweiterungen **dhreubh*-, **dhreup*-, **dhreub*- sind hingegen gut vertreten, so z.B. in griech. θρύπτω 'zerreiben, zerbröckeln', θρύμμα, τρύφος 'Bruchstück', lett. *drubazas* 'Holzsplitter', lett. *drupu*, *drupt* 'zerfallen, in Trümmer gehen', *draupīt* 'zerbröckeln', anord. *drūpa* 'überhängen, herabhängen', *drjūpa*, asä. *driopan*, mnl. *drūpen* 'triefen, tropfen' (Pokorny, Wörterbuch S. 274f. und Fick, Wortschatz S. 214). Dies spricht dafür, auch in Drüber eine Labialerweiterung zu idg. **dhreu*- bzw. zur Ablautform **dhrū*- zu sehen, etwa **drūbh*- oder (mit grammatischem Wechsel) **drūp*-. Damit ist als ursprüngliche Grundform also nicht *Dru-bere*, sondern vielmehr **Drub-bere*, **Drüb-bere* anzusetzen. Nach Langvokal wird der Doppelkonsonant -*b-b*- vereinfacht, die belegte Form *Drubere* entsteht. Die Bedeutung des ON ist als 'Wald(stück), wo etwas abbröckelt' zu sehen.

DÜDERODE (Kalefeld)

1055 (A. 16. Jh.) *Dudiggeroth* (Mainzer UB I Nr. 296 S. 186)
1245 *Dodingerode* (Dobenecker, Regesten III Nr. 1251 S. 204)

1263 *plebanus de Dudingerode* (Urk. St. Marien Gandersheim Nr. 10)
1299 *ecclesie in Dudingerode* (UB Oldershausen Nr. 6 S. 12)
1314 *Dodingerod* (Goetting, Findbuch I Nr. 113 S. 60)
1354 *plebanus in Dudingerode* (UB Grubenhagen Nr. 61 S. 33)
1400 *Dudingherode* (Sudendorf IX Nr. 76 S. 107)
1418 *Dugherode* [!] (UB Oldershausen Nr. 49 S. 85)
1445 *Albrecht Dodingerod* (Grote, Neubürgerbuch S. 27)
1481 *Dudingerode* (UB Oldershausen Nr. 63 S. 113)
1487 *Dugingerode* [!] (Goetting, Findbuch II Nr. 632 S. 80)
1519 *Duderode* (Tschackert, Rechnungsbücher S. 354)
1538 *Dugeroda* [!] (Upmeyer, Oldershausen S. 106)
1544 *Duderode* (Kayser, Kirchenvisitationen S. 203)
1554 *Dudingerode* (Scheidt, Codex Diplomaticus Nr. 23 S. 507)
1568 *Durode* (Spanuth, Quellen S. 278)
1590 *Duderode* (UB Oldershausen Nr. 103 S. 197)
1596 *Dóderoda* (Letzner, Chronica Buch 5 S. 23v)
um 1616 *Duderode* (Casemir/Ohainski, Territorium S. 42)
1740 *Durode bey Oldenrode* (Lauenstein, Hildesheim II S. 118)
1791 *Duderode* (Scharf, Samlungen II S. 60)
1823 *Düderode* (Ubbelohde, Repertorium 2. Abt. S. 42)
dialekt. (1937) *Duieroh* (Boegehold, -ingerode S. 32)
dialekt. (1951) *doidĕrou* (Flechsig, Beiträge S. 14)

I. Drei Nachweise, die in gefälschten Urkunden des 16. Jh. vorkommen, 935 (Fä. 16. Jh.) *gravescop Duderode* (UB Plesse Nr. 374 S. 353), 1245 (Fä. 16. Jh.) *gravescop to Duderode* (UB Plesse Nr. 376 S. 354) und 1292 (Fä. 16. Jh.) *gravescop to Duderode* (UB Plesse Nr. 377 S. 355) wurden nicht in die Belegreihe aufgenommen, da sie sprachlichen Quellenwert nur für das 16. Jh. besitzen. Der sprachlich abweichende Beleg 1418 *Dugherode* ist wegen der gleichzeitig genannten Wüstungen → Abbenshusen und → Illingehusen sicher auf Düderode und nicht auf → Dögerode zu beziehen. Ähnlich verhält es sich mit dem Beleg 1487 *Dugingerode*, der wegen der Besitzkontinuität der Herren von Oldershausen bzw. des Stiftes Gandersheim seit 1360 (A. 15. Jh.) *Duedingerode* hierher zu stellen ist. Sicher hierher gehören auch 1520 *Dugerode* (Tschackert, Rechnungsbücher S. 361) und 1538 *Dugeroda* (Upmeyer, Oldershausen S. 106). In allen Fällen scheint das nahe Dögerode auf die Schreibung eingewirkt zu haben. Der um 1274 genannte Besitz der Edelherren von Meinersen (*ochtwert Dhideringerode* [Sudendorf I Nr. 79 S. 51]), der häufig mit diesem Ort verbunden wird, ist eher in † Ditheringeroth bei Münchehof, Kr. Goslar, zu suchen (vgl. Kleinau GOV I Nr. 476 S. 153). In der Überlieferung wechselt der ON zwischen *Dud-* und *Dod-*, später tritt Umlaut ins Schriftbild. Im 15. Jh. setzt der Ausfall des Elements *-ing(e)-* ein. Die Belege 1568 und 1740 *Durode* zeigen den Ausfall des intervokalischen *-d-*, der auch in der Mundartform *Duieroh* vorliegt. Im 15. und 16. Jh. tritt, wohl beeinflußt durch das nicht weit entfernte → Dögerode, *-g-* für *-d-* ein.

II. Förstemann, Ortsnamen I Sp. 727 stellt den ON zu den PN *Dod*, *Dud*. Nach Boegehold, -ingerode S. 32 gehört der ON zu den *-ingerode*-Namen.

III. Der ON gehört zum *-ingerode*-Typ und enthält als Ableitungsbasis einen PN *Dudo*, der auch in einer Nebenform *Dodo* sehr gut bezeugt ist; vgl. Förstemann, Personennamen Sp. 412ff., Schlaug, Altsächs. Personennamen S. 72 und Schlaug,

Studien S. 189. Schlaug und Kaufmann, Untersuchungen S. 135 erklären den PN als Lallform des PN *Liudulf*, welcher über die Kurzform *Ludo* durch Angleichung des Anlauts *L-* an den Stammauslaut *-d-* entstanden sei. Kaufmann, Ergänzungsband S. 348ff. und besonders S. 354 geht jedoch von einem KurzN aus, der zum PN-Stamm THEUDA, zu asä. *thiod(a)* 'Volk, Menge', gehört. Germ. *-eu-* habe sich in diesem Fall abhängig vom Akzent zu *-ū-* entwickelt. Asä. *Th-* wird im Mnd. zu *D-*. Beide Varianten sind hier möglich, da der ON zu Beginn der Überlieferung schon *D*-Anlaut zeigt. Der PN *Dudo* liegt auch in Dudenbostel und Dudensen, Kr. Hannover (NOB I S. 112f.), und Dudenborn, Kr. Göttingen (NOB IV S. 199), vor. Den PN *Dodo* enthält † Dodenhusen, Kr. Göttingen (NOB IV S. 90f.). Weitere mit diesen PN gebildete ON nennt Förstemann, Ortsnamen I Sp. 724ff. Zu einem PN *Thudo* < *Theud-* vgl. → Thüdinghausen und † Thudingehusen, Kr. Göttingen (NOB IV S. 390f.).

(†) DUHM

Das Dorf hat sich im späten Mittelalter aus den Wirtschaftshöfen des Klosters entwickelt (Schlegel, Katlenburg I S. 15; Schlegel, Duhm S. 113).

1483 *under dem berghe in dem Dome to Kathelenborch* (Urk. Katlenburg Nr. 265)
1525 *in villa nostra sub monte constituta imme Dhome nuncupata* (Lagerbuch Katlenburg S. 77)
1525 *meygerhoven in den Dhome* (Lagerbuch Katlenburg S. 79)
1543 *Bartold Kolen van Duehn* (Grote, Neubürgerbuch S. 47)
1593 *im Dohme* (Deppe, Katlenburg S. 84)
1596 *tho Catelnborg im Dome* (Letzner, Chronica Buch 2 S. 24v)
um 1616 *Im Thumb* (Casemir/Ohainski, Territorium S. 71)
1646 *in dem Dohmb unter Catlenburgk* (Deppe, Katlenburg S. 85)
um 1649 *der Dom* (Leerhoff, Karten S. 40)
1775 *Duhm* (Baudenkmale Northeim S. 127)
1785 *Duhm* (Kurhannoversche Landesaufnahme Bl. 151)
1823 *Duhm* (Ubbelohde, Repertorium 2. Abt. S. 42)

I. Der Beleg 1346 *tho Catelnborg im Dome* (Schlegel, Katlenburg I S. 13 und Schlegel, Duhm S. 113) wurde erst im 16. Jh. von Johann Letzner aufgezeichnet und gedruckt, so daß er kaum für die erste Hälfte des 14. Jh. in Anspruch genommen werden kann. Es fällt auf, daß der ON bis ins 18. Jh. hinein mit Präposition und Artikel überliefert ist. Es scheint sich um eine feststehende Wendung *im Dome* gehandelt zu haben, so daß um 1525 der Ort in einer lateinisch abgefaßten Urkunde als *imme Dhome nuncupata* bezeichnet wird. Bis Ende des 16. Jh. ist der Stammvokal fast ausnahmslos *-o-*. Im 17. Jh. tritt ein Wechsel zu *-u-* ein; zur gleichen Zeit wird der Auslaut hd. mit *-b-* verstärkt und der Anlaut wechselt von *D-* zu *Th-*. Die Vokallänge wird mit dem eingeschobenen *-h-* fixiert. Abweichend erscheint 1543 *Duehn*.

II. Nach Weigand, Heimatbuch S. 175 trugen die Höfe unterhalb des Katlenburger Burgberges „den gemeinsamen Namen 'thum', weil sie Eigentum des Klosters waren." Ebenso schreibt Gehmlich, Wappenbuch S. 245: „Der Name 'thum', 'Dhom' oder 'Duhm' bezeichnet möglicherweise die Höfe um den Burgberg herum, die 'Eigentum' des Klosters waren." Schlegel, Katlenburg I S. 15 faßt die Vermutungen einiger Autoren zusammen: „Über die Bedeutung des Wortes gehen die Meinungen auseinander. Ein Forscher glaubt, hier eine alte keltische Bezeichnung zu erkennen

(Siegmund 1983), wogegen jedoch die späte Entstehungszeit des Ortes spricht. Ein anderer leitet es von 'tum' ab, was 'zum gehörig' bedeuten soll (Rokahr, [Katlenburg S.] 14). Nach einer anderen Meinung haben hier die Grafen von Katlenburg ein Stift mit Dom gegründet, das aber bald nach Einbeck verlegt wurde (Scheibe, [Catlenburg S.] 5)." Schlegel, Duhm S. 113f. weist eine brieflich erteilte Auskunft von Jürgen Udolph zurück, der den Namen mit einer „alten Wurzel *dheu, stieben, wirbeln, stürmen" verbinden will, mit dem Argument, daß der Ort zu jung sei, zurück, und ist selbst der Meinung, daß der ON mit einer Stiftsgründung bzw. der zugehörigen Kirche zu verbinden sei.

III. Der ON ist eine simplizische Bildung. Dittmaier, Rhein. FlurN S. 50 führt zu FlurN Dom, auch Dohm, Domm einige historische Belege an, u.a. 1393 *der doym*, 1576 *auff dem thumb*, 1590 *zu Dum*, die den Formen von Duhm sehr ähnlich sind, und sieht darin den „Besitz einer Domkirche oder sonst einer bedeutenderen (Stifts-, Kollegiat-)Kirche". Allerdings spielt hier, entgegen Weigand und Gehmlich, sprachlich nicht das *Eigentum* eine Rolle, obwohl der darin enthaltene Wortteil -*tum* einstmals als eigenständiges maskulines Wort gebräuchlich war. Es lag vor als ahd. *tuom*, asä. *dōm* 'Urteil, Gericht, Macht, Ruhm, Ehre, Würde', mhd. *tuom* 'Macht, Herrschaft, Würde, Stand, Urteil, Gericht', mnd. *dōm* 'Urteil, rechtliche Entscheidung, Erkenntnis', aber außerhalb der Zusammensetzungen mit *Eigen-* oder *Besitz-* nicht in besitzanzeigender Bedeutung. Viel eher ist von der Bezeichnung für die Kirche selbst auszugehen, dem Dom in der ursprünglichen Bedeutung einer Hauptkirche, belegt als ahd. *dōm*, *duom*, asä., mnd. *dōm*, mhd. *tuom* und bis ins 18. Jh. hinein *thum*, *tum*. Nach Kluge/Seebold S. 188 liegt diesem „l[at]. *domus ecclesiae* [zugrunde], eine Bezeichnung für das Wohnhaus der Priester bei einer Kirche". Da das Dorf aus den Wirtschaftshöfen des Klosters Katlenburg entstand, ist der ON hier gut anzuschließen und der ON auf mnd. *dōm* in der Bedeutung als Wohn- und Wirtschaftsgebäude des Klosters zurückzuführen. Die langanhaltende appellativische Form mit Artikel bestätigt diese Deutung, da sie verdeutlicht, daß Duhm erst in jüngerer Zeit als eigenständige Siedlung betrachtet wurde.

† DYCHHOF

Lage: Ca. 1 km nordwestl. Wiensen westl. des Tappenberges.

1384 *villam Dychof* (Sudendorf VI Nr. 80 S. 93)
1438 *den Dingkhoff* (UB Uslar II S. 895)
1511 *den Digkhoff* (UB Uslar II S. 950)
1697 *im Dieckholtze* (Nolte, Flurnamen S. 180)
1730 *mit dem Teichhofe* (UB Uslar II S. 1183)
1784 *im Dieck Hofe* (Kurhannoversche Landesaufnahme Bl. 149)
1826 *im Deichholtze* (Nolte, Flurnamen S. 180)
1837 *der Teichhof* (UB Uslar II S. 1373)

I. Das GW lautet -*hof* bzw. -*hoff*, zweimal erscheint -*holtze*. Das GW zeigt bis auf 1438 *Dingk*- nd. *Dyc*-, *Digk*-, *Dieck*- und hd. *Deich*-, *Teich*-.

II. Nach Casemir, Grundwörter S. 192 mit dem GW -*hof* gebildet. Nolte, Flurnamen S. 181f. bezieht das GW -*holtze* der Belege von 1697 und 1826 auf den früher bewaldeten Tappenberg und deutet das BW als Hinweis auf „die feuchte Lage der Flur". Die hd. Wiedergabe als *Deich*- bezeichnet Kramer, Moringen S. 614 als Irrtum, da der hd. Bedeutung von *Deich* „in den FlurN und in der Mda. die Bezeichnung Damm" entspräche.

III. Bildung mit dem GW *-hof*. Der ON bezieht sich wohl ursprünglich auf einen einzelnen Hof und seine Lage an einem stehenden Gewässer. Asä. *dīc*, mnd. *dīk* bedeutet 'Teich', wie auch die hd. Belege zeigen. Das BW liegt auch in → † Dyckwelle vor. Die Belege mit dem GW *-holz* 'Gehölz, Wald' bezeichnen sicherlich die Flur der wüstgefallenen Siedlung.

IV. Exkursionskarte Höxter Karte; Kühlhorn, Wüstungen Bd. I Nr. 84 S. 388-394.

† DYCKWELLE
Lage: Bei der Deichwallsmühle ca. 0,3 km östl. der Marienkirche von Moringen.

1235 (A. 13. Jh.) *in villa Morunche in loco, qui dicitur Dicwuelle* (UB Plesse Nr. 102 S. 145)
1448 *vp dem Dickwelle* (Kramer, Moringen S. 1068)
1488 *capellam Sancte Crucis et S. Udalrici in loco, vulgariter Dyckwelle nuncupato [...] capella sita in dicto loco Dyckwelle ad castrum nostrum Moringen* (Domeier, Moringen S. 103f.)
1490 *capellam S. Crucis & S. Uldarici sitam prope dictum opidum nostrum Moringen in loco dicto Dyckwelle* (Domeier, Moringen S. 106)
1492 *capellas duas unam in Dickwelle alteram in Luterbeck* (Domeier, Moringen S. 85)
1519/20 (A. 16. Jh.) *Dickwelle* (Krusch, Studie S. 265)
1729 *auf der Deichwelle* (Kramer, Moringen S. 617)
um 1745 *von einem Garten auf den Deichwell* (Kramer, Moringen S. 617)

I. Der ON verändert sich kaum, es wechseln im BW nur die graphischen Varianten *Dic-, Dick-, Dyck-*. Der jüngste Beleg zeigt die hd. Wiedergabe als *Deich-*.

II. Nach Casemir, Grundwörter S. 194 mit dem GW *-welle* (= Quelle) gebildet. Kramer, Moringen S. 613f. führt den ON als FlurN Deichwall unter dem Lemma *Teich*, mdal. *Diek*, mnd. *dīk* an, meint aber in einigen Zusammensetzungen mit diesem BW eine ältere Bedeutung des Appellativs zu sehen: „Wieweit Diek in den Zusammensetzungen auch eine alte Bezeichnung für 'Sumpf' ist (vgl. anord. *dīki* 'Pfütze, Morast'), läßt sich kaum noch mit Sicherheit feststellen; vielleicht kann man die FlurN Diekberg [...] hier einordnen ([...]'der vom Sumpf oder Sumpfwald bedeckte Berg' bzw. 'der Berg, der von einer sumpfigen Niederung umgeben ist') oder den Moringer Deichwall ([...] wohl eher 'Quelle im Sumpf' als 'Quelle im Teich')." Den FlurN stellt er also „nach der frühen Überlieferung zu Welle 'Quelle' [...], hier entsprang ein kleiner Bach, dessen Name als Strüllke überliefert ist [....]; das Gelände zwischen der Moore und dem Mannegraben wird zu Beginn der festen Besiedlung Moringens wohl noch feucht und sumpfig gewesen sein. Die Umdeutung des GW.s in Wall 'künstliche Aufschüttung' erscheint nach der Überlieferung jung".

III. Bildung mit dem GW *-welle*. Dieses nd. Wort für 'Quelle' hat Entsprechungen in engl. *well* < aengl. *wella*, ndl. *wel* 'Quelle', vgl. Förstemann, Ortsnamen II Sp. 1181. Jellinghaus, Westf. ON S. 167 erklärt *welle* als „gewöhnlich die zum Wasserschöpfen gestaltete Quelle" und Scheuermann, Flurnamenforschung S. 154 als „Stelle, wo das Wasser aus der Erde hervorbricht, Quelle, natürlicher Brunnen". Im Namen der

Deichwallsmühle ist das GW zu *Wall* umgedeutet worden, da hier hd. *Teich* falsch als *Deich* wiedergegeben wurde (vgl. → † Dychhof), so daß man an eine künstliche Aufschüttung denken konnte. Kramers Ansatz, im BW eine erweiterte Bedeutung von asä. *dīc*, mnd. *dīk*, eigentlich 'Teich', als 'Sumpf' zu sehen, ist vor allem aufgrund seiner Lagebeschreibung nicht von der Hand zu weisen. So ist es plausibel, bei Dyckwelle von einer Quelle in einer feuchten Flur auszugehen.

IV. Kühlhorn, Wüstungen I Nr. 85 S. 392-394; Ohlmer, Moringen S. 8.

E

† EBKESHAUSEN

Lage: Ca. 1 km nordöstl. Orxhausen; beim Kuckucksbusch am Nordhang des Wadenberges nordwestl. Gandersheim.

1416 (A. 15. Jh.) *Ebbexhusen gelegen an deme Wadenberge* (Kleinau GOV I Nr. 507 S. 162)
1440 (A. 15. Jh.) *Eddekeshusen* (Kleinau GOV I Nr. 507 S. 162)
1468 *Ebkeshusen* (Goetting, Findbuch II Nr. 645 S. 49)
1660 *Ekbekshausen* (Mühe, Gandersheim S. 96)

I. Das GW lautet -*husen* bzw. im jüngsten Beleg verhochdeutscht -*hausen*. Das BW zeigt in vier ermittelten Belegen vier verschiedene Formen: *Ebbex-*, *Eddekes-*, *Ebkes-* und *Ekbeks-*.

II. Hahne, Orxhausen S. 52 vermutet im ON die „Behausung eines Ebiko, einer verkleinernden Weiterbildung zu Abo".

III. Das GW ist -*hūsen*. Die Deutung des BW wird durch die spät einsetzenden Belege erschwert, deren geringe Anzahl die Entwicklungen nicht detailliert sichtbar macht. Das Fugen-*s* läßt auf einen stark flektierten PN schließen (Hahnes vermuteter PN *Ebiko* flektiert jedoch schwach). Aufgrund der ersten beiden Belege sind zwei unterschiedliche PN, die mit *k*-Suffix gebildet wurden, möglich. Geht man von *Ebbexhusen* aus, so läßt sich das -*x*- als graphische Variante von -*ks*- und das BW somit als **Ebbekes-* erklären. Schlaug, Altsächs. Personennamen S. 55 stellt einen PN *Abbic* zu got. *aba* 'Mann', ebenso Schlaug, Studien S. 168 und Förstemann, Personennamen Sp. 11. Die Grundform würde man demnach als **Abbikeshusen* ansetzen, wobei durch Umlautung unser **Ebbekeshusen* entstünde. Sieht man die Form *Eddekeshusen* als die ursprüngliche, findet man gleichfalls bezeugte PN: Schlaug, Altsächs. Personennamen S. 53 stellt *Addic*, *Eddic* zu asä. *athal* 'Adel'; Schlaug, Studien S. 169f. zu asä. *aðali*, vermischt mit got. *atta* 'Vater'; und Förstemann, Personennamen Sp. 153 *Addic*, *Etke* zum PN-Stamm ATHA, zu got. *atta* 'Vater'; Förstemann, Personennamen Sp. 448f. ordnet die PN *Edic*, *Eddic*, *Ettig* zum unklaren PN-Stamm ED. Immerhin zeigen die beiden nächsten Belege ebenfalls -*b*- im BW, und *Ebkeshausen* läßt sich gut an die vermutete Grundform **Ebbekeshusen* anschließen, so daß man wohl eher von einem PN *Abbic* ausgehen sollte. Der Beleg von 1660 *Ekbekshausen* zeigt durch das zusätzliche -*k*- eine merkwürdige Form, die nicht durch eine lautgesetzliche Entwicklung aus *Ebkeshusen* erklärbar ist. Falls es sich nicht um eine Verschreibung handelt, ist vielleicht „Ekbek", nd. der „Eichenbach", volksetymologisch hineingedeutet worden, als das BW semantisch nicht mehr durchschaubar war und lautlich an dieses Appellativ erinnerte.

IV. Karte 18. Jh. Bl. 4025-4125; Kleinau GOV I Nr. 507 S. 162; Mühe, Gandersheim S. 97.

EBOLDSHAUSEN (Kalefeld)

1226 (A. 16. Jh.) *Helboldeshusen* (Wenke, Urkundenfälschungen S. 59)
1242 (A. 17. Jh.) *Wernerus plebanus in Helboldeshusen* (UB Plesse Nr. 138 S. 177)
1256 *Eboldeshusen* (Goetting, Findbuch I Nr. 67 S. 40)
1294 *Elwoldishusen* (UB Oldershausen Nr. 5 S. 9)
1314 *Elboldeshusen* (UB Oldershausen Nr. 10 S. 19)
1371 *Helmold de Eleboldeshusen* (Grote, Neubürgerbuch S. 17)
um 1440 *Elboldeshuszen* (Flentje/Henrichvark, Lehnbücher S. 86 Erg. k)
1479 *Eyboldeshußen* (Wisotzki, Nörten II S. 73)
um 1500 *Eyboldishusen* (Upmeyer, Oldershausen S. 253)
1527 *Elboldeshußen* (Tschackert, Rechnungsbücher S. 374)
1596 *Eboldshausen* (Wolters, Kirchenvisitationen S. 80)
um 1600 *Eboldeshausen* (Reller, Kirchenverfassung S. 221)
1783 *Eboldshausen* (Kurhannoversche Landesaufnahme Bl. 142)
1823 *Eboldshausen* (Ubbelohde, Repertorium 2. Abt. S. 43)
dialekt. (1951) *aibĕlshiusēn* (Flechsig, Beiträge S. 14)
dialekt. (1951) *ābĕldshiusen* (Flechsig, Beiträge S. 14)

I. Zu einer von Lagers, Untersuchungen S. 208 vorgenommenen Verbindung dieses Ortes mit 1015-1036 (A. 12. Jh.) *Ebanhusun* (Vita Meinwerci Kaß. 114 S. 60), die schon sprachlich völlig unmöglich ist, vgl. den Eintrag † Ebanhusen in NOB II S. 44. Die mehrfach vorgenommene Zuordnung eines Beleges von 1141 (Fä. 13. Jh.; A. 16. Jh.) *Alboldishusen* (Mainzer UB II Nr. 28 S. 51) bzw. 1141 (Fä. 13. Jh.; A. 17. Jh.) *Alwoldishusen* (Mainzer UB II Nr. 28 S. 51) zu diesem Ort ist falsch; der angesprochene Besitz von einer Hufe des Klosters Northeim ist in † Alboldeshausen bei der Burg Boyneburg zu suchen. Das GW lautet stabil -*husen* bzw. -*hausen*. Das BW zeigt zuerst *H*-Anlaut; allerdings entstammen die Belege jüngeren Abschriften. Später schwankt es zwischen *El(e)boldes-*, *Eboldes-* und *Eyboldes-*. Einige Belege enthalten -*w*- statt -*b*- und abweichend erscheint *Ebolderß-* mit eingeschobenem -*r*-.

III. Bildung mit dem GW -*hūsen*. Im BW liegt ein zweigliedriger stark flektierender PN vor, der wohl in *Hel-bold* bzw. *El-bold* zu trennen ist. Das Zweitglied -*bold* ist eine Form von -*bald*, die die schon im Asä. einsetzende Entwicklung von -*a*- > -*o*- nach Labial und vor -*ld*- zeigt (Lasch, Grammatik § 93) und zu asä. *bald* 'kühn' gehört. Da das anlautende *H*- des Erstgliedes nur in den beiden ältesten Belegen vorliegt, ist ein unorganisches, prothetisches *H*- anzunehmen, welches oft vokalisch anlautenden Namen vorgesetzt wird. Wir gehen also von einem Namenglied *El*- aus, der verschliffenen Form eines älteren *Agil*-. Durch Schwund des intervokalischen -*g*- entsteht eine Form *Ail*-, *Eil*-, die zu *El*- monophthongiert wird (Gallée, Grammatik § 94, Lasch, Grammatik § 126). Eine solche Monophthongierung liegt auch bei Eldagsen, Kr. Hannover (NOB I S. 128f.), vor. Schlaug, Altsächs. Personennamen S. 75 verzeichnet die PN *Eilbald* und *Ailboldus*, Schlaug, Studien S. 89 *Eilbold*; vgl. auch Förstemann, Personennamen Sp. 29. Das Erstglied des PN ist zum mit -*l*- erweiterten PN-Stamm AG, zu germ. **agi-*, got. *agis* 'Schrecken', zu stellen. Die ON-Entwicklung läßt sich demnach von **Agilbaldeshusen* über **Eilboldeshusen* zu *Elboldeshusen* nachvollziehen. In der Überlieferung sind dann zwei parallele Erscheinungen zu beobachten: Zum einen der Eintritt eines Sekundärvokals -*e*- zwischen -*l*- und -*b*- (Lasch, Grammatik § 220), andererseits der Ausfall des -*l*- und die Diphthongierung des verbleibenden langen *Ê*- zu *Ey*- (Lasch, Grammatik § 202f.). Während der ON heute keinen Diphthong zeigt, hat die Mundart eine diphthongierte Form bewahrt.

ECHTE (Kalefeld)

8./9. Jh. (A. 12. Jh.) *Ethi* (Trad. Fuld. 41, 88 S. 100 = Codex Eberhardi II S. 193)
973 *Êhte* (MGH DO II. 35a S. 45)
um 979 *Ehte* (MGH DO II. 35b S. 45)
1015-36 (A. 12. Jh.) *Hechti* (Vita Meinwerci Kap. 90 S. 52)
1241-1245 *in Hechte* (UB Plesse Nr. 136 S. 175)
1273 *Ecthe* (Sudendorf I Nr. 78 S. 50)
1299 *ecclesie in Echte* (UB Oldershausen Nr. 6 S. 12)
1318 *Echte* (Flentje/Henrichvark, Lehnbücher Nr. 151 S. 43)
1338 *Eylbertus de Echte* (Grote, Neubürgerbuch S. 9)
1370 *Bertoldo de Echte* (UB Göttingen I Nr. 262 S. 259)
1400 *Echte* (Sudendorf IX Nr. 68 S. 94)
1451 *Echte* (Urk. St. Marien Gandersheim Nr. 100)
1483 *Henrick Clinghebil von Echte* (Kelterborn, Bürgeraufnahmen I S. 119)
1554 *Echte* (Scheidt, Codex Diplomaticus Nr. 23 S. 507)
1596 *Echte* (Wolters, Kirchenvisitationen S. 79)
um 1616 *Ehte* (Casemir/Ohainski, Territorium S. 41)
1740 *Echte* (Lauenstein, Hildesheim II S. 117)
1823 *Echte* (Ubbelohde, Repertorium 2. Abt. S. 43)
dialekt. (1951) *echtĕ(n)* (Flechsig, Beiträge S. 14)

I. Drei Belege 1191 (A. 14. Jh.) *Echte* (UB Boventen Nr. 3 S. 27; UB. H. Hild. I Nr. 483 S. 459), 1210 *Echthe* (UB H. Hild. I Nr. 635 S. 607) und 1218 *Echte* (UB H. Hild. I Nr. 713 S. 677), die von den Editionen hierher gestellt werden, sind aus inhaltlichen Gründen sicher auf † Eichtal bei Braunschweig zu beziehen (vgl. Kleinau GOV Nr. 521 S. 165f.). Der älteste Beleg zeigt *-th-*, die folgenden *-ht-* und ab dem 13. Jh. *-cht-* sowie einmal *-cth-*. Das auslautende *-i-* des Erstbeleges wird zu *-e-* abgeschwächt. Zweimal erscheint ein *H*-Anlaut.

II. Nach Casemir/Ohainski, Orte S. 133 mit einem Dentalsuffix gebildet. Sander, Ortsnamen S. 87 stellt Echte zu den *-ithi*-Namen. Flechsig, Beiträge S. 28 vermutet einen ursprünglichen Namen des heutigen Flusses Aue oder wenigstens einen Teilabschnittsnamen, der mit *-aha* oder *-ana* gebildet sein könne. Das auslautende *-i-* in *Ethi* bliebe dann allerdings noch zu klären. Möller, Bildung S. 74f. denkt zunächst an eine *-ithi*-Ableitung zu asä. *ēk* 'Eiche', doch sei der Beleg *Ethi* eher eine Verschreibung für *Ehti, da die nächsten Belege *-ch-* zeigen. Möller vergleicht den ON mit dem nl. ON Echt bei Roermond (10. Jh. *Ehti*, 1139 *Echt*), auf den auch Förstemann, Ortsnamen I Sp. 806 verweist. Er interpretiert Echte als *j*-Ableitung *Akþi zu einem alten FlußN in einer germ. Grundform *Akþō, die vielleicht mit der idg. Wurzel **ag-* 'treiben' zu verbinden sei. Die Stellung des *-k-* in *Akþi vor Dentalsuffix ohne Zwischenvokal habe dessen Spirantisierung zu *-(c)h-* hervorgerufen. Möller, Dentalsuffixe S. 123ff. wiederholt diese Deutung. Udolph, Ortsnamen S. 76f. befaßt sich mit Möllers Deutung, bemerkt aber, daß der Ort über einen halben Kilometer vom Fluß Aue entfernt liege. Er verweist auf Schmid, Wasser und Stein S. 387f., der griech.

ἀκτή 'Felsufer, Felsküste' als *t*-Ableitung zum idg. Wasserwort um lat. *aqua* stellt. Echte sei in einer Grundform **Ah-tjo* daran anzuschließen.

III. Eine *-ithi*-Bildung bleibt fern, da die Belege keinen bei *-ithi*-Namen gewöhnlich lange erhaltenen suffixanlautenden Vokal zeigen. Bei Echte folgt der Dental direkt auf den Spiranten *-(c)h-*. Demzufolge ist wie bei Lenthe, Kr. Hannover (NOB I S. 286f.), Denkte und Sickte, Kr. Wolfenbüttel (NOB III S. 120ff. bzw. S. 300ff.), von einer Bildung mit Dentalsuffix auszugehen (zum Dentalsuffix vgl. NOB III S. 392ff.). Möllers Vorschlag, den Namen auf idg. **aĝ-* '(mit erhobenen Armen) treiben' zurückzuführen, ist semantisch nicht wahrscheinlich. Vielmehr ist auf Udolphs Vorschlag einzugehen. Schmid, Wasser und Stein S. 387f. behandelt das griech. Appellativ ἀκτή 'steile Küste, Felsküste, hohes Ufer, Gestade, Flußufer, Vorgebirge, Landspitze, Erhöhung'. Dieses Appellativ wurde bisher als *t*-Ableitung zu idg. **ak̑-* 'scharf, spitz, kantig; Stein' erklärt (vgl. Pokorny, Wörterbuch S. 22, Menge, Schulwörterbuch S. 24, Hofmann, Wörterbuch S. 11). Nach Schmid ist jedoch nicht die Scharfkantigkeit der Klippen wesentliches Bedeutungsmerkmal der damit bezeichneten Landschaften, sondern deren Lage am Wasser, weswegen er eine Verbindung mit idg. **aqᵘā* 'Wasser, Fluß', lat. *aqua*, ahd. *aha* 'Wasser', lett. *aka* 'Quelle' (vgl. Walde/Pokorny S. 34) vorzieht. Echte liegt ungefähr einen halben Kilometer vom Fluß Aue entfernt, die Bedeutung 'Ort am Wasser' ist für den ON plausibel, so daß man eine *t*-Ableitung zur Wasserwurzel **aqᵘ-* ansetzen kann. Nach Krahe/Meid I § 60f. entwickelt sich idg. *-qᵘ-* zu germ. *-χᵘ-*, welches im Inlaut bzw. vor *-t-* zu *-h-* wird. Das idg. Dentalsuffix *-ti* wird nicht zu *-þi* verschoben, da ihm die Spirans *-χ-* vorausgeht (Krahe/Meid I § 61). Die germ. Grundform lautet somit **Ahti*. *A-* wird durch *-i-* zu *E-* umgelautet, *-i-* wird nebentonig zu *-e-* abgeschwächt. Im Erstbeleg steht *-th-* für *-ht-* (Gallée, Grammatik § 263 Anm. 1). Neben dem bereits erwähnten nl. ON Echt, Provinz Limburg, liegen den ON Echten (11. Jh. *Echtene*), Provinz Drenthe, Echten (1245 *Acthne*), Provinz Friesland, Echteld (1188 *Echtelte*), Provinz Gelderland, Echthausen (10.-11. Jh. *Ahttise*), Kr. Hochsauerlandkreis, und einer belg. Wüstung 11. Jh. *Ahtennia*, 1181 *Ehtene* (vgl. Gysseling, Woordenboek I S. 297f. und Förstemann, Ortsnamen I Sp. 43) wohl ähnliche Bildungen zugrunde.

† EDELERESHUSEN

Lage: In der Nähe des → Tönnieshofes, 2 km südl. Fredelsloh.

1137 *Udelereshusen* (Mainzer UB I Nr. 613 S. 532)
1138 *Vdelereshusen* (Mainzer UB II Nr. 5 S. 5)
um 1212 (A. 17. Jh.) *Edelerhusen* [!] (Fenske/Schwarz, Lehnsverzeichnis S. 495)
nach 1226 *Ethelereshusen* (Bode/Leibrock, Güterverzeichnis S. 85)
1241 *apud Edelereshusen* [...] *plebanus de Edelereshusen* (UB Plesse Nr. 131 S. 172)
1281 *Giselhero de Ederelerhusen* (Urk. Katlenburg Nr. 38)
1281 *Edelershusen* (Urk. Katlenburg Nr. 38)
1349 *grangia sive curia Edelershusen* (UB Fredelsloh Nr. 161 S. 116)
1418 *to Eddelershusen to sunte Anth[onius]* (Kramer, Moringen S. 1086)

I. Die von Kühlhorn, Wüstungen Bd. I Nr. 98 S. 433f. zweifelnd hierher gestellten Belege 1141 (Fä. 13. Jh.; A. 16. Jh.) *Adeleshusen* (Mainzer UB II Nr. 28 S. 49), 1141 (Fä. 13. Jh.; A. 17. Jh.) *Adeleshusen* (Orig. Guelf. IV S. 525) und 1162 (Fä. 13. Jh.; A. 14. Jh.) *Adeleuissen* (MGH Urk. HdL Nr. 58 S. 85) gehören zu → Ahlshausen. Die

Überlieferung zeigt erst *U-* im Anlaut, das später zu *E-* wechselt. Der Dental erscheint einmal als *-th-*, sonst als *-d-*; das vierte *-e-* fällt in schwachtoniger Stellung aus. Abweichend sind die Belege *Edelerhusen* ohne Flexionsfuge, *Edererlerhusen* in verderbter Schreibung und *Edeloshusen*, in dem *-o-* ungewöhnlich *-er-* ersetzt.

II. Nach Casemir, Grundwörter S. 192 mit dem GW *-husen* gebildet.

III. Bildung mit dem GW *-hūsen*. Das BW enthält einen zweigliedrigen stark flektierenden PN. Eine Verbindung von anlautendem *U-* und *E-* ist problematisch. Die ersten beiden Belege entstammen jedoch Mainzer Quellen, so daß man bei dem *U-*Anlaut hd. Einfluß annehmen und von nd. *O-* ausgehen kann. Unter dieser Voraussetzung ist ein PN **Odilheri* und eine ON-Grundform **Odilherishusen* anzusetzen. Der Anlaut wird durch das nachfolgende *-i-* zu *Ö-* umgelautet und zu *E-* entrundet. Das silbenanlautende *-h-* fällt gewöhnlich früh aus (Lasch, Grammatik § 350) und die nebentonigen *-i-* schwächen sich zu *-e-* ab: es entsteht *Edelereshusen*. Unter dem PN-Stamm OTHAL (vgl. nach Kaufmann, Untersuchungen S. 98 auch die Ablautform OTHIL) belegt Förstemann, Personennamen Sp. 1188 den hd. PN *Udilher*. Der PN-Stamm ist mit ahd. *uodil*, asä. *ōðil* 'Stammgut, Heimat' zu verbinden. Im asä. Gebiet ist dieser PN nicht bezeugt, doch führen Schlaug, Altsächs. Personennamen S. 140f. und Schlaug, Studien S. 132f. zahlreiche mit anderen Zweitgliedern gebildete PN wie *Odildac*, *Othilmar*, *Odilric* und *Othilward* auf, so daß ein PN **Odilheri* trotz fehlender Überlieferung anzunehmen ist. Das Zweitglied des PN gehört zu asä. *hēri* 'Heer'.

IV. Both, Fredelsloh S. 7-8; Exkursionskarte Moringen S. 65; Kramer, Moringen S. 627-628 und S. 1086-1088; Kühlhorn, Wüstungen Bd. I Nr. 98 S. 433-436; Ohlmer, Moringen S. 7.

EDEMISSEN (Einbeck)

1135 *Ettemissun* (Mainzer UB I Nr. 596 S. 513)
1149 *Edemesheim* (UB H. Hild. I Nr. 253 S. 235)
1224 *Edemessen* (Orig. Guelf. III Nr. 208 S. 697)
1253 *Hermannus de Edemissen* (UB H. Hild. II Nr. 920 S. 462)
1286 *Edemissen* (UB Fredelsloh Nr. 57 S. 54)
1323 *Edemisse* (UB Fredelsloh Nr. 117 S. 86)
1336 *Hainrichen von Edemissen* (UB Goslar IV Nr. 11 S. 7)
1382 (A. 15. Jh.) *Edemissen* (Harenberg, Gandersheim S. 852)
1458 (A. 16. Jh.) *Edemissen* (Deeters, Quellen S. 91)
1544 *Edemissen* (Kayser, Kirchenvisitationen S. 587)
1571 *Edemissen* (Reg. Wallmoden Nr. 504 S. 158)
1614 *Edemissen* (Bilderbeck, Sammlung III Nr. 30 S. 203)
1783 *Edemisssen* (Kurhannoversche Landesaufnahme Bl. 142)
1823 *Edemissen* (Ubbelohde, Repertorium 2. Abt. S. 43)
dialekt. (1935) *Emissen* (Kramer, Scheinmigration S. 26)
dialekt. (1951) *ēmissĕn* (Flechsig, Beiträge S. 14)

I. Die gelegentlich vorgenommene Zuordnung des Beleges 965-966 (z. T. mit anderer Datierung) (A. 15. Jh.) *Emmideshusun* (Trad. Corb. § 299 S. 132) zu Edemissen ist schon aus sprachlichen Gründen eher unwahrscheinlich. Zu den zahlreichen Möglichkeiten der Belegzuordnung vgl. Schütte, Mönchslisten S. 239. Das GW liegt vereinzelt als -*sun*, -*heim*, -*se* sowie sonst als -*sen* vor. Der Dental des BW ist hauptsächlich -*d*-, jedoch zeigt der Erstbeleg aus hd. Quelle -*tt*-. In den Mundartformen ist der Dental intervokalisch ausgefallen.

II. Kramer, Abschwächung S. 40f. interpretiert den ON als „mit ursprünglicher Bildungssilbe -*sun*" gebildet. Scheuermann, Grundlagen S. 244 verwirft diese Meinung, da „in Ostwestfalen sowie vereinzelt auch östlich der Weser -hūsun nach genetivischem -*s* bereits nach 1000 zu -*essun* kontrahiert wurde". Flechsig, Beiträge S. 46 zweifelt an einer so frühen Abschwächung aus -*husen*. Bückmann, Peine S. 64 sieht ausgehend vom Beleg 1149 *Edemesheim* „eine Zusammensetzung mit -*heim*". Förstemann, Ortsnamen I Sp. 799 stellt den Namen zu den Ableitungen vom PN-Stamm ED. Da der ON Edemissen, Kr. Peine, (1295 [A. 15. Jh.] *Edemissen* [UB. H. Hild. III Nr. 1045 S. 518], 1330 *Diderikes van Edemissen* [UB. Braunschweig III Nr. 294 S. 221]) als Vergleichsname herangezogen werden muß, beziehen wir hier die bisherigen Deutungen für diesen ON mit ein. Bückmann, Peine S. 64 meint: „Der nicht seltene Ausgang -*missen*, aus *-*mis-husen*, setzt einen stark deklinierenden PN als BW voraus. Zu *Edemissen* kann man z.B. eine Entstehung aus *Edemares-husen* oder *Edemannes-husen* vermuten." Matthaei, Ortsnamen S. 44 nimmt zweifelnd einen PN *Adalram* an. Die -*t*- statt -*d*- enthaltenden Formen sind nach Wesche, Verschlußlaute S. 286 mit einer nicht seltenen Schärfung -*d*- > -*t*- zu erklären.

III. Mit Scheuermann und Bückmann ist entgegen den übrigen Meinungen auch für Edemissen das GW -*hūsen* anzusetzen. Letztendlich ist der -*heim*-Beleg von 1149 der einzige, der im GW von der Belegkette abweicht. Der Erstbeleg zeigt -*sun* als Verkürzung des asä. Dativ Plurals -*husun*, eine frühe Erscheinung, die allerdings in einigen ON des Untersuchungsgebietes zu beobachten ist. Die Doppel-*s*-Schreibung in den Belegen weist, wie Scheuermann erklärt, auf die Kombination eines stark flektierten PN mit dem verkürzten -*sun* < -*husun*. Viel schwieriger ist es, den im BW enthaltenen PN zu deuten, für den auch leider Edemissen, Kr. Peine, keine weiteren Anhaltspunkte bietet. Matthaeis Annahme eines *Adalram* ist zu verwerfen, da dieser PN weder einen Ansatz für die Umlautung bietet noch zu *Edem* abgeschwächt werden kann. Bückmann schlägt *Edemareshusen* oder *Edemanneshusen* vor. Schlaug, Altsächs. Personennamen S. 136 verzeichnet einen PN *Adimannus* zu asä. ōd, ād 'Grundbesitz', auf den man den von Bückmann vorgeschlagenen *Edemann* zurückführen kann. Gottschald, Namenkunde S. 367 führt unter dem PN-Stamm ED als Nebenstamm zu OD auch einen mit -*mar* gebildeten PN *Etmer* auf. Über eine anzunehmende Abschwächung der PN-Zweitglieder in *Edemerssen* und *Edemenssen* gelangt man zwar leicht zu einer *Edemessen* ähnlichen Form, doch wäre der Ausfall des -*r*- oder des -*n*- an dieser Stelle ungewöhnlich. Am ehesten ist der Ausfall des -*n*- in *Edemenssen* aufgrund der Nasalhäufung von -*m*- und -*n*- vorstellbar, doch wäre dies ein sehr früher Prozeß; schließlich beginnt die Überlieferung bereits 1135. Auch ist es höchst unwahrscheinlich, daß eine solche doch etwas problematische ON-Entwicklung auf gleiche Weise bei Edemissen, Kr. Peine, stattgefunden haben soll. Allerdings weist auch Engelnstedt, Stadt Salzgitter, bereits Mitte des 12. Jh. mit *Engelmin*- einen auf -*m* auslautenden PN auf, der in NOB III S. 141f. als Kürzung aus PN wie *Angil-man*, *Angil-mund* u.ä. erklärt wird. Es gibt noch die andere Möglichkeit, im BW keinen zweigliedrigen PN, sondern einen mit -*m*- suffigierten KurzN zu sehen. Ausgehend von der überlieferten BW-Form *Edemes*- könnte auf einen PN *Adim(i)* geschlossen werden. Diesen PN verzeichnen Förstemann, Personennamen Sp. 154 und Schlaug, Altsächs. Personennamen S. 137

aus einer Corveyer Quelle. Allerdings sind beide nicht sicher, was die Schreibung und die Herkunft betrifft. Förstemann vermutet darin einen verschriebenen PN *Adini* des PN-Stamms ATHA, zu got. *atta* 'Vater'. Schlaug stellt ihn in der Schreibung *Adun* zu einem PN *Oduni* als *n*-Ableitung zu asä. *ōd*, *ād* 'Grundbesitz'. In Anm. 3 schreibt er dazu: „So in Philippis Bruderliste, Abhandlungen über Corveyer Geschichtsschreibung I S. XVII. Jaffé und Delisle haben *Adim*, das sich leicht in *Adun* ändern läßt." Ausgeschlossen ist es nicht, daß es sich wirklich um einen PN *Adim handelt, doch gibt es keine weiteren Beispiele für ein *m*-Suffix in der Kurznamenbildung; vgl. die Auflistung bei Schlaug, Altsächs. Personennamen S. 13ff. Eine endgültige Klärung des PN ist nicht möglich.

EDESHEIM (Northeim)

8./9. Jh. (A. 12. Jh.) *Etisheim* (Trad. Fuld. 41, 88 S. 100 = Codex Eberhardi II S. 193)
1141 (Fä. 13. Jh.; A. 16. Jh.) *Edishem* (Mainzer UB II Nr. 28 S. 49)
1141 (Fä. 13. Jh.; A. 17. Jh.) *Edessem* (Orig. Guelf. IV S. 525)
1155 *Hildebrecht de Eddeshem* (Mainzer UB II Nr. 208 S. 378)
1162 (Fä. 13. Jh.; A. 14. Jh.) *Edessem* (MGH Urk. HdL Nr. 58 S. 85)
1208 *Iohannes presbiter in Edissem* (Scheidt, Codex Diplomaticus Nr. 69a S. 684)
1256 *Bertoldus de Edessem* (UB Plesse Nr. 174 S. 206)
1269 *Bertoldus scultetus de Ettesem* (UB Mariengarten Nr. 27 S. 49)
1283 *Edessem* (UB Fredelsloh Nr. 53 S. 51)
1334 *Ernest van Edessem* (UB Oldershausen Nr. 18 S. 29)
1380 *Tyle de Edessem* (Grote, Neubürgerbuch S. 19)
1420 (A. 15. Jh.) *Eddessem* (Schwarz, Register Nr. 38 S. 46)
1453 *Eydesem* (Urkunden Hist. Verein Nr. 702 S. 300)
1478 *Eddessem* (Lehnregister Bortfeld S. 59)
1527 *Eddesßem* (Tschackert, Rechnungsbücher S. 374)
um 1583 *Edessen* (Zimmermann, Ökonomischer Staat S. 25)
um 1588 *Edessem* (Lubecus, Annalen S. 276)
1644 (A. 17. Jh.) *Edißen* (UB Boventen Nr. 684 S. 432)
1712 *Edesheim im Amt Brunstein* (UB Uslar II S. 1119)
1791 *Edesheim* (Scharf, Samlungen II S. 63)
1823 *Edesheim* (Ubbelohde, Repertorium 2. Abt. S. 43)
dialekt. (1935) *ēßĕn* (Kramer, Scheinmigration S. 26)
dialekt. (1949) *ēßĕn* (Flechsig, Beiträge S. 14)
dialekt. (1951) *ääßĕn* (Flechsig, Beiträge S. 14)

I. Drei im UB Fredelsloh (1283 *Edessem* [UB Fredelsloh Nr. 53 S. 51], 1471 [A. 16. Jh.] *Edessem* [UB Fredelsloh Nr. 226 S. 161], 1524 *Edessem* [UB Fredelsloh Nr. 259 S. 178]) als zu Trögen gehörig bezeichnete Belege sind hierher zu stellen. Offenbar lag eine Verwechslung mit → (†) Evessen vor. Die Zuordnung, die Lange, Northeim S. 71 für zwei aus derselben Quelle stammende Belege *Etsen* und *Atthensen* nach Kindlinger, Beiträge Nr. 13 vornimmt, vermag sprachlich nicht zu überzeugen. Vgl. dazu den heute vorzuziehenden Druck des sogenannten Allodienverzeichnisses Siegfrieds von Boyneburg, das vor 1199 entstanden ist, bei Bauermann, Anfänge S. 356 und S. 357 (zur Datierung ebd. S. 339): *Sigehardus de Etsen cum bonis suis* und *Conradus et Sigehardus de Atthensen ministeriales cum bonis*. Bauermann bietet auch keine sichere Zuordnung, will die beiden Belege aber eher in Westfalen verorten. Mit dem von Flechsig, Beiträge S. 14 aufgeführten Beleg von 1020 *Etisheim* dürfte unserer mit der Datierung 8./9. Jh. identisch sein. Der Fuldaer Beleg zeigt hd. *-heim* und *-t-* als Dental. Nochmals erscheint *-tt-* um 1269. Die übrigen Belege enthalten *-d-* und nd. *-hem* bzw. dessen Kürzung zu *-em* und *-en*, bis jung wieder hd. *-heim* eintritt; in der Mundart bleibt die Verkürzung erhalten. Im BW wird der Dental *-d-* vom 12. bis 16. Jh. teilweise verdoppelt, es liegt also ein temporärer Wechsel von langem und kurzem *E-* vor. 1453 ist in *Eydesem* Diphthongierung des langen *Ê-* zu beobachten. In der Mundart fällt das intervokalische *-d-* aus.

II. Nach Casemir/Ohainski, Orte S. 136 mit dem GW *-hēm* gebildet. Flechsig, Beiträge S. 42f. stellt den ON zu den *-heim*-Namen und sieht im BW einen PN. Förstemann, Ortsnamen I Sp. 797 stellt ihn zum PN-Stamm ED. Upmeyer, Oldershausen S. 24 führt einen Beleg 830/40 *Ethi et Etisheim* an (unser Erstbeleg mit anderer Datierung) und meint auf S. 25: „Edesheim gibt sich durch das Bestimmungswort in seinem Ortsnamen und die Nennung unmittelbar nach Echte als ursprünglichen Ausbau von Echte zu erkennen." Weigand, Heimatbuch S. 269 vermutet: „Dem Namen nach zu urteilen, müßte ein großer Gutshof der erste wesentliche Bestandteil des jetzigen Gutes gewesen sein; denn 'Ed', auch 'Ad' und 'Od' geschrieben, bedeutet Gut." Weigand, Ortsnamen S. 13 schreibt: „Ich bin geneigt, 'Ed' als Gut zu erklären. [...] Edesheim [...] würde dann als die Siedelung eines Edelings anzusprechen sein." Die *-t-* bzw. *-tt-* statt *-d-* enthaltenden Formen zeigen nach Wesche, Verschlußlaute S. 286 eine nicht seltene Verschärfung von *-d-* > *-t-*.

III. Bildung mit dem GW *-hēm*. Für das BW ist Weigands appellativischer Anschluß abzulehnen. Er geht von asä. *ōd*, *ād* 'Grundbesitz' und dazu wohl von aengl. *eád* 'Besitz' aus (vgl. Gottschald, Namenkunde S. 367). Allerdings spricht schon die Flexion des BW gegen einen solchen Ansatz. Auch Upmeyers Versuch, im BW eine Form des ON → Echte (8./9. Jh. *Ethi*, 973 *Êhti*) zu sehen, ist nicht verwertbar, da das *-th-* dessen Erstbeleges für *-(c)ht-* steht, wie die weitere Überlieferung zeigt. Das BW enthält einen stark flektierenden PN, der entweder als *Edi* oder *Adi* anzusetzen ist und verschiedenen PN-Stämmen angehören kann, vgl. Förstemann, Personennamen Sp. 152 und Sp. 448, Schlaug, Altsächs. Personennamen S. 137 und Schlaug, Studien S. 169. Es ist also von einer ON-Grundform *Edishem* oder *Adishem* (mit Umlautung zu *Edishem*) auszugehen. Förstemann, Ortsnamen I Sp. 797 und Personennamen Sp. 448f. listet weitere ON auf, die diesen PN enthalten, darunter Eddesse, Kr. Peine, und † Eddessum bei Machtsum, Kr. Hildesheim.

† EDINGEHAUSEN
Lage: Ca. 2 km nördl. und auf der Flur Erzhausen.

um 1007 (A. 15. Jh.) *Edinggahusun* (Engelke, Grenzen S. 4)
1013 *Aedingahusun* (MGH DH II. Nr. 256a S. 299)
um 1160 *Edingehusen* (UB H. Hild. I Nr. 282 S. 267)
1270 (A. 14. Jh.) *Edingehusen* (UB H. Hild. III Nr. 264 S. 129)
um 1274 *Edingehusen* (Sudendorf I Nr. 79 S. 51)
1281 *Edingehusen* (Rustenbach, Amelungsborn I S. 100)
1282 (A. 13. Jh.) *Edinggehusen* (Kruppa, Dassel Nr. 505 S. 490)
1283 *Edingehusen* (UB H. Hild. III Nr. 646 S. 337)
1293 (A. 14. Jh.) *Eddingehusen* (UB H. Hild. III Nr. 985 S. 492)

1303 (A.) *piscator in Edingehusen* (Falke, Trad. Corb. Nr. 302 S. 882)
1436 *Eydingehusen* (Urk. Clus/Brunshausen Nr. 45a)

I. Eine vom Herausgeber des UB H. Hild. I auf um 1153 (Nr. 282 S. 267f. = Urk. Clus/Brunshausen Nr. 5) datierte Urkunde, in der der vorliegende Ort vorkommt, ist mit Goetting, Brunshausen S. 203f. auf um 1160 zu datieren. Die überlieferten Formen enthalten kaum Schwankungen. Der Anlaut liegt als *E-*, *Ae-* vor. *-inggahusun* schwächt sich in den Nebentonsilben zu *-ingehusen* ab. Im Beleg 1293 *Eddingehusen* erscheint der Dental geminiert, 1436 *Eydingehusen* zeigt Diphthong im Anlaut.

II. Nach Casemir/Ohainski, Orte S. 135 mit dem GW *-husen* gebildet. Die BuK Gandersheim S. 433 und Ehlers, Erzhausen S. 22 deuten den ON als „Behausung der Sippe eines Eddo". Förstemann, Ortsnamen I Sp. 239 stellt den ON zum PN *Ading*, der wohl zum PN-Stamm ED oder zu ATHA gehört (Förstemann, Ortsnamen I Sp. 798).

III. ON des *-ingehūsen*-Typs. Das BW ist demzufolge nicht der PN *Ading*, da *-inga-/-inge-* bei diesen ON nicht Teil des PN ist, sondern die zu diesem Menschen gehörigen Leute bezeichnet. Ableitungsbasis ist entweder ein KurzN *Ado* oder *Adi* (wie er evtl. in → Edesheim anzunehmen ist); in der anzusetzenden Grundform *Adingehusen* wird er durch das nachfolgende *-i-* zu *Ed-* umgelautet, wovon die Zwischenform *Aed-* noch zeugt. Den KurzN *Ado* stellt Schlaug, Altsächs. Personennamen S. 52 zu asä. *aðali* 'Adel'; *Adi* hingegen verzeichnet er unter asä. *ōd*, *ād* 'Grundbesitz' (Schlaug, Altsächs. Personennamen S. 137). Schlaug, Studien S. 169 bucht beide Formen unter *athal*. Nach Förstemann, Personennamen S. 152 können die Kurzformen keinem PN-Stamm sicher zugeordnet werden. Möglicherweise liegt ein solcher PN auch in † Edingerode, Kr. Hannover (NOB I S. 120f.), vor. Förstemann, Ortsnamen I Sp. 798 führt weitere Vergleichsnamen an.

IV. BuK Gandersheim S. 433-434; Casemir/Ohainski, Orte Nr. 575 S. 86; Engelke, Grenzen S. 7; Karte 18. Jh. Bl. 4025-4125; Kleinau GOV I Nr. 513 S. 164.

EILENSEN (Dassel)

1118 (A. 15. Jh.) *Eilenhusen* (Kaminsky, Corvey Nr. 6 S. 252)
1329-1364 (A. 20. Jh.) *Eilnosen* (Upmeyer, Oldershausen S. 254)
1433 *Eylensen* (Kramer, Abschwächung S. 41)
1442 *vrijegerichte tho Elensen* (Upmeyer, Oldershausen S. 19)
1482 *Eyllensen* (UB Uslar I S. 297)
1554 *Eilensen* (Scheidt, Codex Diplomaticus Nr. 23 S. 508)
um 1583 *Eilensen* (Zimmermann, Ökonomischer Staat S. 22)
1588 *Ellensen* (Kayser, Generalkirchenvisitation S. 188)
um 1616 *Eilensen* (Casemir/Ohainski, Territorium S. 58)
1740 *Eillensen an der Ilme* (Lauenstein, Hildesheim II S. 96)
1789 *Eilensen* (Status Contributionis S. 4)
1833 *Eilensen* (Gaußsche Landesaufnahme Bl. 22)
dialekt. (1951) *ailĕnsĕn* (Flechsig, Beiträge S. 14)

I. Sowohl auf diesen Ort wie auf → Ellensen werden häufig zwei Belege von 1022 (Fä. 1. H. 12. Jh.) *Ilisun* (MGH DH II. Nr. 260 S. 307) und 1022 (Fä. 2. H. 12. Jh.) *Ilisun* (UB H. Hild. I Nr. 67 S. 66) bezogen, was jedoch wegen der in den Urkunden zu findenden Angaben *in pago Tilithe* kaum in Frage kommt, da dieser Gau an der Weser zu suchen ist; vgl. die Karte bei Engelke, Grenzen. Ein weiterer Beleg 1031 (A. 14. Jh.) *Nisa* bzw. *Illisa* (MGH DK II. Nr. 159 S. 211; auch in Vita Meinwerci Kap. 207 S. 120) bleibt schon wegen der Gauangabe (*in pago Auga*) fern; möglicherweise gehören alle Belege zu einer Wüstung bei Corvey, wie bei Kleinau GOV I Nr. 1073 S. 313 vorgeschlagen. Zwei weitere mit Eilensen in Verbindung gebrachte Belege 1239 (A. 13. Jh.) *Heinrico de Eylersen* (UB Plesse Nr. 110 S. 152) und 1240 (A. 15. Jh.) *Henricus de Eylersen* (UB Boventen Nr. 7 S. 32) sind eher zu Allersheim, Kr. Holzminden, zu stellen. Das GW lautet -*husen*, -*[h]osen*, später verkürzt zu -*sen*. Das BW zeigt neben *Eilen*- je zweimal *Elen*- und *Ellen*-.

II. Alle bisherigen Deutungen gehen von den fälschlich hierhergestellten Belegen *Ilisun* aus, sind für die weitere Deutung also nicht hilfreich.

III. Bildung mit dem GW -*hūsen* und einem schwach flektierenden PN im BW. Aus den überlieferten Belegen *Eilen*- ist eine PN-Form *Eilo* zu erschließen. Der Diphthong -*ei*- läßt vermuten, daß hier intervokalisches -*g*- oder -*d*- ausgefallen ist. Somit lassen sich als mögliche Vorformen *Edilo* und *Egilo* ansetzen, die aus früherem *Adilo* und *Agilo* umgelautet wurden. Nach Schlaug, Altsächs. Personennamen S. 39 bzw. S. 77, Schlaug, Studien S. 192 und Förstemann, Personennamen Sp. 28 ist der KurzN *Eilo* eine kontrahierte Form zu *Agilo*. Der PN *Adilo* bzw. *Edilo* hingegen bewahrt den intervokalischen Dental (vgl. Förstemann, Personennamen Sp. 159, Schlaug, Altsächs. Personennamen S. 53 und Schlaug, Studien 169f.), weshalb hier *Agilo* angesetzt wird. Der PN *Agilo* gehört zum PN-Stamm AGIL-, einer *l*-Erweiterung zu AG, der im allgemeinen mit got. *agis* 'Schrecken' verbunden wird; vgl. Kaufmann, Ergänzungsband S. 22f. Die Belege *Elen*- gehen entweder auf eine Monophthongierung von *Ei*- zu *Ê*- zurück (Lasch, Grammatik § 126) oder unterliegen dem Einfluß des nahegelegenen → Ellensen.

EINBECK (Einbeck)

1103-1106 *Enbiche* (Wilmans, Kaiserurkunden I S. 513)
1105 (Fä. Mitte 12. Jh.) *Enbike* (Mainzer UB I Nr. 424 S. 331)
1134 (A. 12. Jh.) *Eguuardo preposito de Enbeka* (MGH DL III. Nr. 59 S. 94)
1139 *Einbeche* (Mainzer UB II Nr. 8 S. 11)
1146-1154 *prepositus de Embeke* (MGH Urk. HdL Nr. 25 S. 35)
1155 *Embike* (UB H. Hild. I Nr. 294 S. 280)
vor 1156 *Ekkehardus prepositus Enbikensis* (MGH Urk. HdL Nr. 32 S. 47)
1158 (A. 13. Jh.) *advocatus de Embike* (Mainzer UB II Nr. 229 S. 413)
1158 *in loco, qui Einbike vocatur* (MGH DF I. Nr. 200 S. 334)
1171 *Eimbike* (UB H. Hild. I Nr. 351 S. 335)
1183 *Embike* (UB H. Hild. I Nr. 427 S. 416)
1191 *Embycensis ęcclesię* (MGH Urk. HdL Nr. 128 S. 186)
vor 1199 *Enbeke* (Bauermann, Anfänge S. 356)
1231 *Enbyke* (Westfäl. UB IV Nr. 206 S. 137)
1258 *Embike* (UB Fredesloh Nr. 29 S. 39)
1292 *Embeke* (UB H. Hild. III Nr. 960 S. 482)
1299 *iuxta muros Embeke* (UB Oldershausen Nr. 7 S. 13)
1324 *Embeke* (UB Duderstadt Nr. 31 S. 26)

1342 *Eymbecke* (UB Duderstadt Nr. 62 S. 49)
um 1350 *Embeke* (Corveyer Lehnregister Nr. 103 S. 404)
1370 *Eymbeke* (Sudendorf IV Nr. 55 S. 48)
1370 *Eymbeke* (UB Göttingen I Nr. 263 S. 261)
1405 *Embeke* (Sudendorf X Nr. 40 S. 129)
1446 *Embeke* (Schwarz, Rechnungen Nr. 18 S. 328)
1497 *Embeck* (Negotium monasterii Steynensis S. 181)
1520 *Eimbecke* (UB Boventen Nr. 594 S. 382)
1544 *Einbeck* (Kayser, Kirchenvisitationen S. 575)
um 1588 *Eimbek* (Lubecus, Annalen S. 330)
um 1616 *Einbeck* (Casemir/Ohainski, Territorium S. 71)
1624 *Eimbeck* (Urk. Dipl. App. Nr. 416)
1715 *stadt Einbeck* (Bodemann, Wüste Ortschaften S. 244)
1791 *Eimbeck* (Scharf, Samlungen II S. 65)
1823 *Einbeck* (Ubbelohde, Repertorium 2. Abt. S. 45)
dialekt. (1950) *ānbek* (Flechsig, Beiträge S. 14)
dialekt. (1951) *aibek* (Flechsig, Beiträge S. 14)

I. Die älteren Belege zeigen *En-*, erst Mitte des 12. Jh. treten *Em-*Formen hinzu, die ab dem 13. Jh. dominieren. Der Diphthong *Ei-* liegt erstmals 1139 vor und wechselt im Folgenden mit den monophthongen Formen. Die Belege *Einbeck* setzen sich ab Ende des 16. Jh. durch. Das GW begegnet als *-biche*, *-bike*, *-beka*, *-beche*, *-beke*, *-beck(e)*, *-bek*, *-becche*, *-begk(e)* und *-bick*. Verkürzungen zu *Embke*, *Emeke* und *Eymke* sind vereinzelt.

II. Mit dem ON haben sich schon viele Autoren beschäftigt. Nach Wendeborn in Bilderbeck, Sammlung I S. 8ff. besteht der ON aus dem GW *-wik* 'Siedlung' und dem PN *Enno*. Meyer, Städtenamen S. 64 vermutet, daß Eime ein alter Name der Ilme sei, „so sei am einfachsten in Eimbeck der Eimebach zu erkennen". Harland, Einbeck S. 17 vermutet, das Krumme Wasser habe „früher den Namen Eimebeke (Eimebach)" geführt, da es vom Ort Eimen, Kr. Holzminden, herfließe. Einbeck sei daher „das Gut, der Ort, die Stadt am Eimebache". Aufgrund der Erklärung von Harenberg, Gandersheim S. 1415 „Comitatus Embicensis nomen obtinuit ab urbe embeka, quae olim castellum exstitit ad amnem, i. e. am beke" hält Harland auch eine Bedeutung „Land, Gut, Besitzung an oder in dem Beke" für möglich. Steilen, Einbeck S. 426 deutet den ON als „am Bache" und bezieht sich dabei auf die Ilme. Förstemann, Ortsnamen I Sp. 55 sieht in Einbeck got. *ains*, asä., afries. *ēn* 'einzeln'. In Ortsnamen II Sp. 1480 verweist er dazu auf die Eine, Nebenfluß der Wipper. Feise, Einbeck oder Eimbeck S. 115ff. verwirft die Deutung aus Letzner, Chronica Buch VI fol. 98, der Name Einbeck komme von einem Zusammenfluß mehrerer Gewässer zu einem Bach, da sich mit dem Krummen Wasser und der Ilme lediglich zwei Flüsse vereinigen; außerdem liege der Stadtkern von dieser Mündung recht weit entfernt. Harenbergs Erklärung als 'am Beke' oder 'im Beke' sei auszuschließen, da eine Form **Imbeke* in den Urkunden nicht zu finden sei und das Erstelement als Präposition lange erkennbar gewesen sein müsse. Feise verweist auf Weiß, Empelde S. 181-193 und dessen Vermutung, der ON Empelde, Kr. Hannover, enthalte die idg. Wurzel **ambh-* 'Fluß'. Die Entwicklung verliefe von germ. **amb-* über Abschwächung zu **emb-*, welches in Einbeck vorliege. Idg. **ambh-* bezeichne eine besondere Eigenschaft von fließenden Gewässern, etwas Gebogenes (vgl. Amboß, Ampel), also den sich in Windungen hinziehenden Wasserlauf. Mit dem Krummen Wasser liege ein solcher Flußlauf vor. Die Wurzel *ambh- vermutet auch Garke, Bachnamen S. 7 im FlußN Eine durch Aschersleben, in den ON † Eimbeck, Kr. Ohrekreis, Eimke, Kr. Uelzen, und unserem Einbeck und sieht darin die Bedeutung „gebogene, in Windungen sich hinziehende Wasserläufe". Bückmann, Flußnamenforschung S. 213 stellt den ON zu germ. *agin- 'Schrecken'; der ursprüngliche FlußN habe „Schreckenbach" bedeutet. Flechsig, Beiträge S. 32 stützt sich auf Harland, „daß das durch diesen Ort zur Ilme fließende Krummewasser von Eimen im Kr. Holzminden herabkommt und daher in alter Zeit Eime geheißen haben wird". Heege, Einbeck S. 17 meint: „Das Krumme Wasser dürfte als 'Becke' zum Namen Einbeck beigetragen haben. Es verlief, wie sich aus den Höhenschichten ablesen läßt, im Hochmittelalter noch ungehindert von Nordwesten nach Südosten durch das spätere Stadtgebiet." Kettner, Flußnamen S. 53f. schließt aus der Belegreihe: „1) Der Name ist eine Komposition mit dem GW *bach, beke;* 2) das BW ging ursprünglich auf *-n* aus. Alle Deutungen [...], die diese beiden Tatsachen nicht berücksichtigen, sind [...] abzulehnen. Die Herkunft des Vokals im BW *E(i)n-* ist nicht sicher zu erkennen, aber die frühe Diphthongierung (erstmals 1139, 1157, 1158) kann m. E. nur auf mnd. $\bar{e}^J$ (= umgelautetes $\bar{e}^2$) weisen. Die Etymologie des BW selbst ist dunkel." In Anm. 17 bemerkt er: „Das Nebeneinander von auf *-n* und auf *-m* ausgehenden BW in den ältesten Belegen und das spätere Überwiegen des BW auf *-m* läßt nur den Schluß zu, daß Assimilation des *n > m* vor *b* (*beke*) stattgefunden hat." Schwartau, Einbeck S. 82ff. lehnt das Vorkommen der Wurzel *ambh- 'gekrümmt' ab, eine Herleitung daraus sei schwierig, außerdem gingen Feise und Garke dabei von ursprünglichem *-m-* aus, wobei die ältesten Belege *-n-* zeigen. *-nb-* sei zu *-mb-* assimiliert, andererseits *En-* zu *Ein-* diphthongiert worden. Schwartau vermutet, „daß das Beiwort Ein- 'in, darin' bedeutet und Einbeck 'der Ort im Bache' ist", womit die Wasser der Befestigungsanlage der ehemaligen Wasserburg Einbecks „in der Mitte der ehemaligen Talaue zwischen Münster- und Marktkirche" gemeint seien. Mnd. *en* als abgeschwächte Form für *in* werde dann benutzt, „wenn die Präposition als betonungs- und bedeutungsschwaches Wort sich an das folgende, stärker betonte und wichtigere anlehnte", „wenn das Substantiv ohne Artikel mit der Präposition verbunden ist". Udolph, Stellung S. 122ff. stellt einige GewN zusammen, welchen verschiedene Ablautstufen der idg. Wurzel *ei-, *oi-, *i- 'gehen' mit *n*-Ableitung zugrundeliegen, wobei er erwägt, Einbeck hier zuzuordnen.

III. Der ON steht nicht allein: als Namenparallelen können Eimke, Kr. Uelzen (1148 *Embike*), Immenbeck bei Buxtehude, Kr. Stade (1103-06 *Enbiche*), † Eimbeck, Kr. Ohrekreis (1309 *filie Sifridi dicti de Enbeke*), und Einbach, Kr. Ortenaukreis (1092 *Einbac*), herangezogen werden. Das GW ist *-beke*. Es ist also von einem FlußN auszugehen. Das BW ist zunächst als *En-* überliefert. Wie Kettner richtig meint, entfallen damit alle von *-m-* ausgehenden Deutungsversuche. Ebenso auszuschließen ist Schwartaus Vermutung der Präposition *in* bzw. *en*. Deren Begründung durch betonungsschwache Position steht allein schon die Diphthongierung zu *Ein-* entgegen, die bereits im 12. Jh. auftritt. Diese weist auf asä. langes *-ē- < germ. -ai-* (Gallée, Grammatik § 89, Lasch, Grammatik § 22, 122f.), welches auch als *-ei-* begegnet. Es ist also von einer germ. Grundform **Ain- < idg. *oi-n-* auszugehen. Das Zahlwort *ein(s)*, asä. *ēn <* germ. **aina-* bleibt aus semantischen Gründen fern. Für einen FlußN plausibel ist dagegen die von Udolph vorgeschlagene idg. Wurzel **ei-, *oi-, *i-* 'gehen' (vgl. Pokorny, Wörterbuch S. 293f.), die mit verschiedenen Erweiterungen z.B. in lat. *īre* 'gehen', aind. *eva-* 'eilend', asä. *īlian* 'eilen' und mit *n*-Ableitung u.a. in den FlußN I(h)na, Nebenfluß der Oder, Eine, Nebenfluß der Wipper, Einupis in Litauen, Ain, Nebenfluß der Rhōne, vorliegt (vgl. ausführlich Udolph, Stellung S. 126ff.). An diese Bewegungswurzel kann Einbeck gut angeschlossen werden. Die *Em-*, *Eim-*Formen entstehen durch die Assimilation von *-nb-* > *-mb-*; vgl. → † Bredenbeke I und II und → Steimke.

† EKENBORCH

Lage: Unsicher zwischen Nörten und Bishausen.

1409 *hof to der Ekinborch wort* (UB Hardenberg II Nr. 49 S. 113)
1409 *to der Ekenborch wort* (UB Hardenberg II Nr. 49 S. 113)
1409 *dey Eikenborch* (UB Hardenberg II Nr. 49 S. 116)
1409 *to der Ekenborg wort* (UB Hardenberg II Nr. 49 S. 120)
1409 *by der Ekinborch* (UB Hardenberg II Nr. 49 S. 121)
1437 *under der Eychenborg* (UB Hardenberg II Nr. 54 S. 153)

I. Es handelte sich wahrscheinlich um eine kleine Siedlung oder einen Einzelhof bei dem Berg Eichenburg, südöstlich Hardenberg. Die Belege umfassen nur einen kurzen Zeitraum und bezeichnen den ON wie einen FlurN mit Artikel. Es sind kaum Schwankungen zu verzeichnen. Das GW liegt als *-borch* und *-borg* vor. Im BW erscheint der Anlaut *E-* einmal im Nd. zu *Ei-* diphthongiert; 1437 *Eychen-* zeigt schon hd. Einfluß.

III. Der ON ist eine Bildung mit dem GW *-burg*, welches vom 13.-15. Jh. vor allem als *-borg* bzw. spirantisiert als *-borch* auftritt (vgl. NOB III S. 389). Die Bedeutung ist nicht ausschließlich als 'Burg' zu sehen; nicht alle *-burg-*Namen gehen auch wirklich auf eine existente Burg zurück. Casemir faßt in NOB III S. 389 die Bedeutungsvarianten in den germanischen Sprachen als 'befestigter Bau', 'Anhöhe, Wall' und 'Burg, Stadt' und die Interpretationsansätze verschiedener Autoren zusammen. Das BW enthält das Appellativ asä. $ēk$, mnd. $ē^ik(e)$ 'Eiche' im Plural, der ON ist also als 'Eichenburg' zu deuten. Zum BW vgl. auch → † Eyghagen und → † Eykendorpe. Förstemann, Ortsnamen I Sp. 50ff. führt weitere mit diesem BW gebildete ON auf.

ELLENSEN (Dassel)

826-876 (A. 15. Jh.) *Hellonhusun* (Trad. Corb. § 248 S. 125)
um 1241 (Druck 18. Jh.) *Hermannus de Ellenhusen* (Kruppa, Dassel Nr. 263 S. 424)
1259 *decimam in Ellenhusen* (UB Everstein Nr. 115 S. 118)
1297 *Elnhusen* (UB Fredelsloh Nr. 83 S. 69)
um 1350 *Ellenhosen prope Dasle* (Corveyer Lehnregister Nr. 207 S. 299)
1378 *Ellingessen* (Dürre, Homburg Nr. 323 S. 126)
um 1380 (A. 15. Jh.) *Ellenhossen* (Desel, Lippoldsberg S. 187)
1413 *plebanus in Ellensen* (Bilderbeck, Sammlung I Nr. 7 S. 41)
1421 *Grete Ellingsen* (UB Fredelsloh Nr. 190 S. 133)
1481 *kerklehne to Ellensen* (UB Oldershausen Nr. 63 S. 113)
1527 *Ellenßen* (Tschackert, Rechnungsbücher S. 374)
um 1616 *Ellensen* (Casemir/Ohainski, Territorium S. 57)
1789 *Ellensen* (Status Contributionis S. 4)
1833 *Ellensen* (Gaußsche Landesaufnahme Bl. 22)
dialekt. (1951) *ellĕnsĕn* (Flechsig, Beiträge S. 14)

I. Zu zwei häufiger auf diesen Ort bezogenen Belegen von 1022 (*Ilisun*) → Eilensen. Nicht sicher zu Ellensen zu stellen sind folgende Belege: 1217 *Cono de Ellessem* (UB Goslar I Nr. 399 S. 407), 1286 *Godescalco de Ellesse* (UB Goslar II Nr. 345 S. 358), 1297 *nobilis de Hellessen* (UB Goslar II Nr. 521 S. 511). Der erste Beleg *Hellonhusun* zeigt *H*-Anlaut, während die weiteren Belege auf *E*- anlauten. Das GW ist -*husen* bzw. die in Südniedersachsen häufige Form -*hosen*. Im 14. Jh. scheint eine temporäre -*ingehusen*-Umbildung zu *Ellingessen* stattgefunden zu haben, welche sich im 15. Jh. in einem FamN in den Schreibweisen *Ellingsen*, *Ellinxen*, *Ellinxsen* widerspiegelt. Die verkürzte Form *Ellensen* setzt sich dann im 16. Jh. durch.

II. Nach Flechsig, Beiträge S. 45 und Casemir/Ohainski, Orte S. 135 mit dem GW -*husen* gebildet. Förstemann, Ortsnamen I Sp. 1554 stellt den Namen aufgrund der falsch zugeordneten Belege von 1022 und 1031 *Ilisun, Ilisa* (vgl. I.) zu einem Flußnamenelement. An anderer Stelle (Förstemann, Ortsnamen I Sp. 103) denkt er wegen des Beleges *Hellonhusen* an einen PN des Stammes ALI.

III. Bildung mit dem GW -*hūsen*. Da nur der erste Beleg im Anlaut ein *H*- zeigt und ein PN-Ansatz *Hello nicht zu untermauern ist, ist im Anlaut dieser ON-Form ein unorganisches, sogenanntes prothetisches *H*- zu sehen, welches vokalisch anlautenden Namen oft vorangesetzt wird. Im BW ist der häufig bezeugte schwach flektierende KurzN *Ello* enthalten; vgl. Förstemann, Personennamen Sp. 79. Der PN gehört zum PN-Stamm ALJA, zu got. *alja* 'der Andere; fremd'; vgl. auch Schlaug, Altsächs. Personennamen S. 77f. und Schlaug, Studien S. 193. Der PN liegt wohl auch in Elliehausen (NOB IV S. 126f.), vor. Weitere mit diesem PN gebildete ON verzeichnet Förstemann, Ortsnamen I Sp. 103.

ELLIERODE (Bad Gandersheim)

1169-1191 (A. 14. Jh.; Kopie 17. Jh.) *Edelevingeroth* (Petke, Wöltingerode Anhang II Nr. 2 S. 554)
um 1250 *Edheleringeroth* (Harenberg, Gandersheim S. 532)
um 1250 *Edelingerode* (Harenberg, Gandersheim S. 534)
1254 *Edelingerode* (Urk. St. Marien Gandersheim Nr. 7)
1256 *Edelingerode* (Urk. St. Marien Gandersheim Nr. 8)
1323 *Ellingherode* (Goetting, Findbuch I Nr. 124 S. 64)
1387 *Ellingerode* (UB Boventen Nr. 172 S. 162)
1387 *Edelingerode* (Goetting, Findbuch I Nr. 228 S. 105)
1440 *Ellingerode* (Goetting, Findbuch I Nr. 407 S. 164)
1531 *Ellingerode* (Tschackert, Rechnungsbücher S. 378)
1572 *Elliroide* (Kleinau GOV I Nr. 536 S. 171)
um 1616 *Ellingerode* (Casemir/Ohainski, Territorium S. 44)
1635 *Ellierode* (Kronenberg, Ellierode S. 24)
1784 *Elierode* (Kurhannoversche Landesaufnahme Bl. 140)
1803 *Ellierode* (Hassel/Bege, Wolfenbüttel II S. 199)
dialekt. (1937) *Eljerou* (Boegehold, -ingerode S. 33)
dialekt. (1949) *eljərōu* (Kleinau GOV I Nr. 536 S. 171)
dialekt. (1953) *eljərǖə* (Kleinau GOV I Nr. 536 S. 171)

I. Zum häufig auf diesen Ort bezogenen Raumnamen Alvunga-Mark → † Elvingerode. Der von den BuK Gandersheim S. 66 und Kronenberg, Ellierode S. 6 hierher

gestellte Beleg von um 1007 *Alveningarod* (Goetting, Gandersheim S. 256) gehört zu
→ † Elvingerode. Aus sprachlichen Gründen ist die Zuordnung von 1051-76 (A. 14.
Jh.) *Ascolvingerothe* (Westfäl. UB I Nr. 146 S. 115) abzulehnen; vgl. Kleinau GOV I
Nr. 536 S. 171. Ein von Kronenberg, Ellierode S. 6 auf diesen Ort bezogener Beleg
1206 *Alvalincherot*, korrekt 1206 *Alvelingerot* (Harenberg, Gandersheim S. 739), ist
mit Goetting, Gandersheim S. 266f. auf Elbingerode, Kr. Wernigerode, zu beziehen.
Nach den Belegen *Edelevingeroth* und *Edheleringeroth* verläuft die Entwicklung des
ON über *Edelingerode* zu *Ellingerode*. Ab dem 16. Jh. treten die abgeschwächten
Formen *Elliroide*, *Ellierode* und *Elierode* auf, die die Mundart sehr deutlich widerspiegeln.

II. Flechsig, Beiträge S. 37 und Boegehold, -ingerode S. 33 stellen den ON zu den
-ingerode-Namen.

III. ON des *-ingerode*-Typs. Ableitungsbasis ist ein PN, welcher durch die ältesten
Belege nicht sicher zu bestimmen ist. Entweder liegt bei den Belegen *Edelevingeroth*
und *Edheleringeroth* eine Verschreibung *-v-/-r-* bzw. Assimilation des *-v-* an die beiden Liquida *-l-* und *-r-* vor oder es handelt sich um eine Benennungskonkurrenz
zweier PN, denn für beide Formen kann je ein PN angesetzt werden. *Edelevingeroth*
würde auf einen PN *Edelev* hindeuten. Förstemann Personennamen Sp. 174 hat
dazu die PN *Adallef* und *Edilef*, wobei er bei diesem zwischen den Stämmen ATHAL
und ED (vgl. Förstemann Personennamen Sp. 450) schwankt. Bei Schlaug, Altsächs.
Personennamen S. 50 ist der PN *Adallef* verzeichnet. Die Namenglieder des PN
gehören zu asä. *aðali* 'Adel', *eðili* 'adelig' und asä. *lēba* 'Hinterlassenschaft, Überbleibsel', in PN eher in der Bedeutung 'Nachkomme, Sproß'. Asä. *-th-* entwickelt sich
mnd. zu *-d-*. Die Umlautung von *-a-* zu *-e-* wird vom nachfolgenden *-i-* in *-ingerode*
bewirkt. Die Form *Edheleringeroth* könnte den PN *Athalheri* enthalten. Dieser PN
ist gut bezeugt, vgl. Schlaug, Altsächs. Personennamen S. 50, Schlaug, Studien S. 66
und Förstemann, Personennamen Sp. 171. Das Zweitglied *-heri* gehört zu asä. *hēri*
'Heer'. Eine Kürzung beider Varianten zu *Edelingerode* ist aufgrund der hohen Silbenzahl denkbar. Das intervokalische *-d-* in *Edelingerode* schwindet, es entsteht
Ellingerode. Das Element *-inge-* durchläuft die typische Entwicklung der Entnasalierung und Spirantisierung zu *-ije-*; in manchen Belegen ist die Entwicklung bis zu
einem rudimentären *-i-* fortgeschritten (vgl. dazu Lasch, Grammatik § 342 B und
§ 346). Der PN *Athalheri* liegt auch in † Eddelershagen, Kr. Göttingen (NOB IV
S. 115), vor.

ELLIERODE (Hardegsen)

1055 (A. 16. Jh.) *Aldiggerod* (Mainzer UB I Nr. 296 S. 186 Anm. y)
1055 (A. 16. Jh.) *Aldigeroth* (Mainzer UB I Nr. 296 S. 186 Anm. y)
1387 *Ellingerode* (UB Boventen Nr. 172 S. 162)
1444 *Ellingrode* (Bruns, Urkunden Nr. 31 S. 50)
1519/20 (A. 16. Jh.) *Ellingerode prope Hardegsen* (Krusch, Studie S. 260)
1527 *Ellingerode* (Tschackert, Rechnungsbücher S. 373)
1542 *Ellingerode* (Kayser, Kirchenvisitationen S. 281)
um 1588 *Ellingerode bie Hardegsen* (Lubecus, Annalen S. 234)
1603 *Elbingerode* (Krabbe, Sollingkarte Bl. 1)
um 1616 *Ellingerode* (Casemir/Ohainski, Territorium S. 56)

1735-36 *Elligerode* (Forstbereitungsprotokoll S. 119)
1791 *Ellierode* (Scharf, Samlungen II S. 67)
1823 *Ellierode* (Ubbelohde, Repertorium 2. Abt. S. 47)
dialekt. (1937) *Eljerəə* (Boegehold, -ingerode S. 34)
dialekt. (1951) *elgĕrōĕ* (Flechsig, Beiträge S. 14)

I. Bei PN des Typs 1343 *Heyso de Ellingerode* (Kelterborn, Bürgeraufnahmen I S. 9), 1481 *Hinr. Ellingerod* (Kelterborn, Bürgeraufnahmen I S. 9) etc. ist nicht zu entscheiden, ob sie mit diesem Ort, mit → Ellierode bei Gandersheim oder mit → † Ellingerode in Verbindung zu bringen sind; wir sehen deshalb von einer Aufnahme in die Belegreihe ab. Die Zuordnung eines Beleges 1051-76 (A. 14. Jh.) *Ascolvingerothe* (Westfäl. UB I Nr. 146 S. 115) von Boegehold, -ingerode S. 34 hierher bzw. die Zuordnung bei Deppe, Besitzungen S. 21 zu Esplingerode (vgl. NOB IV S. 139f.) sind wegen der jeweiligen älteren Belege auszuschließen. 1055 lautet der ON *Aldiggeroth* bzw. *Aldigerod*; in drei Jahrhunderten vollzieht sich die Entwicklung zu *Ellingerode*. Weitere Abschwächungen führen zu *Elligerode* und der heutigen ON-Form *Ellierode*.

II. Nach Boegehold, -ingerode S. 34 zu den -ingerode-ON gehörig. Weigand, Ortsnamen S. 18 und Weigand, Heimatbuch S. 386 deutet Ellierode als „eine Rodung am Wasser", denn „Ell bedeutet Wasser".

III. ON des -ingerode-Typs. Da diese ON stets einen PN enthalten, ist Weigands Anschluß an ein Wasserwort nicht zu bestätigen. Er dachte wohl an mnd. *elve* 'Bachbett', welches mit anord. *elfr* 'Fluß' verwandt ist, hatte aber die älteren Formen nicht berücksichtigt. Die ersten beiden Belege weisen den Weg zu einer Grundform **Aldingerode*, dessen Ableitungsbasis der KurzN *Aldo* ist, welchen Förstemann, Personennamen Sp. 56f. und Schlaug, Studien S. 171 verzeichnen. Der PN wird zum Stamm ALDA, zu asä. *ald, old* 'alt' gestellt. **Aldingerode* entwickelt sich durch Umlautung von *A-* zu *E-* durch das nachfolgende *-i-* und Assimilation von *-ld- > -ll-* (Lasch, Grammatik § 323) zu *Ellingerode*. Die spätere Abschwächung des *-inge-*Elements über *-ige-* zu *-i(j)e-* ist ein verbreiteter Prozeß (Lasch, Grammatik § 342 B und § 346). Mit → † Ellingerode liegt eine gleiche Bildung vor.

† **ELLINGERODE**
Lage: Ca. 1,5 km südöstl. Wachenhausen westl. der B 247.

1290 *Ellingherode* (UB Eichsfeld Nr. 665 S. 407)
1290 *Ellingerode* (Westfäl. UB IV Nr. 2105a S. 1197)
1290 *Ellingherode* (UB Eichsfeld Nr. 666 S. 407)
1311 *ius in bonis silve Eldingerode site iuxta Katelenborch* (Urk. Katlenburg Nr. 84)
1315 (A. 16. Jh.) *dat holt Ellingerod* (Kopialbuch Katlenburg Bd. II S. 11r)
1330 *Eldingerode* (Urk. Katlenburg Nr. 126)
16. Jh. (Rückvermerk zur Urk. von 1318) *Nota. Ellingerod sin unses stiffts wisschen twisschen Wachenhusen unde Lindaw* (Urk. Katlenburg Nr. 99)
1525 *1 wische imme Ellingerode by Wachenhusen* (Lagerbuch Katlenburg S. 69)
1525 *boven Wachenhusen imme Ellingerode* (Lagerbuch Katlenburg S. 128)
1609 *Eldingerode* (Müller, Lehnsaufgebot S. 308)

I. Die ON-Formen schwanken bis ins 17. Jh. hinein zwischen *Ellingerode* und *Eldingerode*.

II. Nach Casemir, Grundwörter S. 193 mit dem GW *-rode* gebildet. Boegehold, -ingerode S. 34 stellt ihn zu den *-ingerode*-Namen.

III. Wie bei → Ellierode (Hardegsen) ist von einer *-ingerode*-Bildung mit dem KurzN *Aldo* im BW auszugehen, da die Schwankungen zwischen *-ll-* und *-ld-* auf *Ellingerode* als assimilierte Form zu *Eldingerode* schließen lassen.

IV. Exkursionskarte Osterode S. 42; Kühlhorn, Wüstungen Bd. I Nr. 106 S. 465-467; Max, Grubenhagen I S. 513-514; Winzer, Katlenburg S. 29; Wintzingeroda-Knorr, Wüstungen Nr. 174 S. 303-305.

† ELVERINGEHUSEN
Lage: In der Nähe von Verliehausen.

1390 (A. 16. Jh.) *drey vertheil des tegeden to Elveringehusen* (UB Reinhausen Nr. 185 S. 143)
1438 *eyn ferndel an deme tegeden to Elveringehusen* (UB Uslar II S. 895)
1511 *eynen ferndel tegeden to Elveringeshussen* (UB Uslar II S. 950)

I. Die ungefähre Lage der Wüstung geht aus den Urkunden von 1438 und 1511 hervor, bei denen die Herren von Uslar ¼ des Zehnten in Elveringehusen verlehnen, nachdem sie 1390 ¾ des Zehnten der Kapelle Altengleichen übertragen hatten. In den Urkunden ist ansonsten nur Lehngut in der Nähe von Uslar genannt. Die Lehnbücher derer von Uslar von 1711, 1730 und 1837 (UB Uslar II S. 1122, S. 1183 und S. 1373), die die Formulierung der Urkunden inhaltlich und in der Abfolge der Lehnstücke aufnehmen, buchen diesen Zehnt - wohl weil der Ort bereits wüst lag - unter Verliehausen, so daß die Wüstung mutmaßlich auf der Feldmark von Verliehausen gesucht werden muß. Die spät einsetzenden wenigen Belege variieren nur leicht zwischen *Elveringehusen* und *Elveringeshusen*, wobei das Fugen-*s* zu diesem Zeitpunkt als sekundäre Erscheinung angesehen werden muß.

III. Trotz der schlechten Beleglage kann man von einem *-ingehūsen*-ON ausgehen. Die Ableitungsbasis ist ein zweigliedriger PN *Elver*, der auf eine ältere Form *Alfheri* schließen läßt; vgl. dazu auch → † Elvershausen. Der PN ist bei Förstemann, Personennamen Sp. 69, Schlaug, Altsächs. Personennamen S. 42 und Schlaug, Studien S. 69 verzeichnet. Das Erstglied des PN *Alf-* gehört zum PN-Stamm ALBI, zu asä. *alf* 'Geist, Elf' (vgl. Kaufmann, Ergänzungsband S. 28), dessen auslautendes *-i* die Umlautung von *A-* zu *E-* bewirkt. Das Zweitglied ist *-heri*, zu asä. *hēri* 'Heer'. Das silbenanlautende *h-* schwindet früh (Lasch, Grammatik § 350). Der PN liegt auch in → † Elvershausen vor.

ELVERSHAUSEN (Katlenburg-Lindau)

1105 (Fä. Mitte 12. Jh.) *Alfrideshusen* (Mainzer UB I Nr. 424 S. 331)
118(6) (A. 16. Jh.) *Eluerdeshusen* (MGH Urk. HdL Nr. 118 S. 175)
1208 *Helmwicus presbiter in Eluerdishusen* (Scheidt, Codex Diplomaticus Nr. 69a S. 684)

1265 *militem dictum de Elferdeshusen* (Urk. Katlenburg Nr. 9)
1294 *Tydericus de Eluerdeshusen* (UB Oldershausen Nr. 5 S. 10)
1314 *in Ruma apud Eluerdeshusen* (Urk. Katlenburg Nr. 89)
1338 *Olricus de Elverdeshusen* (Grote, Neubürgerbuch S. 7)
1393 (A. 14. Jh.) *Eluerdeshusen* (UB Wangenheim Nr. 134 S. 136)
um 1440 *Eluershuszen* (Flentje/Henrichvark, Lehnbücher S. 86 Anm. k)
1525 *Elvershusen* (Lagerbuch Katlenburg S. 74)
1537 *Eluerßhausenn* (Meyer, Steuerregister S. 75)
1588 *Elberdshausen* (Kayser, Generalkirchenvisitation S. 124)
um 1649 *Elverßhausen* (Leerhoff, Karten S. 40)
1784 *Elvershausen* (Kurhannoversche Landesaufnahme Bl. 143)
1823 *Elvershausen* (Ubbelohde, Repertorium 2. Abt. S. 47)
dialekt. (1951) *elwĕrshau(i)sĕn* (Flechsig, Beiträge S. 14)

I. Zur Zuordnung des ersten Beleges vgl. → Albrechtshausen. Zu einer weiteren häufig vorgenommenen Zuordnung von 1082 (Fä. 12. Jh.) *Alwardeshusun* (Mainzer UB I Nr. 361 S. 281) vgl. NOB IV S. 24. Der von Flechsig, Beiträge S. 14 und Baudenkmale Northeim S. 132 angeführte Beleg zu 1171 ist mit der maßgeblichen Edition korrekt auf 118(6) zu datieren. Das GW zeigt konstant *-husen*, ab dem 16. Jh. hd. *-hausen*. Das BW entwickelt sich von *Alfrides-* zu *Elverdes-*, *Elferdes-*. Im 15. Jh. tritt eine Kürzung zu *Elvers-* ein. Abweichend erscheinen singulär *Elver-* ohne Fugen-*s*, *Elbrent-* und *Elberds-*.

II. Nach Weigand, Heimatbuch S. 197 dürfte der Ort „seinen Namen, wie Elvese, von der Lage am Flusse haben: denn Elve oder Elbe bedeutet Fluß, fließendes Wasser." Förstemann, Ortsnamen I Sp. 245 stellt den Beleg von 1105 zu einem PN *Adalfrid*.

III. Es ist von einem Ansatz *Alfrideshusen* auszugehen, der das GW *-hūsen* und im BW einen zweigliedrigen stark flektierenden PN enthält. Weigand geht wie bei → Ellierode (Hardegsen) wohl vom mnd. Appellativ *elve* 'Flußbett' aus, welches mit anord. *elfr* 'Fluß' zu verbinden ist. Doch auch hier achtet er weder auf ON-Struktur noch auf die Überlieferung. Das PN-Zweitglied *-frid* gehört zu asä. *friðu* 'Friede'. Für das Erstglied gibt es mehrere Anschlußmöglichkeiten: Zum einen den PN-Stamm ALA, zu asä. *al(l)* 'all, ganz', zum zweiten den Stamm ATHAL, zu asä. *aðali* 'Adel'. Durch Ausfall des intervokalischen Dentals hätte sich der PN *Athalfrid* zu *Alfrid* entwickelt. Dazu stellt Förstemann, Ortsnamen I Sp. 245 die ON Elfershausen (820 *Adalfrideshuson*), Kr. Bad Kissingen, und Halberstätt (841 *Aalfridesstat*), Kr. Erding. Die dritte Möglichkeit ist der PN-Stamm ALƁI (vgl. Kaufmann, Ergänzungsband S. 28), zu asä. *alf* 'Geist, Elf', mit einem PN *Alffrid*. Hier würde das auslautende *-f-* des Erstglieds mit dem anlautenden des Zweitglieds zusammenfallen; vgl. diese PN bei Förstemann, Personennamen Sp. 52, Sp. 67 und Sp. 166. Schlaug, Studien S. 68 verzeichnet noch einen PN *Alfrid* unter dem Ansatz asä. *ald*, *old* 'alt', Förstemann, Personennamen Sp. 81 eine Form *Alfrith* zum PN-Stamm ALJA, zu got. *alja* 'fremd' (dazu führt er einen ON-Beleg ca. 1080 *Elfritherode* auf). Gleichgültig, welcher Stamm im Erstglied vorliegt, ist ein PN *Alfrid* bezeugt und in Elvershausen anzusetzen. Die weitere Entwicklung des BW zu *Elverdes-* ist unproblematisch. Das anlautende *A-* wird durch das nachfolgende *-i-* zu *E-* umgelautet. Nach Heintze/Cascorbi, Familiennamen S. 201 erscheint „im Friesischen und Niedersächsischen fred o. ferd statt frid". Das flektierte Zweitglied *-frides-* unterliegt also einer *r*-Metathese zu *-ferdes-* (Lasch, Grammatik § 231). Die *v*-Schreibung ist eine Variante für -f- (Lasch, Grammatik § 293). Durch weitere nebentonige Abschwächung treffen -rds- aufeinander, wobei das interkonsonantische -d- ausfällt und Elvers- entsteht.

† ELVERSHAUSEN
Lage: Ca. 1 km östl. Gremsheim.

1238 Elvershusen (Petke, Wöltingerode Anhang III Nr. 8 S. 565)
1360 (A. 15. Jh.) Eluershusen (Kleinau GOV I Nr. 549 S. 175)

I. Die Zuordnung eines Beleges 1314 (A. 15. Jh.) Lippoldo de Elvershusen (UB Goslar III Nr. 342 S. 234) zu dieser Wüstung muß offenbleiben, da die entsprechende Quelle keine eindeutige geographische Anordnung erkennen läßt.

II. Die BuK Gandersheim S. 69 deuten den ON als „Behausung eines Alfhard".

III. Bildung mit dem GW -hūsen. Ob im BW wirklich der stark flektierende PN Alfhard vorliegt, ist fraglich. Der Vergleich mit ON-Belegen von → Elvershausen zeigt, daß dort der Schwund des -d- im PN-Zweitglied -frid erstmals um 1440 bezeugt ist. Auch für die erfolgte Umlautung bietet der PN Alfhard in einer ON-Grundform *Alfhardeshusen keinen Anlaß. Es ist eher der PN Alfheri anzusetzen und von einer Grundform *Alfherishusen auszugehen; zum PN und dessen Entwicklung vgl. → † Elveringehusen.

IV. Karte 18. Jh. Bl. 4026; Kleinau GOV I Nr. 549 S. 175.

ELVESE (Nörten-Hardenberg)

822-826 (A. 17. Jh.) Eulfeshusen (Trad. Corb. § 41 S. 89)
1231 Elueshem (Orig. Guelf. IV Prefatio Nr. 1 S. 62)
1318 Eluessen (Flentje/Henrichvark, Lehnbücher Nr. 152 S. 43)
1346 Elvesse (Wolf, Nörten Nr. 35 S. 42)
1389 Thidericus de Elvessen (Kelterborn, Bürgeraufnahmen I S. 35)
1393 Elvese (UB Hardenberg I Nr. 78 S. 113)
1398 ere capellen to Elvesse (Wolf, Nörten Nr. 45 S. 58)
1405 (A. 15. Jh.) Eluessen (Sudendorf X Nr. 6 S. 25)
1462 Hans Soseman von Elvesse (Grote, Neubürgerbuch S. 31)
1497 Elvese (Negotium monasterii Steynensis S. 160)
1521 Elvese (UB Hardenberg I Nr. 104 S. 166)
1543 Elvesse (Frankenberg, Erbenschaften S. 102)
um 1583 Elvesse (Zimmermann, Ökonomischer Staat S. 24)
1667 Elvesse (Wolf, Nörten Nr. 99 S. 160)
1784 Elvesen (Kurhannoversche Landesaufnahme Bl. 150)
1823 Elvese (Ubbelohde, Repertorium 2. Abt. S. 47)
dialekt. (1951) elwĕssĕ (Flechsig, Beiträge S. 14)

I. In der Edition ist bei dem Beleg von 822-876 fälschlich als Schreibung Culfeshusen angegeben; vgl. dazu Schütte, Mönchslisten S. 441. Als GW erscheint im frühesten Beleg -husen, um 1231 -hem, bevor es in der Folge nur noch verkürzt -sen, -se, aber auch -en lautet. Das BW zeigt erst ungewöhnliches Eulfes-, in den späteren Belegen dann konstant Elves-.

II. Nach Casemir/Ohainski, Orte S. 135 mit dem GW -*husen* gebildet. Weigand, Heimatbuch S. 308 meint: „'Elve' oder Elbe bedeutet Fluß, 'Se' ist eine Abkürzung von 'hausen'. Der Name Elvese bedeutet demnach 'die Häuser oder das Dorf am Fluß'." Gehmlich, Wappenbuch S. 315 greift diese Deutung auf: „Der Ortsname bezieht sich auf die Lage des Dorfes an einem Fließgewässer, denn 'elve' bedeutet soviel wie 'Fluß'. Die Endung 'se' ist abgeschliffen von -husen. Der Name charakterisiert die Lage von Elvese an der Leine." Flechsig, Beiträge S. 43 stellt den ON, der einen PN im BW enthalte, aufgrund der „im 13. Jahrhundert ausschließlich bezeugten älteren Form Elveshem" zu den -*heim*-Namen.

III. Trotz des einen -*hem*-Beleges ist das GW wohl -*hūsen*. Flechsig, Beiträge S. 14 hatte noch einen Beleg 1201 *Elveshem* aufgeführt, der seine Meinung untermauert; dieser konnte jedoch nicht verifiziert werden. Für das BW ist die appellativische Deutung Weigands und Gehmlichs abzulehnen. Sie gehen wie Weigand bei → Ellierode und → Elvershausen von einem Anschluß an anord. *elfr* 'Fluß', mnd. *elve* 'Flußbett' aus, wogegen allerdings die Flexion des BW spricht. Hier ist Flechsig zuzustimmen und ein stark flektierter PN anzusetzen. Fraglich ist, inwieweit die Form des Erstbeleges zu beachten ist. Aus den Belegen ab 1231 läßt sich ein KurzN *Alv(i)* zum PN-Stamm ALÞI erschließen, der mit asä. *alf* 'Geist, Elf' zu verbinden ist; vgl. Kaufmann, Ergänzungsband S. 28, Förstemann, Personennamen Sp. 64f. und Schlaug, Altsächs. Personennamen S. 44. Die Entwicklung *Alvishusen > *Elveshusen* durch Umlautung bietet keine Probleme. Im Beleg von 822-826 *Eulfeshusen* scheint aber eher der bei Schlaug, Altsächs. Personennamen S. 81 und Förstemann, Personennamen Sp. 51 aufgeführte zweigliedrige PN *Eulf* zu stecken. Das Zweitglied -*ulf* ist aus älterem -*wulf* zu asä. *wulf* 'Wolf' entstanden; das silbenanlautende *w*- schwindet früh (Lasch, Grammatik § 300). Das Erstglied stellt Schlaug zu asä. *ēwa*, *ēu*, *ē* 'Gesetz' oder *ehu* 'Pferd', verweist aber auch auf eine mögliche Entwicklung des PN aus *Agi-*, *Aiulf*. Dessen Erstglied ist mit germ. **agi-*, got. *agis* 'Schrecken' zu verbinden (vgl. Schlaug, Altsächs. Personennamen S. 39) und konnte über den Ausfall des intervokalischen -*g*- und Umlautung zu *E*- verschliffen werden. Nach Gallée, Grammatik § 94 und § 46 Anm. 2 fand dieser Vorgang des *g*-Schwundes ab dem 10. Jh. statt. Mit † Ailmundesrode, Kr. Wolfenbüttel (NOB III S. 60f.), liegt aber ein ON vor, der diesen Schwund bereits im 9. Jh. zeigt, so daß wir ihn hier nicht als ungewöhnlich annehmen müssen (vgl. dazu auch NOB III S. 508). Da zwischen dem ersten und dem zweiten ON-Beleg 400 Jahre liegen, ist nicht sicher nachvollziehbar, ob sich a) das BW *Eulfes*- über Abschwächung des nebentonigen Zweitgliedes -*ulf* > -*elf* zu einer Form *Elves*- entwickelte, ob b) eher ein zweiter PN *Alv(i)* sekundär eintrat oder c) im Erstbeleg lediglich eine Verschreibung vorliegt.

† ELVINGERODE

Lage: Ca. 1 km südöstl. Rimmerode.

um 1007 *Alveningarod* (Goetting, Gandersheim S. 256)
1236 *Lodewicus de Elvelingerodhe* (UB H. Hild. II Nr. 465 S. 222)
1247 *Elveligrot* (Asseburger UB I Nr. 243 S. 169)
1311 *Henricus famulus de Elvelingherode* (UB H. Hild. IV Nr. 77 S. 42)
1318 *Lodewicus de Elvelingherode* (UB Goslar III Nr. 476 S. 326)
1331 *Lodewich de Elvelingrode* (UB Goslar III Nr. 873 S. 580)
um 1360 *Elbingerode* (Kleinau GOV I Nr. 548 S. 174)

um 1366 *Elvelingerode* (UB Goslar V Nr. 70 S. 25)
1398 *Elvelingerode* (UB Goslar V Nr. 1111 S. 563)
1440 (A. 15. Jh.) *Elvingerode* (Kleinau GOV I Nr. 548 S. 174)
1588 *Elvelingkroda, itz aber Rimroda* (Kleinau GOV I Nr. 548 S. 174)
1605-1608 *Rimrode oder Elvingerode* (Kleinau GOV I Nr. 548 S. 174)

I. Der Beleg von 1247 *Elveligrot* (Asseburger UB I Nr. 243 S. 169), der in NOB II S. 46 zu Elbingerode gestellt wurde, ist wegen der Besitzkontinuität des Reichsstiftes Gandersheim eher auf die vorliegende Wüstung zu beziehen. Der Gau Alvunga-Mark, der folgendermaßen belegt ist: um 865 (Fä. 1. H. 12. Jh.) *in Aluunga marcv* (Goetting, Findbuch Bd. I Nr. 1 S. 1), um 865 (Fä. 13. Jh.) *Aluunge markv* (Goetting, Findbuch Bd. I Nr. 2 S. 2), 947 (A. 12. Jh.) *Aluungun* (Goetting, Diplom S. 105), 956 *Aluunga marcu* (Goetting, Diplom S. 104), ist unserer Ansicht nach gegen Kleinau GOV I Nr. 63 S. 20 eher in der Umgebung von Elvingerode als bei → Ellierode (Gandersheim) zu verorten. Ein sprachliche Verbindung ist jedoch kaum herzustellen, denn der GauN zeigt die Form *Aluunga, Aluunge* und *Aluungun*. Die ON-Überlieferung hingegen enthält *-ing-*. Außerdem lautet der Erstbestandteil *Alven-*. Im Folgenden wird *-n-* durch *-l-* ersetzt. Das anlautende *A-* wird zu *E-* umgelautet. Selten erscheint *-b-* für *-v-*. Gelegentlich verkürzt sich der ON durch Ausfall von *-el-* in *Elbinge-* bzw. *Elvingerode*. Das GW liegt als *-rod, -rode, -rodhe, -rot* und *-roda* vor. Das *-inge*-Element begegnet auch als *-ig(e)-* und *-ing(k)-*.

II. Goetting, Gandersheim S. 254 meint, der GauN „Alvunga marca" sei „noch in der Wüstung *Elv(el)ingerode (Alveningarod) bei Rimmerode erhalten" geblieben. Bei Casemir/Ohainski, Orte S. 137 wird der ON aufgrund der GauN-Belege 947 *Aluungun*, 956 *Aluunga* als Bildung mit *-ing/-ung*-Suffix angesprochen. Mühe, Wrescherode S. 84 erwähnt eine alte Form *Alvenungarod* (sicher meint er *Alveningarod*) und deutet sie fragend als „Rodung in der Alvungamark". Kronenberg, Ellierode S. 6 deutet den ON → Ellierode aufgrund des dort falsch zugeordneten Beleges von 1007 *Alveningarod* als Ort der „Sippe eines Alwin". Unter denselben falschen Voraussetzungen deuten die BuK Gandersheim S. 66 Ellierode als „Rodung der Sippe eines Albuin?" und Förstemann, Ortsnamen I Sp. 96 stellt Ellierode zu einem PN des PN-Stammes ALFI.

III. Zunächst stellt sich die Frage, ob der GauN und der ON miteinander in Verbindung stehen. Der Suffixwechsel *-ung-/-ing-* stellt kein Problem dar, er ist in ON des öfteren zu beobachten (vgl. Udolph, Germanenproblem S. 154ff.). Eine Entwicklung *Alv-* > *Alven-* aber ist auszuschließen. Der GauN ist eine *-ungen*-Bildung, die wie † Alvingen, Kr. Osterode (NOB II S. 4f.), die idg. Wurzel *albh- 'weiß' enthält. Der ON dagegen ist ein *-ingerode*-Name mit einem PN als Ableitungsbasis. Bei diesem kann es sich um einen mit *n*-Suffix gebildeten KurzN *Alvin* zum PN-Stamm ALÐI, zu asä. *alf* 'Geist, Elf', handeln; vgl. Förstemann, Personennamen Sp. 65, der die Formen *Alfan, Alvun* verzeichnet. Auch eine Verschleifung des zweigliedrigen PN *Alfwin(i)* ist möglich, dessen Namenglieder zu asä. *alf* 'Geist, Elf' und asä. *wini* 'Freund' gehören; vgl. Schlaug, Altsächs. Personennamen S. 44, Schlaug, Studien S. 70 und Förstemann, Personennamen Sp. 73. Die Umlautung des anlautenden *A-* > *E-* wird durch das nachfolgende *-i-* bewirkt. Die Entwicklung von *Alveninga-* zu *Elvelinge-* durch Wechsel von *-n-* zu *-l-* ist keine singuläre Erscheinung; vgl. z.B. Elbingerode, Kr. Osterode (NOB II S. 46ff.). Boegehold, -ingerode S. 23 erklärt

-l-ingerode-Formen als Resultat verschiedener Assimilations- und Dissimilationsprozesse aus -r-, -rt- und -n-.

IV. Casemir/Ohainski, Orte Nr. 578 S. 87; Jäckel, Willershausen Karte 1 als Evelingerode; Karte 18. Jh. Bl. 4126 als † Elveringerode; Kleinau GOV I Nr. 548 S. 175-176 als Elv(el)ingerode.

† EMELINGERODE
Lage: Unklar im Raum Gandersheim-Seesen.

um 1007 *Aeilmeringarod* (Goetting, Gandersheim S. 256)
1131 (Fä. 13. Jh.) *Emeleriggerod* (MGH DL III. Nr. 128 S. 219)
um 1154 *Emeleriggerod* (UB H. Hild. I Nr. 283 S. 269)
1157 *Emeleriggerod* (MGH DF I. Nr. 172 S. 293)
1209 *Emeleringeroth* (UB H. Hild. I Nr. 630 S. 600)

I. Der Erstbeleg weicht von den folgenden im Erstelement *Aeilmer-* ab; im Weiteren lautet es konstant *Emeler-*.

II. Boegehold, -ingerode S. 34 stellt den ON zu den -*ingerode*-Namen.

III. ON des -*ingerode*-Typs. Schwierig ist die Frage nach dem PN, den der ON enthält; es scheint einen Wechsel zwischen zwei PN gegeben zu haben. Im Erstbeleg liegt *Aeilmer* vor. Der Diphthong weist auf einen ausgefallenen intervokalischen Konsonanten hin; der Anlaut *Ae-* auf Umlautung *A-* > *E-*. Es dürfte sich demzufolge um den zweigliedrigen PN *Agilmar* handeln, der auch als *Egilmar* und *Eilmar* bezeugt ist; vgl. Schlaug, Altsächs. Personennamen S. 76, Schlaug, Studien S. 89f. und Förstemann, Personennamen Sp. 33. Das Erstglied *Agil-* gehört zum PN-Stamm AGIL, einer Weiterentwicklung des Stammes AG, der im allgemeinen mit got. *agis* 'Schrecken' verbunden wird; vgl. Kaufmann, Ergänzungsband S. 22f. Das Zweitglied *-mer* bzw. *-mar* gehört zu asä. *māri*, *mēri* 'herrlich, berühmt'. Die Belege ab 1131 enthalten jedoch *Emeler* und finden damit keinen Anschluß an den PN des Erstbeleges. Viel eher ist hier an den zweigliedrigen PN *Amalheri* zu denken; vgl. Förstemann, Personennamen Sp. 93f. Das Erstglied *Amal-* wird zu got. *amals* 'tüchtig, tapfer' gestellt; das Zweitglied *-heri* gehört zu asä. *hēri* 'Heer'. Die Umlautung von *-a-* zu *-e-* wird entweder durch das *-i-* in *-heri* oder in *-ingerod* bewirkt. Gottschald, Namenkunde S. 152 und Heintze/Cascorbi, Familiennamen S. 113 führen den FamN *Emeler* unter diesem PN auf.

IV. Kleinau GOV I Nr. 553 S. 175.

† ERECKESHAGEN
Lage: Unsicher in der Nähe von Moringen zu suchen.

1528 *Ereckeshagen* (Desel, Lippoldsberg S. 160)

I. Weitere Belege konnten nicht ermittelt werden.

II. Nach Casemir, Grundwörter S. 191 mit dem GW -*hagen* gebildet.

III. Bildung mit dem GW -*hagen*. Obwohl nur ein ON-Beleg vorliegt, ist aufgrund von dessen Struktur von einer Zusammensetzung mit einem stark flektierten PN auszugehen. Der anzunehmende PN *Erik* ist asä. bezeugt; vgl. Schlaug, Altsächs. Personennamen S. 80f., Schlaug, Studien S. 86, der ihn zu asä. *ēwa* 'Gesetz' stellt, und Förstemann, Personennamen Sp. 465f. Das Zweitglied des PN gehört zu asä. *rīki* 'reich, mächtig'. Die anzusetzende Grundform **Erikeshagen* schwächt sich nebentonig zum vorliegenden *Ereckeshagen* ab. Der PN liegt auch in Erkerode, Kr. Wolfenbüttel (NOB III S. 144f.), vor. Die hd. Variante des PN enthält → Erichsburg.

IV. Desel, Lippoldsberg S. 160-161; Kühlhorn, Wüstungen Bd. I Nr. 116 S. 499; Ohlmer, Moringen S. 8.

ERICHSBURG, VORWERK (Dassel)

um 1530 *Erichsburg* (Erichsburgensia S. 25)
1543 *geben zur Erichsburgk* (Kayser, Kirchenvisitationen S. 347)
1569 *by der Erickesborch* (Kelterborn, Bürgeraufnahmen I S. 215)
um 1588 *by der Erichsburch* (Lubecus, Annalen S. 465)
1596 *im gericht zu Hundesrück, itzo die Erichsburg genannt* (Müller, Lehnsaufgebot S. 311)
1615 *hauß und vestung Erichsburg* (Voß, Landverkauf S. 137)
1693 *zu der Erichsburg* (UB Uslar II S. 1075)
1740 *Erichsburg* (Lauenstein, Hildesheim II S. 302)
1791 *Erichsburg* (Scharf, Samlungen II S. 70)
1833 *Erichsburg* (Gaußsche Landesaufnahme Bl. 22)
dialekt. (1951) *ērichsborch* (Flechsig, Beiträge S. 14)

I. Zur Geschichte des Schlosses, das die in der Hildesheimer Stiftsfehde zerstörte Burg → Hunnesrück ersetzte, vgl. z.B. Erichsburgensia S. 36ff. Im GW wechselt -*u*- gelegentlich mit -*o*-. Das BW lautet stabil *Erichs*-. Im Beleg von 1569, der auch nd. -*borch* enthält, erscheint nd. *Erickes*-.

II. Nach Flechsig, Beiträge S. 50 mit dem GW -*burg* gebildet. Einen Hinweis auf das Benennungsmotiv des von 1527/28 bis 1530 durch Herzog Erich I. von Calenberg errichteten Schlosses gibt eine Inschrift auf einer wohl mit der Fertigstellung angebrachten Bronzetafel: *In gots gewalt gnad und hant / Bin ich die Erichsburg genant / Hertzog Wilhelms Son Erich er hieß / Der mich von ersten bauen ließ / [...] Dem Jungen Erich und seinen samen / Bin ich und behalt den namen [...]*. (Erichsburgensia S. 25f.). Nach Kühlhorn, Ortsnamen S. 46 Anm. 33 und Erichsburgensia ist das Schloß nach dem am 10. August 1528 geborenen Sohn Erichs I. - Erich dem II. - benannt worden.

III. Die Sicht auf die ON-Belege ergibt keine alternative Deutung. Der ON besteht aus dem GW -*burg* und dem hd. PN *Erich* im Genitiv. Dessen Etymologie ist schon unter → † Ereckeshagen behandelt worden.

(†) ERTINGHAUSEN (Hardegsen)

Der Ort soll nach Kühlhorn, Wüstungen Bd. I Nr. 121 S. 509ff. und anderen im späten 15. Jh. wüst gefallen und danach an leicht veränderter Stelle und in geringerem Umfang wieder aufgebaut worden sein.

1320 *Ertingehusen* (Kramer, Abschwächung S. 38)

1360 *Heneke von Ertinghehusen* (Grote, Neubürgerbuch S. 15)
1383 (A. 14. Jh.) *Hintze v. Ertingehusen* (UB Göttingen I Nr. 306 S. 329)
1409 *Ertingehusen* (UB Hardenberg II Nr. 49 S. 110)
1479 *Johannes Ertingehusen* (Kelterborn, Bürgeraufnahmen I S. 114)
1498 (A. 16. Jh.) *Johannes Ertingeshusen* (UB Mariengarten Nr. 328 S. 291)
1503 *Hans Ertihusen* (UB Fredelsloh Nr. 250 S. 171)
1537 *Ertigehausen* (Meyer, Steuerregister S. 74)
1588 *Erdinghausen* (Kayser, Generalkirchenvisitation S. 130)
1588 *Ertihausen* (Kayser, Kirchenvisitationen S. 281 Anm.)
1603 *Ertighusen* (Krabbe, Sollingkarte Bl. 4)
1771 *Ertigehausen* (Domeier, Hardegsen S. 74)
1823 *Ertinghausen* (Ubbelohde, Repertorium 2. Abt. S. 48)
dialekt. (1951) *ertjĕhiusĕn* (Flechsig, Beiträge S. 14)

I. Der ON erscheint recht stabil als *Ertingehusen* bzw. *-hausen*, selten als *Ertingeshusen* mit Fugen-*s*. Aus den Belegen *Ertihusen*, *Ertigehusen* und *Ertighusen* wird die Entwicklung von *-inge-* zu *-ije-* deutlich, die sich auch in der Dialektform zeigt, sich aber in den Schriftformen nicht durchsetzt. Der Dental liegt im 16. Jh. auch als *-d-* statt als *-t-* vor.

II. Nach Casemir, Grundwörter S. 192 mit dem GW *-husen* gebildet. Flechsig, Beiträge S. 37 stellt den ON zu den *-ingehusen*-Namen. Weigand, Heimatbuch S. 376f. deutet den ON aufgrund einer von ihm nicht näher belegten Form: „Früher soll [der Ort] 'Hertingehusen' geheißen haben. Die letztere Form bringt uns der wahren Bedeutung näher. Setzen wir an die Stelle des 'e' in der Silbe 'Hert' ein 'a', so heißt es 'Hart'. [...] 'Hard' bedeutet Wald; so nennt sich also Ertinghausen nach dem, was seine ersten Bewohner waren: Waldleute, Waldarbeiter".

III. Der ON gehört zu den *-ingehusen*-Namen. Da diese ON stets einen PN und kein Appellativ enthalten, ist Weigands Vermutung abzulehnen, ganz abgesehen davon, daß ein Beleg *Hertingehusen* nicht überliefert ist. Die drei Belege mit Fugen-*s* sind Angleichungen an *-husen*-Orte, welche mit einem PN auf *-ing* im Genitiv Singular gebildet sind. Ertingehusen enthält also keinen PN *Erting*. Ableitungsgrundlage ist vielmehr ein PN *Ert-*, *Erd-* oder auch *Art-*, *Ard-* (mit Umlautung zu *E-* durch das nachfolgende *-i-*). Fraglich ist, ob die *t*-Schreibung original ist oder es sich um eine Verschärfung aus *-d-* handelt, welchem asä. *-th-/-dh-* zugrundeliegt. Förstemann, Ortsnamen I Sp. 826 führt einen PN-Stamm ERD unbekannter Herkunft auf, dem er u.a. Ertingen, Kr. Biberach, zuordnet. Kaufmann, Ergänzungsband S. 38, S. 110 und S. 174 nimmt einen PN-Stamm *Erthō-* zu germ. *erþō* 'Erde' an. Im Asä. entwickelt sich dieses Wort zu *ertha*, *erda* weiter. Schlaug, Studien S. 91 bezeichnet den PN-Stamm zu asä. *erđa* 'Erde' als selten und führt darunter lediglich die PN *Ertmar*, *Ertmot* und *Erdrūn* auf. Förstemann, Personennamen Sp. 749ff. nennt PN auf *Erd-* und *Ard-* jedoch auch unter dem PN-Stamm HARDU, wobei er vermerkt: „Ein besonderer stamm ARD, der durch die grosse anzal unaspirierter formen so wie durch ags. Eardgyth, -nōdh, -rēd, -veald, -vine, -vulf wahrscheinlich gemacht wird, lässt sich nicht mit einiger sicherheit ausscheiden; bei dieser form könnte auch zuweilen an den keltischen stamm ardu-, ardvo- excelsus ['hochragend'] gedacht werden [...]." Förstemann muß dabei an die idg. Wurzel *er(ə)d(h)-* 'hoch; wachsen' gedacht haben, zu der Pokorny, Wörterbuch S. 339 lat. *arduus* 'hoch, steil', air. *ard* 'hoch, groß' und anord. *ǫrđugr* 'steil' stellt. Für diese Wörter ist allerdings von der Tiefstufe dieser Wurzel *ərdh- auszugehen, die im Germ. zu einem Ansatz *arð- führt. Damit wird ein PN *Ard- möglich, dessen Auslautdental sich zu -t- verhärtet (Lasch, Grammatik § 305). Es kann also eine Grundform *Artingehusen angesetzt werden, die sich durch Umlautung von A- zu E- durch nachfolgendes -i- zu Ertingehusen entwickelt. Die Bedeutung 'hoch, groß' ist für einen PN jedenfalls plausibler als 'Erde'. Zu diesem PN-Ansatz vgl. auch → Erzhausen.

IV. Exkursionskarte Moringen S. 65-66; Kühlhorn, Wüstungen Bd. I Nr. 121 S. 508-512.

ERZHAUSEN (Kreiensen)

um 1007 (A. 15. Jh.) *Erdisteshusen* (Engelke, Grenzen S. 4)
1013 *Aerdisteshusun* (MGH DH II. Nr. 256a S. 299)
1156 (A. 13. Jh.) *Erdeshusen* (MGH Urk. HdL Nr. 34 S. 49)
1158 (A. 13. Jh.) *Erdeshusen* (Mainzer UB II Nr. 229 S. 412)
1184-85 (A. 13. Jh.) *Herheshusen* [!] (UB H. Hild. I Nr. 434 S. 423)
1197 *Erdeshuse* (Falke, Trad. Corb. Nr. 215 S. 855)
1198 (A. 13. Jh.) *Erdesteshusen* (UB H. Hild. I Nr. 540 S. 517)
1271 *Erdishusen* (Kleinau GOV I Nr. 572 S. 180)
um 1290 *Erdeshusen* (Dürre, Amelungsborn S. 25)
1451 *Erdeshusen* (Urk. Clus/Brunshausen Nr. 54)
um 1525 *Eideshusen* (Kleinau GOV I Nr. 572 S. 180)
1544 *Ertzhausen* (Kayser, Kirchenvisitationen S. 205 Anm.)
um 1600 *Ertzhusen* (Reller, Kirchenverfassung S. 223)
1678 *Ertzhausen* (Kopfsteuerbeschreibung Wolfenbüttel S. 237)
1783 *Ertzhausen* (Kurhannoversche Landesaufnahme Bl. 139)
1803 *Erzhausen* (Hassel/Bege, Wolfenbüttel II S. 322)
dialekt. (1954) *ertshíusən* (Kleinau GOV I Nr. 572 S. 180)

I. Das GW lautet konstant -husen bzw. ab dem 16. Jh. hd. -hausen. Im Anlaut des BW erscheint einmal früh Ae-, sonst E-. Das BW liegt in den ältesten Belegen und noch einmal 1198 mit dem Element -ist-/-est- vor, dann wird es zu Erdes- und schließlich zu Ertz- verkürzt. Abweichend sind Herheshusen und Eideshusen.

II. Nach Casemir/Ohainski, Orte S. 135 mit dem GW -husen gebildet. Die BuK Gandersheim S. 434 vermuten in dem ON die „Behausung eines Erdisto". Förstemann, Personennamen Sp. 465 stellt den ON zu einem unbekannten PN-Stamm ERD. Ehlers, Erzhausen S. 22 faßt die ihm bekannten Deutungen zusammen: „Prof. Hahne führt den Namen zurück auf ein Flüßchen Erdista, das im Selter entquillt, und meint, daß es die Lake sei [...]. Erdista sei ein Bachname ähnlich wie Indistria, Indista, daraus sich der Name der Innerste gebildet habe. Dr. Flechsig dagegen wie auch Steinacker leiten gewiß richtiger den Namen Erzhausen ab von Erdisto, da isto eine patronymische Endung (Siedlung einer Sippe) von dem Personennamen Erdo sei."

III. Bildung mit dem GW -hūsen. Das BW enthält wie → † Aschen, → Brunshausen und → † Brunsteshusen einen stark flektierenden PN, der mit einem st-Suffix gebildet ist. Dieses ist entgegen Ehlers Vermutung einer Sippenbezeichnung Bestandteil des PN. Der Anlaut Ae- im Beleg von 1013 weist auf ursprüngliches, durch das präsuffixale -i- zu E- umgelautetes A-. Es ist somit von einem PN *Ardist auszugehen, der mit dem bereits bei → (†) Ertinghausen besprochenen Ansatz germ. *arð- < idg. *ərdh- 'hoch, groß' verbunden werden kann. *Erdistes-* wird in der nebentonigen Silbe zu *Erdestes-* abgeschwächt und zu *Erdes-* verkürzt. Das zweite, schwachtonige *-e-* fällt aus, wodurch *-d-* und *-s-* zusammentreffen und zur auslautverschärften Affrikate *-tz-* verschmelzen.

ESCHERSHAUSEN (Uslar)

1244 *Eschericheshusen* (UB Uslar I S. 32)
1244 *Eschershusen prope Uslariam* (UB Uslar I S. 33)
1318 *Eschershusen* (Flentje/Henrichvark, Lehnbücher Nr. 152 S. 43)
1349 *plebanus in Eschershusen* (Urk. Dipl. App. Nr. 187)
1437 *Esschirßhusen* (UB Göttingen II Nr. 180 S. 131)
1588 *Essescheshausen* (Kayser, Generalkirchenvisitation S. 184 Anm.)
1591 *Escherßhausen* (Kelterborn, Bürgeraufnahmen I S. 237)
1630 *Eschershausen* (Nolte, Flurnamen S. 9)
1784 *Eschershausen* (Kurhannoversche Landesaufnahme Bl. 149)
1823 *Eschershausen* (Ubbelohde, Repertorium 2. Abt. S. 49)
dialekt. (1951) *eschĕrshiusĕn* (Flechsig, Beiträge S. 15)
dialekt. (1963) *eschershiusen* (Nolte, Flurnamen S. 9)

I. Die Zuordnung von Belegen zu diesem Ort ist sehr schwierig, da mit Eschershausen, Kr. Holzminden, ein scheinbar gleichgebildeter Name vorliegt (vgl. zu diesem Kleinau GOV I Nr. 577 S. 183f.), weshalb wir hier nur relativ sicher auf diesen Ort zu beziehende Belege aufgenommen haben. Personennamenbelege wie 1236 *Conradus de Eschershusen* (UB Goslar I Nr. 550 S. 527) blieben völlig unberücksichtigt. Der ON liegt hauptsächlich als *Eschershusen* bzw. *-hausen* vor. Allerdings enthält der Erstbeleg von 1244 wohl eine Vorform *Eschericheshusen*. Etwas abweichend erscheint 1588 *Essescheshausen*.

II. Nolte, Flurnamen S. 9 vermutet im BW den PN *Ascger*, „der offensichtlich auch in Eschershausen (HOL) enthalten ist".

III. Das GW lautet *-hūsen*. Im BW liegt ein stark flektierender PN vor. Nolte geht von einem PN *Ascger* aus. Einer solchen Annahme widerspricht allerdings der älteste Beleg *Eschericheshusen*, der eher einen PN mit dem Zweitglied *-ric* enthält. Das Erstglied ist auf ein älteres *Asc-* zurückzuführen. Es ist also ein PN *Asc(e)ric* anzusetzen. Schlaug, Altsächs. Personennamen S. 47 belegt die PN *Ascric*, *Ascheric* bzw. *Esericus*, deren Namenglieder zu asä. *ask* 'Esche' und asä. *rīki* 'reich, mächtig' gehören. Schlaug, Studien S. 72 führt *Ascharich* und *Eskericus* an; Förstemann, Personennamen Sp. 148f. listet zahlreiche derartige PN auf. Mit dem Ansatz dieses PN lautet die ON-Grundform *Asc(e)rikeshusen*. Der Anschluß der Grundform an die überlieferten Formen ist unproblematisch: Das *-i-* des Zweitgliedes bewirkt die Umlautung des anlautenden *A-*. Nach Lasch, Grammatik § 334 wechselt *-sc-* mit *-sch-* schon in vormnd. Zeit (vgl. auch Gallée, Grammatik § 179 und § 240); damit entsteht eine Form *Escherikeshusen*. Das Zweitglied liegt im ältesten Beleg als *-rich* vor; dazu erklärt Lasch, Grammatik § 337: „*k* > *ch* nach *i* in unbetonter stellung: *-ik* > *-ich* [...] in den mit *-rīk* zusammengesetzten namen." In der nun entstandenen und überlieferten Form *Eschericheshusen* schwächt sich das nebentonige Zweitglied zu *Eschershusen* ab; *-ich-* fällt wohl durch Angleichung der Reibelaute aus.

ESPOL (Hardegsen)

1280 *Espele* (UB Fredelsloh Nr. 51 S. 50)
1318 *locum, qui dicitur Espere* [!] (Flentje/Henrichvark, Lehnbücher Nr. 138 S. 42)
14. Jh. (Rückvermerk zur Urkunde von 1280) *Espele* (UB Fredelsloh Nr. 51 S. 50)
1409 *to der Espeln* (UB Hardenberg II Nr. 49 S. 110)
1458 (A. 16. Jh.) *umme de Espere* [!] (Deeters, Quellen S. 58)
1575 *zur Espell* (Kramer, Artikel S. 90)
1585 *Espolde* (Burchard, Calenberg-Göttingen S. 75)
1603 *zur Espell* (Krabbe, Sollingkarte Bl. 4)
1638 *zur Espolde* (Kramer, Artikel S. 90)
1724 *Espoll* (Kettner, Flußnamen S. 62)
1791 *Espoll* (Scharf, Samlungen II S. 70)
1830 *Espolde* (Kettner, Flußnamen S. 62)
dialekt. (1935) *in der Espel* (Kramer, Artikel S. 90)
dialekt. (1951) *espël* (Flechsig, Beiträge S. 15)

Flußname ESPOLDE
1409 *an dey Espeln* (Kettner, Flußnamen S. 62)
1571 *die Aspell, ein Wesserlein die Espoll genennet* (Kettner, Flußnamen S. 62)
1593 *die Espell endtlangk* (Kettner, Flußnamen S. 62)
um 1600 *ein wasserlein die Espel genant* (Kettner, Flußnamen S. 62)
1603 *jenseits der Espele* (Wolf, Nörten Nr. 80 S. 128)
1710 *Espöl, Espölbach* (Kettner, Flußnamen S. 62)
1721 *der Bach, die Espel genant* (Kettner, Flußnamen S. 62)
1784 *die Espol* (Kettner, Flußnamen S. 62)
1848 *Espel* (Kettner, Flußnamen S. 62)

I. Ein von Flechsig, Beiträge S. 15 hierher gestellter Beleg 1055 (A. 16. Jh.) *Aspa* (Mainzer UB I Nr. 296 S. 186) gehört zu † Aspa, Kr. Göttingen (vgl. NOB IV S. 30f.). Zunächst lautet der ON *Espele*. Im 15. Jh. tritt ein Dativ-*n* in Wendungen wie *to der Espeln* an den ON. Im 16. Jh. ist das auslautende -*e* bzw. -*n* gefallen. Neben *Espel(l)* begegnet nun die Form *Espolde*, die sich Ende des 17. Jh. beginnend zu *Espol(l)* verkürzt. Die Belege von 1318 und 1458 zeigen -*r*- statt -*l*-. Der FlußN durchläuft eine ähnliche Entwicklung; selten ist er in der Form *Aspell* überliefert.

II. Nach Rakebrandt, Espol S. 1 enthält der ON die Baumbezeichnung *Espe*. Weigand, Heimatbuch S. 382 und Bernotat, Moore-Gau S. 7 deuten den ON als „Espeloh", als Espenwald. Weigand, Ortsnamen S. 5 und 109 vermutet als GW -*pol* 'Pfuhl'. Wesche, Ortsnamen S. 68 sieht in Espol eine Verkleinerungsform der *Espe*. Witt, Beiträge S. 211 nimmt eine Grundform *Esp-ola „Espenfluß" an. Die Silbe -*de* sei ein zweites (späteres) Suffix. Auf S. 215 stellt er Espol zu den -*ithi*-Namen. Flechsig, Beiträge S. 31 führt den ON bzw. FlußN auf eine Form „*asp-ila = kleiner Eschenfluß" zurück, die eine Verkleinerung zu *aspa* 'Esche' enthalte und „durch Kanzleischreiber willkürlich zu Espolde" entstellt worden sei. Gleich gebildet seien ein BachN *Espela* (10. Jh. Kr. Celle) und der ON (Recke-)Espel, Kr. Steinfurt. Nach Flechsig, Gandersheim S. 46 ist der Name mit dem „Verkleinerungssuffix -*ila*" gebildet, ebenso nach Flechsig, Waldbäume S. 67, der ihn mit dem Namen für ein Wäldchen Espeloh (1007 *Espila*) im Kr. Celle vergleicht (nach Alpers/Barenscheer, Flurnamenbuch S. 34). Nach Flechsig, Sprachreste S. 17 handelt es sich um einen GewN mit *l*-Suffix, Flechsig, „Wer" S. 169 schließt das GW -*lah* bzw. -*loh* aus. Gehmlich, Wappenbuch S. 176 erläutert das Ortswappen: „Der Baum steht für den ersten Namensteil, denn damit ist eine Espe bezeichnet. Das Bachsymbol steht für den zweiten Namensteil. Der Name 'pol' oder plattdeutsch 'paul' bezeichnet ein stehendes Gewässer, einen Pfuhl." Kettner, Flußnamen S. 62f. rekonstruiert ebenfalls eine FlußN-Grundform *Aspila, eine l-Ableitung zu asä. *espa, aspa* 'Espe'. Wesches und Flechsigs Annahme eines Verkleinerungssuffixes lehnt Kettner ab, da *-ila* keineswegs immer diminuierenden Charakter hatte (vgl. Bach, Ortsnamen I § 246). Witts Vorschlag eines Suffixes *-ola* weist er wegen der Umlautung *A-* > *E-* zurück. Die Entwicklung *-e-* > *-o-* (*Espelde* > *Espolde*) beruhe auf unterschiedlichen Betonungsverhältnissen. Bei der Erweiterung von *Espel(e)* zu *Espelde* habe sich die Betonung auf die zweite Silbe verlagert, was die Vokaländerung bewirkte, die von der dreisilbigen Form auch in die zweisilbige eingedrungen sei. Das Suffix *-d-* sei eine Erweiterung mit dem Dentalsuffix *-ithi* in der Bedeutung 'Platz an der Espel', eine Entsprechung zur Präpositionalbildung *to der Espel*. Da die Siedlung wahrscheinlich aber in einer Zeit entstand, als *-ithi* in der ON-Bildung nicht mehr produktiv war, müsse die Form *Espelde* schon vor der Gründung der Siedlung als Örtlichkeitsbezeichnung existiert haben und dann auf die Siedlung übergegangen sein.

III. Der Deutung Kettners ist mit einer Einschränkung zu folgen. Der ON geht auf den FlußN in der Grundform *Aspila* zurück, die aus asä. *espa, aspa* 'Espe' und einem Suffix *-ila* besteht, welches häufig zur Bildung von FlußN verwendet wurde. Das späte Eintreten der *de*-Endung in der Überlieferung spricht jedoch gegen eine echte, also alte *ithi*-Bildung. Das sekundäre Anfügen einer solchen Endung ist auch bei Jühnde, Kr. Göttingen (960 *in Iuniun*, ab dem 14. Jh. gelegentlich *Junde*, 1585 *Jühnde*; vgl. dazu NOB IV S. 230ff.), und Hasede, Kr. Hildesheim (1146 *Hasen*), zu beobachten, wobei es sich nach Möller, Siedlungsnamen S. 80 um eine jüngere hyperkorrekte *ithi/de*-Ableitung handelt. Im Untersuchungsgebiet begegnet diese Erscheinung in vereinzelten Belegen von → Bühle (1588 *Buelde*), → Greene (um 1510 *Grehende*), → † Hagehusen (1595 und 1715 *Hasede*) und → (†) Wetze (1319 *Wetzende*, 1481 *Wetzede*).

(†) EVESSEN

Bei Evessen handelt es sich um den südl. Ortsteil von Trögen.

1266 *Euessen* (UB Mariengarten Nr. 17 S. 42)
1287 *Euessen* (Kramer, Südniedersachsen S. 130)
1371 *Heneke de Evessen* (Grote, Neubürgerbuch S. 17)
um 1380 (A. 15. Jh.) *Evessen* (Desel, Lippoldsberg S. 188)
1409 *Euessen* (UB Hardenberg II Nr. 49 S. 111)
1448 *Euessen* (Kramer, Artikel S. 101)
1481 *Evesszen* (UB Boventen Nr. 550 S. 550)
1519/20 (A. 16. Jh.) *Evesse capell.* (Krusch, Studie S. 265)
1537 *Euesse* (Meyer, Steuerregister S. 74)
1562 *Hevensen in den Trögen* (Hennecke, Lippoldsberg S. 80)
1585 *Evensen in den Trögen* (Burchard, Calenberg-Göttingen S. 22)
1603 *Evessen* (Krabbe, Sollingkarte Bl. 4)
um 1616 *Ebeßen in den Trögen* (Casemir/Ohainski, Territorium S. 55)
1791 *Evensen ein Theil v. Troegen* (Scharf, Samlungen II S. 71)

I. Der von Kühlhorn, Wüstungen Bd. I Nr. 123 S. 514, Mainzer UB II, UB Fredelsloh, UB Plesse u.a. hierher gestellte Beleg 1138 *Euessen* (Mainzer UB II Nr. 5 S. 5), in dem der Zehnt im genannten Ort übertragen wird, gehört nicht hierher, da der Zehnt in Evessen im Besitz des Klosters Lippoldsberg war (vgl. Desel, Lippoldsberg S. 135). Er ist vielmehr zu → Hevensen zu stellen, da das Kloster Fredelsloh dort den Zehnt innehatte. Vgl. auch → Edesheim I. Der ON liegt recht konstant als *Euesse(n)*, *Evesse(n)* vor. Ab dem 16. Jh. erscheint gelegentlich ein sekundärer n-Einschub in *Evensen*. Singulär sind der *H*-Anlaut in 1562 *Hevensen* und hd. -*b*- für -*v*- in um 1616 *Ebeßen*.

II. Nach Casemir, Grundwörter S. 192 evtl. mit dem GW -*husen* gebildet. Weigand, Heimatbuch S. 379 meint, der Ort „hieß früher Evensen, was Ibensen oder Eibenhausen bedeutet haben könnte, weil daselbst früher so viele Eibenbäume gestanden haben".

III. Bildung mit dem GW -*hūsen*, welches hier verkürzt zu -*sen* erscheint. Weigands Deutung eines „Eibenhausen" ist abzulehnen, da er von einer ON-Form *Evensen* ausgeht, die nur gelegentlich in jüngerer Zeit auftritt. Die ON-Grundform ist vielmehr **Eveshusen*. Im BW liegt – wie die Flexionsfuge -*s*- zeigt – ein stark flektierender PN *Evi* vor, den Förstemann, Personennamen Sp. 49 und Schlaug, Altsächs. Personennamen S. 82 bezeugen. Förstemann stellt ihn als KurzN zum PN-Stamm AIVI, zu got. *aiws*, ahd. *ēwa*, asä. *ēwa* 'Zeit, Gesetz'; Schlaug dagegen zu asä. *ebur* 'Eber'.

IV. Desel, Lippoldsberg S. 135; Dolle, Studien S. 413; Exkursionskarte Moringen S. 84; Kühlhorn, Wüstungen Bd. I Nr. 123 S. 514-517.

† EYGENHUSEN

Lage: Ca. 1,2 km südlich Rotenkirchen.

1353 *Albrecht de Eghenhusen* (Grote, Neubürgerbuch S. 15)
1361-1383 *Egknosen* (Max, Grubenhagen II S. 355)
1377 *Iohan van Oygenhusen* (Asseburger UB II Nr. 1275 S. 311)
1384 *Johanne de Oygenhosin* (UB Walkenried II Nr. 982 S. 234)
1400 *czenden czů Eygenhusen [...] dorff Eygenhosen* (Sudendorf IX Nr. 68 S. 94)
1441 (A.) *Ecknosen* (Bilderbeck, Sammlung II Nr. 20 S. 53)
1441 (A.) *Ecgknosen* (Bilderbeck, Sammlung II Nr. 20 S. 53)
1482 *de worde to Eggesen* (Max, Grubenhagen I S. 529)
1487 *in dem velde to Eggensen* (Bilderbeck, Sammlung II Nr. 33 S. 85)

I. Recht unsicher ist die Zuordnung von 1318 *Eckhosen* (Flentje/Henrichvark, Lehnbücher Nr. 177 S. 46) zu diesem Ort, wie dies Carl Sattler im Register zum Sudendorf S. 315 erwägt. Wahrscheinlicher ist die von Flentje/Henrichvark, Lehnbücher S. 135 vorgeschlagene Zuordnung zu † Ekhosen bei Trendelburg. Das GW liegt als -*husen* bzw. -*hosen* und -*sen* vor. Das BW erscheint als *Eghen*-, *Eygen*-, *Eggen*- und *Oygen*-, dazu verkürzt als *Egkn*-, *Eckn*-, *Ecgkn*-.

II. Nach Casemir, Grundwörter S. 192 mit dem GW -*husen* gebildet.

III. Das GW ist -*hūsen*. Im BW ist ein schwach flektierender PN *Ego* anzusetzen, den Förstemann, Personennamen Sp. 15 zum mehrdeutigen PN-Stamm AG stellt.

Schlaug, Altsächs. Personennamen S. 73f. nimmt für die KurzN *Eggo*, *Ego* eine Stammkürzung *Eg-* aus asä. *eggia* 'Schneide, Schwert' an. Das lange *Ē-* wird zu *Ey-* diphthongiert (Lasch, Grammatik § 202f.), welches auch als gerundetes *Oy-* vorliegt. In *Egknosen*, *Ecknosen* und *Ecgknosen* ist das nebentonige *-e-* geschwunden und das Flexions-*n* silbenbildend mit dem GW *-hosen* verschmolzen. In diesen Formen ist *-g-* silbenauslautend zu *-(cg)k-* verschärft worden.

IV. Ernst, Wüstungen S. 82; Exkursionskarte Moringen S. 66; Kühlhorn, Wüstungen Bd. I Nr. 100 S. 444-450; Max, Grubenhagen I S. 529.

† EYGHAGEN
Lage: Vielleicht an der Stelle des Forstamtes Uslar an der Nordwestspitze des Eichhagen südl. Uslar.

1384 *tria iugera vel circa in se continente prope dictam villam versus villam Dychof situato, necnon decima in campis dictis Eghage* (Sudendorf VI Nr. 80 S. 93)
1384 *tegede an deme Eyghagen* (Sudendorf VI Nr. 89 S. 99)
1585 *Adam Eichagen* (Burchard, Calenberg-Göttingen S. 14)
1784 *im Eichhagen* (Kurhannoversche Landesaufnahme Bl. 149)

I. Das GW liegt als *-hage* und *-hagen* vor, das BW zeigt die nd. und hd. Formen *Eg-*, *Eyg-*, *Eich-*. Die Belege weisen darauf hin, daß der Ort zu Beginn der Überlieferung bereits wüstgefallen war. In der lateinischen Form ist nur noch von *in campis* die Rede; in den deutschen Belegen erscheint der ON wie ein FlurN mit Artikel.

II. Nach Casemir, Grundwörter S. 191 mit dem GW *-hagen* gebildet.

III. Der ON besteht aus dem GW *-hagen* und dem Appellativ asä. *ēk*, mnd. *ē̂k(e)* 'Eiche'. Laut Kramer, Moringen S. 109 bedeutet „Eich mnd. ēk (eik) 'Eichengehölz'". Die *g*-Schreibung für *-k-* ist ungewöhnlich und wohl dem Einfluß des *-g-* in *-hagen* zuzuschreiben. Das anlautende lange *Ē-* wird zu *Ey-* diphthongiert (Lasch, Grammatik § 202f.). Das BW liegt auch in Eichhof, Kr. Göttingen (NOB IV S. 117f.), vor. Förstemann, Ortsnamen I Sp. 46ff. führt weitere mit diesem BW gebildete ON auf.

IV. Exkursionskarte Höxter Karte; Kühlhorn, Wüstungen Bd. I Nr. 101 S. 450-451.

† EYKENDORPE
Lage: In der Nähe von Dassel zu suchen.

1458 (A. 16. Jh.) *Eykendorpe vor Dassel* (Deeters, Quellen S. 91)

I. Weitere Belege konnten nicht ermittelt werden.

II. Nach Casemir, Grundwörter S. 191 mit dem GW *-dorf* gebildet.

III. Bildung mit dem GW *-dorf*. Als BW dieses ON-Typs kommen Appellative und PN gleichermaßen in Frage. Die Form *Eyken-* läßt auch beide Möglichkeiten zu. Zum einen kann ein schwach flektierter PN **Eiko* vorliegen. Schlaug, Altsächs. Personennamen S. 39 belegt *Aico* und *Aeico*, denen der *k*-suffigierte KurzN *Agico*, auch umgelautet als *Egico* bezeugt, zugrundeliegt; vgl. auch Schlaug, Studien S. 191 und Förstemann, Personennamen Sp. 17. Der PN wird entweder auf germ. **agi-* in got. *agis* 'Schrecken' oder auf germ. **agi-* in asä. *eggia* 'Schneide, Schwert' zurückgeführt. Durch intervokalischen *g*-Schwund entsteht die Form *Aico, Eico*. Zum anderen kann das BW das Appellativ asä. *ēk*, mnd. *ē^ik(e)* 'Eiche' im Plural enthalten, der ON also 'Eichendorf' bedeuten. Eine Entscheidung ist aufgrund des einzigen späten Beleges nicht möglich.

IV. Kühlhorn, Wüstungen Bd. I Nr. 102 S. 452.

F

FEHRLINGSEN (Hardegsen)

1399 *Tile van Verdingissen* (Sudendorf VIII Nr. 275 S. 379)
1449 *Verdingssen* (Mundhenke, Adelebsen Nr. 5 S. 77)
1498 *Tile von Ferdingessen ex Dranßfelde* (Kelterborn, Bürgeraufnahmen I S. 131)
1512 *Ferlingsen* (Mundhenke, Adelebsen S. 34)
1569 *Andreas Ferdingssenn* (Kelterborn, Bürgeraufnahmen I S. 213)
1630 *Ferlingsen* (Alphei, Adelebsen S. 71)
1761 *Fehrlingsen* (Pflug, Eberhausen S. 194)
1784 *Verlinghausen* (Kurhannoversche Landesaufnahme Bl. 150)
1791 *Fährlingen* (Scharf, Samlungen I S. 10)
1815 *Fehrlingsen* (Mundhenke, Adelebsen S. 65)
1823 *Fehrlingsen* (Ubbelohde, Repertorium 2. Abt. S. 51)

I. Das GW lautet verkürzt *-sen*, nur 1784 erscheint hd. *-hausen*. Das BW wechselt im 16. Jh. von *Ferdinges-* zu *Ferlings-*, *Fehrlings-*.

III. Das GW ist *-hūsen*, das im Untersuchungsgebiet sehr häufig zu *-sen* verkürzt vorliegt. Es handelt sich nicht um einen *-ingehusen*-Ort, da noch bis zum Ende des 15. Jh. in *-ingessen* ein Fugen-*s* sichtbar ist. BW und GW müssen also in *Verdingis-* und *-sen* getrennt werden. Das BW enthält somit einen stark flektierenden PN mit patronymischem *-ing*-Suffix. Die Ableitungsbasis *Verd-*, *Ferd-* deutet auf den PN-Stamm FRITH, zu asä. *friðu* 'Friede, Sicherheit, Schutz'. Nach Heintze/Cascorbi, Familiennamen S. 201 erscheint „im Friesischen und Niedersächsischen fred o. ferd statt frid". Zugrunde liegt also eine patronymische Ableitung *Freding* zum KurzN *Frido* bzw. *Fredo*, der einer *r*-Metathese zu *Ferding unterliegt (Lasch, Grammatik § 231). Warum im 16. Jh. *-d-* durch *-l-* ersetzt wird, ist unklar; möglicherweise hat eine Angleichung an das westlich gelegene → Verliehausen stattgefunden, welches im 16. und 17. Jh. als *Verlinghusen*, *Ferlinghausen* erscheint.

† FREDELSHAGEN
Lage: Ca. 1,3 km nördl. Espol.

1222 *in Indagine* (UB Fredelsloh Nr. 16 S. 32)
1234 *Indagine prope Fridesele* (UB Fredelsloh Nr. 18 S. 33)
1320 *in villis Vredesle et Vredeslerhagen* (UB Fredelsloh Nr. 113 S. 84)
15. Jh. (Rückvermerk zur Urkunde von 1320) *super Fredelserhagen* (UB Fredelsloh Nr. 113 S. 84)
1760 *der Fredelshagen* (Kramer, Moringen S. 150)
1872-1873 *Fredelshagen* (Kühlhorn, Wüstungen Bd. II Nr. 125 S. 5)

I. Zunächst wird der Ort als *in Indagine* bezeichnet. Ab 1320 lautet er *Vredesler-*, *Fredelser-* und *Fredelshagen*.

II. Nach Casemir, Grundwörter S. 191 mit dem GW -*hagen* gebildet. Kramer, Moringen S. 1089 meint, „Fredelshagen wurde, vermutlich zu Beginn des 13. Jh.s, als 'indago' des Klosters Fredelsloh angelegt."

III. Der ursprüngliche ON ist eine simplizische Bildung. *In Indagine* ist die Dativform des lat. Appellativs *indāgo* 'Hagen'. Im 14. Jh. erscheint der ON als Komposition aus dem vorherigen Simplex -*hagen* als GW und einem BW, welches den nahegelegenen Ort → Fredelsloh in seinen damaligen Namenformen *Vredesle* und *Fredelse* in adjektivischer *er*-Bildung **Vredesler Hagen* enthält und die Zugehörigkeit des Ortes zu Fredelsloh anzeigt. Die daraus entstandene Zusammenrückung *Fredelserhagen* wird in Anlehnung an Fredelsloh zu *Fredelshagen* verkürzt.

IV. Both, Fredelsloh S. 8; Exkursionskarte Moringen S. 66; Kramer, Moringen S. 150 und S. 1088-1089; Kühlhorn, Wüstungen Bd. II Nr. 125 S. 3-7; Ohlmer, Moringen S. 7.

FREDELSLOH (Moringen)

1132 (A. 16. Jh.) *Vredelsen* (UB Fredelsloh Nr. 1 S. 19)
1135 *Fridessele* (Mainzer UB I Nr. 596 S. 513)
1137 *Fridesele* (Mainzer UB I Nr. 613 S. 532)
1138 *locum Fridessele* (Mainzer UB II Nr. 5 S. 5)
1146 *Fridesele* (UB Fredelsloh Nr. 9 S. 27)
1149 (A. 12. Jh.) *Johanni et universo Fritheselensis ecclesiae* (Wibaldi Epistulae Nr. 200 S. 317)
1150 *Frithessele* (MGH DK III. Nr. 220 S. 390)
1155 *Virdesile* (Mainzer UB II Nr. 209 S. 379)
1155 *Verdessele* (Mainzer UB II Nr. 209 S. 379)
1222 *Frithsele* (UB Fredelsloh Nr. 17 S. 32)
1223-1231 *Fredesle* (UB Fredelsloh Nr. 25 S. 37)
1234 *Fridesele* (UB Fredelsloh Nr. 18 S. 33)
1258 *Fridesle* (UB Fredelsloh Nr. 29 S. S. 39)
1267 *Fridesle* (UB Fredelsloh Nr. 32 S. 41)
1273 *Fredhesle* (UB Fredelsloh Nr. 39 S. 44)
um 1280 *Frethesle* (UB Fredelsloh Nr. 54 S. 52)
1299 *Fredelse* (UB Boventen Nr. 37 S. 54)
1316 *Vredesle* (UB Fredelsloh Nr. 109 S. 82)
1332 *Fredesle* (UB Fredelsloh Nr. 132 S. 95)
1357 *Fredelsen* (UB Fredelsloh Nr. 166 S. 119)
1367 (A. 14. Jh.) *Vredelsle* (UB Göttingen I Nr. 243 S. 232)
1396 *Vredelsen* (UB Fredelsloh Nr. 181 S. 127)
1408 *Vredelse* (UB Fredelsloh Nr. 184 S. 129)
1460 *Fredelsheim* (UB Fredelsloh Nr. 215 S. 154)
1479 *Fredelße* (Wisotzki, Nörten II S. 70)
1506 *Fredelse* (UB Fredelsloh Nr. 252 S. 174)
1544 (A. 16. Jh.) *Fredelßlo* (UB Fredelsloh Nr. 263 S. 180)
um 1588 *stift zu Fredelsen* (Lubecus, Annalen S. 78)
1603 *Freelssen* (Krabbe, Sollingkarte Bl. 7)
1783 *Kloster Fredelsloh* (Kurhannoversche Landesaufnahme Bl. 142)

1823 *Fredelsloh* (Ubbelohde, Repertorium 2. Abt. S. 53)
dialekt. (1951) *frēlßĕ* (Flechsig, Beiträge S. 15)
dialekt. (1951) *frūlßĕ* (Flechsig, Beiträge S. 15)
dialekt. (1979) *Friëlße* [fri:əlsə] (Kramer, Fredelsloh S. 127)

I. Bei einem von Flechsig, Beiträge S. 15 aufgeführten Beleg 1130 *Fridessele* handelt es sich offenbar um eine Fehldatierung; gemeint sein dürfte der Beleg von 1135; vgl. dazu auch Gramatzki, Fredelsloh S. 8. Der Erstbeleg *Vredelsen* in einer Abschrift des 16. Jh. gibt nicht die Originalschreibung des 12. Jh. wieder und ist für die Deutung nicht relevant. Der ON lautet ursprünglich *Fridessele, Fridesele*. Gelegentlich begegnet *-th-* statt *-d-*. Mitte des 12. Jh. tritt *-e-* für *-i-* ein; ab der 2. Hälfte des 13. Jh. liegt *-e-* dann konstant vor. In 1155 *Virdesile, Verdesele* ist *-r-* hinter den Stammvokal getreten. *-sele* verkürzt sich im 13. Jh. zu *-sle*. Ab 1299 kommt es gelegentlich und ab Ende des 14. Jh. stabil zu einer Konsonantenumstellung in der Form *Fredelse*. Der Beleg 1367 *Vredelsle* zeigt den Übergang zwischen beiden Formen. Im 14. und im 16. Jh. wird einige Male *Fredelsen* daraus, 1603 ohne intervokalisches *-d-*. Abweichend liegt seit dem 15. Jh. selten das GW *-heim* vor. Das GW *-lo(h)* erscheint zum ersten Mal im Beleg von 1544 *Fredelßlo*. Im 18. Jh. erhält der ON seine heutige Form.

II. Domeier, Moringen S. 154 nimmt an, die Bewohner von → † Bengerode und → † Wackenrode seien nach Fredelsloh gezogen und der Name solle „anzeigen", „daß der *Friede* wieder *heim* gestellet sey". Nach Scheibe, Fredelsloh S. 5f. deutet der Name an, „daß nach langjährigen Fehden in der Grafschaft Dassel der Friede wieder eingezogen, heimgekehrt sei". Die „Endsilbe 'loh'" könne „junges Gehege" oder „Loch" bedeuten, was beides gut mit der Lage des Ortes vereinbar sei. Förstemann, Ortsnamen I Sp. 952 stellt das BW zu asä. *friðu* 'Friede', mnd. *vrēde* 'Schutz, westfäl. *frede* 'Schutzwald, Bannwald, rechtlich geschützter Bezirk, Einfriedung'. Weigand, Heimatbuch S. 431 meint, der ON „würde nach heutigem Sprachgebrauche Friedewald heißen", nimmt also als GW *-loh* 'Wald' an. Fahlbusch, Fredelsloh S. 71 deutet den ON als „Frides-sele 'Friedensstätte'". Wolf, Fredelsloh S. 30 überzeugt die Deutung Fahlbuschs und Scheibes als „Friedensstätte": „Demnach dürfte der Name Frides-sele = Haus des Friedens mit der Klostergründung zusammenhängen." Nach Flechsig, Ortsnamen S. 87 ist der ON eine Bildung mit dem „Flußnamensuffix *-ila*". Durch Konsonantenumstellung sei *Fredelße* entstanden und später „das völlig unmotivierte *-loh* angehängt" worden. Kramer, Fredelsloh S. 128ff. trennt den ON in *Frides-sele*: Das BW *Frides-* sei der Genitiv zu asä. *friðu*, mnd. *vrēde* 'Friede, Schutz, Sicherheit'. Als GW vermutet Kramer asä. *seli* „Saal, Hauptraum in der Wohnung, Haus", der ON bedeute somit „Friedenssaal, Friedenshaus". Der Name sei erstmals im Zusammenhang mit der Gründung eines Augustinerchorherrenstiftes erwähnt und „ohne Zweifel primär als Klostername konzipiert worden". Die Form *Fridesele* zeige die Vereinfachung des Doppelkonsonanten *-ss-* (Lasch, Grammatik § 234). In einem Beleg von 1222 *Frithsele* sei das *-e-* des BW betonungsschwach ausgefallen. Um das Zusammentreffen von *-d-/-th-* und *-s-* zu einer Affrikate *-ts-* zu vermeiden, verlaufe nun die ON-Entwicklung „wieder rückwärts gerichtet" zu *Fridesle, Vrethesle*, wobei das erste *-e-* von *-sele* eliminiert, außerdem *-i-* in offener Silbe zu *-e-* gesenkt werde. Mit der Form *Vredelse* solle einer erneuten *ts*-Bildung *Fredsle* vorgebeugt werden. *Vredelsle* sei eine Mischform aus *Fredelse* und *Fredelse*, die Form *Fredelsen* eine Angleichung an *-sen*-Orte, und in *Freelsen* sei intervokalisches *-d-* ausgefallen. Die Form *Fredelslo(h)*, die Wesche, Ortsnamen S. 37 als „hochdeutsche Katasterform" bezeichnet, könne auch eine bewußte Neubildung mit dem GW -*loh* sein, die sich auf die Lage in waldreicher Umgebung beziehe. -*loh* entspreche zwar nicht dem lebendigen Wortschatz des 16. Jh., es könne sich aber um eine poetische Namensschöpfung handeln. -*loh*-FlurN des Untersuchungsgebiets seien jedoch nach Kramer, Moringen S. 1049 im 16. Jh. als -*la(h)* bezeugt. Both, Fredelsloh 12f. lehnt den Vorschlag „Friedensstätte" ab und trennt den ON in *Fri-desele*. „Fri" bedeute 'frei', da der „Erzbischof Adalbert I. schreibt, daß er einen 'gewissen in unserem Bistum gegründeten Ort Fridesele von allen Verpflichtungen, denen es früher unterworfen war, frei gemacht' hat". Der zweite Teil „desele" sei vom ON Dassel abgeleitet, was Freiheit von den Ansprüchen der Grafen von Dassel bedeute. „Fridesele kann deshalb mit 'Freidassel' übersetzt werden." Im NOB III S. 153 wird bei der Diskussion um Freden, Stadt Salzgitter, das BW von Fredelsloh zu einem Ansatz *friþ- gestellt, der mit mengl. *frith*, aengl. *fyrhð, fyrhðe* 'Wald' und wohl auch mnd. *virt, virde* 'wilder Wald, Buschwald; mit Wald bewachsenes Land, Heide mit Holzbestand' zu verbinden sei.

III. Bildung mit dem GW -*sele*, zu asä. *seli* 'Hütte, (ländliche) Behausung'; vgl. Roelandts, Sele und Heim S. 294, der für das GW eine semantische Entwicklung von 'Hütte im Weideland' über 'Sommerwohnung', 'Herberge', 'Halle', 'Viehhof', 'Herrenhof' bis zu 'Gerichtssaal' feststellt. Den ON als konzipierten Klosternamen ('Friedensstätte') des 12. Jh. zu sehen, fällt angesichts der Tatsache schwer, daß im Mnd. *sēl* 'Saal, Versammlungsraum der Ämter' bedeutete. Auch zeigt die Form des GW -*sele* noch den Auslautvokal des asä. *seli* in abgeschwächter Form. Damit verliert auch im BW der bisherige, mit der Klostergründung assoziierte Bezug zum Appellativ asä. *friðu* 'Friede, Schutz, Sicherheit' seine Plausibilität. Viel eher ist dem NOB III zu folgen und eine Verbindung mit aengl. *fyrhð, fyrhðe*, mengl. *frith, fryht* 'Wald, bewaldetes Land', engl. dial. *firth, frith* 'Wald' zu suchen. Smith, Elements I S. 190 sieht dessen Ursprung entweder in germ. *ferh- 'Eiche' oder aengl. *furh, fyrh* 'Furche'; vgl. auch EPNS 15 S. 28, Ekwall, Lancashire S. 81, S. 180 und 198 sowie die engl. ON Frithsden (1291 *Frithesdene*), Akefrith (1154-89 *Eichefrid*) und Fryth (1537 *Frith*). Middendorff, Aengl. FlurN S. 54f. führt aengl. *frið* 'Buschwerk, Unterholz', engl. dial. *frith* 'buschiger Grund, Feld, das dem Wald abgewonnen ist' (dazu den FlurN 804 *friðælēah*, 850 *friðeslēas*) und aengl. *fyrhð, firhð* 'Gehölz (von Föhren?)', engl. dial. *firthe* 'Gehölz, Hain' auf. Ein Ansatz *frið- in der Bedeutung 'Wald, bewaldetes Land' kann auch dem BW von Fredelsloh zugrundeliegen, der ON wäre dann als 'Hütte, Behausung im/am Waldgebiet' zu verstehen. Die Entwicklung des ON ist von Kramer ausführlich diskutiert worden. Die sekundäre Anfügung des GW -*loh* rückt die Lage des Ortes in waldreicher Umgebung wieder in den Vordergrund, die vermutlich schon ursprünglich namengebend war.

(†) **FRIEDRICHSHAUSEN** (Dassel)
Wann der mittelalterliche Ort wüst fiel, ist nicht bekannt; ebenso wenig ist der Zeitpunkt der Wiederbesiedlung als Gut etwas abseits der vermuteten Siedlungsstelle genau ermittelbar.

1344 *Sander de Vrederkeshusen* (Feise, Einbeck Nr. 239 S. 56)
1358 (A.) *Volkmar von Frederikeshusen* (Feise, Einbeck Nr. 292 S. 68)
1489 *Pawel Fredelshusen* (Feise, Einbeck Nr. 1882 S. 356)
1528 *Frederickshusen* (Kühlhorn, Wüstungen Bd. II Nr. 127 S. 15)

1596 (A.) *Friedrichshausen* (Müller, Lehnsaufgebot S. 305)
1603 *Frelshüsche Beke* (Krabbe, Sollingkarte Bl. 8)
1740 *Friedrichshusen* (Lauenstein, Hildesheim II S. 96)
1823 *Friedrichshausen* (Ubbelohde, Repertorium 2. Abt. S. 54)
1834 *Friedrichshausen* (Gaußsche Landesaufnahme Bl. 22)
dialekt. (1951) *frērichshiusĕn* (Flechsig, Beiträge S. 15)

I. Ein Beleg 966-967 (A. 15. Jh.) *Frithuwardeshusun* (Trad. Corb. § 295 S. 132), der von Ernst, Wüstungen S. 85, Ernst/Sindermann, Einbeck I S. 275, Flechsig, Beiträge S. 15 Nr. 97 und Casemir/Ohainski, Orte Nr. 580 S. 87 hierher gestellt wurde, dürfte der Argumentation von Kühlhorn, Wüstungen Bd. II Nr. 127 S. 15 und Schütte, Mönchslisten S. 237 folgend, kaum auf diesen Ort zu beziehen sein. Bei einem ebenfalls von Flechsig, Beiträge S. 15 Nr. 97 hierher gestellten Beleg dürfte es sich um 960 *Frithurikeshusun* (MGH DO I. Nr. 206 S. 285) handeln, der recht sicher auf † Fredericshusen, nördlich Dransfeld im Kr. Göttingen, zu beziehen ist (NOB IV S. 143). Unsicher bleibt die Zuordnung von 1341 *Fredericus Frederekeshusen* (Grote, Neubürgerbuch S. 13) zu diesem Ort oder zur schon genannten Wüstung bei Dransfeld. Die Belege zeigen im BW *Vrederkes-*, *Frederikes-* und *Fredericks-* neben zwei verkürzten Formen *Fredels-* und *Frels-*. Ab Ende des 16. Jh. lautet das BW hd. *Friedrichs-*.

III. Bildung mit dem GW -*hūsen* und einem stark flektierten PN. Die spät einsetzenden Belege *Vrederkeshusen*, *Frederikeshusen* lassen auf den zweigliedrigen PN *Frithurik* schließen, dessen Namenglieder *Frithu-* und -*rik* zu asä. *friđu* 'Friede, Schutz' und *rīki* 'reich, mächtig' gehören; vgl. Förstemann, Personennamen Sp. 536f., Schlaug, Altsächs. Personennamen S. 88f. und Schlaug Studien S. 95. Der Beleg 1489 *Fredelshusen* ist wohl eine dissimilierte Form (vgl. Lasch, Grammatik § 230) zu *Fredershusen*, einer Verkürzung, die sich in 1344 *Vrederkeshusen* schon andeutet und in 1603 *Frelshüsche Beke* Fortsetzung findet. Als Vergleichsort ist † Fredericshusen, Kr. Göttingen (NOB IV S. 143f.), heranzuziehen.

IV. Ernst, Wüstungen S. 85; Exkursionskarte Moringen S. 66; Jaster, Sievershausen S. 21-22; Koken, Dassel S. 233; Kramer, Abschwächung S. 37; Kühlhorn, Wüstungen Bd. II Nr. 127 S. 14-16.

FÜRSTENHAGEN (Uslar)

1470 *wonhafftige man to deme Vorstenhagen* (Urk. Bursfelde Nr. 115)
1524 *unse wuste dorpe Forstenhagen* (Kunze, Fürstenhagen S. 41)
1524 (A. 16. Jh.) *dat dorp tome Forstenhagen* (Kramer, Artikel S. 91)
1537 *Forstenhagenn* (Meyer, Steuerregister S. 75)
1542 *Fürstenhagen* (Kayser, Kirchenvisitationen S. 293)
1558 *dorff Furstenhagen* (Kunze, Fürstenhagen S. 51)
1585 *Forstenhagen* (Burchard, Calenberg-Göttingen S. 62)
um 1616 *Furstenhagen* (Casemir/Ohainski, Territorium S. 52)
1644 *zum Förstenhagen* (Kramer, Artikel S. 91)
1675 *krug zum Fürstenhagen* (Kunze, Fürstenhagen S. 135)
1669 *zum Fürstenhagen* (Kelterborn, Bürgeraufnahmen II S. 394)
1762 *pfarre zu Fürstenhagen* (Kunze, Fürstenhagen S. 345)
1791 *Fürstenhagen* (Scharf, Samlungen II S. 78)

1823 *Fürstenhagen* (Ubbelohde, Repertorium 2. Abt. S. 54)
dialekt. (1951) *föstĕnhȧgĕn* (Flechsig, Beiträge S. 15)

I. Die von Kühlhorn, Ortsnamen S. 51 angeführten Belege des Typs 1312 Conrad von *Vorstenhagen* (Klosterarchive II Nr. 1444 S. 536) dürften - der Edition und Kunze, Fürstenhagen S. 25 folgend - eher mit Fürstenhagen bei Hofgeismar zu verbinden sein. Ob die von Kunze, Fürstenhagen S. 35 angeführten seit 1408 in Göttingen eingebürgerten Personen tatsächlich aus unserem Fürstenhagen und nicht aus dem bei Hofgeismar stammten, muß offenbleiben, weshalb wir die Belege nicht in die Belegliste aufgenommen haben. Schwierig ist der Beleg 1524 *unse wuste dorpe Forstenhagen* (Kunze, Fürstenhagen S. 41) zu interpretieren, da im weiteren Verlauf der herzoglichen Urkunde *de meme und lude, da dar wonen* (ebd. S. 42), erwähnt werden, so daß kaum von einer Wüstung auszugehen ist. Evtl. ist Kunze, Fürstenhagen S. 37 zu folgen, der davon ausgeht, daß dem Herzog aus dem Ort keine Einkünfte erwachsen wären und er deshalb als wüst bezeichnet worden sei. Die ON-Formen wechseln zwischen *Forsten-* und *Fursten-* bzw. nach Verschriftlichung des Umlauts *Försten-* und *Fürstenhagen*.

II. Nach Flechsig, Beiträge S. 58 gehört der ON zu den *-hagen*-Namen. Dies stellt auch Kunze, Fürstenhagen S. 19f. fest. Für das BW bestünden „zwei Alternativen. Zum einen könnte der erste Wortbestandteil [...] mit Forst für rechtlich besonders geschütztes Waldgebiet zu erklären sein. In diesem Fall wäre die Deutung: Der Hagen im vorher geschützten Waldgebiet. Die andere aus ortsnamenkundlicher und siedlungsgeschichtlicher Sicht allerdings wahrscheinlichere Lösung ist, daß der erste Namenbestandteil tatsächlich das meint, was der neuzeitliche Name sagt: die Hagensiedlung des Fürsten". *Fürsten-* führt Kunze, Fürstenhagen S. 25 auf die welfischen Herzöge zurück, die mutmaßlich seit der Gründung bis in späte 15. Jh. hinein in „ungestörtem" Besitz der Siedlung waren. Laut Wesche, Ortsnamen S. 47 verdanken „Fürstenau, Fürstenberg, Fürstenhagen [...] den Braunschweiger Welfen ihre Namen". Schröder, Ortsnamen S. 510 stellt den ON Fürstenhagen zu einer neuen Siedlungsperiode „durch vornehme weltliche Herren", im Gegensatz zu früheren, „hauptsächlich durch Klöster und geistliche Herren" entstandene Siedlungen: „Das prägt sich sofort aus in Namen wie Fürstenhagen, den wir hier in Hannover, auf dem Eichsfelde und in Hessen wieder treffen."

III. Bildung mit dem GW *-hagen*. Der ON ist leider erst spät überliefert. Über 70 Jahre nach Beginn der Überlieferung lautet er *Forstenhagen*, bevor erstmals *Fürsten-* erscheint. Folgen wir zunächst Kunzes Vermutung, im BW das Appellativ *Forst* zu sehen. In dem Fall würde man eine Stammkomposition *Forst-hagen* ohne Flexion erwarten; außerdem ist mnd. *vorst* ein Maskulinum starker Flexion und damit nicht mit einer Kasusendung *-en* zu verbinden. Viel wahrscheinlicher ist die landläufige Interpretation der Fürstenhagen-ON, das BW mit mnd. *vörste, vürste*, mhd. *vürste* 'Fürst, Herrscher' zu verbinden und damit im ON den 'Hagen eines weltlichen Herrschers' zu sehen. Auch im Mnd. muß bereits Umlaut-*ö*- bzw. ursprüngliches *-ü-* vorgelegen haben, da dem Appellativ asä. *furisto* < germ. *furista-* 'der erste' zugrundeliegt und *-i-* die Umlautung des vorangehenden *-u-* bewirkte.

G

GANDERSHEIM, BAD (Bad Gandersheim)

zu 852 (A. 15. Jh.) *Gandesheim* (Chron. Hild. S. 851)
877 *monasterium quod dicitur Gandesheim* (MGH DLdJ Nr. 3 S. 336)
um 889 *Gandeshemense* (MGH DArnolf Nr. 107 S. 159)
948 (A. um 1100) *monasterii Canderesheim* (Goetting, Findbuch Bd. I Nr. 6 S. 5)
956 *Ganderesheim* (Goetting, Diplom S. 104)
972 *Cantheresheimensi abbatissae* (MGH DO I. Nr. 422 S. 576)
974 *Gantheresheim* (MGH DO II. Nr. 36 S. 47)
979 *Ganderesheim* (MGH DO II. Nr. 201 S. 228)
995 *Gandereshem* (MGH DO III. Nr. 169 S. 581)
999 *Ganderesheim* (MGH DO III. Nr. 326 S. 755)
1003 *Ganderesheim* (MGH DH II. Nr. 49 S. 59)
1004 *Gandesheim* (MGH DH II. Nr. 87 S. 110)
1004 *Ganderesheim* (MGH DH II. Nr. 82 S. 103)
1009 *Gandesheim* (MGH DH II. Nr. 205 S. 240)
1021 *Ganthersheimensis monasterium* (MGH DH II. Nr. 444 S. 566)
1026 (A. 12. Jh.) *Gandinesheimensi parrochia* (Vita Meinwerci Kap. 199 S. 115)
1026 (A. 12. Jh.) *Gandenesheimensi parrochia* (Vita Meinwerci Kap. 200 S. 116)
1028 *Ganderesheim* (MGH DK II Nr. 129 S. 175)
1044 *Ganderesheim* (MGH DH III. Nr. 121 S. 152)
1062 *Adalheidae Gandesheimensis abbatissae* (MGH DH IV. Nr. 83 S. 108)
1148 *Gandrisheim* (UB H. Hild. I. Nr. 248 S. 233)
1173 *Gandresheimensis ęcclesię abbatissa* (MGH DF I. Nr. 604 S. 89)
1188 *Gandersem* (Kallen, Vogteiweistum S. 98)
1205 *Gandersem* (Goetting, Findbuch Bd. I Nr. 30 S. 21)
1206 *Gandersen* (Goetting, Findbuch Bd. I Nr. 31 S. 22)
1225 *Gandersem* (UB Heisterbach Nr. 62 S. 163)
1256 *Gandersem* (UB Goslar II Nr. 32 S. 131)
1267 *sacerdos dictus Gandirsheim* (UB Eichsfeld Nr. 480 S. 293)
1304 *Gandersem* (Westfäl. UB IX Nr. 263a S. 110)
1317 *castri nomine Gandersheym* (UB Heisterbach Nr. 240 S. 318)
1349 *stad to Ganderssem* (Sudendorf II Nr. 306 S. 165)
1388 *Gandersem* (Urk. Stadt Gandersheim Nr. 14)
1418 *Gandersem* (Urk. St. Marien Gandersheim Nr. 73)
1437 *Ganderssen* (UB Göttingen II Nr. 180 S. 134)
1448 *Ganderszheym* (Göttinger Statuten Nr. 225 S. 232)
1481 *to dem slothe to Ganderßem* (Urk. Clus/Brunshausen Nr. 78)
1497 *Gandersheym* (Negotium monasterii Steynensis S. 162)
1517 *Gandershem* (UB Reinhausen Nr. 433 S. 331)
1542 *Ganderßheim* (Kayser, Kirchenvisitationen S. 35)
um 1600 *stadt Gandersheim* (Reller, Kirchenverfassung S. 220)

1678 *Gandersheimb* (Kopfsteuerbeschreibung Wolfenbüttel S. 62)
1712 *Gandersheim* (UB Uslar II S. 1142)
1803 *Stadt Gandersheim* (Hassel/Bege, Wolfenbüttel II S. 154)
1932 *Bad Gandersheim* (Kleinau GOV I Nr. 664 S. 205)
dialekt. (1935) *gandərßə* (Kleinau GOV I Nr. 664 S. 205)

GauN Mark Gandersheim
780-802 (A. 12. Jh.) *in marcha Gandesheim* (UB Fulda I Nr. 505 S. 497)
856 (Fä. 2. Drittel 11. Jh.) *in Gandeshemia marcu* (Goetting, Gründungsurkunde S. 368)
856 (Fä. 13. Jh.) *Gandersemia markv* (Goetting, Gründungsurkunde S. 368)
956 *in Gandereshemia marcu* (Goetting, Diplom S. 104)
975 (A. 16. Jh.) *in Gandeshemia marcu* (MGH DO II. Nr. 119 S. 132)
1021 *Gandesemigavvi* (MGH DH II. Nr. 444 S. 566)

FlußN Gande
zu 856 (A. 11. Jh.) *ab alluente quodam alveo Ganda nomine Gandesheim nominatur* (Vita Godehardi cap. 19 S. 180)
zu 856 (A. 12. Jh.) *quendam locum super fluvium Gandae, quem a fluvio Gandesheim nominavit* (Vita Bernwardi cap. 12 S. 292)
856 (Fä. 13. Jh.) *iuxta fluvium Gande, qui alio nomine Ettherna nuncupatur* (Goetting, Gründungsurkunde S. 368)
973-83 *trans ripas Gandae supra montana locatae, unde locum celebrem vocitabant Gandeshemensem* (Hrotsvit, Primordia S. 232)
1491 *inter fluentem Gandam* (Kettner, Flußnamen S. 76)
1580 *die Gande* (Kettner, Flußnamen S. 76)
1596 *an die Gandaw* (Kettner, Flußnamen S. 76)
1655 *die Gande* (Kettner, Flußnamen S. 76)
1663 *die Gande* (Kettner, Flußnamen S. 76)
1723 *die Ganne* (Kettner, Flußnamen S. 76)
1767 *die Gande* (Kettner, Flußnamen S. 76)
1798 *die Ganne* (Kettner, Flußnamen S. 76)

I. Der ON ist zunächst als *Gandesheim* überliefert. Im Beleg von 856 für den GauN begegnet erstmals ein *r*-Einschub im BW. *Gander(e)s-* wird nach und nach zur dominierenden BW-Form. Im 10. und 11. Jh. liegt einige Male im Anlaut und Dental abweichend *Canderes-*, *Cantheres-*, *Gantheres-* vor. In der Vita Meinwerci treten in Abschriften die Formen *Gandines-*, *Gandenes-* auf. Vom 13.-15. Jh. ist im GW nd. *-(h)em* vorherrschend, vereinzelt zu *-en* abgeschwächt. Ab Mitte des 16. Jh. setzt sich hd. *-heim* durch. Der ON → Altgandersheim durchläuft eine ähnliche Entwicklung. Die Überlieferung des FlußN zeigt Abschwächung im Auslaut von *Ganda* zu *Gande*. 1596 wird er abweichend als *Gandaw* (Umdeutung zu einem GW *-au*) wiedergegeben; im 18. Jh. wird *-nd-* zu *-nn-* assimiliert.

II. Nach Casemir/Ohainski, Orte Nr. S. 136 ist der ON mit dem GW *-hēm* gebildet. Förstemann, Ortsnamen I Sp. 997f. führt das BW auf eine Flußnamenform *Gandara zurück. Nach Königspfalzen S. 247f. besteht der ON aus dem FlußN Gande und dem GW *-heim*. Die Belege *Gandenesheim*, *Gandinesheim* seien „Angleichungen an die Bezeichnungen für Hildesheim (*Hildenesheim*, *Hildinisheim*)"; der gleichen Meinung ist Goetting, Gandersheim S. 77f. Die BuK Gandersheim S. 69 deuten ebenso „Heim an der Gande", doch wird gleichzeitig auf einen PN *Gando*

verwiesen, den auch Mühe, Gande S. 67 im ON sieht. Fiesel, Franken S. 90 denkt an einen PN *Gandi*. Flechsig, Gandersheim S. 52 deutet den ON „trotz des irreführenden Genitiv-s des BW" als „Heim an der Gande". Er verweist auf Bach, Ortsnamen I § 170a, der mehrere Beispiele dafür angeführt, daß auch weibliche GewN wie Ganda bei deren Verwendung als BW in ON ein Genitiv-s in Angleichung an die maskuline starke Flexion erhalten haben. Nach Bahlow, Lexikon S. 40 ist der ON „nach einem Bach Gande(ne) benannt". *r*-Ableitungen zu diesem Stamm seien häufig, so in Hohen- und Kirch-Gandern, Kr. Heiligenstadt, den luxemburgischen ON Gandern a.d. Gander zur Mosel, der Gandria in Ligurien, den nl. ON Ganderon in Brabant und Gendringen in Gelderland. Für alle sei eine sumpfige Lage kennzeichnend. Kettner, Flußnamen S. 77f. kommentiert die Deutungen von Witt, Beiträge S. 192 und Kretschmann, -heim-Ortsnamen S. 110f., wonach das BW einen ON enthalte; der FlußN Gande sei erst sekundär vom ON abgeleitet worden. Nach Kettner spricht dafür, daß der ON konstant mit Genitiv-*s* belegt sei, dagegen spräche jedoch, daß die Gande ein FlußN der älteren Namenschicht sei, da der Stamm **gand-* auch in anderen FlußN vorkomme und bei der Gande verschiedene Suffixbildungen nebeneinander stünden. Das Genitiv-*s* sei eher als Analogiebildung zu mit PN gebildeten *-heim-*Namen zu erklären. Nach Möller, Nasalsuffixe S. 91 läßt das Flexions-*s* im ON nicht zwingend auf einen PN schließen, vielmehr sei eine solche Bildung auch bei femininen FlußN in BW zu beobachten. Kaufmann, Ergänzungsband S. 136ff. erklärt das Nebeneinander der Namen Gande und Gandersheim als „Spiel des zufälligen Gleichklangs". Eine beiderseitige Ableitung sei lautlich und bildungsmäßig unmöglich, außerdem wäre eine Verbindung eines *-heim-*Namens mit einem Bachnamen beispiellos. Der ON enthalte vielmehr einen KurzN *Gandi*. In *Gandinesheim* läge eine Koseform *Gandīn* und in *Gandersheim* der VollN *Gander* (< *Gand-her*) vor.
Für den FlußN führt Flechsig, Beiträge S. 30 drei (nicht zu verifizierende) Belege an (973 *Gandere*, 975 *Gande*, um 1000 *Gandina*) und stellt an ihnen ein Schwanken in der Namenbildung fest, die sich auch im ON widerspiegele. Den FlußN will er von „gand = Gift" ableiten. Mühe, Gande S. 67 sieht im FlußN eine Grundform **Gandaha* und darin den „Bach eines Gando". Nach Kronenberg, Gandersheim S. 11 leitet sich die Gande von der Tierbezeichnung *Ganter* ab. Garke, Bachnamen S. 45 nimmt ebenfalls eine Grundform **Ganda(ra)* zu mnd., nnd. *gante(r)* 'Gänserich' an. Seelmann, Flußnamen S. 13f. lehnt dies ab, da das *-d-* des ON nicht mit dem *-t-* in *gante* vereinbar sei. Seelmann, Flußnamen und Schwarz, Namenforschung II S. 71 ziehen wie Flechsig ein angebliches asä. Appellativ *gandi* 'Eiter' heran und deuten den Namen als „Giftbach". Nach Kettner, Flußnamen S. 77f. ist dieser Beleg jedoch eine Entstellung für asä. *gund* 'Eiter'. Bahlow, Lexikon S. 40 sieht im FlußN Gande(ne) einen Wortstamm „gand (altindisch = 'Gestank')". Kettner, Flußnamen S. 77f. vermutet neben der belegten Form *Ganda* noch weitere Grundformen **Gandara* und **Gandana* als vom selben Stamm mit verschiedenen Suffixen gebildete Namen, die gleichzeitig und gleichwertig nebeneinander Geltung gehabt haben. Im ON seien alle drei Formen lange erhalten geblieben. Die von Wesche, Wortschatz S. 63 hergestellte Verbindung zu anord. *gandr* 'Zauberstab; Zauberei' ist nach Kettner semantisch unwahrscheinlich. Er verweist auf Kuhn, Grenzen S. 566, der die Gande, Gandersheim, Kirch- und Hohengandern, Kr. Heiligenstadt, Niedergandern, Kr. Göttingen, Upgant-Schott, Kr. Aurich, einen abgegangenen ostfries. GewN Gand und die zwei belg. und nl. ON Gent zu einem mediterranen, nicht-idg. Stamm **gand-* 'Geröll, Kies' stellt. Da nicht-idg. Namen in Nordwestdeutschland zweifelhaft seien, vermutet Kettner eine frühe Entlehnung des Stammes **gand-* ins Indogermanische unter der

Voraussetzung, daß dieser von der germ. Lautverschiebung unbeeinflußt blieb. Möller, Nds. Siedlungsnamen S. 59 greift diese Deutung auf. NOB IV S. 297 lehnt bei der Diskussion um Niedergandern, Kr. Göttingen, eine Verbindung mit einem solchen Stamm und einem daraus entstandenen Alpenwort *Gand, Gande* 'Steingeröll, Felsenbruch u. ä.' aus wortgeographischen und landschaftlichen Gründen ab.

III. ON und FlußN werfen viele Fragen auf. Zunächst ist zu bemerken, daß der ON ursprünglich → Altgandersheim bezeichnete und erst nach der Gründung des Reichsstifts im Jahr 852 auf das heutige Gandersheim übertragen wurde, wonach Altgandersheim den unterscheidenden Zusatz *Aldan-* 'Alten-' bekam (vgl. die Belege von Altgandersheim 780-802 [A. 12. Jh.] *in loco Gandesheim*; um 1007 *Aldangandesheim*). Der ON ist unzweifelhaft mit dem GW *-heim* bzw. *-hēm* gebildet. Entgegen Kaufmanns Annahme eines zufälligen Gleichklangs von ON und FlußN ist doch eher davon auszugehen, daß das BW den Namen der Gande enthält, an der Altgandersheim liegt. Fraglich ist allerdings die Morphologie des ON: bei dem femininen FlußN wäre eine Grundform **Gande(n)heim* zu erwarten, hier aber liegt *-s-* der starken Flexion von Maskulina und Neutra vor. Diese Flexionsfuge schließt auch die Vermutung eines PN **Gando* aus, da dieser schwach flektiert. Fiesels und Kaufmanns Annahme eines stark flektierenden PN **Gand(i)*, der morphologisch möglich ist, bleibt aber ebenso fern, da ON und FlußN offenbar in Verbindung stehen und der FlußN Gande nicht sekundär aus dem ON gebildet worden sein kann. Die Tierbezeichnung mnd. *gante*, nd. *gander, ganter* 'Gänserich' ist sachlich und lautlich ebenfalls auszuschließen. Da eine bessere Lösung fehlt, ist wohl Bach zu folgen, der hier eine Analogbildung zu ON-Kompositionen starker Flexion sieht. Das nächste Problem liegt im Eintreten des *-r-* in das BW, da der FlußN in der Überlieferung kein *-r-* zeigt. Die Rekonstruktion einer parallelen Flußnamenform **Gandara* ist fraglich. Die *r*-Form tritt zum ersten Mal um 856 im GauN auf. Da es sich bei diesem Beleg um eine Fälschung aus dem 13. Jh. handelt, ist von einem sicheren Auftreten des *-r-* erst Mitte des 10. Jh. zu sprechen, über 150 Jahre nach der Ersterwähnung des ON. Der ebenfalls in dieser Zeit belegte FlußN weist keine *r*-Variante auf. Die gleichermaßen zu einer These der Suffixschwankungen im FlußN herangezogenen ON-Belege *Gandines-, Gandenes-* treten nur jeweils ein einziges Mal im 11. Jh. in derselben Quelle auf und können als Verschreibung erklärt werden. Kaufmanns Vermutung eines Wechsels zwischen PN-Formen, also zwischen der Kurzform *Gandi*, dem VollN *Gandher* und einer *n*-suffigierten Koseform *Gandin*, ist abzulehnen, da diese angenommenen Varianten eines PN allenfalls zur Gründungszeit, also zu Lebzeiten des Ortsgründers, möglich gewesen wären, nicht aber Jahrhunderte später zu verschiedenen Zeiten. Deshalb wird hier eine andere Erklärungmöglichkeit vorgeschlagen. Neben dem FlußN Gande, der zunächst flektiert im ON vorliegt, wird von uns ein mit einem *r*-Suffix gebildeter RaumN, **Gandara*, der das Gebiet rings um den Fluß bezeichnete, angenommen. Im ON - und im vom ON abgeleiteten, damit sekundären GauN - zeigt sich seit dem 10. Jh., evtl. auch schon in dem Beleg von 856, ein Schwanken zwischen der Bildung mit dem FlußN und dem RaumN, bis sich die *-r-*haltige Form durchsetzt. Der hier angenommene RaumN selbst ist nicht bezeugt. Zu vermuten ist jedoch, daß er durch den jüngeren GauN abgelöst wird. Der GauN ist seinerseits vom ON abgeleitet, was sich an dem GW *-heim* zeigt, das eindeutig ein Siedlungsnamengrundwort ist und nicht für ursprüngliche Gaubezeichnungen benutzt wurde.

Nicht weniger problematisch ist die Deutung des FlußN. Beim Ausschluß eines nicht-idg. Stammes **gand-* im altgermanischen Siedlungsraum ist der Argumentation von NOB IV S. 297 zu folgen. Doch damit bleibt die Etymologie weiter im Dunkeln, dabei zeigen zahlreiche Vergleichsnamen die weite Verbreitung einer Basis *Gand-*. Zu den oben erwähnten Namen sind zu ergänzen: in den Niederlanden die Gender, Zufluß zur Dommel, (1452 *Ghenderen*), ein abgegangener FlußN in der Provinz Zeeland (1163 *Genderdihc*), die FlußN Ganderon, Gantel und der ON Gent, die Schönfeld, Waternamen S. 93f. zu einer germ. Wurzel **gen-*, **gan-*, **gun-* stellt, für die er aber keine Bedeutung angibt. Gysseling, Woordenboek I S. 394ff., 540 führt die belg. Namen Gent (8. Jh. [K. 10. Jh.] *Gandensis*), Jandrain (1139 *Jandreinc*), Jandrenouille (ca. 1070 *Gandrinul*) und die nl. Namen Genderen (2. Hälfte 11. Jh. *Ganderon*) und Gendringen (2. Hälfte 11. Jh. *Bruocgandringe*) auf und verweist auf den norw. ON Gand am Gandsfjord. Neben einer Herleitung aus idg. **kom* 'zusammenlaufend' und anord. *gandr* 'Zauberei' erwägt Gysseling für den norw. ON eine germ. Ableitung **ganda-*, **gandu-* zur idg. Wurzel **ĝhan-*, zu welcher anord. *gana* 'aufsperren, aufreißen' und norw. *gan* 'Schlund, Rachen' gehören. Norsk Stadnamnleksikon S. 165 schwankt beim ON Gand ebenfalls zwischen anord. *gandr* 'Zauberstab' und idg. **ĝhan-* 'gähnen, klaffen'. Nach Pokorny, Wörterbuch S. 411f. liegt idg. **ĝhan-* in anord. *gan* 'Gähnen', *gana* 'aufklaffen', norw., schwed. *gan* 'Schlund, Rachen' vor. Eine Dentalableitung (etwa **ĝhan-dh-*) zu dieser Wurzel ist appellativisch allerdings nicht belegt. Wir wagen einen anderen Versuch der Herleitung und kommen dabei auf das unter II. erwähnte asä. Appellativ *gund* 'Eiter' zurück. Zusammen mit got. *gunds* 'krebsartiges Geschwür', aengl. *gund* 'Eiter, ahd. *gunt* 'Eiter, eiterndes Geschwür' und norw. dial. *gund* 'Schorf eines Geschwürs' gehört es zu germ. **gunda* 'Geschwür, Geschwulst' (vgl. Pokorny, Wörterbuch S. 438 und Fick, Wortschatz S. 136). Torp, Nynorsk Ordbok S. 146 führt noch norw. dial. *gande* 'Wundrand' an (das allerdings anderweitig nicht belegt ist) und vermutet darin eine Ableitung zu *gund*. Pokorny, Wörterbuch S. 438 führt diese Appellative auf idg. **ghendh-* bzw. schwundstufig **ghn̥dh-* 'Geschwür' zurück. Zu dieser Ablautreihe ist auch die Form **ghondh-* anzunehmen, die im Germ. **gand-* ergibt und damit den *Gand-*Namen lautlich zugrundegelegt werden kann. Doch was ist ein Eiter- oder Geschwürfluß? Die Verbindung mit 'Eiter' erinnert an FlußN wie die Aitrach zur Donau, die Aitrach zur Iller, die Eiter links zur Weser und nicht zuletzt die Eterna links zur Gande, die wohl alle auf die idg. Wurzel **oid-* 'schwellen' zurückzuführen sind (vgl. Boesch, GewN Bodenseeraum S. 17, Möller, Bildung S. 80f.), welche auch die Basis für das Appellativ *Eiter* bildet (Pokorny, Wörterbuch S. 774, Kluge/Seebold S. 214). Analog ist zu vermuten, daß die Wortfamilie um *gund* 'Eiter, Geschwür, Geschwulst' im Zusammenhang mit der idg. Wurzel **gᵘhen-* 'schwellen, strotzen; Fülle', **gᵘhono-s* 'üppig, reichlich' steht, welche nach Pokorny, Wörterbuch S. 491 in lit. *gandéti* 'genug haben' und neupers. *a-gandan* 'anfüllen' vorliegt. Es ist möglich, germ. **gunda* 'Geschwür' auf eine Ablautform zu **gᵘhen-* zurückzuführen. Der Anlaut **gᵘh-* wird im Germ. vor dunklen Vokalen und Konsonanten zu *g-* (Krahe/Meid I § 64). Eine vergleichbare Entwicklung ist bei der gleichlautenden idg. Wurzel **gᵘhen-* 'schlagen' zu beobachten, die in dentalerweiterten Ablautformen in germ. **gunþ-* 'Kampf' (< idg. **gᵘhn̥t-*), ahd. *gundfano* 'Kriegsfahne', und germ. **ganda-* 'Stecken, Stock, Stab', anord. *gandr* 'Zauberstab, Zauber', enthalten ist. Danach können zu **gᵘhen-* 'schwellen' dentalerweiterte Ablautformen **gᵘhon-dh-*, **gᵘhn̥-dh-* rekonstruiert werden, die sich im Germ. zu **gand-*, **gund-* entwickeln konnten. Es spricht damit einiges dafür, die Gande mit der Grundform *Gand-a* als *a*-Ableitung und die GewN mit der Basis Gand- hier anzuschließen und als 'Schwellflüsse' zu interpretieren.

GARLEBSEN (Kreiensen)

1142-1153 (Fä. 13. Jh.) *Gerliueshuson* (Mainzer UB II Nr. 186 S. 348)
1231 *Hartmannus de Yerleveshen* (Orig. Guelf. Praef. Nr. 1 S. 62)
1238 *Gerlevessen* (Petke, Wöltingerode Anhang III Nr. 8 S. 565)
um 1274 *Gerleuissen* (Sudendorf I Nr. 79 S. 51)
1336 *Gherleuessen* (Kramer, Abschwächung S. 40)
1389 *Gherleuessen* (Urk. St. Marien Gandersheim Nr. 62)
1444 (A.) *Gerlevessen* (Harland, Einbeck I Nr. 38 S. 363)
um 1470 *Gerleuessen* (Lüneburger Lehnregister Nr. 776 S. 70)
1480 *Garleuessen* (Harenberg, Gandersheim S. 946)
1544 *Gardeleuessen* (Kayser, Kirchenvisitationen S. 205 Anm.)
1548 *Garlebissen* (Wittkopp, Greene S. 53)
1589 *Gerlebssen* (Kleinau I Nr. 677 S. 209)
um 1616 *Garlipsen* (Casemir/Ohainski, Territorium S. 44)
1783 *Garlebsen* (Kurhannoversche Landesaufnahme Bl. 139)
1803 *Garlebsen* (Hassel/Bege, Wolfenbüttel II S. 317)
dialekt. (1950) *garlaißən* (Kleinau I Nr. 677 S. 209)

I. Das GW verkürzt sich von *-huson* zu *-sen*. Im BW wechselt im 15. Jh. *Ger-* zu *Gar-*, im 16. Jh. lautet das BW auch *Garde-*. Ab Mitte des 16. Jh. zeigt sich hd. Einfluß in den *-leb-*Formen *Garlebissen*, *Garlipsen* bis zum heutigen *Garlebsen*. 1231 ist *G-/J-*Wechsel in der Form *Yerleves-* zu erkennen (vgl. Lasch, Grammatik § 342). Im 14. Jh. liegt der Anlaut als *Gh-* vor.

II. Die BuK Gandersheim S. 436 sehen im ON die „Behausung eines Gerlef". Förstemann, Ortsnamen I Sp. 1007 stellt den ON mit einem nicht zu verifizierenden Beleg 1142 *Gerlevesheim* zum PN-Stamm GARVA. Die weiterhin an dieser Stelle aufgeführten ON Gerlfangen, 1037 *Gerleuingen*, und Garrelsmeer, 1057 *Gerleuiswert*, führt er im Personennamenband Sp. 581 jedoch unter dem PN *Gerlef* zum PN-Stamm GAIRU auf.

III. Wie die älteren Belege zeigen, ist von einer Grundform **Gerleveshusen* auszugehen. Das GW ist *-hūsen*. Das BW enthält den stark flektierenden zweigliedrigen PN *Gerlef*; vgl. Schlaug, Altsächs. Personennamen S. 93, Schlaug, Studien S. 96 und Förstemann, Personennamen Sp. 581f., der die PN *Gerlef*, *Gerlib*, *Gerlif* zum PN-Stamm GAIRU stellt. Die Namenglieder des PN sind mit asä. *gēr* 'Wurfspeer' und asä. *lēba* 'Erbe, Hinterlassenschaft' bzw. in PN in der Bedeutung 'Nachkomme, Sproß' zu verbinden. Die Schreibung *Gh-* für *G-* ist im Mnd. besonders vor *-e-* üblich. Vor *-r-* und Konsonant entwickelt sich *-e-* zu *-a-* (vgl. Lasch, Grammatik § 76), es entsteht die Form *Garlevessen*. Die zeitweise auftretenden Formen *Gardeleves-* könnten einer Hineindeutung des nd. Wortes *garde* 'Garten' geschuldet sein.

GEHRENRODE (Bad Gandersheim)

1228 *Johannes de Gerenroch* [!] (UB H. Hild. II Nr. 262 S. 116)
1230 *Iohannes de Gerenrode* (UB H. Hild. II Nr. 289 S. 131)
1285 *Thidericus de Gerenrode* (UB Goslar II Nr. 322 S. 339)
1410 *Gherenrode* (Goetting, Findbuch I Nr. 289 S. 125)
1542 *Gerenrode* (Kayser, Kirchenvisitationen S. 201)

1542 *Gernrode* (Kayser, Kirchenvisitationen S. 201)
1596 *Gerenrode* (Letzner, Chronica Buch 6 S. 74r)
1678 *Gehrenrohda* (Kopfsteuerbeschreibung Wolfenbüttel S. 205)
1759 *Gerenrode* (Kleinau GOV I Nr. 681 S. 210)
1803 *Gerenrode* (Hassel/Bege, Wolfenbüttel II S. 201)
dialekt. (1937) *gērn̥rǖə* (Kleinau GOV I Nr. 681 S. 210)

I. Zwei Belege 1149 *Getteroth* (UB H. Hild. I Nr. 253 S. 235) und 1178 *Geteroth* (UB H. Hild. I Nr. 387 S. 372), die von den BuK Gandersheim S. 228, Flechsig, Gandersheim S. 58 und Förstemann, Ortsnamen I Sp. 1043 mit diesem Ort verbunden werden, sind mit Kleinau GOV I Nr. 681 S. 210 einem Ort nördl. von Lamspringe zuzuordnen. Die ON-Formen sind relativ konstant, sie wechseln zwischen *Gerenrode* und *Gernrode*. Das GW zeigt im ersten Beleg eine auffällige Abweichung *-roch*, im 17. Jh. tritt auch die Kanzleiform *-roda* auf. Im Anlaut liegt einmal *Gh-* vor. Im Beleg 1678 ist ein *-h-* zur Anzeige des langen *-ē-* hinzugetreten, welches auch die heutige ON-Form enthält.

II. Nach Flechsig, Gandersheim S. 58 Bildung mit dem GW *-rode*.

III. Trotz des abweichenden ersten Beleges ist deutlich ein *-rode*-Name erkennbar. Das BW enthält den schwach flektierenden sehr häufig bezeugten KurzN *Gero*, zu asä. *gēr* 'Wurfspeer'; vgl. Förstemann Personennamen Sp. 573, Schlaug, Altsächs. Personennamen S. 94 und Schlaug, Studien S. 198. Anlautendes *Gh-* erscheint oft vor *-e-* für *G-* (Lasch, Grammatik § 341). Im 16. Jh. schwindet das zweite schwachtonige *-e-* in *Gernrode*. Da im Stammvokal aber ein langes *-ē-* vor *-rn-* vorliegt, kann sich dieser Schwund nicht durchsetzen und *-e-* tritt wieder zwischen *-r-* und *-n-* (Lasch, Grammatik § 62).

† GERSSBORN

Lage: Bei der Ruine der Grasborner Kirche 2,3 km nordwestl. des Forsthauses Grimmerfeld.

1603 *Wuste Gerßborn* (Krabbe, Sollingkarte Bl. 5)
1715 *Gaßborn* (Bodemann, Wüste Ortschaften S. 245)
1735-36 *nach der Grasborner Kirche* (Forstbereitungsprotokoll S. 137)
1842 *Grasbornsche Kirche* (Atlas Papen Bl. 60)

I. Der ON ist erst urkundlich belegt, als er schon wüst gefallen war. Das GW lautet *-born*, das BW unterscheidet sich jedoch stark in seinen Formen *Gerß-*, *Gaß-* und *Gras-*.

II. Nach Casemir, Grundwörter S. 191 mit dem GW *-born* gebildet. Kühlhorn, Gerßborn S: 83 sieht den Ort an der „Quellmulde des heute namenlosen Baches, der einst sicher Gerßborn hieß". Förster, Forstorte S. 74f. deutet den ON folgendermaßen: „Grasborn ist der heutige Name der Wüstung. Das 'r' ist ganz offensichtlich ein Einschub aus dem vorigen Jahrhundert, da man mit einem Gasborn nichts anfangen konnte. Ebenso wird das r in dem Namen von 1603 auf einen Hörfehler zurückgehen. Wir hätten es also mit einem Gas- oder Gesborn zu tun. Eine Besonderheit des hiesigen Dialekts besteht darin, daß das 'ei' [...] stark in Richtung 'a' gesprochen wird [...]. Mithin ist der Name der Wüstung Geisborn gewesen. [...] Ein Geishof war eine Herberge. Zugrunde liegt ahd. gast = Fremder. Born [...] dürfte über bor aus ahd. bur entstanden sein." Er führt den ON zurück auf „Gastbur, ein Gasthaus oder eine Herberge".

III. Försters abstruse Deutung ist abzulehnen. Es handelt sich eindeutig um das GW -*born* 'Quelle'. Geht man davon aus, daß das BW wie im ersten Beleg *Gers-* lautete, dürfte man die folgende Entwicklung mit dem dialektalen Wandel von -*er-* > -*ar-* vor Konsonant (Lasch, Grammatik § 76) zu einer Form *Gars-* erklären, welche später zu *Gras-* umgedeutet wurde. Die Form *Gas-* könnte mundartliches zerdehntes -*ā-* der Verbindung -*ar-* wiedergeben, bei welcher das -*r-* kaum hörbar ist (Lasch, Grammatik § 62). Worauf aber bezieht sich das BW? NOB III S. 441 schreibt zum ON-Typ auf -*born*: „Als BW erscheinen vor allem sich auf das Aussehen, die Beschaffenheit oder die Umgebung der Quelle beziehende Appellative. PN sind sehr selten." Als PN käme zwar ein stark flektierender PN *Ger(i)* in Frage, den Förstemann, Personennamen Sp. 572 nur aus ON wie Gerisperch, Geresfeld, Gersheim, Gereslevo rekonstruiert und zum PN-Stamm GAIRU stellt, im Ortsnamenband I Sp. 1001f. aber unter dem PN-Stamm GARVA aus ahd. Urkunden belegt. Doch ist die Verbindung von -*born* mit einem PN unwahrscheinlich. Vielleicht ist das BW eher mit der Pflanzenbezeichnung *Giersch* zu verbinden. Hänse, Flurnamen Weimar S. 55 verzeichnet einen FlurN Gersborn, 1515 *ym gerßborn*, in dem er unsicher einen PN sieht. Müller, Flurnamen Heiligenstadt S. 44 schlägt jedoch vor, den FlurN Gerschbach, 1664 *im Gersbache, Gerßbache* „zu ahd. *gers*, nhd. *gersch*, das neben *Giersch* ursprünglich den 'Geißfuß' (aegopodium podagraria), dann noch andere Doldengewächse bezeichnet", zu stellen. Dazu führt er noch den FlurN Gersfeld bei Meiningen an. Jellinghaus, Osnabrück S. 14 vermutet für den ON Gaste, Kr. Osnabrück (ca. 1200 *Gerst*, ca. 1240 *Gerst*, 1320 *Gast*) eine Grundform *Gers-ithi* zu ahd. *gers, giers, girst* 'Giersch, Aegopodium Podagraria'. Nach Marzell, Wörterbuch S. 123ff. ist die Pflanzenbezeichnung seit dem 12. Jh. als ahd. *gires*, nd.-hd. *gers* bezeugt. Im Mnd. wird mit *gērse, gērsele, gērsgērse* die 'große Petersilie' bezeichnet. Giersch ist ein „ansehnliches, weißblühendes Doldengewächs mit saftigen hohlen Stengeln und [...] zahlreichen weithin kriechenden Ausläufern", das „überall im Gebüsch, an Zäunen, an schattigen, feuchten Waldstellen häufig ist", so daß es durchaus möglich ist, die Pflanze auch im Waldgebiet des Sollings an dieser Quelle als Bewuchs anzutreffen. Eine endgültige Aussage ist aufgrund der schlechten Beleglage jedoch nicht möglich. Das vermutete BW liegt vielleicht auch in → Gierswalde vor.

IV. Ernst, Wüstungen S. 85; Exkursionskarte Moringen S. 66-67; Förster, Forstorte S. 74-75; Kühlhorn, Gerßborn S. 81-91; Kühlhorn, Wüstungen Bd. II Nr. 134 S. 52-58.

GIERSWALDE (Uslar)

1465 *Hans Girßwolt* (Kelterborn, Bürgeraufnahmen I S. 102)
1499 *Bene Rumpers ex deme Girßwolde* (Kelterborn, Bürgeraufnahmen I S. 133)
1585 *Gierswalde* (Burchard, Calenberg-Göttingen S. 74)
1588 *zum Girßwaldt* (Kayser, Generalkirchenvisitation S. 183 Anm.)
1603 *Gierswold* (Krabbe, Sollingkarte Bl. 4)
um 1616 *Gierßwaldt* (Casemir/Ohainski, Territorium S. 57)
1675 *Gierswold* (Nolte, Flurnamen S. 14)
1784 *Gierswald* (Kurhannoversche Landesaufnahme Bl. 149)
1791 *Gierswald* (Scharf, Samlungen II S. 82)

1823 *Gierswalde* (Ubbelohde, Repertorium 2. Abt. S. 58)
dialekt. (1951) *jirswåle̊* (Flechsig, Beiträge S. 15)
dialekt. (1963) *gīrswāle* (Nolte, Flurnamen S. 14)

I. Der von Wächter, Gierswalde S. 10 angeführte Erstbeleg *Gerswolt* zum Jahr 1293 existiert nicht, denn in der zitierten Urkunde Ludolfs von Dassel (neuester Druck UB Plesse Nr. 343 S. 329f.) kommen zwar die von ihm genannten Orte Volpriehausen und Delliehausen sowie der *Bockwolt* vor, nicht jedoch Gierswalde; vgl. dazu auch Siebrecht, Gierswalde S. 28f. Die spät einsetzenden Belege sind relativ konstant: das BW lautet *Girß-*, *Giers-*, das GW liegt als *-wolt*, *-wolde*, *-walde*, *-wald(t)* vor. Drei ON-Formen von 1588 (Kayser, Generalkirchenvisitation S. 182 und S. 184) enthalten andere GW: *Giershausen*, *Girstadt* und *Gierstedt*.

II. Nolte, Flurnamen S. 14 sieht zwei Deutungsmöglichkeiten: zum einen „Giers als verstümmelter PN [...], der zu einem Stamme mit Gisilhard gestellt werden kann", zum anderen „Giers in der Bedeutung von Geier. Vgl. den gleichnamigen Forstort Giersberg". Wächter, Gierswalde S. 9 führt aus, daß die südliche Grenze des Moringer Gaues hier verlief und fährt dann fort: „Ortsnamen mit 'Boll' und 'Gier' u.a. deuten auf eine Grenze hin. Bollensen und Gierswalde waren also Grenzdörfer! Es ist ja viel an dem Namen 'Gier' herumgedeutet worden. Man versuchte, Giere von Gere abzuleiten, und behauptete, im Tale hier unten seien viele Eschen gewachsen und die jungen Burschen aus der Umgebung hätten sich von hier die Gere = Speerstangen geholt. So sei der Name Gierswalde von Ger entstanden. Als ob anderwärts nicht auch Eschen wüchsen!" Gehmlich, Wappenbuch S. 397 interpretiert das Ortswappen: „Die drei Bäume sind als redende Symbole für die Waldsiedlung in das Wappen aufgenommen worden. Der erste Namensteil 'giere' soll auf eine Grenze hindeuten, und der 'spitze Winkel' das heraldische Symbol für 'Grenze' sein." Förster, Fortorte S. 73 meint, dem ON läge ein FlurN „Kirchspielwald" zugrunde. Den FlurN Giersbrink bzw. dessen BW hatte er auf S. 72f. auf ein Kompositum „chirih-sahha 'Kirchenbesitz'" oder „chirih-spel" zurückgeführt. Siebrecht, Gierswalde S. 45-46 greift einen Vorschlag von Förster, Fortorte S. 72f. zu dem FlurN Gierswande bei Gierswalde auf und sieht wie Förster in *wand* 'Grenze'. In *Giers-* liege nach Förster auch eine Grundbedeutung 'Grenze' oder ein mdal. Wort für 'Sumpf, Morast' vor; er verweist aber auch auf mnd. *gyr* 'Gilde, Gildehaus; Geld und Gut'. Das GW *-walde* deutet er aufgrund der mdal. Aussprache „woale" als „Wall" und den ON insgesamt als „Hab und Gut hinter dem Wall" oder „Sumpf (Morast) hinter dem Wall".

III. Bildung mit dem GW *-wold* bzw. *-wald*. In *-wold* ist der nd. Wechsel von *-a-* zu *-o-* nach Labial und vor *-ld-* zu beobachten (Lasch, Grammatik § 93). Die Deutung des BW bereitet mehr Probleme. Nolte schlägt eine Verstümmelung aus dem PN *Gisilhard* vor; eine solche umfangreiche Kürzung ist aber zu weit hergeholt. Mit seiner zweiten Vermutung, das BW enthalte die Tierbezeichnung *Geier*, asä. *gīr*, mnd. *gīr(e)*, steht er nicht allein. Zu dem ON Gerswalde bei Templin (Uckermark), 1256 *Gyrswalde*, stellt Wauer, Uckermark S. 111 eine Grundform „mnd. *Gīreswolde* zu mnd. *gīre* 'Geier' im Bestimmungswort und *wolt* 'Wald' im Grundwort" auf. „Da G[erswalde] als pommersche Grenzburg angelegt wurde, könnte mnd. *gīre* das Wappentier eines Adligen sein. [...] Doch kann der Name ebenfalls als 'Siedlung im/am Walde, wo Geier vorkommen' erklärt werden". Förstemann, Ortsnamen I Sp. 1055 nennt einen ON Girsberg im Elsaß und sieht BW ahd. *gīr* 'Geier'. Fraglich ist dabei die *s*-Fuge. Zu erwarten wäre eher eine Stammkomposition *Gir-wold*, doch zeigen

ON wie → Hunnesrück und Herzberg am Harz, Kr. Osterode (NOB II S. 76ff.), daß Tierbezeichnungen in BW im Genitiv Singular vorliegen können. Auch ein stark flektierender PN *Gir ist als BW sprachlich möglich. Zoder, Familiennamen I S. 571 bzw. 555 führt unter dem FamN Gie(h)r mnd. gīr(e) 'Geier' auch als Übernamen „vereinzelt bei Rittern auch i. d. Funktion des Vornamens: Ghir von dem Kalenberge [...], Hartmannus dictus Gir" auf. Heintze/Cascorbi, Familiennamen S. 186 verzeichnet unter dem Stamm GÎRJAS, zu ahd. giri, mhd. gir 'begierig', den KurzN Gir-. Doch ist ein PN in Verbindung mit dem GW -walde unüblich; es ist doch eher ein Appellativ zu vermuten. Wächter und Gehmlich sehen in Giers- ein Wort für 'Grenze'. Vielleicht beziehen sie sich auf Günther, Ambergau S. 3, der in einer Anmerkung schreibt: „Hülfsmittel zur Auffindung alter Grenzen ergeben sich aus der Wahrnehmung, daß an den erwiesenen Grenzpunkten öfter Ortschaften, Berge, Feldmarken [...] sich finden, deren Namen mit [...] Geren, Gieren, Garen (d. i. begrenzen) [...] verbunden sind." Damit dürften die FlurN gemeint sein, die Dittmaier, Rhein. FlurN S. 87 als Geren, Gier(en), Gi(e)rden in der Bedeutung „spitz zulaufendes Land, keilförmiges Eckstück, der spitzwinklige Teil eines Ackers" zu mnd. gēre auflistet, welches allerdings nicht stark flektiert, hier also auf jeden Fall auszuschließen ist. Bleibt noch das vermutete Sumpfwort. Andree, Volkskunde S. 52 stellt einen FlurN Giersberg, Stadt Braunschweig, „zu gīr, Schmutz, Abfall, Jauche. Der Straßenname Geiershagen in Braunschweig führt auf dasselbe Wort und hieß ursprünglich Giershagen". Er verweist auf Schiller/Lübben, Wörterbuch und das Stichwort „jerentocht. Giergraben, schmutziger Abzugsgraben bei Stralsund; jiersloot. Im Ostfriesischen der vom Misthaufen abziehende Jauchegraben". Eine Verbindung zu Gierswalde ist fraglich. Ein Blick auf Vergleichsnamen, die ein ähnliches BW zeigen und sich im GW auf Naturgegebenheiten wie -walde beziehen, kann hilfreich sein. In der Nähe von Gierswalde findet man Giersbrink und Giersberg. Orts- und BergN Giersberg gibt es auch mehrfach in Nordrhein-Westfalen, im Kr. Holzminden, des weiteren bei Hildesheim, im Kr. Verden, Kr. Nienburg und bei Lüneburg, dazu zwei FlurN Giersreith im Kr. Verden. All diesen FlurN und auf FlurN zurückgehenden ON kann kein PN Gir- zugrundeliegen. Vielleicht sollte ebenso wie bei → † Gerßborn und den dort aufgeführten FlurN auf -born, -bach und -feld die Pflanzenbezeichnung Giersch herangezogen werden, ahd. gers, gires, mhd. gers, gires, girst, mnd. gērs(e), nhd. Gersch, Giersch. Die Pflanze mit ihren „zahlreichen weithin kriechenden Ausläufern" ist „überall im Gebüsch, an Zäunen, an schattigen, feuchten Waldstellen häufig" (Marzell, Wörterbuch S. 123ff.). Der markante Bewuchs ist als Benennungsmotivation eines Waldstücks in Betracht zu ziehen. Doch während der ON Gerßborn und das Appellativ mnd. gērs(e) 'Giersch' im Vokalismus übereinstimmen, fällt bei der Überlieferung von Gierswalde das konstante -i- auf, welches schwer mit hd. Einfluß zu erklären ist, da das GW -wold nd. Lautung zeigt. Die Verbindung zu asä. gīr, mnd. gīre 'Geier' ist daher vorzuziehen. Zu Vogelbezeichnungen in ON vgl. Bach, Ortsnamen I § 328.

GILLERSHEIM (Katlenburg-Lindau)

1105 (Fä. Mitte 12. Jh.) *Geldrikesen* (Mainzer UB I Nr. 424 S. 331)
1105 (Fä. Mitte 12. Jh.) *Ecelinus presbiter Geldrikensis* (Mainzer UB I Nr. 424 S. 332)
um 1200 (A. 16. Jh.) *Gilderikessen* (Kopialbuch Katlenburg Bd. I S. 61f.)

1258 *plebanus de Gilderikessen* (UB Plesse Nr. 181 S. 211)
1271 *plebano de Ghildehechusen* [!] (UB Plesse Nr. 247 S. 263)
1304 *quondam plebanus in Ghildericsen* (Urk. Katlenburg Nr. 62)
1323 *Ghilderikissen* (Sudendorf I Nr. 374 S. 211)
1336 *parochia Gilderkessen* (Urk. Katlenburg Nr. 133)
1409 *Gilderse* (UB Hardenberg II Nr. 49 S. 130)
1428 *molen to Gildersen* (Urk. Katlenburg Nr. 229)
1428 *mole to Gildersem* (Urk. Katlenburg Nr. 229)
1459 *ecclesiam parochialem sancti Johannes ewangeliste in Gylderssem* (Urk. Katlenburg Nr. 243)
1495 (A. 16. Jh.) *Gildersen* (Lagerbuch Katlenburg S. 136)
1519 *plebani in Gilderße* (Tschackert, Rechnungsbücher S. 351)
1541 *Gildersen* (Lagerbuch Katlenburg S. 66)
um 1616 *Gilderßen* (Casemir/Ohainski, Territorium S. 71)
1646 *Gillersheimb* (Kreitz, Gillersheim S. 47)
1785 *Gildersheim* (Kurhannoversche Landesaufnahme Bl. 151)
1823 *Gillersheim* (Ubbelohde, Repertorium 2. Abt. S. 58)
dialekt. (1924) *Gillersen* (Weigand, Heimatbuch S. 187)
dialekt. (1924) *Gillessen* (Weigand, Heimatbuch S. 187)
dialekt. (1951) *chillĕsĕn* (Flechsig, Beiträge S. 15)

I. Obwohl die Überlieferung schon im Mitte des 12. Jh. einsetzt, ist das GW zu diesem Zeitpunkt bereits verkürzt. Es zeigt sich im Wechsel als *-en* und *-sen*, auch *-se*. 1271 erscheint eine Vollform *-husen* in einem Beleg, der im BW abweicht. Im 15. und 16. Jh. treten vereinzelt *-em*-Formen auf, im 17. Jh. scheint eine sich durchsetzende Rückführung auf *-heim(b)* stattgefunden zu haben. Die Mundart bewahrt verkürztes *-(s)en*. Das BW entwickelt sich von *Geldrikes-* bzw. *Gilderikes-* zu *Gilderkes-*, *Gilders-* und *Gillers-*. Im 13. und 14. Jh. liegt im Anlaut gelegentlich *Gh-* statt *G-* vor.

II. Kreitz, Gillersheim S. deutet den ON als *-husen*-Bildung: „Von der Schreibweise kann man in Gillersheim die fränkische Bedeutung 'Childerichs Haus' (?) wiederfinden." Auch Weigand, Ortsnamen S. 12 stellt den ON eher zu den *-husen*-Namen, „denn es hieß vordem Geldrikesen, was als Gilderichhausen gedeutet werden kann, also den Gründer des Ortes mitbenennt." In Weigand, Heimatbuch S. 187 wird der ON als Childerichhausen gedeutet. Flechsig, Beiträge S. 43 sieht im ON das GW *-heim*.

III. Bildung mit dem GW *-hūsen*, das im Untersuchungsgebiet sehr häufig zu *-sen* verkürzt wird. Erst in jüngerer Zeit tritt – wohl beeinflußt durch Northeim – ein Wechsel zum GW *-heim* ein. Die Grundform ist als *Geld(e)rikeshusen* anzusetzen. Der im BW enthaltene stark flektierende zweigliedrige PN *Geld(e)rik* ist asä. bezeugt. Förstemann, Personennamen Sp. 641 stellt ihn zum PN-Stamm GILD, zu got. *gild* 'Steuer, Geld', anord. *gildr* 'wert', auch 'Opfer'; Schlaug, Altsächs. Personennamen S. 91 und Schlaug, Studien S. 97 sieht im Erstglied ebenso asä. *geld* 'Opfer'. Gallée, Vorstudien S. 90 belegt asä. *geld* als 'Abgabe, Zahlung'. Das Zweitglied *-rik* gehört zu asä. *rīki* 'mächtig, reich'. Die Wiedergabe des *G*-Anlautes durch *Gh-* ist im Mnd. nicht ungewöhnlich (Lasch, Grammatik § 341). Die Entwicklung des Stammvokals *-e-* in *Geld-* zu *-i-* wird durch das vorangehende *G-* und das nachfolgende *-l-* beeinflußt (Lasch, Grammatik § 136f.). Durch Abschwächung der Nebentonsilben entsteht *Gilderk(e)s-*, das sich durch Vereinfachung des *-ks-* zu *-s-* zu *Gilders-* und Assimilation von *-ld-* zu *-ll-* zu *Gillers-* entwickelt.

GLADEBECK (Hardegsen)

1015-36 *Gledabiki* (Westfäl. UB I Nr. 87 S. 67)
1015-36 (12. Jh.) *Gledabiki* (Vita Meinwerci Kap. 69 S. 48)
1183 *Tidericus de Gladebike* (UB. H. Hild. I Nr. 421 S. 407)
1184 *Sifridus de Gladebike* (UB. H. Hild. I Nr. 428 S. 417)
1189 (Fä. 13. Jh.; A. 1300) *Thidericus de Gladebike* (Mainzer UB II Nr. 524 S. 866)
um 1229 *Hermannus de Gladebeke* (UB Plesse Nr. 86 S. 129)
1266 *Iohannes dictus de Gladenbeke* (UB Mariengarten Nr. 17 S. 42)
1276 *Iohannes miles de Gladebike* (UB Plesse Nr. 263 S. 275)
1290 *Gladebeke* (UB Plesse Nr. 324 S. 313)
1318 *villa Glatteke* [!] (Flentje/Henrichvark, Lehnbücher Nr. 116 S. 40)
vor 1331 (A. 15. Jh.) *Iohanne dicto de Glathbeke* (UB H. Hild. IV Nr. 1155 S. 622)
1352 *ville Gladebeke* (UB Fredelsloh Nr. 163 S. 118)
1397 *Gladebeke* (UB Boventen Nr. 204 S. 184)
1409 *Gladebeke* (UB Hardenberg II Nr. 49 S. 131)
1463 *castrum* [...] *villa Gladebeke* (UB Fredelsloh Nr. 217 S. 156)
1497 *Gladebeck* (Negotium monasterii Steynensis S. 142)
1519/20 (A. 16. Jh.) *cappella in Gladebeck* (Krusch, Studie S. 261)
1571 *Gladebeck* (Salbuch Plesse I S. 77)
um 1583 *Glabeck* (Zimmermann, Ökonomischer Staat S. 22)
um 1588 *Glake* [!] (Lubecus, Annalen S. 403)
um 1616 *Gladebeck dorf* (Casemir/Ohainski, Territorium S. 55)
1646 *Glaak* (Maier, Gladebeck S. 26)
1791 *Gladebeck* (Scharf, Samlungen II S. 82)
1823 *Gladebeck* (Ubbelohde, Repertorium 2. Abt. S. 58)
dialekt. (1951) *chlåkě* (Flechsig, Beiträge S. 15)
dialekt. (1972) *Chlake* (Kettner, Flußnamen S. 87)

FlußN GLADEBACH
1780 *auf dem Glade Bache* (Kettner, Flußnamen S. 86)
1780 *Glacke Bach* (Kettner, Flußnamen S. 86)
1869-70 *auf der Glaake* (Kettner, Flußnamen S. 86)
dialekt. (1972) *Chlake* (Kettner, Flußnamen S. 86)

I. Das GW liegt als *-biki, -bike, -biche, -bek(e), -beck(e), -beche, -begk(e)* und *-bick* vor. Das BW lautet in den ersten beiden Belegen *Gleda-*, in den folgenden *Glade-*, vereinzelt *Glad-, Glatt-, Glath-*. Im 13. und 16. Jh. begegnet einige Male *Gladen-*. 1318 erscheint eine verschliffene Form *Glatteke*; im 16. Jh. wird der ON zu *Glabeck* und *Glake*, im 17. Jh. weiter zu *Glaak* und auch *Glack* verkürzt. Während der FlußN im 18. und 19. Jh. diese Verschleifung beibehält, setzt sich beim ON dann *Gladebeck* durch.

II. Flechsig, Beiträge, S. 32 vermutet im BW „eine alte Glad- (oder Gled-?)aha". Weigand, Ortsnamen S. 8 führt den ON auf den Bach Glade zurück, wobei *glade* als 'glänzend' zu deuten sei. Förstemann, Ortsnamen I Sp. 1061f. stellt Gladebeck neben Gladbeck (855 *Gladbeki*), Kr. Recklinghausen, und Gladbeck (ca. 1150 *Gladebeke*),

Kr. Coesfeld, zu germ. *glad-, welches in FlußN 'glänzend' oder 'glatt' bedeute. Im FlußN Gladbecker Bach bei Coesfeld steckt nach Witt, Beiträge S. 142 nd. glad 'glatt' „in der älteren Bedeutung 'klar, hell, glänzend'". Jellinghaus, Bestimmungswörter S. 37 sieht „nd. glad in einem älteren Sinne von leicht-fließend oder von glänzend, hell vgl. ags. glaed"; zusätzlich führt er eine Wüstung bei Essen (1027 Gladbechi) und Glabecke bei Meinerzhagen auf. Schwarz, Namenforschung II S. 20 deutet Gladebeck als „glatter Bach". Lücke, Gladebeck S. 5f. erklärt nicht nur -beck als „Buckel, Hügel", sondern er benennt einen FlurN östlich des Ortes Auf der Glake in „Auf der Lacke" um, dem mnd. lāke „See, Sumpf, auch Salzwasser" zugrundeliege. Den ON deutet er als „das auf einem Hügel am Sumpf erbaute Dorf". Dies benutzt Heckschen, Glade-Kreis S. 63 als Bestätigung für seine Deutung, daß ON, die glade-, glatt- enthielten, auf ein Bruch, einen Bach oder Sumpf hinweisen würden. Er führt glade auf idg. Wurzelvarianten „*qel-, *qla:d 'brechen, spalten'" zurück, die sich in „*qela:da" vereinigt hätten. Die ON des „Glade-Kreises" würden bei Ortsprüfungen wenig Hinweise auf „glänzende, klare Bäche", dafür aber oft für „Bruch" und „Sumpf" liefern. Nach Maier, Gladebeck S. 17ff. ist das BW eine Komposition *glada-aha. Er bezweifelt jedoch eine Verbindung mit dem Adjektiv 'glatt', da „alte Gemarkungskarten zeigen, daß [...] das Bächlein [...] mit vielen Windungen aufgezeichnet [ist], die erst im Verlauf der Verkoppelung 1868/1874 begradigt wurden", und verweist auf Heckschens Herleitung. Kramer, Moringen S. 173f. zweifelt Heckschens Deutung als 'Sumpfbach' an und leitet den FlußN Gladebach „aus dem Bereich von germ. *glada- 'glänzend'" ab: „Die Quelle des Dorfbachs war in der ganzen Gegend die einzige, die ständig brauchbares Trinkwasser führte. [...] Der Name des Baches bedeutet also sauberes, reines Wasser." Kettner, Flußnamen S. 87 lehnt Heckschens Deutung als „verworren und kaum überzeugend" ab; auch für Flechsigs Annahme einer aha-Bildung gäbe es keinen Hinweis. Er stellt den ON zu aengl. glæd 'glänzend, fröhlich', asä. glad 'fröhlich', ahd. glat 'glatt, glänzend'. Die Form Gledabiki sei „ingwäonisch". Nach Bahlow, Lexikon S. 44 liegen Gladebeck und den anderen 'Gladbächen' keine 'glatten', sondern 'schlüpfrige' Bäche zugrunde.

III. Bildung mit dem GW -beke. Das BW enthält germ. *glada-, asä. glad- 'glatt, schlüpfrig; froh' zu idg. *ghlādh- 'glänzend, glatt', welches auch in anord. glaðr 'glatt, glänzend, froh', aengl. glæd 'glänzend, schimmernd, froh', afries. gled 'glatt, schlüpfrig', ahd. glat, dt. glatt vorliegt. Es ist also eher von einem "glänzenden" als von einem "glatten" Bach auszugehen. Dabei handelt es sich um eine Dentalerweiterung zur idg. Wurzel *ĝhel-, *ĝhlə- 'glänzen, schimmern' (vgl. Pokorny, Wörterbuch S. 431f. und Kluge/Seebold S. 326). Die von Flechsig und Maier vermutete -aha-Bildung bleibt angesichts der zahlreichen gleich gebildeten ON fern, da nicht vorausgesetzt werden kann, daß all diesen ON sekundär das GW -beke angefügt wurde. Das auslautende -a bzw. abgeschwächte -e ist ein Überbleibsel des germ. a-Stammes des Adjektivs. Das -e- der ersten beiden Formen Gleda- wird von Kettner als ingwäonisch, also nordseegermanisch, bezeichnet. Schlaug, Altsächs. Personennamen S. 16f. begründet die Schreibung e für a und ē für ā in nordniedersächs., west- und ostfäl. Quellen mit nordseegermanischem Einfluß. Nach Gallée, Grammatik § 52b tritt diese Tonerhöhung in einigen Wörtern „ohne genau anzugebende Ursachen" auf. Die spätere zeitweilige Verschleifung des ON ist eine bei -beke-Namen verbreitete Erscheinung. Das auslautende -e des BW fällt nebentonig aus, dadurch treffen -db- aufeinander, wobei sich -d- an -b- angleicht (Glabeck). Der Ausfall des ersten -e- im ebenfalls schwachtonigen GW -*beke* führt zum Kontakt von -*b*- und -*k*-, wodurch -*b*- ausfällt und die Formen *Glake, Glaak* entstehen.

† GOLTORF

Lage: Wahrscheinlich am Holtersberg südl. Helmscherode.

1149 *Golthorp* (UB H. Hild. I Nr. 253 S. 235)
1178 *Goltorp* (UB H. Hild. I Nr. 387 S. 372)
1277-1284 (A. 15. Jh.) *Goltorpe* (UB H. Hild. III Nr. 484 S. 255)
1372 *Gholtorp* (UB H. Hild. VI Nr. 61 S. 32)
1427 (A. 15. Jh.) *Gholdorpe* (Kleinau GOV I Nr. 727 S. 224)
1435 *Goltorp* (UB Uslar I S. 208)
1458 (A. 16. Jh.) *Goltorpe* (Deeters, Quellen S. 74)
1480 (A. 15. Jh.) *Golttorpe* (Kleinau GOV I Nr. 727 S. 224)
1712 *Gottorb* (UB Uslar II S. 1142)
1794 *Goltorf* (UB Uslar II S. 1300)

I. Der ON zeigt kaum Veränderungen. Das GW variiert leicht zwischen -*thorp*, -*torp(e)*, -*dorpe*, -*torb* und -*torf*. Das BW lautet *G(h)ol*-, zweimal erscheint *Golt*-, einmal - wohl verschrieben - *Got*-.

II. Förstemann, Ortsnamen I Sp. 1080 stellt den Beleg 1149 *Golthorp* ebenso wie die Goltorfer Mühle bei Heimburg, Altkreis Blankenburg (1136 *Goltorp*), und eine Wüstung bei Lamspringe, Kr. Hildesheim (1173 *Goldorph*), zu ahd., asä. *gold* 'Gold, goldfarbiger Sand'. Die BuK Gandersheim S. 231 vermuten, daß dem ON „gole-dorp, Dorf in feuchter Niederung" zugrundeliegt. Auch Garke, Bachnamen S. 13f. hält es eher für möglich, „mnd. gole, mhd., nnd. gülle feuchte (mit Weiden bestandene) Niederung, Lache, Pfütze" für Goltorf anzusetzen: „So wird denn auch [...] Golthorp, Golttorp, Goltorp des 12./13. Jhdts. b. Helmscherode als gol(e)-dorp aufgefaßt." Auch das oben genannte *Goltorp* im Kr. Blankenburg sei „nach dem gol, der Niederung" benannt. Die Namen würden oft aufgrund der lautlichen Nähe sekundär mit *Gold* in Verbindung gebracht: „Als der Sinn des Wortes gol(e) vergessen wurde, lag Umdeutung nahe".

III. Es ist den BuK Gandersheim und Garke zu folgen. Der ON enthält neben dem GW -*dorp* bzw. -*dorf* das Appellativ mnd. *gōl(e)* 'sumpfige Niederung, feuchter mit Buschwerk bewachsener Grund, durch den wohl auch ein Wasserlauf geht'; siehe dazu Jellinghaus, Westf. ON S. 71 und Scheuermann, Flurnamenforschung S. 121. Das Gebiet, in welchem Goltorf vermutet wird, ist ein von Bächen und Gräben durchzogener Anstieg von der Gande zum Heber, dem diese Deutung entspricht. Zum BW vgl. auch die ON Groß- und Nord-Goltern, Kr. Hannover (NOB I S. 170ff.).

IV. BuK Gandersheim S. 231; Kleinau GOV I Nr. 727 S. 224.

GREENE (Kreiensen)

980 *Grene* (MGH DO II. Nr. 214 S. 242)
1062 *Grene* (MGH DH IV. Nr. 83 S. 108)
1113 (A. 15. Jh.) *Grene* (Kaminsky, Corvey Nr. 4 S. 248)
1144 (A. 13. Jh.) *predium quoddam in Grien* (Mainzer UB II Nr. 57 S. 111)

1197 *Grene* (Falke, Trad. Corb. Nr. 215 S. 855)
1214 *Heinricus de Grene* (UB H. Hild. I Nr. 631 S. 603)
1219 *Heinricus de Gren* (UB H. Hild. I Nr. 729 S. 687)
1257 *in villa Greyn* (UB Plesse Nr. 176 S. 207)
1281 *Grene* (Orig. Guelf. Nr. 19 S. 495)
1308 *super castro iuxta villam Grene* (Westfäl. UB IX Nr. 627 S. 297)
1347 *Grene* (Urk. Dipl. App. Nr. 187)
1385 *gerichte to Gren* (Sudendorf VI Nr. 109 S. 115)
1420-1431 *Grene* (UB Boventen Nr. 337 S. 254)
1428 *Greyne* (Wittkopp, Greene S. 37)
um 1470 *Grene* (Lüneburger Lehnregister Nr. 774 S. 69)
um 1510 *Grehende* (Kleinau GOV I Nr. 745 S. 228)
1527 *ecclesia Gren* (Tschackert, Rechnungsbücher S. 374)
1568 *Green* (Spanuth, Quellen S. 279)
um 1600 *Green* (Reller, Kirchenverfassung S. 222)
1678 *Green* (Kopfsteuerbeschreibung Wolfenbüttel S. 234)
1710 *Grena* (Heine, Grubenhagen S. 20)
1803 *Grene* (Hassel/Bege, Wolfenbüttel II S. 315)
dialekt. (1950) *gränə* (Kleinau GOV I Nr. 745 S. 228)

GauN GRENI(GA)
vor 1007 (A. 15. Jh.) *Greni* (Engelke, Grenzen S. 4)
1013 *ubi Graeni et Flenithi dividuntur* (MGH DH II. Nr. 256a S. 299)
1021 *Grenigavvi* (MGH DH II. Nr. 444 S. 566)

FlußN GRENE
1802 *die Grene* (Kettner, Flußnamen S. 92)

I. Ein Beleg um 1126 (Fä. 18. Jh.) *Grene* (UB Plesse Nr. 6 S. 46; UB Eichsfeld Nr. 54 S. 34) wurde nicht in die Belegreihe aufgenommen, da es sich um eine „gelehrte" Fälschung J. Chr. Harenbergs aus dem 18. Jh. handelt, der für das Mittelalter keinerlei Quellenwert zuzurechnen ist. Der ON lautet vom Erstbeleg an bis zum ausgehenden 14. Jh. recht konstant *Grene*. Daneben stehen vereinzelt *Grien*, *Gren*, *Greine*, *Greyn* und *Green*. In jüngerer Zeit schwankt die Wiedergabe des Stammvokals stärker zwischen -e-, -ee-, -ey-, -ei- und -eh-. Es wechseln häufig Formen mit und ohne Auslautvokal -e; selten erscheint auslautendes -a. Der GauN zeigt -i- im Auslaut; der Stammvokal liegt als -e- und -ae- vor. Abweichend ist der Beleg um 1510 *Grehende* mit *d*-Einschub.

II. Nach Casemir/Ohainski, Orte S. 142 ist der ON als eingliedriger Name zu interpretieren. Förstemann, Ortsnamen I Sp. 1089f. stellt Greene zusammen mit † Grane bei Wolfhagen (1074 *Grane*), Kr. Kassel, † Grene bei Witten (1113 *Grene*), Kr. Ennepe-Ruhr-Kreis, und dem Fluß Grane zur Innerste (1154 *Grana*) zu einem Stamm GRAN, den er fragend „ndd. *grēn*, m. der sand?" zuordnet. Jellinghaus, Bestimmungswörter S. 37 sieht im ON got. **grana* 'verworrenes Haupthaar', hd. *granne* 'Borste' als 'stacheliges Gestrüpp'. Jellinghaus, Grundwörter S. 71 hingegen vermutet für † Grane bei Wolfhagen, † Grene bei Witten und einen FlurN Greinkuhle bei Dülmen, Kr. Coesfeld, eine Verbindung zu mhd. *grien* 'Sand, Kies'. Nach Garke, Bachnamen S. 23 enthält der ON „gren (Grand, grober Kies)". Flechsig, Gandersheim S. 47 vermutet eine Grundform **Gran-aha*. Das heutige -ee- gehe auf Umlautwirkung des auslautenden -i- in *Graeni* und *Grenigavvi* zurück, womit der Dativ des

ON bezeichnet werde. Das BW deutet er nicht. Kramer, Moringen S. 93 Anm. 104 zweifelt eine Dativbildung „auf -i um das Jahr 1000 zu einem FlußN mit dem GW aha" an. Ehlers, Greene S. 9 vermutet eine Grundform *Grenithi, die „Grand = Kiesstätte" bedeute. Ehlers, Erzhausen S. 20 leitet den ON als „'Ort auf dem Kiesgrunde' an der Leine" von „gren=Sand, Kies" ab. Hahne, Wenzen S. 7 sieht im ON nd. green 'Sand, Kies'. Möller, Siedlungsnamen 64 stellt den ON zu mnd. grēn 'Kiessand, sandiges, angeschwemmtes Ufer' < idg. *ghrēu- 'reiben'. Auch nach Udolph, Fränk. ON S. 19 gehört der ON zu nd. grēn 'Sandkorn' < idg. *ghrēuno-, einer n-Erweiterung zur Wurzel *ghrēu-.

III. Gegen eine eingliedrige Bildung spricht das konstante auslautende -e des ON in den älteren Belegen. Betrachtet man dazu die Belege des GauN, lassen das auslautende -i- und -ae- im Stammvokal darauf schließen, daß das -e- der ersten Silbe aus -a- umgelautet wurde. Als Grundform muß *Grān-i̯a, eine Bildung mit i̯a-Suffix, angesetzt werden (zu diesem Suffix vgl. NOB III S. 425ff.). Die bei diesem Suffix eintretende Verdopplung des vorausgehenden Konsonanten begegnet hier nicht, da sie nach langem Vokal wieder vereinfacht wird (Krahe/Meid I § 84). Für die Ableitungsbasis *Gran- bleibt asä. grana 'Haarspitze, Barthaar' aus semantischen Gründen fern. Die mehrheitliche Annahme, der ON enthalte mnd. grēn 'Sand, Kies', ist lautgesetzlich nicht haltbar, da von -ā- im Stammvokal auszugehen ist. Doch die Lösung ist nicht weit davon entfernt. Mnd. grēn ist auf idg. *ghrēuno-, eine n-Ableitung zu idg. *ghrēu- 'scharf darüber reiben, zerreiben' als Erweiterung der Wurzel *gher- 'reiben' zurückzuführen (vgl. Pokorny, Wörterbuch S. 460). Dazu gehören auch anord. grjōn 'Grütze' und mhd. grien 'Kiessand, sandiges Ufer' (Fick, Wortschatz S. 144f.). Zu beachten sind mnd. grant 'Kies', nd. Grand 'Kiessand, Flußsand', anord. grand 'Körnchen, Kies, Sand', mnd. grint 'Sand, Meersand' und hd. Grund in einer vermutlichen ursprünglichen Bedeutung 'körniger Boden, Sandboden' (vgl. Pfeifer S. 614). Diese Formen erläutert Pfeifer S. 606 als Ablautvarianten zur Dentalerweiterung *ghrend(h)-. Damit läßt sich zu grēn, grien, grjōn ebenfalls eine Abtönung grān mit ähnlicher Bedeutung stellen, die sich in lat. grānum, ahd. grăno, mnd. grān, mnl. graen 'Korn, Körnchen' (Ahd. Wörterbuch S. 403) wiederfindet und als Ableitungsbasis für *Grani̯a angesetzt werden kann. Die Erklärung des ON als 'Stelle am sandigen Ufer, Sandstelle' wird durch die historischen Bedeutung der Leinefurt bei Greene unterstützt. Die unter II. erwähnten ON und die FlußN Grane zur Innerste und Grane zur Schildau sind vielleicht ebenfalls hier anzuschließen. Beim FlußN Grene, der erst spät überliefert ist, handelt es sich nach Kettner, Flußnamen S. 93 um eine Übertragung des ON auf den Fluß.

GREMSHEIM (Bad Gandersheim)

um 1007 *Grimbaldeshusi* (Goetting, Gandersheim S. 256)
1318 *Gremildissen* (Urk. Clus/Brunshausen Nr. 20)
1361-1364 *bůr von Gremdessen* (UB Goslar IV Nr. 807 S. 595)
1405 *Gremeldessen* (Goetting, Findbuch I Nr. 271 S. 119)
1410 *Gremelsen* (Goetting, Findbuch I Nr. 289 S. 125)
1435 *Gremeldessen* (UB Uslar I S. 209)
1452 *Gremmensen* (UB Uslar I S. 253)
1457 *Gremedessen* (Goetting, Findbuch II Nr. 478 S. 25)
1471 *Gremmedessen* (Urk. Clus/Brunshausen Nr. 69)

1482 *villanus ville Gremmensen* (Urk. St. Marien Gandersheim Nr. 131)
um 1510 *Gremensen* (Kleinau GOV I Nr. 756 S. 230)
1542 *Gremmessen* (Kayser, Kirchenvisitationen S. 199)
1552 *Gremsen* (Kleinau GOV I Nr. 756 S. 230)
1589 *Gremssen* (Kleinau GOV I Nr. 756 S. 230)
um 1600 *Grembsen* (Reller, Kirchenverfassung S. 223)
1613 *Gremessen* (Goetting, Findbuch III Nr. 1016 S. 98)
1678 *Grembsen* (Kopfsteuerbeschreibung Wolfenbüttel S. 209)
1803 *Gremsheim* (Hassel/Bege, Wolfenbüttel II S. 201)
dialekt. (1950) *gremməssən* (Kleinau GOV I Nr. 756 S. 230)
dialekt. (1953) *gremissən* (Kleinau GOV I Nr. 756 S. 230)

I. Aufgrund des ersten Beleges darf man von einer Grundform *Grimbaldeshusen* ausgehen (zu -*husi* im Dativ Sg. siehe → Ackenhausen), die sich über die Stufen *Gremmaldeshusen*, *Gremeldessen*, *Grem(e)dessen*, *Gremelsen*, *Gremensen* und *Gremmessen* zu *Gremsen* entwickelt. Ab dem 17. Jh. erscheint zwischen -*m*- und -*s*- ein Gleitlaut -*b*- in *Grembsen*. 1803 zeigt der ON mit einem GW-Wechsel von -*(hu)sen* zu -*heim* seine bis heute erhalten gebliebene Form.

II. Nach den BuK Gandersheim S. 231 bedeutet der ON „Behausung eines Grimbald". Flechsig, Gandersheim S. 51, 54 geht von einem -*husen*-Namen aus. Förstemann, Ortsnamen I Sp. 1102 stellt den ON zu den PN des Stammes GRIM.

III. Den Deutungen ist zuzustimmen. Als GW liegt -*hūsen* vor. Das BW enthält den zweigliedrigen stark flektierenden PN *Grimbald*, der asä. bezeugt ist; vgl. Förstemann, Personennamen Sp. 670 und Schlaug, Altsächs. Personennamen S. 97. Die Namenglieder gehören zu asä. *grīmo* 'Maske, Helm' und asä. *bald* 'kühn'. Vor einer Konsonantenverbindung verkürzt sich langes -*ī*- zu kurzem -*i*-, welches zu -*e*- gesenkt wird (*Grīmb-* > *Gremb-*); vgl. Lasch, Grammatik § 101. Durch Assimilation wird -*mb*- zu -*m(m)*, -*a*- schwächt sich nebentonig zu -*e*- ab, das GW -*husen* verkürzt sich zu -*sen*; aus *Grimbaldeshusen* entsteht *Gremeldessen*. Nun wechseln mit *Gremedessen* und *Gremelsen* Formen, in denen entweder das -*l*- oder das -*d*- ausfällt. *Gremelsen* scheint die Ausgangsform für *Gremmensen* zu sein, denn -*l*- und -*n*- wechseln häufig (Lasch, Grammatik § 258). In der Häufung der Nasale -*m*- und -*n*- fällt dann -*en*- aus und es entsteht *Gremsen*. Das GW -*heim* ist laut Flechsig, Gandersheim S. 54 „erst in der Neuzeit durch falsche Angleichung an das nahe benachbarte Altgandersheim" angetreten. Die Mundartform zeigt weiterhin -*sen*.

† GRIMENHAGEN
Lage: Ca. 1,5 km südöstl. Sudershausen.

vor 1154 *villa Grimenhagen* (MGH Urk. HdL Nr. 23 S. 33)
15. Jh. (Rückvermerk zur Urk. von 1154) *Grimenhagen* (MGH Urk. HdL Nr. 23 S. 31 Anm. 1)
1898 *Der grimme Hagen* (Kühlhorn, Siedlungslandschaft S. 27)

I. Weitere Belege ließen sich nicht ermitteln. 1898 zeigt der ON eine appellativische FlurN-Struktur, da das BW als Adjektiv gebraucht und der Name mit Artikel versehen wird.

II. Nach Casemir, Grundwörter S. 191 mit dem GW -*hagen* gebildet.

III. Trotz der schlechten Beleglage ist von einem -*hagen*-Namen auszugehen, in dessen BW der schwach flektierende KurzN *Grimo* vorliegt, den Förstemann, Personennamen Sp. 670 und Schlaug, Altsächs. Personennamen S. 97 zum PN-Stamm GRIMA, zu asä. *grīmo* 'Maske, Helm', stellen. Daß der ON das Adjektiv asä. *grim*, mnd. *grim(me)* 'grimmig, wütend' enthält, ist semantisch nicht wahrscheinlich. Ein anderes, unbekanntes Grimenhagen führt Förstemann, Ortsnamen I Sp. 1102 (1184, 1195 *Grimenhagen*) auf.

IV. Exkursionskarte Osterode S. 50; Kühlhorn, Siedlungslandschaft S. 26-31; Kühlhorn, Wüstungen Bd. II Nr. 142 S. 78-82; Winzer, Katlenburg S. 31.

GRIMMERFELD, FORSTHAUS (Moringen) siehe † Grymmyngefeld

GROSSENRODE (Moringen)

1142-1153 (Fä. 13. Jh.) *Herimannus et Bernhardus de Rothe* (Mainzer UB II Nr. 186 S. 348)
1189 (Fä. 13. Jh.; A. 1300) *Hermannus et Bernhardus de Rothe* (Mainzer UB II Nr. 524 S. 866)
1196 *Hermannus de Novali* (Mainzer UB II Nr. 653 S. 1062)
1197 (A. 15. Jh.) *Burchardus de Novali* (Upmeyer, Oldershausen S. 122)
1207 *frater eius de Novali* (UB Everstein Nr. 29 S. 39)
1240 *Bertrammus de Novali [sacerdos]* (UB Fredelsloh Nr. 21 S. 35)
1245 (A. 15. Jh.) *actum et datum Rodhe* (Kramer, Artikel S. 91)
1276 (A. 15. Jh.) *Bertrammus plebanus de Maiore Novali* (Kramer, Artikel S. 91)
1342 *Hermannus de Novali Magno* (Kelterborn, Bürgeraufnahmen I S. 9)
1389 *to dem Grotenrode* (UB Hardenberg I Nr. 76 S. 109)
1409 *to deme Grotenrode* (UB Hardenberg II Nr. 49 S. 110)
1479 *Grotenrodt* (Wisotzki, Nörten II S. 70)
1527 *Groyte Rodt* (Tschackert, Rechnungsbücher S. 374)
um 1588 *Grossen Rhode* (Lubecus, Annalen S. 221)
1593 *nach dem großen Rode* (Kramer, Artikel S. 92)
um 1616 *Großen Rohde* (Casemir/Ohainski, Territorium S. 55)
1784 *Grossen Rode* (Kurhannoversche Landesaufnahme Bl. 150)
1823 *Großenrode* (Ubbelohde, Repertorium 2. Abt. S. 64)
dialekt. (1950) *grautĕnrōĕ* (Flechsig, Beiträge S. 15)
dialekt. (1951) *chrōtĕnroĕ* (Flechsig, Beiträge S. 15)

I. Zu einem vorgeblichen Beleg von 978 nach Ohlmer, Thüdinghausen S. 2 und Ohlmer, Moringen S. 344 vgl. → Thüdinghausen (Punkt I.). Zunächst zeigt sich *Rothe, Rode, Rodhe* bzw. lat. *de novali* ohne Zusatz. 1276 erscheint einmalig *de Maiore Novali*, 1342 *de Novali Magno*, in der Folge nd. Wendungen wie *to dem Grotenrode*, ab 1581 in der hd. Form *Großen-*. Im 16. Jh. diphthongiert das lange -*ō*- zu -*oi*-; die Mundart zeigt -*au*- (Lasch, Grammatik § 204f.).

II. Weigand, Heimatbuch S. 343 schreibt über die Entstehung des Ortes, man „nannte die so gewonnene Fäche 'Rode' oder, wie man damals pflegte, mit dem lateinischen Namen 'Novalis', d. h. Neubruchland. Als dann später in Hardenbergischem Gebiete noch ein anderes 'Rode' entstand, wurde dieses Lütgenrode und jenes Großenrode genannt." Kramer, Moringen S. 189 bezeichnet die ON Großenrode und Lütgenrode als „korrespondierende ON", „die aus ursprünglichen FlurN (mit erstarrtem Dativ im BW und GW) entstanden sind: = (dat dorp) to deme groten rode bzw. to deme lutteken rode".

III. Weigand und Kramer ist zuzustimmen. Der ON ist ursprünglich eine simplizische Bildung *Rode* 'Rodung'. Ab Ende des 13. Jh. tritt langsam die adjektivische Wendung *in maiore novali / in novali magno* (vgl. Bei der Wieden/Borgemeister, Waldwörterbuch S. 105: „die Novalia (Pl.) 'neu gerodetes Land'") bzw. *to dem groten rode* in Bezug auf das später entstandene → Lütgenrode in den Vordergrund. Noch 1593 liegt eine solche Wendung mit Artikel vor.

† GRUBENHAGEN

Lage: Burg ca. 7 km südwestl. Einbeck bei Rotenkirchen.

1263 (A. 13. Jh.) *ante castrum Grubenhagen* (Falke, Trad. Corb. Nr. 398 S. 901)
1281 *Henricus Grubo de Grubenhagen* (UB Fredelsloh Nr. 52 S. 50)
1305 *in castro Grubenhagen* (UB Fredelsloh Nr. 95 S. 75)
1340 *hus tzů dem Grubinhagin* (Sudendorf I Nr. 673 S. 342)
1383 *to dem Grubenhaghen* (Sudendorf VI Nr. 42 S. 33)
1383 *czům Grubinhayn* (Sudendorf VI Nr. 69 S. 80)
1406 *Grubenhaghen* (Sudendorf X Nr. 118 S. 288)
1406 *Grouwenhagen* (UB Hardenberg II Nr. 45 S. 89)
1454 *mit unsem slosse Grubenhagen* (Havemann, Grubenhagen Nr. 2 S. 79)
1460 *tho den Gruvenhagen* (UB Fredelsloh Nr. 215 S. 154)
1470 *borch tom Grubenhagen* (UB Fredelsloh Nr. 225 S. 160)
1479 *Rodenkercken alias Grubenhaghen* (Wisotzki, Nörten II S. 78)
1562 *in unserm hofflager Grubenhagen* (UB Grubenhagen Nr. 137 S. 81 Anm.)
um 1588 *hauß und schlos, den Grubenhagen* (Lubecus, Annalen S. 171)
um 1616 *ambt Grubenhagen* (Casemir/Ohainski, Territorium S. 71)
1783 *ruin. Schloss Grubenhagen* (Kurhannoversche Landesaufnahme Bl. 142)
1823 *Fürstenthum Grubenhagen* (Ubbelohde, Repertorium 1. Abt. S. IV)

I. Der ON lautet sehr konstant *Grubenhagen*, wobei sich dies sowohl auf das Schloß (*castrum*) als auch auf die Flur (*von deme G., tzů dem G.*), später auf das Fürstentum bezieht. Vereinzelt erscheint das GW als -*hain*, -*hayn*. 1406 lautet das BW *Grouwen-*, 1460 *Gruven-*.

II. Nach allgemeiner Meinung leitet sich der ON Grubenhagen vom „Ministerialengeschlecht der Herren von Grube" ab, welches „mit Heinrich von Grubo [...] erstmals auf[trat]" (Gehmlich, Wappenbuch S. 116) und „als Lehnsleute derer von Dassel den Burgmannssitz innehatten" (Hagedorn, Grubenhagen S. 28). So schreibt Wendt, Grubenhagen S. 100: „Von denn Gruben, welche [...] auff dem Grubenhagen einen BurgSitz angerichtet, hatt es [...] den Nahmen bekommen." Klinkhardt, Grubenhagen S. 7 sieht im GW eine „Waldung"; Harland, Einbeck S. 16 ein „befriedigte, waldige Höhe".

III. Das GW ist -*hagen*. Das BW enthält den FamN *Grube* im Plural, für die z.B. folgende Belege vorliegen: 1199 *Heinricus Grubo* (Orig. Guelf. III Nr. 140 S. 622), 1208 *Hinricus Grubo* (UB Eichsfeld Nr. 180 S. 104), 1226 (A. 16. Jh.) *Henricus Gru-*

bo (Heinemann, Pfalzgraf Heinrich Nr. 23 S. 343), 1234 *Henricus Grube* (UB Fredelsloh Nr. 18 S. 33), um 1235 (A. 13. Jh.) *Heinricus Grubo* (UB Plesse Nr. 102 S. 144), 1238 (A. 13. Jh.) *Heinricus Grubo* (UB Boventen Nr. 5 S. 30), 1239 *Henricus Grubo* (UB Plesse Nr. 111 S. 153), Mi. 13. Jh. (A. 14. Jh.) *Henricus Grube* (Lehnbuch Schönberg Nr. 19 S. 43). Würde es sich beim BW um eine appellativische Bildung handeln, müßte es ein nd. Wort enthalten. Für *Grube* läßt sich jedoch im Nd. kein appellativischer Anschluß finden. Die Entsprechung für hd. 'Grube' war im Mnd. *grōve* bzw. *grōpe, grupe* (vgl. † Grophagen, Kr. Göttingen [NOB IV S. 172f.]). In den Belegen erscheinen erst im 15. Jh. und lediglich zweimal nd. Formen mit -*w*- bzw. -*v*-. Zur Familie vgl. Pischke, Grubo von Grubenhagen passim.

IV. Aufgebauer, Residenzen S. 110-111; Exkursionskarte Moringen S. 123.

† GRYMMYNGEFELD

Lage: Ca. 4 km nördl. Delliehausen beim Forsthaus Grimmerfeld.

1318 *villam Grimmelighevelt* (Flentje/Henrichvark, Lehnbücher Nr. 151 S. 43)
1388 *dorff Grymmyngefeld* (Sudendorf VI Nr. 221 S. 240)
1479 *Grimmingefelde* (Wisotzki, Nörten II S. 73)
1519/20 (A. 16. Jh.) *Grymmingefelde* (Krusch, Studie S. 266)
1603 *Wüste Grimfeld* (Krabbe, Sollingkarte Bl. 7)
1715 *Grimmerfeldt* (Bodemann, Wüste Ortschaften S. 245)
1735-36 *am Grimmiger Felde* (Forstbereitungsprotokoll S. 138)
1783 *Grimmige Feld* [...] *Ruin. Kirche* (Kurhannoversche Landesaufnahme Bl. 141)

I. Die Überlieferung zeigt nur im Erstbeleg ein -*l*-. Das Element -*inge*- ist 1603 ganz ausgefallen, dann tritt -*er*- an die Stammsilbe, und im 18. Jh. wieder -*ige*-. Der Beleg von 1783 scheint den WüstungsN appellativisch als das „grimmige Feld" aufzufassen.

II. Nach Casemir, Grundwörter S. 191 mit dem GW -*feld* gebildet. Förster, Forstorte S. 75f. deutet den ON folgendermaßen: „Vorangestellt ist das mitteldeutsche bzw. mittelhochdeutsche Wort *krimmen, grimmen* = sich krümmen (mnd. *krummen*). Das Krümmen bezieht sich [...] auf die Grenze, an der sie [die Flur] lag. Diese Grenze folgt dem Bachlauf. Nimmt man nun den Namen von 1318 als Urform, so kann man das *lighe* auf mhd. *ligen* bzw. md. *lihen* = liegen zurückführen." Den ON deutet er als ursprünglichen FlurN „das an der (Grenz-)Krümmung liegende Gefilde". Nach Kramer, Moringen S. 962f. bedeutet das GW „Feld = 'waldfreie Fläche' (die durch Rodung gewonnen wurde)".

III. Bildung mit dem GW -*feld*. Daneben ist das Element -*(l)inge*- zu erkennen, im Erstbeleg in der Schreibung -*lighe*- (vgl. die Schreibungen für -*ng*- bei Lasch, Grammatik § 344). Zwischen -*(l)inge*- und -*feld* liegt keine Flexionsfuge vor, demnach enthält der ON keinen mit -*ing* gebildeten PN *Grimmeling*. Einen -*ingefeld*-Namen nach dem Muster der -*ingehusen*- und -*ingerode*-Namen anzunehmen, deren Ableitungsbasis ein PN ist, fällt schwer. Die Bedeutung eines solchen Namens wäre „Feld der Leute des *Grim(m)ilo*", eine Kompositionsform, die für primäre SiedlungsN und nicht für ursprüngliche FlurN verwendet wurde (vgl. zur Bildung -*ing*- + GW Bach, Ortsnamen II § 675). Es ist wohl *Grimmeling(e)* als komplexes BW zu sehen. Das Suffix -*ling* läßt an die zahlreichen Flur- und LandschaftsN auf -*ling* denken. Flechsig, Feldabteilungen S. 90 stellt für Ostfalen „eine besondere Vorliebe für das Suffix

-ling [fest], die nicht nur in Ortsnamen wie Cremlingen, Kneitlingen, Heßlingen, Süpplingen, Stötterlingen und Flurnamen wie Döttling, Drömling, Emmeling, Gründling, Körling, Pipperling, Hartling, Herkling, Sarling, Schemeling, Österling, Westerling, Wäterling usw. hervortritt, sondern auch in den Ackermaßen Vorling und Jartling". *Grimmeling kann ebenso als ursprünglicher FlurN angenommen werden, der möglicherweise mit dem nahegelegenen Bach in Verbindung steht. Für die Basis Grimme- bleiben asä., mnd. grim 'wild, grausam', asä. grimman 'schnaufen, wüten, tosen', zur idg. Wurzel *ghrem- 'reiben, knarren, knirschen', fern, da der Bach für eine solche Geräuschentwicklung zu klein erscheint (vgl. auch aengl. grimman 'toben (vom Meer)', norw. mdal. grimm 'das Brechen der Wellen gegen die Felsen). Mit dieser Wurzel urverwandt ist idg. *ghrem- 'scharf worüber reiben, zerreiben, abkratzen' (beide gehen auf idg. *gher- 'reiben' zurück), die in anord. grōm 'Schmutz', ostfries. grum 'Bodensatz, Schmutz', mnl. grom 'Eingeweide, Schmutz' und nfries., wfries. grim 'Eingeweide, bes. von Fischen' vorliegt (vgl. Pokorny, Wörterbuch S. 458 und Fick, Wortschatz S. 141f.). Auf idg. *gher- geht auch idg. *ghrī- 'bestreichen' zurück, das in m-Ableitungen in anord., asä., aengl. grīma, grīmo, ostfries. grīme 'Maske', mnl. grīme 'Ruß, Maske', mnd. grīmet 'schwarzgestreift', mnd. grēme 'Schmutz' und daraus engl. grime 'Schmutz, Ruß' belegt ist (Pokorny, Wörterbuch S. 457, Fick, Wortschatz S. 143, Chambers Dictionary S. 450). Hier ist eventuell auch die Basis des vermuteten ursprünglichen FlurN Grimmeling in einem Bedeutungsfeld von 'Schmutz, Schlamm' anzuschließen; vgl. → † Horlingesick.

IV. Both, Fredelsloh S. 8; Exkursionskarte Moringen S. 67; Förster, Forstorte S. 75-76; Jäger, Northeim S. 10-13; Kramer, Moringen S. 1096-1097; Kühlhorn, Solling S. 3-6; Kühlhorn, Wüstungen Bd. II Nr. 143 S. 83-88.

H

HACHENHAUSEN (Bad Gandersheim)

um 1007 *Hachemehusi* (Goetting, Gandersheim S. 256)
1249 *Hachemehusen* (Petke, Wöltingerode Anhang III Nr. 16 S. 570)
1314 (Druck 18. Jh.) *Hachemhusen* (Kleinau GOV I Nr. 776 S. 234)
1419 *Hachemhusen* (Goetting, Findbuch I Nr. 314 S. 133)
1428 *Hachimhusen* (Goetting, Findbuch I Nr. 357 S. 147)
1492 *Hachgemhusen* (Goetting, Findbuch II Nr. 654 S. 88)
1497 *Hackenhusenn* (UB Oldershausen Nr. 72 S. 131)
1547 *Hachenhausen* (Kleinau GOV I Nr. 776 S. 234)
1552 *Hachemhausen* (Kleinau GOV I Nr. 776 S. 234)
1568 *Hachenhusen* (Spanuth, Quellen S. 278)
um 1600 *Hachenhausen* (Reller, Kirchenverfassung S. 221)
1678 *Hachemhaußen* (Kopfsteuerbeschreibung Wolfenbüttel S. 656)
1784 *Hachenhausen* (Kurhannoversche Landesaufnahme Bl. 140)
1803 *Hachenhausen* (Hassel/Bege, Wolfenbüttel II S. 259)
dialekt. (1932) *hachənhíusən* (Kleinau GOV I Nr. 776 S. 234)

I. Das GW lautet im Erstbeleg *-husi*, dann *-husen* und ab dem 16. Jh. hd. *-hausen*. Das BW liegt zuerst als *Hacheme-* vor, dann wechseln *Hachem-* und *Hachen-*; vereinzelt treten *Hachgem-*, *Hacken-*, *Hachehen-* und *Hahens-* auf.

II. Förstemann, Ortsnamen I Sp. 1150 stellt den Namen zu ahd. *hag, hac* 'Einhegung, Stadt', aengl. *haga* 'Umzäunung', nd. *hāge* 'lebendiger Zaun'. Nach Hahne, Flurnamensammlung S. 114 lautete der ON ursprünglich *Hachem*, später sei die „beliebte Endung *-hausen* angefügt" worden. Hahne, Geschichtsschreibung S. 9 vergleicht den ON mit dem „gleichnamige[n] Dorf am Elm", und deutet ihn als „das 'heim' eines Ago oder Hacho [...]. In Angleichung an die in der dortigen Gegend übliche Namensform der Dörfer wurde das 'hausen' noch angehängt". Hahne, Hachum S. 12 stellt den ON ebenfalls neben † Hachum: „1170 Haghem bedeutet hag, hagen, wie Hachenhausen bei Gandersheim 1007 Hachemehusi". Flechsig, Gandersheim S. 54f., Flechsig, Ortsnamen S. 93f., Kramer, Scheinmigration S. 23 und Upmeyer, Oldershausen S. 17 vermuten eine Namenübertragung dieses 16 km nördlich gelegenen † Hachum auf unseren Ort. Die Namen von acht Orten des ehemaligen Ambergaus seien auf Orte in der benachbarten Landschaft um Seesen und südlich davon übertragen worden, darunter gehöre auch → Harriehausen. Die Siedler seien „nicht aus eigenem Antriebe [gekommen], sondern auf Veranlassung eines Grundherrn, der vermutlich durch Lokatoren [...] Leute zur Rodung des Waldes [...] anwerben ließ" (Flechsig, Ortsnamen S. 94). Eine Differenzierung der 'alten' und 'neuen' ON durch das Anhängen von *-husen* sei durch die Nähe der neu enstandenen Siedlungen nötig gewesen (Kramer, Scheinmigration S. 27).

III. Bildung mit dem GW *-hūsen* (zum Erstbeleg *-husi* vgl. → Ackenhausen) in einer Grundform *Hachemehusen*. Das BW kann, wie von Kramer vermutet, eine alte

Form des ON † Hachum (1180 *Hachem* [UB. H. Hild. I Nr. 396 S. 384]), Kr. Hildesheim, enthalten. Hachenhausen wäre dann als Tochtersiedlung des nicht weit entfernten Ortes anzusehen. Auffällig und ungewöhnlich ist dabei die Kompositionsfuge -*e*- in *Hachem-e-husen, die nur als Bindevokal zwischen BW und GW zur leichteren Aussprache der Zusammensetzung zu erklären ist. Dieser Bindevokal fällt jedoch im 14. Jh. aus, obwohl die BW-Formen noch lange auslautendes -*m*- enthalten. Im 15. Jh. wird -*m*- zu -*n*- verschliffen. Wie Hachum, Kr. Wolfenbüttel (NOB III S. 171f.), besteht der ON † Hachum aus dem GW -*hēm* und dem Appellativ asä. *hag(o)* 'Hecke, Einhegung' als BW.

† HAGEHUSEN
Lage: Beim Schnedekrug ca. 1,8 km nordöstl. Eboldshausen.

1208 *Eckbertus de Hagehusen* (Scheidt, Codex Diplomaticus Nr. 69a S. 683)
1229 *Thideric de Hagehusen* (Urk. St. Marien Gandersheim Nr. 6)
1241-1255 (A. 15. Jh.) *Hagenhusen* (UB Plesse Nr. 135 S. 175)
1241-1255 *Hachehusen* (UB Plesse Nr. 136 S. 175)
1314 *Hagehusen* (Goetting, Findbuch I Nr. 113 S. 60)
1330 *Hagehusen* (UB Oldershausen Nr. 16 S. 27)
1338 *Johannes de Haghehusen* (Grote, Neubürgerbuch S. 7)
1425 (gleichz. Abschrift) *Matthias Hagesen* (Feise, Einbeck Nr. 718 S. 147)
1436 *Hahusen* (UB Uslar I S. 212)
1453 *mit dem halven tegenden to Hase under dem Borberghe* (UB Hardenberg II Nr. 62 S. 170)
1470 *Hagenhusen under dem Berberge* (UB Hardenberg II Nr. 70 S. 185)
1481 *Hohnsen* (Harland, Einbeck II S. 505)
1482 *Hagessen* (Feise, Einbeck Nr. 1717 Nr. 324)
1500 *Hahnsen* (Goetting, Findbuch II Nr. 675 S. 95)
1543 *Hahusen* (Max, Grubenhagen I S. 520)
1590 (A.) *Hase unter dem Berberge* (Müller, Lehnsaufgebot S. 322)
1605 *Hahesen* (Müller, Lehnsaufgebot S. 394)
1715 *Vor Zeiten hat die Dorffschafft Hasede alhier bey dem Krueghauß „die Schneede" genandt, gelegen, so aber nunmehro wüste* (Bodemann, Wüste Ortschaften S. 252)

I. Die älteren Formen lauten *Hagehusen*, wobei -*g*- auch als -*ch*-, -*gg*- und -*gh*- erscheint. Nur zweimal liegt *Hagen*- vor. Der ON verkürzt sich, wohl verbunden mit seinem Wüstfallen, in unterschiedliche Formen: *Hagesen, Hahusen, Hase, Hohnsen, Hahnsen*. Seit Ende des 16. Jh. begegnet *Hasede*.

II. Nach Casemir, Grundwörter S. 192 mit dem GW -*husen* gebildet.

III. Das GW lautet -*hūsen*. Im BW liegt kein PN vor, da keine Flexionsfuge -*s*- oder -*n*- ersichtlich ist. Es enthält asä. *hag(o)*, mnd. *hāge* 'umfriedetes Gelände; Hecke; Gehölz'. Zu den verschiedenen *g*-Schreibungen vgl. Lasch, Grammatik § 341. Die weitere Entwicklung zeigt einerseits den Ausfall des intervokalischen -*g*- in *Hahusen*, andererseits dessen Beibehaltung und die Verkürzung des GW zu -*sen* in *Hagesen*. Die Formen *Hohnsen, Hahnsen* entstanden aus dem nur zeitweise im 15. Jh. vorliegenden *Hagenhusen*. Auch in *Hahusen* verkürzt sich später das GW zu -*sen* und -*se*. Die daraus entstandene Form *Hase* sah man wohl als abgeschliffene Variante zu einem -*ithi*-Namen, so daß die Endung -*de* angefügt wurde und *Hasede* entstand (vgl. den ON Hasede, Kr. Hildesheim, der noch 1145 *Hasen* lautet [Bach, Ortsnamen II § 204]). Im Untersuchungsgebiet begegnet dieses sekundäre Eintreten von -*de* auch bei → Bühle (1588 *Buelde*), → Espol (1578ff. *Espolde*), → Greene (um 1510 *Grehende*) und → (†) Wetze (1319 *Wetzende*, 1481 *Wetzede*).

IV. Exkursionskarte Osterode S. 43; Jäckel, Willershausen Karte 1; Kühlhorn, Wüstungen Bd. II Nr. 147 S. 99-104; Max, Grubenhagen I S. 520; Upmeyer, Oldershausen S. 262.

† HAGEN
Lage: In der Nähe von Katlenburg; es ist unsicher, ob es sich nicht evtl. nur um einen FlurN handelt.

1525 *vor den Hagen* (Lagerbuch Katlenburg S. 73)
1525 *hinder unsem Hagen* (Lagerbuch Katlenburg S. 74)
1525 *vor unsem Hagen* (Lagerbuch Katlenburg S. 74)
1525 *vor dem Hagen* (Lagerbuch Katlenburg S. 74)
1525 *hinder dem Hagen* (Lagerbuch Katlenburg S. 80)

I. Die Zuordnung eines Beleges von 1270 *tres mansos sitos in Rodereshusen apud Barke et duos mansos sitos in Indagine* (Urk. Katlenburg Nr. 22) ist unsicher, da in der Umgebung Katlenburgs ON mit dem GW -*hagen* mehrfach vorkommen. Die lediglich von 1525 stammende Überlieferung zeigt den WüstungsN in präpositionalen Wendungen *vor* bzw. *hinder dem Hagen* als FlurN.

II. Nach Casemir, Grundwörter S. 192 mit dem GW -*hagen* gebildet.

III. Der ON, der sich in den Belegen wie ein FlurN darstellt, ist eine simplizische Bildung zu mnd. *hāge*, *hāgen* 'umfriedetes Gelände; Hecke; Gehölz'; vgl. Hagen, Kr. Hannover (NOB I S.179 f.), und † Hagen, Kr. Osterode (NOB II S. 69). Weitere Hagen-ON verzeichnet Förstemann, Ortsnamen I Sp. 1155f.

IV. Kühlhorn, Wüstungen Bd. II Nr. 198 S. 260 als Indago.

† HAGENWARDE
Lage: Ca. 2 km nördl. Lüthorst.

1366 *den dridden del des tegenden to der Honwarde* (Orig. Guelf. IV Nr. 41 S. 506)
1390 *de weesten dorpstede [...] Hagenwarde* (Petri, Lüthorst S. 144)
1580 *Hagenworde* (Dürre, HomburgNr. 365 S. 141)
1715 *Hogenworth* (Bodemann, Wüste Ortschaften S. 246)
1787 *Hohe Wohrt* (Rohmeyer, Lüthorst S. 42)
dialekt. (1970) *Up d'r Hawoa* (Rohmeyer, Lüthorst S. 42)

I. Das GW liegt als -*warde*, -*worde*, -*worth* und *Wohrt* vor. Das BW lautet *Hon-*, *Hagen-*, *Hogen-* und *Hohe*.

II. Nach Casemir, Grundwörter S. 194 mit dem GW -*warte* gebildet. Rohmeyer, Lüthorst S. 45 sieht im ON einen hochgelegenen, unbebauten Platz im Dorf oder im Felde.

III. Casemir ist zuzustimmen. Das GW lautet zunächst -warde und entwickelt sich erst in jüngerer Zeit zu -worth. Rohmeyer interpretiert diese Form als mnd. wort, wurt, das nach Scheuermann, Flurnamenforschung S. 156 ursprünglich „Boden, Grund, besonders der erhöhte oder eingehegte, speziell Hofstätte, Hausplatz, Grundstück, auch Garten, Feldstück, Waldmark" bedeutet. Das GW ist jedoch auf mnd. warde 'Posten, Wache; Warte, Anhöhe; Wachtturm' zurückzuführen. Jellinghaus, Westf. ON S. 165 verzeichnet unter warde „Warte, Spähplatz" zwei Orte Honwarde. Förstemann, Ortsnamen II Sp. 1234 bemerkt zum Stamm WARD, zu ahd. warta „Platz, wo man späht, Warte", es läge "als letzter Teil in [...] Hohinwarta" vor. Nolte, Flurnamen S. 189 führt einen FlurN Hohe Warte bei Uslar auf. In einem Beleg von 1596 werde dort eine Landwehr erwähnt: „'Warte' [kann] hier wohl ohne Bedenken zu ahd. warta 'Ort, von dem aus gelauert wird', gestellt werden. Von dieser Stelle aus ist das gesamte Uslarer Becken [...] gut zu übersehen." Grote, Northeim S. 59 beschreibt Spuren einer „hohen Warte" bei Edesheim, Wiebrechtshausen, Hammenstedt. Somit läßt sich sicher sagen, daß das BW nicht mnd. hāgen 'umfriedetes Gelände, Hecke' enthält, sondern mnd. hō, hōge 'hoch' in flektierter Form. Dem ON liegt eine Wendung *to der hohen/hogen warde zugrunde. Der Erstbeleg zeigt eine zu Hon- kontrahierte Form. In Hagen- kann das Appellativ hāgen eingewirkt haben, oder es liegt eine mdal. Variante von hōgen vor, da im Ostfälischen -ō- mit -ā- wechseln kann, wenn -ō- westgerm. -au- zugrundeliegt (vgl. germ. *hauh, got. hauhs 'hoch'). Kramer, Moringen S. 202 weist in der Anm. 2 darauf hin, daß die „flektierte Form des Adjektivs gemäß der im UG üblichen mdal. Aussprache oft als hagen erscheint".

IV. Ernst, Wüstungen S. 85; Kramer, Artikel S. 92; Kühlhorn, Wüstungen Bd. II Nr. 149 S. 108-110; Rohmeyer, Lüthorst S. 42.

HAIESHAUSEN (Kreiensen)

1250 *Haggereshuson* (Kruppa, Dassel Nr. 328 S. 443)
1350 *Hoyershusen* (Goetting, Findbuch I Nr. 158 S. 79)
1436 *Hoygershuß* (UB Uslar I S. 211)
1486 *Heygershusen* (Goetting, Findbuch II Nr. 626 S. 78)
um 1510 *Hoygershusen* (Kleinau GOV I Nr. 788 S. 237)
1539 *Haiershusen* (Kleinau GOV I Nr. 788 S. 237)
1542 *Hoyerßhausen* (Kayser, Kirchenvisitationen S. 202)
um 1616 *Heiershaußen* (Casemir/Ohainski, Territorium S. 44)
1678 *Hoyershausen* (Kopfsteuerbeschreibung Wolfenbüttel S. 216)
1757 *Hahishausen* (Kleinau GOV I Nr. 788 S. 237)
1783 *Hahlshausen* [!] (Kurhannoversche Landesaufnahme Bl. 139)
1803 *Haieshausen – auch Hoyershausen, Haiershausen* (Hassel/Bege, Wolfenbüttel II S. 196)
dialekt. (1950) *hoi(ə)shíusən* (Kleinau GOV I Nr. 788 S. 238)

I. Die Zuordnung eines Beleges 1001-1002 (A. 15. Jh.) *Aieshusun* (Trad. Corb. § 472 S. 156) durch Kleinau GOV I Nr. 788 S. 237, Schütte, Mönchslisten S. 282 und Casemir/Ohainski, Orte Nr. 582 S. 87 ist aus sprachlicher Sicht – inhaltliche Gründe wie Besitzkontinuität liegen nicht vor – nicht zu halten, da Haieshausen in den mittelalterlichen Belegen immer ein -r- vor dem -s- hat. Vielmehr scheint sich der Beleg auf

→ † Oishusen zu beziehen. Das GW -husen ist stabil, es wechselt im 16. Jh. zu hd. -hausen. Das BW entwickelt sich von Haggeres- zu Heiers-, Hoyers-, Haiers-. Im 15. Jh. tritt auch wieder kurzzeitig -g- ein. Daß diese Formen dem heutigen Haies- zugrundeliegen, wird im Beleg von 1803 Haieshausen – auch Hoyershausen, Haiers- hausen offensichtlich. Abweichend erscheint 1783 Hahlshausen.

II. Nach Casemir/Ohainski, Orte S. 135 mit dem GW -husen gebildet. Förstemann, Ortsnamen I Sp. 1151 stellt den ON zum PN-Stamm HAG. Die BuK Gandersheim S. 235 deuten den ON fragend als „Behausung eines Hago oder Hoyer".

III. Bildung mit dem GW -hūsen. Der erste Beleg weist den Weg zu einer Grundform *Haggereshusen, welche dem Anschein nach einen zweigliedrigen stark flektieren- den PN *Hagger enthält, in dem man die Namenglieder Hag- (zum PN-Stamm HAG, vgl. Förstemann, Ortsnamen I Sp. 1151) und -ger, zu asä. gēr 'Wurfspeer', vermuten würde. Ein solcher PN ist jedoch im gesamten dt. Sprachraum nicht belegt. Deswe- gen ist von einem PN Hager, Hoger auszugehen, der asä. bestens bezeugt ist; vgl. Schlaug, Altsächs. Personennamen S. 111 und Schlaug, Studien S. 114, auch Förste- mann, Personennamen Sp. 721. Das Erstglied des PN ist zu asä. hō(h), hā(h) 'hoch' zu stellen, welches mnd. auch hōge lautet, was wohl die Doppel-g-Schreibung des Erstbeleges beeinflußt hat. Intervokalisch fällt -g- aus und hinterläßt einen Di- phthong -ai-, -ei-, der auch zu -oi-, -eu- gerundet erscheint. In den Formen Hoygers-, Heygers- tritt dann der Übergangslaut -g- als stimmhafter Spirant (mit dem Laut- wert -j-) ein (Lasch, Grammatik § 342 B). Die jüngeren Belege Hais-, Haies-, die zur modernen ON-Form führen, entstehen durch vokalische Aussprache des -r- (etwa „Haias-").

HALLENSEN (Einbeck)

1306 Hallensen (Bilderbeck, Sammlung II Nr. 36 S. 89)
1306 Hallenesen (UB Grubenhagen Nr. 31 S. 16)
1312 Hallenhusen (Kleinau GOV I Nr. 799 S. 241)
1314 Hermannus de Hallensen (UB H. Hild. IV Nr. 215 S. 113)
1322 Hallenhossen (Bilderbeck, Sammlung II Nr. 37 S. 90)
1370 Halnosen (Kramer, Abschwächung S. 33)
1400 Hallensen (Kleinau GOV I Nr. 799 S. 241)
1486 Hallensen (Goetting, Findbuch II Nr. 626 S. 78)
1542 Hallensen (Kayser, Kirchenvisitationen S. 207)
1558 Hallenßen (Hahne, Hallensen S. 8)
um 1600 Hallensen (Reller, Kirchenverfassung S. 223)
um 1616 Hollensen (Casemir/Ohainski, Territorium S. 44)
1803 Hallensen (Hassel/Bege, Wolfenbüttel II S. 319)
dialekt. (1950) hall(n)sən (Kleinau GOV I Nr. 799 S. 241)

I. Die Überlieferung zeigt kaum Schwankungen. Das GW liegt als -sen, -esen, -osen, -husen, -hossen vor. Das BW lautet Hallen-, Haln-. Singulär ist Hollen- um 1616.

II. Die BuK Gandersheim S. 455 vermuten im ON die „Behausung eines Hallo". Nach Hahne, Hallensen S. 1 enthält der ON im GW -husen und im BW hall-, das in FlurN häufig vorkomme und zu ahd. halda, got. hallus 'Fels', aengl. healh 'Ecke', anord. hali 'Ende, Spitze' zu stellen sei. Die Lage des Ortes auf einer ansteigenden Höhe des südlichen Hillebachufers unterstütze diese Deutung.

III. Das GW ist -*hūsen*. Hahnes Deutung des BW vermischt verschiedene Wortstämme. Got. *hallus* 'Fels' ist verwandt mit lat. *collis* 'Hügel', aengl. *heall* 'Stein' und *hyll* 'Hügel' < idg. **kel-* 'ragen, erheben', **kl̥n-is* 'Hügel'. Aengl. *healh* 'Ecke, Bucht', anord. *hali* 'spitzes Ende' und dän. *hale* 'spitzes Grundstück' gehen auf idg. **k̑el-* 'dünner Schaft, Pfeil, steifer Halm' zurück. Ahd. *halda*, mnd. *helde* 'Bergabhang' und ahd. *hald* 'geneigt' gehören zu idg. **k̑el-* 'neigen' (vgl. Pokorny, Wörterbuch S. 544ff.). Wahrscheinlich setzt er hier vorrangig *halde*, assimiliert zu *halle* an, doch dieses Wort erscheint in Namen zumeist als Simplex (vgl. dazu Förstemann, Ortsnamen I Sp. 1212 unter dem Ansatz HALLE, zu asä. *halla* „die halle, auch salzhalle", wobei gewiß ein Großteil der ON zu *halde* 'Abhang' gestellt werden dürfte, wie Udolph, Hall- ausführlich darlegt) oder in Verbindungen mit -*berg*, -*burg* (vgl. auch → Salzderhelden). Bei der Zusammensetzung mit -*hūsen* ist mit den BuK Gandersheim vielmehr an einen schwach flektierenden PN *Halo, Hallo* zu denken, den Förstemann, Personennamen Sp. 737f. unter dem PN-Stamm HAL, wohl zu anord. *halr*, aengl. *hæle* 'Mann', verzeichnet. Zu diesem Wortstamm gehört auch asä. *heliδ* 'Held'. Allerdings ist ein solcher KurzN nicht bei Schlaug für den asä. Raum bezeugt. Förstemann, Ortsnamen I Sp. 205 führt jedoch eine Wüstung 1088 *Halinhuson* im Kr. Warendorf zu diesem PN-Stamm auf, was die Annahme eines PN *Hallo* in Hallensen unterstützt. Ein PN zu diesem PN-Stamm liegt auch in Hellendorf und Helstorf, Kr. Göttingen (NOB IV S. 199ff.), vor.

HAMMENSTEDT (Northeim)

8./9. Jh. (A. 12. Jh.) *Hamunstat* (Trad. Fuld. 41, 88 S. 100 = Codex Eberhardi II S. 193)

1020 *Hammonstedi in pago Rittega* (MGH DH II. Nr. 422 S. 536)

1020 (A. 12. Jh.) *curtim Hammonstide dictam, sitam in pago Rittega* (Vita Meinwerci Kap. 168 S. 93)

nach 1024 (A. 12. Jh.) *Addele de Hammonstide* (Vita Meinwerci Kap. 195 S. 112)

1209 *Bernhardus sacerdos de Hammenstede* (Scheidt, Codex Diplomaticus Nr. 69b S. 685)

1292 *Hammenstede* (UB Plesse Nr. 339 S. 327)

1338 *plebano in Hammenstede* (Urk. Katlenburg Nr. 147)

1360 *Hammenstede* (Urk. Katlenburg Nr. 170)

1442 *Cord von Hammenstede* (Grote, Neubürgerbuch S. 27)

1488 *Hammenstede* (Stammtafeln Bodenhausen S. 118)

1527 *Hammenstede* (Tschackert, Rechnungsbücher S. 373)

1530 *Peter Tymmerman von Hammensted* (Grote, Neubürgerbuch S. 44)

1590 *gerichte to Hammensty* (Frankenberg, Erbenschaften S. 120)

um 1649 *Hammenstätte* (Leerhoff, Karten S. 40)

1785 *Hammenstedt* (Kurhannoversche Landesaufnahme Bl. 151)

1823 *Hammenstedt* (Ubbelohde, Repertorium 2. Abt. S. 68)

dialekt. (1951) *hammĕnstīe* (Flechsig, Beiträge S. 16)

I. Ein Beleg 1009 *Hammenstede* nach Flechsig, Beiträge S. 16 war nicht zu verifizieren. Der ON ist in der Überlieferung recht stabil. Das GW liegt als -*stat*, -*stede*, -*stide*, -*stedt*-,-*sty* und -*stätte* vor. Das BW wird nebentonig von *Hamun-, Hammon-*

zu *Hammen-* abgeschwächt. Der Erstbeleg zeigt noch einfaches *-m-*, ab dem 11. Jh. liegt der Konsonant geminiert vor.

II. Nach Casemir/Ohainski, Orte S. 140 mit dem GW *-stedt* gebildet. Friese, Hammenstedt S. 9 bemerkt, der Ort trage einen „deutschen Namen", der „von der Umgebung entlehnt" sei, „denn Hamon bedeutet Wald und die Silbe 'stedt' erklärt sich fast von selbst". Weigand, Heimatbuch S. 227 deutet den ON als 'Waldstätte'. Weigand, Ortsnamen S. 13 sieht im BW ein Appellativ *ham*, das er nach Jellinghaus, Westf. ON S. 75 als „Kniebeuge, Winkel, Land am Wasser, das meist mit Gras bewachsen ist, also als Weide dient" erklärt. Dann meint er jedoch: „Ich bin geneigt, Hammenstedt als Waldstätte zu deuten." Müller, Catlenburg S. 101 will Hammenstedt von einem Wort *hamel, hamen* ableiten, das 'Fischernetz' bedeute und auch dem ON Hameln zugrundeliege. Flechsig, Beiträge 41 denkt an ostfäl. *hamme* „Böschung, Pultdach über einem kleinen Anbau am Hause" und deutet den ON als „Stätte am Abhang". Förstemann, Ortsnamen I Sp. 1220 und Personennamen Sp. 743 stellt Hammenstedt zum PN-Stamm HAM, genauer zu einem PN *Hamo*. Nach Kaufmann, Ergänzungsband S. 170f. wird ein „asächs. ON *Hamon-stide* [...] lautgerecht zu *Hammenstedt*". Der enthaltene PN gehe auf germ. **hama(n)-* 'Hülle, Haut, äußere Gestalt' (vgl. got. *hamōn* 'bedecken, kleiden') zurück. In NOB II S. 69f. wird Hammenstedt bei der Diskussion um † Hammensen wie dieser zum PN *Hamo* gestellt.

III. Bildung mit dem GW *-stedt*. Die *-stide-, -sty-*Formen (letztere mit Ausfall des intervokalischen *-d-*) zeigen ostfälische Lautung. Für Frieses und Weigands Deutung als „Waldstätte" gibt es keine Bestätigung. Lediglich Lerchner, Studien S. 97 führt für asä. *ham(ma)* eine Bedeutung „am Fluß gelegene Wiese, Weide, Wald" für das Westfälische an. Die ursprüngliche Bedeutung setzt Jellinghaus, Westf. ON S. 75 mit aengl. *ham* 'Kniebeuge' als 'Winkel', „dann Winkel Landes am Wasser, der meist mit Gras bewachsen ist oder als Weide dient" an. Förstemann, Ortsnamen I Sp. 1215 nennt unter HAM ahd. *hamma*, aengl. *ham*, anord. *hǫm* 'Schenkel, Kniekehle', deren Bedeutung in ON „Winkel, winkelförmiges Terrain an Flüssen, Bucht" sei. Unter den an dieser Stelle verzeichneten ON finden sich z.B. Hamm und Hamburg, wobei Hamburg auch als *Hammanburch, Hammunburg* überliefert ist. Den Stamm **ham-* enthalten auch die ON Hemmingen, Kr. Hannover (NOB I S. 202ff.), Hemeln, Kr. Göttingen (NOB III S. 192ff.), und Hameln an der Weser. Dessen Ortskern liegt in dem Mündungswinkel, den Hamel und Weser bilden. Nun liegt der Ortskern von Hammenstedt ebenfalls in einem von zwei Bächen gebildeten Winkel, wie es auf der Topographischen Karte Bl. 4326 deutlich zu erkennen ist, so daß auch dieser Ort als 'Stätte am Winkel zwischen zwei Bächen' gedeutet werden kann. Es spricht jedoch auch nichts gegen die Annahme eines schwach flektierenden PN *Hamo*. Er gehört zum PN-Stamm HAM, zu germ. **hama-* 'Hülle, Kleid; Schutz'. Den PN enthalten † Hammensen, Kr. Osterode (NOB II S. 68f.), und † Hammingastegun, Kr. Göttingen (NOB IV S. 183). Dennoch ist aufgrund der beschriebenen Lage Hammenstedts die Verbindung zu **ham-* 'Winkel' vorzuziehen.

† HARBOLDESSEN

Lage: Ca. 2 km nordwestl. Greene.

1217 *Hereboldessem* (UB H. Hild. I Nr. 698 S. 666)
1316 *Herboldessen* (Müller, Willershausen Nr. 27 S. 130)

1325 *Herboldessen* (Orig. Guelf. IV Nr. 35 S. 503)
1335 *Rabodone de Harboldessen* (Goetting, Findbuch I Nr. 142 S. 71)
1342 *Herboldessem* (UB Saldern I Nr. 422 S. 195)
1457 *Herbelsheym* (UB Boventen Nr. 493 S. 335)
1479 *Herbelsteyn* (UB Boventen Nr. 545 S. 359)
1525 *Herboldeshusen* (Lagerbuch Katlenburg S. 88)
1542 *Herboldeßem* (Kayser, Kirchenvisitationen S. 205)
um 1745 *Harb-Oldessen* (Kleinau GOV I Nr. 806 S. 242)
1750 *Harnbolsen* (Kleinau GOV I Nr. 806 S. 242)
um 1950 *Harboldissener Born* (Kleinau GOV I Nr. 806 S. 242)

I. Die Überlieferung zeigt zunächst die ON-Form *Her(e)boldessen*. Mnd. *-er-* > *-ar-*Wechsel wird in 1335 *Harboldessen* wie auch in den jüngeren Belegen sichtbar. Dreimal erscheint im GW *-sem* statt *-sen*. Die vor allem im GW abweichenden Formen des UB Boventen gehören sicher hierher, sind aber für die Deutung nicht belastbar. Abweichend sind auch *Harb-Oldessen* und *Harnbolsen*.

II. Nach Wenskus, Stammesadel S. 31 enthält der ON den PN *Heribald*, der von ihm als fränkisch bezeichnet wird. Udolph, Fränk. ON S. 31 bestätigt die Annahme dieses PN, der jedoch hier in „typisch altniederdeutscher Gestalt" *Heribold* vorliege und asä. belegt sei.

III. Wie in † Harboldessen, Kr. Hannover (vgl. NOB I S. 187f.), ist das GW *-hūsen*, obwohl einige Belege, darunter der älteste, auf *-hēm* zu weisen scheinen; da sie insgesamt eher selten auftreten, ist in ihnen eine Analogiebildung zum *hēm*-Typus zu vermuten. Das BW enthält den im Asä. gut bezeugten stark flektierenden zweigliedrigen PN *Heribald, Heribold*; vgl. Förstemann, Personennamen Sp. 765, Schlaug, Altsächs. Personennamen S. 105 und Schlaug, Studien S. 110. Das Namenerstglied *Heri-* gehört zu asä. *hēri* 'Heer'. Das Zweitglied *-bold* ist mit asä. *bald* 'tapfer, kühn' zu verbinden und zeigt die nd. Entwicklung von *-a-* > *-o-* nach Labial und vor *-ld-* (Lasch, Grammatik § 93). Das *-i-* in *Heribold* schwächt sich nebentonig zu *-e-* ab und schwindet dann ganz. Neben dem bereits erwähnten † Harboldessen liegt der PN auch in † Herboldeshagen, Kr. Göttingen (NOB IV S. 198), vor. Förstemann, Ortsnamen I Sp. 1257 führt weitere mit diesem PN gebildete ON auf.

IV. Dolle, Studien S. 419; Karte 18. Jh. Bl. 4025-4125; Kleinau GOV I Nr. 806 S. 242-243; UB Boventen S. 460 als Herbelsheym.

HARDEGSEN (Hardegsen)

1015-36 *Hiridechessun* (Westfäl. UB I Nr. 87 S. 67)
1015-36 (A. 12. Jh.) *Hiridechessun* (Vita Meinwerci Kap. 69 S. 48)
1238 (A. 18. Jh.) *Hardessen* (UB Hilwartshausen Nr. 46 S. 62)
1266 *Herdegessen* (UB Boventen Nr. 19 S. 42)
1280 *Conradi plebani in Hardegessen* (UB Fredelsloh Nr. 51 S. 50)
1305 *castri Herdegessen* (FB Weende Nr. 51)
1380 *Herdegessen* (UB Göttingen I Nr. 294 S. 310)
um 1381 *Herdessen* (UB Goslar V Nr. 444 S. 181)
1439 *Hardegesen* (UB Hardenberg II Nr. 55 S. 155)
1449 *Tyle Voß de Hardegesen* (Grote, Neubürgerbuch S. 28)
1489 *Herdegessen* (Domeier, Moringen S. 82)

1559 *haus Hardegssenn* (UB Hardenberg II Nr. 88 S. 236)
1571 *ampt Hardessen* (Salbuch Plesse I S. 77)
um 1616 *Hardegsen* (Casemir/Ohainski, Territorium S. 56)
1715 *amt Hardegsen* (Bodemann, Wüste Ortschaften S. 246)
1823 *Hardegsen* (Ubbelohde, Repertorium 2. Abt. S. 69)
dialekt. (1951) *hardĕssĕn* (Flechsig, Beiträge S. 16)

I. Ob ein Beleg von vor 1241 *Johannes de Herdessen* (UB Wülfinghausen Nr. 13 S. 27), wie von Lechte, Hardegsen S. 23 vorgeschlagen, hierher gehört, ist zum einen wegen der Form des ON und zum anderen wegen der sonst in der Urkunde genannten Zeugen recht zweifelhaft. Gleiches gilt für die weiteren Belege 1252 *Johannis militis de Herdesen* (Calenberger UB III Nr. 166 S. 115), um 1256 (A. 14. Jh.) *Johanne de Herdessen* (Calenberger UB III Nr. 188 S. 130) und 1256 *Johannes de Herdesse* (Calenberger UB III Nr. 189 S. 131). Das GW lautet *-sun* bzw. *-sen*. Das BW liegt als *Hirideches-*, *Herdeges-* und *Hardeges-* vor und schwächt sich ab dem 14. Jh. zu *Her-* / *Hardegsen* und *-dessen* ab. Der Beleg 1238 *Hardessen* in einer Abschrift des 18. Jh. ist gewiß auch von der Schreibung dieser Zeit beeinflußt. Die Mundart zeigt *Hardessen*, wohingegen die moderne ON-Form das *-g-* bewahrt.

II. Domeier, Hardegsen S. 5 äußert sich in seinem 1771 erschienenen Buch zum ON folgendermaßen: „Der Name Hardegsen rühret wahrscheinlich von demjenigen erhabenen Steinfelsen her, worauf die ehemahlige Burg Hardegsen erbauet, und welcher die harte Ecke genennet worden." Nach Meyer, Städtenamen S. 61 bauten die Herren von Rostorf „auf einem Felsen im Walde eine neue Burg, welche die Harteck, harte Ecke – analog der Burg Niedeck in derselben Gegend – genannt wurde. Es entstand nun bald durch Ansiedelung unter dem Schutze der Burg ein Dorf, das man Harteckhusen oder mit Zusammenziehung [...] Hardecksen hieß [...]." Lechte, Burg Hardeg S. 14 wiederholt die Meinung der Ortschronisten, eine Burg Hardeck sei im 11. Jh. gebaut worden, „auf der die Ritter bis zum 13. Jh. gelebt und sich nach ihr den Namen 'von Hardeck' zugelegt" haben. Danach sei auch der Ort benannt worden: „sie bauten sich unterhalb der Burg an und legten so den Anfang für das Dorf Hardeckshausen". Lechte lehnt dies ab, da der Beleg 1020 *Hiridechessun* die Existenz des Ortes schon etwa drei Jahrhunderte zuvor bezeuge. Weigand, Heimatbuch S. 366 meint, „der Name Hardegsen dürfte wohl eine Abkürzung von Hardachhausen sein, was nach heutigem Sprachgebrauche 'Waldbachhausen' heißen würde." Weigand, Ortsnamen S. 15 führt diese Überlegung weiter aus: „Hard bedeutet Wald. Die Silbe 'eg' in Hardegsen halte ich für eine Abschleifung von Ach (fließendes Wasser)." Grote, Hardegsen S. 124 vermutet aufgrund der vorkommenden *-er-*Formen eine Grundform **Herdegeshusen*, die den PN „Herdegen, von her = Heer, degan = junger Held" enthalte. Wenskus, Stammesadel S. 326 sieht einen PN *Herdag* im BW. Förstemann, Personennamen Sp. 760f. stellt den Beleg *Hiridechessun* zu den PN *Heridag*, *Herdag*, *Herdeg* des Stammes HARJA, zu ahd. *heri* 'Heer, Volk'. Nach Kramer, Abschwächung S. 40f. ist der ON „mit ursprünglicher Bildungssilbe *-sun*" gebildet, doch Scheuermann, Grundlagen S. 244 verwirft dies, da „in Ostwestfalen sowie vereinzelt auch östlich der Weser *-hūsun* nach genetivischem *-s* bereits nach 1000 zu *-essun* kontrahiert wurde". Udolph, Sachsenproblem S. 433 führt den ON auf eine Grundform **Heridages-husen* zurück, die den PN *Heridag* enthalte.

III. Domeier, Meyer und Weigand irren in ihren Vermutungen, da sie versuchen, die moderne ON-Form *Hardegsen* zu interpretieren. Die ältesten Belege *Hiridechessun* weisen weder auf eine „harte Ecke" noch auf einen Ansatz *hard-aha zu asä. hard, mnd. hārt, hart 'Bergwald, waldige Höhe' und dem GW -aha 'Wasser'. Das von Weigand angenommene Ach ist zudem eine süddeutsche Form des Wasserwortes aha. Sie haben jedoch recht, im GW -hūsen zu sehen, das, wie Scheuermann darstellt, in Hiridechessun als verkürzte Form des asä. Dativ Plural -husun vorliegt und sich später zu -sen abschwächt. Das BW enthält einen stark flektierenden zweigliedrigen PN. Grote nimmt einen PN Herdegen an, obwohl die Überlieferung nie -n- zeigt. Mit Förstemann, Wenskus und Udolph ist der PN Heridag anzusetzen, der bei Schlaug, Studien S. 110 auch als Hiridag und Herdeg, bei Schlaug, Altsächs. Personennamen S. 106 auch als Heridach bezeugt ist. Der PN besteht aus den Namengliedern Heri- und -dag zu asä. hēri 'Heer' und asä. dag 'Tag' (zu diesem im Asä. verbreiteten Element vgl. Schröder, Namenkunde 31f., Wenskus, Stammesadel S. 301-334 und Udolph, Sachsenproblem S. 432-439). Gallée, Grammatik § 256d führt aus, daß -dag auch als -dach oder -dech erscheinen kann. Nach Lasch, Grammatik § 341 II. ist „ch die regelmäßige form für g im auslaut, die - selten - aus dem auslaut auf den inlaut übertragen wird: dache für dage". Die Form Hiri- ist ein Ausdruck der Zerdehnung des -e- vor -r-, wobei oft -i- für -e- geschrieben wird (Lasch, Grammatik § 63); -deches enthält die oben genannte Schreibung -ch- für -g-. Die ON-Grundform *Heridageshusen entwickelt sich über Abschwächung und Ausfall der Nebentonvokale und Verkürzung des GW zu Herdegessen und Herdegsen. Im Übergang zu Hardegsen ist der mnd. Wechsel von -er- zu -ar- vor Konsonant (Lasch, Grammatik § 76) zu beobachten.

HARDENBERG (Nörten-Hardenberg)

um 1229 *Hermannum de Hardenberch* (UB H. Hild. II Nr. 276 S. 122)
1229 *castro Hardenberch* (UB H. Hild. II Nr. 277 S. 123)
1271 *in castro suo Hardenberg* (Westfäl. UB IX Nr. 1237 S. 603)
1297 *apud Hartenberg* (UB Hilwartshausen Nr. 104 S. 98)
1319 *dicti de Hardemberch* (UB Hardenberg I Nr. 44 S. 58)
1353 *Hardenberghe* (Sudendorf II Nr. 434 S. 223)
1358 *Dethmer van Hardenbarghe* (UB Hardenberg I Nr. 67 S. 91)
1389 *dat haus Hardenberg* (Urk. St. Marien Gandersheim Nr.)
1409 *slote to Hardenberge* (UB Hardenberg II Nr. 49 S. 107)
1496 *helfte des slotes Hardenberch* (UB Hardenberg II Nr. 75 S. 197)
1521 *in castro Hartenberg* (Wolf, Nörten Nr. 62 S. 90)
1537 *Hardenberge* (Meyer, Steuerregister S. 75)
um 1588 *Hardenberge* (Lubecus, Annalen S. 235)
1607 *haus Hardenberg* (UB Hardenberg II Nr. 101 S. 286)
1670 *kapell uff Hardenberg* (Wolf, Nörten Nr. 105 S. 167)

HARDENBERG, HINTERHAUS (Nörten-Hardenberg)
1402 *unses huses unde slotes to der Hinderborch* (UB Grubenhagen Nr. 82 S. 45)
1784 *Hinter Haus Hardenberg* (Kurhannoversche Landesaufnahme Bl. 150)
1791 *Hardenberg Oberhaus* [...] *Hardenberg Unter-Haus* (Scharf, Samlungen II S. 96)
1823 *Hardenberg Hinterhaus* [...] *Hardenberg Vorderhaus* (Ubbelohde, Repertorium 2. Abt. S. 69)

HARDENBERG, VORDERHAUS (Nörten-Hardenberg)
1784 *Vorder Haus Hardenberg* (Kurhannoversche Landesaufnahme Bl. 150)
1791 *Hardenberg Oberhaus* [...] *Hardenberg Unter-Haus* (Scharf, Samlungen II S. 96)
1823 *Hardenberg Hinterhaus* [...] *Hardenberg Vorderhaus* (Ubbelohde, Repertorium 2. Abt. S. 69)

I. Die gelegentliche Zuordnung eines Beleges von 1151 *Heremannus comes de Hardenberch* (MGH DK III. Nr. 249 S. 434) zu Hardenberg ist zweifelhaft; eher ist dem Editor der Diplomataausgabe zu folgen und mit einer Burg nordwestl. Wuppertal zu identifizieren (ebd. S. 674 mit weiteren Stellenangaben). Die Überlieferung zeigt kaum Schwankungen: Schon die ersten Belege lauten *Hardenberch, Hardenberg*. Im 14. Jh. tritt manchmal *-barg(h)* ein. Das BW erscheint hauptsächlich als *Harden-*, gelegentlich wechselt *-d-* zu *-t-* in *Hartenberg*. Seit 1319 wird in Formen wie *Hardemberg* Assimilation von *-nb-* zu *-mb-* sichtbar, die sich jedoch nicht durchsetzt.

II. Lücke, Hardenberg S. 27 meint, „,'Hard' bedeutet 'Wald', 'Hardenberg' also weiter nichts als 'die auf einem waldigen Berge erbaute Burg' oder 'Waldburg'". Nach Weigand, Heimatbuch S. 315 ist „die Familie von Hardenberg [...] von alters her angesessen und nannte sich gewiß zu der Zeit, als es üblich wurde, sich solche Beinamen zu geben, nach dem festen Hause, das sie oben auf dem Berge hatten, den man den Hardenberg, d.h. den bewaldeten Berg, nannte".

III. Lücke und Weigand denken an mnd. *hārt, hart* 'Bergwald, waldige Höhe, hoher Wald'; vgl. Scheuermann, Flurnamenforschung S. 124. Dieses im Nd. vor allem maskulin bezeugte Appellativ flektiert allerdings stark und würde eine Grundform *Hartesberg* ergeben. Zumeist liegt es in Stammkomposition ohne Flexion vor, z.B. in *Hartberg, Hartheim* (vgl. Förstemann, Ortsnamen I Sp. 1240ff.). Es ist vielmehr von einer adjektivischen Bildung mit asä. *hard*, mnd. *hart, harde* 'hart, fest, kräftig' in einer Wendung *tom harden berg* auszugehen. Dieses Adjektiv liegt einigen typischen BurgenN zugrunde, so z.B. Hartenfels im Westerwaldkreis (vgl. Stühler, Gründungsnamen S. 94) und Hartenstein, Kr. Zwickauer Land (vgl. Ortsnamenbuch Sachsen I S. 388), die beide auf mhd. *hart* 'hart, fest' zurückgehen. Die zu erwartende nd. Form *barg* mit Wechsel von *-er-* zu *-ar-* (Lasch, Grammatik § 76) erscheint nur selten; ebenso findet in hd. Zeit kein endgültiger Wechsel von *-d-* zu *-t-* statt. Der Name *Hardenberg* ist wahrscheinlich wegen des Adelsgeschlechtes in seiner Schreibung so fest geworden, daß sich der Wandel nicht durchsetzen konnte. Es ist anzunehmen, daß es sich nicht um einen ursprünglichen Berg-, sondern um einen BurgN handelt. *Berg* und *Burg* sind etymologisch verwandt, lautlich ähnlich und wechseln häufig als GW. Schröder, Namenkunde S. 201 bemerkt dazu: „Es gibt unzweifelhaft zahlreiche mit =burg bezeichnete Berge, die niemals eine Befestigung getragen haben, und es gibt umgekehrt eine Menge Burgen, die von vornherein, eben als Burgen, doch mit =berg bezeichnet wurden." Es ist wahrscheinlicher, daß das Adjektiv *hart* hier den Eindruck einer trutzigen, schwer einzunehmenden Burg vermitteln soll, als die Eigenschaft des Bergbodens zu bezeichnen, auf dem diese Burg gebaut wurde. Das BW liegt auch in → † Hartenau vor.

HARRIEHAUSEN (Bad Gandersheim)

973 *in Heringehuso marcha* (MGH DO II. Nr. 35a S. 45)
um 979 *in Heringehuso marcha* (MGH DO II. Nr. 35b S. 45)

um 1007 (A. 15. Jh.) *Heringgahusun* (Engelke, Grenzen S. 4)
1329 *Thile van Haringehusen* (UB Goslar III Nr. 835 S. 558)
1488 *Haringkhußen* (Goetting, Findbuch II Nr. 639 S. 83)
1490 *Haringehusen* (Upmeyer, Oldershausen S. 263)
1542 *Haringehausen* (Kayser, Kirchenvisitationen S. 202)
1556 *Harrihausen* (Goetting, Findbuch III Nr. 871 S. 6)
1568 *Hargenhausen* (Spanuth, Quellen S. 274)
1596 *Harrihausen* (Letzner, Chronica Buch 6 S. 72v)
um 1600 *Harihausen* (Reller, Kirchenverfassung S. 221)
1647 *kirche zu Harriehausen* (UB Oldershausen Nr. 110 S. 221)
1740 *Harrihusen* (Lauenstein, Hildesheim II S. 118)
1791 *Harriehausen* (Scharf, Samlungen II S. 96)
1823 *Harriehausen* (Ubbelohde, Repertorium 2. Abt. S. 70)
dialekt. (1949) *harjĕhiusĕn* (Flechsig, Beiträge S. 16)

I. Der Beleg um 1007 *Herrehusi* (Goetting, Gandersheim S. 256), den Goetting, Gandersheim S. 257 Anm. 3 zu Harriehausen stellt, ist recht sicher zu Herrhausen, Kr. Goslar, zu stellen (vgl. Schilling, Gandersheim S. 489). Das GW liegt als *-huso*, *-husun*, abgeschwächt zu *-husen*, und ab dem 16. Jh. als hd. *-hausen* vor. Das Element *-inga-/-inge-* erscheint auch verkürzt zu *-ing(h)-*, *-ingk-* und schwächt sich im 16. Jh. weiter zu *-i(e)-* ab. 1568 liegt eine abweichende Form *-gen-* mit *n*-Fuge vor. Der Stammvokal des Erstelements wechselt von *-e-* zu *-a-*. Ab dem 16. Jh. tritt gleichzeitig mit der Kürzung von *-inge-* zu *-i-* die Verdopplung des *-r-* ein, die der ON heute noch zeigt.

II. Nach Casemir/Ohainski, Orte S. 135 mit dem GW *-husen* gebildet. Laut Flechsig, Gandersheim S. 54f., Flechsig, Ortsnamen S. 93f. und Kramer, Scheinmigration S. 23 gehört Harriehausen wie → Hachenhausen zu einem Migrationsfeld von acht Orten, deren „'Mutter'-Orte" im ehemaligen „Ambergau und dessen nördlichen und östlichen Randzonen" lägen. Als Grundlage für Harriehausen nennt er das 18 km nördlich gelegene Hary (1151 *Heringe*), Kr. Hildesheim. Das GW *-hausen* sei als unterscheidender Zusatz sekundär angetreten. Upmeyer, Oldershusen S. 22 sieht in Harriehausen ebenfalls einen „von Hary im Ambergau abgeleitete[n] Name[n]". Herrfahrdt, Harriehausen S. 4 geht von einer anderen Vermutung aus: Es soll sich „ein fränkischer Edler mit Namen Hari, Harries oder Heringer hier angesiedelt haben. Dadurch wird der Platz den Namen 'Heringgahusen' erhalten haben". Förstemann, Ortsnamen I Sp. 1254 stellt den ON zum PN-Stamm HARJA. Wesche, Theophore ON S. 783 verbindet Harriehausen ebenso wie Hary mit ahd. *harug*, anord. *hǫrgr* 'Steinhaufen' in einer Bedeutung als 'Kultstätte'.

III. Ob Harriehausen Teil dieses von Kramer u.a. vermuteten Migrationsfeldes ist, läßt sich allein aus der Überlieferung nicht beweisen. Die anzusetzende Grundform **Heringehusen* kann sowohl in **Heringe-husen* als Komposition aus dem ON *Heringe* (> Hary) und dem GW *-hūsen* als auch in **Her-ingehusen* getrennt werden, was auf einen mit einem PN gebildeten *-ingehūsen*-Namen deuten würde. Da dieser Namentyp im Untersuchungsgebiet häufig vorliegt und für eine Ortsgründung von Hary aus keine historischen Belege existieren, ist von einem *-ingehūsen*-ON auszugehen. Ableitungsbasis ist ein KurzN *Heri* oder *Herio* zum Stamm HARJA, zu asä. *hēri* 'Heer, Volk'; vgl. Schlaug, Altsächs. Personennamen S. 107 und Förstemann, Personennamen Sp. 763. Die weitere Entwicklung des ON zeigt den Wechsel von *-e-*

zu -a- vor -r-, der normalerweise nur vor Konsonant stattfindet (Lasch, Grammatik § 76). Die Abschwächung des -inge-Elements zu -i(e)- ist ein für diesen ON-Typ verbreiteter Prozeß (Lasch, Grammatik § 346). Die Form *Hargen-* enthält ein -g- mit Lautwert -j-.

† HARTENAU
Lage: Unbekannt bei Uslar.

1588 *Hartenaw* (Kayser, Generalkirchenvisitation S. 184 Anm.)
um 1616 *Hartenaw* (Casemir/Ohainski, Territorium S. 57)

I. Weitere Belege ließen sich nicht ermitteln.

III. Der ON beruht auf einer Stellenbezeichnung *to der harden aw und zeigt sich in den Belegen schon hd. beeinflußt mit -t- statt -d-. Das GW ist -au. Das BW ist das Adjektiv mnd. *hart* 'hart, fest' im Dativ (das -t- in diesem mnd. Adjektiv ist auslautverschärftes -d-). Was aber hat man unter einer 'harten Aue' zu verstehen? Die Wörter scheinen eher im Gegensatz zueinander zu stehen. Es hilft ein Blick in Wossidlo/Teuchert, Wörterbuch S. 474f., welches historische volkssprachliche Belege zum Adjektiv *hart* aufführt. Unter dem Bedeutungsfeld „Gestein, Erde, Ackerland" findet man z.B. den Eintrag „'n harden Acker = Lehmboden"; des weiteren: „im Gegensatz zu moorigem, weichem Gelände: 1336 wird die südliche Hälfte der Westseite des Plauer Sees mit ihrem hohen, steilen Ufer [...] 'de harde side' genannt, 1337 wird [...] die nördliche Hälfte, die gute Ziegel- und Töpfer-, auch Kalkerde hat, als 'Weke syde' bezeichnet; 'bette an dat harde (nicht moorige) velt'". Außerdem sind die FlurN Harte Weide und Hartenbrauk (= hartes Bruch, also 'harter' Sumpf) verzeichnet. Nach Wiswe, Flurnamen S. 168 steht *hart* im FlurN der harte Anger „in der Bedeutung 'fest, trocken' zur Charakterisierung des Bodens dieses Angers. Das ö[stlich] anschließende Gelände hat sumpfigen 'weichen' Boden". Hier kann man Hartenau anschließen.

† HASSELBORN
Lage: Ca. 1 km südwestl. Wenzen.

1514 (A. 16. Jh.) *an dem Hasselborne by unser leven fruwe belegen* (Kleinau GOV I Nr. 837 S. 251)
1542 *die kluß zu Hasselborn* (Kayser, Kirchenvisitationen S. 207)
1588 *zu Hasselborn im gericht Greene* (Kayser, Generalkirchenvisitation S. 188)
um 1600 *Hasselborn* (Kleinau GOV I Nr. 837 S. 252)

I. In den wenigen überlieferten Belegen bleibt der ON konstant.

II. Kettner, Flußnamen S. 113 stellt den ON zusammen mit weiteren ähnlich gebildeten Namen zu mnd. *hassel, hāsel* 'Haselstrauch'.

III. Hasselborn ist zusammengesetzt aus mnd. *hassel, hāsel* 'Haselstrauch' und dem GW *-born* 'Quelle' und war, wie auch der Beleg von 1514 *an dem Hasselborne* zeigt, ursprünglich ein FlurN, der sich wahrscheinlich auf eine Quelle oder einen Bach gleichen Namens bezog. Zu *Hassel-* als BW siehe Kramer, Moringen S. 220, Scheuermann, Flurnamenforschung S. 124, Garke, Bachnamen S. 39 und Förstemann,

Ortsnamen I Sp. 1276ff., der zahlreiche Zusammensetzungen mit *Hasel-, Hassel-* aufführt. Vgl. auch Heeßel, Kr. Hannover (NOB I S. 194ff.), und (†) Heißental, Kr. Göttingen (NOB IV S. 189f.).

IV. Karte 18. Jh. Bl. 4024-4124; Kleinau GOV I Nr. 837 S. 251-252.

† HATHEBERINGERODT
Lage: Unklar zwischen Nörten und Sudershausen.

1055 (A. 16. Jh.) *Hatheberingerodt* (Mainzer UB I Nr. 296 S. 187)
1055 (A. 16. Jh.) *Hathenberingruoth* (Mainzer UB I Nr. 296 S. 187 Anm. ii)
1055 (A. 16. Jh.) *Hatheberringeruoth* (Mainzer UB I Nr. 296 S. 187 Anm. ii)

I. Zur von Bernotat, Herbrechterode S. 151 und anderen vorgenommenen Zusammenordnung dieses Ortes/Beleges mit → † Herbrechterode vgl. Kühlhorn, Wüstungen Bd. II Nr. 153 S. 118f. Der ON ist drei verschiedenen Abschriften der gleichen Urkunde in drei verschiedenen Lesarten überliefert.

II. Nach Casemir, Grundwörter S. 194 mit dem GW *-rode* gebildet. Boegehold, -ingerode S. 36 sieht im ON einen *-ingerode*-Namen. Förstemann, Ortsnamen I Sp. 1293 stellt ihn als unbekannten Ort zum PN-Stamm HATHU, ebenso die Habrighauser Mark bei Salzkotten (12. und 13. Jh. *Hatheberninchusen*); im Personennamenband Sp. 792 ordnet er ihn konkret dem PN *Hathubern* zu.

III. Trotz der schlechten Beleglage läßt die frühe Überlieferung eine Deutung des ON zu. Der ON gehört zu den *-ingerode*-Namen, deren Ableitungsbasis ein PN ist, welcher hier als *Hatheber* anzusetzen ist. Bei Förstemann, Personennamen Sp. 792 findet man unter dem Stamm HATHU die zweigliedrigen PN *Hathubern, Hathubarn, Hadabern*, deren Erstglied *Hathu-* er zu anord. *hǫð* 'Kampf' und das Zweitglied *-bern* zu BERA, BERIN 'Bär' stellt (Förstemann, Personennamen Sp. 259). Schlaug, Altsächs. Personennamen S. 100 sieht in diesen PN ebenso asä. *hathu* 'Kampf', welches nur in Eigennamen bezeugt ist, und ahd. *bero* 'Bär; Held, Krieger' (Schlaug, Altsächs. Personennamen S. 57). Diese PN sind mit der erweiterten Form *bern* gebildet, während man in unserem PN *Hatheber* eher *-bero* im Zweitglied vermuten darf. Obwohl PN auf *-bern* weitaus häufiger überliefert sind, fehlen Namen auf *-ber(o)* nicht, so z.B. *Athalbero* (Schlaug, Altsächs. Personennamen S. 48) und *Osber* (Schlaug, Altsächs. Personennamen S. 139), vgl. auch † Siberinghausen, Kr. Hannover (NOB I S. 408), zu einem PN *Sigibero*. Förstemann, Personennamen Sp. 259 führt einige PN auf *-ber* auf; sie seien „nicht häufig, doch über alle mundarten verbreitet, zum teil wol aus *-bero* apocopiert, da zweisilbige grundwörter in namen nicht beliebt sind".

IV. Exkursionskarte Osterode S. 50; Kühlhorn, Wüstungen Bd. II Nr. 153 S. 118-119.

† HEBERHAGEN
Lage: Ca. 1,2 km nördl. Hachenhausen, in der Nähe der Hebersiedlung.

Mi. 13. Jh. (A. 14. Jh.) *decimam in quodam situ, quot dicitur Heberen* (Lehnbuch Schönberg Nr. 108 S. 53)
1426 (A. 15. Jh.) *to dem Heuerhagen* (Kleinau GOV I Nr. 881 S. 256)

1438 *up dem Heeuere* (Goetting, Findbuch I Nr. 400 S. 162)
1446 *tom Heuerhaghen* (Goetting, Findbuch II Nr. 442 S. 12)
1524 *uff dem Heber* (Kleinau GOV I Nr. 881 S. 256)
1524 *Heberhagen* (Kleinau GOV I Nr. 881 S. 256)
1559 *auf dem Heberhagen* (Goetting, Findbuch III Nr. 877 S. 8)
1559 *Heiberhagen* (Goetting, Findbuch III Nr. 877 S. 8)
1768 *Hefershagen* (Kleinau GOV I Nr. 881 S. 256)
dialekt. (1930) *häbərhåən* (Kleinau GOV I Nr. 881 S. 256)

I. Der älteste Beleg beschreibt einen Besitz in einer Lage, die *Heber* genannt wird, später lautet der ON *Heverhagen*, hd. *Heberhagen* oder wird als FlurN *up dem Heuere, uff dem Heber* wiedergegeben. 1559 liegt -*ei*- statt -*e*- vor. Der jüngste Beleg zeigt abweichend -*f*- und eine *s*-Fuge.

II. Die BuK Gandersheim S. 237 orten „die Wüstung [...] nördlich 2,20 km von Hachenhausen am Heber, wo sich die Schlucht gabelt". „Seiner Lage entsprechend hieß der Ort schlicht 'Heber' (vgl. Gut Heber bei Bilderlahe) oder 'Heberhagen'", schreibt Dahms, Hagen S. 69.

III. Dahms' Ansicht muß insofern korrigiert werden, daß der Ort nie *Heber* hieß, sondern mit Lageangaben bezüglich des Höhenzuges Heber bezeichnet wurde. Der eigentliche ON ist *Heverhagen* bzw. *Heberhagen*, ein -*hagen*-Ort also, dessen BW den Namen des Hebers enthält, auf dessen Ausläufer er sich befand. Zum BergN Hever/Heber vgl. die Ausführungen zum ON Haverlah, Kr. Wolfenbüttel (NOB III S. 177ff.). An die dort rekonstruierten **Habur*-Namen als *r*-Ableitung zu einer Wurzel, welche sich auf eine Erhöhung bezieht, kann der Heber gut angeschlossen werden, wobei hier allerdings aufgrund der Umlautung eine Grundform **Habir* angenommen werden darf. Als Vergleichsname kann auch der in NOB III noch nicht aufgeführte ON Häver, Kr. Herford, herangezogen werden, der sich auf einem Ausläufer des Hügelkomplexes Hüller befindet; vgl. Stüber, Häver S. 306: „Die Geländeverhältnisse lassen eine solche Erklärung des Ortsnamens durchaus möglich erscheinen; denn das Kerndorf liegt auf dem schwach geneigten Hang einer zungenartig vorgeschobenen Anhöhe, im Mittel etwa 15 m über der Niederung."

IV. BuK Gandersheim S. 237; Karte 18. Jh. Bl. 4126; Kleinau GOV I Nr. 881 S. 256-257.

HECKENBECK (Bad Gandersheim)

1188 *Robertus de Hakenbike* (UB H. Hild. I Nr. 458 S. 439)
1189 *Rotbertus de Hakinbiche* (UB H. Hild. I Nr. 472 S. 448)
um 1217 (A. 13. Jh.) *Ludegerus de Hakenbeche* (UB H. Hild. I Nr. 703 S. 670)
1229 *Ludegerus de Hakenbeke* (Urk. St. Marien Gandersheim Nr. 6)
1238 *nobilis de Hekenbeke* (Petke, Wöltingerode Anhang III Nr. 8 S. 565)
1280 *Hekenbeke* (UB Hardenberg I Nr. 18 S. 19)
1387 *Hekenbeke* (Urk. St. Marien Gandersheim Nr. 58)
1432 *perner to Hekenbecke* (Urk. Stadt Gandersheim Nr. 33)
1497 *Heckenbeck* (UB Oldershausen Nr. 72 S. 130)
1512 *Hekenbeke* (Goetting, Findbuch II Nr. 721 S. 112)
1527 *Heckenbick* (Tschackert, Rechnungsbücher S. 374)
1568 *Hekenbeke* (Spanuth, Quellen S. 278)

1650 *Heckenbeek* (Urk. Dipl. App. Nr. 429)
1803 *Heckenbeck* (Hassel/Bege, Wolfenbüttel II S. 194)
dialekt. (1954) *häkn̥beck* (Kleinau GOV I Nr. 883 S. 257)
dialekt. *Häikenbeck* (Kettner, Flußnamen S. 113)

FlußN HECKENBACH
1802 *der Hekenbecker Bach* (Kettner, Flußnamen S. 114)

I. Ein Beleg um 1126 (Fä. 18. Jh.) *Hekebecke* (UB Plesse Nr. 6 S. 46) wurde nicht in die Belegreihe aufgenommen, da es sich um eine „gelehrte" Fälschung J. Chr. Harenbergs aus dem 18. Jh. handelt, der für das Mittelalter keinerlei Quellenwert zuzurechnen ist. Das GW liegt als *-bike*, *-biche*, *-beche*, *-beke*, *-beck(e)*, *-bick* und *-beek* vor. Das GW *Haken-*, *Hakin-* wechselt Mitte des 13. Jh. im Stammvokal zu *-e-*. Ab Ende des 15. Jh. erscheint es als *Hecken-*.

II. Nach den BuK Gandersheim S. 237 ist der Ort „nach einem Bache benannt". Förstemann, Ortsnamen I Sp. 1203 nennt einen Beleg 1188 *Hackenbicke*, der wohl mit unserem Erstbeleg identisch ist und stellt ihn zusammen mit einem unbestimmten Ort ca. 1160 *Hackenbach* zum Lemma HAKE, zu „westfäl. ha(c)ke f. hofpforte, gartentor, ags. haec, stf., engl. hatch, a gate made of latticework, thüringisch hake f. gattertür". Kettner, Flußnamen S. 113 meint dagegen: „Zu einem von mnd. *hāke* 'Haken; auch: gekrümmter Flußlauf' gebildeten Adjektiv *$hāk\bar{\imath}n$ 'hakenförmig, gekrümmt'; die Bäche haben ihren Namen also nach der Form ihres Laufs. Die Form *Heckenbeck* u. ä. ist wohl durch volksetymologische Angleichung des BW an mnd. *hecke* 'Hecke' entstanden". Flechsig, Wissenswertes S. 89 deutet den GewN Heckenbach, den alten Namen für den Oberlauf der Mahmilch, ähnlich und meint, ihn ihm sei der ON Heckenbeck erhalten. Garke, Bachnamen S. 40 jedoch stellt den GewN zu mnd. *hecke* 'Hecke'.

III. Der ON beruht auf dem GewN. Das GW ist *-beke*; die *-bike*-Formen sind ostfälisch (Gallée, Grammatik § 54 und Lasch, Grammatik § 140). Nach Lasch, Grammatik § 337 entwickelt sich *-k-* zu *-ch-* nach *-i-* in unbetonter Stellung, vgl. die Formen *-biche* und *-beche* in der Überlieferung. Förstemanns vermutete Verbindung des BW mit aengl. *hæc* 'Gitterwerk, -tor' bleibt semantisch und lautlich fern. Dieses Appellativ gehört wie mnd. *hecke* 'Hecke' zu den *j*-Ableitungen zu germ. **hag-*. Das BW enthält vielmehr asä. *hāko*, mnd. *hāke* 'Haken' als Örtlichkeitsbezeichnung für vorspringende Krümmungen, Vorsprünge, einen gekrümmten Flußarm. Der Oberlauf der Mahmilch bildet beinahe einen rechten Winkel, an dem der Ort Heckenbeck liegt. Wegen der Umlautung von *-a-* > *-e-* in *Heken-* setzt Kettner ein Adjektiv *$hāk\bar{\imath}n$ an. Doch im 12. Jh., in dem die Überlieferung einsetzt, hätte die Umlautung längst vollzogen sein müssen. Wie der Umlaut im 13. Jh. entstand, ist fraglich. Da im Stammvokal bis zum 13. Jh. langes *-ē-* vorliegt, ist eine frühe Umdeutung zu mnd. *hecke* 'Hecke' auszuschließen. In den Formen *Hecken-* ab 1497 hat dieses Appellativ jedoch gewiß eingewirkt.

† HECKENBECKSHAGEN
Lage: Ca. 1,3 km nördl. Heckenbeck.

1280 *Indaginis, que dicitur Nienhagen apud Hekenbeke* (UB Hardenberg I Nr. 18 S. 19)

2. Hälfte 14. Jh. *Hekenbekeshagen* (Kleinau GOV I Nr. 884 S. 258)
1431 (A. 15. Jh.) *Hekenbekeshagen* (Kleinau GOV I Nr. 884 S. 258)
um 1450 (A. 15. Jh.) *Hekenbekeshagen* (Kleinau GOV I Nr. 884 S. 258)

I. Der Ort wird im ältesten Beleg noch als *Nienhagen apud Hekenbeke* = der 'neue Hagen' bei → Heckenbeck bezeichnet, bevor sich der ON *Hekenbekeshagen* durchsetzt.

III. Bildung mit dem GW *-hagen*. Das BW ist zunächst mnd. *nīe, nige* 'neu' im Dativ (aus einer Wendung *tom nien hagen). Der 'neue Hagen' übernimmt dann den ON Heckenbeck, auf dessen Flur er lag; vgl. Asch, Grundherrschaft S. 184.

IV. Karte 18. Jh. Bl. 4025-4125; Kleinau GOV I Nr. 884 S. 258.

† HEGINCHUSEN
Lage: Unsicher in der Nähe von Schnedinghausen.

1015-36 (A. 12. Jh.) *Heingahusun* (Vita Meinwerci Kap. 90 S. 52)
1234 (A. 13. Jh.) *Heingehusen* (UB Plesse Nr. 96 S. 139)
um 1235 (A. 13. Jh.) *villa, que dicitur Heginchusen* (UB Plesse Nr. 102 S. 144)
1235 *Henigehusen* (Reg. Arch. Magunt. II Nr. 181 S. 238)
1236 (A. 13. Jh.) *Heginchusen* (UB Plesse Nr. 106 S. 148)
1238 (A. 13. Jh.) *Heginchusen* (UB Plesse Nr. 109 S. 150)
1251 (A. 13. Jh.) *Heinchusen* (UB Boventen Nr. 16 S. 40)
1256 *Heinegehusen* (Harenberg, Gandersheim S. 1710)

I. Zum einem vorgeblichen Beleg von 978 nach Ohlmer, Thüdinghausen S. 2 und Ohlmer, Moringen S. 344 vgl. → Thüdinghausen (Punkt I.). Der ON liegt erst als *Heingahusun* und abgeschwächt *Heingehusen* vor, dann verschärft sich das Element *-inge-* zu *-inc-*, und *-g-* tritt zwischen *-e-* und *-i-*. Die Belege *Henigehusen* und *Heinegehusen* enthalten ein ursprünglich nicht vorhandenes *-n-*; Das Element *-inge-* erscheint auch als *-ige-*, *-ege-*.

II. Nach Casemir, Grundwörter S. 192 mit dem GW *-husen* gebildet. Fahlbusch, Erwerbung II S. 66 gibt als Bedeutung für den ON „Siedlung am Hagen" an und setzt ihn in Verbindung mit dem Hagenberg, „dem Walde westlich von Schnedinghausen". Bernotat, Moore-Gau S. 5 deutet den ON nach dem Beleg *Heginchusen* als „Haus am Hagen".

III. Fahlbuschs und Bernotats Vermutungen sind abzulehnen. Der ON zeigt die Struktur eines *-ingehūsen*-Namens; der Erstbeleg enthält noch die nicht abgeschwächte Form *-ingahusun*. Es muß also ein PN vorliegen, der in der Überlieferung nur noch als *He-* zu erkennen ist. Er ist wohl als *Hei-* zu lesen, da das *-i-* mit dem nachfolgenden *-inga-* verschmelzen würde. Schlaug, Altsächs. Personennamen S. 102 verzeichnet einen PN *Heio*, der hier anzusetzen ist. Schlaug interpretiert ihn als zum PN-Stamm AGI gehörigen KurzN *Eio* mit prothetischem *H*-Anlaut. In unserem Fall ist das auszuschließen, da der *H*-Anlaut durchgängig erscheint. Förstemann, Personennamen Sp. 753 ist nicht sicher, mit welchem PN-Stamm *Haio* und *Heio*, die „immer auf einem älteren Hagio beruhen", zu verbinden sind. Das *-g-*, welches im 13. Jh. eintritt, ist gewiß keine Rückführung auf den ursprünglichen PN

*Hagio, bei dem das intervokalische -g- ausgefallen war, sondern ein sekundärer Einschub zwischen den Vokalen mit dem Lautwert -j- (Lasch, Grammatik § 342 B).

IV. Dolle, Studien S. 419; Exkursionskarte Moringen S. 79; Fahlbusch, Erwerbung II S. 65-66; Kühlhorn, Wüstungen Bd. II Nr. 156 S. 126-128.

† HELMOLDESHAGEN
Lage: Ca. 1,5 km südöstl. Dassensen.

um 1310 *in campis ville Helmoldeshaghen* (Kramer, Artikel S. 92)
1337 *Helmoldeshagen* (Goetting, Findbuch I Nr. 143 S. 72)
1350 *in Helmoldeshaghen* (Kramer, Artikel S. 92)
um 1400 *tome Helmoldeshagen* (Kramer, Artikel S. 92)
um 1420 *myt der kerkken to deme Helmoldeshagen* (Kramer, Artikel S. 92)
um 1467 *Helmoldeshagen* (Ernst, Wüstungen S. 82)
1519/20 (A. 16. Jh.) *Helmoldeshagen* (Krusch, Studie S. 266)
1527 *Helmoldeshagen* (Tschackert, Rechnungsbücher S. 374)
1596 *Helmoldeshagen* (Letzner, Chronica Buch 3 S. 92r)

I. Der ON lautet konstant *Helmoldeshagen*.

II. Nach Casemir, Grundwörter S. 192 mit dem GW -*hagen* gebildet. Wenskus Stammesadel S. 448 und S. 453 sieht im BW den PN *Helmold* als „plessischer Leitname".

III. Bildung mit dem GW -*hagen* und dem stark flektierenden zweigliedrigen PN *Helmold*; vgl. Förstemann, Personennamen Sp. 811, Schlaug, Altsächs. Personennamen S. 103 und Schlaug, Studien S. 108, die den PN einerseits als Form von *Helmwald* bzw. nd. *Helmwold* zu asä. *helm* 'Helm' und asä. *waldan* 'herrschen' sehen, aber auch eine Weiterentwicklung des PN *Helmbald* bzw. nd. *Helmbold* zu asä. *bald* 'tapfer, kühn' für möglich erachten. Ein gleich gebildeter ON ist † Helmoldeshagen, Kr. Osterode (NOB II S. 74f.).

IV. Denecke, Wegeforschung S. 306-307; Ernst, Wüstungen S. 82; Exkursionskarte Moringen S. 79; Kramer, Artikel S. 92; Kühlhorn, Wüstungen Bd. II Nr. 160 S. 139-140; Max, Grubenhagen I S. 528-529.

HELMSCHERODE (Bad Gandersheim)

1382 *Helmsingrode* (Kleinau GOV I Nr. 919 S. 269)
1401 *Helmessingerode* (UB Stadt Hild. III Nr. 4 S. 2)
1427 (A. 15. Jh.) *Helmensingerode* (Kleinau GOV I Nr. 919 S. 269)
1435 *Helmssingerode* (UB Uslar I S. 209)
1480 (A. 15. Jh.) *Helmscherode* (Kleinau GOV I Nr. 919 S. 269)
um 1510 *Helmsirode* (Kleinau GOV I Nr. 919 S. 269)
1524 *Helmeskerode* (Kleinau GOV I Nr. 919 S. 269)
1542 *Helmscherode* (Kayser, Kirchenvisitationen S. 202)
1678 *Helmscherohda* (Kopfsteuerbeschreibung Wolfenbüttel S. 206)
1712 *Helmschrade* (UB Uslar II S. 1125)
1803 *Helmscherode* (Hassel/Bege, Wolfenbüttel II S. 260)
dialekt. (1957) *helmschərόuə* (Kleinau GOV I Nr. 919 S. 269)

I. Die Überlieferung beginnt spät. Der ON zeigt zunächst die Form -ing(e)rode, die später als -irode und in Verbindung mit dem vorausgehenden -s- als -(s)kerode und -scherode vorliegt. In den jüngeren Belege begegnet singulär -rohda und -rade. Das Erstelement des ON lautet Helms(s)-, Helmes(s)- und einmal Helmens-.

II. Die BuK Gandersheim S. 240 vermuten fragend eine „Rodung eines Hilmar oder Helmiko".

III. Es liegt ein -ingerode-Name vor. Somit müssen wir nach einem PN als Ableitungsbasis suchen. Da das -s- in Helm(e)s- keine Flexionsendung sein kann, weil bei -ingerode-Namen der im BW enthaltene PN nicht flektiert erscheint, muß es anderen Ursprungs sein. Die BuK Gandersheim S. 240 schlagen neben dem abzulehnenden PN Hilmar einen PN Helmiko vor. Unter Annahme, daß der Name dem Einfluß des Zetazismus unterlag, ist von einer diesen PN enthaltenden Grundform *Helmikingerode auszugehen. Die Entwicklung von -k- zu -tz- (*Helmetzingerode) und später zu -ss-, -s- sowie die Abschwächung des nebentonigen -i- zu -e- und dessen Ausfall führen zur vorliegenden Form Helmsingerode. Der PN *Helmiko ist zwar nicht bezeugt, kann aber aufgrund der zahlreichen PN-Abeitungen mit k-Suffix (vgl. Schlaug, Altsächs. Personennamen S. 14) erschlossen werden. Asä. helm 'Helm' ist als Namenglied in PN sehr verbreitet (vgl. Schlaug, Altsächs. Personennamen S. 103f.). Das Element -inge- wird über -ige- zu -i- abgeschwächt (Lasch, Grammatik § 346), was bei diesem ON-Typ häufig stattfindet. Nach Scheuermann, Barsinghausen S. 100 verschmilzt das abgeschwächte -ije- < -ige- < -inge- bei vorausgehendem -s- zu -sche-, wie es auch in der Mundartform Üschehousen zu → Üssinghausen der Fall ist, so daß Helmscherode entsteht.

† HELMWARDESSEN

Lage: Ca. 2,2 km nordwestl. Bodenfelde.

1220 dimidiam partem novalis Helmwarthissin (UB Plesse Nr. 66 S. 113)
1241 Helmwarthissen (Kramer, Südniedersachsen S. 130)
1243 Helmwardessen (Falckenheiner, Zusätze Nr. 5 S. 388)
1243 (A.) Helmwardessen (UB Everstein Nr. 70a S. 77)
1256 Helmwordessen (Westfäl. UB IV Nr. 677 S. 383)
1257 Heluuordessen (Falckenheiner, Zusätze Nr. 6 S. 389)
1290 capellule in Helveren [!] (Falckenheiner, Zusätze Nr. 7 S. 391)
um 1380 (A. 15. Jh.) Helwordeß(en) (Desel, Lippoldsberg S. 188)
1429 Helverssen (Grotefend, Mitteilungen S. 86)
1495 Helversen (Desel, Lippoldsberg S. 121)
1784 Feld tho Helvensen (Kurhannoversche Landesaufnahme Bl. 149)
1863 das vordere Feld Thohelvensen (Nolte, Flurnamen S. 364)

I. PN des Typs 1368 Joh. de Helworssen (UB Göttingen I Nr. 249 S. 245), um 1387 Dyder. van Helworessen (UB Göttingen I Nr. 322 S. 348), 1396 Henricus de Helwerßen (Kelterborn, Bürgeraufnahmen I S. 40), 1415 (A. 15. Jh.) Kunne van Helwerssen (UB Göttingen II Nr. 51 S. 31), 1435 Diderich von Helverssen (UB Göttingen II Nr. 171 S. 115), 1452 Hans Helverssen (Grote, Neubürgerbuch S. 29), die der Form nach sowohl diesem Ort als auch † Helwardeshusen, Kr. Göttingen (NOB IV S. 191), zugeordnet werden könnten, wurden hier nicht aufgenommen, da sie sich wegen der dortigen räumlichen Nähe Göttingens eher auf die andere Wüstung beziehen werden.

Das GW erscheint in der gesamten Überlieferung verkürzt zu -*sen* bzw. -*sin* im ersten Beleg. Das BW lautet zunächst *Helmwarthis*-, *Helmwardes*-, dann -*wordes*. Ab Mitte des 13. Jh. fällt das -*m*- aus, es entsteht *Helwordes*-, später abgeschwächt zu *Helvers*-. Die jüngeren Belege *Helvensen*, *Helmern* geben die Unsicherheit über die ursprüngliche Lautung des ON nach Wüstfallen des Ortes wieder. Im Beleg 1863 *Thohelvensen* ist die Präposition *to* 'zu' mit dem ON verschmolzen.

II. Nach Casemir, Grundwörter S. 192 mit dem GW -*husen* gebildet. Nolte, Flurnamen S. 365 sieht im ON den PN *Helmward*.

III. Bildung mit dem GW -*hūsen* und dem stark flektierenden zweigliedrigen PN *Helmward*, welcher häufig auch in der Form *Helmword* bezeugt ist; vgl. Förstemann, Personennamen Sp. 812, Schlaug, Altsächs. Personennamen S. 104 und Schlaug, Studien S. 108. Die Namenglieder *Helm*- und -*ward* gehören zu asä. *helm* 'Helm' und asä. *ward* 'Hüter, Wächter'. Das -*m*- fällt durch Angleichung an das nachfolgende -*w*- aus. Die Form *Helvers*- entsteht durch Abschwächung der Nebentonsilbe -*wordes* zu -*werd(e)s* und Ausfall des interkonsonantischen -*d*- (Lasch, Grammatik § 310). Die -*th*-Schreibung in -*warth*- der ersten beiden Belege scheint eine falsche archaisierende Schreibung zu sein (Lasch, Grammatik § 319 Anm. 3), denn das -*d*- in asä. *ward* geht nicht auf germ. -*þ*-, sondern -*d*- zurück.

IV. Desel, Lippoldsberg S. 143; Exkursionskarte Höxter Karte; Junge, Bodenfelde S. 53; Kramer, Südniedersachsen S. 130; Kühlhorn, Probleme S. 190-195; Kühlhorn, Wüstungen Bd. II Nr. 163 S. 145-150; Nolte, Flurnamen S. 363-365.

† HERBRECHTERODE
Lage: Ca. 1,5 km nördl. Sudershausen.

1270 (Druck 18. Jh.) *Herbrechtherode* (UB Hardenberg I Nr. 13 S. 14)
1383 (A. 14. Jh.) *Bertolt Berlin* (UB Göttingen I Nr. 306 S. 330)
1472 *Herbrechterode oder Barlin* (Wolf, Nörten S. 17 Anm. c)
1501 *ein kleines dorf, Barlin geheißen* (Bernotat, Herbrechterode S. 152)
1632 *Noonenholz im Langfaste bey Sutheym* (Bernotat, Herbrechterode S. 153)
1742 *Berlin* (Bernotat, Herbrechterode S. 154)

I. Entgegen Kühlhorn, Wüstungen Bd. II Nr. 167 S. 153f. dürfte ein Beleg 1152 (Fä. 12. Jh.) *Herebrecthroth* (Mainzer UB II Nr. 172 S. 319), in dem Besitz des Klosters Bursfelde bezeugt ist, nicht hierher, sondern mit den Herausgebern des Mainzer UB (Bd. II S. 319 Anm. 78) wohl eher im Bereich der Grafschaft Honstein zu suchen sein. Zu einem Beleg von 1055 vgl. → † Hatheberingerodt. Der ON *Herbrechterode* erscheint nur in zwei Belegen, der Ort scheint früh wüst gefallen und mit dem Namen eines Waldstückes *Berlin, Barlin* in Verbindung gebracht worden zu sein. 1632 wird die Stelle als *Noonenholz*, sicher gemeint als Nonnenholz und damit kirchlicher Besitz, bezeichnet.

II. Nach Casemir, Grundwörter S. 194 mit dem GW -*rode* gebildet.

III. Bildung mit dem GW -*rode* und dem stark flektierenden zweigliedrigen PN *Herbrecht*, vgl. Förstemann, Personennamen Sp. 766f., Schlaug, Altsächs. Personennamen S. 105 und Schlaug, Studien S. 109. Die Namenglieder sind zu asä. *hĕri* 'Heer' und asä. *ber(a)ht* bzw. als PN-Zweitglied -*breht* 'glänzend, berühmt' zu stellen. Die

Überlieferung zeigt kein Flexions-*s*; dieses schwindet früh nach Schröder, Namenkunde S. 273ff., so daß der ON in der verbreiteten -*erode*-Form erscheint. Der Berlin, ein Waldrevier, liegt 2 km nördlich von Sudershausen. Die überlieferten Formen *Barlin* zeigen den Wechsel vor -*e*- zu -*a*- vor *r*-Verbindungen (Lasch, Grammatik § 76).

IV. Bernotat, Herbrechterode S. 149-155; Exkursionskarte Osterode S. 51; Kühlhorn, Wüstungen Bd. II Nr. 167 S. 153-154.

† HESSIGEHUSEN
Lage: Unsicher zwischen Lutterhausen und Thüdinghausen.
1138 *Hesiggehusen* (Mainzer UB II Nr. 5 S. 5)
1265-66 (A. 16. Jh.) *Hesingehusen* (UB Fredelsloh Nr. 31 S. 40)
14. Jh. (Rückvermerk zur Urkunde von 1138) *Vssinghausen* (Mainzer UB II Nr. 5 S. 4)
1534 *tho Heysygehusen* (Kramer, Moringen S. 245)
1539 *to Hessingehusen* (UB Hardenberg II Nr. 83 S. 221)
1539 *zu Heysingehusen* (Kramer, Moringen S. 245)
1622 *zu Heiershußen* (Kramer, Moringen S. 245)
1765-66 *das Heßiehausische Feld* (Kramer, Moringen S. 245)
1776-77 *zu Heisiehausen* (Kramer, Moringen S. 245)

I. Die Zuordnung der Belege von 1138 und 1265-1266 im UB Fredelsloh zu → Üssinghausen, die wohl aus dem Rückvermerk zur Urkunde von 1138 resultiert, ist aus sprachlichen Gründen nicht zu halten. Außerdem ist in diesen beiden Urkunden der Besitz des Zehnten in † Hessigehusen durch das Kloster Fredelsloh bezeugt, während es den Zehnten in Üssinghausen erst am 3. Juli 1284 von den Herren von Hardenberg erwirbt (UB Fredelsloh Nr. 56 S. 53). Die Überlieferung zeigt deutlich -*ingehusen*, das sich zu -*iehausen* entwickelt. Die Verbindung -*ng*- liegt im Erstbeleg als -*gg*- vor (Lasch, Grammatik § 344). Das -*e*- der Stammsilbe wird ab dem 16. Jh. zu -*ei*- diphthongiert. 1539 erscheint -*ss*- statt -*s*-. Der Beleg 1622 *Heiershußen* weicht von den übrigen Formen ab.

II. Nach Casemir, Grundwörter S. 192 mit dem GW -*husen* gebildet. Die Deutung von Weigand, Heimatbuch S. 381 und Weigand, Ortsnamen S. 16 gilt eigentlich → Üssinghausen, da sie von dem nun → † Hessigehusen zugeordneten Beleg von 1138 ausgeht. Allerdings überträgt Weigand den Beleg in falscher Schreibung: „1138 wird es Hissigehusen geschrieben. Hissen bedeutet jagen, danach könnten die Anfänge zum heutigen Dorfe in einem herrschaftlichen Jagdschlosse liegen." Kramer, Moringen S. 1082 Anm. 1 schreibt: „Es spricht manches dafür, in Heisinghausen (Heisingehusen) den Stammsitz der seit dem 15. Jh. in Lut. und seit dem 16. Jh. in Hdg. (bzw. in der nächsten Umgebung) mehrf. nachzuweisenden Familie Heise(n) zu sehen."

III. Weigands Deutung ist abzulehnen; auch Kramer geht von falschen Voraussetzungen aus. Der ON gehört offensichtlich zum -*ingehūsen*-Typ und enthält einen PN als Ableitungsbasis. Ein Ansatz mit den asä. bezeugten PN *Hessi, Hesso, Hassi* oder *Hasso*, die zu asä. *hasso*, dem VolksN der Hessen, gehören (vgl. Schlaug, Altsächs. Personennamen S. 100 und Schlaug, Studien S. 112), ist angesichts des überlieferten langen -ē-, das später zu -ei- diphthongiert wird (Lasch, Grammatik § 202f.), und des einfachen -s- auszuschließen. Förstemann, Personennamen Sp. 786 bemerkt, der PN-Stamm HASSA sei „schwer zu scheiden von hasva und haz". In Sp. 787 führt er unter dem Stamm HASVA, zu anord. hǫss 'grau', aengl. hasu, heasu 'aschfarben', mhd. heswe 'blaß, bleich' die PN Haso und Heso auf. Bach, Ortsnamen II § 464 nennt asä. *hasu in der Bedeutung 'grau, dunkel'; vgl. auch den ON Hasede bei Möller, Siedlungsnamen S. 59f.). Zu dieser Sippe gehört auch die Tierbezeichnung Hase, asä. haso, ursprünglich offenbar 'der Graue', vgl. Kluge/Seebold S. 358f. Es ist also von einem PN Haso und einer ON-Grundform *Hasingehusen auszugehen. Das -i- von -inge- bewirkt die Umlautung von -a- zu -e- in *Hesingehusen. Die Verschleifung von -inge- zu -ie- ist häufig zu beobachten (Lasch, Grammatik § 346).

IV. Dennecke, Wegeforschung S. 330; Exkursionskarte Moringen S. 79; Kramer, Moringen S. 245-246; Kühlhorn, Wüstungen Bd. II Nr. 176 S. 179; Ohlmer, Moringen S. 8.

HETTENSEN (Hardegsen)

1055 (A. 16. Jh.) *Hiddenhusen* (Mainzer UB I Nr. 296 S. 186)
1071 (Fä. 12. Jh.) *Hatenhusen* (MGH DH IV. Nr. 245 S. 311)
1295 *Hedenhosen* (Kramer, Abschwächung S. 34)
um 1380 (A. 15. Jh.) *Heddenhusen* (Desel, Lippoldsberg S. 188)
1387 *Heddenhusen* (UB Boventen Nr. 172 S. 162)
1528 *Heddensen* (Huß, Urkunden S. 72)
1537 *Heddenhaußen* (Meyer, Steuerregister S. 74)
1587 *Hettensen* (Kramer, Abschwächung S. 34)
1596 *Heddenhusen* (Letzner, Chronica Buch 2 S. 41v)
1603 *Heddensen* (Krabbe, Sollingkarte Bl. 1)
1763 *Hettensen* (Huß, Urkunden S. 73)
1784 *Hettensen* (Kurhannoversche Landesaufnahme Bl. 150)
1823 *Hettensen* (Ubbelohde, Repertorium 2. Abt. S. 77)
dialekt. (1951) *hettĕnßĕn* (Flechsig, Beiträge S. 16)

I. Die von Flechsig, Beiträge S. 16 hierher gestellten Belege von 952 *Hitdeshuson* (MGH DO I. Nr. 152 S. 232) und 953 *Hiddeshusi* (MGH DO I. Nr. 165 S. 247) sind mit Reimer, Ortslexikon S. 235 auf † Hiddesen im Gericht Schartenberg zu beziehen. Die Überlieferung beginnt mit *Hiddenhusen*, dann setzt sich *Heddenhusen* durch und durchläuft eine Abschwächung zu *Heddensen*. Ab dem 16. Jh. erscheinen hd. Formen auf *-hausen*, z. T. mit hd. beeinflußtem *-tt-* im BW, welches ab dem 18. Jh. dominiert. Singulär liegt 1071 eine Form *Hatenhusen* vor.

II. Weigand, Ortsnamen S. 14 sieht in Hettensen den PN „Hetto gleich Hatto".

III. Bildung mit dem GW *-hūsen*. Das BW enthält einen schwach flektierenden PN. Bei diesem dürfte es sich um *Hiddo* handeln (vgl. Förstemann, Personennamen Sp. 815, Schlaug, Altsächs. Personennamen S. 110 und Schlaug, Studien S. 203), eine assimilierte Form des KurzN *Hildo*, zu asä. *hild(i)* 'Kampf'. Wie in † Heddenhusen, Kr. Göttingen, 1118-1137 *Hiddenhusen*, 1318 *Heddenhusen* (NOB IV S. 183f.), wechselt *-i-* zu *-e-* (Lasch, Grammatik § 101). Der Beleg 1071 *Hatenhusen*, eine Fälschung aus hd. Quelle, paßt als einziger nicht zu dieser Entwicklung. Vielleicht hat eine Vermischung mit dem PN-Stamm HATHU stattgefunden. Dieser Stamm bildet u.a. den KurzN *Hat(t)o* (Förstemann, Personennamen Sp. 790). Ausgehend von *Heddenhusen* verläuft die Entwicklung zu *Heddensen* über die Kürzung des GW zu *-sen*.

HEVENSEN (Hardegsen)

1103 *Havenhusen* (UB H. Hild. I Nr. 158 S. 147)
1114 (A. 15. Jh.) *Hevenhusen* (Chron. Hild. S. 855)
2. Hälfte 12. Jh. *Havenhusen* (UB H. Hild. I Nr. 271 S. 250)
1211 *plebanus de Hevenhusen* (UB Plesse Nr. 54 S. 99)
1239 *sacerdos de Hevenhusen* (UB H. Hild. II Nr. 547 S. 267)
um 1270 *Hevenhusen* (UB H. Hild. III Nr. 271 S. 131)
1291 *villa Hevenhusen* (UB Fredelsloh Nr. 68 S. 61)
1313 *iuxta villam Hevenhusen* (UB H. Hild. IV Nr. 177 S. 88)
1388 *Thilo de Hevenshusen* [!] (Kelterborn, Bürgeraufnahmen I S. 34)
1417 *Hinrik von Hevenhusen* (UB Boventen Nr. 281 S. 230)
1429 (A. 16. Jh.) *pernere tho Heuenhosen* (UB Mariengarten Nr. 272 S. 227)
1497 *Evenhusen* (Negotium monasterii Steynensis S. 135)
1514 *Michel Muller ex Hevenshusen* (Kelterborn, Bürgeraufnahmen I S. 147)
1529 *Hevenßen* (UB Boventen Nr. 608 S. 391)
1537 *Heuenhusen* (Meyer, Steuerregister S. 74)
um 1588 *Hevenshusen* (Lubecus, Annalen S. 197)
um 1588 *Hefensen* (Lubecus, Annalen S. 464)
1606 *vonn Hevenshausen* (Kelterborn, Bürgeraufnahmen I S. 258)
1715 *Hevensen* (Bodemann, Wüste Ortschaften S. 246)
1823 *Hevensen* (Ubbelohde, Repertorium 2. Abt. S. 77)
dialekt. (1951) *häämßen* (Flechsig, Beiträge S. 16)

I. Die von Förstemann, Ortsnamen I Sp. 1145 hierher gestellten Belege um 978 (A. 12. Jh.) *Hewineshusen* (Trad. Fuld. 64 S. 143) und 980 (A. 12. Jh.) *Hewineshusen* (Trad. Fuld. 73 S. 150) gehören zu Hebenshausen, Kr. Witzenhausen. Unsicher ist die Zuordnung von 1138 *Euessen* (Mainzer UB II Nr. 5 S. 5). Im 12. Jh. lautet der ON *Havenhusen*, dann *Hevenhusen* und abgeschwächt *Hevensen*. Im 15. Jh. erscheint *Evenhusen* ohne *H*-Anlaut. Ab 1388 treten einige Formen *Hevenshusen* (zumeist FamN) mit *-s*-Einschub auf. Die Mundart zeigt ein weiter verschliffenes *häämßen* mit Schwund des intervokalischen *-v-* und Assimilation von *-ns-* zu *-ms-*.

II. Weigand, Heimatbuch S. 350 schreibt: „Hevensen hat seinen Namen jedenfalls von dem Erbauer, der Hevo, Evo oder Ivo hieß." Nolte, Flurnamen S. 8 Anm. 3 vermutet im ON einen PN *Hewo(n)* oder einen ähnlichen PN. Förstemann, Ortsnamen I Sp. 1145 stellt den ON zum PN-Stamm HAB.

III. Weigand und Nolte ist nur bedingt zuzustimmen. Der *-hūsen*-Name enthält im BW einen schwach flektierenden PN *Havo*. Die wenigen zu findenden Belege ohne *H*-Anlaut sind für die Deutung nicht relevant. Unter dem PN-Stamm HAB, zu dem Hevensen von Förstemann, Ortsnamen I Sp. 1145 gestellt wird, sind keine PN verzeichnet, die der ON enthalten könnte. Dagegen führt Förstemann, Personennamen Sp. 802 den PN *Hawo* unter dem PN-Stamm HAV, zu germ. *$haw(w)$-, asä. *hawan* 'hauen, schlagen' (vgl. auch Kaufmann, Ergänzungsband S. 180), auf. Für den Übergang von *-a-* zu *-e-* im 12. Jh. gibt es keine sichere Erklärung.

† **HILDEWARDESSEN**
Lage: Evtl. zwischen Amelsen und Portenhagen.

1241 (A.) *Hildwardessen* (Falke, Trad. Corb. Nr. 393 S. 899)
1266 *Hildewardessen* (Falke, Trad. Corb. Nr. 238 S. 865)
1417 *gelegen twischen dem Portenhagen unde Amelossen in dem Hildewerser velde* (Kramer, Abschwächung S. 14 Anm. 38)
dialekt. (1970) *Hilwerßen* (Rohmeyer, Lüthorst S. 40)

I. Die zwei frühen Belege weisen auf die Grundform **Hildewardeshusen*. 1417 *Hilderwerser velde* und die Mundartform zeigen im nd. Sprachraum verbreitete Abschwächungserscheinungen.

II. Nach Casemir, Grundwörter S. 192 mit dem GW *-husen* gebildet. Nach Rohmeyer, Lüthorst S. 44 enthält der ON den PN *Hildeward*.

III. Bildung mit dem GW *-hūsen* und dem stark flektierenden zweigliedrigen PN *Hildiward*, *Hildeward* im BW, dessen Namenglieder *Hildi-* zu asä. *hild(i)* 'Kampf' und *-ward* zu asä. *ward* 'Hüter, Wächter' zu stellen sind; vgl. Förstemann, Personennamen Sp. 837f., Schlaug, Altsächs. Personennamen S. 109 und Schlaug, Studien S. 113. Die Kürzung von *Hilde-* zu *Hil-* (vgl. → † Hilmershusen und → † Hilprechtshausen) ist eine ebenso häufige Erscheinung wie die Abschwächung von *-wardes-* zu *-wers-*. Als Vergleichsorte sind Hilwartshausen, Kr. Göttingen (NOB IV S. 205ff.), und † Hilwerdingerode, Kr. Wolfenbüttel (NOB III S. 193f.), heranzuziehen. Weitere mit diesem PN gebildete ON bei Förstemann, Ortsnamen I Sp. 1364f.

IV. Ernst, Wüstungen S. 85; Kramer, Südniedersachsen S. 133 Anm. 66; Kühlhorn, Wüstungen Bd. II Nr. 179 S. 183-184; Rohmeyer, Lüthorst S. 40.

HILLERSE (Northeim)

1055 (A. 16. Jh.) *Hildissun* (Mainzer UB I Nr. 296 S. 186)
1105 (Fä. Mitte 12. Jh.) *Hildesse* (Mainzer UB I Nr. 424 S. 331)
1139 *Hildesse* (Mainzer UB II Nr. 8 S. 11)
1156 *Hildessin* (MGH Urk. HdL Nr. 33 S. 48)
1170 (A. 16. Jh.) *Hillesin* (MGH Urk. HdL Nr. 83 S. 124)
1208 *Stephanus plebanus in Hildesse* (Scheidt, Codex Diplomaticus Nr. 69a S. 684)
1231 *Hildessen* (Orig. Guelf. IV Prefatio Nr. 1 S. 62)
um 1274 *Hildesse* (Sudendorf I Nr. 79 S. 51)
1288 *ecclesiam in Hildese* (UB Plesse Nr. 319 S. 310)
1318 *Hildesse* (Flentje/Henrichvark, Lehnbücher Nr. 162 S. 44)
14./15. Jh. (Rückvermerk zur Urk. von 1156) *Hildesse* (MGH Urk. HdL Nr. 33 S. 47 Anm. 1)
1439 *dorp Hildesen* (UB Duderstadt Nr. 298 S. 204)
1470 *Hilderse* (UB Hardenberg II Nr. 70 S. 184)
1497 *Hildesse* (Negotium monasterii Steynensis S. 196)
1520 *ecclesiam in Hildesse* (Wolf, Nörten Nr. 60 S. 85)
1555 *Hildesse* (UB Hardenberg II Nr. 87 S. 232)
1588 *Hilderse* (Kayser, Generalkirchenvisitation S. 139)
1596 *dorff Hildesse* (Letzner, Chronica Buch 1 S. 11r)
um 1616 *Hillerßen* (Casemir/Ohainski, Territorium S. 55)

1753 *Hilderse* (Domeier, Moringen S. 163)
1784 *Hillersen* (Kurhannoversche Landesaufnahme Bl. 150)
1823 *Hillerse* (Ubbelohde, Repertorium 2. Abt. S. 78)
dialekt. (1935) *Hilleße* (Kramer, Scheinmigration S. 26)
dialekt. (1949) *Hillĕßĕ* (Flechsig, Beiträge S. 16)

I. In der Überlieferung ist erkennbar, daß die heutige ON-Form erst spät entstand: Bis zum 17. Jh. ist -*ld*- stabil (bis auf 1170 *Hillesin* in einer Abschrift des 16. Jh.), erst dann dominiert -*ll*-. Der *r*-Einschub zeigt sich zuerst 1470. In der Mundart hat sich die *r*-lose Form bewahrt. Der Erstbeleg zeigt die Endung -*un*. Nur vereinzelt treten weitere Formen auf -*in* und -*en* auf, die *n*-losen Belege sind weitaus häufiger.

II. Weigand, Ortsnamen S. 15 deutet den ON folgendermaßen: „'Hill' bedeutet Hügel, Berg; Hillerse ist darnach der Ort am Berge". Weigand kennt die alten Belege auf -*ld*-, „die Bedeutungen sind aber wohl dieselben". Schon in Weigand, Heimatbuch S. 341 schrieb er über Hillersen: „Hildese genannt, was wohl Hügelhausen bedeutet; die Lage des Dorfes bestätigt diese Annahme." Förstemann, Ortsnamen I Sp. 1359 stellt den ON jedoch zum PN-Stamm HILD.

III. Zunächst stellt sich die Frage nach der Struktur des ON. Weigand, Heimatbuch denkt an eine Bildung mit dem GW -*hūsen*. Obwohl -*hūsen* in der Entwicklung anderer ON häufig zu -*sen* und gelegentlich zu -*se* verkürzt wird, ist dessen Annahme bei Hillerse fraglich, da die *n*-haltigen Belege deutlich in der Minderzahl sind. Interpretiert man die Endung -*sun* des Erstbeleges *Hildissun* trotzdem als verkürztes -*husun*, ist die ON-Form in *Hildis-sun* zu trennen und eine Grundform *Hildishusen* anzunehmen, deren BW den stark flektierenden PN *Hild(i)* enthält, einen KurzN zum Stamm HILD, zu asä. *hild(i)* 'Kampf'; vgl. Förstemann, Personennamen Sp. 818ff. und Schlaug, Altsächs. Personennamen S. 110. Die Endung -*un* ist jedoch auch als Zeichen des Dativ Plural einer ganz anderen ON-Bildung zu deuten: Der ON kann auch in *Hildiss-un* getrennt und als Bildung mit *s*-Suffix, etwa *Hild-isa*, interpretiert werden. Weigand denkt in seiner Deutung gewiß an eine Verbindung zu engl. *hill* < germ. *hulniaz* 'Hügel'. Er geht einfach darüber hinweg, daß in diesem Stamm nirgends -*ld*- erscheint. Die von ihm erwähnte Hügel- bzw. eher Hanglage des Ortes ist trotzdem als Benennungsmotiv wahrscheinlich. Der Ort steigt von West nach Ost von 120 auf 150 Höhenmeter an. Der Stamm des ON *Hild*- erinnert an mnd. *helde* 'Abhang, Hügel, abschüssiges Land' (vgl. → Salzderhelden). Dieses Appellativ geht auf idg. *k̑el-* 'neigen' in einer Dentalableitung zurück; zum Wortstamm gehören ahd. *hald* 'geneigt', *heldan* 'neigen', anord. *hella* 'ausgießen', asä. *af-heldian*, mnd. *helden*, aengl. *hildan* 'neigen lassen, niederbeugen', *helde*, *hi(e)lde* 'Abhang', nd. *hille* 'Raum über Viehställen; Heuschuppen' < mnd. *hilde* 'geneigte, schräge Decke' (vgl. Fick, Wortschatz S. 82f., Förstemann, Ortsnamen I Sp. 1334, Ekwall, Place-Names S. 232 und Pokorny, Wörterbuch S. 552). Für Hillerse, *Hild-isa*, ist als Basis germ. *helþ-* anzusetzen. Unter dem Einfluß des nachfolgenden Suffixvokals -*i*- geht das -*e*- im Stammvokal in -*i*- über (Krahe/Meid I § 35). Germ. -*þ*- wird asä. -*d*-. Die Nebentonvokale werden zu -*e*- abgeschwächt. Die Verdopplung des -*s*- ist auch bei anderen mit *s*-Suffix gebildeten ON zu beobachten, vgl. Devese, Kr. Hannover (NOB I S. 96f.), Seelze, Kr. Hannover (NOB I S. 403f.), evtl. → † Selessen und zum Teil auch → (†) Wetze. Die Entwicklung des ON von *Hildesse* zu *Hilderse* ist wohl als Angleichung an die zahlreichen -*ers(hus)en*-Orte zu erklären. Durch Assimilation von -*ld*- zu -*ll*-

entsteht *Hillerse*. Die bei Förstemann, Ortsnamen I Sp. 1358 unter HILD (ohne sichere Deutung) aufgeführten ON haben wohl die gleiche Basis.

† HILMERSHUSEN

Lage: Unsicher in der Umgebung von Kreiensen zu suchen.

1524 *auf der wusthen dorfstedt Hilmershusen felde* (Kleinau GOV I Nr. 961 S. 283)

I. Der ON ist leider nur einmal, bereits als Wüstung, belegt.

III. Von dem späten Beleg ausgehend darf man im GW *-hūsen* und im BW einen stark flektierenden PN annehmen, der 1542 als *Hilmer* erscheint. Aus dieser Form läßt sich ohne weiteres der zweigliedrige PN *Hildimar, Hildemar* rekonstruieren, vgl. dazu Förstemann, Personennamen Sp. 832, Schlaug, Altsächs. Personennamen S. 109 und Schlaug, Studien S. 113. Dessen Namenglieder *Hildi-* und *-mar* gehören zu asä. *hild(i)* 'Kampf' und asä. *māri, mēri* 'herrlich, berühmt'. Auszugehen ist also von einer Grundform *Hildimareshusen. Wie bei → † Hildewardessen und → Hilprechtshausen verkürzt sich das Namenglied *Hilde-* zu *Hil-*; das flektierte Zweitglied schwächt sich nebentonig zu *-mers-* ab, so daß die Form *Hilmers-* entsteht. Förstemann, Ortsnamen Sp. 1363 verzeichnet den ähnlich gebildeten ON † Hilmersen, Kr. Waldeck.

IV. Kleinau GOV I Nr. 961 S. 283.

HILPRECHTSHAUSEN (Bad Gandersheim)

1148 *Hildebechteshusen* (Goetting, Findbuch Bd. I Nr. 26 S. 17)
1277-84 (A. 15. Jh.) *Hillebechteshusen* (UB H. Hild. III Nr. 484 S. 227)
1318 *Hilbechteshusen* (Flentje/Henrichvark, Lehnbücher Nr. 170 S. 45)
1398 *Hilbechteshusen* (UB H. Hild. VI Nr. 1544 S. 972)
1474 (A. 15. Jh.) *Hilbrechteßhusen* (Kleinau GOV I Nr. 962 S. 283)
1547 *Hillebrechtshusen* (Goetting, Findbuch II Nr. 827 S. 147)
1617 *auf den Hilprechtshausen Ort* (Hahne, Hilprechtshausen S. 78)
1678 *Hilbrechtshausen* (Kopfsteuerbeschreibung Wolfenbüttel S. 706)
1768 *Hilprechtshausen* (Hahne, Hilprechtshausen S. 79)
1803 *Hilprechtshausen* (Hassel/Bege, Wolfenbüttel II S. 255)
dialekt. (1954) *hilbrechtshiusən* (Kleinau GOV I Nr. 962 S. 283)

I. Das GW lautet *-husen* bzw. ab dem 17. Jh. hd. *-hausen*. Das BW entwickelt sich von *Hildebechtes-* über *Hillebechtes-* zu *Hilbechtes-*. Im 15. Jh. tritt ein *-r-* ins Zweitglied, im 17. Jh. wird silbenanlautendes *-b-* zu *-p-* verschärft.

II. Förstemann, Ortsnamen I Sp. 1361 stellt den ON aufgrund des Beleges von 1148 (aber ohne Identifizierung) zum PN-Stamm HILD. Nach Hahne, Hilprechtshausen S. 77 enthält der ON als BW den PN „Hiltiprecht (=glänzend im Kampfe)" und als GW „-husen (= Wohnung, Haus)". Die BuK Gandersheim S. 241 und Ehlers, Erzhausen S. 22 deuten ihn als „Behausung eines Hildebrecht".

III. Den Deutungen ist zuzustimmen. Das GW ist *-hūsen*. Das BW enthält einen stark flektierenden zweigliedrigen PN. Es ist von einer Grundform *Hildiberhteshusen* und somit von einem PN *Hildiberht* auszugehen, obwohl die alten ON-

Formen nur -becht- zeigen. *Hildiberht* besteht aus den Namengliedern *Hildi-* zu asä. *hild(i)* 'Kampf' und *-berht* zu asä. *ber(a)ht* 'glänzend, berühmt', vgl. Förstemann, Personennamen Sp. 823f., Schlaug, Altsächs. Personennamen S. 112 und Schlaug, Studien S. 108. Der Wegfall des *-r-* im Zweitglied *-becht* durch die Dreifachkonsonanz *-rht-* (vgl. Kaufmann, Ergänzungsband 59) ist zeitweilig auch bei → (†) Albrechtshausen, → Sebexen, → † Wolbechteshusen, Hülptingsen, Kr. Hannover (NOB I S. 223f.), und † Delbechteshusen, Kr. Göttingen (NOB IV S. 93f.), zu beobachten. Wie bei → † Hildewardessen und → † Hilmershusen verkürzt sich das Namenglied *Hilde-* zu *Hil-*, hier über die assimilierte Zwischenstufe *Hille-*; vgl. auch Hilwartshausen, Kr. Göttingen (NOB IV S. 205ff.), und † Hilwerdingerode, Kr. Wolfenbüttel (NOB III S. 193f.), so daß die Form *Hilbechtes-* entsteht. Im 15. Jh. tritt das *-r-* in Anlehnung an *-brecht-*Namen wieder in das Zweitglied, das im 17. Jh. im Silbenanlaut zu *-precht* verschärft wird.

HILWARTSHAUSEN (Dassel)

1055 (A. 16. Jh.) *Hildolueshusen* (Mainzer UB I Nr. 296 S. 186)
1149 *Hildolveshusen* (UB H. Hild. I Nr. 253 S. 235)
1178 *Hildelveshusen* (UB H. Hild. I Nr. 387 S. 372)
1257 *Hilwoldeshusen* (Westfäl. UB IV Nr. 711 S. 391)
1293 *Hyldolueshusen* (Westfäl. UB IV Nr. 2263 S. 1026)
1310 *Hildeleueshusen* (Sudendorf X S. 280 Anm. 1)
1328 *sine woninge tho Hildolveshusen* (UB H. Hild. IV Nr. 988 S. 537)
um 1380 (A. 15. Jh.) *Hildolvishusen* (Desel, Lippoldsberg S. 187)
1458 (A. 16. Jh.) *Hilverßhusen* (Deeters, Quellen S. 88)
1527 *Hildelveshußen* (Tschackert, Rechnungsbücher S. 374)
1585 *Hilwardtßhausen* (Feilke, Untertanenverzeichnis S. 113)
1585 *Hilvershausen* (Burchard, Calenberg-Göttingen S. 99)
um 1616 *Hilverßhausen* (Casemir/Ohainski, Territorium S. 58)
1735-36 *Hillwartshausen* (Forstbereitungsprotokoll S. 122)
1740 *Hilvershausen* (Lauenstein, Hildesheim II S. 305)
1823 *Hilwartshausen* (Ubbelohde, Repertorium 2. Abt. S. 78)
dialekt. (1951) *hilwĕrshiusĕn* (Flechsig, Beiträge S. 16)

I. Sehr häufig - z.B. von Flechsig, Beiträge S. 16 und Kühlhorn, Ortsnamen S. 69f. - werden die Belege mit denen für das Stift Hilwartshausen (Kr. Göttingen, vgl. NOB IV S. 205) verwechselt, obwohl dies sowohl sprachlich bei den mittelalterlichen Belegen wie auch inhaltlich - nur in Hilwartshausen bei Hann. Münden war eine monastische Einrichtung vorhanden - schwer möglich ist; vgl. Kroeschell, Hilwartshausen S. 3f.; Kramer, Südniedersachsen S. 133f.; Scheuermann, Grundlagen S. 242; Goetting, Hilwartshausen S. 149f. Auch eine Nennung aus den Corveyer Traditionen, die Mirus, Dassel S. 223 und Ernst/Sindermann, Einbeck I S. 275 hierher stellen, gehört zu dem Ort im Kreis Göttingen. In der Entwicklung des ON sind mehrere Brüche zu beobachten. Die ursprüngliche Form *Hildolves-* bzw. abgeschwächt *Hildelveshusen* erscheint bis Mitte des 15. Jh., 1257 lautet der ON allerdings einmal *Hilwoldeshusen*. 1310 liegt *Hildeleueshusen* vor. 1458 tritt zum ersten Mal die Form *Hilverßhusen* auf. Bis ins 18. Jh. wechseln *Hilvers-* und *Hilwartshausen*, welches sich in der amtlichen ON-Schreibung durchsetzt, während die Mundart *hilwers-* bewahrt.

II. Nach Scheuermann, Grundlagen S. 242 enthält der ON im BW den PN *Hildolf* < **Hildiwolf*; „erstmals a. 1257 ist dessen GW zu *-wold* aus **-wald* umgestaltet worden, das BW des SN lautete jetzt also **Hild(i)wald.*" Scheuermann erwähnt die Abschleifung des ON 1458 zu *Hilverßhusen* und die Hineindeutung des GW *-ward*. Förstemann, Ortsnamen I Sp. 1364 ordnet zwei alte Belege falsch zu und geht von *Hildiwardes-, Hiltwarteshusen* aus. Förstemann, Ortsnamen I Sp. 1365 nennt allerdings den Beleg 1055 *Hildolveshusen* als Wüstung bei Dassel und stellt den Namen zum PN-Stamm HILD. Förstemann, Personennamen Sp. 839 verzeichnet *Hildolveshusen* bei den PN *Hildulf, Hildolf*.

III. Den bisherigen Deutungen ist zuzustimmen. Das GW lautet *-hūsen*. Auszugehen ist von der Grundform **Hildolfeshusen*, also einer Bildung mit dem stark flektierenden zweigliedrigen PN *Hildolf*. Dieser besteht aus den Namengliedern *Hild-*, zu asä. *hild(i)* 'Kampf', und *-olf*, zu asä. *wulf* 'Wolf', welches als Zweitelement in PN zumeist als *-ulf* und *-olf* erscheint (Gallée, Grammatik § 76). Der PN ist gut bezeugt; vgl. Förstemann, Personennamen Sp. 839, Schlaug, Altsächs. Personennamen S. 109 und Schlaug, Studien S. 113. Ob es sich, wie Scheuermann vorschlägt, bei dem einmaligen Beleg *Hilwoldeshusen* von 1257 um eine Umgestaltung des GW zu *-wold* handelt, ist fraglich; wahrscheinlicher ist ein Versehen in der ON-Schreibung, da diese Form auf die weitere Entwicklung keinen Einfluß hat. Bis 1527 lautet der ON *Hildelveshusen*, abgesehen von der einmaligen Nennung *Hilverßhusen* 1458 in einer Abschrift des 16. Jh. *Hildeleueshusen* enthält einen Wechsel zwischen *-olf, -elf* und dem PN-Zweitglied *-lev*, der aufgrund deren lautlicher Nähe öfter zu beobachten ist, vgl. → Dankelsheim, → † Ludolfshausen, Nord- und Süd-, → † Radelfeshusen, → † Rickelshausen, → † Rolfshagen, † Roleveshagen und Rollshausen, Kr. Göttingen (NOB IV S. 345f.), † Wendeleveshusen, Kr. Göttingen (NOB IV S. 417), und † Wyckleveshusen, Kr. Göttingen (NOB IV S. 435). Die Entwicklung von *Hildelves-* zu *Hilvers-* wird über eine kontrahierte Zwischenstufe **Hilves-* und einen sekundären *r*-Einschub in Angleichung an andere *-ershusen*-ON verlaufen sein. *Hilvershusen* wurde dann als verschliffene Form von *Hilwartshusen* interpretiert und auf diese angebliche Vorform zurückgeführt. Der Einfluß von Hilwartshausen, Kr. Göttingen, das aufgrund des dortigen Stifts recht bekannt gewesen sein dürfte und im 16. Jh. auch als *Hilvershusen* überliefert ist, ist dabei nicht auszuschließen.

† HISSIHAUSEN

Lage: Ca. 1,5 km nordwestl. Mackensen an der Flur- und Landkreisgrenze zu Denkiehausen.

um 1350 *Hessingehusen* (Corveyer Lehnregister Nr. 230 S. 303)
1359 *Hossinchusen* (UB Hameln I Nr. 495 S. 378)
1470 *Hissingehusen* (Lüneburger Lehnregister Nr. 781 S. 70)
1491 *Hessingehusen* (Urkunden Hist. Verein Nr. 345 S. 401)
1495 *Hessingehusen* (Urkunden Hist. Verein Nr. 348 S. 401)
1523 *Eyssehusen* (Roßmann, Stiftsfehde S. 1144)
1555 *Hessinghausen* (Urkunden Hist. Verein Nr. 423 S. 407)
1580 *Hussihusen* (Dürre, Holzminden S. 197)
1580 *Hissihausen* (Dürre, Holzminden S. 197)
1609 *Hessingehausen* (Müller, Lehnsaufgebot S. 401)
1750-1760 *Hissihausen* (Kleinau GOV Bd. I Nr. 969 S. 284)

I. Ein von Kühlhorn, Wüstungen Bd. II aufgeführter Beleg für 1265/1266 gehört zu → † Hessigehusen. Während die Struktur des ON als -ingehusen-Name stabil bleibt bzw. die typische Entwicklung von -inge- zu -i- durchläuft (Lasch, Grammatik § 144 und 346), wechselt der Stammvokal des PN zwischen -e-, -o-, -i- und -u-. Die Form Eyssehusen erscheint ohne H-Anlaut mit Diphthong Ey-.

II. Nach Casemir, Grundwörter S. 192 mit dem GW -husen gebildet.

III. ON des -ingehūsen-Typs. Ableitungsbasis ist ein PN des Stammes HASSA, zu asä. hasso, dem VolksN der Hessen. Sowohl Hasso, Hassi als auch Hesso, Hessi sind bezeugt; vgl. Schlaug, Altsächs. Personennamen S. 100, Schlaug, Studien S. 112 und Förstemann, Personennamen Sp. 786. Man kann von einer Grundform Hessingehusen oder älter von *Hassingehusen ausgehen, in welcher das nachfolgende -i- das -a- des PN zu -e- umlautet. Im Beleg 1359 Hossinchusen ist -o- wohl als -ö- zu lesen und als Rundung von -e- zu sehen. Die Belege auf Hiss- beinhalten einen Wechsel zwischen -e- und -i- (Lasch, Grammatik § 135). In 1580 Hussihusen steht -u- für -ü- als Rundung des -i-. Bei Eyssehusen kann es sich nur um eine Verschreibung handeln, da kurzes -e- nicht diphthongiert wird.

IV. Dürre, Holzminden Nr. 32 S. 197; Karte 18. Jh. Bl. 4123; Kleinau GOV Bd. I Nr. 969 S. 284; Kühlhorn, Wüstungen Bd. II Nr. 177 S. 180-181 als Hessingehusen.

HÖCKELHEIM (Northeim)

1016 *Hukilhem* (MGH DH II. Nr. 341 S. 436)
1016 (A. 12. Jh.) *Hukelhem* (Vita Meinwerci Kap. 132 S. 67)
1097 (Fä. 12. Jh.) *Helmoldo de Hukilheim* (MGH DH IV. Nr. 457 S. 617)
1103 *Huclehem* (Corveyer Annalen S. 134)
1161 *Hukelhem* (MGH Urk. HdL Nr. 50 S. 71)
1162 *Huchelem* (MGH Urk. HdL Nr. 51 S. 73)
1208 *fratres de Huckelim* (UB Eichsfeld Nr. 180 S. 104)
1229 *Henrico de Hokenem* (UB Göttingen I Nr. 1 S. 1)
1241 *Heinricus de Hokelem* (UB Boventen Nr. 9 S. 35)
1247 *ecclesie in Hokelhem* (UB Plesse Nr. 150 S. 188)
1256 *villa Hukelhem* (UB Plesse Nr. 174 S. 206)
1262 *Hukelem* (UB Plesse Nr. 200 S. 228)
1277 *Hokenem* (UB Goslar II Nr. 233 S. 265)
1291 *Hokelem* (UB Fredelsloh Nr. 68 S. 61)
1313 *Hokelum* (UB H. Hild. IV Nr. 177 S. 88)
1364 *Hokelem* (Urk. Katlenburg Nr. 190)
1439 *Hoklem* (Goetting, Findbuch I Nr. 405 S. 164)
1479 *Hockelem* (Wisotzki, Nörten II S. 78)
1542 *Hokelhem* (UB Mariengarten Nr. 416 S. 376)
1568 *Hockelen* (Spanuth, Quellen S. 274)
um 1588 *Hocklem* (Lubecus, Annalen S. 319)
um 1588 *Hockelheim* (Lubecus, Annalen S. 438)
1596 *closter Hockelem* (Letzner, Chronica Buch 1 S. 11r)
1678 *Höckelheimb* (Cuno, Höckelheim S. 33)
1783 *Hoeckelheim* (Kurhannoversche Landesaufnahme Bl. 142)
1791 *Höckelheim* (Scharf, Samlungen II S. 108)

1823 *Hóckelheim* (Ubbelohde, Repertorium 2. Abt. S. 79)
dialekt. (1949) *hökkĕln* (Flechsig, Beiträge S. 16)

I. Ein Beleg um 1126 (Fä. 18. Jh.) *Huckelhem* (UB Plesse Nr. 6 S. 46) wurde nicht in die Belegreihe aufgenommen, da es sich um eine „gelehrte" Fälschung J. Chr. Harenbergs aus dem 18. Jh. handelt, der für das Mittelalter keinerlei Quellenwert zuzurechnen ist. Das GW liegt als *-hem, -heim, -em, -um* vor. Ab Ende des 16. Jh. setzt sich hd. *-heim* durch. Das BW entwickelt sich von *Hukil-* zu *Hukel-*; ab Ende des 12. Jh. tritt *-o-* für *-u-* ein. Im 17. Jh. tritt der Umlaut *-ö-* ins Schriftbild. Einige Belege zeigen *-ch-* für *-k-*; ab dem 15. Jh. dominiert *ck*-Schreibung. Im 13. Jh. wechselt *-l-* gelegentlich zu *-n-*.

II. Förstemann, Ortsnamen I Sp. 1489 stellt den ON zum Stamm HUKIL, zu *huk* „hervorragender hügel, berg; verwandt mit mnd. hocke, göttingisch hucke, m. haufe von sachen". Bach, Ortsnamen I § 288 nennt *hok, hukil, hukal* 'Höhe'. Jellinghaus, Bestimmungswörter S. 38 und Flechsig, Bodenerhebungen S. 125f. verbinden den ON mit einem nd. Wort *höckel, hückel* 'Hügel'. Nach Flechsig, Beiträge 43 könnte Höckelheim „nach auffälligen kleinen Hügeln, vielleicht urgeschichtlichen Grabhügeln, genannt sein, die sich früher auf der Anhöhe über der Leineniederung am Dorfe befunden haben mögen". Gysseling, Woordenboek S. 499 führt den ON auf „germ. hugila- m. 'Hügel' + haima- n. 'Wohnung'" zurück. Valtavuo, Wandel S. 42 sieht in Höckelheim eine Diminutivbildung mit *l*-Suffix zu einem Stamm, der auch in nhd. *Hügel* vorliege. Im nd. Raum um Minden, Hamm, Fallingbostel und Osterode sei das Wort *Huckel* für 'Hügel' gebräuchlich, im Göttingischen *Hückel* 'Häuflein, kleiner Hügel' (Valtavuo, Wandel S. 51ff.). Kaufmann, Untersuchungen S. 249ff. und S. 261f. lehnt alle vorgenannten Deutungen ab, da sie sich unkritisch auf ein von Jellinghaus erdachtes **hukil-* 'Hügel' (in Förstemann, Ortsnamen I Sp. 1489) bezögen. Er bestreitet eine Geländebezeichnung 'Hügel' als BW in älteren ON, da diese „Ablautform zu ahd. houg, mit verkleinerndem 'el'" frühestens 1517 bezeugt sei. Kaufmann denkt „an eine Grundform **Hukilenhaim* (='Heim des Hukilo') und an den lautgesetzlichen Schwund des *-n-* nach *-l-* in der zweiten tonlosen Mittelsilbe", wobei er sich auf Bach, Ortsnamen I § 177, 2 bezieht, der dieses jedoch für Höckelheim angezweifelt hatte (Bach, Ortsnamen I § 174b). Kaufmann erschließt einen PN **Hukil(o)* als inlautverschärfte, mit *-l-* suffigierte Form des PN *Hugo* (Kaufmann, Untersuchungen S. 268). Wenskus, Stammesadel S. 431 bezieht sich auf Kaufmann und stellt den ON zu einem fränkischen PN *Hugu-*. Udolph, Fränk. ON S. 49f. verwirft die Annahme eines PN, da „weder ein *-n-* noch ein *-s-* für den Genetiv Singular eines schwach oder stark flektierenden Personennamens zu erkennen" sei, und verweist auf die bisherigen Herleitungen des ON von *hukil* 'kleiner Hügel'. NOB III S. 201ff. nennt Höckelheim als Parallelnamen für den gleich gebildeten ON Hötzum, Kr. Wolfenbüttel, welcher auf eine Grundform **Hukil-hēm* 'Hügelheim' zurückgeführt wird.

III. Bildung mit dem GW *-hēm*. Da in der früh einsetzenden Überlieferung im BW keine Flexionsendung *-en/-es* vorliegt, ist entgegen Kaufmann ein PN auszuschließen. Das BW ist eine *l*-Ableitung zu germ. **huk* 'Hügel', beruhend auf einer idg. Wurzelerweiterung **keu-g-*, **ku-g-* zu idg. **keu-* 'biegen, wölben' (vgl. Pokorny, Wörterbuch S. 589 und Fick, Wortschatz S. 91). Scheuermann, Flurnamenforschung S. 127 verzeichnet einige FlurN Huckel, Hückel, Höckel, die Anhöhen und Hügel bezeichnen. Die Lage von Höckelheim „auf kleinen lokalen Aufhöhungen über der Talaue" (vgl. Eggeling, LK Northeim S. 80), bei der Einmündung der Moore in die

Leine an zwei von 115 bis auf 130 Höhenmeter ansteigenden Hügeln, bestätigt die Deutung. Im BW der Grundform *Hukilhem* wird das nebentonige -*i*- zu -*e*- abgeschwächt. Der durch das -*i*- enstandene Umlaut -*ü*- entwickelt sich zu -*ö*- (Lasch, Grammatik § 155f.). Der im 13. Jh. zu beobachtende Wechsel von -*l*- und -*n*- ist eine im Mnd. besonders in unbetonten Silben nicht seltene Erscheinung (Lasch, Grammatik § 230 und § 258). Neben dem bereits erwähnten Hötzum, Kr. Wolfenbüttel, kann auch † Huchelem, Kr. Hannover (NOB I S. 221), als Vergleichsname herangezogen werden.

HOHNSTEDT (Northeim)

1015 *Honstede* (MGH DH II. Nr. 328 S. 415)
1015 (A. 12. Jh.) *Hoenstide in pago Rittiga* (Vita Meinwerci Kap. 19 S. 26)
1145 *Didricus archipresbyter de Honstad* (Mainzer UB II Nr. 78 S. 115)
1208 *Hartungus parochus in Honstadt* (Scheidt, Codex Diplomaticus Nr. 69a S. 684)
1233 *Honstat* (UB Plesse Nr. 93 S. 136)
1264 *Honstad* (UB H. Hild. III Nr. 73 S. 33)
1315 *Honstat* (UB H. Hild. IV Nr. 276 S. 151)
1338 *Dethardus de Honstad* (Grote, Neubürgerbuch S. 8)
1421 *perner to Honstad* (UB Hilwartshausen Nr. 270 S. 230)
1490 *Hoynstad* (UB Boventen Nr. 567 S. 369)
1519/20 (A. 16. Jh.) *sedes Honstadt* (Krusch, Studie S. 266)
1537 *Honste* (Meyer, Steuerregister S. 78)
um 1583 *Henstadt* (Zimmermann, Ökonomischer Staat S. 22)
um 1616 *Hanstedt* (Casemir/Ohainski, Territorium S. 54)
1768 *Hohnstedt* (Wolf, Nörten Nr. 150 S. 234)
1823 *Hohnstedt* (Ubbelohde, Repertorium 2. Abt. S. 82)
dialekt. (1951) *haunstēĕ* (Flechsig, Beiträge S. 16)
dialekt. (1951) *haunstiĕ* (Flechsig, Beiträge S. 16)

I. Das GW erscheint im Erstbeleg als -*stede*, im zweiten in der ostfäl. Lautung -*stide*. Vom 12. bis zum 16. Jh. lautet es -*stad(t)*, -*stat*. Daneben begegnen im 16. Jh. auch die Formen -*ste*, -*stein* (Kayser, Generalkirchvisitation S. 119), -*sten* (Lubecus, Annalen S. 116). Das BW lautet recht konstant *Hon*-, daneben auch *Hoen*-, *Hoyn*-, *Hen*-, *Han*-, *Hön*- und *Hohn*-. In der Mundart ist langes -*ō*- zu -*au*- diphthongiert worden (Lasch, Grammatik § 205).

II. Förstemann, Ortsnamen I Sp. 1316 stellt Hohnstedt zusammen mit 18 anderen ähnlich gebildeten ON zum Ansatz HAUH, zu got. *hauhs*, asä. *hōh* 'hoch'. Flechsig, Beiträge S. 41 deutet den ON als „hochgelegene Stätte" und Weigand, Heimatbuch S. 275 setzt den ON in Bezug zu seiner Lage: „Der älteste Teil Hohnstedts liegt hart am Hügelrande, während der jüngere sich in der Talsohle ausbreitet. Während so der ursprüngliche Ort auf einer 'hohen Stätte' erbaut war, liegt heute ein Teil des Ortes im Überschwemmungsgebiet der Leine." Kramer, Scheinmigration S. 26 erwägt die Übernahme des ON von † Hohnstedt bei Gifhorn, da es etwa ein Dutzend ON-Übereinstimmungen zwischen diesem Gebiet und einem Raum westlich des Harzes gäbe.

III. Bildung mit dem GW -*stedt*, das im Unterschied zu den meisten niedersächsischen -*stedt*-Namen vor allem als -*stad* und -*stat* überliefert ist. Jüngere Belege ab

1537 -ste und die Dialektformen zeigen den intervokalischen Ausfall des -d- in -stede. So erklärt sich auch die zeitweise Umdeutung des GW zu -stein/-sten. Das BW enthält asä. hōh 'hoch', flektiert in der Wendung *to / bi der ho(h)en stede. Wie bei Weigand erwähnt, bezieht sich der Name auf die erhöhte Lage des alten Ortskerns. Diese Realprobe und die Tatsache, daß es sich um eine nicht regional begrenzte ON-Bildung handelt, wie allein die Auflistung bei Förstemann, Ortsnamen I Sp. 1316 zeigt, entkräftet die Vermutung Kramers, es handele sich um eine Namenübertragung. Ein Vergleichsname ist † Hohnstedt, Kr. Wolfenbüttel (NOB III S. 196).

HOLLENSTEDT (Northeim)

947 (A. 12. Jh.) *Hullanstedi* (Goetting, Diplom S. 104)
956 *Hullansteti* (Goetting, Diplom S. 106)
1101 (Fä. 13. Jh.) *Thidvino de Hollenstide* (Mainzer UB I Nr. 379 S. 384)
1139 *Tietwinus de Hollenstett* (Mainzer UB II Nr. 8 S. 12)
1170 *Thancberti de Hollenstide* (UB Plesse Nr. 19 S. 58)
1222 *Hollenstad* (UB Fredelsloh Nr. 17 S. 32)
um 1250 *Hollenstede* (Harenberg, Gandersheim S. 533)
1305 *Hollenstede* (Westfäl. UB IX Nr. 334 S. 141)
1330 *Hollenstede* (UB Oldershausen Nr. 16 S. 27)
1394 *Hollenstede* (Goetting, Findbuch I Nr. 247 S. 111)
1447 *Hollinstede* (UB Göttingen II Nr. 225 S. 198)
1479 *rector capelle Hollenstede* (Wisotzki, Nörten II S. 79)
1491 *villanis ville Ollenstede* [!] (UB Göttingen II Nr. 376 S. 360)
1542 *Hollenstadt* (Kayser, Kirchenvisitationen S. 312 Anm.)
1596 *dorff Hollenstedt* (Letzner, Chronica Buch 2 S. 55v)
um 1616 *Hollenstede* (Casemir/Ohainski, Territorium S. 71)
1759 *Hollenstedt* (Hartmann, Schicksale S. 33)
1823 *Hollenstedt* (Ubbelohde, Repertorium 2. Abt. S. 82)
dialekt. (1950) *hollēnstēĕ* (Flechsig, Beiträge S. 16)
dialekt. (1951) *hollĕnstēĕ* (Flechsig, Beiträge 16)

I. Mit dem von Flechsig, Beiträge S. 16 zum Jahr 946 (?) ohne Nachweis angeführten Beleg *Holdunstedi* dürfte unser Beleg von 947 gemeint sein. Ein Beleg um 1126 (Fä. 18. Jh.) *Hollanstede* (UB Plesse Nr. 6 S. 46) wurde nicht in die Belegreihe aufgenommen, da es sich um eine „gelehrte" Fälschung J. Chr. Harenbergs aus dem 18. Jh. handelt, der für das Mittelalter keinerlei Quellenwert zuzurechnen ist. Das GW liegt zunächst als -stedi, -steti, -stide, -stett, -stede vor. Im 13. Jh. dominiert die Form -stad(t), dann tritt wieder -stede in den Vordergrund, bevor ab Ende des 16. Jh. die hd. Form -stedt eintritt. Das BW zeigt in den ersten beiden Belegen -u- im Stammvokal, welches bis zum 12. Jh. zu -o- wechselt. 1491 liegt eine Form *Ollenstede* ohne H-Anlaut vor.

II. Nach Casemir/Ohainski, Orte S. 140 mit dem GW -stedt gebildet. Förstemann, Ortsnamen I Sp. 1493 stellt den Beleg *Hullansteti* (mit Zuordnung zu Holdenstedt, Kr. Uelzen) zum PN-Stamm HULTHA, konkreter im Personennamenband Sp. 927 zu einem PN *Holdo*. Oehme, Stöckheim S. 42 deutet den ON aufgrund „seiner Lage unmittelbar an der Leine, die es fast jedes Jahr mehrmals mit Überschwemmungen heimsucht", als „Stätte der Holden, der Elfen, der Wasserjungfrauen". Nach Flechsig, Beiträge S. 41 hängt das BW „entweder mit dem ostfälischen Worte holle(n) = Haarschopf oder Federbusch auf dem Vogelkopf zusammen oder mit dem Begriff Höhlung (as. und mnd. hol [...]), schwerlich dagegen mit hull = Hügel [...], da der Ort fast flach in der Leineniederung liegt".

III. Bildung mit dem GW -stedt in einer Grundform *Hullenstede. Das BW kann einen schwach flektierenden PN enthalten, doch der von Förstemann vorgeschlagene PN Holdo zum Stamm HULTHA, zu got. hulþs, ahd. hold, anord. hollr, aengl. hold 'geneigt, gewogen' enthält einen Dental, der in der bereits in asä. Zeit einsetzenden Überlieferung des ON nicht vorliegt. Doch nach Gallée, Grammatik § 274 tritt die Assimilation von -ld- zu -ll- in Namen gelegentlich auch schon in asä. Quellen auf, so daß die Annahme eines PN *Huldo nicht ausgeschlossen ist. Es ist allerdings auch ein appellativischer Anschluß möglich. Zwar fällt eine Verbindung mit germ. *huln- 'Hügel', anord. hōll, aengl. hull, hyll, engl. hill, mnl. hil(le), hul, mnd. holle 'Hügel', göttingisch hulleke 'kleiner Hügel' angesichts der Lage Hollenstedts in der Leineniederung an der Einmündung von Rhume und Bölle in die Leine schwer, doch das Hügelwort scheint ursprünglich noch einen anderen Bezug zuzulassen. Rosenfeld, Wortgeograph. Untersuchungen S. 266f. verbindet nl. hul 'niedrige Erhebung auf nassem Boden, mit Grasbüscheln bewachsen' mit den nd. FlurN Hull, Hüll, Hülle. Der märkische FlurN Hülle bezeichne eine „kleine, mit Gras, Segge oder Heidekraut bewachsene Stelle im Sumpf oder Sumpfwiesen ohne festen Untergrund, seltener erhöhte Grasstelle auf festem Boden". Dazu zählt Rosenfeld auch bremisch Hull, Grashull „erhöhter Rasen an sumpfigen Örtern, ein Büschel Gras, das geiler steht, als das übrige und etwas hervorraget" und den ostfäl. FlurN Hollen „geile Grasbüschel bzw. -haufen". Vielleicht kann Hollenstedt mit diesem Hintergrund als 'leicht erhöhte Grasstelle mit sumpfigem Boden' gedeutet werden. Das BW Hollen- ist dann auf eine Form *hullana, eine n-Ableitung zu germ. *huln-waz zu betrachten. Ob nun von einem PN in einer Grundform *Huldenstede > *Hullenstede oder von einem Appellativ *hullana in *Hullenstede ausgegangen werden muß, ist schwer zu entscheiden, da -stedt-Namen sowohl PN als auch Appellative im BW enthalten können. Die weitere Entwicklung des ON ist in beiden Fällen gleich: Vor dem -e- der Folgesilbe wechselt -u- > -o- (Lasch, Grammatik § 155).

HOLTENSEN (Einbeck)

um 1000 (A. 15. Jh.) *Holthusen* (Heberolle Corvey § 5 S. 200)
1103 *Hōltessen* (Corveyer Annalen S. 134)
1113 (A. 15. Jh.) *Ruthere de Holthusen* (Kaminsky, Corvey Nr. 4 S. 249)
vor 1199 *Alberti de Holthusen iuxta Enbeke* (Bauermann, Anfänge S. 356)
um 1264 *Holthusen* (UB H. Hild. III Nr. 81 S. 43)
nach 1302 (A. 14. Jh.) *Holthusen prope Embeke* (UB H. Hild. III Nr. 1409 S. 675)
um 1350 *Holthusen by Embeke* (Corveyer Lehnregister Nr. 106 S. 404)
1376 *Holthusen* (Kramer, Abschwächung S. 36)
1420 *Holthusen up der Ylmede* (Urk. Katlenburg Nr. 227)
1458 (A. 16. Jh.) *Holtzem* (Deeters, Quellen S. 58)
1458 (A. 16. Jh.) *Holthusen by Marcketoldendorpe* (Deeters, Quellen S. 110)
1596 *Holtzhausen in der Einbeckischen Boerde* (Letzner, Chronica Buch 2 S. 24r)
1710 *Holtensen* (Heine, Grubenhagen S. 18)
1740 *Holtensen, ohnweit Mark Ohlendorff* (Lauenstein, Hildesheim II S. 96)

1791 *Holtensen* (Scharf, Samlungen II S. 112)
1833 *Holtensen* (Gaußsche Landesaufnahme Bl. 22)
dialekt. (1951) *holtĕnsĕn* (Flechsig, Beiträge S. 16)

I. Ein undatierter Beleg *Holthus* aus den Corveyer Traditionen, den Flechsig, Beiträge S. 16 hierher stellt, ist wegen der Häufigkeit dieses ON-Typs auch in der Corveyer Überlieferung kaum sicher zuzuordnen. Zur Datierung des Beleges von vor 1199, der gewöhnlich zu 1144 gestellt wird, vgl. Bauermann, Anfänge S. 339. Für die Zuordnung des Beleges von 1103, in dem auch → Höckelheim genannt wird, kämen auch die näher bei Höckelheim gelegenen → Langenholtensen und → (†) Vorwerk Holtensen in Frage; wir haben uns jedoch für Holtensen bei Einbeck entschieden, da hier im Gegensatz zu den beiden anderen Orten breit Corveyer Besitz nachzuweisen ist. Der ON lautet recht stabil *Holthusen*. Der Beleg von 1103 weicht von der Überlieferung durch die starke Flexion und das verkürzte GW *-sen* ab. Flexions-*s* liegt wohl auch in 1458 *Holtzem* vor, welches im GW *-(h)em* statt *-husen* enthält. Vielleicht ist hier aber auch schon das hd. *Holz* eingedrungen, wie es sich Ende des 16. Jh. in der hd. Form *Holtzhausen* zeigt. Im 18. Jh. hat sich dann die abgeschliffene Form *Holtensen* durchgesetzt. Auffällig bei dieser Abschwächung ist die gleichzeitige Anfügung eines *-en-* an das BW.

II. Nach Casemir/Ohainski, Orte S. 135 mit dem GW *-husen* gebildet. Weigand, Ortsnamen S. 15 stellt Holtensen zu *Holt* = Wald als „Siedelung in ehemaligen Waldgebieten".

III. Bildung mit dem GW *-hūsen* und asä., mnd. *holt* 'Holz, Gehölz, Wald'. Vgl. auch → (†) Holtensen, → Langenholtensen, vier Orte Holtensen im Kr. Hannover (NOB I S. 214ff.), drei Wüstungen Holzhausen, Kr. Wolfenbüttel und Stadt Salzgitter (NOB III S. 197f.), und Holtensen, Kr. Göttingen (NOB IV S. 208f.). 60 ON mit diesen Bildungselementen verzeichnet Förstemann, Ortsnamen I Sp. 1407ff.

(†) HOLTENSEN, VORWERK (Moringen)

Das mittelalterliche Dorf wurde 1466 niedergebrannt und zu einem unbekannten Zeitpunkt als Vorwerk wiedererrichtet.

1231 *Holthusen* (Orig. Guelf. IV Prefatio Nr. 1 S. 62)
1248 (A. 13. Jh.) *Holthosen aput Moringen* (UB Plesse Nr. 153 S. 191)
1263 (A.) *molendinum prope Holthusen situm* (Falke, Trad. Corb. Nr. 295 S. 881)
1288 *Holthusen* (UB Plesse Nr. 321 S. 312)
1290 *curiam sitam in villa Holthosen, Dichof dictam* (Orig. Guelf. IV Nr. 24 S. 498)
1302 *in campo ville, que dicitur Holthusen, iuxta Morighe* (Westfäl. UB IX Nr. 105 S. 46)
1542 *Holtensen* (Kramer, Abschwächung S. 37)
um 1588 *forwargk zu Holtzhausen* (Lubecus, Annalen S. 68)
1784 *Holtensen* (Kurhannoversche Landesaufnahme Bl. 150)
1823 *Holtensen Vorwerk* (Ubbelohde, Repertorium 2. Abt. S. 83)

I. Zu Belegen von 1141 und 1162, die gelegentlich auf diesen Ort bezogen werden, → Langenholtensen. Zu einem vorgeblichen Beleg von 978 nach Ohlmer, Thüdinghausen S. 2 vgl. → Thüdinghausen (Punkt I.). Die Zuordnung, die Lange, Northeim S. 71 für den Beleg *Hottezessen* nach Kindlinger, Beiträge Nr. 13 vornimmt, ist sprachlich nicht überzeugend. Vgl. dazu den heute vorzuziehenden Druck des sogenannten Allodienverzeichnisses Siegfrieds von Boyneburg, das vor 1199 entstanden ist, bei Bauermann, Anfänge S. 356 (zur Datierung ebd. S. 339): *Curia in Hottzessen cum attinetiis*. Bauermann bietet allerdings auch keine sichere Zuordnung, will den Beleg aber eher in Westfalen verorten. Der ON lautet stabil *Holthusen*. Im 16. Jh. zeigt sich kurzzeitig eine hd. Form *Holtzhausen*, im 18. Jh. hat sich dann die abgeschliffene Form *Holtensen* durchgesetzt. Auffällig bei dieser Abschwächung ist die gleichzeitige Anfügung eines -en- an das BW.

II. Nach Casemir, Grundwörter S. 192 mit dem GW -*husen* gebildet. Bernotat, Moore-Gau S. 5 deutet Holtensen < 1247 *Holthusen* als „Haus am Walde".

III. Deutung wie → Holtensen.

IV. Exkursionskarte Moringen S. 67; Fahlbusch, Erwerbung II S. 68-69; Kramer, Abschwächung S. 37; Kramer, Moringen S. 1065 und S. 1074-1076; Kühlhorn, Wüstungen Bd. II Nr. 187 S. 213-219; Ohlmer, Moringen S. 7.

HOLTERSHAUSEN (Einbeck)

1148 *Haholdeshusen* (Goetting, Findbuch Bd. I Nr. 26 S. 17)
1348 *Johannes de Holdeshusen* (Grote, Neubürgerbuch S. 13)
1385 *Holdeshusen* (Feise, Einbeck Nr. 393 S. 90)
1410 *Holdeshusen* (Feise, Einbeck Nr. 505 S. 113)
1465 *Holdeshusen* (Feise, Einbeck Nr. 1430 S. 266)
1508 *Oldeshusen* (Max, Grubenhagen I S. 527)
1539 *Holdershusen* (Kleinau GOV I Nr. 1013 S. 297)
1550 *Holdeshausen* (Kleinau GOV I Nr. 1013 S. 297)
um 1616 *Holßhaußen* (Casemir/Ohainski, Territorium S. 44)
1678 *Hollershausen* (Kopfsteuerbeschreibung Wolfenbüttel S. 237)
1783 *Holtershausen* (Kurhannoversche Landesaufnahme Bl. 139)
1803 *Holtershausen* (Hassel/Bege, Wolfenbüttel II S. 318)
dialekt. (1950) *holtərshiusən* (Kleinau GOV I Nr. 1013 S. 297)

I. Nach Kühlhorn, Wüstungen Bd. II Nr. 186 S. 211-213 gab es möglicherweise 1,5 km nordöstl. des Bahnhofs von Salzderhelden eine Wüstung namens Holdeshusen; er weist auf S. 212f. allerdings ausdrücklich darauf hin, daß eine genaue Lokalisierung kaum möglich sei, da alle konkreten Hinweise fehlten. Die von Kühlhorn und anderen angenommene Wüstung ist zu streichen, da sich der von ihm aufgeführte Grundbesitz in Holtershausen befand, wie aus Quellen des 16. Jahrhunderts hervorgeht, die bei Kleinau GOV I Nr. 1013 S. 297 ausgewertet sind. Ein von Kramer, Abschwächung S. 38 hierher gestellter Beleg 1315 *Holtwerdesh(use)n* läßt sich kaum mit der übrigen Überlieferung vereinen, weshalb wir ihn nicht in die Belegreihe aufgenommen haben. Der erste Beleg lautet *Haholdeshusen*, dann erscheint er zu *Holdeshusen* abgeschwächt. Im 16. Jh. dringt ein -r- in den ON ein. Im 17. Jh. wird *Holders-* zu *Hollers-* assimiliert, dann setzt sich die heutige Form *Holtershausen* durch. Abweichend sind 1508 *Oldeshusen* ohne H-Anlaut und um 1616 *Holßhausen*.

II. Nach Casemir, Grundwörter S. 192 mit dem GW -*husen* gebildet. Die BuK Gandersheim S. 456 deuten den ON als „Behausung eines Hahold" und vermuten einen

PN *Hagwald* als dessen Urform. Förstemann, Ortsnamen I Sp. 1165 stellt den Beleg von 1148 zum PN-Stamm HAH.

III. Es liegt ein *-hūsen*-Name mit einem stark flektierenden PN im BW vor, der im ersten Beleg als *Hahold* erscheint. Die folgenden Formen auf *Hold-* können durch Wegfall (Apokopierung) der ersten Silbe entstanden sein. Es gibt aber noch eine weitere Möglichkeit. Der PN *Hahold* bzw. *Hahald* scheint auch dem ON Haldensleben im Ohrekreis zugrundezuliegen: 966 (T. 1295) *in Hahaldesleuo* (UB Magdeburg I Nr. 46 S. 66), 967 (A.) *Hoeldesleva* (Reg. Arch. Magd. I Nr. 198 S. 83), 968 (A. 11. Jh.) *Hooldesleua* (UB Magdeburg Nr. 61 S. 85), nach 973 *Haldesleva* (UB H. Halb. I Nr. 40 S. 25). Hier allerdings lassen die Formen *Hoeldes-*, *Hooldes-* nicht auf Apokopierung der Erstsilbe, sondern auf Verschmelzung der ersten beiden Silben schließen. Diese Entwicklungsstufe ist in der Überlieferung von Holtershausen nicht sichtbar, aber durchaus möglich. Wie man bei Förstemann, Personennamen Sp. 720f., Schlaug, Altsächs. Personennamen S. 111 und Schlaug, Studien S. 114 sehen kann, ist eine solche Verschmelzung bei diesem PN nicht selten: Neben Formen wie *Haholt*, *Hoholdus*, *Hoghold* findet man *Haold*, *Haald*, *Hōold*. Förstemann stellt die PN zum PN-Stamm HAH, Schlaug einerseits zu asä. *hō(h)/hā(h)* 'hoch', andererseits zu germ. **hanha* 'Streitroß'. Das Zweitglied dürfte auf asä. *waldan* 'herrschen' zurückgehen, welches in dieser Position selten als *-wald*, aber häufig als *-ald*, *-old* erscheint (vgl. Schlaug, Altsächs. Personennamen S. 167; ein PN *Hawald* bei Schlaug, Altsächs. Personennamen S. 111). Der in Haldensleben vorliegende PN wird von Bathe, *-leben* S. 251 auf **Hauhwald* zu germ. **hauh* 'hoch' zurückgeführt. Germ. **-au-* entwickelt sich im Nd. zu *-ō-* (*ō²*), das im Ostfälischen mundartlich als *-o-* und *-a-* auftreten kann. Wir schließen unseren ON hier an und ziehen aufgrund des Vergleichsnamens die Möglichkeit der Silbenkontraktion von *Hahold-* zu *Hold-* einer Apokopierung der Erstsilbe vor. Die weitere Entwicklung zu *Holders-* mit sekundärem *r*-Einschub ist durch Angleichung an ON wie z.B. → Allershausen, → Andershausen, → Denkershausen, → Gandersheim, → Gillersheim erklärbar. Die heutige Form *Holtershausen* ist wohl mit der Hineindeutung des nd. Appellativs *holt* 'Holz' zu begründen.

† HOMBERCH

Lage: Wahrscheinlich 0,8 km östl. der Kapelle von Westerhof.

1458 *den Ludenhagen half und den Homberch half, dat syn 2 woste dorpstede* (Deeters, Quellen S. 92)
1482 *hoven an dem Homberge* (UB Oldershausen Nr. 64 S. 115)
1784 *Hombergs Feld* (Kurhannoversche Landesaufnahme Bl. 143)

I. Ob die drei folgenden Belege: 1366 *Tile Homberghe* (UB Goslar V Nr. 34 S. 9), um 1369 *Thidericus Homberch* (UB Goslar V Nr. 171 S. 63) und 1441 *Wernher von Hoemberch* (Kelterborn, Bürgeraufnahmen Bd. S. 83) auf † Homberch zu beziehen sind, wie dies Kühlhorn tut, darf als sehr ungewiß gelten. Gleiches gilt für 1349 *Fricca de Homberghe* (Grote, Neubürgerbuch S. 14). Der erste überlieferte Beleg bezeichnet den Ort *Homberch* als wüst; er liegt hier und auch 1482 als FlurN vor.

II. Nach Casemir, Grundwörter S. 191 mit dem GW *-berg* gebildet.

III. So wie der ON 1482 nach Wüstfallen als FlurN *an dem Homberge* überliefert ist, liegt er auch ursprünglich zugrunde. Er enthält das Adjektiv mnd. *hō(h)*, *hōge* 'hoch' und das GW -*berg* und beruht auf der Wendung **tom/am hohen berg*, kontrahiert zu *Honberg, wobei -*nb*- zu -*mb*- assimiliert wurde. Förstemann, Ortsnamen I Sp. 1308f. listet mehrere Vergleichsorte auf.

IV. Jäckel, Willershausen Karte 1; Kühlhorn, Wüstungen Bd. II Nr. 188 S. 219-222.

HOPPENSEN (Dassel)

1359 *Hoppelhusen* (Harland, Einbeck I Nr. 12 S. 341)
1399 *Hoppelsen* (Kramer, Abschwächung S. 33)
1404 *Hoppelsen* (Kramer, Abschwächung S. 33)
1458 (A. 16. Jh.) *Hoppensen* (Deeters, Quellen S. 58)
1477 *Hoppensen* (Goetting, Findbuch II Nr. 587 S. 64)
1477 *Henning Hoppinhusen* (Kelterborn, Bürgeraufnahmen I S. 113)
1596 *Hoppenhausen* (Letzner, Chronica Buch 4 S. 163v)
1740 *Hoppensen* (Lauenstein, Hildesheim II S. 96)
1791 *Hoppensen* (Scharf, Samlungen II S. 114)
1833 *Hoppensen* (Gaußsche Landesaufnahme Bl. 22)
dialekt. (1951) *hoppĕnsĕn* (Flechsig, Beiträge S. 16)

I. Zu gelegentlich – z.B. bei Flechsig, Beiträge S. 16 – auf Hoppensen bezogenem Besitz des Northeimer Klosters vgl. → † Hoppenhusen. Auch der vermeintliche Erstbeleg von 1351 *uppe deme velde to Hoppenhusen* (Sudendorf II Nr. 384 S. 202), den Ernst/Sindermann, Einbeck I S. 276 heranziehen, gehört sicher zu † Hoppenhusen. Die Überlieferung setzt erst spät ein. Der ON verkürzt sich von *Hoppelhusen* zu *Hoppelsen*, bis Mitte des 15. Jh. die Form *Hoppensen* eintritt.

II. Gehmlich, Wappenbuch S. 38f. schreibt über das symbolische Hopfendreiblatt im Wappen: „Der Ortsname Hoppensen wird volkstümlich als 'Hopfenhausen' gedeutet. An diese Deutung anknüpfend hat die Gemeinde das Hopfendreiblatt als Wappen angenommen mit dem ausdrücklichen Hinweis, daß es sich nur um eine volkstümliche Deutung handelt, die nicht vom Hopfenanbau abgeleitet werden kann. Der Rat der Gemeinde Hoppensen hatte in seinem ersten Beschluß zur Wappenbegründung angegeben, der Ortsname beziehe sich auf den Hopfenanbau für die Einbecker Brauerei. Dem hatte aber das Staatsarchiv widersprochen: 'Der Ortsname hat schwerlich mit dem Hopfen etwas zu tun. Er ist als -hausen-Ort zweifellos älter als die Blütezeit des Einbecker Bierbrauens und wird [...] von einem altgermanischen Personennamen abzuleiten sein: Haus des Hubo oder Hubrecht o.a.'." Kaufmann, Ergänzungsband S. 193 denkt an einen PN *Hōbo*, ahd. *Huopo*, **Hōp(p)o*, der sowohl unserem ON als auch Höppingen bei Coesfeld, Hoppenstedt, Hoppenrade, Hoppenkamp, Hoppingen und Hopfingen zugrundeliege. Förstemann, Ortsnamen I Sp. 1417 stellt unseren ON zusammen mit einem unbestimmten Ort Hopfingen zu einem PN *Hoppo*, der aber „sonst unbekannt" sei; allerdings gehört der von Förstemann angeführte Beleg von 1141 *Hoppenhusen* zu → † Hoppenhusen.

III. Bildung mit dem GW -*hūsen*. Die BW-Formen *Hoppel*- enthalten keine Flexionsendung, so daß ein PN im BW eigentlich auszuschließen wäre. Ein appellativischer Anschluß für *Hoppel*- kann aber nicht gefunden werden. Im 15. Jh. wechselt das BW zu *Hoppen*-. Es liegt nahe, dies als Hineindeutung von mnd. *hoppe* 'Hopfen' zu erklären. Doch auch ein Wechsel von -*l*- und -*n*- ist möglich, der im Nd., besonders in unbetonten Silben, nicht selten vorkommt (Lasch, Grammatik § 230 und 258). Geht man davon aus, daß ein solcher Wechsel in der Entwicklung des ON vor Beginn seiner schriftlichen Überlieferung stattgefunden hat, kann man *Hoppensen* als ursprünglichere ON-Form und die *l*-Variante als sekundär und zeitweise eingetreten betrachten. Eine Grundform *Hoppenhusen läßt sich nicht nur an asä. *hoppo*, mnd. *hoppe* 'Hopfen', sondern auch an einen schwach flektierenden PN *Hoppo anschließen. Familiennamenbücher (vgl. Heintze/Cascorbi, Familiennamen S. 223 und Gottschald, Namenkunde S. 284f.) verweisen unter dem Lemma *Hopp-* sowohl auf den Hopfen als auch auf eine PN-Kurzform *Hubo*, eine zweistämmige Kürzung aus PN wie *Hugbert* oder *Hugbald* zum PN-Stamm HUG, der mit got. *hugs*, ahd. *hugu* 'denkender Geist' zu verbinden ist, und auf eine Kurzform zum PN *Hobert* (zu got. *hauhs*, ahd. *hōh* 'hoch'). Auch Förstemann, Personennamen Sp. 861 sieht in einem PN-Stamm HOB sekundäre Bildungen, z.B. aus dem PN *Hohbert*. In Orts- und FlurN wie Hoppenkamp (hier ist Kaufmann zu widersprechen), Hoppengarten, Hoppenberg ist der Hopfen ganz sicher enthalten, wobei die Benennungsmotivation im Hopfenanbau begründet ist, doch in der Verbindung mit dem GW -*husen* ist ein PN wahrscheinlicher, so daß mit Förstemann und Kaufmann im BW ein PN *Hoppo anzusetzen ist, der sich durch Gemination und Verschärfung des Inlautkonsonanten aus einer Kurzform *Hobo* entwickelt hat (vgl. zu diesen Prozessen Kaufmann, Untersuchungen S. 17ff.). Der PN liegt auch in → † Hoppenhusen vor.

† HOPPENHUSEN
Lage: Ca. 3 km nordöstl. Langenholtensen.

1141 (Fä. 13. Jh.; A. 16. Jh.) *Hoppenhusen* (Mainzer UB II Nr. 28 S. 49)
1141 (Fä. 13. Jh.; A. 17. Jh.) *Hoppenhusen* (Orig. Guelf. IV S. 525)
1162 (Fä. 13. Jh.; A. 14. Jh.) *Hoppenhusen* (MGH Urk. HdL Nr. 58 S. 85)
1226 (A. 16. Jh.) *Hoffenhusen* (Wenke, Urkundenfälschungen S. 58)
1321 *Hoppenhusen* (Sudendorf I Nr. 347 S. 197)
1351 *uppe deme velde to Hoppenhusen* (Sudendorf II Nr. 384 S. 202)
1416 *dorpstede Hoppenhusen* (Philipps, Rethoberg S. 65)
1469 *Henning Hoppenhusen* (Grote, Neubürgerbuch S. 32)
um 1583 *Hoppenhausen* (Zimmermann, Ökonomischer Staat S. 23)

I. Lange, Northeim S. 79 ordnet die Belege von 1141, 1162 und 1226 fälschlich → Hoppensen bei Dassel zu. Der ON erscheint stabil als *Hoppenhusen*. Die Form 1226 *Hoffenhusen* in einer Abschrift des 16. Jh. kann als hyperkorrekte Verhochdeutschung von nd. -*pp*- (vgl. *appel* / *Apfel*) aufgefaßt werden. Im 16. Jh. tritt hd. -*hausen* ein.

II. Nach Casemir, Grundwörter S. 192 mit dem GW -*husen* gebildet. Förstemann, Ortsnamen I Sp. 1417 stellt den Erstbeleg von 1141 (allerdings unter Zuordnung zu → Hoppensen) und einen unbestimmten Ort Hopfingen zu einem PN *Hoppo*, der aber „sonst unbekannt" sei.

III. Bildung mit dem GW -*hūsen* und dem schwach flektierenden PN *Hoppo im BW; vgl. dazu → Hoppensen.

IV. Exkursionskarte Osterode S. 43; Jäckel, Willershausen Karte 1; Kühlhorn, Hoppenhusen S. 9-15; Kühlhorn, Wüstungen Bd. II Nr. 190 S. 225-232; Philipps, Brunstein S. 20.

† **HORLINGESIECK**
Lage: Ca. 2,5 km nordwestl. Lüthorst.

1390 *de weesten dorpstede* [...] *Horlingesieck* (Petri, Lüthorst S. 144)
1471 *den Horghensik* (Lüneburger Lehnregister Nr. 804 S. 72)
1715 *Horlingsieck* (Bodemann, Wüste Ortschaften S. 246)
1787 *Hariensieck* (Rohmeyer, Lüthorst S. 41)
dialekt. (1970) *Horgensoik* (Rohmeyer, Lüthorst S. 41)

I. Der Name der Wüstung ist uneinheitlich überliefert. Das GW ist zwar als *-sieck*, *-sik* konstant, dafür variiert das BW zwischen *Horling(e)-*, *Horghen-*, *Harien-*. Die Mundart zeigt ebenfalls *Horgen-*.

II. Nach Casemir, Grundwörter S. 194 mit dem GW *-siek* gebildet. Rohmeyer, Lüthorst S. 45 führt die Formen *Horgensiek* und *Hariensiek* auf und deutet die Bestandteile als „Hard = Bergwald", „Siek = Sumpf", „also Bergwaldsumpf".

III. Das GW ist *-siek*. Mit dem Anschluß an mnd. *sīk* 'sumpfige Niederung' hat Rohmeyer durchaus recht, abzulehnen ist allerdings seine Verbindung des BW mit mnd. *hart* 'Wald', wofür die Belege keinen Hinweis liefern. Die uneinheitliche Überlieferung erschwert die Deutung des BW. Für die Formen *Horling(e)-* kann Kettner, Flußnamen S. 125 herangezogen werden, der einen GewN Horlingsgraben links zur Rhume anführt und in diesem einen FlurN *Horling vermutet. Diese Deutung ist nicht von der Hand zu weisen. Flechsig, Feldabteilungen S. 90 macht darauf aufmerksam, daß „Ostfalen [...] ja überhaupt eine besondere Vorliebe für das Suffix -ling [hatte], die nicht nur in Ortsnamen wie Cremlingen, Kneitlingen, Heßlingen, Süpplingen, Stötterlingen und Flurnamen wie Döttling, Drömling, Emmeling, Gründling, Körling, Pipperling, Hartling, Herkling, Sarling, Schemeling, Österling, Westerling, Wäterling usw. hervortritt, sondern auch in den Ackermaßen Vorling und Jartling". In einem FlurN *Horling ist das Appellativ asä. *horo* 'Schmutz, Sumpf', mnd. *hōr* 'Dreck, Unrat, Schlamm, Moorerde, Lehm' zu vermuten. Die Verbindung mit *-siek* macht eine solche Deutung um so wahrscheinlicher. Im Beleg von 1390 wird der Ort schon als wüst bezeichnet, was die spätere Unsicherheit in der Wiedergabe des ON erklärt. Betrachtet man die Entwicklung, die das Element *-inge-* im Nd. meist durchläuft und die an vielen ON des Untersuchungsgebietes ablesbar ist, so kann man davon ausgehen, daß *-inge-* auch in Horlingesieck über *-ige-* zu *-ije-* spirantisiert wurde. Die Spirans ist im Beleg von 1787 *Harien-* erkennbar und kann durchaus in *Horg(h)en-* vorliegen, da *-g-* und *-gh-* nicht nur den Verschlußlaut *-g-* graphisch darstellen, sondern auch den Spiranten (Lasch, Grammatik § 341). Möglicherweise ist das *-l-* in der Verbindung *-rlje-* aufgrund der schwierigen Aussprache ausgefallen. Das *-n-* ist sekundär eingetreten, wohl in Angleichung an die schwache Flexion vieler BW. Zum Appellativ *hōr* und dessen Zusammensetzungen in Namen vgl. Udolph, Germanenproblem S. 318ff. Förstemann, Ortsnamen I Sp. 1417ff. führt ebenfalls zahlreiche dieses Wort enthaltende ON auf.

IV. Ernst, Wüstungen S. 85 als Hagensiek; Kühlhorn, Wüstungen Bd. II Nr. 191 S. 232-234; Rohmeyer, Lüthorst S. 41 als Horgensiek.

† **HOYNHAGEN**
Lage: Ca. 1,5 km nordöstl. Elvershausen.

1525 *Hoygenhagen* (Lagerbuch Katlenburg S. 88)

1595 *an dem Heinhagen* (Hueg, Elvershausen S. 50)
1609 *Hoynhagen* (Müller, Lehnsaufgebot S. 401)
1658 *Hoinhagen* (Max, Grubenhagen II S. 366)
1694 *am Heinhagen* (Max, Grubenhagen II S. 364)

I. Die ON ist erst spät überliefert. Das GW lautet konstant *-hagen*. Das BW liegt als *Hoygen-, Hein-, Hoyn-, Hoin-* vor.

II. Nach Casemir, Grundwörter S. 192 mit dem GW *-hagen* gebildet.

III. Bildung mit dem GW *-hagen*. Die zwei Belege *Heinhagen* scheinen eine kontrahierte Form *hain, hein* des Appellativs mnd. *hāgen* 'umfriedetes Gelände; Hecke; Gehölz' zu enthalten, doch ist eine solche tautologische Bildung von BW und GW auszuschließen, da das Appellativ noch verständlich war. Vielmehr ist an eine adjektivische Bildung mit mnd. *hō(h), hōge* in der Wendung **to/an dem hogen hagen* zu denken. Das intervokalische *-g-* fällt aus. Wahrscheinlich liegt auch im ersten Beleg schon eine Lautung *Hoijen-* vor. Der daraus entstandene Diphthong *-oi-* erscheint in *Heinhagen* entrundet zu *-ei-*.

IV. Exkursionskarte Osterode S. 43; Jäckel, Willershausen Karte 1; Kühlhorn, Brunsteshusen S. 37-40; Kühlhorn, Wüstungen Bd. II Nr. 185 S. 204-211.

HULLERSEN (Einbeck)

um 1000 (A. 15. Jh.) *Huulileshusun* (Heberolle Corvey § 5 S. 199)
1107-1128 (A. 15. Jh.) *Huldissen* (Registrum Erkenberti § 18 S. 228)
1113 (A. 15. Jh.) *Huldessen* (Kaminsky, Corvey Nr. 4 S. 248)
1147 (A. 15. Jh.) *Huldessen* (Westfäl. UB II Nr. 262 S. 50)
1246 (A. 13. Jh.) *Huldesse* (Petke, Wöltingerode Anhang III Nr. 14 S. 569)
1252 (A. 13. Jh.) *Holdesse* (Falke, Trad. Corb. Nr. 398 S. 900)
1259 *Huldesse* (Orig. Guelf. Nr. 17 S. 494)
um 1350 *Huldessen* (Corveyer Lehnregister Nr. 3 S. 387)
1381 (Druck 17. Jh.) *Huldershusen an der Ilme* (UB H. Hild. VI Nr. 451 S. 319)
1479 (A.) *ecclesiam St. Nicolai in Hulerssen* (Bilderbeck, Sammlung III Nr. 26 S. 194)
1519/20 (A. 16. Jh.) *Huldeshen* (Krusch, Studie S. 266)
1556 *Vllersen* (Tacke, Betriebsrechnung S. 64)
1596 *Huldershausen, sonsten Huldersse genannt* (Letzner, Chronica Buch 5 S. 17v)
um 1616 *Hüllerßen* (Casemir/Ohainski, Territorium S. 58)
1735-36 *Hullersen* (Forstbereitungsprotokoll S. 148)
1791 *Hüllersen* (Scharf, Samlungen II S. 117)
1823 *Hullersen* (Ubbelohde, Repertorium 2. Abt. S. 87)
dialekt. (1951) *hullĕrsĕn* (Flechsig, Beiträge S. 17)

I. Die Zuordnung eines Beleges von 1185-1205 *curia Huldensen* (Kindlinger, Beiträge II Nr. 36 S. 225) aus einem Corveyer Einkünfteverzeichnis bei Förstemann, Ortsnamen I Sp. 1493 ist wegen des Nasales sprachlich fragwürdig, auch wenn Corveyer Besitz in Hullersen nachzuweisen ist. Wir nehmen den Beleg deshalb nicht in die Reihe auf. Der Erstbeleg weicht mit *Huulileshusun* recht weit von der folgenden Überlieferung ab. Ab dem 12. Jh. liegt *Huldesse(n)* vor; *-o-* in der ersten Silbe ist singulär. Die beiden Belege 1381 *Huldershusen* und 1479 *Hulerssen* sind Abschriften, so daß man erst ab dem 16. Jh. sicher von einem *r*-Einschub und der Entwicklung zu *-ll-* sprechen kann. Einige Mal liegt in jüngerer Zeit *-ü-* statt *-u-* vor.

II. Nach Casemir/Ohainski, Orte S. 135 mit dem GW *-husen* gebildet. Förstemann, Ortsnamen I Sp. 1493 stellt den ON mit den Belegen von 1113 und 1147 zum PN-Stamm HULTHA.

III. Das GW ist *-hūsen*. Versucht man eine Kombination des Corveyer Beleges mit den späteren Formen, so ist mit der Annahme einer Verschreibung in der Abschrift des Erstbeleges ein Ansatz **Huldileshusen* möglich. Demnach wäre von einem PN **Huldil(i)* auszugehen. Förstemann, Personennamen Sp. 927 nennt unter dem PN-Stamm HULTHA, zu got. *hulþs*, asä. *hold* 'hold; gnädig; treu ergeben', asä. *huldi* 'Huld', den ahd. PN mit *l*-Suffix *Hultilo*. Diesen Namen stellt Kaufmann, Ergänzungsband S. 206 allerdings zu germ. **hulta-* 'Holz'. Für unseren PN benötigen wir aber einen germ. Ansatz *-þ-*, welcher asä. als *-th-*, *-dh-* und *-d-*, mnd. als *-d-* erscheint. Kaufmann, Untersuchungen S. 22 denkt daran, daß *Hultilo* inlautverschärft aus einem PN **Huldilo* des Stammes HULTHA entstanden sein könnte, schließt aber eine Herkunft von HULTA nicht aus. Nun können wir mit Kaufmann einen schwach flektierenden PN **Huldilo* zum PN-Stamm HULTHA annehmen und diesem einen stark flektierenden **Huldil* zur Seite stellen. Die weitere Entwicklung konnte über ein nebentonig abgeschwächtes **Huldelshusen* zu einem dissimilierten *Huldeshusen* führen. Das *-i-* in **Huldil* hätte die Umlautung von *-u-* zu *-ü-* bewirken müssen. In wenigen Belegen seit Ende des 16. Jh. liegt Umlaut in *Hüllersen* vor; andere Hinweise dafür gibt es jedoch nicht und auch die Mundartform zeigt *-u-*. Vielleicht ist der Beleg *Huulileshusun* auch so verderbt, daß jegliche Interpretation Spekulation bleiben muß. Läßt man ihn beiseite und geht mit den weiteren Belegen von einer Grundform **Huldeshusen* aus, ist ein stark flektierender PN **Huld(i)* zu suchen, der jedoch auch nicht bezeugt ist. Förstemann, Personennamen Sp. 927 verzeichnet unter dem PN-Stamm HULTHA lediglich einen schwach flektierenden PN *Holdo*. Wir können nur anhand des ON vermuten, daß ein stark flektierender PN **Huld(i)* ebenfalls existierte. Die weitere Entwicklung des ON ist unproblematisch: Der sekundäre *r*-Einschub ist eine Angleichung an zahlreiche *-ers(hus)en*-ON. Durch Assimilation von *-ld-* zu *-ll-* entsteht *Hullersen*.

† HÜNSCHENBURG

Lage: Nahe nordwestl. Hardegsen.

1534 *under der Hunsenborch* (Kramer, Moringen S. 298)
1622 *an der Heunschen burgk* (Kramer, Moringen S. 298)
1622 *Hünenburg* (Kramer, Moringen S. 297)
1632 *an der Hunschenborg* (Kramer, Moringen S. 298)
um 1745 *an der Hüneschen Burg* (Kramer, Moringen S. 298)
1747 *Hünscheburg* (Kramer, Moringen S. 297)
1876-77 *die Hühnschenburg* (Kramer, Moringen S. 297)

I. Das GW ist als *-borch*, *-burg(k)*, *-borg* zu erkennen. Im BW liegt neben *Hunsen-*, *Heunschen-*, *Hün(e)sche(n)-* auch einmal *Hünen-* vor.

II. Kramer, Moringen S. 298 meint: „Daß sich vielfach vor- und frühgeschichtliche Grab- und Kultplätze in Verbindung mit *Hün(sch)en*-FlurN finden und daß sich hinter mancher Hün(sch)enburg eine alte Volksburg verbirgt, ist bekannt." Weise, Nienover, S. 3 denkt beim BergN Hünenberg nördlich von Nienover an „'Hünen', eigentlich 'Riesen'", mit denen „eine spätere Zeit die germanischen Vorfahren und ihre Einrichtungen in Verbindung" gebracht habe. „Dieser Bestandteil findet sich auch in Namen von sächsischen Wallanlagen an der Weser südlich von Nienover: die Hünscheburg bei Volkmarshausen, der Hünengraben bei Hemeln, eine andere Hünscheburg bei Hardegsen." Nach Scheibe, Moor S. 609 soll „auf dem Hunneberge [...] einst zur Abwehr der Hunnen eine Burg gestanden haben. Die Stelle bezeichnet man heute noch als 'Hünesche Burg'."

III. Das GW ist -burg. Es gibt einen direkten Vergleichsnamen: † Hünenburg bei Volkmarshausen im Kr. Göttingen, 1345 *Hunschenbŏrch* (NOB IV S. 216f.). Dort sucht man einen Anschluß an † Hünenburg bei Dransfeld, ebenfalls Kr. Göttingen, 1348 *bi der Hûneborch* (NOB IV S. 215f.), die entgegen der landläufigen Meinung nicht mit mnd. *hüne* 'Hüne, Riese' als „Hinweis auf ur- und/oder frühgeschichtliche Plätze" (Scheuermann, Flurnamenforschung S. 128) verbunden wird. Viel eher wird in *Hun-*, *Hün-*, ein Wort für 'kräftig, stark, groß' vermutet und auf „die bei Bergvorsprüngen exponierte Lage einer dort befindlichen Befestigungsanlage" Bezug genommen. Man verweist auf das anord. Wort *hūnn*, welches nach de Vries, Hunebedden S. 86ff. in damit zusammenhängenden Wörtern die Grundbedeutung 'geschwollen, kräftig' habe. So sind auch bei Pokorny, Wörterbuch S. 594 anord. *hūnn* 'Würfel, klotzartiges Stück; (Bären-)Junges' und germ. *hūni-* 'Kraft, Stärke' zur idg. Wurzel *k̂eu-*, *k̂ū-* 'schwellen, Schwellung, Wölbung' verzeichnet. Nach Schnetz, Flurnamenkunde S. 93 bezeichnet germ. *hūna-* „etwas Klumpiges, etwas von gedrungener Gestalt". Förstemann, Ortsnamen I Sp. 1495f. bemerkt unter HÛN[1], daß „das wort [...] auf berge von bestimmter form übertragen zu sein [scheint]". Das *-sche-* im Beleg 1345 *Hunschenbŏrch* wird von NOB IV S. 217 als adjektivischer Zusatz gedeutet, so daß dem ON eine Wendung *bi der hunischen* (bzw. mit Umlaut: *hün(e)schen*) *burg* zugrundeliegt. Dieser Deutung schließen wir uns an. Das *-s-* im Erstbeleg ist als *-sch-* zu lesen; beide Laute standen sich nahe und konnten wechseln (Lasch, Grammatik § 329 und § 334).

IV. Denecke, Wegeforschung S. 375; Kramer, Moringen S. 297-298.

HUNNESRÜCK (Dassel)
Lage: Burgruine ca. 2,5 km nördl. Dassel; nach der Verlegung des Amtssitzes nach → (†) Binder ging der Name auf dieses über.

um 1300 (A. 15. Jh.) *castrum Hundesruge* (Chron. Hild. S. 867)
1310 *Hundesrŭcke* (Sudendorf X S. 280 Anm. 1)
1357 *castrum Hundesrughe* (Sudendorf III Nr. 1 S. 1)
1387 *Hundesrucge* (Sudendorf VI Nr. 174 S. 188)
1406 *Hundesrûge* (UB Hardenberg II Nr. 45 S. 89)
1423 *to dem Hundesrughe* (UB Uslar I S. 179)
1472 *Hundesrugge* (UB Boventen Nr. 521 S. 348)
1480 (A.) *tom Hunndesrügge* (Harland, Einbeck II S. 499)
1531 *Hŭndesrŭgge* (UB Boventen Nr. 613 S. 393)
um 1588 *der Hundesrucken* (Lubecus, Annalen S. 323)

1596 *im gericht zu Hundesrück, itzo die Erichsburg genannt* (Müller, Lehnsaufgebot S. 311)
1603 *am Hundesrucke* (Krabbe, Sollingkarte Bl. 11)
1652 *Hunnesrück* (Mirus, Dassel S. 301)
1710 *ambt Hundesrück* (Heine, Grubenhagen S. 18)
1823 *Hunnesrück Domaine* (Ubbelohde, Repertorium 2. Abt. S. 88)
dialekt. (1951) *hunnĕsrüggĕ* (Flechsig, Beiträge S. 17)

I. Im GW zeigen sich die Varianten *-ruge, -rucke, -rugge, -rucge, -rügge, -rück* etc. Das BW *Hundes-* ist konstant. Die Assimilation *-nd- > -nn-* tritt erst ab dem 17. Jh. auf.

II. Plümer, Einbeck S. 78f. schreibt: „Die Gemeinde Hunnesrück trägt ihren Namen nach der auf den Amtsbergen zwischen Dassel und Mackensen gelegenen ehemaligen Burganlage [...]." Zu deren Namen meint J. Letzner in seiner 1596 gedruckten Chronik: „[...] weil diese Bergfestung wider die Hunnen gebawet, ward sie von den Graffen Hunnenrůck genannt. Das Landtvolck aber und der gemeine Mann, so die Hunnen vor Hunde achteten, nannten das Schloß den Hundesrůck, von welchem sie, die Sachsen, den Hunnen den Kopf kühnlich, sie aber, die Hunnen, inen mit der flucht den Růcken bieten solten" (Letzner, Chronica Buch 1 S. 4v). Greiffenhagen, Hunnesrück S. 202 ist gegen Letzners Deutung als Bollwerk gegen die Hunnen: „Mit den Hunnen hat der Name sicher nichts zu tun. Wahrscheinlicher ist schon, daß der Rücken des Berges, auf dem die Burg lag, den Namen 'Hundesrügge' [...] nach seiner Gestalt führte und daß dieser Name auch auf die Burg überging." Auch Flechsig, Beiträge S. 58 sieht den ON aus einem FlurN entstanden. Berger, Namen S. 140 stellt unseren ON in eine Reihe mit der Flur Hunsrück in Waldhilbernsheim bei Bingen, 1320 *Dorsum canis*, und dem rheinischen Höhenzug Hunsrück, 1074 *Hundesrucha*. Dieser Name „bedeutet eigtl. 'Hundsrücken' (zu ahd. *hunt* 'Hund' u. ahd. *hrucci, rukke* 'Rücken'). Andere Deutungen (z.B. zu ahd. *hūn < hohun*, Dativ von *hōh* 'hoch', oder zu rhein. *Hunn*, ahd. *hunto* 'Vorsteher einer Hundertschaft') sind bloße Vermutungen. Das Bild des Hundsrückens erscheint häufig in rheinischen und nordwestdt. Geländenamen". Förstemann, Ortsnamen I Sp. 1503f. nennt unseren ON nicht (dazu ist er zu spät überliefert), behandelt aber den Gebirgszug Hunsrück sowie einen ON Hundsrück bei Steinau, 1144 *Hundisruge*, welche er zu asä. *hund* 'Hund' stellt. Bach, Ortsnamen I § 291 sieht den FlurN Hunsrück in Waldhilbersheim/Bingen nach der Form des Tierkörperteils benannt. Bach, Ortsnamen I § 288 deutet *Rück(en), ahd. (h)rukki* als „Bergrücken, langgestreckter Hügel", das „häufig in Formnamen [...] wie *Bocks-, Roß-, Eselsrück* usw." enthalten sei. Schwarz, Namenforschung II S. 271 meint ebenso: „Auf Vergleichen beruhen Bezeichnungen wie Hundsrück [...], wie schon der Gebrauch des Singulars beim Tiernamen verrät." Seuser, Namen, S. 122 erklärt den BergN Hundsrück als „mit 'Hund' zusammenhängend [...]. Der Name Hundsrück kommt auch sonst bei Gebirgen und bei einzelnen Anhöhen vor, z. Bsp. BN Hundsrück a. d. Werra; Anhöhe Hundsrück b. Birkenfeld." Nolte, Flurnamen S. 230 stellt den Namen eines Ackers 1764/86 *auf den Hund Rücken*, 1779 *auf den Hunnesrück* zu mnd. *hunne* 'Vorsteher eines Centgaues; der unter dem comes stehende Richter'. Das GW *-rück* beziehe sich auf die gewölbte Form des Akkers. Nolte, Flurnamen S. 298 sieht jedoch im „'Hunsrück' bei Bingen in Wald-Hilbersheim [...] eine Metapher nach dem Körperteil des Tieres" und stellt den Forstortnamen Hengstrücken (vgl. S. 250) daneben. Valtavuo, Wandel S. 113f. verbindet *Rücken* in der Bedeutung 'Hügel' mit aengl. *hrycg* 'Anhöhe', anord. *hrūga*

'Haufen'. Es liege oft in Zusammensetzung mit Tiernamen vor: in Österreich z.B. Wolfs-, Bocks-, Gais-, Gäns-, im Elsaß Hundsrücken (13. Jh. *an dem nidern Hundesrucke*). Dittmaier, Rhein. FlurN S. 118 zählt einige FlurN Hun(d)srück(en), Hundsbuckel und Hundsbüchel auf, vergleicht sie mit „Namen wie Katzenbuckel [...], Pferdsrück, Eselsrück" und entschließt sich zu einer wörtlichen Deutung: „eine Erhöhung, die aus der Ferne der Form eines Hundsrücken ähnlich sieht". „Alle übrigen Deutungsversuche" (er verweist auf eine Reihe von Literatur, die die oben genannten Deutungen enthält) seien letztendlich kaum berechtigt. Udolph, Tiere S. 36 sieht im ON den *Hund* „mit seiner Gestalt verborgen".

III. Die konstante Überlieferung des BW nicht nur unseres ON, sondern vieler vergleichbarer Flur- und LandschaftsN als *Hundes*- weist deutlich auf eine Verbindung mit asä., mnd. *hund* 'Hund' im Genitiv Singular. und schließt alle weiteren Spekulationen aus. Es handelt sich um einen ursprünglichen FlurN, genauer gesagt, einen BergN. Das GW *-rück* < asä. *hruggi*, mnd. *rügge* 'Rücken' erklärt sich mit Scheuermann, Flurnamenforschung S. 143 als „Metapher für schmale, langgestreckte Erhebung, Höhenrücken". Die Burg, welche auf diesem Höhenzug, einem Teil der Amtsberge, gebaut wurde, übernahm dessen Namen. Später wurde dieser auf die an der Stelle von → † Binder entstandene Siedlung übertragen. Decker, Hunnesrück S. 49 hat die Gegend mit einem weiteren Tier verglichen: „Am Ostabfall des Solling, erheben sich parallel zur Landstraße Dassel-Mackensen die Amtsberge. Sie sind die Randhöhen der Einbeck-Markoldendorfer Liasmulde [...]. Gleich riesigen Löwentatzen ruhen sie [...] auf dem sanft ansteigenden Buntsandsteinen des Solling. [...] Etwa 140 m über der Talsohle [...] schlafen die Reste der alten Burg Hunnesrück."

† HUSEN

Lage: Ca. 0,3 km südwestl. Forsthaus Husum südl. Hammenstedt.

1208 *praedium, quod dicitur Huserberg* (Scheidt, Codex Diplomaticus Nr. 69a S. 681)
1209 *praediis in Huserbergh* (Scheidt, Codex Diplomaticus Nr. 69b S. 685)
1226 *Husen [...] mons, qui dictur Huserberg* (Wenke, Urkundenfälschungen S. 58)
1346 *Huserbergk* (Hueg, Husen S. 133)
1449 *zu Husen* (Hueg, Husen S. 115)
1472 (A. 16. Jh.) *tho Husen* (Kopialbuch Katlenburg Bd. II S. 3r-v)
1476 *veltmargke tho Hussen* (Scheidt, Adel Nr. 147e S. 510)
1484 *to Oldenhusen by Hammenstedt* (Hueg, Husen S. 115)
1494 (A.) *Vorderhusum* (Vennigerholz, Northeim II S. 346)
1506 *Oldenhusen* (UB Hardenberg II Nr. 77 S. 200)
1508 *binnen und buten dem dorfe, holzmarcke und feldmarcke zu Husum [...] Oldenhusen* (Vennigerholz, Northeim II S. 345)
1715 *Dörffer, so wüste worden undt in wenigen Häusern bestanden: [...] 3. Vorderhausen, 4. Mittelhausen, über Hammenstedt belegen. 5. Hinterhausen, auch daselbst belegen, dem Stiffte S. Blasii in Northeimb zugehörig* (Bodemann, Wüste Ortschaften S. 250)
1785 *Vorderhausen* (Kurhannoversche Landesaufnahme Bl. 151)
1785 *Hinter Hausen* (Kurhannoversche Landesaufnahme Bl. 151)

I. Der ON erscheint erst als *Huserberg*. Ab dem 13. Jh. wird er auch als *Husen* überliefert. Später trennt sich die Benennung in *Olden-, Vorder-, Mittel-* und *Hinterhusen* bzw. *-hausen*.

II. Nach Casemir, Grundwörter S. 192 mit dem GW -*husen* gebildet.

III. Wie der Beleg von 1715 zeigt, handelt es sich bei der Siedlung nur um wenige Häuser. Die anfangs in der Überlieferung erscheinende Benennung *Huserberg* ist wohl als eine Art FlurN zu sehen. Entweder liegt ihr eine Grundform *Husirberg* 'Häuserberg' zugrunde, die asä. *hūs* 'Haus' im Plural *husir* enthält; oder es handelt sich um eine Wendung *Huse(ne)r Berg*, also 'Berg an der Siedlung Husen', wie man auch aus dem Beleg 1226 *Husen* [...] *mons, qui dictur Huserberg* erschließen könnte. In diesem Fall liegen keine Parallelbenennungen des Ortes vor, sondern Husen ist der ursprüngliche ON. Dieser beruht auf einer Grundform *Husun*, dem asä. Dativ Plural von *hūs* in der Bedeutung 'bei den Häusern', der in den -*hūsen*-Orten als GW enthalten ist. Vergleichbar ist † Husen, Kr. Hannover (NOB I S. 226). Zahlreiche weitere ON nennt Förstemann, Ortsnamen I Sp. 1528ff. Zur Unterscheidung der einzelnen Häusergruppen traten später die Zusätze *Olden-*, *Vorder-*, *Mittel-* und *Hinter-* hinzu.

IV. Exkursionskarte Osterode S. 43; Hueg, Husen S. 113-118, 129-135 und 145-149; Friese, Hammenstedt S. 46 und 56-58; Kühlhorn, Wüstungen Bd. II Nr. 194 S. 241-249; Winzer, Katlenburg S. 32.

I

IBER (Einbeck)

1163 *Liudolfus de Ibere* (MGH Urk. HdL Nr. 65 S. 97)
um 1213 *Wernerus de Ybere* (UB H. Hild. I Nr. 670 S. 639)
um 1240 *Bertoldus de Ybere* (UB H. Hild. II Nr. 606 S. 303)
1273 *Iohannes plebanus in Ibere* (UB Plesse Nr. 253 S. 268)
1297 *Ibere* (UB Hilwartshausen Nr. 97 S. 93)
1344 *Ybere* (UB Boventen Nr. 100 S. 98)
1383 *Henrik van Ybere* (UB Grubenhagen Nr. 72 S. 39)
1421 *Tile von Yber* (UB Grubenhagen Nr. 92 S. 53)
1476 *Yber* (Lehnregister Bortfeld S. 48)
1527 *Iber* (Tschackert, Rechnungsbücher S. 374)
um 1583 *von Ibre* (Zimmermann, Ökonomischer Staat S. 24)
um 1616 *Iber* (Casemir/Ohainski, Territorium S. 71)
1783 *Iber* (Kurhannoversche Landesaufnahme Bl. 142)
1823 *Iber* (Ubbelohde, Repertorium 2. Abt. S. 88)
dialekt. (1951) *äibĕr* (Flechsig, Beiträge S. 17)

I. Pollmann, Iber S. 8 führt eine Reihe früherer Ortsnennungen an, die jedoch der Dasselischen und Einbeckischen Chronica des Johannes Letzner (Letzner, Chronica), der seit 1589 Pfarrer in Iber war, entnommen und deshalb wenig glaubwürdig sind. Die überlieferten Formen schwanken kaum: Bis Anfang des 15. Jh. liegt der ON konstant als *Ibere*, *Ybere* vor, dann schwindet das auslautende -*e*-.

II. Pollmann, Iber S. 8 gibt Letzners Angaben wieder, nach denen einem Grimhold de Iberia von Karl dem Großen im Jahre 812 ein wüster Ort zu Lehen gegeben wurde, den man nach seinem neuen Besitzer Iber nannte. Gehmlich, Wappenbuch S. 98f. bezweifelt diese Annahme. Das „redende" Ortswappen enthalte einen dreigeteilten Eibenzweig, mit dem der ON „als plattdeutsche Bezeichnung für 'Eibe' gedeutet und dargestellt ist". Plümer, Einbeck S. 180f. sieht im Wappen ebenfalls eine „Ausdeutung des Ortsnamens Iber (= Eibenwald)". Nach Flechsig, Beiträge S. 40f. enthält der ON das GW -*ber*, welches wohl zu ags. *bearo* 'Wald' gehöre. Für Iber sei die „Lage am Walde bezeichnend und der nahe Iberg zeigt an, daß dieser und der Ort ihren Namen [...] von einem ansehnlichen Eibenbestande haben werden". Kramer, Moringen S. 595 stellt → † Stenneberg „zusammen mit dem nur etwa 1 km nördlich gelegenen Iber < Ybere" zum „nur im Ags. belegten *bearo* 'Wald, Hain' [...], das im nd. Raum in ON als -*bere* (-*ber*) häufiger erscheint." Wesche, Theophore ON S. 784 führt Iber auf eine Grundform **Ibaro* als „heiliger Eibenhain" zurück. Udolph, Germanenproblem S. 178 sucht eine Verbindung zu Namen wie Ibra, Iba, Ibach, Iburg. An dieser Stelle sollen die bisherigen Deutungen für einige dieser möglichen Vergleichsnamen zusammengefaßt werden. Kramer, Moringen S. 302 verbindet den Iberg bei Iber mit mdal. *ibe* 'Eibe' (nach Schambach, Wörterbuch S. 90). Beskow, Flurnamen S. 43 deutet den Iberg ebenfalls als „Eibenberg". Zwar seien „Eiben nicht mehr vorhanden, wohl aber deren Begleitflora: Schwalbenwurz, Waldrebe, Traubengamander, Dost, Steinsame, Enziane, Orchideen". Jellinghaus, Bestimmungswörter S. 114 sieht *iwe, ibe* 'Eibe' in den Namen Iberg, Iborn und der Iburg bei Driburg, Kr. Höxter. Die Iburg bei Osnabrück stellt er eher zu einem Wasserwort ī. Förstemann, Ortsnamen I Sp. 1539f. schwankt ebenso zwischen ahd. *īwa*, asä. *īh*, aengl. *īw* 'Eibe' und jenem Wasserwort, welches nach Witt, Beiträge S. 213 „wohl nie existiert hat". Garke, Bachnamen S. 38 deutet den Ibengraben westl. Ibental als „Eibenbach"; die Eibe stecke auch in den Ibenklippen über Michaelstein, im Iberg bei Bad Grund und im FlußN Ipke in der Lüneburger Heide (alt *Ibizi*). Müller, Heiligenstadt S. 121 Anm. 2 schreibt: „Die *Iberge* sind Eibenberge (*Iberg* bei Heiligenstadt) [...]; ferner gibt es *Iberge* bei Thalwenden, Schönhagen und Geismar". Nach Nolte, Flurnamen S. 88f. gehört das Ithal bei Eschershausen, mdal. *eidal*, 1603 *das Idal*, wohl zu germ. **ihwaz*, ahd. *īwu* 'Eibe': „Die Eibe wächst vorwiegend auf Berghöhen. Dann hätten die Eiben nicht im Tal, sondern auf westlich und östlich liegenden Bergen gestanden." Laut Böhme, Eibe S. 33f. gilt die Eibe „als Repräsentant der einstigen Urwälder unserer Heimat." Zu den Vegetationsbedingungen schreibt er: „Taxus [...] findet [...] sich überall zerstreut auf Muschelkalkhöhenzügen [...]. Deshalb sind auch die Bergrücken, die [...] das obere Leinetal zwischen Göttingen und Northeim begrenzen, wichtige Standorte für die Eibe." Ein ungenannter Autor der Spinnstube 2 (1925), S. 32 bemerkt: „Auf das frühmittelalterliche Vorkommen [der Eibe] läßt auch der Name Iber schließen". Damit führt der Exkurs wieder zum ON Iber zurück. Valtavuo, Wandel S. 19ff. erwägt für diesen eine andere Möglichkeit der Deutung. Er verbindet den ON mit dem Wort *Ufer*, „asä. **ōbir*, nl. *oever*, ae. *ōfer* 'Küste, Rand, Ufer'", welches ursprünglich 'Abhang' oder 'Neigung' bedeutet habe. In der Bedeutung 'Hügel' liege es mdal. als *Euber, Öber, Eber* „im östlichen Westfalen und in Ostfalen v. a. zwischen Einbeck und Göttingen" vor, im Eichsfeld sei *Üwer*, entrundet *Iwer*, am häufigsten, zwischen Duderstadt und Dingelstedt und „an den Außenrändern dieser Fläche" sei vorwiegend *Über* gebräuchlich. Daraus schließt Valtavuo: „Der Ortsname Iber bei Northeim scheint mit Über, Iber identisch zu sein; jedenfalls liegt er in der Nähe des heutigen Verbreitungsgebietes dieser Variante." Udolph, Suffixbildungen S. 162 sieht in Iber eine Bildung mit *r*-Suffix.

III. Valtavuos Vermutung eines Hügelwortes ist diskussionswürdig, da Iber am Nordhang des 303 m hohen Iberges liegt. Zudem führt Kaerger, Flurnamen S. 80 die in Südniedersachsen auftretenden Varianten *Euber* oder *Eiber* für 'Ufer' an, von denen die letzte der Mundartform von Iber entspricht. Drittens besteht nach Flechsig, Bodenerhebungen S. 58 im westlichen Ostfalen und zwischen Braunschweig, Gifhorn und Peine eine „Tendenz, altes ö und ü zu e und i zu 'entrunden'", wovon auch Valtavuo auszugehen scheint. Das dem von Valtavuo in einer regionalen Variante *Über* bzw. *Iber* vorausgesetzte Wort *Oiwer* wird sowohl als Bezeichnung für 'Ufer' als auch für 'Hügel' diskutiert; vgl. → Nienover. Doch ist es unmöglich, diese von einer regional begrenzten Mundartform ausgehende Deutung mit der umfangreichen Überlieferung des ON zu vereinen, die ohne Ausnahme über Jahrhunderte konstant *Yber(e), Iber(e)* zeigt. Nun stellt sich die Frage nach der Struktur des ON. Soll man in *Ib-ere* trennen und mit Udolph eine Bildung **Ib-ara* mit *r*-Suffix annehmen oder ist eine Aufspaltung in *I-bere* als Kompositum wahrscheinlicher? Bei der Annahme einer Grundform **Ib-ara* ist wie bei → Drüber jedoch das konstante *-b-* des Erstelements problematisch, denn im Asä. und Mnd. erscheint *-b-* nur im Wortanlaut, im Anlaut starktoniger Silben und in der Gemination (Gallée, Grammatik § 219f. und

Lasch, Grammatik § 282). Im Inlaut liegt immer -v- vor, so daß *Ivere zu erwarten wäre. Durch das Ausbleiben dieser Form und den fehlenden Anschluß der Basis Ib- in *Ib-ara an eine idg. Wurzel ist der Ansatz I-bere als Kompositum vorzuziehen, der das GW -ber, zu aengl. bearo 'Wald', enthält. Das BW I- wird im allgemeinen mit asä. īh, mnd. īve 'Eibe' verbunden. Dieses Appellativ geht auf die idg. Wurzelvarianten *ei-ko und *ei-u̯o, *ei-u̯ā 'Eibe' zurück, die auch in anord. ȳr, ahd. īgo, īwa, aengl. īw vorliegen (vgl. Pokorny, Wörterbuch S. 297). Wie die englischen ON Iburndale (ca. 1180 Ybrun) mit dem GW -burn 'Quelle', Ifield (1198 Yfeld) mit dem GW -field 'Feld', Iridge (1248 Yrugge) mit dem GW -ridge 'Rücken', Iwode (1167 Iwuda) mit dem GW -wood 'Wald' (vgl. Ekwall, Place-Names S. 261f., S. 266 und S. 268), der dän. GewN Ibæk mit dem GW -beke (vgl. Kvaran Yngvason, GewN Jütland S. 109) und nicht zuletzt der Großteil der oben genannten deutschen Orts-, Berg- und GewN zeigen, scheint der Auslautkonsonant des Appellativs mit dem Anlaut des jeweiligen GW zu verschmelzen, so daß sich für Iber eine Entwicklung *Ih-bere > Ibere ergibt. Die Bedeutung des ON ist 'Eibenwald'.

† ILLINGEHUSEN
Lage: Ca. 2 km nördl. Willershausen.

1358 to Yllingehusin (UB Oldershausen Nr. 30 S. 46)
1372 Illinghehusen (Petke, Wöltingerode Anhang III Nr. 99 S. 604)
1400 Illingehusen (Sudendorf IX Nr. 76 S. 107)
1408 Illingehusen (Müller, Willershausen Nr. 74 S. 142)
1522 Illiehusen (Upmeyer, Oldershausen S. 104)
1535 Ilgehausen (Urkunden Hist. Verein Nr. 224 S. 373)
1542 Illihusen (Kayser, Kirchenvisitationen S. 203)
1554 Illihausen (Scheidt, Codex Diplomaticus Nr. 23 S. 507)
1585 Illingehaußen (Müller, Willershausen Nr. 132 S. 166)
1621 Illihausen (Max, Grubenhagen I S. 522)
1860 Ilgenmühle (Max, Grubenhagen I S. 522)
1860 Ildehäuser Bach (Max, Grubenhagen I S. 522)

I. Der ON zeigt Abschleifung von Illingehusen zu Illi(e)- und Ilgehusen bzw. hd. -hausen.

II. Nach Casemir, Grundwörter S. 192 mit dem GW -husen gebildet.

III. ON des -ingehūsen-Typs. Ableitungsgrundlage ist ein PN Illo zum PN-Stamm IL- unsicherer Herkunft; vgl. Förstemann, Personennamen Sp. 948. Förstemann, Ortsnamen I Sp. 1555 führt einige ON auf, die mit diesem PN gebildet sind. Die Entwicklung von Illingehusen zu Illi(e)hausen verläuft über Entnasalierung und Palatalisierung des -inge-Suffixes zu -(i)je- (Lasch, Grammatik § 342 B und § 346). Die Form Ilgehusen enthält spirantisiertes -g- mit dem Lautwert -j-.

IV. Exkursionskarte Osterode S. 43; Jäckel, Willershausen S. 472, S. 478 und Karte 1; Kühlhorn, Wüstungen Bd. II Nr. 196 S. 251-257; Max, Grubenhagen I S. 522; Upmeyer, Oldershausen S. 265-266.

IMBSHAUSEN (Northeim)
966-967 (A. 15. Jh.) Emmideshusun (Trad. Corb. § 299 S. 132)

1015 *Immedeshusun* (Thietmar von Merseburg S. 412)
1016 *Immideshusun* (MGH DH II. Nr. 341 S. 436)
1016 (A. 12. Jh.) *Immedeshusen* (Vita Meinwerci Kap. 132 S. 67)
1021 *Immedeshusen* (MGH DH II. Nr. 440 S. 562)
1283 *Bertrammo de Immedheshusen* (Urk. St. Marien Gandersheim Nr. 22)
1322 *Imdeshusen* (Westfäl. UB IX Nr. 2091 S. 1003)
1338 *Hermannus Imeshusen* [!] (Grote, Neubürgerbuch S. 6)
1338 *Conradus de Ympteshusen* (Grote, Neubürgerbuch S. 7)
1483 *Impteshusen* (Goetting, Findbuch II Nr. 613 S. 73)
1527 *Imteshußen* (Tschackert, Rechnungsbücher S. 374)
1537 *Immeßhausenn* (Meyer, Steuerregister S. 75)
1588 *Immeshausen* (Kayser, Generalkirchenvisitation S. 126)
um 1616 *Imbshausen* (Casemir/Ohainski, Territorium S. 55)
1784 *Imbshausen* (Kurhannoversche Landesaufnahme Bl. 143)
1823 *Imbshausen* (Ubbelohde, Repertorium 2. Abt. S. 91)
dialekt. (1924) *Immetshusen* (Weigand, Heimatbuch S. 261)
dialekt. (1950) *impshau(i)sĕn* (Flechsig, Beiträge S. 17)
dialekt. (1951) *immetshuisĕn* (Flechsig, Beiträge S. 17)

I. Imbshausen ist sehr leicht mit † Immedeshusen bei Mönchehof, Kr. Goslar, zu verwechseln; vgl. Kleinau GOV I Nr. 1080 S. 314f. Zum ersten Beleg vgl. Schütte, Mönchslisten S. 239, der sich in der Zuordnung nicht sicher ist und weitere Lokalisierungen vorschlägt. Auszugehen ist von *Emmides-* bzw. *Immideshusun*. Die weitere Überlieferung zeigt als verschiedene Abschwächungsstufen *Immedes-*, *Imdes-* und den Einschub eines Gleitlautes *-p-*, der zum ersten Mal 1338 in *Ympteshusen* begegnet. In den jüngeren Formen fallen Gleitlaut und Dental aus, dann tritt wieder ein Gleitlaut *-b-* zwischen *-m-* und *-s-*.

II. Nach Casemir/Ohainski, Orte S. 135 mit dem GW *-husen* gebildet. Weigand, Heimatbuch S. 261f. deutet den ON als „das Haus Immads", der „in den Jahren 826-53 sein ganzes Besitztum in verschiedenen Gauen dem Kloster Corvey [übergab]". Wenskus, Stammesadel S. 9 bezeichnet Imbshausen als den „wichtigste[n] der immedingischen Haupthöfe des Leineraumes [...], dessen Name den 'Leitnamen' (Immed) der Familie [der Immedinger] enthält". Auch Harland, Einbeck S. 12 führt den ON auf die Immedinger zurück; ebenso von der Osten, Rittergüter S. 231: „'Immedeshusen' war im 9. und 10. Jahrhundert Eigentum der Immedinger, eines niedersächsischen Dynastengeschlechts", dessen letzter Vertreter Meinwerk, der Bischof von Paderborn, gewesen sei. Förstemann Ortsnamen I Sp. 1561 stellt den ON zusammen mit Imbshof bei Warburg, Imbshausen bei Hildesheim und Imbsen bei Münden zum PN-Stamm IM.

III. Den Deutungen ist zuzustimmen. Der *-hūsen*-Name enthält den stark flektierenden, mit Dentalsuffix gebildeten PN *Immid*, den Förstemann, Personennamen Sp. 950f. unter dem PN-Stamm IM (welchen er als verschliffene Form von PN *Irmino*, *Ermino* oder PN auf *Id-m-* sieht), neben *Imad*, *Immat*, *Immod* aufführt. Schlaug, Studien S. 208 stellt die PN *Immed*, *Ymmid* zu asä. *irmin-*, *ermin-* 'gewaltig, groß'. Schlaug, Altsächs. Personennamen S. 120 denkt jedoch auch an germ. **amja* 'emsig'. Ausführlich widmet sich Kaufmann, Ergänzungsband S. 214ff. den KurzN auf *Im-* < *Irmin*. Die Zuordnung des Erstbeleges *Emmideshusun* zu Imbshausen ist unproblematisch, weil die PN *Irmin-*, *Ermin-* ebenso wie die von ihnen abgeleiteten PN im Anlaut zwischen *I*- und *E*- schwanken, da im Asä. *-e-* vor *-i-* der Folgesilbe zu *-i-* werden (Gallée, Grammatik § 64c), *-i-* vor *-r-* + Konsonant aber auch zu *-e-* übergehen kann (Gallée, Grammatik § 66); vgl. auch Kaufmann, Ergänzungsband S. 214f.). Bei der Abschwächung von *Immedeshusen* in der nebentonigen zweiten Silbe treffen *-m-* und *-d-* aufeinander, wobei ein Gleitlaut *-b-* eingeschoben wird (Lasch, Grammatik § 268). Die Konsonantengruppe *-mbds- (entstanden durch weitere Vokalabschwächung) im Silbenauslaut wird zum Teil zu *-mptes-/-mptz-* verschärft. Zum Gleitlaut vgl. auch Imbsen, Kr. Göttingen (NOB IV S. 219f.).

IMMENSEN (Einbeck)

822-826 (A. 15. Jh.) *Ymmanhusun* (Trad. Corb. § 16 S. 85)
826-876 (A. 15. Jh.) *Ymmanhusun* (Trad. Corb. § 59 S. 92)
um 1210 (A. 13. Jh.) *Heinricus Surdus de Immenhusen* (Giese, Hemmerfelden S. 237)
1221 *Immenhusen* (Scheidt, Adel Nr. 1 S. 265)
1369 *Hermannus de Ymmenhusen* (UB Göttingen I Nr. 254 S. 252)
1477 *Ymmenßen* (Goetting, Findbuch II Nr. 587 S. 64)
1487 *Ymmensen* (Goetting, Findbuch II Nr. 632 S. 80)
1544 *Immesen* (Kayser, Kirchenvisitationen S. 587)
um 1616 *Immensem* (Casemir/Ohainski, Territorium S. 72)
1791 *Immensen* (Scharf, Samlungen II S. 122)
1823 *Immensen* (Ubbelohde, Repertorium 2. Abt. S. 90)
dialekt. (1951) *imsĕn* (Flechsig, Beiträge S. 17)

I. Die Überlieferung zeigt die Abschwächung der Grundform *Ymmanhusun* zu *Immensen*. In der Mundart ist der ON noch weiter verkürzt.

II. Nach Casemir/Ohainski, Orte S. 135 mit dem GW *-husen* gebildet. Förstemann, Ortsnamen I Sp. 1559f. stellt den ON zum PN *Immo*, ebenso Udolph, Tiere S. 35. Wendeborn in Bilderbeck, Sammlung I S. 8ff. (nach Feise, Einbeck oder Eimbeck S. 118) sieht in Immenhausen das „Gut des Immo" als Billungsches Gut. Kramer, Scheinmigration S. 26 denkt an eine Tochtersiedlung von Immensen, Kr. Hannover.

III. Immensen ist bereits sehr früh urkundlich bezeugt und ein für das Untersuchungsgebiet typischer *-hūsen*-ON, gebildet mit dem schwach flektierenden KurzN *Immo*, den auch andere bei Förstemann, Ortsnamen I Sp. 1559f. aufgeführte ON enthalten; vgl. des weiteren † Immendorf, Kr. Hannover (NOB I S. 236f.), † Immenrode, Kr. Osterode (NOB II S. 85f.), und Immendorf, Stadt Salzgitter (NOB III S. 205). Zur Etymologie des PN siehe → Imbshausen, das eine mit Dentalsuffix gebildete Variante des KurzN *Immo* enthält; zur PN-Überlieferung vgl. Förstemann, Personennamen Sp. 949, Schlaug, Altsächs. Personennamen S. 119 und Schlaug, Studien S. 207. Der bei Kramer erwähnte Ort Immensen ist auf eine Grundform *Imminghusen* zurückzuführen (vgl. NOB I S. 237f.); eine Verbindung zu unserem Immensen ist nicht ersichtlich. Kramers Vermutung ist daher abzulehnen.

IPPENSEN (Kreiensen)

1338 (A.) *Ippenhusen* (Dürre, Homburg Nr. 247 S. 97)
1351 *Yppenhosen* (Kramer, Abschwächung S. 33)

vor 1362 (A. 1441) *Yppenhusen* (Goetting, Findbuch Bd. II Nr. 411 Bl. 1)
1429 *Yppensen* (Goetting, Findbuch I Nr. 362 S. 149)
1437 *Ippensen* (Goetting, Findbuch I Nr. 395 S. 160)
1462 *Yppensen under Gren* (Goetting, Findbuch II Nr. 498 S. 32)
1486 *Ippensen* (Goetting, Findbuch II Nr. 626 S. 78)
1544 *Vppensen* (Kayser, Kirchenvisitationen S. 205 Anm.)
1548 *Ippensen* (Wittkopp, Greene S. 53)
1547 *Ippensen* (Calenberger UB III Nr. 942 S. 535)
um 1600 *Ippensen* (Reller, Kirchenverfassung S. 223)
um 1616 *Ippensen* (Casemir/Ohainski, Territorium S. 44)
1803 *Ippensen* (Hassel/Bege, Wolfenbüttel II S. 317)
dialekt. (1957) *ippm̩ßən* (Kleinau I GOV Nr. 1093 S. 318)

I. Die Überlieferung zeigt keine Besonderheiten. Das GW -*husen* wird zu -*sen* abgeschwächt. 1544 erscheint *U*- statt *I*- im Anlaut, wobei wohl *Ü*- zu lesen ist und es sich um eine hyperkorrekte Rundung des *I*- handelt.

III. ON mit dem GW -*hūsen* und einem schwach flektierenden PN im BW, der nach der Überlieferung *Ippo* lautet. Förstemann, Ortsnamen I Sp. 1542 stellt einen ON Ippinghausen, Kr. Kassel (ca. 1120 *Yppenhuson*), zu PN des Stammes IB, in dem er im Personennamenband Sp. 941f. eine Kontraktion aus zweigliedrigen Namen *Idbald*, *Idbert* vermutet und ihm die Kurzformen *Ibo*, *Ibbo*, *Ippo*, *Ypo*, *Yppo* zuordnet. Schlaug, Altsächs. Personennamen S. 118 sieht eher eine Kurzform zu *Hildibald*. Schlaug, Studien S. 206 hat eine Koseform *Ibo* für *Wigbertus*. Die Variante *Ippo*, die unserem ON zugrundeliegt, ist laut Schlaug eine alte geminierte (und inlautverschärfte) Form von *Ibo*.

† IRSHAUSEN
Lage: Unsicher 1,5 km südl. Sievershausen.

1596 (A.) *Dorf Friedrichshausen mit all. Zub. von Irshausen an bis auf die Ilmede* (Müller, Lehnsaufgebot S. 305)

I. Es konnte nur dieser eine Beleg ermittelt werden.

II. Nach Casemir, Grundwörter S. 192 mit dem GW -*husen* gebildet.

III. Bildung mit dem GW -*hūsen*. Das -*s*- in *Irs*- weist auf einen stark flektierten PN als BW. Förstemann, Personennamen Sp. 967ff. verzeichnet einen unerklärten PN-Stamm IR, zu dem er den schwach flektierenden PN *Iro* stellt. Im Ortsnamenband I Sp. 1588 führt er zu diesem PN-Stamm einen ON Irsheim bei Griesbach/Bayern, 1130 *Yresheim*, und Irxleben im Ohrekreis mit dem Beleg ca. 1142 *Iresleve* auf. Irxleben ist jedoch seltener mit -*s*- als mit -*ks*- überliefert, so z.B. um 1015 *Irixlevu* (Reg. Arch. Magdeb. I Nr. 599 S. 251), 1372 *Irksleue* (Hertel, Lehnbücher S. 24), so daß in ihm ein PN *Irik* vermutet werden darf, der vielleicht in dem von Förstemann als *Irihc* zum PN-Stamm IR aufgeführten PN wiedergefunden werden kann. In dem einzigen Beleg *Irshausen* ist der stark flektierende PN *Ir(i)* in einer Grundform *Irishusen* anzusetzen. Da der ON sehr spät überliefert ist, kann auch eine im 16. Jh. bereits abgeschwächte Grundform *Irikeshusen* - den Belegen von Irxleben ähnlich (das z.B. 1454 *vff Irsleue velde* [Cod. Dipl. Brand. A 25 Nr. 249 S. 369] lautet) - zugrundeliegen. Eine genauere Deutung läßt sich auf der Grundlage des einen Beleges nicht vornehmen.

IV. Ernst, Wüstungen S. 85; Exkursionskarte Höxter Karte; Exkursionskarte Moringen S. 79; Koken, Dassel S. 233; Kühlhorn, Wüstungen Bd. II Nr. 199 S. 261.

J

† JEYNSEN
Lage: Ca. 1,7 km nordwestl. Vogelbeck.

1447 *Linsen* (Upmeyer, Oldershausen S. 281)
1482 *Ensen* (Upmeyer, Oldershausen S. 281)
1485 *Albrecht van Jeynsen* (UB Oldershausen Nr. 66 S. 118)
1495 *Jeynsen* (Upmeyer, Oldershausen S. 281)
1578 *Ensen* (Upmeyer, Oldershausen S. 281)
um 1583 *Ensen* (Zimmermann, Ökonomischer Staat S. 24)
1712 *Jenßfelde* (UB Uslar II S. 1126)
1715 *zwischen Vogelbeck und Saltzderhelden ein klein Dorff, Jensen genandt, gelegen* (Bodemann, Wüste Ortschaften S. 242)
1783 *Gemsen Berg* (Kurhannoversche Landesaufnahme Bl. 142)
1930 *Gensteranger* (Körber, Vogelbeck S. 77)

I. In der sehr spät einsetzenden Überlieferung stehen sehr unterschiedliche Formen nebeneinander. Singulär erscheint *Linsen*; dann folgt ein Wechsel zwischen *Ensen* und *Jeynsen*. Im 18. Jh. wird der wüste Ort mit *Jenßfelde* und *Jensen* bezeichnet, dann wechselt der *J*-Anlaut zu *G*-, die Formen verändern sich noch weiter zu *Gemsen* und *Genst*-.

II. Nach Casemir, Grundwörter S. 192 evtl. mit dem GW *-husen* gebildet.

III. Die Überlieferung bereitet einige Probleme. Im GW ist von *-hūsen* auszugehen, das zu *-sen* verkürzt vorliegt. Die Suche nach dem BW gestaltet sich schwieriger. *Lin-*, *En-*, *Jeyn-*, *Jen-* und *Gem-/Gen-* müssen auf einen gemeinsamen Nenner gebracht werden. Der ON Jeinsen, Kr. Hannover (NOB I S. 243f.), zeigt ähnliche Probleme in einer früher einsetzenden Überlieferung: 10./11. Jh. *Genhuson*, 1121-1140 *Geinhusen*, 1151 *Ieinhusen*, 1375 *Geinsen*, um 1430 *Jeinsen*, 1443 *Jensem*. Die Autoren äußern aufgrund des Erstbeleges Zweifel am Vorkommen eines PN im BW und stellen eine Verbindung einerseits zur idg. Wurzel *$g^u hen$- 'schwellen, strotzen', welche z.B. im FlußN Jahna (um 960 *Gana*) vorliegt, und andererseits zu den ON Jena (9. Jh. *Jani*, 1236 *Gene*) und Großjena (1012-18 *Geni*, 1033 *Gene*) her, in welchen ahd. *jāni* 'Reihe gemähten Grases oder Getreides' vermutet wird, das allerdings so nicht bezeugt ist (vgl. zu Jena anders Udolph, Jena S. 238ff.). Die Verbindung eines *-hūsen*-Namens mit einer idg. Wurzel, die nicht in germ. Appellativen belegt ist, ist jedoch auszuschließen, ganz abgesehen davon, daß sich idg. -$g^u h$- > germ. -g^u- vor hellen Vokalen zu -*w*- entwickelt (Krahe/Meid I § 64) und damit schon lautlich fern bleibt. Der Bezug zu mhd. *jān* (zur idg. Wurzel *ei-, *$i\bar{e}$- 'gehen') 'Reihe gemähten Grases oder Getreides', dt. *Jahn* 'Grasschwade' ist ebenfalls fraglich. Eine asä. Entsprechung des ahd. Appellativs ist nicht bezeugt. Außerdem sind die meisten *-hūsen*-Namen mit einem PN im BW kombiniert, so daß man auch in Jeynsen einen schwach flektierenden PN erwarten darf. Der Diphthong -*ey*- ist als sekundäre Bildung aus langem -*ē*- zu sehen (Lasch, Grammatik § 202f.). Da -*g*- aufgrund seines Lautwertes als palataler stimmhafter Spirant vor -e- und -i- häufig als -j- wiedergegeben wird (Gallée, Grammatik § 243), sind die entsprechenden Belege in Bezug auf den Anlaut gut miteinander zu verbinden. Ein sekundäres Antreten eines G- oder J-Anlautes ist unwahrscheinlich, so daß eher von einem Ausfall des J-Anlauts in den *Ensen*-Belegen ausgegangen werden muß. Der Beleg *Linsen* weicht zu sehr ab und ist als Verschreibung zu betrachten. Das BW ist also zunächst als *Gēn-* anzusetzen. Diese Form wird aus vorhergehendem *Gēnen-* mit *en*-Fuge der schwachen Flexion verschliffen sein. Nach Kaufmann, Ergänzungsband S. 143 handelt es sich bei PN *Gēn-* (vgl. Förstemann, Personennamen Sp. 627ff.) um monophthongierte Formen von *Gain-* (vgl. Förstemann, Personennamen Sp. 570f.), die wiederum durch Ausfall des intervokalischen -g- aus *Gagin-*, *Gegin-* entstanden (vgl. Kaufmann, Ergänzungsband S. 131f.). Den PN-Stamm GAGAN stellt Kaufmann zu germ. *gagana-, *gagina 'gegen'. Pfeifer S. 518 führt zu dt. *gegen* die Formen ahd. *gagan, gegin*, kontrahiert *gein, gēn*, asä. *gegin*, mnd. *jēgen, gēgen*, aengl. *gegn, gēn*, anord. *gegn* auf. Für Jeynsen kann also von einem KurzN zu diesem PN-Stamm *Gagino*, *Gegino* mit einer Entwicklung zu *Gaino*, *Geino* und *Gēno* ausgegangen werden.

IV. Exkursionskarte Moringen S. 67; Kühlhorn, Wüstungen Bd. II Nr. 202 S. 266-269; Upmeyer, Oldershausen S. 281.

† JÜRGENSBORG

Lage: Ca. 1,1 km südl. Asche, Ortsteil Fehrlingsen.

1449 *Jürgensborg* (Mundhenke, Adelebsen Nr. 5 S. 77)
1452 *Jürgensberg* (Alphei, Adelebsen S. 179)
1512 *biß hinauff den Jürgenweg* (Mundhenke, Adelebsen S. 34)

I. Der ON wechselt im GW von *-borg* zu *-berg*. Im Beleg 1512 liegt ein FlurN vor.

II. Nach Casemir, Grundwörter S. 191 mit dem GW *-burg* gebildet.

III. Als GW wird wohl *-burg*, hier nd. *-borg* vorliegen. Die GW *-burg* und *-berg* schwanken zwar in Namen häufiger, da sie lautliche Ähnlichkeit aufweisen und auch etymologisch verwandt sind. Doch ist es wahrscheinlicher, daß der PN *Jürgen*, der dem BW in starker Flexion zugrundeliegt, mit *-burg* statt mit *-berg* verbunden wird. Eine Burg ist zwar an dieser Stelle nicht nachzuweisen, doch kann das GW im Sinne von 'befestigter Bau' verstanden werden, womit auch ein Einzelgut oder eine Ortschaft gemeint sein kann. Der PN *Jürgen* ist eine patronymische Form des PN *Jürg*, der wiederum eine nd. Variante des griech. PN *Georg(ius)* 'Landmann, Bauer' ist. Der PN *Georg* wurde im Zuge der Christianisierung und Heiligenverehrung zu einem der häufigsten RufN.

IV. Exkursionskarte Moringen S. 67-68; Kühlhorn, Wüstungen Bd. II Nr. 204 S. 277-279; Mundhenke, Adelebsen S. 14.

K

KALEFELD (Kalefeld)

889 (A. 15. Jh.) *Halafeld* (MGH DArnolf Nr. 55 S. 79)
1254 *Albertus de Caleuelde* (Urk. St. Marien Gandersheim Nr. 7)
1256 *dicti de Caluelde* (Urk. St. Marien Gandersheim Nr. 8)
1297 *fratres de Calvelde* (UB Walkenried I Nr. 706 S. 587)
1318 *Kaleuelde* (Flentje/Henrichvark, Lehnbücher Nr. 153 S. 44)
1362 *Cord de Kalevelde* (Grote, Neubürgerbuch S. 16)
1393 *Kalvelde* (UB Hardenberg II Nr. 39 S. 78)
1400 *in unsem gerichte to Westerhove unde Calevelde* (UB Oldershausen Nr. 47 S. 80)
1441 *Kaleuelde* (Urk. St. Marien Gandersheim Nr. 90)
1484 *Kalevelde* (Lehnregister Bortfeld S. 61)
1520 *Caelfelde* [!] (Tschackert, Rechnungsbücher S. 361)
1535 *Colvelde* (Urkunden Hist. Verein Nr. 224 S. 373)
1542 *Kallfelde* (Kayser, Kirchenvisitationen S. 203)
um 1588 *Calfelde* (Lubecus, Annalen S. 488)
um 1600 *Calefeldt* (Reller, Kirchenverfassung S. 221)
1678 (A. 18. Jh.) *Calefeld* (Reg. Wallmoden Nr. 675 S. 209)
1715 *Cahlelefde* (Bodemann, Wüste Ortschaften S. 252)
1791 *Kahlefeld* (Scharf, Samlungen II S. 124)
1823 *Calefeld* (Ubbelohde, Repertorium 2. Abt. S. 31)
dialekt. (1951) *kålĕfĕllĕ* (Flechsig, Beiträge S. 17)
dialekt. (1951) *kaulĕfelt* (Flechsig, Beiträge S. 17)

I. Die Schreibung des Anlautes des Erstbeleges *Halafeld* geht darauf zurück, daß es sich bei der Urkunde um eine Königsurkunde Arnolfs von Kärnten handelt, dessen für die Urkundenausstellung zuständige Personal sich überwiegend aus dem oberdeutschen Sprachraum rekrutierte. Im damaligen Oberdt. wurde -*k*- gewöhnlich als -*ch*- gesprochen und graphisch oft als -*h*- realisiert. Ansonsten unterscheidet sich der Erstbeleg *Halafeld* vom nächst jüngeren *Caleuelde* nur im Auslaut des BW, da er hier ein -*a*- statt des abgeschwächten -*e*- zeigt. Im Folgenden wechselt *Cale-/Kale-* mit *Cal-/Kal-*. Abweichend liegen singulär *Cael-*, *Col-* und *Kall-* vor; im 18. Jh. begegnet *Kahle-*. Das GW erscheint als -*uelde*, -*velde*, -*felde*, -*feld(t)*.

II. Nach Casemir/Ohainski, Orte S. 134 mit dem GW -*feld* gebildet. Förstemann, Ortsnamen I Sp. 1210 stellt den Beleg *Halafeld* zu aengl. *heal(h)* 'Ecke, Bucht', dän. *hale* 'spitzes Grundstück, Schwanz', anord. *hali* 'spitzes Ende'. Förstemann, Ortsnamen I Sp. 1625 stellt Kalefeld zu ahd. *kalo*, aengl. *calu*, mnd. *kal* 'kahl'. Nach Flechsig, Beiträge S. 52 „könnte in Kalefeld ein FlußN Kala oder Hala als alte Benennung des dortigen Flußabschnitts der Aue stecken, zumal wir auch eine Hahle unter den Nebenflüssen der Rhume aus dem Kr. Duderstadt haben". Das Dorfbuch Kalme S. 2

vermutet im BW anord. *kalla* 'rufen', aengl. *ceallian*, engl. *to call* 'rufen, lautmalend auch plätschern'.

III. Bildung mit dem GW *-feld*. Im BW ist von *Kala-* auszugehen (siehe I.). Da mit dem GW *-feld* gebildete ON oft einen GewN im BW enthalten, stellt sich die Frage, ob auch in Kalefeld ein solcher zu vermuten ist. Die Lage des Ortes an der Aue läßt die Annahme eines alten Teilabschnittsnamens dieses Flusses zu. In dem Fall dürfte die germ. Form dieses FlußN **Kal-a-* lauten und als *a*-Ableitung zu interpretieren sein. Unter Berücksichtigung der germ. Lautverschiebung ist die Basis *Kal-* auf eine idg. Wurzel **gal-* oder **gol-* zurückzuführen. Dafür bietet sich zum einen idg. **gal-* 'kahl, nackt' (Pokorny, Wörterbuch S. 349), doch für einen FlußN ist die Wurzel semantisch wenig wahrscheinlich. Plausibler erscheint der Anschluß an idg. **gal-* 'rufen, schreien', das auch in anord. *kalla* 'rufen, singen', aengl. *c(e)allian*, engl. *to call*, ahd. *kallōn*, mnd. *kallen* 'rufen, (viel und laut) sprechen, schwatzen' (vgl. Pokorny, Wörterbuch S. 350) vorliegt. Schönfeld, Waternamen S. 147 denkt bei dem nl. FlußN *Calvliet* an mnl. *kallen* 'reden, schwatzen'. Kettner, Flußnamen S. 139 stellt die FlußN Kallensiek und Kalmke (< **im kallenden beke*) zu mnd. *kallen* 'schwatzen'. Allerdings beruhen all diese Appellative auf germ. **kalsā-* zu idg. **galsō-* 'Ruf'. Die *s*-Erweiterung bewirkt die Geminierung zu *-ll-*. Die Überlieferung des ON zeigt jedoch einfaches *-l-*. Der vermutete FlußN wäre damit als vorgermanische, weil auf der unerweiterten idg. Wurzel **gal-* beruhende Bildung **Gal-a* zur alteuropäischen Hydronymie zu rechnen. Das Benennungsmotiv läge wohl in einem geräuschvollen Fluß. Eine andere Möglichkeit ist die idg. Wurzel **gel(ə)-* 'kalt, frieren' (Pokorny, Wörterbuch S. 365), die in anord. *kala* 'kalt sein, frieren', aengl. *cōl*, mnd. *kōl* 'kühl', anord. *kul* 'kühle Brise', schwed. dial. *kala* 'kalt wehen', isl. *kal* 'kalter Wind', und in den Partizipien anord. *kalinn*, aengl. *calan* 'gefroren', got. *kalds* 'kalt' vorliegt; vgl. auch Torp, Nynorsk Ordbok S. 255. Der FlußN *Kal-a* kann in einer Grundform **Gol-a* auf der Ablautform **gol-* zu dieser Wurzel beruhen. Namengebend wären in diesem Fall die Temperatur des Wassers oder die besonderen Witterungsverhältnisse an dieser Stelle.

Bleibt ein FlußN jedoch fern, ist im BW von Kalefeld ein Adjektiv in unflektierter Form auszugehen. Das dabei in Frage kommende Adjektiv mnd. *kāl*, aengl. *calu*, ahd. *kalo* 'kahl' < germ. **kalwa-* gehört allerdings zu den *wa*-Stämmen, die im Nominativ Singular auf *-u-* oder *-o-* auslauten (Gallée, Grammatik § 348). Die ON-Belege der mnd. Zeit könnten zwar älteres *-u-/-o-* (abgeschwächt zu *-e-*) zeigen (**Kalofeld* > Kalefeld), doch die auf *-a-* auslautende Form des Erstbeleges spricht gegen einen solchen Anschluß. Unter der Voraussetzung, daß der Erstbeleg zumindest im Auslaut des BW die richtige Lautung wiedergibt, ist die Annahme einer Kombination aus FlußN und GW *-feld* vorzuziehen. Eine endgültige Deutung ist letztlich nicht zu treffen; vgl. dazu auch die Überlegungen zu Kalme, Kr. Wolfenbüttel (NOB III S. 209f.).

† KALKGRAVE

Lage: Wahrscheinlich ca. 2,3 km nordwestl. Lüthorst.

1390 *de weesten dorpstede* [...] *Kalkgrave* (Petri, Lüthorst S. 144)
1400 (A. 15. Jh.) *Kalkgrave* (Schnath, Everstein S. 27)
1470 *den tegeden tor Kalkgroue* (Lüneburger Lehnregister Nr. 781 S. 70)
1471 *dat dor(p) to der Kalkgrouen* (Lüneburger Lehnregister Nr. 804 S. 72)
1580 *Falkgrave* [!] (Dürre, HomburgNr. 365 S. 141)

1715 *Kalkgraven* (Bodemann, Wüste Ortschaften S. 246)
1787 *Auf der Kalkrode* (Rohmeyer, Lüthorst S. 41)
dialekt. (1970) *Kalkräuen* (Rohmeyer, Lüthorst S. 41)

I. Der Ort war bereits wüst, als die Überlieferung einsetzte. Der ON bleibt recht konstant *Kalkgrave(n)*, *Kalkgroue(n)*. Im 15. Jh. wird der ON wieder als FlurN verstanden und in präpositionalen Wendungen gebraucht. 1787 ändert sich das GW in -*rode*. Im Beleg 1580 *Falkgrave* liegt eine Verschreibung vor.

II. Nach Casemir, Grundwörter S. 191 mit dem GW -*graben* gebildet. Rohmeyer, Lüthorst S. 45 deutet den ON als „Kalkgrube".

III. Im GW vermischen sich in der Überlieferung zwei Appellative. Jellinghaus, Westf. ON S. 71 stellt das GW *grave* zu „altndd. gravo der Graben, in der Volkssprache auch der Wall"; für *grove* führt er die Bedeutung „Künstlicher Graben (nicht Grube)" an. Scheuermann, Flurnamenforschung S. 122 verzeichnet in FlurN das Appellativ „mnd. gröve f. 1) Grube, 2) Graben, breiter, tiefer Wassergraben, Grenz-, Befestigungs-, Entwässerungsgraben". Ursprünglich ist in unserem ON jedoch asä. *grabo*, mnd. *gräve* 'Graben' zu sehen. Das BW enthält asä. *kalc*, mnd. *kalk* 'Kalkstein'. Als Benennungsmotiv ist eine markante Kalksteinformation wahrscheinlich. Vergleichbar wäre dann der ON † Kalkburg, Kr. Osterode (NOB II S. 88), der sich „aus dem kalkhaltigen Untergrund [erklärt], auf dem die Burg errichtet wurde". Allerdings sind auf der Topographischen Karte in der Gegend unterhalb des Kahlebergs, in der der Ort vermutet wird, Steingruben an den Kalkruthenwiesen verzeichnet, welche vielleicht auf Kalkabbau hinweisen. Ob diese jedoch mit dem ON in Bezug zu setzen sind, ist unsicher, da sie in jüngerer Zeit entstanden sein können.

IV. Ernst, Wüstungen S. 85-86; Kramer, Artikel S. 92; Kühlhorn, Wüstungen Bd. II Nr. 205 S. 280-281; Rohmeyer, Lüthorst S. 41-42.

KAMMERBORN (Uslar)

1418 *tome Kamerbornen* (Kramer, Artikel S. 93)
1546-47 *zum Kamerbornn* (Kramer, Artikel S. 93)
1596 *dörpe Cammerborn* (Nolte, Flurnamen S. 12)
1596 *zum Kamerborn* (Letzner, Chronica Buch 8 S. 143v)
1603 *Kamerborn* (Krabbe, Sollingkarte Bl. 5)
um 1616 *Cammerborn* (Casemir/Ohainski, Territorium S. 57)
1630 *Cammerborn* (Nolte, Flurnamen S. 12)
1669 *Cammerborn* (Kühlhorn, Ortsnamen S. 78)
1735-36 *Cammerborn* (Forstbereitungsprotokoll S. 87)
1791 *Cammerborn* (Scharf, Samlungen II S. 45)
1823 *Cammerborn* (Ubbelohde, Repertorium 2. Abt. S. 31)
dialekt. (1951) *kåmĕrborn* (Flechsig, Beiträge S. 13)
dialekt. (1963) *kāmerborn* (Nolte, Flurnamen S. 12)

I. Der ON lautet konstant *Kam(m)erborn*, z. T. in präpositionalen Wendungen, die auf einen ursprünglichen FlurN hindeuten.

II. Nach Flechsig, Beiträge S. 54 mit dem GW -*born* gebildet. Nolte, Flurnamen S. 11 sieht im BW *Kammer*- mit Verweis auf Bach, Ortsnamen II § 394 einen Hinweis auf herrschaftlichen Besitz. Auf S. 319 konkretisiert er, *Kammer* gehöre vielleicht zu mhd. *kamere* in der Bedeutung 'Fiskus, Kammergut, öffentliche Kasse'. Das GW -*born* stellt er zu asä. *brunno* 'Quell, Wasser', einem Wort, welches sich durch *r*-Metathese zu *burno* und im 12. Jh. durch Senkung des kurzen *u* > *o* zu *born(e)* entwickelte. Förster, Forstorte S. 97 beschäftigt sich mit dem FlurN 1784 *Cammerborner Berg*, 1882 *Am Kammerborn*, bezieht aber den ON in seine Überlegungen ein: „Da in beiden Fällen keine bemerkenswerte Quelle vorhanden ist, kann Born nicht die Wurzel des Grundwortes sein. Wir haben es vielmehr mit einer Abwandlung des ahd. Wortes bor = Anhöhe, Höhe, Erhebung zu tun. Beim heutigen Bestimmungswort Kammer ist davon auszugehen, daß das zweite 'm' bei der schriftlichen Fixierung des Namens eingefügt worden ist. Ursprünglich wird es sich um eine Kamer-Flur gehandelt haben. Mer geht hier auf ahd. marca, marcha = Grenze, Grenzland usw. zurück. Ka- hat seine Wurzel in ahd. gewi, gawi (kawi) = Gau, Bezirk. [...] Der Forstort war eine gawi-march-bor, eine Gau-Grenz-Anhöhe. [...] Die gleiche Situation finden wir im übrigen bei dem Dorf Kammerborn. Der alte Bokenhof lag wohl auf einer Anhöhe im alten Grenzgemenge an der Gau-Grenze des Gaues Hünenberg-Schönhagen."

III. Försters Deutung entbehrt jeder sprachlichen Grundlage. Es ist von einem ursprünglichen FlurN *Kam(m)erborn* auszugehen, welcher sich auf eine Quelle, ein Gewässer bezieht. Das BW *Kammer*- wird im allgemeinen mit herrschaftlichem Besitz in Verbindung gebracht; vgl. Bach, Ortsnamen I § 394: „Auf herrschaftlichen Besitz weisen viele Namen mit *Kammer*- (zu mhd. *kamere* 'Fiskus, Kammergut, öffentliche Kasse'), also *Kammerforst, Kammerfeld* usw." Scheuermann, Flurnamenforschung S. 129 stellt FlurN *Kammer* zu mnd. *kāmer*. Darin sieht er jedoch nicht nur die Bedeutung „Kämmerei, Hinweis auf Fiskalbesitz", sondern er verweist auch auf das Appellativ *Kammer* als Metapher für ein eingeschlossen liegendes Flurstück. Kramer, Moringen S. 291 bezeichnet *Kammer* (dort als GW eines FlurN) ebenfalls als „eingeschlossene (verborgene?) Flur" und verweist auf Alpers, Flurnamen S. 119, wo es heißt: „Kammer = 1. eingeschlossene Flur?, 2. landesherrlicher oder Kloster(kammer)-Besitz, Kammergut (camera = Fiskus)". Doch wird eine einzelne Quelle als Kammerbesitz ausgewiesen? Als wahrscheinlicher ist ein Bezug zur Lage des Borns zu sehen.

KATLENBURG (Katlenburg-Lindau)

zu 1075 *Diedericus de Cadalenburg* (Lampert von Hersfeld S. 238)
zu 1076 *Thiedericus de Kathalanburg* (Brunos Buch vom Sachsenkrieg S. 80)
1097 (Fä. 12. Jh.) *Thiederico comite de Catelenburg* (MGH DH IV. Nr. 457 S. 617)
1105 (Fä. Mitte 12. Jh.) *in castro suo, quod Katelenburc dicebatur* (Mainzer UB I Nr. 424 S. 330)
1139 *Katelenburch* (Mainzer UB II Nr. 8 S. 11)
1146 *Katelenburch* (UB H. Hild. I Nr. 239 S. 224)
vor 1154 *Catelenburgensis ęcclesia* (MGH Urk. HdL Nr. 23 S. 33)
um 1156 *Helichmannus Cathelenburgensis* (UB H. Hild. I Nr. 297 S. 283)
um 1229 *prepositus de Katelenborch* (UB H. Hild. II Nr. 276 S. 122)
1258 *Katelenburg* (UB Plesse Nr. 181 S. 211)
1262 *Katelingeburg* [!] (UB Plesse Nr. 195 S. 225)
1279 *Katelnburg* (Urk. Katlenburg Nr. 37)

1317 *Kathelenborch* (Westfäl. UB IX Nr. 1626 S. 773)
1332 *cappellanus in Kathelenborch* (UB Fredelsloh Nr. 133 S. 97)
1380 *Catlenburg* (Urk. Katlenburg Nr. 202)
1429 *Katelenborch* (Urk. Katlenburg Nr. 230)
1462 *Catelenborch* (UB Stadt Hild. VII Nr. 420 S. 264)
1497 *Cathelenborch* (Negotium monasterii Steynensis S. 197)
1506 *Katelnborch* (Urk. Katlenburg Nr. 283)
1532 *Cathellenborg* (UB Göttingen III Nr. 638 S. 321)
1596 *closter Catelnburg* (Letzner, Chronica Buch 2 S. 24r)
um 1649 *Catlenburg* (Leerhoff, Karten S. 40)
1715 *Amt Katlenburg* (Bodemann, Wüste Ortschaften S. 243)
1791 *Catlenburg* (Scharf, Samlungen II S. 47)
1824 *Catlenburg* (Friese, Hammenstedt S. 76)
dialekt. (1949) *kåtĕlnburch* (Flechsig, Beiträge S. 17)
dialekt. (1951) *kåtlĕnborch* (Flechsig, Beiträge S. 17)

FlußN KATLENBACH
um 1215 *Catelenborn* (Kettner, Flußnamen S. 141)
1525 *in der Katelen belegen* (Kettner, Flußnamen S. 141)
1617 *uber den Catelnborn* (Kettner, Flußnamen S. 141)
1638 *über dem Catelgrund* (Kettner, Flußnamen S. 141)
1700 *über den Cateln Born* (Kettner, Flußnamen S. 141)
1778 *Katelbach* (Kettner, Flußnamen S. 141)
1779 *die Katel* (Kettner, Flußnamen S. 141)
1880-81 *Catelbach* (Kettner, Flußnamen S. 141)

I. Katlenburg war bis ins 19. Jahrhundert nicht der Name des Dorfes (→ Duhm), sondern zunächst der Name der Burg, dann bis 1534 der Name des Klosters und bis 1859 der Name des Amts. Nach der Auflösung des Amtes kam der Doppelname Katlenburg-Duhm für das Dorf auf, der bis 1973 galt. Seit 1974 lautet der neue Gemeindename Katlenburg-Lindau. Das GW liegt vor allem als *-burg, -burch, -borg, -borch* vor. Das BW enthält im Erstbeleg *-d-* als Dental, die folgenden Belege zeigen gelegentlich *-th-* und dominant *-t-*. Die asä. Vollvokale *-a-* der Erstbelege werden zu *-e-* abgeschwächt; das BW erscheint größtenteils als *Katelen-* und in leicht variierten Formen. Ab Ende des 13. Jh. treten Verkürzungen zu *Kateln-* auf, die Form *Catlen-* erscheint erstmalig 1380, im 17. Jh. setzt sie sich durch. *Katelinge-* weicht stärker von den übrigen Formen ab. Der FlußN begegnet flektiert als *Catel(e)n-* und unflektiert als *Katel*, zumeist in Zusammensetzungen mit *-born, -winkel, -grund* und *-bach*.

II. Nach Leuckfeld, Katlenburg S. 3 ist der Ort entweder nach den „Catten, so vormahls dieselbige Gegend durchgehends bewohnet" oder nach dem „Sächsischen Herrn Nahmens Siegehardus von Cadan" benannt, der das Schloß erbaut habe. Scheibe, Catlenburg S. 1f. greift diese Deutungen auf, findet aber wahrscheinlicher, „daß der kleine Fluß Catel der an seinen Ufern entstandenen Burg und dem nachherigen Dorfe den Namen gegeben hat". Nach Rokahr, Katlenburg S. 13 ist keine dieser Vermutungen schlüssig zu beweisen. Müller, Catlenburg S. 101 denkt an ein keltisches Wort „Katelauni, welches Helden bedeutet, aus Katelauniburg könnte Catlenburg geworden sein und soviel wie Heldenburg bedeuten. Kelten sollen aber in unserer Gegend nie gesessen haben; dann wäre die Ableitung hinfällig". Dann erwägt er erst ein ahd. Wort „Catel = Grabmal" und eine Benennung des Ortes nach Hünengräbern, danach ein Wort *Cateling* „Geschlechtsgenosse, Verwandter" und eine Bedeutung des ON „Fluchtburg der Sippe". Flechsig, Beiträge 50, Weigand, Heimatbuch S. 170 und Max, Grubenhagen I S. 54 bringen den ON mit dem FlußN in Verbindung, ohne diesen zu deuten. Weigand, Ortsnamen S. 6 bezeichnet den Bach als „die [...] aus den Katlöchern kommende kleine Katel" und sieht dabei „Katloch" als eine Tautologie an. *Kat* bedeute 'Loch' und der Bach sei der „Abfluß aus der Kat, dem Loch". Garke, Bachnamen S. 30 stellt den FlußN zusammen mit einem „Flurort Katlenhorn" und dem ON Katlenburg zu „einer Kate-lene, einem Berghange, der nach Wildkatzen benannt sein könnte", oder wie den GewN Katzsohlbach (Garke, Bachnamen S. 26) zu nd. *kade* 'Sumpf', *quad* 'Sumpflache'. Förstemann, Ortsnamen I Sp. 1655 vermutet im BW einen PN zum Stamm KAT; vgl. bei Förstemann, Personennamen Sp. 361 einen PN *Cathelo*, den dieser unsicher zu anord. *kātr* 'heiter, fröhlich', zum Stamm der Quaden oder zu ahd. *quedan* 'reden, sprechen' stellt. Nach Flechsig, „Wer" S. 18, Flechsig, Gandersheim S. 46 und Flechsig, Sprachreste S. 17 ist der FlußN eine Bildung mit *l*-Suffix, genauer mit *-ala*. Garkes und Förstemanns Deutungen lehnt Kettner, Flußnamen S. 141 Anm. 10 ab und rekonstruiert eine FlußN-Grundform **Kātala*, die sich über **Kātele* zu **Kātel* entwickelt, später tritt *-bach* an. Bei diesem FlußN handle es sich um eine Ableitung mit *ala*-Suffix von einem germ. Stamm **kat-* 'Winkel', den Kaspers, Kettwig für Kettwig an der Ruhr im Kr. Essen und die nl. ON Katwijk an der Maas und Katwijk aan Zee am Alten Rhein aufgrund deren Lage an auffälligen Flußbiegungen rekonstruiert und der auch von Bach, Ortsnamen II § 374 und § 600, 1 aufgegriffen wird. **Kat-* gehe auf idg. **ge-* 'gekrümmt' in einer Dentalableitung **ge-d-*, **go-d-* zurück. Eine Bestätigung sieht Kettner im Verlauf des Baches: „Der *Katlenbach* hat bei Suterode NOM eine fast rechtwinklige Krümmung" (Kettner, Flußnamen S. 141 Anm. 12). Winzer, Mittelalter S. 22 schließt sich der Herleitung aus einem FlußN an.

III. Bildung mit dem GW *-burg*. Das BW enthält offensichtlich den FlußN Katel in flektierter Form. Der ON bedeutet somit 'Burg an der Katel'. Leuckfelds, Müllers, Weigands und Garkes Deutungen des ON und FlußN bleiben aus sachlichen und morphologischen Gründen fern. Der FlußN Katel ist mit Kettner auf eine Grundform **Katala* zurückzuführen, die mit einem *l*-Suffix gebildet ist. Obwohl der Erstbeleg den Dental *-d-* enthält, der germ. *-þ-* oder *-ð-* verlangt, ist aufgrund der dominierenden *t*-Belege von germ. *-t-* auszugehen. Die Deutung der Basis *Kat-* ist schwierig, da appellativische Verbindungen fehlen. Die starken Krümmungen der Katel in Verbindung mit parallelen örtlichen Gegebenheiten der von Kaspers vorgestellten Beispielorte machen eine gemeinsame Basis **kat-* in der Bedeutung 'gebogen, gekrümmt; Winkel' plausibel. Kaspers Herleitung dieser Basis als Dentalerweiterung zu einer idg. Wurzel **ge-* 'gekrümmt' ist jedoch nicht ganz nachzuvollziehen. Aus der nach Kaspers zugrundeliegenden idg. Wurzel **gēu-*, **gəu-*, **gū-* 'biegen, krümmen, wölben' (Pokorny, Wörterbuch S. 393f.) ergibt sich keine Form **ge-*. Germ. **ka-t-* kann jedoch anderweitig aus idg. **gēu-* gewonnen werden: Zwar fallen idg. Langdiphthonge in Wurzelsilben zumeist mit den Kurzdiphthongen zusammen (Krahe/Meid I § 32); demnach wird **gēu-* zu **geu-*. Doch nach Krahe/Meid I § 52 konnte „unter gewissen Bedingungen der zweite Bestandteil schwinden", so daß auch idg. **gē-* möglich wird. Aus der Ablautreihe idg. **gē-*, **gō-*, **gə-* folgt germ. **kē-*, **kō-*, **ka-*. Zur idg. Schwundstufe **gə-* > germ. **ka-* ist nun eine Dentalerweiterung **gə-d-* > **ka-t-* anzunehmen. Die (besonders im Germ.) gut belegten Erweiterungen **geud-*, **gud-*, **gūd-* zur zugrundeliegenden idg. Wurzel **gēu-*, **gəu-*, **gū-* (z.B. in mnd. *köte*, *küte*

'Huf, Klauen', afries. *kāte* 'Knöchel' und in der Bedeutung 'Einbiegung, Höhlung' in nd. *kūte* 'Grube', norw. dial. *koyta* 'Einsenkung im Erdboden', anord. *kot*, aengl. *cyte*, nd. *kot(e)*, mnl. *cot(e)* 'Hütte, Stall'; vgl. Pokorny, Wörterbuch S. 393f.) unterstützen diesen Ansatz. Der FlußN *Kat-ala* in einer Bedeutung 'die Gebogene, Gekrümmte' ergänzt die Reihe der von Kaspers angeführten auf *kat-* basierenden Namen. Vielleicht sind hier auch ON wie † Kattorf, Kr. Helmstedt, † Kathorst bei Zelhem, Prov. Gelderland (Udolph, Germanenproblem S. 790), Kattem in Belgien (Gysseling, Woordenboek I S. 555) und die zahlreichen engl. ON auf Cat-/Ket- wie Catton, Ketton, Catford, Catmore (vgl. Ekwall, Place-Names S. 90, Smith, Elements I S. 82f., Watts, Place-Names S. 120f.) anzuschließen, die zumeist mit dem Vorkommen von Wildkatzen verbunden werden (vgl. auch die norw. und schwed. Namen auf Katt-; Norsk Stadnamnleksikon S. 252, Svenskt Ortnamnslexikon S. 163f.).

† KLAUENSEN

Lage: Ca. 1 km nordwestl. Wolperode.

1438 *Clauensen* (Goetting, Findbuch I Nr. 400 S. 162)
1486 *Clawensen* (Goetting, Findbuch II Nr. 626 S. 78)
1590 (A.) *Clawersen* (Müller, Lehnsaufgebot S. 452)
1609 *Clawersen* (Müller, Lehnsaufgebot S. 452)
1777 *Clauensen* (Kleinau GOV I Nr. 1181 S. 339)

I. In der spät einsetzenden Überlieferung liegt der ON als *Clauensen*, *Clawensen* und als *Clawersen* vor.

III. Bildung mit dem GW *-hūsen*, verkürzt zu *-sen*. Da die Überlieferung spät einsetzt, läßt sich für das BW nur eine Vermutung aussprechen. In *Clauen-* kann entweder ein schwach flektierender PN oder ein Appellativ vorliegen. Für einen PN ergibt sich kein Anschluß an einen PN-Stamm. Ein appellativischer Ansatz ist mit mnd. *klāwe, klauwe, klouwe* 'Klaue' leicht gefunden. Smith, Elements I S. 96, Ekwall, Place-Names S. 110 und Ekwall, River-Names S. 81 führen engl. Orts- und FlußN wie Clawford, Clawton, Clayworth, Claw, Clawe und Clow Beck auf aengl. *clā*, *clēa*, *clawu* 'Klaue' zurück, welches in ON etwas Klauenähnliches oder Gespaltenes, etwa eine Flußgabelung, eine Landzunge zwischen zwei Flüssen oder ein enges Tal, in welches ein Fluß einmündet, bezeichne. Dittmaier, Rhein. FlurN S. 144 sieht im BW von Namen wie Klauberg und Klauheim die Bedeutung 'Schlucht, enges Tal'. Worauf sich dieses Appellativ bei der Benennung von Klauensen bezogen haben kann, ist jedoch nicht mehr nachzuvollziehen. Wie bei → † Clawenburg, → † Clawenhagen und → † Clawenhusen ist festzustellen, daß *clawa* hier – im Gegensatz zu den oben erwähnten ON – in schwacher Flexion vorliegt. Nach ¹DWB V Sp. 1026 ist das Appellativ sowohl stark als auch schwach flektierend bezeugt (vgl. zur Vermischung femininer Flexionsklassen Gallée, Grammatik § 308 Anm. 1, § 336 Anm.), weswegen *clawa* hier angesetzt werden kann. Die beiden Formen *Clawersen* sind vielleicht durch nd. *klāver(e)* 'Klee' beeinflußt worden.

IV. Kleinau GOV I Nr. 1181 S. 339-340; Karte 18. Jh. Bl. 4126.

KNOBBEN (Uslar)

1596 *in dem Knobbenschlage vor dem Söllinge* (Nolte, Flurnamen S. 91)
1603 *an dem Knobben* (Krabbe, Sollingkarte Bl. 5)

1697 *an den Knobben* (Nolte, Flurnamen S. 91)
1746 *an den Knobben* (Nolte, Flurnamen S. 189)
1784 *an Knobbe* (Nolte, Flurnamen S. 243)
1791 *am Knobben* (Scharf, Samlungen II S. 129)
1823 *am Knobben* (Ubbelohde, Repertorium 2. Abt. S. 98)

I. Der Ort ist offenbar jungen Ursprungs und geht auf einen FlurN zurück. Der Erstbeleg lautet noch *in dem Knobbenschlage*, später heißt es nur noch *an dem Knobben*.

II. Nolte, Flurnamen S. 189 bezieht den Beleg von 1596 *in dem Knobbenschlage* auf eine Ackerfläche vor dem Ort: „'Schlag' bezeichnet eine Hiebabteilung im Walde (nach Bach, Ortsnamen I § 362). Nach Schambach bedeutet 'Knobben' eine Knospe. Der Name würde sich somit auf die Knospenbäume (Laubwald) beziehen, der im Gegensatz zum Tannenwald steht. In diesem Falle ist Knobben wohl zu mnd. knuppeken 'dickes Stück Holz' zu stellen." Förster, Forstorte S. 101 führt Überlegungen zum BergN Am Knobben am Südrand des Sollings aus. Mnd. knobbe 'Knorren, Erhöhung; kleine Anhöhe' könne nicht auf diesen markanten Berg zutreffen. Deswegen rekonstruiert er „Knob-Berg, Knop-Berg oder Knap-Berg" zu einem Wort knappen 'klappen, klatschen, knallen, knicken und knacken' (^{1}DWB V, 1344) und daraus einen „Knack- oder Knick-Berg"; „Knack im Sinne eines Grenzdickichts", denn „unter Knack verstand man auch ein Dickicht, ein niedriges Gebüsch (^{1}DWB V, 1328)"; „Knick bezeichnete unter anderem den durch Knicken der Zweige und Schößlinge erstellten Heckenzaun (^{1}DWB 11, 1416)".

III. Försters Darlegungen entbehren jeder sprachlichen Grundlage. Außerdem ist der von ihm erwähnte BergN Am Knobben wohl mit einem der oben genannten ON-Belege identisch, welche sich auf die Lage des Ortes südlich des Knobbens, einem Waldrevier aus Laubwald, beziehen. Ein konkreter BergN ist auf der Topographischen Karte nicht verzeichnet. Nach Lübben/Walther, Handwörterbuch S. 180 bedeutet mnd. *knobbe* 'Knorren, Erhöhung'. Das Mnd. Handwörterbuch S. 599 belegt die Bedeutungen 'Verdickung, vorspringender Teil, Knorren, Baumstumpf, Knoten, Verhärtung, harte Beule'. Scheuermann, Flurnamenforschung S. 131 führt für mnd. *knobbe, knubbe* 'Verdickung, vorspringender Teil, Knorren, Baumstumpf' an; nnd. bedeute das Appellativ *Knobben* 'Höcker' und *Knupp, Knuppen* 'Knorren, Erhöhung, etwa = Anhöhe, Hügel'. Dittmaier, Rhein. FlurN S. 151ff. verzeichnet die FlurN Knapp(en), Knipp, Knopf (Knopp) und Knupp(en), welche alle mit dem Bedeutungsfeld 'Hügel' zu verbinden sind (vgl. dazu auch die Verbreitungskarte S. 153). Zum FlurN Knopf bemerkt er: „Hügel oder dessen höchster Teil, Endkuppe eines auslaufenden Gebirges". Das Waldrevier Knobben liegt auf einem Ausläufer des Sollings, einer Endkuppe, die den Eingang zum Ital westlich begrenzt. Es ist wohl davon auszugehen, daß der FlurN Knobben nicht den Laubwald, sondern eben diese Erhöhung bezeichnet. Der Erstbeleg *in dem Knobbenschlage* ist als Rodung am Knobben zu verstehen, an deren Stelle der Ort ca. 60 Meter unterhalb des Knobbens entstand. Als der Schlag nicht mehr bestand, wurde der Ort nur noch *am Knobben* genannt.

KOHNSEN (Einbeck)

8./9. Jh. (A. 12. Jh.) *Chusinhusen* (Trad. Fuld. 41, 50 S. 98 = Codex Eberhardi II S. 189)

8./9. Jh. (A. 12. Jh.) *Cusinhusen* (Trad. Fuld. 41, 60 S. 98 = Codex Eberhardi II S. 190)
um 1000 (A. 15. Jh.) *Cusanhusun* (Heberolle Corvey § 5 S. 199)
1064 *Cusinhusin* (MGH DH IV. Nr. 133 S. 175)
1171 (Fä. 17. Jh.) *Chusinhusen* (UB Goslar I Nr. 268 S. 299)
1233 *Cusenhusen* (Kruppa, Dassel Nr. 193 S. 407)
1252 *Cusinhusin* (MGH DW Nr. 194 S. 247)
1256 *(C)osenhusen* (Kramer, Abschwächung S. 33)
1299 *Cosenosen* (UB Oldershausen Nr. 7 S. 13)
1309 (Druck 18. Jh.) *Cosenhusen* (Westfäl. UB IX Nr. 692 S. 331)
1349 (A.) *Kosensen* (Bilderbeck, Sammlung II Nr. 11 S. 36)
1388 *Kosenhusen* (UB H. Hild. VI Nr. 824 S. 564)
1437 *Cosenosen* (Urk. Dipl. App. Nr. 246)
1481 *Kosensen* (Urk. Clus/Brunshausen Nr. 79)
1519/20 (A. 16. Jh.) *Chosenhusen* (Krusch, Studie S. 266)
1588 *Coensen* (Kayser, Generalkirchenvisitation S. 191)
um 1616 *Koensen* (Casemir/Ohainski, Territorium S. 58)
1734 *Kohnsen* (Plümer, Corpora S. 41)
1823 *Kohnsen* (Ubbelohde, Repertorium 2. Abt. S. 100)
dialekt. (1950) *kōnsĕn* (Flechsig, Beiträge S. 17)

I. Das GW wechselt zwischen -*husen* und der südniedersächs. Variante -*hosen*. Ab Ende des 13. Jh. wird es zu -*sen* verkürzt Das BW erscheint zuerst als *C(h)usin-*, *Cusen-*, bevor im 13. Jh. -*u*- zu -*o*- wechselt. Ende des 16. Jh. fällt das -*s*- des BW aus. Das lange -*ō*- wird ab dem 18. Jh. durch *h*-Einschub bezeichnet.

II. Nach Casemir/Ohainski, Orte S. 135 mit dem GW -*husen* gebildet. Förstemann, Ortsnamen I Sp. 1763 vermutet, man habe den ON „wahrscheinlich falsch gehört", stattdessen liege eher „Cuthinhusin, von p-n Cutho" vor. In Personennamen Sp. 383 rekonstruiert er aus der ON-Form *Cusinhusen* jedoch einen PN *Cuso*. Kaufmann, Ergänzungsband S. 87 erschließt aus den ON-Belegen von Kohnsen ebenfalls einen PN *Cuso*.

III. Bildung mit dem GW -*hūsen*. Da der *Ch*-Anlaut im Asä. den Lautwert -*k*- hat (Gallée, Grammatik § 168), ist von einer Grundform *Kusenhusen* auszugehen. Für das BW *Kusen-* ist in Verbindung mit dem GW -*hūsen* ein schwach flektierender PN *Kuso* anzunehmen, für den sich jedoch kein Anschluß an einen PN-Stamm ergibt. Doch bieten ON gelegentlich Hinweise auf ansonsten unbezeugte PN. Aus den engl. Flur- und ON 947 *on cusestede beorh*, 824 *cusincg dene*, Cossington/Kent (1230 *Cusinton*), Cossington/Leicestershire (1175 *Cosintone*) und Cossington/Somerset (729 *Cosingtone*) erschließen Middendorff, Aengl. FlurN S. 36 und Ekwall, Place-Names S. 123 die PN *Cus*, *Cusa*, womit die Annahme eines PN *Kuso* in Kohnsen unterstützt wird. Der Wechsel von -*u*- zu -*o*- erklärt sich durch mnd. Zerdehnung des betonten Vokals in offener Silbe (Lasch, Grammatik § 155f.). Der Ausfall des intervokalischen -*s*- ist eine Folge der Spirantenhäufung in *Kosensen*, vgl. → Beulshausen und dazu Möller, -sen-Namen S. 366.

KREIENSEN (Kreiensen)

1342 *Creyenhusen* (UB Saldern I Nr. 422 S. 195)
1344 (A.) *Cregenhusen* (Feise, Einbeck Nr. 239 S. 56)

1394 *Bertolt von Kregensen* (Goetting, Findbuch I Nr. 245 S. 110)
um 1440 *Kregenszen* (Flentje/Henrichvark, Lehnbücher S. 86 Erg. k)
1441 (A. 15. Jh.) *Kreyensen* (Kleinau GOV I Nr. 1226 S. 351)
1457 *Kreyenhusen* (UB Boventen Nr. 493 S. 335)
1482 *Kreygenhusen* (Upmeyer, Oldershausen S. 268)
1499 *Kreygenszheim* [!] (UB Boventen Nr. 578 S. 374)
1512 *Kreyensen* (Goetting, Findbuch II Nr. 721 S. 112)
1542 *Kreinßen* (Kayser, Kirchenvisitationen S. 205)
um 1600 *Kreinsen* (Reller, Kirchenverfassung S. 223)
1678 *Kreyensen* (Kopfsteuerbeschreibung Wolfenbüttel S. 217)
1783 *Kreinsen* (Kurhannoversche Landesaufnahme Bl. 139)
1803 *Kraiensen an der Gande* (Hassel/Bege, Wolfenbüttel II S. 195)
dialekt. (1950) *krānsən, krāəntsən* (Kleinau GOV I Nr. 1226 S. 351)
dialekt. (1957) *krainsən* (Kleinau GOV I Nr. 1226 S. 351)

I. Bei dem von den BuK Gandersheim S. 243 angeführten Beleg „*Kregenszen* (1318 oder bald nachher)" handelt es sich um den Beleg um 1440 *Kregenszen* (Flentje/Henrichvark, Lehnbücher S. 86 Erg. k). Das GW liegt als *-husen*, später verkürzt zu *-sen*, vor. Um 1500 erscheinen Belege, die *-heim* und noch dazu ein sonst nicht vorkommendes Fugen-s enthalten. Im BW wechselt im Inlaut *-eye-* mit *-ege-* und später *-eyge-*. Ab dem 16. Jh. fällt zum Teil das zweite *-e-* aus.

II. Gehmlich, Wappenbuch S. 271f. gibt die auffliegende schwarze Krähe im Wappen als „Anspielung auf den Ortsnamen" wieder. Nach Udolph, Tiere S. 43 bleibt die Tierbezeichnung *Krähe* jedoch aufgrund der Verbindung mit *-husen* fern.

III. Das GW ist *-hūsen*. Das BW *Creyen-, Cregen-* mit der *Krähe*, asä. *krāia*, mnd. in den Formen *krā, krage, kreye, kreie, kreyge, kreige* und *krege* bezeugt, zu verbinden, liegt lautlich nahe. Doch eine Zusammensetzung von *-hūsen* mit einer Tierbezeichnung ist ungewöhnlich. Die Krähe begegnet zumeist in FlurN bzw. in auf FlurN beruhenden ON wie *Kreyenborn, Kreegenberg, Kreyenbrink, Kreyenholz* und *Kraiencamp* (Flechsig, Vogelwelt S. 7f.). Verbreitet ist die Verbindung mit *-winkel*; vgl. auch Krähenwinkel, Kr. Hannover (NOB I S. 265f.). Bei Kreiensen ist eher von einem schwach flektierenden PN auszugehen. Der in einer Grundform *Kregenhusen* zu vermutende PN *Krego*, dessen *-g-* intervokalisch schwindet und einen *j*-Laut hinterläßt (als *-y-* und *-g-* wiedergegeben; vgl. Lasch, Grammatik § 342 B), ist allerdings nicht bezeugt. Förstemann, Personennamen Sp. 986 führt nur einen fem. PN *Kregila* auf. Schlaug, Altsächs. Personennamen S. 69 belegt aber einen PN *Crea* (< *Creo*). Die Annahme eines solchen schwach flektierenden PN führt zu einer Grundform *Creenhusen*. Zwischen den Vokalen entsteht dabei ebenfalls ein *j*-Laut. In einigen bei Förstemann, Ortsnamen I Sp. 1724 verzeichneten ON, für deren GW *-heim* und *-dorf* eine Verbindung mit der Krähe ebenso unwahrscheinlich ist wie für Kreiensen, kann ein ähnlicher PN vermutet werden. Es handelt sich um den ON Kraainem (1003, 1040 *Crainham*), Prov. Brabant, Krähen (883 *Chreintorf*), Kanton Thurgau, und † Kreiendorp östl. Halberstadt (1136 *Creindorp*).

KRIMMENSEN (Dassel)

1116 (A. 12. Jh.; A. 15. Jh.) *Crymmenhusen* (Kaminsky, Corvey Nr. 6 S. 251)
1118 (A. 15. Jh.) *Crymmenhusen* (Kaminsky, Corvey Nr. 6 S. 252)
1269 *Crimmenhosen* (UB Uslar I S. 45)

1281 *Crimenhusen* (UB Uslar I S. 48)
1307 *Alexander de Crimmenhusen* (Westfäl. UB IX Nr. 554 S. 261)
1336 *Grimmenhosen* (Kramer, Abschwächung S. 34)
um 1350 *Crymmensen* (Corveyer Lehnregister Nr. 220 S. 301)
1380 *Crymmenosen* (UB Oldershausen Nr. 43 S. 72)
1588 *Crimmensen* (Kayser, Generalkirchenvisitation S. 188)
um 1616 *Grimmensen* (Casemir/Ohainski, Territorium S. 57)
1740 *Krûmmensen* (Lauenstein, Hildesheim II S. 96)
1789 *Crimmensen* (Status Contributionis S. 4)
1833 *Crimmensen* (Gaußsche Landesaufnahme Bl. 22)
dialekt. (1951) *krimmĕ(n)sĕn* (Flechsig, Beiträge S. 17)

I. Der ON zeigt wenig Veränderung. Das GW -*husen* zeigt zum Teil die südniedersächs. Variante -*hosen*, bevor es dauerhaft zu -*sen* verkürzt wird. Im BW erscheint neben -*mm*- auch einfaches -*m*-. Ab dem 14. Jh. tritt gelegentlich *G*- für *K*- in den Anlaut. Im Beleg 1740 *Krûmmensen* liegt Rundung des -*i*- zu -*ü*- vor.

III. Bildung mit dem GW -*hūsen*. Im BW scheint ein schwach flektierender PN **Krim(m)o* vorzuliegen, für den es jedoch keinen Anschluß an einen PN-Stamm gibt. Es handelt sich wohl ursprünglich um einen KurzN *Grimo* zum PN-Stamm GRIM, zu asä. *grīmo* 'Maske, Larve, Helm' (vgl. Förstemann, Personennamen Sp. 670), der im Anlaut von *G*- zu *K*- verschärft und dessen Inlautkonsonant geminiert wurde (vgl. zu diesen verbreiteten Prozessen bei KurzN Kaufmann, Untersuchungen S. 67ff. und S. 14). Die jüngeren Belege mit *G*-Anlaut sind durch Schwächung von -*k*- > -*g*- zu erklären, die nach Wesche, Verschlußlaute S. 274f., der einige Beispiele aufführt, verhältnismäßig selten begegnet.

KUVENTHAL (Einbeck)

1257 *Tidericus de Cuuendal* (Orig. Guelf. IV Nr. 16 S. 494)
1265 *Tidericus miles de Cuvendale* (UB Plesse Nr. 211 S. 236)
1271 *Johannes de Cuuendale* (Goetting, Findbuch I Nr. 80 S. 46)
1273 *Johannes Cuveldale* (Goetting, Findbuch I Nr. 83 S. 47)
1382 *Conradus Kuvendal* (Kelterborn, Bürgeraufnahmen I S. 31)
1481 (A. 16. Jh.) *Kuventhal* (UB Fredelsloh Nr. 235 S. 166)
1544 *Kubendall* (Kayser, Kirchenvisitationen S. 586)
1585 *Kuffendael* (Feilke, Untertanenverzeichnis S. 111)
1605 *Koventhal* (Müller, Lehnsaufgebot S. 442)
1783 *Kuventhal* (Kurhannoversche Landesaufnahme Bl. 139)
1823 *Kuventhal* (Ubbelohde, Repertorium 2. Abt. S. 102)
dialekt. (1951) *kiubĕndål* (Flechsig, Beiträge S. 17)

I. Der ON liegt in recht stabiler Überlieferung vor. Das GW erscheint als nd. -*dal(e)*, auch -*dall*, -*dael*, und hd. -*thal*. Das BW lautet konstant *Kuven*-; im 16. Jh. tritt selten -*b*- und -*ff*- für -*v*- ein; allerdings zeigt die Mundartform auch -*b*-. Im Beleg 1273 *Cuveldale* liegt abweichend -*l*- für -*n*- vor, doch wechseln -*n*- und -*l*- öfter (Lasch, Grammatik § 230).

II. Wendeborn in Bilderbeck, Sammlung I S. 8ff. (hier zitiert nach Feise, Einbeck oder Eimbeck S. 118) deutet den ON als „Gut des Cobbo". Nach Harland, Einbeck

S. 16 bedeutet der ON „Thal des Cobbo oder Cuvo". Ein PN *Cobbo* komme in der Billungschen Familie vor (Harland, Einbeck S 14). Flechsig, Beiträge S. 58 meint jedoch, der ON sei aus einem reinen Flurnamen entstanden. Ernst/Sindermann, Einbeck II S. 1 stellen das BW zu asä. *cōpa*, mnd. *kūpe, kōve*, nhd. *Kufe.*

III. Bildung mit dem GW *-dal/-tal.* Ein PN *Cobbo* ist bezeugt, doch widerspricht die Überlieferung des ON diesem Ansatz. Ein PN *Cuvo* ist sprachlich nicht auszuschließen, doch gibt es für einen solchen PN keinen Anschluß an einen PN-Stamm. Auch spricht das sichere GW *-tal* für eine appellativische Verbindung. Plümer, Einbeck S. 90f. beschreibt die Ortslage auf der Sohle eines bis zu 50 m tiefen Tals zwischen dem Bartshäuser Berg und dem Moorberg und dem westlichen Ausläufer der Hube, welches das Krumme Wasser durchzieht. Die enge Tallage und die steilen Talhänge haben den Grundriß des Dorfes bestimmt, das sich im windungsreichen Tal als Straßendorf entwickelte. Diese markante Talwindung bestimmte auch den ON, der asä. *kūbīn* 'Kufe', mnd. *kūven* 'Holzgefäß, Kufe, großer Kübel, Bottich' enthält. (Vgl. Gallée, Vorstudien S. 186, Mnd. Handwörterbuch II Sp. 716). Das asä., mnd. Wort ist mit der idg. Wurzel *$*g\bar{e}u$-, *$*g\partial u$-, *$*g\bar{u}$- 'biegen, krümmen, wölben' zu verbinden. Es ist von einem mit einem Labial erweiterten Ansatz idg. *$*gubh$- > germ. *$*ku\eth$- in der Grundbedeutung 'wölben' oder genauer mit Lühr, Lautgesetz S. 276 von *$*ku\eth\text{-}an/on$- '(nach innen oder außen) Gewölbtes' auszugehen. Die oben genannte Vermutung einer Verbindung von asä. *kōpa* 'Kufe, Faß' mit dem ON Kuventhal ist deshalb nicht möglich, da das BW *Cuven-* in der Überlieferung konstant *-u-* und *-v-* zeigt. Als Bildung aus dieser idg. Wurzelfamilie sind - allerdings mit anderer Ablautstufe bzw. anderer Labialerweiterung - auch † Kovingen, Kr. Hannover (NOB I S. 264f.), und Küblingen, Kr. Wolfenbüttel (NOB III S. 218f.) zu sehen.

† KUYNHUSEN

Lage: Ca. 2 km nordöstl. Marktplatz Einbeck.

1345 (A.) *Kuyenhusen* (Klinkhardt, Grubenhagen Nr. 3 S. 72)
1345 (A.) *Kuynhusen* (Feise, Einbeck Nr. 253 S. 59)
1421 *tegen der Cugenhuser warde* (Feise, Einbeck Nr. 633 S. 134)
1460 *Kugenhusser Warte* (Feise, Einbeck Nr. 1323 S. 247)
1554 (A.) *in dem Kühnhuser felde* (Harland, Einbeck II S. 212)
1588 *im Kunhenhuser- unnd Benser-Velde* (Bilderbeck, Sammlung III Nr. 29 S. 201)
1752 *in Kühnhauser und Benser Felde* (Bilderbeck, Sammlung III Nr. 32 S. 206)
1783 *Kühner Feld* (Kurhannoversche Landesaufnahme Bl. 139)

I. Im BW wechselt *Kuy(-e)n-* mit *Kugen-*. Im 16. Jh. wird das BW zu *Kühn-* kontrahiert; 1588 liegt eine verschriebene Form *Kunhen-* vor. Der Umlaut *-ü-* tritt im 16. Jh. ein. Das GW *-husen* hält sich auch in den FlurN. Im 18. Jh. erscheint hd. Lautung *-hauser*, dann fällt das GW aus.

II. Nach Casemir, Grundwörter S. 193 mit dem GW *-husen* gebildet.

III. Bildung mit dem GW *-hūsen*. Im BW ist ein schwach flektierender PN zu erwarten. Die Lautkombination *-uye-* weist auf ein ursprüngliches intervokalisches *-g-* oder *-d-*, welches in dieser Position ausfiel und einen *j*-Laut (als *-y-* und *-g-* wiedergegeben) hinterließ (Lasch, Grammatik § 326 und § 342 B), so daß von einer Grundform **Kugenhusen* oder **Kudenhusen* auszugehen ist, die einen PN **Kugo* oder **Kudo* enthalten. Förstemann, Personennamen Sp. 690 verzeichnet einen PN-Stamm GUG mit unklarer Etymologie und hd. bezeugte PN *Gogo, Cogo, Kogo* samt ON wie Gukkingin, Gucunburg, Coginheim und Guginhusa. Im Asä. ist ein solcher PN nicht belegt. Ekwall, Place-Names S. 115 rekonstruiert aus dem engl. ON Cogenhoe (1176 *Cugenho*, 1236 *Cugeho*) einen PN *Cugga*, der außerdem nur noch in einem Beleg 1289 *Cuggan hyll* vorliege. In diesem sieht auch Middendorff, Aengl. FlurN S. 33 einen PN *Cugga*. Vielleicht ist ein PN *Kugo* für den asä. Raum ebenfalls aus ON zu erschließen. Auch ein PN *Kudo* ist asä. nicht bezeugt. Nach Kaufmann, Untersuchungen S. 74 enthalten jedoch einige ON wie Kühlsen (1323 *Kudelsen*), Kr. Warburg, und Küingdorf (11. Jh. *Cudingthorpa*), Kr. Melle, einen PN *Kud-*, bei dem es sich um eine anlautverschärfte Form von KurzN auf *Gud-* handele. Diese gehörten entweder zum PN-Stamm GUDA, zu got. *guþ*, asä. *god* 'Gott', oder GODA, zu got. *gōþs*, asä. *gōd* 'gut' (vgl. Förstemann, Personennamen Sp. 676 bzw. Sp. 659). Kaufmann, Ergänzungsband S. 87 rekonstruiert außerdem einen PN-Stamm CUNTHA, zu ahd. *kund*, asä. *kūth* 'bekannt', zu dem auch die aengl. PN *Cudh-* gehörten (vgl. auch Förstemann, Personennamen Sp. 694). Ob Kuynhusen nun *Kugo* oder *Kudo* zugrundeliegt, ist nicht zu entscheiden. Der im 16. Jh. lange nach Wüstfallen des Ortes eintretende Umlaut *-ü-* ist mit der Umdeutung des BW aus einem unverständlichen *Kuyn-* zu *Kühn-* erklärbar.

IV. Ernst, Wüstungen S. 82; Kühlhorn, Wüstungen Bd. II Nr. 214 S. 338-341; Niedersächsischer Städteatlas II S. 4.

L

LAGERSHAUSEN (Northeim)

1141 (Fä. 13. Jh.; A. 16. Jh.) *Lawardishusen* (Mainzer UB II Nr. 28 S. 49)
1141 (Fä. 13. Jh.; A. 17. Jh.) *Lawardishusen* (Orig. Guelf. IV S. 525)
1162 (Fä. 13. Jh.; A. 14. Jh.) *Lauuardehusen* (MGH Urk. HdL Nr. 58 S. 85)
1226 (A. 16. Jh.) *Lawardeshusen* (Wenke, Urkundenfälschungen S. 58)
1290 *Lawordeshusen* (UB Uslar I S. 51)
1416 *Henrik Lawershusen* (Urk. Katlenburg Nr. 226)
1537 *Lagerßhausen* (Meyer, Steuerregister S. 75)
1542 *Lawershausen* (Kayser, Kirchenvisitationen S. 312 Anm.)
1588 *Lagershausen* (Kayser, Generalkirchenvisitation S. 126)
um 1616 *Lagershausen* (Casemir/Ohainski, Territorium S. 55)
1784 *Lagershausen* (Kurhannoversche Landesaufnahme Bl. 143)
1791 *Lagershausen* (Scharf, Samlungen II S. 134)
1823 *Lagershausen* (Ubbelohde, Repertorium 3. Abt. S. 1)
dialekt. (1950) *Lăgĕrshuisĕn* (Flechsig, Beiträge S. 17)
dialekt. (1951) *Lăgĕrshūsĕn* (Flechsig, Beiträge S. 17)

I. Sehr häufig werden Belege des Typs 1022 (Fä. 2. H. 12. Jh.) *Landwardeshusen* (UB H. Hild. I Nr. 67 S. 65) oder 1015-36 (A. 12. Jh.) *Lanwardishusen* (Vita Meinwerci Kap. 104 S. 60) mit diesem Ort verbunden. Sie gehören jedoch weder hierher noch zum häufig genannten Landolfshausen, Kr. Göttingen, sondern zu † Landwardeshusen, Kr. Osterode. Zur Zuordnung und vor allem gegen die Zusammenstellung für Lagershausen bei Kühlhorn, Ortsnamen S. 82 vgl. NOB II S. 96. Der ON verkürzt sich im BW von *Lawardishusen* zu *Lawershusen*. Im 16. Jh. tritt -g- für -w- ein. Ebenfalls ab dem 16. Jh. lautet das GW hd. -*hausen*.

II. Nach Grote, Hardegsen S. 124 ist der ON von einem PN abzuleiten. Weigand, Ortsnamen S. 109 meint, *Law*- in *Lawardishusen* liege „loh = Wald" zugrunde.

III. Bildung mit dem GW -*hūsen*. Das BW enthält einen stark flektierenden zweigliedrigen PN *La-ward*, dessen Zweitglied -*ward* zu asä. *ward* 'Hüter, Wächter' gehört. Schwieriger ist es, einen Anschluß für das Erstglied *La*- zu finden. Auf keinen Fall ist darin *loh* bzw. *lah* 'Wald' zu sehen; dieses Appellativ bildet keine PN-Glieder. Die abgeschwächten Formen *Lawers*- erinnern an einige Belege des ON → (†) Leversbausen: 1141 *Laverishusen*, 1443 *Lawershusen*. Dieser ON enthält einen PN *Liafhard* oder *Liafward* zum PN-Stamm LIUB, zu asä. *liof* 'lieb'. Für Lagershausen ist dies auszuschließen, da asä. -*ia* sich nicht zu -*ā*- entwickelt. Förstemann, Personennamen Sp. 1013 stellt einen PN *Lawart* zum PN-Stamm LATH, den er mit got. *laþōn*, ahd. *ladōn* 'einladen; zum Kampf herausfordern' verbindet. Auf dieser Basis kann ein asä. PN *Lathwart* angenommen werden, der sich durch Angleichung des silbenauslautenden -*th*- an das folgende -*w*- zu *Lawart* entwickelt und Lagershausen in der Grundform *Lawardeshusen* zugrundeliegt. Durch Abschwächung und Ausfall der Nebentonvokale entsteht *Lawerds*-, durch Ausfall des interkonsonantischen -*d*-

Lawers- (zu dentalem Auslaut- und Inlautschwund vgl. Lasch, Grammatik § 310). Nach langem Vokal tritt *-g-* für *-w-* ein (Lasch, Grammatik § 347 III).

LANGENHOLTENSEN (Northeim)

1141 (Fä. 13. Jh.; A. 16. Jh.) *Holthusen* (Mainzer UB II Nr. 28 S. 49)
1141 (Fä. 13. Jh.; A. 17. Jh.) *Holthusen* (Orig. Guelf. IV S. 525)
1162 (Fä. 13. Jh.; A. 14. Jh.) *Holthusen* (MGH Urk. HdL Nr. 58 S. 85)
1205 (A. 15. Jh.) *ecclesie in Holthusen* (UB H. Hild. I Nr. 605 S. 578)
1208 *Wedekindus parochus in Northeim & Holthusen* (Scheidt, Codex Diplomaticus Nr. 69a S. 684)
Mi. 13. Jh. (A. 14. Jh.) *Langenholthosen* (Lehnbuch Schönberg Nr. 7 S. 41)
1286 *in villa Holthusen, que vulgariter dicitur Langenholthusen* (UB Plesse Nr. 315 S. 308)
1318 *Holthusen* (Flentje/Henrichvark, Lehnbücher Nr. 153 S. 44)
1341 *Holthusen, dat twischen der sulven stat Northeym unde Wicbernshusen geleghen is* (Sudendorf VIII S. 59 Anm.)
1366 *ecclesie Langenholthusen prope opidum Northem* (UB Oldershausen Nr. 32 S. 51)
1418 *Holthusen* (Kramer, Abschwächung S. 37)
1453 *Langenholthusen* (UB Uslar I S. 260)
1457 *Holtzhusen* (UB Boventen Nr. 493 S. 335)
1470 *vor Holzhusen gelegen unter dem Brunsteine* (UB Hardenberg II Nr. 70 S. 184)
1482 *Langenholtensen* (UB Boventen Nr. 554 S. 362)
1537 *Holtensenn* (Meyer, Steuerregister S. 75)
1585 *Langenholzhausen* (Burchard, Calenberg-Göttingen S. 6)
um 1616 *Holtenßen* (Casemir/Ohainski, Territorium S. 55)
1784 *Langen Holtensen* (Kurhannoversche Landesaufnahme Bl. 143)
1794 *Langen Holzhausen* (UB Uslar II S. 1297)
1823 *Holtensen* (Ubbelohde, Repertorium 2. Abt. S. 83)
dialekt. (1951) *holtĕnsĕn* (Flechsig, Beiträge S. 17)

I. Wir folgen Kramer, Abschwächung S. 37 in der Zuordnung der ersten Belege. Die Angaben bei Weigand, Heimatbuch S. 243, die Kirche zu Langenholtensen sei 836 erbaut und 841 den Herren von Westerhof übertragen worden, beruhen auf Phantastereien Leuckfelds und waren nicht zu verifizieren. Der ON lautet ursprünglich *Holthusen*. Mitte des 13. Jh. tritt der Zusatz *Langen-* an. 1482 erscheint zum ersten Mal die Form (*Langen-*)*Holtensen*, in der *-husen* zu *-sen* verkürzt und im BW ein *-en-* eingeschoben wurde. Relativ früh liegt im BW die hd. Variante *Hol(t)z-* vor, diese Belege entstammen der Fuldaer Überlieferung.

III. Deutung wie → Holtensen. Der unterscheidende Zusatz *Langen-* diente wohl der Abgrenzung zu den anderen *Holtensen*-ON und bezieht sich auf die langgestreckte Form des Ortes an einer Hauptstraße.

† LANTWARDESBERCH

Lage: Unsicher westl. oder südwestl. Fredelsloh.

1155 *decimas duas in novis villis Withighusen et Lantwardesberch* (Mainzer UB II Nr. 209 S. 379)

15. Jh. (Rückvermerk zur Urk. von 1155) *de duabus decimis in Wythynhusen et in Landwardesberghe* (Mainzer UB II Nr. 209 S. 378)

I. Trotz der schlechten Beleglage kann von einer Grundform *Landwardes-berg ausgegangen werden.

II. Nach Casemir, Grundwörter S. 191 mit dem GW *-berg* gebildet.

III. Bildung mit dem GW *-berg* und dem stark flektierenden PN *Landward*, dessen Namenglieder zu asä. *land* 'Land' und asä. *ward* 'Hüter, Wächter' gehören. Der PN ist gut bezeugt; vgl. Schlaug, Altsächs. Personennamen S. 122, Schlaug, Studien S. 119 und Förstemann, Personennamen Sp. 1011. Er liegt auch in Landringhausen, Kr. Hannover (NOB I S. 273f.), und † Landwardeshusen, Kr. Osterode (NOB II S. 96f.), vor.

IV. Both, Fredelsloh S. 9; Exkursionskarte Moringen S. 80; Kühlhorn, Wüstungen Bd. II Nr. 216 S. 343-344; Ohlmer, Moringen S. 8.

LAUENBERG (Dassel)

Reste der Burgruine (Löwenburg) sind noch im Westen der Siedlung vorhanden (vgl. Exkursionskarte Moringen S. 133ff.).

1388 *daz slosz Lewenberg* (Sudendorf VI Nr. 221 S. 240)
1399 *twischen dem Lewenberge unde Detnissen* (Sudendorf VIII Nr. 268 S. 365)
1400 *gerichte zcůme Lewenberge* (Sudendorf IX Nr. 66 S. 92)
1404 *dat slot Lauwenberge* (Exkursionskarte Moringen S. 133)
1410 *wonhafftig zu dem Lewinberge* (UB Boventen Nr. 257 S. 214)
1424 *des Leuwenberges* (UB Boventen Nr. 368 S. 267)
1588 *Lawenberg* (Kayser, Generalkirchenvisitation S. 189)
1603 *Wüstehauß Lauwenberg* (Krabbe, Sollingkarte Bl. 7)
1673 *auß Lauwenberg* (Kramer, Artikel S. 94)
1735-36 *Lauenberg* (Forstbereitungsprotokoll S. 133)
1791 *Lauenberg* (Scharf, Samlungen II S. 138)
1823 *Lauenberg* (Ubbelohde, Repertorium 3. Abt. S. 3)
dialekt. (1951) *lauěnbarch* (Flechsig, Beiträge S. 17)

I. Ein von Flechsig, Beiträge S. 17 und Ernst/Sindermann, Einbeck I S. 277 hierher gestellter Erstbeleg 1313 *de voget to der Levenborch* (UB H. Hild. IV Nr. 204 S. 107) meint eindeutig Liebenburg, Kr. Goslar, und ist deshalb zu streichen. Der Stammvokal des BW schwankt zwischen *-e-*, *-au-*, *-eu-* und *-a-*. Das GW lautet *-berg*, aber auch gelegentlich *-berch*.

II. Harland, Einbeck S. 16 nennt Lauenberg das „Dorf vor dem Löwenberge". Nach Mirus, Dassel S. 238 hat der Ort „seinen Namen erhalten von der Löwenburg (Levenborch 1303), die schon z. Z. der Grafen von Dassel vorhanden war". Ebenso schildert Plümer, Einbeck S. 92f., die Ortschaft habe „ihren Namen von der Löwenburg, einer auf einem Sporn über dem Dießetal im heutigen Ortsbereich errichteten Burganlage". Gehmlich, Wappenbuch S. 46 schreibt: „Das Dorf Lauenberg ist im Schutze der 'Levenborch' am Fuße des Burgberges entstanden. [...] Die 'Löwenburg' war ursprünglich ein Jagdschloß der Grafen von Dassel." Nach Förster, Forstorte S. 109 bekam der Ort seinen Namen „von der Löwenburg oder Lawenburg auf dem Burghals", den er auch „Laba-Berg" nennt. Diesen stellt er zusammen mit dem Kleinen und Großen Lauenberg (da es einen „übereinstimmenden Entstehungsgrund der Namen" gäbe) zu „asä. und ahd. *laba* = Hilfe, Erquickung, Labung, Rettung". Es seien Orte, „an denen Reisende, Kranke und andere Aufnahme und Hilfe fanden. Im Mittelalter waren dies die Klöster und [...] Klaus- und Geishöfe. Lauen-, Löwen-, Lob- und Lapp-Fluren sind ein Hinweis auf alten Klosterbesitz." Nach Udolph, Tiere S. 44 enthält der ON die Tierbezeichnung *Löwe*, welche aufgrund der Verbreitung als Wappentier ein „beliebtes Element in Burgennamen" gewesen sei.

III. Försters Deutung ist aus der Luft gegriffen. Obwohl das GW *-berg* zeigt, liegt ursprünglich ein BurgN vor; vgl. auch den Erstbeleg! *Berg* und *Burg* sind etymologisch verwandt, lautlich ähnlich und wechseln häufig als GW. Schröder, Namenkunde S. 201 bemerkt dazu: „Es gibt unzweifelhaft zahlreiche mit =burg bezeichnete Berge, die niemals eine Befestigung getragen haben, und es gibt umgekehrt eine Menge Burgen, die von vornherein, eben als Burgen, doch mit =berg bezeichnet wurden." Wesche, Ortsnamen S. 49, Schröder, Burgennamen S. 11 und Schröder, Ortsnamen S. 510 sehen Namen wie Löwenstein (Lauenstein), Löwenberg, Lauenech und Lauenfels als heraldische ON, die eindeutig auf den Löwen als Wappentier weisen; hier ist Udolph zuzustimmen; vgl. auch Stühler, Gründungsnamen S. 112. Zugrunde liegt mnd. *louwe, lauwe, lōwe, lēwe* 'Löwe'. Das BW liegt auch im zeitweise auftretenden Namen Lauenburg für Koldingen und in Lauenstadt, beide Kr. Hannover (NOB I S. 258f. und S. 281), vor.

(†) LEISENRODE, FORSTHAUS (Hardegsen)

Der mittelalterliche Ort, der in unmittelbarer Nachbarschaft des Forsthauses gelegen hat, fiel seit der zweiten Hälfte des 15. Jh. immer wieder partiell wüst, und an seiner Stelle wurde im 17. Jh. ein herrschaftliches Vorwerk angelegt.

um 1250 *Lesenroht* (UB Plesse Nr. 157 S. 194)
1502 *woestenunge Lesenrode* (Kramer, Moringen S. 1105)
1588 *Leusenrode* (Kayser, Generalkirchenvisitation I S. 132)
1593 *Lesenrode* (Lechte, Hardegsen S. 217)
1597 *Jacob Hagenn von Lisenrode* (Kelterborn, Bürgeraufnahmen I S. 243)
1622 *dorff Lesenroda* (Kramer, Moringen S. 399)
1664 *uff dem Vorwerk Leisenrode* (Lechte, Hardegsen S. 217)
1715 *Die Dorffschafft Liessenrode hat vor Jahren in 3 Häusern bestanden, welche im 30jährigen Kriege wüste worden. Vor ohngefehr 40 Jahren ist solche Länderey an hiesiges Ambt gezogen* (Bodemann, Wüste Ortschaften S. 246)
1784 *Leisenrode Herrschaftl. Vorwerk* (Kurhannoversche Landesaufnahme Bl. 150)
1791 *Leisenrode* (Scharf, Samlungen II S. 140)
1823 *Leisenrode* (Ubbelohde, Repertorium 3. Abt. S. 5)

I. Neben dem recht konstanten *-rode* im GW tritt das BW als *Lesen-, Leusen-, Leisen-, Lisen-* und *Liessen-* auf.

II. Nach Casemir, Grundwörter S. 194 mit dem GW *-rode* gebildet.

III. Bildung mit dem GW *-rode*. Es ist von einer Grundform *Lesenrode* auszugehen. Das BW läßt einen schwach flektierenden PN *Leso* erwarten, der jedoch nicht bezeugt ist. Kaufmann, Ergänzungsband S. 224 nimmt einen PN-Stamm LAIS zu got.

lais 'ich weiß, ich habe erfahren', ahd. *leisa* 'Spur, Geleise' an, führt dazu jedoch nur Zweitglieder *-lais* in langob. PN an. Förstemann, Personennamen Sp. 1018 stellt allerdings einen hd. PN *Leiso* zum selben Appellativ. Grundlage ist die idg. Wurzel **leis-* 'am Boden gezogene Spur, Geleise, Furche', **loisā* 'Furche'. Nach Pokorny, Wörterbuch S. 671 entstanden im Germ. daraus auch verbale Bildungen für 'nachspüren, auch im geistigen Sinne'. Im Asä. ist zu diesem Wortstamm *wagan-lēsa* 'Geleis, Bahn' belegt. Da sich für das BW *Lesen-* kein appellativischer Anschluß finden läßt, kann daraus nur ein PN **Leso* in asä. Entsprechung zum hd. *Leiso* erschlossen werden. Dieser PN ist auch in → † Lesenberg zu vermuten. Das lange *-ē-* wird in jüngerer Zeit zu *-ei-* diphthongiert. Der Diphthong liegt in *Leusen-* gerundet vor. Die jüngeren *-i(e)-*Formen sind als Analogiebildungen zur Entwicklung von nicht aus *-ai-* entstandenem *-ē-* > *-ī-* zu betrachten (Lasch, Grammatik § 114 Anm. 2).

IV. Exkursionskarte Moringen S. 68; Kramer, Moringen S. 1104-1106; Kühlhorn, Wüstungen Bd. II Nr. 221 S. 371-374; Lechte, Hardegsen S. 217-218.

† LESENBERG

Lage: Ca. 1,7 km östl. Sudershausen.

1281 *Lesenberch* (Urk. Katlenburg Nr. 38)
1309 *plebanus in Lesenberg* (Urk. Katlenburg Nr. 77)
1309 *supra nova plantacione sive edificacione ville nostre Lesenberg* (Urk. Katlenburg Nr. 79)
1336 *villa Lesenberch* (Urk. Katlenburg Nr. 133)
1351 *Henricus Lesenbergh* (Kelterborn, Bürgeraufnahmen I S. 12)
1449 *Lesenberghe* (Urk. Katlenburg Nr. 235)
1478 *Hans Lisenbarch* (Hueg, Pfahlzinsregister S. 55)
1479 *Lesenberch* (Wisotzki, Nörten II S. 31)
1519/20 (A. 16. Jh.) *Leisenberg* (Krusch, Studie S. 262)
1545 *unseres stiftes Katlenburg wüstung, Leisenberg genannt* (Kreitz, Gillersheim S. 167)
1715 *Es hat über dem Dorffe Gillersheimb ein Dorff, Leiseberg genant, gelegen, woselbst die rudera von einer Capelle noch befindlich* (Bodemann, Wüste Ortschaften S. 243)
1862 *Leisenberg* (Max, Grubenhagen I S. 513)

I. Im GW wechseln die Formen *-berg* und *-berch*, einmal erscheint *-barch* mit nd. Wechsel von *-er-* zu *-ar-* (Lasch, Grammatik § 76). Das BW lautet *Lesen-*, *Leisen-* und in FamN *Lisen-*.

II. Nach Casemir, Grundwörter S. 191 mit dem GW *-berg* gebildet. Jellinghaus, Bestimmungswörter S. 41 stellt den ON zu „mnd. *lēsch*, *lūs(ch)* Riedgras, welches auf **lēsek*, **liusek* zurückgeht".

III. Das GW ist *-berg*. Dem ON liegt ein FlurN zugrunde, davon zeugt noch heute der 289 m hohe Leisenberg. Der von Jellinghaus vorgeschlagene Anschluß des BW *Lesen-* an mnd. *lēsek*, *lēsch*, *lüsch* 'Riedgras' ist abzulehnen, weil der ON in der Überlieferung weder *-k-* noch *-sch-* zeigt. Da sich auch kein anderer appellativischer Ansatz ergibt, kann das BW nur einen schwach flektierenden PN enthalten, obwohl BergN selten mit PN kombiniert werden. Wie → (†) Leisenrode ist Lesenberg wohl mit einem ansonsten nicht belegten PN *Leso* zu verbinden. Die Diphthongierung des -ē- zu -ei- und der temporäre Übergang zu -ī- sind auch bei → (†) Leisenrode zu beobachten.

IV. Exkursionskarte Osterode S. 44; Jäger, Methodik passim; Kreitz, Gillersheim S. 164-174; Kühlhorn, Wüstungen Bd. II Nr. 220 S. 356-371; Baudenkmale Northeim S. 134-135; Max, Grubenhagen I S. 512-513; Merl, Anfänge S. 9; Winzer, Katlenburg S. 33.

(†) LEVERSHAUSEN, VORWERK (Northeim)

Der im 15. Jh. wüstgefallene Ort wurde wahrscheinlich im 18. Jh. als Vorwerk/Gut unter Beibehaltung der ursprünglichen Lage wieder besiedelt.

993-996 (A. 15. Jh.) *Smitliuardeshusun* (Trad. Corb. § 452 S. 152)

1015-36 (A. 12. Jh.) *Levardeshusun* (Vita Meinwerci Kap. 68 S. 47)

1141 (Fä. 13. Jh.; A. 16. Jh.) *Laverishusen* (Mainzer UB II Nr. 28 S. 49)

1141 (Fä. 13. Jh.; A. 17. Jh.) *Leuershusen* (Orig. Guelf. IV S. 525)

1162 (Fä. 13. Jh.; A. 14. Jh.) *Leuershusen* (MGH Urk. HdL Nr. 58 S. 85)

1380 *Werneke von Levershusen* (Grote, Neubürgerbuch S. 19)

1409 *Lewershusen* (UB Hardenberg II Nr. 49 S. 108)

1443 *vorwerk to Lawershusen* (UB Hardenberg I Nr. 96 S. 146)

1470 *wosteninge Levershusen* (UB Hardenberg II Nr. 71 S. 186)

1503 *Leuerheusischen* Weide (Leuckfeld, Bursfelde S. 251)

um 1588 *Levershusen* (Lubecus, Annalen S. 464)

1784 *Levershausen* (Kurhannoversche Landesaufnahme Bl. 150)

1823 *Levershausen Vorwerk* (Ubbelohde, Repertorium 3. Abt. S. 6)

I. Bei der Zuordnung des ersten Beleges verbleiben Zweifel, da der vollständige Ausfall eines Teiles des BW sehr selten ist; vgl. Schütte, Mönchslisten S. 277. Zur Zugehörigkeit des zweiten Beleges vgl. Lagers, Untersuchungen S. 208f. Die weiteren Belege zeigen konstant -*husen*/-*hausen* im GW. Das BW entwickelt sich von *Levardes-* zu *Levers-*, einige Male erscheint eine *a*-Variante *Laveris-*, *Lawers-*.

II. Nach Casemir/Ohainski, Orte S. 135 und Casemir, Grundwörter S. 193 mit dem GW -*husen* gebildet. Förstemann, Ortsnamen II Sp. 1350 stellt den Erstbeleg zum PN-Stamm SMITH; aus dieser ON-Form erschließt er einen PN *Smitliward*. Den ON Levershausen stellt er in Sp. 97 zu den PN um *Liub-*; Förstemann, Personennamen Sp. 1025 vermutet den PN *Liubhart*, aengl. *Leofheart* im BW. Weigand, Ortsnamen S. 16 geht von einer appellativischen Bildung aus: „Vielleicht wäre hier an 'low' gleich tief zu denken und Levershausen im Gegensatz zu Bühle als der tief gelegene Ort bezeichnet worden!"

III. Weigands Deutung ist abzulehnen. Die Belege lassen die ON-Struktur als -*hūsen*-Bildung mit einem stark flektierenden PN im BW deutlich erkennen. Läßt man den unsicheren ersten Beleg beiseite, kann man mit Förstemann einen PN-Stamm LIUB, zu ahd. *liob* bzw. asä. *liof* 'lieb', ansetzen, wobei als Zweitglied sowohl -*hard* als auch -*ward* in Betracht zu ziehen sind. Beide PN sind asä. bezeugt: zu *Liafhard* vgl. bei Schlaug, Altsächs. Personennamen S. 123f. und Schlaug, Studien S. 119f. die Formen *Liafhard*, *Lefhardus*, *Liefhard*, *Lefardus*. Zum PN *Liafward* vgl. Förstemann, Personennamen Sp. 1029 und Schlaug, Altsächs. Personennamen

S. 123f. Beide PN können sich gleichermaßen zu einer Form *Levers-* entwickeln. Asä. *-ia-* wird mnd. zu *-ē-* (Gallée, Grammatik § 104, Lasch, Grammatik § 35 III), die Nebentonsilben werden abgeschwächt und *-d-* fällt interkonsonantisch aus: *Liafhardes-* bzw. *Liafwardes-* > *Leferds-* > *Levers-*. Die Belege *Laveris-*, *Lawers-* sind unproblematisch: mnd. kann *-a-* für *-e-* erscheinen (Lasch, Grammatik § 78). Es bleibt die Frage nach dem ersten Beleg *Smitliuardeshusun*. Geht man davon aus, daß dem mittleren Teil der ON-Form ebenfalls der PN *Liafhard/Liafward* zugrundeliegt, müßte das BW also einen dreigliedrigen PN beinhalten, was auszuschließen ist. Das erste Element des BW erinnert an asä. *smith* 'Schmied'. Förstemann, Personennamen Sp. 1349 stellt drei PN *Smidhart*, *Smidirat* und *Smiderat* zu einem PN-Stamm SMITHU, zu ahd. *smid* 'Schmied', *smīda* 'Metall'. Im Asä. ist kein mit der asä. Entsprechung *smith* gebildeter PN bezeugt, allerdings kann ein PN *Smitharad aus der Überlieferung von → † Smedersen gut erschlossen werden. Vielleicht liegt auch in *Smitliuardeshusun* ein ähnlicher PN – etwa mit dem Zweitglied *-ward* – vor, der in der Abschrift des 15. Jh. verstümmelt erscheint. Eine andere Möglichkeit ist die Erwägung eines Zusatzes **Smith-*, der dem ON zur Unterscheidung von einem in der Nähe gelegenen ähnlich lautenden ON vorangestellt wurde. Für das ca. 8 km südl. von Northeim gelegene Levershausen käme nur der ebenso weit nördl. von Northeim entfernte Ort → Lagershausen (1141 [Fä. 13. Jh.; A. 16. Jh.] *Lawardishusen*) in Frage, für den ältere Belege fehlen. Ob *Smitliuardeshusun* Levershausen zuzuordnen ist, bleibt damit weiterhin fraglich.

IV. Casemir/Ohainski, Orte Nr. 592 S. 88; Exkursionskarte Osterode S. 45; Kühlhorn, Wüstungen Bd. II Nr. 222 S. 374-378.

LICHTENBORN (Hardegsen)

1539 *thom Lechtenbornn* (Kramer, Artikel S. 94)
1596 *Lichtenborn* (Letzner, Chronica Buch 2 S. 41v)
1603 *Liechtenborn* (Krabbe, Sollingkarte Bl. 1)
um 1616 *Lichttenborn* (Casemir/Ohainski, Territorium S. 56)
1681 *zum Lichtenborn* (Kramer, Artikel S. 94)
1771 *Lichtenborn* (Domeier, Hardegsen S. 74)
1784 *Lichtenborn* (Kurhannoversche Landesaufnahme Bl. 150)
1823 *Lichtenborn* (Ubbelohde, Repertorium 3. Abt. S. 6)
dialekt. (1951) *lechtĕnborn* (Flechsig, Beiträge S. 18)

I. Die Zuordnung eines Beleges 1368 *Henningh Lechtenborne* (UB Stadt Hild. II Nr. 251 S. 150) von Kühlhorn, Ortsnamen S. 87 und von Baudenkmale Northeim S. 120 zu Lichtenborn ist wegen der zahlreichen in Frage kommenden Herkunftsorte für den genannten Henning gänzlich ungewiß, weshalb wir den Nachweis nicht in die Belegreihe aufgenommen haben. Die älteren Belege zeigen im BW *Lechten-*, später erscheint *Lichten-*. Das GW lautet durchgängig *-born*.

II. Nach Flechsig, Beiträge S. 54 mit dem GW *-born* gebildet. Weigand, Heimatbuch S. 392 leitet den ON „von einem Brunnen, der plattdeutsch 'de lichte born' genannt wird, weil er helles, klares Wasser liefert", ab. Gehmlich, Wappenbuch S. 191 meint ebenso: „Der Brunnen im Wappen von Lichtenborn kennzeichnet den Ortsnamen. Der erste Namensteil bedeutet soviel wie 'klar', und mit 'Born' ist die Quelle bezeichnet, die hier in einen Brunnen gefaßt ist." Kramer, Moringen S. 405 stellt Lichtenborn zum Adjektiv mnd. *licht*, mdal. *lecht(e)* 'hell, klar': „Der ON ist seiner Struktur nach eine Flurbez. (Lagebezeichnung) zu einer Quelle, eben dem lichten Born."

III. Bildung mit dem GW *-born* 'Quelle' und dem Adjektiv mnd. *lecht, licht* 'leuchtend, hell, klar' (vgl. Lasch, Grammatik § 101, 2b: *lecht* ist west- und ostfälisch), beruhend auf der Wendung **to dem lechten born*. Die Mundart bewahrt noch das ursprüngliche *Lechten-*. Als Bildung mit dem gleichen Adjektiv vgl. z.B. † Lichtenstein, Kr. Osterode (NOB II S. 102f.), Lichtenberg, Stadt Salzgitter (NOB III S. 227f.), und (†) Lichtenhagen, Kr. Göttingen (NOB IV S. 255). Förstemann, Ortsnamen II Sp. 67 verzeichnet einige weitere ON mit diesem BW.

LINDAU (Katlenburg-Lindau)

1184 (A. 15. Jh.) *Werenherus de Lindaw* (Mainzer UB II Nr. 466 S. 762)
nach 1212 *decima in Lindowe* (Fenske/Schwarz, Lehnsverzeichnis S. 277)
nach 1226 *curia sua in Lindowe* (Bode/Leibrock, Güterverzeichnis S. 84)
1284 *Lindowe* (UB Plesse Nr. 297 S. 297)
1322 *dorp to Lyndowe* (Sudendorf I Nr. 362 S. 203)
1341 *vor der borch to Lyndowe* (Urk. Katlenburg Nr. 152)
1353 *Lindeuwe* (Sudendorf II Nr. 434 S. 223)
1360 *Lindowe* (Urk. Katlenburg Nr. 170)
1366 *hus tho Lindauwe* (UB Hardenberg I Nr. 70 S. 98)
1402 *Lindowe* (Sudendorf IX Nr. 162 S. 227)
1451 *Lindauwe* (UB Uslar I S. 245)
1521 *Lyndaw* (UB Oldershausen Nr. 83 S. 147)
um 1583 *Linda* (Zimmermann, Ökonomischer Staat S. 22)
um 1583 *Lindau* (Zimmermann, Ökonomischer Staat S. 24)
1669 *das guth Lindau* (UB Hardenberg II Nr. 119 S. 330)
1785 *Lindau* (Kurhannoversche Landesaufnahme Bl. 151)
1823 *Lindau* (Ubbelohde, Repertorium 3. Abt. S. 7)
dialekt. (1951) *lindau* (Flechsig, Beiträge S. 18)

I. Das BW ist konstant *Lind-*; im GW wechseln die Formen *-aw(e)*, *-ow(e)*, *-auw(e)*, *-euwe*, *-ouwe*, *-au* und singulär *-a*.

II. Nach Flechsig, Beiträge S. 55 handelt es sich um eine Bildung mit dem GW *-au*. Wolf, Lindau S. 8 bemerkt zum ON: „Der Name Lindau ist leicht zu erklären. Aue bedeutet 1) eine an einem fließenden Wasser liegende Gegend; 2) eine Gegend die gute Weide hat; 3) einen jeden mit Gras bewachsenen Platz. Jede dieser Bedeutungen findet hier ihre Anwendung. Nehmen wir nun an, daß in den ältesten Zeiten hier Lindenbäume standen: so haben wir die Entstehung des Namens Lindau, der ohne Zweifel älter ist, als der Ort selbst." Nach Winzer, Lindau S. 37 handelt es sich beim ON um ein zweigliedriges Kompositum. Das GW sei mnd. *ouwe* „am Wasser gelegenes Gelände, Talgrund" und das BW „sicherlich der Baumname, die Linde (ahd. linda, linta, mnd. linde)". Es sei ein sogenanntes Stammkompositum, bei welchem das BW ohne Fugenelement mit dem GW verbunden sei. Sander, Ortsnamen S. 87 führt den ON auf eine Grundform **Lind-aha* zurück und stellt ihn auf S. 91 unter die „Ortsnamen, die eine Lage zu einem Gewässer angeben". Uslar-Gleichen, Lindau S. 9f. meint: „Oberflächlich betrachtet beinhaltet Lindau [...] eine Flurnamenbezeichnung, die im ersten Teil des Wortes [...] den Lindenbaum bezeichnet. Für den zweiten Teil des Namens [...] zieht man gerne die Aue heran, ursprünglich -aha 'Bach, fließendes Gewässer'." ON auf -au seien aber selten in dieser Gegend, so daß es wahrscheinlicher wäre, „daß au(e) sich aus ursprünglich [...] -ah verformt hat. Dieses Suffix diente vorwiegend zur Ableitung von Baum- und Pflanzennamen, wie Berka [...],'ein Ort, wo es Birken gibt'." Allerdings zweifelt er die Wahrscheinlichkeit einer Zusammensetzung mit der Linde an, da die „recht allgemein verbreitete Linde kaum einen Ort speziell kennzeichnen kann". Im folgenden identifiziert er einen Beleg 1400 *Lisskowe* aufgrund von Besitzverhältnissen mit Lindau und verbindet ihn mit dem Lisgau.

III. Die umfangreiche Überlieferung spricht in jedem Fall gegen Uslar-Gleichens abstruse Vermutung; ebenso die zahlreichen ON Lindau, die Förstemann, Ortsnamen II Sp. 79 auflistet. Auch ist das GW ganz offensichtlich weder auf das Wasserwort -*aha* noch auf das Kollektivsuffix -*ah(i)*, welches in Zusammensetzungen eine Stelle mit bestimmtem Bewuchs bezeichet (so etwa *Röhricht*, *Birkicht*), zurückzuführen. Die Belege weisen eindeutig auf das GW -*au*, zu mnd. *ouw(e)*, *ow(e)*, *ou*, *ō* 'vom Wasser umflossenes Land; feuchtes Wiesenland; Wasserlauf', welches in vielfältigen Formen auftreten kann, vgl. auch → † Asschowe, → † Bedeso und → † Hartenau. Das BW ist asä. *linda*, mnd. *linde* 'Linde'. Wie Winzer richtig feststellt, handelt es sich um ein Stammkompositum, in welchem das BW unflektiert mit dem GW verbunden ist.

† LOSBECK

Lage: Ca. 1,2 km nordöstl. Ahlshausen.

1141 (Fä. 13. Jh.; A. 16. Jh.) *Louesbucke* (Mainzer UB II Nr. 28 S. 49)
1141 (Fä. 13. Jh.; A. 17. Jh.) *Lowesbach* (Orig. Guelf. IV S. 525)
1162 (Fä. 13. Jh.; A. 14. Jh.) *Louesbach* (MGH Urk. HdL Nr. 58 S. 85)
1226 (A. 16. Jh.) *Lowesbecke* (Wenke, Urkundenfälschungen S. 58)
1294 *in Lovesbeke* (Harland, Einbeck I Nr. 1 S. 334)
1433 (A. 15. Jh.) *to Losebeke* (Kleinau GOV II Nr. 1331 S. 383)
1491 *Lossbeke* (Harenberg, Gandersheim S. 947)
1514 *Losbecke* (UB Boventen Nr. 583 S. 377)
um 1556 (A. 18. Jh.) *zu Loßbecke bei Alßhusen* (Dolle, Studien S. 399)
1692 *Lösebeck* (Kleinau GOV II Nr. 1331 S. 383)
1758 *über den Losbecker Höfen* (Dalibor, Ahlshausen S. 16)
1859 *die Losbecker Höfe* (Kettner, Flußnamen S. 179)

I. Der Erstbeleg enthält im GW -*bucke*, eine ungewöhnliche Form für das in den weiteren Belegen erkennbare -*beke*, -*becke* und hd. -*bach*. Das BW zeigt in den ältesten Formen *Loues-*, *Lowes-*, *Loves-*, bevor sich ab dem 15. Jh. *Lose-*, *Loss-*, *Los-* einbürgert. In den jüngeren Belegen liegt zum Teil Umlaut vor.

II. Nach Garke, Bachnamen S. 36 könnte der ON den „Genitiv von lo" (mnd. *lō* in der Bedeutung 'hochstämmiges Gehölz, lichter Wald') enthalten. Kettner, Flußnamen S. 178f. lehnt dies ab, da der Beleg *Lovesbeke* von 1294 diese Deutung unmöglich mache. Kettner findet keinen Anschluß an einen existenten FlußN, ein solcher sei nur aus dem WüstungsN ermittelbar. Wahrscheinlich handele es sich um den alten Namen für den Oberlauf des Wambachs oder einen seiner Quellbäche. Das BW verbindet er mit mnd. *lōf* 'Laub', hier wohl im Sinne von 'Gesträuch, Gestrüpp'.

III. Trotz des unstimmigen Erstbeleges liegt im GW -*beke* vor, da alle folgenden Belege -*beke* bzw. die hd. Form -*bach* zeigen. Bei -*bucke* wird es sich um eine Verschreibung von -*becke* handeln. Schwieriger ist die Beurteilung des BW, dessen Kasusendung -*es* im Genitiv auf starke Flexion weist. Im Inlaut zeigt es -*u*-, -*v*- und -*w*- als Grapheme für einen *v*-Laut, der auf ein auslautendes -*f*- des Nominativs schließen läßt. Kettner vermutet asä., mnd. *lōf* 'Laub, Laubwald'. Der Genitiv dieses stark flektierenden Neutrums lautet *loves*, ein Ansatz *Loves-beke ist somit morphologisch möglich. Trotzdem erwartet man hier eher eine unflektierte Stammkomposition *Lof-beke, vgl. die Zusammensetzungen *Laubbaum, Laubwald, Laubfrosch* usw. Allerdings nennt Bach, Ortsnamen I § 170d einige ON, deren BW stark flektierte Appellative enthalten, die eigentlich nur im Stammkompositum üblich sind, darunter *Wazzeresdal* († Waterdal im Kr. Ohrekreis), *Bekeshovede* und *Waldisbecchi*; vgl. auch die weiteren Beispiele bei Udolph, Braunschweig S. 303f. Die Kasusendung -*es* zeigen freilich auch Zusammensetzungen mit stark flektierten PN. Doch eine Kombination aus einem PN und dem GW -*beke* ist nur schwer anzunehmen. Aus diesem Grund ist Kettners Deutung zu folgen und asä. *lōf* in einer Genitivform im BW anzusetzen. Die späteren Formen *Losebeke, Losbeck* dürften als Umdeutung des BW zu sehen sein, als Angleichung an mnd. *lōse, lōse* < asä. *lōsi 'Wasserabfluß, künstlicher Abflußgraben' (vgl. Lösenbach bei Lüdenscheid, Lösebeck bei Wissingen, Losekamp bei Fürstenau; Jellinghaus, Westf. ON S. 136 und Förstemann, Ortsnamen II Sp. 135 unter LOS). Möglicherweise spielte auch mnd. *los* 'Luchs' eine Rolle.

IV. BuK Gandersheim S. 244; Dalibor, Ahlshausen S. 16; Dolle, Studien S. 428-429; Jäckel, Willershausen Karte 1; Karte 18. Jh. Bl. 4025-4125; Kleinau GOV II Nr. 1331 S. 383.

† LUDENHAGEN

Lage: Wahrscheinlich ca. 0,7 km nordwestl. Westerhof.

1296 (A. 17. Jh.) *Ludenhagen* (Müller, Willershausen Nr. 16 S. 128)
1296 (A. 17. Jh.) *Ludenhagen* (Müller, Willershausen Nr. 17 S. 128)
1458 (A. 16. Jh.) *borch tho Westerhove und den Ludenhagen half und den Homberch half, dat syn 2 woste dorpstede* (Deeters, Quellen S. 92)
1482 *mit dem Ludenheger holte wente uppe den knyck* (UB Oldershausen Nr. 64 S. 115)
1499 *im Ludenheger anger* (UB Oldershausen Nr. 74 S. 136)

I. Der ON zeigt keine Schwankungen.

II. Nach Casemir, Grundwörter S. 192 mit dem GW -*hagen* gebildet.

III. Bildung mit dem GW -*hagen*. Das BW enthält den schwach flektierenden KurzN *Ludo*. Förstemann, Personennamen Sp. 848f. stellt ihn als hd. PN zum PN-Stamm HLODA, zu ahd. *hlūt* 'laut, berühmt'. Einen PN *Liudo* führt er unter dem PN-Stamm LEUDI auf, zu ahd. *liut*, asä. *liud* 'Leute, Volk', und verweist auf eine Vermischung dieser beiden Stämme. Diese gegenseitige Beeinflussung der sehr häufigen PN *Liudolfus* und *Ludolfus* bezeugt auch Schlaug, Studien S. 124. Schlaug, Altsächs. Personennamen S. 127f. verzeichnet den PN *Liudulf*, der „oft auch als Ludolf" vorliege, und den KurzN *Liudo* unter asä. *liud* 'Volk'. Kaufmann, Untersuchungen S. 135 führt an, daß „Liudulf, der Sohn Ottos I., [...] kurz Ludo genannt [wurde]." Die Entwicklung *Liud-* > *Lud-* ist auch bei → † Ludolfshausen, Nord- und Süd- und (†) Ludolfshausen, Kr. Göttingen (NOB IV S. 258f.), zu beobachten, so daß bei Ludenhagen von einem aus *Liudo* entstandenen KurzN *Ludo* auszugehen ist. Vergleichsorte verzeichnet Förstemann, Ortsnamen II Sp. 111f.

IV. Jäckel, Willershausen Karte 1; Kühlhorn, Wüstungen Bd. II Nr. 225 S. 387-388.

† LUDOLFSHAUSEN, NORD-

Lage: Ca. 1,5 km südöstl. Dankelsheim.

1007 *Nordliudulueshusi* (Goetting, Gandersheim S. 256)
1127 *in villa, quę Lutolfisun dicitur* (Urk. Clus/Brunshausen Nr. 1)
1134 (A. 12. Jh.) *Liudolueshem* (MGH DL III. Nr. 59 S. 94)
1216-1221 *Ludolvessen* (UB H. Hild. I Nr. 695 S. 663)
1311 *curie Ludolvissen* (Urk. Clus/Brunshausen Nr. 19)
1323 *oren hof to Ludolvissen* (Urk. Clus/Brunshausen Nr. 22)
1335 *Northludelvissen* (Urk. Clus/Brunshausen Nr. 28)
1337 *Ludelvessen* (Urk. Clus/Brunshausen Nr. 29)
1344 *Nortludellevissen* (Urk. Clus/Brunshausen Nr. 30)
1512 *Nortludelvessen* (Mühe, Dankelsheim S. 124)
Anfang 16. Jh. *Nortlutolvessen* (Herbst, Klus S. 64)

I. Das GW lautet im frühesten Beleg *-husi* (zum Dativ Singular *-husi* vgl. → Ackenhausen), im folgenden stark verkürzt *-(s)un* und einmalig 1134 *-hem*, ab dem 13. Jh. dann durchgängig *-sen*. Das BW zeigt nur geringfügige Veränderungen: *-iu-* wird zu *-u-* monophthongiert und *-ulves-* wechselt mit *-olves-*. Der Dental liegt selten als *-t-* vor. Im Beleg 1344 *Ludellevis-* ist *-lev-* eingetreten. 1007 und in jüngeren Belegen erscheint der ON mit einem unterscheidenden Zusatz *Nord-, Nort(h)-*.

II. Die BuK Gandersheim S. 244 deuten den ON als „Behausung eines Ludolf". Wenskus, Stammesadel S. 54, Goetting, Brunshausen S. 19f., Goetting, Gandersheim S. 253 und Schubert, Niedersachsen S. 91 sehen im ON den Leitnamen der Liudolfinger und den Ort somit als liudolfingische Gründung.

III. Auszugehen ist von einer Grundform **Liudulfes-/Liudolfeshusen* mit dem GW *-hūsen* und dem stark flektierenden zweigliedrigen PN *Liudulf, Liudolf* im BW. Der PN besteht aus den Elementen *Liud-*, zu asä. *liud* 'Volk, Menge, Leute', und *-ulf, -olf*, zu asä. *wulf* 'Wolf', welches als Zweitelement in PN zumeist als *-ulf* und *-olf* erscheint (Gallée, Grammatik § 76). Der PN ist gut bezeugt; vgl. Förstemann, Personennamen Sp. 1050, Schlaug, Altsächs. Personennamen S. 127 und Schlaug, Studien S. 123f. Mit dem gleichen PN gebildete ON listet Förstemann, Ortsnamen II Sp. 111f. auf. Vgl. auch → † Ludolfshausen, Süd- und (†) Ludolfshausen, Kr. Göttingen (NOB IV S. 258f.). Im Beleg 1344 *Nortludellevissen* wechselt abgeschwächtes *-elv-* zu *-lev-*. Ein Wechsel zwischen *-lev* und *-olf, -elf* aufgrund ihrer lautlichen Nähe ist öfter zu beobachten, vgl. → Dankelsheim, → † Ludolfshausen, Süd-, → † Radelfeshusen, → † Rickelshausen, → † Rolfshagen, † Roleveshagen und Rollshausen, Kr. Göttingen (NOB IV S. 345f.), † Wendeleveshusen, Kr. Göttingen (NOB IV S. 417) und † Wyckleveshusen, Kr. Göttingen (NOB IV S. 435). Der die Lage betreffende Zusatz *Nord-* dient der Unterscheidung des Ortes von → † Süd-Ludolfshausen.

IV. BuK Gandersheim S. 244-245; Karte 18. Jh. Bl. 4126; Kleinau GOV II Nr. 1336 S. 386; Upmeyer, Oldershausen S. 270.

† LUDOLFSHAUSEN, SÜD-

Lage: Ca. 1 km westl. Gandersheim etwa an der Stelle des späteren Dechanei-Meierhofes.

973-83 *parvula villa* (Hrotsvith, Primordia S. 234)
um 1007 *Liudulveshusi* (Goetting, Gandersheim S. 256)
1225 *Ludelefessen* (BuK Gandersheim S. 245)
um 1250 *Luidoluissen* (Harenberg, Gandersheim S. 531)
1254 *villicus de Ludoluessen* (Urk. St. Marien Gandersheim Nr. 7)
1387 *Ludoluessen* (Upmeyer, Oldershausen S. 270)
1419 *Ludoluessen vor Ganderssem* (Urk. Stadt Gandersheim Nr. 21)
1425 *Ludelefessen* (Goetting, Findbuch I Nr. 344 S. 143)
1428 *Ludeluessen* (Urk. Stadt Gandersheim Nr. 27)
1431 *in dem dorpe to Ludolvessen* (UB Oldershausen Nr. 53 S. 92)
1440 *Ludolfsen* (Goetting, Findbuch I Nr. 407 S. 164)
1447 *Ludelffsen* (Urk. Stadt Gandersheim Nr. 42)
1476 *im dorpe to Ludolfessen* (Goetting, Findbuch II Nr. 583 S. 62)
1482 *to Ludoluessen vor Gandersem* (Urk. Stadt Gandersheim Nr. 72)

I. Auf die früheste Ortserwähnung (wir folgen in der Zuordnung Kleinau GOV II Nr. 1337 S. 386), die nur lat. *parvula villa* lautet, also lediglich eine 'kleine Siedlung' bezeichnet, folgt 1007 der ON *Liudulveshusi*, dessen Entwicklung zu *Ludoluessen*, *Ludolfsen*, *Ludelffsen* nach verbreiteten Abschwächungserscheinungen verläuft. Trotz des Auftretens dreier Belege *Ludelefessen*, *Ludelevessen* kann man, vor allem in Bezug auf → † Nord-Ludolfshausen, von einer Grundform *Liudulfes-/Liudolfeshusen* ausgehen.

II. Die BuK Gandersheim S. 244 deuten den ON als „Behausung eines Ludolf". Wenskus, Stammesadel S. 54, Goetting, Brunshausen S. 19f. und Schubert, Niedersachsen S. 91 sehen im ON den Leitnamen der Liudolfinger und den Ort somit als liudolfingische Gründung.

III. Zur Deutung vgl. → † Nord-Ludolfshausen.

IV. BuK Gandersheim S. 244-245; Karte 18. Jh. Bl. 4126; Kleinau GOV II Nr. 1337 S. 386; Mühe, Gandersheim S. 96-97; Niedersächsischer Städteatlas I S. 9; Upmeyer, Oldershausen S. 270.

LÜTGENRODE (Nörten-Hardenberg)

1333 *to dem Lüttekerode* (UB Hardenberg I Nr. 52 S. 70)
1336 *in Parvo Novali sitos in campo, qui dicitur Ekewelt* (Wolf, Nörten Nr. 31 S. 35)
1360 *zu dem Lutikenrode* (UB Hardenberg I Nr. 69 S. 94)
1376 *Lütkenrode* (UB Hardenberg I Nr. 71 S. 100)
1409 *to deme Lutteken Rode* (UB Hardenberg II Nr. 49 S. 110)
1497 *Lutkenrode* (Negotium monasterii Steynensis S. 136)
um 1588 *das dorf Lutkenrode* (Lubecus, Annalen S. 236)
1596 *Lüttichenroda* (Letzner, Chronica Buch 2 S. 43v)
1607 *Lüttgenrode* (UB Hardenberg II Nr. 102 S. 291)
1667 *Lütchenroda* (Wolf, Nörten Nr. 99 S. 160)
1784 *Lüttgenroda* (Wolf, Nörten Nr. 156 S. 236)

1784 *Lütjen Rode* (Kurhannoversche Landesaufnahme Bl. 150)
1823 *Lütgenrode* (Ubbelohde, Repertorium 3. Abt. S. 10)
dialekt. (1951) *lütjĕnrō* (Flechsig, Beiträge S. 18)

I. Das GW erscheint recht konstant als *-rode*, ab dem ausgehenden 16. Jh. einige Male als *-roda* bzw. *-rotha*, einmal auslautverschärft als *-rodt*. Das BW durchläuft eine Entwicklung von *Lutiken-* durch Umlautung zu *Lütteken-* und Abschwächung der Nebentonsilbe zu *Lütken-*. 1596 erscheint erstmals eine Form *Lüttichen-* mit spirantisiertem *k*-Laut, der sich im Schriftbild in der Folge auch durch *-g-* und *-j-* ausdrückt (Lasch, Grammatik § 337).

II. Weigand, Heimatbuch S. 343 bezieht bei der Deutung von → Großenrode Lütgenrode ein: Man „nannte die so gewonnene Fäche 'Rode' oder, wie man damals pflegte, mit dem lateinischen Namen 'Novalis', d.h. Neubruchland. Als dann später in Hardenbergischem Gebiete noch ein anderes 'Rode' entstand, wurde dieses Lütgenrode und jenes Großenrode genannt." Kramer, Moringen S. 189 bezeichnet die ON Großenrode und Lütgenrode als „korrespondierende ON", „die aus ursprünglichen FlurN (mit erstarrtem Dativ im BW und GW) entstanden sind: = (dat dorp) to deme groten rode bzw. to deme lutteken rode".

III. Den Deutungen ist zu folgen. Lütgenrode ist die 'kleine Rodung' im Vergleich zu dem zum Zeitpunkt der Entstehung schon existenten Ort → Großenrode. Der ON besteht aus dem GW *-rode* und dem mnd. Adjektiv *lüttik, lüttge, lüttje* 'klein' im Dativ, entstanden aus der Wendung **to dem luttiken rode*, welche im Beleg 1336 *in Parvo Novali* in lateinischer Entsprechung erscheint (vgl. Bei der Wieden/Borgemeister, Waldwörterbuch S. 105: „die Novalia (Pl.) 'neu gerodetes Land'").

LÜTHORST (Dassel)

8./9. Jh. (A. 12. Jh.) *Lutharteshusen* (Trad. Fuld. 41, 78 S. 100 = Codex Eberhardi II S. 192)
826-876 (A. 15. Jh.) *Luthardeshusun* (Trad. Corb. § 237 S. 123)
1062 *Liutharttessen* (MGH DH IV. Nr. 83 S. 108)
1155 *Lutthardessen* (Westfäl. UB II Nr. 301 S. 80)
um 1162 (A. 15. Jh.) *Lutthardessen* (Westfäl. UB Add. Nr. 52 S. 47)
1227 *Heinricus de Luthardessen* (UB H. Hild. II Nr. 235 S. 101)
um 1290 *Luthardessen* (Dürre, Amelungsborn S. 52)
1337 *Luthardessen* (Goetting, Findbuch I Nr. 143 S. 72)
1360 *Luthardessen* (Sudendorf III Nr. 121 S. 79)
1384 *Lutharssen* (Sudendorf VI Nr. 103 S. 109)
1426 *Luthardessen* (Scheidt, Codex Diplomaticus Nr. 29b S. 545)
1447 *Luthorssen* (UB Göttingen II Nr. 225 S. 198)
um 1470 *kerkhove to Ludhardessen* (Lüneburger Lehnregister Nr. 781 S. 70)
1498 *Arnt van Lutharsen* (UB Grubenhagen Nr. 115 S. 66)
1519/20 (A. 16. Jh.) *Lutharssen id est Luthorsten* (Krusch, Studie S. 265)
1585 *Leuthorssen* (Feilke, Untertanenverzeichnis S. 109)
1588 *Leuthorst* (UB Grubenhagen Nr. 145 S. 90)
um 1616 *Lüthorst* (Casemir/Ohainski, Territorium S. 58)
1627 *Leuthorsten* (Rohmeyer, Lüthorst S. 39)
1783 *Lüthorst* (Kurhannoversche Landesaufnahme Bl. 138)

1823 *Lûthorst* (Ubbelohde, Repertorium 3. Abt. S. 10)
dialekt. (1951) *liuthå̆sĕn* (Flechsig, Beiträge S. 18)
dialekt. (1970) *Luithaßen* (Rohmeyer, Lüthorst S. 38)

I. Zum Beleg von 822-876 vgl. Schütte, Mönchsliste S. 205, der sich in der Zuordnung nicht sicher ist und auch † Luthardessen bei Brakel sowie Lüerdissen bei Holzminden als Identifizierungsmöglichkeit vorschlägt. Die frühe und konstante Überlieferung führt zweifelsfrei zu einer Grundform *Luthardeshusen*. Die weitere Entwicklung verläuft, bedingt durch Abschwächungsprozesse in Nebentonsilben, über *Luthardessen* und *Lutharssen* sowie *Lutherssen, Luthorssen* zum veränderten GW in *Leuthorst, Lüthorst*.

II. Nach Casemir/Ohainski, Orte S. 136 mit dem GW -*husen* gebildet. Förstemann, Ortsnamen II Sp. 106 stellt Lüthorst zusammen mit Lüerdissen, Kr. Holzminden, zum PN-Stamm LIUD. Rohmeyer, Lüthorst S. 44 sieht im BW den PN *Luthard*. Udolph, Lüthorst S. 20 behandelt ausführlich die Entwicklung des ON und deutet ihn als „Siedlung, das Dorf des Liuthard".

III. Bildung mit dem GW -*hūsen* und dem stark flektierenden zweigliedrigen PN *Liuthard*, dessen Namenglieder *Liut*- zu asä. *liud* 'Volk, Menge, Leute' und -*hard* zu asä. *hard* 'hart, stark, kühn' gehören; vgl. Förstemann, Personennamen Sp. 1042 mit den Formen *Liuthart, Liudhart, Leuthard* u.a., ebenso Schlaug, Altsächs. Personennamen S. 123 und Schlaug, Studien S. 126. Asä. -*iu*- wird im allgemeinen mnd. zu -*ü*- (Lasch, Grammatik § 187). Die ON-Formen mit Vokalhebung -*ar*- > -*or*- (z.B. 1447 *Luthorssen*) führen durch ihre Ähnlichkeit mit dem Wort *Horst*, das im Mnd. 'niedriges Gestrüpp; abgeholzte Stelle im Wald; Krüppelbusch' bedeutete und auch als ON-Bildungselement diente (zu diesem ON-Typ vgl. Udolph, Germanenproblem S. 776-796), zu einer Umdeutung des GW zu -*horst*.

(†) LUTTERBECK (Moringen)

Der Ort ist offenbar gegen Ende des 15. Jh. kurz wüstgefallen, wurde aber im 16. Jh. in etwa an derselben Stelle wieder aufgebaut.

um 1270 *Lutterenbike* (UB Fredelsloh Nr. 35 S. 42)
1275 *Litterenbike* (UB Boventen Nr. 24 S. 45)
1306 *Lutterenbeke* (UB Fredelsloh Nr. 97 S. 76)
1362 *Lutterenbeke* (UB Fredelsloh Nr. 169 S. 120)
1422 *Lutterbeke* (Kettner, Flußnamen S. 185)
1479 *Lutterbeck* (Wisotzki, Nörten II S. 69)
1488 *capellam S. Georgii in Lutterbeck* (Domeier, Moringen S. 104)
1489 *villam desolatam Lutterbecke* (Exkursionskarte Moringen S. 69)
1521 *Lutterbeck* (UB Fredelsloh Nr. 256 S. 176)
1564 *vor dem Dorffe Lutterbeke* (Kettner, Flußnamen S. 185)
1585 *Luttermke* (Burchard, Calenberg-Göttingen S. 20)
1588 *Lutterbeck* (Kayser, Generalkirchenvisitation S. 129)
1592 *Luttermke* (Kettner, Flußnamen S. 185)
1712 *Lutterbeck* (UB Uslar II S. 1124)
1783 *Lutterbek* (Kurhannoversche Landesaufnahme Bl. 142)
1823 *Lutterbeck* (Ubbelohde, Repertorium 3. Abt. S. 11)
dialekt. (1949) *luttĕrbek* (Flechsig, Beiträge S. 18)

I. Bei einer von Ohlmer, Moringen S. 323 zitierten Urkunde von 1129, in der *in Rothe iutxa Lutterbiki* genannt wird, handelt es sich um eine gelehrte Fälschung von Christian Franz Paullini aus dem späten 17. Jh. (vgl. Backhaus, Geschichtsfälschungen S. 7ff., besonders S. 9ff. und S. 13 und Lange, Northeim S. 37), die wegen ihrer späten zeitlichen Stellung hier nicht als Quelle herangezogen werden kann. Ein Beleg von 1268 *Lutterbicke*, den Ohlmer, Moringen S. 309 aufführt, war nicht zu verifizieren. Das GW liegt zuerst in der ostfäl. Lautung *-bike* vor, später als *-beke*, *-beck*. Die ältesten Belege zeigen das GW als *Lutteren-*, *Litteren*, bevor erst das zweite, schwachtonige *-e-* und dann das *-n-* ausfallen, so daß das heutige *Lutter-* entsteht. Im 16. Jh. erscheint gelegentlich die Form *Luttermke*.

II. Nach Casemir, Grundwörter S. 191 mit dem GW *-beke* gebildet. Domeier, Moringen S. 153 bemerkt 1753 zum Ort, daß er seinen Namen von der Lutter habe, die ihn durchfließe. Weigand, Heimatbuch S. 425 argumentiert ebenso, nur heißt dieser Bach bei ihm Lutterbach. Dieser sei „nach seinem klaren, lauteren Wasser" benannt (Weigand, Ortsnamen S. 16). Bückmann, Ortsnamen S. 28 deutet den ON als „klarer Bach". Gehmlich, Wappenbuch S. 293 meint: „Nach dem Lutterbach, der das Dorfbild prägte, ist das Dorf benannt. Der Wellenbalken steht für den 'klaren Bach' als 'redendes' Symbol." Bach, Ortsnamen I § 298 sieht in „nd. Lutterbeck" ahd. *(h)lūttar*, nhd. *lauter* 'rein, hell'. Kettner 184ff. stellt den ON - ausgehend von dem FlußN Lutter (5) - zu asä. *hlūttar*, mnd. *lutter* 'hell, rein, klar, lauter'. Allerdings liege in unserem ON eine Besonderheit vor: er habe „streng genommen, mit dem Namen der es durchfließenden *Lutter* (5) nichts zu tun; er geht auf eine Stellenbezeichnung *to deme lutteren beke [...]* zurück, die allerdings an das schon im FlußN vorhandene Benennungsmotiv anknüpft." Nach Flechsig, Beiträge S. 30 enthält der ON einen BachN Lutter. „Bei den verschiedenen Bächen namens Lutter" sei es aber fraglich, ob sie auf ein „hlutter-aha = lauteres, klares Wasser [...] oder auf ein hlūd-ara = laut rauschender Bach" zurückgingen. So bemerkt auch Hahne, Bevölkerungsgeschichte S. 95, ein Fluß Lutter sei „nicht der reine klare Bach (luter=rein ist mittel- und oberdeutsch)", der Name bestünde vielmehr aus „lut = laut, schallend" und dem Flußnamensuffix *-ara*. Nach Garke, Bachnamen S. 12 könne „mhd. lūt, mnd. lutter klar, rein [...] im Flußnamen Lutter stecken, aber auch laut, helltönend könnte der Sinn sein". Harland, Einbeck S. 14 sieht im ON einen PN *Lutter* aus der Billingschen Familie.

III. Das GW ist *-beke*. Die Form *Lutterbeke* entstand erst im 15. Jh. Harlands Vermutung eines PN *Lutter* ist damit hinfällig; noch dazu ist eine Verbindung eines PN mit dem GW *-beke* unwahrscheinlich. Wie Kettner richtig feststellt und die ältesten Belege zeigen, ist Lutterbeck keine unmittelbare Zusammensetzung aus dem FlußN Lutter und *-beke*. Dem ON liegt eine Wendung *to/bi dem/der lutteren beke* zugrunde, die das Adjektiv asä. *hlūttar*, mnd. *lutter* 'lauter, rein, klar' im Dativ Singular enthält. In den Belegen *Luttermke* ist die Form *Lutteren-* auch noch ersichtlich: Zugrunde liegt die Verkürzung des GW zu *-bke*, woraufhin sich das dental gebildete *-n-* an das labiale *-b-* angleicht (*-nb-* > *-mb-*) und in der Verbindung *-mbk-* das interkonsonantische *-b-* ausfällt, vgl. † → Bredenbeke I und II, † → Lynbeke und → Steimke. Das Adjektiv *hlūttar* steckt freilich auch im FlußN Lutter, auf den sich diese Wendung bezieht. Die Eigenschaft dieses Flusses wird durch den ON nochmals bestätigt. Nach Kettner ist „mögliche Ausgangsform des FlußN *Lutter* [...] entweder die fem. Adj.-Bildung *(H)lūttara* oder die Kompositionsbildung *(H)lūttar-aha*." Daß der

FlußN auf asä. *(h)lūd* 'laut' zurückgeht, schließt sich schon durch das vorliegende *-tt-* aus.

IV. Exkursionskarte Moringen S. 69; Kühlhorn, Wüstungen Bd. II Nr. 230 S. 392-393.

LUTTERHAUSEN (Hardegsen)

780-802 (A. 12. Jh.) *Luthereshusen* (UB Fulda I 497 S. 494)
1269 *Luteringehusen* (UB Fredelsloh Nr. 33 S. 41)
1275 *Lutteringehusen* (UB Fredelsloh Nr. 41 S. 45)
1310 *plebanus de Lutterigeshusen* (UB Walkenried II Nr. 723 S. 79)
1324 *Lutteringehusen* (UB Fredelsloh Nr. 118 S. 87)
1337 *Lutteringehusen* (Goetting, Findbuch I Nr. 143 S. 72)
1441 *ecclesia ville Lutteringehusen* (UB Fredelsloh Nr. 200 S. 141)
1537 *Lutteringehußen* (Meyer, Steuerregister S. 74)
um 1588 *Luttrigehusen* (Lubecus, Annalen S. 197)
1593 *Luttrihausenn* (Kramer, Abschwächung S. 39)
um 1616 *Luttringhausen* (Casemir/Ohainski, Territorium S. 56)
1712 *Lutteriehausen* (UB Uslar II S. 1151)
1771 *Lutterhausen* (Domeier, Hardegsen S. 74)
1823 *Lutterhausen* (Ubbelohde, Repertorium 3. Abt. S. 11)
dialekt. (1951) *luttĕrhausĕn* (Flechsig, Beiträge S. 18)

I. Die von Scheuermann, Barsinghausen S. 91f. ohne Nachweis angeführten Belege 1225 *Lutteringehusen*, 1590 *Lutterhausen* waren nicht zu verifizieren, weshalb sie keine Aufnahme in die Belegreihe fanden. Während der ON im 8./9. Jh. *Luthereshusen* lautet, erscheint er ab dem 13. Jh. als *Lut(t)eringehusen*. Das *-inge*-Element begegnet auch in den Formen *-ing-*, *-ige-*, *-i(e)-*; im Beleg von 1310 mit Fugen-*s*. Im 18. Jh. fällt *-inge-* vollständig aus. Ab Ende des 16. Jh. liegt das GW in der hd. Form *-hausen* vor.

II. Nach Casemir/Ohainski, Orte S. 136 mit dem GW *-husen* gebildet. Weigand, Ortsnamen S. 14 sieht im BW den PN „Luter gleich Lothar". Förstemann, Ortsnamen II Sp. 107 stellt den ON zum PN-Stamm LIUD. Nach Scheuermann, Barsinghausen S. 91f. ist das BW des Erstbeleges *Luthereshusen* der stark flektierte PN *Hlothar*. In den folgenden Belegen *Lutteringehusen* liege ein Wechsel von einem PN zu einer Personengruppenbezeichnung vor. Die Form *Lutterhausen* sei, da ihr die *s*-Fuge fehlt, nicht als Fortsetzung des ältesten *Lutheres-* zu interpretieren. Vielmehr sei, wie mehrfach beobachtet, das Suffix *-inge-* erst abgeschwächt worden und dann vollständig ausgefallen, wobei ein Sproßvokal *-e-* zwischen *-t-* und *-r-* eingeschoben wurde. Die Entwicklung sei also von „*Luttrig-* > *Luttri-* > **Luttr-* > *Lutterhausen*" verlaufen. Bernotat, Moore-Gau S. 5 vermutet in *Luthereshusen* „ahd. lutar – lauter, klar?".

III. Bildung mit dem GW *-hūsen*. Im Erstbeleg ist entgegen Bernotat deutlich der stark flektierte PN *Luther* zu erkennen. Der PN wird von Schlaug, Altsächs. Personennamen S. 126 zum PN *Liutheri* gestellt, dessen Namenglieder *Liut-* und *-heri* zu asä. *liud* 'Volk' und asä. *hēri* 'Heer' gehören. Allerdings treten im PN-Stamm LIUD Vermischungen mit dem Stamm HLODA, zu asä. *(h)lūd* 'laut, berühmt' auf, was wohl auch dazu führt, daß Förstemann, Personennamen Sp. 853 die Formen *Lutheri* und *Luther* zu HLODA und dem PN *Hlothar* stellt. Dazu bemerkt er in Sp. 848: „Wo die anlautende spirans fortgefallen ist, tritt nahe berührung mit LEUDI ein; unter letzteren stamm hatte ich in der ersten auflage auch die formen mit u gebracht, während ich dieselben jetzt hierher setze." Den ON hatte er jedoch zum PN-Stamm LEUDI bzw. LIUD (siehe II.) gestellt. Wie Scheuermann ausführt, hat in der folgenden Zeit ein Wechsel des ON vom GW *-hūsen* zu *-ingehūsen* stattgefunden, der auch bei → Delliehausen und Luttringhausen, Kr. Hannover (NOB I S. 308f.), zu beobachten ist. Zur weiteren Entwicklung des ON ist Scheuermanns Erläuterung nichts hinzuzufügen.

† LYNBEKE
Lage: Ca. 3,5 km westl. des Forsthauses Grimmerfeld im Solling.

1410 *tome Lynbeke* (Kühlhorn, Gerßborn S. 92)
1581 *daß Lincker Bruch* (Kettner, Flußnamen S. 175)
1596 *Limbeck* (Kettner, Flußnamen S. 175)
1603 *die Wüste Limke* (Krabbe, Sollingkarte Bl. 5)
1715 *Timbkerfeldt* (Bodemann, Wüste Ortschaften S. 245)
1735-36 *Limker Feld* (Forstbereitungsprotokoll S. 125)
1783 *Limker Feld* (Kurhannoversche Landesaufnahme Bl. 141)
1842 *Limker Feld* (Kühlhorn, Gerßborn S. 93)
FlußN LIMKER BACH/LINDENBACH (Oberlauf des Riepenbaches)
1596 *die Leimbach* (Kettner, Flußnamen S. 175)
1603 *die Limbkebeke* (Krabbe, Sollingkarte Bl. 8)
1629 *die Linter beke* (Kettner, Flußnamen S. 175)
1644 *den Limbkerbeke* (Kettner, Flußnamen S. 175)
um 1696 *die Limbcke* (Kettner, Flußnamen S. 175)
1717 *die Limbke* (Kettner, Flußnamen S. 175)

I. Das GW erscheint als *-beke*, *-beck*, *-(b)ke*, *-bach*. Der FlußN erhält im 16. Jh. ein zusätzliches GW *-beke*. Im BW wechselt *-n-* zu *-m-*. In FlurN begegnet der ON in adjektivischer *er-*Ableitung. Die ON-Form *Timbker-* weicht im Anlaut ab; der FlußN-Beleg *Linter-* enthält *-nt-* statt *-mbk-*; 1596 liegt *Leimbach* als Verhochdeutschung vor.

II. Nach Casemir, Grundwörter S. 191 mit dem GW *-beke* gebildet. Kettner, Flußnamen S. 175 stellt den FlußN Limke (1) und dazu den WüstungsN Limke in dessen Quellgebiet zu asä. *linda*, mnd. *linde* 'Linde'. Die Grundform *Lindenbeke* entwickle sich durch Assimilation von *-nd-* > *-nn-* zu *Linn'nbeke*, diese durch Assimilation von *-nb-* > *-mb-* zu *Limbeke*. Möglich wäre auch eine Grundform *Lindbeke*, die ebenfalls zu *Limbeke* führenden Assimilationsprozessen unterliege. Mit Förster, Forstorte S. 111f. liegt dem FlurN Limker Bruch „mhd./mnd. *len*, das Lehen" und „ekkabruh" in der Bedeutung „Ecke an der Bruchlinie, an der Grenze des Gerichtsgaues Uslar-Dinkelhausen" zugrunde. Witt, Beiträge S. 154 stellt verschiedene GewN Linnbeck, Limbach, Linnebach ebenfalls zu *linde*, es sei aber auch eine Deutung als 'Bergwasser' zu ahd. *hlīna* 'Berglehne' möglich. Unter LIN, zu ahd. *(h)lina*, *lena* 'Berglehne', asä. *hlinon* 'lehnen', verzeichnet Förstemann, Ortsnamen II Sp. 75f.

† Limbeck bei Querfurt (1191 *Linbeki*), Linse, Kr. Holzminden (9. Jh. *Linisi*), und die Liene bei Lienen, Kr. Wesermarsch (13. Jh. *Lyne*).

III. Bildung mit dem GW *-beke*. Bei der Deutung des BW ist von **Lin-* auszugehen. Die Form *Lim-* entspringt der Assimilation von *-nb-* zu *-mb-* im 16. Jh. Die Überlieferung von ON und FlußN setzt erst spät ein, so daß eine Grundform **Lindenbeke* mit den von Kettner beschriebenen Verschleifungsprozessen zwar nicht bewiesen, aber auch nicht ausgeschlossen werden kann. Da das Appellativ *Linde* jedoch noch heute zum aktiven Wortschatz gehört, hätte sich die Assimilation *-nd-* > *-nn-* wahrscheinlich nicht so konsequent durchsetzen können. Inmitten der Berglandschaft des Sollings ist eher von einer Verbindung mit asä. *hlinon* 'lehnen', *hlena* '(Berg-)Lehne' auszugehen. Das Substantiv *hlena* mit dem Stammvokal *-e-* ist auf idg. **k̂loi-no-s* 'schräg' zurückzuführen. Dem Verb *hlinon* hingegen liegt die Vollstufe idg. **k̂lei-*, germ. **hlī-* 'neigen, lehnen' mit *n*-Formans zugrunde, die auch beim BW *Lin-* anzusetzen ist. Die Belege *Linck-*, *Lim(b)ke* zeigen die Verkürzung des GW *-beke* zu *-bke* und den interkonsonantischen Ausfall des *-b-*. Die Formen des FlußN *Limbke Beke*, *Limbkerbeke* machen deutlich, daß *Limbke* als Bachbezeichnung nicht mehr verständlich war, so daß das GW *-beke* dem Namen nochmals angefügt wurde.

IV. Ernst, Wüstungen S. 86; Exkursionskarte Moringen S. 68-69; Förster, Forstorte S. 111-112; Kühlhorn, Gerßborn S. 92-99; Kühlhorn, Wüstungen Bd. II Nr. 224 S. 379-387.

M

MACKENSEN (Dassel)

826-876 (A. 15. Jh.) *Mackanhusen* (Trad. Corb. § 261 S. 127)
1019-22 (A. 12. Jh.) *Makkonhusun* (UB H. Hild. I Nr. 63 S. 59)
1062 *Makkenhusen* (MGH DH IV. Nr. 83 S. 108)
vor 1199 *villa Maccenhuse* (Bauermann, Anfänge S. 355)
1269 *Makenhusen* (Calenb. UB III Nr. 302 S. 200)
1279 *Ludolfus de Makenhosen* (UB Fredelsloh Nr. 49 S. 49)
1310 *Mackenhusen* (Sudendorf X S. 281 Anm. 1)
1345 *Mackenosen* (Kramer, Abschwächung S. 34)
1441 *Mackensen* (Kramer, Abschwächung S. 34)
1481 *Mackenhusen* (UB Oldershausen Nr. 63 S. 113)
1527 *Maekenßen* (Tschackert, Rechnungsbücher S. 374)
1596 *Mackenhausen unter dem Hundsrück* (Letzner, Chronica Buch 2 S. 61r)
1603 *Mackensen* (Krabbe, Sollingkarte Bl. 11)
1740 *Mackensen* (Lauenstein, Hildesheim II S. 96)
1823 *Mackensen* (Ubbelohde, Repertorium 3. Abt. S. 11)
dialekt. (1951) *makkĕnsĕn* (Flechsig, Beiträge S. 18)

I. In den ältesten Belegen *Mackan-*, *Makkon-* ist ein Schwanken der Kasusendung zu beobachten, die später zu *-en* abgeschwächt wird. Im 13. Jh. begegnet einfaches *-k-*. Das GW *-husen* ist 1019-22 noch in seiner Vollvokalform *-husun* zu erkennen. Ende des 13. Jh. erscheint die südniedersächsische Variante *-hosen*, später verkürzt zu *-sen*.

II. Nach Casemir/Ohainski, Orte S. 136 mit dem GW *-husen* gebildet. Förstemann, Ortsnamen II Sp. 167f. sieht in Mackensen einen PN *Make* zum PN-Stamm MAK, welchen er mit mnd. *mak* 'sanft' in Verbindung bringt. Im Personennamenband Sp. 1068 wird der ON jedoch zu einem PN-Stamm MAG gestellt.

III. Bildung mit dem GW *-hūsen*. Das BW enthält den schwach flektierenden PN *Makko*. Förstemanns Vermutung, der PN gehöre zu einem Stamm MAK, wird von Kaufmann, Untersuchungen S. 20 abgelehnt. Kaufmann deutet PN-Formen wie *Macco* und *Makko* als inlautverschärfte und geminierte Formen des PN *Mago*. Bei Schlaug, Altsächs. Personennamen S. 131 und Schlaug, Studien S. 212f. werden die Namen *Macco*, *Makko* und *Maggo* als Kurzformen von PN auf *Marc-*, zu asä. *marka* 'Grenzland', gesehen; vgl. dazu ebenso Kaufmann, Ergänzungsband S. 242f. Der PN liegt auch in Mackenrode, Kr. Göttingen (vgl. NOB IV S. 263ff.), vor.

(†) MANDELBECK, FORSTHAUS (Northeim)

Der im 15. Jh. wüstgefallene Ort ist in der Nähe des Forsthauses Mandelbeck, ca. 3,5 km nördl. Elvershausen, zu suchen.

1016 *Mandelbiki* (MGH DH II. Nr. 341 S. 436)
1016 (A. 12. Jh.) *Mandelbike* (Vita Meinwerci Kap. 132 S. 67)

1224 (A. 14. Jh.) *Gerlacus de Madelbeke* (UB Eichsfeld Nr. 223 S. 133)
1285 *Gerlacus de Mandelbike* (UB Mariengarten Nr. 57 S. 68)
1338 *Johannes de Mandelbeke* (Grote, Neubürgerbuch S. 10)
um 1381 (A. 14. Jh.) *Ian de Mandilbecke* (Asseburger UB II Nr. 1301 S. 322)
um 1397 *Alheit Mandelbeke* (UB Goslar V Nr. 1065 S. 541)
1431 *Lippolt von Mandelbeke* (Grote, Neubürgerbuch S. 25)
1519/20 (A. 16. Jh.) *Mandelbick* (Krusch, Studie S. 261)
1527 *Mandelbeck* (Tschackert, Rechnungsbücher S. 373)
1542 *Mandelbeck* (Kayser, Kirchenvisitationen S. 312 Anm.)
1674 *Mandelbeck* (Kettner, Flußnamen S. 188)
1784 *Mandelbeck* (Kurhannoversche Landesaufnahme Bl. 143)
1791 *Mandelbeck Vorw.* (Scharf, Samlungen II S. 149)
1823 *Mandelbeck Vorwerk* (Ubbelohde, Repertorium 3. Abt. S. 12)

I. Ein von Weigand, Heimatbuch S. 256 zu 1009 gestellter Beleg aus der Vita Meinwerci dürfte unseren Beleg von 1016 meinen. Der ON zeigt kaum Veränderung: das BW erscheint konstant als *Mandel-*, 1224 ohne Nasal; das GW liegt in ostfäl. Lautung *-biki*, *-bike*, später *-beke*, *-beck* vor.

II. Nach Casemir, Grundwörter S. 191 mit dem GW *-beke* gebildet. Förstemann, Ortsnamen II Sp. 202 stellt den ON zu einem Stamm MANDAL. Er lehnt für nichtbayrischen Namen einen Bezug zu ahd. *mantala* 'Föhre' ab, führt die nd. FlurN Mandal und Manhorn auf und erwägt einen Bezug zu einer mondförmigen Gestalt. Nach Weigand, Ortsnamen S. 17 „deutet [der Volksmund] den Namen so, als ob der dort fließende Bach aus 15, also einer Mandel, Quellen gebildet werde. Richtiger ist wohl, daran zu denken, daß die Tanne auch als Mandelbaum bezeichnet wird. [...] Wir denken an die gewaltigen Tannen der Mandelbecker Forst. Im Kreis Ilfeld gibt es ein Mandelholz, im Kreis Neustadt a.R. ein Mandelsloh, was beides Mandelwald, also gewiß Tannenwald bedeutet."

III. Bildung mit dem GW *-beke*. Dem ON liegt also ein FlußN zugrunde. Weigands Deutung des BW ist abzulehnen. Die Mengenbezeichnung *Mandel* geht auf mnl. *mandele* 'Garbenstand' zurück (vgl. Kluge/Seebold S. 537), eine Bedeutung, die für einen FlußN nicht wahrscheinlich ist. Eine Verbindung zum ahd. Wort *mantala* 'Kiefer' in einem ON des asä. Sprachraums ist ebenso auszuschließen. Das Element *Mand-* läßt sich besser mit der bei der Deutung von Mandelsloh, Kr. Hannover (NOB I S. 311ff.), herangezogenen idg. Wurzel **mendh-/*mondh-* verbinden, einer Variante zu **menth-* 'quirlen, drehend bewegen' (vgl. Pokorny, Wörterbuch S. 732), die in anord. *mǫndull* 'Drehholz an der Handmühle' und nhd. *Mandel, Mandelholz* 'Rollholz, walzenförmiges Holz' vorliegt. Die Bedeutung 'quirlen, drehen' ist für einen FlußN plausibel. Da FlußN häufig mit *l*-Suffix gebildet wurden, kann im BW *Mandel-* ein ursprünglich eigenständiger FlußN **Mand-ala* in der Bedeutung 'die Quirlende' gesehen werden, womit wohl der heutige Sägemühlenbach oder ein Abschnitt dieses Baches bezeichnet wurde. Die überlieferte Form *Mandel-* entsteht durch Abschwächung der nebentonigen Vokale des Suffixes *-ala* zu *-ele* und den Ausfall des schwachtonigen *-e-* im Auslaut. Das GW *-beke* wurde wie bei → † Dodelbeck sekundär angefügt.

IV. Baudenkmale Northeim S. 302; Exkursionskarte Osterode S. 45; Jäckel, Willershausen Karte 1; Kettner, Flußnamen S. 188; Kühlhorn, Wüstungen Bd. II Nr. 231 S. 393-397.

MARIENSTEIN (Nörten-Hardenberg)

1055 (A. 16. Jh.) *capellam nomine Steina* (Mainzer UB I Nr. 296 S. 187)
1102 (A. 16. Jh.) *ecclesiam beatae dei genitricis Mariae in loco, qui Steina vocatur* (Mainzer UB I Nr. 406 S. 313)
1105 (A. 16. Jh.) *ecclesiam, quae est Steina* (Mainzer UB I Nr. 425 S. 332)
1120 (A. 16. Jh.) *locum in Saxonia, qui Stein dicitur* (Mainzer UB I Nr. 488 S. 392)
1180-90 (A. 16. Jh.) *in hoc loco Steina* (UB Drübeck Nachtrag 1 S. 258)
um 1229 *abbas de Stene* (UB Plesse Nr. 86 S. 129)
1260 *ecclesie beate Marie virginis in Stene* (UB Hardenberg I Nr. 7 S. 9)
1269 *abbas in Steine* (UB Fredelsloh Nr. 33 S. 41)
1269 *Herwicus de Lapide* (UB Göttingen I Nr. 16 S. 14)
1278 *ecclesie sancte Marie in Stene* (UB Hardenberg I Nr. 15 S. 16)
1290 *ecclesie in Stehna* (UB Boventen Nr. 30 S. 49)
1324 *Stene* (Urk. Katlenburg Nr. 114)
1327 *B. de Lapide* (Wolf, Archidiakonat Nörten Nr. 26 S. 22)
1357 *Steyne* (Goetting, Findbuch I Nr. 183 S. 89)
1409 *closter to Steina* (Eckart, Marienstein S. 14)
1488 *to Steyne* (UB Göttingen II Nr. 362 S. 346)
1522 *lantages zu Steyne* (UB Göttingen III Nr. 260 S. 124)
1542 *Stene* (Urk. Dipl. App. Nr. 374c)
1588 *cloister Staina* (Salbuch Plesse II S. 173)
1619 *cloester Mariensteine* (Eckart, Marienstein S. 35)
1671 *closter Steina* (Wolf, Nörten Nr. 108 S. 171)
1719 *beym kloster Marienstein* (Wolf, Nörten Nr. 127 S. 191)
1784 *Kloster Marienstein oder Steina* (Kurhannoversche Landesaufnahme Bl. 150)
1823 *Marienstein* (Ubbelohde, Repertorium 3. Abt. S. 13)

I. Die Angabe bei Weigand, Heimatbuch S. 305, Marienstein sei erstmals 890 und zwar als 'Steynhem' belegt, war nicht zu verifizieren und besitzt allein schon wegen des willkürlich angenommenen Namenwechsels wenig Glaubwürdigkeit. Die Überlieferung wechselt zunächst zwischen den Varianten hd. *Steina* (vor allem in Mainzer Urkunden) und nd. *Stena*. Das auslautende -*a* wird zu -*e* abgeschwächt. Gelegentlich begegnet die Latinisierung *de Lapide* (lat. *lapis, lapidis* 'Stein'). Erstmals 1120 (A. 16. Jh.) und später ab dem 16. Jh. tritt die Form *Stein* ohne Auslautvokal auf. Der erste Hinweis auf den späteren Zusatz *Marien-* erscheint 1102.

II. Michael, Steina S. 13 schreibt zum ON: „Der seit Beginn der Neuzeit gebräuchliche Name Marienstein bewahrt bis heute die Erinnerung an das Patrozinium des Klosters." Förstemann, Ortsnamen II Sp. 859 stellt den ON zu ahd. *stein*, asä. *stēn* 'Stein'. Das Appellativ bezeichne „in den namen meist felsen, dann steinhaus, auch wohl einzelner wanderblock, grenzstein".

III. Der ON ist ursprünglich eine simplizische Bildung mit dem Appellativ asä. *stēn*, mnd. *stē^n* 'Stein'. Die Endung -*a* ist entweder der asä. Dativ Singular des ON oder wurde in den lat. Urkunden angefügt. Nach Bach, Ortsnamen I § 293 bezieht sich *Stein* in Namen „(1.) auf Steine, Felsblöcke u.ä., (2.) auf Berge, (3.) auf steiniges Gelände, (4.) auf Gebäude aus Stein, bes. die Ritterburgen, (5.) auf steingestückte oder steinige Straßen". In § 374 meint er: „Stein dürfte schon in vorliterarischer Zeit 'steinernes Haus, Burg' bedeutet haben." Bei unserem ON ist möglicherweise der Bau der steinernen Kapelle namengebend gewesen. Die heutige amtliche Bezeichnung

Marienstein ist erstmals 1619 belegt und zwar in einem Text, in dem der christliche FrauenN *Maria* zur Unterscheidung von → Angerstein in flektierter Form als BW hinzugesetzt wurde (vgl. Bei der Wieden, Landtag S. 47). Zur näheren Bestimmung des Klosters wurde vorher – allerdings in unkomponierter Form – häufig das Hauptpatrozinium der (Kloster-)Kirche in den Quellen genannt. Die Orts- und KlosterN Mariensee und Marienwerder, Kr. Hannover (NOB I S. 314ff.), Mariaspring und Mariengarten, Kr. Göttingen (NOB IV S. 266f.), enthalten den gleichen Namen.

MARKOLDENDORF (Dassel)

1265 *in Forensi Aldendorp* (UB Plesse Nr. 210 S. 235)
1276 *in Forensi Oldenthorp* (UB Plesse Nr. 264 S. 276)
1299 *in villa Margtoldendorp* (UB Plesse Nr. 362 S. 344)
1310 *dene Stenberch unde achte hove to Oldendorp* (Sudendorf X S. 282 Anm. 1)
1331 *Market Oldendorpe* (Petke, Wöltingerode Anhang III Nr. 79 S. 596)
1391 *Marketaldindorpe* (UB Fredelsloh Nr. 178 S. 126)
1437 (A.) *den market in Oldendorpe* (Harland, Einbeck II S. 497)
1462 *Markoldendorpe* (Bilderbeck, Sammlung II Nr. 24 S. 61)
1482 *de rad in dem merkede to Oldendorp* (UB Fredelsloh Nr. 236 S. 166)
1509 *Marketoldendorp* (UB Fredelsloh Nr. 254 S. 176)
1527 *sedes Marck Oldendorpp* (Tschackert, Rechnungsbücher S. 374)
1596 *Marckoldendorff* (Letzner, Chronica Buch 3 S. 91r)
1640 *Marckoldendorff* (UB Oldershausen Nr. 109 S. 220)
1783 *Marckaltendorf* (Kurhannoversche Landesaufnahme Bl. 142)
1833 *Markoldendorf* (Gaußsche Landesaufnahme Bl. 22)
dialekt. (1951) *markaulĕndörp* (Flechsig, Beiträge S. 18)

OLDENDORF

1113 (A. 15. Jh.) *Reinbert de Aldenthorp* (Kaminsky, Corvey Nr. 4 S. 249)
1142 [*ecclesia matrix* ...] *Aldendorph* (Mainzer UB II Nr. 33 S. 59)
1146 *Aldendorp* (UB Fredelsloh Nr. 9 S. 28)
1155 *duas ecclesias in Oldendorph et in Stocheim* (Mainzer UB II Nr. 209 S. 379)
1265 *villicus meus in Aldendorp* (UB Plesse Nr. 210 S. 235)
1312 *plebanus in Oldendorp* (Westfäl. UB IX Nr. 968 S. 450)
1391 *Jaans von Aldendorpe* (UB Fredelsloh Nr. 178 S. 126)
1477 *Osteroldendorppe* (Goetting, Findbuch II Nr. 587 S. 64)
1487 *Osteroldendorp* (Goetting, Findbuch II Nr. 632 S. 80)
1585 *Altedorf* (Burchard, Calenberg-Göttingen S. 96)
1603 *Olendorff* (Krabbe, Sollingkarte Bl. 10)
1740 *Oldendorf bey Marck Ohlendorff* (Lauenstein, Hildesheim II S. 96)
1789 *Ohlendorf* (Status Contributionis S. 4)
1833 *Oldendorf* (Gaußsche Landesaufnahme Bl. 22)
dialekt. (1951) *aulĕndörp* (Flechsig, Beiträge S. 19)

I. Die Zuordnung eines Beleges von 1015-36 *Aldenthorpf* (Vita Meinwerci Kap. 207 S. 120) nach Deppe, Besitzungen S. 23 ist wegen der Vielzahl der Lokalisierungsmöglichkeiten, weiteren genannten Orten und der Gauangabe - *in pago Auga* - nicht nachzuvollziehen; kaum sicher zuzuordnen ist auch ein Beleg von 1022 (Fä. 1. H. 12. Jh.) *in pago Tilithe* [...] *Aldenthorp* (MGH DH II. Nr. 260 S. 307), der nach Pischke,

Billunger S. 17 hierher zu stellen ist. Bei der Betrachtung der Überlieferung ist zu beachten, daß das heutige Markoldendorf aus zwei Orten besteht, da es ursprünglich aus dem Ort Oldendorf hervorgegangen ist (siehe II.). In beiden Belegreihen ist der nd. Wechsel von -a- zu -o- vor -ld- (Lasch, Grammatik § 93) zu beobachten. Im 16. Jh. liegen hd. Formen des Typs *Altendorf* vor, die sich aber nicht durchsetzen; genausowenig wie die Formen *O(h)len-*, in denen der Vokal vor -ld- gedehnt, -ld- zu -ll- assimiliert und dieses nach dem gedehnten Vokal zu -l- vereinfacht wurde (Lasch, Grammatik § 65). In den Mundartformen ist die Diphthongierung des langen -ō- zu -au- (Lasch, Grammatik § 205) ersichtlich. Während das „neue" Oldendorf nach Erhalt der Marktrechte den Zusatz *Market* erhält (im 13. Jh. noch in einer lat. Variante), der sich im 15. Jh. zu *Mark-* entwickelt, wird das „alte" Oldendorf 1477 und 1487 mit der Unterscheidung *Oster-* versehen, da es östlich von Markoldendorf liegt.

II. Nach Plümer, Einbeck S. 98f. besteht der Ort „aus den ehemals selbständigen Ortschaften Oldendorf und Markoldendorf", die erst seit 1939 eine administrative Einheit bilden. Die Anfang des 9. Jh. (in Oldendorf) gegründete Martinskirche und die anwachsende Bevölkerung führten zur Ausweitung des dörflichen Siedlungsgebietes auf das jenseits der Ilme gelegene Gelände, so daß eine neue Siedlung in der Talaue entstand (das spätere Markoldendorf), die allmählich die ältere Ortschaft an Bedeutung überflügelte, was sich auch in den ihr zugesprochenen Marktrechten widerspiegelt. Förstemann, Ortsnamen I Sp. 84f. listet fast 40 Namen des Typs *Altendorf*, darunter auch unseren Namen, auf. Zugrunde liege eine Komposition aus asä. *ald*, *old* 'alt' und *dorp* 'Dorf'.

III. Förstemann ist zuzustimmen. Der ON besteht aus dem GW *-dorp* bzw. *-dorf* und dem Adjektiv asä. *ald*, *old* 'alt' in flektierter Form. Zugrunde liegt eine Wendung *to/bi dem alden dorpe*. Der unterscheidende Zusatz des jüngeren Dorfes ist mnd. *mark(e)t* 'Markt'. Die ersten lat. Belege *in Forensi Aldendorp* enthalten das lat. Adjektiv *forēnsis* 'zum Markt gehörig, Markt-' im Dativ. Einige Belege zeigen den Namenbestandteil *market* noch in appellativischem Verständnis: 1437 *den market in Oldendorpe*, 1482 *in dem merkede to Oldendorp*. Im Verlauf der Entwicklung wird es durch Abfall des *-t-* an dt. *Mark* 'Grenzgebiet, Grenze' angeglichen.

† MARKWORDISSEN
Lage: Dicht südl. Avendshausen.

1420 *Hans Markwordes* (Kelterborn, Bürgeraufnahmen I S. 62)
1421 *Hans Markwordes* (Kelterborn, Bürgeraufnahmen I S. 63)
1423 *Hans Markwordes* (Kelterborn, Bürgeraufnahmen I S. 65)
1465 *Cord Markwordes* (Feise, Einbeck Nr. 1431 S. 267)
1545 *Markwordissen* (Max, Grubenhagen I S. 528)

I. Der ON selbst ist leider nur einmal um 1545 als *Markwordissen* bezeugt; bei den Belegen aus dem 15. Jh. handelt es sich um einen FamN, der höchstwahrscheinlich die Herkunft aus unserem Ort bezeichnet, aber kein GW oder ein mundartlich sehr stark verkürztes zeigt.

II. Nach Casemir, Grundwörter S. 193 evtl. mit dem GW *-husen* gebildet.

III. Obwohl nur ein ON-Beleg überliefert ist, läßt sich dieser deuten. Die Trennung zwischen BW und GW lautet *Markwordis-sen*. Das BW ist auch in dem recht jungen

Beleg von 1545 sehr gut zu erkennen. Zugrunde liegt der stark flektierende zweigliedrige PN *Markward*; vgl. Förstemann, Personennamen Sp. 1097f., Schlaug, Altsächs. Personennamen S. 130f. und Schlaug, Studien S. 126. Der PN besteht aus den Namengliedern *Mark-*, wohl zu asä. *marka* 'Grenze, Grenzgebiet' (vgl. dazu Kaufmann, Ergänzungsband S. 248), und *-ward* zu asä. *ward* 'Hüter, Wächter', hier in der nd. Form *-word*. Als GW ist aufgrund der vorliegenden Form *-sen* das im Untersuchungsgebiet verbreitete *-hūsen* zu sehen. Die ursprüngliche ON-Grundform ist als **Markwardishusen* anzusetzen. Als Vergleichsort kann † Markwordeshusen, Kr. Göttingen (NOB IV S. 267f.), herangezogen werden. Förstemann, Orsnamen II Sp. 231 nennt weitere mit dem gleichen PN gebildete ON.

IV. Ernst, Wüstungen S. 82; Kühlhorn, Wüstungen Bd. II Nr. 233 S. 399; Max, Grubenhagen I S. 528.

† MEDEMERHAGEN

Lage: Wahrscheinlich ca. 2,5 km nordöstl. Sudheim.

1303 (A.) *in novali, quod dicitur Medemerhagen* (Vennigerholz, Northeim I S. 73)
1303 *Medeheymerhagen* (UB Oldershausen Nr. 8 S. 16)
1331 (A. 18. Jh.) *Medeheimerhagen* (Regesten Mainz I,1 Nr. 3130 S. 54)
1436 *Medemershagen* (UB Uslar I S. 212)
1464 (A.) *an den Medemer Hagen* (Hueg, Husen S. 147)
1520 *Medemerhagen [...] wüstunge* (Frankenberg, Erbenschaften S. 83)
um 1583 *den Medemerhagen mit seiner zubehorung* (Zimmermann, Ökonomischer Staat S. 23)
1745 *Mettmer-Hagen* (Kühlhorn, Wüstungen Bd. II Nr. 236 S. 413)
1784 *Wüstung Metmershagen* (Kurhannoversche Landesaufnahme Bl. 150)
1785 *Medemerhagen* (Kühlhorn, Wüstungen Bd. II Nr. 236 S. 413)

I. Die Belege zeigen geringfügig variierte Formen von *Medemerhagen*, im 15. Jh. mit Fugen-s, im 18. Jh. in einer verkürzten und dentalverschärften Form *Met(t)mer(s)-*; unter den ersten Belegen erscheint zweimal eine Form *Medeheimerhagen*, die als die ursprüngliche anzusehen ist.

II. Nach Casemir, Grundwörter S. 192 mit dem GW *-hagen* gebildet.

III. Der ON ist im Zusammenhang mit → † Medenheim zu sehen. Das GW ist *-hagen*. Im BW steckt der ON Medenheim in seiner im 14. Jh. belegten Form *Medeheim* als *er*-Ableitung, die die Zugehörigkeit des Hagens zu diesem Ort bezeichnet. Die Entwicklung des BW zeigt die gleichen Verschleifungen wie Medenheim.

IV. Exkursionskarte Moringen S. 80; Kühlhorn, Wüstungen Bd. II Nr. 236 S. 413-414.

† MEDENHEIM

Lage: Ca. 2 km südl. Northeim.

780-802 (A. 12. Jh.) *Mettenheim* (UB Fulda I Nr. 497 S. 494)
8./9. Jh. *Mettenheim* (Trad. Fuld. Kap. 41 Nr. 78 S. 100 = Codex Eberhardi II S. 192)
982 *villa Medenheim dicta in pago Rietdega* (MGH DO II. Nr. 274 S. 318)

1055 (A. 16. Jh.) *Medehem* (Mainzer UB I Nr. 296 S. 187)
1144 *Medehem* (Mainzer UB II Nr. 63 S. 123)
1191 *ministeriales de Medeheim* (UB Walkenried I Nr. 37 S. 87)
1226 (A. 16. Jh.) *Medeheim* (Heinemann, Pfalzgraf Heinrich Nr. 23 S. 342)
um 1274 *Hinricus de Medem IIII mansos ibidem* (Sudendorf I Nr. 79 S. 51)
1303 *Medeheym* (UB Oldershausen Nr. 8 S. 15)
1318 *Medhum* (Flentje/Henrichvark, Lehnbücher Nr. 174 S. 46)
1379 *in deme dorpe up dem velde in der marke to Medhem* (Frankenberg, Erbenschaften S. 82)
1420 (A. 15. Jh.) *upp dem velde to Medem vor Northem* (Schwarz, Register Nr. 38 S. 46)
1470 *Medem* (Vennigerholz, Northeim I S. 96)
1484 *in deme velde to Medem* (Lehnregister Bortfeld S. 60)
1519/20 (A. 16. Jh.) *Medehem desolata* (Krusch, Studie S. 260)
1543 *wostenie tho Medem* (Frankenberg, Erbenschaften S. 102)
um 1583 *Meden vor Northeim* (Zimmermann, Ökonomischer Staat S. 23)
1660 *Medener Felde vor Northeimb* (UB Uslar I S. 402)
1715 *Maden oder Madenhaimb so im Madener Felde belegen* (Bodemann, Wüste Ortschaften S. 250)

I. Die ersten beiden Belege zeigen als BW *Metten-*, der folgende *Meden-*. Ab 1055 liegt das BW in *n*-loser Form *Mede-* vor. Das GW erscheint zunächst als *-heim*. Die gelegentlichen *-hem*-Formen setzen sich ab dem 13. Jh. durch. Neben *Medehem* begegnen immer wieder verschliffene Formen *Medhem*, *Medem* und *Meden*. Im Beleg von 1715 enthält das BW *-a-* statt *-e-*.

II. Nach Casemir/Ohainski, Orte S. 137 und Casemir, Grundwörter S. 192 mit dem GW *-hēm* gebildet. Förstemann, Ortsnamen II Sp. 258 stellt den ON zu einem Stamm MEDE, den er mit nd., nl. *mede* 'Färberröte' oder mit ahd. *met(o)* (auch asä. *medo*, mnd. *mēde* 'Met, Bier') 'Wassermet' in einer Bedeutung 'fetter Tonboden' verbindet. Nach Friese, Nordheim S. 507f. sind Medenheim, → Northeim und → Sudheim nach ihrer geographischen Lage zueinander benannt. Flechsig, Beiträge S. 44 zählt Medenheim zu den jüngsten *-heim*-Orten, da sein Name im Zusammenhang mit den nahegelegenen Orten Northeim und Sudheim auf eine planmäßige, „nach der Himmelsrichtung ihrer Lage zu einem Verwaltungsmittelpunkt" benannte fränkische Siedlung schließen lasse. Ebenso sprechen Gusmann, Wald- und Siedlungsfläche S. 64, Hueg, Frühgeschichte S. 39f., Geschwendt, Northeim S. 14, Schnath, Northeims Vergangenheit S. 6, Fiesel, Franken S. 84f. und Wenskus, Stammesadel S. 203 von planvoller Siedlung bzw. planvoller Namengebung durch die Franken, wobei sie sich zumeist auf die Ausführungen von Arnold, Ansiedelungen und Bethge, Fränk. Siedelungen stützen. Medenheim wird als 'mittlerer Ort' angesehen. Kaufmann, Ergänzungsband S. 257 sieht den ON nach Flechsig als „Mittelheim". Berger, Namen S. 201 deutet den ON als „in der Mitte gelegen", zu „ostfäl. *mede* für asächs. *middi* 'in der Mitte'". Udolph, Fränk. ON S. 55 bezweifelt, „daß im Bestimmungswort wirklich ahd. oder asä. *mittil*, *middel* steht".

III. Bildung mit dem GW *-hēm*. Im BW ist aufgrund der ersten Belege mit *n*-Fuge ein schwach flektierender PN zu vermuten. Daß Kaufmann, Ergänzungsband S. 257 der „Mittelheim"-Theorie folgt und einen PN damit ausschließt, ist unverständlich, erschließt er doch aus dem ON Meesdorf (12. Jh. *Medesthorp*), Kr. Melle, einen sonst nicht belegten KurzN *Med(i) zu einem PN-Stamm MED, zu asä. *mēda*, ahd. *mieta* 'Lohn', dem er von Förstemann, Personennamen Sp. 1108ff. zu einem anderen PN-Stamm gestellte PN wie *Medardus*, *Medeman*, *Mederichus* und *Medulf* zuordnet. Ebenso kann ein schwach flektierender KurzN *Medo zu diesem Stamm angenommen werden, der dem BW von Medenheim zugrundeliegt. Einen PN setzt auch Förstemann, Ortsnamen II Sp. 243f., Sp. 276f. u.a. für die hd. ON Mettenheim, Kr. Alzey-Worms (1141 *Methenheim*), Mettenheim, Kr. Mühldorf (9. Jh. *Mettanheim*), Mettendorf (1063 *Metendorpht*), Kr. Bitburg, an. Die ersten beiden Fuldaer Belege von Medenheim zeigen den anzunehmenden PN *Medo in hd. Form (mit geminiertem Dental). Bemerkenswert ist der dauerhafte Ausfall der *n*-Fuge ab dem 11. Jh. Ursache für diese ungewöhnliche Entwicklung kann nur eine Umdeutung des BW sein. Hier muß ein ähnlich lautendes Appellativ eingewirkt haben, wofür semantisch plausibel wohl nur mnd. *mēde* 'Mähde, Heuland, Grasland, Wiese' in Frage kommt. Eine Bedeutung als 'Ort in der Mitte' zwischen Northeim und Sudheim ist jedenfalls auszuschließen. Die Appellative asä. *middi* 'in der Mitte', mnd. *midden* 'mitten' sind mit der Überlieferung des ON nicht zu vereinbaren. Ein von Berger vorgeschlagenes ostfäl. Appellativ *mede* 'mitten' ist nicht bezeugt. Auch die ersten beiden hd. beeinflußten Belege *Mettenheim* können nicht für eine solche Deutung herangezogen werden, da sie nicht mit ahd. *mitti* 'in der Mitte' korrespondieren. Einer 'planvollen', weil richtungsweisenden Namengebung kann daher nur widersprochen werden (zur angeblich fränkischen Herkunft der -*heim*-Namen vgl. auch Udolph, Fränk. ON S. 52-59).

IV. Casemir/Ohainski, Orte Nr. 596 S. 88; Denecke, Medenheim S. 29-31; Exkursionskarte Moringen S. 69; Kühlhorn, Wüstungen Bd. II Nr. 237 S. 415-428; Merl, Medenheim S. 35-51; Niedersächsischer Städteatlas II S. 10; Teuber, Medenheim S. 20-50.

† MEILINGEHUSEN

Lage: Ca. 1 km nordwestl. Dassel.

1322 *Meylinghehusen* (UB Fredelsloh Nr. 116 S. 85)
1491 *Meilingehusen* (Urkunden Hist. Verein Nr. 345 S. 401)
1555 *Melinghausen* (Urkunden Hist. Verein Nr. 423 S. 407)
1590 (A.) *Melinghausen* (Müller, Lehnsaufgebot S. 401)
16. Jh. (Rückvermerk zur Urkunde von 1322) *Melyngehusen* (UB Fredelsloh Nr. 116 S. 85)
1652 *Mellinghauser, oder Malliehauser Schäferei* (Koken, Dassel S. 230)
17. Jh. (Rückvermerk zur Urkunde von 1322) *Melinghausen, Ambts Rotenkirchen* (UB Fredelsloh Nr. 116 S. 85)

I. Ein Beleg 1313 *Reylingehusen* (UB H. Hild. IV Nr. 177 S. 88), den Kühlhorn, Wüstungen Bd. II Nr. 239 S. 429 hierher stellt, gehört zu → (†) Relliehausen. Die Fehlzuordnung Kühlhorns (vgl. ebd. Anm. 1) resultiert daraus, daß er die Bezeichnung *heyerschehove/hegerschenhove* in der zitierten Urkunde *in ipsa villa Reylingehusen mansis, qui dicuntur Heyerschehove* und in der oben genannten Urkunde von 1322 *super mansos regitivos, qui vulgariter dicuntur hegerschenhove, ville Meylinghehusen* als FlurN verstand und nicht als 'Hägerhufe', weshalb er von einer Zusammengehörigkeit ausging. Die Überlieferung zeigt deutlich -ingehusen, wobei sich -inge- zu -ie- abschwächt. Das BW liegt als Meyl-, Meil-, Mel-, Mell- und Mall- vor.

II. Nach Casemir, Grundwörter S. 193 mit dem GW -husen gebildet.

III. ON des -ingehūsen-Typs. Dessen Ableitungsgrundlage ist stets ein PN. Trennt man -ingehusen ab, bleibt als BW Meyl-. Da der Diphthong -ei- im Nd. nicht ursprünglich sein kann, ist der Ausfall eines intervokalischen -d- oder -g- anzunehmen und von einem Ansatz eines PN Magil(o) oder Megil(o) auszugehen. Dieser mit l-Suffix gebildete KurzN gehört zum PN-Stamm MAG, einer Verkürzung des verbreiteten Stammes MAGIN, MEGIN, zu asä. megin 'Kraft, Stärke'; vgl. Förstemann, Personennamen Sp. 1067f. Die Grundform *Magilingehusen entwickelt sich durch g-Schwund zu *Mailinge-, Meilingehusen (Gallée, Grammatik § 94). Der Diphthong -ei- wird zu -ē- monophthongiert (Lasch, Grammatik § 126, Schlaug, Studien S. 127 und Kaufmann, Ergänzungsband S. 242). Die Kürzung des -ē- in Melling-/Mallie- und die damit einhergehende Konsonantenverdopplung ist eine junge Entwicklung, ebenso der Eintritt von -a- für -e-. Ein direkter Vergleichsname ist → † Meilinghagen.

IV. Ernst, Wüstungen S. 86; Koken, Dassel S. 232; Kühlhorn, Wüstungen Bd. II Nr. 239 S. 429-432.

† MEILINGHAGEN

Lage: Ca. 2,5 km nordöstl. Dinkelhausen.

1318 *Melinghhagen* (Flentje/Henrichvark, Lehnbücher Nr. 171 S. 45)
1410 *to dem Meilinhagen* [...] *tome Meilinghagen* (Kühlhorn, Gerßborn S. 104)
1436 *Cord Melingheger* (Grote, Neubürgerbuch S. 25)
1596 *wüstunghe Malliehagens* (Nolte, Flurnamen S. 369)
1603 *wüsten Malgenhagen* (Krabbe, Sollingkarte Bl. 4)
1644 *distrikt Mallihagen* (Nolte, Flurnamen S. 369)
1715 *das wüste Dorff Malliehagen, so über Dinkelhausen, zwischen dem Walde belegen und die Pertinentien davon theils nach Ußler, theils nach Dinkelhausen und Vahle gezogen seyn sollen* (Bodemann, Wüste Ortschaften S. 252).
1735-36 *der Mallie Hagen* (Forstbereitungsprotokoll S. 22)
1747 *nach dem Malliehagen* (Nolte, Flurnamen S. 369)
1784 *Maljehäger Kirche* (Kurhannoversche Landesaufnahme Bl. 149)

FlußN MALLIHAGENBACH/MALLIHÄUSISCHER BACH (alter Name des Langegrundsbaches)
1596 *der Mallihäusische Bach aus der Langen Grundt* (Letzner, Chronica Buch 8 S. 149)

I. Die Überlieferung zeigt in den ersten Belegen -inghagen. Das Element -ing- schwächt sich zu -ie- ab (Lasch, Grammatik § 346). Der Beleg 1603 *Malgenhagen* zeigt -g-, welches hier mit dem Lautwert -j- vorliegt. Im Erstelement wechseln -e-, -ei- und -a-; ab dem 16. Jh. wird -l- verdoppelt.

II. Nach Casemir, Grundwörter S. 192 mit dem GW -hagen gebildet. Nolte, Flurnamen S. 370 geht vom BW *Mallie-* aus und stellt es „zu mnd. mallie, malje 'kleiner Ring'. [...] Somit würde Malliehagen soviel wie Ringhagen bedeuten und wäre ein 'rechtlicher ON'". Förster, Forstorte S. 116f. glaubt an einen anderen Ursprung: „Die älteste überlieferte Form melig dürfte auf ein gesprochenes melic oder malich zurückgehen. Damit kommt man zu einer Wurzel mnd. *malatich* oder auch mhd. *maletzig, malat, malade*. In der mhd. Sprache war es das Wort für aussätzig, im mnd. Gebiet hatte es auch die allgemeinere Bedeutung von krank [...] zurückgehend auf mittellateinisch *malatus* [...]. Eine mögliche Ausgangsform wäre auch das mhd. Substantiv *malazie*, das über malzie nach malie, malje und malge abwandelte. [...] Auf die Existenz einer Krankenstation weist im übrigen auch der Name Spitalsbusch hin. Im Ursprung war Malliehagen also eine Aussätzigenstation."

III. Försters Deutungsversuch zeugt von viel Phantasie und entbehrt jeglicher sprachlichen Grundlage. Nolte bezieht sich in seiner Deutung auf jüngere ON-Formen. Die älteren Belege weisen eindeutig auf einen *-ing(e)hagen*-Namen, der mit einem PN zu verbinden ist. Wie bei → † Meilinghusen, das eine ähnliche ON-Entwicklung aufweist, ist ein PN *Magil(o)* anzusetzen.

IV. Baudenkmale Northeim S. 341-342; Exkursionskarte Moringen S. 70; Förster, Forstorte S. 116-117; Jäger, Northeim S. 10; Jüttner, Malliehagen S. 45-50; Kühlhorn, Solling S. 6-10; Kühlhorn, Wüstungen Bd. II Nr. 240 S. 432-440; Nolte, Flurnamen S. 369-370; Urbansky, Malliehagen S. 14-15; Warnecke, Dinkelhausen S. 99-108.

† MEIN(DE)SHUSEN

Lage: Ca. 0,5 km an der Leine südl. Hilprechtshausen.

1229 *villa Meinoldeshusen* (Urk. St. Marien Gandersheim Nr. 6)
1285 *decimam in Meynoldeshusen* (Urk. St. Marien Gandersheim Nr. 25)
1333 *piscaturam nostram in Meynoldeshusen* (Urk. St. Marien Gandersheim Nr. 45)
1484 *desolata villa Meynshusen* (Hahne, Hilprechtshausen S. 78)
1524 *uff dem Meynershusen felde* (Kleinau GOV II Nr. 1380 S. 400)
1580 *wente an den knick bei Meinshausen* (Hahne, Hilprechtshausen S. 78)
1590 (A.) *Meindeshausen* (Müller, Lehnsaufgebot S. 452)
1609 *Meindeshausen* (Müller, Lehnsaufgebot S. 452)
1671 *Mindeshausen* (Kleinau GOV II Nr. 1380 S. 400)

I. Das BW wird im 14. Jh. von *Meinoldes-* zu *Meyns-* kontrahiert. Ab dem 16. Jh. treten neben dem singulären *Meyners-* die Formen *Meindes-* und *Mindes-* auf. Das GW bleibt konstant *-husen/-hausen*.

II. Die BuK Gandersheim S. 245 siehen im ON die „Behausung eines Meinold". Hahne, Hilprechtshausen S. 78 deutet ihn als „-hausen eines Meginhold".

III. Die ältesten Belege zeigen neben dem GW *-hūsen* im BW sehr deutlich den stark flektierenden PN *Meinold*, der gut bezeugt ist; vgl. Schlaug, Altsächs. Personennamen S. 132, Schlaug, Studien S. 128 und Förstemann, Personennamen Sp. 1080. Dieser zweigliedrige Name geht auf einen älteren *Meginwald* zurück, der aus den Namengliedern *Megin-* (zu asä. *megin* 'Kraft, Stärke') und *-wald* (zu asä. *waldan* 'walten, herrschen') besteht. Das PN-Erstglied *Megin-* wird durch Ausfall des intervokalischen *-g-* zu *Mein-* kontrahiert (Gallée, Grammatik § 94). Das silbenanlautende *-w-* des Zweitgliedes fällt schon früh aus (Lasch, Grammatik § 300). Der hier vorliegenden Form *-old* liegt der schon im Asä. auftretende Wandel von *-a-* zu *-o-* nach Labial und vor *-ld-* zugrunde. In dieser Form wird *-old* oft irrtümlich auf ein Namenglied *-hold* zurückgeführt, so auch von Hahne, Hilprechtshausen S. 78. Die

Entwicklung von *Meynoldes*- zu *Meyns*- läßt sich über die Stufen *Meynelds- und *Meynds-, in denen die Nebentonsilbe abgeschwächt wird, rekonstruieren. Im 16. Jh. erscheint das -*d*- wieder im ON. Dabei kann es sich um eine teilweise Angleichung an den ursprünglichen Namen handeln, sofern dieser aus den Urkunden noch bekannt war. Möglich und wahrscheinlich ist auch die Hineindeutung des mnd. Wortes *mē͡inde*, der verkürzten Form von mnd. *gemē͡inde*, *gemē͡ine* 'Gemeindebesitz'.

IV. BuK Gandersheim S. 245-246; Hahne, Hilprechtshausen S. 78; Karte 18. Jh. Bl. 4025-4125; Kleinau GOV II Nr. 1380 S. 400.

† MELKERSHAUSEN

Lage: Wüst ca. 1,5 km nordwestl. Gandersheim.

1549 *im Melkershuser velde* (Kleinau GOV II Nr. 1384 S. 401)

I. Weitere Belege konnten nicht ermittelt werden.

III. Bildung mit dem GW -*hūsen*. Im BW kann aufgrund des Flexions-*s* ein stark flektierender PN vermutet werden. Schwieriger ist die Herleitung dieses PN, der im einzigen, sehr spät überlieferten Beleg als *Melker*- erscheint. Da bei einer Rückführung auf eine PN-Form *Melk-her das Erstglied keinem PN-Stamm zugeordnet werden kann, ist eine Trennung in *Mel-ker zu erwägen. Auch hier ist ein Anschluß unsicher; als einzige Möglichkeit bieten sich die PN *Medilger*, *Medelger*, die asä. bezeugt sind; vgl. Schlaug, Altsächs. Personennamen S. 131, Schlaug, Studien S. 125 und Förstemann, Personennamen Sp. 1113. Das Erstglied wird zu asä. *mahal*, in PN *mathal* (vgl. got. *maþl*, aengl. *mæðel*) 'Mahlstatt, Versammlungsplatz' gestellt; vgl. auch Bach, Personennamen § 205. Allerdings muß für das PN-Glied *Medil*-, *Medel*- eine im Suffixvokal abweichende Ablautform *mathil, *methil vorausgesetzt werden (vgl. die Varianten *athal/athil*, *ōthal/ōthil* und Gallée, Grammatik § 156). Die Grundform des ON ist als *Medilgereshusen anzusetzen. Das intervokalische -*d*- fällt aus (Lasch, Grammatik § 326). Der daraus resultierende Diphthong -*ei-*/-*ee*- wird zu -*ē*- monophthongiert (Lasch, Grammatik § 108). Das Zweitglied -*ger* gehört zu asä. *gēr* 'Wurfspieß'. Das im Beleg vorliegende -*k*- ist als Verschärfung des Silbenanlauts zu interpretieren, wobei vielleicht auch das Appellativ *Melker* beeinflussend wirkte. Diese Herleitung bleibt angesichts des einzigen bisher bekannten Beleges mit einer gewissen Unsicherheit behaftet.

IV. Karte 18. Jh. Bl. 4126; Kleinau GOV II Nr. 1384 S. 401; Mühe, Gandersheim S. 96-97.

† MENWORDESSEN

Lage: Evtl. bei der Mordmühle 1 km südl. Lindau.

1105 (Fä. Mitte 12. Jh.) *Meginwardeshusen* (Mainzer UB I Nr. 424 S. 331)
1290 *Menwordessen* (UB Eichsfeld Nr. 664 S. 406)
14. Jh. (Rückvermerk zur Urk. von 1290) *Menwardessen* (UB Eichsfeld Nr. 664 S. 405)
1341 *Meynwardessen* (Urk. Katlenburg Nr. 152)

I. In der Überlieferung wird die Entwicklung von *Megin*- zu *Men*- bzw. *Meyn*- sichtbar. Das GW zeigt die typische Verkürzung von -*husen* zu -*sen*.

II. Nach Casemir, Grundwörter S. 193 mit dem GW -*husen* gebildet. Förstemann, Ortsnamen II Sp. 177f. stellt den ON zum PN *Meginward*.

III. Der Deutung ist zu folgen. Im Beleg von 1105 *Meginwardeshusen* ist die ON-Struktur sehr deutlich zu erkennen. Das GW ist -*hūsen*. Im BW liegt der stark flektierende PN *Meinward*, älter *Meginward*, vor. Der PN besteht aus den Namengliedern *Megin*- (zu asä. *megin* 'Kraft, Stärke') und -*ward* (zu asä. *ward* 'Hüter, Wächter') und ist sehr häufig bezeugt; vgl. Förstemann, Personennamen Sp. 1080f., Schlaug, Altsächs. Personennamen S. 133 und Schlaug, Studien S. 128. Das PN-Erstglied *Megin*- wird durch den Ausfall des intervokalischen -*g*- zu *Mein*- kontrahiert (Gallée, Grammatik § 94) und später zu *Mēn*- monophthongiert (Schlaug, Studien S. 127 und Lasch, Grammatik § 126). Der PN liegt evtl. auch in → † Meinerdingerode, Kr. Wolfenbüttel (NOB III S. 241f.), vor.

IV. Exkursionskarte Osterode S. 51; Kreitz, Gillersheim S. 175; Kühlhorn, Wüstungen Bd. II Nr. 244 S. 453–455; Winzer, Katlenburg S. 33-34.

† MEYNSHUSEN
Lage: Ca. 1 km westl. Bühle.

1055 (A. 16. Jh.) *in Meinsberch monte* (Mainzer UB I Nr. 296 S. 186)
1055 (A. 16. Jh.) *Meinessesberch* (Mainzer UB I Nr. 296 S. 186 Anm. s)
1055 (A. 16. Jh.) *Meinesberge* (Mainzer UB I Nr. 296 S. 186 Anm. s)
1155 *Meinsenberc* (Mainzer UB II Nr. 208 S. 377)
1274 *super monte, qui dicitur Meynsberch et novalibus ab eodem cultis quibusdam litigasse* (Wolf, Nörten Nr. 10 S. 13f.)
1288 *Meinshusen* (UB Plesse Nr. 320 S. 311)
1335 *in campis et terris villae Meinhusen* (UB Hardenberg I Nr. 56 S. 73)
1393 *Meynshusen* (UB Hardenberg I Nr. 78 S. 113)
1440 *Meynshusen by Bule* (UB Hardenberg I Nr. 94 S. 144)
1521 *Meynshusen* (UB Hardenberg I Nr. 104 S. 166)
1585 *Andreas Meinshausen* (Burchard, Calenberg-Göttingen S. 24)

I. Die Belege von 1055 bis 1274 zeigen das GW -*berg* bzw. -*berch* und -*berc*; ab 1288 lautet es -*husen*, ab 1585 hd. -*hausen*. Das BW wechselt anfangs zwischen *Meins*-, *Meinesses*-, *Meines*-, *Meinsen*- und *Meyns*-, wobei sich *Meyns*-/*Meins*- ab dem 13. Jh. durchsetzt. Vereinzelt erscheint *Mein*-/*Meyn*- ohne Fugen-*s*.

II. Nach Casemir, Grundwörter S. 193 evtl. mit dem GW -*husen* gebildet. Förstemann, Ortsnamen II Sp. 174 stellt den Beleg 1055 *Meinsberg* mit dem Vermerk „der jetzige Papenberg bei Nörten, Kr. Northeim" zum PN-Stamm MAGIN; im Personennamenband Sp. 1071 genauer zum KurzN *Mein*.

III. Bei den ersten Belegen handelt es sich offensichtlich um einen FlurN, welcher sich auf einen Berg mit dem Namen Meinsberg bezieht. Um 1274 werden der Berg *Meynsberch* und die auf ihm befindlichen Rodungen erwähnt, um deren Kultivierung gestritten wird. 1288 erscheint der Name *Meinshusen* zum ersten Mal. Es könnte sich um eine Siedlung handeln, welche auf dem Rodungsgebiet des ehemaligen Meinsberges, jetzigen Papenberges, entstand und nach diesem benannt wurde. Allerdings nannte man jüngere Rodungen eher -*rode*, -*hagen*, -*walde*, so daß der ON, falls der Ort nicht schon vor dieser späten Ersterwähnung existierte, eine Benennung in Analogie zu den häufigen -*husen*-Orten ist. Das BW enthält den stark flektierenden KurzN *Mein*, der mit asä. *megin* 'Kraft, Stärke' zu verbinden ist. Durch Ausfall des intervokalischen -*g*- entsteht der Diphthong -*ei*- (Gallée, Grammatik § 94). Zu diesem KurzN vgl. Förstemann, Personennamen Sp. 1071.

IV. Exkursionskarte Moringen S. 70; Kühlhorn, Wüstungen Bd. II Nr. 243 S. 450-453.

MORINGEN (Moringen)

1002-1003 (A. 15. Jh.) *in Marungun in vico qui dicitur Thiedressun* (Trad. Corb. § 473 S. 156)
1013 *curtem Moronga dictam in pago Morongano* (MGH DH II. Nr. 264 S. 313)
1013 (A. 12. Jh.) *regiam curtem Moranga dictam in pago Morangano* (Vita Meinwerci Kap. 22 S. 27)
1075 (A. 14. Jh.) *curtem Moronga in pago Moronga* (Westfäl. UB I Nr. 157 S. 121)
1089-1093 (Fä. 12. Jh.) *Morungen* (Mainzer UB I Nr. 384 S. 288)
1125 *ęcclesias duas, quarum una est in villa Mŏrungun* (Mainzer UB I Nr. 528 S. 436)
1156 *Moringin* (MGH Urk. HdL Nr. 33 S. 48)
1183 *Morungen* (UB H. Hild. I Nr. 421 S. 407)
1222 *miles de Moringen* (UB Fredelsloh Nr. 16 S. 32)
1265 *Morunge* (UB Goslar II Nr. 105 S. 172)
1286 *Moringe* (UB Fredelsloh Nr. 60 S. 55)
1286 *Morungen* (UB Fredelsloh Nr. 61 S. 56)
1302 *iuxta capellam sancti Oldarici in Morighe* (Westfäl. UB IX Nr. 105 S. 47)
1311 *ante castrum Morunghen* (Urk. Katlenburg Nr. 84)
1363 *slote to Moringhen* (Sudendorf III Nr. 182 S. 116)
1381 *Morungen* (UB Goslar V Nr. 446 S. 182)
um 1410 *Moryngen* (Göttinger Statuten Nr. 228 S. 400)
1437 *Morungen* (UB Göttingen II Nr. 180 S. 132)
1452 *Moringen* (UB Boventen Nr. 481 S. 329)
1498 *gen Morungen* (UB Göttingen II Nr. 398 S. 394)
1526 *Moringhen* (UB Fredelsloh Nr. 260 S. 178)
1571 *Moringen* (Salbuch Plesse I S. 88)
1603 *Moringen* (Krabbe, Sollingkarte Bl. 7)
1730 *Moringen* (UB Uslar II S. 1183)
1823 *Moringen Stadt* (Ubbelohde, Repertorium 3. Abt. S. 19)
dialekt. (1950) *mōringĕn* (Flechsig, Beiträge S. 18)
dialekt. (1951) *moauringĕn* (Flechsig, Beiträge S. 18)

FlußN MOORE, links zur Leine
1574 *die Mohr* (Kettner, Flußnamen S. 195)
1583 *die Möhre* (Kettner, Flußnamen S. 195)
1588 *den Morenflus* (Kettner, Flußnamen S. 196)
1592 *die More* (Kettner, Flußnamen S. 196)
1622 *auß der Mora* (Kettner, Flußnamen S. 196)
1735-36 *Mohrspring* (Kettner, Flußnamen S. 196)
1790 *über die Mohr* (Kettner, Flußnamen S. 196)

I. Zu einem vorgeblichen Beleg für Moringen 780-788 *in Muhrigowe uillam* bei Ohlmer, Moringen S. 16 vgl. → Thüdinghausen (Punkt I). Der von Ohlmer, Moringen S. 27 genannte Beleg 965-983 aus den Corveyer Traditionen ist korrekt auf 1002-1003 zu datieren. Die Nennung von 978, die Ohlmer, Moringen S. 26 als *actum Saxonia in loco qui dicitur Moringa prope silvam Sollinga* in offenbar bewußt verfälschender Absicht wiedergibt (vgl. auch unsere Ausführung bei → Thüdinghausen), lautet korrekt: 978 *actum Saxonia in loco qui dicitur Solega* (MGH DO II. Nr. 178 S. 203) – Moringen wird also überhaupt nicht erwähnt. Gelegentlich wird unser Moringen mit Morungen am Harz, Kr. Sangerhausen, verwechselt. Der älteste Beleg *in Marungun* weist zunächst auf einen LandschaftsN, da das Dorf → † Thiedressun in diesem Gebiet erwähnt wird. Bis 1075 begegnet dieser LandschaftsN als *in pago Morongano, Morangano, Moronga* neben dem ON *Moronga, Moranga*. Ab Ende des 11. Jh. wird nur noch der ON erwähnt. Bis zum 15. Jh. wechseln *-ung-* und *-ing-*, bis sich *-ing-* in den jüngeren Formen durchsetzt. Gelegentlich liegt *-ng-* auch als *-nch-*, *-nh-*, *-gh-* vor.

II. Nach Casemir/Ohainski, Orte S. 137 mit einem *-ing/-ung*-Suffix gebildet; nach Flechsig, Beiträge S. 35 aufgrund des fehlenden Umlauts mit *-ung-*. Domeier, Moringen S. 2f. deutet den ON als Komposition aus den „Wôrtern Mohr und Ingen" in der Bedeutung „die Nachkommen derer am Mohrflusse sich wohnhaft niedergelassenen Leute". Der FlußN Moore rühre von „der morastigen Gegend, woraus derselbe an dem Fuß des Wepergebirges quillet". Meyer, Städtenamen S. 62, Zeichner, Moringer Geschichte S. 6 und Scheibe, Moor S. 606 folgen Domeiers Deutung des ON. Gysseling, Woordenboek II S. 714 führt den ON auf eine germ. Form **Mauranga* zurück, die einen PN enthaltend 'die Leute des Mauro' bedeute. Udolph, Germanenproblem S. 157 leitet Moringen vom FlußN ab. Nach Weigand, Ortsnamen S. 6 verdankt die Moore „dem Sumpfgebiete, dem sie entfließt, ihren Namen". Laut Kettner, Flußnamen S. 195ff. weist die Mundartform *Mauringen*, deren Stammvokal *-au-* auf mnd. *-ō¹-* schließen lasse, auf eine Verbindung des FlußN mit asä., mnd. *mōr* 'Moor, Sumpf'. Die *-a-* enthaltenden *Marungun*-Belege deuteten jedoch auf *-ō²-* hin. Die *au-* und *a-*Formen könnten nicht miteinander übereingebracht werden, weshalb die Deutung offen bleiben müsse. Als Grundform des FlußN sei am ehesten **Mōra* anzusetzen.

III. LandschaftsN und ON sind mit dem Suffix *-ungen* gebildet, wie die älteren Belege auf *-ung-* und der ausbleibende Umlaut zeigen. Erst im 12. Jh. tritt ein allmählicher Wechsel zu *-ingen* ein. Die *o-* und *a-*Schreibung des Suffixes ist wohl einer eigentümlichen Wiedergabe im Beleg von 1013, auf den die weiteren Quellen Bezug nehmen, geschuldet und bleibt bei der Deutung fern. Die Ableitungsbasis des ON kann sowohl der FlußN Moore als auch das Appellativ selbst sein, das dem FlußN zugrundeliegt, da sich beide unabhängig voneinander auf die unzweifelhaft vorhanden gewesene sumpfige Landschaft beziehen können. Die Überlieferung des FlußN mit langem *-ō-* in Verbindung mit dem frühen Wechsel von *-a-* und *-o-* im Stammvokal des Landschafts- bzw. ON weist auf mnd. *-ō²-* < germ. *-au-*. Die von Kettner hinzugezogene Mundartform des ON *moauringĕn* mit Diphthong *-au-* ist als einzige diphthongierte und dazu junge Form für die Deutung nicht relevant. Darüber hinaus kann auch *-ō²-* diphthongiert erscheinen (Lasch, Grammatik § 159, § 166, § 205). Die Grundform des ON, beruhend auf mnd. *-ō²-* < germ. *-au-*, ist als **Maurungen* anzusetzen. Sie läßt sich auf idg. **meu-r-*, **mou-r-*, eine *r*-Erweiterung zur idg. Wurzel **meu-*, **meu̯ə-*, **mū-* 'feucht, moderig, beschmutzen' zurückführen, die in armen. *mōr*

'Schmutz, Sumpf', lett. *maurs* 'Rasen', lit. *máuras* 'Schlamm' vorliegt (vgl. Pokorny, Wörterbuch S. 741f.). Der FlußN Moore ist demzufolge als idg. *a*-Ableitung **Moura* zur alteuropäischen Hydronymie zu stellen. Der LandschaftsN und der ON **Maurungen* hingegen sind germ. Bildungen.
Die Bedeutung des vereinzelt auftretenden, unterscheidenden Zusatzes *sc(h)ade-*, vgl. die Belegen 1318 *villam Scademoringh cum omni iure* (Flentje/Henrichvark, Lehnbücher Nr. 152 S. 43) und 1519/20 (A. 16. Jh.) *Stadtmoringen aut Schademoringen* (Krusch, Studie S. 265), ist unklar. Inhaltlich ist damit das sogenannte Unterdorf, 1306 (A.) *in superiori [...] et in inferiori iudicio ville Moringe* (UB Grubenhagen Nr. 32 S. 16), also die eigentliche Stadt um die Marienkirche gemeint (vgl. Registrum Subsidii S. 280 Anm. 4). Sprachlich kann der Zusatz entweder mit mnd. ^{1}*schāde* 'Schatten; Dunkel, Finsternis; Schutz, Schirm, Frieden' oder ^{2}*schāde* 'Schade, Beschädigung, Verlust' (Mnd. Handwörterbuch III Sp. 33) verbunden werden, wobei bei beiden Möglichkeiten ein Benennungsmotiv nicht auszumachen ist.

† MURLINGEHUSEN
Lage: Ca. 1,5 km südwestl. Großenrode.

1055 (A. 16. Jh.) *Muneringehusen* (Mainzer UB I Nr. 296 S. 186)
1360 *zu Mulringhehusen* (UB Hardenberg I Nr. 69 S. 95)
1376 *Murlingehusen* (UB Hardenberg I Nr. 71 S. 100)
1376 *Mulringehusen* (UB Hardenberg I Nr. 72 S. 102)
1409 *Mulringehusen* (UB Hardenberg II Nr. 49 S. 110)
Ende 16. Jh. *Morlihaußen* (Kühlhorn, Wüstungen Nr. 250 S. 482)
1711 *in der wüstung Mörlinghausen* (Ohlmer, Thüdinghausen S. 42)
1715 *Mürlihausen* (Bodemann, Wüste Ortschaften S. 249)
1764 *in Moerliehausen* (Kramer, Moringen S. 1078)
1784 *wüstung Mörliehausen* (Kurhannoversche Landesaufnahme Bl. 150)

I. Der Erstbeleg *Muneringehusen* zeigt -*n*-, wo in der weiteren Überlieferung -*l*- vorliegt. Dieses ändert die Position von -*lr*- zu -*rl*-. Der Stammvokal wechselt von -*u*- zu -*o*-. Im 18. Jh. wird Umlaut im Schriftbild sichtbar. Das Element -*inge*- verkürzt sich zu -*i(e)*-.

II. Nach Casemir, Grundwörter S. 193 mit dem GW -*husen* gebildet. Bernotat, Moore-Gau S. 5 interpretiert den ON in der Form *Mörliehusen* fragend als „Haus am Moor?". Förstemann, Ortsnamen II Sp. 344 stellt den ON zu einem PN **Mun-her*.

III. Der ON gehört zu den -*ingehūsen*-Namen. Ableitungsgrundlage ist dabei stets ein PN, so daß Bernotats Annahme auszuschließen ist. Förstemann setzt einen PN **Munher* an. Zum PN-Stamm MUNI, zu got. *munan* 'denken, wollen', *muns* 'Gedanke, Wille', schreibt er in Personennamen Sp. 1137: „Ein nicht besonders häufiger, nur anlautend gebrauchter stamm, der sich über mehrere mundarten, namentlich die süddeutschen verbreitet: als sächsisch scheint er nicht vorzukommen." Neben PN wie *Muniperht*, *Munifrid* und *Muniger* belegt er einen österreichischen PN *Munihari* und einen FamN *Münner*. Neben unserem ON führt er in Ortsnamen II Sp. 344 auch Mindersdorf am Bodensee, 883 *Muneresdorf*, o. D. *Muneheresdorf* auf, der diesen PN enthält. Nach Bach, Personennamen II § 382 erscheint das Namenglied *muni* „vor allem im Bayr. und im Schwäb.-Alem." Doch Förstemann, Personennamen Sp. 1137 verbindet den PN-Stamm MUNI auch mit anord. *munr* 'Verlangen,

Lust', asä. *munilīk* 'liebenswürdig', so daß ein Vorkommen dieses Namengliedes im asä. Raum zwar nicht bezeugt, aber nicht auszuschließen ist. Ein KurzN *Muno* oder *Muni* liegt vielleicht in Mingerode, Kr. Göttingen (NOB IV S. 283f.), vor. Im Beleg *Muneringehusen* ist der PN *Munher* recht sicher anzunehmen. Das silbenanlautende -*h*- des Namengliedes -*her(i)*, zu asä. *hēri* 'Heer', schwindet früh (Lasch, Grammatik § 350). Die Entwicklung des ON, die sich 300 Jahre später im Beleg *Mulringhehusen* zeigt, ist wohl mit einem Wechsel von -*nr*- zu -*lr*- zu erklären, nachdem das schwachtonige -*e*- ausgefallen war. Ein solcher Wechsel zwischen -*n*- und -*l*- ist häufig zu beobachten (Lasch, Grammatik § 258) und hat in dieser Position die Aussprache erleichtert. Außerdem ist eine *r*-Metathese eingetreten, die sich in *Murlingehusen* widerspiegelt und in den Belegen ab Ende des 16. Jh. fest geworden ist. Nach Lasch, Grammatik § 231 zeigt das „durch umstellung in die stellung vor *r*-verbindung gekommene" -*u*- stets -*o*-Färbung, so daß der hier vorliegende Wechsel von -*u*- zu -*o*- vor -*r*- (Lasch, Grammatik § 152) begünstigt wurde. Der Umlaut trat durch den Einfluß des nachfolgenden -*i*- ein. Die Entwicklung von -*inge*- zu -*ie*- ist ein häufig zu beobachtender Prozeß (Lasch, Grammatik § 346). In jüngerer Zeit wurde der ON in der Form *Mörl*- gewiß oft mit dem von Förstemann, Ortsnamen II Sp. 316f. erwähnten Stamm MORIL als Diminutivstamm zu *mōr* 'Moor' in Verbindung gebracht, was Bernotats Annahme belegt.

IV. Bernotat, Mörliehausen S. 20-22; Exkursionskarte Moringen S. 70-71; Kramer, Moringen S. 1077-1080; Kühlhorn, Wüstungen Nr. 250 S. 482-487; Ohlmer, Moringen S. 7.

N

NAENSEN (Einbeck)

1154 *Hartmannus de Nanekessem* (MGH Urk. HdL Nr. 27 S. 38)
1172-78 (A. 13. Jh.) *Nanekessen* (Kleinau GOV II Nr. 1438 S. 412)
1256 *Engelhardus de Nanekissen* (UB Goslar II Nr. 32 S. 131)
nach 1285 *Nanekessen* (Petke, Wöltingerode Anhang III Nr. 51 S. 585)
1298 (A.) *Nanekessen* (Falke, Trad. Corb. Nr. 368 S. 893)
nach 1299 *Nanexen* (Dürre, Amelungsborn S. 46)
1302 (A. 14. Jh.) *Nanekessen* (UB H. Hild. III Nr. 1361 S. 654)
1314 *Nanexen* (Kramer, Abschwächung S. 40)
1385 *Nanexen* (Sudendorf VI Nr. 109 S. 115)
1465 *Nanexen* (Boegehold, Lehnbrief S. 19)
1542 *Nanexen* (Kayser, Kirchenvisitationen S. 205)
1542 *Naensen* (Kayser, Kirchenvisitationen S. 205)
1568 *Naansen* (Spanuth, Quellen S. 279)
1572 *Nantzen* (Kleinau GOV II Nr. 1438 S. 412)
um 1600 *Naensen* (Reller, Kirchenverfassung S. 223)
1678 *Naentzen* (Kopfsteuerbeschreibung Wolfenbüttel S. 239)
1783 *Naensen* (Kurhannoversche Landesaufnahme Bl. 139)
1803 *Naensen* (Hassel/Bege, Wolfenbüttel II S. 321)
dialekt. (1950, 1954) *nå(ə)n(t)ßən* (Kleinau GOV II Nr. 1438 S. 412)

I. Der ON entwickelt sich von *Nanekessem/Nanekessen* über *Nanexen, Nantzen, Naentzen* zu *Naansen* und der heutigen Form *Naensen*.

II. Die BuK Gandersheim S. 466 sehen in Naensen die „Behausung eines Naniko (Nandiko?)". Förstemann, Ortsnamen II Sp. 369 stellt den ON zum PN-Stamm NAN(N)O „Altes kosewort für 'vater'".

III. Aufgrund des ersten Beleges scheint im GW *-hēm* vorzuliegen; allerdings lauten alle weiteren Belege im GW *-sen*, und auch das doppelte *-s-* des Erstbeleges läßt sich eher auf die Kasusendung eines stark flektierten PN im BW und verkürztes *-sen* aus *-hūsen* zurückführen. Der dem BW zugrundeliegende PN kann nicht, wie die BuK Gandersheim vermuten, *Naniko* lauten, da dieser PN schwach flektiert. Aber auch eine stark flektierende Variante **Nanik(i)* für unseren ON zu rekonstruieren, ist nicht mit dessen Überlieferung zu vereinbaren, denn in diesem Fall wäre Umlautung des *-a-* zu *-e-* durch das nachfolgende *-i-* zu einer Form **Nen(e)k-* zu erwarten. Es ist deswegen wohl ein PN **Nanuk-* mit anderem Suffixvokal und damit eine Grundform **Nanukeshusen* anzusetzen; ebenso möglich wären *-ak-* und *-ok-*. Nach Schlaug, Altsächs. Personennamen S. 14 sind diese Varianten des *k*-Suffixes selten. Entsprechende PN sind nicht bezeugt. Förstemann, Personennamen Sp. 1147f. verzeichnet unter dem PN-Stamm NAN nur eine Form *Nannigo*; Schlaug, Studien S. 201 hat *Nannico, Nennico, Nennega*. Die Überlieferung läßt jedoch keinen anderen Schluß zu. Nach Kaufmann, Untersuchungen S. 129 ist der PN *Nanno*, der Ableitungsbasis unseres suffigierten PN ist, ein Lallname. Schlaug, Studien S. 214 stellt den PN zu ahd. *nand* 'Frechheit'. Da im Asä. *-n-* vor *-th-* ausfällt, könne die Kurzform *Nanno* nur als Lallname durch Angleichung der Auslautsilbe an den Anlaut *N-* entstanden sein. Nach Förstemann, Personennamen Sp. 1147 steht die Form *Nann-* öfter für *Nanth-*, es sei aber eher ein sekundärer Wortstamm wahrscheinlich. Er erwähnt ein Kosewort *nanne* für Vater und Mutter, welches jedoch „aus früherer Zeit nicht schriftlich überliefert [ist]". Gallée, Vorstudien S. 103 verzeichnet hingegen ein Substantiv *gi-nanno* „der einen gleichen Namen hat". Ausgehend von *Nanukeshusen* entwickelt sich der ON durch Kürzung des GW und Abschwächung der Nebentonsilbe des BW zu *Nanekessen*. Der Ausfall des zweiten schwachtonigen *-e-* führt zu *Naneksen*; *-ks-* wird durch *-x-* wiedergegeben (Lasch, Grammatik § 336). Dann fällt *-e-* aus, *-ks-* wird zu stimmlosem *-s-*, welches verschärft auch als *-tz-* erscheint (Lasch, Grammatik § 330 I). Das lange *-ā-* wird leicht diphthongiert als *-aə-* ausgesprochen und bezeichnet.

† NAHEHUSEN

Lage: Evtl. in der Nähe von Edesheim zu suchen.

1396 *Nahehusen* (Feise, Einbeck Nr. 434 S. 99)

I. Weitere Belege ließen sich nicht ermitteln.

II. Nach Casemir, Grundwörter S. 193 mit dem GW *-husen* gebildet.

III. Das GW ist *-hūsen*. Für das BW ergibt sich aufgrund des einzigen Beleges kein zufriedenstellender Ansatz; es bleibt ungeklärt.

IV. Kühlhorn, Wüstungen Bd. II Nr. 252 S. 490.

NEGENBORN (Einbeck)

973-975 (A. 15. Jh.) *Neghenborne* (Trad. Corb. § 350 S. 138)
1174-1195 *Nigenburnen* (UB Goslar I Nr. 301 S. 328)
1174-1195 *Nigenbornen* (UB Goslar I Nr. 301 S. 337)
um 1242 *Henricum de Niginburne* (UB Grubenhagen Nr. 12 S. 8)
1254 *Ecbertus de Nigenbornen* (Urk. St. Marien Gandersheim Nr. 7)
1271 (A.) *Nigenborne* (Falke, Trad. Corb. Nr. 273 S. 874)
1340 *Neghenborne* (UB Goslar IV Nr. 128 S. 87)
1356 (A. 15. Jh.) *Negenborne* (UB Goslar IV Nr. 557 S. 425)
1360 *Henrich von Neghenbornen* (Harland, Einbeck I Nr. 13 S. 342)
1476 (A.) *ecclesiam parochialem sancti Laurencii in Negenborn* (Bilderbeck, Sammlung III Nr. 25 S. 190)
1481 *Negenborn* (UB Oldershausen Nr. 63 S. 113)
1525 *Negenborne* (Lagerbuch Katlenburg S. 91)
um 1583 *Neuenborn* (Zimmermann, Ökonomischer Staat S. 23)
1596 *Negenborn* (Letzner, Chronica Buch 5 Bl. 18v)
um 1616 *Negenborn* (Casemir/Ohainski, Territorium S. 72)
1783 *Negenborn* (Kurhannoversche Landesaufnahme Bl. 139)
1823 *Negenborn* (Ubbelohde, Repertorium 3. Abt. S. 21)

dialekt. (1950) *nägĕnborn* (Flechsig, Beiträge S. 19)
dialekt. (1951) *nīgĕnborn* (Flechsig, Beiträge S. 19)

I. Eine Zuordnung eines Beleges von 1015-36 (A. 12. Jh.) *Niganbrunnun* (Vita Meinwerci Kap. 72 S. 48) nach Deppe, Besitzungen S. 23 ist wegen der Vielzahl der Lokalisierungsmöglichkeiten nicht zwingend nachzuvollziehen. Die älteren Formen des BW schwanken nur wenig zwischen *Neg(h)en-* und *Nigen-*. Dieser Wechsel ist auch später zu beobachten (er reicht bis in die heutige Mundart), in jüngster Zeit setzt sich aber *Negen-* durch. Um 1583 begegnet hd. *Neuen-*. Im GW steht älter selten *-burne(n)* neben *-born(en)*.

II. Nach Casemir/Ohainski, Orte S. 133 mit dem GW *-born* gebildet. Förstemann, Ortsnamen II Sp. 393 stellt die Orte Negenborn, Kr. Einbeck, und Negenborn, Kr. Holzminden, zu den mit *neu* (mnd. *nīe, nige, nigge*) gebildeten ON, räumt aber die Bedeutung 'neun Quellen' nach den Namenformen dieser Orte als möglich ein. Auch Harland, Einbeck S. 16 deutet das BW als Zahl und den ON als „bei den neun Wasserquellen". Gehmlich, Wappenbuch S. 109 beschreibt das Ortswappen als 'redend': „Die Gemeinde Negenborn führt den Ortsnamen auf neun Bergquellen zurück." Nach Plümer, Einbeck, S. 196f. bedeutet der ON „Neunquelle", und Geschwendt, Einbeck S. 59 meint: „'Negen'born ist geradezu nach 'neun' Quellen benannt." Scheuermann, Flurnamenforschung S. 137 führt FlurN Negenborn auf mnd. *nēgen* 'neun' und *born* 'Brunnen, Quelle' zurück, und Wesche, Ortsnamen S. 41 vermutet, daß Negenborn, „das wir dreimal in Ostfalen vorfinden, wie der Flurname Säbnspring (Siebenspring) [...] durch die Neun- bzw. Siebenzahl sicher etwas Mythologisches" enthält. Nach Kramer, Moringen S. 444ff. kommt Negenborn als FlurN bei Hettensen, Höckelheim und Moringen vor. Er „übersetzt" ihn als „Neunborn (zu as. nigun 'neun')" als Bezeichnung von Quellen. Entgegen Wesche, Theophore ON, der 11 Belege für Negenborn (8 FlurN, 3 ON, davon 10 in Südniedersachsen) ermittelt und diese als heidnische Kultstätten deutet, bringt Kramer sie aufgrund ihrer jeweiligen Lage „mit der für jeden alten Verkehrsweg wichtigen Frage der Trinkwasserversorgung" in Verbindung, da das enthaltene Zahlwort neun „die bloße Vielfalt meinen kann". Er führt an, daß eine „solche Wasserstelle [...] reichlich fließender Quellen" den Namen Negenborn erhalten haben könnte. „Für einen Reitertrupp oder für einen Wagenzug" sei das Kennzeichnen einer wasserreichen Stelle „zweifellos von Bedeutung" gewesen.

III. Das GW ist *-born*, beruhend auf asä. *brunno* 'Born, Quelle, Wasser'. Die beiden Formen *-burnen* zeigen noch eine durch *r*-Metathese entstandene Entwicklungsstufe des GW. Im Mnd. wird die Senkung von *-u-* > *-o-* vor *-r-* (*-burne* > *-borne*) vollzogen (Lasch, Grammatik § 61). Obwohl in den ältesten überlieferten Belegen das BW einige Male als *Nigen-* vorliegt und so zu mnd. *nīe, nige, nigge* 'neu' gestellt werden könnte, ist eher an mnd. *nēgen* 'neun' zu denken. In den überlieferten Belegen der mit *nige* gebildeten ON (siehe im Folgenden → † Neues Dorf, → Nienhagen, → Nienover, → † Nienrode, → † Nigenhagen) lautet das BW ausschließlich *Nigen-*, *Nien-*, es treten nie *Negen-*Formen auf. So wird das hier vorliegende *Nigen-* einer zeitweiligen Hineindeutung von *nige* geschuldet sein. Der ON ist auch keine singuläre Erscheinung, man vergleiche → † Negenborn, Negenborn, Kr. Holzminden, Negenborn, Kr. Hannover (NOB I S. 337), und die bei Wesche bzw. Kramer aufgeführten Beispiele. Die Zahl „neun" muß nicht auf das konkrete Vorkommen von neun Quellen bezogen werden, sondern weist als Symbol für die Vielzahl allgemein auf eine quellenreiche Gegend hin (vgl. Weinhold, Neunzahl passim). Geschwendt, Einbeck S. 59 zeigt auf Abbildung 37 zwölf Quellen im Gebiet zwischen Negenborn und der Klus bei Volksen.

† NEGENBORN

Lage: Dicht westl. Neukrug bei Düderode.

1427 *Bertold Negenborne* (Grote, Neubürgerbuch S. 24)
1481 *mit deme tegeden tho Dudingerode, Oldenrode unde Negenborn* (UB Oldershausen Nr. 63 S. 113)
1590 (A.) *Negenborn* (Müller, Lehnsaufgebot S. 395)
1777 *Naegenborn* (Kühlhorn, Wüstungen Bd. II Nr. 254 S. 498)

FlußN NEGENBORNSBACH
Ende 16. Jh. *de Negenborns beck* (Kettner, Flußnamen S. 207)

I. Der ON zeigt in den wenigen Belegen nur leichte Schwankungen im GW zwischen *-born* und *-borne*.

II. Nach Casemir, Grundwörter S. 191 mit dem GW *-born* gebildet.

III. Zur Deutung vgl. → Negenborn.

IV. Jäckel, Willershausen Karte 1; Kühlhorn, Wüstungen Bd. II Nr. 254 S. 498-500.

† NEUES DORF

Lage: Vorstadtähnliche Siedlung südöstl. vor Gandersheim.

1273 *in Gandersem in Nova Villa* (Goetting, Findbuch I Nr. 82 S. 47)
1333 *area in Nova Villa sita* (Urk. St. Marien Gandersheim Nr. 43)
1357 *in Nova Villa sitam prope Gandersem* (Goetting, Findbuch I Nr. 179 S. 87)
1413 *in dem Nygendorpe vor Gandersem* (Goetting, Findbuch I Nr. 293 S. 126)
1428 *Nygendorpe* (Goetting, Findbuch I Nr. 357 S. 147)
1470 *Nigendorpe in dem Wressingeroder felde* (Goetting, Findbuch II Nr. 563 S. 55)
1487 *vor deme Nygendorpe* (Urk. St. Marien Gandersheim Nr. 144)
1534 *Nigendorpe* (Goetting, Findbuch II Nr. 796 S. 136)
1589 *Newendorff* (Kleinau GOV II Nr. 1469 S. 422)
1678 *Neudorff* (Kopfsteuerbeschreibung Wolfenbüttel S. 222)
1803 *Neudorf* (Hassel/Bege, Wolfenbüttel II S. 198)

I. In den älteren Belegen lautet der ON lat. *Nova Villa*, ab Ende des 14. Jh. tritt er in der nd. Entsprechung *Nigendorpe* und ab Ende des 16. Jh. in den hd. Formen *Newendorff* und *Neudorf* auf.

III. Förstemann, Ortsnamen II Sp. 392ff. führt 28 gleich gebildete ON auf; man vergleiche auch † Niendorp, Kr. Göttingen (NOB IV S. 297f.), Neindorf, † Neindorf und † Kraut-Neindorf, Kr. Wolfenbüttel (NOB III S. 246ff.). Wie diese ist Neues Dorf eine Kombination aus mnd. *nīe*, *nige*, *nigge* 'neu' und dem GW *-dorp* in der Wendung **tom nigen dorpe*. Die lat. Formen enthalten *nova* 'neu' und *villa* 'Dorf, Siedlung'. Der Bezugspunkt für diesen 'neu entstandenen Ort' ist Gandersheim.

IV. Karte 18. Jh. Bl. 4126; Kleinau GOV II Nr. 1469 S. 422-423.

NIENHAGEN (Moringen)

1410 *von dem Nygenhagen* (Kramer, Artikel S. 97)
1427 *to dem Nigenhagen* (UB Fredelsloh Nr. 192 S. 134)
1448 *Nigehage* (Ohlmer, Moringen S. 331)
1527 *Nigenhagen* (Tschackert, Rechnungsbücher S. 374)
1542 *zum Nienhagen* (Domeier, Moringen S. 68)
1581 *zum Nienhagen* (Kramer, Artikel S. 97)
1640 *zum Nienhagen* (Kramer, Artikel S. 97)
1735-36 *Nienhagen* (Forstbereitungsprotokoll S. 135)
1753 *Nienhagen* (Domeier, Moringen S. 18)
1783 *Nienhagen* (Kurhannoversche Landesaufnahme Bl. 142)
1823 *Nienhagen* (Ubbelohde, Repertorium 3. Abt. S. 27)
dialekt. (1951) *näiĕnhå̄gĕn* (Flechsig, Beiträge S. 19)

I. Der ON entwickelt sich im 16. Jh. von *Nigenhagen* zu *Nienhagen*; *Nigehage* bleibt singulär.

II. Nach Domeier, Moringen S. 152 besteht der ON aus „neu und Hagen".

III. Domeier ist zuzustimmen. Der ON besteht aus dem BW *Nigen-* zu mnd. *nīe*, *nige*, *nigge* 'neu' und dem GW *-hagen* und geht auf die Wendung **to dem nigen hagen* zurück, die auf einen ursprünglichen FlurN hinweist. Vgl. dazu auch die ON →
† Nigenhagen, Nienhagen, † Nigenhagen, Kr. Göttingen (NOB IV S. 298f.), und
† Nienhagen, Kr. Hannover (NOB I S. 340).

NIENOVER (Bodenfelde)

vor 1199 *Nienůverre* (Bauermann, Anfänge S. 354)
1210 *nobiles viros de Nienovere* (Westfäl. UB IV Nr. 41 S. 31)
1215 *Nihenovere* (Boetticher, Urkunden Nr. 29 S. 87)
1247 *Otto de Nienowere* (UB Hilwartshausen Nr. 51 S. 65)
1250 *in castro Nienoverer* (Kruppa, Dassel Nr. 328 S. 443)
1270 *Nyennovere* (UB Fredelsloh Nr. 34 S. 42)
1289 *Nygenovere* (UB Fredelsloh Nr. 62 S. 57)
1303 *castrum Nyenovere* (Sudendorf I Nr. 173 S. 101)
1314 *castri Nienovere* (Sudendorf I Nr. 239 S. 141)
1356 *Nygenouere* (Sudendorf II Nr. 552 S. 297)
1381 (A. 15. Jh.) *Nygenůffĭr* (Sudendorf V Nr. 210 S. 250)
1419-1435 *Nuwenobir* (UB Boventen Nr. 312 S. 243)
1532 *Nigenower* (UB Göttingen III Nr. 651 S. 328)
1542 *Nigenober* (Weise, Nienover S. 192)
1588 *Neuenober* (Kayser, Generalkirchenvisitation S. 177)
um 1616 *Newenover* (Casemir/Ohainski, Territorium S. 56)
1623 *Niennover* (Weise, Nienover S. 201)
1715 *amt Nienover* (Bodemann, Wüste Ortschaften S. 250)
1791 *Nienover* (Scharf, Samlungen II S. 167)
1823 *Nienover* (Ubbelohde, Repertorium 3. Abt. S. 27)
dialekt. (1951) *nīĕnōwĕr* (Flechsig, Beiträge S. 19)
dialekt. (1963) *nīnōver* (Nolte, Flurnamen S. 13)

I. Zur Datierung des Erstbeleges aus dem sogenannten Allodienverzeichnis Siegfrieds von Boyneburg vgl. Bauermann, Anfänge S. 338f. Zur bei Nienover aufgefundenen Stadtwüstung vgl. die laufenden Berichte in den Nachrichten aus Niedersachsens Urgeschichte und die jährlichen Tätigkeitsberichte des Seminars für Ur- und Frühgeschichte der Universität Göttingen im Göttinger Jahrbuch. Der ON behält im Laufe der Überlieferung seine Struktur; BW und GW liegen lediglich in unterschiedlichen Varianten vor: das BW als *Nien-, Nigen-, Nuwen-, Ne(u)wen-* und *Neuen-*; das GW als *-ůverre, -overe, -owere, -ůffir* und *-ober* mit hd. *-b-* für *-v-*, wobei die falsche Verhochdeutschung *Neuenober* bzw. die Mischform *Nigenober* im 15. Jh. aufkommt und im 16. Jh. dominiert. Die nd. Form *Nienover* setzt sich im 17. Jh. wieder gegen die hd. durch.

II. Nach Nolte, Flurnamen S. 13 bedeutet der ON „soviel wie 'das neue Ufer'. In der Anm. 3 verweist er auf Hannover als „hohes Ufer". Junge, Bodenfelde S. 26 schließt sich der Deutung von Nolte an und meint, „der Name der Burg wurde auf die spätere Siedlung übertragen." Jeremias, Nienover S. 42 zweifelt die Deutung „Neues Ufer" an, da es unwahrscheinlich sei, daß „das auf einem Felsklotz liegende Schloß nach einem unten im Reiherbachtale gelegenen 'neuen Ufer' benannt" wurde. Förster, Forstorte S. 123 lehnt die wörtliche Übersetzung „das neue Ufer" von Nolte ab, da das Schloß sicher nicht am Ufer des Reiherbaches in ungünstiger Verteidigungslage und im sumpfigen Uferbereich lag: „Das heutige Grundwort dürfte eine sprachlich veränderte Kombination von zwei Worten gewesen sein. Die Silbe *-er* ist [...] sicher ein verstümmelter Berg. Die Wurzel der Silbe *ov-* ist in asä./ahd. ouwa zu suchen. [...] Im vorliegenden Falle handelt es sich um die Bachauen der beiden Reiherbäche, die unterhalb des Schloßberges zusammentreffen. Over ist mithin aus einem alten ouwa-Berg bzw. ou-Berg entstanden, dem Berg an den Bachauen. *-en* bzw. *-hen* hat seine Wurzel in asä. *hem*=Haus, Heim, Heimat.[...] *Ni* leitet sich von asä./ahd. niuwi=neu ab. [...] Nien ist mithin aus niu-hem entstanden. [...] Demnach wäre Nienover zu übersetzen mit Neues Haus oder Neues Heim (auf dem Auberg)." Weise, Nienover S. 1f. meint, „der Zusatz 'neu' [setzt] ein vorangehendes 'alt' [voraus]. [...] 'over' ist mittelniederdeutsch 'öwer', im Plattdeutschen des Sollingraumes heißt das Wort 'Aeuwer' und bezeichnet nicht nur ein Flußufer, sondern vor allem eine durch höhere Lage hervortretende Stelle oder eine kleine Anhöhe. [...] Die Burg Nienover [...], an der nur ein schmaler Bach in einer Entfernung vorbeifließt, wird nicht nach dem Ufer eines solchen Rinnsals benannt worden sein. Auch liegt diese Burg so hoch am Hang, daß kaum eine Beziehung zwischen beiden besteht." Für eine ältere Siedlungs- oder Burgstelle gäbe es deutliche Hinweise oberhalb des heutigen Schlosses auf einem Plateau, welche den FlurN „auf der Stadt" trage, des weiteren eine Rinne mit Namen „Stadtgraben", wo die ältere Anlage wohl zu suchen sein dürfte. „Die jüngere Burg, das heutige Schloß, ist auf halber Höhe des Talrandes durch gemauerte Sokkelbauten über die äußerste Kante einer ins Tal hineinragenden Felsnase noch hinausgeschoben."

III. Die Zweifel an einer Deutung „Neuenufer" scheinen berechtigt, wie die Lagebeschreibungen unter II. zeigen, obwohl das GW *-over(e)* natürlich zuerst an mnd. ōver, ȫver 'Ufer' denken läßt. Noch dazu wird Nienover in den hd. Belegen nicht als 'Neuenufer', sondern als *Neuenober* „übertragen". Doch Weise bringt einen wichtigen Aspekt ins Spiel, den Valtavuo, Wandel S. 19-22 in seiner umfangreichen Arbeit zur Synonymik für 'Hügel' ausführt: Die Grundbedeutung des zugrundeliegenden germ. Wortes sei als 'Abhang' anzusetzen, „in mehreren germanischen Sprachen hat es dann speziell ein steiles Ufer bezeichnet und wird schließlich für jedes Ufer ohne Unterschied verwendet". In den Mundarten habe sich daneben die Bedeutung als 'Hügel' erhalten. Im Untersuchungsgebiet fände man die Varianten *Oiwer*, *Öiwer*, *Ewer*, *Uwer* und *Ower*. Ob im Einzelfall die Bedeutung 'Ufer' oder 'Hügel' vorliege, sei nicht mit Sicherheit zu unterscheiden, wie auch Kramer, Moringen S. 1019f. bestätigt. In der Heimatzeitschrift Spinnstube des Jahrgangs 1925 wird in kleinen Fortsetzungen über dieses Wort diskutiert. In der Nr. 25 S. 399 schreiben die Herausgeber: „In Südhannover scheint Oiwer, Öuwer, Äuber allgemein nicht bloß Flußufer zu bedeuten, sondern auch Erhöhung, Hügel, und dann hat das Wort männliches Geschlecht. [...] Letzten Endes sind Oiwer, ober, über, Ufer sinn- und stammverwandt und bedeuten das über einer Ebene [...] Erhöhte." Und Scheuermann, Flurnamenforschung S. 117 verzeichnet für die FlurN Euwer, Öwer, zu mnd. ōver, zwei Bedeutungen: „1) Begrenzung eines Gewässers, Fluß-, See-, Meeresufer, 2) Anhöhe, Hügel, nnd. Oiwer m. = Erhöhung des Bodens, kleine Anhöhe, Oiwer n. = der hohe Rand eines Flußbettes, das Ufer". Es ist sehr wahrscheinlich, in Nienover das GW *-over* als 'Anhöhe' zu sehen. Das BW *Nien-, Nigen-* gehört zu mnd. *nīe, nige, nigge* 'neu'. Dem ON liegt eine Wendung **tom/am nien overe* zugrunde, die sich auf die Lage des heutigen Schlosses bezieht, welche in Beziehung zur Lage der „alten" Burganlage auf der „alten", eben vorher bebauten Anhöhe gesetzt wurde.

† NIENRODE
Lage: Ca. 1,5 km südl. Wachenhausen.

1464 *Hinrich Nygerodes* (Grote, Neubürgerbuch S. 31)
1499 *Cordt Nyerodes ex Northeym* (Kelterborn, Bürgeraufnahmen I S. 132)
1710 *neue rott* (Kühlhorn, Wüstungen Bd. II Nr. 256 S. 508)
1768 *das Wachenhäuser Feld bei Nienrode ... das Nienröder Feld* (Max, Grubenhagen I S. 513)

I. Der ON erscheint in den wenigen Belegen in unterschiedlichen Formen: als FamN *Nygerode*, *Nyerode*, als WüstungsN *neue rott* und *Nienrode*, welcher als einziger im BW auf *-en-* auslautet.

II. Nach Casemir, Grundwörter S. 194 mit dem GW *-rode* gebildet.

III. Bildung mit dem GW *-rode* und mnd. *nīe, nige, nigge* 'neu'. Zugrunde liegt eine Wendung **dat nige rode* im Nominativ und keine Dativbildung wie in den meisten mit *nige* gebildeten ON (z.B. Nienrode, Stadt Salzgitter, NOB III S. 249f.). Die Dativform *Nien-* ist erst spät eingetreten und dürfte als eine Angleichung an andere *Nigen-*, *Nien-*Orte zu betrachten sein; vgl. † Nigerode, Kr. Göttingen (NOB IV S. 299).

IV. Exkursionskarte Osterode S. 51; Kühlhorn, Wüstungen Bd. II Nr. 256 S. 506-509; Max, Grubenhagen I S. 513.

† NIGENHAGEN
Lage: Ca. 1 km südwestl. Gillersheim.

um 1200 (A. 16. Jh.) *Novale in Hagen* (Kopialbuch Katlenburg Bd. I S. 61f.)
1281 *curiam ad Antiquam Indaginem et curiam ad Novam Indaginem* (Urk. Katlenburg Nr. 38)

1503 (A. 16. Jh.) *to dem Nigenhagen* (Lagerbuch Katlenburg S. 139)
1509 (A. 16. Jh.) *to dem Nigehagen* (Lagerbuch Katlenburg S. 140)
1525 *tomme Nigenhagen* (Lagerbuch Katlenburg S. 132)
1525 *to dem Nigenhagen* (Lagerbuch Katlenburg S. 153)
1533 *to dem Nigenhagen* (Jäger, Methodik S. 164)

I. Die Zuordnung eines Beleges von 1270 *tres mansos sitos in Rodereshusen apud Barke et duos mansos sitos in Indagine* (Urk. Katlenburg Nr. 22) ist unsicher, da in der Umgebung Katlenburgs ON mit dem GW *-hagen* mehrfach vorkommen. Bei Wintzingeroda-Knorr, Wüstungen S. 710f. sind zwei Belege von 1344 und um 1420 falsch zu dieser Wüstung gestellt. Sie gehören zu † Nigenhagen im Kr. Göttingen. Der älteste Beleg bezeichnet eine Rodung (lat. *novālis*) in einer Flur oder einem Ort *Hagen*. 1281 erscheint der ON in der lat. Wendung *ad Novam Indaginem* in Verbindung mit einem ebenfalls flektierten ON *ad Antiquam Indaginem* (→ † Oldenhagen). Später tritt nur noch die nd. Entsprechung *to dem Nigenhagen* auf.

II. Nach Casemir, Grundwörter S. 192 mit dem GW *-hagen* gebildet. Kreitz, Gillersheim S. 175 sieht in Nigenhagen einen FlurN „im neuen Hagen".

III. Bildung wie → Nienhagen mit dem GW *-hagen* und mnd. *nīe, nige, nigge* 'neu'. Die Belege lassen die zugrundeliegende Dativwendung *tom* bzw. *to dem nigen hagen* gut erkennen; die lat. Form entspricht dieser Wendung. Bezugspunkt des 'neuen Hagens' ist → † Oldenhagen, welches den unterscheidenden Zusatz gewiß erst mit der Entstehung des neuen Ortes bekam. Gleich gebildete ON findet man in † Nienhagen, Kr. Hannover (NOB I S. 340), Nienhagen und † Nigenhagen, Kr. Göttingen (NOB IV S. 298).

IV. Exkursionskarte Osterode S. 51; Kreitz, Gillersheim S. 175; Kühlhorn, Wüstungen Bd. II Nr. 258 S. 510-511; Wintzingeroda-Knorr, Wüstungen Nr. 350 S. 710-711.

NÖRTEN (Nörten-Hardenberg)

1031 *Norhtunon* (Vita Godehardi prior cap. 36 S. 194)
1035-36 (A. 11. Jh.) *in expeditionem ituro ad Norzunun* (Wormser Briefsammlung Nr. 54 S. 94)
1055 (A. 16. Jh.) *villam Northun* (Mainzer UB I Nr. 296 S. 186)
1082 (Fä. 12. Jh.) *Northunun* (Mainzer UB I Nr. 361 S. 260)
1082 (Fä. 12. Jh.) *Norzunun* (Mainzer UB I Nr. 361 S. 261)
1123 *Northun* (Mainzer UB I Nr. 510 S. 413)
1128 *Northun* (Mainzer UB I Nr. 552 S. 461)
1135 *Nortzun* (Mainzer UB I Nr. 596 S. 513)
1137 *Nortun* (Mainzer UB I Nr. 613 S. 532)
1138 *Northune* (Mainzer UB II Nr. 5 S. 5)
1146 *Northun* (Mainzer UB II Nr. 88 S. 170)
1155 *Norzun* (Mainzer UB II Nr. 208 S. 377)
1189-1190 *Norzun* (Mainzer UB II Nr. 531 S. 881)
1236 *prepositi Nortunensis* (UB Fredelsloh Nr. 20 S. 34)
1245 *datum Nortuni* (UB H. Hild. II Nr. 739 S. 373)
nach 1263 *Nortene* (UB Plesse Nr. 207 S. 234)
1297 *Northene* (UB Plesse Nr. 356 S. 340)

1304 *in campo Northene sita et dimidiam curiam sitam in Antiqua Villa ibidem* (Wolf, Nörten Nr. 19 S. 21)
1304 *Nortunis* (UB Walkenried II Nr. 643 S. 28)
1307 *plebanus in Northene* (Wolf, Nörten Nr. 20 S. 23)
1366 *Northen* (UB Hardenberg II Nr. 15 S. 29)
1372 *in villa Northunensi* (UB Göttingen I Nr. 268 S. 273)
1415 *Nŏrthen* (UB Hardenberg II Nr. 51 S. 134)
1432 *official tu Northen* (FB Weende Nr. 204)
1453 *Northen* (Goetting, Findbuch II Nr. 466 S. 21)
1479 *ecclesia in Northen* (Wisotzki, Nörten II S. 16)
1512 *Northun* (Urk. Dipl. App. Nr. 355a)
1527 *sedes Northen* (Tschackert, Rechnungsbücher S. 373)
1588 *Nortten* (Salbuch Plesse II S. 204)
1629 *Nŏrthen* (UB Hardenberg II Nr. 109 S. 312)
1636 *Nörthen* (Wolf, Geschichte I Nr. 110 S. 89)
1728 *Nörthen* (Wolf, Nörten Nr. 136 S. 202)
1791 *Nörten* (Scharf, Samlungen II S. 168)
1823 *Nŏrthen* (Ubbelohde, Repertorium 3. Abt. S. 28)
dialekt. (1951) *nertĕn* und (neuer) *nörtĕn* (Flechsig, Beiträge S. 19)

I. Ein Beleg 9. Jh. *Northun* von Flechsig, Beiträge S. 19 war nicht zu verifizieren. Eine Nennung 966 *in pago Nordagoe* (MGH DO I. Nr. 328 S. 442), die im Regest als „im Nörthengau" wiedergegeben ist, meint nur einen Gau, der evtl. in der Gegend von Nörten lag, und keineswegs den Ort selbst. Auch eine gelegentlich unter Zuhilfenahme von Reg. Arch. Magunt. 1 Nr. 114 S. 131 auf die Zeit um 995 datierte Ersterwähnung des Ortes läßt sich unter diesem exakten Datum kaum halten. Recht sicher ist, daß der von 975 bis 1011 regierende Mainzer Erzbischof Willigis dem Stift St. Viktor in Mainz im späten 10. Jh. den Zehnt in Nörten übertrug. Leider ist die entsprechende Urkunde des Erzbischofs verloren. Ihr Inhalt ist teilweise aus einer Erneuerungsurkunde von 1072 (Mainzer UB I Nr. 334 S. 229) und weiterhin unter Nennung des Zehnts in Nörten aus einer Urkunde von 1143 (Mainzer UB II Nr. 44 S. 85 *decimationes nostre salicę terrę ... in Norzun*) zu erschließen. In beiden Urkunden wird jedoch kein Ausstellungsdatum für die Urkunde von Erzbischof Willigis erwähnt. Es ist allerdings anzunehmen, daß die von Willigis ausgestellte Urkunde im Zusammenhang mit den größeren Güterübertragungen Ottos III. gegen Ende des 10. Jh. ausgestellt wurde (vgl. Mainzer UB II S. 84). Der von Willigis an St. Viktor in Mainz übertragene Zehnt in Nörten ging übrigens schon 1055 (Mainzer UB I Nr. 296 S. 186 *decimam vero super ipsam villam Northun*) an das Nörtener Stift über. Da keine originale oder kopiale Überlieferung vorliegt, findet sich kein entsprechender Eintrag in der Beleglifte. Der ON zeigt wenig Veränderung: In den ältesten Belegen ist der Dativ Plural *-on, -un* zu erkennen. Der Dental schwankt zwischen *-th-, -t-* und *-(t)z-*, wobei *-(t)z-* der Mainzer Überlieferung entstammt; im Zweitelement schwächt sich *-u-* seit dem 13. Jh. allmählich zu *-e-* ab. Seit Ende 14. Jh. ist Umlaut *-ö-* für *-o-* zu erkennen, der sich im 17. Jh. durchsetzt.

II. Förstemann, Ortsnamen II Sp. 414 stellt den ON als simplizische Bildung zu ahd. *nord*, anord. *norðr* 'Norden'. Nach Weigand, Heimatbuch S. 295 weist der ON auf eine Lage an der Grenze eines damaligen Gebietes, welche durch einen Zaun bezeichnet wurde, der die Siedlung nach Norden hin abgeschlossen habe. Nach Eggeling, LK Northeim S. 95 ist Nörten ein „vorgeschobener Posten der kurmainzischen

Macht [...]. Hier besaß bereits im 9. Jahrhundert der Erzbischof von Mainz eine curia". Eckart, Bilder S. 2 meint, die Siedlung habe die Nordgrenze des Nordgaues gebildet. Es sei „auch [...] der 'Nordhagen' genannt" worden, was „von der Umzäunung, womit der Besitzer seine villa eingehägt hat, herrühren mochte. Durch Verstümmelung der ursprünglichen Bezeichnung ist zuletzt die heutige Schreibweise entstanden". Mecke, Entstehung Northeims S. 12 schreibt: „Nörten wird als Nordzaun oder Nordwall gedeutet. Diese Bezeichnung kann nur von Männern gewählt sein, die vom Süden bis hierher vorgedrungen waren." Flechsig, Beiträge S. 50 reiht den ON unter die -tūn-Orte, neben u.a. Bovenden, Kr. Göttingen, Wulften, Kr. Osterode, Dörnten und Lochtum, Kr. Goslar, und Schellerten, Kr. Hildesheim. Udolph, Fränk. ON S. 53 führt den ON auf eine Grundform *Nord-tun 'Nordort, Nordstadt' zurück. Der Bezugspunkt der Benennung sei wohl Bovenden (< *Bobbontun), Kr. Göttingen.

III. Eckarts Rückführung des GW auf -hagen ist nicht nur sprachlich abzulehnen: Bei -hagen-Siedlungen handelt es sich um verhältnismäßig junge Gründungen. Förstemanns Vermutung, es handle sich um „einfaches North", ist ebenfalls auszuschließen. Die ältesten Belege für Nörten enthalten die Endung des Dativ Plural -on, -un; der Nominativ ist demnach die Form Northun, welche in ursprüngliches *North-tun zu trennen ist. Das BW enthält asä. norđ, mnd. nōrt 'Norden, nordwärts gelegen'. Das GW ist -tūn < germ. *tun(a) 'Siedlung'. In der zugrundeliegenden ON-Form *Northtun gleicht sich das silbenauslautende asä. -th- an -t- an. Die hd. Quellen geben -t- als -th- wieder. Daß der Laut -t- vorliegt, zeigt dessen Verhochdeutschung zu -z-; vgl. auch Dörnten, 1053 Dornzuni (UB. H. Hild. I Nr. 90), und Bovenden, 949 Bobbenzunon (MGH DO I. Nr. 109 S. 192). Der ca. 4 km südlich gelegene -tūn-Ort Bovenden stellt offenbar den Bezugspunkt für die Benennung Nörtens nach seiner nördlichen Lage dar. Damit ist den Annahmen, Nörten als Grenzsiedlung des Nordgaus oder nördlichsten Punkt der Mainzer Curia zu sehen, die Grundlage entzogen. Das gleiche BW enthalten → Northeim und → † Northagen; vgl. auch zahlreiche ON bei Förstemann, Ortsnamen II Sp. 413ff. In England liegen etliche ON Norton als Namenparallelen vor, vgl. Ekwall, Place-Names S. 344f. Das GW -tūn wird bei Udolph, Germanenproblem S. 609-729 ausführlich behandelt.

† NORTHAGEN
Lage: Ca. 1 km südl. Lauenberg.

1296 *Northagen* (UB Fredelsloh Nr. 77 S. 66)
1296 *Northagen* (UB Fredelsloh Nr. 79 S. 67)
1296 *Northagen* (UB Fredelsloh Nr. 80 S. 68)
1296 *indaginis Northagen* (UB Fredelsloh Nr. 81 S. 68)
1297 *Northagen* (UB Fredelsloh Nr. 85 S. 70)
1318 *Northagen* (Flentje/Henrichvark, Lehnbücher Nr. 151 S. 43)
1388 *daz dorff zům Northagen* (Sudendorf VI Nr. 221 S. 240)
1554 *wischen in dem Norhagenn vnde Koluenhagenn* (Scheidt, Codex Diplomaticus Nr. 23 S. 508)
1590 *Northagen* (Upmeyer, Oldershausen S. 256)

I. Der ON zeigt keine Schwankungen. Lediglich der Beleg von 1554 hat *Nor-* statt *Nort-*.

II. Nach Casemir, Grundwörter S. 192 mit dem GW -*hagen* gebildet.

III. Bildung mit dem GW -*hagen*. Der Beleg 1296 *indaginis Northagen* enthält zusätzlich lat. *indāgo* 'Hagen'. Das BW ist das Adjektiv mnd. *nōrt* 'im Norden gelegen, nordwärts', welches unflektiert mit dem GW verbunden ist. Das Benennungsmotiv ist in der Lage des Hagens zu sehen, obwohl sich kein rechter Bezugspunkt finden läßt, da der Ort südlich des nächsten Ortes Lauenberg liegt. Vielleicht ist eine Beziehung zu anderen Flurstücken gemeint. Daß es sich um einen ursprünglichen FlurN handelt, ist im Beleg 1388 *daz dorff zům Northagen* ersichtlich. Vgl. auch → † Northagen, Lutteken. Das BW ist ebenfalls Bestandteil von → Nörten und → Northeim.

IV. Ernst, Wüstungen S. 86; Exkursionskarte Moringen S. 71; Kühlhorn, Wüstungen Bd. II Nr. 261 S. 518-522.

† **NORTHAGEN, LUTTEKEN**
Lage: Evtl. dicht südl. Lauenberg.

1388 *daz dorff zum Lutteken Northagin* (Sudendorf VI Nr. 221 S. 240)

I. Weitere Belege ließen sich nicht ermitteln.

II. Nach Casemir, Grundwörter S. 192 mit dem GW -*hagen* gebildet.

III. Zur Deutung siehe → † Northagen. Als unterscheidender Zusatz enthält der ON *Lutteken* zu mnd. *lüttik* 'klein' im Dativ.

IV. Ernst, Wüstungen S. 86; Exkursionskarte Moringen S. 80; Kramer, Artikel S. 96; Kühlhorn, Wüstungen Bd. II Nr. 229 S. 392.

NORTHEIM (Northeim)
780-802 (A. 12. Jh.) *Northeim* (UB Fulda I Nr. 497 S. 494)
1002 *Northeim* (Thietmar von Merseburg S. 224)
1117 *Northeim* (Orig. Guelf. IV S. 534 Anm.)
1117 *Nordheim* (Orig. Guelf. IV S. 535 Anm.)
1144 *abbatis Wizelonis de Northeheim* (Mainzer UB II Nr. 63 S. 122)
1170 (A. 16. Jh.) *ecclesie Northeimensi* (MGH Urk. HdL Nr. 83 S. 123)
1188 *Northeym* (Mainzer UB II Nr. 510 S. 833)
1200-02 *abbate de Northeim* (UB Walkenried I Nr. 49 S. 98)
1205 *Northem(ensis) abbas* (UB Fischbeck I Nr. 27 S. 33)
1220 *Johannes de Norttem* (UB Goslar I Nr. 409 S. 420)
1226-27 *Northeim* (UB H. Hild. II Nr. 207 S. 87)
1241 *Northem* (UB Plesse Nr. 123 S. 163)
1261 *datum Northem* (Urk. Katlenburg Nr. 12)
1267 *Northem* (UB Fredesloh Nr. 32 S. 41)
1274 *Northeim* (UB Plesse Nr. 255 S. 269)
1291 *Northeym* (Westfäl. UB IV Nr. 2178 S. 996)
1303 *Northeim* (Sudendorf I Nr. 173 S. 101)
1304 *Northem* (UB Göttingen I Nr. 58 S. 45)
1318 *Northem* (Flentje/Henrichvark, Lehnbücher Nr. 152 S. 43)
1331 *Northem* (Goetting, Findbuch I Nr. 134 S. 68)

1332 *stat tō Northum* (UB H. Hild. IV Nr. 1251 S. 678)
1341 *Northem* (UB H. Hild. V Nr. 26 S. 17)
1368 *Northeim* (UB Oldershausen Nr. 35 S. 58)
1386 *Northeym* (Urk. Katlenburg Nr. 206)
1398 *Northem* (UB Göttingen I Nr. 373 S. 403)
1424 *Northeym* (Göttinger Statuten Nr. 229 S. 402)
1444 *Northem* (Grote, Neubürgerbuch S. 27)
1478 *Northem* (Lehnregister Bortfeld S. 58)
1497 *Northem* (Negotium monasterii Steynensis S. 160)
1506 *Northeym* (Urk. Katlenburg Nr. 283)
1534 *Nortem* (UB Boventen Nr. 617 S. 395)
1535 *Northeim* (UB Boventen Nr. 619 S. 399)
1556 *Nortem* (Goetting, Findbuch III Nr. 893 S. 11)
1588 *Nordtheimb* (Salbuch Plesse II S. 205)
um 1616 *stadt Northeimb* (Casemir/Ohainski, Territorium S. 51)
1657 *Northeim* (Friese, Sonderhagen Nr. 10 S. 59)
1710 *Northeimb* (Heine, Grubenhagen S. 17)
1783 *Northeim* (Kurhannoversche Landesaufnahme Bl. 142)
1823 *Northeim* (Ubbelohde, Repertorium 3. Abt. S. 29)
dialekt. (1951) *nūrtĕn* (Flechsig, Beiträge S. 19)
dialekt. (1951) *nōrtĕn* (Flechsig, Beiträge S. 19)

I. Es gibt nur wenige Variationen. Die ältesten Belege zeigen allerdings nicht die asä. Form *-hem*, sondern hd. *-heim*, beeinflußt durch den hohen Anteil hd. Urkunden. Erst zu Beginn des 13. Jh. treten *-hem*-Belege ein; daneben erscheint auch in der Folgezeit häufig *-heim/-heym*, das sich im 16. Jh. durchsetzt. Der auslautende Dental des BW ist fast durchgängig *-t-*; *d*-Schreibung tritt nur äußerst selten auf.

II. Förstemann, Ortsnamen II Sp. 416 stellt den ON zusammen mit acht anderen zu ahd. *nord*, anord. *norðr* 'Norden' und *-he(i)m*. Nach Vennigerholz, Northeim S. 7 hat die Siedlung „wegen ihrer nördlichen Lage den Namen bekommen [...]. Von wo ab jedoch diese nördliche Lage gerechnet ist, läßt sich nur vermuten". Weigand, Heimatbuch S. 205 schreibt: „Hier [...] entstand [...] vielleicht um das Jahr 400 unserer Zeitrechnung eine kleine Truppsiedlung, die zum Unterschiede von anderen 'Heim'-Orten im Leinetale nach ihrer Lage Northeim genannt wurde." Nach Grote, Northeim S. 11 hat Northeim 875 „den Nahmen von den Normannis, welche sich daselbst aufgehalten, oder von den Grafen von Northeim [...] bekommen". Friese, Nordheim S. 507f. lehnt diese Deutungen ab: „Es ist aber glaublicher, daß die Grafen den Namen ihres Stammsitzes angenommen, als daß sie umgekehrt den Ort nach sich benannt hätten. Die Rolle, die den nordischen Völkern hierbei zugedacht wird, ist lächerlich." Northeim, → † Medenheim und → Sudheim, die denselben Erbauer hätten, seien nach ihrer geographischen Lage zueinander benannt. Ebenso wie Flechsig, Beiträge S. 44, der Northeim zu den jüngsten *-heim*-Orten zählt, da sein Name im Zusammenhang mit den südlich gelegenen Orten Medenheim und Sudheim auf eine planmäßige, „nach der Himmelsrichtung ihrer Lage zu einem Verwaltungsmittelpunkt" benannte fränkische Siedlung schließen lasse, sprechen Gusmann, Wald- und Siedlungsfläche S. 64, Hueg, Frühgeschichte S. 39f., Geschwendt, Northeim S. 14, Schnath, Northeims Vergangenheit S. 6, Fiesel, Franken S. 84f., Wenskus, Stammesadel S. 203 und Berger, Namen S. 201 von planvoller Siedlung bzw. planvoller Namengebung durch die Franken, wobei sie sich zumeist auf die Ausführungen von

Arnold, Ansiedelungen und Bethge, Fränk. Siedelungen stützen; vgl. auch Jochum-Godglück, Orientierte SiedlungsN S. 54 und 113ff.

III. Bildung mit dem GW -*hēm* und dem BW asä. *nord*, mnd. *nōrt* 'Norden, nordwärts liegend'. Das -*t*- in *Nort*-, welches statt des zu erwartenden -*d*- < -*đ*- dominierend vorliegt, ist als Verschärfung im Silbenauslaut zu erklären. Gleichzeitig kann die Lautung von → Nörten beeinflussend gewirkt haben. Bezugspunkt der Benennung ist das südlich gelegene → Sudheim. Northeim besitzt Namenparallelen u.a. in Northen, Kr. Hannover, 1304-1324 *Northem* (NOB I S. 343f.), Nortenhof, Stadt Salzgitter, vor 956 (K. 12. Jh.) *Northeim* (NOB III S. 252f.), und † Northeim, Kr. Rinteln (Maack, Flurnamen S. 35); vgl. auch die Zusammenstellung von Förstemann, Ortsnamen II Sp. 416 und Jochum-Godglück, Orientierte SiedlungsN S. 45ff. Zur angeblich fränkischen Herkunft der -*heim*-Namen vgl. Udolph, Fränk. ON S. 52-59.

O

† OBERNHEVENSEN

Lage: Ca. 0,8 km westl. Hevensen.

1238 (A. 18. Jh.) *Querenhevehusen* (UB Hilwartshausen Nr. 46 S. 62)
1285 (A. 16. Jh.) *mansum in Superiore Hevenhusen* (UB Plesse Nr. 307 S. 303)
1497 *Overnevenhusen* (Negotium monasterii Steynensis S. 135)
1497 *Overenhevenhusen* (Negotium monasterii Steynensis S. 142)
1512 (A. 16. Jh.) *in Ubern Hevenhusen* (UB Reinhausen Nr. 428 S. 328)
1534 *Ouern Heuensenn* (Kramer, Abschwächung S. 35)
1539 *Oberen Heuenhußen* (Kramer, Abschwächung S. 35)
1542 *Ubern Hevenhusen* (UB Reinhausen Nr. 462 S. 348)
1574 *Owern Heuensen* (Kramer, Abschwächung S. 35)
um 1583 *Oberheusen* (Zimmermann, Ökonomischer Staat S. 23)
1609 *Oberhevensen* (Müller, Lehnsaufgebot S. 342)
1622 *ober Oberen Hevenßen* (Kramer, Moringen S. 467)
1736 *über Obern Hevensen* (Kramer, Moringen S. 467)

I. Zur Belegentwicklung vgl. auch → Hevensen. Die unterscheidende Lagebestimmung erscheint lat. als *in Superiore*, dann nd. *Over(e)n-* und hd. *Ober(en)-*, *Ubern-*. Der Erstbeleg, der später abschriftlicher Überlieferung entstammt, lautet abweichend *Queren-*.

II. Nach Casemir, Grundwörter S. 193 mit dem GW *-husen* gebildet.

III. Zur Deutung vgl. → Hevensen, welches ca. 10 Höhenmeter unterhalb von Obernhevensen liegt. Der ehemalige Ortsteil enthält den unterscheidenden Zusatz mnd. *ōver(e)* 'oben, ober' bzw. lat. *superior* 'oberster' im Dativ. Zugrunde liegt also die Wendung *im/tom overen Hevensen. Die Schreibung im Erstbeleg *Queren-* ist mit dem asä. Wort für die Mühle *quern, querna*, im Mnd. noch lebendig als *querne* 'Handmühle', in Zusammenhang zu bringen. Es handelt sich bei dieser Nennung entweder um den ersten Nachweis (also für 1238) der dortigen Mühle oder um eine reine Verschreibung des Kopisten aus dem 18. Jh. oder um eine bewußte unterscheidende Bezeichnung des Kopisten, da die Mühle mindestens seit 1714 nachzuweisen ist.

IV. Exkursionskarte Moringen S. 80-81; Kramer, Abschwächung S. 35; Kühlhorn, Wüstungen Bd. III Nr. 263 S. 1-3.

ODAGSEN (Einbeck)

826-876 (A. 15. Jh.) *Osdageshusen* (Trad. Corb. § 213 S. 119)
826-876 (A. 15. Jh.) *Osdagheshusun* (Trad. Corb. § 225 S. 121)
1131 (Fä. 13. Jh.) *Osdagheshusen* (MGH DL III Nr. 128 S. 219)
1154 *Osdageshusen* (UB Goslar I Nr. 225 S. 255)

1157 *Osdageshusen* (MGH DF I. Nr. 172 S. 292)
1160 *Osdageshusen* (UB Goslar I Nr. 244 S. 279)
1236 *Osdachesen* (Goetting, Findbuch I Nr. 51 S. 34)
1236 *Osdagessen* (UB Fredelsloh Nr. 20 S. 34)
um 1274 *Osdegishusen* (Sudendorf I Nr. 79 S. 51)
1337 *Osdaghessen* (Goetting, Findbuch I Nr. 143 S. 72)
1360 *Odaxhusen* (UB Boventen Nr. 129 S. 125)
1379 *Hermannus Cuntzen de Osdageshusen* (Kelterborn, Bürgeraufnahmen I S. 29)
1413 *plebanus in Osdagessen* (Bilderbeck, Sammlung I Nr. 7 S. 41)
1476 (A.) *ecclesiam parochialem sancti Pancracii in Ossdassen* (Bilderbeck, Sammlung III Nr. 25 S. 190)
1503 *Odagssen* (Reg. Wallmoden Nr. 402 S. 125)
1544 *Odassen* (Kayser, Kirchenvisitationen S. 587)
1588 *Odagsen* (UB Grubenhagen Nr. 145 S. 89)
1596 *Odassen* (Letzner, Chronica Buch 5 S. 22r)
um 1616 *Odaßen* (Casemir/Ohainski, Territorium S. 71)
1631 *Odagessen* (Reg. Wallmoden Nr. 606 S. 189)
1762 *Odagsen* (Hartmann, Schicksale S. 37)
1823 *Odagsen* (Ubbelohde, Repertorium 3. Abt. S. 30)
dialekt. (1951) *audåßen* (Flechsig, Beiträge S. 19)

I. Ein Beleg von 1015-36 (A. 12. Jh.) *Osdaghusun* aus der Vita Meinwerci Kap. 33 S. 35 ist gegen Deppe, Besitzungen S. 23 und Lagers, Untersuchungen S. 208 nicht hierher, sondern zu (†) Örshausen bei Rosdorf im Kr. Göttingen zu stellen (vgl. NOB IV S. 309). Das GW wechselt lediglich von *-husen* zum abgeschwächten *-sen*. Das BW verändert sich stärker: Bis zum 15. Jh. lautet es recht stabil *Osdages-*. Das Element *-dag-* liegt vereinzelt auch als *-dach-*, *-deg-* und *-deach-* vor. Im Beleg 1360 *Odax-* steht *-x-* für *-gs-*. Außerdem ist *-s-* zwischen *O-* und *-d-* geschwunden. Dieser *s*-Schwund dominiert das Namenbild ab dem ausgehenden 15. Jh. Gleichzeitig konkurriert *Odags-* mit einer weiter abgeschliffenen Form mit *g*-Schwund *Odas-*, welche auch im 20. Jh. noch in der Mundart lebendig ist. Die Mundartform zeigt außerdem durch Diphthongierung des langen *-ō-* entstandenes anlautendes *-au-* (Lasch, Grammatik § 202).

II. Nach Casemir/Ohainski, Orte S. 136 mit dem GW *-husen* gebildet. Harland, Einbeck S. 14 führt den ON auf den PN *Osdag* zurück, ebenso Plümer, Dassel S. 28. Zum PN konkretisiert Plümer, Einbeck S. 102f.: „er enthält das typische cheruskische Namenswort 'dag'". Förstemann, Ortsnamen I Sp. 163 stellt den Namen zum PN-Stamm ANS, der aengl. und asä. als *ōs* erscheine und mit germ. *Anse, Ose* 'Gott' verbunden werden könne. Dieses Element ist nach Förstemann in Odagsen mit *-dag-* verbunden. Entsprechende PN listet Förstemann, Personennamen Sp. 124 auf. Udolph, Sachsenproblem S. 434 führt den ON auf eine Grundform „*Osdageshusen < *Ansdages-husen" zurück.

III. Bildung mit dem GW *-hūsen* und dem stark flektierenden zweigliedrigen asä. PN *Osdag*, vgl. Förstemann, Personennamen Sp. 124, Schlaug, Altsächs. Personennamen S. 139 und Schlaug, Studien S. 135. Das Erstelement *Os-* ist zum PN-Stamm ANS, zu germ. **ans* '(heidnischer) Gott', zu stellen. Im Asä. schwindet *-n-* vor *-s-* bei Zerdehnung des *-a-* zu *-ō-* (Gallée, Grammatik § 214). Das Zweitelement *-dag*, zu asä. *dag* 'Tag', ist als PN-Element im Asä. sehr verbreitet (vgl. Schröder, Namenkunde

S. 31f., Wenskus, Stammesadel S. 301-334 und Udolph, Sachsenproblem S. 432-439). Nach Gallée, Grammatik § 256d kann es auch als *-dach* oder *-dech* erscheinen. Der Schwund des *-s-* von *Osdags-* zu *Odags-* ist keine sprachliche Gesetzmäßigkeit. Vielleicht ist er als Dissimilationserscheinung (Lasch, Grammatik § 230) zu erklären, nachdem durch Assimilation von *-gss-* in *Osdag(e)ssen* zu *-ss-* (1476 *Ossdassen*) eine *s*-Häufung eintrat. Eine ähnliche Entwicklung ist auch bei (†) Örshausen, Kr. Göttingen (NOB IV S. 309f.), 1353 *Osdageshusen*, 1414 *Odeshusen*, zu beobachten. Den PN enthalten weiterhin die ON Ödishausen, Kr. Goslar (1154 *Osdageshusen*), und † Audaxen bei Warburg (966-967 [A. 15. Jh.] *Osdegeshusun*), Kr. Höxter; vgl. Udolph, Sachsenproblem S. 434.

† ODEKENHUSEN

Lage: Ca. 1 km westl. Hilwartshausen.

1296 *villa Odekenhusen* (UB Fredelsloh Nr. 77 S. 66)
1296 *Odekenhusen* (UB Fredelsloh Nr. 79 S. 67)
1296 *Odekenhusen* (UB Fredelsloh Nr. 82 S. 68)
1339 *Odekenhosen* (Desel, Lippoldsberg S. 144)
um 1380 (A. 15. Jh.) *Ottekenhossen* (Desel, Lippoldsberg S. 187)
um 1440 *Oykenhusen* (Desel, Lippoldsberg S. 144)
1519/20 (A. 16. Jh.) *Oidageshusen* (Krusch, Studie S. 265)
1527 *Odageshusen* (Tschackert, Rechnungsbücher S. 374)
1530 *Oeckershusen* (Ernst, Wüstungen S. 86)
1542 *Odekenshusen* (Kayser, Kirchenvisitationen S. 314 Anm.)
1955 *Oikershusen* (Ernst, Wüstungen S. 86)

I. Der ON lautet bis zum 15. Jh. *Odekenhusen*, zum Teil mit der südniedersächs. Variante *-hosen*. Einmal erscheint *Otteken-* mit Verschärfung des intervokalischen *-d-*. Dieses schwindet im 15. Jh., es entsteht *Oykenhusen*. Die jüngeren Formen enden auf *-ers-* bzw. *-enshusen*. Auffällig sind die Belege 1519/20 *Oidageshusen* und 1527 *Odageshusen*, welche → Odagsen angeglichen scheinen.

II. Nach Casemir, Grundwörter S. 193 mit dem GW *-husen* gebildet.

III. Bildung mit dem GW *-hūsen* und einem schwach flektierenden PN *Odiko*. Förstemann, Personennamen Sp. 188 führt einige mit *k*-Suffix gebildete KurzN zum PN-Stamm AUDA, zu asä. *ōd* 'Besitz, Wohlstand', auf: *Oddik, Otich, Oticho*; Schlaug, Studien S. 217 hat desgleichen die hier anzusetzenden *Odiko, Odico*. Die zu erwartende Umlautung von *O-* zu *Ö-* bedingt durch das *-i-* der Folgesilbe ist im Schriftbild nicht fixiert worden. Im 15. Jh. ist das intervokalische *-d-* geschwunden (Lasch, Grammatik § 326). Der dann auftretende Zwielaut *Oy-* ist sicher nicht als graphische Variante des „zurückbleibenden" *Oe-*, sondern als Diphthongierung des hier nicht überlieferten Umlauts *Ö-* zu sehen (Lasch, Grammatik § 204). Nach dem Wüstfallen des Ortes treten Formen auf, in denen die Flexionsendung *-en* durch einen *-rs-*Einschub ersetzt wird, wohl in Analogie zu den zahlreichen auf *-ershusen* endenden ON wie z.B. → Sievershausen.

IV. Ernst, Wüstungen S. 86 als Oeckershusen; Exkursionskarte Moringen S. 71; Koken, Dassel S. 233; Kramer, Südniedersachsen S. 134; Kühlhorn, Wüstungen Bd. III Nr. 264 S. 3-6.

† ODELEVESSEN

Lage: Unsicher zwischen Dassel und Mackensen.

826-876 (A. 15. Jh.) *Odileueshusen* (Trad. Corb. § 261 S. 127)
1103-1106 *Outhelessen* (Wilmans, Kaiserurkunden I S. 513)
1286 *Bruno de Odelsen* (UB Fredelsloh Nr. 61 S. 56)
1292 *Bruno de Odelsen* (UB Fredelsloh Nr. 71 S. 62)
1307 *Bodo de Odelevessen* (Westfäl. UB IX Nr. 554 S. 261)
1329 *Brunone de Odelsen* (UB Fredelsloh Nr. 125 S. 91)
1332 *Conradus de Odelsen* (UB Fredelsloh Nr. 130 S. 94)
1430 *vorwerk to Odelsen* (UB Hardenberg II Nr. 52 S. 144)
1458 (A. 16. Jh.) *Oldenlevessen* (Deeters, Quellen S. 58)
1483 (A.) *Adelevesen* (Feise, Einbeck Nr. 1738a S. 328)
1495 *Oydelevsen* (Stammtafeln, Bodenhausen S. 131)
um 1583 *Oedelevessen* (Zimmermann, Ökonomischer Staat S. 22)
1740 *in Adelepser Felde* (Lauenstein, Hildesheim II S. 301)
1771 *Odelevessen* (Ernst, Wüstungen S. 84)
1840 *der Adelepser Kirchhof* (Koken, Dassel S. 233)

I. In ihrer Form und in der Zuordnung unklar sind die von Kühlhorn, Wüstungen Bd. III Nr. 265 herangezogenen Belege 1562 *Redelenessen* (Stammtafeln, Bodenhausen S. 287), 1570 *Redelenessen* (Stammtafeln, Bodenhausen S. 305), 1577 *Redelenessen* (Stammtafeln, Bodenhausen S. 343) und 1578 *Rideluessen* (Stammtafeln, Bodenhausen S. 344), in denen die von Bodenhausen Lehen von den Herren von Plesse bzw. den Landgrafen von Hessen erhalten. Der Form nach sind sie mit † Odelevessen nicht in Einklang zu bringen. Der älteste Beleg *Odileveshusen* zeigt die Vollform des ON. Das GW wird in der Folge zu *-sen* verkürzt. Das BW *Odeleves-* erscheint schon 1103-1106 abgeschwächt zu *Outheles-* und ab Ende des 13. Jh. zu *Odel(s)-*. Auf A-anlautende Belege sind jünger; die Form *Oldenlevessen* mit falscher Etymologie ist singulär.

II. Nach Casemir/Ohainski, Orte S. 135 und Casemir, Grundwörter S. 193 mit dem GW *-husen* gebildet. Wenskus, Stammesadel S. 69 sieht im BW einen PN mit dem Zweitglied *-lef*. Förstemann, Ortsnamen II Sp. 263 stellt den ON zum PN *Odlef*.

III. Bildung mit dem GW *-hūsen* und dem stark flektierenden zweigliedrigen PN *Od(e)lef* im BW. Förstemann, Personennamen Sp. 197 listet unter dem PN-Stamm AUDA die PN *Otleib*, *Odlef*, *Otleip* auf; Schlaug, Studien S. 132 bucht einen *Atleib*, dessen Erstglied er zu asä. *ōd/ād* 'Grundbesitz' stellt. Das Zweitelement *-lef* ist mit asä. *lēƀa* 'Hinterlassenschaft, Überbleibsel' bzw. in PN 'Nachkomme, Sproß' (vgl. Kaufmann, Ergänzungsband S. 224) zu verbinden. Die Form *Outhelessen* zeigt frühe mnd. Diphthongierung des langen *-ō-* > *-ou-* (Lasch, Grammatik § 159).

IV. Casemir/Ohainski, Orte Nr. 559 S. 84, Ernst, Wüstungen S. 84 und Koken, Dassel S. 233 als Adelebsen; Kühlhorn, Wüstungen Bd. III Nr. 265 S. 6-9.

OFFENSEN (Uslar)

826-876 (A. 15. Jh.) *Uffenhusun* (Trad. Corb. § 223 S. 121)
1278 *de Offenhusen* (UB H. Hild. III Nr. 489 S. 261)
1318 *Offenhusen* (Flentje/Henrichvark, Lehnbücher Nr. 171 S. 45)

1350-1382 (A. 15. Jh.) *Offinhusen* (Dolle, Studien S. 387)
um 1380 (A. 15. Jh.) *Offenhossen* (Desel, Lippoldsberg S. 187)
1437 *Offenhusen* (UB Göttingen II Nr. 180 S. 131)
1537 *Offenhausen* (Meyer, Steuerregister S. 75)
1558 *Offenhusen* (Nolte, Flurnamen S. 9)
1595 *Offensen* (Nolte, Flurnamen S. 9)
1603 *Opffensen* (Krabbe, Sollingkarte Bl. 1)
um 1715 *Offenhusen* (Kühlhorn, Ortsnamen S. 105)
1791 *Offensen* (Scharf, Samlungen II S. 173)
1823 *Offensen* (Ubbelohde, Repertorium 3. Abt. S. 32)
dialekt. (1951) *offĕnsĕn* (Flechsig, Beiträge S. 19)
dialekt. (1963) *Offensen* (Nolte, Flurnamen S. 9)

I. Nicht sicher ist ein Beleg 1015-36 (A. 12. Jh.) *Uffanhusun* (Vita Meinwerci S. 61) diesem Ort zuzuordnen. Der älteste Beleg lautet *Uffenhusun*, in der Folge zeigt sich das BW mit verändertem Stammvokal als *Offen-*. Im 16. Jh. tritt im GW hd. *-hausen* ein; die verkürzte *-husen*-Form *-sen* erscheint erst spät, setzt sich aber durch.

II. Nach Casemir/Ohainski, Orte S. 136 mit dem GW *-husen* gebildet. Nolte, Flurnamen S. 9 vermutet im BW eine PN-Kurzform *Uffo*. Wenskus, Stammesadel S. 444 führt den ON auf den PN *Ludolf* bzw. dessen Kurzform *Uffo* zurück. Förstemann, Ortsnamen II Sp. 1114 stellt den Namen ebenfalls zu einem PN *Uffo*.

III. Den Deutungen ist zuzustimmen. Das GW ist *-hūsen*, im BW steckt der schwach flektierende PN *Uffo*, welcher auch mit *o*-Vokalismus auftritt. Schlaug, Altsächs. Personennamen S. 182 stellt die PN-Varianten *Uffo* und *Offo* zu asä. *wulf, wolf* 'Wolf': „Uffo gehört zu den *Wulf*-Namen und zeigt denselben Wechsel *u/o* wie diese." Schlaug, Studien S. 217 denkt ebenfalls an eine Verschleifung aus asä. *wulf*. Förstemann, Personennamen Sp. 1474 allerdings führt beide PN unter dem Stamm UF zu got. *ufjō* „Überfluß?" auf, was Kaufmann, Ergänzungsband S. 364 zurückweist. Wenskus' Rückführung von *Uffo* auf den PN *Ludolf* bezieht sich auf einen Beleg aus den Corveyer Traditionen, den auch Schlaug anführt: 826-876 *Uffo qui et Liudulfus* (Trad. Corb. § 171 S. 112). Bach, Personennamen I S. 100 verdeutlicht die Entwicklung des aus den Namengliedern *Liud-* und *-wulf* bestehenden PN *Liudulfus* über eine Kurzform *Ulfo*, welche zu *Uffo* assimiliert wird. Ein gleich gebildeter ON ist Offensen (1255 *Uffenhusen* [UB. H. Hild. II Nr. 972 S. 487]), Kr. Celle.

† OISHUSEN

Lage: Beim wohl im 16. Jh. errichteten und nach der Kapelle benannten Vorwerk St. Margarethe (1791 *St. Margrethen Vorw.* [Scharf, Samlungen II S. 150]) etwa 2 km nordöstl. Bischhausen.

1003-1005 (A. 15. Jh.) *Aieshusen* (Trad. Corb. § 472 S. 156)
1055 (A. 16. Jh.) *Oishusen* (Mainzer UB I Nr. 296 S. 187)
1105 (A. 16. Jh.) *Oyshausen* (Mainzer UB I Nr. 425 S. 332)
1243 *Oyshusen* (Wolf, Steine Nr. 4 S. 7)
1278 *Oyshusen* (UB Hardenberg I Nr. 15 S. 16)
1409 *to Eushusen wort* (UB Hardenberg II Nr. 49 S. 113)
1497 *Oyeshusen desolata. Hec villa est retro Hardenberch* (Negotium monasterii
   Steynensis S. 152)

1497 *capellam ad Sanctam Margaretam in Oeyeshusen* (Negotium monasterii Steynensis S. 153)
1497 *Oyenhusen* (Negotium monasterii Steynensis S. 161)
1497 *Oryenhusen* (Negotium monasterii Steynensis S. 163)

I. Zur Zuordnung des ersten Beleges siehe → Haieshausen. Die auf *Aieshusen* folgenden Belege unterscheiden sich vom ersten im Stammvokal des BW, variieren untereinander aber nur geringfügig als *Ois-*, *Oys-*, *Eus-*, *Oyes-*, *Oeyes-*. Die letzten beiden Belege zeigen in der Flexion allerdings *-en* statt des bisherigen *-es*. Das *-r-* in *Oryenhusen* entstand wohl durch Verschreibung von *-e-*.

II. Nach Casemir/Ohainski, Orte S. 135 (als Haieshusen) und Casemir, Grundwörter S. 193 mit dem GW *-husen* gebildet. Wenskus, Stammesadel S. 109 denkt aufgrund des Erstbeleges (den er Haieshusen zuordnet) an „den liudolfingischen Traditionsnamen Agio" im BW.

III. Bildung mit dem GW *-hūsen*. Da asä. Diphthonge durch Ausfall intervokalischer Konsonanten entstehen, ist von einer Grundform *Agishusen* auszugehen, die im BW den stark flektierenden PN *Agi* (Wenskus' *Agio* würde schwach flektieren) enthält. Der PN ist gut bezeugt (vgl. Schlaug, Altsächs. Personennamen S. 39 und Förstemann, Personennamen Sp. 15) und wird entweder zu germ. *agi-, got. *agis* 'Schrekken' oder germ. *agi- in asä. *eggia* 'Schneide, Schwert' gestellt. Die Entwicklung von *Ais-* zu *Ois-* ist bedingt durch die in nd. Mundarten verbreitete Tendenz zur Rundung, vgl. auch Oegenbostel, Kr. Hannover (NOB I S. 347f.).

IV. Casemir/Ohainski, Orte Nr. 582 S. 87 als Haieshausen; Exkursionskarte Moringen S. 71; Kühlhorn, Wüstungen Bd. III Nr. 269 S. 26-29; Baudenkmale Northeim S. 195.

† OLDENBURG

Lage: Nahe südl. vor Oldershausen, beim Restaurant „Zur Alten Burg".

1482 *mit eynem groten hove tegen der Oldenborgh vor Westerhove* (UB Oldershausen Nr. 64 S. 114)
1490 *Oldenborch* (Upmeyer, Oldershausen S. 273)

I. Weitere Belege konnten nicht ermittelt werden.

II. Nach Upmeyer, Oldershausen S. 273 ist die Oldenburg der Sitz der Herren von Oldershausen und wurde zur Unterscheidung von der Burg Westerhof als Oldenburg bezeichnet.

III. Der ON besteht aus dem GW *-burg* bzw. nd. *-borg* und dem mnd. Adjektiv *ōld* 'alt' in flektierter Form. Zugrunde liegt eine Wendung *tor olden borg. Mit dem Namen der Herren von Oldershusen hat der ON selbst nichts zu tun.

IV. Upmeyer, Oldershausen S. 273.

† OLDENDORP (I)

Lage: Nach Kühlhorn, Wüstungen Bd. III Nr. 271 S. 30 „wahrscheinlich das alte Dorf Einbecks vor dem Ostertor," nördl. bzw. nordwestl. des Bahnhofs.

1327 (A.) *ortum in Veteri Villa ante valvam orientalem dicti opidi Embeccensis* (Bilderbeck, Sammlung II Nr. 8 S. 32)

1329 (A.) *domus una lapidea sita in foro opidi Embicensis, quam funditus ex novo extruxit, cum uno orto sito in Veteri Villa apud valvam orientalem* (Bilderbeck, Sammlung I Nr. 9 S. 52)

1345 (A.) *in orto suo in Antiqua Villa prope Embece ante et prope valvam orientalem sito* (Feise, Einbeck Nr. 254 S. 59)

1347 *hortum sive curiam sitam in loco antique ville Oldendorp prope muros Embeccenses* (Max, Grubenhagen I S. 233)

1349 *antiqua villa Oldendorp prope muros Embeccenses* (Max, Grubenhagen I S. 528)

1445 *an deme Oldendorppere berghe to Einbecke* (Goetting, Findbuch II Nr. 437 S. 10)

1464 *in deme Oldendorper velde* (UB Fredelsloh Nr. 219 S. 157)

1474 (A. 16. Jh.) *im Altendorfer velde* (UB Fredelsloh Nr. 228 S. 162)

1492 *gelegen im Oldendorperfeld benedden unser stad* (Urk. St. Marien Gandersheim Nr. 150)

I. Zu einigen fehlerhaften Zuschreibungen der hier zitierten Belege zu Oldendorp (II) vgl. Kühlhorn, Wüstungen Bd. III Nr. 271 S. 30f. Der ON erscheint in den ersten Belegen in den lat. Wendungen *in Veteri Villa* und *in Antiqua Villa*, später steht die lat. neben der nd. Bezeichnung im Beleg *in loco antique ville Oldendorp*. Ab dem 15. Jh. begegnet der ON nur noch in Form eines FlurN *an deme Oldendorppere berghe*, *in deme Oldendorper velde*. 1474 liegt dieser in hd. Form vor.

II. Nach Casemir, Grundwörter S. 191 mit dem GW -*dorf* gebildet.

III. Bildung mit dem GW -*dorp* und dem Adjektiv asä. *ald, old*, mnd. *ōld* 'alt' in flektierter Form, beruhend auf einer Wendung **tom/im olden dorpe*. Die lat. Formen bedeuten ebenfalls 'im alten Dorf' (zu *vetus* und *antiqua* 'alt', *villa* 'Dorf, Siedlung'). Das Benennungsmotiv ist nicht sicher zu klären: Denkbar wäre eine z.B. von Einbeck aus betrachtet ältere Siedlung oder auch eine unter dem Namen „Einbeck" existierende ältere Siedlung, deren Namen auf das heutige Einbeck überging. Zu weiteren ON dieser Bildungsweise siehe → † Oldendorp II, Ohlendorf und † Oldendorf, Kr. Hannover (NOB I S. 351f.), Ohlendorf, Stadt Salzgitter, und (†) Ohlendorf, Kr. Wolfenbüttel (NOB III S. 257ff.).

IV. Kühlhorn, Wüstungen Bd. III Nr. 271 S. 30-31; Max, Grubenhagen I S. 527-528.

† OLDENDORP (II)

Lage: Ca. 0,9 km nordwestl. Ortsausgang Salzderhelden an der B 3.

990 (Fä. 12. Jh.) *Aldendorp* (MGH DO III. Nr. 427 S. 862)

1057 *Aldendorf* (UB Goslar I Nr. 67 S. 149)

1103-1106 *Aldendorp iuxta Enbiche* (Wilmans, Kaiserurkunden I S. 513)

1174-1194 *Aldendorf* (UB Goslar I Nr. 301 S. 328)

um 1240 *Aldendorp* (Urk. St. Marien Gandersheim Nr. 33)

1270 (A. 15. Jh.) *Johannes plebanus de Oldendorpe* (Petke, Wöltingerode Anhang III Nr. 26 S. 574)

1297 *Oldendorp apud Embeke* (UB Goslar II Nr. 519 S. 510)

1303 *Osteroldendorp* (Regesten Mainz I, 1 Nr. 770 S. 140)

1310 *Osteroldendorp* (Regesten Mainz I, 1 Nr. 1319 S. 231)

1356 *in Oldendorp inferiori* (UB Goslar IV Nr. 557 S. 425)
1385 *to Nedderen Oldendorpe* (UB Goslar V Nr. 585a S. 251)
1386 *rector parrochialis ecclesie in inferiori Oldendorpe apud castrum communiter dictum Sold* (UB Goslar V Nr. 651 S. 288)
1389 *to Nedderen Oldendorp by Eymbeke* (UB Goslar V Nr. 740 S. 345)
1434 *up dem velde to Oldendorpe dar nedene twischen Einbeck und dem Solte der Helden* (Harland, Einbeck I Nr. 36 S. 360)
1477 *Osteroldendorppe* (Upmeyer, Oldershausen S. 273)
1523 *Oldendorp dar nedden, belegen twischen deme Solte der Helden unde Einbeck* (Harland, Einbeck I Nr. 82 S. 439)
um 1549 *Oldendorpe da unten vor Einbeck* (Reg. Wallmoden Nr. 466 S. 146)
1699 *zu Oldendorf daniden* (Max, Grubenhagen II S. 334)
1752 *gelegen in Oldendorffer Felde* (Bilderbeck, Sammlung III Nr. 32 S. 206)
1780 *Oldendorff bei Eimbeck* (Reg. Wallmoden Nr. 991 S. 292)

I. Die von Ernst, Wüstungen S. 81 vorgenommene Zuordnung eines Beleges *Aldandorpe* aus den Corveyer Traditionen ist nicht mit Sicherheit zu bestätigen. Die ersten Belege lauten *Aldendorp, Aldendorf*, letzteres mit hd. Einfluß. Ab 1270 erscheint anlautendes *O-*. Im 14. Jh. tritt zunächst der unterscheidende Zusatz *Oster-* hinzu, dann lat. *inferior*, Ende des 14. Jh. nd. *nedderen* und *dar nedden* und um 1549 hd. *da unten*.

II. Nach Casemir, Grundwörter S. 191 mit dem GW *-dorf* gebildet. Nach Plümer, Oldendorp S. 219 ist der ON „mit dem Bestimmungswort 'alt' gebildet worden, das einem zeitlich vergleichenden Gegensatz zu benachbarten Siedlungen entspricht und deshalb erst aufgekommen sein kann, nachdem im Umkreis dieser Orte eine jüngere Besiedlung entstanden war."

III. Zur Deutung siehe → † Oldendorp I. Hier allerdings zeigt sich durch die frühere Überlieferung noch der Übergang von *-a-* > *-o-* vor *-ld-* (Lasch, Grammatik § 93). Oldendorp I stellt wohl auch den Bezugspunkt für die unterscheidenden Zusätze in den Belegen für Oldendorp II dar. Oldendorp II lag südöstlich von Oldendorp I, der Zusatz mnd. *ōster-* 'nach Osten hin liegend, östlich' zeugt davon. Lat. *inferior* 'tiefer gelegen' entspricht dem nd. *nedder* 'nieder', nd. *darnedden* entspricht dem hd. *da unten*, und bezieht sich auf die niedrigere Lage Oldendorps II in der Ilmeniederung.

IV. Denecke, Oldendorp S. 15-36; Ernst, Wüstungen S. 81; Kühlhorn, Wüstungen Bd. III Nr. 272 S. 31-51; Plümer, Oldendorp passim.

† OLDENHAGEN
Lage: Wahrscheinlich ca. 1 km nördl. Gillersheim.

1265 *Oldehaghe* (UB Plesse Nr. 215 S. 239)
1281 *curiam ad Antiquam Indaginem et curiam ad Novam Idaginem* (Urk. Katlenburg Nr. 38)
1327 *Oldenhagen* (Max, Grubenhagen I S. 514)
15. Jh. (Rückvermerk zur Urk. von 1265) *Oldehage* (UB Plesse Nr. 215 S. 238)
1556 *Oldenhagen* (UB Uslar I S. 352)

I. Die Zuordnung eines Beleges von 1270 *tres mansos sitos in Rodereshusen apud Barke et duos mansos sitos in Indagine* (Urk. Katlenburg Nr. 22) ist unsicher, da in der Umgebung Katlenburgs ON mit dem GW -*hagen* mehrfach vorkommen. Die Belege zeigen *Oldehaghe* und *Oldenhagen*. 1281 erscheint der ON in der lat. Wendung *ad Antiquam Indaginem* in Verbindung mit einem ebenfalls in einer präpositionalen Wendung gebrauchten ON *ad Novam Indaginem* (→ † Nigenhagen).

II. Nach Casemir, Grundwörter S. 192 mit dem GW -*hagen* gebildet.

III. Bildung mit dem GW -*hagen* und mnd. *ōld* 'alt'. Die Belege zeigen sowohl eine zugrundeliegende Wendung im Nominativ *de olde hage als auch *tom olden hagen im Dativ. Auch die lat. Form *ad Antiquam Indaginem* bedeutet 'zum alten Hagen'. Bezugspunkt des 'alten Hagens' ist → † Nigenhagen.

IV. Exkursionskarte Osterode S. 51; Kühlhorn, Wüstungen Bd. III Nr. 273 S. 51-54; Max, Grubenhagen I S. 516.

OLDENRODE (Kalefeld)

um 1302 *Oldenrode* (Sudendorf I Nr. 169 S. 99)
um 1302 *Odenrode* [!] (Sudendorf I Nr. 170 S. 99)
1351 *Oldenrode* (UB Oldershausen Nr. 26 S. 40)
1388 *to deme Oldenrode* (Urk. St. Marien Gandersheim Nr. 60)
1400 *Oldenrode* (UB Oldershausen Nr. 47 S. 80)
1490 *Oldenrode* (Urk. Clus/Brunshausen Nr. 87)
um 1583 *Uldenroda* (Zimmermann, Ökonomischer Staat S. 24)
um 1600 *Oldenrodt* (Reller, Kirchenverfassung S. 221)
1652 *Ohldenrode* (Kühlhorn, Ortsnamen S. 105)
1791 *Ollenrode* (Scharf, Samlungen II S. 176)
1823 *Oldenrode* (Ubbelohde, Repertorium 3. Abt. S. 33)
dialekt. (1951) *ōlĕnrō* (Flechsig, Beiträge S. 19)

I. Die Belege schwanken kaum. Das GW zeigt sich stabil als -*rode*. Das BW lautet *Olden-*, in den jüngeren Belegen vereinzelt *Ulden-*, *Ohlden-* und *Ollen-*. Der Beleg um 1302 *Odenrode* ist verschrieben.

III. Bildung mit dem GW -*rode* und dem mnd. Adjektiv *ōld* 'alt' in der Wendung *tom olden rode. Der Beleg *Ohldenrode* zeigt gedehntes -*ō*- vor -*ld*-, 1791 *Ollenrode* enthält zu -*ll*- assimiliertes -*ld*-. Die Mundartform bewahrt dessen Entwicklung zu vereinfachtem -*l*- nach gedehntem Vokal (Lasch, Grammatik § 65). Vgl. dazu → Oldenrode (Moringen) und evtl. † Olenrode, Kr. Göttingen (NOB IV S. 306f.).

OLDENRODE (Moringen)

1448 *Oldenrode* (Ohlmer, Lutterbeck S. 324)
1452 *Tile Ouldenrod* (Grote, Neubürgerbuch S. 29)
1476 *Hans Oldenroth* (Grote, Neubürgerbuch S. 34)
1537 *Odenrode* [!] (Meyer, Steuerregister S. 74)
1595 *Oddenroda* (Goetting, Findbuch III Nr. 971 S. 40)
1735-36 *Ohlenrode* (Forstbereitungsprotokoll S. 135)
1783 *Oldenrode* (Kurhannoversche Landesaufnahme Bl. 142)
1791 *Ollenrode* (Scharf, Samlungen II S. 176)

1823 *Oldenrode* (Ubbelohde, Repertorium 3. Abt. S. 33)
dialekt. (1950) *ålĕrōĕ* (Flechsig, Beiträge S. 19)
dialekt. (1950) *aulĕnrōĕ* (Flechsig, Beiträge S. 19)

I. Bei einer von Ohlmer, Moringen S. 323 zitierten Urkunde von 1129, in der *Rothe iuxta Lutterbiki* genannt wird, handelt es sich um eine gelehrte Fälschung des berüchtigten Christian Franz Paullini aus dem späten 17. Jh. (vgl. Backhaus, Geschichtsfälschungen S. 7ff., besonders S. 9ff. und S. 13, und Lange, Northeim S. 37), die wegen ihrer späten zeitlichen Stellung hier nicht als Quelle herangezogen werden kann. Flechsig, Beiträge S. 19 nimmt einen Beleg von um 1302 *Oldenrode* (Sudendorf I Nr. 169 S. 99) sowohl für dieses Oldenrode wie auch für das bei Kalefeld in Anspruch. Der Beleg meint aber letzteres. Das GW *-rode* erscheint auch als *-rod*, *-roth* und *-roda*. Das BW variiert zwischen *Olden- Oulden-, Oden-, Odden-, Ollen-* und *Ohlen-*.

II. Domeier, Moringen S. 152 schreibt, daß der ON aus „alt und roden" zusammengesetzt sei, „wodurch man anzeigen wollen, daß die waldige Gegend schon von alten Zeiten her ausgerottet und wohnbar gemachet worden". Ohlmer, Moringen S. 323 gibt drei Möglichkeiten der Namendeutung an: 1. ein „echter" Rode-Name; 2. eine Ableitung vom FamN derer von Roden; 3. eine Herleitung von „Hros = Pferd". Weigand, Heimatbuch S. 422 sieht im ON einen „Wald, den man ausrodete".

III. Zur Deutung siehe → Oldenrode (Kalefeld). An den Belegen ist die Entwicklung *Olden-* > *Ollen-* > *Ohlen-* (Lasch, Grammatik § 65) gut ablesbar. 1452 *Oulenrod* und die zweite Mundartform zeigen die nd. Diphthongierung von langem *-ō-* > *-ou-* > *-au-* (Lasch, Grammatik § 202). Schwerer erklärbar sind 1537 *Odenrode* und 1595 *Oddenroda*, da *-l-* vor Konsonant meist nur in unbetonter Stellung ausfällt (Lasch, Grammatik § 256) und eine Assimilierung von *-ld-* zu *-dd-* ungewöhnlich ist.

OLDERSHAUSEN (Kalefeld)

um 1101 *Eilpreth de Altwarteshusen* (Upmeyer, Oldershausen S. 32)
1197 (A. 15. Jh.) *Hermannus de Altwardeshusen* (Upmeyer, Oldershausen S. 122)
1213 *Hermannus iunior de Altwardeshusen* (UB H. Hild. I Nr. 664 S. 634)
um 1225 *Hermannus comes de Oltwerdeshusen* (UB Plesse Nr. 74 S. 119)
1265 *dictus de Aldewardeshusen* (UB Walkenried I Nr. 414 S. 389)
1266 (A. 13. Jh.) *fratres de Oltwordeshusen* (Falke, Trad. Corb. Nr. 238 S. 864)
1279 *Herman de Oldewardishusen* (UB Plesse Nr. 277 S. 284)
1294 *senior de Oldershusen* (UB Oldershausen Nr. 5 S. 9)
1299 *capelle nostre in Oltwardeshus* (UB Oldershausen Nr. 6 S. 11)
um 1302 *Olderdishusen* (Sudendorf I Nr. 169 S. 99)
um 1302 *Oldwardeshusen* (Sudendorf I Nr. 170 S. 99)
1318 *Olderdeshusen* (Flentje/Henrichvark, Lehnbücher Nr. 165 S. 45)
1337 *Bertolt van Olderdeshusen* (Urk. Clus/Brunshausen Nr. 29)
1344 *Bertolt van Oltwerdeshusen* (Urk. Clus/Brunshausen Nr. 30)
1368 *meygerhof to Oldwerdishusen by der linden* (UB Oldershausen Nr. 34 S. 55)
1380 *geheten van Oldershusen* (UB Oldershausen Nr. 43 S. 72)
1398 *in deme dorpe to Olderdeshusen* (UB Oldershausen Nr. 46 S. 78)
um 1440 *Oltwerdeshuszen* (Flentje/Henrichvark, Lehnbücher S. 86 Erg. k)
1479 *capelle in Aldershußen* (Wisotzki, Nörten II S. 77)

1497 *ackerdienst tho Oldershausenn* (UB Oldershausen Nr. 72 S. 131)
1542 *Oldrhusen* (Kayser, Kirchenvisitationen S. 203)
um 1616 *Olderßhaußen* (Casemir/Ohainski, Territorium S. 41)
1740 *Oldrhusen* (Lauenstein, Hildesheim II S. 118)
1823 *Oldershausen* (Ubbelohde, Repertorium 3. Abt. S. 33)
dialekt. (1951) *ollĕrshiusĕn* (Flechsig, Beiträge S. 19)

I. Ein Beleg um 1126 (Fä. 18. Jh.) *Oltwardessen* (UB Plesse Nr. 6 S. 46) wurde nicht in die Belegreihe aufgenommen, da es sich um eine „gelehrte" Fälschung J. Chr. Harenbergs aus dem 18. Jh. handelt, der für das Mittelalter keinerlei Quellenwert zuzurechnen ist. Ebenso unglaubwürdig und auf einer Erfindung J. Letzners aus der Zeit um 1596 beruhend ist der Nachweis 1010 *dorff Oelrichshaußen* (UB Plesse Nr. 375 S. 354). Zwei weitere Nachweise, die in gefälschten Urkunden des 16. Jh. vorkommen, 1245 (Fä. 16. Jh.) *Harmen von Oltwarßhusen* (UB Plesse Nr. 376 S. 354) und 1292 (Fä. 16. Jh.) *Ludelven von Oldershusen* (UB Plesse Nr. 377 S. 355) wurden ebenfalls nicht in die Belegreihe aufgenommen, da sie sprachlichen Quellenwert nur für das 16. Jh. besitzen. Bei einem von Flechsig, Beiträge S. 19 zu 1168 ohne Nachweis aufgeführten Beleg *Altwerdeshusen* scheint es sich um 1168 (Fä. 13. Jh.; A. 15. Jh.) *Adelwerdeshusen* (MGH Urk. HdL Nr. 78 S. 115) zu handeln, was mit † Adelwardeshusen im Kr. Göttingen zu verbinden ist (vgl. NOB IV S. 23). Auszugehen ist von einem Ansatz *Altwardeshusen*. Das anlautende *A-* weicht im 13. Jh. *O-*, in der Folgesilbe sind Schwankungen zwischen *-wardes-*, *-wordes-*, auch zum Teil *-werdes-* zu beobachten. Seit der 2. Hälfte des 13. Jh. erscheint die Form *Olderdeshusen*, in der das silbenanlautende *-w-* geschwunden ist. Der ON wird weiter zu *Oldershusen* abgeschwächt. 1497 erscheint die erste hd. Form des GW *-hausen*, die sich in der zweiten Hälfte des 16. Jh. allmählich durchsetzt.

II. Förstemann, Ortsnamen I Sp. 90 führt einen Beleg von 1197 *Altwardeshusen* ohne Lokalisierung an, der unserem entsprechen könnte, und sieht im BW einen PN zum Stamm ALDA. Wenskus, Stammesadel S. 459 Anm. 4103 führt den unter I. genannten unkorrekten Beleg von 1168 *Altwerdeshusen* auf ein *Adalwardeshusen* zurück und schreibt auf S. 29: „Die in der Vit. Mein. c. 90 erwähnte Stiftung des Immedingers Adalward in Echte betrifft wohl das heutige Oldershausen". Upmeyer, Oldershausen S. 26 nimmt denselben PN an: „Der Name Adelwardo ist Bestimmungswort des Ortsnamens Oldershausen, dessen früheste Varianten Altwarteshusen (1101) und Altwardeshusen (1197) sind. Ein Adalward [...] ist der Gründer Oldershausens gewesen." Zur PN-Form *Alt-* verweist er auf Schlaug, Altsächs. Personennamen S. 40f.

III. Upmeyers Angaben sind nicht korrekt. Bei Schlaug, Altsächs. Personennamen S. 41 wird der PN *Aldward* zu asä. *ald, old* 'alt' und nicht zu PN des Stammes *Athal-* gestellt; ebenso bei Schlaug, Studien 68f. Auch Förstemann, Personennamen Sp. 63 stellt den PN *Aldward* zu asä. *ald, old*. Der Ansatz des stark flektierenden zweigliedrigen PN *Aldward* ist entgegen Wenskus und Upmeyer unbedingt vorzuziehen, denn *Athalward* wäre so erhalten geblieben bzw. hätte mit Ausfall des intervokalischen *-d-* *Alward* ergeben. Das Zweitelement des PN *-ward* gehört zu asä. *ward* 'Hüter, Wächter'. Im GW liegt *-hūsen* vor. Die Entwicklung der ON-Formen verläuft den verbreiteten nd. Lautentwicklungen entsprechend. Silbenauslautend vor Konsonant erscheint im Namenglied *Alt-* der Dental verschärft zu *-t-*. Vor *-ld-/-lt-* wird *-a-* zu *-o-* (Lasch, Grammatik § 93), so entsteht *Oltwardes-* aus *Altwardes-*. Das Zweitglied

-wardes- bzw. die nd. Form -wordes- schwächt sich zu -werdes- ab. In den Formen *Alwardes-*, *Olwardes-* ist der Schwund des interkonsonantischen -d- im Silbenauslaut zu beobachten (Lasch, Grammatik § 310). Diese Abschleifungsstufe kann sich aber nicht dauerhaft durchsetzen. Dominanter sind *Olderdes-* mit Ausfall des -w- im Anlaut des zweiten Kompositionsgliedes (ein Vorgang, der auch schon im Asä. begegnet, vgl. Lasch, Grammatik § 300) und die weiter abgeschwächte Form *Olders-* mit Schwund des zweiten, interkonsonantischen -d-. Die Mundart zeigt die Assimilation von -ld- zu -ll-.

OLXHEIM (Kreiensen)

um 1260 (A. 13. Jh.) *usque ad pontem Olkessen* (Chron. Hild. S. 863)
1344 *Olexen* (UB Uslar I S. 74)
vor 1362 (A. 1441) *Ollexen* (Goetting, Findbuch Bd. II Nr. 411 Bl. 1)
vor 1362 (A. 1441) *Olkessem* (Goetting, Findbuch Bd. II Nr. 411 Bl. 1)
1419 *Olksen* (Kleinau GOV II Nr. 1553 S. 447)
1469 *Olexen* (Goetting, Findbuch II Nr. 553 S. 51)
1503 *Olxsen* (Goetting, Findbuch II Nr. 688 S. 100)
1527 *Ollexen* (Tschackert, Rechnungsbücher S. 374)
1544 *Olxen* (Kayser, Kirchenvisitationen S. 205 Anm.)
um 1616 *Olxen* (Casemir/Ohainski, Territorium S. 44)
1663 *Olxheim* (Kronenberg, Opperhausen S. 98)
1678 *Olxheimb* (Kopfsteuerbeschreibung Wolfenbüttel S. 215)
1684 *Olxen* (Goetting, Findbuch III Nr. 1149 S. 111)
(Mitte 18. Jh.) *Olxhausen oder Olxheim* (Kleinau GOV II Nr. 1553 S. 447)
1783 *Olxen* (Kurhannoversche Landesaufnahme Bl. 139)
1803 *Olxheim* (Hassel/Bege, Wolfenbüttel II S.)
dialekt. (1950) *olksən* (Kleinau GOV II Nr. 1553 S. 447)

I. Das GW erscheint im ältesten überlieferten Beleg bereits verkürzt zu -sen. Im 14. Jh. begegnet einmal -em. Ab Mitte des 17. Jh. tritt -heim auf und setzt sich in der amtlichen ON-Form durch, während die Mundart weiterhin -sen zeigt. Das BW schwankt zwischen *Olkes-* und *Olex-*, später verschliffen zu *Olks-*, *Olx-*.

II. Die BuK Gandersheim S. 247 vermuten im ON das „Heim eines Olrik (Odalrich) oder Odalgar?".

III. Trotz des Beleges *Olkessem* und der späteren *-heim-*Formen ist von *-hūsen* als GW auszugehen, da dieses im Untersuchungsgebiet häufig zu -sen verkürzt vorliegt. Als BW ist *Ol(e)kes-* anzunehmen, beruhend auf einem PN. Die in den BuK Gandersheim vorgeschlagenen zweigliedrigen PN würden nicht zu einer Form *Ol(e)kes-* führen. Am ehesten dürfte ein germ. Ansatz *Aul- mit k-Suffix vorliegen. Förstemann, Personennamen Sp. 207 führt unter dem Stamm AUL die PN *Aulico* und *Olika* (fem.) auf. Schlaug, Studien S. 218 verzeichnet ebenfalls den PN *Olika* und sieht in ihm ein asä. Wort *ōl 'Flur, Wiese', welches Kaufmann, Untersuchungen S. 289 jedoch als PN-Stamm ablehnt und auf Förstemanns Stamm AUL verweist, der aber ohne etymologische Rückführung bleibt. Bei einem Ansatz *Aulikeshusen mit einem PN *Aulik, *Olik wäre allerdings ein Umlaut Ö- im ON zu erwarten. Da dieser fehlt, muß von einem PN mit einem anderem präsuffixalen Vokal, etwa *Oluko, und einer Grundform *Olukeshusen ausgegangen werden, die sich über Abschwächung der Nebentonsilbe und Verkürzung von -*husen* zu -*sen* zu *Olekessen und *Olkessen* entwickelt. Die *x*-Schreibung in *Olexen* ist eine graphische Variante zu -*ks(s)*- (Lasch, Grammatik § 336). Die späten -*heim*-Formen sind eine Angleichung an -*heim*-Namen wie Gandersheim; der Beleg Mitte des 18. Jh. *Olxhausen oder Olxheim* zeigt die Unsicherheit in der Rückführung des ON auf ein GW.

OPPERHAUSEN (Kreiensen)

1134 *capellam quoque de Obershus* (UB H. Hild I. Nr. 208 S. 191)
1142-1153 (Fä. Mi. 13. Jh.) *Oburgehuson* (Mainzer UB II Nr. 186 S. 347)
1192 *capellam de Obershus* (UB H. Hild. I Nr. 486 S. 462)
1240-1241 *Obborgehusen* (Petke, Wöltingerode Anhang III Nr. 11 S. 567)
1274 *Obberhusen* (Urk. St. Marien Gandersheim Nr. 17)
1323 *vorwerc to Oberhusen* (Urk. Stadt Gandersheim Nr. 1)
1415 *Obberhußen* (Urk. St. Marien Gandersheim Nr. 72)
1478 *Obberhusen im gerichte to Ganderssem* (Urk. Stadt Gandersheim Nr. 66)
1494 *to Opperhusen* (Kronenberg, Opperhausen S. 38)
1520 *Obberhusen* (Upmeyer, Oldershausen S. 276)
1527 *Opperhußen* (Tschackert, Rechnungsbücher S. 374)
1542 *Obberßhausen* (Kayser, Kirchenvisitationen S. 201)
um 1600 *Opperhausen* (Reller, Kirchenverfassung S. 223)
17. Jh. (Rückverk zur Urkunde von 1240-1241) *Oberhausen* (Petke, Wöltingerode Anhang III Nr. 11 S. 568)
1784 *Opperhausen* (Kurhannoversche Landesaufnahme Bl. 140)
1803 *Opperhausen* (Hassel/Bege, Wolfenbüttel II S. 197)
dialekt. (1950) *oppərhíusən* (Kleinau GOV II Nr. 1555 S. 448)

I. Die Belege der ältesten Zeit sind uneinheitlich. Der erste Beleg und ein weiterer 1134 *capellam quoque de Obershus* (Urk. Clus/Brunshausen Nr. 3) entstammen zwei weitgehend identischen Urkundenausfertigungen Bischof Bernhards von Hildesheim für das Kloster Clus. Auf diese Urkunden nimmt auch der dritte Beleg *Obershus* von 1192, der einer päpstlichen Bestätigung für das Kloster Clus entstammt, Bezug. Auf diese *Obershus*-Belege folgen zwei der Lippoldsberger Überlieferung entstammende Belege, die beide in der Mitte des 13. Jh. entstanden sind: 1142-1153 (Fä. Mi. 13. Jh.) *Oburgehuson* (Mainzer UB II Nr. 186 S. 347) und 1240-1241 *Obborgehusen* (Petke, Wöltingerode Anhang III Nr. 11 S. 567). Obwohl die Frühbelege stark von der übrigen Überlieferung abweichen, sind sie aus inhaltlichen Gründen sicher mit Opperhausen zu verbinden. Danach bezeugtes *Obber-*, *Oberhusen* wechsels seit dem 15. Jh. mit *Opperhusen*. Im 16. Jh. tritt gelegentlich -*s*- zwischen BW und GW auf.

II. Unter Berufung auf die *Obershus*-Belege stellt Förstemann, Ortsnamen II Sp. 1105 den Namen zu ahd. *ubar*, asä. *oƀar* 'über, oben, oberhalb'. Die BuK Gandersheim S. 249 sehen den ON „wohl als die oberen, d. h. höher gelegenen Häuser in Bezug auf das einst tiefer an der Aue befindliche, jetzt wüste Dedelmissen [→ † Deelmissen]." Gehmlich, Wappenbuch S. 277 scheint sich bei seiner Deutung auf die Belege *Oburgehuson*, *Obborgehusen* zu beziehen: „Da die Burg von Deelmissen aus gesehen 'oben' lag, liegt die Namensdeutung nahe."

III. Bildung mit dem GW -*hūsen*. Die Bildung *Obershus*, die Entwicklung zu *Opperhusen*, die Belege *Oburgehuson*, *Obborgehusen* und die fehlende nd. Lautung *over* (mnd. *ōvere* 'oben, ober') sprechen nicht für Förstemanns Deutung des BW.

Allerdings könnte asä. *up, ūp*, mnd. *up, uppe, oppe* 'auf, hinauf; oben, oberhalb gelegen', mnd. *upper, opper* 'der, das obere' zugrundeliegen, das gerade in der Verbindung mit *-husen* sehr beliebt ist (Förstemann, Ortsnamen II Sp. 1139f. listet zwanzig ON auf, darunter nd. *Uphusen, Ophusen*). Damit wird aber weder eine Erklärung für die *s*-Fuge der alten Belege *Obers-* noch für die BW *Oburge-, Obborge-* gegeben. Außerdem treten die *Opper*-Formen erst Ende des 15. Jh. auf und muten eher wie eine Konsonantenverschärfung der *Obber*-Belege an. Vielleicht ist hier der ON Obershagen, Kr. Hannover, mit seinen alten Formen *Obergeshagen, Oberhagen, Obershagen* und *Obbershagen* einzubeziehen. Nach NOB I S. 345f. liegt diesem wahrscheinlich ein PN *Odberg* zugrunde, dessen Namenelemente einzeln im asä. PN-Bestand belegbar sind. Unserem *Oburge-, Obborge-* könnte der bezeugte weibliche PN *Odburg* in assimilierter Form (*-db-* > *-bb-*) zugrundeliegen, dessen Namenglieder zu asä. *ōd* 'Grundbesitz' und asä. *burg* 'Burg' gehören. Zum PN vgl. Schlaug, Altsächs. Personennamen S. 136, Schlaug, Studien S. 131 und Förstemann, Personennamen Sp. 191. Der Schwund des *-g-* in *-burg-* scheint öfter aufzutreten, vgl. → † Siburgehusen und → Volperode. Weitere Verschleifung des BW und Hineindeutung von hd. *ober* könnte zu *Obber-* und *Oberhusen* geführt haben. Die ältesten Belege *Obers-* mit dem schwierigen Fugen-*s* blieben dadurch allerdings noch ungeklärt.

ORXHAUSEN (Kreiensen)

1231 (A. 14. Jh.) *Otherikeshusen* (Urk. Clus/Brunshausen Nr. 21)
1251 *Odericheshusen* (Urk. Clus/Brunshausen Nr. 15)
1350 *Bernhardus de Oderkeshusen* (Goetting, Findbuch I Nr. 158 S. 79)
1382 (A. 15. Jh.) *Oderkeshusen* (Harenberg, Gandersheim S. 852)
1415 *Odderkeshusen* (Kleinau GOV II Nr. 1558 S. 450)
1448 *Orkishusen* (Kleinau GOV II Nr. 1558 S. 450)
1474 *Orcksusen* (Goetting, Findbuch II Nr. 578 S. 61)
1500 *Orckeshusen* (Kleinau GOV II Nr. 1558 S. 450)
1542 *Orxhusen* (Kayser, Kirchenvisitationen S. 202)
1542 *Orthßhusen* (Kayser, Kirchenvisitationen S. 205)
1549 *Orickshusen* (Goetting, Findbuch II Nr. 847 S. 153)
um 1600 *Orchshusen* (Reller, Kirchenverfassung S. 223)
1783 *Orckshausen* (Kurhannoversche Landesaufnahme Bl. 139)
1803 *Orxhausen* (Hassel/Bege, Wolfenbüttel II S. 193)
dialekt. (1950) *erkshiusən* (Kleinau GOV II Nr. 1558 S. 450)

I. Die gelegentlich mit Orxhausen verbundenen Belege des Typs 1327 *Ordagheshusen* (UB H. Hild. IV Nr. 960 S. 521), 1351 *in deme dorpe to Ordagheshusen* (UB. H. Hild. V Nr. 446 S. 247), 1352 *Ordagheshusen* (UB. H. Hild. V Nr. 471 S. 262) und 1371 (A. 17. Jh.) *Ordageshusen* (UB H. Hild. VI Nr. 25 S. 14) sind zu Ortshausen, Kr. Hildesheim, zu stellen. Die ältesten ON-Formen *Otherikeshusen, Odericheshusen* entwickeln sich durch Ausfall des intervokalischen *-d-* und Abschwächung der Vokale der Nebentonsilben über *Oderkes-, Orckes-* zu *Orcks-, Orchs-, Orxhusen*. Im 16. Jh. tritt hd. *-hausen* ein. Singuläres *Orthßhusen* ist eine Verschreibung.

II. Nach Hahne, Orxhausen S. 50 handelt es sich um die „Behausung eines Otherik". BuK Gandersheim S. 253 deutet den ON ebenso als „Behausung eines Oderik".

III. Bildung mit dem GW -*hūsen* und einem stark flektierenden zweigliedrigen PN *Otherik*, *Oderik*. Schlaug, Altsächs. Personennamen S. 137 stellt den PN *Odric* zu asä. *ōd* 'Grundbesitz' und asä. *rīki* 'reich, mächtig'. Förstemann, Personennamen Sp. 200 ordnet die PN *Audericus*, *Odric*, *Othric* ebenfalls dem PN-Stamm AUDA, zu asä. *ōd* 'Reichtum, Besitz', zu. Vgl. aber auch Bildungen wie *Ohtric*, *Othric* zu aengl. *ōht* 'Schrecken' bei Schlaug, Altsächs. Personennamen S. 139, oder den PN *Othilrik* (ebd. S. 140f. und Schlaug, Studien S. 133), da das Namenglied *Othil-* (zu asä. *ōðil* 'Stammgut') auch in einer verkürzten Form *Othe-* erscheinen kann. Als Vergleichsnamen siehe † Örshausen, Kr. Göttingen, 1223 *Oderikeshusen* (NOB IV S. 310f.), und einige bei Förstemann, Ortsnamen I Sp. 265 verzeichnete ON, darunter Ölkassen, Kr. Holzminden, mit den alten Formen 1158 *Oderkessen*, 1180 *Oderichessen*.

OYERSHAUSEN (Kreiensen)

1449 *Oudeshusen* (Kleinau GOV II Nr. 1578 S. 455)
1460 *Eudeshusen* (Urk. Stadt Gandersheim Nr. 50)
1479 *Oydeshußen* (Urk. Stadt Gandersheim Nr. 69)
1489 *Oiershusen* (Kronenberg, Opperhausen 134)
1491 *Oydeshusen* (Harenberg, Gandersheim S. 947)
1537 *Oyershausen* (Kronenberg, Opperhausen S. 136)
1580 *Oyershausen* (Kronenberg, Opperhausen S. 137)
1602 *Oieshusen* (Kleinau GOV II Nr. 1578 S. 455)
1648 *Orshausen* (Kronenberg, Opperhausen S. 137)
1709 *Oyershausen sonst Oydeshausen genannt* (Kleinau GOV II Nr. 1578 S. 455)
1784 *Öhrhausen* (Kurhannoversche Landesaufnahme Bl. 140)
1803 *Oyershausen* (Hassel/Bege, Wolfenbüttel II S. 197)
dialekt. (1953) *oits(h)iusən* (Kleinau GOV II Nr. 1578 S. 455)
dialekt. (1966) *Örshausen* (Kronenberg, Opperhausen S. 134)

I. Ein von den BuK Gandersheim S. 254 angeführter Beleg um 1160 *Odeshusen* (UB H. Hild. I Nr. 282 S. 267; zur Datierung vgl. → † Rickelshausen) gehört nicht hierher, sondern zu einer Wüstung zwischen Klein Rhüden und Bilderlahe. Dasselbe gilt für einen weiteren, gleichlautenden Beleg von 1275. Schon sprachlich können die von Kronenberg, Opperhausen S. 134 genannten Belege 1160 *Odenhausen* und 1272 *Odenhausen* nicht auf unseren Ort bezogen werden. Die Überlieferung variiert zunächst zwischen *Oudes-*, *Eudes-*, *Oydes-*, bis ab 1489 daneben und *Oiers-*, *Orshusen* bzw. *-hausen* erscheint.

II. Die BuK Gandersheim S. 254 deuten den ON aufgrund der falsch zugeordneten Belege 1153 und 1275 als „Behausung eines Odo?" und meinen weiter: „Die Verschiebung der Namensform ist wohl erst im XVIII. Jahrhundert entstanden zur Unterscheidung von der Wüstung Ödishausen im Amte Seesen."

III. Es ist von einem Ansatz *Odishusen* mit dem GW -*hūsen* und dem stark flektierenden PN *Odi* im BW auszugehen. Zieht man Oesdorf bei Pyrmont, 11. Jh. *Odisthorpe* (Förstemann, Ortsnamen II Sp. 431), Osfurt, 9. Jh. *Odesfurt* (ebd. Sp. 253), und die PN des Stammes AUDA (Förstemann, Personennamen Sp. 185ff.) heran, so wird man hier auch Oyershausen anschließen dürfen. Schlaug, Altsächs. Personennamen S. 137 führt einige Belege für den PN *Odi* zu asä. *ōd* 'Grundbesitz' auf. Die umlautende Wirkung des -*i*- der zweiten Silbe ist gut erkennbar. Im Beleg 1489 *Oiers-*

husen und dauerhaft ab dem 16. Jh. ist der Ausfall des intervokalischen -*d*- zu beobachten (Lasch, Grammatik § 326). Außerdem ist sekundär ein -*r*- eingetreten, wohl in Analogie zu den zahlreichen -*ershusen*-Namen, wie z.B. → Sievershausen. In der Mundart treten beide ON-Formen nebeneinander auf.

P

† PAPENHAGEN
Lage: Evtl. 0,5 km östl. des Hofes Vogelsang, südöstl. Düderode.

1253 *in villa Papenhagen* (UB Plesse Nr. 161 S. 197)
1528 *unter Pappenhagen* (Upmeyer, Oldershausen S. 277)
1554 *dass dorff zw Papenhagenn* (Scheidt, Codex Diplomaticus Nr. 23 S. 507)
1597 *Papenhagen* (Upmeyer, Oldershausen S. 107)
1599 *Papenhagen* (Müller, Lehnsaufgebot S. 396)
1651 *Poppenhager Felde* [...] *im Poppenhagen* [...] *am Papenhagen* (Max, Grubenhagen I S. 522)

I. Der ON ist relativ stabil, neben *Papenhagen* treten vereinzelt *Pappen-* und *Poppenhagen* auf.

II. Nach Casemir, Grundwörter S. 192 mit dem GW *-hagen* gebildet.

III. Bildung mit dem GW *-hagen*. Im BW liegt mnd. *pāpe* 'Priester, Geistlicher' vor. Andree, Volkskunde S. 67 führt eine Vielzahl von FlurN mit dem BW *Papen-* auf (z.B. Papenbreite, -hecke, -holz, -kamp) und erklärt sie als „die persönlich dem Ortsgeistlichen zur Nutzung überlassenen Landstücke, Wiesen, Gehölze". Scheuermann, Flurnamenforschung S. 139 sieht in derartig gebildeten FlurN ebenso einen „Hinweis auf zur Pfarre gehörigen Besitz". Förstemann, Ortsnamen II Sp. 468ff. führt zu diesem BW z.B. † Papenhusen bei Hildesheim und Papenrode bei Oebisfelde an.

IV. Jäckel, Willershausen Karte 1; Kühlhorn, Wüstungen Bd. III Nr. 279 S. 74-75; Max, Grubenhagen I S. 522-523.

PARENSEN (Nörten-Hardenberg)
990 *Peranhuson* (MGH DO III. Nr. 67 S. 474)
1015-36 *Perranhusun* (Westfäl. UB I Nr. 87 S. 67)
1015-36 (A. 12. Jh.) *Perranhus* (Vita Meinwerci Kap. 69 S. 48)
1082 (Fä. 12. Jh.) *Perhusun* [!] (Mainzer UB I Nr. 361 S. 261)
1146 *Sichebodo de Pernhusen* (Mainzer UB II Nr. 88 S. 170)
1222 *Perrenhusen* (Kramer, Abschwächung S. 35)
1239 *Parenhosen* (Kramer, Abschwächung S. 35)
1264 *Erb de Parhusin* (UB Eichsfeld Nr. 449 S. 274)
1271 *Parnhusen* (Urk. Katlenburg Nr. 25)
1307 *plebanus in Parenhosen* (Wolf, Nörten Nr. 20 S. 23)
1358 *Parnhusen* (Wenck, Landesgeschichte S. 789 Anm. v)
1433 *Parnhusen* (FB Weende Nr. 208)
1497 *Parensen* (Negotium monasterii Steynensis S. 133)
1497 *Parenhusen* (Negotium monasterii Steynensis S. 143)
1520 *Parnnhussenn* (Tschackert, Rechnungsbücher S. 361)

1527 *Parnhußen* (Tschackert, Rechnungsbücher S. 373)
1542 *Parhusen* (UB Reinhausen Nr. 462 S. 348)
1571 *Parnhaussen* (Salbuch Plesse I S. 77)
1615 *Paarensen* (Busch, Boventen S. 71)
1784 *Parensen* (Kurhannoversche Landesaufnahme Bl. 150)
1823 *Parensen* (Ubbelohde, Repertorium 3. Abt. S. 37)
dialekt. (1951) *pår(ĕ)nsĕn* (Flechsig, Beiträge S. 19)

I. Das GW lautet *-husen*, seit Ende des 15. Jh. auch verkürzt *-sen*. Das BW entwikkelt sich von *Per(r)an-*, *Perren-*, *Pern-* zu *Parren-*, *Parn-*. Seit 1082 kommen mit *Per-*, *Par-* mehrfach Formen ohne Flexion vor.

II. Nach Casemir/Ohainski, Orte S. 136 mit dem GW *-husen* gebildet. Förstemann, Ortsnamen II Sp. 474 stellt den ON zu einem „sonst unbekannt[en]" PN *Paro*. Lükke, Parensen S. 24 deutet den ON als „ursprünglich ein dem Peran gehöriger Hof bzw. ein Haus". Kaufmann, Untersuchungen S. 42 sieht im ON „den hier anlautverschärften KurzN Bero, asä. Bera" im Genitiv Singular *Beren*, *Beran* mit mdal. Entwicklung von *-ern-* > *-arn-*. Flechsig, Sprachreste S. 76 vermutet in den BW einiger mit *P-* anlautenden niedersächsischen ON ein Appellativ mit vorgermanischem *P-*Anlaut. Er bezweifelt, daß Pattensen, Kr. Hannover, † Pockenhusen und † Pansausen, Kr. Hildesheim, und Parensen einen PN im BW enthalten. Die Schreibung schwanke zum Teil recht merkwürdig ohne erkennbare Lautgesetzlichkeit, „was darauf hinzudeuten scheint, daß schon früh der Sinn des Bestimmungswortes nicht mehr klar war". Als PN mit anlautendem *P-* bezeuge Schlaug, Altsächs. Personennamen vor dem 11. Jh. in nordwestdeutschen Urkunden „nur Panno, Poppo [...] und Pune [...]"[2], nicht dagegen [...] Patto, Posso, Pocko, Panti und Pero bzw. Paro, wie man sie voraussetzen müßte, wenn die fraglichen Ortsnamen wirklich die Namen der Siedlungsgründer festgehalten hätten." Sinnvoller sei eher die Suche nach vorgerm. Wortstämmen mit anlautendem *P-*, die ursprünglich das betreffende Gelände bezeichneten und erst viel später in mittelalterlichen Siedlungsnamen Eingang fanden.

III. Das GW ist *-hūsen*. Förstemanns Vermutung, das BW enthalte einen PN *Paro*, ist abzulehnen, da in den Belegen bis zum 13. Jh. *-e-* erscheint. Ebenso muß Lückes Annahme eines PN *Peran* als BW berichtigt werden, da im Falle, daß ein PN im BW vorliegt, *-an-* Merkmal der schwachen Flexion und nicht Bestandteil des PN ist. Ein zu erwartender PN *Pero* ist allerdings asä. nicht bezeugt. Förstemann, Personennamen Sp. 260 verzeichnet unter dem PN-Stamm BERA, BERIN 'Bär' neben den KurzN *Bera* und *Bero* jedoch einen PN *Pero* aus hd. Quellen. Will man nicht von einem hd. PN in Parensen ausgehen, kann man sich Kaufmanns Vermutung einer anlautverschärften Variante von *Bero* anschließen, bei der eine „expressive Verschärfung der stamm-anlautenden stimmhaften Verschlußlaute B-, D-, G-" vorliegt (Kaufmann, Unteruchungen S. 34). Flechsigs Vermutung, das anlautende *P-* sei ein erhaltenes Element aus vorgerm. Zeit, lehnt Kaufmann, Untersuchungen S. 35 aus diesem Grunde für die von ihm behandelten PN ab. Auch nach Wesche, Verschlußlaute S. 277 betrifft die Verschärfung von Verschlußlauten besonders die Kose- und KurzN von PN, da sie „irgendwie schon durch sich selbst betont und hervorgehoben werden"; vgl. weitere Beispiele bei Wesche, Verschlußlaute S. 286ff. Man darf also einen

---

[2] Flechsig gibt die Belege falsch wieder: Schlaug, Altsächs. Personennamen S. 141 bezeugt die PN *Pamo*, *Poppi*, *Poppo* und *Pumi*.

schwach flektierenden KurzN *Pero* < *Bero* im BW ansetzen. Die flektierte Form *Peran-* schwächt sich nebentonig zu *Per(r)en-* und *Pern-* ab. Die Form *Parn-* unterliegt der mnd. Entwicklung von *-er-* > *-ar-* vor Konsonant (Lasch, Grammatik § 76). Die Form *Paren-* schwindet nie vollständig und setzt sich gegen *Parn-* in der modernen Schreibung durch. Nach Lasch, Grammatik § 62 tritt vor *-r-* + *-n-* Vokaldehnung ein, wobei häufig ein *-e-* zwischen den beiden Konsonanten eingeschoben wird.

† **PILSHAGEN**

Lage: Ca. 4 km nordöstl. Moringen, zwischen Ahlsburg und Böllenberg, in der Nähe des † Pilshäger Turmes zu suchen. Ob es sich bei † Pilshagen um einen wüst gefallenen Ort handelt oder ob nur ein FlurN vorliegt, der später der Pilshäger Warte den Namen gab, ist beim gegenwärtigen Forschungsstand nicht sicher zu entscheiden.

1404 *de Pilshagen* (Exkursionskarte Moringen S. 150)
1427 *an dem Pyleshaghen* (Göttinger Statuten Nr. 227 S. 392)
1448 *tom Pilshagen* (UB Göttingen II Nr. 228 S. 208)
1461 (A. 17. Jh.) *Pfeilshagen* (Domeier, Moringen S. 39)
1465 *an dem Pylshagen* (Boegehold, Lehnbrief S. 19)
um 1588 *an dem Pilshagen* (Lubecus, Annalen S. 187)
1710 *Pilshäger Warte* (Heine, Grubenhagen S. 17)
1753 *Pilshäger Thurm* (Domeier, Moringen S. 38)
1783 *Pilshäger Warte* (Kurhannoversche Landesaufnahme Bl. 142)

I. Die Überlieferung zeigt neben *Pilshagen* und *Pyleshagen* einmal eine lautlich verhochdeutschte Form *Pfeilshagen*.

II. Nach Domeier, Moringen S. 38 rührt der Name vom Erbauer des Pilshäger Turmes, einem „Pielen von Iber" her, der 987 im Alter von 115 Jahren verstorben sein soll.

III. Bildung mit dem GW *-hagen*. Domeiers Deutung gehört in den Bereich der Legenden. *-hagen*-Orte sind relativ junge Siedlungen. Fiesel, Ortsnamenforschung S. 8 geht von einer Hauptgründungszeit im 12. und 13. Jh. aus. So sind auch die *-hagen*-Namen des Untersuchungsgebietes nicht vor dem 12. Jh. bezeugt. Das BW *Pils-* läßt einen stark flektierenden PN **Pil-* vermuten, wobei das anlautende *P-* problematisch ist. Es ist als expressive Verschärfung von *B-* zu erklären (vgl. Wesche, Verschärfung S. 286ff.) und damit eine Grundform **Bilshagen* anzusetzen. Kaufmann, Untersuchungen S. 43 führt zum anlautverschärften KurzN **Pili* < *Bili* die ON Pilsum, Kr. Aurich (1200 *Pyleshem*), und Pylsum, 1595 wüst bei Lüttringhausen, Kr. Lennep, auf. Ein stark flektierender KurzN *Bili* ist bezeugt; vgl. Förstemann, Personennamen S. 303 und Schlaug, Altsächs. Personennamen S. 62. Der PN gehört zum Stamm BIL(I), zu asä. *bil* 'Schwert, Beil', und liegt auch in Bilshausen, Kr. Göttingen (NOB IV S. 52f.), vor, so daß der Anschluß von Pilshagen an einen PN *Bili/*Pili* gerechtfertigt ist.

IV. Exkursionskarte Moringen S. 150.

† **PLESSERHAGEN**

Lage: Ca. 2 km westl. des Bahnhofes von Katlenburg.

1305 *Pleshagen* (Wenck, Landesgeschichte S. 794 Anm. d)
1317 *desolate indaginis dicti Plesserhage* (Westfäl. UB IX Nr. 1626 S. 773)

1318 *indaginem Plesserhagen* (Urk. Katlenburg Nr. 97)
1324 *villam totam Plesserhagen* (Urk. Katlenburg Nr. 115)
1328 *in campis quondam ville dicte Plesserhagen* (Urk. Katlenburg Nr. 121)
1472 (A. 16. Jh.) *dem Plesserhagen* (Kopialbuch Katlenburg Bd. 2 Bl. 3r-v)
1476 *benedden dem Plesserhagen* (Scheidt, Adel Nr. 147e S. 510)
1525 *up dem Plesserhagen* (Lagerbuch Katlenburg S. 73)
1579 *unter dem berge Plesserhagen* (Friese, Hammenstedt S. 74)

I. Für einen von Max, Grubenhagen I S. 516 für das Jahr 1242 angegebenen Beleg konnte keine originale Schreibung ermittelt werden, weshalb er hier nicht in der Belegreihe zu finden ist. Bis auf den ersten Beleg *Pleshagen* lautet die Überlieferung stabil *Plesserhage(n)*.

II. Nach Casemir, Grundwörter S. 192 mit dem GW *-hagen* gebildet. Hueg, Landesausbau S. 17 sieht Plesserhagen als Gründung derer von Plesse: „Von Hammenstedt, einem plessischen Haupthofe aus, sind offenbar Sonderhagen, Plesserhagen und Suterode gegründet." Wenskus, Stammesadel S. 448 meint, Plesserhagen sei nach den Plessern benannt worden. Auf S. 15 erwähnt er das dortige Vorliegen von Grundbesitz dieses Geschlechts: Die Plesser besaßen 13 Hufen zu Plesserhagen und verkauften diese an das Kloster Katlenburg. Asch, Grundherrschaft S. 127 führt Plesserhagen als Beispiel dafür auf, daß in *-hagen*-Namen „gelegentlich auch die Bezeichnung des Grundherren [...] oder sein Name" vorliegen können. Auf S. 177 wiederholt er seine Deutung: „An die Herren von Plesse erinnern zwei Orte mit dem Namen Plesserhagen, der eine bei Northeim, wahrscheinlich südlich Hammenstedt gelegen [...], der andere südwestlich Atzenhausen beim Forstort Plesse im Hedemündener Gemeindewald zu vermuten [d. i. † Plesserhagen, Kr. Göttingen]."

III. Bildung mit dem GW *-hagen*. Das BW *Plesser-* ist eine *er*-Ableitung, deren Basis sowohl der Name des Geschlechts derer von Plesse als auch ein von diesen unabhängiger FlurN *Plesse* sein kann. Bei diesem handelt es sich um eine in FlurN häufig vorkommende Variante von *Blesse* 'heller Fleck', die eine kahle oder hellere Stelle bezeichnet (vgl. dazu ausführlich Udolph, Plesse S. 309ff.). Der erste Beleg *Pleshagen* zeigt diese *er*-Ableitung nicht und läßt daher eher einen FlurN im BW vermuten. Als Vergleichsname kann † Plesserhagen, Kr. Göttingen (NOB IV S. 315f.), herangezogen werden, der ähnliche Fragen aufwirft, da nur die ältesten zwei Belege die Form *Plesserhage(n)* aufweisen, der ON in Folge aber nur noch *Plesse* genannt wird. Aufgrund der bezeugten Besitzverhältnisse der Herren von Plesse ist bei unserem Plesserhagen im Gegensatz zu dem Göttinger der Bezug zu deren Namen allerdings nicht von der Hand zu weisen.

IV. Exkursionskarte Osterode S. 46; Kühlhorn, Wüstungen Bd. III Nr. 282 S. 78-80; Max, Grubenhagen I S. 516-517; Merl, Anfänge S. 11; Winzer, Katlenburg S. 35.

(†) PORTENHAGEN (Dassel)

Nach Kühlhorn, Wüstungen Bd. III Nr. 284 S. 81f. und Rohmeyer, Lüthorst S. 40 lag der Ort im 15. Jh. eine Weile wüst, wurde jedoch spätestens in der zweiten Hälfte des 16. Jh. an derselben Stelle wieder errichtet.

1340 *Arnolde Portenhagen* (Sudendorf I Nr. 670 S. 340)
1349 *Arnoldi de Portenhaghen* (UB Duderstadt Nr. 89 S. 67)

1366 *to deme Portenhagen* (Orig. Guelf. IV Nr. 41 S. 506)
1377 *to dem Portenhaghen* (Kramer, Artikel S. 97)
1390 *de weesten dorpstede* [...] *Bartenhagen* (Petri, Lüthorst S. 144)
1417 *twischen dem Portenhagen unde Amelossen* (Kramer, Artikel S. 97)
1473 *Bartenhagen* (Max, Grubenhagen I S. 531)
1519/20 (A. 16. Jh.) *Portenhagen* (Krusch, Studie S. 262)
1596 *cappel zum Portenhagen* (Letzner, Chronica Buch 5 S. 12r)
um 1616 *Bortenhagen* (Casemir/Ohainski, Territorium S. 58)
1735-36 *Portenhagen* (Forstbereitungsprotokoll S. 144)
1823 *Portenhagen* (Ubbelohde, Repertorium 3. Abt. S. 40)
dialekt. (1951) *portĕnhågĕn* (Flechsig, Beiträge S. 19)
dialekt. (1970) *Partenhagen* (Rohmeyer, Lüthorst S. 40)

I. Ein von Königspfalzen S. 271 und anderen hierher gestellter Beleg 889 *Portanaha* (MGH DArnolf Nr. 60 S. 88) ist auf Bordenau, Kr. Hannover, zu beziehen; vgl. Casemir/Ohainski, Orte S. 61, NOB I S. 58f. und Boetticher, Urkunden Nr. 1 S. 33. Der ON lautet recht stabil *Portenhagen*. Mehrmals erscheint eine auf *B-* anlautende Form *Barten-, Bortenhagen*.

II. Nach Casemir, Grundwörter S. 192 mit dem GW *-hagen* gebildet. Plümer, Einbeck S. 200f. verweist auf das Wappen des Ortes, in welchem „die mittelalterliche Hägersiedlung P. in Anlehnung an ihren Namen durch einen Palisadenzaun mit Pforte symbolisiert" wird. Gehmlich, Wappenbuch S. 56 greift diese Deutung auf und stellt sie neben die von Rohmeyer, Lüthorst S. 45, der den Namen in ein GW *-hagen* und ein weiteres Element zerlegt, das allem Anschein nach ein PN sei. Er zieht den Beleg *Bartenhagen* heran und erwägt eine „Verstümmelung von Bartholomäus [...], dem Namen eines Zisterziensermönches aus Amelungsborn, der als Gründer der Hagensiedlung infrage käme". *Porten-* wiederum „könnte auf den Adelsherrn Arnold von Porta zurückgehen. Daß die Silbe *Porten-* mit einer Pforte zusammenhängen soll, erscheint mir wenig wahrscheinlich." Flechsig, Gandersheim S. 60 stellt den ON zu den *-hagen*-Orten und sieht im BW eine Örtlichkeitsbezeichnung. Kaufmann, Untersuchungen S. 48 verbindet Portenhagen unter Verweis auf Förstemann, Personennamen Sp. 328f. mit „einem PN *Bordo, an- und inlautverschärft zu *Porto*".

III. Eindeutig liegt im GW *-hagen* vor. Eine Zusammensetzung mit mnd. *pōrte* 'Pforte' ist semantisch unwahrscheinlich. Viel eher ist im BW ein schwach flektierender PN anzunehmen. Kaufmann verweist auf den PN-Stamm BORD bei Förstemann, Personennamen Sp. 328f., den dieser unsicher zu got. *(fōtu-)baurd*, anord. *borð*, aengl. *bord* 'Schild' stellt. Förstemann vermutet einen PN *Borto* in ON wie Bortenberg, Portenhusen, Portenrode und in dem fälschlicherweise Portenhagen zugeordneten Beleg *Portanaha* (siehe I.), führt aber auch einen bezeugten KurzN *Porto* auf. Gottschald, Namenkunde S. 179 verzeichnet mit diesem Namenelement gebildete VollN *Borthard*, *Bordwig* und den KurzN *Borto*. Eine expressive An- und Inlautverschärfung nach Kaufmann, Untersuchungen S. 48, die von *Bordo* zu *Porto* führt, ist durchaus denkbar; vgl. auch Wesche, Verschlußlaute S. 277ff. Nicht auszuschließen ist freilich auch, daß dem BW ein FamN *Porta*, *Porte* zugrundeliegt, welcher auf mnd. *pōrte* 'Pforte' zurückgeht; vgl. Zoder, Familiennamen S. 322 und das urkundlich bezeugte Vorkommen einer solchen Familie laut Rohmeyer, Lüthorst S. 45; vgl. auch den Geschlechternamen *Grube* in → † Grubenhagen. Die drei auf *B-* anlautenden

Formen zeigen eine nicht seltene Schwächung von *-p-* > *-b-*; vgl. Wesche, Verschlußlaute S. 272ff.

IV. Ernst, Wüstungen S. 86-87; Kühlhorn, Wüstungen Bd. III Nr. 284 S. 80-82; Mirus, Dassel S. 265-267; Rohmeyer, Lüthorst S. 40.

R

† RADELFESHUSEN
Lage: Ca. 2,3 km nordwestl. Höckelheim.

1022 (Fä. 1. H. 12. Jh.) *Redolueshusen* (MGH DH II. Nr. 260 S. 306)
1022 (Fä. 2. H. 12. Jh.) *Redolveshusen* (UB H. Hild. I Nr. 67 S. 65)
1141 (Fä. 13. Jh.; A. 16. Jh.) *Radolfeshusen* (Mainzer UB II Nr. 28 S. 49)
1162 (Fä. 13. Jh.; A. 14. Jh.) *Radueshusen* [!] (MGH Urk. HdL Nr. 58 S. 85)
1226 (A. 16. Jh.) *Rodolweshusen* (Wenke, Urkundenfälschungen S. 58)
1249 *Radolfeshusen* (UB Plesse Nr. 154 S. 192)
1252 (A.) *vnse dorpstede tho Radilsshussen* (Wenck, Landesgeschichte S. 766 Anm. t)
1256 *in amabus villis Rodolfeshusen et Hokelhem* (UB Plesse Nr. 174 S. 206)
1265 *Radelveshusen* (UB Plesse Nr. 213 S. 237)
1285 *Radolueshusen* (Goetting, Findbuch I Nr. 90 S. 50)
1300-1330 *Radulvishusen* (Harenberg, Gandersheim S. 536)
1382 (A. 15. Jh.) *Rudelueshusen* (Harenberg, Gandersheim S. 851)
1473 *Radolffeshusen* (Goetting, Findbuch II Nr. 573 S. 59)
1488 *wostenunge Radeleveshusen* (Wenck, Landesgeschichte S. 768 Anm. t)
1574 *Ralewesheusische Wuestenung* (Kramer, Moringen S. 510)
1595 *Radeleveshausen oder Radenshausen* (Goetting, Findbuch III Nr. 971 S. 40)
Ende 16. Jh. *wüstenungk Ralßhausen* (Leerhoff, Karten S. 39)
1711 *Radolffshaußen* (Ohlmer, Thüdinghausen S. 41)
1783 *Radolpfshäuser Feld* (Kurhannoversche Landesaufnahme Bl. 142)

I. Zur Unterscheidung der Belege von Radolfshausen und Rollshausen, beide im Kreis Göttingen, und der Zuordnung zur vorliegenden Wüstung vgl. NOB IV S. 321f. und S. 347. Das GW lautet konstant *-husen*, im 16. Jh. tritt hd. *-hausen* ein. Im BW liegt in den beiden ersten Belegen im Stammvokal *-e-* vor, in den weiteren Formen *-a-*, nur vereinzelt erscheinen *-o-* und *-u-*. Das Zweitelement des BW lautet meist *-olves-*, *-olfes-*, einmal *-ulvis-*, teils abgeschwächt zu *-elves-*, was in einigen Fällen zu einer Umdeutung in *-leves-* führt. 1162 und 1252 erscheinen die ungewöhnlichen Kürzung/Verscheibungen *Radues-* sowie *Radils-*; im 16. Jh. wird weiter zu *Raleues-*, *Ralß-* verkürzt, bis im 18. Jh. wieder die Vollform *Radolffs-* eintritt.

II. Nach Casemir, Grundwörter S. 193 mit dem GW *-husen* gebildet. Nach Domeier, Moringen S. 165 führt der Ort seinen Namen von „dessen Erbauer Radolf von Medem". Bernotat, Moore-Gau S. 5 sieht im BW den PN *Radolf*.

III. Wie Radolfshausen und Rollshausen, Kr. Göttingen (NOB IV S. 321f. und S. 347), besteht Radelfeshusen aus dem GW *-hūsen* und dem stark flektierenden zweigliedrigen PN *Radolf*, *Radulf* im BW, welcher auch in der älteren Variante *Redulf* bezeugt ist; vgl. Schlaug, Altsächs. Personennamen S. 141 und S. 143, Schlaug, Studien S. 138 und Förstemann, Personennamen Sp. 1219f. Der PN besteht aus den Elementen *Rad-*, zu asä. *rād* 'Rat, Lehre', und *-olf*, *-ulf*, zu asä. *wulf* 'Wolf'. Die Formen *Rodol-*

wes-, *Rudelues-* sind wohl durch Verwechslung mit dem PN *Rodolf, Rudolf* zum PN-Stamm HROTHI entstanden, vgl. den diesbezüglichen Hinweis bei Schlaug, Studien S. 138. Der in der Überlieferung erkennbare Wechsel zwischen *-lef* und *-olf, -elf* aufgrund deren lautlicher Nähe ist öfter zu beobachten; vgl. → Dankelsheim, → Hilwartshausen, → † Rickelshusen, → † Rolfshagen, † Roleveshagen und Rollshausen, Kr. Göttingen (NOB IV S. 345f.), † Wendeleveshusen, Kr. Göttingen (NOB IV S. 417), und † Wyckleveshusen, Kr. Göttingen (NOB IV S. 435).

IV. Exkursionskarte Moringen S. 71-72; Kramer, Moringen S. 510 und S. 1062-1064; Kühlhorn, Wüstungen Bd. III Nr. 286 S. 84-86.

† RAMSEN

Lage: Ca. 1,5 km westl. Hettensen.

1141 (Fä. 13. Jh.; A. 16. Jh.) *Ramwardissen* (Mainzer UB II Nr. 28 S. 50)
1141 (Fä. 13. Jh.; A. 17. Jh.) *Ramwordissen* (Orig. Guelf. IV S. 525)
1162 (Fä. 13. Jh.; A. 14. Jh.) *Ramwerdessen* (MGH Urk. HdL Nr. 58 S. 85)
1226 (A. 16. Jh.) *Ramwordessen* (Wenke, Urkundenfälschungen S. 59)
1291 *Ramwordessen* (Westfäl. UB IV Nr. 2178 S. 996)
1342 *Ramwordessen* (Scheidt, Adel Nr. 54b S. 337)
1348 *Ramwordessen* (UB Hardenberg I Nachtrag Nr. 17 S. 25)
1439 *Hans Ramesen textor* (Grote, Neubürgerbuch S. 26)
1472 (A.) *Ramwordissen* (Vennigerholz, Northeim I S. 97)
1475 *Hans Ramessen* (Grote, Neubürgerbuch S. 33)
1539 *zu Rameßen* (Kramer, Moringen S. 511)
1603 *Das Ramser feld* (Krabbe, Sollingkarte Bl. 1)
1622 *zu Ramschen* (Kramer, Moringen S. 511)
1622 *zu Rames* (Kramer, Moringen S. 511)
1622 *zu Rahms* (Kramer, Moringen S. 511)
1714 *Rameser feld* (Kühlhorn, Wüstungen Bd. III Nr. 288 S. 90)
1784 *Ramser Berg* (Kurhannoversche Landesaufnahme Bl. 150)

I. Die Zuordnung der ersten vier Belege ist unsicher; in Frage kämen auch eine Wüstung bei Wrexen, Kr. Waldeck, oder eine Wüstung bei Eschwege, Kr. Werra-Meißner-Kreis. Das GW erscheint bereits im ersten Beleg verkürzt zu *-sen*, im 17. Jh. fällt es ganz aus. Das BW schwächt sich von *Ramwardis-, -wordes-, -werdes-* zu *Rames-* ab, bis der ON nur noch *Rahms* lautet. Abweichend tritt 1622 *Ramschen* auf.

II. Nach Casemir, Grundwörter S. 193 mit dem GW *-husen* gebildet.

III. Bildung mit dem GW *-hūsen*. Die umstrittene Zugehörigkeit der ersten Belege beeinträchtigt den Ansatz einer Grundform *Ramwardeshusen* nicht, da aus sprachlichen Erwägungen nichts gegen ihre Zuordnung zu Ramsen spricht. Das BW enthält den stark flektierenden zweigliedrigen PN *Ramward*. Bei Förstemann, Personennamen Sp. 874, Schlaug, Altsächs. Personennamen S. 113 und Schlaug, Studien S. 136 ist der PN bezeugt. Er besteht aus den Namengliedern *Ram-*, zu ahd. *(h)raban*, asä. *(h)raban* 'Rabe', welches zu *(h)ramn*, später *(h)ramm* assimiliert und so die in Ramsen vorliegende Form annimmt; vgl. Müller, Studien S. 52ff. Das Zweitelement *-ward* bzw. *-word* gehört zu asä. *ward* 'Hüter, Wächter'. Im 15. Jh. fällt das gesamte Zweitglied aus. Dieser Prozeß ist sicherlich mit dem Wüstfallen des Ortes zu verbinden.

Der Beleg 1622 *Ramschen* zeigt -*sch*- aus stimmlosem -*s*- wie in → † Reddersen und → † Reinersen.

IV. Exkursionskarte Moringen S. 81; Kramer, Moringen S. 511-515 und S. 1109-1112; Kreitz, Gillersheim S. 176; Kühlhorn, Wüstungen Bd. III Nr. 288 S. 90-96.

† RATGODESSEN
Lage: Unsicher, wahrscheinlich ca. 1,5 km nördl. Brunsen.

1268 *Ratgodessen* (BuK Gandersheim S. 470)
1272 (A. 19. Jh.) *Ratgodessen* (Petke, Wöltingerode Anhang III Nr. 34 S. 578)
1272 (A.) *Ragodessen* (Bilderbeck, Sammlung II Nr. 34 S. 87)
1277-84 (A. 15. Jh.) *Ragodissem* (UB H. Hild. III Nr. 484 S. 255)
1298 *Ratgodessen* (Westfäl. UB IV Nr. 2514 S. 1133)
1302 (A. 14. Jh.) *Radgodessen* (UB H. Hild. III Nr. 1405 S. 670)
1308 *Ratgodessen* (Orig. Guelf. IV Nr. 32 S. 501)
1436 *Ratgodesßin* (UB Uslar I S. 211)
1458 (A. 16. Jh.) *landes tho Rotgedessen, dat gelegen iß by Brunßen* (Deeters, Quellen S. 58)
1479 (A. 16. Jh.) *Rodtgedessen* (Kleinau GOV II Nr. 1652 S. 470)
1693 *Reddegadeßen* (UB Uslar II S. 1074)
1835 *Reddagedessen* (UB Uslar II S. 1366)
1837 *Reddegadessen* (UB Uslar II S. 1382)

I. Das GW erscheint verkürzt zu -*sen*, singulär als -*sem*. Das BW lautet bis Mitte des 15. Jh. meist *Ratgodes*-, zweimal *Ragodes*-. Im 15. Jh. erscheint mit Änderung der Stammvokale auch *Rotgedes*-. In den jüngeren Belegen liegt *Reddegadeß*-, *Reddegades*- vor.

II. Die BuK Gandersheim S. 470 deuten den ON als „Behausung eines Ratgod".

III. Der ON besteht aus dem GW -*hūsen* (der einzelne -*em*-Beleg ist zu vernachlässigen) und einem stark flektierenden zweigliedrigen PN *Ratgod/Ratgot* im BW. Für den asä. Raum ist dieser PN nicht bezeugt. Förstemann, Personennamen Sp. 1212 führt einen frz. PN *Ratgaud* und mehrmals *Ratgoz*, *Ratcoz* aus hd. und Schweizer Quellen auf, welche sich bei Förstemann, Ortsnamen II Sp. 518 in den BW der bayrischen und österreichischen ON Rahstorf (836 *Raatcozesdorf*) und Radendorf (12. Jh. *Radegozzesdorf*) wiederfinden. Allerdings sind beide Namenglieder dieses PN im Asä. in anderen Kombinationen gut bezeugt. Das Element *Rad*- ist mit asä. *rād* 'Rat' zu verbinden und Bestandteil zahlreicher asä. PN, vgl. z.B. Schlaug, Altsächs. Personennamen S. 141ff. Im Untersuchungsgebiet liegt es im PN *Radolf*, vgl. → † Radelfeshusen, vor. Das Zweitelement -*god* ist mit Förstemann, Personennamen Sp. 606ff. und Schlaug, Altsächs. Personennamen S. 97 zum Volksnamen der Goten zu stellen. Förstemann listet eine Reihe asä. PN auf, die dieses Element enthalten, ebenso Schlaug, Altsächs. Personennamen S. 189. Das Namenglied liegt auch im PN *Beringot* vor, den → † Bergoldeshusen enthält. Hier ist der PN *Ratgot* gut anzuschließen. Die jüngeren ON-Formen *Rotgedes*-, *Reddegadeß*- sind mit einer gewissen Unsicherheit in der ON-Überlieferung nach Wüstfallen des Ortes zu begründen.

IV. BuK Gandersheim S. 470; Hahne, Brunsen S. 11-13; Karte 18. Jh. Bl. 4025-4125; Kleinau GOV II Nr. 1652 S. 470-471.

† REBEKE
Lage: Ca. 2,2 km nördl. Delliehausen.

1355 *Everhardus de Rebeke* (Kelterborn, Bürgeraufnahmen I S. 15)
1418 *Rebeke* (Kramer, Oberweser S. 55)
1593 *thom Rempken* (Kramer, Oberweser S. 55)
1603 *Wüsten Repke* (Krabbe, Sollingkarte Bl. 4)
1963 *Röbecksfeld* (Nolte, Flurnamen S. 367)

FlußN REHBACH
1593 *das wasser die Repke genant* (Kramer, Oberweser S. 54)
1714 *die Repeke Bach* (Kramer, Oberweser S. 55)
1779-1783 *Reh-Bache* (Kramer, Oberweser S. 55)

I. Die bei Herbst, Volpriehausen S. 25 genannten mutmaßlichen Erstbelege der Wüstung von 1322 und 1351 wurden leider nicht in der Originalschreibung wiedergegeben, so daß wir sie nicht in die Belegreihe aufgenommen haben. Der ON liegt in den Varianten *Rebeke*, *Repke* und *Röbeck-* vor; der zugrundeliegende FlußN erscheint in ähnlichen Formen, deren jüngster Beleg lautet scheinbar verhochdeutscht *Reh-Bach*. Der Beleg 1593 *thom Rempken* weicht durch das *-m-* stärker ab.

II. Nach Casemir, Grundwörter S. 191 mit dem GW *-beke* gebildet. Nolte, Flurnamen S. 287f. erwähnt den Rehbach zwischen Delliehausen und Schoningen und vergleicht ihn mit † Rebeke (bei Nolte *Repke*), der ein „alter *-beki* Name" und „mit dem Namen des Rehbaches identisch" sei; vgl. auch Nolte, Flurnamen S. 367. Wesche, Apa S. 236 stellt den FlußN unsicher zu den *-apa*-Namen.

III. Das GW ist unzweifelhaft *-beke*, welches zum Teil verkürzt zu *-pke* vorliegt, wobei das *-b-* als *-p-* an das stimmlose *-k-* angeglichen wurde. Für die Annahme von *-apa* bietet die Überlieferung keinen Anhaltspunkt. Das BW hat bisher noch keine Deutung erfahren, doch Kettner, Flußnamen S. 229 stellt den FlußN Repke links zur Ilme (vgl. → † Repke) und vier Rehbäche zu mnd. *rē* 'Reh' oder mnd. *rēt* 'Schilfrohr'. Nach Hahne, Flurnamensammlung S. 114 gibt es jedoch „FlurN mit Feld- und Waldtieren außer Bär und Wolf, Luchs und Fuchs (neuere auf Hirsch) [...] nicht, denn die 'Rehtäler' sind 'Reth- oder Riedtäler'". In Bezug auf ein Gewässer ist die Verbindung mit mnd. *rēt* 'Schilfrohr, Sumpf-, Riedgras' jedenfalls wahrscheinlicher. So ist in Repke keine *Re-beke*, sondern vielmehr eine Grundform *Retbeke* anzusetzen, in der das *-t-* durch Angleichung an *-b-* ausfällt. Das Appellativ *rēt* liegt auch den ON Reden, † Retburg, Rethen, Rethmar und † Rettene, Kr. Hannover (NOB I S. 368ff.), Reitling, Kr. Wolfenbüttel (NOB III S. 262), † Ratten, Kr. Göttingen (NOB IV S. 323ff.), zugrunde.

IV. Exkursionskarte Moringen S. 73; Förster, Forstorte S. 132; Kramer, Oberweser S. 54-55; Kühlhorn, Solling S. 10-14; Kühlhorn, Wüstungen Bd. III Nr. 290 S. 101-107; Nolte, Flurnamen S. 367-368.

† RECKHORDESSEN
Lage: Ca. 1,3 km nordwestl. Erichsburg.

1301 (Druck 18. Jh.) *Richardessen* (UB H. Hild. III Nr. 1346 S. 647)
1302 (A. 15. Jh.) *Richardessen* (Westfäl. UB IX Nr. 77 S. 34)

1339 *Johannes de Rekerdessusen* (Grote, Neubürgerbuch S. 12)
um 1350 *Rethardessen* (Corveyer Lehnregister Nr. 238 S. 304)
1390 *de weesten dorpstede* [...] *Reckhordessen* (Petri, Lüthorst S. 144)
1400 (A. 15. Jh.) *Rikhardessen* (Schnath, Everstein S. 27)
1453 *to Rechardessen in dem richte tome Hundesrugge* (Kramer, Artikel S. 85)
1470 *to Richardessen* (Lüneburger Lehnregister Nr. 781 S. 70)
1473 *Reckhardessen under dem Hundesrügge* (Harland, Einbeck I Nr. 57 S. 384)
1531 (A. 16. Jh.) *tho Reckhorsten* (Voß, Landverkauf S. 137)
1604 *Rickhorst* (Rohmeyer, Lüthorst S. 39)
1615 *zu Reckharsten, woroff unßer hauß und vestung Erichsburg gebawet* (Voß, Landverkauf S. 137)
1715 *Reckhorst* (Bodemann, Wüste Ortschaften S. 246)
1840 *in der Reckhorst* (Koken, Dassel S. 232)
1955 *im Reckhorst* (Ernst, Wüstungen S. 87)
dialekt. (1970) *Reckhaßen* (Rohmeyer, Lüthorst S. 39)

I. Die älteste Form *Richardessen* entwickelt sich über *Rekerdessusen*, *Reckhordessen*, *Reckhardessen* zu *Reckhorsten* und *-harsten*. Die Form *Rethardessen* kommt im Corveyer Lehnregister dreimal (Nr. 114, 230, 238 um 1350) vor, ist aber wegen des offensichtlichen Versehens in der Schreibung zu vernachlässigen.

II. Nach Casemir, Grundwörter S. 193 mit dem GW *-husen* gebildet. Rohmeyer, Lüthorst S. 44 sieht im BW einen PN *Reckhard*.

III. Rohmeyer berücksichtigt die Belege vor 1390 nicht. Es ist von einer Grundform *Rikhardeshusen* mit dem GW *-hūsen* und dem stark flektierenden zweigliedrigen PN *Rikhard* im BW auszugehen. Der PN ist im Asä. gut bezeugt, vgl. Förstemann, Personennamen Sp. 1263f., Schlaug, Altsächs. Personennamen S. 148 und Schlaug, Studien S. 142. Er besteht aus den Elementen *Rik-*, zu asä. *rīki* 'reich, mächtig', und *-hard*, zu asä. *hard* 'hart, stark, kühn'. Im ON entwickelt sich *Rik-* bzw. *Ric-* zu *Reck-* entsprechend der mnd. Entwicklung von *-ī-* > *-i-* > *-e-* in geschlossener Silbe (Lasch, Grammatik § 97). Die Umdeutung des GW aufgrund lautlicher Entwicklung und Angleichung ist auch bei → Lüthorst zu beobachten. Das flektierte Zweitglied des PN in Kombination mit dem GW *-hardessen/-hordessen* wird zu *-harssen/-horssen* abgeschwächt und an das bekannte GW *-horst* 'niedriges Gestrüpp; abgeholzte Stelle im Wald; Krüppelbusch' angeglichen. Die Mundartform zeigt noch verschliffenes, gedehntes *-haßen*. Der PN liegt in einer anderen Entwicklung auch in † Rikerdingerode, Kr. Wolfenbüttel (NOB III S. 269f.), vor.

IV. Ernst, Wüstungen S. 87; Koken, Dassel S. 232; Kühlhorn, Wüstungen Bd. III Nr. 292 S. 108-110; Rohmeyer, Lüthorst S. 39.

† **REDDERSEN**
Lage: Ca. 2,2 km östl. Moringen dicht nordwestl. des Emilienhofes.

1137 *Rethersen* (Mainzer UB I Nr. 613 S. 532)
1141 (Fä. 13. Jh.; A. 16. Jh.) *Rederschen* (Mainzer UB II Nr. 28 S. 49)
1141 (Fä. 13. Jh.; A. 17. Jh.) *Redderschem* (Orig. Guelf. IV S. 525)
1162 (Fä. 13. Jh.; A. 14. Jh.) *Reddersen* (MGH Urk. HdL Nr. 58 S. 85)
1226 (A. 16. Jh.) *Rederesheim* (Wenke, Urkundenfälschungen S. 58)

1240 *Redersen* (UB Fredelsloh Nr. 21 S. 35)
1298 *dictus de Reddersen* (UB Plesse Nr. 358 S. 341)
1307 *in campis Reddersen* (Falke, Trad. Corb. Nr. 298 S. 881)
um 1319 *Riddersen* (UB Fredelsloh Nr. 110 S. 82)
1337 *Reddersen* (UB Fredelsloh Nr. 148 S. 108)
1345 *Dyderik van Reddersen* (Sudendorf II Nr. 104 S. 66)
1409 *Henning von Redderse* (UB Hardenberg II Nr. 49 S. 109)
1535 *Reddersen* (Urkunden Hist. Verein Nr. 224 S. 373)
1632 *ufm Reddersen wege* (Kramer, Moringen S. 517)
1715 *Reddersen* (Bodemann, Wüste Ortschaften S. 249)
1734 *an der Redderschen Trifft* (Kramer, Moringen S. 517)
1753 *Reddersen* (Domeier, Moringen S. 164)
1783 *Wüstung Redderssen* (Kurhannoversche Landesaufnahme Bl. 142)

I. Der ON unterliegt nur geringen Veränderungen. Neben Formen mit einfachem Dental *Rethersen, Rederschen, Rederesheim, Redersen* stehen *Redderschem, Reddersen* mit verdoppeltem Dental, wobei sich diese ab Ende des 13. Jh. durchsetzen. *Riddersen* bleibt vereinzelt. Mit *Rederschen, Redderschem* und *Redderschen* tritt selten *-sch-* für *-s-* auf. Auslautendes *-em* und *-heim* sind singulär und entstammen Abschriften.

II. Nach Casemir, Grundwörter S. 193 evtl. mit dem GW *-husen* gebildet. Bernotat, Moore-Gau, S. 5 vermutet einen PN *Riddag* im BW. Förstemann, Ortsnamen II Sp. 518 ordnet den ON mit dem Beleg von 1141 *Reddershem* (sic!) den *-heim*-Namen zu. Im BW sieht er den PN *Rather*.

III. Förstemanns PN-Vorschlag ist zuzustimmen. Für einen PN *Riddag*, wie Bernotat vorschlägt, liefern die Belege keinen Anhaltspunkt. Konkretisieren muß man allerdings, daß dem BW nicht *Rather*, sondern die Variante *Rether* in stark flektierter Form zugrundeliegt. Förstemann, Personennamen Sp. 1214 führt unter dem PN-Stamm RADI, zu asä. *rād* 'Rat', die Formen *Radheri, Redheri, Retheri, Rethar* auf und vermerkt in Sp. 1203: „Der vokal ê für â geht bei diesem stamme über das gotische und die ihm hierin gleich stehenden mundarten hinaus auch ins altsächsische gebiet hinein, obgleich das alte einfache wort râd lautet". Auch Schlaug, Altsächs. Personennamen S. 142 weist darauf hin, daß „neben *Rad-* überall das ältere *Red-*" vorliegt. Weitere Belege für diesen PN, dessen Zweitelement *-her(i)* zu asä. *hēri* 'Heer' zu stellen ist, verzeichnet Schlaug, Studien S. 137. Der Übergang von *Reders-* zu *Redders-* vollzieht sich durch die mnd. Kürzung des langen *-ē-* vor *-d-* bei Verdopplung des Konsonanten (Lasch, Grammatik § 69 und § 318). Der PN *Radher* liegt auch in † Ratheresrode, Kr. Osterode (NOB II S. 132), vor. Ob im GW *-hēm* oder *-hūsen* anzunehmen ist, bleibt fraglich. Zwar weisen die Belege *Redderschem, Rederesheim* auf *-hēm*, doch handelt es sich dabei um spätere Abschriften, die die ON-Form vielleicht nicht korrekt wiedergeben. Da im Untersuchungsgebiet *-hūsen*-ON verbreitet sind und das GW häufig zu *-sen* verkürzt vorliegt, ist auch bei Reddersen eher von einem *-hūsen*-Namen auszugehen. Die Formen *Rederschen, Redderschem* und *Redderschen* zeigen *-sch-* für stimmloses *-s-*, vgl. ähnliche Erscheinungen bei → † Ramsen und → † Reinersen.

IV. Exkursionskarte Moringen S. 72; Kramer, Abschwächung S. 39; Kramer, Moringen S. 516-517 und S. 1073-1074; Kühlhorn, Wüstungen Bd. III Nr. 293 S. 110-115; Ohlmer, Moringen S. 7.

† REINERSEN
Lage: Ca. 1,9 km südl. Einbeck, beim Reinserturm.

1224 *Renersen* (Orig. Guelf. III Nr. 208 S. 697)
um 1282 (A. 13. Jh.) *Reynhersen* (Kruppa, Dassel Nr. 510 S. 492)
1286 *Reynhardessen* (UB Fredelsloh Nr. 60 S. 56)
1289 *Reynersen* (UB Boventen Nr. 29 S. 48)
1343 *Reynersen* (Feise, Einbeck Nr. 230 S. 54)
1367 *Reinersen* (Feise, Einbeck Nr. 322a S. 75)
1438 *im Reneschen Feld* (Feise, Einbeck Nr. 974 S. 189)
1458 (A. 16. Jh.) *up dem velde tho Reymerßen* (Deeters, Quellen S. 58)
1549 *Reinisser Thurm* (Max, Grubenhagen I S. 530)
1590 (A.) *Reinsen* (Müller, Lehnsaufgebot S. 305)
1774 *Reinser Turm* (Heine, Grubenhagen S. 39)
1823 *Reinser Thurm* (Ubbelohde, Repertorium 3. Abt. S. 43)

I. Der von Kühlhorn, Wüstungen Bd. III S. 120 hierher gestellte Beleg 1171-1190 (A. 13. Jh.) *allodium quoddam nomine Reinwardessen* (UB H. Hild. II Nachtrag Nr. 7 S. 577) gehört zu Reinvordessen, Kr. Hannover; vgl. NOB I S. 371ff. Wegen der Verwechslungsgefahr mit → † Reinsen wurden PN-Belege wie 1222 *Bertoldus miles de Reinhardessen* (UB Fredelsloh Nr. 16 S. 32), 1245 *Henrico de Reinhardessen* (UB Fredelsloh Nr. 22 S. 35), um 1245 *Heinricus miles de Reinhardessen* (UB Fredelsloh Nr. 23 S. 36) nicht in die Belegreihe aufgenommen. Der ON zeigt bis zum 14. Jh. mit *Renersen, Reynhersen, Reynersen* wenig Veränderung, abgesehen von 1286 *Reynhardessen*. Später schwindet -er- in Formen wie *im Reneschen Feld* und *Reinsen*.

II. Nach Casemir, Grundwörter S. 193 mit dem GW -husen gebildet.

III. Bildung mit dem GW -hūsen, verkürzt zu -sen, und einem stark flektierenden zweigliedrigen PN im BW. Die Formen *Reners-, Reynhers-, Reyners-* deuten auf den PN *Reinheri*. Der Beleg 1286 *Reynhardessen* ist entweder als Vermischung mit dem ähnlich lautenden PN *Reinhard* oder als Verwechslung mit → † Reinsen, welches ab dem 13. Jh. gleiche Formen zeigt, zu erklären. Der PN *Reynheri* ist in vielfältigen Varianten, darunter auch *Renherus* und *Reiner*, bezeugt, vgl. Förstemann, Personennamen Sp. 1231f., Schlaug, Altsächs. Personennamen S. 145 und Schlaug, Studien S. 140. Das erste Namenglied *Reyn-* ist zu got. *ragin* 'Ratschluß; Schicksal' zu stellen. Die Abschleifung des Namengliedes *Regin-* zu *Rein-* ist schon asä. bezeugt (Gallée, Grammatik § 94), im 12. Jh. tritt die monophthongierte Variante *Rēn-* ein, die in unserem Erstbeleg ersichtlich ist (Lasch, Grammatik § 126). Das Zweitglied -*her(i)* gehört zu asä. *hēri* 'Heer'. Im Beleg 1438 *im Reneschen Feld* steht -sch- für stimmloses -s- bzw. -rs-. Diese Erscheinung ist ebenfalls bei → † Ramsen und → † Reddersen zu beobachten. Förstemann, Ortsnamen II Sp. 528 führt einige mit dem gleichen PN gebildete ON auf, darunter † Reinersen, Kr. Hofgeismar. Der PN liegt wohl auch in † Rheinshagen, Kr. Göttingen (NOB IV S. 336), vor.

IV. Ernst, Wüstungen S. 83; Kühlhorn, Wüstungen Bd. III Nr. 295 S. 119-123; Max, Grubenhagen I S. 530; Niedersächsischer Städteatlas II S. 4.

† REINSEN
Lage: Ca. 2 km nordöstl. Moringen.

1093 (Fä. 12. Jh.) *Reinwardeshusan* (Mainzer UB I Nr. 385 S. 291)

1144 *Reinwardeshusan* (Mainzer UB II Nr. 54 S. 105)
1152 (Fä. 12. Jh.) *Reinwartdeshusin* (Mainzer UB II Nr. 172 S. 318)
1269 *villa Renhardessen apud Morungun* (Wenck, Urkundenbuch Nr. 175 S. 196 Anm.)
1298 *Reinhardessen* (UB Plesse Nr. 358 S. 341)
1305 *Reynhardessen* (Regesten Mainz I, 1 Nr. 891 S. 167)
1352 *ville Reinerssen* (Wolf, Steine Nr. 9 S. 12)
1392 *Reynderdesse* (Feise, Einbeck Nr. 414 S. 95)
1490 *Reynszen* (UB Boventen Nr. 569 S. 370)
1497 *Reynersen ultra Moryen* (Negotium monasterii Steynensis S. 154)
um 1583 *Reinhardeßen* (Zimmermann, Ökonomischer Staat S. 21)
Ende 16. Jh. (A. 20. Jh.) *prope Moringen zu Reynersen villa desolata* (UB Plesse Nr. 359 S. 342)
1593 *Reinsen* (Müller, Lehnsaufgebot S. 371)
1622 *am Reinßer Wege* (Kramer, Moringen S. 520)
1715 *Reinßen* (Bodemann, Wüste Ortschaften S. 249)
1753 *Rainsen* (Domeier, Moringen S. 164)
1783 *Reinser Kirchhoff* (Kurhannoversche Landesaufnahme Bl. 142)
1791 *Reinsen wüst Dorf* (Scharf, Samlungen II S. 43)

I. Vgl. → † Reinersen und → Rengershausen. Der ON lautet anfangs *Reinwardeshusan*. Ab 1269 liegen *Re(i)nhardessen* und später *Reinersen, Reinsen* vor; *Reynderdesse* ist singulär.

II. Nach Casemir, Grundwörter S. 193 mit dem GW *-husen* gebildet. Bernotat, Moore-Gau, S. 5 führt den ON ausgehend vom Beleg 1269 auf den PN *Reginhard* zurück. Förstemann, Ortsnamen II Sp. 530 stellt den Beleg von 1093 (als *Reinwardeshusen*) zu → Rengershausen und den von 1152 (*Reinwartdeshusin*) zu einer Wüstung in der Nähe von Kelbra. Im BW sieht er den PN *Raginward*.

III. Bildung mit dem GW *-hūsen*. Ursprünglich scheint das BW den stark flektierenden zweigliedrigen PN *Reinward* zu enthalten. Im 12./13. Jh. tritt allerdings ein Wechsel ein: der nun zugrundeliegende PN lautet *Reinhard*. Ob dieser Bruch in der Benennung wirklich stattgefunden hat oder die Formen *Reinwardeshusen* der inkorrekten Wiedergabe des ON zuzuschreiben sind (sie entstammen alle derselben Quelle), kann hier nicht geklärt werden. Allerdings stehen beide PN sich lautlich sehr nahe und sind asä. gut bezeugt. Zu *Reinward* vgl. Förstemann, Personennamen Sp. 1239, Schlaug, Altsächs. Personennamen S. 146 und Schlaug, Studien S. 141; zu *Reinhard* Förstemann, Personennamen Sp. 1230f., Schlaug, Altsächs. Personennamen S. 145 und Schlaug, Studien S. 140. Das Erstelement beider PN *Rein-* ist die schon im Asä. übliche Kontraktion von *Regin-*, zu got. *ragin* 'Ratschluß; Schicksal', welche zum Teil auch zu *Rēn-* monophthongiert wird (Gallée, Grammatik § 94 und Lasch, Grammatik § 126). Das Zweitglied von *Reinward* gehört zu asä. *ward* 'Hüter, Wächter'. Im zweiten Element von *Reinhard* liegt asä. *hard* 'hart, stark, kühn' vor. Die weitere ON-Entwicklung geht von *Reinhardessen* aus, das zu *Reinerssen* abgeschwächt wird. Ab Ende des 15. Jh. schwindet *-er-*, es entsteht *Reynszen, Reinsen*. Als weiteren mit *Reinward* gebildeten ON vgl. (†) Reinvordessen, Kr. Hannover (NOB I S. 371f.).

IV. Exkursionskarte Moringen S. 72; Kramer, Moringen S. 518-520 und S. 1072-1073; Kühlhorn, Wüstungen Bd. III Nr. 299 S. 137-142; Ohlmer, Moringen S. 7.

REITLIEHAUSEN (Uslar) → † Rekelinghusen

(†) REKELINGHUSEN
Lage: Dicht bei bzw. identisch mit dem westl. Uslar gelegenen Reitliehausen.

Mi. 13. Jh. (A. 14. Jh.) *Conradus de Rekelinghosen* (Lehnbuch Schönberg Nr. 92 S. 51)
1263 *Conradus de Rekelinchosen* (Scheidt, Codex Diplomaticus Nr. 45b S. 602)
1270 (A. 19. Jh.) *Conrado de Recklinghosen* (Westfäl. UB IV Nr. 1231 S. 600)
1293 (A. 15. Jh.) *Conrad von Rekelinchusen* (Dürre, Homburg Nr. 148 S. 58)
1318 *Rekelinghusen* (Flentje/Henrichvark, Lehnbücher Nr. 138 S. 42)
1318 *Rekelighusen* (Flentje/Henrichvark, Lehnbücher Nr. 142 S. 42)
1356 *Bertold van Rekelinghusen* (UB H. Hild. V Nr. 680 S. 409)
1514 *Arnd Swert von Rekelingkhusen* (Kelterborn, Bürgeraufnahmen I S. 147)
1527 *Herbord von Rekelingkhusen* (Kelterborn, Bürgeraufnahmen I S. 160)
1528 *Pawell von Rekelingkhußenn* (Kelterborn, Bürgeraufnahmen I S. 162)
1532 *Karsten Staelhovedes von Rekelingkhusen* (Kelterborn, Bürgeraufnahmen I S. 170)
1537 *Johann Schultenn ex Rekelinghusen* (Kelterborn, Bürgeraufnahmen I S. 178)
1585-1586 *Relicta Heinrich Rekelinghusen* (Burchard, Calenberg-Göttingen S. 370)
1590 (A.) *Recklinghausen* (Müller, Lehnsaufgebot S. 338)
1784 *Reckliehausen* (Kurhannoversche Landesaufnahme Bl. 149)
1823 *Reckliehausen Vorwerk* (Ubbelohde, Repertorium 3. Abt. S. 42)

I. Die von Kühlhorn, Wüstungen Bd. III Nr. 300 S. 143 hierher gestellten Belege 1022 (Fä. 1. H. 12. Jh.) *Regilindehusen* (MGH DH II. Nr. 260 S. 307) und 1022 (Fä. 2. H. 12. Jh.) *Regelindenhuson* (UB H. Hild. I Nr. 67 S. 66) gehören zu → Relliehausen. Bei der Zuordnung der PN-Belege sind wir Kühlhorn gefolgt, obwohl ein gewisser Unsicherheitsfaktor bleibt, da auch Recklinghausen in Westfalen als Herkunftsort der Personen in Frage kommt. Der ON unterliegt bis zum 16. Jh. kaum Veränderungen. Das GW *-husen* zeigt sich anfangs in der typisch südniedersächs. Form *-hosen*. Im 16. Jh. tritt hd. *-hausen* ein. Im 18. Jh. schwindet der Nasal des *-ing*-Suffixes.
Im frühen 19. Jh. wird das Vorwerk/Gut in *Reitliehausen* (1828 *gut zu Reitliehausen* [Hauptstaatsarchiv Hannover Hann. 74 Uslar Nr. 836]) umbenannt. Die Beweggründe für die Namenänderung sind nicht bekannt und werden, obwohl das Phänomen recht auffällig ist, in der vorliegenden Literatur mit Ausnahme Kühlhorns nicht einmal thematisiert.

II. Nach Casemir, Grundwörter S. 193 mit dem GW *-husen* gebildet. Witt, Reitliehausen S. 70 vermutet zur Geschichte des Ortes: „Solch ein 'Königshof' an der ältesten West-Ost-Verbindung im Solling scheint Reitliehausen gewesen zu sein. Seine Größe spricht dafür und der frühere Name Recklinghusen, den man als 'Wohnung des kleinen Königs', d. h. des königlichen Verwalters, deuten kann." Witt-Krakow, Uslar S. 32 ergänzt noch, Reitliehausen „scheint in den Tagen der fränkischen Eroberung Sitz eines fränkischen Richters gewesen zu sein", worauf die Bezeichnung „'Recklinghus' (= Wohnung des Königsmannes = Richter)" hindeute.

III. Für Witts bzw. Witt-Krakows Deutung gibt es keine Grundlage, ein Appellativ *Reckling* ist nicht bezeugt. Der ON gehört zum *-ing(e)hūsen*-Typ. Ableitungsbasis ist dabei stets ein PN, der hier als *Rikil-* anzusetzen ist. Es handelt sich um einen mit *l-*Suffix gebildeten KurzN zum PN-Stamm RICJA, zu asä. *rīki* 'mächtig, reich'; vgl. Förstemann, Personennamen Sp. 1256f. und Schlaug, Studien S. 220. Aus langem *-ī-* wird im Mnd. nicht selten *-e-* (Lasch, Grammatik § 104); so wird aus der anzusetzenden Grundform **Rikilingehusen* die hier vorliegende Form *Rekelinghusen*, in der sich das zweite schwachtonige *-i-* zu *-e-* abschwächt. Der gleiche Vorgang ist bei † Rekelingerode, Kr. Göttingen (NOB IV S. 331), zu beobachten. Weiterhin liegt der PN in Groß Ricklingen, † Klein Ricklingen und Schloß Ricklingen, Kr. Hannover (NOB I S. 378ff.), vor. Andere mit diesem PN gebildete ON listet Förstemann, Ortsnamen II Sp. 579f. auf.

IV. Exkursionskarte Höxter Karte; Kühlhorn, Wüstungen Bd. III Nr. 300 S. 142-143.

(†) **RELLIEHAUSEN** (Dassel)
Kühlhorn, Wüstungen Bd. III Nr. 294 S. 115ff. und andere nehmen an, daß der Ort im Verlauf des 15. Jh. wüst gefallen sei und im 16. Jh. wieder aufgesiedelt wurde.

1022 (Fä. 1. H. 12. Jh.) *Regilindehusen* (MGH DH II. Nr. 260 S. 307)
1022 (Fä. 2. H. 12. Jh.) *Regelindenhuson* (UB H. Hild. I Nr. 67 S. 66)
1118 (A. 15. Jh.) *Regildinghusen* (Kaminsky, Corvey Nr. 6 S. 252)
1310 *Reylinghehusen* (Sudendorf X S. 280 Anm. 1)
um 1350 *Relingehusen* (Corveyer Lehnregister Nr. 204 S. 299)
1380 *Reylingehusen faber* (Grote, Neubürgerbuch S. 19)
1458 (A. 16. Jh.) *Rolinghusen by Dassel* (Deeters, Quellen S. 54)
1458 (A. 16. Jh.) *Relingehusen* (Deeters, Quellen S. 124)
1469 *Reylingehusen* (Scheuermann, Barsinghausen S. 104)
1530 *Rellighausen* (Pfaff, Helmarshausen II S. 45)
1556-57 *Rellihusen* (Tacke, Betriebsrechnung S. 62)
1588 *Rellinghausen* (Kayser, Generalkirchenvisitation S. 190)
1590 (A.) *Röllihausen* (Müller, Lehnsaufgebot S. 443)
1596 *Reilingehausen* (Letzner, Chronica Buch 5 S. 46r)
1603 *Religehusen* (Krabbe, Sollingkarte Bl. 8)
um 1616 *Rellihausen* (Casemir/Ohainski, Territorium S. 58)
1740 *Rillihusen* (Lauenstein, Hildesheim II S. 96)
1783 *Relljehusen* (Kurhannoversche Landesaufnahme Bl. 141)
1823 *Relliehausen* (Ubbelohde, Repertorium 3. Abt. S. 44)
dialekt. (1951) *reljĕhiusĕn* (Flechsig, Beiträge S. 20)
dialekt. (1992) *Reljehiusen* (Scheuermann, Barsinghausen S. 104)

I. Vgl. Punkt I bei → † Meilingehusen. Die frühen ON-Formen zeigen *-lind-*, später tritt *-ing(e)-* ein, welches sich zu *-ig(e)-*, *-i(e)*, *-je-* abschwächt. Im Erstelement entwickelt sich *-egi-* zu *-ey-* und *-e-*. Die Belege *Roling-* und *Rölli-* weichen im Stammvokal ab.

II. Nach Casemir, Grundwörter S. 193 mit dem GW *-husen* gebildet. Förstemann, Ortsnamen II Sp. 529 stellt den ON zu dem PN-Stamm RAGAN. Bach, Ortsnamen II § 116 sieht aufgrund des Beleges 1022 *Regelindenhuson* im BW einen Frauennamen schwacher Flexion. Scheuermann, Barsinghausen S. 104 vermutet in *Regilindehusen* den PN *Regilind*, in *Reylinghehusen* einen abgeschwächten Ansatz **Reilindehusen*, in welchem das *-eg-* des PN-Erstglieds zum Diphthong *-ei-* verschmolzen sei.

III. Bildung mit dem GW -*hūsen*. Scheuermanns Annahme, im BW liege der weibliche PN *Regilind* vor, ist zuzustimmen. Da das Erstglied des PN *Rege-* kein -*n*- aufweist, kann es nicht zum Stamm RAGAN, zu got. *ragin* 'Ratschluß; Schicksal', gestellt werden. Förstemann, Personennamen Sp. 1234 führt unter RAGAN den PN *Regilinda* auf und verweist dabei auf den Stamm RAGJA, die einfache Form von RAGAN. In Sp. 1240f. stellt er dazu die PN-Formen *Raglindis*, *Regilinda* und *Regilint*. Schlaug, Studien S. 140 und Schlaug, Altsächs. Personennamen S. 145 sehen in der bezeugten genitivischen PN-Form *Regelindis* eine Variante von *Reginlind*. Das zweite Element -*lind* wird als Zweitglied in Frauennamen allgemein nicht zum Baum Linde gestellt, sondern zu asä. *līði*, ahd. *lind* 'lind, sanft'; vgl. Schlaug, Altsächs. Personennamen S. 124, Schlaug, Studien S. 120, Bach, Personennamen I § 195 und vor allem Schröder, Namenkunde S. 41 Anm. 2: „Die [...] Verbindung von Frauennamen auf -lind mit der Linde [...] ist unhaltbar; die Friesin Dirlith und die beiden südenglischen Äbtissinnen [...] des 7. Jh. Wulflith und Hildelitha [...] beweisen, daß es sich nur um das Adj. mhd. lind(i) 'lenis, tener, mollis' [...] handeln kann." Ab dem 12. Jh. findet eine Angleichung an ON des -*ingehūsen*-Typs statt. Der Ausfall des intervokalischen -*g*- im BW führt zu *Reylingehusen*. *Rey-* wird zu *Rē*- monophthongiert (Gallée, Grammatik § 94 und Lasch, Grammatik § 126). Der Nasal des -*inge*-Suffixes schwindet, wie es bei -*ingehūsen*-Namen häufig ist: es entsteht *Rellig-*, dann *Relli-* und *Rellje-* mit Reibelaut. In *Roling-*, *Rölli-* ist eine Rundung des Stammvokals -*e*- zu -*ö*- zu beobachten.

IV. Ernst, Wüstungen S. 87; Exkursionskarte Moringen S. 72-73; Koken, Dassel S. 233; Kühlhorn, Wüstungen Bd. III Nr. 294 S. 115-119 als Reylingehusen.

RENGERSHAUSEN (Einbeck)

1494 *Rengerßhusen* (Kramer, Abschwächung S. 38)
um 1583 *Rengerhausen* (Zimmermann, Ökonomischer Staat S. 22)
um 1583 *Rengershausen* (Zimmermann, Ökonomischer Staat S. 22)
1585 *Rengerßhusen* (Feilke, Untertanenverzeichnis S. 112)
1596 *Rengershausen* (Letzner, Chronica Buch 5 S. 16v)
1762 *Rengershausen* (Hartmann, Schicksale S. 37)
1783 *Rengershausen* (Kurhannoversche Landesaufnahme Bl. 139)
1791 *Rengershausen* (Scharf, Samlungen II S. 190)
1823 *Rengershausen* (Ubbelohde, Repertorium 3. Abt. S. 44)
dialekt. (1951) *rengĕlshiusĕn* (Flechsig, Beiträge S. 20)

I. Die von Lange, Northeim S. 79 hierher gestellten Belege 1093 (Fä. 12. Jh.) *Reinwardeshusan* (Mainzer UB I Nr. 385 S. 291), 1144 *Reinwardeshusan* (Mainzer UB II Nr. 54 S. 105) und 1152 (Fä. 12. Jh.) *Reinwartdeshusin* (Mainzer UB II Nr. 172 S. 318) sind vermutlich mit → † Reinsen in Verbindung zu bringen. Ebenso ist eine Verbindung mit 989-992 (A. 15. Jh.) *Reginwerskinghusun* (Trad. Corb. § 433 S. 149), die von Flechsig, Beiträge S. 20 vorgeschlagen wird, nicht zu halten, da † Renziehausen, südöstl. Hameln, gemeint ist (vgl. Schütte, Mönchslisten S. 272). Ob ein Beleg 1256 (A. 19. Jh.) *Hermanno de Remgetsh* (Westfäl. UB IV Nr. 643), der nach dem Register ebd. S. 1388 wegen der Fehlerhaftigkeit der Abschrift zu „Rengershusen (so wohl statt Remgetsh zu lesen)" emendiert werden muß, hierher gestellt werden kann, ist unsicher. Die Überlieferung beginnt spät im 15. Jh. Der ON bleibt stabil *Rengershusen* bzw. hd. *-hausen*. Die Mundart zeigt Dissimilation von *-r- > -l-*.

III. Eine Deutung aufgrund einer so spät einsetzenden Überlieferung ist prinzipiell schwierig. In diesem Fall wird sie jedoch durch die Stabilität des ON und das Vorkommen eines in Vergleich zu bringenden FamN erleichtert. Im GW liegt *-hūsen* vor. Im BW ist ein stark flektierender zweigliedriger PN anzunehmen, der in der Überlieferung als *Renger* erscheint. Gottschald, Namenkunde S. 387f. und Heintze/Cascorbi, Familiennamen S. 394 stellen den FamN *Renger* zum zweigliedrigen PN *Raginger*. Dieser PN ist in der asä. Form *Reginger* gut bezeugt, daneben in den verschliffenen Varianten *Reinger* und auch *Renger*; vgl. Schlaug, Altsächs. Personennamen S. 145, Schlaug, Studien S. 139 und Förstemann, Personennamen Sp. 1228f. Er besteht aus den Namengliedern *Regin-*, zu got. *ragin* 'Ratschluß; Schicksal', welches früh zu *Rein-* kontrahiert und im 12. Jh. zu *Rēn-* monophthongiert werden kann (Lasch, Grammatik § 126), und *-ger*, zu asä. *gēr* 'Wurfspeer'. Förstemann, Ortsnamen II Sp. 527 führt einige ON auf, die diesen PN enthalten.

† REPKE

Lage: Am Repkebach südwestl. Relliehausen.

1551 *Stiftshof zu Rautpke* (UB Fredelsloh Nr. 264 S. 180)
1596 *Repke* (Letzner, Chronica Buch 7 S. 128r)

FlußN REPKE/REHBACH/REPKEBACH (links zur Ilme)
1655 (A. 18. Jh.) *Röbbecke* (Kettner, Flußnamen S. 229)
1698 *oben der Röpke* (Kettner, Flußnamen S. 229)
1717 *oben der Röpke* (Kettner, Flußnamen S. 229)
1769 *Röbbecke Bach* (Kettner, Flußnamen S. 229)

I. Die zwei Belege von 1551 und 1596 sind nicht mit letzter Sicherheit dieser Wüstung zuzuordnen; möglich ist auch eine Zugehörigkeit zu → † Rebeke. Der ON liegt in zwei unterschiedlichen Formen *Rautpke* und *Repke* vor; eine dritte Form *Röbbecke*, *Röpke* zeigt der zugrundeliegende BachN.

II. Nach Casemir, Grundwörter S. 191 mit dem GW *-beke* gebildet. Wesche, Apa S. 236 stellt den FlußN unsicher zu den *-apa*-Namen. Nach Kettner, Flußnamen S. 229 geht der ON auf den FlußN Repke zurück. Dessen BW sei wegen der spät einsetzenden Überlieferung nicht sicher zu erkennen. Wahrscheinlich sei es mit mnd. *rē* 'Reh' oder mnd. *rēt* 'Schilfrohr' zu verbinden.

III. Bildung mit dem GW *-beke*. Ohne den Beleg *Rautpke* fiele es nicht schwer, den FlußN und den ON wie → † Rebeke mit einer Grundform **Retbeke* als 'Reetbach, Schilfbach' zu deuten. Die ö-Formen des FlußN wären dann als Rundung aus *-e-* zu erklären. Das *-au-* in *Rautpke* ist jedoch nicht mit e-Vokalismus zu vereinbaren, es deutet eher auf eine dialektale Variante von *-ō-* (Lasch, Grammatik § 205), so daß ein Anschluß an mnd. *rōte* 'das Verrotten, Fäulnis; Flachsrotte', mnd. *rōten, rōten*, nnd. *rōten, rōten, rauten* 'verrotten, verfaulen', nnd. *rōte, rāte, raute* 'Rottwasser; Flachsrötegrube' wahrscheinlicher ist; vgl. dazu auch Kettner, Flußnamen S. 246. Das GW erscheint zum Teil verschliffen zu *-pke*, wobei das ursprüngliche *-b-* an das stimmlose *-k-* angeglichen wurde. Das auslautende *-t-* des BW wird in der Konsonantengruppe *-tb-* zu *-bb-* und in *-tpk-* zu *-pk-* assimiliert.

IV. Ernst, Wüstungen S. 87; Exkursionskarte Moringen S. 81; Kühlhorn, Wüstungen Bd. III Nr. 304 S. 153-154.

† RICHARDINGERODE
Lage: Unsicher, evtl. im südlichen Teil des Untersuchungsgebietes gelegen.

1123 (Fä. um 1200) *villulis Rikkardingerodhe et Benningehusen* (Mainzer UB I Nr. 509 S. 411)
1156 *Richardingerod* (MGH Urk. HdL Nr. 33 S. 48)
1201 *Richardingerode* (Urk. Bursfelde Nr. 9)
14./15. Jh. (Rückvermerk zur Urk. von 1156) *Richardingerode* (MGH Urk. HdL Nr. 33 S. 47 Anm. 1)

I. Vgl. die Diskussion bei Kühlhorn, Wüstungen Bd. III Nr. 306 S. 155ff. und NOB IV S. 340f. Die wenigen Belege zeigen kaum Schwankungen, im ersten liegt -*kk*-, in den weiteren -*ch*- vor.

II. Nach Casemir, Grundwörter S. 194 mit dem GW -*rode* gebildet.

III. Trotz der wenigen Belege ist eine Grundform **Rikhardingerode* gut zu erschließen. Die Ableitungsbasis dieses -*ingerode*-Namens ist der stark flektierende zweigliedrige PN *Rikhard*. Zur Etymologie des PN siehe → † Reckhordessen. Mit anderer Entwicklung liegt er auch in † Rikerdingerode, Kr. Wolfenbüttel (NOB III S. 269f.), vor.

IV. Kühlhorn, Wüstungen Bd. III Nr. 306 S. 154-157.

† RICKELSHAUSEN
Lage: Bei der seit 1936 erbauten Neubauernsiedlung „Drei Linden" (vgl. Kleinau GOV I Nr. 490 S. 158) 1,5 km südwestl. Gandersheim.

um 1160 *Ricleveshusen* (UB H. Hild. I Nr. 282 S. 267)
1337 *Rikolveshusen* (Goetting, Findbuch I Nr. 144 S. 72)
1361 *Ricleueshusen* (Goetting, Findbuch I Nr. 189 S. 91)
1414 *Rickelueshusen* (Goetting, Findbuch I Nr. 295 S. 127)
1432 *Rigleueshusen* (Goetting, Findbuch I Nr. 373 S. 152)
1446 *Rikeleueshusen* (Goetting, Findbuch II Nr. 442 S. 12)
1480 *Rickeldeshusen vor Ganderssem belegen* (Urk. Stadt Gandersheim Nr. 70)
1509 *Rickelshusen* (Goetting, Findbuch II Nr. 706 S. 107)
1550 *Rickelshausen* (Goetting, Findbuch II Nr. 850 S. 154)
1636 *Rickelshausen* (Goetting, Findbuch III Nr. 1053 S. 99)
1769 *Ricklingshausen* (Kleinau GOV II Nr. 1683 S. 480)
um 1800 *Riklofshausen* (Kleinau GOV II Nr. 1683 S. 480)

I. Ein Beleg 1152-1179/80 (A. 14. Jh.; Kopie 17. Jh.) *Rettogeshusen* (Petke, Wöltingerode Anhang II Nr. 1 S. 553), der in dem Lehnbesitz der Grafen von Wohldenberg aus Gandersheimer Besitz dokumentiert ist und den der Herausgeber zu † Rickelshausen stellt, läßt sich schwerlich mit der Überlieferung des ON in Einklang bringen. Später ist zwar noch Besitz des Stiftes Gandersheim in der Wüstung nachzuweisen, nicht jedoch Lehnbesitz der Wohldenberger, weshalb eine eindeutige Zuordnung kaum möglich erscheint. Eine vom Herausgeber des UB H. Hild. I. auf um 1153 (Nr. 282 S. 267f. = Urk. Clus/Brunshausen Nr. 5) datierte Urkunde, in der der vorliegende Ort vorkommt, ist mit Goetting, Brunshausen S. 203f. auf um 1160 zu datieren. Das GW lautet stabil *-husen* bzw. ab dem 16. Jh. hd. *-hausen*. Im BW liegt neben *-leves-* auch *-olves-*, *-elves-* vor. Im 16. Jh. tritt eine starke Kürzung zu *Rickels-* ein. *Rickeldes-* und die jungen Formen *Ricklings-* und *Riklofs-* weichen von der Überlieferung ab.

II. Die BuK Gandersheim S. 255 deuten den ON als „Behausung eines Riklef". Förstemann, Ortsnamen II Sp. 585 stellt den ON zum PN *Riklef*.

III. Bildung mit dem GW *-hūsen*. Das BW enthält den stark flektierenden zweigliedrigen PN *Riklef*, der im Asä. bezeugt ist; vgl. Schlaug, Altsächs. Personennamen S. 148 und Förstemann, Personennamen Sp. 1266. Das Erstglied gehört zu asä. *rīki* 'reich, mächtig', das Zweitglied ist mit asä. *lēba* 'Erbe, Hinterlassenschaft', in PN in der Bedeutung 'Nachkomme, Sproß' (Kaufmann, Ergänzungsband S. 224), zu verbinden. Der Wechsel zwischen *-lef* und *-olf*, *-elf* aufgrund der lautlichen Nähe dieser beiden Namenglieder ist öfter zu beobachten, vgl. → Dankelsheim, → Hilwartshausen, → † Radelfeshusen, → † Rolfshagen, † Roleveshagen und Rollshausen, Kr. Göttingen (NOB IV S. 345f.), † Wendeleveshusen, Kr. Göttingen (NOB IV S. 417), und † Wyckleveshusen, Kr. Göttingen (NOB IV S. 435). *Ri(c)keleues-* ist wohl eine Mischform aus *Ricleves-* und einem aus *Rikolves-* abgeschwächten BW **Rikelves-*. Ausgehend von diesen Formen tritt Kürzung zu *Rickels-* ein.

IV. BuK Gandersheim S. 255; Karte 18. Jh. Bl. 4126; Kleinau GOV II Nr. 1683 S. 480; Mühe, Gandersheim S. 96-97; Niedersächsischer Städteatlas I S. 9.

RIMMERODE (Kreiensen)

um 1007 *Rimmigarod* (Goetting, Gandersheim S. 256)
1360 (A. 15. Jh.) *Rimmigerode* (Harenberg, Gandersheim S. 851)
1398 *Rymmigerode* (Goetting, Findbuch I Nr. 253 S. 113)
1421 *Sander Rymmingerod* (Grote, Neubürgerbuch S. 22)
1472 *Rymmerode* (Goetting, Findbuch II Nr. 569 S. 58)
1478 *landwere to Rimingerode vor Ganderssem* (Urk. Stadt Gandersheim Nr. 68)
1486 *Rymmerode* (Goetting, Findbuch II Nr. 626 S. 78)
1525 *feltmarke to Rimingerode* (Lagerbuch Katlenburg S. 85)
1544 *Rimmerode* (Kayser, Kirchenvisitationen S. 200 Anm. 382)
1589 *Rimmirode* (Kleinau GOV II Nr. 1695 S. 483)
1678 *Rimmerohda* (Kopfsteuerbeschreibung Wolfenbüttel S. 221)
1803 *Rimmerode* (Hassel/Bege, Wolfenbüttel II S. 258)
dialekt. (1937) *Rimmerooh* (Boegehold, -ingerode S. 41)
dialekt. (1950) *rimmərū, rimmərō* (Kleinau II 483)

I. Zwei vom K. Janicke im UB H. Hild. I hierher gestellte Belege beziehen sich nicht auf unseren Ort: Der Beleg von 1182 *decimam quandam in villa que Ribbenrothe dicitur* (UB H. Hild. I Nr. 417 S. 405) kann nicht Rimmerode meinen, da der erwähnte Zehnt in *Ribbenrothe* der Hildesheimer Kirche übertragen wird, der Zehnt in Rimmerode aber dem Reichsstift Gandersheim seit 1007 eignete (vgl. Kleinau GOV II Nr. 1695 S. 484). Die 1213 erwähnte *villa Ricmiderode* (UB H. Hild. I Nr. 669

S. 638) ist beim Tempelhof nördlich von Hornburg, Kr. Wolfenbüttel, zu suchen; vgl. NOB III S. 268f. Der ON entwickelt sich von *Rimmigarod, Rimmi(n)gerode* zu *Rymmi-* und *Rimmerode*.

II. Nach Boegehold, -ingerode S. 41 gehört der ON zu den *-ingerode*-Namen. Die BuK Gandersheim S. 255 denken an: „Etwa Rodung der Sippe eines Rimbert?" Förstemann, Ortsnamen II Sp. 590 stellt den ON zum PN-Stamm RIM.

III. Es liegt ein *-ingerode*-Name vor. Die Ableitungsbasis ist ein PN, allerdings kein VollN, wie die BuK Gandersheim vermuten, sondern eine Kurzform *Rim-*; vgl. die KurzN *Rim, Rimo, Rimmo* bei Förstemann, Personennamen Sp. 1274, Schlaug, Altsächs. Personennamen S. 113 und Schlaug, Studien S. 221. Dem PN-Stamm RIM liegt germ. *(h)rīma* 'Reif' zugrunde. Das *-inge*-Suffix zeigt die häufig auftretenden Ausfallserscheinungen über *-ige-* zu *-i(e)-*, wobei *-i-* zu *-e-* abgeschwächt wird.

RITTIERODE (Kreiensen)

1206 *Rotincroth* (Harenberg, Gandersheim S. 739)
1226 (A. 14. Jh.) *in Ritinecroth* (Kleinau GOV II Nr. 1699 S. 485)
1426 (A. 17. Jh.) *Ritdingerode* (Goetting, Findbuch I Nr. 353 S. 146)
1519/20 (A. 16. Jh.) *Rittelingerode* (Krusch, Studie S. 266)
1542 *Rittingerode* (Kayser, Kirchenvisitationen S. 201)
1552 *Rittirode* (Kleinau GOV II Nr. 1699 S. 485)
um 1600 *Rittigeroda* (Reller, Kirchenverfassung S. 222)
1737 *Rittigerode* (UB Uslar I S. 453)
1755 *Ritgerode* (UB Uslar II S. 1225)
1783 *Rütgerode* (Kurhannoversche Landesaufnahme Bl. 139)
1794 *Rittigerode* (UB Uslar II S. 1302)
1803 *Rittierode* (Hassel/Bege, Wolfenbüttel II S. 196)
dialekt. (1937) *Rüttjerohe* (Boegehold, -ingerode S. 41)
dialekt. (1949) *ritjəróu(ə)* (Kleinau GOV II Nr. 1699 S. 485)

I. Der erste Beleg zeigt im BW-Stammvokal *-e-*, in Folge erscheint *-i-*. Die Vollform des ON hält sich recht lange, daneben treten immer wieder verkürzte Formen *Rittige-, Ritge-, Rittie-* auf. Wenige Male liegt Rundung *-i-* > *-ü-* vor, die auch noch in der Mundart erkennbar ist. Der Beleg 1519/20 *Rittelingerode* weicht von der Belegreihe ab.

II. Nach Boegehold, -ingerode S. 41 gehört der ON zu den *-ingerode*-Namen. Die BuK Gandersheim S. 256 deuten unsicher: „Etwa Rodung der Sippe eines Redgar?"

III. Sicher ist, daß ein *-ingerode*-Name vorliegt. Die Ableitungsbasis dieses ON-Typs ist stets ein PN. Fraglich ist, von welcher PN-Form hier auszugehen ist. Der Erstbeleg zeigt *Ret-*. Dabei könnte wie in † Retingerode, Kr. Göttingen (NOB IV S. 334), an einen KurzN *Rato* < *Rado*, zu asä. *rād* 'Rat', in umgelauteter Form zu denken sein. Laut Lasch, Grammatik § 146 geht umgelautetes *-ē-* allerdings nur selten in *-ī-* über. Es muß also eher ein PN *Rit-* angenommen werden. Förstemann, Personennamen Sp. 1272 verzeichnet unter dem PN-Stamm RID PN wie *Rido, Ridand, Ridger, Ritger* und *Ridward* und verbindet diese mit anord. *rīða*, aengl. *rīdan*, ahd. *rītan* 'reiten'. Laut Schlaug, Studien S. 147 gehören die PN *Ridericus* und *Ridund* zu asä. *rīdan* 'reiten'. Es ist gut möglich, den bei Förstemann bezeugten KurzN *Rido* in inlautverschärfter Form *Rito anzusetzen, vgl. diese Entwicklung beim PN *Frido* > *Frito* bei Kaufmann, Untersuchungen S. 17. Man kann also von einer Grundform *Ritingerode ausgehen. Im 15. Jh. tritt Vokalkürzung mit gleichzeitiger Verdopplung des Dentals ein. Die Abschwächung des -*inge*-Suffixes über -*(i)ge*- zu -*i(e)* ist ein bei -*ingerode*-Namen häufig zu beobachtender Prozeß.

† ROBBEDISSEN
Lage: Ca. 2 km nordöstl. Dassel.

um 1290 *Ryxa Robbedissen famil.* (Dürre, Amelungsborn S. 26)
1310 *Robbedissen* (Sudendorf X S. 281 Anm. 1)
1334 *Robdissen* (UB Fredelsloh Nr. 143 S. 104)
1383 *Robbedissen* (UB Fredelsloh Nr. 173 S. 123)
1453 *Robbedissen* (UB Fredelsloh Nr. 211 S. 151)
1596 *Robbedissen* (Letzner, Chronica Buch 8 S. 149r)
1609 *Robbedissen* (Müller, Lehnsaufgebot S. 401)
17. Jh. (Rückvermerk zur Urkunde von 1334) *Roboißen* (UB Fredelsloh Nr. 144 S. 105)
1840 *Robbedissen* [...] *Robbedisser Land* (Koken, Dassel S. 232)

I. Der ON ist relativ stabil. Der Beleg 17. Jh. *Roboißen* ist als Rückvermerk zu 1334 *Robdissen* sicherlich als Verschreibung -*d*-/-*o*- zu sehen.

II. Nach Casemir, Grundwörter S. 193 mit dem GW -*husen* gebildet.

III. Bildung mit dem GW -*hūsen*, welches bereits verkürzt zu -*sen* vorliegt. Als BW ist ein stark flektierter PN anzunehmen, der in der Form *Robbedis*- stark verschliffen scheint: Der zugrundeliegende PN ist in einer Form *Robbed* zu erkennen, die nur Vermutungen zuläßt. Möglich ist ein Anschluß an den PN *Rodbert*, der in der ON-Komposition *Rodbertissen* assimilatorische Vorgänge durchläuft: -*db*- assimiliert zu -*bb*- und -*rt*- zu -*(t)t*-, wobei dieses zu -*(d)d*- abgeschwächt wird (zur nicht seltenen Schwächung von -*t*- > -*d*- vgl. Wesche, Verschlußlaute S. 275f.). Da eine Assimilation -*rt*- > -*(t)t*- ungewöhnlich ist, ist besser von der Zweitgliedvariante -*berht* auszugehen, die dialektal auch als -*becht* auftreten kann; vgl. → (†) Albrechtshausen, → Sebexen, → † Wolbechteshusen, Hülptingsen, Kr. Hannover (NOB I S. 223f.), und † Delbechteshusen, Kr. Göttingen (NOB IV S. 93f.). Laut Lasch, Grammatik § 357 kann -*ch*- vor -*t*- nach kurzem Vokal in nebentoniger Stellung ausfallen. Appellativisch ist dieser Ausfall z.B. bei *nit* < *niwicht* 'nicht', *amt* < *ammecht* < *ambacht* zu beobachten. Vielleicht sind zwei ON-Belege von → Sebexen (1139 *Sibechteshusen*) ähnlich zu beurteilen: Um 1260 lautet der ON *Sebbettessen*, 1308 *Sebettessen*. Dort setzt sich allerdings die -*bechtes*-Form durch. Dieser *ch*-Ausfall begegnet auch in → Wolbrechtshausen in der Form *Wolbreteshusen*. Die Entwicklung von *Robbedissen* könnte also von *Rodberchtishusen* > *Robbechtissen* > *Robbe(t)tissen* > *Robbed(d)issen* verlaufen sein. Der PN *Rodberht* geht auf *Hrodberht* zurück und besteht aus den Namengliedern (*H*)*rod*-, zu asä. *hrōth* 'Ruhm', das nur in PN auftritt, und -*berht*, zu asä. *ber(a)ht* 'glänzend, berühmt'. Das anlautende, vor -*r*- stehende *H*- schwindet früh (Gallée, Grammatik § 259). Asä. ist der PN gut bezeugt; vgl. Förstemann, Personennamen Sp. 892f., Schlaug, Altsächs. Personennamen S. 113 und Schlaug, Studien S. 144.

IV. Ernst, Wüstungen S. 87; Koken, Dassel S. 232; Kühlhorn, Wüstungen Bd. III Nr. 309 S. 166-169.

† RODENBEKE

Lage: Unsicher; evtl. auch außerhalb des Untersuchungsgebietes in Hessen.

1253 *Rodenbeke* (Westfäl. UB IV Nr. 527 S. 320)
1272 *Rodenbeke* (Sudendorf I Nr. 73 S. 47)
1273 *Rodenbeke* (Westfäl. UB IV Nr. 1328 S. 640)
1276 *Rodenbeke* (Westfäl. UB IV Nr. 1431 S. 686)
1551 *bei der Rodtbeke* (Kramer, Oberweser S. 56)

I. Der ON ist im 13. Jh. als *Roden-*, im 16. Jh. als *Rodtbeke* überliefert.

II. Nach Casemir, Grundwörter S. 191 mit dem GW *-beke* gebildet.

III. Dem ON liegt wohl ein FlußN zugrunde; das GW ist *-beke*. Das BW *Roden-* ist das Adjektiv asä. *rōd*, mnd. *rōt* 'rot' im Dativ, ausgehend von einer Wendung **tom/am roden beke*; vgl. auch Kettner, Flußnamen S. 243ff. mit vielen Vergleichsnamen. Benennungsmotiv nach Kettner ist dabei entweder, „daß sie aus einem Moor gespeist werden" oder „daß im Wasser lehmige oder sandige Bestandteile aufgelöst sind". Nach Garke, Bachnamen S. 12 kann „braun und rot in Bach- und Quellnamen [...] auf Eisenoxyd hinweisen, vor allem sind es [...] die Farben des Moores". Er führt dazu den FlußN Rotenbeek zur Oker an. Weitere Vergleichsnamen sind † Rodenbeke, Kr. Osterode (NOB II S. 138f.), und † → Rodenwatere.

IV. Kühlhorn, Wüstungen Bd. III Nr. 312 S. 193-194.

† RODENWATERE

Lage: Ca. 3 km nordwestl. Fredelsloh.

1296 *Rodenwatere* (UB Fredelsloh Nr. 77 S. 66)
1296 *Rodenwatere* (UB Fredelsloh Nr. 79 S. 67)
1297 *Rodenwatere* (UB Fredelsloh Nr. 84 S. 69)
1297 *Rodenwathere* (UB Fredelsloh Nr. 85 S. 70)
1318 *villam Rodenwatere* (Flentje/Henrichvark, Lehnbücher Nr. 151 S. 43)
1388 *daz dorff zům Rodinwatere* (Sudendorf VI Nr. 221 S. 240)
1596 *Rotewasser* (Kettner, Flußnamen S. 248)

FlußN ROTES WASSER
1581 *nach dem Rohdenwaßer* (Kettner, Flußnamen S. 247)
1596 *das Rote Wasser* (Kettner, Flußnamen S. 247)
1603 *Das Rotewasser* (Krabbe, Sollingkarte Bl. 7)
um 1696 *daß Rotte Waßer* (Kettner, Flußnamen S. 247)
1698 *Roth Wasser* (Kettner, Flußnamen S. 247)
1715 *das Rotewaßer* (Kettner, Flußnamen S. 247)
1717 *daß Rohtewaßer* (Kettner, Flußnamen S. 247)
1717 *im Rothenwaßer* (Kettner, Flußnamen S. 247)

I. Der ON ist stabil; im 16. Jh. tritt die Verhochdeutschung des Namens ein. Zu diesem Zeitpunkt schwindet das Flexions-*n* im BW. Der FlußN ist nur hd. bezeugt.

II. Nach Casemir, Grundwörter S. 194 mit dem GW -water/-wasser gebildet. Kettner, Flußnamen S. 247f. sieht im BW das Farbadjektiv mnd. rōt 'rot'.

III. Bildung mit dem GW -water und dem Adjektiv asä. rōd, mnd. rōt 'rot' in einer Wendung *tom/am roden water, die sich auf die Lage der Siedlung am Fluß Rotes Wasser bezieht. Ein vergleichbarer FlußN ist im FlurN Am rothen Wasser nördl. von Silberborn, Kr. Holzminden, enthalten. Laut Nolte, Flurnamen S. 141 ist dieser „ein älterer Name der Holzminde an dieser Stelle [...]. Das Wasser des Baches hat nach Niederschlägen eine rötliche Farbe". Für Weise, Nienover S. 5 hängt dessen „Färbung [...] mit dem eisenhaltigen Torfmoor zusammen, aus dem der Bach kommt". In ähnlicher Bildung und Bedeutung vgl. → † Rodenbeke und † Rodenbeke, Kr. Osterode (NOB II S. 138f.).

IV. Ernst, Wüstungen S. 87-88; Exkursionskarte Moringen S. 73; Kettner, Flußnamen S. 247-248; Kramer, Artikel S. 98; Kühlhorn, Wüstungen Bd. III Nr. 315 S. 198-199.

† RODERESHUSEN

Lage: Ca. 1 km nordöstl. Domäne Albrechtshausen.

1260 (A. 18. Jh.) *Rodershusen* (Winzer, Katlenburg S. 36)
1268 (A. 16. Jh.) *Rodershusen* (Kopialbuch Katlenburg Bd. II S. 37r)
1270 *Rodereshusen apud Barke* (Urk. Katlenburg Nr. 22)
1270 *Rodhereshusen* (UB Eichsfeld Nr. 525 S. 322)
1303 *decime in Roderishusen cum suis pertinenciis et molendini siti sub pene montis Catelenburg* (Urk. Katlenburg Nr. 57)
1351 *Rodershusen* (Urk. Katlenburg Nr. 158)
2. Hälfte 15. Jh. *Rodershusen* (Urk. Katlenburg Nr. 262a)
1525 *Rodershusen is belegen bouen der Berkesschen lantwere* (Lagerbuch Katlenburg S. 81)
1553 *Rodershusen* (Max, Grubenhagen I S. 511)

I. Ein von Kühlhorn, Wüstungen Bd. III Nr. 316 S. 200 und anderen hierher gestellter Beleg 1105 (Fä. Mi. 12. Jh.) *Rotheshusen* (Mainzer UB I Nr. 424 S. 331) gehört zu † Roteshusen im Kr. Osterode (vgl. NOB II S. 141). Eine von Leuckfeld, Pöhlde S. 134 aufgeführte Nennung des Ortes zu 1254 war nicht aufzufinden (vgl. auch Winzer, Katlenburg S. 36). Zahlreiche Fehlzuordnungen finden sich bei Wintzingeroda-Knorr, Wüstungen S. 790f., die korrekt zum schon genannten † Roteshusen zu stellen sind (vgl. NOB II S. 141f.). Unsere Wüstung ist leicht mit † Rodershusen im Kr. Göttingen (NOB IV S. 344f.) zu verwechseln; eine Verwechslung mit Rüdershausen, Kr. Göttingen, kommt häufig vor, ist jedoch wegen der völlig anderen Bildungsweise des ON Rüdershausen (NOB IV S. 353f.) vermeidbar. Die Überlieferung des ON zeigt kaum Schwankungen.

II. Nach Casemir, Grundwörter S. 193 mit dem GW -husen gebildet.

III. Bildung mit dem GW -hūsen. Im BW liegt der stark flektierende zweigliedrige PN Roder vor, der auf einen älteren Hrodheri zurückgeht. Bei Förstemann, Personennamen Sp. 905, Schlaug, Altsächs. Personennamen S. 114 und Schlaug, Studien S. 145 ist er gut bezeugt. Er besteht aus den Namengliedern (H)rod-, zu asä. *hrōth 'Ruhm', welches nur in Namen vorkommt, und -her(i), zu asä. hēri 'Heer'. Das anlautende, vor -r- stehende *H*- schwindet schon im Asä. (vgl. Gallée, Grammatik § 259). Als Vergleichsname ist der ebenfalls mit *Roder* gebildete ON † Rodershusen, Kr. Göttingen (NOB IV S. 344f.), heranzuziehen.

IV. Exkursionskarte Osterode S. 46; Kühlhorn, Wüstungen Bd. III Nr. 316 S. 199-203; Max, Grubenhagen I S. 511; Merl, Anfänge S. 11; Wintzingeroda-Knorr, Wüstungen Nr. 406 S. 789-791 als Roitshusen; Winzer, Katlenburg S. 36-38.

† ROLFSHAGEN
Lage: Ca. 3,5 km südl. Hilwartshausen.

1413 *Herbordus Roleveshagen* (Bilderbeck, Sammlung I Nr. 7 S. 41)
1416 *Herbord von Roleveshagen* (Reg. Wallmoden Nr. 302 S. 94)
1595 *Rolefshäger Berg* (Seidensticker, Forsten II S. 363)
1603 *Wusten Rolffshagen* (Krabbe, Sollingkarte Bl. 7)
1715 *Rolffshagen* (Bodemann, Wüste Ortschaften S. 245)
1783 *Raulfser Dorf Stelle* (Kurhannoversche Landesaufnahme Bl. 141)

I. Auszugehen ist von *Roleveshagen*. In den jüngeren Belegen erscheint *Rolffs-*. 1783 liegt *-au-* statt *-o-* vor; das GW ist ausgefallen.

II. Nach Casemir, Grundwörter S. 192 mit dem GW *-hagen* gebildet. Förster, Forstorte I S. 134 geht nur von den Belegen 1603 und 1783 (bei ihm 1784) aus. Den Beleg 1603 *Wusten Rolffshagen* sieht er als Irrtum Krabbes: „Es ist sehr unwahrscheinlich, daß es sich an der alten Heerstraße [...] um ein Hagendorf gehandelt haben kann." Den ON erklärt er aufgrund von 1783 *Raulfser Dorf Stelle* folgendermaßen: Der Ort „lag an der Uslarschen Heerstraße auf der Grenze zwischen dem alten Teutfeld und dem Raulfeld. Feld kontrahierte hier zum 'f'. [...] die Silbe -ser, die auch beim Rolfser Berg erscheint [...] läßt den Schluß zu, daß die Siedlung damals Rolfsen hieß, entstanden aus dem alten Raulfeldhusen."

III. Försters Deutung ist abzulehnen. Zum ersten geht er von den jüngsten Belegen aus, zum zweiten kommt er zu unhaltbaren Schlußfolgerungen. Mit Casemir ist aus den vorliegenden Belegen eindeutig festzustellen, daß es sich um einen *-hagen*-Namen handelt, dessen BW einen stark flektierenden zweigliedrigen PN enthält. Anzusetzen ist *Hrodlef*; vgl. Förstemann, Personennamen Sp. 908 und Schlaug, Altsächs. Personennamen S. 114. Die Namenglieder *Hrod-* und *-lef* sind mit asä. *hrōth 'Ruhm', welches nur in Namen vorliegt, und asä. *lēba* 'Hinterlassenschaft, Überbleibsel' bzw. in PN 'Nachkomme, Sproß' (vgl. Kaufmann, Ergänzungsband S. 224) zu verbinden. Das anlautende *H*- vor -r- fällt bereits im Asä. aus (Gallée, Grammatik § 259). In den spät einsetzenden Belegen *Roleveshagen* ist *-th-* geschwunden. Da die Entwicklung von *Rolefshagen zu *Rolffshagen* über eine Abschwächung des Zweitgliedes *-lef* nicht typisch ist, ist ebenso wie in † Roleveshagen, Kr. Göttingen (NOB IV S. 345f.), von einer Vermischung mit dem PN *Rudolf*, *Rodolf* bzw. dessen Kurzform *Rolf* auszugehen. Umgekehrter Einfluß liegt in Rollshausen, Kr. Göttingen (NOB IV S. 346f.), vor. Weitere ON mit offensichtlichem Wechsel zwischen *-lef* und *-olf*, *-elf* aufgrund ihrer lautlichen Nähe sind → Dankelsheim, → Hilwartshausen, → † Radelfeshusen, → † Rickelshausen, † Wendeleveshusen, Kr. Göttingen (NOB IV S. 417), und † Wyckleveshusen, Kr. Göttingen (NOB IV S. 435). Die Form *Raulfser Dorf Stelle* zeigt dialektal zu *-au-* diphthongiertes *-ō-*.

IV. Ernst, Wüstungen S. 88; Förster, Forstorte S. 134-135; Exkursionskarte Moringen S. 82; Kühlhorn, Wüstungen Bd. III Nr. 319 S. 211-212.

† ROSENHAGEN

Lage: Ca. 0,6 km südöstl. Portenhagen.

1362 *Rosenhagen* (Dürre, Homburg Nr. 287 S. 112)
1412 (A.) *Cord Rosenhagen* (Feise, Einbeck Nr. 521 S. 115)
1442 (A.) *Coerd Rossenhagen* (Feise, Einbeck Nr. 1043 S. 199)
1447 *Cord Rosenhagen* (Feise, Einbeck Nr. 1089 S. 208)
1461 *Hans Rosenhagen* (Feise, Einbeck Nr. 1348 S. 251)
1471 *to den Rosenhagen* (Lüneburger Lehnregister Nr. 804 S. 72)
1479 *Rosenhaghen* (Wisotzki, Nörten II S. 73)
1537 *Curd Rosenhagen* (Bilderbeck, Sammlung III S. 132)
um 1556 (A. 18. Jh.) *Hans Roßenhagen* (Dolle, Studien S. 399)
1783 *Rosenhagen* (Kurhannoversche Landesaufnahme Bl. 139)
dialekt. (1970) *Rosenhagen* (Rohmeyer, Lüthorst S. 40)

I. Zu einigen Fehlzuordnungen von Quellenstellen zu dieser Wüstung vgl. Kühlhorn, Wüstungen Bd. III Nr. 321 S. 220. Der ON zeigt bis auf singuläres -*ss*- und -*ß*- statt -*s*- keine Veränderungen.

II. Nach Casemir, Grundwörter S. 192 mit dem GW -*hagen* gebildet. Rohmeyer, Lüthorst S. 45 deutet den ON als „Waldsiedlungsgelände, auf dem offenbar die wilde Rose stark vertreten war". Jellinghaus, Westf. ON S. 149 sieht in Namen wie Rosengarten und -hagen (mit den Beispielen einer Wüstung Rosenhagen bei Windheim, Kr. Minden, und einer Erwähnung des 14. Jh. Rosenhagen bei Wildeshausen) Bezeichnungen für „vorchristliche Begräbnisplätze, die häufig als Spielplätze benutzt wurden. Sie waren mit Wallhecken aus Heckenrosen umgeben."

III. Bildung mit dem GW -*hagen*. Das BW enthält mnd. *rōse* 'Rose', wobei darunter sowohl die wilde Rose, die Hagebutte als auch der Weißdorn verstanden werden können, also Sträucher, welche als Heckenbewuchs dienten. Förstemann, Ortsnamen II Sp. 611 führt einige mit *Rose*- gebildete ON auf. Das gleiche BW liegt auch in † Rosental, Kr. Göttingen (NOB IV S. 352), und † Rosendal, Kr. Osterode (NOB II S. 139f.), vor. In den Belegen mit doppeltem -*s*- bzw. -*ß*- ist vielleicht *Roß* eingedeutet worden. Ob mit *Rosen*- gebildete ON auf vorchristliche Bestattungsplätze weisen, darf angesichts von ON-GW wie -*hagen*, -*garten* oder -*dal* stark bezweifelt werden.

IV. Ernst, Wüstungen S. 88; Kühlhorn, Wüstungen Bd. III Nr. 321 S. 217-221; Rohmeyer, Lüthorst S. 40.

† ROSSINGEN

Lage: Wohl bei der Juliusmühle nordöstl. Markoldendorf zu suchen.

1465 *vor deme Rössinger dore* (Harland, Einbeck I Nr. 53 Nr. 380)
1484 (A.) *Rüssingen* (Feise, Einbeck Nr. 1767 S. 334)

I. Der ON ist für einen -*ingen*-Namen ausgesprochen spät überliefert; weitere Belege ließen sich nicht ermitteln. Der Umlaut liegt als -*ö*- und -*ü*- vor.

II. Nach Casemir, Grundwörter S. 193 mit dem Suffix *-ingen* gebildet.

III. Die Deutung eines alten *-ingen*-Namens, der lediglich zweimal im 15. Jh. in uneinheitlicher Form überliefert ist, kann nur Vermutung bleiben. Nd. ON mit dem Suffix *-ingen* enthalten meist ein Appellativ als Ableitungsbasis. Bei den überlieferten Formen müßte man von einem Ansatz **Ross-* oder **Russ-* ausgehen, wobei der Vokal durch das nachfolgende *-i-* des Suffixes umgelautet wird. Zunächst denkt man an das *Roß*, asä. *hros* < germ. **hrussa*, dessen *H*-Anlaut vor *-r-* schon im Asä. fällt. Doch die Bedeutung 'Ort, Stelle, wo Pferde sind' will nicht recht einleuchten. Dittmaier, Rhein. FlurN S. 251 nennt die FlurN Ross und Zusammensetzungen wie Roßbach, -berg, -dell und -kamp, in denen er ein Appellativ vermutet, welches Schilfrohr bezeichnet und als mnl. *rōs*, got. *raus* bezeugt ist. Dittmaier, apa S. 39 führt GewN wie Rospe, Rosphe, Rosaffa als Namen mit dem Flußnamengrundwort *-apa* auf „got. raus, mndl. rōs, nhd. Rohr, unter Ausfall des Rhotazismus oder des gramm. Wechsels" zurück. Zum näheren Verständnis sei eine Passage aus NOB IV S. 351 zum ON Rosdorf, Kr. Göttingen, zitiert: „Dt. Rohr, zumeist 'Schilfrohr', ist mit folgenden Wörtern verwandt: auf der einen Seite mit ahd. rōr, mhd. rōr, mnd. rōr, mnl., nl. roer, anord. reyrr, die somit im Auslaut ein -r- besitzen, auf der anderen Seite mit got. raus, mnl. rōs, die ein -s- aufweisen. Zugrunde liegt das sogenannte 'Vernersche Gesetz', das bei diesem Wort eingewirkt hat und den Wechsel zwischen -r- und -s- in den germanischen Wörtern verursacht hat", in Abhängigkeit von der jeweiligen Betonung. Einen solchen Ansatz vermutet Förstemann, Ortsnamen II Sp. 611f. auch in einem FlurN 1014 *Rosingheborne* bei Wippra, Kr. Mansfelder Land, den er als „rohrborn" deutet, und in einer Wüstung bei Nordhausen, 1140 *Rosunge*, in der Bedeutung „rohrauen?". Vielleicht liegt auch Rossingen dieses Rohrwort in einer ON-Grundform **Rosingen* zugrunde. Die vermutete Lage in der Ilmeniederung spricht zumindest nicht dagegen.

IV. Kühlhorn, Wüstungen Bd. III Nr. 323 S. 225-227.

ROTENKIRCHEN (Einbeck)

1203 (A.) *Hartungus de Rodinkerchen* (Orig. Guelf. III Nr. 351 S. 853)
Mi. 13. Jh. (A. 14. Jh.) *Rodenkerken* (Lehnbuch Schönberg Nr. 19 S. 43)
1251 *Hartmannus sacerdos in Rodenkerken* (UB Fredelsloh Nr. 26 S. 38)
1337 *Rodenkerken* (Goetting, Findbuch I Nr. 143 S. 72)
1400 *daz dorff Rodinkirchen* (Sudendorf IX Nr. 68 S. 94)
1479 *Rodenkercken alias Grubenhaghen* (Wisotzki, Nörten II S. 78)
1482 *Rodenkerker wische* (Hagedorn, Grubenhagen S. 34)
1544 *Rodenkercken* (Kayser, Kirchenvisitationen S. 586)
1596 *Rotenkirch* (Letzner, Chronica Buch 3 S. 94r)
1605 *Rottenkirchen* (Kleinschmidt, Sammlung II S. 266)
1783 *Amt Rotenkirchen* (Kurhannoversche Landesaufnahme Bl. 142)
1823 *Rotenkirchen* (Ubbelohde, Repertorium 3. Abt. S. 48)
dialekt. (1951) *rauěnkerkěn* (Flechsig, Beiträge S. 20)

I. Kühlhorn, Wüstungen Bd. III Nr. 314 S. 196-198 (als Rodenkerken) nimmt an, daß der Ort im 15. Jh. wüstgefallen sei, ohne hierfür Belege zu erbringen. Max, Grubenhagen I S. 529 geht unter Bezugnahme auf J. Letzner davon aus, daß der Ort 1448 bei der Belagerung der Burg Grubenhagen zerstört worden sei. Der ON ist stabil als

Rodenkerken, später hd. *Rotenkirchen* überliefert, abgesehen von vereinzelten graphischen Varianten.

II. Nach Casemir, Grundwörter S. 193 mit dem GW -*kerke* gebildet. Letzner, Chronica Buch 3 S. 94 erklärt den Namen daraus, daß „daselbst ein Kirchlein gestanden", das „das gemeine Volck von wegen des Ziegeldachs oder sonsten Rotenkirch genandt", was dann auf den „newen Hoff und Fuhrwerck" übertragen worden sei. Einbecks Dörfer S. 104 geht ebenfalls von einem Bezug zur markanten Farbe der Kirche aus: „Die kleine Kirche des frühmittelalterlichen Dorfes muß in der Region etwas Besonderes gewesen sein, so daß sich die Benennung 'rote Kirche' als Ortsname durchsetzen konnte." Stephan, Rotenkirchen S. 374 meint, „der im weiten Umfeld ungewöhnliche Ortsname hebt offenbar eine Besonderheit hervor". Er weise „zweifellos in christliche Zusammenhänge, er ist als rote Kirche aufzulösen. Daraus kann gefolgert werden, daß als Baumaterial der im westlich benachbarten Solling anstehende rote Sandstein verwendet wurde". Ausführlicher geht er auf das Benennungsmotiv des GW ein: „Die Ursache für die Benennung des Ortes nach der Kirche ist am ehesten darin zu sehen, daß dort vielleicht in sehr früher Zeit eine Kapelle entstand, [...] als das Netz der Sakralbauten noch dünn gewesen sein wird." Klinkhardt, Grubenhagen S. 6 geht eher von einem Rodungsnamen aus. Der Ort scheine „seinen Namen, welcher ursprünglich Rodenkerken geschrieben wurde, dadurch bekommen zu haben, daß der Boden daselbst vorhin mit Waldung bedeckt, und in dem Dunkel derselben [...] eine Kirche errichtet war, um welche die einzelnen Höfe nach und nach ihren Ursprung genommen, und das Verschwinden dieser Waldung und das Urbarmachen des Bodens veranlaßt hatten." Ernst/Sindermann, Einbeck II S. 1 deuten den ON ebenfalls als „Rodesiedlung". Harland, Einbeck S. 16 vermutet im BW einen PN und deutet den ON als „die Kirche des Rode".

III. Das GW ist zweifellos -*kerke*, das nd. Wort für 'Kirche'. Harlands Vermutung, das BW *Roden-* gehe auf einen PN zurück, ist zwar sprachlich möglich, da die Flexionsfuge -*en*- auf einen schwach flektierenden PN weisen könnte, wofür mit dem KurzN *(H)rōdo*, zu asä. **hrōth* 'Ruhm' (nur in Namen), auch ein Ansatz gegeben wäre (vgl. Schlaug, Altsächs. Personennamen S. 116), doch ist ein PN in Verbindung mit -*kerke* äußerst unwahrscheinlich. Auch eine Deutung als 'Kirche an einer Rodung' ist auszuschließen, denn asä. *roth* 'Rodung' als starkes Neutrum ist nicht mit der Flexionsendung -*en*- zu vereinbaren. Vielmehr ist von dem Adjektiv asä. *rōd*, mnd. *rōt* 'rot' auszugehen und der ON auf eine Wendung **to/bi der roden kerken* im Dativ zurückzuführen sowie anzunehmen, daß wirklich die Farbgebung des Gesteins, aus dem die Kirche erbaut wurde, das Benennungsmotiv darstellt.

† RUCUNHUSEN

Lage: Unbekannt; evtl. bei Mackensen zu suchen.

826-876 (A. 15. Jh.) *villa nuncupata Rucunhusen* (Trad. Corb. § 261 S. 127)

I. Weitere Belege konnten nicht ermittelt werden.

II. Nach Casemir/Ohainski, Orte S. 136 und Casemir, Grundwörter S. 193 mit dem GW -*husen* gebildet. Förstemann, Ortsnamen I Sp. 1467f. stellt einen Beleg 9. Jh. *Rucunhusen*, bei dem es sich um unseren ON handeln dürfte, und einen Ort 1072

Ruochenhusin zwischen Bingen und Simmern auf dem Hunsrück zum PN-Stamm HROK.

III. Den Deutungen ist zu folgen und von einer Grundform **Ruc(c)enhusen* auszugehen. Es handelt sich um eine Bildung mit dem GW -*hūsen* und dem schwach flektierenden KurzN *Rucco*. Nach Förstemann, Personennamen Sp. 878f., der die Namenformen *Rocco*, *Ruccko*, *Rucco* verzeichnet, können dem PN-Stamm HROC zwei Quellen zugrundeliegen: 1. *hrauc*, eine gesteigerte Form zu got. *hrukjan* 'krähen', ahd. *rohōn* 'brüllen', 2. *rōc* zu ahd. *ruohha* 'Sorge, Bedacht, Acht', dazu asä. *rōkian*, ahd. *ruohhen* 'sich kümmern'. Schlaug, Altsächs. Personennamen Sp. 149 führt zu diesem Stamm nur das PN-Zweitglied -*rōc* zu asä. *rōkian* 'sich kümmern' auf. Kaufmann, Untersuchungen S. 241 denkt dazu noch an anord. *hrōkr*, aengl. *hrōc*, ahd. *hruoh* 'Krähe' (vgl. dazu Müller, Studien S. 57ff.) oder an eine zweistämmige Kürzung eines PN *Hrodger*.

IV. Casemir/Ohainski, Orte Nr. 604 S. 89; Kühlhorn, Wüstungen Bd. III Nr. 326 S. 236.

† RUGERSHUSEN

Lage: In der Umgebung von Gillersheim, Suterode und Wachenhausen zu vermuten.

1530 *Rugershusen* (Jäger, Methodik S. 186 Anm. 35)

I. Weitere Belege konnten nicht ermittelt werden.

II. Nach Casemir, Grundwörter S. 193 mit dem GW -*husen* gebildet.

III. In diesem sehr spät und nur einmal überlieferten ON ist -*hūsen* als GW anzusetzen. Das BW enthält einen stark flektierenden PN, der in verschliffener Form vorliegt. Es handelt sich um den zweigliedrigen PN *Hrodger*, den Schlaug, Altsächs. Personennamen S. 114 auch als *Rukgerus* und Schlaug, Studien S. 144 als *Ruocger*, *Roggerus*, *Roker* und *Rueker* belegen. Dieser PN besteht aus den Namengliedern *Hrod*-, zu asä. **hrōth* 'Ruhm', welches nur in Namen vorliegt, und -*ger*, zu asä. *gēr* 'Wurfspeer'. Das anlautende *H*- vor -*r*- schwindet schon im Asä. (Gallée, Grammatik § 259). Die Konsonantenverbindung -*dg*- wird zu zu -(*g*)*g*- assimiliert. Der *u*-Vokalismus wird von Schlaug, Studien S. 144 hd. Einfluß zugeschrieben, doch wechseln -*o*- und -*u*- im Nd. häufig (Lasch, Grammatik § 160).

IV. Jäger, Methodik S. 186; Kreitz, Gillersheim S. 176; Kühlhorn, Wüstungen Bd. III Nr. 329 S. 237.

† RUMENOWE

Lage: Nach 1303 niedergelegte herzogliche Burg bei Northeim.

1303 *castrum nostrum Rumenowe* (Pfeffinger, Historie S. 426)

I. Weitere Belege konnten nicht ermittelt werden.

III. Als GW liegt -*au* vor, zu mnd. *ouw(e)*, *ow(e)*, *ou*, *ō* 'vom Wasser umflossenes Land; feuchtes Wiesenland; Wasserlauf'. Es liegt nahe, im BW *Rumen*- den Namen der Rhume zu vermuten, die durch Northeim fließt und in deren Niederung die Burg gelegen haben dürfte. Allerdings wäre eine Zusammensetzung **Rume-owe* erwarten;

vgl. den ON Rhumspringe, Kr. Göttingen, um 1250 (K. 16. Jh.) *in Rumespringe* (NOB IV S. 337ff.; dort auch die Ausführungen zum FlußN Rhume). Das *-n-* könnte eingeschoben worden sein, um in Verbindung mit dem vokalisch anlautenden GW *-owe* die Aussprache zu erleichtern. Doch sollte auch die Möglichkeit in Betracht gezogen werden, daß es sich um eine adjektivische Wendung **tor rumen owe* handelt, welche das Adjektiv mnd. *rūm* 'geräumig, weit, offen' enthält, vgl. Mnd. Handwörterbuch II, 2 Sp. 2329f. mit den Beispielen *ēne rūme strāte, dat rūme velt*.

IV. Exkursionskarte Moringen S. 139; Niedersächsischer Städteatlas II S. 7.

S

SALZDERHELDEN (Einbeck)

1305 *Salehelden* (UB Fredelsloh Nr. 95 S. 75)
1306 *in Sale iuxta castrum Helden* (UB Fredelsloh Nr. 98 S. 76)
1312 *bona in Sale* (UB Fredelsloh Nr. 103 S. 79)
1320 (A. 15. Jh.) *ante castrum dictum Solth* (Sudendorf I Nr. 335 S. 190)
1321 *in castro Helden* (Feise, Salzderhelden S. 3)
um 1322 *castrum nostrum Salis* (UB Goslar III Nr. 636 S. 429)
1329 *in castro Helden* (UB Fredelsloh Nr. 125 S. 91)
1332 *huse tõ deme Solde* (UB H. Hild. IV Nr. 1251 S. 678)
1377 *datum in castro Salis* (UB Goslar V Nr. 320 S. 128)
um 1380 *to der Helden* (UB Goslar V Nr. 421 S. 171)
1386 *castrum communiter dictum Sold* (UB Goslar V Nr. 651 S. 288)
1405 *unse slot genant dat Salt* (Sudendorf X Nr. 37 S. 112)
1406 *zum Salcze zur Helden* (Sudendorf X Nr. 99 S. 229)
1434 *Solte der Helden* (Harland, Einbeck I Nr. 35 S. 360)
1442 *perner to dem Solte* (UB Grubenhagen Nr. 95 S. 54)
1480 *dat blek tom solte tho der Helden* (Feise, Salzderhelden S. 3)
1489 *tome Solthe tor Helden* (Goetting, Findbuch II Nr. 647 S. 85)
1543 *Hans Ricken vom Szolte der Hellen* (Grote, Neubürgerbuch S. 47)
1544 *Solte thor Helle* (Kayser, Kirchenvisitationen S. 576)
um 1588 *Saltzderhelden* (Lubecus, Annalen S. 223)
1605 *Saltz der Hellen* (Kleinschmidt, Sammlung II S. 266)
um 1616 *Soltz der Hellen fleck* (Casemir/Ohainski, Territorium S. 72)
1644 *Salz tor Helde* (Eckart, Salzderhelden S. 20)
1710 *Saltz der Helden* (Heine, Grubenhagen S. 20)
1758 *Salzderhelden* (Hartmann, Schicksale S. 32)
1823 *Salzderhelen* (Ubbelohde, Repertorium 3. Abt. S. 50)
dialekt. (1896) *in'n Sâlte, up'n Sâlte* (Eckart, Salzderhelden S. 3)
dialekt. (1926) *dat Sauolt* (Feise, Salzderhelden S. 3)
dialekt. (1951) *sautĕ* (Flechsig, Beiträge S. 20)
dialekt. (1951) *sautĕheln* (Flechsig, Beiträge S. 20)

BergN **HELDENBERG**
1307 (A. 14. Jh.) *gheleghen an deme Heldenberghe* (UB Goslar III Nr. 169 S. 120)
1783 *Grosser Heldenberg* (Kurhannoversche Landesaufnahme Bl. 142)
1783 *Kleinen Heldenberg* (Kurhannoversche Landesaufnahme Bl. 142)

I. Ob 1229 (A. 16. Jh.) *Wigandus de Heldiberc* (UB Reinhausen Nr. 31 S. 51) mit diesem Ort zu verbinden ist, wie im Register der Edition S. 382 angenommen wird, ist äußerst zweifelhaft. Der von Ernst/Sindermann, Einbeck I S. 278 ohne Nachweis angegebene Erstbeleg zu 1291 war nicht zu verifizieren. Die Überlieferung läßt zwei Stränge erkennen: zum einen ist es *Sale, castrum dictum Solth, Salis, Salina* usw., zum andern *in castro Helden, to der Helden*. Seit dem 15. Jh. fließen beide zusammen: 1406 *zum Salcze zur Helden*, 1480 *blek tom solte tho der Helden*. Um 1588 erscheint zum ersten Mal die heutige Kontraktion *Sal(t)zderhelden*, die sich langsam durchzusetzen beginnt. Einige Belege zeigen die Form *Helle(n)*, in der *-ld-* zu *-ll-* assimiliert wurde.

II. Crome, Salzderhelden S. 33f. faßt in einer Geschichte die verschiedenen Meinungen zu Salzderhelden zusammen: a.) der Name *Helden* ginge auf „ganz besonders tüchtige Ritter" zurück, so daß „man der Burg so allgemein den Namen 'Heldenburg' geben konnte"; b.) *Helde* käme von „hd. Halde, 'Salzwerk bei der abschüssigen Stelle'", doch sei *Halde* „eine rein technische Bezeichnung" für eine „Schutthalde des Bergwerks" und ein Salzbergwerk hätte es an der Stelle nicht gegeben, nur „flüssige Sohle"; c.) es liege ein „altes keltisches Wort für Salz" zugrunde, „cymrisch halan", welches auch in anderen „alten Salzorten wie Halle, Hallein, Hallstadt, Reichenhall" stecke, doch sei der Übergang von *-s-* in *-h-* im festländischen Keltischen nicht nachzuweisen; vielmehr bezeichneten „die mit Halle gebildeten Namen von Salzorten zunächst die gewiß bedeutenden hallenartigen Anlagen, in denen das junge Salz völlig getrocknet wurde"; und schließlich deutet er einen nicht zu verifizierenden angeblichen ursprünglichen Namen des Ortes Helidi als „Platz bei der Salzquelle". Max, Grubenhagen I S. 28f. zitiert Letzner, Chronica V, 18. Kap., nach dessen Ansicht die Helden, ein Adelsgeschlecht, „ihren adelichen Sitz von Bönnickenhausen über die Leine neben das fürstliche alte Schloß Salz verrückt und daselbst ihr Burghaus [...] eingenommen und bewohnt haben. Daher der Berg der Heldenberg und das Schloß wie auch hernach der Flecken Salz der Helden genannt worden." Eine Familie Helden komme aber laut Max in den bekannten Urkunden nicht vor, „noch weniger hat sie dem Berg den Namen gegeben". Vielmehr sei „das Wort Helde, Halde, Halle [...] etwa mit Salz im Sinne von Salzwerk gleichbedeutend". Harland, Einbeck S. 269 schreibt: „Muthmaßlich [...] hat sich der Name entwickelt von dem Hellen- oder Heldenberge, oder von den Rittern, die dort hausten, welche gemeinhin auch mit dem Namen Riesen oder Helden bezeichnet zu werden pflegten." Ebd. S. 16 hatte er jedoch noch in einer Anmerkung den Namen Heldenburg auf eine „Familie 'von der Hellen'" zurückgeführt. Sander, Ortsnamen S. 97 meint, „Salzderheldens Name erklärt sich aus dem Salzvorkommen und birgt außerdem noch den Namen der Wüstung oder eines Geschlechtes von Heldeshusen und ist eine alte Siedlung. Vielleicht handelt es sich sogar um eine ithi-Siedlung (helidi)." Krage, Salzderhelden S. 14 deutet *Helde* als „abschüssige Stelle"; der Heldenberg bei Salzderhelden falle tatsächlich sehr steil nach dem Ort zu ab. Nach Aufgebauer, Salzderhelden S. 20 ist „festzuhalten, daß die Burg, ebenso wie später der Flecken an ihrem Fuße den Namen nach der in unmittelbarer Nähe gelegenen Salzgewinnungsanlage trägt, und daraus ergibt sich, daß die Burg jünger als die Saline ist. [...] Der Namen 'Helden' hat nichts mit einem Adelsgeschlecht, das angeblich so geheißen hat, zu tun: 'helde' bedeutet vielmehr 'eine abschüssige Stelle', 'ein steiler Abhang'. Das 1321 genannte 'castrum Helden' trägt seinen Namen also nach dem Aussehen des Berges, auf dem es liegt und der zur Talseite hin im Vergleich zum übrigen Gelände auffällig steil abfällt." Feise, Salzderhelden S. 4 stellt den Namen *Helden* zu „halde, helde, helle (geneigte, abhängige Stelle, Bergabhang)" und verweist auf Schambach, Wörterbuch, der etliche Namen aus Südhannover beibringt, die *Helle-* enthalten. Aus der Nachbarschaft führt er Hellenthal und Hellemühle an und ergänzt die Auflistung mit den FlurN Helleberg, Hellegraben, Große und Kleine Helle. Er schlußfolgert: „In *helle* sind wahrscheinlich zwei Wörter zusammengefallen, *helle* = *hölle*, Abgrund und *helle* = *halde*, Abhang. Nach meiner Auffassung ist Salzderhelden das *Salz (Salzwerk) am Bergeshang*." Flechsig, Beiträge S. 26 meint ebenso: „Da mnd. helde = nnd. helle, hölle einen Abhang bezeichnet, ist 'dat solt to der helden' nichts anderes als die Salzquelle am Berghange". Flechsig, Bodenerhebungen S. 57f. stellt den „Berghang über dem Leinetal, nach dem Salzderhelden im Kreis Einbeck benannt ist", zu mnd. *halde*, ahd. *halda* 'Bergabhang', ahd. *hald*, aengl. *heald*, anord. *hallr* 'geneigt', welche der idg. Wurzel *k̑el-* 'neigen' entstammen. Udolph, Hall- S. 440 erklärt den ON als Zusammenrückung aus nd. *dat solt to der helden* 'Salzquelle am Berghang', die nd. *solt* 'Salz' und mnd. *helde* 'Abhang, abschüssige Stelle' enthalte.

III. Nach Plümer, Einbeck S. 112 liegt Salzderhelden auf engem Raum zwischen der überschwemmungsreichen Talung der Leine und dem steilen Abhang des die Ortschaft um mehr als sechzig Meter überragenden Heldenberges. „Seine Entstehung verdankt Salzderhelden dem örtlichen Salzwerk, das die hier vorhandenen Salzlager des Zechsteins nutzt." Die Saline sei spätestens seit dem 12. Jh. in Betrieb genommen worden. Der Ort an der Saline, welche einfach *Solt*, zu mnd. *solt* 'Salz', genannt wurde, entstand am Fuß des steil abfallenden Berges, der erst *Helde*, zu mnd. *helde* 'Bergabhang', und später *Heldenberg* (Erstbeleg 1307) hieß. Der ON geht auf eine rein appellativische Stellenbezeichnung *dat solt to der helden* zurück. Ebenso ist der Name der heutigen Heldenburg zunächst als appellativische Wendung *burg to der helden* zu sehen. Daß der Ort keinen eigenständigen Namen bekam, verdeutlicht besonders der Beleg von 1480 *dat blek tom solte tho der Helden* 'der Flecken am Salz an der Helde'. Der heutige ON Salzderhelden ist eine Verschleifung und Kontraktion dieser Wendung *solt to der helden* 'Salz an der Helde', die sich im Beleg 1434 *Solte der Helden* (Harland, Einbeck I Nr. 35 S. 360) bereits nd. im Ansatz zeigt und ab dem ausgehenden 16. Jh. in verhochdeutschter Form *Saltzderhelden* vorliegt. Der Gleichklang des FlurN Helde(n) und des Appellativs *Helden* trug später zur Legendenbildung bei, es habe sich um ein Rittergeschlecht dieses Namens gehandelt. Der auch in der Überlieferung von Salzderhelden vorkommende Herkunftsname *(Albertus) von der Helle* unterstützt die Vermutung, die Burg habe den Namen von einer solchen Familie bekommen. Doch die Umkehrung ist der Fall, die Familie ist nach dem Berg benannt. Das „keltische Salzwort", welches in den „alten Salzorten" und auch hier vermutet wird, geht auf eine falsche Deutung von *Hall-, -hall* in vielen dieser ON zurück, die kein Salzwort, sondern in einigen Fällen (neben asä., ahd. *halla* 'Halle') germ. *halþa-* 'abschüssig, schräg' (u.a. in dt. *Halde* 'Abhang') oder germ. *halna-*, eine aus diesen ON zu erschließende Erweiterung zu germ. *hel-*, *hal-* 'neigen', enthalten (vgl. dazu ausführlich Udolph, Hall-).

SCHACHTENBECK, DOMÄNE (Bad Gandersheim)

1360 (A. 15. Jh.) *Schattenbeke* (Harenberg, Gandersheim S. 851)

1382 (A. 15. Jh.) *Schattenbeke* (Harenberg, Gandersheim S. 852)

1416 (A. 15. Jh.) *in deme Schachtenbeke* (Kleinau GOV II Nr. 1807 S. 534)

1440 (A. 15. Jh.) *in deme Schattenbecke vor Gandersem* (Kleinau GOV II Nr. 1807 S. 534)

1491 *Hans Schachtebekes* (UB Hilwartshausen Nr. 374 S. 339)

1506 *Hans Schachtenbekes* (UB Hilwartshausen Nr. 403 S. 363)

1532 (A. 16. Jh.) *Hans Schattebeck* (UB Hilwartshausen Nr. 448 S. 406)

1533 *Hans Schachtebeck* (UB Hilwartshausen Nr. 453 S. 412)
1678 *pachtman zum Schachtenbeck* (Kopfsteuerbeschreibung Wolfenbüttel S. 206)
1784 *Schachtenbeck* (Kurhannoversche Landesaufnahme Bl. 140)
1803 *Schachtenbeck* (Hassel/Bege, Wolfenbüttel II S. 198)
dialekt. (1953) *schaffənbeck* (Kleinau GOV II Nr. 1807 S. 534)

Fluß SCHACHTENBACH
1580 *nach dem Schachtenbecke* (Kettner, Flußnamen S. 257)
1580 *der Schachenbeck* (Kettner, Flußnamen S. 257)
1580 *bey dem Schachtenbeck* (Kettner, Flußnamen S. 257)
1708 *hinaus zum Schachtenbeck* (Kettner, Flußnamen S. 257)

I. Der ON schwankt im BW zwischen *-tt-* und *-cht-*; die Dialektform zeigt an dieser Stelle *-ff-*. In den FamN erscheint das BW meist ohne *-n-*.

II. Die BuK Gandersheim S. 258 sehen den ON vom FlußN Schachtenbach abgeleitet: „Möglicherweise aber ist dies in jener Zeit [sc. 1360 und 1382] aber nur ein Flurname, der nach dem kühlen, dem nordwärts gerichteten Waldtale des Kühlers entströmenden Schattenbache genannt ist, an dem die gegenwärtige Domäne liegt." Hahne, Flurnamensammlung S. 169 trennt den ON in „schacht (mit Holz bestandene Fläche) + beke (Bach)". Kettner, Flußnamen S. 257f. führt neben dem hier zu behandelnden Schachtenbach noch weitere FlußN Schachtebach, Schachtebich, Schaftenbach und Schachtenbach (dieser nordwestl. → Kuventhal) auf und stellt sie zu mnd. *schacht, schaft* „Schaft, Holzstange, Pfahl; Gerte, Rute, Pflanzenstengel usw. [...] für FlußN am ehesten 'Gerte, Rute', also vielleicht 'Weidengestrüpp, Stangenholz' o. ä. oder 'Pflanzenstengel' im Sinne von 'Schilf, Rohr'".

III. Bildung mit dem GW *-beke*. Sowohl Hahnes als auch Kettners Ansicht finden sich in Deutungen gleich gebildeter ON wieder. Förstemann, Ortsnamen II Sp. 747 stellt den FlußN Schachtenbach, Kr. Schwalm-Eder-Kreis (alt *Scaftebach*), zu einem Stamm SKAFT, zu ahd. *scaft*, mnd. *schacht* 'Stange, Stamm; auch: großer Ast'. Müller, Heiligenstadt S. 74f. sieht in Schachtebich, Kr. Heiligenstadt (1201 *Ulricus de Schafterbeche*), einen von einem BachN übertragenen ON zu ahd. *scaft*, mhd. *schaft* 'Stab, Stange, Speerstange, Pflanzenschaft, Stengel' und meint, das BW „wird das langschäftige Schilfrohr bezeichnen". Zum Lautwandel *-ft-* > *-cht-* verweist er u.a. auf Lasch, Grammatik § 296. Hentrich, Ortsnamen S. 36 verbindet diesen ON allerdings mit „mhd. schachte = einzeln stehendes Waldstück. Also Bach aus dem Wäldchen. ft ist die oberdeutsche Entsprechung des niederdeutschen cht". Nach Lasch, Grammatik § 296 verläuft die Entwicklung des Wechsels von *-ft-* zu *-cht-* ab dem 9./10. Jh. ausgehend von Mittelfranken nach Norden. Eine ursprüngliche Form *Scafte-* oder *Scaftenbeke* ist also auch für Schachtenbeck anzusetzen, die sich im Mnd. zu *Schachtenbeke* entwickelt. Zu Beginn der Überlieferung Mitte des 14. Jh. ist diese Entwicklung bereits abgeschlossen. Die Erstbelege zeigen den zeitweiligen Schwund des *-ch-* vor *-t-*, durch den die Form *Schattenbeke* entsteht. Zum Ausfall von *-ch-* vor *-t-* vgl. Lasch, Grammatik § 357, die ein Beispiel „*schatsnīdere* schaftschneider neben *schach(t)snīdere*" anführt. Die Mundartformen scheinen das ursprüngliche *-ft-* in einer assimilierten Form *-ff-* dauerhaft bewahrt zu haben. Das BW geht auf asä. *skaft* < germ. **skafta-* 'Schaft, Stange' zurück. In der Bedeutung ist Kettner zu folgen. Das unter II. von Hahne vermutete Wort *schacht* 'mit Holz bestandene Fläche', welches sich in der Deutung von Hentrich als 'einzeln stehendes Waldstück' wiederfindet, geht wohl eher auf die sekundäre Bedeutung von *Schacht* als Flächenmaß zurück

(Kluge/Seebold S. 708). Förstemann, Ortsnamen II Sp. 747f. verzeichnet einige mit diesem BW gebildete ON.

SCHLARPE (Uslar)

1315 (A. 15. Jh.) *villam nostram Slerpe* (Sudendorf I Nr. 270 S. 151)
1318 *ville Slerpe* (Flentje/Henrichvark, Lehnbücher Nr. 115 S. 40)
1345 (A. 14. Jh.) *des dorpes to der Slerpe* (Sudendorf II Nr. 102 S. 64)
1350 *Deghenhardus de Sclerpe* (Grote, Neubürgerbuch S. 14)
1479 *Slerpe* (Wisotzki, Nörten II S. 21)
1519/20 (A. 16. Jh.) *Schlerpe* (Krusch, Studie S. 260)
1539 *dem Dorffe zur Slarpe* (Kramer, Artikel S. 99)
1588 *Schlarpke* (Kayser, Generalkirchenvisitation S. 133)
1588 *Schlarpe* (Kayser, Generalkirchenvisitation S. 133 Anm. 1)
1596 *Schlerbeck* (Letzner, Chronica Buch 2 S. 41v)
1603 *Schlarpe* (Krabbe, Sollingkarte Bl. 1 und 4)
1671 *Kirche zur Schlarpe* (Kramer, Artikel S. 99)
1771 *Schlarbeck* (Domeier, Hardegsen S. 74)
1784 *Schlarpe* (Kurhannoversche Landesaufnahme Bl. 150)
1823 *Schlarpe* (Ubbelohde, Repertorium 3. Abt. S. 53)
dialekt. (1951) *slarpĕ* (Flechsig, Beiträge S. 20)

I. Die Angabe von Flechsig, Beiträge S. 20 o. J. *Slarbeke* bzw. ebd. S. 29 „*Slarbeke*, die mir für unseren ON angegeben wurde", war nicht zu verifizieren. Der ON entwickelt sich von *Slerpe* über *Sclerpe* zu *Schlerpe*. Im 16. Jh. wechselt -e- zu -a- in *S(ch)larpe*. Abweichend liegen 1588 *Schlarpke*, 1596 *Schlerbeck* und 1771 *Schlarbeck* vor.

II. Nach Kramer, Artikel S. 83 liegt dem ON ein FlußN zugrunde, „wenngleich der Name nur für die Siedlung überliefert ist", der „dem Flußnamentypus auf -apa zugeordnet" ist. Kramer, Moringen S. 14 erschließt für den FlußN (aus dem ON) eine Grundform *Slerpe*. Nach Dittmaier, apa S. 43 ist das GW -*apa*; im BW vermutet er eine germ. Basis *sler- „ein plätscherndes, klatschendes Geräusch wiedergebend", vgl. norw. *slurpe* 'plätschern, besudeln', nhd. *schlürfen*, ndl. *slurpen*, nhd. *schlarken*, *schlarfen* 'schleifend gehen', und er verweist auf den bei Förstemann, Ortsnamen II Sp. 801 aufgeführten (und unerklärten) ON *Sclarbeke* in Flandern. Könecke, Schlarpe S. 74 führt den ON ebenfalls auf das GW „-apa (epe) = Fluß und Wasser" zurück. Zum BW meint er: „Aus dem Plattdeutschen ist uns 'slüren' (= langsam gehen, schlendern) bekannt. Im Mittelhochdeutschen gibt es den Stamm 'slē' = matt, träge. Man kann auch an 'slier' (mhd. = Lehm oder Schlamm) denken." Den Beleg 1588 *Schlarpke* erklärt er als Verkürzung aus 'Beke'. Witt, Uslar S. 261 führt den ON auf eine Grundform „Sler-epe = lehmiges, langsam fließendes Wasser" zu „ahd. slier = Lehm, epe = Wasser" zurück. Auch Flechsig, Sprachreste S. 18 sieht im GW -*apa*. Flechsig, Beiträge S. 29 geht von einem Ansatz *Slarapa aus, der zumindest einer Teilstrecke des durch Schlarpe fließenden Rehbachs den Namen gegeben habe. Die -*pke*- bzw. -*beck*-Formen rührten daher, „daß man im Mittelalter [...] an den unverständlich gewordenen Bachnamen das [...] zweite GW. beke anfügte, um ihn als Bach zu kennzeichnen". Gutenbrunner S. 62 stellt eine Grundform *Slār-apa „mit ingwäonischem -ā- aus -au-" auf und verbindet diese mit mnd. *slōr* 'langsamer Gang'.

III. Die Deutung muß von der Form *Slerpe* ausgehen. Die *a*-Formen, die Flechsig und Gutenbrunner zu ihrer Deutung heranziehen, entstammen dem 16. Jh. Dittmaiers Herleitung einer Grundform **Sler-apa* aus dem GW *-apa* und der idg. Schallwurzel **sler-* ist problematisch, da diese nur in konsonantischen Wurzelerweiterungen Appellativa bildet (vgl. Pokorny, Wörterbuch S. 965f.). Es ist daher eher von einer Labialerweiterung **slerb-* zu **sler-* auszugehen. Damit gehört der Labial zur Ableitungsbasis und die Annahme eines *-apa*-Kompositums kann fernbleiben. Die Grundform ist als **Slerp-a* anzusetzen. Die Endung *-a* kann auf das GW *-aha* zurückgehen, welches früh zu *-a* verkürzt und zu *-e* abgeschwächt wird. Für die Basis **slerp-* liegt eine Verbindung mit norw. *slurpe* 'plätschern, sudeln, schlürfen', mnd., nl. *slurpen*, *slorpen* 'schlürfen' und norw. dial. *slurp* 'Schlamm, Kot' (vgl. Falk/Torp II S. 1070 und Fick, Wortschatz S. 542f.) nahe. Diese Appellative gehen auf germ. **slurp-* < idg. **sl̩rb-* als Schwundstufe zu idg. **slerb-* zurück. Ergänzend dazu ist Pfeifer S. 1540f. zu erwähnen, der dt. *schlürfen*, *schlurfen* 'geräuschvoll trinken, mit schleifenden Schritten gehen', mnd., mnl. *slorpen* 'schlürfen', nl. *slurpen*, norw. *slurpe* 'schlucken' auf „ein das schlürfende, schleifende Geräusch nachahmendes germ. **slur-*" zurückführt. Bei Schlarpe handelt es sich also um einen ursprünglichen GewN, der sich auf das Geräusch des Wassers bezieht. Die Verbindung mit mhd. *slier* 'Lehm, Schlamm' bleibt fern, da dieses auf germ. **sleura-* zu idg. **(s)leu-* 'schlaff' beruht (vgl. Pokorny, Wörterbuch S. 962) und lautlich nicht mit dem ON vereinbar ist. Die Form *Sclerpe* zeigt einen im 14. Jh. verbreiteten *c*-Einschub zwischen *-s-* und *-l-*; *-sl-* entwickelt sich im 16. Jh. zu *-schl-* (Lasch, Grammatik § 333). In der Form Schlarpe begegnet der nd. Wechsel von *-er-* > *-ar-* vor Konsonant (Lasch, Grammatik § 76). Die drei *-ke-* bzw. *-beck*-Belege enthalten das GW *-beke*, welches dem ON zeitweise angefügt wurde.

SCHNEDINGHAUSEN (Northeim)

vor 1200 (A. 13. Jh.) *Snetingehusen* (Dürre, Amelungsborn S. 47)
1226 (A. 13. Jh.) *Snetingehusen* (Falke, Trad. Corb. Nr. 219 S. 859)
um 1231 *Snetingehusen* (Dürre, Homburg Nr. 56 S. 26)
1235 (A. 13. Jh.) *Snettinchehusen* (UB Plesse Nr. 100 S. 142)
1244 (A. 13. Jh.) *Snethingeh(usen)* (UB Plesse Nr. 140 S. 179)
1247 (A. 13. Jh.) *Theoderico de Snettingh(usen)* (UB Plesse Nr. 146 S. 184)
1263 *magister de Snetingehusen* (Falke, Trad. Corb. Nr. 398 S. 901)
1285 *fratres de Snitigehusen* (UB Plesse Nr. 306 S. 302)
1360 *Snetingehusen* (UB Hardenberg I Nr. 69 S. 95)
1566 *Hinrick Meinshusen von Snetihusen* (Kelterborn, Bürgeraufnahmen I S. 205)
1588 *Schnedighausen* (Kayser, Generalkirchenvisitation S. 129)
Ende 16. Jh. *Snotihausen* (Kühlhorn, Ortsnamen S. 121)
1791 *Schnedinghausen* (Scharf, Samlungen II S. 204)
1823 *Schnetinghausen* (Ubbelohde, Repertorium 3. Abt. S. 55)
dialekt. (1924) *Snetjehusen* (Weigand, Heimatbuch S. 427)
dialekt. (1950) *snaitjĕhau(i)sen* (Flechsig, Beiträge S. 20)
dialekt. (1951) *sna(i)tjĕhūsĕn* (Flechsig, Beiträge S. 20)

I. Der ON zeigt sich zunächst als *Snetingehusen*, dann wechselt *-t-* mit *-tt-*; ab dem 16. Jh. liegt *-d-* als Dental vor. Der Anlaut *Sn-* wird im 16. Jh. dauerhaft zu *Schn-*. Das Element *-inge-* schwächt sich zu *-i(e)-* ab, was nur in den Belegen 1566 *Snetihu-*

sen und Ende 16. Jh. *Snotihausen* (mit Rundung des *-e-* zu *-o-* bzw. *-ö-*) sichtbar wird, in der Mundart jedoch deutlich zu erkennen ist. In der schriftlichen Überlieferung setzt sich jedoch wieder *-ing-* durch.

II. Nach Fahlbusch, Erwerbung I S. 162 Anm. 1, der sich auf eine Mitteilung von Edward Schröder beruft, liegt dem ON „ein Kollektivum oder Raumbegriff Snēdinga" zugrunde, „woraus sich Snēding-husen entwickelt, so daß [...] Schnedinghausen die 'Siedlung an der Grenze' (=snēde) bedeutet." Weigand, Heimatbuch S. 427 meint: „Sned, abgekürzt Sne, hochdeutsch Schneid, bedeutet Grenze. [...] Darnach war Schnedinghausen bei seiner Entstehung eine Siedelung an der Grenze zweier Herrschaftsgebiete." Bernotat, Moore-Gau S. 3 sieht im BW *Snetinga* „d. i. Grenze". Bolle, Schnedinghausen S. 107 deutet den ON als „Siedlung an der Grenze: Snedinga-husen, snede – Grenze". Auch nach Gehmlich, Wappenbuch S. 374 bedeutet der ON „soviel wie 'Grenzsiedlung'". Die Wolfsangel im Ortswappen „stellt ein altes Grenzsymbol dar". Scheuermann, Barsinghausen S. 96 stellt den ON jedoch zu der großen Gruppe der *-inge-husen*-Namen, die einen PN als Ableitungsbasis enthalten. Kaufmann, Ergänzungsband S. 320 vermutet in Schnedinghausen ebenso wie in Snellegem, Prov. Westflandern (941 *Snethlingehem*), einen PN zum Stamm SNAITH, zu asä. *snīđan*, ahd. *snīdan* 'schneiden'.

III. Entgegen der Mehrheit der Meinungen ist Scheuermann zuzustimmen. Zwar verzeichnet Scheuermann, Flurnamenforschung S. 146 das mnd. Appellativ „snēde f. = Flurgrenze, bes. durch die Waldmark geschlagene Forstgrenze, Grenzschneise, nnd. Snede f. = Grenze, Schnede", doch ist eine appellativisch eigenständige Kollektivbildung *snēdinga* nicht bezeugt, die das BW eines *-hūsen*-Namens bilden könnte. Deswegen ist die Annahme eines im Untersuchungsgebiet verbreiteten *-ingehūsen*-Namens, der einen PN *Snato* oder **Snati* als Ableitungsbasis enthält, vorzuziehen. Ein solcher PN ist asä. nicht bezeugt und auch im übrigen Raum selten. Förstemann, Ortsnamen II Sp. 819 stellt jedoch den ON Schnatting (12. Jh. *Snatingin*), Kr. Straubing-Bogen, zu einem seltenen und etymologisch unklaren PN *Snato* (vgl. auch Förstemann, Personennamen Sp. 1350). Vielleicht kann man den PN mit anord. *snata* 'Speer, Spieß; Spitze', norw. *snat* 'hochstehendes Ende', ahd. *snazo* 'Hecht; eigentlich: der Schlanke, Spitze' in Beziehung stellen (vgl. Pfeifer S. 1553). Kaufmann, Ergänzungsband S. 320 hält eine Verbindung von *Snato* mit germ. **snadh-* 'einschneiden, schnitzen', mhd. *snatte* 'Spur eines Schnittes, Wundmal' für wahrscheinlich.

SCHÖNHAGEN (Uslar)

Die Angabe in der unten zitierten Quelle von 1588, nach der der Ort erst 18 Jahre zuvor erbaut worden war und aus der ein Wüstfallen (Kühlhorn, Wüstungen Bd. III Nr. 332 S. 245) abgeleitet wurde, ist wohl dahingehend zu modifizieren, daß evtl. nach einem größeren Brand oder einer Unwetterkatastrophe größere Teile des Ortes neu angelegt wurden.

1418 *tome Schonenhagen* (Kramer, Artikel S. 99)
1429 *to dem Schonenhagen* (Grotefend, Mitteilungen S. 86)
1479 *Schonehaghen* (Wisotzki, Nörten II S. 65)
1547/48 *zum Schonhagen* (Kramer, Artikel S. 99)
1554/55 *aus dem Schonhagen* (Kramer, Artikel S. 99)

1585 *Schönhagen* (Burchard, Calenberg-Göttingen S. 91)

1588 *Schönhagen, ein neu Dorf, erst vor 18 Jahren gebauet, haben ein Kirch, aber keine Güter dazu* (Kayser, Generalkirchenvisitation S. 179)

1595 *zum Schonhagen* (Kelterborn, Bürgeraufnahmen I S. 241)

1603 *Schonhagen* (Krabbe, Sollingkarte Bl. 5)

um 1616 *Schönhagen* (Casemir/Ohainski, Territorium S. 57)

1644 *Schönhagen* (Nolte, Flurnamen S. 14)

1784 *Schönhagen* (Kurhannoversche Landesaufnahme Bl. 149)

1823 *Schŏnhagen* (Ubbelohde, Repertorium 3. Abt. S. 55)

dialekt. (1951) *schöönhå̄gĕn* (Flechsig, Beiträge S. 20)

dialekt. (1963) *schönhagen* (Nolte, Flurnamen S. 14)

I. Zu einigen gelegentlich mit diesem ON verbundenen Belegen vgl. → † Schoningerhagen. Ein von Flechsig, Beiträge S. 20 fragend hierher gestellter Beleg 13./14. Jh. *Schoninghagen* war nicht aufzufinden und wurde deshalb von uns nicht in die Belegkette übernommen. Recht sicher um einen Irrtum dürfte es sich bei dem von Pfeilsticker, Schönhagen S. 2 ohne Nachweis aufgeführten Beleg 1329 *to dem Sconen Hagen* handeln, da vermutlich der oben aufgeführte Beleg von 1429 gemeint ist. *Schonen-* wird im 16. Jh. zu *Schon-/Schön-* gekürzt, das GW ist während der gesamten Bezeugungsdauer unverändert.

II. Nach Casemir, Grundwörter S. 192 mit dem GW *-hagen* gebildet. Nach Nolte, Flurnamen S. 14f. ist kaum an einen PN im BW zu denken. Aber auch die Deutung von Flechsig, Beiträge S. 58, der im BW das Wort *schön* als ästhetischen Begriff „aus dem Geiste des hochmittelalterlichen Rittertums" sieht, wird von ihm abgelehnt. Flechsig, Gandersheim S. 60 meint zu den *-hagen*-Orten: „Wo [...] Eigenschaftswörter von recht durchsichtiger Bedeutung als BW erscheinen, die ein geradezu modern anmutendes ästhetisches Empfinden verraten, wie etwa 'blank', 'licht' und 'schön', haben wir gewiß recht späte Bildungen vor uns." Jünemann, Schönhagen S. 86f. meint: „Die oberflächliche Auslegung, daß es sich um einen 'schönen Hagen' handle, läßt schon die Form des Wortes nicht zu. [...] In diesem Fall müßte unser Dorf Schönenhagen heißen. Annehmbarer ist schon die Meinung, daß der erste Teil des Wortes von 'schonen' oder Schonung abzuleiten sein. Demnach wäre an einen Hagen zu denken, der geschont werden sollte." Ausgehend von einer angeblichen Form *Schanhagen* deutet er: „'Schan' und 'Scharn' dürften die gleichen Silben sein. [...] Das Wort bedeutet Erde, Dreck. [...] Heißt nicht auch die nasse Wiesenfläche an der Ahle unterhalb des Dorfes Schönhagen noch heute die Dreckswiese?" Später sei eine Umdeutung von fremden Schreibern oder „von eiteln Einwohnern" in Schönhagen erfolgt. Witt-Krakow, Uslar S. 270f. führt ein irisches Wort *cean* (sprich: schen) an, welches 'Rindvieh' bedeute, „demnach könnte Schönhagen bedeuten 'Rinderpferch'. Bemerkenswert: In der Nähe, im Walde befand sich jahrhundertelang der Uslarer 'Rinderstall'".

III. Witt-Krakows Verbindung mit einem irischen Wort ist abzulehnen, ebenso Jünemanns Herleitung zum „Sumpfwort" mnd. *scharn* ('Mist'); ein *Schanhagen* ist nicht überliefert. Die von ihm „eingeforderte" Form *Schönenhagen*, die eine Deutung 'zum schönen Hagen' möglich macht, liegt in den ältesten Belegen vor. Umlaut wurde im allgemeinen erst ab dem 16./17. Jh. graphisch bezeichnet. Diese Belege zeigen die Struktur des ON als Stellenbezeichnung im Dativ *to deme schonen hagen*. Das GW ist *-hagen*, das BW beruht auf mnd. *schōne* 'ansehnlich, schön', vielleicht in einer der vom Mnd. Handwörterbuch III Sp. 119 aufgeführten erweiterten Bedeutungen 'glänzend, strahlend, leuchtend; klar, licht, hell'. Schröder, Namenkunde S. 297 Anm. 1 gibt zum ON Schönwinkel in Oberbayern aber auch zu bedenken, „daß Schön- wenigstens in der älteren Ortsnamenschicht noch vorzugsweise von der weiten Sichtbarkeit (oder Übersehbarkeit) gilt", womit er auf die Etymologie des Wortes Bezug nimmt, welches auf idg. *(s)kau-ni 'sichtbar, anschaubar', eine Adjektivbildung zu idg. *skau- 'schauen', zurückzuführen sei. Doch in dieser vergleichsweise jungen -hagen-Siedlung wird man eher von der Bedeutung 'schön' oder 'licht, hell' ausgehen können. Ein Vergleichsname ist Schönhagen, Kr. Heiligenstadt (vgl. Müller, Heiligenstadt S. 76). Förstemann, Ortsnamen II Sp. 762ff. führt zahlreiche mit diesem Adjektiv gebildete ON auf. Die weitere Entwicklung zeigt den Ausfall der Flexionsendung -en aufgrund der Nasalhäufung in Schonenhagen.

SCHONINGEN (Uslar)

1071 (Fä. 12. Jh.) *Sconingen* (MGH DH IV. Nr. 245 S. 311)
1219 *Sconigge* (Kruppa, Dassel Nr. 130 S. 388)
1220 *Sconingin* (UB Plesse Nr. 66 S. 113)
1278 *Sconingen* (Westfäl. UB IV Nr. 1533 S. 733)
1282 *Conradus Hake de Sconingen* (UB Mariengarten Nr. 51 S. 65)
1288 *Sconige* (Westfäl. UB IV Nr. 1982 S. 917)
1289 *Sconingen* (Westfäl. UB IV Nr. 2010 S. 930)
1318 *Sconinghe* (Flentjc/Henrichvark, Lehnbücher Nr. 140 S. 42)
1351 *Herman de Schoningen* (Grote, Neubürgerbuch S. 14)
1382 *Henricus de Schoningen* (Kelterborn, Bürgeraufnahmen I S. 31)
1407 *Conradus de Schoningen* (Kelterborn, Bürgeraufnahmen I S. 47)
1447 *Schonungen* (UB Göttingen II Nr. 225 S. 200)
1461 *Schoningen* (Göttinger Statuten Nr. 201 S. 197)
1527 *Schoningen* (Tschackert, Rechnungsbücher S. 374)
um 1583 *Schonningen* (Zimmermann, Ökonomischer Staat S. 23)
um 1616 *Schoningen* (Casemir/Ohainski, Territorium S. 57)
1693 *Schöningen* (UB Uslar II S. 1073)
1784 *Schoningen* (Kurhannoversche Landesaufnahme Bl. 149)
1791 *Schöningen* (Scharf, Samlungen II S. 205)
1823 *Schoningen* (Ubbelohde, Repertorium 3. Abt. S. 56)
dialekt. (1951) *schåningĕn* (Flechsig, Beiträge S. 20)
dialekt. (1963) *schūningen* (Nolte, Flurnamen S. 17)
dialekt. (1963) *schānngen* (Nolte, Flurnamen S. 17 Anm. 2)

I. Die überlieferten Formen unterscheiden sich nicht wesentlich vom heutigen ON. Statt -ingen erscheint 1447 -ungen. Im 14. Jh. wechselt Sc- zu Sch-. Ende des 17. Jh. tritt Umlaut ein, der sich aber weder in der Mundart noch in der heutigen ON-Form zeigt.

II. Nach Flechsig, Beiträge 35f. ist der ON aufgrund des fehlenden Umlauts mit dem Suffix -ung- gebildet. Der Name gehe auf eine Bedeutung 'schön, ansehnlich' (germ. *skauni) zurück, da die mdal. Form mit -å- in der Stammsilbe mnd. -ō²- < germ. -au- voraussetze. Auch Nolte, Flurnamen S. 17 geht von einem -ungen-Ort aus, doch stellt er Flechsigs Deutung in Frage, denn es sei „zu erwägen, was hier besonders schön sein soll?" Er vergleicht den ON mit Schöningen, Kr. Helmstedt (784 *Scanahingi*): „Im BW Scana kann wohl ein altes 'scon(i)aha' = Schöner Bach gesehen werden. So könnte auch unser Schoningen gedeutet werden." Witt-Krakow, Uslar S. 271 versucht, Schoningen „vielleicht von ags. scone = kleiner Kuchen" abzuleiten, „d.h. Siedlung im fruchtbaren Lande".

III. Da kein Umlaut zu verzeichnen ist, liegt keine *-ingen-*, sondern eine *-ungen-* Bildung vor (vgl. auch → Moringen und Roringen, Kr. Göttingen [NOB IV S. 347f.]). Noltes Zweifel an einer Verbindung mit germ. **skauni*, asä. *skōni* 'schön, ansehnlich; glänzend' sind berechtigt, da eine Bedeutung 'Stelle, an der es schön ist' nicht recht überzeugt. Seine Deutung von Schöningen, Kr. Helmstedt, ist abzulehnen, der von Nolte zitierte Beleg wird falsch wiedergegeben. Schöningen ist u.a. folgendermaßen überliefert: 747 (A. 9. Jh.) *Scahaningi* (Ann. reg. Franc. S. 6), 784 (A. 12. Jh.) *Scahuningi* (Ann. Mett. prior. S. 72), 1120 *Schenigge* (UB. H. Halb. I Nr. 149 S. 118). Förstemann, Ortsnamen II Sp. 748f. stellt Schöningen zu anord. *skaga* 'hervorragen, hervorstechen', *skagi* 'Landzunge', norw. dial. *skagge* 'Zipfel, Saum'. Diese Deutung wird von Blume, Schöningen S. 27ff. bestätigt und ausführlich diskutiert. Er erschließt für Schöningen ein asä. Appellativ **skahan* < idg. **skok-*, welches mit anord. *skagi* 'Landzunge' verwandt sei. Zur Wortfamilie gehören ebenfalls ahd. *scahho*, mhd. *schache* '(bewaldete oder unbewaldete) Landzunge', nhd. bair. schweiz. *Schachen* 'Stück einzeln stehenden Waldes' < idg. **skog-* (vgl. Förstemann, Ortsnamen II Sp. 749f. unter dem Ansatz germ. **skak-*); und dehnstufig anord. *skōgr*, schwed. *skog*, dän. *skov* 'Wald' < idg. **skōk-* (vgl. zur gesamten Wortfamilie auch Fick, Wortschatz S. 447f. und vor allem Blume, Schöningen S. 27ff.). NOB III S. 283f. greift die Deutung für den ON Schandelah, Kr. Wolfenbüttel, auf, für den gleichfalls asä. **skahan* 'Wald' im BW angesetzt wird. Für Schoningen kann analog aus der Dehnstufe idg. **skōk-* eine wgerm. Bildung mit *n*-Suffix **skōhan-* angenommen werden, die dem ON in einer Grundform **Skohanungen* zugrundeliegt. So bei wie Schöningen eine Kontraktion von *Scahaningi* zu *Schenigge* (mit Umlautung von *-a-* zu *-e-* durch *-i-*) anhand der Überlieferung nachzuweisen ist, ist sie bei Schoningen von **Skohanungen* zum vorliegenden *Sconingen* (mit Suffixwechsel von *-ung-* zum verbreiteteren *-ing-*) vor Beginn der Überlieferung zu vermuten. Die Lage von Schoningen mitten im Waldgebiet des Solling an einem Berghang, der sich innerhalb des Ortes von der Ahleniederung aus über 30 Höhenmeter erstreckt, unterstützt die Deutung des ON als 'Stelle am vorspringenden Waldstück'.

† SCHONINGERHAGEN

Lage: Wahrscheinlich nordwestl. Schoningen an der Gemarkungsgrenze zu Steimke bei der Flur *am/im Hagen* (vgl. Nolte, Flurnamen S. 131f.).

1438 *in deme Schoningerhagen ok nar Schoningen gelegen up der ander sit der Slarpe* (UB Uslar II S. 895)

1511 *den tegeden then Scheningerhagen upp andersydt der Slarpe* (UB Uslar II S. 950)

1519/20 (A. 16. Jh.) *Schoningeshagen* (Krusch, Studie S. 265)

I. Die gelegentliche Zuordnung der Belege zu → Schönhagen ist falsch. Während das GW *-hagen* in den wenigen Belegen unverändert bleibt, ist im Stammvokal des BW ein Schwanken zwischen -o- und -e- festzustellen; außerdem zeigen zwei der drei Belege ein -r- in der Wortfuge, einer ein -s-.

III. Bildung mit dem GW -hagen. Als BW liegt der ON Schoningen vor, hier in einer adjektivischen Ableitung auf -er. Als Ausgangspunkt ist die Wendung *in dem / to dem Schoninger Hagen* anzusetzen. Das Benennungsmotiv ist, wie auch der Erstbeleg zeigt (*ok nar Schoningen gelegen*), das nahegelegene Schoningen.

IV. Witt, Uslar S. 148.

SEBEXEN (Kalefeld)

1139 *Bruniggus de Sibechteshusen* (Mainzer UB II Nr. 8 S. 12)
1145 *capellula in villa, quę dicitur Sibethse* (Mainzer UB II Nr. 78 S. 155)
1240-1241 *Sibechtessen* (Petke, Wöltingerode Anhang III Nr. 11 S. 567)
um 1260 (A. 13. Jh.) *Sibbethtessen* (Chron. Hild. S. 863)
1263 *plebanus de Sebechtessen* (Urk. St. Marien Gandersheim Nr. 10)
1294 *Sebechthessen* (UB Oldershausen Nr. 4 S. 7)
1308 *Wedekint van Sebettessen* (UB Boventen Nr. 45 S. 62)
1308 *Wedekint van Sebektessen* (UB Saldern I Nr. 241 S. 105)
1318 *Wedekindus de Sebechtessen* (Flentje/Henrichvark, Lehnbücher Nr. 161 S. 44)
1352 *kerklene to Sebechtessen* (Urk. St. Marien Gandersheim Nr. 48)
1356 *Sebechtsen* (Goetting, Findbuch I Nr. 176 S. 86)
1393 *Frederke van Zebbexsen* (UB Goslar V Nr. 921 S. 440)
1448 *Sebexen* (Urk. St. Marien Gandersheim Nr. 96)
1457 *Sebechsen* (UB Boventen Nr. 493 S. 335)
1524 *Sebessen* (Kronenberg, Opperhausen S. 18)
1542 *Sebexssen* (Kayser, Kirchenvisitationen S. 203)
um 1583 *Sebexen* (Zimmermann, Ökonomischer Staat S. 25)
um 1600 *Sebechsen* (Reller, Kirchenverfassung S. 221)
1740 *Sebbexen* (Lauenstein, Hildesheim II S. 118)
1823 *Sebexen* (Ubbelohde, Repertorium 3. Abt. S. 58)
dialekt. (1950) *sēbĕssĕn* (Flechsig, Beiträge S. 21)

I. Die verschiedentlich vorgenommene Zuordnung von 985-986 (A. 15. Jh.) *Sekbiki* (Trad. Corb. § 413 S. 146) zu Sebexen ist nicht zu halten; gemeint ist † Sepeke bei Brakel; vgl. Schütte, Mönchslisten S. 267. Ein von Flechsig, Beiträge S. 21 hierher gestellter Beleg von 1159 *Sibechtesheim* (es dürfte sich um Urk. Clus/Brunshausen Nr. 4 handeln), ist zu Sibbesse nordöstl. Alfeld, Kr. Hildesheim, zu stellen. Das GW verkürzt sich von -*husen* zu -*sen*. Im BW wechselt der Stammvokal von -*i*- zu -*e*-. Das Element -*bechtes*- liegt auch als -*beths*-, -*bettes*-, -*bektes*- vor, später als -*bex*-, -*bechs*- und -*bes*-. Einmal erscheint Z- im Anlaut.

II. Weigand, Ortsnamen S. 15 deutet den ON als „Seebachhausen".

III. Weigand mißdeutet die heutige Form als 'See-beke-husen'. Neben dem GW -*hūsen* enthält der ON jedoch einen stark flektierenden zweigliedrigen PN, der als *Sibecht* anzusetzen und auf *Sigiberht* zurückzuführen ist. Der PN ist in vielfältiger Form im Asä. gut bezeugt, vgl. Förstemann, Personennamen Sp. 1320ff., Schlaug, Altsächs. Personennamen S. 150 und Schlaug, Studien S. 148. Das Erstglied *Sigi*- ist schon im ältesten Beleg zu *Si*- kontrahiert und entwickelt sich im Folgenden in offener Silbe zu *Se-*. Es gehört zu asä. *sigi-* 'Sieg'. Das Zweitglied *-berht*, zu asä. *ber(a)ht* 'glänzend, berühmt', liegt hier mit *r*-Ausfall als *-becht* vor. Eine ähnliche Entwicklung ist bei den ON → (†) Albrechtshausen, → † Wolbechteshusen, Hülptingsen, Kr. Hannover (NOB I S. 223f.), und † Delbechteshusen, Kr. Göttingen (NOB IV S. 93f.), zu beobachten. Das *-th-* in *Sibethse* ist eine graphische Variante für *-cht-* (Lasch, Grammatik § 356). In *Sebbettessen* und *Sebettessen* scheint zeitweise *-ch-* vor *-t-* (nach kurzem Vokal in nebentoniger Stellung) ausgefallen zu sein (Lasch, Grammatik § 357). Im 14. Jh. verschleift sich die Konsonantengruppe *-chts-* zum Laut *-ks-*, was sich als *-x-* in der Schreibung niederschlägt (Lasch, Grammatik § 350). Im 16. Jh. tritt eine Assimilation zu *-ss-* ein, die noch in der Mundartform erkennbar ist. Das anlautende *Z-* ist eine im Mnd. nicht seltene Schreibung für *S-* (Lasch, Grammatik § 330).

SEBOLDSHAUSEN (Bad Gandersheim)

1148 *Siboldeshusen* (Goetting, Findbuch Bd. I Nr. 26 S. 17)
1238 *Seboldeshusen* (Petke, Wöltingerode Anhang III Nr. 8 S. 565)
1263 *Seboldeshusen* (Urk. St. Marien Gandersheim Nr. 11)
1271 *Sibbeldeshusen* (Urk. St. Marien Gandersheim Nr. 16)
1410 *Sebeldeshusen* (Goetting, Findbuch I Nr. 288 S. 125)
1428 *Zebeldeshusen* (Kleinau GOV II Nr. 1890 S. 561)
1447 *Sebeldeshusen* (Urk. St. Marien Gandersheim Nr. 95)
1486 *Sebeldeshusen* (Goetting, Findbuch II Nr. 626 S. 78)
1544 *Seboldeshausen* (Kayser, Kirchenvisitationen S. 200 Anm. 382)
1549 *Sebelshusen* (Goetting, Findbuch II Nr. 840 S. 151)
um 1616 *Seboldtshausen* (Casemir/Ohainski, Territorium S. 45)
1678 *Sebbelshausen* (Kopfsteuerbeschreibung Wolfenbüttel S. 212)
1784 *Sieboldshausen* (Kurhannoversche Landesaufnahme Bl. 140)
1803 *Seboldshausen* (Hassel/Bege, Wolfenbüttel II S. 198)
dialekt. (1929) *sebbəlshíusən* (Kleinau GOV II Nr. 1890 S. 561)
dialekt. (1930) *Sebbelshiûsen* (Mühe, Seboldshausen S. 98)
dialekt. (1954) *sebbəlts(h)üusən* (Kleinau GOV II Nr. 1890 S. 561)

I. Das GW lautet stets *-husen*, ab dem 16. Jh. hd. *-hausen*. In den älteren Formen liegt im Stammvokal noch *-i-* vor, dann tritt *-e-* ein und der Labial *-b-* wird verdoppelt. Spätere Belege und die Mundartformen zeigen in der zweiten Silbe Abschwächung von *-bold-* zu *-beld-*, *-bel-*, in der amtlichen Schreibung setzt sich aber wieder *-bold-* durch. Selten erscheint anlautendes *Z-*.

II. Die BuK Gandersheim S. 259 und Mühe, Seboldshausen S. 10 deuten den ON als „Behausung eines Sibold".

III. Bildung mit dem GW *-hūsen* und dem stark flektierenden zweigliedrigen PN *Sibold*, einer gut bezeugten kontrahierten Form zu *Sigibold*, *Sigibald*; vgl. Förstemann, Personennamen Sp. 1320, Schlaug, Altsächs. Personennamen S. 150 und Schlaug, Studien S. 148. Die PN-Elemente gehören zu asä. *sigi-* 'Sieg' und asä. *bald* 'kühn'. Das Namenglied zeigt in der Form *-bold* die nd. Entwicklung von *-a-* > *-o-* vor *-ld-* nach Labial (Gallée, Grammatik § 53). Das anlautende *Z-* ist als graphische Variante des *S-* zu sehen (Lasch, Grammatik § 330). Der PN liegt auch in Sieboldshausen, einer gleichen ON-Bildung im Kr. Göttingen (NOB IV S. 374f.), vor. Förstemann, Ortsnamen II Sp. 720 nennt weitere mit diesem PN gebildete ON.

† SELESSEN

Lage: Ca. 0,6 km nordöstl. des Forsthauses Seelzerthurm (Dassel), nordöstl. Lauenberg.

1310 *Selessen* (Sudendorf X S. 280 Anm. 1)
1310 *Selessen* (Sudendorf X S. 281 Anm. 1)
1440 *Seltze* (Feise, Einbeck Nr. 1005 S. 193)
1477 *Selze* (Goetting, Findbuch II Nr. 587 S. 64)
1569 *im Seltzer Thurmb* (Voß, Seelze S. 85)
1579 *Sehlischen felde* (Voß, Seelze S. 95)
um 1583 *zu Seltze* (Zimmermann, Ökonomischer Staat S. 22)
1603 *Selser thurn* (Krabbe, Sollingkarte Bl. 7)
1640 *Sålzer Thurm* (UB Oldershausen Nr. 109 S. 220)
1661 *ein dorf gelegen, so Selße geheißen* (Voß, Seelze S. 91)
1783 *Seeltzer Thurm* (Kurhannoversche Landesaufnahme Bl. 142)
1823 *Seelzer Thurm* (Ubbelohde, Repertorium 3. Abt. S. 58)

I. Der ON lautet in der Überlieferung zunächst *Selessen*. Ab dem 15. Jh. erscheint er ohne -*n*-. Für stimmloses -*ss*- nach -*l*- tritt -*(t)z*- ein. Im Stammvokal erscheint in den jüngeren Belegen -*ee*-.

II. Nach Casemir, Grundwörter S. 194 liegt eine unklare Bildung vor.

III. Für den ON bieten sich drei Ansatzmöglichkeiten. Zum ersten kann es sich um einen -*hūsen*-Namen handeln, dessen GW zu Beginn der Überlieferung bereits zu -*sen* abgeschwächt erscheint und sich weiterhin zu -*se* verkürzt. Im BW müßte dann ein stark flektierender PN *Sali*, *Seli* vorliegen, der nach Kaufmann, Ergänzungsband S. 301 mit germ. *sali*-, asä. *seli* 'Hütte, Behausung' zu verbinden wäre. In diesem Fall wäre die Grundform *Salishusen* bzw. *Selishusen*. Die zweite Möglichkeit ist eine Bildung mit *s*-Suffix in einer Grundform *Salisa*. Als Ableitungsbasis ist idg. *sal*- 'fließendes Wasser, Wasserlauf' anzunehmen, ein in der alteuropäischen Hydronymie verbreitetes Element, welches in apreuß. *salus* 'Regenbach', mir. *sal* 'Meer' und lat. *salum* 'unruhiger Seegang, Flußströmung' steckt (vgl. dazu ausführlich Udolph, Stellung S. 271ff.). Es wird auch in † Selschen, Kr. Bördekreis (11. Jh. *Seliscon* [Urb. Werden § 4 S. 94]), und Sehlde, Kr. Wolfenbüttel, mit einem Ansatz *Sal-ithi* (NOB III S. 293ff.), vermutet. Am wichtigsten ist in dieser Gruppe der Vergleichsname Seelze, Kr. Hannover (NOB I S. 403ff.), welcher in seiner Überlieferung 1180 *Selessen*, 1397 *Selze*, 1605 *Seltze* eine direkte Namenparallele bildet und auch auf einen Ansatz *Salisa* zurückgeführt wird. Die dritte Möglichkeit ist ein Ansatz *Selisa*, eine ebenfalls mit *s*-Suffix gebildete Form, welche asä. *seli* 'Hütte, Behausung' enthält. Da die Wüstung nordöstl. des Forsthauses Seelzerthurm am Ufer der Dieße gelegen haben muß, ist eine Verbindung mit idg. *sal* 'Wasserlauf' wahrscheinlich und damit eine Bildung *Salisa* vorzuziehen. Die Möglichkeit eines -*hūsen*-Namens ist jedoch nicht völlig auszuschließen. Ausgehend von der ältesten überlieferten Form *Selessen* verläuft die ON-Entwicklung über Ausfall des -*n*- und Abschwächung und Schwund des -*e*- der zweiten Silbe zu *Selsse*, wobei sich vor stimmlosem -*s*- nach -*l*- ein dentaler Verschlußlaut -*t*- bildet (Lasch, Grammatik § 330 II), und -*t*- und -*s*- als -*(t)z*- wiedergegeben werden.

IV. Ernst, Wüstungen S. 88; Exkursionskarte Moringen S. 73; Koken, Dassel S. 233-234; Kühlhorn, Wüstungen Bd. III Nr. 335 S. 250-252; Voß, Seelze S. 85-103.

† SEVELDE

Lage: Ca. 2 km nordwestl. Wahmbeck.

1157 *iuxta villas suas Wisevelt et Sevelt super ripam Wiserae fluminis* (Kruppa, Dassel Nr. 45 S. 364)
1255 *Seuelde* (Westfäl. UB IV Nr. 627 S. 359)
1272 *Seuelt* (Sudendorf I Nr. 73 S. 47)
1291 *Sevelde* (Westfäl. UB IV Nr. 2161 S. 991)
1291 *Sevelde* (Westfäl. UB IV Nr. 2167 S. 993)
1409 *in deme Seevelde* (UB Hardenberg II Nr. 47 S. 100)
1575 *Sehefeldt* (Pfaff, Helmarshausen S. 47)
1784 *See Feld* (Kurhannoversche Landesaufnahme Bl. 148)
1866 *das obere Seefeld* [...] *das untere Seefeld* (Nolte, Flurnamen S. 360)

I. Der ON verändert sich bis auf graphische Varianten kaum. Das GW liegt als *-velt*, *-uelde*, *-feld(t)* vor; das BW als *Se-*, später *See-* und einmal *sehe-*.

II. Nach Casemir, Grundwörter S. 191 mit dem GW *-feld* gebildet. Nolte, Flurnamen S. 361 meint: „Das BW 'See' weist auf die Lage der Siedlung am Wasser hin", nicht auf ein bestimmtes Gewässer jedoch, „sondern es bezieht sich ganz allgemein auf Wasser".

III. Den Deutungen ist zuzustimmen. Der ON besteht aus dem GW *-feld* und asä. *sēo*, *sēu*, mnd. *sē* 'See', womit vielleicht die feuchte Weserniederung, weniger die Weser selbst gemeint sein könnte. Das im Erstbeleg genannte *Wiseveld* ist das heutige Wiesenfeld, Kr. Kassel, am anderen Weserufer. Das BW liegt auch in Seeburg, Kr. Göttingen (NOB IV S. 366f.), vor.

IV. Exkursionskarte Höxter Karte; Junge, Bodenfelde S. 53; Junge, Seefeld S. 24-27; Kühlhorn, Probleme S. 182-186; Kühlhorn, Wüstungen Bd. III Nr. 336 S. 252-257; Landau, Wüstungen S. 6-7; Nolte, Flurnamen S. 359-361; Rock, Bodenfelde S. 51-52.

† SEVENSEN

Lage: Ca. 2,3 km nordwestl. Moringen.

1196 *Siuenessim* (Kramer, Abschwächung S. 40)
Mitte 13. Jh. *Sivenessen* (Chronik Lippoldsberg S. 558)
1246 (A. 13. Jh.) *Sevenessen* (Petke, Wöltingerode Anhang III Nr. 14 S. 569)
1296 *Sevessen* (Kruppa, Dassel Nr. 559 S. 504 Anm.)
um 1380 (A. 15. Jh.) *Sivenessen* (Desel, Lippoldsberg S. 188)
1414 *Seuensen* (Kramer, Abschwächung S. 40)
1447 (A.) *Sevesen* (Feise, Einbeck Nr. 1645 S. 311)
um 1586 *Sevensen* (Seidensticker, Forsten I S. 247)
1711 *Seffenßen* (Ohlmer, Thüdinghausen S. 41)
1715 *Scrensen* [!] (Bodemann, Wüste Ortschaften S. 249)
1771 *Die Wüstung Sebbensen* (Kühlhorn, Wüstungen Bd. III Nr. 337 S. 257)
1794 *Seevensen* (UB Uslar II S. 1298)

I. Der älteste Beleg zeigt im GW *-sim*, die weiteren *-sen*. Das BW entwickelt sich von *Sivenes-*, *Sevenes-* zu *Sevens-* und *Seves-*. Im 18. Jh. treten *-ff-* und *-bb-* für *-v-* ein. In 1715 *Scrensen* liegt wohl Verschreibung vor.

II. Nach Casemir, Grundwörter S. 193 mit dem GW -*husen* gebildet. Bernotat, Moore-Gau S. 5 geht von einer Form *Sebensen* aus und vermutet darin eine Grundform **Sebenhusen* zu einem PN *Sevo*.

III. Aufgrund der ältesten Belege muß von einer Form **Siveneshusen* ausgegangen werden. Das GW ist -*hūsen*, verkürzt zu -*sen* (-*hēm* wird trotz des ersten Beleges auf -*im* nicht in Betracht gezogen, da -*hūsen*-Namen im Untersuchungsgebiet sehr verbreitet sind und häufig zu -*sen* verkürzt vorliegen). Der dem BW zugrundeliegende PN flektiert stark. Zwei bezeugte PN kommen in Betracht: Zum einen *Siwin*, eine kontrahierte Form von *Sigiwini*, dessen Namenglieder zu asä. *sigi*- 'Sieg' und asä. *wini* 'Freund' gehören; vgl. Schlaug, Altsächs. Personennamen S. 152, Schlaug, Studien S. 150 und Förstemann, Personennamen Sp. 1334. Zum anderen kann der aus *Sigiwan* kontrahierte PN *Sywan* vorliegen; vgl. Schlaug, Altsächs. Personennamen S. 152 und Förstemann, Personennamen Sp. 1332. Das Erstglied des PN ist ebenfalls zu asä. *sigi*- 'Sieg' gehörig, das Zweitglied -*wan* ist etymologisch unsicher herzuleiten. Im allgemeinen wird es zu ahd., asä. *wān* 'Hoffnung' gestellt; vgl. Schlaug, Studien S. 154, Förstemann, Personennamen Sp. 1521, Bach, Personennamen I § 189 und Schlaug, Altsächs. Personennamen S. 170, der es als zweites Namenglied in den asä. PN *Alfwān*, *Sigiwān* und *Unwān* sieht. Welcher PN anzusetzen ist, ob **Sigiwineshusen* oder **Sigiwaneshusen* vorliegt, kann hier nicht entschieden werden. Beide Formen können durch Abschwächung der Nebentonsilbe **Siveneshusen* bilden. Die weitere Entwicklung verläuft entsprechend den verbreiteten nd. Lautveränderungen. In offener Silbe wird -*i*- zu -*e*- in *Sevenessen*; der schwach betonte Vokal der Flexionsfuge fällt aus, es entsteht *Sevensen*. Die Belege 1296 *Sevessen* und 1447 *Sevesen* zeigen *n*-Ausfall vor Konsonant in schwachtoniger Silbe (Lasch, Grammatik § 274), der sich aber nicht durchsetzt.

IV. Exkursionskarte Moringen S. 74; Kramer, Moringen S. 572 und S. 1069; Kühlhorn, Wüstungen Bd. III Nr. 337 S. 257-260; Ohlmer, Moringen S. 7.

† SIBURGEHUSEN

Lage: Ca. 1,2 km östl. Strodthagen.

1018 *Siburgohusun* (MGH DH II. Nr. 385 S. 490)
1018 (A. 12. Jh.) *Siburgohusen* (Vita Meinwerci Kap. 164 S. 86)
1210 *Siburgehusen* (Westfäl. UB IV Nr. 40 S. 30)
13. Jh. *Siburgehusen* (Winzer, Hemerueldun S. 326)
1245 (A. 16. Jh.) *Syborgehusen* (Winzer, Hemerueldun S. 328)
1285 (A. 16. Jh.) *Syburgehusen* (Falke, Trad. Corb. Nr. 264 S. 871)
1322 (A. 15. Jh.) *Syburhusen* (Winzer, Hemerueldun S. 330)
1329 *Hermanno de Seberhusen* (UB Fredelsloh Nr. 125 S. 91)
1341 *in campis Seberhusen sito, vulgariter dicto Hasardesbreyde* (UB Fredelsloh Nr. 155 S. 112)
1389 *Hans Seberhusen* (UB Goslar V Nr. 741 S. 345)
1461 (A.) *Godeke Siberhusen* (Feise, Urkundenauszüge Nr. 1339 S. 250)
1783 *Seewischen Kamp* (Kurhannoversche Landesaufnahme Bl. 142)

I. Ob die Belege des Typs 1266 *Tidericus de Seuerthusen* (Urk. St. Marien Gandersheim Nr. 13), 1368 *Hinrik Severthussen* (UB Goslar V Nr. 116 S. 45) und 1386 *Henrike Severthusen* (UB. Goslar V Nr. 652 S. 292) mit dieser Wüstung oder gar mit →

Sievershausen (Dassel) zu verbinden sind, ist mehr als fraglich. Das GW ist konstant -*husun* bzw. -*husen*. Das BW zeigt in den ältesten Belegen noch den Vollvokal -*o*- der weiblichen Flexion, später abgeschwächt zu -*e*-. Neben -*burg*- erscheint auch -*borg*-; dann fällt -*g*- aus, wobei -*bur*- zu -*ber*- abgeschwächt wird. Der Wechsel von -*i*- zu -*e*- in *Seber*- führt im 18. Jh. zu einer verballhornten Form *Seewischen* (wahrscheinlich über eine Form *Seberschen oder *Severschen), welche den ON in die Bestandteile *See*- und -*wische* 'Wiese' umdeutet.

II. Nach Casemir, Grundwörter S. 193 mit dem GW -*husen* gebildet. Scheuermann, Grundlagen S. 242 führt den ON auf den weiblichen PN *Sigiburg* zurück. Kramer, Scheinmigration S. 27 nennt die Wüstung wohl bedingt durch falsche Belegzuordnung Sievershausen. Aufgrund der alten Formen *Siburge-/Syborgehusen* stellt er den ON ebenfalls zu *Sigiburg*.

III. Den Deutungen ist zuzustimmen. Neben dem GW -*hūsen* liegt im BW der weibliche PN *Siburg* vor, der auf *Sigiburg* zurückzuführen und im Asä. gut bezeugt ist; vgl. Schlaug, Studien S. 148, Schlaug, Altsächs. Personennamen S. 151 und Förstemann, Personennamen Sp. 1323. Die Namenglieder gehören zu asä. *sigi*- 'Sieg' und asä. *burg* 'Burg', welches als Zweitglied nur weibliche PN bildet. Die Form -*borg* zeigt die mnd. Entwicklung von -*u*- > -*o*- vor -*r*- (Lasch, Grammatik § 61). Zum Ausfall des -*g*- in -*burg*- im 14. Jh. vgl. auch → Opperhausen und → Volperode. Durch Stellung des -*i*- in offener Silbe und Abschwächung der Nebentonsilbe entwickelt sich *Sybur*- zu *Seber*-. Als gleich gebildeten Namen nennt Förstemann, Ortsnamen II Sp. 721 noch Sieberhausen, Kr. Kassel, alt *Siburgohusen*.

IV. Ernst, Wüstungen S. 83 als Sieberhusen; Exkursionskarte Moringen S. 82; Giese, Hemmerfelden S. 204-239; Kramer, Scheinmigration S. 27 als Sievershausen; Kühlhorn, Wüstungen Bd. III Nr. 338 S. 260-265; Winzer, Hemerueldun S. 306-330.

SIEVERSHAUSEN (Dassel)

1356 (A. 15. Jh.) *Sydageshusen* (Sudendorf II Nr. 565 S. 306)
1407 *Sydesh[use]n* (Kramer, Abschwächung S. 38)
1585 *Siverßhausen* (Feilke, Untertanenverzeichnis S. 112)
1588 *Syershausen vel Siedagshausen* (Kayser, Generalkirchenvisitation S. 190)
1596 *Siegershausen* (Letzner, Chronica Buch 5 S. 6v)
1596 *Silverdeshausen* (Letzner, Chronica Buch 5 S. 27r)
1603 *Sivershusen* (Krabbe, Sollingkarte Bl. 8)
um 1616 *Sierßhausen* (Casemir/Ohainski, Territorium S. 58)
1740 *Sievershusen* (Lauenstein, Hildesheim II S. 96)
1789 *Sievershausen* (Status Contributionis S. 4)
1834 *Sievershausen* (Gaußsche Landesaufnahme Bl. 22)
dialekt. (1935) *Sövershiusen* (Kramer, Scheinmigration S. 27)
dialekt. (1951) *soiwĕrshusĕn* (Flechsig, Beiträge S. 21)
dialekt. (1970) *sōvərshⁱūsən* (Kramer, Scheinmigration S. 27)

I. Ein von Flechsig, Beiträge S. 21 hierher gestellter Beleg 1055 (A. 16. Jh.) *Siwerigeshusen* (UB Eichsfeld Nr. 30 S. 17) gehört zu → Sudershausen. Zu Belegen des Typs *Sigehardeshusen* vgl. → Sievershausen (Kreiensen). Während die ältesten Formen *Sydageshusen* und *Sydeshusen* auf eine Grundform *Sidageshusen schließen lassen, liegt mit den späteren *Siverß-, Syershausen* ein mit den ersten Belegen nicht zu vereinbarender Überlieferungsstrang vor. In 1588 *Syershausen vel Siedagshausen* ist die zweifache Benennung offensichtlich. Im Beleg 1596 *Siegershausen* entspricht die Lautung des *-g-* wohl dem Wert des Reibelauts *-j-* zwischen *-i-* und *-e-*. Ungewöhnlich ist Letzners Beleg von 1596 *Silverdeshausen*.

II. Nach Kramer, Scheinmigration S. 27 liegt im ON der PN *Sigidag* vor, der im BW zu *Sides-* verkürzt erscheint. Vor stimmlosem *-s-* sei dann *-r-* eingetreten (wie bei 1470 *Hilderse* gegenüber älterem *Hildesse* [vgl. → Hillerse]). In *Sivers-* liege eine Dissimilation aus *Siders-* vor. Scheuermann, Grundlagen S. 242 führt den ON ebenfalls auf einen PN *Sigidag* zurück. Nach Udolph, Sachsenproblem S. 434 liegt dem ON eine Form *Sidageshusen* zugrunde, die einen PN *Sigdag* enthält.

III. Das GW ist *-hūsen*. Die beiden ältesten Belegen enthalten im BW den stark flektierenden PN *Sidag*, der 1407 bereits in stark verschliffener Form vorliegt. Der PN geht auf *Sigidag* zurück, der im Asä. auch in der Variante *Sidag* bezeugt ist; vgl. Förstemann, Personennamen Sp. 1323, Schlaug, Altsächs. Personennamen S. 151 und Schlaug, Studien S. 148. Die Namenglieder gehören zu asä. *sigi-* 'Sieg' und asä. *dag* 'Tag'. Dieses ist als Zweitelement in asä. PN sehr verbreitet (vgl. dazu Schröder, Namenkunde 31f., Wenskus, Stammesadel S. 301-334 und Udolph, Sachsenproblem S. 432-439). Die Belege ab 1585 *Siverß-, Syers-* lassen auf das Eintreten eines PN *Si(e)ver* schließen, einer kontrahierten Form des häufig vorkommenden *Sigifrid* (vgl. Förstemann, Personennamen Sp. 1324, Schlaug, Altsächs. Personennamen S. 151 und Schlaug, Studien S. 149) zu asä. *sigi-* 'Sieg' und asä. *friðu* 'Friede', mit Ausfall des intervokalischen *-v-* in *Siers-*. Allerdings liegt auch Kramers Rekonstruktion der Namenentwicklung im Bereich des Möglichen. Obwohl eine Form *Siders-* nicht überliefert ist, ist eine Analogiebildung zu den zahlreichen *-ershusen*-Namen durch *r*-einschub denkbar. Eine ähnliche Entwicklung zeigt † Sidershusen, Kr. Göttingen (NOB IV S. 373), das 1296 *Sidageshusen*, ab 1420-22 *Sydershusen* lautet und 1784 einen FlurN *Siershauser Grund* bildet. Durch Ausfall des intervokalischen *-d-* wäre dann auch bei Sievershausen die Form *Siers-* entstanden und *-v-* entweder als Gleitlaut oder lautliche Angleichung an den PN *Si(e)ver* eingetreten.

SIEVERSHAUSEN (Kreiensen)

1142-1153 (Fä. 13. Jh.) *Sirederehuson* (Mainzer UB II Nr. 186 S. 347)

1240 *Johannes de Siferdeshusen* (UB Goslar I Nr 578 S. 546)

1241 *Iohannes de Siferdeshusen* (UB Plesse Nr. 130 S. 171)

15. Jh. (Rückvermerk zur Urk. von 1142-1153) *Syrdeshusen* (Mainzer UB II Nr. 186 S. 345)

15. Jh. (Rückvermerk zur Urk. von 1142-1153) *Sydeshusen* (Mainzer UB II Nr. 186 S. 345)

um 1440 *Siuerdeshusen* (Flentje/Henrichvark, Lehnbücher S. 86 Erg. k)

1436 *Siderdeshusen* (Kramer, Scheinmigration S. 27)

1519/20 (A. 16. Jh.) *Sievertshusen* (Krusch, Studie S. 266)

1544 *Siuerdeshausen* (Kayser, Kirchenvistitationen S. 209 Anm.)

1554 *Siuershausen* (Scheidt, Codex Diplomaticus Nr. 23 S. 507)

1605 *Sivershausen* (Müller, Lehnsaufgebot S. 394)

1678 *Sieverßhausen* (Kopfsteuerbeschreibung Wolfenbüttel S. 432)

1783 *Sievershausen* (Kurhannoversche Landesaufnahme Bl. 142)
1803 *Sievershausen* (Hassel/Bege, Wolfenbüttel II S. 219)
dialekt. (1950-53) *saiwər(t)shiusən* (Kramer, Scheinmigration S. 27)

I. Probleme bereiten Nachweise in vier Urkunden, die Besitz des Klosters Northeim dokumentieren: 1141 (Fä. 13. Jh.; A. 16. Jh.) *Sigerdeshusen* (Orig. Guelf. IV S. 525), 1141 (Fä. 13. Jh.; A. 16. Jh.) *Siegehardishusen* (Mainzer UB II Nr. 28 S. 49), 1162 (Fä. 13. Jh.; A. 14. Jh.) *Sihardeshusen* (MGH Urk. HdL Nr. 58 S. 85) und 1226 (A. 16. Jh.) *Sichardeshusen* (Wenke, Urkundenfälschungen S. 58), wobei immer derselbe Ort gemeint ist. Lange, Northeim S. 72 lokalisiert den Besitz in Ahlshausen-Sievershausen, während sie in den MGH Urk. HdL und im UB Plesse mit Settmarshausen, Kr. Göttingen, verbunden werden. In Frage käme auch → Sievershausen bei Dassel. Obwohl die geographische Anlage der Urkunden und späterer Besitz des Klosters Northeim in Ahlshausen-Sievershausen (vgl. Kleinau GOV Nr. 1925 S. 579 mit allerdings 5 Hufen und nicht einer, wie in den Urkunden; vgl. außerdem Dalibor, Ahlshausen S. 30 mit dem Nachweis eines Meierhofes) eine Zuordnung hierher nahelegen, nehmen wir die Belege wegen der sehr stark abweichenden sprachlichen Form hier nicht auf. Gleiches gilt für die beiden anderen Orte. Evtl. würde eine Untersuchung der Besitzgeschichte des Klosters Northeim Klärung bringen. Auch die als sicher geltenden überlieferten Formen sind problematisch. Neben *Sirederehuson* stehen *Siferdes-*, *Siuerdes-*, *Siver(t)s-*, aber auch *Syrdes-*, *Sydes-* und *Siderdes-*, die schlecht zu vereinbaren sind. Die heutige Form *Si(e)vers-* liegt seit dem 16. Jh. vor.

II. Die BuK Gandersheim S. 260 deuten den ON als „Behausung eines Siverd = Siegfried". Scheuermann, Grundlagen S. 242 denkt aufgrund des Beleges von 1141 (vgl. I.) an den PN *Sigihard*; ebenso Kramer, Scheinmigration S. 27, der in der Entwicklung zu *Siderdes-* assimilatorische, zu *Siverdes-* dissimilatorische Vorgänge annimmt. Die heutige Form sei dann durch Kontraktion aus *Siverdes-* entstanden.

III. Das GW ist *-hūsen*. Geht man vom Überlieferungsstrang *Siferdes-*, *Siuerdes-*, *Siverts-*, *Sivershusen* bzw. *-hausen* aus, kann man den ON sicher dem zweigliedrigen stark flektierenden PN *Sigifrid* zuordnen, in einer Form, deren Erstglied zu *Si-* verkürzt und dessen Zweitglied einer *r*-Metathese von *-frid* zu *-ferd* unterlag. Der PN ist gut bezeugt; vgl. Schlaug, Altsächs. Personennamen S. 151, Schlaug, Studien S. 149 und Förstemann, Personennamen Sp. 1324ff. Die Namenglieder gehören zu asä. *sigi-* 'Sieg' und asä. *friðu* 'Friede'. Der PN liegt auch in Sievershausen, Kr. Hannover (NOB I S. 408f.), vor und durchläuft dort eine ähnliche Entwicklung. Während *Syrdes-* als stark kontrahierte Form von *Siverdes-* gesehen werden kann, und *Siderdes-* eine zumindest lautlich ähnliche Form darstellt, ist der Erstbeleg nicht zu erklären.

† SMEDERSEN

Lage: Ca. 4 km östl. Lauenförde (Kr. Holzminden).

1006-1007 (A. 15. Jh.) *Smitheredeshusun* (Trad. Corb. § 488 S. 158)
1303 *Smedersen* (Sudendorf I Nr. 173 S. 102)
1555 *Schmessen* (Nolte, Flurnamen S. 362)
1585 *Smedessen* (Nolte, Flurnamen S. 362)
1589 *Desolat Kirchen sein ahn dießem Ordt nit, denn allein 2 solche Wöstunghe ihm Sölinghe belegen, nemlich Schmedessen vnd Windefelde, welche in etlichen 100 Jahren in Esse nit gewesen* (Lorme, Schmeeßen S. 322)

1603 *Wüste Schmeessen* (Krabbe, Sollingkarte Bl. 3)
1684 *bei der Schmeeßer Kirchen* (Nolte, Flurnamen S. 363)
1669 *Schmeßer Siegk* [...] *Schmeeßer Feldt* (Lorme, Schmeeßen S. 317)
1715 *Die Schmeese* (Bodemann, Wüste Ortschaften S. 248)
1755 *Schmeeßen* (Junge, Bodenfelde S. 55)
1784 *Schmeser Kirch* (Kurhannoversche Landesaufnahme Bl. 148)
1910 *Schmeßer Feld* (Lorme, Schmeeßen S. 317)

I. Der ON liegt im ersten Beleg in der Vollform *Smitheredeshusun* vor, die weiteren Formen sind abgeschwächt. In den FlurN der jüngeren Zeit erscheint der ON mit *er*-Ableitung.

II. Nach Casemir/Ohainski, Orte S. 136 und Casemir, Grundwörter S. 193 mit dem GW -*husen* gebildet. Lorme, Schmeeßen S. 318f. erwägt den Anschluß an ein Appellativ: „Fragt man [...] nach der Bedeutung des Wortes Schmessen oder Schmeeßen, so kann es keinem Zweifel unterliegen, daß es von dem niederdeutschen Worte smēe (Schmiede) abzuleiten ist. Dieses ist aber eine Zusammenziehung aus smede und folglich muß Schmēeßen aus Schmedessen (Smedessen) entstanden sein und bedeutet demnach soviel wie Schmiedehausen oder Schmidtshausen." Nolte, Flurnamen S. 363 greift ausgehend von den Belegen ab 1555 Lormes Deutung auf, zieht aber ebenso eine Kontraktion aus „Smedeshem" in Betracht.

III. Lorme und Nolte berücksichtigen die ältesten Belege nicht. Im ersten Beleg ist als GW -*hūsen* erkennbar. Im BW ist an einen stark flektierenden PN zu denken. Förstemann, Personennamen Sp. 1349 stellt eine Wüstung bei Deissel, Kr. Hofgeismar, welche im 9. Jh. als *Smitheredeshusen* belegt ist (Förstemann, Ortsnamen II Sp. 817), zu einem Stamm SMITHU, zu ahd. *smid* 'Schmied', *smīda* 'Metall', und führt darunter die PN *Smidhart*, *Smidirat* und *Smiderat* auf. Obwohl diese asä. nicht bezeugt sind, liegt vermutlich ein ähnlicher PN in unserem ON vor. Die asä. Entsprechung zum ahd. *smid* lautet *smith*, vgl. aengl. *smiþ*, engl. *smith*; zugrunde liegt germ. **smiþa-*. So kann man einen mit diesem Namenglied gebildeten PN **Smithared* annehmen, in dessen Zweitglied asä. *rād* 'Rat' bzw. die Variante -*rēd* (vgl. Schlaug, Altsächs. Personennamen S. 141 und Förstemann, Personennamen Sp. 1203) steckt, und mit ihm eine ON-Grundform **Smitharedeshusen*. Die überlieferten Belege sind nun leicht anzuschließen: Durch Abschwächung der Nebentonsilbe entsteht das BW *Smitheredes*-. Das BW verkürzt sich durch Ausfall des intervokalischen -*d*- und weitere Vokalabschwächung, asä. -*th*- wird mnd. -*d*-, das -*i*- in offener Silbe senkt sich zu -*e*-, wie in *Smeders*- erkennbar ist. Später fällt -*r*- nach Vokal und vor -*s*- aus (Lasch, Grammatik § 244). Im 16. Jh. tritt *Schm*- für *Sm*- ein (Lasch, Grammatik § 333), außerdem schwindet das intervokalische -*d*-, es entsteht die Form *Schmeessen*.

IV. Casemir/Ohainski, Orte Nr. 605 S. 89; Exkursionskarte Höxter Karte; Junge, Bodenfelde S. 55; Kühlhorn, Wüstungen Bd. III Nr. 341 S. 271-273; Lorme, Schmeeßen S. 317-323; Nolte, Flurnamen S. 362-363.

SOHLINGEN (Uslar)

963 *Sologe* (MGH DO II. Nr. 6 S. 14)
963 *Sologe* (MGH DO II. Nr. 7 S. 16)
978 *Solega* (MGH DO II. Nr. 178 S. 203)

994 *Solegon* (MGH DO III. Nr. 147 S. 558)
994 (Druck 18. Jh.) *Sulogun* (MGH DO III. Nr. 148 S. 559)
994 *Sulogun* (MGH DO III. Nr. 150 Nr. 561)
1016-1020 (A. 15. Jh.) *Sulugun* (Trad. Corb. § 540 S. 165)
1120 *Sologon* (Kaminsky, Studien Nr. 7 S. 253)
1209 *miles de Solege* (Kramer, Solling S. 138)
1210 *fratres de Solengen* (Kramer, Solling S. 138)
1222 *Erenfridus de Sulinge* (UB Fredelsloh Nr. 17 S. 32)
1223-1231 *Conradus de Solege* (UB Fredelsloh Nr. 25 S. 37)
1235 *Conradus de Sulinghe* (UB Fredelsloh Nr. 19 S. 34)
1244 *Conradus miles de Solegen* (Kruppa, Dassel Nr. 290 S. 432)
1318 *Soligh* (Flentje/Henrichvark, Lehnbücher Nr. 142 S. 42)
1429 *Solingen* (Grotefend, Mitteilungen S. 86)
1554-55 *Solingen* (Kramer, Solling S. 139 Anm.)
1588 *Solling* (Kayser, Generalkirchenvisitation S. 184 Anm.)
1603 *Söllingen* (Krabbe, Sollingkarte Bl. 2 und 5)
1703 *Sulingen* (Nolte, Flurnamen S. 16)
1735-36 *Sohlingen* (Forstbereitungsprotokoll S. 26)
1791 *Sohlingen* (Scharf, Samlungen II S. 213)
1823 *Sohlingen* (Ubbelohde, Repertorium 3. Abt. S. 61)
dialekt. (1935) *Suuljen, Sulgen* (Kramer, Solling S. 140)
dialekt. (1951) *βūljĕn* (Flechsig, Beiträge S. 21)
dialekt. (1963) *sulingen* (Nolte, Flurnamen S. 16)
dialekt. (1969) *sūljən* (Kramer, Solling S. 140)

BergN SOLLING
1157 (A. 12. Jh.) *pro foreste Sulgo* (Trad. Fuld. 74 S. 151)
1198 *feodum furesti quod Soligo dicitur* (Wilmans, Kaiserurkunden II Nr. 257 S. 359)
1204 (A. 13.Jh.) *silue que dicitur Solenge* (Kramer, Solling S. 134)
1204 (A. 15.Jh.) *sylvae quae dicitur Solege* (UB Everstein Nr. 24 S. 30)
1437 *an dem Solunge* (UB Göttingen II Nr. 180 S. 131)

I. Die Erstbelege zeigen den ON als *Sologe, Solega*, dann tritt die Endung des Dativ Plural -*on*, -*un* hinzu. Gelegentlich wechseln in der ersten Silbe -*o*- und -*u*-, doch -*o*- dominiert. Aus dem in den Nebentonvokalen abgeschwächten *Solegen* wird eine nasalierte Form *Solengen* und schließlich *Solingen*. Im 18. Jh. festigt sich die heutige Schreibung *Sohlingen*.

II. Nach Casemir/Ohainski, Orte S. 135 mit dem GW -*gā*/*gō* gebildet. Flechsig, Beiträge S. 35f. stellt aufgrund des fehlenden Umlauts eine ursprüngliche -*ungen*-Bildung fest; das BW verbindet er mit „sōl als Bezeichnung einer Stelle mit stehendem, salzhaltigen Wasser". Auch nach Nolte, Flurnamen S. 16f. handelt es sich um einen -*ungen*-Namen. Im BW sieht er wie im Namen der Berglandschaft Solling das Appellativ ahd. *sol, sul* 'Suhle, Schlamm, Wälzlache des Wildes'. Kramer, Solling beschäftigt sich sehr ausführlich mit den Namen Sohlingen und Solling. Beide führt er auf eine Grundform **Solo-gā* zurück, deren zweiten Bestandteil -*gā* er als asä. Entsprechung zu germ. **gawja* 'Gau; Landschaft, Gegend' auffaßt. Das Suffix -*ing*- entstamme einer späteren Umdeutung. Im BW sieht Kramer das ahd. Appellativ *sol* 'sumpfige Stelle, Suhle, Lache', das seit dem 10. Jh. auch im asä. Sprachraum in Namen nachzuweisen sei. Die wenigen Belege mit -*u*- stammen nach Kramer angesichts der hauptsächlichen -o-Formen von einem landschaftsfremden Schreiber. Der Ansatz *Solo-gā, eine genitivische Bildung, bedeute 'Landschaft der sumpfigen Stellen'. Der Solling zeige noch heute Torfmoore und versumpfte Waldgebiete, besonders in höheren Lagen. Scheuermann, Niedersachsen S. 251 greift Kramers Deutung auf: „Daß heutiges -ingen im Einzelfall sogar auf das Grundwort mnd. gō 'Gau' zurückgehen kann, beweisen der Bergname Solling und der dazugehörige Siedlungsname Sohlingen." Förstemann, Ortsnamen II Sp. 924 führt unter dem Ansatz SUL[1] einige -u-Belege von Sohlingen auf; dazu noch einen Beleg Sulliggi, der allerdings zu Seulingen, Kr. Göttingen (NOB IV S. 369ff.), gehört. Förstemann bezeichnet SUL 1.) als Nebenform von SOL[1], zu ahd., aengl. sol 'Schlamm' in Bezug auf Wasserlöcher, Lachen und Sumpfstellen in den Feldern und Wäldern, in denen sich das Vieh oder das Wild wälzte; 2.) als Zusammenziehung aus SVAL, SVUL, SVOL, zu ahd. swellan 'schwellen'; 3.) als zu mnd. sūle 'Säule' gehörig. Den LandschaftsN Solling und einige der ältesten Belege Sohlingens, die er jedoch Söllingen, Kr. Helmstedt, zuordnet, stellt er in Sp. 824 zum Stamm SOL[2] zu mnd. sul 'Schwelle'.

III. Der Deutung Kramers ist zu folgen. Der ON inmitten des Sollings am Ufer der Ahle geht auf einen LandschaftsN *Sologā zurück. Dieser besteht aus dem GW -gā und ahd. sol, sul 'sumpfige Stelle, Suhle, Lache' im BW. Das auf germ. *sula- beruhende, zu den a-Stämmen gehörige Appellativ sol liegt im Genitiv Plural vor. Der Name bedeutet somit 'Landschaft der sumpfigen Stellen'. Das GW -gā wurde, gewiß auch beeinflußt durch die Dativendung -n, im 13. Jh. zu -ingen umgedeutet. Die beiden ältesten Belege zeigen den ON im Dativ Singular; vgl. die Beispiele Bunnengāe und Sothinkge bei Gallée, Grammatik § 100.

† SOSE

Lage: Ca. 1,5 km nordöstl. Berka.

um 1212 (A. 17. Jh.) Sŏse (Fenske/Schwarz, Lehnsverzeichnis S. 495)
1213 Henricus de Sosa (UB H. Hild. I Nr. 664 S. 634)
1222 Henricus de Suse (Scheidt, Adel Nr. 141 S. 496)
nach 1226 Sŏse (Bode/Leibrock, Güterverzeichnis S. 85)
1250 dicti de Susa (UB Walkenried I Nr. 296 S. 306)
1270 Bertoldus de Susa (UB Eichsfeld Nr. 525 S. 322)
1281 Susa (Urk. Katlenburg Nr. 38)
1283 Bertoldus de Sose (UB Walkenried I Nr. 567 S. 493)
1310 villa Sose (Urk. Katlenburg Nr. 83)
1315 von der Sŭse (Sudendorf I Nr. 259 S. 147)
1323 Enghelhardis van der Sŏse (UB H. Hild. IV Nr. 718 S. 394)
1329 Susa (UB Boventen Nr. 77 S. 83)
1355 Engelhardus de Sŭza (Grotefend, Corollarium S. 172)
1366 Engelhart van der Sose (Urk. Katlenburg Nr. 195)
1375 capellen to der Sŏse, dar sanct Mauricius hovedhere is (Urk. St. Marien Gandersheim Nr. 50)
1377 capellam in villa Zuza (Urk. St. Marien Gandersheim Nr. 51)
1390 marken to der Soze (Grotefend, Corollarium S. 174)
1411 cappellen to der Soze (Grotefend, Corollarium S. 177)
1468 (A.) to der Sose (UB Uslar II S. 939)
1524 Zoße (Goetting, Findbuch II Nr. 766 S. 126)

1527 *Soße* (Tschackert, Rechnungsbücher S. 373)
1715 *So hat auch ein Dorff neben dem Dorff Bercka an dem Söse-Fluß gestanden, welches Dorff „Zur Söse" genant worden* (Bodemann, Wüste Ortschaften S. 243)

FlußN SÖSE
1321 *unam partem aque dicte Sůse* (Kettner, Leine S. 120)
1321 (A. 15. Jh.) *in rivo de Zose* (UB H. Hild. IV Nr. 638 S. 352)
1391 (A. 16. Jh.) *de visscherye up der Soyse* (UB H. Hild. VI Nr. 1078 S. 709)
1438 *mit der Sose* (Kettner, Leine S. 120)
1500 *de Sosse* (Kettner, Leine S. 121)
1577 *in der Sose* (Kettner, Leine S. 121)
1613 *uber die Söese* (Kettner, Leine S. 121)
1692 *auf die Sösa schließend* (Kettner, Leine S. 121)
1767 *Söse* (Kettner, Leine S. 121)
1802 *die Söse* (Kettner, Leine S. 121)

I. Der ON schwankt im Vokalismus zwischen -*u*- und -*o*-, das sich im 14. Jh. durchsetzt; daneben treten *ů*- und *ȏ*-Schreibungen auf. Gelegentlich begegnet -*z*- für -*s*-. Die Umlautkennzeichnung (-*ö*-) erscheint in der ON-Überlieferung erst im 18. Jh. Der Auslaut des ON schwankt bis Ende des 14. Jh. zwischen -*e*- und -*a*-, danach begegnet nur noch -*e*-.

II. Nach Casemir, Grundwörter S. 194 liegt eine simplizische Bildung vor. Förstemann, Ortsnamen II Sp. 827 bezeichnet den FlußN Söse und damit † Sose als ungeklärt. Garke, Bachnamen S. 9f. stellt den FlußN Söse, den ON Soest und die Soeste zur Leda, Kr. Cloppenburg, in der Bedeutung „Rauschebach" zu mhd. *sūsen*, mnd. *sūsen* 'sausen'. Möller, Siedlungsnamen S. 129f. ist sich in der Deutung unsicher: Es handle sich jedenfalls um einen GewN, der vielleicht auf eine Grundform *Susia zurückgehe, welche er fragend mit nd. *sussen* 'Kinder in den Schlaf lullen durch leisen Gesang' verbindet. Er verweist auf den ON Süselbeck bei Oberhausen (926-71 [A. Mitte 12. Jh.] *Susilbeke*), den Gysseling, Woordenboek S. 948 zu germ. *sūsilan 'säuseln' stellt. In seiner Überlegung zum FlußN Söse geht Kettner, Flußnamen S. 286f. anhand der FlußN- und ON-Belege, die neben *u*-Formen auch *o*-Formen zeigen, welche im 16. Jh. durch *ö*-Formen abgelöst werden, davon aus, daß vormnd. -*ü*- durch mnd. Tondehnung in offener Silbe zu -*ō*- geworden ist. Kettner entscheidet sich für einen Ansatz *Süse, dessen Bildungsweise und Bedeutung aber unsicher seien.

III. Dem ON liegt der FlußN Söse zugrunde. Für die Deutung des FlußN sind zwei Ansätze möglich: Zum einen die Rückführung auf idg. *sūs- (vgl. Pokorny, Wörterbuch S. 1039), eine „ein rauschendes, zischendes, pfeifendes Geräusch nachahmende Wurzel" (Pfeifer S. 1482f.), die in ahd. *sūsen*, mhd. *sūsen, siusen*, mnd., mnl. *sūsen*, nl. *suizen*, schwed. *susa*, dän. *suse* 'sausen, brausen, rauschen, summen, zischen, knirschen, knarren, sich rasch fortbewegen' und aksl. *sysati* 'sausen, pfeifen' vorliegt. Ein Ansatz **Sūs-i̯a* in der Bedeutung 'die Rauschende' ist denkbar. Michaelis, Söse S. 267 schreibt zur Fließart der Söse: „Die Söse, sonst ein ruhiges Flüßchen, braust zur Zeit des Hochwassers wild dahin, Straßen und Felder unter Wasser setzend." Das Suffix -*i̯a* ist hier wegen der späteren Umlautentwicklung anzusetzen. Die zweite Möglichkeit ist ein Anschluß an die idg. Wurzel **seu-*, **seu̯ə-*, **sū-* 'Saft, Feuchtes; regnen, rinnen'. Pokorny, Wörterbuch S. 912f. führt zu dieser Wurzel keine *s*-Ableitung auf, wohl aber Erweiterungen mit -*d*-, -*g*-, -*k*-, -*l*-, -*p*- und -*b*-. Eine *n*-Ableitung der Vollstufe *seu- wird in Seinstedt, Kr. Wolfenbüttel (NOB III S. 296f.), vermutet. Für die Söse kann eine Bildung mit der Ablautform *sū- in der Form *Sū-s-i̯a, die also ein Wasserwort enthält, angenommen werden. Beide Varianten, *Sūs-i̯a und *Sū-s-i̯a, sind in ihren Bedeutungen für einen FlußN plausibel. In ihrer lautlichen Entwicklung führen auch beide zum Fluß- bzw. ON: Die bei Bildung mit einem i̯a-Suffix eintretende Verdopplung des vorausgehenden Konsonanten begegnet bei der Söse nicht, da sie nach langem Vokal wieder vereinfacht wird (Krahe/Meid I § 84). Das i̯a-Suffix, welches sich in der Überlieferung zu -e- abgeschwächt zeigt, bewirkt die Umlautung von -u- zu -ü-, die im Schriftbild erst im 16. Jh. (beim FlußN: 1512 supra Sösam) sichtbar wird, als dauerhaft -o- bzw. -ö- eingetreten war. Das häufig bis zum ausgehenden 14. Jh. auftretende auslautende -a-, welches vor allem in lateinischen Urkunden erscheint, ist als Latinisierung des Namens erklärbar. Die oben genannten weiteren Fluß- und ON sowie einige bei Förstemann, Ortsnamen II Sp. 827f. und Sp. 950 und Gysseling, Woordenboek S. 923, S. 927 und S. 948 verzeichnete ungeklärte Namen können möglicherweise ebenfalls Anschluß an diese Etymologien finden.

IV. Dolle, Studien S. 439; Exkursionskarte Osterode S. 47; Kramer, Artikel S. 100; Kühlhorn, Wüstungen Bd. III Nr. 344 S. 280-286; Lönne, Susa S. 105-108; Max, Grubenhagen I S. 514-515 als Sösede; Merl, Anfänge S. 14; Winzer, Katlenburg S. 40.

STEIMKE (Uslar)

1437 *to Ußler und in der Steynbecke* [...] *de scheperige to der Steynbecke* (UB Göttingen II Nr. 180 S. 130)
1477 *vor der Steynenbeke* (Kramer, Artikel S. 100)
1538 *Stembke* (Nolte, Flurnamen S. 13)
1559 *zur Steinbeck* (Kramer, Artikel S. 100)
1596 *Steimeke* (Nolte, Flurnamen S. 13)
1603 *Vorwerck Steimke* (Krabbe, Sollingkarte Bl. 2)
1715 *über dem Ambts-Vorwerke der Steimke* (Bodemann, Wüste Ortschaften S. 252)
1735-36 *vorwerk Steimke* (Forstbereitungsprotokoll S. 18)
1784 *Steimke* (Kurhannoversche Landesaufnahme Bl. 149)
1823 *Steimke Vorwerk* (Ubbelohde, Repertorium 3. Abt. S. 64)
dialekt. (1963) *staimke* (Nolte, Flurnamen S. 13)

I. Kühlhorns Angabe, es handele sich bei diesem Ort um eine Wüstung, ist wenig wahrscheinlich. Anzunehmen ist nach dem Beleg von 1437 eher, daß es im Mittelalter keinen „richtigen Ort" gegeben hat, sondern eine nach einem Fluß benannte Schäferei, die später zu einem Vorwerk ausgebaut worden ist. Der ON erscheint in den Belegen meist mit Präposition und Artikel, was auf einen ursprünglichen FlurN hindeutet. Die Form *Steynbecke* verkürzt sich zu *Stembke*, *Steimeke* und *Steimke*. Singulär erscheint das BW *Steynen-*.

II. Nach Casemir, Grundwörter S. 191 mit dem GW *-beke* gebildet. Nolte, Flurnamen S. 13 deutet den ON als „Steinbach".

III. Das GW ist *-beke*, das BW enthält das Appellativ asä. *stēn*, mnd. *stē^{i}n* 'Stein'. Dem ON liegt ein FlußN zugrunde; vgl. auch die umfangreiche Auflistung von FlußN Steimke und Steinbach bei Kettner, Flußnamen S. 293ff. Nach Baader, Steinbach S. 43 ist die Benennungsmotivation der zahlreichen Steinbäche ein „steinigtes Flußbett", ein „steinigter Uferrand natürlicher Bildung" oder ein „steinigter Uferbau von Menschenhand". In derartigen FlußN liegt der „Begriff des Beschreit- und Durchwatbaren", sie verdeutlichen „verkehrsgeschichtlich für den Menschen wichtig gewordene verschiedene Grade der Festigkeit des Flußbettes von sandiger bis zur steinigten Unterlage". Die Entwicklung des ON verläuft über die Abschwächung des GW zu -bke und die Assimilation von -nbk- zu -mk-. Förstemann, Ortsnamen II Sp. 861ff. verzeichnet zahlreiche Vergleichsnamen.

IV. Exkursionskarte Höxter Karte; Kühlhorn, Wüstungen Bd. III Nr. 345 S. 286-287 als Steynbecke.

† STENEBERG
Lage: Bei der Stennebergsmühle nördl. Moringen.

1246 (A. 13. Jh.) *Stenebere* (Petke, Wöltingerode Anhang III Nr. 14 S. 569)
Mi. 13. Jh. (A. 14. Jh.) *Stunneberg* [!] (Lehnbuch Schönberg Nr. 48 S. 46)
1302 *Steneberg* (Desel, Lippoldsberg S. 160)
1380 *Hans Steneberch* (Grote, Neubürgerbuch S. 21)
1397 *Ludolfus Steyneberg* (Grote, Neubürgerbuch S. 22)
1429 (A.) *Hans Stenenberg* (Feise, Einbeck Nr. 831 S. 164)
1494 *Berldt Stenneberch* (UB Fredelsloh Nr. 245 S. 169)
1542 *Jürge Stenneberg* (Kayser, Kirchenvisitationen S. 280)
um 1586 *Schenneberg* (Seidensticker, Forsten I S. 247)
1590 (A.) *Sterneberg* (Müller, Lehnsaufgebot S. 350)
1711 *Stenneberg* (Ohlmer, Thüdinghausen S. 41)
1753 *Stennenberg* (Domeier, Moringen S. 164)
1783 *Zur Wüstung Stenneberg* (Kurhannoversche Landesaufnahme Bl. 142)
1791 *Stennberg Mühle* (Scharf, Samlungen II S. 219)
1823 *Stenneberg Mühle* (Ubbelohde, Repertorium 3. Abt. S. 65)

I. Der Erstbeleg zeigt im GW -bere; im Folgenden lautete es -berg und -berch. Das BW entwickelt sich von *Stene-*, *Steyne-*, *Stenen-* zu *Stenne(n)-*. Abweichend erscheinen *Stunne-*, *Schenne-* und *Sterne-*.

II. Nach Casemir, Grundwörter S. 191 evtl. mit dem GW -berg gebildet. Kramer, Moringen S. 595 schreibt: „Der ON (WüN) ist nach der ältesten überlieferten Form 1246 Stenebere – zusammen mit dem nur etwa 1 km nördlich gelegenen Iber < Ybere [...] – zu nur im Ags. belegten bearo 'Wald, Hain' zu stellen, das im nd. Raum in ON als -bere (-ber) häufiger erscheint. Umdeutung von -bere zu -berg erst seit dem 15. Jh."

III. Das GW ist schwierig zu beurteilen. Der Erstbeleg -bere weist auf eine Verbindung mit dem von Kramer in Betracht gezogenen aengl. bearo 'Wald'. Die folgenden Belege enthalten jedoch, spätestens ab dem frühen 14. Jh., konstant -berg, so daß schwer zu entscheiden ist, ob in diesen Belegen eine Umdeutung des nicht mehr verstandenen -bere stattfand, oder im Erstbeleg lediglich eine Verschreibung vorliegt und das GW schon ursprünglich -berg lautete. Ein Schwanken zwischen -bere und -berg ist auch bei Velber, Kr. Hannover (NOB I S. 447f.), zu beobachten, wobei dort -bere dominant ist. Bezüglich der Bedeutung sind beide GW möglich, der Ort lag am Rande des heutigen Moringer Stadtwaldes in der Nähe des Katzensteins und des

Gieseberg. Das BW enthält asä. *stēn*, mnd. *stē͗n* 'Stein'. Interessant ist die vorliegende Form *Stene-*, in welcher der *a*-Stamm des zugrundeliegenden germ. **staina-* abgeschwächt zu *-e-* erkennbar ist und erhalten bleibt. Ungewöhnlich ist jedoch die Entwicklung zu *Stenne-* mit Verkürzung des Stammvokals und Verdopplung des Konsonanten, da das Appellativ *stēn*, Stein in der Sprache lebendig blieb.

IV. Exkursionskarte Moringen S. 82-83; Kramer, Moringen S. 1070; Kühlhorn, Wüstungen Bd. III Nr. 347 S. 288-289; Ohlmer, Moringen S. 8.

STÖCKHEIM (Northeim)

826-876 (A. 15. Jh.) *Stocchem* (Trad. Corb. § 59 S. 92)
1142 [*ecclesia matrix* ...] *Stocheim* (Mainzer UB II Nr. 33 S. 59)
1143 *Stocheim* (Mainzer UB II Nr. 36 S. 65)
1146 *Stocheim* (UB Fredelsloh Nr. 9 S. 28)
1155 *duas ecclesias in Oldendorph et in Stocheim* (Mainzer UB II Nr. 209 S. 379)
1205 *Lupoldus de Stochem* (UB Plesse Nr. 39 S. 82)
1236 *Johannes de Stochem plebanus* (UB Fredelsloh Nr. 20 S. 34)
1238 *villa Stocken* (Orig. Guelf. IV Prefatio Nr. 6 S. 66)
1302 *Stochem* (Westfäl. UB IX Nr. 102 S. 45)
1305 *Stockem* (Westfäl. UB IX Nr. 343 S. 149)
1338 *Thiedericus de Stochem* (Grote, Neubürgerbuch S. 8)
1441 *Stogheym* (Urk. Stadt Gandersheim Nr. 39)
15. Jh. (Rückvermerk zur Urkunde von 1142) *Stokheym* (Mainzer UB II Nr. 33 S. 59)
1519 *Stockhem* (Urk. Dipl. App. Nr. 459)
1544 *Stockheim* (Kayser, Kirchenvisitationen S. 590)
1544 *Stockem* (Kayser, Kirchenvisitationen S. 590)
1548 *Stöckheimb* (Hahne, Voldagsen S. 6)
1596 *Stöckheim an der Leine* (Letzner, Chronica Buch 3 S. 91r)
um 1616 *Stockheimb* (Casemir/Ohainski, Territorium S. 71)
1762 *Stöckheim* (Hartmann, Schicksale S. 37)
1823 *Stŏckheim* (Ubbelohde, Repertorium 3. Abt. S. 66)
dialekt. (1951) *stökkĕn* (Flechsig, Beiträge S. 21)

I. Ob die Belege 1141 (Fä. 13. Jh.; A. 16. Jh.) *Stockheimb* (Mainzer UB II Nr. 28 S. 49) und 1226 (A. 16. Jh.) *Storchheim* [!] (Wenke, Urkundenfälschungen S. 58), die Besitz des Klosters Northeim dokumentieren, hierher zu stellen sind, ist unsicher, denn zwei weitere im Besitzverzeichnis mit diesen Urkunden eng zusammenhängende Urkunden haben an der entsprechenden Stelle *Stockhusen*: 1141 (Fä. 13. Jh.; A. 17. Jh.) *Stockhusen* (Orig. Guelf. IV S. 525) und 1162 (Fä. 13. Jh.; A. 14. Jh.) *Stochusen* (MGH Urk. HdL Nr. 58 S. 85), was mit Stockhausen, Kr. Göttingen, gleichzusetzen ist. (Vgl. NOB IV S. 381). Die Überlieferung zeigt im GW *-hem*, *-heim*, *-em*, im BW geringfügige Schwankungen *Stoc-*, *Stock-*, *Stog-*, die alle unter einem Ansatz **Stok-hēm* bzw. der hd. Variante *Stock-heim* versammelt werden können. Die hd. Form *-heim* ist schon früh zu erkennen. Die Mundart zeigt allerdings eine abgeschwächte Form des GW. Der Umlaut *Stöck-* wird Mitte des 16. Jh. im Schriftbild sichtbar.

II. Oehme, Stöckheim S. 41 führt den ON „zurück auf das ahd. stoc oder stoch = Baumstumpf. Mit stoc zusammengesetzte Ortsnamen sind also Wohnorte, bei denen an die stehen gebliebenen Wurzelstöcke von Bäumen zu denken ist oder an ausgerodeten Holzboden". Plümer, Einbeck, S. 208f. weist auf das „redende" Stadtwappen hin, welches einen Eichenbaumstumpf zeigt: „Der Wappeninhalt kennzeichnet den Wortstamm 'Stock' im Ortsnamen Stöckheim." Zusammen mit fast 30 weiteren Namen stellt Förstemann, Ortsnamen II Sp. 897 unseren ON zu ahd., asä. *stok* 'Baumstumpf, Ansammlung von Baumstümpfen, früherer Hochwald', anord. *stokkr* 'dicker Baumstamm'.

III. Den Deutungen ist zuzustimmen. Es ist von einer Bildung mit dem GW -*hēm* und dem Appellativ asä. *stok* 'Stiel, Stengel', mnd. *stok* 'Baumstumpf' auszugehen. Zum BW vgl. auch Bach, Ortsnamen II S. 374 („in den ON wohl [...] bei der Rodung stehengebliebene Wurzelstöcke"), Scheuermann, Flurnamenforschung S. 148 und Bei der Wieden/Borgemeister Waldwörterbuch S. 137. Die Frage des Umlauts, der in *Stöck-* nicht zu erwarten ist, läßt sich vielleicht mit analoger Umlautbildung erklären. Heinertz, Umlautbezeichnungen S. 135 erläutert den analogen Umlaut bei Substantiven durch Eindringen des Pluralumlautes in den Singular oder den Übergang des Substantivs in die *ja*-Deklination (vgl. auch Lasch, Grammatik § 53). Vergleichsnamen sind Stöcken, Stadt Hannover (NOB I S. 427f.), Niedernstöcken, Kr. Hannover (NOB I S. 339f.), Flachstöckheim, Stadt Salzgitter, Groß- und † Klein Stöckheim, Kr. Wolfenbüttel (NOB III S. 313ff.), und Stöckheim, Stadt Braunschweig (Udolph, Braunschweiger Land S. 17f.), außerdem Stockhausen, Kr. Göttingen (NOB IV S. 381f.), mit dem gleichen BW. Die oft angenommene fränkische Herkunft von ON wie Stöckheim (z.B. bei Bethge, Fränk. Siedelungen) wird von Udolph, Fränk. ON abgelehnt.

† STROD

Lage: Bei Strod handelt es sich um den nördlichen Ortsteil von Trögen.

1410 *von der Strod* (Kühlhorn, Wüstungen Bd. III Nr. 349 S. 293)
1448 *tor Stroyt* (Kramer, Artikel S. 101)
1481 *Strat* (UB Boventen Nr. 550 S. 361)
1518 (A. 16. Jh.) *Strodt* (UB Boventen Nr. 591 S. 381)
1532 *Strat* (UB Boventen Nr. 616 S. 395)
1537 *Strote* (Meyer, Steuerregister S. 74)
1539 *Stroutt* (UB Boventen Nr. 623 S. 403)
1560 *vor der Strott* (Kramer, Artikel S. 101)
1576 *Stroidt* (Kramer, Artikel S. 101)
1585 *Strodt in den Trögen* (Burchard, Calenberg-Göttingen S. 22)
1603 *Stroute* (Krabbe, Sollingkarte Bl. 4)
um 1616 *Strott* (Casemir/Ohainski, Territorium S. 55)
1791 *die Strauth ein Theil v. Trögen* (Scharf, Samlungen II S. 221)
1823 *Stroth Theil des Dorfes Trôgen* (Ubbelohde, Repertorium 3. Abt. S. 67)

I. Zu einem Beleg von 1401, der zu → Stroit zu stellen ist, vgl. Kramer, Südniedersachsen S. 130. Die überlieferten Belege schwanken im Stammvokal zwischen *-o-*, *-oy-*, *-a-*, *-ou-*, *-oi-* und *-au-*. Der auslautende Dental wechselt von *-d-* zu *-t-*, *-dt-*, *-tt-*, *-th-*.

II. Nach Casemir, Grundwörter S. 194 liegt eine simplizische Bildung vor. Nach Weigand, Heimatbuch S. 378f. bedeutet der ON „Sumpfland, gewöhnlich mit Erlen be-

wachsen, also Buschwald, eine Bezeichnung, die mit der Örtlichkeit übereinstimmt."
Udolph, Flurnamen S. 289 stellt den ON zur Sippe um hd. *strut*, mnd. *strōt* 'Sumpf, sumpfige Stelle, Gebüsch, Buschholz, Dickicht, nasse sumpfige Stelle, Buschwald, gerodete Holzmark'.

III. Den Deutungen ist zuzustimmen. Der ON enthält asä. *strōd*, mnd. *strōt*, nach Scheuermann, Flurnamenforschung S. 148 „Wald, Buschwerk auf sumpfigem Boden, sumpfiges Gelände", nach Jellinghaus, Westf. ON S. 161 „sumpfige Stelle", „sumpfiges, besonders mit Erlen bestandenes Gebüsch", und nach Möller, Siedlungsnamen S. 134 „Sumpf, Gebüsch". Zu diesem Appellativ stellt Möller einen Hof Strode in der Bauerschaft Pente, Kr. Osnabrück, und Stroden, einen Wald bei Ströhen, Kr. Grafschaft Diepholz. Förstemann, Ortsnamen II Sp. 909 führt zahlreiche mit diesem Wort gebildete ON auf. Vgl. weiterhin → Strodthagen und → Stroit; außerdem die umfangreiche gesamtdeutsche Zusammenstellung bei Udolph, Flurnamen und die dortigen Ausführungen zur Etymologie des Wortes. Die Belege auf *-oy-*, *-oi-* zeigen den Längungsvokal *-i-* für langes *-ō-*; dieses wird zu *-ou-* und *-au-* diphthongiert (Lasch, Grammatik § 202). *Strat* ist vielleicht als eine Angleichung an *strāt* 'Straße' zu sehen.

IV. Dolle, Studien S. 439; Exkursionskarte Moringen S. 84; Kramer, Artikel S. 101; Kramer, Moringen S. 606; Kühlhorn, Wüstungen Bd. III Nr. 349 S. 292-293.

STRODTHAGEN (Einbeck)

1312 (A.) *nove ville, que vulgariter Struthagen appellatur* (Bilderbeck, Sammlung II Nr. 5 S. 28)
1343 (A.) *magistri indaginis in Strodthagen* (Harland, Einbeck I Nr. 58 S. 385)
1394 *to dem Strothaghen* (Sudendorf VII Nr. 250 S. 269)
1418 *over den Stroythagen* (Kramer, Artikel S. 100)
1519/20 (A. 16. Jh.) *Strothagen* (Krusch, Studie S. 266)
1527 *Stroythagen* (Tschackert, Rechnungsbücher S. 374)
1544 *Struthagen* (Kayser, Kirchenvisitationen S. 590)
1596 *Strothagen* (Letzner, Chronica Buch 3 S. 92)
1636 *Stroitshagen* (Goetting, Findbuch III Nr. 1053 S. 99)
1638 *Strodthagen* (Heine, Grubenhagen S. 34)
1710 *aufm Strodthagen* (Heine, Grubenhagen S. 20)
1791 *Strothagen* (Scharf, Samlungen II S. 222)
1823 *Strodthagen* (Ubbelohde, Repertorium 3. Abt. S. 66)
dialekt. (1951) *strauthågĕn* (Flechsig, Beiträge S. 21)

I. Bei dem von Flechsig, Gandersheim S. 65 für 1311 aufgeführten *nova villa Strothagen* dürfte es sich um ein Versehen für unseren Beleg von 1312 handeln. Während das GW konstant *-hagen* zeigt, schwankt das BW im Stammvokal zwischen *-u-*, *-o-*, *-oy-*, *-oi-* und *-au-* in der Mundartform.

II. Flechsig, Gandersheim S. 60 ordnet den ON den *-hagen*-Namen zu und sieht im BW eine Örtlichkeitsbezeichnung. Udolph, Flurnamen S. 275 stellt den ON zur Sippe um hd. *strut*, mnd. *strōt* 'Sumpf, sumpfige Stelle, Gebüsch, Buschholz, Dickicht, nasse sumpfige Stelle, Buschwald, gerodete Holzmark'. Plümer, Einbeck S. 120 meint, der Ort sei „wegen der späten Entstehungszeit" in einer „weniger günstige[n] Ortslage in einer feuchten und sumpfigen Quellmulde" gebaut worden, „worauf schon der

Ortsname (Strut = sumpfige Niederung) hinweist". Förstemann, Ortsnamen II Sp. 909 führt den ON unter dem Stamm STROD, zu ahd. *struot* „sumpfige stelle, gebüsch", westfäl. *strōd* „sumpfiges gebüsch besonders mit erlen bestandenes" auf. Schröder, Ortsnamen S. 510 stellt Strothagen zu „strot = alte Bezeichnung für sumpfigen Wald". Harland, Einbeck S. 16 denkt an zwei andere Herleitungsmöglichkeiten: „a) stridan-hagen = Höhe, wo der Streit geschlichtet und Gericht gehalten wurde" und „b) strata-hagen = Höhe an der Straße, der ehemaligen Heerstraße".

III. Bildung mit dem GW -*hagen*. Dem BW liegt mnd. *strōt* 'sumpfiges, mit Bäumen bestandenes Buschwerk' zugrunde; vgl. auch → † Strod und → Stroit. Harlands Deutungen sind mit den Belegen nicht zu vereinbaren. Die Form *Strut*- ist möglicherweise eine hd. Variante von *strot*, doch führt Scheuermann, Flurnamenforschung S. 148 neben dem FlurN Stroot auch Struut für den ndt. Raum an; vgl. auch Lasch, Grammatik § 160f. zu *u*-Schreibungen für -*ō*- im Ndt. Stroyt-, Stroit- zeigen den Längungsvokal -*i*- für langes -*ō*-; wie bei → † Strod und → Stroit wird dieses mundartlich zu -*au*- diphthongiert.

STROIT (Einbeck)

1285 (A. 15. Jh.) *Stroth* (Petke, Wöltingerode Anhang III Nr. 49 S. 584)
um 1290 *in Struyt* (Dürre, Amelungsborn S. 26)
1300 *in villa Strot* (UB H. Hild. III Nr. 1280 S. 615)
1383 *tor Strod* (Scheidt, Adel Nr. 148c S. 515)
1400 *Strŏt* (Kleinau GOV II Nr. 1998 S. 605)
1401 *zců der Strůd* [...] *zců der Strůt* (Sudendorf IX Nr. 111 S. 160)
1527 *Stroyt* (Tschackert, Rechnungsbücher S. 374)
1544 *Strot* (Kayser, Kirchenvisitationen S. 206 Anm.)
1548 *bei der Straudt* (Wittkopp, Greene S. 48)
1589 *Strutt* (Kleinau GOV II Nr. 1998 S. 605)
um 1616 *Strott* (Casemir/Ohainski, Territorium S. 44)
1637 *zur Stroudt* (Hahne, Stroith S. 9)
1749 *die Straut* (Kleinau GOV II Nr. 1998 S. 605)
1783 *Stroit* (Kurhannoversche Landesaufnahme Bl. 139)
1803 *Stroit* (Hassel/Bege, Wolfenbüttel II S. 321)
dialekt. (1950) *(in dər) sträot* (Kleinau GOV II Nr. 1998 S. 605)

I. Ein Beleg um 1126 (Fä. 18. Jh.) *Struth* (UB Plesse Nr. 6 S. 46; UB Eichsfeld Nr. 54 S. 34) wurde nicht in die Belegreihe aufgenommen, da es sich um eine „gelehrte" Fälschung J. Chr. Harenbergs aus dem 18. Jh. handelt, der für das Mittelalter keinerlei Quellenwert zuzurechnen ist. Die Belege zeigen im Stammvokal -*o*-, -*uy*-, -*ŏ*-, -*ů*-, -*oi*-, -*oy*-, -*ou*-, -*au*-. Der auslautende Dental schwankt zwischen -*th*-, -*t*-, -*d*- und -*dt*-.

II. Nach Hahne, Stroith S. 1 gehört Stroit zu den ältesten ON der Gegend. Er stellt ihn zu „ahd. *struot*, sächs. *strauth*, mnd. *straut* Kot, sumpfiges, oft mit Erlen bestandenes Dickicht". Die BuK Gandersheim S. 470 meinen: „Strut ist ein Wald mit sumpfigen Boden"; ebenso Einbecks Dörfer S. 54: „'Strut' ist im Niederdeutschen ein Wald mit sumpfigem Boden." Udolph, Flurnamen S. 288 stellt den ON zur Sippe um hd. *strut*, mnd. *strōt* 'Sumpf, sumpfige Stelle, Gebüsch, Buschholz, Dickicht, nasse sumpfige Stelle, Buschwald, gerodete Holzmark'.

III. Zur Deutung vgl. → † Strot und → Strodthagen.

SUDERSHAUSEN (Nörten-Hardenberg)

1055 (A. 16. Jh.) *Suirigeshusen* (UB Eichsfeld Nr. 30 S. 17 Anm. ss)
1290 *Suwerikeshusen* (Westfäl. UB IV Nr. 2105a S. 1197)
1300 *Suwericheshusin* (Reg. Eb. Mainz I, 1 Nr. 630 S. 110)
1346 *Johannes de Suwerkeshusen* (Kelterborn, Bürgeraufnahmen I S. 10)
1370 *Bertold de Suwerkeshusen* (Grote, Neubürgerbuch S. 17)
1409 *Suwerkeshusen* (UB Hardenberg II Nr. 49 S. 122)
1464 *Suwerkeshusen* (Thiele, Sudershausen S. 27)
1487 *Suwerkeßhusen* (Kelterborn, Bürgeraufnahmen I S. 121)
1497 *Suwershusen* (Negotium monasterii Steynensis S. 219)
1519/20 (A. 16. Jh.) *Suwershusen* (Krusch, Studie S. 260)
1527 *Suershußen* (Tschackert, Rechnungsbücher S. 373)
1596 *Sudershausen* (Letzner, Chronica Buch 6 S. 71r)
um 1616 *Sudershausen* (Casemir/Ohainski, Territorium S. 55)
1785 *Sudershausen* (Kurhannoversche Landesaufnahme Bl. 151)
1823 *Sudershausen* (Ubbelohde, Repertorium 3. Abt. S. 67)
dialekt. (1951) *β̄ŭdĕrshūsĕn* (Flechsig, Beiträge S. 21)
dialekt. (1951) *βauĕrhausĕn* (Flechsig, Beiträge S. 21)

I. Der Erstbeleg, der häufig fälschlich zu Schwiegershausen im Kr. Osterode (vgl. NOB II S. 151f.) gestellt wird, ist nur kopial überliefert und die Auflösung des Wortanfanges macht Probleme: So liest das Eichsfelder UB für die heute verlorene Hannoversche Handschrift 1055 (A. 16. Jh.) *Siwerigeshusen* (UB Eichsfeld Nr. 30 S. 17), während das Mainzer UB für dieselbe Stelle *Suiriggeshusen* (Mainzer UB I Nr. 296 S. 187 Anm. kk) liest; die Stelle aus einer Magdeburger Kopie des 16. Jh. wird vom Eichsfelder UB als *Suirigeshusen* (UB Eichsfeld Nr. 30 S. 17 Anm. ss) und vom Mainzer UB als *Suiriggeshusen* (Mainzer UB I Nr. 296 S. 187 Anm. kk) aufgelöst. J. Wolf gibt die Urkunde nach einer notariellen Abschrift des 16. Jh. als *Schuirigeshusen* (Wolf, Nörten S. 7) wieder, und das Mainzer UB druckt im Haupttext nach einer Münchener Kopie des 16. Jh. *Suershusen* (Mainzer UB I Nr. 296 S. 187). Vgl. dazu die auch die Ausführungen unter III. Während das GW konstant als -*husen* bzw. ab dem 16. Jh. als -*hausen* vorliegt, unterliegt das BW starken Veränderungen. Der Erstbeleg *Suiriges*- weicht im Stammvokal des Erstelements von der übrigen Überlieferung, die konstant -*u*- zeigt, ab. Der Verschlußlaut liegt zunächst als -*g*-, dann als -*k*- und -*ch*- vor. Im 14. Jh. fällt das -*i*- zwischen -*r*- und -*k*- aus, im 15. Jh. schwindet das -*k*-, im 16. das -*w*-, an dessen Stelle ein -*d*- eingefügt wird, das sich bis in die moderne Form hält.

II. Weigand, Heimatbuch S. 356 konstruiert einen appellativischen Anschluß: „Dürfen wir bei Suwe wohl an Saue, Mutterschwein denken? Dann könnte Suwer Mehrzahl und Suwerkis als Verkleinerung angesprochen werden. So läge die Vermutung nahe, daß die Niederlassung [...] besonders der Schweinehaltung gedient habe."

III. Bildung mit dem GW -*hūsen*. Das BW enthält einen stark flektierenden zweigliedrigen PN, dessen Herleitung jedoch Schwierigkeiten bereitet. Nach den Varianten des Erstbeleges und dem Zweitbeleg ergeben sich die Formen *Suirig, *Siwerig und *Suwerik. Das Zweitelement ist mit asä. *rīki* 'mächtig' zu verbinden. Doch für ein Erstelement *Siwē, *Suwē ergibt sich kein bekannter PN-Stamm. Unter Einbeziehung aller unter I. verzeichneten alternativen Lesarten des Erstbeleges ist nach einem oder mehreren Stämmen zu suchen, worin sich *u*-, *i*- und *w*-Laute miteinander vermischen. Förstemann, Personennamen Sp. 1380 verzeichnet den PN-Stamm SVINTHA, zu got. *swinþs* 'stark, kräftig', der im asä. Bereich der nordseegerm. Entwicklung des *n*-Ausfalls vor *-þ-* unterliegt und seine Entsprechung in asä. *swīð* 'stark' findet. Förstemann, Personennamen Sp. 1385 belegt entsprechende PN *Suitherich, Swidirih, Swiderich, Suiderih*. Da *-th-* in einer PN-Grundform **Swith(e)rik* sowohl in Kontakt mit dem konsonantischen Anlaut von *-rik* als auch, wenn *-e-* sich dauerhaft hält, intervokalisch ausfallen kann, ist ein Ansatz **Swi(e)rik* möglich (Lasch, Grammatik § 310 und § 326). Dieser würde den Lesarten *Suirigeshusen* entsprechen. Nach Schlaug, Altsächs. Personennamen S. 154 ist bei den mit *swith* zusammengesetzten PN neben der Form *Suid-* auch eine Variante *Siud-*, die bei Ausfall des Dentals (vgl. z.B. den PN *Siuwyf* < **Swīthwīf*), einen Ansatzpunkt für die hier vorliegende *-i-/-u-*Lautung bieten könnte. Den PN *Siuwyf* stellt Förstemann, Personennamen Sp. 1347 jedoch zu einem PN-Stamm SIV unklarer Herkunft, in dem sich wohl u.a. die Stämme SIBJA, SIGU und SIS vermischen und bucht darunter weiterhin die ebenfalls unklaren PN *Siwi, Siwo, Siuve* (Varianten *Siwe* und *Swine*), *Siwuni* und *Siwinch*. Die Etymologie des vorliegenden PN ist letztlich nicht klärbar. Die Entwicklung des ON von *Suwerikeshusen* bis *Sudershausen* unterliegt jedoch bekannten Lautveränderungen. Das *-i-* in *-rik-* schwindet nebentonig, ebenso das *-e-* der Flexionsfuge. Dadurch treffen in **Suwerks-* drei Konsonanten aufeinander, wobei das *-k-* interkonsonantisch ausfällt (Lasch, Grammatik § 338). In *Suwers-* hat *-w-* halbvokalische Lautung (Lasch, Grammatik § 292), wodurch es scheint, als ob sich zwischen *-u-* und *-e-* kein Konsonant befände. An dieser Stelle wird *-d-* wahrscheinlich in falscher Rückführung auf das Adjektiv *sūder* 'südlich' eingeschoben.

SUDHEIM (Northeim)

780-802 (A. 12. Jh.) *Suntheim* (UB Fulda I Nr. 497 S. 494)
1015-36 (A. 12. Jh.) *Suthem* (Vita Meinwerci Kap. 123 S. 61)
1118-1137 (Fä. 13. Jh.; A. 15. Jh.) *Sutheym* (Mainzer UB I Nr. 615 S. 535)
1141 (Fä. 13. Jh.; A. 16. Jh.) *in Sutheimb capellam* (Mainzer UB II Nr. 28 S. 48)
1141 (Fä. 13. Jh.; A. 17. Jh.) *capellam in Sutheim* (Orig. Guelf. IV S. 525)
1162 (Fä. 13. Jh.; A. 14. Jh.) *cappellam in Sutheim* (MGH Urk. HdL Nr. 58 S. 85)
1168 (Fä. 13. Jh.; A. 15 Jh.) *Sutheym* (MGH Urk. HdL Nr. 78 S. 115)
2. Hälfte 12. Jh. *Sutheim* (UB H. Hild. I Nr. 271 S. 250)
1220 *Sutheim* (UB Reinhausen Nr. 24 S. 46)
um 1250 *Sutem* (UB Reinhausen Nr. 44 S. 57)
1288 *Suthem* (UB Plesse Nr. 320 S. 311)
1393 *Sutheym* (UB Hardenberg I Nr. 78 S. 113)
1414 *Sutheim* (UB Boventen Nr. 269 S. 221)
1463 *Sutheim* (Bodenhausen, Nachrichten S. 456)
1497 *Suthem* (Negotium monasterii Steynensis S. 133)
1508 *Sutheym* (UB Reinhausen Nr. 421 S. 322)
1542 *Suntheim* (Kayser, Kirchenvisitationen S. 312 Anm.)
1580 *Sithem* (Kühlhorn, Ortsnamen S. 131)
1588 *Suetem* (Kayser, Generalkirchenvisitation S. 138)
um 1588 *Suthem* (Lubecus, Annalen S. 285)
um 1616 *Suetem* (Casemir/Ohainski, Territorium S. 55)
1784 *Sudheim* (Kurhannoversche Landesaufnahme Bl. 150)

1823 *Sudheim* (Ubbelohde, Repertorium 3. Abt. S. 67)
dialekt. (1949) *βūtĕn* (Flechsig, Beiträge S. 21)
dialekt. (1949) *βauitĕn* (Flechsig, Beiträge S. 21)
dialekt. (1951) *βautĕn* (Flechsig, Beiträge S. 21)

I. Im GW wechseln hd. *-heim* und nd. *-hēm*, zum Teil abgeschwächt zu *-em*, in der Mundart *-en*. Im BW liegt im ersten Beleg aus den Fuldaer Traditionen *Sunt-* vor (und nochmals 1542), die weitere Überlieferung zeigt *Sut-*. Im 15. Jh. erscheint erstmals *Sud-*. Umlaut *-ü-* scheint in den Belegen 1544, 1588, um 1616 *Suetem*, und 1580 *Sithem* (entrundet zu *-i-*) vorzuliegen, falls *-ue-* nicht langes *-ū-* bezeichnet.

II. Nach Casemir/Ohainski, Orte S. 137 mit dem GW *-hēm* gebildet. Förstemann, Ortsnamen II Sp. 935f. stellt den ON zu ahd. *sund*, asä. *sūth* 'Süden'. Nach Friese, Nordheim S. 507f. sind Sudheim, → † Medenheim und → Northeim, die denselben Erbauer hätten, nach ihrer geographischen Lage zueinander benannt. Ebenso wie Flechsig, Beiträge S. 44, der Sudheim zu den jüngsten *-heim*-Orten zählt, da sein Name im Zusammenhang mit den nördlich gelegenen Orten Medenheim und Northeim auf eine planmäßige, „nach der Himmelsrichtung ihrer Lage zu einem Verwaltungsmittelpunkt" benannten fränkischen Siedlung schließen lasse, sprechen Gusmann, Wald- und Siedlungsfläche S. 64, Hueg, Frühgeschichte S. 39f., Geschwendt, Northeim S. 14, Schnath, Northeims Vergangenheit S. 6, Fiesel, Franken S. 84f., Wenskus, Stammesadel S. 203 und Berger, Namen S. 201 von planvoller Siedlung bzw. planvoller Namengebung durch die Franken, wobei sie sich zumeist auf die Ausführungen von Arnold, Ansiedelungen und Bethge, Fränk. Siedelungen stützen; vgl. auch Jochum-Godglück, Orientierte SiedlungsN S. 54 und S. 113ff.

III. Bildung mit dem GW *-hēm* und asä. *sūth* 'Süden, südwärts liegend'. Nur der erste Beleg der Fuldaer Traditionen enthält in der für die Deutung relevanten Zeit abweichend die ahd. Form *sund* (vgl. Möller, Reduktion S. 153). Zugrunde liegt germ. *$sūnþ$-. Das asä. *sūth* zeigt die nordseegerm. Entwicklung des *n*-Ausfalls vor Konsonant (Lasch, Grammatik § 261); vgl. aengl. *sūþ*, engl. *south*. Der silbenauslautend verschärfte Dental *-t-* hält sich lange. In den jüngeren Formen setzt sich *-d-* gewiß durch Angleichung an *Süden* durch. Bezugspunkt der Benennung ist → Northeim. Zum BW vgl. auch → Suterode. Förstemann, Ortsnamen II Sp. 935f. verzeichnet einige gleich gebildete ON. Zur angeblich fränkischen Herkunft der *-heim*-Namen vgl. Udolph, Fränk. ON S. 52-59.

SÜLBECK (Einbeck)

1174-1194 *Sulbeke* (UB Goslar I Nr. 301 S. 328)
1224 (A.) *Arnoldus de Sulbeke* (Wolf, Geschichte I Nr. 18 S. 19)
1234 *Arnoldus de Sulbic* (UB Fredelsloh Nr. 18 S. 33)
um 1250 *Sulbeke* (Harenberg, Gandersheim S. 532)
1278 *Sulbeke* (Westfäl. UB IV Nr. 1506 S. 721)
1279 *Sulbike* (Feise, Einbeck Nr. 60 S. 15)
1317 *villa Sulbeke* (Westfäl. UB IX Nr. 1587 S. 752)
1341 *Sulbeke* (UB Fredelsloh Nr. 155 S. 112)
um 1350 *Zulbeke* (Corveyer Lehnregister Nr. 103 S. 404)
1392 *steynwerk to Zulbeke* (UB Fredelsloh Nr. 179 S. 126)
1477 *Sulbeke* (Goetting, Findbuch II Nr. 587 S. 64)

1487 *Sulbcke* (Goetting, Findbuch II Nr. 632 S. 80)
1568 *Sulbke* (Goetting, Findbuch III Nr. 892 S. 14)
1570 *Sülpke* (Kettner, Flußnamen S. 301)
1596 *Sulbeck* (Letzner, Chronica Buch 5 S. 29r)
um 1616 *Sulbecke* (Casemir/Ohainski, Territorium S. 71)
1664 *Sülbeck* (Kettner, Flußnamen S. 301)
1735-36 *Sülbeck* (Forstbereitungsprotokoll S. 15)
1783 *Sülbeck* (Kurhannoversche Landesaufnahme Bl. 142)
1823 *Súlbeck* (Ubbelohde, Repertorium 3. Abt. S. 68)
dialekt. (1949) *sülpkë* (Flechsig, Beiträge S. 21)

I. Ein von Lange, Northeim S. 80 hierher gestellter und auf 1144 datierter Beleg von vor 1199 *curia Silbeche* (Bauermann, Anfänge S. 354) ist zu † Silbeke bei Steinhausen, Kr. Büren, zu stellen. Zwei weitere oft hierher gestellte Belege: 834 *Sulbichi* (Willmans, Kaiserurkunden I Nr. 5 S. 46) und 826-876 (A. 15. Jh.) *Sulbeke* (Trad. Corb. § 168 S. 111) sind mit Casemir/Ohainski, Orte S. 76 mit † Sülbeck im Kr. Holzminden zu verbinden. Der ON unterliegt wenigen Veränderungen. Das GW begegnet als -beke, -bike, -beck. Einige Belege zeigen die Verkürzung zu -bke, -pke. Das BW lautet *Sul-*; ab dem 16. Jh. wird Umlaut -*ü*- bezeichnet.

II. Schmidt, Sülbeck S. 14, Ernst/Sindermann, Einbeck II, Ortschaft Sülbeck S. 1 und Hueg, Solt S. 1 verbinden den ON mit den im Ort vorhandenen Solquellen und deuten ihn als 'Salzbach'. Flechsig, Beiträge 33 sieht in dem heutigen FlußN Salzgraben eine Verhochdeutschung von Sülbeck. Nach Plümer, Einbeck S. 122 „weisen sowohl der Ortsname wie die Bezeichnungen verschiedener Örtlichkeiten in der Landschaft auf die frühe Kenntnis der Salzvorkommen hin". Gehmlich, Wappenbuch S. 128 meint: „Der durch Sülbeck fließende 'Salzbach', die 'Suilbeke', war Namensgeber für die Siedlung an seinen Ufern. Der Dorfbach nahm das Wasser salzhaltiger Quellen auf." Bückmann, Ortsnamen S. 30 deutet Sülbeck wegen der Saline bei Salzderhelden als Solbach, Salzbach. Auch Oehme, Stöckheim S. 42 erwähnt die allgemeine Deutung als 'Salzbach', doch könne man „bei Sul (Suhle) auch an morastartige Vertiefungen, an Lachen und Wasserlöcher denken, die sich längs des Baches hinzogen". Hahne, Bevölkerungsgeschichte S. 95 stellt den ON als 'Suhlbach' zu mnd. *sōl* 'morastige Stelle, Kotlache'. Kettner, Flußnamen S. 301ff. hat mehr als ein Dutzend Sülbach, Sülbek, Sulbek aus dem Leinegebiet, darunter auch unseren Namen, gesammelt. Er verwirft die „Salz-Etymologie" und stellt die Namen zu germ. *swal-, *swel-, *sul- 'schwellen'. Auf S. 303 Anm. 232 bemerkt Kettner, daß der von Flechsig herangezogene Salzgraben erst aus dem 17. Jh. stammt. Nach Plümer, Einbeck S. 71 ist dieser um 1688 aus der Leine bei Hollenstedt abgezweigt worden, um Salz zu verschiffen (siehe Geschwendt, Sülbeck S. 53). Förstemann, Ortsnamen II Sp. 923 stellt Sülbeck mit † Sülbeck (9. Jh. *Sulbeke*), Kr. Holzminden, Sülbeck bei Stadthagen (1153 *Sulbike*), Kr. Schaumburg, und Sylbach bei Lage, Kr. Lippe, zu SUL[1], wobei FlußN von ahd., asä. *swellan* 'schwellen' abzuleiten seien. Benennungsmotiv sei „die starke Schwellung der Flüsse zur Regenzeit".

III. Das GW ist -*beke*; der ON geht auf einen FlußN zurück. Die bisherigen Deutungen führen in drei Richtungen: 1. die Deutung nach den Salzquellen, wobei die Autoren dabei von dem Wort *Sole* ausgehen, welches allerdings erst im 14. Jh. in der Bedeutung 'Salzwasser' bezeugt ist. Nach Kluge/Seebold S. 769 ist es in der Bedeutung 'Suhle' älter (ahd. *sol*, *sul*, mnd. *sōl* 'Lache, Pfütze, Tümpel'), worauf sich die zweite Deutung bezieht. Auch Garke, Bachnamen S. 20 stellt einen FlußN Sülpke zu *sol*, *sul* „meist Sumpf, Kolk, Teich". Doch zeigen alle erwähnten Namen konstant *-u-*, aber nie *-o-*. Förstemann und Kettner gehen von einer 3. Deutung aus: Sie denken an germ. **swel-*, **swal-*, **sul-* 'schwellen'. Grundlage dafür ist die idg. Wurzel **su̯el-* 'schwellen'. Doch deren ursprüngliche Bedeutung bezieht sich auf Schwellungen, Erhebungen, Aufblähungen, nicht auf das Anschwellen von Hochwasser; vgl. Pfeifer S. 1594 zu *schwellen* 'sich aufblähen, ausdehnen, dicker werden'. Die zahlreichen gleich gebildeten ON bzw. ursprünglichen FlußN mit der Grundform **Sulbeke* müßten sich daher alle auf Bodenerhebungen beziehen, wenn sie die Schwundstufe **sul-* enthalten und somit zu den älteren Namenbildungen gehören. Vielmehr ist bei **Sul-* von einer allgemeinen Eigenschaft des Wassers auszugehen. Daher ist die gleichlautende idg. Wurzel **su̯el-* 'in unruhiger Bewegung sein; Unruhigsein, Wellenschlag; plätschern, spülen' (vgl. Fick, Wortschatz S. 551) deutlich vorzuziehen und deren Schwundstufe idg. **sl̥-*, germ. **sul-* mit dem BW der **Sulbeke*-Namen zu verbinden. Die Normalstufe **su̯el-*, **su̯ol-* bildet ebenfalls zahlreiche FlußN, vgl. die engl. Swale, Schwale, Swallow, Swallwell bei Ekwall, Place-Names S. 455 in der Bedeutung „whirling, rushing river", Smith, Elements II S. 170 und Ekwall, River-Names S. 383ff., die auch auf die dt. FlußN Schwalb, Schwale, Schwalbach und Schwalm verweisen; dazu Schönfeld, Waternamen S. 98f. mit den nl. und belg. FlußN Zwalm, Zwalve und den dt. Schwelm, Sulm und Sülm, wobei die letzten beiden wiederum auf die Schwundstufe mit *m*-Formans **sul-mo-* zurückgehen. Die Umlautbildung in Sülbeck kann nur durch Angleichung an nd. *sülte* 'Salzsohle; morastige Stelle' erklärt werden, wofür die fälschlich angenommene Deutung des Namens als 'Salzbach' Vorschub leistete.

† SULTHEIM

Lage: Im nördl. Stadtbereich Northeims, bei der Einbecker Landstraße südl. des Sultmerberges.

8./9. Jh. (A. 12. Jh.) *Sulzheim* (Trad. Fuld. 41 Nr. 78 S. 100 = Codex Eberhardi II S. 192)
1137 *Sultheim* (Mainzer UB I Nr. 613 S. 532)
1141 (Fä. 13. Jh.; A. 16. Jh.) *Sultheimb* (Mainzer UB II Nr. 28 S. 48)
1142 *Svltheim* (Mainzer UB II Nr. 33 S. 60)
1144 *Sulthem* (Mainzer UB II Nr. 63 S. 123)
1162 (Fä. 13. Jh.; A. 14. Jh.) *Sultheim* (MGH Urk. HdL Nr. 58 S. 85)
1170 *Liudolfi de Sulthem* (UB Plesse Nr. 19 S. 58)
118(6) (A. 16. Jh.) *Sultheym* (MGH Urk. HdL Nr. 118 S. 175)
vor 1199 *curia in Sůizheim* [!] *iuxta fluvium Lene* (Bauermann, Anfänge S. 354)
um 1225 *Sulheim* [!] (UB Plesse Nr. 76 S. 121)
1226 (A. 16. Jh.) *Sultheimb* (Heinemann, Pfalzgraf Heinrich Nr. 23 S. 342)
1239 (A. 13. Jh.) *in villa Sultem prope Northem* (UB Plesse Nr. 110 S. 151)
1287 *Theodericus de Sulthem* (Urk. Katlenburg Nr. 44)
1318 *Sultem* (Flentje/Henrichvark, Lehnbücher Nr. 153 S. 44)
1335 *Sultheym* (UB Hardenberg I Nr. 56 S. 73)
1371 *Sultheym* (UB Fredelsloh Nr. 171 S. 121)
1425 *Henrik von Sulthem* (UB Göttingen II Nr. 109 S. 71)
1453 *Sultem* (Urkunden Hist. Verein Nr. 702 S. 300)

1471 *in dem Sultmer velde* (Urk. St. Marien Gandersheim Nr. 116)
1505 *Sultheym* (UB Fredelsloh Nr. 251 S. 172)
um 1583 *Soltheim* (Zimmermann, Ökonomischer Staat S. 23)
1603 *im Sultmer Felde* (UB Fredelsloh Nr. 269 S. 182)
um 1674 *die Sultmer erben* (Jörns, Kirchenrechnung S. 20)
1715 *Sulten, so im Sultner Felde belegen* (Bodemann, Wüste Ortschaften S. 250)
1783 *Sültmer Feld* (Kurhannoversche Landesaufnahme Bl. 142)

I. Der Erstbeleg der Fuldaer Traditionen zeigt den ON in hd. Form *Sulzheim*. In den folgenden Belegen, auch vorrangig aus hd. Quellen, lautet das GW -*heim*, das BW jedoch nd. *Sult*-. Ab Mitte des 12. Jh. bis zum Wüstfallen des Ortes wechselt -*heim* mit -*hem*. *Solt*- ist singulär. Die FlurN enthalten den ON in verkürzter und adjektivischer Form *Sultmer*.

II. Nach Casemir/Ohainski, Orte S. 137 und Casemir, Grundwörter S. 192 mit dem GW -*hēm* gebildet. Hueg, Solt S. 1 meint, Sultheim habe seinen Namen vom Salz erhalten: „Da man bei Sultheim ebenso wie bei Northeim die Neugründung durch die Franken annehmen kann, so deutet die absichtsvolle Namengebung auf eine nicht unbedeutende Quelle in der Feldmark des neuen Ortes hin. Wir dürfen also annehmen, daß damals hier Salz gewonnen ist."

III. Bildung mit dem GW -*hēm*. Das BW *Sult*- ist mit asä. *sulta*, mnd. *sülte* zu verbinden. Der Erstbeleg zeigt die ahd. Form *sulza*. Als Bedeutung gibt Förstemann, Ortsnamen II Sp. 927ff. „soole, gallert; in den namen salzwasserort, auch verraster sumpfboden. auch trübe flüssigkeit, schlammiges wasser" an. Auch Lübben/Walther, Handwörterbuch und Mnd. Handwörterbuch stellen für mnd. *sülte* die Bedeutungsvarianten 'Sumpf, Morast' und 'Saline, Salzquelle, Salzwasser' fest. Jellinghaus, Westf. ON S. 162 bevorzugt die Bedeutung 'Morast' für die das Wort *sülte* enthaltenden ON; Kettner, Flußnamen S. 303f. sieht in den von ihm aufgeführten FlußN Sülte und Sülte(n)bach eher 'Salzquelle; Salzwasser'. Auch Scheuermann, Flurnamenforschung S. 148 geht von Salzvorkommen aus: Sülte bedeute „1) Salzquelle, Salzsohle, 2) Saline, Salzwerk, auffallend hoher Salzgehalt von Boden, Pflanzenwuchs oder Wasser". Nach Flechsig, Volkstumsgrenzen S. 77 ist die Sülte eine „feuchte Stelle bei salzhaltigem Grundwasser"; nach Garke, Bachnamen S. 20 bezeichnet sie „flache, feuchte Senken und das Rinnsal darin und daraus". Im Fall von Sultheim hilft ein Blick auf die vermutete Lage des Ortes südlich des Sultmerberges zur Rhumeniederung hin und auf den bei Kühlhorn, Wüstungen III Nr. 354 S. 303 vermerkten FlurN Dickworth. Kühlhorn schreibt auf S. 307: „Da anzunehmen ist, daß das Dorf wenigstens innerhalb der äußeren Landwehr Northeims gelegen hat, kommen wohl in erster Linie die den Namensbestandteil 'Dickworth' enthaltenden FlN in Frage, denn 'Word' bezeichnet in unserer Gegend grundsätzlich eine Hausstelle, [...] während 'dik' auf einen Deich zum Schutz gegen Überschwemmungen durch die Rhume hinweisen könnte, die den Sultheimern sicher zu schaffen machte. Überflutungsgefahr durch die Rhume besteht noch heute, wenn auch nicht mehr für die Siedlung am Fuß des Sultemer Berges." So ist für das BW – der Beschaffenheit des Geländes entsprechend – die Bedeutung 'Sumpf, Morast' anzusetzen. Ein gleich gebildeter ON liegt mit Sulzheim (772 *Sulziheim*, 1142 *Sultheim*), Kr. Alzey-Worms, vor; vgl. Förstemann, Ortsnamen II Sp. 927ff.

IV. Casemir/Ohainski, Orte Nr. 609 S. 90; Exkursionskarte Moringen S. 74; Kühlhorn, Wüstungen Bd. III Nr. 354 S. 303-308; Niedersächsischer Städteatlas II S. 10.

† SUNDERNHAGEN

Lage: Ca. 4 km östl. Northeim.

1338 *Hildebrand de Sundernhaghen* (Grote, Neubürgerbuch S. 11)
1379 *Sundernhagen* (Bodenhausen, Nachrichten S. 477)
1415 *to dem Sundernhagen* (Kramer, Artikel S. 101)
1424 *to deme Sundernhaghen* (Friese, Sonderhagen Nr. 1 S. 51)
1434 *to dem Sundernhagen* (Kramer, Artikel S. 101)
1498 (A.) *im Sundernhagen* (Friese, Sonderhagen Nr. 2 S. 52)
1519 *to dem Sondernhagen* (Friese, Sonderhagen Nr. 3 S. 52)
1544 *dem Sundernhagen* (Friese, Sonderhagen Nr. 5 S. 53)
1588 *am Sonderhagen* (Friese, Sonderhagen Nr. 7 S. 56)
1696 *alles zu Sunderhagen boven der Kirchen gelegen* (Friese, Sonderhagen Nr. 12 S. 60)
1715 *Sunderhagen, so auf innseit der Ruhme über Hammenstedt belegen* (Bodemann, Wüste Ortschaften S. 250)

I. Schwankungen zeigt lediglich das BW im Wechsel zwischen -*u*- und -*o*-. Im 16. Jh. fällt das -*n*- der Wortfuge aus.

II. Nach Casemir, Grundwörter S. 192 mit dem GW -*hagen* gebildet. Friese, Sonderhagen S. 5 sieht einen FlurN als ON-Grundlage: „Hagen bedeutet bekanntlich soviel wie Einhägung [...]. Den Begriff des abgesonderten Hagens übertragen die Ansiedler als Namen auf das Gebiet selber, welches danach Sonderhagen genannt wird."

III. Bildung mit dem GW -*hagen*. Das BW *Sundern*- ist zu mnd. *sunder(e)*, *sunderen*, nd. *Sunder*, *Sonder* (in FlurN) zu stellen. Nach Förstemann, Ortsnamen II Sp. 941 bedeutet es „als sondereigen ausgeschiedene waldung, auch wohl heide"; nach Scheuermann, Flurnamenforschung S. 148 „aus der gemeinen Waldmark als Eigengut ausgesondertes Waldstück". Bei der Wieden/Borgemeister, Waldwörterbuch S. 141 führt das Wort als „abgesonderter Baumbestand". Laut Andree, Volkskunde S. 75 liegen „FlurN *Sunder*, *Sonder*, m. auch in Zusammensetzungen mit -*bruch*, -*wiese* usw." vor, „häufig als Forstortsname" in der Bedeutung „abgesondertes, aus der Mark ausgeschiedenes Land- oder Waldstück". Möller, Siedlungsnamen S. 135 stellt *Sundere*, einen Wald in der Nähe von Lamspringe, zu asä. *sunder* „aus der allgemeinen Nutznießung ausgesondertes und dem Privatgebrauch übergebenes Grundstück"; ebenso Jellinghaus, Westf. ON S. 162. Vgl. auch Sundern, Kr. Göttingen (NOB I S. 432).

IV. Exkursionskarte Osterode S. 47; Friese, Hammenstedt S. 59-60; Friese, Sonderhagen passim; Kramer, Artikel S. 101; Kühlhorn, Wüstungen Bd. III Nr. 355 S. 308-313.

† SUNDERSHAUSEN

Lage: Ca. 2,3 km südöstl. Imbshausen.

1481 *den Sunderen* (UB Oldershausen Nr. 63 S. 113)
1784 *Sundershauser Kirchhof* (Kurhannoversche Landesaufnahme Bl. 143)

I. Weitere Belege konnten nicht ermittelt werden.

II. Nach Casemir, Grundwörter S. 193 evtl. mit dem GW -*husen* gebildet.

III. Die wenigen, sehr jungen Belege lassen aufgrund ihrer unterschiedlichen Formen keine endgültige Deutung zu. 1481 *den Sunderen* scheint ein FlurN *Sunder* zu mnd. *sunder(e)* „aus der gemeinen Waldmark als Eigengut ausgesondertes Waldstück" im Dativ zugrundezuliegen; vgl. → † Sundernhagen und Sundern, Kr. Göttingen (NOB I S. 432). Die Ableitung *Sundershauser* von 1784 wiederum weist auf einen -*hūsen*-Namen, der einen stark flektierenden PN im BW enthält. Dabei ist an *Sunthari, Sunther*, zu germ. *sunþ-, ahd. *sund*, asä. *sūth* 'Süden' und asä. *hēri* 'Heer', zu denken; vgl. Förstemann, Personennamen Sp. 1368f. Im asä. Gebiet wäre zwar eher eine *n*-lose Form *Sūth-heri* zu erwarten, doch ist auch *Sunthari* asä. bezeugt; vgl. Schlaug, Altsächs. Personennamen S. 154.

IV. Exkursionskarte Osterode S. 47; Jäckel, Willershausen Karte 1; Kühlhorn, Wüstungen Bd. III Nr. 356 S. 313-316.

SUTERODE (Katlenburg-Lindau)

1208 *Tetmarus de Suthrode* (Scheidt, Codex Diplomaticus Nr. 69a S. 684)
1287 *militis in Suthrode* (Urk. Katlenburg Nr. 44)
1308 *villani in Sutrode* (Urk. Katlenburg Nr. 69)
1454 *Sutrode* (UB Göttingen II Nr. 244 S. 219)
1465 *Suterode* (Urk. Katlenburg Nr. 247)
1483 *Sutrode* (Urk. Katlenburg Nr. 265)
1522 *wall, borchstede unnd dorp Suthroide* (Urk. Katlenburg Nr. 298)
1527 *Sudtrode* (Winzer, Katlenburg S. 43)
1579 *Suterode* (Friese, Hammenstedt S. 74)
um 1616 *Sutroda* (Casemir/Ohainski, Territorium S. 71)
1713 *Sutrode* (Leuckfeld, Katlenburg S. 57)
1791 *Suterode* (Scharf, Samlungen II S. 225)
1824 *Suterode* (Friese, Hammenstedt S. 77)
dialekt. (1950) *βoutĕrōĕ* (Flechsig, Beiträge S. 21)
dialekt. (1950) *βautĕrō* (Flechsig, Beiträge S. 21)
dialekt. (1951) *βautĕrūĕ* (Flechsig, Beiträge S. 21)
dialekt. (1951) *βūtĕrōĕ* (Flechsig, Beiträge S. 21)

I. Die überlieferten Formen schwanken kaum. Das -*e*- in *Sute*- tritt erst spät ein.

II. Hueg, Landesausbau S. 17 sieht Suterode „von Hammenstedt, einem plessischen Haupthofe aus [...] gegründet". Nach Berger, Namen S. 208 enthält der -*rode*-ON asä. *sūðar* 'südlich, nach Süden'. Bezugspunkt der Benennung sei Osterode, Kr. Osterode.

III. Das GW lautet -*rode*. Das BW enthält nicht asä. *sūðar*, sondern asä. *sūth* < germ. *sunþ- 'Süden' mit nordseegerm. *n*-Ausfall vor Konsonant, wobei der Vokal gedehnt wird, wie in aengl. *sūþ*, engl. *south* (Lasch, Grammatik § 261). Das BW liegt auch in → Sudheim vor. In Suterode bleibt jedoch der silbenauslautend verschärfte Dental -*t*- erhalten, auch nachdem in Angleichung an ON auf -*e-rode* ein -*e*- zwischen BW und GW eingeschoben wurde. Wie bei Suttorf, Kr. Hannover (NOB I S. 433f.), gibt es für diesen mit einer Himmelsrichtung gebildeten ON keine „nördliche" Entsprechung, so daß vielleicht Hueg zu folgen ist, der das nördlich gelegene Hammenstedt als Bezugspunkt nennt. Das von Berger vorgeschlagene Osterode liegt zu weit entfernt.

T

† TAPPENHUSEN

Lage: Wahrscheinlich zwischen Lindau und Bilshausen.

1504 *dat Tappenbrok gelegen to Tappenhusen* (UB Oldershausen Nr. 76 S. 138)
1528 *Tappenhusen* (Upmeyer, Oldershausen S. 280)
1554 *mit Tappenhusen gelegenn zwischkenn Lindauv vnnd Gebeldehausen* (Scheidt, Codex Diplomaticus Nr. 23 S. 506)
1586 *Tappenhausen* (Müller, Lehnsaufgebot S. 396)
Ende 16. Jh. *Tappenhausn* (Kühlhorn, Wüstungen Bd. III Nr. 358 S. 321)

I. Die leider nur aus dem 16. Jh. vorliegenden Belege zeigen außer dem Eintreten von hd. *-hausen* keine Schwankungen.

II. Nach Casemir, Grundwörter S. 193 mit dem GW *-husen* gebildet.

III. Das GW ist *-hūsen*. Das BW *Tappen-* stellt Schröder, Ortsnamen S. 309 in einigen ON zu einer „Reihe von Bezeichnungsweisen, die sich nur bei kleinen Wasserläufen finden und sich ausdrücklich und ausschließlich auf die Überschreitung zu Fuß beziehen: Dahin gehören Tappenbach (und Tappenstedt) im Lüneburgischen". Auch Bach, Ortsnamen I § 392 sieht im Tappenbach (Lüneburg) die „Durchgangsmöglichkeit durch einen Wasserlauf". Bückmann, Ortsnamen S. 30 deutet den ON Tappenbeck, Kr. Gifhorn, als „Stapfenbach, Übergang auf Steinen". Für die Kombination mit *-hūsen* ist eine solche Annahme allerdings ungewöhnlich. Viel eher ist hier ein schwach flektierender PN *Tappo* anzunehmen. Förstemann, Personennamen Sp. 386 stellt die asä. bezeugten PN *Tabo* und *Tabuke* mit anlautendem T- zu einem Stamm DAB mit einer „unsichere[n] zusammenstellung von formen, die zu got. gadaban, ags. dafan 'convenire [zusammenpassen; zusammentreffen]', got. gadōbs, ags. dēfe 'conveniens [zusammenpassend; einvernehmlich]' zu gehören scheinen". Schlaug, Studien S. 183f. ordnet die PN *Tabita* (wohl fem.) und *Tabuke* als Suffixbildungen zu Förstemanns Stamm DAB. Schlaug, Altsächs. Personennamen S. 155 sieht im weiblichen PN *Taba* einen Lallnamen. Kaufmann, Untersuchungen S. 54 vermutet in Förstemanns PN-Stamm DAB „jedoch eine zweistämmige Kürzung aus der sehr verbreiteten Vollform Dagobert, Dagaperht [...], und Tabo ist nur ein anlaut-verschärftes Dabo. Den asächs. Kurznamen Tabo enthält auch die Wüstung Tavenhusen (Kr. Warburg Westf.): 1158 Tavenhusen ([...] mit b > nd. v). Ebenso Tevenhausen (Kr. Lemgo/Lippe): 1028 Tevinchuson". Daran anschließend darf man den PN *Tappo* als an- und inlautverschärfte Form des KurzN *Dabo* annehmen. Förstemann, Ortsnamen II Sp. 983 vermutet einen PN *Tappo* im Hofnamen Tappe „im nördlichen Westfalen" und im Namen eines unbekannten Ortes 965 *Teppengihem*, 966 *Teppingehem* bei Desselgem, Prov. Westflandern. *Tappo* < *Dabo* ist nach Kaufmann also eine Kurzform zu PN auf *Dagb-*, wie die bezeugten *Dacbert, Dagbert, Dagubraht* (Schlaug, Altsächs. Personennamen S. 70), deren Namenglieder zu asä. *dag* 'Tag' und *ber(a)ht* 'glänzend, berühmt' gehören.

IV. Exkursionskarte Osterode S. 52; Kühlhorn, Wüstungen Bd. III Nr. 358 S. 321-322; Upmeyer, Oldershausen S. 280.

† TEKENHUSEN

Lage: Ca. 1,5 km nördl. Sievershausen (Dassel).

1233 (A. 13. Jh.) *Theodericus de Thidekenhusen* (Kruppa, Dassel Nr. 199 S. 408)
1238 *Theoderico de Tidekenhusen* (Orig. Guelf. IV Prefatio Nr. 6 S. 66)
1238 *Thidericus de Tydichenhusen* (Orig. Guelf. IV Prefatio Nr. 7 S. 67)
1278 (A. 15. Jh.) *Herboldum dictum de Thedekenhusen* (Westfäl. UB IV Nr. 1534 S. 734)
1292 *Ghiselerus de Tydekenhusen* (UB Fredelsloh Nr. 71 S. 62)
1298 *Gyselerus de Thidekenhusen* (UB Fredelsloh Nr. 87 S. 71)
1303 *Gyselerus de Thedekenhusen* (UB Fredelsloh Nr. 94 S. 74)
1528 *Thekenhusen* (Upmeyer, Oldershausen S. 280)
1532 *Tekenhusen* (Upmeyer, Oldershausen S. 280)
1586 *Teckenhausen* (Müller, Lehnsaufgebot S. 396)
1879 *Am Teckelhäuser Anger* (Kühlhorn, Wüstungen Bd. III Nr. 359 S. 322)

I. Zahlreiche von Kühlhorn, Wüstungen Bd. III Nr. 359 S. 322 auf diesen Ort (angesetzt als Thedekenhusen) bezogene Belege gehören zu → † Tidexen. Der von Ernst, Wüstungen S. 88 zu diesem Ort gestellte Beleg 826-876 (A. 15. Jh.) *Thiatberteshusen* (Trad. Corb. § 261 S. 127) gehört zu → Deitersen. Der ON schwächt sich von *Thideken-*, *Thedeken-* zu *Thekenhusen* ab; in intervokalischer Position fällt das *-d-* aus. Im 19. Jh. liegt der ON nur noch in verderbter Form in einem FlurN vor.

II. Nach Casemir, Grundwörter S. 193 mit dem GW *-husen* gebildet.

III. Bildung mit dem GW *-hūsen*. Das BW enthält den schwach flektierenden PN *Thidiko*, *Thedeko*, der auf *Thiadiko*, einen mit *k*-Suffix gebildeten KurzN zum PN-Stamm THEUDA, zu asä. *thiod(a)*, *thiad* 'Volk, Menge', zurückgeht; vgl. Schlaug, Studien S. 187 und Förstemann, Personennamen Sp. 1413. In † Tiadikasheim, Kr. Hannover (NOB I S. 437f.), begegnet eine stark flektierende Variante dieses PN.

IV. Kühlhorn, Wüstungen Bd. III Nr. 359 S. 322-323.

† THIEDRESSUN

Lage: In der Umgebung von Moringen.

1003-1005 (A. 15. Jh.) *in Marungun in vico, qui dicitur Thiedressun* (Trad. Corb. § 473 S. 156)

I. Trotz der nur einmaligen Nennung ist eine Lokalisierung durch die Gauangabe („Moringengau") gut möglich, weshalb auch die Zuordnung zu → Deitersen bei Casemir/Ohainski, Orte S. 86 und Schütte, Mönchslisten S. 282 nicht in Frage kommt. Für eine von Schütte Mönchslisten S. 282 angedeutete Überlagerung des ON *Thiedressun* durch den GauN spricht nichts.

II. Nach Casemir, Grundwörter S. 194 liegt eine unklare Bildung vor.

III. Das Vorliegen nur eines einzigen Beleges erschwert natürlich die Deutung und läßt oft nur Vermutungen zu. Die Form *Thiedressun* ist wohl in *Thiedres-sun* zu trennen. Das GW dürfte damit ein ausgesprochen früh zu *-sun* verkürztes *-husun/-hūsen* enthalten, während im BW ein zweigliedriger stark flektierender PN zu erwarten ist. Als sicher gilt das Erstglied *Thied-* dieses PN, welches zum äußerst produktiven PN-Stamm THEUDA, zu asä. *thiod(a)*, *thiad* 'Volk, Menge', gehört. Für das

Zweitglied ergeben sich zwei Möglichkeiten: Zum einen -heri, zu asä. hēri 'Heer', dessen anlautendes h- früh ausfällt (Lasch, Grammatik § 350). Eine Grundform *Thiadherishusun würde sich damit zu *Thiederessun entwickeln, wodurch eine weitere Abschwächung zu Thiedressun möglich wird. Der PN Thiadheri ist sehr gut bezeugt; vgl. Förstemann, Personennamen Sp. 1432f., Schlaug, Altsächs. Personennamen S. 161 und Schlaug, Studien S. 84. Die zweite Möglichkeit ist das Namenglied -rad, zu asä. rād 'Rat', welches häufig auch als -red vorliegt; vgl. Schlaug, Altsächs. Personennamen S. 141 und Förstemann, Personennamen Sp. 1203. Der PN Thiadrad ist auch in der Variante Thiadred bezeugt; vgl. Schlaug, Altsächs. Personennamen S. 163 und Förstemann, Personennamen Sp. 1443f. Die anzusetzende Grundform wäre *Thiadredeshusun. Unter der Voraussetzung, daß intervokalisches -d- schwindet, könnte sich eine Verkürzung Thiedressun ergeben. Welcher PN im ON steckt, kann nur aufgrund dieses einen Beleges nicht eindeutig geklärt werden. Mit dem PN Thiedheri sind Thiershausen und † Klein Thiershausen, Kr. Göttingen (NOB IV S. 389f.), und † Groß und Klein Dierssen, Kr. Hannover (NOB I S. 98f.), gebildet.

IV. Kühlhorn, Wüstungen Bd. III Nr. 362 S. 327.

THÜDINGHAUSEN (Moringen)

1139 *Bernhardus de Thutiggehusen* (Mainzer UB II Nr. 8 S. 12)
1292 *Conradi de Tudyngehusen* (UB Fredelsloh Nr. 74 S. 64)
1338 *Thidericus de Thudinghehusen* (Grote, Neubürgerbuch S. 12)
1355 *Heyso de Tudingehusen* (Kelterborn, Bürgeraufnahmen I S. 15)
1409 *Tudingehusen* (UB Hardenberg II Nr. 49 S. 111)
1448 *Tudingehusen* (Kramer, Abschwächung S. 39)
1512 (A. 16. Jh.) *Tüdigehausen* (UB Reinhausen Nr. 428 S. 328)
1520 *Tudingehussenn* (Tschackert, Rechnungsbücher S. 361)
1537 *Tugingehußen* [!] (Meyer, Steuerregister S. 74)
1542 *Tüdigehusen* (UB Reinhausen Nr. 462 S. 348)
1557 *Tugehausen* (Ohlmer, Thüdinghausen S. 4)
1569 *Clawes Fridach von Tuihusen* (Kelterborn, Bürgeraufnahmen I S. 211)
um 1583 *Dudinghausenn* (Zimmermann, Ökonomischer Staat S. 21)
1588 *Tudhusen* (Kayser, Generalkirchenvisitation I S. 132)
um 1588 *Thiedinghusen* (Lubecus, Annalen S. 197)
um 1588 *Dudinghusen* (Lubecus, Annalen S. 221)
um 1616 *Dudehausen* (Casemir/Ohainski, Territorium S. 56)
1645 *Tühausen* (Ohlmer, Thüdinghausen S. 4)
1735 *Dihaußen* (Ohlmer, Thüdinghausen S. 5)
1753 *Tůhausen* (Domeier, Moringen S. 147)
1784 *Thüdinghausen* (Kurhannoversche Landesaufnahme Bl. 150)
1849 *Thüdinghausen* (Ohlmer, Thüdinghausen S. 5
dialekt. (1952) *tuĕhëusĕn* (Flechsig, Beiträge S. 21)
dialekt. (1952) *tühūsĕn* (Flechsig, Beiträge S. 21)
dialekt. (1952) *tütjĕhūsĕn* (Flechsig, Beiträge S. 21)

I. Ohlmer, Moringen S. 339 und Ohlmer, Thüdinghausen S. 1f. ziehen verschiedene Belege aus der Fuldaer Überlieferung fälschlicherweise für Thüdinghausen heran. Ein Beleg, von ihm auf 780-788 datiert und nach Cod. Dipl. Fuld. Nr. 68 S. 43 zitiert, lautet korrekt *in Tubrigowe villam quae dicitur Tutinge*. Seine Annahme, es liege eine Verlesung der Edition für *Muhringowe* (= nach Ohlmer der Moringengau) vor, ist nicht zu halten, da M und T schwerlich zu verwechseln sind und außerdem das *b* von *Tubrigowe* auch noch aus einem *h* verlesen wäre. Die Urkunde ist mit UB Fulda I Nr. 57 auf 772 zu datieren und gemeint sind der Taubergau und wahrscheinlich der Ort Döttingen bei Schwäbisch Hall. Eine weitere Urkunde von 978 (A. 12. Jh.) *Ottenhusen et Tutenhusen* (Trad. Fuld. 64 S. 142 = Codex Eberhardi II S. 306) und die *annotatio census Tutenhusen* (ebd. S. 143 bzw. S. 306f.), die Ohlmer, Thüdinghausen S. 2 auf diesen Ort und weitere niedersächsische Orte bezieht, sind nicht mit Thüdinghausen bzw. den anderen von ihm genannten Orten zu verbinden. *Tutenhusen* ist † Tudenhausen im Gericht Bilstein bei Jestädt und *Ottenhusen* ist † Hottenhausen im Gericht Gieselwerder südwestl. Vaake. Die weiteren von ihm ebenfalls falsch zugeordneten Orte sind *Wigbrahterode* gleich Wipperode bei Eschwege; *Richwarterode* gleich Richerode, Hof in der Gemeinde Hundshausen; *Nuwenrode* gleich Neuerode bei Eschwege; *Hewineshusen* gleich Hebenshausen bei Witzenhausen; vgl. Reimer, Ortslexikon S. 214, S. 251, S. 348, S. 387, S. 473 und S. 522. Ein weiterer von Ohlmer, Tüdinghausen S. 6 genannter Beleg für 1059 *Tuhu* (korrekt gegen Ohlmer *Tunu* nach MGH DH IV. Nr. 48 S. 62 und Mainzer UB I Nr. 303 S. 194) ist mit † Tunu bei Güntersen zu verbinden (vgl. NOB IV S. 395). Bedenklich bei Ohlmers Arbeitsweise ist nicht nur das völlige Vernachlässigen neuerer Literatur, sondern zugleich sein vorgebliches „Richtigstellen" (in Wirklichkeit Verschlimmbessern) von Schreibungen, das nur dem Zweck dient, Beweismaterial für seine Theorien zu beschaffen. Unsicher ist die Zuordnung von Belegen 1189 (Fä. 13. Jh.; A. um 1300) *Tudingehusen* (Mainzer UB II Nr. 524 S. 865), 1196 *Dudinnehusen* (Mainzer UB II Nr. 653 S. 1062), 1542 *Tudingehusen* (Kayser, Kirchenvisitationen S. 308 Anm. 604), in denen Besitz des Klosters Weende dokumentiert ist, und 1203 (Fä. 13. Jh.; A. 17. Jh.) *Dudingehusen* (UB Plesse Nr. 37 S. 80), in dem dem Kloster Northeim Besitz übertragen wird. Für beide Klöster fehlen leider besitzgeschichtliche Untersuchungen, die eine eindeutige Lagebestimmung erlauben würden. Die Überlieferung zeigt anfangs einen Wechsel zwischen anlautendem *Th-* und *T-*, welches sich bis auf wenige *D-*Formen bis heute hält. Der Beleg 1139 *Thutiggehusen* enthält als zweiten Dental *-t-*, das allerdings isoliert ist. Sonst herrscht nur *-d-* vor, so daß der Beleg hd. Einfluß verraten dürfte. Bis ins 16. Jh. liegt *-ingehusen* vor; später verschleift sich *-inge-* zu *-ige-*, *-i-* und fällt zeitweise ganz aus, bis es im 18. Jh. wieder neu eintritt. Ebenso ist der Ausfall des intervokalischen *-d-* in *Tui-*, *Tü-* etc. zu beobachten. Umlaut wird ab dem 16. Jh. im Schriftbild sichtbar, in *Thied-*, *Die-* und *Di-* zu *-i-* entrundet. Zweimal tritt in *Tugingehußen* und *Tugehausen* *-g-* für *-d-* ein.

II. Nach Domeier, Moringen S. 147 hat der Ort „seine Benennung von dem Nahmen Tůů, womit ein gewisser Abgott bey denen heydnischen Sachsen beleget worden", wovon auch die angelsächsische Bezeichnung für Dienstag „Tuesdag" herrühre. Scheuermann, Gandersheim 93 stellt den ON zu einem PN *Dudo*. Ohlmer, Thüdinghausen S. 5 hält eine Rückführung des BW auf den PN *Dudo* für „unbelegt" und „sehr mysteriös". Eher will er den ON mit dem „Schilfreichtum, der zur Gründungszeit in der näheren Umgebung des Ortes noch herrschte" in Zusammenhang bringen und mit „and. dude, altdänisch dudde = Schilf" verbinden, so daß der ON als „Behausung an einer schilfbestandenen Stelle (Schilfstätte)" zu verstehen sei.

III. Es liegt ein *-ingehūsen*-ON vor. Ableitungsbasis dieses ON-Typs ist stets ein PN, weswegen Ohlmers appellativischer Anschluß abzulehnen ist. Die Überlieferung weist auf einen KurzN *Thud-, so daß der Anschluß an den produktiven PN-Stamm THEUDA, zu asä. *thiod(a)* 'Volk, Menge', gewonnen wird. Kaufmann, Ergänzungsband S. 348ff. erläutert die unterschiedliche Entwicklung des germ. *-eu-* abhängig vom Akzent; ebenso Gallée, Grammatik § 102f. In § 103 Anm. 1 werden Beispiele für *-ū-* aus *-iu-* aufgeführt. Dem anlautenden *T-*, das sich statt des zu erwartenden *D-* < *Th-* bis in die modernen Formen hält, liegt nach Kaufmann, Untersuchungen S. 57 eine Anlautverschärfung zugrunde, die besonders bei Kurz- und Koseformen auftritt. Allerdings zeigen die zum Stamm THEUDA gehörigen PN häufig anlautendes *T-*. Der PN liegt auch in † Thudingehusen, Kr. Göttingen (NOB IV S. 390f.), vor. Weitere mit diesem PN gebildete ON verzeichnet Förstemann, Ortsnamen II Sp. 1036ff.

† TIDEXEN

Lage: 0,3 km südöstl. der Krummewassermühle, nordwestl. von Einbeck.

988-989 (A. 15. Jh.) *Thiaddagheshusun* (Trad. Corb. § 431 S. 148)
992-993 (A. 15. Jh.) *Tieddikeshusun* (Trad. Corb. § 441 S. 150)
1001-1002 (A. 15. Jh.) *Thieddegeshusun* (Trad. Corb. § 462 S. 154)
1003-1005 (A. 15. Jh.) *Thieddegeshusun* (Trad. Corb. § 477 S. 156)
1207 *Ludolfus de Thidekesem* (UB H. Hild. I Nr. 619 S. 591)
um 1242 *Tidegisse* (UB Grubenhagen Nr. 12 S. 8)
1244 *Thedekessen* (Westfäl. UB IV Nr. 334 S. 224)
1248 *Thidekissen* (UB Goslar I Nr. 630 S. 578)
1294 *Tidekesse* (UB H. Hild. III Nr. 1013 S. 503)
1305 (A. 15. Jh.) *Thydexen* (Westfäl. UB IX Nr. 374 S. 167)
1315 *Didighessen* (Sudendorf I Nr. 265 S. 150)
1321 *Thidexen* (UB H. Hild. IV Nr. 604 S. 326)
1342 *Tydexen* (Kramer, Scheinmigration S. 25)
1364 *in deme dorpe to Tydichsen* (UB H. Hild. V Nr. 1060 S. 681)
1391 *Tiddeksen* (UB H. Hild. VI Nr. 1053 S. 695)
1458 *in dem Didexer velde* (Deeters, Quellen S. 88)
1473 (A.) *boven der Tidexer molen* (UB Hardenberg I Nr. 101 S. 158)
1528 *Tiedexer velde vor Eymbeck* (Harland, Einbeck II S. 512)
1571 *Tidexen* (Reg. Wallmoden Nr. 504 S. 158)
1631 *Tidexen* (Reg. Wallmoden Nr. 606 S. 189)
1783 *Tiedexter Feld* (Kurhannoversche Landesaufnahme Bl. 139)

I. Entgegen Kühlhorn, Wüstungen Bd. III Nr. 367 S. 346, der eine Zuordnung der Corveyer Belege hierher ohne stichhaltige Gründe zurückweist und sie stattdessen † Thedekenhusen (unser → † Tekenhusen) zuweist, und Schütte, Mönchslisten S. 272, der auch † Dedageshusen, Kr. Göttingen, und Tiddische, Kr. Gifhorn, vorschlägt, halten wir eine Zuordnung zu dieser Wüstung wegen des ausgeprägten Besitzschwerpunktes des Klosters Corvey in der Gegend um Einbeck sowie aus sprachlichen Gründen für wahrscheinlich. Ein Beleg von 1140 *viro de Tidekesheim* (UB H. Hild. I Nr. 222 S. 202) ist † Tidexen nicht sicher zuzuordnen. PN-Belege des Typs 1292 *Ghiselerus de Tydekenhusen* (UB Fredelsloh Nr. 71 S. 52), die häufig mit † Tidexen verbunden werden, gehören zu → † Tekenhusen. Der ON schwächt sich in seiner Entwicklung stark ab. Das GW verkürzt sich von *-husun* zu *-sen*. Das Erstglied des BW zeigt den Übergang von *Th-* zu *T-*, vereinzelt zu *D-*; im Stammvokal entwickelt sich -*ia*- über -*ie*- zu -*i*-; das auslautende -*d*- verschmilzt mit dem anlautenden -*d*- des Zweitgliedes -*dag*. Dieses tritt auch als -*deg*- und auslautverschärft -*dek*- auf. Bei Ausfall des schwachtonigen -*e*- der Flexionsfuge -*es*- treffen -*k*- und -*s*- aufeinander und werden im Schriftbild als -*x*- wiedergegeben.

II. Nach Casemir/Ohainski, Orte S. 136 und Casemir, Grundwörter S. 193 mit dem GW -*husen* gebildet. Nach Wenskus, Stammesadel S. 306 enthält das BW den PN *Thieddag*. Udolph, Sachsenproblem S. 435 führt den ON auf eine Grundform *Theodages-husen zurück.

III. Bildung mit dem GW -*hūsen*. Im BW liegt der stark flektierende zweigliedrige, asä. gut bezeugte PN *Thiaddag* vor, vgl. Schlaug, Altsächs. Personennamen S. 160, Schlaug, Studien S. 83 und Förstemann, Personennamen Sp. 1426. Der PN enthält im Erstglied asä. *thiod(a)*, *thiad* 'Volk, Menge' und im Zweitglied asä. *dag* 'Tag' (zu diesem im Asä. verbreiteten Element vgl. Schröder, Namenkunde 31f., Wenskus, Stammesadel S. 301-334 und Udolph, Sachsenproblem S. 432-439). Der gleiche PN begegnet auch in † Dedageshusen, Kr. Göttingen (NOB IV S. 91f.), Tiddische, Kr. Gifhorn (1315 *Didighessen*), und Dittershausen, Kr. Kassel (997 [Fä. 11./12. Jh.] *Theddecheshusen*); vgl. dazu Udolph, Sachsenproblem S. 435. Förstemann, Ortsnamen II Sp. 1044 führt einen weiteren mit diesem PN gebildeten ON auf.

IV. Casemir/Ohainski, Orte Nr. 610 S. 90; Ernst, Wüstungen S. 83; Kramer, Scheinmigration S. 25; Kühlhorn, Wüstungen Bd. III Nr. 367 S. 340-347; Max, Grubenhagen I S. 528; Niedersächsischer Städteatlas II S. 4.

TÖNNIESHOF (Moringen)

1418 *to Eddelershusen to sunte Anth[onius]* (Kramer, Moringen S. 1086)
1585 *aufm Tonnießhofe* (Burchard, Calenberg-Göttingen S. 19)
1603 *Tonigeshoff* (Krabbe, Sollingkarte Bl. 7)
1706 *beim Tonnigeshoefe* (Kramer, Moringen S. 628)
1783 *Tönjes Hoff* (Kurhannoversche Landesaufnahme Bl. 142)
1791 *Tönjeshof* (Scharf, Samlungen II S. 229)
1823 *Tônnies-Hof* (Ubbelohde, Repertorium 3. Abt. S. 72)

I. Der Tönnieshof ist aus dem Fredelsloher Vorwerk → † Edelereshusen hervorgegangen. Der ON ist erst im 16. Jh. in seiner heutigen Form mit dem GW -*hof* belegt. Das BW schwankt zwischen *Tonnieß*-, *Toniges*-, *Tönjes*-.

II. Nach Kramer, Moringen S. 628 geht der Name „auf eine Antonius-Kapelle in Edelershusen zurück." „Tönnies- (Tönjes)" sei die „volkstümliche Form für den Namen Antonius" (S. 627). Wolf, Fredelsloh S. 30 verbindet den ON mit den Antonitern: „In der 1. Hälfte des 14. Jahrhunderts kaufte sich die Bruderschaft der Antoniter aus Grünberg (LK Gießen) in Fredelsloh ein. Der Orden nannte sich nach Antonius dem Großen († 356). [...] Für das Anwesen bürgerte sich der Name Antonii-Hof, bald Tönnies-Hof ein."

III. Der Deutung von Kramer ist zuzustimmen. *Tonnies, Tonniges, Tönjes, Tönnies* sind Kurzformen des lat. RufN *Antonius*, entstanden durch die Betonung auf der zweiten Silbe; vgl. Gottschald, Namenkunde S. 154 und Heintze/Cascorbi, Familiennamen S. 116. Dem ON mit dem GW -*hof* liegt also die Grundform *Antoniushof zugrunde, d.h. das Kapellenpatrozinium wurde für die Benennung der Örtlichkeit - wohl erst nach dem Wüstfallen von Edelereshusen - benutzt; zur Antoniuskapelle vgl. Krumwiede, Patrozinien S. 149. Die Darstellung von Wolf, Fredelsloh S. 30, nach der der Orden der Antoniter namengebend gewesen sei, ist sachlich falsch, da aus einer Urkunde von 1349 (UB Fredelsloh Nr. 161 S. 115ff.) bekannt ist, daß die Kapelle in † Edelereshusen um diese Zeit herum vom Kloster Fredelsloh auf ihrer *grangia sive curia* gestiftet worden ist. Das Antoniterordenshaus Grünberg hatte nur insofern etwas mit der Kapelle zu tun, als es bestimmte Einnahmen aus dieser u.a. dem Hl. Antonius geweihten Kapelle beanspruchte, da der Ort zum Terminierbezirk Grünbergs gehörte.

TRÖGEN (Hardegsen)

Das heutige Trögen ist aus der Verschmelzung der Dörfer (†) Evessen und (†) Strod hervorgegangen, während das ursprünglich auch zu Trögen gehörige Üssinghausen selbständig blieb.

1518 *in den Trogen* (UB Boventen Nr. 591 S. 381)
1532 *in den Trogen* (UB Boventen Nr. 615 S. 394)
um 1570 *drei kleine durffer, die mit besundern namen Vssihausen, Euessen vnnd Strott, in gemeine aber vnnd communi nomine die Troge genant werden* (Kramer, Artikel S. 101)
1582 *in den Drogen* (Kühlhorn, Ortsnamen S. 134)
1590 *Euensen vnd Strott in den Trogen* (Kramer, Artikel S. 101)
1603 *in den Trögen* (Krabbe, Sollingkarte Bl. 4)
1678 *zum Trögen* (Kramer, Artikel S. 102)
1717 *dorffschafft Trögen* (Ohlmer, Lutterbeck S. 313)
1753 *Trôgen* (Domeier, Moringen S. 18)
1791 *Trögen* (Scharf, Samlungen II S. 230)
1823 *Troegen* (Ubbelohde, Repertorium 3. Abt. S. 73)
dialekt. (1951) *tröögĕn* (Flechsig, Beiträge S. 21)

I. Die von Baudenkmale Northeim S. 123 aufgeführte Erstnennung Trögens zu 1401 war nicht aufzufinden, meint aber wahrscheinlich die bei Kühlhorn, Ortsnamen S. 134 verzeichnete Nennung *Strut/Strud*. Der ON liegt stabil meist in einer Wendung *in den Trogen/Trögen* vor. Einmal erscheint der Nominativ *die Troge*; in jüngerer Zeit auch die Wendung *zum Trögen*.

II. Weigand, Heimatbuch S. 379 faßt die Deutungen für Trögen als gemeinsamer Name der Dörfer → † Strod und → (†) Evessen zusammen, abgeleitet „entweder von der trogartigen Form, die das Tal hier hat oder von den Trögen, die früher an der Straße zum Pferdefüttern standen, wenn das Holz aus den umliegenden Forsten abgefahren wurde." Die Sollinger Heimatblätter 5 (1930) S. 39f. (ohne Autorenangabe) gehen ebenfalls auf die Form des Ortes ein: „Trögen [...] hieß in alten Zeiten 'in den Trögen' und ist ganz eigenartig in das Tal der Espolde eingebettet. [...] wohl 1½ km ist das Dorf lang." Und laut Kramer, Artikel S. 84 erscheinen die „alten Ortskerne der drei Dörfer [...] in der Tat wie in (kleine) Tröge gebettet". Kramer, Moringen S. 635f. sieht den ON als alten FlurN; die mit diesem Zusatz bezeichneten Dörfer „liegen jeweils in einer engen muldenförmigen Grund; die Herleitung von mnd. *troch* 'Trog, Mulde' macht also weder sachlich noch formal Schwierigkeiten."

III. Der ON ist eine simplizische Bildung, der ein FlurN *in den Trögen*, welcher sich auf die besondere Lage und Form des Dörferensembles im Tal bezieht, zugrundeliegt. Er gehört zu asä. *trog*, mnd. *troch*, mhd. *troc* 'Trog, Mulde'. Weitere mit diesem Wort gebildete FlurN verzeichnen Kettner, Flußnamen S. 315 mit *Trogsiek* östl. → Heckenbeck und Kramer, Moringen S. 635 mit *der Trögen* bei → Oldenrode.

U

USLAR (Uslar)

1006-1007 (A. 15. Jh.) *Huslere* (Trad. Corb. § 499 S. 159)
1141 (Fä. 13. Jh.; A. 17. Jh.) *Ernestus de Vslare* (Orig. Guelf. IV S. 525)
1142-1153 (Fä. 13. Jh.) *Eluericus de Uslere* (Mainzer UB II Nr. 186 S. 348)
1189 (Fä. 13. Jh.; A. um 1300) *Eluericus de Uslere* (Mainzer UB II Nr. 524 S. 866)
vor 1199 *Huslere* (Bauermann, Anfänge S. 355)
1223 *Hermannus de Vslaria* (UB Hilwartshausen Nr. 33 S. 54)
1235 *Hermannus de Uslere* (UB H. Hild. II Nr. 430 S. 202)
1239 *Hernestus de Huslaria* (UB H. Hild. II Nr. 545 S. 265)
1244 *prope Uslariam* (UB Uslar I S. 33)
1251 *plebanus de Vslaria* (Kruppa, Dassel Nr. 338 S. 445)
1277 *plebanus de Uslaria* (UB Fredelsloh Nr. 47 S. 48)
1305 *actum Uslarie* (UB Walkenried II Nr. 662 S. 40)
1350 *plebano in Uslaria* (UB Göttingen I Nr. 183 S. 172)
1368 *Henric de Uslaria* (Grote, Neubürgerbuch S. 17)
um 1381 *Usler* (UB Goslar V Nr. 445 S. 182)
1419 *Uslere* (Göttinger Statuten Nr. 229 S. 401)
1437 *slot Ußlar* (UB Göttingen II Nr. 180 S. 129)
1447 *Uszler* (UB Boventen Nr. 476 S. 326)
1497 *Usler* (Negotium monasterii Steynensis S. 219)
1537 *Vßlerr* (Meyer, Steuerregister S. 75)
um 1588 *Vslar* (Lubecus, Annalen S. 146)
1603 *Usler* (Krabbe, Sollingkarte Bl. 2)
1618 *Uslar* (UB Uslar I S. 383)
1657 *Usler* (UB Uslar I S. 401)
1693 *Üßlar* (UB Uslar II S. 1073)
1740 *Üslär* (Jüttner, Waldungen S. 23)
1791 *Ueslar* (Scharf, Samlungen II S. 231)
1823 *Uslar* (Ubbelohde, Repertorium 3. Abt. S. 75)
dialekt. (1951) *üslǟr* (Flechsig, Beiträge S. 21)
dialekt. (1963) *üschlār* (Nolte, Flurnamen S. 16)

I. Die Überlieferung zeigt den ON im Wechsel zwischen *Usler(e)* und *Uslar(e)* und einer latinisierten Form *Uslaria*. *-lar* bekommt erst ab dem 17. Jh. Dominanz. Einige Formen enthalten *H*-Anlaut, der als prothetisches *H*- zu sehen ist, welches vokalisch anlautenden Namen häufig vorangestellt wird. Ab dem 14. Jh. wird *-s-* auch als *-sz-*, und *-ß-* wiedergegeben. Einige jüngere Belege zeigen Umlaut *Ü-*.

II. Nach Casemir/Ohainski, Orte S. 138 und Hardeland, Uslar S. 257f. mit dem GW *-lar* gebildet. Hardeland verwirft die Überlegung, das BW mit dem Appellativ *hus* 'Haus' zu verbinden, da dies eine Kombination mit *-lar* nicht wahrscheinlich mache. Dagegen sei ein PN *Osso* oder *Oso* ebenso möglich wie das Appellativ asä. *ohso* 'Ochse'. Das BW könne aber auch einen BachN enthalten, da sich -lar oft mit GewN verbinde; dafür zieht er einen (spekulativen) älteren Namen des Martinsbaches in Betracht. Dittmaier, (h)lar S. 93 und Berger, Namen S. 263 stellen den ON ebenfalls zu den -lar-Namen, wissen für das BW aber keine Deutung. Flechsig, Beiträge S. 38f. sieht (nach Schröder, Namenkunde S. 258-262) in -lar kein GW, sondern ein „Suffix -ari mit vorangesetztem l als Fugenkonsonant", welches sich durch Umlautwirkung zu -lere entwickelt habe, durch Kanzleischreibung aber wieder auf -lar zurückgeführt werde. In Us- erwägt Flechsig (nach Hardeland, Uslar S. 257f.) einen (vergessenen) BachN *Ussila. Förstemann, Ortsnamen II Sp. 1156 stellt Uslar zu einem unerklärten Stamm US². Jellinghaus, Bestimmungswörter S. 50 führt den ON in einer Grundform „usele-lär" auf mhd. usele 'glühende Asche', anord. usli, aengl. ysle 'Feuer', westf. üesel, üssel 'Zunder aus Leinwand gebrannt' zurück. Dazu erwähnt er auch die ON Usseln bei Waldeck (1263 Useln) und Usselo, Prov. Overijssel (1188 Oslo), wobei er diesen als „usele-loh" ansetzt. Witt-Krakow, Uslar S. 25 holt weit aus: Sie sieht bei den FlußN Isar und Isère in den Endungen -ar und -er das Wasserwort a(ha), deutet sie als „Eiswasser" und nimmt eine gleiche Deutung für die Yssel in Flandern und eine angebliche Üssel/Yssel bei Uslar als früheren Namen des Italsbaches an. Den ON Uslar führt sie auf eine Form „yssel-ari = Üsselär, wie heute noch Uslar auf plattdeutsch heißt" zurück und deutet diese als „Lagerplatz am kalten Wasser". Meyer, Städtenamen S. 63f. sieht in -lar „Niederlassung, Lager" und in Usi bzw. Husi den PN des Gründers, denn „schwer ist hier Hus, das Haus, gemeint". Gercke, Uslar S. 28 meint nur: „Die Deutungen als 'Ochsenweideplatz' oder 'Platz an der Üssel' sind bekannt."

III. Bildung mit dem GW -lar(i), welches als 'Weide' oder 'Wald' anzusetzen ist (vgl. dazu ausführlich Udolph, Germanenproblem S. 473-497). Vom Beginn der Überlieferung an liegt die umgelautete Form -lere vor. Für das BW bleibt ein PN fern, da die frühen Belege keine zusätzliche Flexionsendung zeigen und -lar-Namen üblicherweise nicht mit PN, sondern mit Appellativa zusammengesetzt sind. Alle weiteren unter II. genannten Deutungen des BW bleiben ebenfalls fern, da sie die überlieferten Formen nicht beachten. Für die Fluß- und ON Osper, Usepe und Oesper erwägt Dittmaier, apa S. 20 germ. *us- als Nullstufe von germ. *eus-, welche in anord. ysja 'Feuer' vorliegt, doch ist eine solche Verbindung weder für FlußN noch für eine Komposition mit -lar plausibel. Es ist vielmehr an idg. *u̯es- 'feuchten, naß' zu denken, das im Germ. in den Appellativen ahd. wasal 'feuchte Erde, Regen', waso 'Rasen, Erdscholle, Grube', engl. ooze 'Feuchtigkeit, Schlamm', asä. waso, mnd. wase 'feuchter Erdgrund, Schlamm; Erdscholle, Rasen' belegt ist (vgl. Pokorny, Wörterbuch S. 1171f.). An die Schwundstufe *us- läßt sich Uslar gut anschließen und kann somit als 'Wald, Waldstück in feuchter, sumpfiger Lage' gedeutet werden. Die Lage Uslars in einem Gebiet, welches von Ahle, Rehbach, Martinsbach und Mühlengraben um- und durchflossen wird, unterstützt diese Deutung. Ein direkter Vergleichsname scheint Huslere, eine 1144 bei Wasserleben nahe Wernigerode erwähnte Wüstung, zu sein; vgl. diese und weitere mögliche Namenparallelen bei Förstemann, Ortsnamen II Sp. 1156.

ÜSSINGHAUSEN (Hardegsen)

1284 *decimam ville in Uftzingehusen* (UB Fredelsloh Nr. 56 S. 53)
1380 *Henricus Scradere von Uβtyngehusen* (Grote, Neubürgerbuch S. 20)

1544 (A. 16. Jh.) *Ussigehausen* (UB Fredelsloh Nr. 263 S. 180)
um 1570 *Vssihausen* (Kramer, Artikel S. 101)
um 1583 *Usingenhusen* (Zimmermann, Ökonomischer Staat S. 18)
1585 *Uessinghausen in den Trögen* (Burchard, Calenberg-Göttingen S. 22)
1603 *Ussinghausen* (Krabbe, Sollingkarte Bl. 4)
1735-36 *Ißinghauser holtz* (Forstbereitungsprotokoll S. 26)
1784 *Usinghausen* (Kurhannoversche Landesaufnahme Bl. 150)
1823 *Uessinghausen* (Ubbelohde, Repertorium 3. Abt. S. 74)
dialekt. (1951) *üschĕhousĕn* (Flechsig, Beiträge S. 21)
dialekt. (1992) *Üsjehousen* (Scheuermann, Barsinghausen S. 101)

I. Zwei Belege von 1138 und von 1265/1266, die vom UB Fredelsloh hierher gestellt werden, sind auf → † Hessigehusen zu beziehen. Die ältesten Belege geben die Konsonantengruppe, die später als *-ss-* vorliegt, als *-ftz-* und *-ßt-* wieder. Das Element *-inge-* schwächt sich zu *-i-* ab (die Mundart zeigt auch *-je-* und *-sche-*), doch bleibt es in der amtlichen ON-Form als *-ing-* erhalten. Im Anlaut tritt im 16. Jh. Umlaut *Ü-* ein, welcher sich im Beleg 1735-36 entrundet zu *I-* zeigt.

II. Die Deutung von Weigand, Heimatbuch S. 381 geht von den nun → † Hessigehusen zugeordneten Belegen aus.

III. Der ON gehört zu den *-ingehūsen-*Namen. Ableitungsbasis ist demnach ein PN. Die Herleitung dieses PN bereitet einige Probleme. Ließe man die ersten beiden Belege beiseite, könnte man den PN mit dem (etymologisch ungeklärten) Stamm US verbinden, zu dem Förstemann, Ortsnamen II Sp. 1154 den PN *Uso* und mit ihm die ON Issing/Landsberg (ca. 1050 *Ussingen*) und Uissigheim/Tauberbischofsheim (1178 *Ussenkheim*) stellt. Doch müssen gerade die ersten Belege mit den Konsonantenverbindungen *-ftz-* und *-ßt-* hinzugezogen werden, da sie auf eine Schwierigkeit der Schreiber bei der Wiedergabe der zugrundeliegenden Lautung schließen lassen. Man könnte an einen PN-Stamm UFT und an eine Vermischung mit UHT denken (vgl. Förstemann, Ortsnamen II Sp. 1116 und Sp. 1118), da die nd. Entwicklung von *-ft-* zu *-cht-* (Lasch, Grammatik § 296) Probleme bei der schriftlichen Fixierung bereitet haben könnte. Doch damit wäre das folgende recht stabile *-ss-* nicht zu erklären, da sich *-cht-* nicht zu *-ss-* entwickelt. Daher wird man auch bei diesem ON wie bei → Helmscherode und → Wrescherode auf den Prozeß des Zetazismus zurückgreifen müssen. Nimmt man an, daß *-tz-*, *-ßt-*, *-ss-* und *-s-* den erweichten Laut *-k-* in der Umgebung heller Vokale *-e-* und *-i-* wiedergeben und *Uf-* zum PN-Stamm gehört, gelangt man zu einem PN *Uffik* oder *Uffiko*, eine mit *k*-Suffix gebildete Koseform zum KurzN *Uffo*, die asä. bezeugt ist; vgl. Schlaug, Altsächs. Personnnamen S. 183 und Förstemann, Personennamen Sp. 1474. Zur Etymologie dieses KurzN vgl. → Offensen. Der ON entwickelt sich also von einer Grundform **Uffikingehusen* über **Uffitzingehusen* über Abschwächung und Ausfall des nebentonigen *-i-* zum vorliegenden *Uftzingehusen*. Nun ist anzunehmen, daß sich die Reibelaute *-f-* und *-tz-* einander angleichen und *-tz-* dabei dominiert, wobei später daraus stimmloses *-s-* entsteht. Die Entwicklung der Mundartform *üschĕhousĕn* hat Scheuermann, Barsinghausen S. 100f. dargestellt: In der Umgebung nach *-s-* bzw. *-ts-* verschmilzt das mdal. zu *-je-* abgeschwächte Element *-inge-* mit diesem zu *-sche-*.

V

VAHLE (Uslar)

1141 (Fä. 13. Jh.; A. 16. Jh.) *Valede* (Mainzer UB II Nr. 28 S. 49)
1141 (Fä. 13. Jh.; A. 17. Jh.) *Valede* (Orig. Guelf. IV S. 525)
1162 (Fä. 13. Jh.; A. 14. Jh.) *Valedhe* (MGH Urk. HdL Nr. 58 S. 86)
1203 (Fä. 13. Jh.; A. 17. Jh.) *Valede* (UB Plesse Nr. 37 S. 80)
1226 (A. 16. Jh.) *Valede* (Wenke, Urkundenfälschungen S. 59)
1338 *Albertus de Valde* (Grote, Neubürgerbuch S. 6)
1398 *Wychmannus de Vaelde* (Kelterborn, Bürgeraufnahmen I S. 41)
1429 *Valde* (Grotefend, Mitteilungen S. 86)
1519/20 (A. 16. Jh.) *Vaalden* (Krusch, Studie S. 265)
1585 *Vahlde* (Burchard, Calenberg-Göttingen S. 77)
1588 *Vahlde* (Kayser, Generalkirchenvisitation S. 184 Anm.)
1602 *Vahlde* (Nolte, Flurnamen S. 18)
1603 *Vale* (Krabbe, Sollingkarte Bl. 5)
um 1616 *Vahl* (Casemir/Ohainski, Territorium S. 57)
1735-36 *Vahle* (Forstbereitungsprotokoll S. 144)
1784 *Vahlde* (Kurhannoversche Landesaufnahme Bl. 149)
1823 *Vahle* (Ubbelohde, Repertorium 3. Abt. S. 76)
dialekt. (1951) *fǎlě* (Flechsig, Beiträge S. 21)
dialekt. (1963) *fāle* (Nolte, Flurnamen S. 18)

I. Der ON schwächt sich von *Valede* zu *Valde* ab, wobei das offensichtlich lange -*a*- mit -*ae*-, -*aa*- und -*ah*- wiedergegeben wird. Der Dental -*d*- schwindet im 17. Jh.

II. Nach Bach, Ortsnamen I § 232 handelt es sich um einen -*ithi*-Namen. Nolte, Flurnamen S. 18 stimmt Bach zu. Im BW sieht er mnd. *vāle* „fahl, blaß vom Grün der Natur". Möller, Dentalsuffixe S. 44 vermutet eine -*ithi*-Ableitung zu asä. *falu* 'fahl, blaßgelb'. Förstemann, Ortsnamen I Sp. 840 stellt den ON als -*ithi*-Bildung zum Stamm FAL, „zu einem altdeutsch unbelegten -fal, dem slavischen polje, feld, ebene, flachland entsprechend, das zu as. felhan, bedecken gehören kann". Udolph, -ithi S. 116 verweist auf einen Vergleichsnamen † Vahlen, Kr. Wolfenbüttel (vgl. NOB III S. 333f.). Er nimmt Bezug auf den Raumnamen Ost-/Westfalen und stellt beide ON zu slav. *polje* 'flaches, ebenes Land'. Witt-Krakow, Uslar S. 267 verbindet den ON mit „ahd. falah = Fläche" in einer Komposition aus „Feld + ithi". Andree, Volkskunde S. 49f. schreibt: „Vale heißen auch zwei Dörfer, 1. bei Uslar und 2. nördlich von Itzehoe. Bei letzterem ist ein umfangreiches Moor. [...] Ob vom as. falu, falb, bleich, braungelb? [...] oder vom as. starken Verb felhan, condre, tegere? oder von einem nicht belegbaren, aber in regelrechter Lautverschiebung dem slav. pole, Feld, Ebene, Flachland entsprechenden altdeutschen fal-, von welchem Worte die Germanisten die Namen West- und Ostfalen ableiten?"

III. Da das Suffix -*ithi* sich meist zu -*ede* abschwächt, kann, wie in † Vahlen, Kr. Wolfenbüttel, von einem Ansatz *Falithi* ausgegangen werden. Doch entgegen Udolph gehört der ON wohl nicht zu dem germ. unbezeugten *fal- als Entsprechung zu slav. *polje* 'Feld, Ebene, flaches Land', welches auf idg. *pelə-, *plā- 'breit, flach; ausbreiten' zurückgeht (vgl. Pokorny, Wörterbuch S. 805). Der Ort liegt in einem kleinen Talkessel, der keine ausgedehnte Ebene aufweist. So ist der ON (wie NOB III S. 333f. auch für † Vahlen annimmt) eher mit asä. *falu*, mnd. *vāle*, *vāl* 'fahl, hell (von Farben)' zu verbinden und vielleicht in einen Zusammenhang mit dem vom Martinsbach und kleinen Wasserläufen durchzogenen Wiesengebiet zu setzen, in dem Vahle liegt. Eine vollkommen zufriedenstellende Motivation ist leider nicht ersichtlich. Das Adjektiv wird auch in Vahlberg, Kr. Wolfenbüttel (NOB III S. 330ff.), vermutet, wobei es sich dort auf die Färbung des Gesteins des Höhenzuges Asse beziehen kann. Der wie bei † Vahlen zu erwartende, aber nicht eingetretene Umlaut von -a- vor -ithi ist eine Folge des Stamms *falw-*, dessen Lautverbindung -lw- den Umlaut verhinderte (Penzl, Urgermanisch S. 91).

VARDEILSEN (Einbeck)

1205 *Hermannus de Verdeleseim* (UB H. Hild. I Nr. 601 S. 575)
1213 *Hermannus de Verdelsem* (UB H. Hild. I Nr. 664 S. 634)
1214 *Hermannus de Verdegelsem* [!] (UB H. Hild. I Nr. 631 S. 603)
1245 *Verdelsen* (Westfäl. UB IV Nr. 356 S. 237)
1282 (A. 15. Jh.) *Verdelsen* (Westfäl. UB IV Nr. 1660 S. 785)
1309 (Druck 18. Jh.) *Verdelssen* (Westfäl. UB IX Nr. 692 S. 331)
1381 (Druck 17. Jh.) *Vardelshusen* (UB H. Hild. VI Nr. 451 S. 319)
1476 (A.) *Verdelsen* (Feise, Einbeck Nr. 1635 S. 309)
1585 *Vardelssen* (Feilke, Untertanenverzeichnis S. 115)
1596 *Vardelshusen* (Letzner, Chronica Buch 2 S. 26r)
um 1616 *Verdelsen* (Casemir/Ohainski, Territorium S. 58)
1783 *Fardeilsen* (Kurhannoversche Landesaufnahme Bl. 139)
1823 *Vardeilsen* (Ubbelohde, Repertorium 3. Abt. S. 76)
dialekt. (1951) *fardaitsĕn* (Flechsig, Beiträge S. 22)

I. Zwei gelegentlich mit Vardeilsen in Verbindung gebrachte Belege 1093 (Fä. 12. Jh.) *Vereldehusen* (Mainzer UB I Nr. 385 S. 291) und 1152 (Fä. 12. Jh.) *Uereldehusen* (Mainzer UB II Nr. 172 S. 318) gehören zu Varlosen, Kr. Göttingen (vgl. NOB IV S. 401f.). Der Herausgeber des ersten Bandes des UB H. Hild. lokalisiert einen Besitztitel von 1180 *mansus unus Verthelekessen* (UB H. Hild. I Nr. 396 S. 384) des Klosters Marienrode in den „Kreis Einbeck". Es ist jedoch wegen der anderen genannten Orte eher eine Lage im Kr. Hildesheim anzunehmen. Vgl. auch die Bestätigung der Schenkung 1224 *Verdelikesem* (UB. H. Hild. II Nr. 102 S. 45). Die ältesten Belege zeigen *-eim, -em* im GW, später *-(s)en*, und 1381 tritt wohl falsch etymologisierend *-husen* ein. Das BW lautet zumeist *Verdels-*; bei der Form *Verdegels-* ist eine Verschreibung zu vermuten. Ab 1381 erscheint *-ar-* für *-er-*. Ab dem 18. Jh. liegt *-ei-* für wohl lang gesprochenes *-ē-* vor.

III. Als GW ist aufgrund der ältesten Formen *-hēm* zu vermuten. Im BW liegt ein stark flektierender PN vor, der als *Verdel in einer ON-Grundform *Verdelesheim angesetzt werden könnte. Mit der Annahme der im Ndt. verbreiteten r-Metathese (Lasch, Grammatik § 231) gelangt man zu einem Ansatz *Frithil-, Frithul-*. Es handelt sich um einen mit *l*-Suffix erweiterten KurzN zu asä. *friðu* 'Friede', den Förstemann, Personennamen Sp. 528 bucht. Für den asä. Bereich ist ein entsprechender PN nicht bezeugt, lediglich zweigliedrige, mit *Frithu-* gebildete PN sowie mit anderen Suffixen abgeleitete KurzN wie *Fretheko* (vgl. Schlaug, Studien S. 196) kommen vor. Die Entwicklung zu *Vardels-* zeigt den nd. Übergang von *-er-* > *-ar-* vor Konsonant (Lasch, Grammatik § 76).

VERLIEHAUSEN (Uslar)

1318 *Vrilighehusen* (Flentje/Henrichvark, Lehnbücher Nr. 140 S. 42)
1348 *Vrilinghehusen* (UB Boventen Nr. 108 S. 102)
1371 *Henningus de Vrilingehusen* (Kelterborn, Bürgeraufnahmen I S. 24)
um 1380 (A. 15. Jh.) *Verlehossen* (Desel, Lippoldsberg S. 188)
1447 *Frylingehusen* (UB Göttingen II Nr. 225 S. 200)
1506 *Verlinghusen* (Kramer, Abschwächung S. 39)
um 1583 *Ferlinghausen* (Zimmermann, Ökonomischer Staat S. 23)
1592 *Varlihausen* (Nolte, Flurnamen S. 11)
1601 *Bartholdt Borcherdes vonn Verlihaussenn* (Kelterborn, Bürgeraufnahmen I S. 248)
1603 *Ferligehusen* (Krabbe, Sollingkarte Bl. 1)
1712 *Verliehausen* (UB Uslar II S. 1122)
1730 *Werligehausen* (UB Uslar II S. 1183)
1791 *Verliehausen* (Scharf, Samlungen II S. 234)
1823 *Verliehausen* (Ubbelohde, Repertorium 3. Abt. S. 77)
dialekt. (1951) *farlīhiusĕn* (Flechsig, Beiträge S. 22)
dialekt. (1951) *farliusĕn* (Flechsig, Beiträge S. 22)
dialekt. (1963) *farlihiusen* (Nolte, Flurnamen S. 11)

I. Das GW *-husen* begegnet einmal als *-hossen* und ab dem 16. Jh. in der hd. Form *-hausen*. Das Element *-inge-* erscheint auch in der Schreibung *-ig(h)e-*, *-ing-* und abgeschwächt als *-i(e)-*. Im BW wechselt *Vril-/Fryl-* zu *Verl-/Ferl-*. Einmal steht W- im Anlaut. Der Beleg 1592 *Varli-* zeigt wie die Mundartformen *-a-* statt *-e-*.

II. Nolte, Flurnamen S. 11 meint: „'Var, Fer' ist vieldeutig. Es kann zu Föhre, Farn oder väre 'Furche, Grenze' gestellt werden." Möglich wäre aber auch ein „PN vom Stamme Fahr". In Anm. 2 verweist er auf den ON Ferlingsen, den Gottschald, Namenkunde S. 256 „zu der Kf. Fara stellt". Nach Gehmlich, Wappenbuch S. 421 „wird der Ortsname als Wohnstätte eines Freibauern [gedeutet], die sicher schon im 9. Jh. bestanden hat."

III. Noltes Deutung ist abzulehnen: Er geht von *Var-* oder *Fer-* aus, obwohl die älteren Belege des Namens eindeutig eine Grundform *Frilingehusen* voraussetzen. Auch mißdeutet er Gottschald, der nicht den ON Ferlingsen, sondern einen PN *Ferling* zum Stamm FAHR stellt. Gehmlich geht von dem asä. Wort *frīling* 'freier Mann' aus. Harland, Einbeck S. 3 erklärt die Bezeichnung „Freie (Frilinge)" als „a) gewöhnliche freie Hofbesitzer" und „b) Adelinge, von welchen die späteren Dynasten abstammen". Förstemann, Ortsnamen II Sp. 944 ordnet mehrere ON zu diesem Appellativ, darunter auch Frielinghausen bei Wipperfürth. Würde aber *frīling* im BW unseres ON vorliegen, *-ing* also Bestandteil des Wortes sein, müßte die Grundform *Frilinghusen* oder *Frilingshusen* lauten, nicht aber *Frilingehusen*, wie es die Belege zeigen. Das Element *-inge-* in *-ingehūsen*-ON geht auf älteres *-ingo-*/

-inga- zurück und bezeichnet die zu der Person gehörigen Leute, die im BW genannt wird. Aufgrund der ON-Struktur *Fril-inge-husen kann nur ein -ingehūsen-Typ vorliegen, der als Ableitungsbasis einen PN enthält. Möglich wäre der Anschluß an den mit l-Suffix gebildeten KurzN Fril(l)o zum PN-Stamm FRITHU, zu asä. friðu 'Friede', der auch dem FamN Friel zugrundeliegt; vgl. Gottschald, Namenkunde S. 229 und Heintze/Cascorbi, Familiennamen S. 201. Dies wird auch von Förstemann, Personennamen Sp. 524 erwogen, der in den ON Frilenchusen und Frilingothorp einen KurzN *Frilo vermutet. Zwar stellt er diesen nicht zu FRITHU, sondern zum Stamm FRIJA, doch weist er auf Vermischung beider Stämme hin. Möglicherweise liegt dieser KurzN auch in Frielingen, Kr. Hannover (NOB I S. 155f.), vor. Im BW von Verliehausen unterliegt der PN Fril- einer r-Metathese zu Ferl- (Lasch, Grammatik § 231). Der Wechsel zwischen F- und V- ist nur graphische Variation. Die Verschleifung des Suffixes -inge- zu -i(e)- ist ein verbreiteter Prozeß (Lasch, Grammatik § 346). Der Beleg Varlie- zeigt die Entwicklung von -er- > -ar- vor Konsonant (Lasch, Grammatik § 76), die sich amtlich aber nicht durchsetzt.

VOGELBECK (Einbeck)

1352 (A.) Gerhardo de Vogelbecke (Wolf, Steine Nr. 9 S. 13)
1373 Vogelbeke (Kettner, Flußnamen S. 71)
1423 Hans Vogelbeke (Grote, Neubürgerbuch S. 23)
1460 to Foygelbecke (Feise, Einbeck Nr. 1312 S. 245)
1537 Vogelbeke (Meyer, Steuerregister S. 75)
1544 Vholmke (Kettner, Flußnamen S. 71)
1572 Volmke (Borcholte, Lehnbriefe S. 78)
1576 gegen dem Vogelbecker dore (Borcholte, Lehnbriefe S. 79)
um 1583 Volpke (Zimmermann, Ökonomischer Staat S. 24)
1585 Volbich (Burchard, Calenberg-Göttingen S. 9)
um 1616 Volpke (Casemir/Ohainski, Territorium S. 54)
1657 Vogelbeck (Körber, Vogelbeck S. 2)
1712 Volbeck (UB Uslar II S. 1125)
1712 Vogelbeck (UB Uslar II S. 1126)
1823 Vogelbeck (Ubbelohde, Repertorium 3. Abt. S. 78)
dialekt. (1924) Volbke (Weigand, Heimatbuch S. 283)
dialekt. (1926) Volbke (Körber, Vogelbeck S. 2)
dialekt. (1949) folpkī (Flechsig, Beiträge S. 22)
dialekt. (1972) Volpke (Kettner, Flußnamen S. 71)

I. Auszugehen ist von Vogelbeke. Die Abschwächung führt über Volbeck zu Volpke. Diese Form liegt auch in der Mundart vor. Etwas abweichend ist Volmke. Einmal erscheint Volbich mit einer dialektalen GW-Variante.

II. Nach Körber, Vogelbeck S. 2f., der die Deutungen des Volksmundes zusammenfaßt, leitet sich der ON vom FlußN Vogelbeck her, „aus diesem seien die Vögel, die Heinrich der Vogler am Vogelherde auf der Vogelsburg gefangen habe, getränkt worden", woraus sich der Name erkläre. Außerdem sei der Ort von einer Anhöhe aus gesehen „einem fliegenden Vogel ähnlich". Nach Gehmlich, Wappenbuch S. 131 liegt dem ON der Name des Baches zugrunde, „der in einer Schlucht an der Vogelsburg entspringt und das Dorf durchfließt. [...] Der Wappeninhalt bezieht sich in allen Teilen auf den Ortsnamen: Der Vogel und die Beeke." Garke, Bachnamen S. 45 führt die Benennung auf das Vorkommen von „Gänse[n], Enten usw." zurück und stellt Vogelbeck den Ort Völpke im Bördekreis zur Seite. Kettner, Flußnamen S. 71 stellt FlußN und ON zu mnd. *vōgel* 'Vogel' und *bach, beke*. Auch nach Udolph, Tiere S. 41 enthält der ON die Tierbezeichnung *Vogel*.

III. Bildung mit dem GW *-beke*. Als BW liegt asä. *fugil*, mnd. *vōgel* 'Vogel' vor. Förstemann, Ortsnamen I Sp. 959 verzeichnet noch Völpke, Kr. Bördekreis, 1118 *Fugilbeke* (UB H. Halb. I Nr. 142 S. 108), und Vogelbach bei Müllheim, 1185 *Vogelbach*. Der ON zeigt die verbreiteten Abschwächungserscheinungen eines *-beke*-Namens: Neben dem intervokalischen *-g-* in *Vogel-* schwindet schwachtoniges *-e-* in *-beke*, es entsteht *Volbke*. Durch Angleichung an den stimmlosen Verschlußlaut *-k-* wird *-b-* zu *-p-*. Sicher zeigt auch die Form *Volmke* mit *-mk-* Assimilation der Konsonantengruppe *-bk-*, jedoch in einer eigentlich für *-nbeke*-Namen (vgl. → † Bredenbeke I, II, → Lutterbeck und → Steimke) geläufigen Form. Bei der einmalig auftretenden Form *-bich* ist ein Wechsel von *-k-* > *-ch-* nach *-i-* in unbetonter Stellung zu beobachten (Lasch, Grammatik § 337). Amtlich kann sich die Mundartform nicht durchsetzen. Das Benennungsmotiv liegt nicht in der Form der Siedlung, da ursprünglich der Bach benannt wurde. Flechsig, Vogelwelt S. 5 faßt mit *Vogel-* gebildete FlurN, z.B. Vogelsültze (Ahlum), Vogelsiek bei Stadtoldendorf und Vogelborn (Wenzen), als Stellen auf, an welchen Vogelfang mit Netzen mithilfe kleinerer Lockvögel betrieben wurde. Auch das kann wie die Annahme einer Vogeltränke freilich nur Spekulation sein.

VOLDAGSEN (Einbeck)

1270 (A. 15. Jh.) *Voltagessen* (Petke, Wöltingerode Anhang III Nr. 26 S. 574)
1272 (A.) *Voltagessen* (Bilderbeck, Sammlung II Nr. 34 S. 86)
1380 *Voltagessen* (Scheidt, Adel Nr. 148 S. 513)
1385 *Hermens van Voltaghessen* (UB Goslar V Nr. 585a S. 251)
1418 *Voltagessen* (Harland, Einbeck I Nr. 23 S. 350)
1458 (A. 16. Jh.) *Woltassen* (Deeters, Quellen S. 58)
1539 *Voltasßen; Voldagesen* (Kleinau GOV II Nr. 2131 S. 655)
1542 *Voltagessen* (Kayser, Kirchenvisitationen S. 207)
um 1600 *Voldagsen* (Reller, Kirchenverfassung S. 223)
1678 *Voltagsen* (Kopfsteuerbeschreibung Wolfenbüttel S. 245)
um 1700 *Wartensleben sonsten gen. Voltagsen* (Kleinau GOV II Nr. 2131 S. 655)
1803 *Voldagsen* (Hassel/Bege, Wolfenbüttel II S. 319)
dialekt. (1950) *foldåßən* (Kleinau GOV II Nr. 2131 S. 655)

I. Ausgehend von *Voltagessen* führt die Abschwächung zu *Voltassen*, es hält sich aber eine Vorstufe *Voltagsen, Voldagsen*. Um 1700 erscheint recht überraschend *Wartensleben*, ein völlig neuer Name, der sich jedoch nicht durchsetzt.

II. Die BuK Gandersheim S. 473 deuten den ON als „Behausung eines Voldag (Volkdag)". Schröder, Namenkunde S. 31 setzt trotz ihm fehlender alter Belege eine Grundform *Volcdageshusun* an. Udolph, Sachsenproblem S. 435 führt den ON auf eine Grundform *Folkdages-husen* zurück, der den PN *Folkdag* enthalte. Die kurzlebige Umbenennung in *Wartensleben* ist Hahne, Voldagsen S. 12 zufolge dem General H. G. von Wartensleben zuzuschreiben, der den Ort zum Stammsitz seiner Familie machen wollte. Zu dieser Umbennung von ca. 1694 siehe Hassel/Bege, Wolfenbüttel II S. 320.

III. Den Deutungen kann gefolgt werden. Der älteste Beleg *Voltagessen* enthält wahrscheinlich ein schon verkürztes GW *-hūsen*. Für den stark flektierenden PN im BW, der hier als **Voltag*, später **Voldag* erscheint, kann zweifellos der asä. gut bezeugte zweigliedrige PN *Folcdag* angenommen werden; vgl. Förstemann, Personennamen Sp. 550, Schlaug, Studien S. 93 und Schlaug, Altsächs. Personennamen S. 84, der auch die verschliffenen Formen *Fultag* und *Foldec* verzeichnet. Das Erstelement des PN ist mit asä. *folk* 'Heerhaufe, Volk' zu verbinden, das Zweitglied mit asä. *dag* 'Tag' (zu diesem im Asä. verbreiteten Element vgl. Schröder, Namenkunde 31f., Wenskus, Stammesadel S. 301-334 und Udolph, Sachsenproblem S. 432-439). Das auslautende -*k*- des Erstgliedes schwindet interkonsonantisch, vgl. Schlaug, Studien S. 92.

† VOLKENFELDE

Lage: Ca. 1,5 km nordwestl. Ertinghausen.

1463 (A. 16. Jh.) *zu Wolekesfelde in der Kunbecke* (Wolf, Steine Nr. 11 S. 15)
1479 *Folkesfelde* (Wisotzki, Nörten II S. 70)
1519/20 (A. 16. Jh.) *Volkenfelde* (Krusch, Studie S. 265)
1522 (A. 16. Jh.) *zu Wolekesfelde mit namen bei dem Forde* (Wolf, Steine Nr. 11 S. 15)
1545 (A. 16. Jh.) *in der feltmarke zu Wolekesfelde mit namen bei dem Forde in der Kunbecke belegen* (Wolf, Steine Nr. 11 S. 15)
1585 *Hans Volckefelt* (Burchard, Calenberg-Göttingen S. 17)
1714 *Volcksfelder alte Kirche* (Kühlhorn, Wüstungen Bd. III Nr. 375 S. 363)
1771 *Volcksfelde* (Domeier, Hardegsen S. 86)
1784 *Volcksfelder alte Kirche* (Kurhannoversche Landesaufnahme Bl. 150)

I. Das BW erscheint als *Wolekes-* mit anlautendem *W-* und Vokal zwischen -*l*- und -*k*- und als *Folkes-*, später *Volcks-*, mit *F*-Anlaut und ohne Zwischenvokal. Im Beleg 1519/20 *Volkenfelde* tritt die Endung -*en* der schwachen Flexion ein; beim FamN *Volckefelt* um 1585 fehlt das -*s*- der Flexionsfuge.

II. Nach Casemir, Grundwörter S. 191 mit dem GW *-feld* gebildet. Zum GW meint Kramer, Moringen S. 962f.: „Feld = 'waldfreie Fläche' (die durch Rodung gewonnen wurde) erscheint im UG auch in den Namen der heute wüsten Dörfer Volksfelde [...] und Grimmerfeld [...], bei denen die abseitige Lage und der geringe Umfang der ehemaligen Ackerflur vermuten lassen, daß es sich um Gründungen der hochmittelalterlichen Ausbauzeit handelt."

III. Bildung mit dem GW *-feld*. In den BW der *-feld*-ON liegen zwar zumeist Appellative und FlußN vor, hier handelt es sich aber recht sicher um einen PN in starker Flexion. Die Belege 1479 *Folkes-* und ab 1714 *Volcks-* weisen auf den PN-Stamm FULK, zu ahd. *folc*, asä. *folk* 'Volk, Leute, Kriegsvolk', und damit auf den KurzN *Folk*, den Förstemann, Personennamen Sp. 547 verzeichnet und der auch im ON Volzum, Kr. Wolfenbüttel (NOB III S. 336f.), und in weiteren bei Förstemann, Ortsnamen I Sp. 963 aufgeführten ON enthalten ist. Nimmt man an, daß es sich bei den Belegen von 1463, 1522 und 1545 *Wolekes-*, die alle aus Abschriften und aus einer Quelle stammen, nicht um Verschreibungen aus *Wolckes- handelt, muß man dafür mit einem Ansatz *Woluk rechnen. Zwar stellt Schlaug, Altsächs. Personennamen S. 84 unter asä. *folk* die Namengliedvarianten *Folc-*, *Volc-* und *Wolc-* nebeneinander, so daß der W-Anlaut keine Probleme bereiten würde, doch ist ein sekundärer Vokaleinschub zwischen -*l*- und -*k*- im KurzN *Folk* nicht anzunehmen. Im BW ist also ein mit *k*-Suffix gebildeter PN *Woluk zum Stamm WOLA, zu asä. *wola* 'Wohl', mnd. *wol* 'Wohl, Glück, Freude', *wol* 'gut' (vgl. Förstemann, Personennamen Sp. 1631) anzusetzen, der allerdings nicht bezeugt ist. Später wurde dieser wohl an den bekannten PN-Stamm FULK oder das Appellativ mnd. *volk* angeglichen.

IV. Exkursionskarte Moringen S. 74-75; Kramer, Moringen S. 1103-1104; Kühlhorn, Solling S. 15-17; Kühlhorn, Wüstungen Bd. III Nr. 375 S. 363-366; Lechte, Hardegsen S. 219-221 als Volksfelde.

VOLKSEN (Einbeck)

um 1154 *Volcwardeshusen* (UB H. Hild. I Nr. 283 S. 269)
1167 *Volchardessen* (UB H. Hild. I Nr. 343 S. 327)
1264 (A.) *Johann de Volkhardessen* (Feise, Einbeck Nr. 41 S. 11)
1300-1330 *Wernherus de Volkerdissen* (Harenberg, Gandersheim S. 537)
1302 *Volchardessen* (Westfäl. UB IX Nr. 69 S. 30)
1356 (A. 15. Jh.) *Volkerdissen* (UB Goslar IV Nr. 557 S. 425)
1415 *Folkerssen* (Kramer, Scheinmigration S. 27)
1456 *Volckersen* (Dürre, Homburg Nr. 174 S. 70 Anm.)
1477 *Volkerdissen* (Goetting, Findbuch II Nr. 587 S. 64)
1544 *Volkersen* (Kayser, Kirchenvisitationen S. 589)
1783 *Volksen* (Kurhannoversche Landesaufnahme Bl. 139)
1823 *Volcksen* (Ubbelohde, Repertorium 3. Abt. S. 78)
dialekt. (1951) *folksĕn* (Flechsig, Beiträge S. 22)

I. Die Zuordnung eines Beleges von 1015-36 (A. 12. Jh.) *Volkiereshusun* (Vita Meinwerci Kap. 72 S. 48) nach Deppe, Besitzungen S. 23 ist wegen der stark abweichenden Schreibung kaum nachzuvollziehen. Belege des Typs aus dem UB H. Hild. wie 1209 (A. 15. Jh.) *Volkersem* (UB H. Hild. I Nr. 627 S. 596), 1255 *Volkersem* (UB H. Hild. II Nr. 964 S. 482), 1282 (A. 15. Jh.) *Volcrimissen* (UB H. Hild. III Nr. 623 S. 324), um 1300 *Volkrimissen* (UB H. Hild. III Nr. 1294 S. 620), 1301 *plebanus in Volkersem* (UB H. Hild. III Nr. 1329 S. 641), 1304 *Monkehof sitam Volkersem* (UB H. Hild. III Nr. 1458 S. 698), vor 1331 (A. 16. Jh.) *Volkermissen* (UB H. Hild. IV Nr. 1155 S. 620), 1340 *ammecht to Volkersem* (UB H. Hild. IV Nr. 1516 S. 838) gehören mit Kramer, Abschwächung S. 41 Anm. 102 zu Völksen, Kr. Hildesheim. Der erste Beleg unterscheidet sich im BW *Volcwardes-* von den weiteren in der Form *Volchardes-*. Im Folgenden wird es zu *Volkerdis-*, *Vol(c)kers-* und *Vol(c)ks-* abgeschwächt. Das GW -*husen* wird zu -*sen* verkürzt.

II. Förstemann, Ortsnamen I Sp. 964 stellt den ON zum PN-Stamm FULK. Kramer, Scheinmigration S. 27 sieht im BW den PN *Folkmar*.

III. Bildung mit dem GW -*hūsen*. Im BW steckt ein stark flektierender zweigliedriger PN, den Kramer, wohl ausgehend von den verschliffenen jüngeren Belegen, unrichtig als *Folkmar* ansetzt. Die Überlieferung zeigt allerdings gleich zwei mögliche PN-Ansätze: Der älteste Beleg deutet auf *Volcward*, die folgenden enthalten *Volchard*. Die abgeschwächten späteren Formen können auf beide PN zurückgehen. Ein solcher Wechsel zwischen *-ward* und *-hard* enthaltenden PN liegt auch bei → † Reinsen vor. Das Erstglied beider PN gehört zu asä. *folk* 'Volk, Leute, Kriegsvolk'. Das Zweitelement *-hard* ist mit asä. *hard* 'tapfer, kühn' zu verbinden, *-ward* mit asä. *ward* 'Wächter, Hüter'. Beide PN sind asä. gut bezeugt; vgl. Förstemann, Personennamen Sp. 551 bzw. Sp. 553, Schlaug, Altsächs. Personennamen S. 84f. bzw. S. 86 und Schlaug, Studien S. 93 bzw. S. 94. Die weitere ON-Entwicklung verläuft über die Abschwächung des nebentonigen PN-Zweitglieds und den Ausfall des interkonsonantischen *-d-* (Lasch, Grammatik § 310). Im 18. Jh. schwindet das Zweitglied vollständig. Der PN *Volchard* liegt auch in Volkerode, Kr. Göttingen (NOB IV S. 404f.), vor.

† VOLPOLDIGEROTH

Lage: Wohl in der Umgebung von Nörten zu suchen.

1055 (A. 16. Jh.) *vorwerck in Volpoldigeroth* (Mainzer UB I Nr. 296 S. 187)

I. Es liegt nur ein Beleg vor.

II. Nach Casemir, Grundwörter S. 194 mit dem GW *-rode* gebildet. Förstemann, Ortsnamen I Sp. 964 stellt den Beleg (allerdings mit dem Zusatz „unbekannt") zum PN-Stamm FULK.

III. Die Deutung aufgrund eines einzigen Beleges vorzunehmen, ist stets gewagt. Allerdings läßt dieser frühe Beleg doch recht sicher auf einen *-ingerode*-Namen schließen. Das Erstelement dieses Typs ist immer ein PN. Die hier vorliegende Form *Volpold-* und die von Förstemann, Ortsnamen I Sp. 964 ebenfalls verzeichnete Wüstung *Folcbaldesthorf* in Friesland (890 und im 11. Jh. so belegt) lassen auf einen zweigliedrigen PN *Volcbald*, *Volcbold* bzw. *Volcpold* schließen, der mehrfach bezeugt ist; vgl. Förstemann, Personennamen Sp. 548, Schlaug, Altsächs. Personennamen S. 84 und Schlaug, Studien S. 92. Er besteht aus den Elementen *Volc-*, zu asä. *folk* 'Volk, Leute, Kriegsvolk', und *-bold*, zu asä. *bald* 'kühn'. Es wäre also von einer Grundform *Volcboldingerode* auszugehen. Das *-b-* des Zweitgliedes „verliert durch Assimilation an einen stimmlosen Konsonanten den Stimmton", es verändert sich „kb > kp, z.B. Volcpold", so Schlaug, Studien S. 47. Auch Kaufmann, Untersuchungen S. 80 nennt den PN *Volcpold* als Beispiel für die Angleichung an einen stimmlosen Konsonanten. Dann schwindet das auslautende *-k-* des Erstgliedes jedoch zur „Erleichterung in Dreikonsonanz" (vgl. Schlaug, Studien S. 92).

IV. Kühlhorn, Wüstungen Bd. III Nr. 376 S. 367.

VOLPRIEHAUSEN (Uslar)

997-1000 (A. 15. Jh.) *Folcburghehusun* (Trad. Corb. § 457 S. 153)
1247 (A. 13. Jh.) *advocatia super indagine quadam Volporgehusen dicta* (UB Plesse Nr. 149 S. 187)
1248 (A. 13. Jh.) *Volporgehusen* (UB Plesse Nr. 153 S. 191)
1269 *Volpringehusen* (UB Hardenberg I Nr. 12 S. 13)
1285 (A. 16. Jh.) *Volpringehusen* (UB Plesse Nr. 307 S. 303)

1317 *Hermannus de Volpringehusen* (Herbst, Volpriehausen S. 25)
1366 *Volpringhusen* (Nolte, Flurnamen S. 11)
1453 *Volpringhusen* (Bruns, Urkunden Nr. 34 S. 67)
1527 *Volperingehußen* (Tschackert, Rechnungsbücher S. 374)
1537 *Wolprihusenn* (Meyer, Steuerregister S. 75)
1588 *Volbringhausen* (Kayser, Generalkirchenvisitation S. 182)
1603 *Volperhusen* (Krabbe, Sollingkarte Bl. 4)
1735-36 *Volpriehaußen* (Forstbereitungsprotokoll S. 26)
1823 *Volpriehausen* (Ubbelohde, Repertorium 3. Abt. S. 79)
dialekt. (1951) *folpĕrhiusĕn* (Flechsig, Beiträge S. 22)
dialekt. (1951) *folprīhiusĕn* (Flechsig, Beiträge S. 22)
dialekt. (1963) *volperhiusen* (Nolte, Flurnamen S. 11)

I. Der von Baudenkmale Northeim S. 357 zum Jahr 1242 angeführte „Erstbeleg" *Volpergeshusen* war nicht zu ermitteln; er wäre allerdings auch in seiner lautlichen Form kaum mit den übrigen Belegen des 13. Jh. zu vereinen. In der zweiten Hälfte des 13. Jh. ist ein Bruch in der Ortsbenennung zu verzeichnen. Statt *Folcburghe-, Volporge-* liegt nun *Volpringehusen* vor, welches sich im Folgenden zu *Volpri(e)-h(a)usen* entwickelt. Die Mundartform *volper-* tritt in den Belegen nur 1603 auf.

II. Nach Casemir/Ohainski, Orte S. 136 mit dem GW *-husen* gebildet. Förstemann, Ortsnamen I Sp. 964 verzeichnet den Erstbeleg *Folcburghehusen* und stellt ihn zum PN-Stamm FULK. In Förstemann, Personennamen Sp. 549 führt er ihn konkreter unter den PN *Folcburg, Folcburch, Folpurg* auf. Scheuermann, Barsinghausen S. 104 denkt ebenso an den PN *Volkburg* mit einem späteren Übergang zu den *-ingehusen-*Namen. Nach Herbst, Volpriehausen S. 22 „deutet das Bestimmungswort Folcburg/Volporg auf einen weiblichen Rufnamen". Nolte, Flurnamen S. 11 sieht den ON „wohl nach dem gleichnamigen Berg (Volperberg) benannt", dieser wiederum enthalte „mnd. wolber 'Walpurgis' [...]. Der Wechsel (Verhärtung) von p und b ist häufig" (Nolte, Flurnamen S. 170). Förster, Forstorte S. 167f. führt einen Beleg 950 *Foleberghehus* ohne Quellenangabe an, den er folgendermaßen deutet: „Das zweite Wort des Bestimmungsteiles [...] war asä./ahd. berga, berge = Schutz [...]. Vol- in der ältesten Form fole- könnte über fale auf ahd. phal = Pfahl zurückgehen. Die fole-berge würde somit eine Schutzeinrichtung aus Pfählen, eine Palisade kennzeichnen. Wahrscheinlicher ist, daß fole eine mißverstandene Dialekt-Abwandlung darstellt. [...] das ¹DWB (13, 1598) weist darauf hin, daß der Wall auch in der Aussprache-Form vall vorkam. [...] Mithin ist im vorliegenden Falle der Schluß erlaubt, daß vol-, fole- und wol- auf ahd. wall zurückgeht, denn nur in der ahd. Sprache hatte Wall seine ursprüngliche Bedeutung 'Erdaufschüttung mit Palisade' behalten. Asä. wall bezeichnete dagegen die Wand, die Mauer. Eine derartige Schutzeinrichtung war um 900 jedoch wenig wahrscheinlich. [...] Mithin läßt sich der Name mit 'bewohntes Haus (im, am) Wall-Schutz' übersetzen."

III. Försters Deutung ist abzulehnen, wie – abgesehen von seiner Herleitung aus dem Ahd. und der unhaltbaren Aneinanderreihung von Lexemen – allein schon an der ON-Überlieferung abzulesen ist. Nolte geht von der Voraussetzung aus, daß der Ort nach dem Berg benannt wurde. Wie man sieht, liegt die Form *Volper-* jedoch erst im 17. Jh. vor. Die älteren ON-Formen weisen auf eine Grundform **Folcburgehusen* mit dem GW *-hūsen* und einem zweigliedrigen PN im BW, welcher aufgrund der Flexion (Genitiv-*o* abgeschwächt zu *-e-*) ein weiblicher sein muß. Mit Förstemann und

Scheuermann ist der weibliche PN *Folcburg* anzusetzen; vgl. Schlaug, Studien S. 93 und Förstemann, Personennamen Sp. 549. Dessen Glieder gehören zu asä. *folk* 'Volk, Leute, Kriegsvolk' und asä. *burg* 'Burg'. Die Entwicklung von *Folcburg* zu *Volporg* im 13. Jh. zeigt die gleichen Erscheinungen, wie sie bei → † *Volpoldigeroth* zu beobachten sind. Im Zweitglied tritt die nicht seltene Senkung *-u-* > *-o-* vor *-r-* ein (Lasch, Grammatik § 61). Die Ursache für den Wechsel von *Volporge-* zu *Volpringe-* kann an dieser Stelle nur als Angleichung an die umgebenden *-ingehūsen*-Orte erklärt werden. Im weiteren Verlauf schwächt sich *-inge-* zu *-ie-* ab und scheint dann ganz auszufallen, so daß entweder ein Sproßvokal *-e-* in die Konsonantengruppe *-lpr-* eingeschoben wird oder *r*-Metathese eintritt (**Volpre-* > *Volper-*) und die Form *Volper-* entsteht, welche mundartlich und in den FlurN erhalten ist, sich in der amtlichen Nennung aber nicht durchgesetzt hat.

† VREDEWOLT

Lage: Ca. 2,5 km nordwestl. Hettensen.

1318 *villam Vredewolt* (Flentje/Henrichvark, Lehnbücher Nr. 172 S. 45)
1354 *dorpe tom Fredewolde* [...] *dorp Fredewolde* (Sudendorf II Nr. 478 S. 250)
1479 *Ffredewolt* (Wisotzki, Nörten II S. 21)
1519/20 (A. 16. Jh.) *Fredewolt* (Krusch, Studie S. 260)
1586 *Freyenwalde* (Domeier, Topographie S. 151)
1603 *Wüste Fredewold* (Krabbe, Sollingkarte Bl. 1)
1608 *Friedewalt* (Kramer, Moringen S. 152)
1715 *2. Auff der Grentze zwischen Hardegsen und Adelebsen lieget eine wüste Dorffstätte, Fredewald genandt* (Bodemann, Wüste Ortschaften S. 246)
1771 *Freudewald oder Freienwald* (Domeier, Hardegsen S. 85)
1784 *Freiwalder alte Kirche* (Kurhannoversche Landesaufnahme Bl. 150)

I. Bis Ende des 16. Jh. sind keine Schwankungen zu verzeichnen, dann tritt Verhochdeutschung von *Fredewolt* zu *Friedewald* ein. Einige Belege zeigen die Umdeutung in *Frei-* und *Freude-*.

II. Nach Casemir, Grundwörter S. 194 mit dem GW *-wald* gebildet. Witt-Krakow, Uslar S. 268 geht von „Freiwald" aus, „ein heiliger Hain, in welchem kein Holz geschlagen und kein Weg angelegt werden durfte." Kramer, Moringen S. 152f. stellt den ON zu asä. *fríðu*, mnd. *vrēde* 'Friede, Schutz, Sicherheit', „das Benennungsmotiv kann in der hier mitten im Walde errichteten Kirche gesehen werden". Er verweist dabei auf die landläufige Deutung von → „*Fredelsloh* < 1135 *Fridessele* 'Haus des Friedens' (zu asä. *seli* 'Haus') als Namen kirchlicher Prägung".

III. Auszugehen ist von einer Grundform *Vredewolt. Das GW ist mnd. *-wolt* < asä. *wald*, das der nd. Entwicklung von *-a-* > *-o-* vor *-ld-* (Lasch, Grammatik § 93) unterlag. Das BW ist wohl weniger mit asä. *fríðu*, mnd. *vrēde* in der Bedeutung 'Friede, Schutz', sondern mit der Bedeutungserweiterung 'Einfriedigung, Umzäunung, Einhegung' zu verbinden, zu der auch asä. *frīdhof*, mnd. *vrīthof*, das heutige Wort *Friedhof*, ursprünglich 'Vorhof, eingefriedetes Grundstück', welches später als 'Kirchhof' an *Friede* angeglichen wurde, gehört. Mnd. *vrēden* bedeutet nicht nur 'Frieden schließen', sondern auch 'schützen; einfriedigen, umzäunen' (Mnd. Handwörterbuch I Sp. 990). Jellinghaus, Westf. ON S. 69 setzt für *frede* die Bedeutung „eingehegter Raum" an; ebenfalls Bach, Ortsnamen I § 375 zu mhd. *vride, vrit*, md. *vrede* „Einfriedigung, eingehegter Raum, Bezirk". Der ON ist ein ursprünglicher FlurN, ein 'eingehegtes Waldstück'. Die Umdeutung zu *Frei-* ist kein Einzelfall; nach Kramer, Moringen S. 151 sind „in den hd. Übertragungen [...] Verwechslungen zwischen den Bildungen mit frei (frī) und mit mnd. vrēden 'einfriedigen' (einschl. der Bedeutungsvarianten) möglich". Er führt einen FlurN Freudenhohl bei Hardegsen an, der ebenfalls auf mnd. *vrēden* zurückgeht, aber einer Umdeutung zu *Freuden-* unterlag.

IV. Baudenkmale Northeim S. 118-119; Exkursionskarte Moringen S. 75; Kramer, Moringen S. 152-153 und S. 1112-1114; Kühlhorn, Solling S. 20-24; Kühlhorn, Wüstungen Bd. III Nr. 377 S. 367-379; Lechte, Hardegsen S. 221-222.

W

WACHENHAUSEN (Katlenburg-Lindau)

1105 (Fä. Mitte 12. Jh.) *Wachenhusen* (Mainzer UB I Nr. 424 S. 331)
vor 1227 (A. 13. Jh.) *Reinerus de Wagenhusen* (UB Plesse Nr. 80 S. 124)
1259 *Wachgenhusen* (Urk. Katlenburg Nr. 8)
1281 *Wachenhusen* (Urk. Katlenburg Nr. 38)
1312 *Wachenhusen* (Urk. Katlenburg Nr. 85)
1330 *Wachenhusen* (Urk. Katlenburg Nr. 126)
1371 *Hannese Wachenhusen* (UB Fredelsloh Nr. 171 S. 121)
1385 *Wachinhusen* (Urk. Katlenburg Nr. 205)
1399 *Tile Wachinhusen* (Sudendorf IX Nr. 41 S. 59)
1459 *Hans Wachenhusen* (UB Duderstadt Nr. 333 S. 226 Anm. 33)
1525 *Wachenhusen* (Lagerbuch Katlenburg S. 67)
um 1588 *Wackenhausen* (Lubecus, Annalen S. 491)
um 1616 *Wachenhausen* (Casemir/Ohainski, Territorium S. 71)
1785 *Wachenhausen* (Kurhannoversche Landesaufnahme Bl. 151)
1823 *Wachenhausen* (Ubbelohde, Repertorium 3. Abt. S. 80)
dialekt. (1951) *wachĕnhåsĕn* (Flechsig, Beiträge S. 22)

I. Die von Flechsig, Beiträge S. 22 mit diesem Ort verbundenen Belege gehören zu → † Waggenhosen. Der ON zeigt kaum Schwankungen; in den ältesten Belegen erscheinen je einmal -*g*- und -*chg*- statt -*ch*-. Im 16. Jh. wechselt im GW nd. -*husen* zu hd. -*hausen*.

II. Weigand, Ortsnamen S. 16 deutet das BW appellativisch: Wachenhausen „liegt an der Stelle, wo die Burg am leichtesten zugängig ist, während sie sonst durch steile Abhänge des Burgberges natürlichen Schutz hatte. [...] In Wachenhausen war also wohl die Wachmannschaft der Burg angesiedelt." Nach Grote, Hardegsen S. 124 ist der ON allerdings von einem PN herzuleiten. Kaufmann, Untersuchungen S. 157 geht von Flechsigs *Wackenhusen*-Belegen aus (siehe I.) und aufgrund dessen von einem KurzN *Wakko*, welcher später vom KurzN *Wacho*, der verbreiteter gewesen sei, verdrängt wurde. Förstemann, Ortsnamen II Sp. 1171 stellt Wachenhausen zum Stamm WAG, der entweder auf einen PN *Wago*, *Wahho*, zu ahd. *wegan* 'bewegen', oder auf ahd. *wāhi* 'Schönheit' zurückgehe. Nach Bahlow, Namenlexikon S. 538 enthält der ON wie Wachenfurt/Rheinland, Wachenfeld/Hessen und Wachenbach/Westf. ein Appellativ „*wak* (*wach*) 'feucht, moorig'".

III. Bildung mit dem GW -*hūsen*. Die *n*-Fuge im BW deutet auf einen schwach flektierenden PN *Wacho*. Für den asä. Sprachraum ist ein solcher PN jedoch nicht belegt. Angesichts der -*g*- und -*chg*-Belege kann man versuchen, auf Gallée, Grammatik § 251, der einige Beispiele für die Wiedergabe eines intervokalischen palatalen stimmhaften Spiranten anstelle von -*g*- im Inlaut durch -*ch*- anführt, und auf Lasch, Grammatik § 341 und die dortigen Beispiele für die Wiedergabe von -*g*- durch -*ch*- und -*gh*- im Inlaut zurückzugreifen. Es handele sich um eine vorrangig in Westfalen auftretende Erscheinung, die aber auch Spuren im restlichen nd. Raum hinterlassen habe, wie es vielleicht auch bei den ON Wachendorf, Kr. Emsland (ca. 1000 *Wachendorphe* nach Förstemann, Ortsnamen II Sp. 1171), und Wachendorf, Kr. Diepholz, der Fall ist. Fraglich ist jedoch, ob eine solche Erscheinung die bis auf diese beiden Belege konstant *-ch-* zeigende Überlieferung so nachhaltig beeinflußt haben kann. Ist dies der Fall, so darf man von einem PN *Wago* ausgehen, der asä. bezeugt ist; vgl. Schlaug, Altsächs. Personennamen S. 167. Dieser PN ist ein KurzN zu asä. *wāg* 'Flut, Strom; beweglich' (vgl. Kaufmann, Untersuchungen S. 23). Eine Bestätigung dafür scheinen die Varianten *wāch* und *waghe* von mnd. *wāge* 'Welle, Woge' zu sein. Eine weitere Möglichkeit, die zumindest angesprochen werden soll, ist die Vermutung, daß das GW *-hūsen* erst sekundär an einen GewN angetreten ist, der ein *n*-Suffix enthält. Als Basis bietet sich der von Förstemann, Ortsnamen II Sp. 1175 aufgestellte Stamm WAH, zu asä. *wāh* 'Böses, Übel'. Zur selben Wortfamilie gehören auch aengl. *wōh* 'krumm; Biegung, Krümmung; ungerecht, Fehler, Unrecht', anord. *vā* 'Ecke, Winkel', die zu idg. *u̯ek-* 'biegen', *u̯onko-* 'krumm' < *u̯ā-* 'auseinander biegen, drehen' zu stellen sind (vgl. Pokorny, Wörterbuch S. 1108f., S. 1134f. und Pfeifer S. 1938). Eine solche Grundform wäre als *Wah-ana* anzusetzen, die sich nebentonig zu *Wachen(e)* abschwächt. Die Lage an den ausgeprägten Biegungen der Rhume bietet ein plausibles Benennungsmotiv. Das von Bahlow in Erwägung gezogene Appellativ *wak* (vgl. → † Wackenrode und → [†] Wetze) bleibt aber fern.

† WACKENRODE

Lage: Ca. 1,2 km nordwestl. Fredelsloh.

1138 *Wacken[rore]* (Mainzer UB II Nr. 5 S. 5)
1264 *villam Wackenrore* (UB Fredelsloh Nr. 30 S. 40)
1281 *Wackenrore* (UB Fredelsloh Nr. 52 S. 51)
1306 *Bertoldo de Wackenrore* (UB Fredelsloh Nr. 97 S. 76)
1315 *Wackenror* (UB Fredelsloh Nr. 106 S. 81)
1316 *Wackenrode* (UB Fredelsloh Nr. 109 S. 82)
1332 *Wackenror* (UB Fredelsloh Nr. 135 S. 99)
1452 *Hans Wackenrore* (Feise, Einbeck Nr. 1165 S. 220)
1474 (A.) *Hans Wackenror* (Feise, Einbeck Nr. 1610 S.303)
1543 *wusteney to Wackenrode* (Kramer, Moringen S. 1083)
um 1586 *Warkterode* (Seidensticker, Forsten I S. 247)
1595 *Wackenroe* (Goetting, Findbuch III Nr. 971 S. 40)
1715 *Wackenrode* (Bodemann, Wüste Ortschaften S. 249)
1753 *Wackenrode* (Domeier, Moringen S. 154)

I. Das BW ist bis auf eine jüngere Ausnahme *Warkte-* sehr stabil. Das GW lautet sehr lange *-ror(e)* und wechselt erst später zu *-rode*.

II. Nach Casemir, Grundwörter S. 194 mit dem GW *-rode* gebildet. Kramer, Moringen S. 532 sieht als GW *-rore* und den ON als „Siedlung am Röhricht". Die FlurN Rohrwiese und Rohrtrift bei Fredelsloh seien „die letzten namentlichen Hinweise eines früher offensichtlich ausgedehnten Röhrichts im N[orden] der Gemarkung von Fredelsloh". Die Lage der ehemaligen Siedlung bezeichnet er als „etwas erhöht am südwestl. Rand einer kleinen, von der Aller durchflossenen Senke, die ursprünglich einmal sehr sumpfig gewesen sein muß" (Kramer, Moringen S. 1083).

III. Die Entwicklung des GW ist ungewöhnlich. Handelt es sich um -rore oder -rode? Ein GW -rore ist in ON nicht gebräuchlich, auch wenn ein appellativischer Anschluß an mnd. rōr 'Rohr, Schilf' möglich ist. Jellinghaus, Westfäl. ON S. 149 nennt nur Schotenröhr, ein Gut bei Wickede, und einige simplizische ON-Bildungen Rohr, Röhr. Für das GW -rode ist allerdings keine Variante -rore bezeugt. Zwar kann nach Lasch, Grammatik § 248 -d- inlautend vor Vokal „durch lockeren einsatz des verschlusses" zu -r- werden, da -r- „im mnd. ein dentaler (richtiger alveolarer) sonorlaut" war (Lasch, Grammatik § 243), doch bei den -rode-Namen konnte bisher kein solcher Vorgang beobachtet werden. Geht man trotzdem vom GW -rode aus, ist im BW ein schwach flektierender PN *Wacko* anzusetzen, den Kaufmann, Untersuchungen S. 23 als inlautverschärfte Variante zum PN *Wago, Waggo* erläutert. Der PN *Wago* ist asä. bezeugt; vgl. Schlaug, Altsächs. Personennamen S. 167, Schlaug, Studien S. 225 und Förstemann, Personennamen Sp. 1487. Er wird als KurzN zu asä. *wāg* 'Flut, Strom; beweglich' gestellt; vgl. auch → † Waggenhosen. Doch es bleibt das ungewöhnliche -r- in -rore, welches sich über Jahrhunderte hinweg hält. Bei einer Verbindung des GW mit mnd. rōr 'Rohr, Schilf' ist im BW ein Appellativ zu erwarten. Man vergleiche dazu Wackerwinkel, Kr. Hannover (NOB I S. 459f.), Weetzen, Kr. Hannover (NOB I S. 466f.), das vielleicht auf eine Grundform *Wakinithi* zurückgeht, und Waake, Kr. Göttingen (NOB IV S. 407f.), aus altem *Wakana*; vgl. auch → (†) Wetze. Diese ON werden auf die idg. Wurzel idg. *$\u̯eg^u$-/*$\u̯og^u$- 'feucht, netzen' zurückgeführt, deren germ. Entsprechung *wak- in anord. *vǫkr* 'feucht', nl. *wak* 'feucht, naß', und engl. *wake* 'Kielwasser' vorliegt, und damit in den semantischen Bereich von Feucht- und Sumpfgebieten gestellt. Vielleicht findet auch Wackenrode als 'feuchtes, schilfiges Gebiet' hier Anschluß. Das GW -rore wäre dann sekundär zum verbreiteten -rode umgedeutet worden.

IV. Both, Fredelsloh S. 9; Exkursionskarte Moringen S. 75; Kramer, Moringen S. 1083-1084; Kühlhorn, Wüstungen Bd. III Nr. 378 S. 379-384; Ohlmer, Moringen S. 8.

† WAGGENHOSEN

Lage: Ca. 2,3 km nordwestl. Wiensen.

1318 *Wackenhusen* (Flentje/Henrichvark, Lehnbücher Nr. 141 S. 42)
1357 *Wackenhosen* (Sudendorf III Nr. 18 S. 12)
1363 *Wagghenhosen* (Sudendorf III Nr. 204 S. 133)
1368 *Waggenhosen* (Sudendorf III Nr. 341 S. 229)
1371 *Waggenhosen* (Sudendorf IV Nr. 97 S. 73)
1515 *Hanns Waggenhusen alias Pollen* (Kelterborn, Bürgeraufnahmen I S. 148)
1784 *Wangenser Wiesen* (Kurhannoversche Landesaufnahme Bl. 149)
1826 *die Wangenser Wiesen* (Nolte, Flurnamen S. 365)

I. Der ON bleibt recht stabil bis ins 16. Jh. Im BW wechselt noch im 14. Jh. -ck- zu -gg-, im GW liegt neben -husen die südniedersächsischen Variante -hosen vor. In den jungen Belegen erscheint der ON nur noch als FlurN-Bestandteil, in welchem sich -gg- als Nasal -ng- und das GW verkürzt zu -sen zeigt.

II. Nach Casemir, Grundwörter S. 193 mit dem GW -husen gebildet. Nolte, Flurnamen S. 365f. greift auf die Belege zurück, die den ON als *Wangensen* in FlurN enthalten zeigen und verweist in seiner Deutung auf Schröder, Namenkunde S. 270, der einen Zusammenhang zwischen dem Namenelement *Wang* und dem Appellativ *Wange* als Übertragung der Gesichtswangenform auf die Wölbung eines Hügels oder Berghangs sieht. Die Richtigkeit der Deutung Schröders sieht Nolte darin bestätigt, daß Wangensen an einem Berghang liege.

III. Bildung mit dem GW -*hūsen*. Im BW ist ein schwach flektierender PN *Wacko* zu erwarten. Ein solcher ist jedoch asä. nicht bezeugt. Förstemann, Personennamen Sp. 1487 führt den PN *Wacco* aus hd. Quellen an. Den PN, dazu auch *Wago* und *Waggo*, kann er keinem PN-Stamm zuordnen, da sich die Stämme VAC, VAG und VAH oft vermischen würden. Schlaug, Altsächs. Personennamen S. 167 und Schlaug, Studien S. 225 verzeichnen nur einen PN *Wago*, der zu asä. *wāg*, *wēg* 'Flut, Strom, beweglich' gestellt wird. Kaufmann, Untersuchungen S. 23 erwägt aber, daß die PN *Waco* und *Wacco* durch Inlautverschärfung aus *Wago*, *Waggo* entstanden sind, wie es bei KurzN häufig der Fall sei. Dieser Überlegung ist zu folgen. Der PN ist wohl auch in † Wackenstedt, Kr. Hildesheim, enthalten, den Förstemann, Ortsnamen II Sp. 1179f. mit den Belegen 1140 *Wakenstide*, 1146 *Wakkenstide* zum PN *Wahco* stellt; vgl. auch → † Wackenrode. Die Annahme, der ON enthalte asä. *wang* 'Feld, Wiese, Weide' oder asä. *wanga* 'Backe' in übertragener Bedeutung als 'geneigte Fläche, Abhang' (vgl. Berger, Namen S. 269), entbehrt jeder Grundlage, da sie sich auf die jüngsten Belege bezieht.

IV. Exkursionskarte Höxter Karte; Kramer, Abschwächung S. 36; Kramer, Südniedersachsen S. 132; Kühlhorn, Wüstungen Bd. III Nr. 380 S. 387-392; Nolte, Flurnamen S. 365-366.

WAHMBECK (Bodenfelde)

1015-36 (A. 12. Jh.) *Wanbiche* (Vita Meinwerci Kap. 213 S. 125)
1031 (A. 12. Jh.) *Wanbeche* (Vita Meinwerci Kap. 210 S. 123)
1192 *Wanbecke* (Westfäl. UB V Nr. 155 S. 64)
1255 *Wanbike* (Westfäl. UB IV Nr. 627 S. 359)
1272 *Wanbeke* (Sudendorf I Nr. 73 S. 47)
1291 *Wanbike* (Westfäl. UB IV Nr. 2161 S. 991)
1291 *Wambeke* (Westfäl. UB IV Nr. 2167 S. 993)
1297 *Wanbike* (Westfäl. UB IV Nr. 2443 S. 1102)
1303 *Wambike* (Sudendorf I Nr. 173 S. 102)
um 1380 *Wambeke* (Desel, Lippoldsberg S. 188)
1437 *up de Weser to Wanbecke* (UB Göttingen II Nr. 180 S. 130)
1537 *Wambeke* (Meyer, Steuerregister S. 74)
1588 *Wambke* (Kayser, Generalkirchenvisitation S. 179)
1616 *Wambeke* (Nolte, Flurnamen S. 13)
1735-36 *Wahmbeck* (Forstbereitungsprotokoll S. 93)
1823 *Wahmbeck* (Ubbelohde, Repertorium 3. Abt. S. 80)
dialekt. (1951) *wåmbek* (Flechsig, Beiträge S. 22)
dialekt. (1963) *wāmbeck* (Nolte, Flurnamen S. 13)

FlußN WANEBIEKE
1204 *Wanbieke* (Rock, Bodenfelde S. 47)
1472 *Wamke* (Rock, Bodenfelde S. 47)
1517 *Wameke* (Rock, Bodenfelde S. 47)

1537 *Wambecke* (Rock, Bodenfelde S. 47)

I. Ein von Flechsig, Beiträge S. 22 ohne Datierung oder Nachweis fragend hierher gestellter Beleg *Wanabeck* war nicht zu verifizieren. Das GW liegt in vielfältigen Formen als *-biche*, *-beche*, *-becke*, *-bike*, *-beke*, *-beck* vor, der FlußN zeigt dazu noch *-bieke*. Der *i*-Vokalismus ist eine ostfälische Besonderheit. Das BW *Wan-* geht ab dem 13. Jh. zu *Wam-* über; ON und FlußN begegnen verkürzt zu *Wambke*, *Wameke* und *Wamke*. Die Abschleifung des GW setzt sich jedoch nicht durch.

II. Förstemann, Ortsnamen II Sp. 1216f. listet mehr als ein Dutzend Orts- und FlußN Wanabach, Wembach, Wannebecq, Wahmbeck auf und verbindet sie mit ahd., asä. *wan* 'mangelnd, leer', nd. auch 'schräg'. Nach Weise, Nienover S. 33 geht der ON auf den GewN Wane Beke zurück. Nolte, Flurnamen S. 13 meint: „Wanebeke bedeutet soviel wie 'die schmale Beke'." Rock, Bodenfelde S. 47 schreibt dazu: „Wane bedeutet mangelhaft. Die wane bieke war die schmächtige bieke, die sie auch heute noch ist, da sie im Sommer kein Wasser hat." Nach Schröder, Namenkunde S. 354 gibt es „in Deutschland eine große Anzahl solcher 'Wahnbäche', die heute Wambach, Wohnbach, Wahmbeck u. ä. heißen", zu denen er auch unseren ON Wahmbeck stellt. „Dies altdeutsche Wan- (älter auch Wana-, Wani-, Wane-) drückt gegenüber dem Grundwort einen Mangel oder eine Minderwertigkeit aus: bei einem Bach also die geringe Wassermenge, ein Wasser, das in heißer, dürrer Zeit auch ganz ausbleiben kann." Auch Bach, Ortsnamen I § 298, 7 meint: „Auf geringe Wassermenge deuten Namen wie [...] Wanebach (Wambach, Wohnbach), von mhd. wan 'das volle Maß nicht haltend, leer'." Junge, Bodenfelde S. 25 sieht im GW *-beke*. Grundlage des ON sei der heute nur Beke genannte Dorfbach: „In früherer Zeit nannte man ihn 'Wanebeke'. In der mündlichen Überlieferung hat sich die Auffassung behauptet, daß das soviel wie 'Grenzbach' bedeutet. [...] Eine auf sprachgeschichtlichen Erkenntnissen fußende Deutung, wie sie heute als gültig angesehen werden kann, sagt jedoch aus: 'Wanebeke' heißt nichts anderes als 'schmaler Bach'." Kettner, Flußnamen S. 321f. nennt zwei FlußN Wambach, einer rechts zur Leine bei → Rittierode, der andere links zur Warne bei Hörsum, Stadt Alfeld, dazu noch den Wannebach bei Gr. Freden, Stadt Salzgitter. Zwar führt er auch die Bedeutung mnd. *wan* 'nicht voll, leer' an, meint aber: „Dieses BW will allerdings zum FlußN Wambach (1) nicht recht passen, da dieser Bach einer der größeren in dieser Gegend ist und schlecht als 'leer' bezeichnet werden kann." Kettner denkt eher an mnd. *wande* 'Wende, Kehre, Grenze', nnd. *Wanne* 'Grenze zwischen zwei Häusern, Feldern oder Feldmarken'. Förster, Forstorte S. 169 sieht die Deutung (nach Junges Darstellung der volkstümlichen Auffassung) ebenso: „Wane hat seine Wurzel im alten wande/wende. Im gesamten deutschen Sprachgebiet bezeichnete man damit eine Wende, Kehre und somit eine Grenze. Die Wanebeke war also eine alte Wandebeke, ein Grenzbach."

III. Bildung mit dem GW *-beke*. Die Deutung als Grenzbach, welche auf ein Wort mnd. *wande* 'Grenze' zurückgeht, ist durch die überlieferten Belege nicht zu stützen. Sprachlich wahrscheinlicher ist ein Anschluß an asä. *wan* < germ. *wana-* 'mangelnd, leer'. Der Bach Wanebieke, der bei Wahmbeck in die Weser fließt, könnte nach seinem im Vergleich zur Weser spärlichen Wasserlauf benannt worden sein. Scheuermann, Flurnamenforschung S. 152 sieht *wan* „v. a. in Bachnamen als Hinweis auf zeitweiliges Trockenfallen des Gewässers". Kettners Einwand den FlußN Wambach bei → Rittierode betreffend, ist jedoch nicht von der Hand zu weisen. Vielleicht ist für einige der GewN die idg. Wurzel *u̯ā-* 'auseinander biegen, drehen' (vgl. Pokorny, Wörterbuch S. 1108f., der zahlreiche Wurzelerweiterungen in der Bedeutung 'gebogen sein' verzeichnet) mit einer *n*-Ableitung *$\underline{u}$en- 'biegen, krümmen' heranzuziehen, deren Abtönung *$\underline{u}$on- im Germ. *wan- ergibt. Hier dürften unklare „Wanbäche" ihre sicher bessere Erklärung finden; auch der Wambach bei Rittierode zeigt viele Windungen und fließt in einem großen Bogen nördl. von Rittierode in die Leine. Für Wahmbeck wäre diese Deutung ebenfalls plausibel, da die Wanebieke sich durch auffallende Biegungen auszeichnet. Aus der Grundform *Wanbeke* entwickelt sich *Wambeke durch Assimilation von *-nb-* > *-mb-*. Die zeitweiligen Formen *Wambke*, *Wameke* und *Wamke* entstehen durch Ausfall zunächst des nebentonigen *-e-* in *-beke*, dann des interkonsonantischen *-b-* zwischen *-m-* und *-k-*.

† WALESHUSEN

Lage: Wahrscheinlich im östl. Teil der Gemarkung von Gillersheim zu suchen.

1022 (Fä. 1. H. 12. Jh.) *Waleshusen* (MGH DH II. Nr. 260 S. 65)
1022 (Fä. 2. H. 12. Jh.) *Waleshusen* (UB H. Hild. I Nr. 68 S. 306)
1146 (A. 15. Jh.) *Waleshusen* (Chron. Hild. S. 855)
1383 (A. 14. Jh.) *Herm. Walshusen* (UB Göttingen I Nr. 306 S. 329)
1813 *Zwischen Tiedershausen und Lindau liegt eine Wüstung Walshausen, aber alle Gerechtigkeit wird jetzt nach dem Dorfe Gildersheim gezogen* (Wolf, Lindau S. 42)

I. Die wenigen Belege zeigen den ON als sehr stabil, es schwächt sich lediglich die zweite Silbe des BW ab. Im jüngsten Beleg liegt im GW hd. *-hausen* vor.

II. Nach Casemir, Grundwörter S. 193 mit dem GW *-husen* gebildet.

III. Bildung mit dem GW *-hūsen* und dem stark flektierenden KurzN *Wal* im BW; vgl. Förstemann, Personennamen Sp. 1513, Schlaug, Altsächs. Personennamen S. 169 und Schlaug, Studien S. 226. Der PN gehört wohl zu aengl. *walh*, mnd. *welsch* 'welsch, fremd'. Förstemann, Ortsnamen II Sp. 1193 führt weitere mit diesem PN gebildete ON auf, darunter Wahlshausen, Kr. Schwalm-Eder-Kreis, und Walshausen, Kr. Hildesheim; vgl. auch im Kr. Hannover † Walesrode und † Wellingsen (NOB I S. 461 bzw. S. 469).

IV. Kühlhorn, Wüstungen Bd. III Nr. 381 S. 392-393; Wintzingeroda-Knorr, Wüstungen Nr. 476 S. 950.

† WANEMANGERE

Lage: Unsicher nordwestl. Katlenburg.

1105 (Fä. Mitte 12. Jh.) *Wanemaghere* (Mainzer UB I Nr. 424 S. 331)
1105 (Fä. Mitte 12. Jh.) *Wanamaghere* (Mainzer UB I Nr. 424 S. 331)
1139 *Wanemangre* (Mainzer UB II Nr. 8 S. 11)
um 1200 (A. 16. Jh.) *Wanemanger* (Kopialbuch Katlenburg Bd. I S. 61f.)
1270 *Wanemangere* (UB Eichsfeld Nr. 525 S. 322)
1281 *Wanemaggere* (Urk. Katlenburg Nr. 38)
1303 *in villa et in campo Wanemangere* (Urk. Katlenburg Nr. 58)
1321 *locum sive spacium inferius Wanemanger situm iuxta Rumam dictum borchstede* (Urk. Katlenburg Nr. 103)

1327 *Wanemangere* (Urk. Katlenburg Nr. 120)
1347 *Henricus de Wanemagere* (Grote, Neubürgerbuch S. 13)
1378 *Brand de Wanemagher* (Grote, Neubürgerbuch S. 18)
1457 *in den widen to Wanemanger* (Urk. Katlenburg Nr. 241)
1484 (gleichz. Eintrag) *in den wyden to Wanemanger* (Kopialbuch Katlenburg Bd. II Bl. 59r-62r)
1526 (A. 16. Jh.) *in den widen to Wanemanger* (Lagerbuch Katlenburg S. 178)

I. Während das BW bis auf den Zweitbeleg *Wanam-* stabil als *Wanem-* vorliegt, schwankt die Schreibung der Konsonantenverbindung im GW zwischen -*gh*-, -*ng*-, -*gg*-, -*ngh*- und -*g*-. Das auslautende -*e*- schwindet in der 2. Hälfte des 14. Jh.

II. Nach Casemir, Grundwörter S. 191 mit dem GW -*anger* gebildet. Sander, Ortsnamen S. 90 vermerkt zum ON: „Die einzige ältere Siedlung, deren Name eine Beziehung zum Wasser aufweist, Wanemanghere bei Katlenburg, ist eingegangen." Förstemann, Ortsnamen II Sp. 1218 stellt den ON zu WAN[1], zu ahd., asä. *wan* 'mangelnd, leer'.

III. Bildung mit dem GW -*anger*. Die vielfältigen Schreibweisen von -*ng*- im Mnd. sind bei Lasch, Grammatik § 344 dargestellt. Das BW enthält das asä. Adjektiv *wānam*, *wānom*, *wānum* 'schön, hell, glänzend' (vgl. Fick, Wortschatz S. 387 und Köbler, Wörterbuch 1027f. < germ. *$w\bar{e}numa$- zu idg. *$u̯en$-, $u̯enə$- 'streben, wünschen, lieben, befriedigt sein'). Förstemanns Zuordnung des ON zu asä. *wan* 'mangelnd, leer' ist unklar, stellt er doch in Sp. 1218f. die ON Wambeln bei Rhynern, Kr. Hamm (o. D. *Wanumelon*, 12. Jh. *Wanemala*), und Wanne, Stadt Herne (890 *Wanomanha*, 10. Jh. *Wonomanha*) zu jenem asä. *wānam* 'hell, glänzend'. Ein Anschluß an asä. *wan* 'mangelnd, leer' kommt aufgrund des in den Belegen durchweg auftretenden -*em*- nicht in Betracht. Kühlhorn, Wüstungen Bd. III S. 396f. lokalisiert die Wüstung an der Rhume in einem Gebiet, welches fast ausschließlich Grünland umfaßt, worauf auch der FlurN *die Wiedewiesen* hindeutet, und noch heute recht feucht und von Altwassern und Totarmen der Rhume durchzogen ist. Das BW kann sich somit auf die feuchtschimmernde Farbgebung des Wiesenlandes bezogen haben.

IV. Exkursionskarte Osterode S. 53; Kühlhorn, Wüstungen Bd. III Nr. 383 S. 395-397; Max, Grubenhagen I S. 514; Merl, Anfänge S. 11; Wintzingeroda-Knorr, Wüstungen Nr. 477 S. 950-952; Winzer, Katlenburg S. 45-46.

† WARTSHAUSEN

Lage: Bei Ahlshausen; evtl. im westl. Teil der Flur zu suchen.

1142-1153 (Fä. 13. Jh.) *Werthereshuson* (Mainzer UB II Nr. 186 S. 348)
1250 *Werthershausen* (Kruppa, Dassel Nr. 328 S. 443)
15. Jh. (Rückvermerk zur Urk. von 1142-1153) *Wertershusen* (Mainzer UB II Nr. 186 S. 345)
15. Jh. *decimam Werthershusen* (Desel, Lippoldsberg S. 189)
1577 *an Waßhusen* (Dalibor, Ahlshausen S. 17)
1577 *im Waßhusschen berge* (Dalibor, Ahlshausen S. 17)

I. Die von Lange, Northeim S. 72 hierher gestellten Belege des Klosters Northeim 1141 (Fä. 13. Jh.; A. 16. Jh.) *Wardishusen* (Mainzer UB II Nr. 28 S. 49), 1141 (Fä. 13. Jh.; A. 17. Jh.) *Wardishusen* (Orig. Guelf. IV S. 525) und 1162 (Fä. 13. Jh.; A. 14. Jh.)

Wadirshusen (MGH Urk. HdL Nr. 58 S. 85) deuten nach der Abfolge der Ortsnennungen im Text der Urkunden, aus denen sie stammen, eher auf eine Lokalisierung im Landkreis Osterode (vgl. Kühlhorn, Wüstungen Bd. III S. 398; NOB II S. 173f.). Die Belege weichen obendrein von den hier aufgeführten Belegen sprachlich soweit ab, daß kaum derselbe Ort gemeint sein kann. Die Überlieferung zeigt trotz der wenigen Erwähnungen bis ins 15. Jh. kaum Schwankungen. Die starke Verschleifung in *Waßhusen* ist wohl im Wüstfallen des Ortes begründet.

III. Bildung mit dem GW *-hūsen* und einem stark flektierenden zweigliedrigen PN im BW, der hier als *Werther* erscheint und als *Werdheri*, *Werthheri* anzusetzen ist. Bei Förstemann, Personennamen Sp. 1558f. ist er unter dem PN-Stamm VERTHA bezeugt. Er besteht aus den Namengliedern *Werth-*, zu asä. *werth* 'wert, würdig', und *-heri*, zu asä. *hēri* 'Heer'. Bei Schlaug, Altsächs. Personennamen S. 174 fehlt er aber für den asä. Raum; lediglich die PN *Wertbold*, *Wethrik* (sic) sind verzeichnet. Zieht man den ähnlich gebildeten ON † Werteresusen, Kr. Göttingen (NOB IV S. 420f.), heran, wird die Annahme dieses PN schon wahrscheinlicher; läßt sich doch mancher PN lediglich aus ON erschließen. NOB IV S. 421 erwägt allerdings auch den PN *Wardher(i)*, welcher asä. bezeugt ist (vgl. Schlaug, Studien S. 155), da *-a-* vor *r*-Verbindungen auch als *-e-* auftreten kann (Gallée, Grammatik § 52 und Lasch, Grammatik § 77). Auch Förstemann, Personennamen Sp. 1558 vermerkt, der PN-Stamm VERTHA sei nicht ganz sicher vom Stamm VARDU zu trennen. Diesem Stamm liegt asä. *ward* 'Wächter, Hüter' zugrunde. Welcher PN vorliegt, kann nicht entschieden werden. Die Form *Waßhusen* ist als Verschleifung über die Stufen *Werts- mit Ausfall des PN-Zweitgliedes, *Warts- mit mnd. Entwicklung von *-er-* zu *-ar-* (vgl. *kerke > kark*, *berg > barg*), *Wars- mit Ausfall des interkonsonantischen *-t-* (Lasch, Grammatik § 310) und *Was- mit Vokalisierung des *-r-* nach Vokal und vor *-s-* (Lasch, Grammatik § 244) erklärbar.

IV. BuK Gandersheim S. 261; Dalibor, Ahlshausen S. 17; Kleinau GOV II Nr. 2209 S. 677.

WEDDEHAGEN (Einbeck)

1383 *to deme Wedehagen* (Scheidt, Adel Nr. 148c S. 515)
1598 *Withagen* (Kleinau GOV II Nr. 2223 S. 682)
um 1600 *Withagenzehende* (Kleinau GOV II Nr. 2291 S. 705)
1715 *Weddehagen* (Kleinau GOV II Nr. 2223 S. 682)
1783 *Weddehagen* (Kurhannoversche Landesaufnahme Bl. 139)
1803 *Weddehagen* (Hassel/Bege, Wolfenbüttel II S. 322)
dialekt. (1950) *weddəhågən* (Kleinau GOV II Nr. 2223 S. 682)

I. Zur häufigen Verwechslung mit → † Wiershagen vgl. Kleinau GOV II Nr. 2223 S. 682. Der Ansatz von † Widershagen bei Kleinau GOV II Nr. 2291 S. 705 ist unserer Ansicht nach zu streichen, und der einzige sichere Beleg (um 1600) ist hierher zu stellen. Das GW ist konstant *-hagen*. Das BW schwankt zwischen *Wede-*, *Wit-* und *Wedde-*.

II. Die BuK Gandersheim S. 474 beziehen sich in ihrer Deutung zwar erst auf einen falsch zugeordneten, zu → † Wiershagen gehörigen Beleg, sehen im ON neben *Hagen* dann aber „widu = Wald".

III. Der Deutung ist zuzustimmen. Das GW ist -*hagen*, das BW enthält asä. *widu*, mnd. *wede* 'Wald'. Im 18. Jh. tritt eine Verdopplung des Dentals ein. In der Form *Wit*- hat gewiß eine Umdeutung zu nd. *wit(t)* 'weiß' stattgefunden. *Widu* liegt auch dem BW von † Wedem, Stadt Salzgitter (NOB III S. 345f.), zugrunde. † Weddehagen, Kr. Göttingen (NOB IV S. 410f.), ist jedoch anderen Ursprungs.

† WEISSENWASSER (Kalefeld)

Lage: Bei der Weißenwasserkirche bzw. beim Friedhof nordöstl. Kalefeld. Der Ort ist wahrscheinlich im späten Mittelalter größtenteils wüst gefallen; jedoch blieb die Kirche noch besetzt und evtl. einzelne Gebäude eine Weile erhalten. Die 1823 bezeugte Mühle ist später abgebrannt.

1145 *Withenwatere* (Mainzer UB II Nr. 78 S. 155)
1299 *proprietates iurium ecclesiarum parrochialium Wittenwatere* (UB Plesse Nr. 364 S. 346)
1299 *ecclesie in Witenwathre* (UB Oldershausen Nr. 6 S. 12)
1303 *Wittenwatere* (Regesten Mainz I, 1 Nr. 785 S. 143)
1350 *Witenwathere* (Goetting, Findbuch I Nr. 158 S. 79)
1378 *Engelharde pernere to dem Wyttenwathere* (UB Oldershausen Nr. 42 S. 71)
1393 *to Wyttenwatere* (UB Hardenberg II Nr. 39 S. 78)
1458 (A. 16. Jh.) *1 meigerhoff thom Wittenwater* (Deeters, Quellen S. 88)
1487 *tome Wittenwatere* (Kettner, Flußnamen S. 326)
1536 *zum Weissen Wasser* (UB Hardenberg II Nr. 80 S. 209)
1542 *Wittenwater* (Kayser, Kirchenvisitationen S. 312 Anm.)
1590 *Wiesenwasser* (Müller, Lehnsaufgebot S. 323)
1595 *pfarher zum Weißenwasser* (Max, Grubenhagen I S. 519)
um 1600 *Wittenwasser* (Reller, Kirchenverfassung S. 221)
1740 *Wittewater* (Lauenstein, Hildesheim II S. 118)
1784 *Weissenwasser* (Kurhannoversche Landesaufnahme Bl. 143)
1791 *Weissenwasser* (Scharf, Samlungen II S. 243)
1823 *Weißenwasser Mühle* (Ubbelohde, Repertorium 3. Abt. S. 84)

FlußN WEIßES WASSER (3) rechts zur Aue (2) nördl. Kalefeld
1711 *Weißes Wasser* (Kettner, Flußnamen S. 326)
1779 *Weisewasser* (Kettner, Flußnamen S. 326)
1779 *das Weisse Wasser* (Kettner, Flußnamen S. 326)
1780-1790 *Witte Water* (Kettner, Flußnamen S. 326)

I. Außer dem Übergang vom Nd. zum Hd. im 16. Jh. zeigt die Überlieferung kaum Besonderheiten. Im BW wechselt einfacher Dental -*t*- mit verdoppeltem -*tt*-. Abweichung zeigt 1590 *Wiesenwasser*. Nd. und hd. Vermischung ist in *Wittenwasser* zu beobachten. Ab dem 14. Jh. tritt der ON gelegentlich in Wendungen mit Präposition und Artikel in Form eines FlurN auf.

II. Nach Casemir, Grundwörter S. 194 mit dem GW -*water*/-*wasser* gebildet. Kettner, Flußnamen S. 327 sieht im BW mnd. *wit* 'weiß', denkt „bei den Flußnamen [...] wohl eher an die Bedeutung 'hell, klar'." Förstemann, Ortsnamen II Sp. 1405 führt den ON unter WÎT zu asä. *hwīt*, mnd. *wit* 'weiß'. Garke, Bachnamen S. 12 stellt den ON bzw. den FlußN ebenfalls zu *weiß*, womit „wohl oft nicht kalkhaltiges, sondern klares, schönes Wasser gemeint [wird]".

III. Den Deutungen ist zuzustimmen. Es liegt eine Bildung mit dem GW -*water* und dem Adjektiv asä. *hwīt*, mnd. *wit* 'weiß' im BW vor, die sich in der Wendung **tom witen watere* auf den FlußN bezieht. Die Verdopplung des -*t*- in *Witten*- erfolgt durch Kürzung des vorangehenden -*ī*- im Mnd. ON mit gleichem BW sind Weißenborn, (†) Wetenborn, † Wetenbornen, alle Kr. Göttingen (NOB IV S. 413f. bzw. S. 422ff.), und Wittmar, Kr. Wolfenbüttel (NOB III S. 364ff.).

IV. Jäckel, Willershausen Karte 1; Kettner, Flußnamen S. 326; Kühlhorn, Wüstungen Bd. III Nr. 409 S. 485-490 als Wittenwatere; Max, Grubenhagen I S. 519; Upmeyer, Oldershausen S. 266-267.

WELLERSEN (Dassel)

983-985 (A. 15. Jh.) *Walcrimheshusun* (Trad. Corb. § 402 S. 145)
1141 (Fä. 13. Jh.; A. 16. Jh.) *Welderickeshusen* (Mainzer UB II Nr. 28 S. 49)
1310 *Wolderikessen* (Sudendorf X S. 280 Anm. 1)
1368 *Welderkesen* (UB H. Hild. V Nr. 1268 S. 826)
1458 (A. 16. Jh.) *Welderßen* (Deeters, Quellen S. 58)
1458 (A. 16. Jh.) *Wölderßem* (Deeters, Quellen S. 88)
1477 *Wolderssem* (Goetting, Findbuch II Nr. 587 S. 64)
1487 *Welderßen* (Goetting, Findbuch II Nr. 632 S. 80)
1519/20 (A. 16. Jh.) *Willershusen* (Krusch, Studie S. 266 Anm. e)
1596 *Wellerse* (Letzner, Chronica Buch 4 S. 190v)
1710 *Wellersen* (Heine, Grubenhagen S. 18)
1783 *Wellersen* (Kurhannoversche Landesaufnahme Bl. 142)
1833 *Wellersen* (Gaußsche Landesaufnahme Bl. 22)
dialekt. (1951) *wellĕrsĕn* (Flechsig, Beiträge S. 22)

I. Schütte, Mönchslisten S. 265 bietet für die Zuordnung des ersten Beleges, die nur über die Lautgestalt möglich sei, zwei Möglichkeiten an: Unseren Ort und Wellersen, Kr. Göttingen. Da eine Zuordnung zu Wellersen, Kr. Göttingen, aus sprachlicher Sicht nicht möglich ist (vgl. NOB IV S. 416), haben wir uns trotz einiger Bedenken für eine Verbindung mit Wellersen, Kr. Northeim, entschieden. Abgesehen von diesem Beleg zeigt die ON-Entwicklung keine Probleme. Im GW liegt -*husen*, verkürzt zu -*sen* vor, selten tritt -*(s)em* auf. Im BW wechseln -*e*- und -*o*- bzw. -*ö*-, singulär erscheint -*i*-. Das BW wird von *Welderickes*- über *Welderkes*- zu *Welders*- und *Wellers*- abgeschwächt.

II. Nach Casemir/Ohainski, Orte S. 136 mit dem GW -*husen* gebildet. Schütte, Mönchslisten S. 265 erwägt für *Walcrimheshusun* fragend einen PN, bestehend aus *Walh* und *Grim*. Diesen PN legt auch Förstemann, Ortsnamen II Sp. 1210 dem Beleg zugrunde, ohne ihn einem Ort zuzuordnen. Volksetymologie aufgrund der heutigen ON-Form verzeichnet Gehmlich, Wappenbuch S. 61 im Wappen des Ortes: „Das Palisadenwerk ist eine volkstümliche Deutung des Ortsnamens, denn 'Weller' werden auch Rundhölzer und Bretter von Holzzäunen genannt."

III. Der Erstbeleg ist mit den folgenden sprachlich nicht zu verbinden. Ihm liegt der PN *Waldgrim* zugrunde, den Förstemann, Personennamen Sp. 1505f. und Schlaug, Altsächs. Personennamen S. 168 belegen. Seine Namenglieder gehören zu asä. *waldan* 'herrschen' und asä. *grīmo* 'Maske, Helm'. Der interkonsonantische Dental -*d*-

(der sicherlich silbenauslautend als -t- vorlag) ist geschwunden (Lasch, Grammatik § 310), hatte aber bereits den Wechsel des stimmhaften -g- zum stimmlosen -k- (graphisch hier als -c- wiedergegeben) bewirkt. Die übrigen Belege sind eher auf den PN *Wald(a)rik* zurückzuführen, hier umgelautet zu *Welderik*, der gut bezeugt ist; vgl. Förstemann, Personennamen Sp. 1511, Schlaug, Altsächs. Personennamen S. 169 und Schlaug, Studien S. 154. Er besteht ebenfalls aus dem Namenglied *Wald-*, zu asä. *waldan* 'herrschen', und dem Zweitglied *-rik*, zu asä. *rīki* 'reich, mächtig'. Die *o*-Belege machen bereits im 14. Jh. eine Rundung des *-e-* > *-ö-* nach Labial und vor *-l-* sichtbar (Lasch, Grammatik § 169b), die sich aber nicht durchsetzt. *Wellersen* schließlich entsteht durch Assimilation von *-ld-* zu *-ll-*. Ob es nun einen Bruch in der Benennung des Ortes gab oder der Erstbeleg doch fernbleiben muß, kann nicht geklärt werden. Der PN *Wald(a)rik* liegt auch † Welderekeshusen, Kr. Göttingen (NOB IV S. 414f.), zugrunde.

WENZEN (Einbeck)

1022 (Fä. 1. H. 12. Jh.) *Winithusen* (MGH DH. II. Nr. 260 S. 306)
1022 (Fä. 2. H. 12. Jh.) *Winithusen* (UB H. Hild. I Nr. 67 S. 65)
1062 *Winethusen* (MGH DH IV. Nr. 83 S. 108)
1093 (Fä. 12. Jh.) *Winithusen* (Mainzer UB I Nr. 385 S. 291)
1144 *Winithusen* (Mainzer UB II Nr. 54 S. 105)
1152 (Fä. 12. Jh.) *Winthusen* (Mainzer UB II Nr. 172 S. 317)
1183 (A. 15. Jh.) *Wenethusen* (UB H. Hild. I Nr. 422 S. 409)
1183 *Winthusen* (UB H. Hild. I Nr. 427 S. 415)
1220 *villa Winthusen* (Kleinau GOV II Nr. 2269 S. 696)
1265 *Winthosen* (Kramer, Abschwächung S. 37)
1280 *Henricus de Wenthosen* (UB Fredesloh Nr. 50 S. 50)
1312 *plebanus in Wenthusen* (Westfäl. UB IX Nr. 968 S. 450)
1383 (A.) *Wenthusen* (Bilderbeck, Sammlung III Nr. 15 S. 166)
1404 *Wenthusen* (Dürre, Homburg Nr. 400 S. 155)
1422 *Wenthusen* (Kramer, Abschwächung S. 37)
1527 *Wenthußen* (Tschackert, Rechnungsbücher S. 374)
1542 *Wenthenssen* (Kayser, Kirchenvisitationen S. 207)
1568 *Wendessen* (Spanuth, Quellen S. 279)
um 1616 *Wentzen* (Casemir/Ohainski, Territorium S. 44)
1783 *Wenzen* (Kurhannoversche Landesaufnahme Bl. 139)
1803 *Wenzen* (Hassel/Bege, Wolfenbüttel II S. 320)
dialekt. (1950) *wentsən* (Kleinau GOV II Nr. 2269 S. 696)

I. Kühlhorn, Wüstungen Bd. III Nr. 404 S. 465-468 setzt eine nicht näher zu lokalisierende Wüstung Winithusen an. Die von ihm aufgeführten Belege gehören mit wenigen Ausnahmen (vor allem die Corveyer Belege, vgl. dazu die Ausführungen in NOB IV S. 428 zu † Winthusen) zu Wenzen. Kleinau GOV Nr. 2269 S. 696 stellt einen Beleg 1031 (A. 14. Jh.) *Winidun* (MGH DK II Nr. 159 S. 210) hierher, was jedoch wegen der sprachlichen Form kaum möglich ist und auch inhaltlich insbesondere wegen der Gauangabe (*Auga*) der Nachprüfung bedarf. Die Zuordnung eines Beleges um 1120 *Winisson* (Hoffmann, Helmarshausen S. 98) aus dem Helmarshäuser Traditionscodex ist nicht gesichert. Die ältesten Belege zeigen deutlich einen Ansatz *Winithusen, wobei sich das BW über *Winet-* und *Wenet-* zu *Wint-* und *Went-* verkürzt und zusammen mit aus -*husen* verschliffenem -*sen* die Form *Wen(t)zen* bildet. Im 16. Jh. liegt eine etwas abweichende Formen *Wenthenssen* vor, welche wohl einen ähnlichen -*en*-Einschub zeigt, wie er in den zahlreichen ON Holtensen < *Holthusen* begegnet.

II. Nach Casemir, Grundwörter S. 193 mit dem GW -*husen* gebildet. Die BuK Gandersheim S. 474 verweisen auf ihre Deutung von Windhausen, Kr. Osterode: „Behausung eines Windo?" (ebd. S. 353). Hahne, Wenzen S. 7f. verwirft die Vermutung eines PN *Winetho*, da keine Flexionsendung im BW ersichtlich sei. Daher sei ein FlußN *Wynede* „die Gewundene" wahrscheinlicher, in dem er den heutigen Eimer Beek sieht. Witt-Krakow, Uslar S. 271 stellt den ON in „Zusammenhang mit kelt. wälisch gwent = Wiesen-Weideland". Udolph, Germanenproblem S 282 vermutet unter Voraussetzung des in I. für Wenzen ausgeschlossenen Beleges 1031 *Winidun*, daß das GW -*husen* erst sekundär an eine **Winithun*-Bildung (Dativ Plural 'bei den Weideplätzen') angetreten ist.

III. Das GW ist -*hūsen*. Hahne ist recht zu geben, wenn er einen PN im BW ablehnt, da weder schwache noch starke Flexion (-*en*- oder -*es*-) erkennbar ist. Seine folgende Vermutung, das BW sei eher in einer Form **Wynede* anzusetzen, ist im Grunde richtig, nur ist diese nicht mit einem FlußN und auch nicht mit dem Verb asä. *windan* 'drehen, flechten' zu verbinden, sondern mit got. *winja* 'Weide', anord. *vin* 'Grasplatz, Weide', mnd. *winne* 'Weideplatz' (wozu auch kein wälisches bzw. walisisches Wort vonnöten ist). Es handelt sich um eine Bildung mit dem Kollektivsuffix -*ithi*. Die ON-Grundform lautet **Winithihusen* 'Weidesiedlung'. Der ON ist damit in eine Reihe mit Windhausen, Kr. Osterode, 1238 *de Winethusen*, 1596 *Wenthausen* (NOB II S. 181ff.), † Wendhausen, Stadt Salzgitter, 1062 *Winethusen*, 1548 *Wenthußen* (NOB III S. 351f.), und evtl. † Winthusen, Kr. Göttingen (NOB IV S. 428f.), zu stellen, deren BW eine ähnliche Entwicklung zeigen, und die auf einen Ansatz **Winithihusen* zurückgeführt werden, nachdem eine Verbindung zum VolksN der Wenden, asä. **winid*, Plur. **winida*, aufgrund fehlender slavischer Ansiedlungen in diesem Gebiet eher ausgeschlossen wurde. Das GW -*hūsen* ist dabei nicht sekundär an einen schon vorhandenen mit -*ithi* gebildeten Flur- oder ON angetreten. Vielmehr wurde **winithi* bereits als selbständiges Wort 'Weideplatz' verstanden und als BW verwendet; vgl. NOB III S. 352. Zu **winithi* vgl. Udolph, Germanenproblem S. 274-288. Als BW liegt es weiterhin auch in → † Winenfelde und evtl. in → † Wintvelt vor.

† WERNERSHUSEN
Lage: Ca. 2,5 km südwestl. Dassel.

1328 *Wernershusen* (UB H. Hild. IV Nr. 1015 S. 555)
1528 *Wernshusen* (Upmeyer, Oldershausen S. 282)
1532 *Wernshusen* (Upmeyer, Oldershausen S. 282)
1586 (A.) *Wernshausen* (Müller, Lehnsaufgebot S. 396)
1599 *Wernshausen* (Müller, Lehnsaufgebot S. 396)
1840 *in Warnshausen* (Koken, Dassel S. 233)

I. Das BW verkürzt sich von *Werners-* zu *Werns-*; der jüngste Beleg zeigt *Warns-*. Ende des 16. Jh. löst hd. -*hausen* das nd. -*husen* ab.

II. Nach Casemir, Grundwörter S. 193 mit dem GW -*husen* gebildet.

III. Bildung mit dem GW -hūsen. Das BW enthält den stark flektierenden zweigliedrigen PN Werner, der auf eine ältere Form Werinheri zurückgeht und asä. sehr gut bezeugt ist; vgl. Schlaug, Altsächs. Personennamen S. 173, Schlaug, Studien S. 157 und Förstemann, Personennamen Sp. 1542. Er besteht aus den Namengliedern Werin-, das mit dem Volksnamen der Warnen verbunden wird, und -heri, zu asä. hēri 'Heer'. Das silbenanlautende h- des Zweitglieds fällt früh aus (Lasch, Grammatik § 350). In den jüngeren Belegen ist das Zweitglied geschwunden. 1840 wird die nd. Entwicklung von -er- zu -ar- vor Konsonant sichtbar.

IV. Ernst, Wüstungen S. 88 und Koken, Dassel S. 232 als Warnshusen; Exkursionskarte Höxter Karte; Exkursionskarte Moringen S. 83; Kühlhorn, Wüstungen Bd. III Nr. 392 S. 419-421; Upmeyer, Oldershausen S. 282.

WESTERHOF (Kalefeld)

1190 (A. 16. Jh.) *Conrado de Westerhove* (UB. H. Hild. I Nr. 475 S. 451)
1213 *Henricus de Westerhove* (UB. H. Hild. I Nr. 664 S. 634)
1241 *Heinricus de Westerehove* (UB Plesse Nr. 123 S. 164)
1256 *Amelungus de Westerhove* (UB H. Hild. II Nr. 998 S. 501)
1294 *datum in castro Westerhove* (UB Oldershausen Nr. 4 S. 8)
1323 *grafschap to Westerhove* (UB H. Hild. IV Nr. 718 S. 395)
1328 *Westerhŏve* (UB H. Hild. IV Nr. 987 S. 537)
1400 *in unsem gerichte to Westerhove unde Calevelde* (UB Oldershausen Nr. 47 S. 80)
1463 *Westerhoffen* (UB Boventen Nr. 510 S. 344)
1525 *zu Westerhoffe* (UB Oldershausen Nr. 88 S. 154)
1564 *im gerichte Westerhoffe* (UB Boventen Nr. 647 S. 415)
um 1600 *dorff Westerhoff* (Reller, Kirchenverfassung S. 221)
1740 *Westerhoff* (Lauenstein, Hildesheim II S. 118)
1823 *Westerhof* (Ubbelohde, Repertorium 3. Abt. S. 87)
dialekt. (1951) *westĕrhoff* (Flechsig, Beiträge S. 22)

I. Drei Nachweise, die in gefälschten Urkunden des 16. Jh. vorkommen, 935 (Fä. 16. Jh.) *Meine von Westerhove* (UB Plesse Nr. 374 S. 353), 1245 (Fä. 16. Jh.) *de von Westerhove* (UB Plesse Nr. 376 S. 354) und 1292 (Fä. 16. Jh.) *di van Westerhofe* (UB Plesse Nr. 377 S. 355) wurden nicht in die Belegreihe aufgenommen, da sie sprachlichen Quellenwert nur für das 16. Jh. besitzen. Die Überlieferung schwankt kaum; neben rein graphischen Varianten tritt seit dem Ende des 15. Jh. die hd. Form -hoff auf.

II. Nach Upmeyer, Oldershausen S. 20 liegt ein BW vor, das eine Himmelsrichtung angibt; im GW sei singularisches -hof zu sehen. Da der Ort an einer wichtigen Querverbindung vom Leinetal zum Harz lag, sei er vielleicht ursprünglich ein Rasthof gewesen. Er verweist auf die beträchtliche Zahl solcher „schematisch benannten" Höfe (Oster-, Wester-) die im Zusammenhang mit fränkischem Königsgut stünden.

III. Im BW liegt asä. *westar*, mnd. *wester* 'nach Westen gelegen, westlich', im GW asä., mnd. *hof* 'Gehöft, Hof' vor. Die Form *-hove* ist der Dativ Singular (im Inlaut erscheint *-f-* stimmhaft als *-v-* (Lasch, Grammatik § 290 und § 298). Hier liegt eine Wendung *to dem Westerhove zugrunde. In *-hoff(e)* liegt die frühnhd. Konsonantenverdopplung vor. Selten gelingt es, bei ON mit Himmelsbezeichnungen die Motive der Namengebung zu erkennen. Im vorliegenden Fall dürfte die Benennung vom Westharz um Osterode, Badenhausen, Eisdorf, Gittelde und Förste ausgegangen sein. Ein schmales hügeliges Waldgebiet trennt diese Orte von dem Einzugsbereich um Kalefeld. Bei Gittelde und Badenhausen fließt die Markau (= Grenzbach), südwestlich von Förste liegt der Ort Marke noch heute an der Grenze zwischen den Kreisen Osterode und Northeim. Vom Kreis Osterode aus ist die erste Siedlung, die man nach Durchqueren des Langen Tals erreicht, Westerhof. So wird die Benennung als erste Siedlung auf der Westseite der alten Scheide verständlich. Zur angeblich fränkischen Herkunft von ON mit Richtungsbezeichnungen vgl. Udolph, Fränk. ON.

(†) **WETZE, DOMÄNE** (Northeim)
Der Ort ist offenbar im 15. Jh. partiell wüstgefallen.

1208 *Georgius de Wetze* (UB Eichsfeld Nr. 180 S. 104)
um 1235 (A. 13. Jh.) *Georgio de Wetche* (UB Plesse Nr. 102 S. 145)
1238 (A. 14. Jh.) *Ghiselberti de Wetsen* (UB Boventen Nr. 5 S. 29)
Mi. 13. Jh. (A. 14. Jh.) *dicti de Wettesen* (Lehnbuch Schönberg Nr. 48 S. 46)
1263 (A.) *fratribus de Wetsen* (Falke, Trad. Corb. Nr. 398 S. 901)
1287 *Wettessen* (Reg. Arch. Magunt. II Nr. 79 S. 435)
1319 *Wetzende* (UB H. Hild. IV Nr. 473 S. 258)
1341 *Georgio de Wetze* (UB Fredelsloh Nr. 152 S. 110)
1341 *Georgius de Werlesse* [!] (UB Fredelsloh Nr. 154 S. 112)
1356 *Wetsen* (Dürre, Homburg Nachträge Nr. 48 S. 13)
1436 *Wedeshusen* (UB Uslar I S. 212)
1450 *Wedeshusen* (UB Uslar I S. 242)
1465 *Weccze* (Boegehold, Lehnbrief S. 19)
1524 *hus effte borchgesete Wetze* (Max, Grubenhagen I S. 530)
1544 *Wetze* (Kayser, Kirchenvisitationen S. 590)
1590 *Wettensen* (Müller, Lehnsaufgebot S. 442)
1596 *Wetze* (Letzner, Chronica Buch 5 S. 29r)
1609 *Wetza* (Müller, Lehnsaufgebot S. 377)
1783 *Weetze* (Kurhannoversche Landesaufnahme Bl. 142)
1823 *Wetze Vorwerk* (Ubbelohde, Repertorium 3. Abt. S. 88)

I. Ein von Kühlhorn, Wüstungen Bd. III Nr. 398 S. 448 hierher gestellter Beleg 1304-1324 *Wecce* (Sudendorf I Nr. 184 S. 108) aus einem Lehnbuch der Mindener Bischöfe gehört zu Weetzen, Kr. Hannover (vgl. NOB I S. 464). Die Überlieferung schwankt zwischen Formen mit und ohne -n. Inlautend wechseln -tz-, -tch-, -ts-, -ccz-; daneben liegen immer wieder Formen mit Zwischenvokal -e- vor (*Wettesen*). Vereinzelte *Wetzende*, *Werlesse* und *Wettensen* weichen stärker ab. Belege wie *Wedeshusen* aus dem 15. Jh. erscheinen wie eine beabsichtigte Rückführung auf eine ursprüngliche ON-Form. Ab dem 14. Jh. überwiegt wieder die Form *Wetze* ohne -n.

II. Nach Casemir, Grundwörter S. 193 evtl. mit dem GW -*husen* gebildet. Oehme, Stöckheim S. 42 leitet den ON „von Wad oder Wat, was Sumpf bedeutet" ab. Dazu passe die Lage von Wetze an einem Bach und das noch heute sumpfige, mit Schilf bestandene Gelände. Durch seine Muldenlage sei der Ort „häufig bei starken Gewitterregen überflutet".

III. Die Bildungsweise des ON ist aus den Belegen nicht eindeutig zu erschließen, da die Formen schwanken. Möglich wäre einerseits ein GW -hūsen, welches zu -sen bzw. -se verkürzt vorliegt und in dieser Form mit dem vorausgehenden -t- den stimmlosen Reibelaut -tz- bildet. Der ON müßte dann als *Weteshusen angesetzt werden, dessen BW einen stark flektierenden PN enthält. Wie in Wetzleben, Kr. Wolfenbüttel (NOB III S. 359ff.), welches 1329 als Wetsleve erscheint, vorher aber Wydisleue, Witesleve lautet, könnte der PN *Widi (zu asä. widu 'Wald') bzw. inlautverschärft *Witi sein, der zwar nicht bezeugt ist, aber aus ON erschlossen werden kann, vgl. z.B. auch → Wiershausen. Die ON-Entwicklung ist dann von *Witeshusen über *Wetessen und *Wetsen zu Wetze erklärbar. Die Formen auf -en können aber auch erst später an -hūsen-ON angeglichen worden sein. In diesem Fall darf man in Wetze eine Bildung mit s-Suffix sehen. Allerdings ist die Ableitungsbasis nicht sicher zu bestimmen. Das von Oehme herangezogene Wort mnd. wad, wat 'Sumpf, seichte Stelle' ist jedenfalls auszuschließen, da es auf altes -d- zurückgeht (wat enthält auslautverhärtetes -t-); vgl. auch mnd. waden 'waten', anord. vað 'Furt' < idg. *u̯ādh- 'gehen, schreiten' (vgl. Pokorny, Wörterbuch S. 1109). Die hier anzusetzende Grundform *Wat-isa (das -i- bewirkt die Umlautung des -a- zu -e-) kann nur mit der Wortsippe um got. watō, anord. vatn, vatr, asä. watar, mnd. water 'Wasser' aus dem idg. r/n-Stamm *u̯édōr, *u̯ódōr, *udén(i) 'Wasser' in Verbindung gebracht werden. Die ON-Entwicklung verläuft dann von *Watisa über *Wetisa, *Wetise, *Wetse zu Wetze. Nicht auszuschließen ist aber auch eine Ableitungsbasis wie in Weetzen, Kr. Hannover (NOB I S. 465ff.). Dieser ON (1269 Wetzenedhe, 1304-1324 Wetse, 1367 Wetzende, um 1393 Wetzen) wird auf eine Grundform *Wakin-ithi zurückgeführt, die sich über Erweichung von -k- zu -tz, -ts- (Zetazismus), Umlautung von -a- zu -e- und Abschwächung der Nebentonvokale zu Wetzenedhe entwickelt. Einen ähnlichen Prozeß könnte auch Wetze mit einer Grundform *Wak-isa durchlaufen haben (> *Wetzese > *Wetzse > Wetze). Der ON ginge dann auf die idg. Wurzel *u̯eg̑u̯-/*u̯og̑u̯- 'feucht, netzen' zurück, welche in anord. vǫkr 'feucht', nl. wak 'feucht, naß', engl. wake 'Kielwasser' vorliegt. Vgl. dazu auch Wackerwinkel, Kr. Hannover (NOB I S. 459f.), Weetzen, Kr. Hannover (NOB I S. 466f.), Waake, Kr. Göttingen (NOB IV S. 407f.), und → † Wackenrode. Daß sich in Wetze zwei Wasserläufe vereinigen, kann die Annahme einer sich auf das Vorkommen von Wasser beziehenden s-Ableitung *Watisa oder *Wakisa nur unterstützen und gibt dieser den Vorzug vor einem -hūsen-Namen.

IV. Exkursionskarte Moringen S. 75; Ernst, Wüstungen S. 83; Kühlhorn, Wüstungen Bd. III Nr. 398 S. 447-451; Max, Grubenhagen I S. 530.

(†) **WICKERSHAUSEN, GUT** (Northeim)
Der Ort ist spätestens zu Beginn des 16. Jh. in ein Klostervorwerk umgewandelt worden.[3]

1170 *Bernhardi de Wichardeshusen* (UB Plesse Nr. 19 S. 58)
1245 *Wichardeshusen* (Dobenecker, Regesten III Nr. 1251 S. 204)

---

[3] Bei der bei Wickershausen belegten Ahlsburg handelt es sich um einen BergN. Er ist folgendermaßen belegt: 1405 *die Alburch* (Sudendorf X Nr. 37 S. 111); 1405 *die Alburch* (Sudendorf X Nr. 37 S. 111); 1405 *de Alborch* (Sudendorf X Nr. 37 S. 114); 1575 *Alßburgk* (Kramer, Moringen S. 7); 1589 *Ahlburgk* (Kramer, Moringen S. 7); 1710 *Ahlsburg* (Heine, Grubenhagen S. 17); 1753 *Ahlsburg* (Domeier, Moringen S. 11); vgl. dazu auch Kramer, Moringen S. 7ff.

1301 *Engelfridus plebanus in Wikershusen* (UB Mariengarten Nr. 82 S. 83)
1366 *Albertus de Wyckershusen* (Kelterborn, Bürgeraufnahmen I S. 23)
1389 *Conrado de Wickershuss* (UB Goslar V Nr. 775 S. 363)
1404 *dorp Wicherdeshusen* (Kühlhorn, Wüstungen Bd. III Nr. 400 S. 453)
1405 *dat dorp Wyghardeshusen und umme die Alburch* (Sudendorf X Nr. 37 S. 111)
1405 *dorp to Wicherdeshusen unde umme de Alborch* (Sudendorf X Nr. 37 S. 114)
1408 (A.) *Wichardeshusen* (Max, Grubenhagen I S. 262)
1542 *Wickerdeshusen* (Kayser, Kirchenvisitationen S. 312 Anm.)
1596 *Wickershusen* (Letzner, Chronica Buch 3 S. 87r)
1596 *Wickhardeshausen* (Letzner, Chronica Buch 5 S. 29r)
1783 *Wickarshausen Kloster Vorwerck* (Kurhannoversche Landesaufnahme Bl. 142)
1823 *Wickershausen Landgut* (Ubbelohde, Repertorium 3. Abt. S. 89)

I. Die Zuordnung eines Beleges vor 1158 *Widerceshuson* (Hoffmann, Helmarshausen S. 124) aus dem Helmarshäuser Traditionscodex ist kaum zu halten. Der ON lautet zunächst *Wichardeshusen*. Das BW liegt im 14. Jh. abgeschwächt zu *Wickers-* vor. Im 15. Jh. wird die ursprüngliche Form wieder aufgenommen, aber wiederum allmählich zu *Wickers-* verschliffen. Das GW erscheint ab Ende des 16. Jh. hd. als *-hausen*.

II. Nach Casemir, Grundwörter S. 193 mit dem GW *-husen* gebildet. Oehme, Stöckheim S. 43 meint, Wickershausen sei „vielleicht von dem alten PN Wigo oder Wigilo abzuleiten zu Wig = Kampf".

III. Das GW ist *-hūsen*. Das BW enthält den stark flektierenden zweigliedrigen PN *Wighard* bzw. *Wichard*, dessen Erstglied im Auslaut Konsonantenverhärtung zeigt; vgl. Förstemann, Personennamen Sp. 1583, Schlaug, Altsächs. Personennamen S. 176 und Schlaug, Studien S. 161. Der PN besteht aus den Namengliedern *Wig-*, zu asä. *wīg* 'Kampf' und *-hard*, zu asä. *hard* 'tapfer, kühn, stark'. Die Abschwächung des Zweitelements in *Wickers-* ist nicht ungewöhnlich, da das silbenanlautende *-h-* früh schwindet (Lasch, Grammatik § 350) und interkonsonantisches *-d-* häufig ausfällt (Lasch, Grammatik § 310). Im 15. Jh. scheint der ON wieder auf seinen Ursprung zurückgeführt worden zu sein und die Abschwächung zu *Wickers-* beginnt von neuem, wobei hier nun eine Zwischenstufe *Wickerdes-* erkennbar ist. Der PN *Wighard* liegt wohl auch → † Wiershagen zugrunde.

IV. Ernst, Wüstungen S. 84; Exkursionskarte Moringen S. 76; Kühlhorn, Wüstungen Bd. III Nr. 400 S. 453-455; Max, Grubenhagen I S. 530-531.

† WIDECHINDESHUSEN

Lage: Unsicher; evtl. zwischen Gandersheim und Herrhausen gelegen.

1215 *Widechindeshusen* (Goetting, Findbuch I Nr. 42 S. 29)

I. Nur einmal belegt.

III. Glücklicherweise erlaubt der einzige Beleg eine Deutung des ON: Er enthält das GW *-hūsen* und den stark flektierenden zweigliedrigen PN *Widekind*, eine abgeschwächte Form des sehr gut bezeugten *Widukind*; vgl. Förstemann, Personennamen Sp. 1566, Schlaug, Altsächs. Personennamen S. 175 und Schlaug, Studien S. 159.

Die Namenglieder *Widu-* und *-kind* gehören zu asä. *widu* 'Holz, Wald' und asä. *kind* 'Kind'.

IV. Kleinau GOV II Nr. 2290 S. 705.

WIEBRECHTSHAUSEN (Northeim)

1015-36 (A. 12. Jh.) *aream in quodam oppido, quod dicitur Wicberneshusun* (Vita Meinwerci Kap. 97 S. 54)
1141 (Fä. 13. Jh.; A. 16. Jh.) *Wicberingshusen* (Mainzer UB II Nr. 28 S. 49)
1240 (A. um 1700) *Wicberneshusen* (UB Plesse Nr. 119 S. 159)
1247 (Regest um 1700) *Wibbernshusane* (UB Plesse Nr. 152 S. 190)
1265 *Wicberneshusen* (UB Eichsfeld Nr. 456 S. 278)
1267 *Wicbernhusin* (UB Eichsfeld Nr. 480 S. 293)
1283 *Wicberneshusen* (UB Fredelsloh Nr. 53 S. 51)
1315 *Wicberensusen* (Regesten Mainz I, 1 Nr. 1770 S. 328)
1351 *Wikbernshusen* (Sudendorf II Nr. 384 S. 202)
1398 *Wikbrundeshusen* (UB Oldershausen Nr. 46 S. 78)
1447 *Wicbrunßhusen* (UB Göttingen II Nr. 225 S. 196)
1482 *Wigbernshusen* (UB Boventen Nr. 554 S. 363)
1488 *Wubbernshusen* (UB Grubenhagen Nr. 114 S. 66)
1542 *Wübbrungeßhusen* (Kayser, Kirchenvisitationen S. 311)
1588 *Wibberinghausen* (Kayser, Generalkirchenvisitation S. 120)
1588 *Wibbernshausen* (Kayser, Generalkirchenvisitation S. 121 Anm. 4)
1588 *Wibbernhusen* (Kayser, Generalkirchenvisitation S. 191)
um 1588 *Wubbernshusen* (Lubecus, Annalen S. 135)
1596 *Wibbrechtshusen* (Letzner, Chronica Buch 3 S. 87r)
um 1616 *Wubbramßhausen closter* (Casemir/Ohainski, Territorium S. 55)
1784 *Kloster Wiebrechtshausen* (Kurhannoversche Landesaufnahme Bl. 143)
1823 *Wiebrechtshausen* (Ubbelohde, Repertorium 3. Abt. S. 89)

I. Die Leitform der Belege ist *Wicberneshusen*. Von dieser Struktur weichen die Formen auf *-ing(s)-, -brundes-, -brunß-, -brungeß-, -bramß-* und nicht zuletzt das Ende des 16. Jh. eintretende heutige *-brechts-* ab. Ab Ende des 15. Jh. erscheinen assimilierte Formen *Wubberns-, Wibberns-*; der Beleg von 1247 ist gewiß nicht die Originalschreibung. Das *-u-* der jüngeren Belege ist wie 1542 als *-ü-* zu lesen, sie zeigen Rundung von *-i- > -ü-*.

II. Nach Casemir, Grundwörter S. 193 mit dem GW *-husen* gebildet. Weigand, Heimatbuch S. 251 meint: „Der alte Name 'Wicberneshusen' scheint auf Wigbert, den Sohn des Herzogs Wittenkind zu weisen." Weigand, Ortsnamen S. 14 führt eine andere PN-Variante *Wiebrecht* an. Nach Sandfuchs, Wiebrechtshausen S. 13 geben die ON-Belege „immerhin einen Hinweis auf den Namen des Sachsenherzogs 'Wigbert'". Laut Grote, Northeim S. 9 erbaute der sächsische Herzog Wigbert den Ort im Jahre 820. Förstemann, Ortsnamen II Sp. 1319 stellt den ON zum PN-Stamm WIG. Im Personennamenband Sp. 1579 führt er *Wicberneshusun* unter dem PN *Wicbern* auf.

III. Weigand, Sandfuchs und Grote gehen in ihrer Annahme fehl, dabei kennt Weigand sogar die alten Belege. Der heutige ON Wiebrechtshausen ist erst jung entstanden, vielleicht in Anlehnung an die ON → Albrechtshausen, → Hilprechtshausen und → Wolbrechtshausen. Zu beachten ist, daß diese ON-Form zum ersten Mal bei Letzner erscheint, dessen Nachrichten aber mit Vorsicht zu betrachten sind. Dem ON liegt jedenfalls eine Grundform *Wicberneshusen* zugrunde, welche das GW *-hūsen* und den stark flektierenden PN *Wicbern* enthält, den Förstemann, Personennamen Sp. 1579 verzeichnet; vgl. auch Schlaug, Altsächs. Personennamen S. 175 und Schlaug, Studien S. 160. Die Namenglieder *Wic-* und *-bern* gehören zu asä. *wīg* 'Kampf' und *bern*, der erweiterten Form von ahd. *bero* 'Bär'. Die Belege auf *-brundes-*, *-brunß-*, *-brungeß-*, *-bramß-* enthalten offenbar eine Umdeutung des GW, die wie eine Vermischung aus *-brunes-* und *-brandes-* erscheint. Eine Angleichung von *-bernes-* an PN auf *-brand* ist auch bei Wollbrandshausen, Kr. Göttingen, 1105 *Wölberneshusen* (NOB IV S. 430f.), zu beobachten.

IV. Kühlhorn, Wüstungen Bd. III Nr. 399 S. 451 als Wicberneshusen.

WIENSEN (Uslar)

1244 *Wigenhusen* (Desel, Lippoldsberg S. 174)
Mi. 13. Jh. (A. 14. Jh.) *Wigenhosen* (Lehnbuch Schönberg Nr. 23 S. 44)
1282 *Wigenhosen* (Kramer, Abschwächung S. 36)
1318 *Wigenhusen* (Flentje/Henrichvark, Lehnbücher Nr. 141 S. 42)
1363 *Wygenhosen* (Sudendorf III Nr. 204 S. 133)
1384 *novam capellam in villa sua Wygenhusen* (Sudendorf VI Nr. 80 S. 93)
1410 *Wygenhusen* (Kramer, Abschwächung S. 36)
1518 *Hinrick Runden von Wynhusen* (Grote, Neubürgerbuch S. 41)
1519/20 (A. 16. Jh.) *cappella in Wigenhusen* (Krusch, Studie S. 265)
1537 *Wyenhausen* (Meyer, Steuerregister S. 77)
1588 *Wienhausen* (Kayser, Generalkirchenvisitation S. 184 Anm.)
1596 *Wiensen* (Nolte, Flurnamen S. 10)
1596 *Weinhausen* (Letzner, Chronica Buch 5 S. 12v)
um 1616 *Winhausen* (Casemir/Ohainski, Territorium S. 57)
um 1715 *Winsen* (Kühlhorn, Ortsnamen S. 148)
1823 *Wiensen* (Ubbelohde, Repertorium 3. Abt. S. 89)
dialekt. (1951) *wäinsĕn* (Flechsig, Beiträge S. 22)
dialekt. (1963) *wäinsen* (Nolte, Flurnamen S. 10)

I. Der von Röber, Wiensen S. 3 auf Wiensen bezogene Beleg 822-826 (A. 15. Jh.) *Winedahusun* (Trad. Corb. § 41 S. 89) ist zwar nicht sicher zuzuordnen, vgl. Schütte, Mönchsliste S. 99 und Casemir/Ohainski, Orte S. 128, kann sich aber schon wegen der stark abweichenden Belege seit 1244 *Wigenhusen* etc. kaum auf Wiensen beziehen. Die bei Pfeilsticker, Wiensen S. 3 angeführten Belege des Typs *Winithusen* gehören zu → Wenzen. Ein von Kühlhorn, Ortsnamen S. 148 auf unseren Ort bezogener PN-Beleg 1235-1241 *Thiderici de Wigenchusen* (Westfäl. UB. IV Nr. 244 S. 162) gehört zu einer Wüstung bei Bad Pyrmont. Die Form *Wigenhusen* bzw *-hosen* liegt bis ins 16. Jh. vor, dann fällt das intervokalische *-g-* aus und es entstehen die Varianten *Wyn-*, *Wyen-*, *Wien-* und verhochdeutscht *Weinhausen*. Ab dem 16. Jh. verkürzt sich *-husen* zu *-sen*.

II. Nolte, Flurnamen S. 10 meint: „In dem BW Wygen (Wigen) der alten Formen kann wohl ein PN gesehen werden, der in den vorliegenden Formen verstümmelt ist." In einer Anmerkung führt er einen asä. Beleg für den KurzN *Wigo* an.

III. Der ON besteht aus dem GW -hūsen und dem schwach flektierenden PN *Wigo* im BW. Der KurzN gehört zu asä. *wīg* 'Kampf' und ist sehr gut bezeugt; vgl. Förstemann, Personennamen Sp. 1576ff., Schlaug, Altsächs. Personennamen S. 177 und Schlaug, Studien S. 230. Ähnlich gebildete ON verzeichnet Förstemann, Ortsnamen II Sp. 1317.

† WIERSHAGEN
Lage: Nahe südl. Greene.

1340 *Wigerdeshagen* (Falke, Trad. Corb. Nr. 374 S. 895)
1340 (A. 19. Jh.) *Wiershagen* (Kleinau GOV II Nr. 2300 S. 708)
1400 (A. 15. Jh.) *Wydershagen* (Kleinau GOV II Nr. 2300 S. 708)
um 1470 *in deme Wyershagen* (Lüneburger Lehnregister Nr. 774 S. 69)
um 1535 *Widershagen* (Kleinau GOV II Nr. 2300 S. 708)

I. Vgl. zur Belegzuordnung → Weddehagen. Nur aus dem Erstbeleg wird sich eine Deutung erschließen lassen, die weiteren erscheinen stark abgeschwächt zu *Widers-* und *Wiers-*.

II. Die BuK Gandersheim S. 474 (unter → Weddehagen, da der Beleg falsch zugeordnet wurde) deuten den Beleg 1340 *Wigerdeshagen* als „Hagen eines Wigerd = Wighard".

III. Das GW ist *-hagen*. Im BW ist ein stark flektierender zweigliedriger PN anzusetzen. Aufgrund des Beleges *Wigerdes-* ist dabei an *Wighard* zu denken, der gut bezeugt ist; vgl. Förstemann, Personennamen Sp. 1583, Schlaug, Altsächs. Personennamen S. 176 und Schlaug, Studien S. 161. Der PN besteht aus den Namengliedern *Wig-*, zu asä. *wīg* 'Kampf', und *-hard*, zu asä. *hard* 'tapfer, kühn, stark'. Im Zweitelement fällt das anlautende *-h-* aus (Lasch, Grammatik § 350), das nebentonige *-a-* wird zu zu *-e-* abgeschwächt. In den verschliffenen Formen würde man eine Reihenfolge der Entwicklung von *Widers-* zu *Wiers-* durch Ausfall des intervokalischen *-d-* vermuten. Dieser Dental läßt sich jedoch nicht organisch aus einer Abschwächung von *Wigerdes-* herleiten, da diese eigentlich *Wigers-* ergeben müßte. Es ist anzunehmen, daß die Verschleifung von *Wigerdes-* über **Wigers-* zu *Wiers-* verlief und später *-d-* in falscher Etymologisierung eintrat, vielleicht auch unter (gegenseitigem) Einfluß von → Wiershausen. Der PN *Wighard* liegt auch → (†) Wickershausen zugrunde.

IV. Kleinau GOV II Nr. 2300 S. 708; Karte 18. Jh. Bl. 4025-4125 als Wigerdeshagen.

WIERSHAUSEN (Kalefeld)

1238 *Witeshusen* (Petke, Wöltingerode Anhang III Nr. 8 S. 565)
1244 (A. 13. Jh.) *Heinrico de Witeshusen* (UB Plesse Nr. 141 S. 180)
1256 *Henricus de Wideshusen* (Goetting, Findbuch I Nr. 67 S. 40)
1270 *Henricus de Witeshusen* (Petke, Wöltingerode Anhang III Nr. 27 S. 574)
1271 *Heinricus de Wideshusen* (Goetting, Findbuch I Nr. 80 S. 46)
1284 *Iohannes de Witeshusen* (UB Plesse Nr. 294 S. 295)
1314 *Witeshusen* (UB Oldershausen Nr. 10 S. 19)
1478 *Hinrick Widershusen* (Lehnregister Bortfeld S. 59)

1516 (A. 16. Jh.) *Widershusenn* (UB Boventen Nr. 585 S. 377)
1525 *Witeshusen* (Lagerbuch Katlenburg S. 88)
um 1556 (A. 18. Jh.) *Waetzhusen* (Dolle, Studien S. 399)
1568 *Widerßhusen* (Spanuth, Quellen S. 278)
1791 *Wiershausen* (Scharf, Samlungen II S. 250)
1823 *Wiershausen* (Ubbelohde, Repertorium 3. Abt. S. 90)
dialekt. (1951) *wīrshousĕn* (Flechsig, Beiträge S. 22)

I. Die von Kühlhorn angesetzte Wüstung Witeshusen (Kühlhorn, Wüstungen Bd. III S. 478) existiert nicht; gemeint ist in den drei von ihm zitierten Quellenstellen Wiershausen. Flechsig, Beiträge S. 22 bezieht Belege des Typs 826-876 (A. 15. Jh.) *Wuringererhusun* (Trad. Corb. § 87 S. 97) auf diesen Ort; die Belege sind aber mit † Weringhusen nordöstl. Paderborn zu verbinden (vgl. Schütte, Mönchslisten S. 131). Ein weiterer Beleg von 1363 *Wederoldeshusen*, den Flechsig, Beiträge S. 22 fragend hierher stellt, gehört zu Werleshausen, Kr. Werra-Meißner-Kreis. Bis zum 15. Jh. schwankt das BW zwischen *Wites-* und *Wides-*, dann erfolgt ein *r*-Einschub in *Widers-* und das intervokalische *-d-* fällt aus. Nur einmal erscheint die Form *Waetz-*.

III. Bildung mit dem GW *-hūsen*. Das BW enthält einen stark flektierenden PN, der als *Witi* oder *Widi* zum PN-Stamm VID anzusetzen ist. Dieser Stamm ist hauptsächlich mit asä. *widu* 'Wald' zu verbinden. Förstemann, Personennamen Sp. 1562 gibt noch mehrere Quellen für den PN-Stamm an, vgl. auch Kaufmann, Ergänzungsband S. 396ff. Bezeugt sind allerdings nur die schwach flektierenden KurzN *Wido* und *Wito* (vgl. auch Schlaug, Altsächs. Personennamen S. 175 und Schlaug, Studien S. 229). Der stark flektierende KurzN *Widi/*Witi* läßt sich nur aus ON erschließen. Die *-t-* enthaltende Form unterliegt entweder hd. Einfluß oder stellt eine inlautverschärfte Variante von *Widi* dar (zur Inlautverschärfung von KurzN vgl. Kaufmann, Untersuchungen S. 17ff.). Im 15. Jh. wird der ON offenbar an die zahlreichen *-ershusen*-Namen angeglichen. Den gleichen PN enthalten Wetzleben, Kr. Wolfenbüttel (NOB III S. 359f.), und evtl. → † Withighusen. Wiershausen und Klein Wiershausen im Kr. Göttingen sind auf andere Grundlagen zurückzuführen; vgl. NOB IV S. 425ff.

WILLERSHAUSEN (Kalefeld)

1141 (Fä. 13. Jh.; A. 16. Jh.) *Welderickeshusen* (Mainzer UB II Nr. 28 S. 49)
1281 *Hen. de Wilderekeshusen* (Urk. Katlenburg Nr. 38)
1294 *plebanus in Wilderekeshusen* (UB Oldershausen Nr. 4 S. 7)
1299 *ecclesie in Wildrekeshus* (UB Oldershausen Nr. 6 S. 12)
1321 *plebanus in Wilderikeshusen* (UB H. Hild. IV Nr. 588 S. 318)
1342 *Wilderkeshusen* (UB Saldern I Nr. 422 S. 195)
1351 *Henricus Wildershusen* (Grote, Neubürgerbuch S. 14)
1351 *kerken to Wilderkeshusen* (Urk. Stadt Gandersheim Nr. 9)
1368 *Wilderkeshusen* (UB Grubenhagen Nr. 67 S. 36)
1389 *Wildershusen* (UB Boventen Nr. 175 S. 164)
1418 *kerken to Wilderkeshusen* (UB Oldershausen Nr. 49 S. 85)
1446 *kerken tho Wildershusen* (FB Weende Nr. 223)
1512 *kerken to Wyldershusen* (UB Oldershausen Nr. 80 S. 143)
1568 *Willerßhusen* (Spanuth, Quellen S. 278)

1571 *Wildershusen* (UB Boventen Nr. 656 S. 419)
1596 *Willershausen* (Wolters, Kirchenvisitationen S. 79)
1596 *Wildershausen* (Letzner, Chronica Buch 4 S. 191r)
1673 *Willershausen* (Bruns, Urkunden Nr. 107 S. 179)
1715 *Willershausen* (Bodemann, Wüste Ortschaften S. 253)
1823 *Willershausen* (Ubbelohde, Repertorium 3. Abt. S. 90)
dialekt. (1951) *wildĕrshousĕn* (Flechsig, Beiträge S. 22)

I. Gegen Müller, Willershausen S. 66 halten wir wegen der weiteren in der Urkunde genannten Orte an der Zuordnung des Erstbeleges zu Willershausen fest. Der Versuch einer Zuordnung zu anderen Orten scheint uns nicht zwingend: Sowohl das von ihm genannte → Wellersen und das weiterhin genannte † Welderekeshusen bei Mariengarten, Kr. Göttingen (vgl. NOB IV S. 414ff.), liegen von den weiteren genannten Orten zu weit entfernt. Wellersen weicht außerdem in der Überlieferung zu stark ab, und in † Welderekeshusen ist kein Besitz des Klosters Northeim nachzuweisen. Zu einer vermeintlichen Nennung zu 1245 und den mehr sagenhaften Auffassungen zur Frühgeschichte des Ortes vgl. Müller, Willershausen S. 66f. Der Erstbeleg enthält *-e-* in *Welderickes-*; alle weiteren enthalten *-i-*. Der ON entwickelt sich über die Abschwächungsstufen *Wilderkes-* und *Wilders-* zu *Willers-*. In der Mundartform bleibt *-ld-* erhalten. Im GW tritt im 16. Jh. hd. *-hausen* ein.

II. Nach Müller, Willershausen S. 67 enthält der ON im BW den PN *Wilderich*, wobei er den Versuch einer Identifizierung des „Ortsgründers" in der Willershäuser Schulchronik überzeugend zurückweist. Upmeyer, Oldershausen S. 44 leitet den ON von einem PN *Williric/Willericus* ab. Förstemann, Ortsnamen II Sp. 1589 stellt den ON mit einem durch die Überlieferung nicht zu bestätigenden Ansatz *Wilihereshusen* zum PN-Stamm WILJA.

III. Bildung mit dem GW *-hūsen*. Im BW liegt ein stark flektierender zweigliedriger PN vor, dessen Zweitelement *-ric* in jedem Fall zu asä. *rīki* 'reich, mächtig' gehört. Aufgrund der Überlieferung ist entweder von einem PN *Welderic* oder von *Wilderic* auszugehen, denn *-e-* und *-i-* können wechseln. Förstemann, Personennamen Sp. 1591 nennt unter dem PN-Stamm VILDJA, zu ahd. *wildi* 'wild', die hd. PN *Wilderich* und *Wildrih*. Asä. ist kein solcher PN bezeugt. Schlaug, Altsächs. Personennamen S. 178 geht bei den einzigen bezeugten PN *Wildulf* und *Wildung*, die asä. *wildi* 'wild' zu enthalten scheinen, eher von einer Umdeutung zu *wildi* aus: „Da in Korvey ld sporadisch zu ll assimiliert wird, können Wildulf und Wildung hyperkorrekte Formen für Willulf und Willung darstellen, wie dies für einen Wildibert nachweislich der Fall ist." Auch Förstemann, Personennamen Sp. 1591 vermerkt unter dem Stamm VILDJA: „In Wiltrannus dagegen halte ich das t für eingeschoben, was auch möglicherweise in Wiltfrid und Wildulf der fall sein kann." Ist das *-d-* in unserem *Welderic*, *Wilderik* also sekundären Ursprungs? Ein d-Einschub zwischen *-l-* und *-r-* ist im Mnd. nicht ungewöhnlich (Lasch, Grammatik § 309 und § 325). Sollte man besser *Willeric* zum PN-Stamm WILJA ansetzen? In diesem Fall wäre das Erstglied mit asä. *willio* 'Wille' zu verbinden. Dieser PN ist asä. als *Willericus*, *Wilrec* und *Wilrik* bezeugt, vgl. Schlaug, Altsächs. Personennamen S. 179, Schlaug, Studien S. 164 und Förstemann, Personennamen Sp. 1605, der u.a. auch eine Form *Weleric* verzeichnet. Diese stellt Schlaug, Altsächs. Personennamen S. 171 jedoch eher zu asä. *welo* 'Gut, Besitz'. Die Frage ist nicht endgültig zu klären. Als Argument für den Ansatz des nicht bezeugten *Wilderic* kann allerdings gelten, daß der ON in den älteren Formen konstant -ld- wiedergibt. Das -ll- der späteren Formen ist dann als Assimilationserscheinung (Lasch, Grammatik § 323) zu erklären.

† WINENVELDE
Lage: Ca. 4 km nordöstl. Einbeck.

1224 *villam, quae vocatur Winehdvelde* (Orig. Guelf. III Nr. 208 S. 697)
1335 *Wenefelde* (Dürre, Homburg Nachträge Nr. 40 S. 11)
1422 *an dem Wentfelde* (Feise, Einbeck Nr. 647 S. 136)
1516 *Dyderick Wendefeldt* (Grote, Neubürgerbuch S. 41)
1620 (A.) *das Wendfeld* (Harland, Einbeck II S. 74)
1622 *auf dem Wendfelde* (Harland, Einbeck II S. 256)

I. Die Zuordnung eines Beleges *Wynethahus* aus den Corveyer Traditionen bei Ernst, Wüstungen S. 83 ist schon aus sprachlichen Gründen abzulehnen. Vgl. dazu auch → Wenzen. Das GW *-feld(e)* ist stabil. Das BW entwickelt sich von *Winehd-* zu *Went-, Wend-*. Der Beleg 1335 *Wene-* ist sicherlich verschrieben.

II. Nach Casemir, Grundwörter S. 191 mit dem GW *-feld* gebildet.

III. Das GW ist *-feld*. Für die Deutung des BW vgl. → Wenzen.

IV. Ernst, Wüstungen S. 83; Kühlhorn, Wüstungen Bd. III Nr. 403 S. 463-465; Niedersächsischer Städteatlas II S. 4.

† WINTVELT
Lage: Ca. 3,3 km nordwestl. Nienover an der B 241, in der Nähe des Forstamtes Winnefeld (Bodenfelde).

1318 *Wintvelt* (Flentje/Henrichvark, Lehnbücher Nr. 157 S. 44)
1547 *an dem Windefelde* (Nolte, Flurnamen S. 358)
1585 *Windefeld* (Nolte, Flurnamen S. 358)
1589 *Desolat Kirchen sein ahn dießem Ordt nit, denn allein 2 solche Wöstunghe ihm Sölinghe belegen, nemlich Schmedessen vnd Windefelde, welche in etlichen 100 Jahren in Esse nit gewesen* (Lorme, Schmeeßen S. 322)
1603 *Wüste Winnefeld* (Krabbe, Sollingkarte Bl. 3)
1684 *Winnefeld* (Nolte, Flurnamen S. 358)
1715 *Wünnefeld* (Bodemann, Wüste Ortschaften S. 250)
1755 *in Winnefelde* (Junge, Bodenfelde S. 55)
1776/77 *Alte Winnefelds Kirche* (Kühlhorn, Wüstungen Bd. III Nr. 406 S. 470)
1784 *Winnefelder alte Kirche* (Kurhannoversche Landesaufnahme Bl. 149)
1823 *Winnefeld Forsthaus* (Ubbelohde, Repertorium 3. Abt. S. 91)

I. Die von Junge, Bodenfelde S. 54 genannten Urkunden von 1231 und 1288 (als *Windefeld*), die † Wintvelt nennen sollen, waren nicht zu verifizieren. Das GW liegt als *-velt, -feld(e)* vor. Das BW entwickelt sich von *Wint-* über *Winde-* zu *Winne-*.

II. Nach Casemir, Grundwörter S. 191 mit dem GW *-feld* gebildet. Nolte, Flurnamen S. 358f. meint: „Das BW 'Winnen' kann von mnd. lant winnen 'Land urbar machen' abgeleitet werden." Förster, Forstorte S. 174 sieht „[ahd.] winne=Weide, Weideplatz (gotisch winja)" im BW. „Winnefeld bedeutete mithin das Weide-Gefilde."

III. Das GW ist -*feld*. Das BW scheint ursprünglich *Wint*- gelautet zu haben und damit mnd. *wint* 'Wind' zu enthalten. Nolte und Förster ist damit zunächst zu widersprechen, da sie von der jüngeren Form *Winne*- ausgehen, die sich erst durch Assimilation von -*nd*- zu -*nn*- aus *Winde*- gebildet hat. Nach Bach, Ortsnamen I § 312 führen „manche der Winden, Windhof usw. genannten Örtlichkeiten [...] ihren Namen wohl, weil sie dem Wind ausgesetzt sind". Förstemann, Ortsnamen II Sp. 1365f. sieht das Benennungsmotiv der unter WIND[1] verzeichneten ON in „windigen orten und [...] schutz vor dem winde", die schwer zu trennen sind von denen, die er unter WIND[2] zu *windan* 'drehen, sich winden' verzeichnet. Dittmaier, Rhein. FlurN S. 343f. führt FlurN wie Windegge, Wynthage und up den Wyntsyffen auf und stellt die ersten beiden zum Appellativ *Wind* als Bezeichnung „für zugige, dem Wind ausgesetzte Stellen"; Wyntsyffen würde aber eher das Verb *winden* 'sich schlängeln' zugrundeliegen. Kramer, Moringen S. 668 verbindet den FlurN Windelage bei Espol ebenfalls mit dem Ansatz *Wind*. Eine andere Anschlußmöglichkeit ergibt sich beim Heranziehen von → Wenzen, Windhausen, Kr. Osterode (NOB II S. 181ff.), † Wendhausen, Stadt Salzgitter (NOB III S. 351f.), † Winthusen, Kr. Göttingen (NOB IV S. 428f.), → † Winenfelde und dem dort diskutierten Ansatz *winithi 'Weideplatz'. Da die Überlieferung von Wintvelt erst im 14. Jh. einsetzt, ist es durchaus möglich, daß den vorliegenden Formen ein früheres *Winetvelt vorausging. Eine Entscheidung kann nicht getroffen werden.

IV. Exkursionskarte Höxter Karte; Förster, Forstorte S. 174; Junge, Bodenfelde S. 54-55; Junge, Seefeld S. 24-26; Kühlhorn, Wüstungen Bd. III Nr. 406 S. 470-478; Nolte, Flurnamen S. 358-359; Rock, Bodenfelde S. 52.

† WITHIGHUSEN

Lage: Ca. 1,2 km nordöstl. Delliehausen.

1155 *decimas duas in novis villis Withighusen et Lantwardesberch* (Mainzer UB II Nr. 209 S. 379)
um 1284 *Witenkehusen* (UB Fredelsloh Nr. 54 S. 52)
1312 *Wittingehusen* (UB Fredelsloh Nr. 104 S. 79)
1376 *Witinghehusen* (UB Fredelsloh Nr. 172 S. 122)
15. Jh. (Rückvermerk zur Urk. von 1155) *de duabus decimis in Wythynhusen et in Landwardesberghe* (Mainzer UB II Nr. 209 S. 378)
1542 *Wettigehusen* (Kayser, Kirchenvisitationen S. 314 Anm.)
1592 *Wittihusen* (Kramer, Artikel S. 90)
1714 *Wittinghausen* (Kühlhorn, Wüstungen Bd. III Nr. 408 S. 478)
1760 *zu Wittigehausen* (Kramer, Moringen S. 670)
1784 *Im Witgehausen* (Kurhannoversche Landesaufnahme Bl. 150)

I. Die Veränderungen liegen im Mittelteil des ON, der sich als -*ig*-, -*enke*-, -*inge*-, -*in*-, -*ige*-, -*i*- und -*ge*- zeigt. Der Dental -*t*- erscheint ab dem 14. Jh. verdoppelt.

II. Nach Casemir, Grundwörter S. 193 mit dem GW -*husen* gebildet.

III. Es liegt eine -*ingehūsen*-Bildung vor. Ableitungsbasis ist ein PN, den man unter dem Ansatz *Wit*- suchen muß. Förstemann, Personennamen Sp. 1563 verzeichnet die häufig auftretenden KurzN *Wido* und *Wito* zum PN-Stamm VID mit verschiedenen Herleitungsmöglichkeiten; vgl. dazu auch Kaufmann, Ergänzungsband S. 396ff.

Schlaug, Studien S. 229 führt die KurzN *Vito* und *Wido* auf asä. *widu* 'Holz' oder *wīd* 'weit' zurück, ebenso Schlaug, Altsächs. Personennamen S. 175. *Wito* wird bei allen jedoch stets als hd. Form deklariert. Der hier im nd. Sprachraum anzusetzende PN *Wito* ist eher als inlautverschärfte Variante zu *Wido* zu betrachten (zur Inlautverschärfung in KurzN vgl. Kaufmann, Untersuchungen S. 17ff.). Es kommt jedoch auch ein stark flektierender KurzN **Witi* in Betracht, welcher nur aus ON zu erschließen ist; vgl. → Wiershausen. Das Element *-inge-* unterliegt der verbreiteten Entwicklung zu *-i-* (Lasch, Grammatik § 346). Aufgrund des Wüstfallens kann sich keine der Abschwächungsstufen langzeitig durchsetzen. Weitere mit *Wito* gebildete ON vgl. bei Förstemann, Ortsnamen II Sp. 1303ff.

IV. Both, Fredelsloh S. 9; Exkursionskarte Moringen S. 76; Kramer, Moringen S. 670 und S. 1090-1093; Kühlhorn, Solling S. 24-25; Kühlhorn, Wüstungen Bd. III Nr. 408 S. 478-485.

† WOLBECHTESHUSEN
Lage: 1,5 km südöstl. Gillersheim.

1105 (Fä. 12. Jh.) *Waltbrecteshusen* (Mainzer UB I Nr. 424 S. 332)
um 1200 (A. 16. Jh.) *Waltbrechteshusen* (Kopialbuch Katlenburg Bd. I S. 61f.)
1256 (A. 17. Jh.) *Walbechtehusen* (UB Eichsfeld Nr. 380 S. 222)
1265 *Wolbechteshusen* (UB Plesse Nr. 215 S. 239)
1274 *Wolbechteshusen apud Gilderekessen* (UB Plesse Nr. 257 S. 271)
1275 *Walbechteshusen* (UB Plesse Nr. 260 S. 273)
1281 *Wolbechteshusen* (Urk. Katlenburg Nr. 38)
1323 *Woltbrechteshusen mit deme Lesenberghe* (UB H. Hild. IV Nr. 718 S. 394)
1366 *in villa et in campis Wolbechteshusen* (Urk. Katlenburg Nr. 193)
1484 (A. 16. Jh.) *Wolbechteshusen* (Lagerbuch Katlenburg S. 137)
1525 *kerckstede to Wolbechteshusen* (Lagerbuch Katlenburg S. 147)
1554 *Wolbrechtshausen* (Max, Grubenhagen I S. 512)
1785 *Wollershaussische Feld* (Kurhannoversche Landesaufnahme Bl. 151)

I. Die beiden Nachweise 1105 (Fä. Mitte 12. Jh.) *Waltbrecteshusen* (Mainzer UB I Nr. 424 S. 332) und um 1200 (A. 16. Jh.) *Waltbrechteshusen* (Kopialbuch Katlenburg Bd. I S. 61f.), die Besitz des Klosters Katlenburg bezeugen, gehören trotz ihrer sprachlich abweichenden und auf → Wolbrechtshausen weisenden Form auf Grund der Besitzgeschichte sicher hierher. Die Belege für diese Wüstung werden häufig mit → Wolbrechtshausen und umgekehrt verwechselt. Das BW zeigt im Erstelement zuerst *Walt-*, dann *Wal-* bzw. *Wol-*. Das Zweitelement schwankt zwischen *-brec(h)t-* und *-becht-*. Die jüngste Form des BW lautet stark verschliffen *Wollers-*. Im GW tritt im 16. Jh. hd. *-hausen* für nd. *-husen* ein.

II. Nach Casemir, Grundwörter S. 193 mit dem GW *-husen* gebildet. Förstemann, Ortsnamen II Sp. 1209 stellt 1105 *Waltbrechteshusen* [!], als Wüstung bei Gillersheim bezeichnet, zum PN *Waltbrecht*.

III. Das GW ist *-hūsen*. Das BW enthält den stark flektierenden zweigliedrigen PN *Waltbrecht*. Er besteht aus den Namenelementen *Walt-*, zu asä. *waldan* 'herrschen', und *-brecht*, zu asä. *ber(a)ht* 'glänzend, berühmt' in einer Variante mit *r*-Metathese. Zum gut bezeugten PN vgl. Förstemann, Personennamen Sp. 1501f., Schlaug, Altsächs. Personennamen S. 168 und Schlaug, Studien S. 152. Der Ausfall des -r- in -becht- begegnet auch bei anderen ON, vgl. → (†) Albrechtshausen, → Sebexen, Hülptingsen, Kr. Hannover (NOB I S. 223f.), und † Delbechteshusen, Kr. Göttingen (NOB IV S. 93f.). Das Erstelement *Walt*- zeigt in der Entwicklung zu *Wol*- den Wechsel von -*a*- zu -*o*- vor -*lt*- (Lasch, Grammatik § 93). Außerdem fällt das -*t*- interkonsonantisch aus (Lasch, Grammatik § 310). Mit dem PN ist auch → Wolbrechtshausen gebildet. Vgl. weitere ON bei Förstemann, Ortsnamen II Sp. 1209.

IV. Exkursionskarte Osterode S. 48; Kreitz, Gillersheim S. 176; Kühlhorn, Wüstungen Bd. III Nr. 410 S. 491-500; Max, Grubenhagen I S. 511-512; Wintzingeroda-Knorr, Wüstungen Nr. 519 S. 1043-1046; Winzer, Katlenburg S. 48-49.

WOLBRECHTSHAUSEN (Nörten-Hardenberg)

um 1210 (A. 13. Jh.) *Wolbreteshusen* (Giese, Hemmerfelden S. 237)
um 1229 *Hermannus de Wolbrehtishusen* (UB H. Hild. II Nr. 276 S. 123)
um 1235 (A. 13. Jh.) *Hermanno milite de Wualbrechteshusen* (UB Plesse Nr. 102 S. 145)
1272 *Heithenricus de Wolprehteshusen* (FB Weende Nr. 27)
1278 *C. de Walprecteshusen* (UB Göttingen I Nr. 21 S. 17)
1278 *Conradus de Wolprechtishusen* (UB Mariengarten Nr. 41 S. 57)
1303 *Conradus de Wolprechteshusen* (UB Mariengarten Nr. 90 S. 89)
1315 *Wolprechteshusen* (UB H. Hild. IV Nr. 276 S. 151)
1345 *vorwergk tho Wolbrechteshusen* (UB Hardenberg I Nr. 62 S. 80)
1496 *Wolprechtzhusen* (UB Boventen Nr. 573 S. 372)
1497 *Woltbrechteshusen* (Negotium monasterii Steynensis S. 158)
1537 *Wolprechtshusen* (Meyer, Steuerregister S. 74)
um 1616 *Volprechtshausen* (Casemir/Ohainski, Territorium S. 56)
1771 *Wolbrechtshausen* (Domeier, Hardegsen S. 74)
1823 *Wollbrechtshausen* (Ubbelohde, Repertorium 3. Abt. S. 94)
dialekt. (1951) *wolbrechtshūsĕn* (Flechsig, Beiträge S. 22)

I. Die Zuordnung von 1105 (Fä. Mitte 12. Jh.) *Wŏlberneshusen* (Mainzer UB I Nr. 424 S. 331), 1156 *Bertoldus de Wolberneshusen* (MGH Urk. HdL Nr. 33 S. 48) und 1174 (A. 16. Jh.) *Bertoldus de Wolbernneshusen* (MGH Urk. HdL Nr. 83 S. 124) zu Wolbrechtshausen in den jeweiligen Editionen ist nicht korrekt; gemeint ist Wollbrandshausen, Kr. Göttingen (vgl. NOB IV S. 430f.). Zwei Belege 1105 (Fä. Mitte 12. Jh.) *Waltbrectesheusen* (Mainzer UB I Nr. 424 S. 332) und um 1200 (A. 16. Jh.) *Waltbrechteshusen* (Kopialbuch Katlenburg Bd. I S. 61f.) gehören auf Grund der Besitzgeschichte des Klosters Katlenburg sicher zu → † Wolbechteshusen. Im BW liegen Schwankungen zwischen -(*u*)*a*- und -*o*- in den älteren Belegen und -*b*- und -*p*- in der gesamten Überlieferung vor. In seltenen Belegen *Wolbretes*- ist Schwund des -(*c*)*h*- zu beobachten und vereinzelt erscheint *Wolt*-. Das GW wechselt im 16. Jh. von nd. -*husen* zu hd. -*hausen*.

II. Weigand, Heimatbuch S. 353 meint: „Wolbrechtshausen hat seinen Namen wohl von seinem Gründer Wolbrecht, Vollbrecht oder Walbrecht erhalten."

III. Zur Deutung siehe → † Wolbechteshusen. Im Unterschied zur dortigen Entwicklung liegt hier in der Form *Wolbretes*- zeitweiliger Ausfall des -*ch*- vor -*t*- nach kurzem Vokal in nebentoniger Stellung vor (Lasch, Grammatik § 357). Das -b- wird im Silbenanlaut vor -r- zeitweise zu -p-, das sich aber nicht durchsetzen kann.

WOLPERODE (Bad Gandersheim)

1271 *in Wolborcheroden prope Gandersem* (UB H. Hild. III Nr. 282 S. 136)
1311 *Wolborgherode* (Goetting, Findbuch I Nr. 111 S. 59)
1335 *Wolbercherode* (Goetting, Findbuch I Nr. 141 S. 71)
1345 *Wolberode* (Urk. Stadt Gandersheim Nr. 7)
1486 *Wolperode* (Goetting, Findbuch II Nr. 626 S. 78)
1542 *Wolperode* (Kayser, Kirchenvisitationen S. 34)
um 1600 *Wolpenrodt* (Reller, Kirchenverfassung S. 223)
um 1616 *Wöllperode* (Casemir/Ohainski, Territorium S. 45)
1678 *Wolperode* (Kopfsteuerbeschreibung Wolfenbüttel S. 705)
1803 *Wolperode* (Hassel/Bege, Wolfenbüttel II S.)
dialekt. (1950) *wulpərŭ* (Kleinau GOV II Nr. 2361 S. 727)

I. Das in den älteren Belegen noch als *Wolborche-, Wolborghe-* erkennbare BW wird im 14. Jh. zu *Wolbe-* abgeschliffen, später tritt -p- ein. Im 17. Jh. liegen singulär etwas abweichende Formen auf -n- und mit Umlaut vor.

II. Die BuK Gandersheim S. 261 meinen: „Vielleicht Rodung einer Walburg."

III. Bildung mit dem GW -*rode*. Im BW darf man einen zweigliedrigen PN sehen, dessen Zweitglied -*borg* bzw. -*burg* ist, ein Element, welches nur weibliche PN bildet. Mit Lasch, Grammatik § 93 kann in *Wolborch* die schon im Asä. einsetzende Entwicklung von -a- zu -o- nach Labial und vor -ld-, -lt- angenommen und der hier vorliegende PN als *Waldburg*, *Waltburg* angesetzt werden; vgl. Förstemann, Personennamen Sp. 1502, Schlaug, Altsächs. Personennamen S. 168 und Schlaug, Studien S. 152, wo u.a. auch die Formen *Walborch*, *Walburch* und *Walburg* verzeichnet sind, in denen der interkonsonantische Dental ausgefallen ist (Lasch, Grammatik § 310). Der PN enthält neben dem Element -*burg* bzw. nd. -*borg* (zu asä. *burg* 'Burg') das Namenglied *Wald*-, zu asä. *waldan* 'herrschen'. Nach Gottschald, Namenkunde S. 478 bzw. 494 ist allerdings der Ansatz WALTEN, wenn er o-Formen hervorbringt, kaum vom Stamm WOHL, zu ahd. *wol* 'gut', zu unterscheiden. Auch sind Vermischungen mit dem Stamm VULFA, zu asä. *wulf, wolf* 'Wolf' nicht auszuschließen; so führt Schlaug, Studien S. 166 dort die weiblichen PN *Uolburg* und *Vulburg* auf, welche er also auf eine ursprüngliche Form *Wulf-/Wolfburg* zurückführt. Zumindest *Uolburg* könnte aber ebenso gut auf einen Ansatz *Wolburg*, zu asä. *wola* 'wohl', mnd. *wol* 'Wohl, Glück, Freude', *wol* 'gut', weisen. Förstemann, Personennamen Sp. 1631 vermerkt zum PN-Stamm VOLA, zu ahd. *wolo* 'Üppigkeit, Reichtum': „Am klarsten gehören diejenigen formen hierher, wo der vierte laut ein vokal ist; folgt dagegen hinter dem l ein konsonant, so darf gezweifelt werden, ob Wol- nicht vielmehr durch erweichung aus Wolf- entstanden ist." Da das auslautende -*f*- von *Wolf*- in zweigliedrigen PN aber sehr selten ausfällt (vgl. Förstemann, Personennamen Sp. 1639ff.), ist es weniger wahrscheinlich, daß der PN *Wolfburg* hier vorliegt. Im weiteren Verlauf wird das PN-Zweitglied nebentonig abgeschwächt und das -*g*- fällt aus, eine Entwicklung, die auch in → † Siburgehusen und vielleicht in → Opperhausen vorliegt. Das -*p*- tritt spät für -*b*- ein und kann demnach nicht als Angleichung an den stimmlosen Verschlußlaut -*t*- in *Waltb*- gedeutet werden, erst recht nicht, wenn nicht *Waltburg*, sondern *Wolburg* angesetzt wird. Es liegt eine Verschärfung von -*b*- > -*p*- im Silbenanlaut vor; vgl. Wesche, Verschlußlaute S. 284f.

† WORTHUSEN

Lage: Lage unsicher; evtl. im oder am Solling.

1356 (A. 14. Jh.) *rechte in dem Worthuser wolde* (UB H. Hild. V Nr. 657 S. 396)

I. Weitere Belege konnten nicht ermittelt werden.

II. Nach Casemir, Grundwörter S. 193 mit dem GW -*husen* gebildet.

III. Da nur ein einziger, relativ junger Beleg vorliegt, kann nur eine Vermutung ausgesprochen werden. Die Form des hier nur als FlurN-Bestandteil begegnenden ON läßt auf einen Ansatz *Worthusen schließen, der das GW -*hūsen* enthält. Das BW zeigt keine Flexionsendung, was auf ein Appellativ deutet. Höchstwahrscheinlich liegt ihm asä. *wurð* 'Boden', mnd. *wurt*, *wort* 'Hofstätte, Hausstätte', westfäl. *wōrd*, südhannoverisch *wūrt* 'unbebauter Platz im Dorfe' zugrunde; vgl. Förstemann, Ortsnamen II Sp. 1443ff. Bei Scheuermann, Flurnamenforschung S. 156 ist der Bedeutungsumfang etwas größer: „mnd. wort, wurt f. = ursprünglich Boden, Grund, besonders der erhöhte oder eingehegte, speziell Hofstätte, Hausplatz, Grundstück, auch Garten, Feldstück, Waldmark". Laut Kramer, Moringen S. 673 begegnet dieses Wort in den FlurN seines Untersuchungsgebietes meist als simplizische Bildung oder „als Bestimmungswort in Verbindung mit -garten, -hof und -wiese".

IV. Kühlhorn, Wüstungen Bd. III Nr. 412 S. 503.

† WOSEBEKE

Lage: Ca. 2,2 km südöstl. Gierswalde.

1349 *dorp Wosebeke* [...] *dorpe to der Wosebeke* (Sudendorf II Nr. 318 S. 170)
1398 *Johannes Woysebeck* (Kelterborn, Bürgeraufnahmen I S. 41)
1419 *Hans Wôsebeke* (Kelterborn, Bürgeraufnahmen I S. 61)
1591 *die Wosemke* (Kramer, Oberweser S. 73)
1603 *Wüste Woüseke* (Krabbe, Sollingkarte Bl. 1)
1779-1783 *Alte Woesecker Kirche* (Kühlhorn, Wüstungen Bd. III Nr. 413 S. 504)
1784 *Alte Woseker Kirche* (Kurhannoversche Landesaufnahme Bl. 149)

I. Der ON zeigt mit dem Ausfall des -*b*- die typische Abschwächung eines -*beke*-Namens. Der Beleg von 1591 *Wosemke* zeigt eine Lautung, die sonst nur bei -*nbeke*-Namen, die zu -*mke* assimilieren, vorliegt, und ist sicher eine Angleichung an ähnliche -*beke*-Namen (vgl. → † Bredenbeke I und II und → Steimke), da ansonsten im BW kein Flexions-*n* vorliegt. Ab dem 14. Jh. wird Umlautung des -*o*- im Schriftbild sichtbar.

II. Nach Casemir, Grundwörter S. 191 mit dem GW -*beke* gebildet. Nolte S. 63 leitet den ON vom BachN ab: „Der Name 'Woeseke' ist ein alter Beki-Name, dessen BW wohl zu mnd. *wöse* 'Schaum von siedenden Dingen' gestellt werden kann. Das BW charakterisiert die Eigenart des kleinen Bergbaches." Kramer, Moringen S. 675 stellt die Wüstung „Wöseke" zum FlußN Wöseke, einem Nebenfluß des Rehbachs.

III. Bildung mit dem GW -beke. Das BW ist mit Nolte mit mnd. wōs 'Absud, Brühe', wōse 'Schaum, Dunst von siedender Flüssigkeit' zu verbinden, was gut zu einem ursprünglichen BachN paßt. Pokorny, Wörterbuch S. 1171f. stellt mnd. wōs 'Schaum, Absud, Saft' und aengl. wōs 'Feuchtigkeit, Saft' als Ablautform zur idg. Wurzel *u̯es-'feucht, naß'. Schiller/Lübben, Wörterbuch S. 774 führt für mnd. wōs(e) die Bedeutung 'Schaum von siedenden Dingen' und für wosen, wösen 'überschäumen' an. Zu dieser Wortfamilie gehören auch asä. waso, mnd. wase 'feuchter Erdgrund, Schlamm; Erdscholle, Rasen' und mnd. wasem 'Wasserdampf, Dunst'. Der Umlaut dürfte eine Lautvariante des langen -ō- sein.

IV. Exkursionskarte Moringen S. 76; Kramer, Artikel S. 101; Kramer, Moringen S. 675 und S. 1114-1115; Kramer, Oberweser S. 73-74; Kühlhorn, Wüstungen Bd. III Nr. 413 S. 504-507.

WRESCHERODE (Bad Gandersheim)

1215 *litoni Johanni de Werchingeroth* (Goetting, Findbuch I Nr. 42 S. 29)
1229 *Johannes de Wrechingeroth* (Urk. St. Marien Gandersheim Nr. 6)
1261 *Writtshingerode* (Goetting, Findbuch I Nr. 72 S. 42)
1273 *Writtshingerode* (Goetting, Findbuch I Nr. 82 S. 47)
1333 *Henricus de Wertzingerode* (Urk. St. Marien Gandersheim Nr. 44)
1357 *Wertzingherode* (Goetting, Findbuch I Nr. 179 S. 87)
1385 *Werzingerode* (Goetting, Findbuch I Nr. 223 S. 103)
1409 *Wreßingerode* (Goetting, Findbuch I Nr. 281 S. 122)
1412 *Wertzcingerode* (Goetting, Findbuch I Nr. 291 S. 126)
1417 *Wressingerode* (Goetting, Findbuch I Nr. 310 S. 132)
1423 *Wretzingerode* (Goetting, Findbuch I Nr. 333 S. 140)
1525 *boven Wressirode* (Kleinau GOV II Nr. 2370 S. 733)
1542 *Wressingerode* (Kayser, Kirchenvisitationen S. 200)
1584 *Wressiroda* (Goetting, Findbuch III Nr. 948 S. 32)
1678 *Wreßirohda* (Kopfsteuerbeschreibung Wolfenbüttel S. 213)
1757 *Wrescherode* (Kleinau GOV II Nr. 2370 S. 733)
1803 *Wressierode* (Hassel/Bege, Wolfenbüttel II S. 198)
dialekt. (1932) *wdöscərūə* [!] (Kleinau GOV II Nr. 2370 S. 733)
dialekt. (1937) *Wreschero* (Boegehold, -ingerode S. 45)

I. Der ON zeigt einige Veränderungen. Offenbar ist eine *r*-Metathese zwischen *Wer*- und *Wre*- erfolgt. Der Auslaut des Erstelements wechselt von -*ch*- über -*ttsh*-, -*tz*-, -*z*- zu -*ss*- und ganz jung zu -*sch*-. Das Element -*inge*- entwickelt sich zu -*i(e)*- und -*e*-. Das GW -*rode* begegnet im 16./17. Jh. auch als -*roda*.

II. Nach Boegehold, -ingerode S. 45 liegt ein -*ingerode*-Name vor. Die BuK Gandersheim S. 264 meinen: „In dem Personennamen, wonach die Rodung genannt ist, steckt vielleicht wrēt = grimmig." Mühe, Wrescherode S. 85 führt den Beleg 1229 *Johannes de Wrechingeroth* auf und vermutet in diesem einen „Nachkomme[n] jenes Wressing, den wir als Gründer der Siedlung annehmen müssen; denn von diesem Eigennamen, in dem die Wurzel wrēt = grimmig steckt [...] trägt die Rodung ihren Namen."

III. ON des -*ingerode*-Typs. Dessen Ableitungsbasis ist ein PN, welcher ohne Beachtung der lautlichen Entwicklung nicht bestimmt werden kann. Mühe geht einen seltsamen Weg. Er geht von der jüngeren Form *Wressingerode* als ursprüngliche Form aus, obwohl er den Erstbeleg kennt, und vermutet einen PN *Wressing*. Ein solcher PN ist allein deshalb schon nicht anzusetzen, da das Element *-ing(e)-* kein PN-Bestandteil ist, sondern bei diesem ON-Typ die zu der im Erstelement genannten Person gehörigen Leute bezeichnet; es ist die 'Rodung der Leute des PN'. (Noch dazu ist dieser *Johannes de Wrechingeroth* kein Nachkomme des Ortsgründers, er trägt lediglich den ON als Herkunftsbezeichnung). Zudem muß natürlich von den älteren Belegen ausgegangen werden. Zunächst ist auf das Verhältnis von *-ch-*, *-ts-*, *-tz-*, und *-ts-* und *-ss-* einzugehen. Hierin kann nur Einfluß des Zetazismus gesehen werden, so daß ursprüngliches *-k-* und eine Grundform **Werk-* oder **Wrek-* anzusetzen sind. Schlaug, Altsächs. Personennamen S. 172 weist darauf hin, daß in seinem Material 17 Namen begegnen, in denen das Element *werc* nur als zweites Namenglied auftritt (ähnlich auch bei Schlaug, Studien S. 156). Dagegen belegt er auf S. 180f. unter dem Ansatz *wrak-*, der appellativisch in asä. *wrak-sīð* 'Weg in die Verbannung' und in *wrekkio* 'Fremdling; Recke' enthalten ist, PN wie *Wrachard*, *Wracheri*, aber auch die Kurzformen *Wracchio* und *Wreckio*. Förstemann, Personennamen Sp. 1638 stellt diese PN zum Stamm VRAC, zu got. *wraks* 'Verfolger', asä. *wrekkio*, aengl. *wrecca* 'Verfolgter, Verbannter; Recke, Held', und zu got. *wrēkei*, asä. *wrāka*, aengl. *wræc* 'Verfolgung; Strafe, Rache'. Bei KurzN dieses Stammes kann Wrescherode als **Wrakingerode* bzw. umgelautet **Wrekingerode* Anschluß finden. Die *r*-Metathese hat also von **Wrek-* zu **Werk-* geführt. Es ist aber auch auf den ON † Wersigerode, Kr. Göttingen, 1207 *Vertzingeroth*, um 1250 *Verchingerot* (NOB IV S. 419f.), hinzuweisen, in dem ein PN *Werik(o)*, ein mit *k*-Suffix abgeleiteter PN zum Stamm WER, zu asä. *wer* 'Mann', vermutet wird. Dieser PN kann auch hier vorliegen. Die Grundform lautete dann **Werikingerode*. Die folgende Entwicklung ist ebenso wie bei obigem PN-Ansatz vorstellbar. Das *-k-* vor *-ing-* unterliegt dem Zetazismus, es entsteht erst die Affrikate *-tz-*, welche sich zu *-ss-* entwickelt. Dieses bleibt lange erhalten, bis sich im 18. Jh. *-sch-* durchsetzt. Scheuermann, Barsinghausen S. 100 erklärt, daß zu *-je-* abgeschwächtes *-inge-* nach *-s-* bzw. *-ts-* mit dem vorherigen *-s-* zu *-sche-* verschmilzt. Dieser Vorgang ist auch bei → Helmscherode und in der Mundartform von → Üssinghausen zu beobachten.

† WULFERSHUSEN

Lage: Unsicher zwischen Katlenburg und Hammenstedt.

1015-36 (A. 12. Jh.) *Wulfereshusun* (Vita Meinwerci Kap. 96 S. 54)
1286 *Wulfershusen* (Westfäl. UB IV Nr. 1894 S. 871)
1287 *in Wlfershusen aput villam Hammenstede* (Urk. Katlenburg Nr. 44)
1294 *Wlfershusen* (Urk. Katlenburg Nr. 52)
1318 *decimam in Wulfershusen* (Urk. Katlenburg Nr. 94)
1318 *decimam in Wuluershusen* (Urk. Katlenburg Nr. 95)
1318 *decimam in Wlfershusen* (Urk. Katlenburg Nr. 96)
1318 *Wlfershusen* (Westfäl. UB IX Nr. 1676 S. 795)
1318 *Wlferhusen* [!] (Urk. Katlenburg Nr. 98)

I. Ob ein Beleg Mi. 13. Jh. (A. 14. Jh.) *Wuleveshûsen* (Lehnbuch Schönberg Nr. 74 S. 49) auf diesen Ort zu beziehen ist, wie dies der Editor der Quelle erwägt, muß wegen der abweichenden Form offenbleiben. Die Überlieferung zeigt kaum Schwankungen. Bemerkenswert ist jedoch die Schreibung *Wlfers-*, die den Lautwert des *W-* als Halbvokal zeigt (Lasch, Grammatik § 292).

II. Nach Casemir, Grundwörter S. 193 mit dem GW *-husen* gebildet.

III. Bildung mit dem GW *-hūsen* und dem stark flektierenden zweigliedrigen PN *Wulfheri* im BW. Der PN ist gut bezeugt, auch als *Wulfer* und *Wlferus*; vgl. Schlaug, Altsächs. Personennamen S. 181, Schlaug, Studien S. 166 und Förstemann, Personennamen Sp. 1652. Er besteht aus den Namengliedern *Wulf-*, zu asä. *wulf* 'Wolf', und *-heri*, zu asä. *hēri* 'Heer'. Das silbenanlautende *h-* schwand früh (Lasch, Grammatik § 350). Weitere mit diesem PN gebildete ON verzeichnet Förstemann, Ortsnamen II Sp. 1436f.; vgl. auch Wülferode, Stadt Hannover (NOB I S. 490f.), und Wolfenbüttel (NOB III S. 366f.).

IV. Exkursionskarte Osterode S. 53; Kühlhorn, Wüstungen Bd. III Nr. 416 S. 513-514; Max, Grubenhagen I S. 513; Winzer, Katlenburg S. 49-50.

Ortsnamengrundwörter und -suffixe

Im folgenden sollen sämtliche in den Ortsnamen (ON) verwendeten Grundwörter (GW) und Suffixe kurz angesprochen, die mit dem jeweiligen Element gebildeten Namen aufgelistet, die Etymologie knapp dargestellt und es soll auf Besonderheiten eingegangen werden. Das entlastet gerade bei den häufiger vorkommenden Elementen den Lexikonteil und darüber hinaus läßt sich auf diese Weise rasch ermitteln, ob ein bestimmtes GW oder Suffix in den Namen des Kreises Northeim vorkommt und welche Namen zu diesem Namentyp gehören. Aufgrund der unterschiedlichen Bildungsweise werden die GW und Suffixe getrennt behandelt. Bei den mit GW gebildeten Namen handelt es sich um aus zwei Elementen, Wörtern oder Stämmen, zusammengesetzte Namen, um ein Kompositum bzw. um eine Zusammenrückung. Letzteres ist bei Bildungen mit flektierten Adjektiven der Fall. So geht Nienhagen auf eine Wendung *tom ni(g)en hagen = 'Am neuen Hagen' zurück. Durch Zusammenrückung entsteht der ON *Nienhagen*. Dem gegenüber stellt z.B. Sevelde ein Kompositum dar; das Bestimmungswort (BW) *See* bestimmt das GW *-feld* näher, grenzt es ein, definiert es. Ähnlich bestimmt bei den mit Personennamen (PN) gebildeten ON der PN näher, wessen *-rode, -hūsen* es ist bzw. welcher der zahlreichen Orte auf *-hūsen, -rode* genau gemeint ist. Diese Bildungsweise ist noch heute überaus produktiv. Das gilt - im Namenbereich - nicht für die Suffixbildungen. Hierbei handelt es sich um Ableitungen von Stämmen (so ist *Geh-* in *Gehhilfe* ein Wortstamm, der nicht allein vorkommen kann und bei dem durch Anfügen von Suffixen oder Flexionselementen die Wörter *gehen* usw. entstehen) mit Hilfe von Suffixen wie *-ingen* oder *-ithi*. Die Ableitung ist der deutlich ältere Namenbildungstyp, der in germanischer Zeit noch produktiv war, dann aber weitgehend durch die Komposition ersetzt wurde. Suffixale Bildungen sind erheblich seltener als solche aus BW und GW.
Neben Komposita und Ableitungen weist der Namenbestand des Kreises Northeim auch eine Reihe von Simplizia auf, d.h. Namen, die nur aus einem Wort bestehen, also weder abgeleitet noch zusammengesetzt sind. Im einzelnen handelt es sich um Asche, Clus, (†) Duhm, † Hagen, † Husen, Knobben, Salzderhelden, † Strod, Stroit und Trögen. Sie werden jeweils im Ortsartikel erklärt.
Einige weitere ON werden im folgenden nicht berücksichtigt, da bei ihnen entweder die Bildung unklar ist, mehrere GW in Betracht kommen und/oder bei der Deutung ausführlich auf die Bildungsweise eingegangen wurde. Es handelt sich um Berka, Schlarpe, † Selessen, † Steneberg und (†) Wetze. Die Wüstung Bekanhusiadone ist insofern ein Sonderfall, als hier an eine *-hūsen*-Bildung ein zweites GW (*-dūn*) anzutreten scheint.

a.) Ortsnamengrundwörter

-anger

Nur † Wanemangere ist mit diesem GW gebildet. Als GW in ON ist es relativ selten, viel häufiger erscheint es als BW; man vgl. im Kr. Northeim Angerstein. Es handelt sich um eine ursprüngliche Flurbezeichnung, die sekundär auf eine Siedlung übertragen wurde. Das dem GW entsprechende Appellativ ist in asä. *angar*, mnd. *anger*, ahd. *angar*, mhd. *anger*, mnl. *anger* sowie im Anord. als Element von Namen als *-angr*, in letzterem in der Bedeutung 'Bucht', sonst 'freie Fläche', 'Grasland' bezeugt. Es ist für das Germ. wohl eine Bedeutung 'an einer Flußkrümmung liegender Grasstreifen' zu erschließen. Zu erwarten ist im BW eine nähere Bestimmung des GW, und auch bei Wanemangere besteht das BW aus einem Adjektiv ('glänzend, schön').

-au

Fünf Namen sind im Kreis Northeim mit dem GW *-au* gebildet. Es handelt sich um † Asschowe, † Bedeso, † Hartenau, Lindau und † Rumenowe. Wie die Zusammenstellung zeigt, sind es bis auf Lindau sämtlich später wüstgefallene Siedlungen. *Au* bezeichnet kleinere (Fließ-)Gewässer, aber auch feuchte Wiesen- oder Waldstücke (meist am Bach) und schließlich auch das am Wasser gelegene Land oder eine Insel. Das entsprechende Appellativ ist in mnd. *ouw(e), ou, ō*, ahd. *ouwa*, mhd. *ouwe*, mnl. *ouwe*, nnl. *ouwe*, aengl. *īg*, anord. *ey*, dän. *ø*, schwed. *ö*, norw. *øy* belegt und erscheint als verdeutlichende Zusammensetzung ('Insel-land') auch in den Bildungen mnd. *ōlant*, aengl. *ēgland*, nengl. *island*, afries. *eiland*, anord. *eyland* sowie dem hochdeutschen *Eiland*, das aus dem Ndt. und Ndl. entlehnt wurde. Als BW erscheinen in den Namen des Kreises Northeim Baumbezeichnungen (*Esche, Linde*) sowie ein Flußname (in † Rumenowe) und das Adjektiv *hart* (in † Hartenau), hier als Charakterisierung des festen, trockenen Bodens. † Bedeso schließlich enthält einen PN, was etwas ungewöhnlich ist.

-beke

Dieses GW enthalten eine ganze Reihe von ON im Kreis Northeim, nämlich Billerbeck, † Bredenbeke (I), † Bredenbeke (II), † Dodelbeck, Einbeck, Gladebeck, Heckenbeck, † Losbeck, (†) Lutterbeck, † Lynbeke, (†) Mandelbeck, † Rebeke, † Repke, † Rodenbeke, Schachtenbeck, Steimke, Sülbeck, Vogelbeck, Wahmbeck und † Wosebeke. Das dem GW zugrundeliegende Appellativ ist nord- und westgermanisch belegt, wobei das Genus schwankt und die Wörter im allgemeinen auf zwei verschiedene germanische Grundformen zurückgeführt werden: Ahd. *bah* m., mhd. *bach* m. f., asä. *beki* m., mnd., mnl. *bēke* m. f., nnl. *beek* f., aengl. *bece, bæc(e)* m. f. n. gehen auf germ. **baki-* m. zurück, während für anord. *bekkr* m., nisl. *bekkur*, norw. *bekk*, schwed. *bäck*, dän. *bæk* von germ. **bakjaz* ausgegangen wird, allesamt in der Bedeutung '(fließendes) Gewässer, Bach'. Außergermanische Parallelen sind unsicher. In Flußnamen ist *-beke* das häufigste und verbreitetste GW. Laut Krahe, Flußnamen S. 21 ist es das „typische deutsche Flußnamengrundwort", das das ältere GW *-apa* ablöse. Nach Kettner, Flußnamen S. 359 sind über die Hälfte der Zuflüsse zur oberen und mittleren Leine mit dem GW *-beke/-bach* gebildet. Er setzt hinzu, daß der Bildungstyp zwar schon germanisch sei, die hauptsächliche Produktivität aber erst in einzelsprachlicher (deutscher) Zeit liege. Namen mit *-beke/-bach* sind primäre Flußnamen, die erst sekundär auf die an dem jeweiligen Gewässer liegenden Siedlungen übertragen werden. Die BW sind in der Regel Appellative, die entweder die Gestalt, das Aussehen, die Fließgeschwindigkeit u.ä. des Baches näher beschreiben (vgl. Gladebeck mit dem Adjektiv 'glatt, glänzend' oder das mit *Haken* gebildete Heckenbeck), oder Charakteristika in der direkten Umgebung des Baches wie ufernaher

Bewuchs (so in † Rebeke das *Reet*) nennen. PN als BW sind sehr selten, und keiner der *-beke/-bach*-Namen des Kreises Northeim enthält einen PN. Bei † Dodelbeck und (†) Mandelbeck wird ein älterer Flußname als BW vermutet, an den dann *-beke* erst später angetreten ist. Die meisten Namen enthalten noch heute das niederdeutsche *-beck*. Lediglich bei Steimke ist die Kontraktion so weit fortgeschritten, daß das GW nicht mehr ohne weiteres erkennbar ist.

-bere

Drüber und Iber enthalten sicher dieses GW; bei † Steneberg ist unsicher, ob *-bere* oder *-berg* vorliegt, da die Belege schwanken. Das GW ist in der bisherigen (meist älteren) Forschung hinsichtlich seiner Etymologie und Bedeutung umstritten. Das NOB III S. 381ff. hat sich zu ihm geäußert. Es ist mit aengl. *bearu, bearo*, mengl. *berwe, barou* '(kleiner) Wald, Gehölz' zu verbinden. Ihnen entspricht anord. *bǫrr* 'Nadelholzbaum'. Auch ahd. *parauue* ist wohl hierher zu stellen. Als Bedeutung des GW ist demnach 'Wald' anzusetzen. In englischen Namen, wo *-bere* nicht selten ist, erscheinen als BW vor allem Tier- und Baumbezeichnungen, Farbangaben und seltener die Umgebung charakterisierende Elemente. Das NOB III weist darauf hin, daß es sich in Deutschland um ein vor allem im Norddeutschland vorkommendes GW handelt und die niedersächsischen *-bere*-Namen „schwieriger zu erklärende BW zu enthalten" scheinen. Das trifft auch für Drüber zu, das ein altertümliches Wort in der Bedeutung 'bröckeln' enthält. Iber hingegen mit dem BW *Eibe* ist einfacher zu erklären, entspricht damit dem englischen Bildungsmuster mit Baumbezeichnungen zur Charakterisierung des Waldes.

-berg

Sieben Namen enthalten dieses GW. Es handelt sich um † Beltersberg, † Clawenburg, Hardenberg, † Homberch, † Landwardesberch, Lauenberg und † Lesenberg. Die *-berg*-Namen sind insofern etwas problematisch, als eine Vermischung mit *-burg* möglich ist. So handelt es sich bei Lauenberg trotz des GW *-berg* um einen ursprünglichen Burgnamen, und auch bei anderen wie bei † Clawenburg und Hardenberg sind Burgen nachgewiesen. Ein Schwanken zwischen *-berg* und *-burg* ist allgemein häufiger zu beobachten und hat neben der lautlichen Ähnlichkeit beider Elemente auch seinen Grund in der etymologischen Verwandtschaft. So weist Schröder, Namenkunde S. 201 darauf hin, daß *-burg* und *-berg* ein „uraltes Geschwisterpaar" sei. Er konstatiert: „Es gibt unzweifelhaft zahlreiche mit =*burg* bezeichnete Berge, die niemals eine Befestigung getragen haben, und es gibt umgekehrt eine Menge Burgen, die von vornherein, eben als Burgen, doch mit =*berg* bezeichnet wurden" (ebd. S. 201). Helfen kann unter Umständen die Analyse der BW, denn *hoch* (in † Homberch) dürfte sich eher auf einen Berg als auf eine Burg beziehen, der *Löwe* in Lauenberg hingegen weist deutlich auf eine Burg hin.

Das Appellativ *Berg* ist gemeingermanisch: asä., ahd. *berg*, mhd. *berc*, mnd., mnl. *berch*, nnl. *berg*, aengl. *beorg*, nengl. *barrow*, anord. *bjarg*, schwed. *berg*, afries. *berch*, got. *baírg-* (im Kompositum) in der Bedeutung 'Höhe', teilweise auch 'Grabhügel'. Die weitere Etymologie und außergermanische Verwandte sind umstritten, wie auch das Verhältnis zu *Burg* nicht unstrittig ist. Plausibel scheint ein Ablautverhältnis zwischen beiden, wie es auch Neumann, Burg S. 118 annimmt. Als GW verwendet, bezeichnet *-berg* Erhebungen, bildet also Flurnamen und erst sekundär ON. Wichtig ist die Aussage von Flechsig, Bodenerhebungen S. 55f.: „Als Berge wurden nicht nur stattliche Höhen des Mittelgebirges und des Hügellandes bezeichnet, sondern auch die geringfügigen Bodenschwellen des Flachlandes im nördlichen Ostfalen". Dies macht deutlich, daß nicht zwangsläufig nach großen Bergen gesucht werden muß. Zumeist enthalten die BW Elemente, die die benannte Erhöhung näher charakterisieren (Form, Bewuchs, Farbe usw.). PN, wie in † Lantwardesberch und wohl † Lesenberg, sind selten.

-born

Das GW -born enthalten † Gersborn, † Hasselborn, Kammerborn, Lichtenborn, Negenborn und † Negenborn. Appellativisch belegt ist es in asä. *brunno*, mnd. *born(e)*, ahd. *brunno*, mhd. *brunne, born, burn(e)*, mnl., nnl. *bron*, afries. *burna*, aengl. *burna*, got. *brunna*, sowie anord. *brunnr*, schwed., norw. *brunn*, dän. *brønd* 'Brunnen, Quelle, Quellwasser'. Das Appellativ erfährt im Mnd., aber auch Friesischen und Englischen eine sogenannte Metathese, d.h. das vor dem *-u-* stehende *-r-* wandert hinter das *-u-*, so daß *burn-/born-* aus *brun-* entsteht. In Namen verwendet, ist in den meisten Fällen kaum von einer Bedeutung 'Brunnen', vielmehr von '(natürlicher) Quelle' auszugehen. Es handelt sich also um ursprüngliche Flurnamen. Als BW erscheinen vor allem sich auf das Aussehen ('licht, hell' bei Lichtenborn), die Beschaffenheit oder die Umgebung der Quelle ('Giersch' und 'Haselnuß' bei † Gersborn und † Hasselborn) beziehende Appellative. PN sind sehr selten und keiner der *-born*-Namen des Kreises enthält einen solchen.

-burg

† Ekenborch, Erichsburg, † Hünschenburg, † Jürgensborg, Katlenburg und † Oldenburg sind nach den Belegen recht eindeutig mit dem GW *-burg* gebildet. Allerdings wurde schon beim GW *-berg* darauf hingewiesen, daß *-burg* und *-berg* in Namen häufiger schwanken und daß dieses seinen Grund neben der lautlichen Ähnlichkeit beider Elemente auch in der etymologischen Verwandtschaft hat. Die Bemerkung von Schröder, Namenkunde S. 201: „Es gibt unzweifelhaft zahlreiche mit =*burg* bezeichnete Berge, die niemals eine Befestigung getragen haben, und es gibt umgekehrt eine Menge Burgen, die von vornherein, eben als Burgen, doch mit =*berg* bezeichnet wurden" sei hier noch einmal angeführt. Eine Entscheidung, welches der beiden GW vorliegt, ist also in Einzelfällen nicht immer sicher zu treffen. So ist das das GW *-berg* enthaltende Lauenberg als ursprünglicher Burgname anzusehen.
Das dem GW entsprechende Appellativ ist gemeingermanisch: asä., ahd., afries. *burg*, mhd. *burc*, mnd. *borch*, mnl. *borch, burch*, nnl. *burg, burcht*, aengl. *burg, burh*, nengl. *borough*, anord., schwed. *borg*, got. *baurgs*. Die Bedeutung variiert in den germanischen Sprachen. Neben 'befestigter Bau' ist anord. *borg* mit 'Anhöhe, Wall', aber auch mit 'Burg, Stadt' zu paraphrasieren. Die weitere Etymologie ist umstritten. Mit Neumann, Burg S. 118 wird hier von einem Ablautverhältnis zwischen *Berg* und *Burg* ausgegangen. Als GW bezeichnet *-burg* ebenfalls 'befestigte Bauten', häufig auch Burgen im heutigen Verständnis. Das GW zeigt wenige Schwankungen, sieht man von den Varianten *-borch* als niederdeutscher Form und *-burg* als hochdeutscher Form ab. Im Kreis Northeim ist für die meisten *-burg*-Namen auch die Existenz einer Burg, einer Befestigungsanlage nachgewiesen. Zum Teil scheint es sich nur um eine Burg, nicht um eine Siedlung im engeren Sinne gehandelt zu haben; vgl. Erichs-

burg, † Hünschenburg und † Oldenburg. Der recht hohe Wüstungsanteil bei den -burg-Namen im Kreis fällt auf. Als BW kommen sowohl PN (*Erich, Jürgen*), Charakterisierungen (*alt, groß*) der Burg selbst sowie auch Besonderheiten der Umgebung (*Eiche*) vor. Katlenburg mit seinem alten Flußnamen als BW ist hervorzuheben.

-dal/-tal

Lediglich Kuventhal enthält als GW *-dal*, hdt. *-tal*. Das dem GW entsprechende Appellativ ist im Germanischen verbreitet: asä., mnd., mnl., nnl., schwed., norw., dän. *dal*, ahd., mhd. *tal*, aengl. *dæl*, nengl. *dale*, afries. *del*, anord. *dalr*, got. *dals*, allesamt in der Bedeutung 'Tal', auch 'Vertiefung, Grube'. In Namen verwendet, bildet es zunächst in der Regel Flurnamen, die dann auf eine Siedlung übertragen werden können. Im BW wird zumeist eine das Tal auszeichnende Besonderheit, d.h. die Form, der Bewuchs u.ä. genannt. Auch bei Kuventhal wird die markante Form des tiefeingeschnitten gewundenen Tales im BW genannt. Die Ersetzung durch hochdeutsch *-tal* ist eine sich erst in jüngerer Zeit (17./18. Jh.) durchsetzende Erscheinung.

-dorf

Mit dem GW *-dorf* gebildet sind † Eykendorpe, † Goltorf, Markoldendorf, † Neues Dorf, † Oldendorp I und † Oldendorp II. Bis auf Markoldendorf handelt es sich also sämtlich um Wüstungen. Als GW ist *-dorf* über den gesamten deutschen Sprachraum verbreitet und kommt auch in den anderen germanischen Gebieten häufig vor. Das entsprechende Appellativ ist ebenfalls gemeingermanisch: asä. *thorp*, mnd. *dorp*, ahd. *thorf*, mhd. *dorf*, mnl., nnl. *dorp*, aengl. *þorp, þrop*, nengl. *thorp*, anord. *þorp*, schwed. *torp*, dän., norw. *torp*, afries. *thorp*, got. *þaúrp*. In den verschiedenen Sprachen hat es z.T. unterschiedliche Bedeutungen; so im Gotischen evtl. 'Acker', im Norwegischen 'Herde (von Kühen)', während in den anderen germanischen Sprachen '(kleinere) Siedlung' dominiert. Die außergermanischen Verbindungen sind bzw. waren umstritten (zu lat. *turba* 'Menge' oder zu mir. *treb* 'Haus', lit. *trobà* 'Haus', lat. *trabs* 'Balken') und - zum Teil auch dadurch bedingt - auch die Bedeutung von *-dorf* als ON-GW, denn es ist umstritten, ob es stets 'Ansammlungen von mehreren Häusern' oder auch 'Einzelhöfe' bezeichnen kann. Nach Schützeichel, -dorf S. 25ff ist als Bedeutung 'Gehöft' anzusetzen, was sowohl Einzelhöfe als auch größere Niederlassungen umfassen könne. Festzuhalten ist, daß *-dorf* ein primäres ON-GW ist, also von vornherein eine Siedlung benennt. Als BW können sowohl PN wie Appellative unterschiedlichster Art vorkommen. Die ON des Kreises Northeim enthalten ein Appellativ im Vorderglied (wobei bei † Eykendorpe daneben auch ein PN in Frage käme), und mit Ausnahme von *Eiche* (in † Eykendorpe) und mnd. *gōle* 'sumpfige Niederung' in † Goltorf kommen nur *alt* und *neu* als BW vor. Das GW selbst zeigt bis auf die Ersetzung von ndt. *-dorp* durch hdt. *-dorf* nahezu keine Veränderung.

-feld

Acht Namen enthalten das GW *-feld*, nämlich † Baldfelde, Bodenfelde, † Grymmingefeld, Kalefeld, † Sevelde, † Volkenfelde, † Winenvelde und † Wintvelt. Auch hier ist der Wüstungsanteil ausgesprochen hoch. Das GW *-feld* ist mit asä., ahd., afries., aengl. *feld*, mnd., mhd., mnl. *velt*, nnl. *veld*, nengl. *field* 'freies, offenes Land, Ebene', auch 'Acker-, Wiesenflur' zu verbinden. Es handelt sich um ein GW für Flur- und Stellenbezeichnungen, nicht selten auch größeren Ausmaßes. So sind frühmittelalterliche Gaunamen auf *-feld* recht häufig. Die BW bei *-feld*-Namen sind durchaus unterschiedlich. Neben das Aussehen, die Lage oder andere Besonderheiten beschreibenden Appellativen sind Flußnamen nicht selten. Teils sind die BW leicht erklärbar, teils aber machen sie einen höchst altertümlichen Eindruck. Das trifft auch auf die *-feld*-Namen des Kreises Northeim zu, denn neben durchsichtigen BW wie *See* († Sevelde) oder einem PN in † Volkenvelde erscheinen schwierig zu erklärende BW z.B. in † Baldfelde oder Bodenfelde.

-gau

Lediglich Sohlingen enthält das GW *-gau*. Bekannt ist es vor allem durch die Benennung größerer Raumeinheiten, den *Gauen*, die dieses Element nicht selten im Namen tragen; vgl. dazu Polenz, Landschaftsnamen. Das GW bezeichnet wie das Appellativ ein 'Gebiet'. Bezeugt ist das Appellativ in asä. *gō*, mnd. *gō*, ahd. *gewi, gouwwi*, mhd. *gou, göu*, mnl. *gouw*, nnl. *gouw*, afries. *gā* sowie got. *gawi*. Als BW erscheinen überwiegend Elemente zur Charakterisierung des Gebietes, Flußnamen und selten auch PN. Sohlingen enthält im BW das Appellativ *Suhle*, meint also ein von sumpfigen Stellen geprägtes Gebiet.

-graben

Der Name † Kalkgrave enthält mit dem GW *-graben* ein recht seltenes und verhältnismäßig junges GW, mit dem sich die Forschung bislang nicht beschäftig hat. Ihm entspricht appellativisch asä. *grabo*, mnd. *grave*, ahd. *grabo*, mhd. *grabe*, mnl. *grave*, nnl. *graaf* 'Graben'. Es liegt demnach eine ursprüngliche Stellenbezeichnung vor. Bach, Ortsnamen § 299 weist darauf hin, daß *Graben* zwar meist künstliche Wasserläufe meine, aber auch Bäche bezeichnen könne. Der Einfluß des Menschen sei zwar nicht zwingend gegeben, wenngleich in der Mehrzahl der Namen wohl vorauszusetzen.

-hagen

Die *-hagen*-Namen stellen im Kreis Northeim die zweitgrößte ON-Gruppe dar. Mit diesem GW gebildet sind: Blankenhagen, † Clawenhagen, † Corriehagen, † Ereckeshagen, † Eyghagen, † Fredelshagen, Fürstenhagen, † Grimenhagen, Grubenhagen, † Heberhagen, † Heckenbeckshagen, † Helmoldeshagen, † Hoynhagen, † Ludenhagen, † Medemerhagen, † Meilinghagen, Nienhagen, † Nigenhagen, † Northagen, † Lutteken Northagen, † Oldenhagen, † Papenhagen, † Pilshagen, † Plesserhagen, (†) Portenhagen, † Rolfshagen, † Rosenhagen, Schönhagen, † Schoningerhagen, Strodthagen, † Sundernhagen, Weddehagen und † Wiershagen.
Das dem GW zugrundeliegende Appellativ *Hagen* ist in asä. *hag(o)*, ahd. *hagan* 'Dornstrauch', mhd. *hagen*, mnd. *hāgen* 'umfriedetes Gelände, Hecke, Gehölz' bezeugt. Weiterhin existiert eine Variante *Hag*, die in asä., ahd. *hag*, mhd. *hac*, mnd. *hǣch*, aengl. *hæg* belegt ist, sowie mnd. *hāge*, mnl. *hāghe*, nnl. *haag*, aengl. *haga*, nengl. *haw*, anord. *hagi*, die der vorgenannten Bedeutung entsprechen. Auch für das GW ist eine solche Bedeutung anzusetzen, also ein in irgendeiner Weise umfriedetes Gelände gemeint. Zu beachten ist allerdings die Bemerkung von Scheuermann,

Zaunwörter S. 99, daß FlurN auf *-hagen* häufig eher zu mnd. *³hāgen* m. in der Bedeutung 'kleines Gehölz' gehörten. Dieses ist auch für einige der im Kreis Northeim genannten Namen nicht auszuschließen, da die ON auf ältere Flurnamen zurückgehen können.

Die urkundliche Überlieferung nicht weniger *-hagen*-Namen im Kreis Northeim ist recht spärlich. Gleichwohl ist *-hagen* die dominierende Form, eine Kontraktion zu *-hain, -hayn* ist selten und erscheint nur vereinzelt in einigen Namen. Häufiger ist die Artikelverwendung vor dem Namen, allerdings nicht so häufig, als daß die Aussage von Kramer, Artikel S. 81, die Artikelverwendung sei „bei den Siedlungsnamen auf *-hagen* die Regel", ihre Bestätigung fände. Hinzu kommt, daß nach dem Wüstfallen der Orte in den Belegen wieder Fluren gemeint sein können, bei denen ein Artikel steht. Als BW kommen sowohl PN wie Appellative vor, wobei die Appellative stärker vertreten sind, so daß die Aussage von Scheuermann, Zaunwörter S. 99, in 60% der *-hagen*-Namen seien PN enthalten, für den Kreis Northeim deutlich zu relativieren ist, denn hier sind es gerade einmal 30%. Ein besonderer Typ sind diejenigen *-hagen*-Namen, die im BW ihrerseits einen Namen, in der Regel einen ON enthalten, wie z.B. † Fredelshagen (mit dem ON Fredelsloh) oder † Heckenbeckshagen (mit dem ON Heckenbeck); teils erscheinen bei diesen auch Adjektivbildungen wie † Schoningerhagen (zum ON Schoningen) oder † Medemerhagen (zum ON Medenheim). Die BW der mit Appellativen gebildeten *-hagen*-Namen sind meist durchsichtig und einfach zu erklären. Neben Angaben wie *alt, neu, Nord, hoch* oder *schön* kommen Personenbezeichnungen wie *Fürst* und *Pape* sowie Pflanzen (*Eiche, Rose*) u.ä. vor.

-hēm

Wie im Kreis Göttingen auch sind *-hēm*-Namen im Kreis Northeim recht selten. Im einzelnen sind folgende Orte zu nennen: Altgandersheim und Bad Gandersheim, Edesheim, Höckelheim, † Medenheim, Northeim, Stöckheim, Sudheim, † Sultheim und Vardeilsen. Durch eine spätere und zum Teil erst sehr junge Angleichung von ursprünglichen *-hūsen*-Namen an diese echten *-hēm*-Namen scheinen heute auch Dankelsheim, Gillersheim, Gremsheim und Olxheim *-hēm* zu enthalten, die älteren Belege weisen jedoch anderes aus. Bei weiteren Namen zeigt die Überlieferung vereinzelt *-hem, -em* anstelle des sonstigen *-husen, -sen* u.ä., die allerdings für eine Deutung zu vernachlässigen sind. Außer bei Vardeilsen, das an mit der Endung *-sen* an die *-hūsen*-Namen angeglichen wurde, ist das GW bei den übrigen in der jüngeren hochdeutschen Form *-heim* bis heute erkennbar.

Dem GW *-hēm* entspricht appellativisch ahd., mhd. *heim*, asä., mnd. *hē(i)m*, mnl., nnl. *heem*, alle Neutrum, sowie wie mit anderem Genus und anderer Bildung ahd. *heima* f., mnd. *hē(i)me*, aengl. *hām*, nengl. *home*, anord. *heimr* m. und got. *haims* f. Für letzteres ist die Bedeutung 'Dorf, Flecken' anzusetzen, während sonst von 'Wohnsitz, Haus, Wohnstätte' auszugehen ist. Die genaue Bedeutung des ON-GW ist umstritten; mit dem NOB III S. 409 wird 'Siedlung, Niederlassung' angenommen. Es handelt sich also bei *-hēm* um ein echtes Ortsnamenelement, das zur Benennung von Siedlungen verwendet wird. Sowohl Appellativ als auch ON-GW sind in der gesamten Germania verbreitet und es gibt eine Vielzahl von unterschiedlichen Aussagen über das GW, speziell über das Alter der mit *-hēm* gebildeten ON. Die sich auf niedersächsische *-hēm*-Namen beziehende Literatur faßt das NOB III S. 409ff. zusammen, wo S. 418 auf die lange Produktivität des GW hingewiesen wird, aus der sich ein durchaus unterschiedliches Alter der *-hēm*-Namen ergibt. Als BW der *-hēm*-Namen sind sowohl PN als auch Appellative möglich. Beides kommt im Kreis Northeim vor, denn Edesheim, † Medenheim und Vardeilsen enhalten einen PN, die übrigen - bis auf (Alt/Bad) Gandersheim mit einem alten FlußN als BW - durchsichtige und leicht erklärbare Appellative wie *Nord, Süd, Stock* oder *Sülte, Hu(c)kel.*

-hof

Bruchhof, † Dychhof, Tönnieshof und Westerhof enthalten als GW *-hof*. Das dem GW entsprechende Appellativ ist asä., mnd., ahd., mhd., mnl., nnl., aengl. als *hof* und mit neutralem Genus in anord. *hof* sowie afries. *hof* belegt. Als Grundbedeutung setzt Bach, Ortsnamen II § 589 'eingehegter, eingezäunter Raum, Garten, Gehöft' an. Gleiches gilt auch für das GW *-hof*. Das NOB III S. 422f. erwägt allerdings, daß *-hof* auch 'Einzelhöfe mit einer bestimmten Funktion', in der Regel 'Vorwerke' bezeichnen könne. Als Hinweis dient erstens die ausschließlich singularische Verwendung, während in Süddeutschland pluralische *-hofen*-Namen überwiegen, zweitens die häufige Verwendung eines Artikels vor den Namen, wie es auch † Dychhof oder Tönnieshof zeigen, drittens die Tatsache, daß es sich bei den mit *-hof* gebildeten Siedlungen nicht selten um Vorwerke, Gutshöfe handelt, und schließlich die Tatsache, daß *-hof* mehrfach erst jünger erscheint und ein anderes GW ablöst (vgl. Tönnieshof). Auch bei den *-hof*-Namen Northeims ist dieses recht wahrscheinlich, denn auch das bereits im 12. Jh. belegte Bruchhof wird mehrfach explizit als *grangia* oder *curia* bezeichnet. Bis auf Tönnieshof, das im BW einen Heiligennamen enthält, sind die übrigen *-hof*-Namen mit appellativischen Elementen (*Bruch, Teich, Wester-*) gebildet.

-horn

Mit diesem GW ist lediglich † Balehorne gebildet. Bei *-horn* handelt es sich um ein Namenelement, das sich auf 'Vorspringendes', eine 'Landspitze', einen 'Bergsporn' bezieht, mithin um eine ursprüngliche Flurbezeichnung. Ihm entspricht appellativisch asä. *horn*, mnd. *hōrn(e)*, ahd. *horn*, mhd. *horn*, mnl. *horn*, nnl. *horn*, *hoorn*, afries. *horn*, aengl. *horn*, nengl. *horn*, anord. *horn*, dän. *horn*, schwed. *horn*, norw. *horn* sowie got. *haurn*, die in der Bedeutung etwas variieren, denn neben 'Landspitze' ist auch '(Tier)horn' u.ä. anzusetzen, in jedem Fall aber etwas 'Vorstehendes, Spitzes'. Bei der Verwendung in Namen wird - dem Gebrauch als Stellenbezeichnung gemäß - in der Regel im BW etwas die Landspitze näher Charakterisierendes genannt; bei Balehorne bezieht sich das BW auf die helle Farbe.

-hūsen/-ingehūsen

Die mit Abstand größte ON-Gruppe bilden die Namen auf *-hūsen* sowie die dem speziellen Bildungstyp *-inge-hūsen* angehörenden Namen. Im einzelnen handelt es sich bei den mit *-hūsen* gebildeten Namen um: † Abbenshusen, Ackenhausen, † Ærnulueshusi, Ahlbershausen, Ahlshausen, (†) Albrechtshausen, Allershausen, Amelsen, Andershausen, † Aschen, Avendshausen, † Barolveshusen, † Barteshusen, Bartshausen, Behrensen, † Bennenhusen, † Bergoldeshusen, † Bernecen, Berwartshausen, Beulshausen, † Billingessen, Bishausen, Bollensen, † Bonekenhusen, † Bossekenhusen, † Broderhusen, Brunsen, Brunshausen, † Brunsteshusen, Buensen, † Clawenhusen, † Dancquardessen, Dankelsheim, † Dankwardeshusen, Dannhausen, Dassensen, † Deelmissen, Deitersen, Dellliehausen, Denkershausen, † Dentigessen, † Detnissen, Dörrigsen, † Ebkeshausen, Eboldshausen, † Edelereshusen, Edemissen, Eilensen, Ellensen, Elvershausen, † Elvershausen, Elvese, Erzhausen, Eschershausen, (†) Evessen, † Eygenhusen, Fehrlingsen, (†) Friedrichshausen, Garlebsen, Gillersheim, Gremsheim, Hachenhausen, † Hagehusen, Haieshausen, Hallensen, † Harboldessen, Hardegsen, † Helmwardessen, Hettensen, Hevensen, † Hildewardessen, † Hilmershusen, Hilprechtshausen, Hilwartshausen, Holtensen, (†) Holtensen, Holtershausen, Hoppensen, † Hoppenhusen, Hullersen, Imbshausen, Immensen, Ippensen, † Irshausen, † Jeynsen, † Klauensen, Kohnsen, Kreiensen, Krimmensen, † Kuynhusen, Lagershausen, Langenholtensen, (†) Levershausen, † Nordludolfshausen, † Südludolfshausen, Lüthorst, Lutterhausen, Mackensen, † Markwordissen, † Mein(de)shusen, † Melkershausen, † Menwordessen, † Meynshusen, Naensen, † Nahehusen, † Obernhevensen, Odagsen, † Odekenhusen, † Odelevessen, Offensen, † Oishusen, Oldershausen, Olxheim, Opperhausen, Orxhausen, Oyershausen, Parensen, † Radelfeshusen, † Ramsen, † Ratgodessen, † Reckhordessen, † Reddersen, † Reinersen, † Reinsen, (†) Relliehausen, Rengershausen, † Rickelshausen, † Robbedissen, † Rodereshusen, † Rucunhusen, † Rugershusen, Sebexen, Seboldshausen, † Sevensen, † Siburgehusen, Sievershausen, Sievershausen, † Smedersen, Sudershausen, † Sundershausen, † Tappenhusen, † Tekenhusen, † Thiedressun, † Tidexen, Voldagsen, Volksen, Volpriehausen, Wachenhausen, † Waggenhosen, † Waleshusen, † Wartshausen, Wellersen, Wenzen, † Wernershusen, (†) Wickershausen, † Widechindeshusen, Wiebrechtshausen, Wiensen, Wiershausen, Willershausen, † Wolbechteshusen, Wolbrechtshausen, † Worthusen und † Wulfershusen. Zu den *-inge-hūsen*-Namen gehören: Dinkelhausen, † Edingehausen, † Elveringehusen, (†) Ertinghausen, Harriehausen, † Heginchusen, † Hessigehusen, † Hissihausen, † Illingehusen, † Meilingehusen, † Murlingehusen, (†) Rekelinghusen, Schnedinghausen, Thüdinghausen, Üssinghausen, Verliehausen und † Withighusen.

Das dem GW entsprechende Appellativ ist in ahd., asä., mnd., aengl., anord. *hūs*, mhd. *hūs, hous*, mnl. *huus*, nnl. *huis*, nengl. *house*, schwed. *hus*, got. *-hūs* (in Komposita) belegt und bedeutet 'Gebäude, Haus', teilweise auch 'Bewohner eines Hauses, Familie, Geschlecht'. Als GW wird es im gesamten deutschsprachigen Raum verwendet, ist ein echtes Siedlungsnamenelement und erscheint zumeist in der Form *-husen*, älter auch *-husun*. Dabei handelt es sich um einen Dativ Plural in lokaler Funktion. Als BW erscheinen sehr häufig PN, seltener auch Appellative, die zumeist bei der Erklärung keine Probleme bereiten. Das gilt auch für die *-hūsen*-Namen des Kreises Northeim. Von den insgesamt 164 Namen enthalten nur 9 ein Appellativ, bei zwei Namen ist das BW unklar (es können sowohl Appellative wie PN enthalten sein) und 153 einen PN als BW. Dabei sind die drei mit einem Frauennamen gebildeten ON (†) Relliehausen, † Siburgehusen und Volpriehausen hervorzuheben, da Frauennamen relativ selten in ON erscheinen; vgl. dazu Schröder, Namenkunde S. 250ff.

Das GW *-hūsen* zeigt in Niedersachsen eine durchaus sehr unterschiedliche Vorkommenshäufigkeit; während es im Kreis Northeim „das" GW ist, weisen z.B. die Kreise Wolfenbüttel und Helmstedt nahezu keine *-hūsen*-Namen auf (vgl. dazu NOB III S. 423f.). Die meisten der noch bestehenden *-hūsen*-Orte lauten heute auf *-hausen* aus; deutlich weniger haben *-sen* (wie Naensen, Parensen oder Sebexen). Die von Kramer, -husen S. 14ff. als Übergangsform bezeichnete Form *-hosen, -osen* tritt bei längst nicht allen Namen auf. Der Übergang von niederdeutschem *-husen* zu hochdeutschem *-hausen* vollzieht sich ab der zweiten Hälfte des 16. Jh. Daneben erfolgt bei einigen Namen jünger eine Angleichung an die -hēm-Namen (Dankelsheim, Gillersheim, Gremsheim, Olxheim).

Ein besonderer Typ sind die -inge-hūsen-Namen. Auch hier ist das eigentliche GW -hūsen. Zwischen dem BW, das stets ein PN ist, und dem GW erscheint ein weiteres Element, nämlich -inge-, das auf älteres -ingo-/-inga- zurückgeht und formal einen Genitiv Plural darstellt. Es bezeichnet hier die zu einer Person gehörigen Leute, die im BW genannt ist; Verliehausen wäre also als 'Siedlung der Leute des Frilo' zu interpretieren. Häufig wird -ingehusen über -igehusen und -ijehusen zu -iehusen verkürzt (vgl. dazu Scheuermann, Barsinghausen S. 93ff.) und zumindest ein Teil der -ingehūsen-Namen des Kreises zeigt in den jüngeren Belegen dieses gekürzte -iehausen.

-kirche

Das GW -kirche, das im Namen Rotenkirchen erscheint, verrät deutlich menschlichen Einfluß und ist in seiner Produktivität insofern näher einzugrenzen, als es erst zu dem Zeitpunkt verwendet werden kann, als (christliche) Kirchen erbaut werden. Dem GW entspricht das Appellativ asä. kerika, kirica, mnd. kerke, karke, ahd. kirihha, mhd. kirche, mnl. kerke, nnl. kerk, afries. kerke, aengl. cīrice, cyrice, circe, nengl. church, anord. kirkja, dän. kirke, schwed. kyrka, norw. kyrkja '(christliches) Gotteshaus'. Mit -kirche gebildete ON sind recht selten, aber über das gesamte deutsche Sprachgebiet verbreitet. Wie die Zusammenstellung bei Förstemann, Ortsnamen I Sp. 1676ff. zeigt, kommen als BW sowohl PN (durchaus nicht nur christliche oder Heiligennamen) wie Appellative unterschiedlichster Art vor, die sich aber meist auf Lage, Größe oder Besonderheiten der Kirche beziehen. Auch bei Rotenkirchen mit dem Farbadjektiv rot wird wird eine Besonderheit der Kirche (vermutlich die Farbe des Baustoffes) benannt.

-lar

Uslar enthält ein GW, das in der Forschung kontrovers diskutiert wurde bzw. wird. Hinzuweisen ist insbesondere auf die Arbeit von Dittmaier, -(h)lar, der ihnen eine Monographie gewidmet hat. Unbeschadet des von allen angenommenen hohen Alters (vgl. z.B. Bach, Ortsnamen II § 464, daß „echte Komposita auf -aha, -lar, -mar u.a. in der Zeit um Christi Geburt wohl längst bestanden") ist vor allem die Etymologie des GW strittig. Dittmaier entscheidet sich für einen Ansatz *-hlāri in der Bedeutung '(Schaf)Hürde, Lattenwerk'. Dem widerspricht Udolph, Germanenproblem S. 473ff., der auch die bisherige Forschung zusammengefaßt hat, und bietet eine andere, überzeugendere Deutung. Appellativisch sind aengl. læs, nengl. leasow 'Weide, Weideland' und slav. lěs 'Wald, Waldlichtung' anzuführen und das GW -lar als 'offene, waldfreie Stelle (in, an einem Wald)' zu interpretieren - was mehr überzeugt, als eine den Einfluß des Menschen vorauszusetzende Bedeutung '(Schaf)Hürde, Lattenwerk', denn als BW erscheinen bei den -lar-Namen keineswegs auf den Menschen bezogene Wörter, sondern häufig altertümliche, schwer zu erklärende Elemente, die sich auf Aussehen, Gestalt, Bewuchs und sonstige natürliche Charakteristika beziehen. Uslar mit seinem BW enthält ebenfalls ein solches altes BW, das in das Bedeutungsspektrum 'feucht' gehört. Bei den -lar-Namen handelt es sich um ursprüngliche Flurnamen, die erst später auf eine dort entstehende Siedlung übertragen wurden.

-minde/-menni

Bei dem nur einmal bezeugten † Drodminne wird ein GW *-minde/-menni* erwogen und auf den Namen Hedemünden im Kr. Göttingen verwiesen, wo ein solches ebenfalls vermutet wird. Als Bedeutung wird in NOB IV S. 187ff. 'Berg, Erhebung' angegeben. Da das Element bislang in der Forschung kaum betrachtet wurde, eine Zusammenstellung möglicher *-minde/-menni*-Namen bislang fehlt und sich im NOB IV ausführlicher zu diesem GW geäußert wurde, sei auf die dortigen Ausführungen verwiesen und hier nur angemerkt, daß das Element eine Wurzelvariante zu lat. *mōns, montis* 'Berg' darstellt und in zwei Vokalstufen (**mend* bzw. **mind* sowie die Schwundstufe **mund*) vorkommt.

-rode/-ingerode

Eine größere ON-Gruppe sind die mit dem GW *-rode* bzw. dem besonderen Bildungstyp *-ingerode* gebildeten Namen. *-rode*-Namen sind: † Abbenrode, † Äbtissinrode, Gehrenrode, Großenrode, † Herbrechterode, (†) Leisenrode, Lütgenrode, † Nienrode, Oldenrode, Oldenrode, Suterode und Wolperode. Zu den *-ingerode*-Namen gehören: † Bengerode, Bentierode, Dögerode, Düderode, Ellierode, Ellierode, † Ellingerode, † Elvingerode, † Emelingerode, † Hatheberingerodt, Helmscherode, † Richardingerode, Rimmerode, Rittierode, † Volpoldigeroth und Wrescherode. Der Kreis Northeim weist also mehr *-ingerode*-Namen als *-rode*-Namen auf.

Dem GW liegt asä. *roð*, mnd. *rot* 'Rodung, Rodeland, Neubruch' zugrunde, ein Neutrum, das auch in ahd. *rod*, anord. *ruð*, aengl. *rod* (in Namen) bezeugt ist. Mit *-rode* gebildete Namen kommen im gesamten deutschsprachigen Raum vor; verwandt sind die im hochdeutschen Bereich liegenden *-reut*-Namen. Übereinstimmend wird von relativ jungen Siedlungen ausgegangen, die im Zuge eines Binnenausbaus Wälder oder Waldränder durch Ausroden nutzbar machten, was ihre häufig waldnahe Lage erklärt. Als BW erscheinen überwiegend PN. Das ist im Kreis Northeim etwas anders, da hier mehr Appellative als PN, darunter in Wolperode ein Frauenname, in den BW vorkommen. Die Appellative sind allerdings leicht erklärbar und bis auf die *Äbtissin* in † Äbtissinrode handelt es sich um Adjektive, die das Alter (*alt, neu*), die Größe (*groß, lütken*) oder die Lage (*süd*) angeben.

Ein spezieller Bildungstyp sind die *-ingerode*-Namen, die in ihrem Vorkommen durchaus beschränkt sind - sie finden sich rund um den Harz herum. Boegehold, *-ingerode* widmet ihnen eine gesonderte Abhandlung. Auch hier ist das eigentliche GW *-rode*. Zwischen dem BW, das stets ein PN ist, und dem GW erscheint ein weiteres Element, nämlich *-inge-*, das auf älteres *-ingo-/-inga-* zurückgeht und formal einen Genitiv Plural darstellt. Es bezeichnet hier die zu einer Person gehörigen Leute, die im BW genannt ist; Ellierode wäre also als 'Siedlung der Leute des Aldo' zu interpretieren. Wie bei den *-ingehūsen*-Namen wird häufig *-ingerode* über *-igerode* und *-ijerode* zu *-ierode* oder sogar *-erode* verkürzt und die heute noch existierenden *-ingerode*-Namen weisen alle diese Kürzungen auf.

-rōr

Für † Wackenrode wird mit *-rōr* ein höchst ungewöhnliches GW erwogen, für das bislang kaum weitere Vorkommen in ON (zumindest als GW) nachzuweisen sind. Das ihm zugrundeliegende Appellativ ist klar, es handelt sich um das (*Schilf-*)*Rohr*, das in asä. *rōri-* (in Komposita), mnd. *rōr,* ahd. *rōr,* mhd. *rōr,* mnl. *roer,* nnl. *roer,* anord. *reyrr,* dän. *rør,* schwed. *rör,* norw. *røyr* sowie got. *raus* bezeugt ist. Angesichts der Seltenheit als GW kann hier nur konstatiert werden, daß es sich um eine ursprüngliche Flurbezeichnung handeln wird, die dann auf die entstehende Siedlung übergeht.

-rück

Hunnesrück, eine Parallelbildung zum Hunsrück, ist mit diesem GW gebildet. Es handelt sich um ein recht selten erscheinendes GW, das als ursprüngliche Stellenbezeichnung eine Erhebung, einen Bergrücken benennt. Ihm entspricht appellativisch asä. *hruggi,* mnd. *rugge,* ahd. *(h)ruck, ruggi,* mhd. *ruck(e), rück(e),* mnl. *rugge,* nnl. *rug,* afries. *hregg,* aengl. *hrycg,* nengl. *ridge,* anord. *hryggr,* dän. *ryg,* schwed. *rygg,* norw. *rygg* 'Rücken'. Bei Hunnesrück ist wohl insgesamt von einer metaphorischen Benennung nach der Form eines *Hunderückens* auszugehen.

-schēde

Dieses GW enthält nur die Wüstung Anschete. Bekannt ist das GW aus Namen wie Wattenscheid, Remscheid. Anders als das ihm zugrundeliegende Appellativ, das neben 'Grenze' auch '(Schwert-)Scheide' usw. bedeutet, ist beim GW *-schēde* von 'Scheidung, Grenze, Begrenzung' auszugehen, wobei auch (und vor allem) natürliche Grenzen oder trennende, weil nicht leicht zu überwindende naturräumliche Gegebenheiten gemeint sind. Dem GW liegt appellativisch asä. *skēðia,* mnd. *schēde,* ahd. *skeida,* mhd. *scheide,* mnl. *scēde,* nnl. *schede,* afries. *skēthe,* aengl. *scēaþ,* anord. *skeið* zugrunde. Eine Zusammenstellung und Untersuchung (der Bildungsweise) der *-schede/-scheid*-Namen fehlt bislang. So kann hier lediglich bemerkt werden, daß bei Anschete der nicht besonders häufige Bildungstyp mit einer Präposition (*an*) vorliegt.

-sēle

Nur in Fredelsloh ist ein GW *-sēle* anzusetzen. Es ist ein im gesamten deutschen Sprachgebiet verbreitetes, wenngleich relativ seltenes GW. Bekanntester Name dürfte Bruchsal (mit seiner genauen Entsprechung Brüssel außerhalb Deutschlands) sein. Appellativisch entspricht ihm mit variierenden Bedeutungen in den einzelnen Sprachen asä. *seli,* mnd. *sēl,* ahd. *sal,* mhd. *sal,* mnl. *sāle, sēle,* nnl. *zaal,* aengl. *sæl,* anord. *salr,* dän. *sal,* schwed. *sal,* norw. *sal.* Hinzuweisen ist auf den Beitrag von Roelandts, Sele und Heim, der sich mit der Bedeutung und der Bedeutungsentwicklung des Wortes auseinandersetzt. Für Fredelsloh dürfte von 'Behausung, Hütte' ausgegangen werden. Als BW erscheint eine 'Wald'-Bezeichnung.

-sieck

Der Name der Wüstung Horlingesieck enthält ein GW *-siek.* Appellativisch entspricht ihm mnd. *sīk* und afries. *sik* in der Bedeutung 'sumpfige Niederung, feuchte Niederung, Tümpel', sowie aengl. *sīc* 'Rinnsal, dünner Strom', ferner ahd. *seih,* mhd. *seich* 'Harn', weiterhin anord. *sík,* norw., schwed. dialektal *sīke, sīke* 'kleiner, langsam strömender Bach, Morast mit Wasserader'. Als GW ist *-siek* vor allem in Ostfalen, Schleswig-Holstein und Teilen Westfalens verbreitet. Kettner, Flußnamen

S. 374ff. weist darauf hin, daß es in Namen für Bäche, kleine Wasserläufe, Wasserrinnen verwendet wurde, wie das die anderen germanischen Sprachen auch appellativisch zeigen. Als solches bildet es primäre Flurnamen, genauer Flußnamen, und laut Kettner, Flußnamen S. 376 ist es bei den Zuflüssen zur oberen und mittleren Leine nach -beke das zweithäufigste GW. Siedlungsnamen sind daraus nur in seltenen Fällen entstanden, was evtl. auch damit zu tun hat, daß es nach Kettner ein erst seit der Zeit des mittelalterlichen Landesausbaus verwendetes ON-Element ist. Udolph, Germanenproblem S. 401ff. weist eine Reihe von -siek-Namen in England nach, und auch Skandinavien kennt zahlreiche derartige Namen (vgl. auch die Karte bei Udolph, Germanenproblem S. 409).

-stedt

Hammenstedt, Hohnstedt und Hollenstedt sind mit dem GW -stedt gebildet. Auffallend ist, daß zwar Hammenstedt und Hollenstedt die niederdeutschen (ostfälischen) Formen -stedi, -stide aufweisen, bei Hohnstedt aber seit dem 12. Jh. das GW fast ausschließlich -stat, -stad lautet, bis erst jung wieder -stedt eintritt. Das GW -stedt ist in der gesamten Germania verbreitet. Anders als z.B. im Kreis Wolfenbüttel und der Stadt Salzgitter, wo mehr als ein Zehntel der Namen mit -stedt gebildet sind (vgl. dazu NOB III S. 483ff.), fällt der geringe Anteil von -stedt-Namen im Kreis Northeim auf. Allerdings kommt auch im benachbarten Kreis Göttingen mit Duderstadt nur ein einziger -stedt-Name vor. Wie das GW ist auch das zugrundeliegende Appellativ gemeingermanisch und die Etymologie ist unumstritten: asä. stedi, mnd. stat, stēde, stedde 'Stelle, Ort, Platz' gehört mit seinen germanischen Entsprechungen ahd. stat, mhd. stat, mnl. stat, stēde, nnl. stad, afries. sted(e), stidi, aengl. stede, nengl. stead, anord. staðr, dän. stad, norw. stad, schwed. stad und got. staþs als ti-Bildung zur idg. Wurzel *stā-, *stə- 'stehen, stellen'. Anders als beim Appellativ Stadt mit seiner (zumindest jüngeren) Bedeutung 'größere, in sich geschlossene Siedlung mit bestimmten Rechten' ist eine solche Bedeutung beim GW nicht anzusetzen; hier ist von 'Stätte, Stelle', 'bewohnte Stätte' auszugehen. Letztlich können sowohl Flurnamen wie primäre Siedlungsnamen mit -stedt gebildet werden. Ob, wie von Flechsig, Beiträge S. 41 angenommen, eine Unterscheidung anhand der enthaltenen BW möglich ist, bleibt unsicher; vgl. auch NOB III S. 486. Als BW sind PN wie auch alle Arten von Appellativen möglich. Bei Hammenstedt wie Hollenstedt sind sowohl Anschlußmöglichkeiten an PN wie Appellative möglich. In letzterem Fall bezögen sich die BW auf eine Biegung (Hammenstedt), einen Hügel (Hollenstedt) und die hohe Lage (Hohnstedt).

-stēn/-stein

Angerstein, Brunstein und Marienstein sind mit diesem GW gebildet. Das dem GW entsprechende Appellativ ist gesamtgermanisch belegt: asä. stēn, mnd. stē̂n, ahd., mhd. stein, mnl., nnl. steen, afries. stēn, aengl. stān, nengl. stone, anord. steinn, dän., schwed. sten, norw. stein, got. stains, alle in der noch heute geläufigen Bedeutung '(kleiner) Fels'. Schröder, Namenkunde S. 203 weist darauf hin, daß neben mit -stein gebildeten Flurnamen, die sich meist auf einen auffälligen einzelnen Stein oder auch steinigen Boden beziehen, es auch in Siedlungsnamen vorkomme: „Seit dem 11. Jahrhundert aber scheint =stein bei Neugründungen ausschließlich für Burgennamen verwendet" worden zu sein. Das hat seinen Grund auch darin, daß es sich um aus Stein errichtete Gebäude handelt. Im Kreis Northeim ist lediglich bei Brunstein von einem Burgnamen auszugehen, bei Angerstein ist keine Burg nachgewiesen und Marienstein, das ursprünglich nur *Steina, Stene* lautete, war ein Kloster. Anders als bei den beiden anderen Namen wurde bei Marienstein ein PN - nämlich der der Kirchenpatronin Maria - hinzugefügt. Angerstein und Brunstein enthalten Appellative als BW (*Anger, braun*).

-tūn

Mit Nörten liegt ein zu einem in der Verbreitung beschränkten Namentyp gehörender Name vor, denn südlich von Niedersachsen kommt *-tūn* kaum vor. Es handelt sich um einen GW-Typ, der in der Literatur kontrovers diskutiert wurde. Udolph, Germanenproblem S. 609ff. faßt die bisherige Diskussion zusammen und listet die entsprechenden Namen auf. Besonders häufig sind sie in England, wo sie ca. 1/8 aller ON ausmachen. Auch in Skandinavien und den Benelux-Staaten sind *-tūn*-Namen, wenn auch deutlich seltener als in England, vertreten. Appellativisch entspricht dem GW asä., mnd., afries., aengl., anord. *tūn*, ahd. *zūn*, mhd. *zūn, zoun* 'Zaun, Einhegung', dann auch 'von einer Einhegung umschlossenes Gebiet'; im Englischen ist *town* die 'Stadt'. Für die Verwendung in Namen kann man kaum von 'Stadt' ausgehen, sondern sollte eher 'eingehegtes Gebiet (zum Siedeln)' annehmen. Nach dem NOB IV S. 72 sind PN in den *-tūn*-Namen Deutschlands sehr selten, und auch Nörten enthält ein Appellativ (*nord*).

-ufer

Nur Nienover enthält dieses GW, das insgesamt recht selten ist. Als weiteres Beispiel ist Hannover zu nennen. Da die Bedeutung des GW im Ortsartikel von Nienover ausführlicher dargestellt wird, genügt hier ein Verweis auf denselben. Dem GW entspricht natürlich das Appellativ *Ufer*, das in asä. *ōƀar*, mnd. *ōver*, mhd. *uover*, mnl. *oever*, nnl. *oever*, afries. *ōver*, aengl. *ōfer* bezeugt ist. Wie auch bei Hannover liegt bei Nienover eine Bildung mit einem flektierten Adjektiv vor, hier die Wendung **tom nien overe* 'am neuen Ufer', wobei 'Ufer' hier eher in der Bedeutung 'Erhöhung, Hügel' zu verstehen ist.

-wald

Gierswalde und † Vredewolt sind mit dem GW *-wald* gebildet. Diesem GW entspricht appellativisch asä. *wald*, mnd. *wolt*, ahd. *wald*, mhd. *walt*, mnl. *wout*, nnl. *woud*, afries. *wald*, aengl. *weald*, nengl. *wold*, anord. *vǫllr*, dän. *vold, voll*, schwed. *vall*, norw. *voll* 'Wald, bewaldetes, mit Bäumen bestandenes Gebiet'. Es fällt auf, daß im Kreis Northeim nur mit *-wald* gebildete Namen, nicht aber die in Ostfalen sehr viel häufigeren *-loh*-Namen vorkommen. Wie die Zusammenstellung bei Förstemann, Ortsnamen II Sp. 1199 zeigt, kommen bei den *-wald*-Namen als BW seltener PN und vor allem Appellative vor, die das Aussehen, den Bewuchs und die Lage des Waldes charakterisieren. Letzteres ist auch bei den beiden Namen des Kreises Northeim der Fall. Im BW von Gierswalde ist wohl der *Geier* (evtl. auch der *Giersch*) und in Vredewolt eine *Einfriedung* zu sehen.

-warde

Nur der Name der Wüstung Hagenwarde enthält dieses Element. Das entsprechende Appellativ *Warte* ist in asä. *warda,* mnd. *warde,* ahd. *warta,* mhd. *warte,* mnl. *wa(e)rde,* aengl. *weard,* nengl. *ward,* anord. *varða* belegt und bedeutet 'Wachturm, Ausguck' u.ä. Es handelt sich also um eine Bezeichnung für ein Gebäude mit einer bestimmten Funktion und dürfte schon deshalb nicht gerade häufig als GW in ON vorkommen. Vermutlich wurde der Name erst sekundär auf die Siedlung bei dieser Warte übertragen.

-wasser

Lediglich die beiden Wüstungen Rodenwatere und Weißenwasser enthalten ein GW *-wasser*. Appellativisch entspricht ihm nhd. *Wasser,* das in asä. *watar,* mnd., mnl. *wāter,* ahd. *wazzar,* mhd. *wasser,* nnl., afries., nengl. *water,* aengl. *wætar* 'Wasser, Gewässer, See, Fluß' Verwandte besitzt. Wie die Namen auf *-aha, -apa, -born, -siek, -spring* bildet *-wasser* ursprünglich Flurnamen, genauer Gewässernamen. Nach Kettner, Flußnamen S. 380 kommen die mit *-wasser* gebildeten Flußnamen in Waldgebieten und bergigen Gegenden vor und die Namen sind jung; sie entstammen dem mittelalterlichen Landesausbau, aber auch dem Spätmittelalter und der frühen Neuzeit. Die meisten Namen enthalten als BW Angaben zur Lage des Baches und zu Eigenschaften des Baches. Im Falle von Rodenwatere und Weißenwasser wird die Farbe des Wasser beschrieben (*rot, weiß*).

-welle

Für † Dyckwelle ist ein GW *-welle* anzusetzen. Es handelt sich um ein nicht besonders häufig vorkommendes GW und die mit ihm gebildeten Namen sind als ursprüngliche Flurnamen zu verstehen, denn *-welle* ist gleichbedeutend mit *Quelle,* allerdings gehört es etymologisch mit *wallen* zusammen, von dem es abgeleitet ist. In den germanischen Sprachen kommen unterschiedliche Bildungen vor, zu nennen sind aengl. *will(a), wiell(a), wǣl,* nengl. *well,* mnl. *welle,* nnl. *wel,* afries. *walla,* anord. *vella* (hier in der Bedeutung 'Fluß'), norw. *vell,* dän. *væld.* Eng verwandt ist die *Welle* 'Wasserwoge'. Mit dem GW *-welle* liegt eines der im Kreis Northeim häufigen Quellen-/Wasser-GW vor (vgl. *-born, -sieck* usw.).

b.) Suffixbildungen

Im Gegensatz zu den Grundwörtern bildet die Gruppe der Suffixbildungen eine deutlich kleinere, es gibt weniger verschiedene Suffixe, zu den einzelnen Ableitungen gibt es weniger Namen, und anders als bei den Grundwörtern läßt sich keine „Bedeutung" angeben. Allenfalls eine Funktion läßt sich bei einigen von ihnen erschließen. Generell sind mit Suffixen abgeleitete Namen als älter als mit GW gebildete Namen einzustufen, und es handelt sich nicht um primäre Siedlungsnamen, sondern um ursprüngliche Stellenbezeichnungen. In erster Linie sollen im folgenden die zu den jeweiligen Suffixen gehörenden Namen aufgelistet werden; weitergehende Aussagen seien späteren Auswertungen, die größere Materialmengen einbeziehen können, vorbehalten.

-i̯a-

In die Gruppe der -i̯a-Bildungen gehören im Kreis Northeim Bühle, Greene und † Sose. Mit diesem Suffix hat sich das NOB III S. 392ff. ausführlich befaßt. Dort wird darauf hingewiesen, daß es in der Forschung bislang kaum beachtet wurde. S. 394 wird als Funktion dieses Suffixes eine „Zugehörigkeit" erwogen und gefolgert: „Die -i̯a-Bildungen wären dann als abgeleitete Stellenbezeichnungen zu interpretieren, -i̯a- hätte im weitesten Sinne die Funktion, eine zu etwas gehörige, an etwas gelegene Stelle zu bezeichnen." Die Basen aller drei Namen beziehen sich auf naturräumliche Besonderheiten, wie einen 'Hügel', 'Sand' bzw. 'Feuchtigkeit' oder 'Wasser', so daß die angenommene Funktion der Zugehörigkeit bei allen Namen zutreffen würde.

-ingen/-ungen

Die Namen Moringen, † Rossingen und Schoningen gehören in diese Gruppe. Nur in † Rossingen ist die Variante -ingen anzusetzen, bei Moringen und Schoningen hingegen -ungen. Anders als im appellativischen Bereich (vgl. *Bildung, Zeitung, Camping* usw.) ist das Suffix im Namenbereich nicht mehr produktiv. Dabei bildet -ungen eine Ablautform von -ingen. Udolph, Germanenproblem S. 154ff. stellt die -ungen-Namen zusammen und weist darauf hin, daß viele ursprüngliche -ungen-Namen später zu -ingen übergingen. Das ist auch bei Moringen und Schoningen der Fall, wo bereits früh -i- für -u- eintritt. Als Funktion läßt sich (wenigstens für den niedersächsischen Bereich) die einer '(kollektiven) Stellenbezeichnung' angeben; vgl. dazu NOB III S. 432ff. PN als Basen kommen anders als in Süddeutschland kaum vor. Vielmehr enthalten die Basen Wörter oder Stämme, die sich auf eine Besonderheit der Umgebung beziehen; bei den -ungen-Namen treten auch Flußnamen als Basen auf, wie es für Moringen erwogen wird, wobei hier auch eine appellativische Basis (*Moor*) in Frage kommt. Die beiden anderen Namen enthalten altertümliche Wörter für 'Schilfrohr' und 'Wald(spitze)'.

-ithi

Ein Suffix -ithi (germ. *-iþi̯a-) erscheint in einer ganzen Reihe von Namen; vgl. die Zusammenstellungen bei Udolph, -ithi und Möller, Dentalsuffixe. Im Kreis Northeim ist es bei † Bennethe und Vahle anzusetzen. In Appellativen wie ahd. *juhhidi* 'Gespann' hat *-iþi̯a kollektivierende Funktion, nur selten auch andere Funktionen; vgl. dazu Krahe/Meid 3 S. 147ff. Für die Namen ist mit dem NOB III S. 441f. eher von einem „Versehenheitssuffix" auszugehen als von kollektiver Funktion, denn bei einer Reihe von Basen würde eine Kollektivierung wenig sinnvoll sein; das gilt auch für die beiden Namen des Kreises Northeim. Interessant ist, daß -ithi im appellativischen Bereich vor allem im Hochdeutschen vorkommt, in Namen hingegen vor allem nördlich der deutschen Mittelgebirge. Die Basen enthalten nach Udolph, -ithi S. 136ff. meist Angaben über Besonderheiten der Lage (Bodenbeschaffenheit, Gewässer, Farbe, Erhebungen, Vertiefungen) und Angaben zu Flora und Fauna. Das trifft auch auf † Bennethe (zu *Bann* '[Gerichts]bezirk' oder einem Wort für 'Schneise') und Vahle (wohl zu *fahl* 'blaß, hell') zu.

-l-

In † Crumele, Dassel und Espol wird ein -l-Suffix angesetzt. Im appellativischen Bereich sind -l-Ableitungen bis heute produktiv geblieben. Besonders häufig sind

Geräte- und Instrumentenbezeichnungen (*Schlegel, Schlüssel*) sowie Diminutive (*Ferkel*). Die Funktion eines *l*-Suffixes in Namen ist hingegen unklar, denn in Einzelfällen überzeugt zwar eine diminuierende, d.h. verkleinernde Funktion, in vielen Namen aber kommt eine solche kaum in Betracht. Recht häufig wird ein -*l*-Suffix bei der Bildung von Flußnamen verwendet. Sowohl bei den Appellativen wie auch bei den Namen tritt das -*l*- in der Regel nicht ohne Vokal an den Stamm. Es kommen dabei verschiedene Vokale vor: -*ala*, -*ila*-, auch -*ula*. Bei † Crumele und Dassel spricht einiges für einen Ansatz von -*ala*-, bei Espol hingegen ist -*ila* anzusetzen. Bei allen drei Namen wird ein ursprünglicher Flußname angenommen, der später auf die dort entstehende Siedlung übertragen wurde. Während † Crumele und Espol mit ihren Basen *krumm* und *Espe* leicht erklärbar sind, enthält Dassel ein älteres und schwieriger zu deutendes Element.

-*r*-

Lediglich bei (†) Binder ist eine -*r*-Ableitung anzusetzen. Für Bildungen mit -*r*-Suffix geht Wesche, Ortsnamen S. 67f. davon aus, daß alte Flußnamen vorlägen, was im Falle von Binder jedoch nicht zutrifft. Auch ansonsten kommen -*r*-Ableitungen bei Namen vor, denen keine alten Gewässernamen zugrundeliegen. Udolph, Germanenproblem S. 169ff. listet Namen mit -*r*-Suffix auf und weist darauf hin, daß von diesen Namen das aus dem Lateinischen entlehnte *-arja/*-ārja zu trennen ist. Letzteres ist vor allem im appellativischen Bereich sehr produktiv geworden, indem es nomina agentis, d.h. Bezeichnungen des Typs *Bäcker = jemand, der bäckt* bildet. Über die Funktion des -*r*-Suffixes in Namen lassen sich bislang keine genaueren Angaben machen. Wie bei den anderen Suffixen auch, tritt das Suffix meist durch einen Vokal eingeleitet (-*ira*-, -*ara*-) an die Basis; im Falle von Binder ist nicht zu entscheiden, welche Form vorliegt.

-*s*-

In Hillerse liegt wohl eine -*s*-Ableitung vor. Allerdings ist auch eine Bildung mit dem GW -*hūsen* nicht gänzlich auszuschließen. Zum -*s*-Suffix hat sich Udolph, Germanenproblem S. 199 ausführlicher geäußert. Er weist darauf hin, daß -*s*-Suffixe in alten und ältesten Flußnamen breit vertreten seien, daß aber auch -*s*-Bildungen vorkämen, bei denen sicher keine Flußnamen vorauszusetzen seien: „Das Gebiet der kontinentalgermanischen Dialekte [...] zeigt [...] eine Produktivität bis in die germanischen Dialekte hin, die nicht mehr nur auf die Gewässernamen beschränkt blieb, sondern auf die Siedlungsnamen übergriff" (ebd. S. 216). Auch bei Hillerse spricht nichts für einen Flußnamen, da als Basis ein 'Hügel'-Wort erscheint.

-*pi̯a*-

In die Gruppe der -*pi̯a*-Bildungen gehört im Kreis Northeim nur Echte. Mit diesem Suffix hat sich das NOB III S. 392ff. intensiv befaßt. Es handelt sich um eine Variante zu dem weiter oben behandelten und in Namen ungleich häufiger vorkommenden -*ithi*-Suffix und wurde, anders als das -*ithi*-Suffix in der Forschung bislang kaum beachtet. Im NOB III S. 394 wird als Funktion dieses Suffixes eine „Versehenheits"-Funktion erwogen und darauf hingewiesen, daß erst eine umfassendere Zusammenstellung der mit diesem Suffix gebildeten Namen evtl. weiterhelfen würde.

Erläuterung einiger ausgewählter Fachausdrücke

ABLAUT: Systematischer Wechsel bestimmter Vokale in etymologisch verwandten Wörtern (*binden : band : gebunden*).

ABSCHRIFT: Die zeitgleiche oder spätere Wiedergabe einer Originalurkunde, die zwar den Inhalt dieser, nicht aber ihre äußeren Merkmale überliefert und die zum Teil an den Sprachgebrauch der Zeit des Abschreibens (besonders bei Ortsnamen) angepaßt wird, weshalb immer eine kritische Untersuchung der aus diesen Textstellen gewonnenen Ortsnamenüberlieferung erforderlich ist. Abschriften bzw. kopiale Überlieferung können in Form von Urkunden oder in speziellen Büchern, den Kopialbüchern, geschehen. Vgl. auch S. 14f.

ALTSÄCHSISCH: Älteste schriftlich bezeugte Stufe/Epoche der im altsächsischen Stammesgebiet gesprochenen Sprache; das Altsächsische (gelegentlich terminologisch etwas unschärfer als Altniederdeutsch bezeichnet) unterscheidet sich als eigenständige Sprache in einer Vielzahl von charakteristischen Eigenarten von den germanischen Nachbarsprachen. Das Ende der altsächsischen Periode fällt ungefähr in das 11. Jahrhundert. Altsächsisch ist die Sprache, die im hier behandelten Gebiet vom frühen bis zum Beginn des hohen Mittelalters gesprochen und zum Teil auch geschrieben wurde.

APPELLATIV: Gattungswort, Element des Wortschatzes (*Tisch, Baum, Brunnen*); hier vor allem im Gegensatz zu Namen gebraucht.

ASSIMILATION: Angleichung eines Lautes an einen benachbarten Laut (*hevet* zu *heft*; *stemna* zu *stemme*; *kinder* zu *kinner*; *Senf* zu *Semf*).

BESTIMMUNGSWORT: Erst- oder Vorderglied eines zusammengesetzten Ortsnamens; entweder ein Personenname (*Eboldes-husen*) oder ein Wort, das das Grundwort näher erklärt (*Blanken-hagen*; *Kalk-grave*).

DATIV: 3. Fall als grammatische Kategorie (*dem Baume*); in Ortsnamen häufig mit lokativer (örtlicher) Funktion.

DENTAL: Laut, der nach der Artikulationsstelle (hier den Zähnen) bezeichnet wird; im engeren Sinne -*d*- und -*t*-.

DIALEKT: Von der Hoch-, Schrift- oder Standardsprache unterschiedene, landschaftlich geprägte, gesprochene Sprache.

DIMINUTIVUM: Verkleinerungsform (*Haus : Häuschen*).

DIPHTHONG: Vokalischer Doppellaut, Zwielaut (*ei, au, eu*).

DISSIMILATION: Einwirkung eines Konsonanten auf einen gleichartigen Konsonanten in der gleichen oder folgenden Silbe mit der Folge, daß einer der beiden Konsonanten durch einen artikulatorisch ähnlichen ersetzt wird. Im Mittelniederdeutschen besonders häufig bei *l r, l n* in unbetonten Silben (*Cristoffel* < *Christoffer*).

FAMILIENNAME: Gemeinsamer Name einer verwandten Gruppe von Menschen.

FÄLSCHUNG: Vgl. S. XIV.

FLEXION, SCHWACHE: Deklinationsklasse von Substantiven, die z.B. bei maskuliner Bildung durch *-en* im Genitiv gekennzeichnet ist (*Ochse* : *Ochsen*; *Buno* : *Bunen*).

FLEXION, STARKE: Deklinationsklasse von Substantiven, die z.B. bei maskuliner Bildung durch *-es* im Genitiv gekennzeichnet ist (*Tisch* : *Tisches*; *Wulfheri* : *Wulfheris*).

FLURNAME: Name für nicht bewohnte Örtlichkeiten, zumeist außerhalb von Ortschaften.

FLUßNAME: Name eines fließenden Gewässers (*Leine, Rhume, Gande*).

GATTUNGSWORT: → Appellativ.

GENITIV: 2. Fall als grammatische Kategorie (*des Baumes*); in Ortsnamen steht das Bestimmungswort häufig im Genitiv.

GEWÄSSERNAME: Zusammenfassende Bezeichnung für die Namen der fließenden (Flüsse, Bäche, Kanäle, Gräben) und stehenden (Seen, Teiche) Gewässer.

GRUNDWORT: Endglied eines aus zwei Wörtern zusammengesetzten Ortsnamens, das durch das Bestimmungswort näher erläutert wird (*Helmoldes-hagen; Lagershausen*).

INDOGERMANISCH: Bezeichnung für eine Gruppe von Sprachen (darunter etwa Baltisch, Germanisch, Keltisch, Slavisch), die durch Grammatik und Wortschatz als verwandt anzusehen sind; zugleich die aus diesen Einzelsprachen konstruierte Grundsprache.

INTERVOKALISCH: Stellung eines Konsonanten zwischen zwei Vokalen.

KOMPOSITUM: Zusammengesetztes Wort (*Wörter-buch; Haus-tür*).

KONSONANT: Mitlaut (*b, c, d, f, g* usw.).

KONTRAKTION: Sprachliche Verkürzung (*zu dem > zum*).

KURZNAME: Personenname, der entweder nur aus einem germanischen Namenbestandteil (*Otto*) besteht oder durch Kürzung eines zweigliedrigen Personennamens (*Thiemo* aus *Thiedmarus*) entstanden ist.

LIQUID: Bezeichnung für die Laute *l* und *r*.

METATHESE: Umstellung von Konsonanten in einem Wort (*born* : *brunnen*).

MITTELNIEDERDEUTSCH: Periode der niederdeutschen Sprachgeschichte zwischen dem Altsächsischen (bis in das 11. Jh.) und dem Neuniederdeutschen (Plattdeutschen) (seit etwa 1600). Mittelniederdeutsch ist die Sprache, die im hier behandelten Gebiet vom hohen Mittelalter bis zur Frühen Neuzeit gesprochen und geschrieben wurde.

MONOPHTHONG: Einfacher Vokal.

MONOPHTHONGIERUNG: Reduzierung von Diphthongen zu einfachen Vokalen (z.B. ahd. *-ai- > -ê-*).

NASAL: Bezeichnung für die Laute *m* und *n*.

OSTFÄLISCH: Dialekt des Mittelniederdeutschen, der das Gebiet zwischen mittlerer Weser und mittlerer Elbe umfaßte und sich durch eine Reihe von Besonderheiten von den anderen Dialekten, vor allem dem Westfälischen und dem Nordniederdeutschen unterscheidet.

PERSONENNAME: Einer einzelnen Person zugeordneter individueller Name, der in etwa unseren heutigen Vornamen entspricht (*Dieter, Benno*).

RUNDUNG: Übergang eines hellen Vokals in einen dunkleren derselben Artikulationsstufe (*Silber* zu *Sülber*).

SENKUNG: Übergang eines hohen (hellen) Vokals in einen tieferen (dunkleren) Vokal (*Berg* zu *Barg*).

SIMPLEX: Einfaches, nicht zusammengesetztes Wort oder Ortsnamengrundwort ohne nähere Bestimmung (*Husen; Rode*).

STAMM: Nicht selbständig vorkommendes bedeutungstragendes Element, das erst durch die Anfügung von Suffixen u.ä. zum Wort wird. Jedes Wort besteht aus einem Stamm und einem wortbildenden Element.

SYNTAGMA: Zusammengehörende, nicht satzförmige Wortgruppe (*to dem breden beke*).

SUFFIX: Unselbständiges Wortbildungselement, das zur Bildung eines neuen Wortes an ein Wort bzw. einen Wortstamm angefügt wird (*lieb-lich; lang-ithi*).

TRANSSUMPT: Urkunde, in der die Bestätigung des Rechtsinhaltes durch die Aufnahme des vollen Wortlautes der Ausgangsurkunde in eine neue Urkunde (*inseriert* oder *transsumiert*) erfolgte.

UMLAUT: Beeinflussung eines Vokals durch ein folgendes *i*, wodurch der Vokal aufgehellt wird (*Graf - gräflich; blau - bläulich*).

VOKAL: Selbstlaut (*a, e, i, o, u*).

VOLLNAME: → zweigliedriger Personenname.

WURZEL: Auf Grund von Sprachvergleich und Lautgesetzen rekonstruierte, nicht mehr zerlegbare historische Basis eines Wortes.

WÜSTUNG: Aufgegebener Ort.

ZERDEHNUNG: Ein im Niederdeutschen vom Akzent (Betonung) abhängiger Vorgang, durch den ein kurzer Vokal gedehnt bzw. diphthongiert wurde.

ZETAZISMUS: Vorgang, bei dem ein *-k-* durch den Einfluß eines in der Nähe stehenden hellen Vokals (*-i-, -e-*) zu einem *-z-*ähnlichen Laut verändert wurde; hauptsächlich in Namen festzustellen (*Kiellu* zu *Celle*).

ZWEIGLIEDRIGER PERSONENNAME: Personenname, der aus zwei Bestandteilen zusammengesetzt ist (*Liut-heri; Ger-lef*).

Literatur-, Quellen- und Kartenverzeichnis

Das Literatur-, Quellen- und Kartenverzeichnis ist nach den im Text verwendeten Kurztiteln geordnet. Kurztitel, die eine Jahreszahl enthalten, sind alphabetisch (z.B. 900 = Neunhundert) eingeordnet. Die Anlage eines jeweils gesonderten Literatur- und Quellenverzeichnisses erschien nicht notwendig und zugleich nicht geboten, da im Rahmen dieser Publikation auch zahlreiche Ortsnamenbelege aus der „Literatur" gewonnen wurden.
In eckigen Klammern finden sich hinter den Buchtiteln gelegentlich Standortangaben für die entsprechenden Abhandlungen. Sie haben den Zweck, den Zugang zu schwer zugänglicher Literatur wie Magisterarbeiten, nur im Manuskript erschienenen Titeln etc. zu erleichtern. Gleiches gilt für die wenigen von uns verwendeten Archivalien, die hier nicht eine eigene Abteilung „Ungedruckte Quellen" erhalten, sondern unter ihrem Zitiertitel einsortiert wurden.

Verwendete Abkürzungen

Abt(h).	Abt(h)eilung	Jg.	Jahrgang
Auflg.	Auflage	MGH	Monumenta Germaniae Historica
Bd.	Band	ND	Nachdruck
Bde.	Bände	N.F.	Neue Folge
Bearb.	Bearbeiter	Nr.	Nummer
Beih.	Beiheft	S.	Seite
Diss.	Dissertation	SS	Scriptores
H.	Heft	Tl(e).	Teil(e)
Hg(g).	Herausgeber	u.a.	und andere

A. Literatur und Quellen

Abels, Ortsnamen Emsland: H. Abels, Die Ortsnamen des Emslandes in ihrer sprachlichen und kulturgeschichtlichen Bedeutung. Paderborn 1927.

Ahd. Wörterbuch: Althochdeutsches Wörterbuch. Hg. von Rudolf Große. Bd. 1ff. Berlin 1986ff.

Alpers/Barenscheer, Flurnamen: P. Alpers und F. Barenscheer, Die Flurnamen des Kreises Celle. Oldenburg 1941.

Alphei, Adelebsen: C. Alphei, Geschichte Adelebsens und Lödingsens. Göttingen 1990.

Analekten: Analekten. 3. Urkunden. In: Zeitschrift der Gesellschaft für Niedersächsische Kirchengeschichte 2 (1897), S. 292-296.

Andrießen, Siedlungsnamen: K. Andrießen, Siedlungsnamen in Hessen. Verbreitung und Entfaltung bis 1200. (Deutsche Dialektgeographie Bd. 88). Marburg 1990.

Ann. Hild.: Annales Hildesheimenses. Hg. von G. Waitz. (MGH SS rerum Germanicarum in usum scolarum 8). Hannover 1878.

Ann. Mett. prior.: Annales Mettenses priores. Hg. von Bernhard von Simson. (MGH SS rerum Germanicarum in usum scholarum 10). Hannover/Leipzig 1905.

Ann. reg. Franc.: Annales regni Francorum inde ab a. 741 usque ad a. 829, qui dicuntur Annales Laurissenses maiores et Einhardi. Hg. von Friedrich Kunze. (MGH SS rerum Germanicarum in usum scholarum 6). Hannover 1895.

Anttila, Schwebeablaut: R. Anttila, Proto-Indoeuropean Schwebeablaut. Berkeley 1969.

Armbrust, Balenhusen: L. Armbrust, Die von Balenhusen. In: Zeitschrift des Vereins für Thüringische Geschichte und Altertumskunde N.F. 13 (1903), S. 220-328.

Arnold, Ansiedelungen: W. Arnold, Ansiedelungen und Wanderungen deutscher Stämme. Marburg 1875.

Asch, Grundherrschaft: J. Asch, Grundherrschaft und Freiheit. Entstehung und Entwicklung der Hägergerichte in Südniedersachsen. In: Niedersächsisches Jahrbuch 50 (1978), S. 107-192.

Asseburger UB: J. von Bocholtz-Asseburg (Hg.), Asseburger Urkundenbuch. Urkunden und Regesten zur Geschichte des Geschlechts Wolfenbüttel-Asseburg und seiner Besitzungen. 3 Bde. Hannover 1876-1905. [ND Osnabrück 1975].

Aufgebauer, Lindau: P. Aufgebauer, Vom Grafen Werner bis zur Hildesheimer Stiftsfehde - Lindau im Mittelalter. In: → Schlegel, Lindau S. 49-75.

Aufgebauer, Residenzen: P. Aufgebauer, Herzog Heinrich der Wunderliche, die Stadt Einbeck und die Residenzen des Fürstentums Grubenhagen. In: Einbecker Jahrbuch 42 (1993), S. 95-118.

Aufgebauer, Salzderhelden: P. Aufgebauer, Die Burg Salzderhelden. In: Einbecker Jahrbuch 38 (1987), S. 19-41.

Baader, Saal: T. Baader, Saal, Halle und Hof. In: Neues Archiv für Niedersachsen 15 (1950), S. 68-78.

Baader, Steinbach: T. Baader, Namenbildung zum Begriffstypus „Steinbach". In: Jahrbuch des Vereins für niederdeutsche Sprachforschung 78 (1955), S. 43-62.

Bach, Ortsnamen: A. Bach, Deutsche Namenkunde: Die deutschen Ortsnamen. 2 Tle. Heidelberg 1953-1954.

Bach, Personennamen: A. Bach, Deutsche Namenkunde: Die deutschen Personennamen. 2 Tle. ²Heidelberg 1978.

Bach, Register: A. Bach, Deutsche Namenkunde: Registerband. Bearb. von D. Berger. Heidelberg 1956.

Backhaus, Geschichtsfälschungen: J. Backhaus, Die Corveyer Geschichtsfälschungen des 17. und 18. Jahrhunderts. In: F. Philippi (Hg.), Abhandlungen zur Corveyer Geschichtsschreibung. Münster 1906, S. 1-48.

Bahlow, Lexikon: H. Bahlow, Lexikon deutscher Fluß- und Ortsnamen alteuropäischer Herkunft. Neustadt/Aisch 1981.

Bahlow, Namenbuch: H. Bahlow, Niederdeutsches Namenbuch. Wiesbaden 1972. [ND Vaduz 1993].

Bahlow, Namenlexikon: H. Bahlow, Deutsches Namenlexikon. München 1967.

Bahlow, Namenwelt: H. Bahlow, Deutschlands geographische Namenwelt. Frankfurt 1985.

Bammesberger, Morphologie: A. Bammesberger, Untersuchungen zur vergleichenden Grammatik der germanischen Sprachen. Bd. 2: Die Morphologie des urgermanischen Nomens. (Indogermanische Bibliothek Reihe 1; Lehr- und Handbücher). Heidelberg 1990.

Bannasch, Paderborn: H. Bannasch, Das Bistum Paderborn unter den Bischöfen Rethar und Meinwerk (983-1036). (Studien und Quellen zur Westfälischen Geschichte 12). Paderborn 1972.

Bathe, -leben: M. Bathe, Die ON auf -leben. Manuskript o. O. und o. J.

Baudenkmale Northeim: C. Kämmerer und P.-F. Lufen, Landkreis Northeim - Südlicher Teil. (Baudenkmale in Niedersachsen 7, 1). Hameln 2002.

Bauermann, Anfänge: J. Bauermann, Die Anfänge der Prämonstratenserklöster Scheda und St. Wiperti-Quedlinburg. In: Von der Elbe bis zum Rhein. Gesammelte Studien von Johannes Bauermann. (Neue Münstersche Beiträge zur Geschichtsforschung 11). Münster 1968, S. 301-358.

Behrens, Brunstein: K. Behrens, Brunstein. In: Northeimer Heimatblätter Jg. 1950, Heft 2, S. 23-24.

Behrens, Grone: C. B. Behrens, Stamm-Baum und Geschlechtshistorie des Hoch-Wohlgebohrnen Hauses der Herren von Grone. Hildesheim 1726.

Bei der Wieden, Landtag: B. Bei der Wieden, Welfisches Fürstentum und ständische Repräsentation: Der Calenberger Landtag 1582 in Marienstein. (Calenberg-Grubenhagensche Studien 6). Göttingen 1990.

Bei der Wieden/Borgemeister, Waldwörterbuch: B. Bei der Wieden und B. Borgemeister, Niedersächsisches Waldwörterbuch. Eine Sammlung von Quellenbegriffen des 11. bis 19. Jahrhunderts. (Schriften zur Heimatpflege 7). Melle 1993.

Benseler: Benselers griechisch-deutsches Wörterbuch. Bearb. von Adolf Kaegi. [15]1931. [Nachdruck Leipzig 1962].

Berger, Namen: D. Berger, Duden - Geographische Namen in Deutschland. (Duden-Taschenbücher 25). [2]Mannheim 1999.

Berkenbrink, Wachenhausen: G. Berkenbrink, Wandlungsprozesse einer dörflichen Kultur - Wachenhausen, Kreis Northeim. (Schriften zur niederdeutschen Volkskunde 6). Göttingen 1974.

Bernotat, Herbrechterode: K.-H. Bernotat, Zur Geschichte der Wüstung Herbrechterode am Langfast bei Bühle. In: Plesse-Archiv 9 (1974), S. 149-155.

Bernotat, Moore-Gau: K.-H. Bernotat, Die Entstehung und die ältesten Zeiten des Moore-Gaues. In: Northeimer Heimatblätter Jg. 1951, Heft 1, S. 1-10.

Bernotat, Mörliehausen: K.-H. Bernotat, Die Wüstung Mörliehausen. In: Northeimer Heimatblätter Jg. 1951, Heft 3, S. 20-22.

Beskow, Flurnamen: W. Beskow, Flurnamen der Stadt Moringen. In: Heimatblätter hg. von dem Museumsverein für Northeim 10 (1934), S. 39-47.

Bethge, Fränk. Siedelungen: O. Bethge, Fränkische Siedelungen in Deutschland, aufgrund von Ortsnamen festgestellt. In: Wörter und Sachen 6 (1914), S. 58-89.

Bibliographie Ortsnamenbücher: Bibliographie der Ortsnamenbücher des deutschen Sprachgebietes in Mitteleuropa. Hg. von R. Schützeichel. (Beiträge zur Namenforschung N.F.; Beih. 26). Heidelberg 1988.

Bierkamp/Reuse, Delliehausen: G. Bierkamp und A. Reuse, Chronik von Delliehausen im Solling. Uslar 1980.

Bilderbeck, Sammlung: C. L. von Bilderbeck, Sammlung ungedruckter Urkunden und anderer zur Erläuterung der Niedersächsischen Geschichte und Altertümer gehöriger Nachrichten. 1. Band 5. Stück, Gedanken von dem Ursprunge der Stadt Einbeck und der geistlichen Stiftungen daselbst. Göttingen 1752 (= I); 1. Band 6. Stück, Nachrichten von dem Dom-Stifte St. Alexandri in Einbeck. Göttingen 1753 (= II); 2. Band 2. Stück, Nachrichten von dem Dom-Stifte St. Alexandri in Einbeck. Göttingen 1754 (= III).

Bily, Mittelelbegebiet: I. Bily, Ortsnamenbuch des Mittelelbegebietes. (Deutsch-Slawische Forschungen zur Namenkunde und Siedlungsgeschichte 38). Berlin 1996.

Bischoff, Sprache: K. Bischoff, Sprache und Geschichte an der mittleren Elbe und der unteren Saale. Köln/Graz 1967.

Blok, Ortsnamen: D. P. Blok, Ortsnamen. (Typologie des sources du moyen âge occidental; H. 54). Turnhout 1988.

Bode/Leibrock, Güterverzeichnis: Bode/Leibrock, Güterverzeichnis: G. Bode und G. A. Leibrock, Güterverzeichniß des Grafen Sigfrid II. von Blankenburg. In: Zeitschrift des Harzvereins Bd. 2, Heft 2 (1869), S. 77-94.

Bodemann, Wüste Ortschaften: E. Bodemann, Wüste Ortschaften in der Provinz Hannover nach officiellen Berichten der Aemter und Städte im Jahre 1715. In: Zeitschrift des Historischen Vereins für Niedersachsen Jg. 1887, S. 242-255.

Bodenhausen, Nachrichten: K. v. Bodenhausen, Diplomatische Nachrichten über das Gut Bodensee bei Lindau. In: Vaterländisches Archiv Jg. 1834, S. 445-486.

Boegehold, -ingerode: F. Boegehold, Die Ortsnamen auf -ingerode. (Thüringische Forschungen 1). Weimar 1937.

Boegehold, Lehnbrief: F. Boegehold (Hg.), Ein Braunschweigischer Lehnbrief für Hans von Mingerode aus dem Jahre 1465. In: Heimatblätter für den süd-westlichen Harzrand 33 (1977), S. 18-22.

Boegehold, Urkunden: F. Boegehold, Minnigerödische Urkunden im Duderstädter Archiv. In: Die Goldene Mark 25 (1974), S. 27-30.

Boesch, GewN Bodenseeraum: B. Boesch, Die Gewässernamen des Bodenseeraumes. In: Beiträge zur Namenforschung N.F. 16 (1981), S. 13-39.

Boetticher, Höckelheim: M. von Boetticher, Kloster Höckelheim und das Amt Moringen: zwei angebliche Urkunden aus dem 13. Jahrhundert. In: Plesse-Archiv 26 (1990), S. 7-18.

Boetticher, Mariengarten: M. von Boetticher, Kloster und Grundherrschaft Mariengarten. (Veröffentlichungen der Historischen Kommission für Niedersachsen und Bremen XXXIV, 12). Hildesheim 1989.

Boetticher, Urkunden: A. von Boetticher (Bearb.), Die Urkunden des Neustädter Landes. Bd. 1: 889-1302. (Quellen zur Regionalgeschichte 8). Bielefeld 2002.

Böhme, Eibe: H. Böhme, Die Eibe, eine aussterbende Zierde unserer Wälder. In: Die Spinnstube 3 (1927), S. 33-36.

Bolle, Schnedinghausen: F. Bolle, Flurnamen des Dorfes Schnedinghausen. In: Heimatblätter hg. von dem Museumsverein für Northeim 7 (1934), S. 107-109.

Borcholte, Lehnbriefe: H. Borcholte, Vier Lehnbriefe der Familie Borcholte aus Vogelbeck. In: Heimatblätter hg. von dem Museumsverein für Northeim 6 (1931), S. 77-80.

Both, Fredelsloh: F. Both, 850 Jahre Fredelsloh - Chronik. Fredelsloh 1982.

Braune/Heidermanns: W. Braune und F. Heidermanns, Gotische Grammatik. (Sammlung kurzer Grammatiken germanischer Dialekte A Hauptreihe Nr. 1). [20]Tübingen 2004.

Braune/Reifenstein: W. Braune und I. Reifenstein, Althochdeutsche Grammatik. I: Laut- und Formenlehre. (Sammlung kurzer Grammatiken germanischer Dialekte A Hauptreihe Nr. 5, 1). [15]Tübingen 2004.

Breviarium sancti Lulli: Breviarium sancti Lulli - Ein Hersfelder Güterverzeichnis aus dem 9. Jahrhundert. Faksimileausgabe. Hg. von Thomas Franke. Bad Hersfeld 1986.

Brodhage, Allershausen: G. Brodhage, Allershausen bei Uslar. Holzminden 2003.

Brose, Lauenberg: A. Brose, Mitteilungen über Lauenberg am Solling. In: Die Spinnstube 2 (1925), S. 485-488.

Brunos Buch vom Sachsenkrieg: Brunos Buch vom Sachsenkrieg. Hg. von H.-E. Lohmann. (MGH Deutsches Mittelalter 2). Leipzig 1937.

Bruns, Einbeck: A. Bruns, Einbeck und die südwelfischen Lande in der Soester Fehde 1447. In: Einbecker Jahrbuch 26 (1964), S. 98-110.

Bruns, Fredelsloh: A. Bruns, Zur Gründung des Chorherrenstiftes Fredelsloh. In: Archiv für Diplomatik 11/12 (1965/66), S. 403-412.

Bruns, Nörten: A. Bruns, Der Archidiakonat Nörten. (Studien zur Germania Sacra 7). Göttingen 1967.

Bruns, Urkunden: Urkunden des Diplomatischen Apparates der Universität Göttingen zur Geschichte der Stadt Göttingen (14.-18. Jh.). Bearb. von A. Bruns. Göttingen 1962; Nachtrag: Göttingen 1963.

Bückmann, Flußnamenforschung: L. Bückmann, Über einige Probleme der Flußnamenforschung in der Lüneburger Heide. In: Niedersachsen 17 (1912), S. 212-216.

Bückmann, ON Peine: L. Bückmann, Die Ortsnamen des Kreises Peine. In: Peiner Kreiskalender 1940, S. 61-66.

Bückmann, Ortsnamen: L. Bückmann, Über die Ortsnamen auf -beck. In: Niederdeutsche Zeitschrift für Volkskunde 8 (1930), S. 22-32.

BuK Gandersheim: K. Steinacker, Die Bau- und Kunstdenkmäler des Kreises Gandersheim. (Die Bau- und Kunstdenkmäler des Herzogtums Braunschweig 5). Wolfenbüttel 1910.

Burchard, Calenberg-Göttingen: M. Burchard (Bearb.), Die Bevölkerung des Fürstentums Calenberg-Göttingen gegen Ende des 16. Jahrhunderts. Die Calenbergische Musterungsrolle von 1585 und andere einschlägige Quellen. (Sonderveröffentlichungen der Ostfälischen Familienkundlichen Kommission 12). Leipzig 1935.

Burmester, thorp: I. Burmester, Das Grundwort thorp als Ortsnamenelement. Hamburg 1959.

Busch, Boventen: R. Busch, Die Grenzen des Amtes Bovenden. In: Plesse-Archiv 3 (1968), S. 69-80.

Calenberger UB: Calenberger Urkundenbuch. Hg. von W. von Hodenberg. III. Abt.: Archiv des Klosters Loccum. Hannover 1858. V. Abt.: Archiv des Klosters Mariensee. Hannover 1855. X. Abt.: Verzeichnis der Personen, Orte, Sachen und beschriebenen Siegel. Bearb. von J. Studtmann. Hannover 1938.

Casemir, -büttel: K. Casemir, Die Ortsnamen auf -büttel. (Namenkundliche Informationen Beih. 19). Leipzig 1997.

Casemir, Diemarden: K. Casemir, Diemarden - Eine neue Deutung des umstrittenen Ortsnamens. In: Göttinger Jahrbuch 50 (2002), S. 21-27.

Casemir, Grundwörter: K. Casemir, Die Wüstungsnamen, nach Grundwörtern geordnet. In: → Kühlhorn, Wüstungen Bd. IV S. 191-194.

Casemir, Plesse: K. Casemir, Die Ortsnamen der Herrschaft Plesse. In: Plesse-Archiv 31 (1996), S. 251-281.

Casemir/Ohainski, Orte: K. Casemir und U. Ohainski, Niedersächsische Orte bis zum Ende des ersten Jahrtausends in schriftlichen Quellen. (Veröffentlichungen der Historischen Kommission für Niedersachsen und Bremen II, 34). Hannover 1995.

Casemir/Ohainski, Territorium: K. Casemir und U. Ohainski (Bearb.), Das Territorium der Wolfenbüttler Herzöge um 1616. Verzeichnis der Orte und geistlichen Einrichtungen der Fürstentümer Wolfenbüttel, Calenberg, Grubenhagen sowie der Grafschaften Hoya, Honstein, Regenstein-Blankenburg nach ihrer Verwaltungszugehörigkeit. (Beihefte zum Braunschweigischen Jahrbuch 13). Wolfenbüttel 1996.

Chambers Dictionary: Chambers Dictionary of Etymology. Hg. von R. K. Barnhart. Edinburgh/New York 1988.

Chron. Hild.: Chronicon episcoporum Hildesheimense. Hg. von G. H. Pertz. In: MGH SS VII Hannover 1846, S. 845-873.

Chronik Lippoldsberg: Chronicon Lippoldesbergense. Hg. von W. Arndt. In: G. H. Pertz, MGH SS XX, Hannover 1868, S. 546-558.

Cod. Dipl. Brand.: A. F. Riedel, Codex diplomaticus Brandenburgensis, Reihen A-D und Supplement sowie Register. Berlin 1838-1869.

Cod. Dipl. Fuld.: Codex Diplomaticus Fuldensis. Hg. Von E. F. J. Dronke. Kassel 1850.

Codex Eberhardi: Der Codex Eberhardi des Klosters Fulda. Hg. von H. Meyer zu Ermgassen. (Veröffentlichungen der Historischen Kommission für Hessen 58, 1 und 2). 2 Tle. Marburg 1995-1996. [Vgl. Trad. Fuld.].

Cordes/Möhn, Handbuch: G. Cordes und D. Möhn (Hgg.), Handbuch zur niederdeutschen Sprach- und Literaturwissenschaft. Berlin 1983.

Corveyer Annalen: Die Corveyer Annalen. Hg. von J. Prinz. (Veröffentlichungen der Historischen Kommission für Westfalen X, 7). Münster 1982.

Corveyer Lehnregister: P. Wigand (Hg.), Das älteste Corveysche Lehnsregister. In: Archiv für Geschichte und Alterthumskunde Westfalens 6 (1834), S. 385-405, 7 (1838), S. 246-260 und S. 293-308.

Crome, Salzderhelden: B. Crome, Der Name Salzderhelden. In: Göttinger Blätter Jg. 1916, S. 33-36.

Cuno, Höckelheim: F. W. Cuno, Höckelheim - Geschichte des Klosters und Dorfes. (Geschichte Südhannoverscher Burgen und Klöster VIII). Leipzig 1898.

Dahms, Hagen: T. Dahms, Die Hagen von Salzgitter-Gebhardtshagen, Braunschweig, Gandersheim und des Klützer Ortes. Salzgitter 2003.

Dalibor, Ahlshausen: W. Dalibor, Ahlshausen - Sievershausen. Von den Anfängen der Besiedelung bis 1813. Ahlshausen-Sievershausen [1994].

Dauzat/Deslandes/Rostaing, Dictionnaire: A. Dauzat, G. Deslandes, C. Rostaing, Dictionnaire étymologique des noms de rivières et de montagnes en France. Paris 1978.

Dauzat/Rostaing, Noms de lieux: A. Dauzat und C. Rostaing, Dictionnaire étymologique des noms de lieux en France. Paris 1963.

Debrabandere, Familienamen: F. Debrabandere, Verklarend Woordenboek van de Familienamen in Belgie en Noord-Frankrijk. ²Antwerpen 2003.

Debus/Schmitz, Überblick: F. Debus und H.-G. Schmitz, Überblick über Geschichte und Typen der deutschen Orts- und Landschaftsnamen. In: W. Besch u.a. (Hgg.), Sprachgeschichte. (HSK Bd. 2). 2. Halbband Berlin/New York 1985, S. 2096-2119.

Decker, Hunnesrück: F. Decker, Burg Hunnesrück bei Dassel am Solling. In: Braunschweigische Heimat 2 (1927), S. 49-51.

Deeters, Quellen: W. Deeters (Hg.), Quellen zur Hildesheimer Landesgeschichte des 14. und 15. Jahrhunderts. (Veröffentlichungen der Niedersächsischen Archivverwaltung 20). Göttingen 1964.

Denecke, Medenheim: D. Denecke, Die wüste Ortsstelle Medenheim, Gem. Northeim. In: Northeimer Heimatblätter N.F. 5 (1974), S. 29-31.

Denecke, Oldendorp: D. Denecke, Die Ortswüstung Oldendorp bei Einbeck und die „Alten Dörfer" im Leinebergland. In: Einbecker Jahrbuch 29 (1970), S. 15-36.

Denecke, Wegeforschung: D. Denecke, Methodische Untersuchungen zur historisch-geographischen Wegeforschung im Raum zwischen Solling und Harz. (Göttinger Geographische Abhandlungen 54). Göttingen 1969.

Deppe, Besitzungen: H. Deppe, Die Paderbornschen Besitzungen in Südhannover. In: Göttinger Blätter N.F. 1 (1935), S. 1-24. [Auch in: Westfälische Zeitschrift 90 (1934), Abt. 2, S. 171-192.]

Deppe, Katlenburg: H. Deppe, Die Meierhöfe des Amtes Katlenburg seit 1525. In: Heimatblätter hg. von dem Museumsverein für Northeim 8 (1932), S. 81-87 und S. 104-112.

Derks, Dortmund: P. Derks, Der Ortsname Dortmund. In: Beiträge zur Geschichte Dortmunds und der Grafschaft Mark 78 (1987), S. 173-203.

Desel, Lippoldsberg: J. Desel, Das Kloster Lippoldsberg und seine auswärtigen Besitzungen. Melsungen 1967.

De Vries, Altnord. Wörterbuch: J. de Vries, Altnordisches etymologisches Wörterbuch. ²Leiden 1962.

De Vries, Hunebedden: De Vries, Hunebedden en Hunen. In: Tijdschrift voor Nederlandse Taal- en Letterkunde 49 (1930), S. 71-95.

De Vries, Nederlands woordenboek: J. de Vries, Nederlands etymologisch woordenboek. Leiden 1971.

De Vries, Woordenboek plaatsnamen: J. de Vries, Woordenboek der noord- en zuidnederlandse plaatsnamen. Utrecht 1962.

Dictionary of Etymology: The Concise Oxford Dictionary of English Etymology. Hg. von T. F. Hoad. Oxford/New York 1996.

Dittmaier, (h)lar: H. Dittmaier, Die (h)lar-Namen. Schichtung und Deutung. (Niederdeutsche Studien 10). Köln/Graz 1963.

Dittmaier, apa: H. Dittmaier, Das apa-Problem. Louvain 1955.

Dittmaier, Berg. Land: H. Dittmaier, Siedlungsnamen und Siedlungsgeschichte des Bergischen Landes. Neustadt/Aisch 1956.

Dittmaier, Rhein. FlurN: H. Dittmaier, Rheinische Flurnamen. Bonn 1963.

Dobenecker, Regesten: O. Dobenecker (Hg.), Regesta diplomatica necnon epistolaria historiae Thuringiae. 4 Bde. Jena 1896-1939.

Dolle, Studien: J. Dolle, Studien zur Geschichte der Herren von Boventen. (Plesse-Archiv 29). Bovenden 1994.

Domeier, Hardegsen: J. G. Domeier, Die Geschichte der Churfürstl. Braunschweig-Lüneburgischen Stadt Hardegsen und des umliegenden Amts dieses Namens. Celle 1771.

Domeier, Moringen: J. G. Domeier, Die Geschichte der Churfürstl. Braunschweig-Lüneburgischen Stadt Moringen und des umliegenden Amts dieses Namens. Göttingen 1753.

Domeier, Topographie: B. L. Domeier, Topographie der Stadt Hardegsen und ihrer Umgebung. Einbeck 1813.

Dorfbuch Kalme: Dorfbuch Kalme (Ländliche Volkshochschule Goslar Bd. 36a). o. O. um 1960.

DRWb: Deutsches Rechtswörterbuch. Wörterbuch der älteren deutschen Rechtssprache. Bd. 1ff. Weimar 1914ff.

Duensing, Nörten: H. Duensing, Die Verleihung der Stadtrechte an Nörten im Jahre 1360. In: Northeimer Heimatblätter Jg. 1961, Heft 1, S. 3-5.

Dürre, Amelungsborn: H. Dürre, Anniversaria fratrum et benefactorum ecclesiae Amelungsbornensis. In: Zeitschrift des Historischen Vereins für Niedersachsen Jg. 1877, S. 1-106.

Dürre, Holzminden: H. Dürre, Die Wüstungen des Kreises Holzminden. In: Zeitschrift des Historischen Vereins für Niedersachsen Jg. 1878, S. 175-223.

Dürre, Homburg: H. Dürre, Die Regesten der Edelherren von Homburg. In: Zeitschrift des Historischen Vereins für Niedersachsen Jg. 1880, S. 1-168.

Dürre, Homburg Nachträge: H. Dürre, Nachträge zu den Regesten der Edelherren von Homburg. In: Zeitschrift des Historischen Vereins für Niedersachsen Jg. 1881, S. 1-21.

^{1}DWB: Deutsches Wörterbuch von Jacob und Wilhelm Grimm. Bd. I-XVI Leipzig 1854-1971. [ND in 33 Bänden München 1984].

^{2}DWB: Deutsches Wörterbuch von Jacob und Wilhelm Grimm. Hg. von der Akademie der Wissenschaften der DDR, jetzt Berlin-Brandenburgische Akademie der Wissenschaften und der Akademie der Wissenschaften zu Göttingen. Neubearbeitung. Bd. 1ff. Leipzig/Stuttgart 1965ff.

Eckart, Bilder: R. Eckart, Bilder und Skizzen aus der Geschichte von Nörten, Hardenberg und der umliegenden südhannoverischen Landschaft. ^{2}Nörten [1908].

Eckart, Hardenberg: T. Eckart, Hardenberg - Beschreibung und Geschichte des alten Bergschlosses. Northeim 1887.

Eckart, Marienstein: T. Eckhart, Kloster Marienstein. (Geschichte Südhannoverscher Burgen und Klöster IV). ^{2}Leipzig o.J. (um 1894).

Eckart, Nörten: R. Eckart, Urkundliche Geschichte des Petersstiftes zu Nörten. Nörten 1899.

Eckart, Salzderhelden: R. Eckart, Geschichte des Fleckens und der Burg Salzderhelden. (Geschichte Südhannoverscher Burgen und Klöster VI). Leipzig 1896.

Eckart, Hardegsen: T. Eckart, Geschichte der Stadt und Burg Hardegsen. Einbeck 1890.

Eggeling, LK Northeim: H. Eggeling, Der Landkreis Northeim. Bremen-Horn 1952.

Ehlers, Erzhausen: H. Ehlers, Erzhausen im mittleren Leinetal mit Pumpspeicherwerk. Bad Gandersheim 1974.

Ehlers, Garlebsen: H. Ehlers, Garlebsen und Ippensen im mittleren Leinetal. Einbeck 1963.

Ehlers, Greene: H. Ehlers, Greene im Wandel der Zeiten. Bad Gandersheim 1967.

Eichler/Walther, Untersuchungen: E. Eichler und H. Walther, Untersuchungen zur Ortsnamenkunde und Sprach- und Siedlungsgeschichte des Gebietes zwischen mittlerer Saale und Weißer Elster. (Deutsch-Slawische Forschungen zur Namenkunde und Siedlungsgeschichte 35). Berlin 1984.

Einbecks Dörfer: Einbecks Dörfer. Bilder aus vergangenen Zeiten. Zum 100. Gründungsjahr des Einbecker Geschichtsvereins e.V. gesammelt von Erich Strauß. Mit einem einführenden Text von Hellmut Hainski. Duderstadt 1995.

Einhellig, Wiershausen: J. Einhellig (Hg.), Festschrift zum 700-jährigen Bestehen von Klein Wiershausen – 1303-2003. Klein Wiershausen 2003.

Ekwall, Lancashire: E. Ekwall, The Place-Names of Lancashire. (Publications for the University of Manchester, English series 11). Manchester 1922.

Ekwall, Place-Names: E. Ekwall, The Concise Oxford Dictionary of English Place-Names. ⁴Oxford 1960.

Ekwall, River-Names: E. Ekwall, English River-Names. Oxford 1928.

Engelke, Grenzen: B. Engelke, Die Grenzen und Gaue der älteren Diözese Hildesheim. In: Hannoversche Geschichtsblätter N.F. 3, Heft 3 (1935), S. 1-23.

EPNS: English Place-Name Society. Hg. von der English Place-Name Society. Vol. I-LXV. Cambridge 1927-1991.

Erichsburgensia: Erichsburgenisa und Verwandtes. Festschrift für Ph. Meyer. Hg. von der Gesellschaft für Niedersächsische Kirchengeschichte. (Zeitschrift der Gesellschaft für niedersächsische Kirchengeschichte 29/30). Braunschweig 1925.

Ernst, Strodthagen: G. Ernst, Zur Geschichte von Strodthagen (Kr. Einbeck). In: 25. Jahresbericht des Vereins für Geschichte und Altertümer der Stadt Einbeck und Umgebung für die Jahre 1961-62, S. 67-83.

Ernst, Wüstungen: G. Ernst, Wüstungen im Kreise Einbeck. In: 21. Jahresbericht der Vereins für Geschichte und Altertümer der Stadt Einbeck und Umgebung. Jg. 1953/1954, S. 80-91.

Ernst/Sindermann, Einbeck I: G. Ernst und E. Sindermann, Heimatchronik des Kreises Einbeck. (Heimatchroniken der Städte und Kreise des Bundesgebietes 14). Einbeck 1955.

Ernst/Sindermann, Einbeck II: G. Ernst und E. Sindermann, Geschichte der Ortschaften des Kreises Einbeck. Maschinenschriftliche Ergänzungen. Einbeck 1957.

Exkursionskarte Höxter: G. Streich (Hg.), Historisch-Landeskundliche Exkursionskarte 1:50000. Blatt Höxter. (Veröffentlichungen des Instituts für Historische Landesforschung der Universität Göttingen 2, 13). Bielefeld 1996.

Exkursionskarte Moringen: E. Kühlhorn (Hg.), Historisch-Landeskundliche Exkursionskarte 1:50000. Blatt Moringen. (Veröffentlichungen des Instituts für Historische Landesforschung der Universität Göttingen 2, 4). Hildesheim 1977.

Exkursionskarte Osterode: E. Kühlhorn (Hg.), Historisch-Landeskundliche Exkursionskarte 1:50000. Blatt Osterode am Harz. (Veröffentlichungen des Instituts für Historische Landesforschung der Universität Göttingen 2, 2). Hildesheim 1970.

Fahlbusch, Erichsburg: O. Fahlbusch, Die Erichsburg. In: Sollinger Heimatblätter Jg. 1934, S. 13-18. [ND in Sollinger Heimatblätter Jg. 1994, Heft 1, S. 11-15].

Fahlbusch, Erwerbung: O. Fahlbusch, Die Erwerbung der Dörfer Schnedinghausen, Berwartshausen und Holtensen durch das Kloster Amelungsborn. In: Heimatblätter hg. von dem Museumsverein für Northeim 4 (1928) S. 161-165 und 5 (1929), S. 65-69.

Fahlbusch, Fredelsloh: O. Fahlbusch, Das Kloster Fredelsloh. In: Heimatblätter hg. von dem Museumsverein für Northeim 3 (1927), S. 71-77.

Fahlbusch, Göttingen: O. Fahlbusch, Der Landkreis Göttingen. Göttingen 1960.

Falckenheiner, Geschichte: C. B. N. Falckenheiner, Geschichte Hessischer Städte und Stifter. 2 Bde. Kassel 1841-42. [ND Walluf bei Wiesbaden 1973].

Falckenheiner, Zusätze: C. B. N. Falckenheiner, Berichtigende Zusätze zu Wencks Geschichte der Grafen von Dassel. In: Archiv für Geschichte und Alterthumskunde Westfalens 4 (1832), S. 144-156 und S. 370-395.

Falk/Torp: H. Falk und A. Torp, Norwegisch-Dänisches etymologisches Wörterbuch. 2 Bde. ²Bergen-Heidelberg 1960.

Falke, Trad. Corb.: J. F. Falke (Hg.), Codex traditionum Corbeiensium. Leipzig und Wolfenbüttel 1752.

FB Weende: Findbuch zum Bestand Cal. Or. 100 Weende (Urkunden des Klosters Weende). Nebst Urkundenabschriften als Vorarbeiten zu einem Urkundenbuch des Klosters Weende. Bearb. von H. Höing. Hannover 1993. [Manuskript im Niedersächsischen Hauptstaatsarchiv Hannover].

Feilke, Untertanenverzeichnis: H. Feilke, Das Untertanenverzeichnis für Lüthorst von 1585. In: Einbecker Jahrbuch 41 (1991), S. 107-126.

Feise, Einbeck oder Eimbeck: W. Feise, Einbeck oder Eimbeck? Eine Untersuchung über den Namen der Stadt und seine Bedeutung. In: Zeitschrift des Historischen Vereins für Niedersachsen 74 (1909), S. 113-130.

Feise, Einbeck: W. Feise (Bearb.), Urkundenauszüge zur Geschichte der Stadt Einbeck bis zum Jahre 1500. Einbeck 1959. Orts- und Personenregister. Bearb. von E. Plümer. Einbeck 1961.

Feise, Salzderhelden: W. Feise, Salzderhelden - Eine Übersicht über die Geschichte des Fleckens und der Burg. Einbeck 1926.

Feist, Wörterbuch: S. Feist, Vergleichendes Wörterbuch der gotischen Sprache. ³Leiden 1939.

Fenske/Schwarz, Lehnsverzeichnis: L. Fenske und U. Schwarz, Das Lehnsverzeichnis Graf Heinrichs I. von Regenstein 1212/1227. (Veröffentlichungen des Max-Planck-Instituts für Geschichte Bd. 94). Göttingen 1990.

Fick, Wortschatz: A. Fick, Vergleichendes Wörterbuch der Indogermanischen Sprachen. 3. Teil: Wortschatz der Germanischen Spracheinheit. Unter Mitwirkung von H. Falk gänzlich umgearbeitet von A. Torp. ⁴Göttingen 1909.

Fiesel, Franken: L. Fiesel, Franken im Ausbau altsächsischen Landes. In: Niedersächsisches Jahrbuch 44 (1972), S. 74-158.

Fiesel, Ortsnamenforschung: L. Fiesel, Ortsnamenforschung und frühmittelalterliche Siedlung in Niedersachsen. (Theutonista Beiheft 9). Halle/Saale 1934.

Firbas, Vegetationsgeschichte: F. Firbas und U. Willerding, Zur jüngeren Vegetationsgeschichte des Leinetals. In: Deutsche Königspfalzen. Beiträge zu ihrer historischen und archäologischen Erforschung. Bd. 2 (Veröffentlichungen des Max-Planck-Institutes für Geschichte 11/2). Göttingen 1965, S. 78-82.

Flechsig, Beiträge: W. Flechsig, Beiträge zur Ortsnamenforschung in den ehem. Fürstentümern Göttingen-Grubenhagen. In: Northeimer Heimatblätter Jg. 1953, Heft 1/2, S. 3-62.

Flechsig, Bodenerhebungen: W. Flechsig, Wörter für Bodenerhebungen in Ostfalen. In: Braunschweigische Heimat 55 (1969), S. 55-60, S. 81-88 und S. 119-127.

Flechsig, Braunschweig: W. Flechsig, Der Name der Stadt Braunschweig. In: Fritz Timme (Hg.), Forschungen zur Braunschweigischen Geschichte und Sprachkunde. (Quellen und Forschungen zur Braunschweigischen Geschichte 15). Braunschweig 1954, S. 20-54.

Flechsig, Feldabteilungen: W. Flechsig, Alte Namen für Feldabteilungen und Ackermaße in Ostfalen. In: Braunschweigische Heimat 45 (1959), S. 41-48 und S. 84-91.

Flechsig, Gandersheim: W. Flechsig, Die Ortsnamen des Landkreises Gandersheim. In: Braunschweigisches Jahrbuch 40 (1959), S. 40-75.

Flechsig, Namenforschung: W. Flechsig, Was kann die Namenforschung zur Altersbestimmung mittelalterlicher Siedlungen beitragen? In: Braunschweigische Heimat 40 (1954), S. 106-112.

Flechsig, Nasalschwund: W. Flechsig, Nasalschwund bei Suffix -ing(e) in ostfälischen Appellativen, Orts- und Personennamen. In: Jahrbuch des Vereins für niederdeutsche Sprachforschung 103 (1980), S. 102-128.

Flechsig, Ortsnamen: W. Flechsig, Ortsnamen als Quellen für die Siedlungsgeschichte des Leinetals. In: Deutsche Königspfalzen. Beiträge zu ihrer historischen und archäologischen Erforschung. Bd. 2 (Veröffentlichungen des Max-Planck-Institutes für Geschichte 11/2). Göttingen 1965, S. 83-113.

Flechsig, Senkung: W. Flechsig, Senkung des alten kurzen e zu a vor r-Verbindungen in Ostfalen und neue regelwidrige e-Formen. In: Niederdeutsches Jahrbuch 101 (1978), S. 106-128.

Flechsig, Sprachreste: W. Flechsig, Vor- und frühgermanische Sprachreste in ostfälischen Namen. In: Braunschweigische Heimat 66 (1980), S. 11-20 und S. 70-87.

Flechsig, Vogelwelt: W. Flechsig, Die Vogelwelt in den braunschweigischen Flurnamen. In: Braunschweigische Heimat 42 (1956), S. 5-9.

Flechsig, Volkstumsgrenzen: W. Flechsig, Ostfälische Volkstumsgrenzen im Lichte der Dialekt- und Flurnamengeographie. In: Braunschweigische Heimat 36 (1950), S. 53-89.

Flechsig, Waldbäume: W. Flechsig, Waldbäume und Sträucher in der Volkssprache und den Flurnamen Ostfalens. In: Braunschweigische Heimat 47 (1961), S. 71-79; ebd. 48 (1962), S. 1-6, S. 33-37 und S. 65-70.

Flechsig, „Wer": W. Flechsig, Der Wortstamm „Wer" in ostfälischen Orts-, Flur- und Gewässernamen. Ein namenkundlicher Beitrag zum Streit um Werla. In: Braunschweigische Heimat 45 (1959), S. 15-21.

Flechsig, Wissenswertes: W. Flechsig u.a., Wissenswertes über das braunschweigische Land und seine Umgebung 2. Das braunschweigische Leinetal. In: Braunschweigische Heimat 51 (1965), S. 80-93.

Flentje/Henrichvark, Lehnbücher: B. Flentje und F. Henrichvark (Hg.), Die Lehnbücher der Herzöge von Braunschweig von 1318 und 1344/65. (Veröffentlichungen der Historischen Kommission für Niedersachsen und Bremen II, 27). Hildesheim 1982.

Flurnamen Düderode: N. N., Familien-, Orts- und Flurnamen. In: Die Spinnstube 6. Jg. (1929), S. 351-352.

Forstbereitungsprotokoll: Das Sollingische Forstbereitungsprotokoll 1735-1736. Hg. von G. Brodhage. Uslar 1999.

Förstemann, Deutsche Ortsnamen: E. Förstemann, Die deutschen Ortsnamen. Nordhausen 1863.

Förstemann, Ortsnamen: E. Förstemann, Altdeutsches Namenbuch, Bd. 2: Orts- und sonstige geographische Namen. 3. Auflg. hg. von H. Jellinghaus. 2 Tle. Bonn 1913-1916.

Förstemann, Personennamen: E. Förstemann, Altdeutsches Namenbuch. Bd. 1: Personennamen. [2]Bonn 1900.

Förster, Forstorte: M. Förster, Forstorte im Solling. Neuhaus im Solling 1983.

Fraenkel, Wörterbuch: E. Fraenkel, Litauisches etymologisches Wörterbuch. 2 Bde. Göttingen/Heidelberg 1962-1965.

Frankenberg, Erbenschaften: A. Frankenberg, Die Northeimer Erbenschaften. In: Heimatblätter hg. von dem Museumsverein für Northeim 7 (1931), S. 81-87, S. 98-104 und S. 117-121.

Freytag, Nachrichten: E. Freytag, Urkundliche Nachrichten zur Geschichte der Kirchengemeinde Hardegsen aus dem 15. und Anfang des 17. Jahrhunderts. In: Northeimer Heimatblätter Jg. 40 (1975), Heft 1, S. 5-10.

Friese, Hammenstedt: E. Friese, Geschichtliche Nachrichten vom Stadtdorf Hammenstedt. In: Heimatblätter hg. von dem Museumsverein für Northeim 5 (1929), S. 7-12, S. 22-26, S. 44-46, S. 56-61, S. 69-77 und S. 89-96.

Friese, Nordheim: Friese, Andeutungen zur Geschichte der Stadt Nordheim. In: Vaterländisches Archiv Jg. 1833, Heft 3, S. 504-521.

Friese, Sonderhagen: E. Friese, Die Mark Sonderhagen oder die Wüstung Hagen und die Hägener-Erben, ein historischer Versuch. Northeim 1853.

Frisk, Wörterbuch: H. Frisk, Griechisches etymologisches Wörterbuch. 3 Bde. Heidelberg 1954-1972.

Gallée, Grammatik: J. H. Gallée, Altsächsische Grammatik. 3. Auflg. hg. von H. Tiefenbach. (Sammlung kurzer Grammatiken germanischer Dialekte A Hauptreihe Nr. 6). Tübingen 1993.

Gallée, Vorstudien: J. H. Gallée, Vorstudien zu einem altniederdeutschen Wörterbuche. Leiden 1903.

Garke, Bachnamen: H. Garke, Die Bachnamen des Harzlandes. In: Harz-Zeitschrift 11 (1959), S. 1-72.

Gebhardt, Berka: Gebhardt, Das Wappen der Gemeinde Berka. In: Heimatblätter hg. von dem Museumsverein für Northeim 13 (1937), S. 97-98.

Gehmlich, Wappenbuch: K. Gehmlich, Wappenbuch für den Landkreis Northeim. Clausthal-Zellerfeld 2001.

Gercke, Uslar: A. Gercke, Uslar – Kirche, Burg und Markt in ihrer Bedeutung für die Geschichte der Stadt. Uslar 1955.

Geschwendt, Einbeck: F. Geschwendt, Die ur- und frühgeschichtlichen Funde des Kreises Einbeck. Hildesheim 1954.

Geschwendt, Northeim: F. Geschwendt, Das ur- und frühgeschichtliche Northeim. In: Northeim – 700 Jahre Stadt 1252-1952. Ein Festbuch zur 700-Jahrfeier. Hg. von H. Eggeling. Northeim 1952, S. 12-15.

Geschwendt, Sülbeck: F. Geschwendt, Die Solquellen von Sülbeck, Kreis Einbeck in Urzeit und Mittelalter. In: Die Kunde N.F. 9 (1958), S. 53-67.

Giese, Hemmerfelden: R. Giese, Wo lag der Gau Hemmerfelden. In: Zeitschrift des Historischen Vereins für Niedersachsen Jg. 1907, S. 203-239.

Gießener Flurnamen-Kolloquium. Hg. von R. Schützeichel. Heidelberg 1985.

Goetting, Brunshausen: H. Goetting, Das Bistum Hildesheim 2 – Das Benediktiner(innen)kloster Brunshausen; das Benediktinerinnenkloster St. Marien vor Gandersheim; das Benediktinerkloster Clus; das Franziskanerkloster Gandersheim. (Germania Sacra N.F. 8). Berlin 1974.

Goetting, Clus: H. Goetting, Die Gründung des Benediktinerklosters Clus. In: Braunschweigisches Jahrbuch 40 (1959), S. 17-39.

Goetting, Diplom:H. Goetting, Die interpolierte Nachzeichnung des ersten Diploms Ottos des Großen für Gandersheim (DO I. 89) und die „Mark Lahtnathorpe". In: Niedersächsisches Jahrbuch 50 (1978), S. 75-106.

Goetting, Findbuch: H. Goetting u.a., Findbuch Reichsstift Gandersheim. Niedersächsisches Staatsarchiv Wolfenbüttel Urk. Abt. 6. Manuskript 3 Bde. 1957.

Goetting, Gandersheim: H. Goetting, Das Bistum Hildesheim 1 – Das reichsunmittelbare Kanonissenstift Gandersheim. (Germania Sacra N.F. 7). Berlin 1973.

Goetting, Gründungsurkunde: H. Goetting, Die gefälschten Gründungsurkunden für das Reichsstift Gandersheim. In: Fälschungen im Mittelalter III. (MGH Schriften 33). Hannover 1988, S. 327-371.

Goetting, Hilwartshausen: H. Goetting, Gründung und Anfänge des Reichsstifts Hilwartshausen an der Weser. In: Niedersächsisches Jahrbuch 52 (1980), S. 145-180.

Goetting, Originalsupplik: H. Goetting, Die Gandersheimer Originalsupplik an Papst Paschalis II. als Quelle für eine unbekannte Legation Hildebrands nach Sachsen. In: Niedersächsisches Jahrbuch 21 (1949), S. 93-122.

Goetting, Rom: H. Goetting, Gandersheim und Rom. In: Jahrbuch der Gesellschaft für Niedersächsische Kirchengeschichte 51 (1953), S. 36-71

Göttinger Statuten: Göttinger Statuten. Akten zur Geschichte der Verwaltung und des Gildewesens der Stadt Göttingen bis zum Ausgang des Mittelalters. Bearb. von Goswin von der Ropp. (Quellen und Darstellungen zur Geschichte Niedersachsens 25). Hannover 1907.

Gottschald, Namenkunde: M. Gottschald, Deutsche Namenkunde. 5. Aufl. hg. von R. Schützeichel. Berlin/New York 1982.

Gottsleben, Einbeck: F. Gottsleben, Phonologie der Mundart von Einbeck/Krs. Northeim. Magisterarbeit Göttingen 1986.

Gramatzki, Fredelsloh: H. Gramatzki, Das Stift Fredelsloh. (Studien zur Einbecker Geschichte 5). Einbeck 1972.

Greiffenhagen, Hunnesrück: C. Greiffenhagen, Die alte Burg Hunnesrück bei Dassel. In: Altsachsenland 1910, S. 202-205.

Grote, Hardegsen: P. Grote, Die Deutung des Namens Hardegsen. In: Heimatblätter hg. von dem Museumsverein für Northeim 7 (1931), S. 123-124.

Grote, Landbede: J. Grote, Die Landbede des Stifts Hildesheim vom Jahre 1481. In: Zeitschrift des Historischen Vereins für Niedersachsen Jg. 1861, S. 367-369.

Grote, Nachrichten: P. Grote, Einige Nachrichten von den Sultmer Erben und Stadterben in Northeim. In: Heimatblätter hg. von dem Museumsverein für Northeim 6 (1930), S. 6-13.

Grote, Neubürgerbuch: P. Grote (Hg.), Northeimer Neubürgerbuch von 1338 bis 1548. [Sonderdruck aus: Heimatblätter hg. von dem Museumsverein für Northeim 1927.] Northeim 1927.

Grote, Northeim: J. W. Grote, Geschichte der Stadt Northeim. Mit einigen Beyträgen vermehrt herausgegeben von O. F. Reddersen. Einbeck 1807.

Grotefend, Corollarium: C. L. Grotefend, Corollarium zu „Mooyer, E. F.: Zur Genealogie der Grafen von Spiegelberg". In: Zeitschrift des Historischen Vereins für Niedersachsen Jg. 1853, S. 166-182.

Grotefend, Mitteilungen: H. Grotefend, Urkundliche Mitteilungen. In: Zeitschrift des Historischen Vereins für Niedersachsen Jg. 1870, S. 81-96.

Günther, Ambergau: F. Günther, Der Ambergau. Hannover 1887.

Gusmann, Wald- und Siedlungsfläche: W. Gusmann, Wald- und Siedlungsfläche Südhannovers und angrenzender Gebiete etwa im 5. Jahrhundert nach Christus. Hildesheim/Leipzig 1928.

Gutenbrunner: S. Gutenbrunner, Rezension zu H. Dittmaier, Das apa-Problem. In: Anzeiger für deutsches Altertum und deutsche Literatur 70 (1957/58), S. 49-62.

Gysseling, Woordenboek: M. Gysseling, Toponymisch Woordenboek van België, Nederland, Luxemburg, Noord-Frankrijk en West-Duitsland (vóór 1226). (Bouwstoffen en studiën voor de geschiedenis en de lexicografie van het Nederlands VI). 2 Bde. Tongeren 1960.

Habekost, Flachstöckheim: J. Habekost, Wie alt ist Flachstöckheim? Der Name Stocheim in einer Urkunde aus der Karolingerzeit. In: Braunschweigisches Jahrbuch 69 (1988), S. 141-145.

Hagedorn, Grubenhagen: W. Hagedorn, Die Geschichte Grubenhagens und Rotenkirchens. In: Göttinger Blätter 3 (1937), Heft 2, S. 28-37.

Hahne, Bartshausen: O. Hahne, Das adelige Dorf und Gericht Bartshausen. Braunschweig 1957/1958.

Hahne, Bevölkerungsgeschichte: O. Hahne, Die Bevölkerungsgeschichte des Harzes. In: Braunschweigische Heimat 36 (1950), S. 90-106.

Hahne, Braunschw. FlurN: O. Hahne, Braunschweiger Flurnamensammlung. In: Braunschweigische Heimat 19 (1933), S. 168-170.

Hahne, Brunesteshus: O. Hahne, Das Missionskloster Brunesteshus der Reichsabtei Fulda. In: Harz-Zeitschrift 4 (1952), S. 58-69.

Hahne, Brunsen: O. Hahne, Aus Brunsens Vergangenheit. Braunschweig 1958.

Hahne, Clusen: O. Hahne, Die Clusen im Lande Braunschweig. In: Braunschweigische Heimat 50 (1964), S. 72-78.

Hahne, Flurnamensammlung: O. Hahne, Unsere Flurnamensammlung. In: Braunschweigische Heimat 18 (1932), S. 114-116.

Hahne, Geschichtsschreibung: O. Hahne, Geschichtsschreibung der dörflichen Siedelungen. In: Braunschweigische Heimat 18 (1932), S. 6-9.

Hahne, Hachum: O. Hahne, Hachum im Wandel der Zeit. Schöppenstedt 1934

Hahne, Hallensen: O. Hahne, Kulturgeschichtliches über Hallensen. Braunschweig 1954.

Hahne, Hilprechtshausen: O. Hahne, Das Adelsgut Hilprechtshausen. In: Braunschweigische Heimat 40 (1954), S. 77-81.

Hahne, Orxhausen: O. Hahne, Aus vergangenen Tagen des Dörfchens Orxhausen. In: Braunschweigische Heimat 48 (1962), S. 50-56.

Hahne, Stroith: O. Hahne, Das Bauern- und Hägerdorf Stroith. Braunschweig 1957.

Hahne, Voldagsen: O. Hahne, Aus Voldagsens Geschichte. Braunschweig 1959.

Hahne, Wenzen: O. Hahne, Aus der Vergangenheit des Dorfes Wenzen. Braunschweig 1956.

Handbuch der Historischen Stätten: Niedersachsen und Bremen. Hg. von K. Brüning und H. Schmidt. (Handbuch der Historischen Stätten Deutschlands II). ³Stuttgart 1969.

Hänse, Flurnamen Weimar: G. Hänse, Die Flurnamen des Stadt- und Landkreises Weimar. Berlin 1970.

Hardeland, Uslar: D. Hardeland, Der Name der Stadt Uslar. In: Die Spinnstube 2 (1925), S. 257-258.

Harenberg, Gandersheim: J. C. Harenberg, Historia ecclesiae Gandershemensis [...]. Hannover 1734.

Harland, Einbeck: H. C. Harland, Geschichte der Stadt Einbeck. 2 Bde. Einbeck 1854-1859.

Hartmann, Schicksale: W. Hartmann, Schicksale des Einbecker Landes im Siebenjährigen Kriege. In: Göttinger Blätter 2, Heft 3/4 (1936), S. 30-38.

Hassel/Bege, Wolfenbüttel II: G. Hassel und K. Bege, Geographisch-statistische Beschreibung der Fûrstenthûmer Wolfenbûttel und Blankenburg. Zweiter Band. Braunschweig 1803.

Havemann, Grubenhagen: W. Havemann, Der Grubenhagen und die Stadt Einbeck im Kampfe mit welfischen und hessischen Fürsten. In: Archiv des Historischen Vereins für Niedersachsen Jg. 1846, S. 60-97.

Heberolle Corvey: Die Corveyer Heberolle des 11. Jahrhunderts. In: → Kaminsky, Corvey S. 193-222.

Heckschen, Glade-Kreis: H. Heckschen, Der „Glade-Kreis" (Ortsnamen des Wortstammes „glad-"). Eine sprach- und ortsgeschichtliche Studie. Mönchengladbach 1956.

Heege, Einbeck: A. Heege (Hg.), Einbeck im Mittelalter - Eine archäologisch-historische Spurensuche. (Studien zur Einbecker Geschichte 17). Oldenburg 2002.

Heidemann, Steina: D. Heidemann, Geschichte des Klosters Steina. In: Zeitschrift des Historischen Vereins für Niedersachsen Jg. 1871, S. 46-117.

Heine, Grubenhagen: M. Heine, Das Gebiet des Fürstentums Braunschweig-Grubenhagen und seine Ämter. Diss.-Phil. Göttingen 1942.

Heinemann, Pfalzgraf Heinrich: L. von Heinemann, Heinrich von Braunschweig, Pfalzgraf bei Rhein. Ein Beitrag zur Geschichte des staufischen Zeitalters. Gotha 1882.

Heinemeyer, Lippoldsberg I + II: W. Heinemeyer, Die Urkundenfälschungen des Klosters Lippoldsberg. Teil 1: Archiv für Diplomatik 7 (1961), S. 69-203; Teil 2 ebd. 8 (1962), S. 68-146.

Heinertz, Umlautbezeichnungen: N.O. Heinertz, Zur Frage nach Umlaut und Umlautsbezeichnung im Mittelniederdeutschen. In: Jahrbuch des Vereins für niederdeutsche Sprachforschung 29 (1913), S. 132-140.

Heintze/Cascorbi, Familiennamen: A. Heintze und P. Cascorbi, Die deutschen Familiennamen, geschichtlich, geographisch, sprachlich. Halle [7]1933.

Heliandwörterbuch: E. H. Sehrt, Vollständiges Wörterbuch zum Heliand und zur altsächsischen Genesis. (Hesperia 14). Göttingen 1925.

Hellwig, Allershausen: W. Hellwig, Von Algershus bis Allershausen/Uslar. In: Northeimer Heimatblätter N.F. 4 (1973), S. 12-16.

Helmold, Krummele: G. Helmold, Das wüste Dorf Krummele bei Espol. In: Heimatblätter hg. von dem Museumsverein für Northeim 8 (1932), S. 101-103.

Hennecke, Lippoldsberg: E. Hennecke, Kloster Lippoldsberg. In: Jahrbuch der Gesellschaft für Niedersächsische Kirchengeschichte 46 (1941), S. 35-84.

Hentrich, Ortsnamen: K. Hentrich, Die eichsfeldischen Ortsnamen. In: Johann Wolf, Politische Geschichte des Eichsfeldes. Neu bearb. und hg. von K. Löffler. Duderstadt 1921, S. 30-42.

Herbst, Klus: H. Herbst, Das Benediktinerkloster Klus bei Gandersheim und die Bursfelder Reform. (Beiträge zur Kulturgeschichte 50). Leipzig/Berlin 1932.

Herbst, Volpriehausen: D. Herbst, 750 Jahre Volpriehausen. Volpriehausen 1983.

Herrfahrdt, Harriehausen: R. Herrfahrdt, Das Kirchspiel Harriehausen. Osterode 1954.

Hertel, Lehnbücher: Die ältesten Lehnbücher der Magdeburgischen Erzbischöfe. Bearb. von G. Hertel. (Geschichtsquellen der Provinz Sachsen 16). Halle 1883.

Hessler, Gaue: W. Hessler, Mitteldeutsche Gaue des frühen und hohen Mittelalters. (Abhandlungen der sächsischen Akademie der Wissenschaften zu Leipzig. Phil. Hist. Kl. 49, 2). Berlin 1957.

Hoffmann, Helmarshausen: H. Hoffmann, Bücher und Urkunden aus Helmarshausen und Corvey. (MGH Studien und Texte 4). Hannover 1992.

Hofmann, Wörterbuch: J. B. Hofmann, Etymologisches Wörterbuch des Griechischen. München 1949.

Holthausen, Wörterbuch: F. Holthausen, Altsächsisches Wörterbuch. (Niederdeutsche Studien 1). Münster/Köln 1954.

Hrotsvith, Primordia: Primordia coenobii Gandeshemensis. In: Hrotsvithae Opera. Hg. von P. von Winterfeld. (MGH SS rer. Germ. 34). Berlin 1965, S. 229-246.

Hueg, Elvershausen: A. Hueg, Elvershausen nach dem Dreißigjährigen Kriege. In: Heimatblätter hg. von dem Museumsverein für Northeim 10 (1934), S. 50-54.

Hueg, Flurnamen: A. Hueg, Über Flurnamen. In: Heimatblätter hg. von dem Museumsverein für Northeim 4 (1928), S. 1-6.

Hueg, Frühgeschichte: A. Hueg, Aus der Frühgeschichte der Stadt Northeim und ihrer Umgebung. In: Heimatblätter hg. von dem Museumsverein für Northeim 15 (1939), S. 33-45.

Hueg, Husen: A. Hueg, Nachrichten über das ehemalige Dorf Husen. In: Heimatblätter hg. von dem Museumsverein für Northeim 5 (1929), S. 113-118, S. 129-135 und S. 145-149.

Hueg, Landesausbau: A. Hueg, Der Landesausbau in ur- und frühgeschichtlicher Zeit. In: Northeimer Heimatblätter Jg. 1952, Heft 1, S. 15-18.

Hueg, Pfahlzinsregister: A. Hueg, Die Pfahlzinsregister. In: Heimatblätter hg. von dem Museumsverein für Northeim 6 (1930), S. 50-58, S. 89-94 und S. 97-100.

Hueg, Solt: A. Hueg, Das lütke Solt am Salzberge bei Höckelheim. In: Heimatblätter hg. von dem Museumsverein für Northeim 15 (1939), S. 1-3.

Hueg, Urkunden: A. Hueg, Die ältesten Urkunden über die Stadt Northeim. In: Heimatblätter hg. von dem Museumsverein für Northeim 3 (1927), S. 33-41.

Hülse/Spörer, Einbeck: H. Hülse und C. Spörer, Geschichte der Stadt Einbeck. Band 1: Von den Anfängen bis zum Ende des 18. Jahrhunderts. Einbeck 1990.

Huß, Hettensen: H. Huß, Flurnamen des Dorfes Hettensen. In: Heimatblätter hg. von dem Museumsverein für Northeim 10 (1934), S. 121-125.

Huß, Urkunden: H. Huß, Aus alten Urkunden und Quellen von Hettensen. In: Heimatblätter hg. von dem Museumsverein für Northeim 8 (1932), S. 71-73.

Jäckel, Sebexen: H. Jäckel, St. Martin in Sebexen - 850 Jahre Pfarrkirche - 100 Jahre Kirchengebäude. Sebexen 1995.

Jäckel, Willershausen: H. Jäckel u.a. (Hgg.), Willershausen am Harz. Willershausen 1998.

Jacobs, Klus: E. Jacobs, Plünderung des Klosters zur Klus durch die v. Warberg im markgräflichen Kriege 1553. In: Zeitschrift des Harzvereins 11 (1878) S. 482-486.

Jäger, Methodik: H. Jäger, Zur Methodik der genetischen Kulturlandschaftsforschung. Zugleich ein Bericht über eine Exkursion zur Wüstung Leisenberg. In: Berichte zur deutschen Landesforschung 30 (1963), S. 158-196.

Jäger, Northeim: H. Jäger, Zur Wüstungskunde des Landkreises Northeim. In: Northeimer Heimatblätter Jg. 1954, Heft 1, S. 7-14.

Jaster, Sievershausen: H. Jaster, Sievershausen im Solling. Sievershausen 1956.

Jellinghaus, Bestimmungswörter: H. Jellinghaus, Bestimmungswörter westsächsischer und engrischer Ortsnamen. In: Jahrbuch des Vereins für niederdeutsche Sprachforschung 28 (1902), S. 31-51.

Jellinghaus, Osnabrück: H. Jellinghaus, Dorfnamen um Osnabrück. Osnabrück 1922.

Jellinghaus, Westf. ON: H. Jellinghaus, Die westfälischen Ortsnamen nach ihren Grundwörtern. ³Osnabrück 1923.

Jeremias, Nienover: W. Jeremias, Geschichtliche Irrtümer um Nienover. In: Northeimer Heimatblätter Jg. 1957, Heft 2, S. 42-44.

Jochum-Godglück, Orientierte SiedlungsN: C. Jochum-Godglück, Die orientierten Siedlungsnamen auf -heim, -hausen, -hofen und -dorf im frühdeutschen Sprachraum und ihr Verhältnis zur fränkischen Fiskalorganisation. Frankfurt/Main 1995.

Jóhannesson, Wörterbuch: A. Jóhannesson, Isländisches etymologisches Wörterbuch. Bern 1951.

Jörns, Kirchenrechnung: E. Jörns, Eine alte Northeimer Kirchenrechnung. In: Northeimer Heimatblätter Jg. 1956 Heft 2, S. 18-21.

Jünemann, Schönhagen: K. Jünemann, Entstehung und Entwicklung des Dorfes Schönhagen. In: Sollinger Heimatblätter Jg. 1932, S. 85-88.

Jünemann, Solling: K. Jünemann, Die Namen der Wälder im Solling. In: Die Spinnstube 5 (1928), S. 178-180.

Junge, Bodenfelde: W. Junge, Chronik des Fleckens Bodenfelde. Bodenfelde 1983.

Junge, Seefeld: W. Junge, Seefeld und Winnefeld - Zwei Wüstungen im heimischen Raum. In: Sollinger Heimatblätter Jg. 1987, S. 25-27.

Junge, Wahmbeck: W. Junge, Wahmbeck - Aus Vergangenheit und Gegenwart eines Oberweserdorfes. Bodenfelde 1972.

Jüttner, Malliehagen: H. Jüttner, Der Malliehagen im Solling. In: Sollinger Heimatblätter Jg. 1934, S. 45-50.

Jüttner, Waldungen: H. Jüttner, Die Waldungen der heutigen Oberförstereien Knobben und Neuhaus im Solling vor 200 Jahren. In: Die Spinnstube 6 (1929), S. 22-25.

Jüttner, Wiensen: H. Jüttner, Wiensen, Wangensen, Clus-Kapelle und Steimke. In: Sollinger Heimatblätter Jg. 1940, S. 13-16 und 21-28.

Kaerger, Flurnamen: G. Kaerger, Flurnamen kennenlernen. Hann. Münden 2002.

Kallen, Vogteiweistum: G. Kallen, Das Gandersheimer Vogteiweistum von 1188. In: Probleme der Rechtsordnung in Geschichte und Theorie. Zehn ausgewählte Aufsätze von Gerhard Kallen. (Kölner historische Abhandlungen 11) Köln 1965, S. 74-99.

Kaminsky, Corvey: H. H. Kaminsky, Studien zur Reichsabtei Corvey in der Salierzeit. (Veröffentlichungen der Historischen Kommission Westfalens X, 4). Köln 1972.

Kandler, Bergbezeichnungen: C. Kandler, Bergbezeichnungen im Bereich der deutschen Mittelgebirge. Diss. Halle 1955.

Kaspers, Kettwig: W. Kaspers, Der Name Kettwig, Katwijk; Kat(t)-, Katz- in Ortsnamen; der Tiername 'Katze'. In: Zeitschrift für Ortsnamenforschung 13 (1937), S. 213-225.

Kaufmann, Ergänzungsband: H. Kaufmann, Ernst Förstemann, Altdeutsche Personennamen - Ergänzungsband. München-Hildesheim 1968.

Kaufmann, Genetiv. Ortsnamen: H. Kaufmann, Genetivische Ortsnamen. (Grundlagen der Namenkunde Bd. 2). Tübingen 1961.

Kaufmann, Untersuchungen: H. Kaufmann, Untersuchungen zu altdeutschen Rufnamen. München 1965.

Kayser, Generalkirchenvisitation: K. Kayser, Die Generalkirchenvisitation von 1588 im Lande Göttingen-Kalenberg. In: Zeitschrift der Gesellschaft für Niedersächsische Kirchengeschichte 8 (1903), S. 93-238 und 9 (1904), S. 22-72.

Kayser, Kirchenvisitationen: K. Kayser, Die reformatorischen Kirchenvisitationen in den welfischen Landen 1542-1544. Göttingen 1896.

KB Amelungsborn: Kopialbuch des Klosters Amelungsborn vom Ende des 13. Jahrhundert. Niedersächsisches Staatsarchiv Wolfenbüttel VII B Hs 108.

Kelterborn, Bürgeraufnahmen: H. Kelterborn, Die Göttinger Bürgeraufnahmen. 1328-1710. 2 Bde. Göttingen 1961-1980.

Kettner, Flußnamen: B.-U. Kettner, Flußnamen im Stromgebiet der oberen und mittleren Leine. (Name und Wort 6). Rinteln 1972.

Kettner, Leine: B.-U. Kettner, Die Leine und ihre Nebenflüsse bis unterhalb der Einmündung der Innerste. (Hydronymia Germaniae Reihe A, Heft 8). Wiesbaden 1973.

Kindlinger, Beiträge: V. N. Kindlinger, Münstersche Beiträge zur Geschichte Deutschlandes hauptsächlich Westfalens. 3 Bde. Münster 1787-1793.

Kleinau GOV: H. Kleinau, Geschichtliches Ortsverzeichnis des Landes Braunschweig. (Veröffentlichungen der Historischen Kommission für Niedersachsen und Bremen XXX, 2). 3 Tle. Hildesheim 1968/1969.

Kleinschmidt, Sammlung: J. G. F. Kleinschmidt, Sammlung von Landtags-Abschieden, Reversen, Versicherungen, Bestätigungen und sonstigen die staats- und privatrechtlichen Verhältnisse der Fürstenthümer Calenberg, Grubenhagen und Göttingen betreffenden Urkunden. 2 Tle. Hannover 1832.

Klewitz, Hildesheim: H.-W. Klewitz, Studien zur territorialen Entwicklung des Bistums Hildesheim. (Veröffentlichungen der Historischen Kommission für Hannover, Oldenburg, Braunschweig, Schaumburg-Lippe und Bremen II, 13). Göttingen 1932.

Klinkhardt, Grubenhagen: F. A. Klinkhardt, Historische Nachrichten von dem Schlosse und Fürstenthume Grubenhagen. Einbeck 1818.

Klosterarchive II: Klöster, Stifter und Hospitäler der Stadt Kassel und Kloster Weißenstein. Regesten und Urkunden. Bearb. von J. Schultze. (Veröffentlichungen der Historischen Kommission für Hessen und Waldeck 9, 2). Marburg 1913.

Kluge, Stammbildungslehre: F. Kluge, Nominale Stammbildungslehre der altgermanischen Dialekte. (Sammlung kurzer Grammatiken Germanischer Dialekte, Ergänzungsreihe I). ³Halle 1926.

Kluge/Seebold: F. Kluge und E. Seebold, Etymologisches Wörterbuch der deutschen Sprache. 24. Aufl. bearb. von E. Seebold. Berlin-New York 2002.

Knappwost, Edesheim: L. Knappwost, Die Geschichte des Dorfes Edesheim (Leine). (Sonderschrift der Northeimer Heimatblätter 1). Northeim 1956.

Knappwost, Edesheim: L. Knappwost, Flurnamen des Dorfes Edesheim. In: Heimatblätter hg. von dem Museumsverein für Northeim 10 (1934), S. 113-120.

Köbler, Wörterbuch: G. Köbler, Altsächsisches Wörterbuch. 3. Aufl. 2000 (Elektronischer Text).

Köcher, Edesheim: A. Köcher, Die Landregister und Dorfannalen der Bauermeister von Edesheim im Leinethale. In: Zeitschrift des Historischen Vereins für Niedersachsen 65 (1900), S. 64-96.

Koken, Dassel: C. L. Koken, Geschichte der Grafschaft Dassel. In: Vaterländisches Archiv des Historischen Vereins für Niedersachsen Jg. 1840, S. 139-252.

Könecke, Quellen: H. Könecke, Kirchengeschichtliche Quellen als Hilfen zur Ortsgeschichte. In: Northeimer Heimatblätter Jg. 1955 Heft 2, S. 20-22 und Heft 3, S. 22-25.

Könecke, Schlarpe: H. Könecke, Vermerke zur Geschichte des Ortes Schlarpe. In: Sollinger Heimatblätter Jg. 1935, S. 73-78.

Königspfalzen: Die deutschen Königspfalzen. Bd. 4: Niedersachsen. Redaktion T. Zotz. Göttingen 1998ff.

Kopfsteuerbeschreibung Wolfenbüttel: Die Kopfsteuerbeschreibung des Fürstentums Braunschweig-Wolfenbüttel von 1678. Bearb. von H. Medefind. (Veröffentlichungen der Historischen Kommission für Niedersachsen und Bremen 202). Hannover 2000.

Kopialbuch Katlenburg: Kopialbuch des Klosters Katlenburg aus dem 16. Jahrhundert. Niedersächsisches Staatsarchiv Wolfenbüttel VII C Hs 40 Bd. I und II. [Benutzt aus den Vorarbeiten zu einem Katlenburger Urkundenbuch von K. Gieschen und M. Hamann].

Körber, Ahlbershausen: S. Körber, Ein Dorf als Kaffeestadt - Aus der Geschichte des kleinen Uslarer Ortsteils Ahlbershausen. In: Sollinger Heimatblätter Jg. 1987, S. 20-23 und Jg. 1988, S. 15-17.

Körber, Flurnamen Vogelbeck: W. Körber, Flurnamen des Dorfes Vogelbeck. In: Heimatblätter hg. von dem Museumsverein für Northeim 6 (1930), S. 75-79.

Körber, Vogelbeck: W. Körber, Vogelbeck - Ein Heimatbuch. Northeim 1926.

Krack, Blankenhagen: N. Krack, Die Geschichte des Dorfes Blankenhagen, Kreis Northeim. Blankenhagen 1966.

Krage, Salzderhelden: Fr. Krage, Salzderhelden. In: Korrespondenzblatt des Vereins für niederdeutsche Sprachforschung 35 (1915-16), S. 14-15.

Krahe, Indogerm. Sprachw.: H. Krahe, Indogermanische Sprachwissenschaft. 2 Tle. in 1 Bd. ^{6}Berlin-New York 1985.

Krahe/Meid: H. Krahe und W. Meid, Germanische Sprachwissenschaft. 3 Tle. Berlin 1967-1969.

Kramer, Abschwächung: W. Kramer, Zur Abschwächung von -husen zu -sen in Ortsnamen des Kreises Einbeck und angrenzender Gebiete. In: Niederdeutsches Jahrbuch 90 (1967), S. 7-43.

Kramer, Artikel: W. Kramer, Zum Gebrauch des bestimmten Artikels in südniedersächsischen Siedlungsnamen. In: Niederdeutsches Wort 21 (1981), S. 77-102.

Kramer, Fredelsloh: W. Kramer, Fredelsloh. In: Gedenkschrift für Heinrich Wesche. Hg. von W. Kramer, U. Scheuermann und D. Stellmacher. Neumünster 1979, S. 127-141.

Kramer, Moringen: W. Kramer, Die Flurnamen des Amtes Moringen. Diss.-Phil. Göttingen 1963.

Kramer, Oberweser: W. Kramer, Das Flußgebiet der Oberweser. (Hydronymia Germaniae Reihe A, Heft 10). Wiesbaden 1976.

Kramer, Scheinmigration: W. Kramer, Scheinmigration und 'verdeckte' Migration, aufgezeigt am Beispiel von Namenfeldern in Ostfalen. In: Niederdeutsches Jahrbuch 94 (1971), S. 17-29.

Kramer, Solling: W. Kramer, Der Name Solling. In: Beiträge zur Namenforschung N.F. 6 (1971), S. 130-150.

Kramer, Südniedersachsen: W. Kramer, Zu den Orts- und Wüstungsnamen in Südniedersachsen. In: Beiträge zur Namenforschung N.F. 3 (1968), S. 125-140.

Krause, Handbuch: W. Krause, Handbuch des Gotischen. (Handbücher für das Studium der Germanistik). ³München 1968.

Kreis Uslar: Der Kreis Uslar. Hg. von Dr. Jaenecke und E. Stein. (Monographien deutscher Landkreise VI). Berlin 1931.

Kreitz, Gillersheim: G. Kreitz u.a., Chronik der Ortschaft Gillersheim. Mannheim 1993.

Kretschmann, -heim-Ortsnamen: H.H. Kretschmann, Die -heim-Ortsnamen und ihre Bedeutung für die Siedlungsgeschichte des Landes östlich der oberen und mittleren Weser. Diss. Hamburg 1938.

Kroeschell, Hilwartshausen: K. A. Kroeschell, Zur älteren Geschichte des Reichsklosters Hilwartshausen und des Reichsguts an der oberen Weser. In: Niedersächsisches Jahrbuch 29 (1957), S. 1-23.

Kronenberg, Brunshausen: K. Kronenberg, Brunshausen. Vom Missionskloster zum Sommerschloß einer Fürstäbtissin. Bad Gandersheim 1983.

Kronenberg, Clus: K. Kronenberg, Clus und Brunshausen. Verlassene Klöster. Bad Gandersheim 1959.

Kronenberg, Ellierode: K. Kronenberg, Ellierode - Das verborgene Dorf. Bad Gandersheim 1963.

Kronenberg, Gandersheim: K. Kronenberg, Chronik der Stadt Bad Gandersheim. Bad Ganderheim 1978.

Kronenberg, Opperhausen: K. Kronenberg, Chronik von Opperhausen. Bad Gandersheim 1966.

Krumwiede, Patrozinien: H.-W. Krumwiede (Hg.), Die mittelalterlichen Kirchen- und Altarpatrozinien Niedersachsens. (Studien zur Kirchengeschichte Niedersachsens 11). Göttingen 1960.

Kruppa, Dassel: N. Kruppa, Die Grafen von Dassel (1097-1337/38). (Veröffentlichungen des Instituts für Historische Landesforschung der Universität Göttingen 42). Bielefeld 2002.

Krusch, Studie: B. Krusch, Studie zur Geschichte der geistlichen Jurisdiktion und Verwaltung des Erzstifts Mainz. In: Zeitschrift des Historischen Vereins für Niedersachsen Jg. 1897, S. 112-277.

Kühlhorn, Brunsteshusen: E. Kühlhorn, Die Wüstungen Brunsteshusen und Hoynhagen. In: Northeimer Heimatblätter Jg. 1964, Heft 3, S. 32-43.

Kühlhorn, Gerßborn: E. Kühlhorn, Die mittelalterlichen Wüstungen Gerßborn und Lynbeke im Solling. In: Göttinger Jahrbuch 22 (1974), S. 81-106.

Kühlhorn, Hoppenhusen: E. Kühlhorn, Zur Wüstung Hoppenhusen bei Brunstein. In: Northeimer Heimatblätter Jg. 1965, Heft 3, S. 9-16.

Kühlhorn, Ortsnamen: E. Kühlhorn, Orts- und Wüstungsnamen in Südniedersachsen. Northeim 1964.

Kühlhorn, Probleme: E. Kühlhorn, Methodische Probleme der Erforschung mittelalterlicher Ortswüstungen dargestellt am Raum Bodenfelde/Wahmbeck an der Weser. In: Niedersächsisches Jahrbuch 52 (1980), S. 181-201.

Kühlhorn, Siedlungslandschaft: E. Kühlhorn, Die spätmittelalterliche Siedlungslandschaft zwischen Nörtener Wald und Plesseforst bei Göttingen. In: Northeimer Heimatblätter N.F. 1 (1970), S. 5-44.

Kühlhorn, Solling: E. Kühlhorn, Topographie und Geschichte einiger mittelalterlicher Wüstungen im Solling. In: Northeimer Heimatblätter Jg. 1966, Heft 3, S. 3-28.

Kühlhorn, Wüstungen: E. Kühlhorn, Die mittelalterlichen Wüstungen in Südniedersachsen. (Veröffentlichungen des Instituts für Historische Landesforschung der Universität Göttingen 34, 1-4). 4 Bde. Bielefeld 1994-1996.

Kuhn, Grenzen: H. Kuhn, Grenzen vor- und frühgeschichtlicher Ortsnamentypen. Wiesbaden 1963.

Kuhn, Ortsnamen: H. Kuhn, Vor- und frühgermanische Ortsnamen in Norddeutschland und den Niederlanden. In: Westfälische Forschungen 12 (1959), S. 5-44.

Kunze, Fürstenhagen: K. Kunze, Fürstenhagen im Bramwald. Uslar 1997.

Kunze, Namenkunde: K. Kunze, dtv-Atlas Namenkunde - Vor- und Familiennamen im deutschen Sprachgebiet. München 1998.

Kunze, Ortssippenbuch: K. Kunze, Ortssippenbuch Fürstenhagen - Die Einwohnerschaft in vier Jahrhunderten. (Deutsche Ortssippenbücher Reihe B, 58). Hannover 1989.

Künzel/Blok/Verhoeff, Lexicon: R. E. Künzel, D. P. Blok, J. M. Verhoeff, Lexicon van nederlandse toponiemen tot 1200. (Publikaties van het P.J. Meertens-Instituut voor Dialectologie, Volkskunde en Naamkunde van de Koninklijke Nederlandse Akademie van Wetenschappen 8). ²Amsterdam 1989.

Kurschat, Wörterbuch: A. Kurschat, Litauisch-deutsches Wörterbuch. 4 Bde. Göttingen 1968-73.

Kvaran Yngvason, GewN Jütland: G. Kvaran Yngvason, Untersuchungen zu den Gewässernamen in Jütland und Schleswig-Holstein. Diss. Göttingen 1981.

Kvaran, Zuflüsse: G. Kvaran, Die Zuflüsse zur Nord- und Ostsee von der Ems bis zur Trave. (Hydronymia Germaniae Reihe A, Heft 12). Wiesbaden 1979.

Lagerbuch Katlenburg: Das Kloster Katlenburg und sein Lagerbuch von 1525. Bearb. von H.-J. Winzer. (Schriftenreihe der Arbeitsgemeinschaft Südniedersächsischer Heimatfreunde 12). Duderstadt 1997.

Lagers, Untersuchungen: M. Lagers, Topografische Untersuchungen zur Erwerbspolitik Bischof Meinwerks von Paderborn. In: Westfälische Zeitschrift 154 (2004), S. 179-220.

Lampe, Imbshausen: W. Lampe, Die Flurnamen des Dorfes Imbshausen. In: Heimatblätter hg. von dem Museumsverein für Northeim 7 (1931), S. 22-32.

Lampert von Hersfeld: Lamperti monachi Hersfeldensis opera. Hg. von O. Holder-Egger. (MGH SS rerum Germanicarum [38]). Hannover 1894.

Landau, Wüstungen: G. Landau, Historisch-topographische Beschreibung der wüsten Ortschaften im Kurfürstenthum Hessen. (Zeitschrift für hessische Geschichte 7. Supplement). Kassel 1858.

Lange, Northeim: K.-H. Lange, Der Herrschaftsbereich der Grafen von Northeim 950 bis 1144. (Veröffentlichungen der Historischen Kommission für Niedersachsen und Bremen II, 24). Göttingen 1969.

Lasch, Grammatik: A. Lasch, Mittelniederdeutsche Grammatik. (Sammlung kurzer Grammatiken Germanischer Dialekte A. Hauptreihe Nr. 9). ²Halle 1914.

Lasch, Palatales k: A. Lasch: Palatales k im Altniederdeutschen. In: Neuphilologische Mitteilungen 40 (1939), S. 241-318 und S. 387-423.

Lauenstein, Hildesheim: J. B. Lauenstein, Hisoria Diplomatica Episcopatus Hildesiensis. Das ist: Diplomatische Historie des Bißthums Hildesheim. 2 Tle. Hildesheim 1740.

Laur, Ortsnamenlexikon: W. Laur, Historisches Ortsnamenlexikon von Schleswig-Holstein. (Veröffentlichungen des Schleswig-Holsteinischen Landesarchivs 28). ²Neumünster 1992.

Laur, Schaumburg: W. Laur, Die Ortsnamen in Schaumburg. (Schaumburger Studien 51). Rinteln 1993.

Lechte, Burg Hardeg: K. Lechte, Von den Bewohnern der Burg Hardeg. In: Northeimer Heimatblätter Jg. 1959, Heft 1, S. 14-25.

Lechte, Ertinghausen: K. Lechte, Aus Ertinghausens Vergangenheit. In: Northeimer Heimatblätter Jg. 1967, Heft 2, S. 17-20.

Lechte, Hardegsen: K. Lechte, Die Geschichte der Stadt Hardegsen. [Hardegsen 1968].

Leerhoff, Karten: H. Leerhoff, Niedersachsen in alten Karten. Neumünster 1985.

Lehnbuch Schöneberg: Das älteste Lehnbuch der Edelherren von Schöneberg. Edition und Kommentar von J. Dolle. In: Hessisches Jahrbuch für Landesgeschichte 41 (1991), S. 31-83.

Lehnregister Bortfeld: A. von Boetticher, Das Lehnregister der Herren von Bortfeld und von Hahnensee aus dem Jahre 1476. (Veröffentlichungen des Instituts für Historische Landesforschung der Universität Göttingen 18). Hildesheim 1983.

Lerchner, Studien: G. Lerchner, Studien zum nordwestgermanischen Wortschatz. (Mitteldeutsche Studien 28). Halle/S. 1965.

Letzner, Chronica: J. Letzner, Dasselische und Einbeckische Chronica. Erfurt 1596. [ND Hannover-Döhren 1976].

Leuckfeld, Bursfelde: J. G. Leuckfeld, Antiquitates Bursfeldenses oder Historische Beschreibung des ehmahligen Closters Burßfelde. Leipzig/Wolfenbüttel 1713.

Leuckfeld, Katlenburg: J. G. Leuckfeld, Antiquitates Katelenburgenses oder Historische Beschreibung des ehmahligen Closters Katelenburg. Wolfenbüttel 1713.

Leuckfeld, Pöhlde: J. G. Leuckfeld, Antiquitates Poeldenses oder Historische Beschreibung des vormahligen Stiffts Poelde. Wolfenbüttel 1707.

Lexer, Mittelhochdeutsches Handwörterbuch: M. Lexer, Mittelhochdeutsches Handwörterbuch. 3 Bde. Leipzig 1872-1878.

Liddell/Scott, Lexicon: H.G. Liddell und R. Scott, Greek-English Lexicon. New Edition Oxford 1951.

Lockemann, Salzderhelden: G. Lockemann, Die Burg Salzderhelden und ihre Bedeutung in der Geschichte des Geschützwesens. O.O. 1939.

Lockemann, Sülbeck: T. Lockemann, Die Gründung der Saline Sülbeck. Einbeck 1936.

Lönne, Susa: P. Lönne, Das verschwundene Dorf „Susa". In: Archäologie in Niedersachsen 7 (2004), S. 105-108.

Lorme, Schmeeßen: E. de Lorme, Die Wüstung Schmeeßen im Solling. In: Zeitschrift des Historischen Vereins für Niedersachsen Jg. 1910, S. 317-323.

Lübben/Walther, Handwörterbuch: A. Lübben und C. Walther, Mittelniederdeutsches Handwörterbuch. Norden/Leipzig 1888. [ND Darmstadt 1995].

Lubecus, Annalen: Franciscus Lubecus, Göttinger Annalen – Von den Anfängen bis zum Jahre 1588. Bearb. von R. Vogelsang. (Quellen zur Geschichte der Stadt Göttingen 1). Göttingen 1994.

Lücke, Gladebeck: H. Lücke, Gladebeck im Wandel der Zeiten. Duderstadt 1937.

Lücke, Hardenberg: H. Lücke, Der Hardenberg in Wort und Bild. Duderstadt 1926.

Lücke, Parensen: H. Lücke, Aus der Geschichte des Dorfes Parensen. In: Plesse-Archiv 6 (1971), S. 3-110.

Lüders, Northeim: W. Lüders, Die Frühgeschichte der Stadt Northeim nach den Fuldaer Traditionen. In: Zeitschrift des Harzvereins 71 (1938), S. 50-60.

Lühr, Lautgesetz: R. Lühr, Expressivität und Lautgesetz im Germanischen. (Monographien zur Sprachwissenschaft 15). Heidelberg 1988.

Luick, Grammatik: K. Luick, Historische Grammatik der englischen Sprache. Bd. 1 Stuttgart 1964.

Lüneburger Lehnregister: Lüneburger Lehnregister der Herzöge Otto und Wilhelm und der Herzöge Bernhard und Wilhelm Seculi XIV und XV nebst einem Homburger, einem Hallermunder und einem Wölper Lehnregister. Hg. von W. von Hodenberg. In: Archiv für Geschichte und Verfassung des Fürstenthums Lüneburg. Hg. von C. L. von Lenthe. Bd. 9. Celle 1863, S. 1-102.

Luntowski, Bursfelde: G. Luntowski, Zur Verfassungs- und Wirtschaftsgeschichte der ehemaligen Benediktinerabtei Bursfelde im Mittelalter. Diss.-phil. Berlin 1954.

Luntowski, Urkundenfälschungen: G. Luntowski, Die Bursfelder Urkundenfälschungen des 12. Jahrhunderts. In: Archiv für Diplomatik 5/6 (1959/60), S. 154-181.

Maack, Flurnamen: U. Maack, Die Flurnamen des Schaumburgischen Wesertals. Rinteln 1974.

Maier, Gladebeck: F. Maier, Beiträge zur Geschichte des südniedersächsischen Dorfes Gladebeck. Gladebeck 1970.

Mainzer UB: Mainzer Urkundenbuch. Erster Band: Die Urkunden bis zum Tode Erzbischof Adalberts I. (1137). Hg. von M. Stimming. (Arbeiten der historischen Kommision für den Volksstaat Hessen). Darmstadt 1932. [ND Darmstadt 1972]. Mainzer Urkundenbuch. Zweiter Band: Die Urkunden seit dem Tode Erzbischof Adalberts I. (1137) bis zum Tode Erzbischof Konrads (1200). Hg. von P. Acht. (Arbeiten der Historischen Kommission Darmstadt). 2 Tle. Darmstadt 1968-1971.

Marzell, Wörterbuch: H. Marzell, Wörterbuch der deutschen Pflanzennamen. 5 Bde. Leipzig/Stuttgart/Wiesbaden 1943-1979.

Matthaei, Ortsnamen: E. Matthaei, Ortsnamen als Sprachaltertümer. In: Peiner Heimatkalender 17 (1987), S. 39-48.

Max, Grubenhagen: G. Max, Geschichte des Fürstenthums Grubenhagen. 2 Tle. Hannover 1862-1863.

Mecke, Entstehung Northeims: W. Mecke, Rätsel um die Entstehung Northeims. In: Northeimer Heimatblätter Jg. 1950, Heft 1, S. 11-22.

Menge, Schulwörterbuch: H. Menge: Griechisch-deutsches Schulwörterbuch mit besonderer Berücksichtigung der Etymologie. Berlin 1906.

Merl, Anfänge: G. Merl, Von den Anfängen - Archäologische Funde aus dem Katlenburger Bereich. In: → Schlegel, Katlenburg II, S. 1-13.

Merl, Medenheim: G. Merl, Die schriftliche Überlieferung zur Wüstung Medenheim bei Northeim. In: Northeimer Jahrbuch 56 (1991), S. 35-51.

Metge/Rinnert, Angerstein: A. Metge und K. Rinnert, Angerstein früher und heute. Angerstein 1992.

Meyer, Dannhausen: G. Meyer, Dannhausen. (Schriftenreihe der Arbeitsgemeinschaft Südniedersächsischer Heimatfreunde 10). Mannheim 1994.

Meyer, Städtenamen: H. Meyer, Ursprung der vaterländischen Städtenamen. Ein historisch-etymologischer Versuch. In: Hannoversches Magazin 5 (1846), S. 33-38, 6 (1846), S. 41-48, 8 (1846), S. 61-64, 9 (1846), S. 65-72, 10 (1846), S. 79-80.

Meyer, Steuerregister: P. Meyer, Ein kirchliches Steuerregister des Göttinger Landes von 1537. In: Jahrbuch der Gesellschaft für Niedersächsische Kirchengeschichte 49 (1951), S. 69-78.

MGH DArnolf: Die Urkunden Arnolfs. Bearb. von P. Kehr. (MGH Die Urkunden der deutschen Karolinger 3). Berlin 1940.

MGH DF I: Die Urkunden Friedrichs I. Bearb. von H. Appelt u.a. (MGH Die Urkunden der deutschen Könige und Kaiser 10). 5 Tle. Hannover 1975-1990.

MGH DH II.: Die Urkunden Heinrichs II. und Arduins. Bearb. von H. Bresslau u.a. (MGH Die Urkunden der deutschen Könige und Kaiser 3). Hannover 1900-1903.

MGH DH III.: Die Urkunden Heinrichs III. Hg. von H. Bresslau und P. Kehr. (MGH Die Urkunden der deutschen Könige und Kaiser 5). ²Berlin 1957.

MGH DH IV.: Die Urkunden Heinrichs IV. Bearb. von D. von Gladiß und A. Gawlik. (MGH Die Urkunden der deutschen Könige und Kaiser 6). Berlin/Hannover 1941-1978.

MGH DK II.: Die Urkunden Konrads II. Hg. von H. Bresslau. (MGH Die Urkunden der deutschen Könige und Kaiser 4). Hannover/Leipzig 1909.

MGH DK III.: Die Urkunden Konrads III. Hg. von F. Hausmann. (MGH Die Urkunden der deutschen Könige und Kaiser 9). Wien/Köln/Graz 1969.

MGH DL III.: Die Urkunden Lothars III. und der Kaiserin Richenza. Hg. von E. von Ottenthal und H. Hirsch. (MGH Die Urkunden der deutschen Könige und Kaiser 8). Berlin 1927.

MGH DLdJ: Die Urkunden Ludwigs des Jüngeren. Bearb. von P. Kehr. (MGH Die Urkunden der deutschen Karolinger 1). Berlin 1934.

MGH DO I.: Die Urkunden Konrad I., Heinrich I. und Otto I. Bearb. von T. Sickel. (MGH Die Urkunden der deutschen Könige und Kaiser 1). ²Berlin 1956.

MGH DO II.: Die Urkunden Otto des II. Bearb. von T. Sickel. (MGH Die Urkunden der deutschen Könige und Kaiser 2, 1). Hannover 1888.

MGH DO III.: Die Urkunden Otto des III. Bearb. von T. Sickel. (MGH Die Urkunden der deutschen Könige und Kaiser 2, 2). Hannover 1893.

MGH DW: Die Urkunden Heinrich Raspes und Wilhelms von Holland 1246-1252. Bearb. von D. Hägermann und J. G. Kruisheer. (MGH Die Urkunden der deutschen Könige und Kaiser 18,1). Hannover 1989.

MGH Urk. HdL: Die Urkunden Heinrichs des Löwen, Herzogs von Sachsen und Bayern. Bearb. von K. Jordan. (MGH Laienfürsten- und Dynastenurkunden 1). Stuttgart 1960.

Michael, Steina: E. Michael, Beiträge zur Geschichte des Benediktinerkloster Steina (Marienstein), Krs. Northeim, im ausgehenden Mittelalter. Mit einer Edition des „Negotium monasterii Steynensis" von 1497. Bovenden 1978. (Sonderdruck aus Plesse-Archiv 13, 1978).

Michaelis, Söse: O. Michaelis, Die Überschwemmungen der Söse in früherer Zeit. In: Spinnstube 17 (1927), S. 267f.

Middendorff, Aengl. FlurN: H. Middendorf, Altenglisches Flurnamenbuch. Halle 1902.

Mirus, Dassel: H. Mirus, Chronik der Stadt Dassel. Von der Grafschaft zur Gebietsreform. Hildesheim 1981.

Mnd. Handwörterbuch: Mittelniederdeutsches Handwörterbuch. Begründet von A. Lasch und K. Borchling. Bd. 1ff. Hamburg/Neumünster 1934ff.

Moderhack, Landesgeschichte: R. Moderhack (Hg.), Braunschweigische Landesgeschichte im Überblick. Braunschweig 1976.

Möller, Bildung: R. Möller, Zur Bildung von Siedlungsnamen aus Gewässernamen in Niedersachsen. In: Beiträge zur Namenforschung N.F. 16 (1981), S. 62-83.

Möller, Dentalsuffixe: R. Möller, Dentalsuffixe in niedersächsischen Siedlungs- und Flurnamen in Zeugnissen vor dem Jahre 1200. (Beiträge zur Namenforschung N.F.; Beih. 43). Heidelberg 1992.

Möller, k-Suffix: R. Möller, Niedersächsische Siedlungsnamen und Flurnamen mit k-Suffix und s-Suffix in Zeugnissen vor dem Jahr 1200. Heidelberg 2000.

Möller, Nasalsuffixe: R. Möller, Nasalsuffixe in niedersächsischen Siedlungsnamen und Flurnamen in Zeugnissen vor dem Jahre 1200. (Beiträge zur Namenforschung N.F.; Beih. 50). Heidelberg 1998.

Möller, Nds. Siedlungsnamen: R. Möller, Niedersächsische Siedlungsnamen und Flurnamen in Zeugnissen vor dem Jahre 1200 - Eingliedrige Namen. (Beiträge zur Namenforschung N.F.; Beih. 16). Heidelberg 1979.

Möller, Reduktion: R. Möller, Reduktion und Namenwandel in Niedersachsen. In: Beiträge zur Namenforschung N.F. 10 (1975), S. 121-156.

Möller, -sen-Namen: R. Möller, Zu den -sen-Namen in Niedersachsen. In: Beiträge zur Namenforschung N.F. 4 (1969), S. 356-375.

Moser, Frühnhd. Grammatik: V. Moser, Frühneuhochdeutsche Grammatik. III. Bd.: Lautlehre, 3. Teil: Konsonanten, 2. Hälfte. Heidelberg 1951.

Mühe, Dankelsheim: A. Mühe, Dankelsheim – Eine flur- und siedlungskundliche Untersuchung. In: Braunschweigisches Jahrbuch 3. Folge Bd. 3 (1941/1942), S. 121-144.

Mühe, Gande: A. Mühe, Der Name „Gande" im Laufe der Jahrhunderte. In: Braunschweigisches Magazin 5 (1928), Sp. 65-69.

Mühe, Gandersheim: A. Mühe, Geschichte der Stadt Bad Gandersheim. ²Bad Gandersheim 1950.

Mühe, Hachenhausen: A. Mühe, Zur Geschichte von Hachenhausen. Gandersheim 1928.

Mühe, Seboldshausen: A. Mühe, Seboldshausen - Geschichte eines Dorfes im Amte Gandersheim. Gandersheim 1930.

Mühe, Wrescherode: A. Mühe, Die Flurnamen von Wrescherode, besonders in Hinsicht auf Entstehung des Ortes und Ausbreitung seiner Fluren. In: Braunschweigische Heimat 18 (1932), S. 84-92.

Müller, Catlenburg: W. Müller, Catlenburg. In: Heimatblätter hg. von dem Museumsverein für Northeim 6 (1930), S. 100-101.

Müller, Flexion: G. Müller, Starke und schwache Flexion bei den eingliedrigen germanischen Männernamen. In: Gedächtnisschrift für W. Foerste. (Niederdeutsche Studien 18). Köln/Wien 1970, S. 215-231.

Müller, Flurnamen Heiligenstadt: E. Müller, Die Flurnamen des Kreises Heiligenstadt. Leipzig 1986.

Müller, Heiligenstadt: E. Müller, Die Ortsnamen des Kreises Heiligenstadt. (Deutsch-Slawische Forschungen zur Namenkunde und Siedlungsgeschichte 6). Halle/S. 1958.

Müller, Lehnsaufgebot: G. G. Müller, Das Lehns- und Landesaufgebot unter Heinrich Julius von Braunschweig-Wolfenbüttel. (Quellen und Darstellungen zur Geschichte Niedersachsens 23). Hannover 1905.

Müller, Namenkunde: G. Müller: Namenkunde. In: → Goossens, Niederdeutsch S. 199-220.

Müller, Ortsbuch: Müllers großes deutsches Ortsbuch. Bundesrepublik Deutschland. Bearb. von J. Müller. ²⁶Wuppertal 1996.

Müller, Problem: G. Müller, Das Problem der fränkischen Einflüsse auf die westfälische Toponymie. In: Frühmittelalterliche Studien 4 (1970), S. 244-270.

Müller, Studien: G. Müller: Studien zu theriophoren Personennamen der Germanen. (Niederdeutsche Studien 17). Köln/Wien 1970.

Müller, Willershausen: E. Müller, Willershausen vom 13. bis 16. Jahrhundert. In: → Jäkkel, Willershausen S. 65-180.

Mundhenke, Adelebsen: H. Mundhenke, Das Patrimonialgericht Adelebsen. (Veröffentlichungen der Historischen Kommission für Hannover, Oldenburg, Braunschweig, Schaumburg-Lippe und Bremen II, 18). Göttingen 1941.

Naß, Salbücher: K. Naß (Hg.), Die Salbücher des Amtes Radolfshausen von 1577 und der Herrschaft Plesse von 1588. In: Plesse-Archiv 16 (1980), S. 149-241.

Negotium monasterii Steynensis: Edition des „Negotium monasterii Steynensis" von 1497. In: → Michael, Steina S. 108-233.

Niedersächs. Wb.: Niedersächsisches Wörterbuch. Hg. von W. Jungandreas und D. Stellmacher. Bd. 1ff. Neumünster 1965ff.

NOB I: U. Ohainski und J. Udolph, Die Ortsnamen der Stadt und des Landkreises Hannover. (Veröffentlichungen des Instituts für Historische Landesforschung der Universität Göttingen 37; Niedersächsisches Ortsnamenbuch 1). Bielefeld 1998.

NOB II: U. Ohainski und J. Udolph, Die Ortsnamen des Landkreises Osterode. (Veröffentlichungen des Instituts für Historische Landesforschung der Universität Göttingen 40; Niedersächsisches Ortsnamenbuch 2). Bielefeld 2000.

NOB III: K. Casemir, Die Ortsnamen des Landkreises Wolfenbüttel und der Stadt Salzgitter. (Veröffentlichungen des Instituts für Historische Landesforschung der Universität Göttingen 43; Niedersächsisches Ortsnamenbuch 3). Bielefeld 2003.

NOB IV: K. Casemir, U. Ohainski und J. Udolph, Die Ortsnamen des Landkreises Göttingen. (Veröffentlichungen des Instituts für Historische Landesforschung der Universität Göttingen 44; Niedersächsisches Ortsnamenbuch 4). Bielefeld 2003.

Nolte, Flurnamen: W. Nolte, Die Flurnamen der alten Ämter Uslar, Lauenförde und Nienover. Diss. Phil. Göttingen 1963.

Norsk Stadnamnleksikon: Norsk Stadnamnleksikon. Bearb. von J. Sandnes und O. Stemshaug. ^{4}Oslo 1997.

Nowak, Ortsfamilienbuch: R. Nowak, Ortsfamilienbuch - Dassensen, Wellersen, Rotenkirchen. (Niedersächsische Ortsfamilienbücher 1; Deutsche Ortssippenbücher Reihe B, 193). Uslar 1999.

Oehme, Stöckheim: F. Oehme, Das Kirchspiel Stöckheim im Leinetal. In: Heimatblätter hg. von dem Museumsverein für Northeim 4 (1928), S. 113-121, S. 153-160 und S. 176-188.

Ohlmer, Moringen: W. Ohlmer, Chronik - 1000 Jahre Moringen 983-1983. Hildesheim 1983.

Ohlmer, Thüdinghausen: W. Ohlmer, 1000 Jahre Thüdinghausen. Moringen 1978.

Oley, Katlenburg: K.-H. Oley (Hg.), Katlenburg - Geschichte und Gegenwart. Katlenburg 1989.

Orig. Guelf.: Origines Guelficae. Hg. von C. L. Scheidt und J. H. Jung. 5 Bde. Hannover 1750-1780.

Ortsnamenbuch Sachsen: Historisches Ortsnamenbuch von Sachsen. Hg. von E. Eichler und H. Walther. 3 Bde. Berlin 2001.

Osseforth, Nörten: C. Osseforth, Geschichte der St.-Martini-Kirche und des Chorherrenstiftes St. Peter zu Nörten-Hardenberg. Hildesheim 1955.

von der Osten, Rittergüter: Die Rittergüter der Calenberg-Grubenhagenschen Landschaft. Bearb. von V. J. von der Osten. Hannover 1996.

Pape, Hachhöfe: C. Pape, Die Hachhöfe und die Orte Nienhagen in Niedersachsen und Westfalen. In: Niedersachsen 16 (1911), S. 243f.

Passow, Handwörterbuch: Handwörterbuch der griechischen Sprache. Begründet von F. Passow. Neu bearb. von V. C. F. Rost und F. Palm. 4 Bde. Leipzig 1841-1857.

Patzschke, Ahlbershausen: K. Patzschke, Zeugnisse der Geschichte Teil 5: Flurnamen in der Gemarkung Ahlbershausen. In: Sollinger Heimatblätter Jg. 1986, Heft 1, S. 22-23.

Patzschke, Allershausen: K. Patzschke, Zeugnisse der Geschichte Teil 15: Flurnamen in der Gemarkung Allershausen. In: Sollinger Heimatblätter Jg. 1989, Heft 3, S. 21-23.

Patzschke, Bollensen: K. Patzschke, Zeugnisse der Geschichte Teil 14: Flurnamen in der Gemarkung Bollensen. In: Sollinger Heimatblätter Jg. 1988, Heft 4, S. 17-19.

Patzschke, Delliehausen: K. Patzschke, Zeugnisse der Geschichte Teil 8: Flurnamen in der Gemarkung Delliehausen. In: Sollinger Heimatblätter Jg. 1986, Heft 4, S. 14-15.

Patzschke, Dinkelhausen: K. Patzschke, Zeugnisse der Geschichte Teil 6: Flurnamen in der Gemarkung Dinkelhausen. In: Sollinger Heimatblätter Jg. 1986, Heft 2, S. 16-18.

Patzschke, Eschershausen: K. Patzschke, Zeugnisse der Geschichte Teil 1: Flurnamen in der Gemarkung Eschershausen. In: Sollinger Heimatblätter Jg. 1985, Heft 1, S. 18-19 und Jg. 1988, Heft 1, S. 25.

Patzschke, Gierswalde: K. Patzschke, Zeugnisse der Geschichte Teil 3: Alte Flurnamen in der Gemarkung Gierswalde. In: Sollinger Heimatblätter Jg. 1985, Heft 3, S. 26-28 und Jg. 1989, Heft 1, S. 5.

Patzschke, Kammerborn: K. Patzschke, Zeugnisse der Geschichte Teil 4: Alte Flurnamen in der Gemarkung Kammerborn. In: Sollinger Heimatblätter Jg. 1985, Heft 4, S. 22-23 und Jg. 1989, Heft 4, S. 28.

Patzschke, Offensen: K. Patzschke, Zeugnisse der Geschichte Teil 10: Flurnamen in der Gemarkung Offensen. In: Sollinger Heimatblätter Jg. 1987, Heft 2, S. 22-24.

Patzschke, Schoningen: K. Patzschke, Zeugnisse der Geschichte Teil 13: Flurnamen in der Gemarkung Schoningen. In: Sollinger Heimatblätter Jg. 1988, Heft 2, S. 6-10.

Patzschke, Sohlingen: K. Patzschke, Zeugnisse der Geschichte Teil 9: Flurnamen in der Gemarkung Sohlingen. In: Sollinger Heimatblätter Jg. 1987, Heft 1, S. 16-17.

Patzschke, Vahle: K. Patzschke, Zeugnisse der Geschichte Teil 11: Flurnamen in der Gemarkung Vahle. In: Sollinger Heimatblätter Jg. 1987, Heft 3, S. 22-25.

Patzschke, Verliehausen: K. Patzschke, Zeugnisse der Geschichte Teil 2: Alte Flurnamen in der Gemarkung Verliehausen. In: Sollinger Heimatblätter Jg. 1985, Heft 2, S. 16-17 und Jg. 1988, Heft 3, S. 29.

Patzschke, Volpriehausen: K. Patzschke, Zeugnisse der Geschichte Teil 12: Flurnamen in der Gemarkung Volpriehausen. In: Sollinger Heimatblätter Jg. 1987, Heft 4, S. 24-27.

Patzschke,Wiensen: K. Patzschke, Zeugnisse der Geschichte Teil 7: Flurnamen in der Gemarkung Wiensen. In: Sollinger Heimatblätter Jg. 1986, Heft 3, S. 22-23.

Paul, Grammatik: H. Paul, Mittelhochdeutsche Grammatik, 23. Auflage bearb. von P. Wiehl und S. Grosse. (Sammlung kurzer Grammatiken Germanischer Dialekte A. Hauptreihe Nr. 2). Tübingen 1989.

Penzl, Urgermanisch: H. Penzl, Vom Urgermanischen zum Neuhochdeutschen. (Grundlagen der Germanistik 16). Berlin 1975.

Petke, Wöltingerode: W. Petke, Die Grafen von Wöltingerode-Wohldenberg. (Veröffentlichungen des Instituts für Historische Landesforschung der Universität Göttingen 4). Hildesheim 1971.

Petri, Lüthorst: Pastor Dr. Petri, Das Dorf Luethorst. In: Neues Vaterländisches Archiv Jg. 1831, S. 141-145.

Pfaff, Helmarshausen: F. Pfaff, Die Abtei Helmarshausen. II. Der Güterbesitz, die Verfassung und die Wirschaft der Abtei. In: Zeitschrift des Vereins für hessische Geschichte und Landeskunde 45 (1911), S. 1-80.

Pfeffinger, Historie: J. F. Pfeffinger, Historie des Braunschweig-Lûneburgischen Hauses. Erster Theil. Hamburg 1731.

Pfeifer: Etymologisches Wörterbuch des Deutschen. Erarbeitet unter der Leitung von W. Pfeifer. ¹Berlin 1989.

Pfeilsticker, Schönhagen: G. Pfeilsticker, Geschichte der Ortschaft Schönhagen. In: Sollinger Heimatblätter Jg. 1992, Heft 3, S. 1-4.

Pfeilsticker, Wiensen: G. Pfeilsticker, Aus der Chronik des Dorfes Wiensen. In: Sollinger Heimatblätter Jg. 1991, Heft 3, S. 3-6.

Pflug, Eberhausen: H.-J. Pflug, Zwischen Klösterbrüdern und Adelsherren – Eberhausen. Selbstverlag 1994.

Philipps, Aschau-Kapellen: A. Philipps, Die Aschau-Kapellen bei Westerhof und Mandelbeck. In: Heimatblätter hg. von dem Museumsverein für Northeim 8 (1932), S. 88-91.

Philipps, Brunstein: A. Philipps, Flurnamen der Domaine Brunstein. In: Heimatblätter hg. von dem Museumsverein für Northeim 11 (1935), S. 25-28

Philipps, Holtensen: A. Philipps, Flurnamen des Forstortes Holtensen. In: Heimatblätter hg. von dem Museumsverein für Northeim 11 (1935), S. 28-29.

Philipps, Rethoberg: A. Philipps, Wie der Rethoberg in den Besitz der Gemeinde Holtensen kam. In: Heimatblätter hg. von dem Museumsverein für Northeim 2 (1926), S. 65-67.

Philipps, Wiebrechtshausen: A. Philipps, Flurnamen von Wiebrechtshausen. In: Heimatblätter hg. von dem Museumsverein für Northeim 11 (1935), S. 22-25.

Pischke, Billunger: G. Pischke, Herrschaftsbereiche der Billunger, der Grafen von Stade, der Grafen von Northeim und Lothars von Süpplingenburg. (Veröffentlichungen der Historischen Kommission für Niedersachsen und Bremen II, 29). Hildesheim 1984.

Pischke, Grubenhagen: G. Pischke, Die Burg Grubenhagen und die von Braunschweig (-Grubenhagen). In: Südniedersachsen 15 (1987), S. 106-112.

Pischke, Grubo von Grubenhagen: G. Pischke, Das Ministerialen- und Rittergeschlecht der Grubo von Grubenhagen. In: Einbecker Jahrbuch 39 (1988), S. 94-110.

Plümer, Corpora: E. Plümer, Die Corpora bonorum von Hullersen und Kohnsen aus dem Jahre 1734. In: 22. Jahresbericht des Vereins für Geschichte und Altertümer der Stadt Einbeck und Umgebung für die Jahre 1955-1956, S. 35-44.

Plümer, Dassel: E. Plümer, Geschichte der Stadt Dassel. Dassel 1965.

Plümer, Einbeck: E. Plümer, Der Landkreis Einbeck. Geschichte und Gegenwart. Einbeck 1971.

Plümer, Oldendorp: E. Plümer, Die Wüstung Oldendorp bei Einbeck. (Studien zur Einbecker Geschichte 6). Einbeck 1978.

Pokorny, Wörterbuch: J. Pokorny, Indogermanisches etymologisches Wörterbuch. 2 Bde. Bern/Frankfurt 1959.

Polenz, Landschaftsnamen: P. von Polenz, Landschafts- und Bezirksnamen im frühmittelalterlichen Deutschland. 1. Band: Namentypen und Grundwortschatz. Marburg 1961.

Pollmann, Iber: P. Pollmann, Unsere Zuflucht von Geschlecht zu Geschlecht. Die Kirchengemeine Iber von den Anfängen bis zur Gegenwart. Iber 1978.

Pralle, Ahlshausen: W. Pralle, Ahlshausen - Sievershausen. Wissenswertes aus Vergangenheit und Gegenwart. Kreiensen 1989.

Prümer Urbar: Das Prümer Urbar. Hg. von I. Schwab. (Publikationen der Gesellschaft für Rheinische Geschichtskunde XX, Rheinische Urbare Bd. 5). Düsseldorf 1983.

Quast-Faslem, Geschichte: C. Quast-Faslem, Geschichte der in der Stadt Northeim alt angesessenen Familie Reddersen. In: Heimatblätter hg. von dem Museumsverein für Northeim 8 (1932), S. 97-100 und S. 118-124.

Rakebrandt, Espol: H. Rakebrandt, Espol 1280-1980 - 700 Jahre Geschichte eines Dorfes. Espol 1986.

Reddersen, Solling: E. Reddersen, Die Veränderungen des Landschaftsbildes im hannoverschen Solling und seinen Vorlanden seit dem frühen 18. Jahrhundert. (Niedersächsischer Ausschuß für Heimatschutz 5). Oldenburg 1934.

Reg. Arch. Magdeb.: Regesta archiepiscopatus Magdeburgensis. Hg. von G. A. von Mülverstedt. 3 Bde. Magdeburg, 1876-1899.

Reg. Arch. Magunt.: J. Fr. Böhmer, Regesta archiepiscoporum Maguntinensium. Hg. von C. Will. 2 Bde. Innsbruck 1877-1886. [ND Aalen 1966].

Reg. Wallmoden: Die Regesten des Geschlechtes von Wallmoden. Bearb. von H. Dürre. Wolfenbüttel 1892.

Regesten Mainz: Regesten der Erzbischöfe von Mainz von 1289-1396. Bearb. von E. Vogt, H. Otto, F. Vigener, W. Kreimes. 4 Tle. Leipzig/Darmstadt 1913-1958.

Regesten Uslar-Gleichen: E. von Uslar-Gleichen, Beiträge zu einer Familien-Geschichte der Freiherren von Uslar-Gleichen. Hannover 1888.

Registrum Ekenberti: Registrum Ekenberti Corbeiensis Abbatis. In: → Kaminsky, Corvey S. 223-239.

Registrum Subsidii: K. Kayser (Hg.), Registrum subsidii ex praepositutis Nörten et Einbeck. In: Zeitschrift der Gesellschaft für Niedersächsische Kirchengeschichte 2 (1897), S. 264-278 und 3 (1898), S. 267-293.

Reimer, Ortslexikon: H. Reimer, Historisches Ortslexikon für Kurhessen. (Veröffentlichungen der Historischen Kommission für Hessen und Waldeck XIV). Marburg 1926.

Reller, Kirchenverfassung: H. Reller, Vorreformatorische und reformatorische Kirchenverfassung im Fürstentum Braunschweig-Wolfenbüttel. (Studien zur Kirchengeschichte Niedersachsens 10). Göttingen 1959.

Reuschel, Bibliographie: A. Reuschel, Bibliographie des Uslarer Landes. Uslar 1987.

Reylingehäusische Papiermühle: Historie von der Reylingehäusischen Papiermühle 1584-1952. Hg. von der Büttenpapierfabrik Hahnemühle GmbH. Dassel 1952.

RGA: Reallexikon der Germanischen Altertumskunde von Johannes Hoops. Zweite, völlig neu bearbeitete Auflage. Hg. von H. Beck u.a. Bd. 1ff. Berlin/New York 1973ff.

Röber, Wiensen: K.-H. Röber, Wiensen - Ein Dorf im Solling. Uslar 2000.

Rock, Bodenfelde: B. Rock, Die Ortsgeschichte von Bodenfelde. Uslar 1940.

Roelandts, Sele und Heim: K. Roelandts, *Sele* und *Heim*. In: Namenforschung. Festschrift für Adolf Bach. Hg. von R. Schützeichel und M. Zender. Heidelberg 1965, S. 273-299.

Rohmeyer, Lüthorst: B. Rohmeyer, Geschichte von Lüthorst und Portenhagen. Lüthorst 1970.

Rokahr, Katlenburg: H. Rokahr, Die Chronik von Katlenburg. Katlenburg 1973.

Rooth, Vernersche Gesetz: E. Rooth, Das Vernersche Gesetz in Forschung und Lehre 1875-1975. (Acta Regiae Societatis Humaniorum Litterarum Lundensis 71). Lund 1974.

Rosenfeld, Wortgeogr. Untersuchungen: H.-F. Rosenfeld, Wortgeographische Untersuchungen zu K. F. A. Schellers Sassisch-Niederdeutschem Wörterbuch. In: Jahrbuch für niederdeutsche Sprachforschung 71-73 (1948/50), S. 259-310.

Rosenthal, Diskussion: D. Rosenthal, Zur Diskussion über das Alter der nordwestdeutschen Ortsnamen auf -heim. Die Ortsnamen des ehemaligen Kreises Hildesheim-Marienburg. In: Beiträge zur Namenforschung N.F. 14 (1979), S. 361-411.

Roßmann, Stiftsfehde: Die Hildesheimer Stiftsfehde (1519-1523). Bearb. von W. Roßmann. Hg. und ergänzt von R. Doebner. Hildesheim 1908.

Rustenbach, Amelungsborn I + II: R. Rustenbach, Geschichte des Klosters Amelungsborn. In: Jahrbuch des Geschichtsvereins für das Herzogtum Braunschweig 8 (1909), S. 48-129 und 9 (1910), S. 1-61.

Rustenbach, Hägergerichte: R. Rustenbach, Häger und Hägergerichte in den braunschweigischen Weserlanden. In: Zeitschrift des Historischen Vereins für Niedersachsen Jg. 1903, S. 557-645.

Salbuch Plesse I: A. Haucap (Hg.), Das Salbuch der Herrschaft Plesse von 1571. In: Plesse-Archiv 21 (1985), S. 23-118.

Salbuch Plesse II: → Naß, Salbücher.

Sander, Ortsnamen: F. Sander, Ortsnamen und Siedlungsgeschichte im ehemaligen Herzogtum Grubenhagen. In: Blätter für Volkstum und Heimat im Regierungsbezirk Hildesheim, 11. Jg. 7/8 (1938), S. 86-99.

Sandfuchs, Brunstein: K. Sandfuchs, Burg und Amt Brunstein. In: Northeimer Heimatblätter Jg. 40 (1975), Heft 1, S. 10-15.

Sandfuchs, Wiebrechtshausen: K. Sandfuchs, Das Kloster Wiebrechtshausen. In: Northeimer Heimatblätter Jg. 40 (1975), Heft 4, S. 12-24.

Sarauw, Flexionen: C. Sarauw, Niederdeutsche Forschungen II. Die Flexionen der mittelniederdeutschen Sprache. (Det. Kgl. Danske Videnskabernes Selskab; Historisk-filologiske Meddelelser X, 1). København 1924.

Sarauw, Vergl. Lautlehre: C. Sarauw, Niederdeutsche Forschungen I. Vergleichende Lautlehre der niederdeutschen Mundarten im Stammlande. (Det. Kgl. Danske Videnskabernes Selskab; Historisk-filologiske Meddelelser V, 1). København 1921.

Schäfer, Hütten: W. Schäfer (Hg.), Die Hütten und das Schloß. Bilder, Berichte und Dokumente aus den Sollingorten Amelith, Nienover und Polier. Holzminden 2000.

Schambach, Wörterbuch: G. Schambach, Wörterbuch der niederdeutschen Mundart des Fürstentums Göttingen und Grubenhagen. Hannover 1858. [ND Wiesbaden 1967].

Scharf, Samlungen: C. B. Scharf, Statistisch-Topographische Samlungen zur genaueren Kentnis aller das Churfürstenthum Braunschweig-Lüneburg ausmachenden Provinzen als die zwote Auflage von dem Politischen Staate. Bremen 1791.

Scheibe, Catlenburg: K. Scheibe, Catlenburg. Geschichte der Burg und Dorfschaft. (Geschichte Südhannoverscher Burgen und Klöster XI). Leipzig 1904.

Scheibe, Fredelsloh: K. Scheibe, Fredelsloh. Geschichte des Dorfes und Klosters. Leipzig [um 1898].

Scheibe, Grubenhagen: K. Scheibe, Grubenhagen. Beschreibung und Geschichte der Burg. (Geschichte Südhannoverscher Burgen und Klöster IX). Leipzig 1899.

Scheibe, Moor: K. Scheibe, Im Flußgebiet der Moor. Eine südhannoversche Kleinflußschilderung. In: Niedersachsen 17 (1912), S. 605-609.

Scheidt, Adel: C. L. Scheidt, Historische und Diplomatische Nachrichten von dem hohen und niedern Adel in Teutschland. Hannover 1754.

Scheidt, Codex Diplomaticus: C. L. Scheidt, Codex Diplomaticus worinnen die Anmerkungen und Zusätze zu des Herrn Geheimten Raths von Moser Einleitung in das Braunschweigisch-Lüneburgische Staats-Recht durch viele grösten Theils ungedruckte Urkunden ihren weitern Beweiß und Erläuterung erhalten. Göttingen 1759.

Scherwatzky, Plesse: R. Scherwatzky, Die Herrschaft Plesse. (Veröffentlichungen der Historischen Kommission für die Provinz Hannover, das Großherzogtum Oldenburg, das Herzogtum Braunschweig, das Fürstentum Schaumburg-Lippe und die Freie Hansestadt Bremen II, 1). Göttingen 1914.

Scheuermann, Barsinghausen: U. Scheuermann, „Barsinghausen - Elliehausen". Zu den ostfälischen Orts- und Wüstungsnamen auf „-ingehusen". In: Braunschweigisches und Ostfälisches. Gedenkschrift für Werner Flechsig. Braunschweig 1992, S. 87-106.

Scheuermann, Flurnamenforschung: U. Scheuermann, Flurnamenforschung. (Schriften zur Heimatpflege 9). Melle 1995.

Scheuermann, Grundlagen: U. Scheuermann, Sprachliche Grundlagen. In: H. Patze (Hg.), Geschichte Niedersachsens Bd. I: Grundlagen und frühes Mittelalter. (Veröffentlichungen der Historischen Kommission für Niedersachsen und Bremen XXXVI, 1). Hildesheim 1977, S. 167-258.

Scheuermann, Zaunwörter: U. Scheuermann, „Zaunwörter" als Bezeichnungen für eingefriedigtes Gelände. In: Jahrbuch des Vereins für niederdeutsche Sprachforschung 92 (1969), S. 94-103.

Schiller/Lübben, Wörterbuch: K. Schiller und A. Lübben, Mittelniederdeutsches Wörterbuch. 6 Bde. Bremen 1875-1881. [ND Liechtenstein 1981].

Schilling, Gandersheim: H. K. Schilling, Die Fundationsgüter und Zehnten des Stiftes Gandersheim im elften Jahrhundert. In: Zeitschrift des Harzvereins 33 (1900), S. 486-493.

Schlaug, Altsächs. Personennamen: W. Schlaug, Die altsächsischen Personennamen vor dem Jahre 1000. (Lunder Germanistische Forschungen 34). Lund/Kopenhagen 1962.

Schlaug, Studien: W. Schlaug, Studien zu den altsächsischen Personennamen des 11. und 12. Jahrhunderts. (Lunder Germanistische Forschungen 30). Lund/Kopenhagen 1955.

Schlegel, Duhm: B. Schlegel, Das Dorf Duhm (1483-1885). In: → Schlegel, Katlenburg II S. 113-172.

Schlegel, Katlenburg I: B. Schlegel, Überblick über die Geschichte Katlenburgs bis zum ersten Weltkrieg. In: → Oley, Katlenburg S. 9-23.

Schlegel, Katlenburg II: B. Schlegel (Hg.), Katlenburg und Duhm. Duderstadt 2004.

Schlegel, Lindau: B. Schlegel (Hg.), Lindau - Geschichte eines Fleckens im nördlichen Eichsfeld. Duderstadt 1995.

Schmid, Collectanea: W. P. Schmid, Linguisticae Scientiae Collectanea. Ausgewählte Schriften. Berlin/New York 1994.

Schmid, Wasser und Stein: W. P. Schmid, Wasser und Stein. In: Sprachwissenschaftliche Forschungen. Festschrift für Johann Knobloch. Hg. von H. M. Ölberg und G. Schmidt unter Mitarbeit von H. Bothien. (Innsbrucker Beiträge zur Kulturwissenschaft 23). Innsbruck 1985, S. 385-391.

Schmidt, Fehde: G. Schmidt, Zur Soester Fehde. In: Zeitschrift für vaterländische Geschichte und Alterthumskunde (Westfalens) 24 (1864), S. 1-16.

Schmidt, Sülbeck: G. Schmidt, „Das löbliche Saltzwerck zu Sülbeck" - Geschichte und Entwicklung einer niedersächsischen Saline. (Veröffentlichungen aus dem Deutschen Bergbau-Museum Bochum 60). Bochum 1995.

Schmitz, Lauenburg: A. Schmitz, Die Ortsnamen des Kreises Herzogtum Lauenburg und der Stadt Lübeck. Neumünster 1990.

Schmitz, Lüchow-Dannenberg: A. Schmitz, Die Siedlungsnamen und Gewässernamen des Kreises Lüchow-Dannenberg. Neumünster 1999.

Schnath, Everstein: G. Schnath, Die Herrschaften Everstein, Homburg und Spiegelberg. (Veröffentlichungen der Historischen Kommission für Hannover, Oldenburg, Braunschweig, Schaumburg-Lippe und Bremen II, 7). Göttingen 1922.

Schnath, Northeims Vergangenheit: G. Schnath, Northeims Vergangenheit im Spiegel der Landes- und Volksgeschichte. In: Northeimer Heimatblätter Jg. 1962, Heft 1/2, S. 5-16.

Schneider, Ortschaften: H. Schneider, Die Ortschaften der Provinz Westfalen bis zum Jahre 1300 nach urkundlichen Zeugnissen und geschichtlichen Nachrichten. (Münstersche Beiträge zur Geschichtsforschung 63). Münster 1936.

Schnetz, Flurnamenkunde: J. Schnetz, Flurnamenkunde. ²München 1963.

Schönfeld, Waternamen: M. Schönfeld: Nederlandse Waternamen. (Nomina Geographica Flandrica VI). Brüssel 1955.

Schröder, Burgennamen: E. Schröder, Die deutschen Burgennamen. In: Göttinger Beiträge zur deutschen Kulturgeschichte. Göttingen 1927, S. 5-14.

Schröder, Namenkunde: E. Schröder, Deutsche Namenkunde. ²Göttingen 1944.

Schröder, Ortsnamen: E. Schröder, Aus Ortsnamen spricht die Geschichte. Die historische Schichtung der Ortsnamen in Südhannover. In: Niedersachsen 42 (1937), S. 510-514.

Schubert, Niedersachsen: E. Schubert, Geschichte Niedersachsens. Bd. 2, 1: Politik, Verfassung, Wirtschaft vom 9. bis zum ausgehenden 15. Jahrhundert. (Veröffentlichungen der Historischen Kommission für Niedersachsen und Bremen XXXVI, 2, 1). Hannover 1997.

Schütte, Mönchslisten: → Trad. Corb.

Schützeichel, Wörterbuch: R. Schützeichel, Althochdeutsches Wörterbuch. ⁵Tübingen 1995.

Schwartau, Einbeck: W. Schwartau, Was bedeutet der Ortsname Einbeck? In: Einbecker Jahrbuch 39 (1988), S. 82-93.

Schwartau, Siedlungsgeographie: W. Schwartau, Siedlungsgeographie im mittelalterlichen Einbeck. In: Einbecker Jahrbuch 35 (1984), S. 46-57.

Schwarz, Namenforschung: E. Schwarz, Deutsche Namenforschung. Bd. I: Ruf- und Familiennamen. Bd. II: Orts- und Flurnamen. Göttingen 1949-1950.

Schwarz, Rechnungen: U. Schwarz, Die Rechnungen des Wolfenbütteler Amtmanns Hilbrand van dem Dyke 1445-1450. In: U. Schwarz (Hg.), Auf dem Weg zur herzoglichen Residenz - Wolfenbüttel im Mittelalter. (Quellen und Forschungen zur Braunschweigischen Landesgeschichte 40). Braunschweig 2003, S. 285-396.

Schwarz, Register: Das Register der welfischen Herzöge Bernhard und Heinrich für das Land Braunschweig 1400-1409 (-1427). Bearb. von Ulrich Schwarz. (Veröffentlichungen der Historischen Kommission für Niedersachsen und Bremen XXXVII, 25). Hannover 1998.

Seebold, Wörterbuch: E. Seebold, Vergleichendes und etymologisches Wörterbuch der germanischen starken Verben. Den Haag/Paris 1970.

Seelmann, Flußnamen: W. Seelmann, Die ältesten Flussnamen des Harzes. In: Zeitschrift für Ortsnamenforschung 11 (1935), S. 3ff.

Seibicke, Vornamenbuch: W. Seibicke, Historisches deutsches Vornamenbuch. Bd. 1ff. Berlin/New York 1996ff.

Seidensticker, Forsten: A. Seidensticker, Rechts- und Wirthschaftsgeschichte norddeutscher Forsten. 2 Tle. Göttingen 1896.

Seuser, Namen: F. Seuser, Rheinische Namen: Orts- und Flur-, Berg- und Flussnamen. Bonn 1941.

Siebrecht, Gierswalde: F. Siebrecht, Gierswalde - Ein Dorf im Solling. Uslar 1998.

Smith, English Place-Name Elements: A. H. Smith, English Place-Name Elements. (English Place-Name Society Volume 25 & 26). 2 Tle. Cambridge 1956.

Sousta Costa, Studien: A. d. Sousta Costa, Studien zu volkssprachlichen Wörtern in karolingischen Kapitularien. Göttingen 1993.

Spanuth, Quellen: F. Spanuth, Quellen zur Durchführung der Reformation im Braunschweig-Wolfenbüttelschen Lande. In: Zeitschrift der Gesellschaft für Niedersächsische Kirchengeschichte 42 (1937), 241-288.

Spanuth, Stiftung: F. Spanuth, Stiftung einer Seelenmesse in Salzderhelden durch Johann Heldis, Ratsschreiber in Einbeck, im Jahre 1444. In: 21. Jahresbericht des Vereins für Geschichte und Altertümer der Stadt Einbeck und Umgebung für die Jahre 1953-1954, S. 40-41.

Spilcker, Everstein: B. C. von Spilcker, Geschichte der Grafen von Everstein. Bd. 1 Darstellung. Bd. 2 Urkundenbuch. (Beiträge zur älteren deutschen Geschichte 2). Arolsen 1833.

Stammtafeln Bodenhausen: A. von Bodenhausen, Stammtafeln der Familie von Bodenhausen mit Belegen. Göttingen 1865.

Status Contributionis: Status Contributionis Episcopatus Hildesiensis. In: F. A. Hostmann, Spiegel der Wahrheit und Gerechtigkeit in Sachen derer dienstpflichtigen Unterthanen der Vogteyen Hohenhameln, Rosentahl und Dungelbeck Fürstl. Hildesheimischen Amts Peine [...]. Wetzlar 1789, Anhang 2 S. 2-5.

Steilen, Einbeck: D. Steilen, Einbeck. In: Niedersachsen 13. Jg. (1908), S. 426-430.

Stephan, Rotenkirchen: H.-G. Stephan und U. Werben, Rotenkirchen bei Einbeck im südlichen Niedersachsen. In: Archäologisches Korrespondenzblatt. Hg. vom Römisch-Germanischen Zentralmuseum Mainz, Jg. 23 (1993), Heft 3, S. 365-378.

Streich, Klöster: G. Streich, Klöster, Stifte und Kommenden in Niedersachsen vor der Reformation. (Veröffentlichungen der Historischen Kommission für Niedersachsen und Bremen II, 30). Hildesheim 1986.

Stüber, Häver: G. Stüber, Häver als Beispiel der Wandlung dörflicher Siedlungs- und Wirtschaftsstruktur im Minden-Ravensberger Lande. In: Archiv für Landes- und Volkskunde von Niedersachsen 18 (1943), S. 305-368.

Stühler, Gründungsnamen: C. Stühler, Die „Gründungsnamen" der mittelalterlichen Klöster, Burgen und Städte in Hessen. (Europäische Hochschulschriften Reihe 1 Nr. 1057). Frankfurt 1988.

Stumpf, Acta Maguntina: K. F. Stumpf (Hg.), Acta Maguntina Seculi XII. Urkunden zur Geschichte des Erzbistums Mainz im zwölften Jahrhundert. Innsbruck 1863.

Sudendorf: H. Sudendorf (Hg.), Urkundenbuch zur Geschichte der Herzöge von Braunschweig und Lüneburg und ihrer Lande. 10 Tle. Hannover 1859-1880. Tle. 11: Register, bearb. von C. Sattler. Göttingen 1883.

Svenskt Ortnamnslexikon: Svenskt Ortnamnslexikon. Hg. von M. Wahlberg. Uppsala 2003.

Tacke, Beiträge: E. Tacke, Urkundliche Beiträge zur Geschichte der Papiermühle Relliehausen. In: 21. Jahresbericht des Vereins für Geschichte und Altertümer der Stadt Einbeck und Umgebung für die Jahre 1953-1954, S. 48-56.

Tacke, Betriebsrechnung: E. Tacke, Die Betriebsrechnung der Eisenhütte Relliehausen für das Wirtschaftsjahr 1556/57. In: 23. Jahresbericht des Vereins für Geschichte und Altertümer der Stadt Einbeck und Umgebung für die Jahre 1957-1958, S. 62-77.

Tacke, Solling: E. Tacke, Die Entwicklung der Landschaft im Solling. Oldenburg 1943.

Teuber, Medenheim: H. und S. Teuber, Die Sankt-Bonifatius-Kirche zu Medenheim. In: Northeimer Jahrbuch 67 (2002), S. 20-50.

Thiele, Sudershausen: A. Thiele, Ut usen Dörpe. Geschichte und Geschichten - Sudershausen. Masch.-Manuscript Sudershausen 1995.

Thietmar von Merseburg: Die Chronik des Bischofs Thietmar von Merseburg und ihre Korveier Überarbeitung. Hg. von R. Holtzmann (MGH SS rerum Germanicarum Nova Series Tomus IX). Berlin 1935.

Toporov: V. N. Toporov, Prusskij jazyk. Bd. 1. Moskva 1975.

Torp, Nynorsk Ordbok: A. Torp, Nynorsk etymologisk ordbok. Oslo 1963.

Trad. Corb.: K. Honselmann (Hg.), Die alten Mönchslisten und die Traditionen des Klosters Corvey. (Veröffentlichungen der Historischen Kommission für Westfalen X, 6, 1). Paderborn 1982. Register dazu: L. Schütte, Die alten Mönchslisten und die Traditionen von Corvey. Teil 2: Indices und andere Hilfsmittel. (Veröffentlichungen der Historischen Kommission für Westfalen X, 6, 2). Paderborn 1992.

Trad. Fuld.: Traditiones et Antiquitates Fuldenses. Hg. von E. F. J. Dronke. Fulda 1844. [ND Osnabrück 1966]. [Vgl. Codex Eberhardi].

Trübners Deutsches Wörterbuch. Begründet von Alfred Götze. Hg. von Walther Mitzka. 8 Bde. Berlin 1939-57.

Tschackert, Rechnungsbücher: P. Tschackert (Hg.), Die Rechnungsbücher des erzbischöflich mainzischen Kommissars Johann Bruns aus den Jahren 1519-1531. In: Zeitschrift für Kirchengeschichte 21 (1901), S. 330-379.

UB Boventen: Urkundenbuch zur Geschichte der Herren von Boventen. Bearb. von J. Dolle. (Veröffentlichungen der Historischen Kommission für Niedersachsen und Bremen XXXVII, 16). Hannover 1992.

UB Drübeck: Urkundenbuch des in der Grafschaft Wernigerode belegenen Klosters Drübeck. Bearb. von E. Jacobs. (Geschichtsquellen der Provinz Sachsen 5). Halle 1874.

UB Duderstadt: Urkundenbuch der Stadt Duderstadt bis zum Jahre 1500. Hg. von J. Jaeger. Hildesheim 1885. [ND Osnabrück 1977].

UB Eichsfeld: A. Schmidt (Bearb.), Urkundenbuch des Eichsfeldes. Teil 1 (Anfang saec. IX bis 1300). (Geschichtsquellen der Provinz Sachsen, Neue Reihe 13). Magdeburg 1933. [ND Duderstadt 1997].

UB Everstein → Spilcker, Everstein.

UB Fischbeck: Urkundenbuch des Stiftes Fischbeck. Bearb. von H. Lathwesen und B. Poschmann. (Schaumburger Studien 39 und 40). 2. Tle. Rinteln 1978-1979.

UB Fredelsloh: Urkundenbuch des Stifts Fredelsloh. Bearb. von M. Hamann. (Veröffentlichungen der Historischen Kommission für Niedersachsen und Bremen XXXVII, 6). Hildesheim 1983.

UB Fulda: Urkundenbuch des Klosters Fulda. Band I. Bearb. von E. E. Stengel. (Veröffentlichungen der Historischen Kommission für Hessen und Waldeck X, 1). Marburg 1958.

UB Goslar: G. Bode und U. Hölscher (Bearb.), Urkundenbuch der Stadt Goslar. (Geschichtsquellen der Provinz Sachsen 29, 30, 31, 32, 45) 5 Tle. Halle/Berlin 1893-1922. Register zu Bd. 5. Bearb. von T. Tappen. Goslar 1956.

UB Göttingen I + II: G. Schmidt (Hg.), Urkundenbuch der Stadt Göttingen. (Urkundenbuch des Historischen Vereins für Niedersachsen 6 und 7). 2 Bde. Hannover 1863-1867. [ND Aalen 1974].

UB Göttingen III: A. Hasselblatt und G. Kaestner (Hgg.), Urkunden der Stadt Göttingen aus dem XVI. Jahrhundert. Beiträge zur Geschichte von Braunschweig-Lüneburg 1500-1533. Göttingen 1881.

UB Grubenhagen: Urkundenbuch zur Geschichte des Fürstenthums Grubenhagen. Hg. von G. Max. Register der Orts- und Personennamen. Bearb. von U. Ohainski. (Göttinger Urkundensammlung 1). Göttingen 2001.

UB Hameln: Urkundenbuch des Stiftes und der Stadt Hameln. Bearb. von O. Meinardus und E. Fink. (Quellen und Darstellungen zur Geschichte Niedersachsens 2 und 10). 2 Tle. Hannover 1887 und 1903.

UB Hardenberg: Siehe → Wolf, Hardenberg.

UB Heisterbach: Urkundenbuch der Abtei Heisterbach. Bearb. von F. Schmitz. Bonn 1908.

UB H. Halb.: Urkundenbuch des Hochstifts Halberstadt und seiner Bischöfe. Hg. von G. Schmidt. 4 Bde. (Publicationen aus den K. Preußischen Staatsarchiven 17, 21, 27, 40). Leipzig 1883-1889.

UB H. Hild.: Urkundenbuch des Hochstiftes Hildesheim und seine Bischöfe. 1. Theil bearb. von K. Janicke. (Publicationen aus den K. Preußischen Staatsarchiven 65). Leipzig 1892. 2.-6. Teil bearb. von H. Hoogeweg. (Quellen und Darstellungen zur Geschichte Niedersachsens 6, 11, 12, 24, 28). Hannover 1900-1911.

UB Hilwartshausen: Urkundenbuch des Stifts Hilwartshausen. Bearb. von M. von Boetticher. (Veröffentlichungen der Historischen Kommission für Niedersachsen und Bremen 208). Hannover 2001.

UB Magdeburg: Urkundenbuch des Erzstifts Magdeburg. Hg. von F. Israel und W. Möllenberg. (Geschichtsquellen der Provinz Sachsen N.R. 18). Magdeburg 1937.

UB Mariengarten: Urkundenbuch des Klosters Mariengarten. Bearb. von M. von Boetticher. (Veröffentlichungen der Historischen Kommission für Niedersachsen und Bremen XXXVII, 8). Hildesheim 1987.

UB Oldershausen: [F. A. Klinckhardt (Hg.),] Anlagen zu der Geschichte des adelichen Geschlechts von Oldershausen. Ohne Ort und Jahr [um 1830]. [Institut für Historische Landesforschung der Universität Göttingen, Signatur: L - B Old. 1].

UB Plesse: Urkundenbuch zur Geschichte der Herrschaft Plesse (bis 1300). Bearb. von J. Dolle. (Veröffentlichungen der Historischen Kommission für Niedersachsen und Bremen XXXVII, 26). Hannover 1998.

UB Reinhausen: Urkundenbuch des Klosters Reinhausen. Bearb. von M. Hamann. (Veröffentlichungen der Historischen Kommission für Niedersachsen und Bremen XXXVII, 14). Hildesheim 1991.

UB Saldern: Urkunden der Familie von Saldern. Bearb. von O. Grotefend. (Veröffentlichungen der Historischen Kommission für Hannover, Oldenburg, Braunschweig, Schaumburg-Lippe und Bremen XIII). 2 Bde. Hildesheim/Leipzig 1932-1938.

UB Stadt Hild.: Urkundenbuch der Stadt Hildesheim. Hg. von Richard Doebner. Teil I, II, III und VII. Hildesheim 1881-1899. [ND Aalen 1980].

UB Uslar-Gleichen: H. von Uslar-Gleichen (Hg.), Urkunden zur Familiengeschichte der Freiherren v. Uslar-Gleichen. 2 Bde. Bremen 2000. [Bibliothek des Plesse-Archivs, Bovenden, Signatur: 4732].

UB Walkenried I: Urkundenbuch des Kloster Walkenried Band 1. Von den Anfängen bis 1300. Bearb. von J. Dolle nach Vorarbeiten von W. Baumann. (Quellen und Forschungen zur Braunschweigischen Landesgeschichte 38). Hannover 2002.

UB Walkenried II: Die Urkunden des Stiftes Walkenried. Abtheilung 2, erste Hälfte: [1301] bis 1400. Hg. von C. L. Grotefend u.a. (Urkundenbuch des Historischen Vereins für Niedersachsen 2). Hannover 1855.

UB Wangenheim: Regesten und Urkunden zur Geschichte des Geschlechts von Wangenheim. Hg. von F. H. A. von Wangenheim. Hannover 1857.

UB Wülfinghausen: Urkundenbuch des Klosters Wülfinghausen. Bearb. von U. Hager. (Veröffentlichungen der Historischen Kommission für Niedersachsen und Bremen XXXVII, 12). Hannover 1990.

Ubbelohde, Statistisches Repertorium: W. Ubbelohde, Statistisches Repertorium über das Königreich Hannover. Hannover 1823.

Udolph, Braunschweig: J. Udolph, Der Ortsname Braunschweig. In: Sprache, Sprechen, Sprichwörter. Festschrift für Dieter Stellmacher zum 65. Geburtstag. Stuttgart 2004, S. 297-308.

Udolph, Braunschweiger Land: J. Udolph, Probleme und Wege der Namenforschung im Braunschweiger Land. In: Braunschweiger Jahrbuch für Landesgeschichte 78 (1997), S. 9-34.

Udolph, Flurnamen: J. Udolph, Ex oriente lux – auch in deutschen Flurnamen. In: → Gießener Flurnamen-Kolloquium S. 272-298.

Udolph, Fränk. ON: J. Udolph, Fränkische Ortsnamen in Niedersachsen? In: P. Aufgebauer, U. Ohainski, E. Schubert (Hgg.), Festgabe für Dieter Neitzert zum 65. Geburtstag. (Göttinger Forschungen zur Landesgeschichte 1). Göttingen 1998, S. 1-70.

Udolph, Germanenproblem: J. Udolph, Namenkundliche Studien zum Germanenproblem. (Ergänzungsbände zum → RGA 9). Berlin/New York 1994.

Udolph, Hall-: J. Udolph, Artikel Hallstadt § 2, Hall- in ON. In: → RGA 13 (1999), S. 433-442.

Udolph, -ithi: J. Udolph, Die Ortsnamen auf -ithi. In: E. Eichler (Hg.), Probleme der älteren Namenschichten. (Beiträge zur Namenforschung N.F.; Beih. 32). Heidelberg 1991, S. 85-145.

Udolph, Jena: J. Udolph, Rezension zu „Über Jena. Das Rätsel eines Ortsnamens. Stuttgart 1999." In: Namenkundliche Informationen 77/78 (2000), S. 238-240.

Udolph, Lüthorst: J. Udolph, Der Ortsname Lüthorst. In: Südniedersachsen 26. Jg. 1998 (Sonderheft Lüthorst), S. 19-20.

Udolph, Nordisches: J. Udolph, Nordisches in deutschen Ortsnamen. In: → RGA 44 (2004), S. 359-371.

Udolph, Ortsnamen: J. Udolph, Südniedersächsische Ortsnamen. In: Namenkundliche Informationen 71/72 (1997), S. 76-88.

Udolph, Plesse: J. Udolph: Der Name der Plesse. In: T. Moritz (Hg.), Ein feste Burg – die Plesse. Interdisziplinäre Burgenforschung. Bd. I. Göttingen 2000, S. 309-315.

Udolph, Sachsenproblem: J. Udolph, Sachsenproblem und Ortsnamenforschung. In: Die Altsachsen im Spiegel der nationalen und internationalen Sachsenforschung: Neue Forschungsergebnisse. (Gedenkschrift für Dr. Albert Genrich). Hg. von H.-J. Häßler. Oldenburg 1999, S. 427-449.

Udolph, Stellung: J. Udolph, Die Stellung der Gewässernamen Polens innerhalb der alteuropäischen Hydronymie. (Beiträge zur Namenforschung N.F.; Beih. 31). Heidelberg 1990.

Udolph, Suffixbildungen: J. Udolph, Suffixbildungen in alten Ortsnamen Nord- und Mitteldeutschlands. In: Suffixbildungen in alten Ortsnamen. Akten eines internationalen Symposiums in Uppsala 14.-16. Mai 2004. Hg. von T. Andersson und E. Nyman. (Acta Academiae Regiae Gustavi Adolphi LXXXVIII). Uppsala 2004.

Udolph, Tiere: J. Udolph, Tiere in niedersächsischen Ortsnamen. In: Niedersächsisches Jahrbuch 76 (2004), S. 27-46.

Udolph, Weserraum: J. Udolph, Der Weserraum im Spiegel der Ortsnamenforschung. In: Die Weser – Ein Fluß in Europa. Bd. 1. Holzminden 2000, S. 33ff.

Ulbricht, Flußgebiet: E. Ulbricht, Das Flußgebiet der thüringischen Saale. (Deutsch-Slawische Forschungen zur Namenkunde und Siedlungsgeschichte 2). Halle/S. 1957.

Upmeyer, Oldershausen: D. Upmeyer, Die Herren von Oldershausen und die Herausbildung des Gerichts Westerhof. (Veröffentlichungen des Instituts für Historische Landesforschung der Universität Göttingen 10). Hildesheim 1977.

Urbansky, Denkmal: W. Urbansky, Denkmal vor dem Verfall gerettet - Grundriß der Kirche im Malliehagental wieder hergestellt. In: Sollinger Heimatblätter Jg. 1985, Heft 2, S. 14-15.

Urk. Bursfelde: Originalurkunden des Klosters Bursfelde. Niedersächsisches Landesarchiv - Hauptstaatsarchiv Hannover, Cal. Or. 100 Bursfelde.

Urk. Clus/Brunshausen: Originalurkunden der Klöster Clus und Brunshusen bei Gandersheim. Niedersächsisches Landesarchiv - Staatsarchiv Wolfenbüttel, 10/11 Urk.

Urk. Dipl. App.: Regesten der Urkunden des Diplomatischen Apparats. Findbuch zum Urkundenbestand des Diplomatischen Apparats der Universität Göttingen. 3 Bde. Göttingen o. J.

Urk. Katlenburg: Originalurkunden des Klosters Katlenburg. Niedersächsisches Landesarchiv - Hauptstaatsarchiv Hannover, Cal. Or. 100 Katlenburg. [Benutzt aus den Vorarbeiten zu einem Katlenburger Urkundenbuch von Karin Gieschen und Manfred Hamann].

Urk. St. Marien Gandersheim: Originalurkunden des Klosters St. Marien vor Gandersheim. Niedersächsisches Landesarchiv - Staatsarchiv Wolfenbüttel, 14 Urk.

Urk. Stadt Gandersheim: Originalurkunden der Stadt Gandersheim. Niedersächsisches Landesarchiv - Staatsarchiv Wolfenbüttel, 41 Urk.

Urkunden Hist. Verein: Verzeichnis der in der Sammlung des Historischen Vereins für Niedersachsen befindlichen Originalurkunden. In: Zeitschrift des Historischen Vereins für Niedersachsen Jg. 1850, S. 369-380 (= Nr. 1-141); Jg. 1857, S. 365-376 (= Nr. 142-259); Jg. 1861, S. 393-411 (= Nr. 260-475); Jg. 1863, S. 417-422 (= Nr. 476-513); Jg. 1864, S. 396-406 (= Nr. 514-671); Jg. 1880, S. 297-305 (= Nr. 672-765). [in knapperer Form, aber durchgängig chronologisch geordnet in: A. Ulrich, Katalog der Bibliothek des historischen Vereins für Niedersachsen. Erstes Heft: Repertorium der Urkunden ... Hannover 1888, S. 1-60].

Uslar-Gleichen, Lindau: H. Frh. v. Uslar-Gleichen, Lindau im Mittelalter. Mushäuser. ^{2}Bremen 1995.

Valtavuo, Wandel: T. Valtavuo, Der Wandel der Worträume in der Synonymik für 'Hügel'. Diss. Marburg 1955.

Vanagas, Hidronimu: A. Vanagas, Lietuviu hidronimu etimologinis žodynas. Vilnius 1981.

Vennigerholz, Northeim: G. J. Vennigerholz, Beschreibung und Geschichte der Stadt Northeim in Hannover. 2 Tle. Northeim 1894.

Verzeichnis: Verzeichnis der Gemeinden und Wohnplätze in Niedersachsen 1978. Hg. vom Niedersächsischen Landesverwaltungsamt – Statistik. Hannover 1979.

Vita Bernwardi: Vita sancti Bernwardi episcopi Hildesheimensis auctore Thangmaro (?). Hg. und übersetzt von H. Kallfelz. In: Lebensbeschreibungen einiger Bischöfe des 10.-12. Jahrhunderts. (Ausgewählte Quellen XXII). Darmstadt 1973, S. 263-361.

Vita Godehardi: Vita Godehardi episcopi Hildenesheimensis auctore Wolfhero. Hg. von G. H. Pertz. In: MGH SS XI, Hannover 1854, S. 162-196.

Vita Meinwerci: F. Tenckhoff (Hg.), Vita Meinwerci Episcopi Patherbrunnensis - Das Leben des Bischofs Meinwerk von Paderborn. (MGH SS rerum Germanicarum in usum scolarum 59). Hannover 1921.

Voß, Landverkauf: E. Voß, Der Landverkauf des Bürgermeisters zu Lüneburg Lutke von Dassel an Herzog Erich von Braunschweig im Jahre 1531. In: Einbecker Jahrbuch 35 (1984), S. 137-141.

Voß, Seelze: E. Voß, Das Dorf Seelze und der Oldendorfer Pfarrzehnte in der Seelzer Feldmark. In: Einbecker Jahrbuch 41 (1991), S. 85-103.

Wächter, Gierswalde: K. Wächter, Die Geschichte Gierswaldes und seiner „Schwöwelken". In: Northeimer Heimatblätter Jg. 1956, S. 9-13.

Walde/Hofmann, Wörterbuch: A. Walde und J. B. Hofmann, Lateinisches etymologisches Wörterbuch. ^{3}Heidelberg 1938-1956.

Walde/Pokorny, Wörterbuch: A. Walde, Vergleichendes Wörterbuch der indogermanischen Sprachen. Hg. von J. Pokorny. 3 Bde. Berlin/Leipzig 1927-1932. [ND 1973].

Walther, Beiträge: H. Walther, Namenkundliche Beiträge zur Siedlungsgeschichte des Saale- und Mittelelbegebietes bis zum Ende des 9. Jahrhunderts. (Deutsch-Slawische Forschungen zur Namenkunde und Siedlungsgeschichte 26). Berlin 1971.

Warnecke, Dinkelhausen: E. Warnecke, Dinkelhausen - Dorf am Malliehagenbach. Dinkelhausen 1991.

Watts, Place-Names: The Cambridge Dictionary of English Place-Names. Hg. von V. Watts. Cambridge 2004.

Wauer, Uckermark: S. Wauer, Die Ortsnamen der Uckermark. Weimar 1996.

Weber, Ortsnamen: R. Weber, Die nordwestdeutschen Orts- und Flußnamen auf „-el". Diss. Göttingen 1949.

Weigand, Güntjenburg: H. Weigand, Betrachtungen über die Güntjenburg. In: Heimatblätter hg. von dem Museumsverein für Northeim 2 (1926), S. 200-202.

Weigand, Heimatbuch: H. Weigand (Hg.), Heimat-Buch des Kreises Northeim in Hannover. Northeim 1924.

Weigand, Ortsnamen: H. Weigand, Die Ortsnamen des Kreises Northeim i. H. nach ihrer sprach- und kulturgeschichtlichen Bedeutung. Northeim 1929.

Weinhold, Neunzahl: K. Weinhold, Die mystische Neunzahl bei den Deutschen. Berlin 1897.

Weise, Nienover: E. Weise, Geschichte von Schloß Nienover im Solling. (Veröffentlichungen des Instituts für Historische Landesforschung der Universität Göttingen 27). Hildesheim 1989.

Weiß, Empelde: R. Weiß, Neue Erklärungen der Namen von einigen wichtigen Orten in Niedersachsen. In: Zeitschrift des Historischen Vereins für Niedersachsen 1900, S. 97-193.

Wenck, Landesgeschichte: H. B. Wenck, Hessische Landesgeschichte. Mit einem Urkundenbuch. 2 Bde. Frankfurt und Leipzig 1789-1797.

Wenck, Urkundenbuch → Wenck, Landesgeschichte.

Wendt, Grubenhagen: H. Wendt, Geschichte des Welfenfürstentums Grubenhagen, des Amtes und der Stadt Osterode. Bearbeitet von J. Leuschner. Hildesheim 1988.

Wenke, Urkundenfälschungen: G. Wenke, Die Urkundenfälschungen des Klosters St. Blasien in Northeim. In: Zeitschrift der Gesellschaft für Niedersächsische Kirchengeschichte 17 (1912), S. 10-98.

Wenskus, Stammesadel: R. Wenskus, Sächsischer Stammesadel und fränkischer Reichsadel. (Abhandlungen der Akademie der Wissenschaften zu Göttingen; Philologisch-Historische Klasse Nr. 93). Göttingen 1976.

Wesche, Apa: H. Wesche, *Apa* zwischen Elbe und Ems. In: Namenforschung. Festschrift für Adolf Bach. Hg. von R. Schützeichel und M. Zender. Heidelberg 1965, S. 228-239.

Wesche, Ortsnamen: H. Wesche, Unsere niedersächsischen Ortsnamen. Hannover 1957.

Wesche, Schwächung: H. Wesche, Schwächung und Schärfung der Verschlußlaute besonders in niedersächsischen Orts- und Flurnamen. In: PBB 82 (1961) S. 271-295. (= Sonderband: Festschrift Karg-Gasterstädt).

Wesche, Theophore ON: H. Wesche, Theophore Ortsnamen und Flurnamen in Niedersachsen. In: VI. Internationaler Kongreß für Namenforschung München 24.-28. August 1958. Kongreßberichte Bd. III, hg. von K. Puchner. (Studia Onomastica Monacensis Bd. IV). München 1961, S. 780-784.

Wesche, Wortschatz: H. Wesche, Der althochdeutsche Wortschatz im Gebiete des Zaubers und der Weissagung. (Untersuchungen zur Geschichte der deutschen Sprache 1). Halle 1940.

Westfäl. UB I und II: Regesta Historiae Westfaliae accedit Codex Diplomaticus. Hg. von H. A. Erhard. 3 Tle. Münster 1847-1861. [ND Osnabrück 1972].

Westfäl. UB Add.: Additamenta zum Westfälischen Urkunden-Buche. Bearb. von R. Wilmans. Münster 1877.

Westfäl. UB Suppl.: Supplement zum Westfälischen Urkunden-Buche. Bearb. von W. Diekamp. Münster 1885.

Westfäl. UB IV: Westfälisches Urkundenbuch. Vierter Band: Die Urkunden des Bistums Paderborn vom J. 1201-1300. Bearb. von R. Wilmans, H. Finke und H. Hoogeweg. Münster 1874-1892. [ND Osnabrück 1973].

Westfäl. UB V: Westfälisches Urkundenbuch. Fünfter Band: Die Papsturkunden Westfalens bis zum Jahre 1378. Erster Teil: Die Papsturkunden Westfalens bis zum Jahre 1304. Bearb. von H. Finke. Münster 1888.

Westfäl. UB IX: Westfälisches Urkundenbuch. Neunter Band: Die Urkunden des Bistums Paderborn 1301-1325. Bearb. von J. Prinz. Münster 1972-1993.

Wibaldi, Epistolae: Wibaldi epistolae. In: Monumenta Corbeiensia. Ed. P. Jaffé. (Bibliotheca Rerum Germanicarum 1). Berlin 1864, S. 76-616. [ND Aalen 1964].

Wienecke/Bauer, Bollensen: W. Wienecke und H. Bauer, Bollensen - Ein Dorf und seine Geschichte. [Bollensen 1990].

Wilmans, Kaiserurkunden: Die Kaiserurkunden der Provinz Westfalen. Bearb. von R. Wilmans und F. Philippi. 2 Bde. Münster 1867-1881.

Wintzingeroda-Knorr, Wüstungen: L. von Wintzingeroda-Knorr, Die Wüstungen des Eichsfeldes. (Geschichtsquellen der Provinz Sachsen 40). Halle 1903. [ND Duderstadt 1995].

Winzer, Grafen: H.-J. Winzer, Die Grafen von Katlenburg (999-1106). Diss. Phil. Göttingen 1974.

Winzer, Hemerueldun: H.-J. Winzer, Zur Lokalisation des pagus Hemerueldun. In: Beiträge zur Namenforschung N.F. 13 (1978), S. 306-330.

Winzer, Katlenburg: H.-J. Winzer, Studien zum Besitz des Klosters Katlenburg (1105-1534). In: Harz-Zeitschrift 41/42 (1990), S. 7-57.

Winzer, Lindau: H.-J. Winzer, Lindau und das südwestliche Vorharzgebiet im frühen und hohen Mittelalter. In: → Schlegel, Lindau S. 32-48.

Winzer, Mittelalter: H.-J. Winzer, Vom frühen Mittelalter bis zur Reformationszeit. In: → Schlegel, Katlenburg II, S. 15-62

Winzer, Plesse: H.-J. Winzer, Die Herren von Plesse und das Kloster Katlenburg. In: Plesse-Archiv 17 (1981), S. 35-49.

Wisotzki, Nörten: P. Wisotzki, Stifte, Pfarreien, Kaplansbenefizien und Meßpfründen in den Archidiakonaten Nörten und Einbeck. Masch.-Schr. Magisterarbeit 2 Tle. Göttingen 1991 [Seminar für Mittlere und Neuere Geschichte der Universität Göttingen, Signatur: Mag. 225].

Wiswe, Flurnamen: M. Wiswe, Flurnamen des Salzgittergebietes. Rinteln 1970.

Witt, Beiträge: F. Witt, Beiträge zur Kenntnis der Flußnamen Nordwestdeutschlands. Diss. Phil. Kiel 1912.

Witt, Reitliehausen: G. Witt, Geschichtliche Nachrichten über Reitliehausen bei Uslar. In: Northeimer Heimatblätter Jg. 1958, Heft 3, S. 69-71.

Witt, Uslar: G. Witt, Amt und Festung Uslar. Uslar 1981.

Wittkopp, Greene: W. Wittkopp, Chronik von Greene bis zum Jahre 1982. Greene 1983.

Witt-Krakow, Uslar: G. Witt-Krakow, 1000 Jahre Uslar. Uslar 1961.

Wolf, Archidiakonat Nörten: J. Wolf, Commentatio II de Archidiaconatu Nortunensi. Göttingen 1810.

Wolf, Fredelsloh: H.-W. Wolf, Kleine Geschichte von Fredelsloh. (Heimatkundliche Schriftenreihe für Südhannover Bd. 1). Göttingen 1974.

Wolf, Geschichte: J. Wolf, Politische Geschichte des Eichsfeldes mit Urkunden erläutert. 2 Bde. Göttingen 1792 und 1793. [ND in einem Band Duderstadt 1993].

Wolf, Hardenberg: J. Wolf, Geschichte des Geschlechts von Hardenberg. I. Theil mit 132 Urkunden. II. Theil mit 123 Urkunden. Göttingen 1823. (Urkundenteile zitiert als UB Hardenberg I und II).

Wolf, Lindau: J. Wolf, Denkwürdigkeiten des Amtes und Marktfleckens Lindau im Harz=Departement, District Osterode. Göttingen 1813.

Wolf, Nörten: J. Wolf, Diplomatische Geschichte des Peters-Stiftes zu Nôrten. Erfurt 1799.

Wolf, Steine: J. Wolf, Geschichte des ehemaligen Klosters Steine bei Nôrten mit Beilagen. Göttingen 1800.

Wolters, Kirchenvisitationen: G. Wolters, Die Kirchenvisitationen der Aufbauzeit (1570-1600) im vormaligen Herzogtum Braunschweig-Wolfenbüttel. In: Zeitschrift der Gesellschaft für Niedersächsische Kirchengeschichte 44 (1939), S. 64-85.

Wormser Briefsammlung: Die Ältere Wormser Briefsammlung. Bearb. von W. Bulst. (MGH Die Briefe der deutschen Kaiserzeit III). Weimar 1949.

Wossidlo/Teuchert, Wörterbuch: R. Wossidlo und H. Teuchert, Mecklenburgisches Wörterbuch. ND der Erstauflage von 1937-1992. Hg. von der Sächsischen Akademie der Wissenschaften zu Leipzig. 13 Bde. Neumünster 1996.

Würdtwein, Subsidia: S. A. Würdtwein, Subsidia Diplomatica ad selecta juris ecclesiastici Germaniae [...]. Tomus Quintus. Heidelberg 1775. [ND Frankfurt 1969].

Zeichner, Moringer Geschichte: F. Zeichner, Aus tausend Jahren Moringer Geschichte. Geschichtlicher Abriß zum 800jährigen Bestehen der Stadt Moringen. Moringen 1947.

Zimmermann, Grubenhagen: P. Zimmermann, Das Haus Braunschweig-Grubenhagen. Wolfenbüttel 1911.

Zimmermann, Hammenstedt: W. Zimmermann, Flurnamen der Feldmark Hammenstedt. In: Heimatblätter hg. von dem Museumsverein für Northeim 5 (1929), S. 149-151.

Zimmermann, Ökonomischer Staat: L. Zimmermann (Hg.), Der Ökonomische Staat Landgraf Wilhems IV. Zweiter Band. (Veröffentlichungen der Historischen Kommission für Hessen und Waldeck XVII, 2), Marburg 1934.

Zoder, Bemerkungen: R. Zoder, Kritische Bemerkungen zu W. Deeters Edition zweier Hildesheimer Lehnbücher des 14. und 15. Jahrhunderts. In: Alt-Hildesheim 36 (1965), S. 44-47.

Zoder, Familiennamen: R. Zoder, Familiennamen in Ostfalen. 2 Bde. Hildesheim 1968.

B. Karten und Atlanten

ADAC-Stadtatlas: ADAC Großraum Städte- und Gemeindeatlas Kassel - Göttingen. 1 : 20.000. Bad Soden/Taunus o. J.

Amtliche Topographische Karten. Niedersachsen und Bremen. 1:50.000. CD-Rom. Hg. von der Landesvermessung und Geobasisinformation Niedersachsen/Kataster und Vermessung Bremen. ²Hannover 1998.

Atlas Papen: A. Papen, Topographischer Atlas des Königreichs Hannover und Herzogtums Braunschweig. Blatt 60 Einbeck. Hannover 1842. [Nachdruck Hannover 1999].

Exkursionskarte → A. Literatur und Quellenverzeichnis.

Freizeitkarte: Freizeitkarte Northeim. 1:100.000. 13. Auflg. Fellbach o. J.

Gaußsche Landesaufnahme: Gaußsche Landesaufnahme der 1815 durch Hannover erworbenen Gebiete. Bearb. von F. Engel. Bl. 22 Hunnesrück/Dassel (Veröffentlichungen der Historischen Kommission für Niedersachsen und Bremen XXVIII). Hannover 1963.

Historischer Handatlas: Historischer Handatlas von Niedersachsen. Hg. vom Institut für Historische Landesforschung der Universität Göttingen. Bearb. von G. Pischke. Neumünster 1989.

Karte 18. Jh.: Historische Karte des Landes Braunschweig im 18. Jahrhundert. Bearb. von H. Kleinau, T. Penners und A. Vorthmann. Bll. 3922, 3923, 4023, 4024, 4025, 4026, 4123, 4124, 4125, 4126, 4127, 4222, 4223, 4227. (Veröffentlichungen der Historischen Kommission für Niedersachsen und Bremen XXIII). Hannover 1956-1964.

Krabbe, Sollingkarte: Johannes Krabbe, Karte des Sollings von 1603. Hg. und eingeleitet von Hans-Martin Arnoldt, Kirstin Casemir und Uwe Ohainski. (Veröffentlichungen der Historischen Kommission für Niedersachsen und Bremen 225). Hannover 2004.

Kurhannoversche Landesaufnahme: Kurhannoversche Landesaufnahme des 18. Jahrhunderts. Hg. von der Historischen Kommission für Niedersachsen und Bremen. Bearb. von F. Engel. Blatt 138 Erichsburg. Hannover 1959; Blatt 139 Einbeck. Hannover 1959; Blatt 140 Harriehausen. Hannover 1959; Blatt 141 Hilwartshausen. Hannover 1960; Blatt 142 Northeim. Hannover 1960; Blatt 143 Osterode. Hannover 1961; Blatt 149 Uslar. Hannover 1959; Blatt 150 Hardegsen. Hannover 1960; Blatt 151 Katlenburg. Hannover 1961.

Niedersächsischer Städteatlas I: Niedersächsischer Städteatlas. I. Abteilung: Die Braunschweigischen Städte. Bearb. von P. J. Meier. (Veröffentlichungen der Historischen Kommission für Hannover, Oldenburg, Braunschweig, Schaumburg-Lippe und Bremen 5). Braunschweig ²1926.

Niedersächsischer Städteatlas II: Niedersächsischer Städteatlas II. Abteilung: Einzelne Städte. 5/6 Einbeck und Northeim. Hg. von P. J. Meier. (Veröffentlichungen der Historischen Kommission für Hannover, Oldenburg, Braunschweig, Schaumburg-Lippe und Bremen 5). Braunschweig 1935.

Topographische Karte 1:25.000. Hg. vom Niedersächsischen Landesvermessungsamt. Verschiedene Ausgaben.

Register

Die Anordnung der Einträge erfolgte weitgehend nach dem Buchstabenbestand. Umlaute werden wie die entsprechenden Vokale behandelt. Diakritische Zeichen, Sternchen sowie Klammern und deren Inhalt wurden für die Sortierung nicht berücksichtigt. Eine Ausnahme bilden anlautendes *(h)* und *(s)*, die jeweils doppelt also unter h und s bzw. unter dem nachfolgenden Buchstaben einsortiert werden. Weiterhin werden für die Sortierung kleine hochgestellte Buchstaben ignoriert. Längen folgen den entsprechenden Kürzen. ǝ ist als *e*, i̯ als *j*, u̯ als *w*, ǫ nach *o*, ƀ nach *b*, þ als *th*, ð nach *d*, š nach *s*, å nach *a*, æ nach *a* und ø nach *o* eingeordnet. Durch Zusätze unterschiedene Ortsnamen wie Bad Gandersheim finden sich unter Gandersheim, Bad. Die Sprachstufenabkürzungen entsprechen den sonst im Text verwendeten. Einträge in Versalien meinen PN-Stämme, Kursive bezeichnet Objektsprache; ohne weiteren Zusatz in recte sind Ortsnamen, Flurnamen und sonstige geographische Namen gesetzt.

-A-

a-Ableitung 149, 269
Aalfridesstat 124
ABA 23
aba got. 23, 38, 107
*aƀa germ. 23, 38
Abbecke 11
Abben PN 24
Abbenhausen 24
Abbenrode 23f., 433
Abbenshusen 23, 38, 102, 430
Abberode 23
Abbetiskonrod 24
Abbic PN 107
Abbo PN 23f.
abdisca asä. 25
ab(be)diska asä. 25
Abenhusen 24
Abenrode 23
Äbtissin nhd. 433
Äbtissinrode 24, 433
Ackenhausen 25f., 46, 86, 90, 161, 167, 247, 430
Acthne 110
ād asä. 112ff., 288
Adal PN 28
Adalbreht PN 27

Adalfrideshuson 124
Adalhard PN 30
aðali asä. 27f., 30, 107, 115, 121, 124
Adallef PN 121
Adalram 112
*Adast PN 36
Addasta PN 36
Addasto PN 36
Addenssem 36
Addestanstidi 36
Addestondorp 36
Addic PN 107
Adelebsen 28, 288
Adelepser Felde 288
Adeleshusen 27, 110
Adeleuissen 27, 110
Adelo PN 28
Adelwardeshusen 295
Adelwerdeshusen 295
Adesten 35
Adestense 35
Adestessen 35
Adi PN 114f.
Adilo PN 116
*Adim PN 113
**Adim(i)* PN 112
Adimannus PN 112
Ading PN 115
Adini PN 113

*Adisto PN 36
Ado PN 115
*Adost PN 36
Adun PN 113
*Adust PN 36
Aebbediscanrod 24
Aedingahusun 114
Aeico PN 136
Aeilmer PN 128
Aeilmeringarod 128
Aerdisteshusun 131
Ærnulueshusi 26, 430
aesc aengl. 35
af-heldian asä. 191
AG 25, 108, 116, 128, 135
**ag-* idg. 109
**aĝ-* idg. 110
a-gandan neupers. 149
Aggerstein 32
Aggerstene 33
AGI 183
Agi PN 290
Agi- PN 126
**agi-* germ. 108, 126, 136, 290
Agico PN 136
AGIL 116, 128
Agil- PN 108, 128
*Agilbaldeshusen 108

Agilmar PN 128
Agilo PN 116
**agin-* germ. 118
Agio PN 290
agis got. 108, 116, 126, 128, 136, 290
*Agishusen 290
Ago PN 26
-*ah* 53
-*ah(i)* 245
aha ahd. 110
-*aha* 35, 44, 52, 73, 87, 109, 157, 176, 245, 336, 437
-*ahi* 53
Ahlbershausen 26, 28f., 430
Ahlshausen 27, 110, 430
Ahtennia 110
*Ahti germ. 110
*Ah-tjo 110
Ahttise 110
Aico PN 136f.
Aieshusen 289
Aieshusun 39, 170
Ail- PN 108
Ailboldus PN 108
Ailmundesrode 126
Ain 119
**Ain-* germ. 118
**aina-* germ. 118
ains got. 117
Aitrach 149
Aiulf PN 126
AIVI 135
aiws got. 135
**aḱ-* idg. 110
aka lett. 110
Akefrith 142
Akkanhusi 25
Akko PN 25f.
ἀκτή griech. 110
*Akþi 109
*Akþō germ. 109
al(l) asä. 124
ALA 124
-*ala* 87f., 439
Albechteshusen 28
Albegteshusen 28
Alberehusen 26

**albh-* idg. 127
ALÞI 123f., 126f.
Albo PN 23
Alboldeshausen 108
Alboldishusen 108
Albrecht PN 23, 27, 29
Albrechteshusen 26
Albrechtshausen 26ff., 124, 193, 322, 342, 409, 417, 430
Albregteshusen 26
Albrehteshusen 28
Albretheshusen 26
ald asä. 30, 122, 124, 259, 291, 295
-*ald* PN 202
ALDA 122, 295
Aldan- 148
Aldandorpe 292
Aldangandesheim 30
Aldehusen 29
Aldendorp 258, 291
Aldenthorpf 258
Aldershußen 294
Aldewardeshusen 294
Aldiggerod 121
*Aldingerode 122
Aldo PN 122f., 433
Aldward PN 295
Aleshusin 27
alf asä. 123f., 126f.
Alf- PN 123, 127
Alfan PN 127
Alffrid PN 124
Alfhard PN 125
*Alfhardeshusen 125
Alfheri PN 123, 125
Alfrid PN 124
Alfrideshusen 28f., 123
Alfrith PN 124
Alfwān PN 345
Alfwin(i) PN 127
Algereshusun 29
Alhardeshûsen 29
ALI 120
Aliereshusen 29
Aliereshusun 29
Alieressun 29
ALJA 120, 124
alja got. 120, 124
Allard PN 30

Allardt PN 30
Allerdeshusen 29
Allerdt PN 30
Allershausen 28f., 202, 430
Allersheim 29, 116
Allershusen 26
alt nhd. 427, 429, 433
Alt-Behrensen *siehe* Behrensen, Alt
Altendorfer velde 291
Altgandersheim *siehe* Gandersheim, Alt-
Altwarteshusen 294
Aluunga marcu 127
Aluunge markv 127
Aluungun 127
Alv(i) PN 126
Alvalincherot 121
Alvelingerot 121
Alveningarod 121, 126
*Alvin PN 127
Alvingen 127
Alvun PN 127
Alvunga-Mark 120, 127
Alwardeshusun 124
Alwoldishusen 108
**am-* germ. 31
Am Knobben 230
Amal- PN 31, 128
Amaleip PN 31
Amaleueshusun 31
*Amaleveshusen 31
Amalheri PN 128
Amallev PN 31
*amals got. 31, 128
ambacht mnd. 322
**ambh-* idg. 117f.
Amel 31
Amelossen 31
Ameloyssen 31
Amelsen 31, 430
Amelung PN 31
Amenshusen 38
*amja germ. 216
ammecht mnd. 322
amt mnd. 322
Amt Hunnesrück 11
an asä. 34
an mnd. 34
an nhd. 434

an(a) ahd. 34
ana asä. 34
-ana 109
anado ahd. 32
Ancherstene 32
and asä. 32
AND- 32
And- PN 32
anda aengl. 32
Andahari PN 32
ANDAN 32
Andarich PN 32
ande mhd. 32
ander ahd. 34
Anderdeshusen 32
Andershausen 32, 202, 430
Andewershausen 32
Andger PN 32
Andhart PN 32
andi anord. 32
ando asä. 32
Andred PN 32
Andualt PN 32
Andulf PN 32
Anduuard PN 32
Andvordesusen 32
Andward PN 32
Andwich PN 32
āne mnd. 34
Anenhusen 38
Aneschedhe 34
angar ahd. 424
angar asä. 33, 424
*Angara 33
Angenstein 33
-anger 399, 423
anger mhd. 424
anger mnd. 33, 424
anger mnl. 424
Anger nhd. 436
Angerstein 32, 70, 258, 423, 435f.
Angersten 32
Angerstheim 32
Angil-man PN 112
Angil-mund PN 112
*Angira 33
-angr anord. 424
*angra- germ. 33
ANS 286

*ans germ. 286
Anschede 33, 35
Anschete 33, 35, 434
Anse germ. 286
*Anskēthia 34
ant asä. 32
antiqua lat. 291
Antiqua Villa 291
Antiquam Gandersem 30
Antiquam Indaginem 292
anto ahd. 32
Antonius PN 374
*Antoniushof 374
Antwart PN 32
Antwarth PN 32
Antwordishusen 32
-apa 310, 318, 327, 335f., 424, 437
Appenhausen 24
Appenrode 23
Appenröder Berge 23
*aq^u- idg. 110
aqua lat. 110
*aq^{u}ā idg. 110
ARA 26
-ara 251, 439
ard air. 130
*Ard- PN 130
*arð- germ. 131f.
*Ardist PN 131
*-arja lat. 439
*-ārja lat. 439
arduus lat. 130
Argersteyn 33
ARIN 26
Arin- PN 26
*Arinwulf PN 26
arn ahd. 26
arn asä. 26
aro ahd. 26
aro asä. 26
*Art- PN 130
*Artingehusen 131
asc ahd. 35
asc asä. 35, 37
*Asca 35
*Asc-aha 35
Ascboe 36
Ascger PN 132

Asch 35
asch mnd. 35, 37
Ascha 34, 37
Ascharich PN 132
Aschau 37
Aschauwe 37
Asche 34, 37, 423
Asche nhd. 35
Asche PN 35
Aschen 35, 70, 131, 430
Ascheric PN 132
asco asä. 37
Ascolvingerothe 121f.
Ascric PN 132
*Asc(e)rikeshusen 132
ask asä. 132
*Ask(a) 35
*Ask-aha 35
askr anord. 35
Aspa 133
aspa asä. 134
Aspell 133
*Aspila 134
Asschowe 35f., 245, 424
ATHA 36, 107, 113, 115
ATHAL 28f., 121, 124
athal asä. 107
Athal PN 28
Athal- PN 295
Athalbero PN 180
Athalfrid PN 124
Athalheri PN 121
Athalward PN 295
Athestesseym 36
Atleib PN 288
Atschen 36
atta got. 107, 113
Atthensen 113
Attze 35
Atze 35
-au 37, 44, 179, 244f., 329, 424
AUDA 287f., 299
Audaxen 287
Audericus PN 299
Aue nhd. 44
Auen PN 38
Auenhusen 37
AUL 296
*Aul- PN 296
Aulico PN 296

Aulik PN 296
Aulikeshusen 296
Aven PN 38
Avendshausen 24, 37, 430
Avensen 37
Avenshusen 37
AVI 38
Avo PN 38
awjō germ. 37, 44

-B-

baal dän. 41
bæc(e) aengl. 424
bach mhd. 424
-*bach* 228, 424f.
bäck schwed. 424
Bäcker nhd. 439
Bad Gandersheim *siehe* Gandersheim, Bad
Bad- PN 44
Baddengeß 43
Baddo PN 44
Badenhausen 406
Bad(d)i PN 44
Bado PN 44
Bad(d)o PN 44
BADU 44
*badu asä. 44
bah ahd. 424
bahn nhd. 49f.
Baid- PN 44
baidjan got. 44
baírg- got. 425
bæk dän. 424
*baki- germ. 424
*bakjaz germ. 424
bǽl aengl. 41
bāl anord. 41
bala got. 41
balá lit. 39
balà lit. 41
Balahorna 41
Balahornen 40
Balahornun 41
*balaz germ. 41
Balbronn 39
Balbrun 39
BALD 39
bald ahd. 40

bald asä. 40, 108, 161, 174, 184, 342, 388
-*bald* PN 108
Bald- PN 62
*balð- germ. 40
Baldainiai 39
Baldas 39
báldau lit. 40
Baldayn 39
Baldeburne 39
Balder PN 39
balderen mnd. 56
balderen nl. 40
Balderi 39
Baldfelde 39, 47, 427f.
Baldija 39
Baldingis 39
baldinn anord. 40
*Baldira 39
Baldōkas 39
Baldōnas 39
baldra norw. 40
baldre dän. 40
Baldualdun 39
Balduone 39
Baldupe 39
Baldur PN 47
Balehorne 40, 430
Balgeri 39
Balhorn 41
Balhornde 40
Balhuren 40
bali anord. 40
ballern mnd. 56
Ballhorn 41
Ballhorn, Im 41
Ball-Horne 40
ballra schwed. 40
báltas lit. 39, 41
*balþ- germ. 40
balþei got. 40
*Balt-ira 47
balts lett. 39
balu asä. 41
Balvelde 39
ban(n) asä. 50
Bandan PN 51
bando langobard. 51
Bando PN 51
bandwō got. 51
bāne mhd. 49

bāne mnd. 49f.
bāne mnl. 49
banja got. 50
Bann nhd. 438
*banna- germ. 50
*Bannithi 50
Bansithi 49
BANT 51
Bant PN 51
*bant asä. 51
*Bant- PN 50
Banto PN 50f.
BARA 42
Barcensis 52
Barche 52
bard asä. 42
*Bard(i) PN 42
barda 42
barda asä. 42
Bardeshusen 42
*Bardi PN 42
Bardo PN 42
Barfrid PN 42
Barke 52
barke mnd. 53
Barkeshusen 54
Barlin 186
*Baro PN 42
Baroald PN 42
*Barolf PN 41
Barolveshusen 41, 430
barou mengl. 425
barrow nengl. 425
Barteldeshusen 43
Bartenhagen 305
Barterode 43
Barteshusen 42, 430
Barthiehusen 42
Bartholomäus PN 305
Barthusen 42
Bartshausen 43, 430
Barverßhusen 53
Barxhausen 43
bauen hd. 48
(*fōtu-*)*baurd* got. 305
baurgs got. 426
*bausja- germ. 55
Bavensen 72
*bawja germ. 48
beado aengl. 44
beadu aengl. 44

beald aengl. 40
bearo aengl. 101, 213, 215, 354, 425
bearu aengl. 425
Becco PN 46
bece aengl. 424
-*becht* PN 193, 322, 342, 417
Beco PN 46
Bēd- PN 44
Bedeso 43, 245, 424
bēdian asä. 44
*Beding PN 44
Bedingheso 43
Beedesoe 43
beek nnl. 424
Beekbilder 56
Begeherode 47
Begenrode 47
Begenrothe 47
Behrend PN 45
Behrensen 44, 51, 53, 430
Behrensen, Alt 45
Beiggerode 47
Beiinegerothen 47
*Beiingerode 48
Beinum 48
Beio PN 48
Beiur asä. 48
Bekanhusi 46
Bekanhusiadone 46, 423
-beke 56, 65, 97, 118, 157, 182, 215, 246, 251, 253f., 256, 310, 318, 323, 334, 336, 353, 362, 385, 397, 420, 424f., 435
bēke mnd. 424
bēke mnl. 424
Bekenhusen 46
Bekeshovede 246
beki asä. 46, 424
bekk norw. 424
bekkr anord. 424
bekkur nisl. 424
Beko PN 46
beldù lit. 40
Beller 39
*Belt-ara 47

*Belter(e) 47
Belterberg 47, 425
Belterberge 46
Belters 46
Beltersberg 46
Beltzer Berg 46
Belzerberg 46
ben anord. 50
BEN 49
Ben- PN 48
Bengerode 47, 141, 433
Benhausen 49
Benhusen 48
Benith PN 49
beni-wunda asä. 50
benn aengl. 50
Bennanhus 49
Bennanhusun 49
Bennekenhusen 64
Bennemühlen 49
Bennenhof 49
Bennenhusen 48f., 430
Bennethe 49f., 438
Benniehausen 49
Bennig Rode 47
Benno PN 49
Bensen 48f.
Benser Bach 49
Bentershausen 48
Benthe 50
Benti PN 50
Bentierode 50, 433
Bentigherode 50
Bentingerode 50
Bentzem 48
beorg aengl. 425
-ber 101, 213, 215
Ber- PN 54
-*ber(o)* PN 180
BERA 51, 180, 302
Bera PN 302
berc mhd. 425
berch afries. 425
berch mnd. 52, 425
berch mnl. 425
Bercholtes- 52
Bercholteshusen 51
Berchtes- 52
Berchteshusen 51
-bere 354, 425
Beregodeshusen 51

Berenbostel 42
Berengaud PN 51
Berengoz PN 51
Berengozus PN 51
Berenward PN 54
berg ahd. 425
berg asä. 425
Berg nhd. 75, 177, 240, 425f.
berg nnl. 425
berg schwed. 425
-berg 47, 75, 172, 203, 222, 239ff., 354, 425f.
Berg- PN 52
Bergadeshusin 51
Berge 52
*Berg-old PN 52
Bergoldes- 52
Bergoldeshusen 45, 51, 54, 309, 430
Bergoteshushen 45, 51
-*berht* PN 193, 322, 342
ber(a)ht asä. 27, 43, 91, 186, 193, 322, 342, 369, 416
BERIN 51, 180, 302
Beringot PN 51, 309
Beringoteshusen 45, 51
Berka 52f., 423
*Berk-aha 53
Berke 52
berke mnd. 53
Berlin 186, 187
-bern PN 180, 410
Bern- PN 45, 49
Bernd PN 45
Berndessen 53
Bernecen 46, 53, 430
Berner PN 45, 53
Berneresheym 44
Berneri PN 53
Bernersen 44, 53
Bernescen 53
Bernhard PN 45
Bernheri PN 45, 53
Bernherssen 44ff., 53
Berno PN 45
Bernsen 45, 53
*Bernshusen 45
Bernssen 44
Bernt PN 50

Bernwardeshusen 54
Bernwardeshusun 54
Bernwart PN 54
bero ahd. 41, 45, 49, 51, 53f., 180, 410
Bero PN 302f.
Berolf PN 41
-bert PN 91
Bert- PN 43
-ber(h)t PN 27
Bertold PN 43
Bertoldeshusen 43
Bertzhusen 43
Berwart PN 54
*Berwarteshusen 54
Berwartshausen 51, 53f., 430
berwe mengl. 425
**Berwers-* 54
**Berwerts-* 54
**Berwes-* 54
Berweßhausen 53
Besäu 43
Beserfelde 48
Beule 72
Beulshausen 54, 64, 231, 430
Beysau 43
**bhal-* idg. 41
**bhel-* idg. 39, 40f., 47, 56
**bhel-d-* idg. 40, 47
**bhel-dh-* idg. 40
**bhel-r̥-* idg. 56
**bhen-* idg. 50
**bhendh-* idg. 58
**bher-* idg. 66
**bheudh-* idg. 61
**bhol-d-* idg. 47
**bhol-dh-* idg. 40
**bhol-t-* idg. 40
**bhólto-* idg. 40
**bhoudh-* idg. 61
**bh(e)reu-* idg. 66
**bh(e)rū̆-* idg. 66
**bhru-dh-* idg. 66
**bh(e)u-* idg. 61, 73
**bhudh-* idg. 61
BIC 46
bicken ahd. 46
Bienrode 57

bil asä. 303
BIL(I) 57
bil(i) asä. 57
Bilder- 57
Bilderbeke 55ff.
bildu lit. 40
Bildung nhd. 438
Bili PN 303
Billarbeci 56
Billerbach 56
Billerbaek 57
Billerbech 57
Billerbeck 55ff., 424
billere aengl. 56
*billern mnd. 56
Billigser Wiese 57
Billing PN 57
Billingehusen 57
Billingessen 57, 430
Billingheshusen 57
Billinghusen 57
Billingshausen 57
Billingswiese 57
Billurbechi 56
Billurbeki 55f.
Bilrebeke 55ff.
*Bilshagen 303
Bilshausen 45, 303
binde aengl. 58
Binder 57f., 210, 439
**Bind-r-* 58
Binthwaite 58
binut asä. 50
birka asä. 53
Birk-aha 53
Birke nhd. 52
Birkicht nhd. 245
Bischhausen 58f.
Bischofeshusen 59
Bischofshausen 58
bischop mnd. 59
Bischophusen 59
Bischovishusen 58
biscop asä. 59
Biscopeshusen 58
Biscopshasen 59
Bishausen 58, 430
Bishusen 59
Bisihusun 58
Bisscoppeshusen 59
Bissendorf 59

Bistorf 59
bjarg anord. 425
blank mnd. 60
Blankenhagen 59, 428
Blankenhorn 41
Blankenstein 59f.
Blesse nhd. 304
Bobbenzunon 280
*Bobbontun 280
Bockensen 63
Bockwolt 153
BOD- 63
bǫð anord. 44
boda norw. 61
**Boda(na)* 61
Bodana 61
Böddensell 62
Böddenstedt 61f.
Bode 61
bod(d)elen mnd. 61
Boden nhd. 61
Bodene 61
Böden-feld 61
Bodenfelde 60f., 427f.
Bödenfelde 60
Bodensvedhe 61
Bodenvelt 60
boði anord. 61
Bōdilo PN 63
Bodwin PN 61
Böen 61
Böhlshausen 54
Boilshusen 54
BOJ 48
**bōla-* germ. 63
-bold PN 108, 174, 342, 388
bolde aschwed. 40
bolderen mnd. 56
bōle mnd. 63
Bolenhusen 62
Bolenwende 63
Boleshusen 54
Bolhusen 54
Bölle 11
Bollenhosen 62
Bollensen 61f., 430
bollern mnd. 56
Bollhausen 62
Bollo PN 62
Bolnhusen 62

Bolo PN 62f.
Bo(l)lo PN 63
Bôlshusen 54
bolta norw. 40
*bolto slav. 39
Bonckenhusen 63
Bonekenh[usen] 64
Bonekenhusen 63, 430
Bönigshausen 63
*Boniko PN 63
Bonkenhusen 64
Bonkensen 63
Bonkeshusen 64
Bönneke Berg 63
Bonneker Gehre 63
Bönnickhausen 63
borch mnd. 426
borch mnl. 426
Borchhoff 67
BORD 305
bord aengl. 305
borð anord. 305
Bordenau 305
Bordwig PN 305
borg anord. 426
borg schwed. 426
-borg PN 346, 418
born mhd. 426
born(e) mnd. 426
-born 151f., 179, 226, 243f., 273f., 426, 437
borough nengl. 426
bǫrr anord. 425
Borshusen 42
Bortenberg 305
Bortenhagen 305
Borthard PN 305
Borto PN 305
Boseleshusem 54
BOSI 55, 64
bōsi ahd. 55
Bosico PN 55, 64
Bosil PN 55
*Bosili PN 55
*Bosilishusen 55
Bosilo PN 55
Boskenhusen 64
Boso PN 55
*bōso asä. 55
Bosoco PN 64
Bossekenhusen 64, 430

Bosuc PN 55, 64
*Bosuco PN 64
Bothfeld 61
Bothleueshusen 62
Botleveshusen 62
Bovenden 280
-brand PN 410
braun nhd. 436
Braunßhausen 69
Braunstein 70
Brauntzen 68
-brecht PN 416
brēd asä. 65
brē^ide mnd. 65
Bredenbeck 65
Bredenbeke (I) 64f., 119, 251, 385, 419, 424
Bredenbeke (II) 65, 119, 251, 385, 419, 424
-breht PN 186
Breitenbach 65
*Brēmbeke 65
*Brembke 65
Bremke 65
Bremker Kirche 65
*Brēnbeke 65
-bre(h)t PN 27
brē^it mnd. 65
Breydenbecke 65
Breydenbeke 65
Brochoue 67
Brod- 66
broð anord. 66
broð asä. 66
brōðar asä. 66
Brode- 66
Brodehusen 66
brodeln nhd. 66
brōder mnd. 66
Broder- 66
Broderhusen 66, 430
brōk mnd. 67
bron mnl. 426
bron nnl. 426
brønd dän. 426
Bronsteshusen 71
Bronstishusen 69
Bruch nhd. 430
Bruchhof 66f., 430

Bruchofen 67
Bruckhof 67
*bruð- germ. 66
*bruða- germ. 66
*Brud-ara 66
Brüderberg 66
Bruderhusen 66
*Brud-ira 66
Brüggeborn 11
Brüggefeld 11
Bruichof 66
BRUN 69
Brun PN 68f.
brūn asä. 68, 71
brūn mnd. 71
Brūn(i) PN 68
Brun- PN 71
*Brunast PN 69
*Brunenstein 71
*Bruneshusen 68
Brunessen 67
Brunesteshusen 68
Brunist PN 69
Brunist- PN 71
Brunisteshusen 71
Brunisto PN 69
BRUNJA 68
brunn norw. 426
brunn schwed. 426
brunna got. 426
brunne mhd. 426
brunno ahd. 426
brunno asä. 226, 273, 426
brunnr anord. 426
Bruno PN 69f.
*Brunost PN 69
Brunsen 67, 69, 430
Brunshausen 68, 71, 131, 430
Brunstein 34, 70, 435f.
Brunstene 70
Brunsteshus 68
Brunsteshusen 70f., 131, 430
Brunteshusen 69, 71
Bruntzhusen 69
*Brunust PN 69
Bruocgandringe 149
Brvnnistashvson 68
*b(e)u- idg. 61, 73

*b(h)ū- idg. 61, 73
Bucco PN 72
Buccu PN 72
Buckennosen 71
Bucko PN 72
*Bud- 61
*Buda(na) 61
Budana 61
*budana 61
*Budana 61
Bùdasas 62
Budde 62
buddelen mnd. 61
buddeln nhd. 61
Büddenstedt 62
*Būden- PN 61
Budene- 61
Budeneuelde 60
Budike 62
Būdilo PN 63
*Būdīn PN 61
*budina 61
*Budina- 61
*Budina-feld 61
Budine- 61
Budinifelde 60
Budinisvelt 60
Budinoveldun 60
Budinsola 61
Budisch 62
Būdo PN 61
Budrenu 62
Budrich 62
Budupe 62
Budupis 62
Buelde 134, 169
Buensen 71, 430
BUG 72
Bugco PN 72
Bugenhausen 71
Bugga PN 72
Buggo PN 72
Buggonhuson 71
Bugko PN 72
bühel mhd. 73
buhil ahd. 73
*Buhil-aha 73
Bühle 72, 134, 169, 438
Buhle nhd. 63
Buile 72
Bukko PN 72

Bula 72
būla asä. 73
bulde aschwed. 40
bulderen mnd. 56
būle mnd. 73
Bulhausen 54
*Būl-i̯a 73
Bullan- PN 62
Bullanhusun 62
bullern mnd. 56
Bulo PN 62
Bu(l)lo PN 63
*būlō- germ. 73
Bulshausen 54
Bulskidi 57
bult mnd. 73
Bumkenhusen 63
BUN- 64
Bunekenhusen 64
Bunik(i) PN 64
Bùnickenhausen 63
Bunikenhusen 64
Buniko PN 64
buole mhd. 63
-būr 101
burc mhd. 426
burch mnl. 426
Burchard PN 72
burcht nnl. 426
burg aengl. 426
burg afries. 426
burg ahd. 426
burg asä. 298, 346, 390, 418, 426
burg nnl. 426
Burg nhd. 75, 177, 240, 425f.
-burg 75, 77, 119, 129, 172, 208, 222, 228, 290, 425ff.
-burg PN 418
Burg- PN 72
Burghard PN 72
burh aengl. 426
Burkhard PN 72
burn(e) mhd. 426
burna aengl. 426
burna afries. 426
Buwenhusen 71
Buwesen 71
Bvkkenhvsvn 71

byld aschwed. 40
Bysenhusen 59

-C-

Cadalenburg 226
Caelfelde 223
calan aengl. 224
call engl. 224
c(e)allian aengl. 224
calu aengl. 223f.
Caluelde 223
Calvliet 224
Camping nhd. 438
Canderesheim 145
Carlshof 11
Catelenborn 227
Catelgrund 227
Catford 229
Cathelo PN 228
Catmore 229
Catton 229
ceallian aengl. 224
Chreintorf 232
church nengl. 432
Chusinhusen 230
circe aengl. 432
cīrice aengl. 432
clā aengl. 75, 229
claudere lat. 79
Claus 78
clausa mlat. 79
Claw 75, 229
Clawe 75, 229
Clawenburg 75ff., 229, 425
Clawenhagen 75ff., 229, 428
Clawenhusen 75ff., 229, 430
Clawersen 229
Clawford 75, 229
Clawischagen 76
Clawnenhaghen 76
Clawton 75, 229
clawu aengl. 75, 229
Clawuenberge 75
Clayworth 229
clēa aengl. 75, 229
Clow Beck 75, 229
Clowenhosen 77
Clus 78, 423

clusa mlat. 78
clūsa mlat. 79
Cobbo PN 234
Cogenhoe 235
Coginheim 235
Cogo PN 235
cōl aengl. 224
collis lat. 172
Colvelde 223
Cord PN 80
*Coring PN 80
*Cor(r)ingehagen 79
*Coringerhagen 80
*Coringshagen 80
Corriehagen 79, 428
Cosenosen 231
Cosingtone 231
Cosintone 231
Cossington 231
cot(e) mnl. 229
Crainham 232
Crea PN 232
Cregenhusen 231
Creindorp 232
Cremlingen 165, 205
*Creo PN 232
Creyenhusen 231
Crumele 80, 438
Cudh- PN 235
Cudingthorpa 235
Cugenho 235
Cugenhuser warde 234
*Cugga PN 235
Cuggan hyll 235
Culfeshusen 125
cumba mlat. 77
*cumbeta mlat. 77
CUNTHA 235
*Cus PN 231
*Cusa PN 231
cusesstede 231
cusincg dene 231
Cusinton 231
*Cuso PN 231
Cuveldale 233
Cuvo PN 234
cyrice aengl. 432
cyte aengl. 229

-D-

DAB 369

Dabo PN 369
Dacbert PN 369
-dach PN 176, 287
Dachs nhd. 87
Daddo PN 86
Dado PN 86
DAG 92
dag asä. 92, 176, 286, 347, 369, 374, 386
dag PN 94
-dag PN 94, 176, 286
Dagalo PN 92
Dagaperht PN 369
Dagbert PN 369
*Dagil(o) PN 92
*Dagilanhusen 92
Dagobert PN 369
Dagubraht PN 369
Dahilo PN 92
DAILA 92
Daila PN 92
Daillanhus 92
*Dailo PN 92
dails got. 92
dal asä. 427
dal dän. 427
dal mnd. 427
dal mnl. 427
dal nnl. 427
dal norw. 427
dal schwed. 427
-dal 234, 326, 427
dæl aengl. 427
dale nengl. 427
dalr anord. 427
dals got. 427
Dampfziegelei 9
Dancdagessun 85, 93
Danckelsen 83
Danckelwiese Grundt 83
Dancklebessen 83
Danclevessen 83
Dancquardessen 83, 85, 431
DAND 86
Dand- PN 86
Dandanhusi 85
Dandenhusen 85
Dando PN 86
Dangwerdeshusen 85

Dankdag PN 94
Dankeleuissen 83
Dankelshausen 84f.
Dankelsheim 83f., 194, 247, 308, 320, 325, 429, 431f.
Dankolf PN 84
Dankwardeshusen 83f., 431
Dankwordes 85
Dannenhusen 85
Dannhausen 85, 431
Danquard PN 83, 85
*Danquardeshusen 83
Dardesheim 40
darnedden nd. 292
DAS 89
das mnd. 87
*das- germ. 87f.
dǣsa(sk) anord. 88
dasask anord. 88
Daschalen 86
Daschalon 86
dasche mengl. 88
daschln österreichisch 88
dase dän. 88
dase norw. 88
dåse schwed. 88
dasen mengl. 88
dash engl. 88
dāsi anord. 88
dåsig schwed. 88
*dask- germ. 88
daska norw. 88
daska schwed. 88
Dask-ala 87f.
daske dän. 88
dasken norw. 88
daskig schwed. 88
*Dask-ila 88
*Das-lo 87
Daso PN 89
dassa norw. 88
*Dassala 87
*Dass-ala 87
dasse mengl. 88
Dassel 86, 438
dassen norw. 88
Dassennosen 89
Dassensen 88, 431

*Dassila 87
Dasso PN 89
dätscheln hd. 88
datschen oberdt. 88
dätschen oberdt. 88
Debberode 91
-dech PN 176, 287
Decnissen 95
Ded- PN 90
Dedageshusen 373f.
Dedelmissem 90
Dedelmissen 89
Dedelnissen 89
Dedelszen Felde 89
Dedelyssm 89
Dederssen 90
Deelmissen 89, 297, 431
Deelsen 89
Degersen 83
Deich nhd. 106
Deichwelle 105
Deil PN 92
Deilmissen 89f.
Deitersen 90f., 370, 431
Deithardessen 90
Deitnissen 95
del afries. 427
dēl asä. 92
Delbechteshusen 29, 193, 322, 342, 417
Deligehusen 92
Delingehusen 92
Delle nd. 92
Delliehausen 92, 253, 431
Delligsen 89, 91
Deniessen 94
Denkershausen 93, 202, 431
Denkte 110
Dentalsuffix 109f., 216
Dentigessen 85, 93, 431
Dentingehusen 94
Dentissen 94
Derode 98
*dēs- germ. 88
Desingehusen 89
Desingerode 89
Desle 88
dessast isl. 88

Desschele 88
Dessel 88
Dessinghusen 89
Detersen 91
*Det-ert 91
Dethard PN 91
Dethersen 90
Dethmißen 95
Dethnessen 94
Detmarsen 91
Detnissen 94, 431
Devese 191
*dhē- idg. 88
*dhə- idg. 88
Dhedenisse 95
*dheu- idg. 98
*dheu-dh- idg. 98
Dhideringerode 102
Dhome 103
*dhreu- idg. 101
*dhreub- idg. 101
*dhreubh- idg. 101
*dhreup- idg. 101
*dhrū- idg. 101
dīc asä. 105f.
Dickworth 364
Dicuisse 95
Didighessen 373
Didilmessen 89
Dieckholtze 104
Dielmissen 89
Dierssen, Groß siehe Groß Dierssen
Dierssen, Klein siehe Klein Dierssen
Diethard PN 91
Dihaußen 371
dīk mnd. 105f.
Dincklingehosen 95
Dingkhoff 104
Dinkel nhd. 96
Dinkelhausen 95, 431
Dinkel-inge-husen 96
Dinkellingenhusen 95
Dinkelshusen 95
Dinklihausen 96
Dippelshausen 90
Diseldashusen 89
Ditheringeroth 102
Dittershausen 374
Dod PN 102

Dodelbeck 97, 256, 424f.
Dodenhusen 103
Dŏderoda 102
*Dodila 97
Dodingerode 101
Dodo PN 102f.
doele mnl. 97
*Dog- PN 98
Dögerode 98, 102, 433
Dögrode 98
Döhlbeck 97
Döhlcke 97
Döhlenke 97
Dohm 104
dōle mnd. 97
*Dōlenbeke 97
Dölme 97
Dolmke 97
Dölmke 97
Dom 104
dōm ahd. 104
dōm asä. 104
dōm mnd. 104
Dome 103
Domm 104
donder mnd. 57
dōnen mnd. 97
*Dōnenbeke 97
Dorengessen 99
dorf mhd. 427
-dorf 136, 158, 259, 427
Dörnten 280
Dornzuni 280
Dörode 98
dorp mnd. 427
dorp mnl. 427
dorp nnl. 427
-dorp 274, 291
Dörrigsen 99, 431
Dortmund 100
Dorynghes 99
Döttingen 372
Döttling 165, 205
draupīt lett. 101
*dreu- germ. 101
driopan asä. 101
drjūpa anord. 101
Drodminne 100, 433
Drogen 375
Drömling 165, 205

Drootbeke 100
Drote 100
drubazas lett. 101
Drübber 101
*Drub-bere 101
*Drūb-bere 101
Drüber 100, 214, 425
Dru-bere 101
*drūbh- idg. 101
*Drub-ira 101
Drubre 100
*drūp- idg. 101
drūpa anord. 101
drūpen mnl. 101
drupt lett. 101
drupu lett. 101
Dud PN 102
*dud- germ. 98
Dudehausen 371
Dudenborn 103
Dudenbostel 103
Dudensen 103
Duderode 102
Düderode 98, 101, 433
Duderstadt 98, 435
Dudiggeroth 101
*Dudila 97
Dudingehusen 372
Dudinghausenn 371
Dudinnehusen 372
Dudo PN 102f.
Dudulon 97
Duehn 103
Düendorf 98
DUG 98
*Dug- PN 98
duga anord. 98
dugan aengl. 98
dugan asä. 98
Dugeroda 102
Dugherode 98, 102
Dugingerode 102
*Dugingerode 98
*Dugo PN 98
Duhm 103, 227, 423
Dull Billerkrut 56
Dullen Biller 56
dūn aengl. 46
-dūn 423
-*dune* 46
dūne mnd. 46

Dünkelhausen 96
duom ahd. 104
Duringeshusen 99
Duringesrode 100
Dychhof 104, 106, 430
Dyckwelle 105, 437

-E-

ē asä. 126
eád aengl. 114
Ebanhusen 108
Ebanhusun 108
Ebbexhusen 107
Ebeßen 134
Ebiko PN 107
Ebkeshausen 107, 431
Eboldshausen 108, 431
ebur asä. 135
Echt 109f.
Echte 109f., 114, 439
Echteld 110
Echtelte 110
Echten 110
Echtene 110
Echthausen 110
Echthe 109
Eckhosen 135
ED 107, 112, 114f., 121
Eddekeshusen 107
Eddelershagen 121
Eddelershusen 374
Eddeshem 113
Eddesse 114
Eddessum 114
Eddic PN 107
Edelereshusen 110, 374f., 431
*Edelev PN 121
Edelevingeroth 120
Edelingerode 120
*Edemann PN 112
*Edemanneshusen 112
*Edemareshusen 112
Edemesheim 111
Edemissen 111f., 431
Ederelerhusen 110
Edesheim 113, 115, 135, 429f.
*Edest- PN 36
Edheleringeroth 120
Edi PN 114

497

Edic PN 107
Edilef PN 121
eðili asä. 121
Edilo PN 116
Edingehausen 114, 431
Edingerode 115
Eggesen 135
eggia asä. 136, 290
Eggo PN 136
Eghage 136
Eghenhusen 135
Egico PN 136
Egilmar PN 128
Egilo PN 116
Egknosen 135
ēgland aengl. 424
Ego PN 135f.
Ehtene 110
ehu asä. 126
*ei- idg. 118
*ei̯- idg. 221
Eiche nhd. 427, 429
Eichefrid 142
Eichenburg 119
Eichhof 136
Eichtal 109
Eico PN 137
Eideshusen 131
Eigentum nhd. 104
*ei-ko idg. 215
*Eiko PN 136
Eil- PN 108
eiland afries. 424
Eiland nhd. 424
Eilbald PN 108
Eilbold PN 108
*Eilboldeshusen 108
Eilenhusen 115
Eilensen 115, 120, 431
Eilmar PN 128
Eilnosen 115
Eilo PN 116
Eimbeck 118
Eimen 117
Eimke 118
ein(s) nhd. 118
Einbac 118
Einbach 118
Einbeck 116ff., 424
Eine 117ff.
Einupis 119

Eio PN 183
Eisdorf 406
Eiter 149
*ei-u̯ā idg. 215
*ei-u̯o idg. 215
ēk asä. 109, 119, 136f.
ēⁱk(e) mnd. 119, 136f.
Ekenborch 119, 426
Ekhosen 135
El- PN 108
Elberdshausen 124
Elbingerode 121, 126f.
Eldagsen 108
Eldingerode 76, 122
Eleboldeshusen 108
Elensen 115
-elf PN 320, 325
Elfershausen 124
elfr anord. 122, 124, 126
Elfritherode 124
Ellensen 115f., 119, 431
Ellessem 120
Elliehausen 120
Ellierode 120ff., 126f., 433
Ellingerode 120ff., 433
Ellingessen 119
Ellingherode 76
Ello PN 120
Eluerdeshusen 123
Eluerigeshusen 26
Elueshem 125
elve mnd. 122, 124, 126
Elveligrot 126
Elvelingerodhe 126
Elver PN 123
Elveringehusen 123, 125, 431
Elveringerode 128
Elvershausen 27ff., 123ff., 431
Elvese 125, 431
Elvingerode 120f., 126f., 433
Elv(el)ingerode 128
Elwoldishusen 108
Embeke 116
Embike 118
Emeler PN 128
Emeleriggerod 128

Emelingerode 128, 433
Emmeling 165, 205
Emmideshusun 111, 215
Empelde 117
ēn afries. 117
ēn asä. 117f.
Enbeke 118
Enbiche 116, 118
Engelmin- PN 112
Engelnstedt 112
Enno PN 117
Enschede 34
Ensen 221
ERD 130f.
*Erd- PN 130
*er(ə)d(h)- idg. 130
erda asä. 130
erða asä. 130
Erdeshusen 131
*ərdh- idg. 131f.
Erdinghausen 130
Erdisteshusen 131
Erdisto PN 131
Erdo PN 131
Erdrůn PN 130
Ereckeshagen 128f., 428
Erich PN 129, 427
Erichsburg 129, 209, 426
Erik PN 129
Erkerode 129
ermin- asä. 216
Ermino PN 216
*Ert- PN 130
ertha asä. 130
Erthō- PN 130
*erþō germ. 130
Ertihusen 130
*Erting PN 130
Ertingen 130
Ertinghausen 129, 132, 431
Ertmar PN 130
Ertmot PN 130
Erzhausen 70, 131, 431
Esche nhd. 424
Eschericheshusen 132
Eschershausen 132, 431

Eschwege 308
Esericus PN 132
Eskericus PN 132
espa asä. 134
Espe nhd. 133, 439
(Recke-)Espel 133
Espela 133
Espele 133
Espeln 133
Espeloh 133
Espere 133
Espila 133
Espol 133, 169, 438
*Esp-ola 133
Espölbach 133
Espolde 133, 169
Essescheshausen 132
Eterna 149
Ethelereshusen 110
Ethi 109
Etisheim 113
Etke PN 107
Etmer PN 112
Etsen 113
Ettemissun 111
Ettessem 113
Ettig PN 107
ēu asä. 126
Eudeshusen 299
Euessen 134, 189
Eulf PN 126
Eulfeshusen 125f.
*eus- germ. 378
Eushusen 289
Euwer 277
eva- aind. 118
Evelingerode 128
Evenhusen 189
*Eveshusen 135
Evessen 113, 134, 375, 431
Evi PN 135
ēwa ahd. 135
ēwa asä. 126, 129, 135
Ewer nd. 277
ey anord. 424
Eyboldishusen 108
Eydesem 113
Eydingehusen 115
Eygenhusen 135, 431

Eyghagen 119, 136, 428
Eykendorpe 119, 136, 427
eyland anord. 424
Eylersen 116
Eyssehusen 194

-F-

fahl nhd. 438
Fährlingen 139
*fal- germ. 382
*Falithi 381
Falkgrave 224
falu asä. 381f.
Fehrlingsen 139, 431
feld aengl. 427
feld afries. 427
feld ahd. 427
feld asä. 427
-feld 39, 61, 164, 223f., 344, 386, 414f., 423, 427f.
-*ferd* PN 348
Ferd- PN 139
*Ferding PN 139
Ferdingessen 139
*ferh- germ. 142
Ferkel nhd. 439
Ferligehusen 383
Ferling PN 383
Ffredewolt 390
field nengl. 427
firhð aengl. 142
firth engl. 142
firthe engl. 142
Flachstöckheim 356
folc ahd. 386
Folc- PN 387
Folcbaldesthorf 388
Folcburg PN 390
*Folcburgehusen 389
Folcburghehusun 388
Folcdag PN 386
Foldec PN 386
folk asä. 386ff., 390
Folk PN 386
Folkesfelde 386
Folkmar PN 387
Forensi Oldenthorp 258

Forst nhd. 144
Förste 406
forēnsis lat. 259
(*fōtu-*)*baurd* got. 305
Foygelbecke 384
frede westf. 141
Fredelshagen 139, 428f.
Fredelsheim 140
Fredelshusen 142
Fredelsloh 140ff., 390, 429, 434
Freden 142
Fredericshusen 143
Fredhesle 140
Freding PN 139
Fredo PN 139
Freiwalde 390
Frelshüsche Beke 143
Fretheko PN 383
Freudenhohl 391
Freyenwalde 390
-*frid* PN 124f., 348
frið aengl. 142
*frið- germ. 142
friðælēah 142
Fridessele 140
Frido PN 139, 322
friðu asä. 124, 139, 141ff., 347f., 382, 384, 390
Friede nhd. 390
Friedhof nhd. 390
Friedrichshausen 142, 431
Friel PN 384
Frielingen 384
FRIJA 384
Frilenchusen 384
*Frilingehusen 383
Frilingothorp 384
*Frilo PN 384
Fril(l)o PN 384
FRITH 139
Frith 142
frith engl. 142
frith mengl. 142
*friþ- germ. 142
Frithesdene 142
Frithil- PN 382
Frithsden 142

FRITHU 384
Frithu- PN 143, 383
Frithul- PN 382
Frithurik PN 143
Frithurikeshusun 143
Frithuwardeshusun 143
Frito PN 322
fryht mengl. 142
Fryth 142
frīdhof asä. 390
frīling asä. 383
fugil asä. 385
Fugilbeke 385
FULK 386
Fultag PN 386
furh aengl. 142
*furista- germ. 144
furisto asä. 144
Fürst nhd. 429
Fürstenhagen 143f., 428
fyrh aengl. 142
fyrhð aengl. 142
fyrhðe aengl. 142

-G-

gā afries. 428
-gā 350f.
-*gad* PN 51
GAGAN 222
gagan ahd. 222
*gagana- germ. 222
Gagin- PN 222
*gagina germ. 222
*Gagino PN 222
GAIRU 150, 152
*gal- idg. 224
*Gal-a 224
*galsō- idg. 224
gan anord. 149
gan norw. 149
gan schwed. 149
*gan- germ. 149
Gana 221
gana anord. 149
Gand 147, 149
*gand- 147f.
*gand- germ. 149
*Gand(i) PN 148
Ganda 146f.

Gand-a 149
*ganda- germ. 149
*Gandaha 147
Gandam 146
*Gandana 147
*Gandara 146ff.
Gande 147ff.
gande norw. 149
*Gande(n)heim 148
Gandensis 149
Gander 147
gander nnd. 148
Gandern 147
Ganderon 147, 149
Gandersem 145
Gandersheim, Alt 30, 148, 429
Gandersheim, Bad 14, 30, 145, 147, 202, 429f.
Gandesheim 30, 145
gandéti lit. 149
Gandher PN 148
Gand-her PN 147
gandi asä. 147
Gandi PN 147f.
Gandin PN 148
Gando PN 146, 148
gandr anord. 147, 149
Gandria 147
Gandrinul 149
Gandsfjord 149
*gandu- germ. 149
gante mnd. 148
gante(r) mnd. 147
Gantel 149
Ganter nhd. 147
ganter nnd. 148
Gantheresheim 145
garde mnd. 150
Gardeleuessen 150
Garlebsen 150, 431
Garrelsmeer 150
*Gars- 152
-garten 326
GARVA 150, 152
Gaßborn 151
Gaste 152
-gat PN 51
-gau 428
gawi got. 428

*gauja germ. 350
*ge- idg. 228
*gē- idg. 228
*gə- idg. 228
*ge-d- idg. 228
*gə-d- idg. 228
gegen nhd. 222
gēgen mnd. 222
gegin ahd. 222
gegin asä. 222
Gegin- PN 222
*Gegino PN 222
gegn aengl. 222
gegn anord. 222
Gehrenrode 150, 433
Geier nhd. 153, 436
Geiershagen 154
gein ahd. 222
Geinhusen 221
Geinsen 221
*gel(ə)- idg. 224
geld asä. 155
Geld(e)rik PN 155
Geldrikesen 154
*Geld(e)rikeshusen 155
gemē^{i}nde mnd. 265
gemē^{i}ne mnd. 265
Gemsen Berg 221
*gen- germ. 149
gēn aengl. 222
gēn ahd. 222
*Gēn- 222
Gēn- PN 222
Gender 149
Genderdihc 149
Genderen 149
Gendringen 147, 149
Gene 221
*Gēnen- 222
Genhuson 221
Geni 221
Gensteranger 221
Gent 147, 149
Georg PN 222
Georg(ius) PN 222
gēr asä. 150f., 171, 265, 318, 329
-ger PN 171, 265, 318, 329
Ger(i) PN 152

gēre mnd. 154
Gerenroch 150
Geresfeld 152
Gereslevo 152
Gerisperch 152
Gerlef PN 150
Gerleuessen 150
Gerleuingen 150
Gerleuiswert 150
*Gerleveshusen 150
Gerlfangen 150
Gerlib PN 150
Gerlif PN 150
Gerliueshuson 150
Gero PN 151
gers ahd. 152, 154
gers mhd. 154
gērs(e) mnd. 154
Gersbache 152
Gersborn 152, 426
Gersch nhd. 152, 154
Gerschbach 152
gērse mnd. 152
gērsele mnd. 152
Gersfeld 152
gērsgērse mnd. 152
Gersheim 152
*Gers-ithi 152
Gerßborn 151, 154
Gerst 152
Gerswalde 153
Gerswolt 153
Geteroth 151
Getteroth 151
*g̑eu- idg. 228, 234
*g̑ə̯u- idg. 228, 234
*geud- idg. 228
gewi ahd. 428
*ĝhan- idg. 149
*ĝhan-dh- idg. 149
*ĝhel- idg. 157
*ghendh- idg. 149
Ghenderen 149
*gher- idg. 160, 165
Ghildehechusen 155
*ghlādh- idg. 157
*ĝhlə- idg. 157
*ghn̥dh- idg. 149
*ghondh- idg. 149
*ghrem- idg. 165
*ghrend(h)- idg. 160

ghrēu- idg. 160
ghrēuno- idg. 160
ghrī- idg. 165
Gie(h)r PN 154
giers ahd. 152
Giersberg 154
Giersbrink 153f.
Giersch nhd. 152, 154, 436
Giershausen 153
Giersreith 154
Gierstedt 153
Gierswalde 152, 436
GILD 155
gild got. 155
Gilderikessen 154
Gilderse 155
gildr anord. 155
Gillersheim 28, 154, 202, 429, 431f.
Gimtjigenborg 77
gi-nanno asä. 272
gir mhd. 154
Gir- PN 154
Gir PN 154
gīr ahd. 153
gīr asä. 153f.
gīr(e) mnd. 153f.
gīre mnd. 154
gires ahd. 152, 154
gires mhd. 154
giri ahd. 154
GÎRJAS 154
Girsberg 153
Girßwolt 152
girst ahd. 152
girst mhd. 154
Girstadt 153
Gisilhard PN 153
Gittelde 406
Glaak 156
Glabeck 156
Glabecke 157
glad asä. 157
glad- asä. 157
glad nd. 157
glad- germ. 157
glæd aengl. 157
glada- germ. 157
glada-aha 157
Gladbechi 157

Gladbeck 156, 424
Gladbecker Bach 157
Gladbeki 156
Glade 156
Gladebeck 156
Gladebeke 156
Gladeberg 11
glaðr anord. 157
Glake 156
glat ahd. 157
glatt nhd. 157
Glatteke 156
gled afries. 157
Gledabiki 156
gō asä. 428
gō mnd. 428
gō- idg. 228
god asä. 235
gōd asä. 235
-god PN 309
go-d- idg. 228
GODA 235
Gogo PN 235
gol- idg. 224
gold ahd. 158
gold asä. 158
gold mnd. 52
Goldbach 12
gōle mnd. 158, 427
Goltorf 158, 427
Goltorfer Mühle 158
Golmbach 12
-got PN 51
Gote 51
gōþs got. 235
gou mhd. 428
göu mhd. 428
gouw mnl. 428
gouw nnl. 428
gouwwi ahd. 428
graaf nnl. 428
grabe mhd. 428
-graben 428
Graben nhd. 428
grabo ahd. 428
grabo asä. 225, 428
graen mnl. 160
Graeni 159
Gran- 160
grān germ. 160
grān mnd. 160

Grana 159
grana asä. 160
grana got. 159
Gran-aha 159
grand anord. 160
Grand nd. 160
Grane 159f.
Granja 160
Grān-ja 160
granne hd. 159
grăno ahd. 160
grant mnd. 160
grānum lat. 160
Grasborner Kirche 151
grave mnd. 428
grave mnl. 428
green nd. 160
Greene 134, 158f., 169, 438
Grehende 134, 159, 169
Greinkuhle 159
Grembsen 161
Gremdessen 160
grēme mnd. 165
Gremedessen 160
Gremelsen 160
Gremildissen 160
Gremmensen 160
Gremsen 161
Gremsheim 160, 429, 431f.
grēn mnd. 160
grēn nnd. 159
Grene 159f.
Greni(ga) 159
Grenigavvi 159
Grenithi 160
Greyn 159
Grien 158
grien mhd. 159f.
GRIM 233
grim asä. 162, 165
grim mnd. 165
grim neufries. 165
grim(me) mnd. 162
GRIMA 162
grīma aengl. 165
grīma anord. 165
grīma asä. 165
Grimbald PN 161
Grimbaldeshusen 161

Grimbaldeshusi 160
grime engl. 165
grīme mnl. 165
grīme ostfries. 165
Grimenhagen 161f., 428
grīmet mnd. 165
Grimfeld 164
grimman aengl. 165
grimman asä. 165
grimme Hagen 161
Grimmelighevelt 164
Grimmeling 165
*Grimmeling PN 164
Grimmenhosen 233
Grimo PN 162, 233
grīmo aengl. 165
grīmo anord. 165
grīmo asä. 161f., 165, 233, 402
grint mnd. 160
grjōn anord. 160
grom mnl. 165
grōm anord. 165
grōpe mnd. 164
Grophagen 164
groß nhd. 427, 433
Groß Dierssen 371
Groß Ricklingen 316
Groß Stöckheim 356
Großenrode 162, 249, 433
Großgoltern 158
Großjena 221
Grotenrode 162
Grouwenhagen 163
grōve mnd. 164, 255
Groyte Rodt 162
Grube PN 163, 305
Grubenhagen 163, 305, 428
Grubenhagen, Fürstentum 11
Grubo 163
grum ostfries. 165
Grund nhd. 160
Gründling 165, 205
grupe mnd. 164
Grymmyngefeld 164, 427
*gū- idg. 228, 234

*gubh- idg. 234
Gucunburg 235
Gud- PN 235
*gud- idg. 228
*gūd- idg. 228
GUDA 235
GUG 235
Guginhusa 235
Gukkingin 235
gumpe mhd. 77
gumpito ahd. 77
*gun- germ. 149
gund aengl. 149
gund asä. 147, 149
*gund germ. 149
gund norw. 149
*gunda germ. 149
gundfano ahd. 149
gunds got. 149
gunt ahd. 149
gunt(e) hd. 77
gunte nd. 77
günte nnd. 77
Güntgenburg 77
*gunþ- germ. 149
güntje nnd. 77
Güntlealpe 78
Güntzenburg 77
guþ got. 235
*gᵘhen- idg. 149, 221
*gᵘhn̥-dh- idg. 149
*gᵘhn̥t- idg. 149
*gᵘhon-dh- idg. 149
*gᵘhono-s idg. 149
Gyrswalde 153

-H-

hā(h) asä. 171, 202
haag nnl. 428
Haald PN 202
HAB 189
*Habir 181
Habrighauser Mark 180
*Habur germ. 181
hac ahd. 167
hac mhd. 428
hæc aengl. 182
hāch mnd. 428
*Hachemehusen 167
Hachemehusi 167

Hachenhausen 167, 178, 431
Hachum 167f.
Hackenhusenn 167
Had- PN 36
Hadabern PN 180
Hadistesheim 36
Had-st- PN 36
hæle aengl. 172
HAG 171
hag ahd. 167, 428
hag asä. 428
Hag nhd. 428
hag(o) asä. 168, 428
Hag- PN 171
hæg aengl. 428
haga aengl. 167, 428
hagan ahd. 428
hāge mnd. 167ff., 171, 428
Hagehusen 134, 168, 431
Hagen 169, 423
hagen mhd. 428
Hagen nhd. 428
-hagen 59f., 76, 79f., 128, 136, 140, 144, 161ff., 181, 183f., 206, 246, 260, 263, 266, 275, 278, 280f., 293, 301, 303ff., 325f., 338, 341, 358, 365, 401, 411, 428f.
hāgen mnd. 169ff., 206, 428
Hagenhusen 168
Hagensiek 205
Hagenwarde 169, 437
Hager PN 171
Hagesen 168
*Hagger PN 171
*Haggereshusen 171
Haggereshuson 170
hāghe mnl. 428
hagi anord. 428
Hagio PN 183
HAH 202
Hahald PN 202
Hahaldesleuo 202
Hahishausen 170
Hahlshausen 170

Hahnsen 168
Hahold PN 202
Haholdeshusen 201
Haholt PN 202
Hahusen 168
Haieshausen 39, 170, 290, 431
haims got. 429
-*hain* 429
Haio PN 183
hāke mnd. 182
Hakenbike 181
*hākīn mnd. 182
hāko asä. 182
HAL 172
*hal- germ. 333
Halafeld 223
Halberstätt 124
hald ahd. 172, 191, 333
halda ahd. 171f., 333
halde mnd. 333
Halde nhd. 333
Haldensleben 202
Haldesleva 202
hale dän. 172, 223
hali anord. 171f., 223
Halinhuson 172
-*hall* 333
Hall- 333
halla ahd. 333
halla asä. 172, 333
Hallenesen 171
Hallenhusen 171
Hallensen 171f., 431
Hallo PN 172
hallr anord. 333
hallus got. 171f.
*halna- germ. 333
Halnosen 171
Halo PN 172
halr anord. 172
*halþa- germ. 333
HAM 173
ham aengl. 173
ham(ma) asä. 173
*ham- 173
hām aengl. 429
*hama- germ. 173
**hama(n)*- germ. 173
Hamburg 173
Hameln 173

Hamm 173
hamma ahd. 173
Hammensen 173
Hammenstedt 172f., 435
Hammingastegun 173
Hamo PN 173
hamōn got. 173
*hanha germ. 202
Hannover 436
Hanstedt 197
Haold PN 202
Harboldessen 173f., 431
Harb-Oldessen 174
hard asä. 30, 91, 176f., 250, 311, 314, 388, 408, 411
-*hard* PN 91, 242, 250, 311, 388, 408, 411
*hard-aha 176
harde mnd. 177
Hardegsen 174, 431
Hardenberg 176, 425
Hardessen 174
HARDU 130
Hargenhausen 178
Hariensieck 205
Haringehusen 178
HARJA 175, 178
Harnbolsen 174
Harriehausen 167, 177, 431
hart mhd. 177
hart mnd. 176f., 179, 205
hart nhd. 424
hārt mnd. 176f.
Harte Weide 179
Hartenau 177, 179, 245, 424
Hartenberg 176
Hartenbrauk 179
Hartenfels 177
Hartenstein 177
Hartling 165, 205
harug ahd. 178
Hary 178
Hasardesbreyde 345
Hasche 34
Hase 168

Hase nhd. 188
Hasede 134, 168f., 188
hāsel mnd. 179
Hasen 134
*Hasingehusen 188
haso asä. 188
Haso PN 188
HASSA 188, 195
hassel mnd. 179
Hasselborn 179, 426
Hassi PN 187, 195
*Hassingehusen 195
hasso asä. 187, 195
Hasso PN 187, 195
hasu aengl. 188
*hasu asä. 188
HASVA 188
Hatenhusen 188
*Hatheber PN 180
Hatheberingerodt 180, 186, 433
Hatheberninchusen 180
HATHU 36, 180, 189
hathu asä. 180
Hathu- PN 180
Hathubarn PN 180
Hathubern PN 180
Hat(t)o PN 189
*hauh germ. 170, 202
hauhs got. 170, 197, 204
*Hauhwald PN 202
haurn got. 430
-*hausen* 431
HAV 189
Havenhusen 189
Häver 181
Haverlah 181
Havo PN 189
haw nengl. 428
**haw(w)*- germ. 189
Hawald PN 202
hawan asä. 189
Hawo PN 189
-*hayn* 429
heal(h) aengl. 223
heald aengl. 333
healh aengl. 171f.
heall aengl. 172
heasu aengl. 188

Hebenshausen 189, 372
Heber 47, 181
Heberen 180
Heberhagen 180, 428
Hechti 109
hecke mnd. 182
Heckenbach 182
Heckenbeck 181ff., 376, 424, 429
Heckenbeckshagen 182, 428f.
Heddenhusen 188
Hedemünden 100, 433
Hedenhosen 188
heem mnl. 429
heem nnl. 429
Heeßel 180
Hefensen 189
Hefershagen 181
Heginchusen 183, 431
Hei- PN 183
Heiberhagen 181
Heideminde 11
Heiershaußen 170
Heiershußen 187
heim ahd. 429
heim mhd. 429
-heim 155, 296
heima ahd. 429
heimr anord. 429
Heinegehusen 183
Heingahusun 183
Heinhagen 206
Heio PN 183
Heißental 180
Hekebecke 182
Hekenbecker Bach 182
hel- germ. 333
Helboldeshusen 108
heldan ahd. 191
Helde 333
helde aengl. 191
helde mnd. 172, 191, 333
Helden 331, 333
helden mnd. 191
Heldenberg 333
Heldenberghe 331
Heldeshusen 11
Heldiberc 331
helið asä. 172

hella anord. 191
Hellen 331
Hellendorf 172
Hellessen 120
Hellonhusun 119
helm asä. 184ff.
Helm- PN 186
Helmbald PN 184
Helmbold PN 184
Helmensingerode 184
Helmeskerode 184
**Helmetzingerode* 185
**Helmikingerode* 185
Helmiko PN 185
Helmold PN 184
Helmoldeshagen 184, 428
Helmscherode 184, 379, 421, 433
Helmschrade 184
Helmshagen 12
Helmsingrode 184
Helmsirode 184
Helmwald PN 184
Helmward PN 186
Helmwardessen 185, 431
Helmwold PN 184
Helmword PN 186
Helmwordessen 185
Helstorf 172
**helþ-* germ. 191
Heluuordessen 185
Helvensen 185
Helveren 185
Helversen 185
Helwardeshusen 185
Helworssen 185
-hēm 31, 36, 45, 68, 84, 99, 114, 126, 146, 148, 168, 174, 196, 261, 271, 283, 312, 345, 356, 361, 364, 382, 429f., 432
-he(i)m 282
hē(i)m asä. 429
hē(i)m mnd. 429
hē(i)me mnd. 429
Hemeln 173
Hemmingen 173
Henigehusen 183

Henstadt 197
-her(i) PN 270, 312f., 324
Herbelsheym 174
Herbelsteyn 174
Herboldeshagen 174
Herbrecht PN 186
Herbrechterode 180, 186, 433
Herdag PN 175
Herdeg PN 175
Herdessen 175
Hereboldessem 173
Herebrecthroth 186
Herheshusen 131
heri ahd. 175
Heri PN 178
-heri PN 45, 91, 93, 121, 123, 128, 252, 313, 371, 400, 405, 422
hēri asä. 45, 53, 91, 93, 111, 121, 123, 128, 174, 176, 178, 186, 252, 270, 312, 324, 366, 371, 400, 405, 422
Heri- PN 174, 176
Heribald PN 174
Heribold PN 174
Heridach PN 176
Heridag PN 175f.
**Heridageshusen* 176
Heringe 178
**Heringehusen* 178
Heringehuso 177
Herio PN 178
Herkling 165, 205
Herrehusi 178
Herrhausen 178
Herzberg 34, 154
Heso PN 188
Hessi PN 187, 195
Hessigehusen 187, 195, 379, 431
Hessingehusen 194f.
Heßlingen 165, 205
Hesso PN 187, 195
heswe mhd. 188
Hettensen 188, 431
Heuerhagen 180

Hevensen 134f., 189, 285, 431
Hevenshusen 189
Hewineshusen 189, 372
Heygershusen 170
Heysygehusen 187
Hiddenhusen 188
Hiddesen 188
Hiddeshusi 188
Hiddo PN 188
Hil- PN 190, 192f.
hil(le) mnl. 199
HILD 191f., 194
Hild- PN 194
hild(i) asä. 188, 190ff.
Hild(i) PN 191
hildan aengl. 191
hilde mnd. 191
hi(e)lde aengl. 191
Hilde- PN 193
Hildebechteshusen 192
Hildeleueshusen 193
Hildelveshusen 193
Hildemar PN 192
Hildesse 190
Hildeward PN 190
Hildewardessen 190, 192f., 431
Hildewerser velde 190
Hildi- PN 190, 192f.
Hildibald PN 218
Hildiberht PN 192f.
Hildimar PN 192
*Hildimareshusen 192
*Hild-isa 191
*Hildishusen 191
Hildissun 190
Hildiward PN 190
*Hildiwolf PN 194
Hildo PN 188
Hildolf PN 194
*Hildolfeshusen 194
Hildolueshusen 193
Hildulf PN 194
*Hild(i)wald PN 194
hill engl. 191, 199
hille nd. 191
Hillerse 190f., 347, 439
Hillershausen 12
Hillesin 190
Hilmar PN 185

Hilmer PN 192
Hilmersen 192
Hilmershusen 190, 192f., 431
Hilprechtshausen 29, 190, 192, 409, 431
Hilverßhusen 193
Hilwartshausen 84, 190, 193f., 308, 320, 325, 431
Hilwerdingerode 190, 193
Hilwerßen 190
Hilwoldeshusen 193
Hinderborch 176
Hinter- 211
Hinterhaus 176
Hinterhausen 210
Hiridag PN 176
Hiridechessun 174
Hissihausen 194, 431
Hissingehusen 194
Hitdeshuson 188
*-hlāri 432
hlena asä. 254
*hlī- germ. 254
hlīna ahd. 253
hlinon asä. 253f.
HLODA 246, 252f.
Hlothar PN 252f.
(h)lūd asä. 252
hlūt ahd. 246
hlūttar asä. 251
(h)lūttar ahd. 251
*(H)lūttara 251
*(H)lūttar-aha 251
hō mnd. 170
hō(h) asä. 171, 202
hō(h) mnd. 202, 206
HOB 204
Hobert PN 204
Hobo PN 204
Hōbo PN 203
hoch nhd. 425, 429
Hochgundspitze 78
Höckel 196
höckel nd. 196
Höckelheim 195, 429
hǫð anord. 180
Hoeldesleva 202
hof aengl. 430

hof afries. 430
hof ahd. 430
hof anord. 430
hof asä. 405, 430
hof mhd. 430
hof mnd. 405, 430
hof mnl. 430
hof nnl. 430
-hof 67, 104f., 374, 430
-hofen 430
Hoffenhusen 204
hōge mnd. 170, 202, 206
hōgen mnd. 170
Hogenworth 169
Hoger PN 171
Hoghold PN 202
hōh ahd. 204
hōh asä. 197f.
Hohbert PN 204
Hohe Warte 170
Hohe Wohrt 169
Hohendodeleben 97
Hohengandern 147
Hohnsen 168
Hohnstedt 197f., 435
Hoholdus PN 202
Hokelum 195
Hokenem 195
hold aengl. 199
hold ahd. 199
hold asä. 207
-hold PN 264
Holdenstedt 198
Holdershusen 201
Holdeshusen 201
Holdesse 206
Holdo PN 198f., 207
Holdunstedi 198
hōll anord. 199
holle mnd. 199
Hollen 199
Hollensen 171
Hollenstedt 198f., 435
Hollershausen 201
hollr anord. 199
Holßhaußen 201
holt asä. 200
holt mnd. 200, 202
Holtensen 199ff., 238, 404, 431
Holtensenn 238

Holtershausen 201f., 431
Holthosen 200
Holthus 200
Holthusen 199f., 238
Holtwerdesh(use)n 201
Holtzem 199
Holtzhausen 200
Holtzhusen 238
-holz 105
Holzhausen 200
hǫm anord. 173
Homberch 202, 425
home nengl. 429
Honste 197
Honwarde 169f.
Hōold PN 202
Hooldesleua 202
hoorn nnl. 430
Hopfingen 203f.
*Hōp(p)o PN 203
hoppe mnd. 203f.
Hoppelhusen 203
Hoppelsen 203
Hoppenberg 204
Hoppengarten 204
Hoppenhusen 203f., 431
Hoppenkamp 203f.
Hoppenrade 203
Hoppensen 203f., 431
Hoppenstedt 203
Hoppingen 203
Höppingen 203
Hoppinhusen 203
hoppo asä. 204
Hoppo PN 203f.
hōr mnd. 205
Horgensiek 205
Horghensik 205
hǫrgr anord. 178
*Horling 205
Horlingesieck 165, 205, 434
Horlingsgraben 205
horn aengl. 430
horn afries. 430
horn ahd. 430
horn anord. 430
horn asä. 41, 430
horn dän. 430

horn mhd. 430
horn mnl. 430
horn nengl. 430
horn nnl. 430
horn norw. 430
horn schwed. 430
-horn 41, 430
hōrn mnd. 41
hōrn(e) mnd. 430
hōrne mnd. 41
horo asä. 205
-horst 250, 311
Horst nhd. 250
-hosen 31, 431
hǫss anord. 188
Hossinchusen 194
Hottenhausen 372
Hottezessen 200
Hötzum 196f.
hous mhd. 431
house nengl. 431
Hoyershusen 170
Hoygenhagen 205
Hoynhagen 205, 428
Hoynstad 197
(h)raban ahd. 308
(h)raban asä. 308
(h)ramm asä. 308
(h)ramn asä. 308
hregg afries. 434
*(h)rīma germ. 321
HROC 329
hrōc aengl. 329
Hrod- PN 325, 329
(H)rod- PN 322, 324
Hrodberht PN 322
Hrodger PN 329
Hrodheri PN 324
Hrodlef PN 325
(H)rōdo PN 328
HROK 329
hrōkr anord. 329
hros asä. 327
*hrōth asä. 322, 324f., 328f.
HROTHI 308
hrucci ahd. 209
(h)ruck ahd. 434
hrūga anord. 209
hruggi asä. 210, 434
hrukjan got. 329

(h)rukki ahd. 209
hruoh ahd. 329
*hrussa germ. 327
hrycg aengl. 209, 434
hryggr anord. 434
Hubo PN 204
Huchelem 195, 197
Huckel 196
Hückel 196
hückel nd. 196
Huckelhem 196
Huclehem 195
HUG 204
Hugbald PN 204
Hugbert PN 204
Hügel nhd. 196
Hugo PN 196
hugs got. 204
hugu ahd. 204
Hugu- PN 196
huis nnl. 431
*huk germ. 196
Hu(c)kel nhd. 430
*Hukil(o) PN 196
Hukilhem 195ff.
hul mnl. 199
hul nnl. 199
*Huld(i) PN 207
Huldensen 206
Huldershusen 206
*Huldeshusen 207
huldi asä. 207
*Huldil PN 207
*Huldil(i) PN 207
*Huldileshusen 207
Huldissen 206
*Huldo PN 199
Hull 199
hull aengl. 199
Hüll 199
*hullana germ. 199
Hullanstedi 198
Hülle 199
hulleke göttingisch 199
*Hullenstede 199
Hullersen 206, 431
*huln- germ. 199
*hulniaz germ. 191
*huln-waz germ. 199
Hülptingsen 29, 193, 322, 342, 417

*hulta- germ. 207
HULTHA 198f., 207
hulþs got. 199, 207
Hultilo PN 207
*hūna- germ. 208
hund asä. 209f.
hund mnd. 210
Hundesruge 208
Hundsbüchel 210
Hundsbuckel 210
Hundsrück 209
hüne mnd. 208
Hûneborch 208
Hünenberg 208
Hünenburg 12, 207f.
Hungerberg 12
*hūni- germ. 208
hūnn anord. 208
Hunnesrück 58, 129, 154, 208, 434
Hunnesrück, Amt 11
Hünschenburg 207, 426f.
Hunsenborch 207
Hunsrück 209, 434
Hun(d)srück(en) 210
hunt ahd. 209
Huopo PN 203
hus schwed. 431
hūs aengl. 431
hūs ahd. 431
hūs anord. 431
hūs asä. 211, 431
-hūs got. 431
hūs mhd. 431
hūs mnd. 431
Husen 210f., 423
-hūsen 24ff., 36, 38, 41ff., 45f., 49, 51, 53ff., 57, 59, 62ff., 66, 68f., 71f., 77, 83ff., 89ff., 99, 107f., 111f., 116, 120, 124ff., 131f., 135, 139, 143, 150, 155, 161, 167f., 171f., 174, 176, 178, 186, 188ff., 194, 200, 202ff., 207, 211, 216ff., 221, 229, 231ff., 237, 242, 247, 250, 252, 255, 260,

264ff., 271f., 286ff., 295ff., 299, 302, 307ff., 311ff., 317f., 320, 322, 324, 329, 341ff., 345ff., 359, 366, 369f., 374, 386f., 389, 393f., 396, 398, 400, 404f., 407f., 410ff., 416, 419, 423, 429ff., 439
-hūsen PN 422
Huserberg 210
-husi 25f., 90, 161, 167, 247
-hūsi 46
*Husirberg 211
Huslere 377f.
Hussihusen 194
Huulileshusun 206
huus mnl. 431
hwīt asä. 401f.
hyll aengl. 172, 199

-I-

*i- idg. 118
IB 218
Iba 213
Ibach 213
Ibæk 215
*Ib-ara 214
Ibbo PN 218
Ibengraben 214
Ibenklippen 214
Ibental 214
Iber 213ff., 425
I-bere 214f.
Iberg 214
Ibizi 214
Ibo PN 218
Iborn 214
Ibra 213
Iburg 213f.
Iburndale 215
Idbald PN 218
Idbert PN 218
Id-m- PN 216
*iē- idg. 221
Ieinhusen 221
Ifield 215
īg aengl. 424
īgo ahd. 215

īh asä. 214f.
*ihwaz germ. 214
IL- 215
-ila 80, 134, 439
Ilgehausen 215
Ilgenmühle 215
īlian asä. 118
Ilisun 115, 120
Illingehusen 102, 215, 431
Illisa 116
Illo PN 215
Ilme 117
IM 216
im Balhorn 41
Imad PN 216
Imbsen 216f.
Imbshausen 215ff., 431
Imbshof 216
Imeshusen 216
Immat PN 216
Immed PN 216
Immedeshusen 216
Immedeshusun 216
Immenbeck 118
Immendorf 217
Immenrode 217
Immensen 217, 431
Immid PN 216
Immo PN 217
Immod PN 216
I(h)na 119
inclūdere mlat. 79
inclūsa mlat. 79
Inclusam 78
Indagine 139, 169, 278, 292
Indago 169
indāgo lat. 140, 281
inferior lat. 292
inferiori Oldendorpe 292
-ing 350
-ing- 44, 127, 139
-inga- 432f.
-(l)inge- 164
-ing-Ableitung 80
-inge- 48, 94, 252, 432f.
-ingehagen 79f., 264
-ingehūsen 57, 92, 94, 96, 115, 123, 130, 178,

183, 187, 195, 215,
253, 263, 269, 315,
317, 337, 372, 379,
384, 390, 415, 430ff.
-*ingen* 327, 340, 423,
438
-ingerode 48, 50, 98,
102, 121ff., 127f., 180,
185, 319, 321, 388,
420, 433
-*ingo*- 432f.
Ipke 214
Ippensen 217, 431
Ippinghausen 218
Ippo PN 218
IR 218
**Ir(i)* PN 218
-*ira* 439
īre lat. 118
Iridge 215
Irihc PN 218
*Irik PN 218
*Irishusen 218
Irixlevu 218
Irksleue 218
irmin- asä. 216
Irmino PN 216
Iro PN 218
Irshausen 218, 431
Irsheim 218
Irxleben 218
Isar 378
Isère 378
island engl. 424
Issing 379
Ißinghauser holtz 379
Ithal 214
-*ithi* 50, 109f., 133f.,
169, 381, 404, 423,
438f.
*-*iþia*- germ. 438
Iuniun 134
īve mnd. 215
*Ivere 215
īw aengl. 214f.
īwa ahd. 214f.
Iwode 215
īwu ahd. 214
Iwuda 215

-J-

-*ia* 352, 438
ia-Ableitung 73
ia-Suffix 160, 353
Jahn hd. 221
Jahna 221
jān mhd. 221
Jandrain 149
Jandreinc 149
Jandrenouille 149
Jani 221
jāni ahd. 221
Jartling 165, 205
jēgen mnd. 222
Jeinsen 221, 431
Jena 221
Jensem 221
Jenßfelde 221
Jeynsen 221
juhhidi ahd. 438
Jühnde 134
Juliusmühle 12
Junde 134
Jürg PN 222
Jürgen PN 222, 427
Jürgensberg 222
Jürgensborg 222, 426
Jürgenweg 222

-K-

*ka- germ. 228
kade nd. 228
kal isl. 224
kal mnd. 223
kāl mnd. 224
kala anord. 224
kala schwed. 224
*Kal-a- 224
kalc asä. 225
kalds got. 224
Kalefeld 223, 427
kalinn anord. 224
kalk mnd. 225
Kalkburg 225
Kalkgrave 224, 428
Kalkgrouen 224
Kalkrode 225
kalla anord. 224
kallen mnd. 224
kallen mnl. 224

Kallensiek 224
kallōn ahd. 224
Kalme 224
Kalmke 224
kalo ahd. 223f.
*kalsā- germ. 224
*kalwa- germ. 224
kāmer mnd. 226
kamere mhd. 226
Kammerborn 225, 426
karke mnd. 432
KAT 228
*kat- germ. 228
*ka-t- germ. 228
*Katala 228
*Kat-ala 229
*Kātala 228
kāte afries. 229
Katel 228
Katelbach 227
Katelen 227
Katelingeburg 226
Kathalanburg 226
Kathorst 229
Katlenburg 34, 226,
228, 426f.
kātr anord. 228
Kattem 229
Kattorf 229
Katwijk 228
Katwijk aan Zee 228
Katzsohlbach 228
**(s)kau-ni* idg. 339
*kē- germ. 228
*kel- idg. 172
**k̑el*- idg. 172, 191, 333
kelder mnd. 57
kerika asä. 432
kerk nnl. 432
kerke afries. 432
kerke mnd. 432
kerke mnl. 432
-kerke 328
Ketton 229
Kettwig 228
*keu- idg. 196
**k̑eu*- idg. 208
*keu-g- idg. 196
Khrumme 80
kind asä. 409
-*kind* PN 409

Kirchgandern 147
kirche mhd. 432
-kirche 432
kirica asä. 432
kirihha ahd. 432
kirke dän. 432
kirkja anord. 432
Kirschhagen 79
Klauberg 75, 229
Klauenberg 75
Klauenburg 75
Klauenhausen 77
Klauensen 76f., 229, 431
Klauheim 75, 229
klauwe mnd. 75ff., 229
klāver(e) mnd. 229
klawe mnd. 75ff.
klāwe mnd. 229
Klawenborch 75
Klawenhagen 76
$\hat{k}$lei- idg. 254
Klein Dierssen 371
Klein Ricklingen 316
Klein Stöckheim 356
Klein Thiershausen 371
Klein Wiershausen 412
Klingenhagen 12
$k \underset{\cdot}{l}n$-is idg. 172
$\hat{k}$loi-no-s idg. 254
klouwe mnd. 75ff., 229
klūse mnd. 79
klūsenerinne mnd. 79
Kluß 78
Knapp(en) 230
Kneitlingen 165, 205
Knipp 230
knobbe mnd. 230
Knobben 229, 423
Knobben, Am 230
Knobben nnd. 230
Knobbenschlage 229
Knopf 230
Knopp 230
knubbe mnd. 230
Knupp nnd. 230
Knupp(en) 230
Knuppen nnd. 230
$k\bar{o}$- germ. 228
Kogo PN 235

Kohlhai 11
Kohnsen 55, 230, 431
Kohring PN 79
kōl mnd. 224
*kom- idg. 149
Königsstuhl 11
Konrad PN 80
kōpa asä. 234
*Koring PN 79
Körling 165, 205
Kory PN 79
Kosmans Dorf 12
kot anord. 229
kot(e) nd. 229
kōte mnd. 228
Koventhal 233
Kovingen 234
koyta norw. 229
krā mnd. 232
Kraainem 232
krage mnd. 232
Krähe nhd. 232
Krähen 232
Krähenwinkel 232
krāia asä. 232
Kraiencamp 232
Kraut-Neindorf 274
Kreegenberg 232
krege mnd. 232
Kregila PN 232
*Krego PN 232
kreie mnd. 232
Kreiendorp 232
Kreiensen 231f., 431
kreige mnd. 232
kreye mnd. 232
Kreyenborn 232
Kreyenbrink 232
Kreyenholz 232
kreyge mnd. 232
Kreygenszheim 232
Krimmensen 232, 431
*Krim(m)o PN 233
krum mnd. 81
krumb asä. 81
*Krumb-ala 81
krumm nhd. 80, 439
Krummel 80f.
Krummelen 80
Krummelwiese 80
Krúmmensen 233

k-Suffix 64, 107, 136, 185, 287, 296, 370, 379, 421
*$\hat{k}\bar{u}$- idg. 208
*kub- germ. 234
*kub-an germ. 234
Kubendall 233
kūbīn asä. 234
Küblingen 234
*Kud- PN 235
Kudelsen 235
*Kudenhusen 234
*Kudo PN 234f.
*ku-g- idg. 196
*Kugenhusen 234
*Kugo PN 234f.
Kühlsen 235
Kühner Feld 234
Kühnhauser 234
Kühnhuser felde 234
Küingdorf 235
kul anord. 224
kund ahd. 235
*Kuso PN 231
kūte mnd. 228
kūte nd. 229
kūth asä. 235
kūven mnd. 234
Kuventhal 233f., 334, 427
Kuynhusen 234f., 431
kyrka schwed. 432
kyrkja norw. 432

-L-

-l- 438
l-Ableitung 134, 196
ladōn ahd. 237
Lagershausen 237, 243, 431
LAIS 240
lais got. 241
-lais PN 241
lāke mnd. 157
land asä. 239
Landolfshausen 237
Landringhausen 239
Landward PN 239
Landwardeshusen 237, 239
Landwehrschenke 9

Langen- 238
Langenholtensen 200, 238, 431
Langforst-Graben 11
Lantwardesberch 238, 425f.
Lapide 257
lapis lat. 257
-lar 377f., 432
-lar(i) 378
læs aengl. 432
LATH 237
lapōn got. 237
Lathwart PN 237
Laubbaum nhd. 246
Laubfrosch nhd. 246
Laubwald nhd. 246
Lauenberg 239, 425f.
Lauenburg 240
Laueneck 240
Lauenfels 240
Lauenstadt 240
Lauenstein 240
*lauha germ. 87
lauter nhd. 251
lauwe mnd. 240
Laverishusen 237, 242
*La-ward PN 237
Lawardishusen 237, 243
Lawenberg 239
Lawershusen 237
Lawordeshusen 237
leasow nengl. 432
lēba asä. 31, 84, 121, 150, 288, 320, 325
lecht mnd. 244
Lechtenbornn 243
-lef PN 31, 288, 308, 320, 325
Lefardus PN 242
Lefhardus PN 242
Leimbach 253
Leine 11
Leinegau 11
Leineturm 9
*leis- idg. 241
leisa ahd. 241
Leisenberg 241
Leisenrode 240f., 433
Leiso PN 241

lena ahd. 253
Lenthe 110
Leofheart PN 242
*l-*Erweiterung 73, 116
lĕs slav. 432
lēsch mnd. 241
lēsek mnd. 241
Lesenberg 241, 425f.
Lesenroht 240
*Leso PN 240ff.
*(s)leu- idg. 336
LEUDI 246, 253
Leusenrode 240
Leuthard PN 250
Leuthorssen 249
Leuthorst 249
-lev PN 84, 194, 247
Levardeshusun 242
Levenborch 239
Levershausen 237, 242f., 431
lēwe mnd. 240
Lewenberg 239
Liafhard PN 237, 242f.
Liafward PN 237, 242f.
licht mnd. 244
Lichtenberg 244
Lichtenborn 243, 426
Lichtenhagen 244
Lichtenstein 244
liði asä. 317
Liebenburg 239
Liefhard PN 242
Liene 254
Lietberg 11
Limbach 253
Limbeck 254
Limbkebeke 253
Limke 253
Limker Bruch 253
Linbeki 254
Lincker Bruch 253
lind ahd. 317
-lind PN 317
Linda 244
linda asä. 245, 253
Lindau 244f., 424
linde mnd. 245, 253
Linde nhd. 317, 424
*Lindenbeke 254
Lindowe 244

Linisi 254
Linnbeck 253
Linnebach 253
Linse 254
Linsen 221
liob ahd. 242
liof asä. 237, 242
Lisenbarch 241
Lisenrode 240
Litterenbike 250
LIUB 237, 242
Liub- PN 242
Liubhart PN 242
LIUD 250, 252f.
liud asä. 246f., 250, 252
Liud- PN 247, 289
Liudhart PN 250
Liudo PN 246f.
Liudolf PN 247
Liudolfeshusen 247
Liudolfus PN 246
Liudolueshem 247
Liudulf PN 103, 246f.
Liudulfus PN 289
Liudulveshusi 248
liut ahd. 246
Liut- PN 250, 252
Liuthard PN 250
Liuthart PN 250
Liutharttessen 249
Liutheri PN 252
Lochtum 280
lōf asä. 246
lōf mnd. 245f.
*Lof-beke 246
loh asä. 237
-loh 81, 87, 133, 141f., 436
*loisā idg. 241
los mnd. 246
Losbeck 245, 424
lōse mnd. 246
Lösebeck 245f.
Losekamp 246
Lösenbach 246
*lōsi asä. 246
Louesbucke 245
löuwe mnd. 240
*Loves-beke 246
lōwe mnd. 240
Löwe nhd. 240, 425

Löwenberg 240
Löwenstein 240
Lowesbach 245
Lowesbecke 245
l-Suffix 55, 80f., 87, 92, 96f., 133, 196, 207, 228, 256, 263, 316, 382, 384
(h)lūd asä. 252
Ludenhagen 246f., 428
Ludo PN 103, 246f.
Ludolf PN 289
Ludolfsen 248
Ludolfshausen 194, 247
Ludolfshausen, Nord- 247f., 431
Ludolfshausen, Süd- 247f., 431
Ludolfus PN 246
Ludoluessen 248
Lüerdissen 250
lüsch mnd. 241
hlūt ahd. 246
Luteringehusen 252
Lütgenrode 163, 248, 433
Luthard PN 250
Luthardessen 250
Luthartes husen 249
Luther PN 252f.
Luthereshusen 252
Lutheri PN 253
Luthorssen 249
Lüthorst 249, 311, 431
lütken nhd. 433
Lutolfisun 247
(h)lüttar ahd. 251
*(H)lūttara 251
*(H)lūttar-aha 251
Lutteken Northagen 281, 428
Lutter 251
lutter mnd. 251
Lutter PN 251
Lutterbeck 250, 385, 424
Lutterenbeke 250
Lutterhausen 92, 252, 431
Lutterigeshusen 252
Luttermke 250

lüttge mnd. 249
lüttik mnd. 249, 281
lüttje mnd. 249
Luttrigehusen 252
Luttrihausenn 252
Luttringhausen 92, 253
Lynbeke 251, 253, 424
Lyne 254

-M-

m-Ableitung 165
Macco PN 255
Mackenrode 255
Mackensen 91, 255, 431
mæðel aengl. 265
Maden 261
MAG 255, 263
Maggo PN 255
Magil(o) PN 263f.
*Magilingehusen 263
MAGIN 263, 266
Mago PN 255
mahal asä. 265
Maiore Nouali 162
MAK 255
mak mnd. 255
Make PN 255
Makko PN 255
Makkonhusun 255
Malgenhagen 263
Malliehagens 263
Malliehauser 262
Mallihäusische Bach 263
Mandal 256
*Mand-ala 256
Mandel nhd. 256
Mandelbeck 97, 255, 424f.
Mandelbiki 255
mandele mnl. 256
Mandelholz 256
Mandelholz nhd. 256
Mandelsloh 256
Manhorn 256
Manschede 34
Manscheider Kercke 34
Manscheyde 34
mantala ahd. 256
-mar PN 112, 128, 192

Marc- PN 255
Margarethe, St. 289
māri asä. 128, 192
Maria PN 258, 436
Mariaspring 258
Mariengarten 258
Mariensee 258
Marienstein 33, 257f., 435f.
Marienwerder 258
Mark nhd. 259
Mark- PN 260
marka asä. 255, 260
Marke 34
Markoldendorf 258, 427
mark(e)t mnd. 259
Markward PN 260
*Markwardishusen 260
Markwordes 259
Markwordeshusen 260
Markwordissen 259, 431
Marungun 267
mathal asä. 265
*mathil 265
mapl got. 265
máuras lit. 269
maurs lett. 269
*Maurungen 268
MED 262
*Med(i) PN 262
mēda asä. 262
Medardus PN 262
mēde mnd. 261f.
Medehem 261
Medel- PN 265
Medelger PN 265
Medem 261
Medeman PN 262
Medemerhagen 260, 428f.
Meden 261
Medenheim 260, 262, 282, 361, 429f.
Mederichus PN 262
Medesthorp 261
Medil- PN 265
Medilger PN 265
*Medilgereshusen 265

medo asä. 261
*Medo PN 262
Medulf PN 262
Meesdorf 261
Megil(o) PN 263
MEGIN 263
megin asä. 263f., 266f.
Megin- PN 264, 266
Meginwald PN 264
Meginward PN 266
Meginwardeshusen 265
Meilingehusen 262, 316, 431
Meilinghagen 263, 428
Meilinghusen 264
Mein PN 266f.
Mein- PN 266
Meindeshausen 264
Meinerdingerode 266
Meinessesberch 266
Meinhusen 266
Meinold PN 264
Meinoldeshusen 264
Meinsberch 266
Meinsberg 266
Meinsenberc 266
Mein(de)shusen 264, 431
Meinward PN 266
Melinghhagen 263
Melker- PN 265
*Mel-ker PN 265
Melkershausen 265, 431
*Melk-her PN 265
Melyngehusen 262
Mēn- PN 266
*mend- germ. 100
*mend 433
mē᷎nde mnd. 265
*mendh- idg. 256
-menni 100, 433
*menth- idg. 256
Menwordessen 265, 431
-mer PN 128
mēri asä. 128, 192
met(o) ahd. 261
Metendorpht 262
Methenheim 262

*methil 265
Metmershagen 260
Mettanheim 262
Mettendorf 262
Mettenheim 260, 262
Mettmer-Hagen 260
*meu- idg. 268
*meu-r- idg. 268
*meu̯ə- idg. 268
Meynershusen 264
Meynshusen 264, 266, 431
middel asä. 261
midden mnd. 262
middi asä. 261f.
mieta ahd. 262
*mind 433
-minde 100, 433
Mindersdorf 269
Mindeshausen 264
Mingerode 270
Mittel- 211
Mittelhausen 210
mitti ahd. 262
mittil ahd. 261
Moerliehausen 269
Mohr 267
Möhre 267
*mondh- idg. 256
mo̜ndull anord. 256
mōns lat. 433
monte iuxta palludem 67
Moor nhd. 438
Moore 268f.
mōr armen. 268
*Mōra 268
Morenflus 267
Moringen 267, 340, 438
Morlihaußen 269
Moronga 267
Morongano 267
Morungen am Harz 268
*mou-r- idg. 268
*Moura 269
-m-Suffix 112f.
*mū- idg. 268
Muhrigowe 268
Mulringhehusen 269
munan got. 269

*mund 433
Muneheresdorf 269
Muneresdorf 269
Muneringehusen 269
*Munher PN 269f.
MUNI 269
Muni PN 270
Munifrid PN 269
Muniger PN 269
Munihari PN 269
munilīk asä. 270
Muniperht PN 269
Münner PN 269
Muno PN 270
munr anord. 269
muns got. 269
Mürlihausen 269
Murlingehusen 269, 431

-N-

n-Ableitung 61, 113, 118, 160, 199, 398
Naensen 271, 431
Nahehusen 272, 431
NAN 271
nand ahd. 272
Nanekessem 271
Nanexen 271
*Nanik(i) PN 271
Naniko PN 271
Nannico PN 271
Nannigo PN 271
Nanno PN 272
NAN(N)O 271
Nanth- PN 272
*Nanuk- PN 271
*Nanukeshusen 272
nauð anord. 95
naups got. 95
nedder nd. 292
Nedderen Oldendorpe 292
nēgen mnd. 273
Negenborn 272ff., 426
Negenbornsbach 274
Neindorf 274
Nennega PN 271
Nennico PN 271
n-Erweiterung 160

neu nhd. 273, 427, 429, 433
Neudorff 274
neue rott 277
Neuenborn 272
Neuenober 275
Neuerode 372
Neues Dorf 273f., 427
Newendorff 274
nīe mnd. 183, 273ff., 277f.
Niedergandern 147f.
Niedern Bremke 65
Niederndodeleben 97
Niedernstöcken 356
Niendorp 274
Nienhagen 182, 273, 275, 278, 423, 428
Nienover 214, 273, 275, 277, 436
Nienrode 12, 273, 277, 433
Nienůverre 275
Niganbrunnun 273
nige mnd. 183, 273ff., 277f.
Nigenburnen 272
Nigenhagen 273, 275, 277f., 293, 428
Nigerode 277
nigge mnd. 273ff., 277f.
Nisa 116
nit mnd. 322
niwicht mnd. 322
-nod PN 95
nōd asä. 95
NODI 95
Noonenholz 186
nord nhd. 436
Nord nhd. 429f.
Nord- 247
nord ahd. 279, 282
norð asä. 280, 283
Nordagoe 279
Nordgoltern 158
Nordliudulueshusi 247
Nordludolfshausen 247f., 431
norðr anord. 279, 282
*Nord-tun 280
Norhagenn 280

Norhtunon 278
nōrt mnd. 280f., 283
Nörten 278, 281, 283, 436
Nortenhof 283
Northagen 280f., 428
Northagen, Lutteken 281, 428
Northeim 261f., 280ff., 361, 429
Northen 283
Northludelvissen 247
*North-tun 280
Northum 282
Norton 280
Nortzun 278
Norzunun 278
-not PN 95
nōt ahd. 95
nova lat. 274
Nova Villa 274
Novale in Hagen 277
Novali 162
Novali Magno 162
Novam Indaginem 277
n-Suffix 340, 394
Nuwenobir 275
Nuwenrode 372
Nygendorpe 274
Nygenovere 275
Nygerodes 277

-O-

ō mnd. 37, 44, 245, 329, 424
ö schwed. 424
ø dän. 424
oƀar asä. 297
ōƀar asä. 436
Obberhusen 297
Obbershagen 298
Obberßhausen 297
Obergeshagen 298
Oberhagen 298
Oberheusen 285
Obern Bremke 65
Obernhevensen 285, 431
Obershagen 298
Obershus 297
Oburgehuson 297

OD 112
ōd asä. 112ff., 287ff.
*Odberg PN 298
Odageshusen 287
Odagsen 285f., 431
Odassen 286
Odaxhusen 286
Odburg PN 298
Oddenroda 293
Oddik PN 287
Odekenhusen 287, 431
Odekenshusen 287
Odelevessen 91, 288, 431
Odelsen 288
Odenhausen 299
Odenrode 293
Odericheshusen 298
Oderichessen 299
Oderik PN 299
Oderikeshusen 299
Oderkeshusen 298
Oderkessen 299
Odesfurt 299
Odeshusen 299
Odi PN 299
Odico PN 287
Odiko PN 287
ōðil asä. 111, 299
Odildac PN 111
Odileueshusen 288
*Odilheri PN 111
*Odilherishusen 111
Odilric PN 111
Ödishausen 287
*Odishusen 299
Odisthorpe 299
Odlef PN 288
Od(e)lef PN 288
Odric PN 299
Oduni PN 113
Oeckershusen 287
Oegenbostel 290
Oelrichshaußen 295
Oesdorf 299
Oesper 378
oever mnl. 436
oever nnl. 436
ōfer aengl. 436
Offensen 288f., 379, 431
Offo PN 289

Ohldenrode 293
Ohlendorf 291
Ohlenrode 293
Öhrhausen 299
ohso asä. 377
ōht aengl. 299
Ohtric PN 299
**oi-* idg. 118
**oid-* idg. 149
Oidageshusen 287
Oieshusen 299
Oikershusen 287
**oi-n-* idg. 118
Oishusen 171, 289, 431
Oiwer nd. 277
Öiwer nd. 277
*ōl asä. 296
ōlant mnd. 424
old asä. 30, 122, 124, 259, 291, 295
ōld mnd. 30, 290f., 293
-old PN 43, 52, 202, 264
Oldehage 292
Olden- 211
Oldenburg 290, 426f.
Oldendorf 291
Oldendorp (I) 290, 292, 427
Oldendorp (II) 291, 427
Oldendorph 258
Oldengandersem 30
Oldenhagen 278, 292, 428
Oldenhusen 210
Oldenlevessen 288
Oldenrode 293f., 376, 433
Olderdishusen 294
Oldershausen 294, 431
Oldershusen 290
Oldeshusen 201
Oldewardishusen 294
Olenrode 293
Olexen 296
-olf PN 41, 84, 90, 194, 247, 307, 320, 325
*Olik PN 296
Olika PN 296
Ölkassen 299
Olkessen 296
Ölmühle 9

Ollenrode 293
Ollenstede 198
Oltwerdeshusen 294
Oltwordeshusen 294
*Olukeshusen PN 296
*Oluko PN 296
Olxen 296
Olxheim 296, 429, 431f.
ooze engl. 378
Opffensen 289
Ophusen 298
oppe mnd. 298
opper mnd. 298
Opperhausen 297, 346, 418, 431
Orchshausen 298
Ordageshusen 298
Ordagheshusen 298
orðugr anord. 130
Orickshusen 298
Orkishusen 298
Orshausen 299
Örshausen 286f., 299
Orthßhusen 298
Ortshausen 298
Orxhausen 298, 431
Oryenhusen 290
Os- PN 286
Osber PN 180
Osdachesen 286
Osdag PN 286
Osdageshusen 285
Osdaghusun 286
Osdegishusen 286
Ose germ. 286
-osen 431
Osfurt 299
Oslo 378
Oso PN 377
Osper 378
Osso PN 377
ōster- mnd. 292
Österling 165, 205
Osterode 367, 406
Osteroldendorp 291
Osteroldendorppe 258
Ostfalen 381
OTHAL 111
Otherik PN 299
Otherikeshusen 298
OTHIL 111

Othil- PN 299
Othilmar PN 111
Othilrik PN 299
Othilward PN 111
Othric PN 299
Otich PN 287
Oticho PN 287
Otleib PN 288
Otleip PN 288
Ottekenhossen 287
Ottenhusen 372
ou mnd. 37, 44, 245, 329, 424
Öudeshusen 299
Ouldenrod 293
Outhelessen 288
ouw(e) mnd. 37, 44, 245, 329, 424
ouwa ahd. 424
ouwe mhd. 424
ouwe mnl. 424
ouwe nnl. 424
-over 277
-over(e) 276
ōver afries. 436
ōver mnd. 276, 436
ōver mnd. 276f.
ōver(e) mnd. 285
ōvere mnd. 297
Overnevenhusen 285
ow(e) mnd. 37, 44, 245, 329
Öwer 277
Ower nd. 277
øy norw. 424
Oydeshusen 299
Oyenhusen 290
Oyershausen 299, 431
Oygenhusen 135
Oykenhusen 287

-P-

palude apud Grene 67
palūs lat. 67
Pansausen 302
pantschen nhd. 86
Pape nhd. 429
pāpe mnd. 301
Papenbreite 301
Papenhagen 301, 428
Papenhecke 301

Papenholz 301
Papenhusen 301
Papenkamp 301
Papenrode 301
parauue ahd. 425
Parensen 301f., 431
Pargund PN 42
Parhusen 302
Paro PN 42, 302
Parvo Novali 248
parvula villa 248
patschen nhd. 86
Pattensen 302
*pelǝ- idg. 382
Peran PN 302
Peranhuson 301
Perhusun 301
Pero PN 302f.
Perranhusun 301
Pfeilshagen 303
Pfudel nhd. 61
pikka anord. 46
*Pil- PN 303
*Pili PN 303
Pilshagen 303, 428
Pilsum 303
Pipperling 165, 205
*plā- idg. 382
Pleshagen 303
Plesse 304
Plesserhagen 303f., 428
Pockenhusen 302
podel mengl. 61
-pol 133
Polier 11
polje slav. 381f.
Pollensen 62
Poppenhagen 301
Portanaha 305
pōrte mnd. 305
Portenhagen 304, 428
Portenhusen 305
Portenrode 305
Porto PN 305
pōt westf. 61
Predige Stuhl 11
pudd aengl. 61
puddle engl. 61
Pudilo PN 63
Pulo PN 63
Puolo PN 63

Puosili PN 55
Pyleshem 303
Pylsum 303

-Q-

quad nd. 228
quedan ahd. 228
Quelle nhd. 437
Querenhevehusen 285
quern asä. 285
querna asä. 285
querne mnd. 285

-R-

-r- 439
Raatcozesdorf 309
(h)raban ahd. 308
(h)raban asä. 308
r-Ableitung 66, 181
-*rad* PN 371
Rad- PN 307, 309
rād asä. 307, 309, 312, 321, 349, 371
Radegozzesdorf 309
Radelfeshusen 84, 194, 247, 307, 309, 320, 325, 431
Radendorf 309
Radenshausen 307
Radher PN 312
Radheri PN 312
RADI 312
Rado PN 321
Radolf PN 307, 309
Radolfshausen 307
Radueshusen 307
Radulf PN 307
RAGAN 316f.
ragin got. 313f., 317f.
Raginger PN 318
Raginward PN 314
RAGJA 317
Raglindis PN 317
Ragodessen 309
Rahstorf 309
Ralßhausen 307
Ram- PN 308
Rames 308
(h)ramm asä. 308
(h)ramn asä. 308

515

Ramschen 308
Ramsen 308, 312f., 431
Ramward PN 308
*Ramwardeshusen 308
Ramwardissen 308
Ramwerdessen 308
Ramwordissen 308
Ratcoz PN 309
rāte nnd. 318
Ratgaud PN 309
Ratgodessen 51, 309, 431
*Ratgod PN 309
Ratgot PN 309
Ratgoz PN 309
Rather PN 312
Ratheresrode 312
*Rato PN 321
Ratten 310
Raulfser Dorf Stelle 325
raus got. 327, 434
raute nnd. 318
rauten nnd. 318
Rautpke 318
rē mnd. 310, 318
Rē- PN 317
Rebeke 310, 318, 424f.
(Recke-)Espel 133
Reckharsten 311
Reckhordessen 310, 319, 431
Reckhorsten 311
Reckliehausen 315
Recklinghausen 315
-*red* PN 371
-*rēd* PN 349
Reddagedessen 309
Redderschem 311
Reddersen 309, 311, 313, 431
Redelenessen 288
Reden 310
Rederesheim 311
Redgar PN 321
Redheri PN 312
Redolueshusen 307
Redulf PN 307
Regelindenhuson 315f.
Regelindis PN 317
Regildinghusen 316

Regilind PN 316f.
Regilinda PN 317
Regilindehusen 315f.
Regilint PN 317
Regin- PN 314, 318
Reginger PN 318
Reginlind PN 317
Reginwerskinghusun 317
Rehbach 310, 318
Reh-Bache 310
Rein- PN 314, 318
Reiner PN 313
Reinersen 309, 312ff., 431
Reinerssen 314
Reinger PN 318
Reinhard PN 313f.
Reinhardessen 314
Reinheri PN 313
Reinsen 313, 317, 388, 431
Reinvordessen 313f.
Reinward PN 314
Reinwardeshusan 313, 317
Reinwardessen 313
Reinwartdeshusin 317
Reitling 310
Rekelingerode 316
Rekelinghusen 315, 431
Relliehausen 262, 315f., 431
Remgetsh 317
Rempken 310
Remscheid 434
Rēn- PN 313f., 318
Renersen 313
Reneschen 313
Renger PN 318
Rengerhausen 317
Rengerode 47
Rengershausen 314, 317, 431
Renhardessen 314
Renherus PN 313
Renziehausen 317
Repke 310, 318, 424
Repkebach 318
r-Erweiterung 268

rēt mnd. 310, 318
*Retbeke 310, 318
Retburg 310
Rethar PN 312
Rethardessen 311
Rethen 310
Rether PN 312
Retheri PN 312
Rethersen 311
Rethmar 310
Retincroth 321
Retingerode 321
Rettene 310
Rettogeshusen 319
-reut 433
Reylingehusen 262, 317
Reylinghehusen 316
Reymerßen 313
Reyn- PN 313
Reynderdesse 314
Reynhardessen 313
Reynszen 314
reyrr anord. 327, 434
Rheinshagen 313
Rhume 329f.
Rhumspringe 330
Ribbenrothe 320
-ric PN 413
Richardessen 310
Richardingerode 319, 433
Richerode 372
Richwarterode 372
RICJA 316
Rickeldeshusen 319
Rickelshausen 84, 194, 247, 299, 319, 325, 431
Rickelshusen 308
Rickhorst 311
Ricklingen, Groß siehe Groß Ricklingen
Ricklingen, Klein siehe Klein Ricklingen
Ricklingen, Schloß siehe Schloß Ricklingen
Ricklingshausen 319
Ricleveshusen 319
Ricmiderode 320

RID 321
rīða anord. 321
rīdan aengl. 321
rīdan asä. 321
Ridand PN 321
Riddag PN 312
Riddersen 312
Rideluessen 288
Ridericus PN 321
ridge nengl. 434
Ridger PN 321
Rido PN 321
Ridund PN 321
Ridward PN 321
-rik PN 143, 155, 403
Rik- PN 311
Rikerdingerode 311, 319
Rikhard PN 311, 319
*Rikhardeshusen 311
*Rikhardingerode 319
rīki asä. 129, 132, 143, 155, 299, 311, 316, 320, 359, 403, 413
Rikil- PN 316
*Rikilingehusen 316
Rikkardingerodhe 319
Riklef PN 320
Rikolveshusen 319
Rillihusen 316
RIM 321
Rim PN 321
*Rim- PN 321
*(h)rīma germ. 321
Rimbert PN 321
Rimmerode 320, 433
Rimmigarod 320
Rimmo PN 321
Rimo PN 321
Rimroda 127
*Rit- PN 321
rītan ahd. 321
Ritdingerode 321
Ritger PN 321
*Ritingerode 322
*Rito PN 322
Rittelingerode 321
Rittierode 321, 433
Rittigau 11
Röbbecke 318
*Robbechtissen 322

*Robbed PN 322
Robbedissen 322, 431
*Robbed(d)issen 322
*Robbe(t)tissen 322
Röbecksfeld 310
Roboißen 322
-rōc PN 329
Rocco PN 329
rod aengl. 433
rod ahd. 433
roð asä. 433
rōd asä. 323f., 328
(H)rod- PN 322, 324f., 329
*Rodberchtishusen 322
Rodberht PN 322
Rodbert PN 322
Rode 163
-rode 23, 25, 47, 98, 151, 186, 240, 249, 266, 277, 293, 366, 394f., 418, 423, 433
Rodenbeke 323f., 424
Rodenkerken 327
Rodenwatere 323, 437
Roder PN 324f.
Rodereshusen 28, 324, 431
Rodershusen 324f.
Rodinkerchen 327
(H)rōdo PN 328
Rodolf PN 308, 325
Rodolweshusen 307
Rodtbeke 323
roer mnl. 327, 434
roer nnl. 327, 434
Roggerus PN 329
rohōn ahd. 329
Rohr 395
Rohr nhd. 433
Röhr 395
Röhricht nhd. 245
Rohrtrift 394
Rohrwiese 394
Roitshusen 325
Roker PN 329
rōkian asä. 329
Roleveshagen 84, 194, 247, 308, 320, 325
Rolf PN 325

Rolfshagen 84, 194, 247, 308, 320, 325, 428
Rolinghusen 316
Röllihausen 316
Rollshausen 84, 194, 247, 307f., 320, 325
Röpke 318
rōr ahd. 327, 434
rōr mhd. 327, 434
rōr mnd. 327, 395, 434
-rōr 433
rør dän. 434
rör schwed. 434
-rore 394f.
rōri- asä. 434
Roringen 340
rōs mnl. 327
Rosaffa 327
Rosdorf 327
Rose nhd. 429
rōse mnd. 326
Rosendal 326
Rosenhagen 326, 428
Rosental 326
Rosingheborne 327
Rospe 327
Rosphe 327
Ross 327
*Ross- 327
Roß nhd. 326f.
Roßbach 327
Roßberg 327
Roßdell 327
Rossenhagen 326
Rossingen 326, 438
Roßkamp 327
Rosunge 327
rot mnd. 433
rot nhd. 432, 437
rōt mnd. 323f., 328
rōte mnd. 318
rōte nnd. 318
rōten mnd. 318
rōten nnd. 318
rōten mnd. 318
rōten nnd. 318
Rotenbeek 323
Rotenkirchen 327, 432
Roteshusen 28, 324
Rotewasser 323

Rotgedessen 309
roth asä. 328
Rothe 162
Rothe iuxta Lutterbiki 294
Rotheshusen 28, 324
Rotte Waßer 323
røyr norw. 434
r-Suffix 39, 47, 58, 66, 101, 148, 214
Ruccko PN 329
Rucco PN 329
(h)ruck ahd. 434
-rück 210, 434
ruck(e) mhd. 434
rück(e) mhd. 434
Rucunhusen 328, 431
ruð anord. 433
Rudelueshusen 307
Rüdershausen 324
Rudolf PN 308, 325
Rueker PN 329
rug nnl. 434
Rugershusen 329, 431
rugge mnd. 434
rugge mnl. 434
rügge mnd. 210
ruggi ahd. 434
Rukgerus PN 329
(h)rukki ahd. 209
rūm mnd. 330
Rumenowe 329, 424
Ruocger PN 329
ruohha ahd. 329
ruohhen ahd. 329
*Russ- 327
Rüssingen 326
Rütgerode 321
ryg dän. 434
rygg norw. 434
rygg schwed. 434
Rymmingerod 320

-S-

-s- 439
Säbnspring 273
sal ahd. 434
sal dän. 434
sal mhd. 434
sal mir. 343
sal norw. 434

sal schwed. 434
*sal idg. 343
*sal- idg. 343
sæl aengl. 434
Salcze zur Helden 331
Sale 331
sāle mnl. 434
Salehelden 331
*sali- germ. 343
*Sali PN 343
Salis 331
*Salisa 343
*Salishusen 343
*Sal-ithi 343
salr anord. 434
salum lat. 343
salus apreuß. 343
Salzderhelden 172, 191, 331, 423
Sandebeck 49
Sarling 165, 205
sc(h)ade- 269
Scademoringh 269
scaft ahd. 334
Scaftebach 334
*Scaftenbeke 334
Scahaningi 340
scahho ahd. 340
Scahuningi 340
Scanahingi 340
scēaþ aengl. 434
scēde mnl. 434
schache mhd. 340
Schachen bair. 340
schach(t)snīdere mnd. 334
schacht mnd. 334
Schachtebach 334
Schachtebich 334
Schachtenbach 334
Schachtenbeck 333f., 424
schāde mnd. 269
Schademoringen 269
schaft mhd. 334
schaft mnd. 334
Schaftenbach 334
Schafterbeche 334
Schandelah 340
scharn mnd. 338
schatsnīdere mnd. 334

Schattenbeke 333
schede nnl. 434
-schede 34
schēde mnd. 434
-schēde 434
schēⁱde mnd. 34
-scheid 434
scheide mhd. 434
Schellerten 280
Schemeling 165, 205
Schenigge 340
Scheningerhagen 340
Schenneberg 354
Schlarbeck 335
Schlarpe 335f., 423
Schlegel nhd. 439
Schlerbeck 335
Schliebeck 12
Schloß Ricklingen 316
schlurfen nhd. 336
schlürfen nhd. 336
Schlüssel nhd. 439
Schmeese 349
Schmessen 348
Schnatting 337
Schnedinghausen 336, 431
Schonehaghen 337
Schonenhagen 337
schön nhd. 429
schöne mnd. 338
Schönhagen 337, 339f., 428
Schoningen 339, 341, 429, 438
Schöningen 340
Schoningerhagen 338, 340, 428f.
Schoningeshagen 340
Schoninghagen 338
Schonungen 339
Schönwinkel 339
Schotenröhr 395
Schwalb 363
Schwalbach 363
Schwale 363
Schwalm 363
schwellen nhd. 363
Schwelm 363
Schwiegershausen 359
Sclarbeke 335

Sclerpe 335
Sconigge 339
Scrensen 344
sē mnd. 344
Sebbensen 344
Sebbettessen 322
Sebektessen 341
Sebelshusen 342
Seberhusen 345
Sebessen 341
Sebettessen 341
Sebexen 29, 193, 322, 341, 417, 431
Seboldshausen 342, 431
See nhd. 423, 428
Seeburg 344
Seelze 191, 343
Seelzerthurm 343
Seewischen Kamp 345
Seffenßen 344
Sehefeldt 344
Sehlde 343
Sehlischen felde 343
seich mhd. 434
seih ahd. 434
Seinstedt 352
Sekbiki 341
sēl mnd. 142, 362, 434
-sele 142
-sēle 434
Selessen 191, 343, 423
seli asä. 141f., 343, 434
*Seli PN 343
*Selisa 343
Seliscon 343
*Selishusen 343
Selschen 343
Selße 343
Seltze 343
sēo asä. 344
Sepeke 341
s-Erweiterung 224
Settmarshausen 348
*seu- idg. 352
sēu asä. 344
*seu̯ə- idg. 352
Seuelt 344
Seuerthusen 345
Seulingen 351
Sevelde 344, 423, 427f.
Sevensen 344, 431

Severthussen 345
Sevesen 344
Si- PN 341, 348
*Sibecht PN 341
Sibbeldeshusen 342
Sibbesse 341
Sibbethtessen 341
Sibechtesheim 341
Sibechteshusen 322, 341
Siberhusen 345
Siberinghausen 180
Sibethse 341
SIBJA 360
Sibold PN 342
Siboldeshusen 342
Siburg PN 346
Siburgehusen 298, 345, 431
Siburgohusen 346
sīc aengl. 434
Sichardeshusen 348
Sickte 110
Sidag PN 347
Sidageshusen 347
Siderdeshusen 347
Sidershusen 347
Sieberhausen 346
Sieberhusen 346
Sieboldshausen 342
-sieck 434, 437
Siegehardishusen 348
Siegershausen 346
-siek 205, 435, 437
Sierßhausen 346
Sievershausen 287, 300, 346ff., 431
Siferdeshusen 347
Sigehardeshusen 346
Sigerdeshusen 348
sigi- asä. 342, 345ff.
Sigi- PN 341
Sigibald PN 342
Sigiberht PN 341
*Sigibero PN 180
Sigibold PN 342
Sigiburg PN 346
Sigidag PN 347
Sigifrid PN 347f.
Sigiwan PN 345
Sigiwān PN 345

*Sigiwaneshusen 345
*Sigiwineshusen 345
Sigiwini PN 345
SIGU 360
Sihardeshusen 348
sik afries. 434
sík anord. 434
sīk mnd. 205, 434
sīke norw. 434
sīke schwed. 434
Silbeche 362
Silbeke 362
Silverdeshausen 346
Sirederehuson 347
SIS 360
Sithem 360
Siud- PN 360
Siuenessim 344
Siuerdeshausen 347
siusen mhd. 352
Siuve PN 360
Siuwyf PN 360
SIV 360
*Siveneshusen 345
Si(e)ver PN 347
Siwe PN 360
*Siwerig PN 359
Siwerigeshusen 346, 359
Siwi PN 360
Siwin PN 345
Siwinch PN 360
Siwo PN 360
Siwuni PN 360
skaft asä. 334
*skafta- germ. 334
skaga anord. 340
skagge norw. 340
skagi anord. 340
*skahan asä. 340
*skau- idg. 339
*skauni germ. 340
*(s)kau-ni idg. 339
skēðia asä. 34, 434
skeið anord. 434
skeida ahd. 434
skēthe afries. 434
skog schwed. 340
*skog- idg. 340
skōgr anord. 340
*skōhan- germ. 340

*Skohanungen 340
*skok- idg. 340
*skōk- idg. 340
skōni asä. 340
skov dän. 340
*sl̥- idg. 363
*sler- germ. 335
*sler- idg. 336
*Sler-apa 336
*slerb- idg. 336
*Slerp-a 336
Slerpe 335
*(s)leu- idg. 336
*sleura- germ. 336
slier mhd. 336
slōr mnd. 335
slorpen mnd. 336
slorpen nnl. 336
*sl̥rb- idg. 336
slurp norw. 336
*slurp- germ. 336
slurpe norw. 336
slurpen mnd. 336
slurpen nnl. 336
Smedersen 243, 348, 431
Smedessen 348
smid ahd. 243, 349
smīda ahd. 243, 349
Smiderat PN 243, 349
Smidhart PN 243, 349
Smidirat PN 243, 349
SMITH 242
smith asä. 243, 349
smith engl. 349
smiþ aengl. 349
*smiþa- germ. 349
*Smitharad PN 243
*Smithared PN 349
Smitheredeshusen 349
Smitheredeshusun 348
SMITHU 243, 349
Smitliuardeshusun 242
Smitliward PN 242
*snadh- germ. 337
SNAITH 337
snat norw. 337
snata anord. 337
*Snati PN 337
Snatingin 337

Snato PN 337
snatte mhd. 337
snazo ahd. 337
snēde mnd. 337
Snellegem 337
Snetihusen 336
Snetingehusen 336
snīdan ahd. 337
sniðan asä. 337
Snitigehusen 336
Snotihausen 336
Soest 352
Soeste 352
Sohlingen 349, 428
sol aengl. 351
sol ahd. 350f., 362
sōl mnd. 362
Solenge 350
Solengen 350
Soligo 350
Solling 11, 350f.
Söllingen 350f.
*Sologā 351
*Solo-gā 350
Sologe 349
Sologę 349
solt mnd. 333
solt nd. 333
Solth 331
Sonder nnd. 365
Sonderhagen 365
Sondernhagen 365
Sose 351, 438
Söse 352f.
Sösede 353
Sosse 352
south engl. 361, 366
Soyse 352
-spring 437
Spüligbach 87
s-Suffix 191, 343, 407
*stā- idg. 435
stad dän. 435
stad nnl. 435
stad norw. 435
stad schwed. 435
-*stad* 435
staðr anord. 435
Stadt nhd. 435
*staina- germ. 355
stains got. 435

stān aengl. 435
-*stat* 435
stat ahd. 435
stat mhd. 435
stat mnd. 435
stat mnl. 435
staps got. 435
stead nengl. 435
sted(e) afries. 435
stedde mnd. 435
stede aengl. 435
stēde mnd 435
stēde mnl. 435
-*stedi* 435
stedi asä. 435
-stedt 173, 197ff., 435
steen mnl. 435
steen nnl. 435
Steimeke 353
Steimke 119, 251, 353, 385, 419, 424f.
stein ahd. 435
stein mhd. 435
stein norw. 435
-stein 33, 70, 435
Steina 257
Steinbach 353
steinn anord. 435
Stembke 353
sten dän. 435
sten schwed. 435
stēn afries. 435
stēn asä. 257, 353, 355, 435
-*stēn* 33, 70, 435
stē¹n mnd. 33, 257, 353, 355, 435
Stene 257
Steneberg 354, 423, 425
Stennberg 354
Stenneberch 354
Stenneberg 213
Sterneberg 354
Steynbecke 353f.
Steynenbeke 353
St. Margarethe 289
-*stide* 435
stidi afries. 435
Stock nhd. 430
Stöcken 356

Stockhausen 355f.
Stöckheim 355f., 429
Stöckheim, Groß *siehe* Groß Stöckheim
Stöckheim, Klein *siehe* Klein Stöckheim
Stockheimb 355
Stockhusen 355
stok asä. 356
stok mnd. 356
stone nengl. 435
Storchheim 355
Stötterlingen 165, 205
Strat 356
strāt mnd. 357
Straudt 358
Strauth 356
**(s)trĕu-d*- idg. 100
Strod 356, 358, 375, 423
strōd asä. 357
Strode 357
Stroden 357
Strodthagen 357f., 428
Stroit 356ff., 423
Stroitshagen 357
Strot 358
Strôt 358
strōt mnd. 357f.
Strote 100
Stroutt 356
Stroyt 356, 358
Stroythagen 357
struate westf. 100
Struth 358
Struthagen 357
Struyt 358
st-Suffix 36, 69ff., 131
Stunneberg 354
*sū- idg. 352f.
süd nhd. 433
Süd nhd. 430
sūðar asä. 366
Süden nhd. 361
sūder mnd. 360
Sudershausen 346, 359, 431
Sudheim 261f., 282f., 360, 366, 429
Südludolfshausen 247f., 431
Südstadt 9

Suershusen 359
Suhle nhd. 428
Suid- PN 360
Suiderih PN 360
*Suirig PN 359
Suirigeshusen 359
Suiriggeshusen 359
Suitherich PN 360
Sůizheim 363
suizen nnl. 352
sul ahd. 350f., 362
*sul- germ. 362f.
*sula- germ. 351
Sülbach 362
Sulbcke 362
Sülbeck 361f., 424
Sulbek 362
Sülbek 362
Sulbeke 361ff.
Sulbic 361
Sulbichi 362
Sulbike 362
Sülde 12
sūle mnd. 351
Sulgo 350
Sulheim 363
Sulingen 350
Sulm 363
Sülm 363
*sul-mo- 363
Sulogun 350
Sülpke 362f.
sulta asä. 364
Sülte 364
sülte mnd. 364
sülte nd. 363
Sülte nhd. 430
Sülte(n)bach 364
Sultem 363
Sultheim 363f., 429
Sultmer Felde 364
Sultmerberg 364
sulza ahd. 364
Sulzheim 363f.
Sulziheim 364
sund ahd. 361, 366
sunder asä. 365
Sunder nnd. 365
sunder(e) mnd. 365f.
Sundere 365
Sunderen 365

sunderen mnd. 365
Sundern 365f.
Sundernhagen 365f., 428
Sundershausen 365, 431
*sunþ- germ. 366
*sūnþ- germ. 361
Sunthari PN 366
Suntheim 360
Sunther PN 366
superior lat. 285
Superiore Hevenhusen 285
Süpplingen 165, 205
*sūs- idg. 352
Susa 351
susa schwed. 352
suse dän. 352
Süselbeck 352
sūsen ahd. 352
sūsen mhd. 352
sūsen mnd. 352
sūsen mnl. 352
*Susia 352
*sūsilan germ. 352
Susilbeke 352
*Sūs-i̯a 352
*Sū-s-i̯a 353
sussen nnd. 352
Sutem 360
Suterode 361, 366, 433
sūþ aengl. 361, 366
sūth asä. 361, 366
*Sūth-heri PN 366
Sutrode 366
Suttorf 366
*Suwerik PN 359
Suwerikeshusen 359
Suwerkeshusen 359
Suwershusen 359
Sůza 351
SVINTHA 360
Svltheim 363
Svse 351
*swal- germ. 362f.
Swale 363
Swallow 363
Swallwell 363
*swel- germ. 362f.
*su̯el- idg. 363

swellan ahd. 362
swellan asä. 362
swīð asä. 360
Swiderich PN 360
Swidirih PN 360
Swine PN 360
swinþs got. 360
*Swith(e)rik PN 360
*Swīthwīf PN 360
*su̯ol- idg. 363
Syburhusen 345
Sydageshusen 346
Sydershusen 347
Sydeshusen 346f.
Syershausen 346
Sylbach 362
Syrdeshusen 347
sysati aksl. 352
Sywan PN 345

-T-

*tā- idg. 88
Taba PN 369
Tabita PN 369
t-Ableitung 110
Tabo PN 369
Tabuke PN 369
Tacilo PN 92
Tailo PN 92
tal ahd. 427
tal mhd. 427
-tal 234, 427
Tanqwardishusen 84
Tappenbach 369
Tappenbeck 369
Tappenbrok 369
Tappenhusen 369, 431
*Tappo PN 369
ta(t)scheln steirisch 88
taschen steirisch 88
täschlen oberdt. 88
tätscheln hd. 88
tatschen schwäbisch 88
Tavenhusen 369
*tə- idg. 88
Teckelhäuser Anger 370
Teich nhd. 106, 430
Teichhofe 104
Teilo PN 92

Tekenhusen 370, 373, 431
Tempelhof 321
Tenckhershusen 93
Tengtigissen 93
Teppengihem 369
Tevenhausen 369
thahs ahd. 87
Thahsbeki 88
*þahsu germ. 87
*þahsu- germ. 87
Thancolf PN 84
Thancoluisse 83
Thanculf PN 84
Thancward PN 83
THANK 84
thank asä. 83f., 93f.
Thank- PN 84, 93f.
Thankdag PN 94
Thankershusen 93
Thankher PN 93
Thankheri PN 93
Thankmar PN 93
*thas- germ. 88
þaúrp got. 427
Thasbiki 88
Theddecheshusen 374
Thedekenhusen 373
Thedeko PN 370
Theinethingehusen 94
Themethingehusen 94
*þenga- germ. 96
Thetdelvessen 90
Theud- PN 91, 103
THEUDA 91, 103, 370, 373
Theudobert PN 91
Theutmareshusun 91
thiad asä. 90f., 95, 370, 374
Thiad- PN 90f.
Thiadbert PN 91
Thiaddag PN 374
Thiaddagheshusun 373
Thiadhelm PN 90
*Thiadhelmes- 90
Thiadheri PN 91, 371
*Thiadherishusun 371
Thiadiko PN 370
Thiadnod PN 95

Thiadrad PN 371
Thiadred PN 371
*Thiadredeshusun 371
Thiadulf PN 90
*Thiadulfes- 90
Thiaedulveshusi 89
Thiatberteshusen 90f., 370
Thidekenhusen 370
Thidiko PN 370
Thied- PN 370
Thieddegeshusun 373
Thiedelmissem 89
Thiedelmissen 90
Thiedelvessen 89
Thiedinghusen 371
*Thiednod PN 95
Thiednodeshusun 94
Thiedolueshusen 90
Thiedressun 91, 268, 370, 431
Thiedulfessun 89
Thiershausen 371
Thiershausen, Klein siehe Klein Thiershausen
thing ahd. 96
thing asä. 96
*Thingo PN 96
*Thinkal(o) PN 96
thinkil ahd. 96
*Thinkil(o) PN 96f.
*Thinko PN 96
thiod(a) asä. 90f., 95, 103, 370, 373f.
THIUD 90f., 95
-þia- 439
Thohelvensen 185
thorf ahd. 427
thorp afries. 427
thorp asä. 427
thorp nengl. 427
þorp aengl. 427
þorp anord. 427
þrop aengl. 427
*throt asä. 100
*Throth- germ. 100
þroti anord. 100
þrotu aengl. 100
throzza ahd. 100
θρύπτω griech. 101

þrūtian aengl. 100
þrūtinn anord. 100
Thrutmanniu 100
þrūtna anord. 100
*þrūtō- germ. 100
*Thud- PN 373
Thudingehusen 103, 373
Thüdinghausen 103, 162, 183, 200, 268, 371, 431
Thudo PN 103
Thumb 103
THURING 99
Thuring PN 99f.
Thüringesbüttel 100
Thuringesson 99
Tiadikasheim 370
Tiddische 373f.
Tidegisse 373
Tidekesheim 373
Tidexen 370, 373, 431
Tieddikeshusun 373
Timbkerfeldt 253
Töllenbleek 11
Tönjes PN 374
Tonnies PN 374
Tönnies PN 374
Tönnieshof 374, 430
Tonniges PN 374
torp dän. 427
torp norw. 427
torp schwed. 427
town nengl. 436
trabs lat. 427
treb mir. 427
*(s)trĕu-d- idg. 100
*treu-t- idg. 100
trobà lit. 427
troc mhd. 376
troch mnd. 376
trog asä. 376
Trögen 375f., 423
Trogsiek 376
Trotmenni 100
Tubrigowe 372
Tuch PN 98
Tudenhausen 372
Tudhusen 371
Tudingehusen 372
tugan ahd. 98

Tugingehußen 371
Tugus PN 98
Tühausen 371
Tuhu 372
Tuihusen 371
Tukko PN 98
tūn aengl. 436
tūn afries. 436
tūn anord. 436
tūn asä. 436
tūn mnd. 436
-tūn 280, 436
*tun(a) germ. 280
Tunu 372
tuom ahd. 104
tuom mhd. 104
turba lat. 427
Tutenhusen 372
Tutinge 372
Tydekenhusen 373
Tydichenhusen 370

-U-

ubar ahd. 297
Ubern Hevenhusen 285
Udelereshusen 110
*udén(i) idg. 407
Udilher PN 111
Uereldehusen 382
üesel westf. 378
UF 289
Ufer nhd. 214, 436
-ufer 436
Uffanhusun 289
Uffenhusun 288
Uffik PN 379
*Uffikingehusen 379
Uffiko PN 379
*Uffitzingehusen 379
Uffo PN 289, 379
ufjō got. 289
UFT 379
Uftzingehusen 378
UHT 379
Uissigheim 379
-*ula* 439
Uldenroda 293
-*ulf* PN 26, 84, 90, 126, 194, 247, 307
Ulfo PN 289

-*ung*- 127
-*ungen* 268, 340, 350, 438
Unter-Haus 176
Unwān PN 345
uodil ahd. 111
Uolburg PN 418
uover mhd. 436
up asä. 298
up mnd. 298
ūp asä. 298
up den Wyntsyffen 415
Upgant-Schott 147
Uphusen 298
uppe mnd. 298
upper mnd. 298
US 379
*us- germ. 378
*us- idg. 378
usele mhd. 378
Useln 378
Usepe 378
Uslar 377, 432
Üslär 377
usli anord. 378
Uso PN 379
Usseln 378
Usselo 378
Ussenkheim 379
*Ussila 378
Ussingen 379
Üssinghausen 185, 187, 378, 421, 431
Uβtyngehusen 378
Uwer nd. 277

-V-

vā anord. 394
VAC 396
vað anord. 407
VAG 396
VAH 396
Vahl 381
Vahlberg 382
Vahle 381, 438
Vahlen 381
vāl mnd. 382
væld dän. 437
Valde 381
vāle mnd. 381f.
Valede 381

vall schwed. 436
varða anord. 437
Vardeilsen 382, 429f.
Vardelshusen 382
VARDU 400
Varlosen 382
vatn anord. 407
vatr anord. 407
Vdelereshusen 110
Velber 354
veld nnl. 427
vell norw. 437
vella anord. 437
velt mhd. 427
velt mnd. 427
velt mnl. 427
Verchingerot 421
Verd- PN 139
Verdegelsem 382
*Verdel PN 382
Verdeleseim 382
*Verdeleshem 382
Verdelikesem 382
Verdelsem 382
Verdingissen 139
Vereldehusen 382
Verlehossen 383
Verliehausen 139, 383f., 431
Verlinghausen 139
Verlinghusen 383
VERTHA 400
Verthelekessen 382
Vertzingeroth 421
Veteri Villa 290
vetus lat. 291
Vholmke 384
VID 412, 415
VILDJA 413
villa lat. 274, 291
vin anord. 404
vīrde mnd. 142
Virdesile 140
vīrt mnd. 142
Vito PN 416
Vllersen 206
vōgel mnd. 385
Vogelbach 385
Vogelbeck 98, 384, 424
Vogelberg 11
Vogelborn 385

Vogelsiek 385
Vogelsültze 385
vokr anord. 395, 407
VOLA 418
Volbeck 384
Volbich 384
Volbringhausen 389
Volc- PN 387f.
Volcbald PN 388
Volcbold PN 388
*Volcboldingerode 388
Volchard PN 388
Volckefelt 386
Volckersen 387
Volcpold PN 388
Volcrimissen 387
Volcward PN 388
Volcwardeshusen 387
vold dän. 436
*Voldag PN 386
Voldagsen 385, 431
volk mnd. 387
Volkenfelde 386, 427
Volkerdissen 387
Volkermissen 387
Volkerode 388
Volkhardessen 387
Volkiereshusun 387
Volksen 387, 431
Völksen 387
Volksfelde 387
voll dän. 436
voll norw. 436
vollr anord. 436
Volpergeshusen 389
Volperhusen 389
Volperode 298, 346
Volpke 384
Völpke 385
Volpoldigeroth 388, 390, 433
Volporg PN 390
Volporgehusen 388
Volpriehausen 388, 431
Volpringehusen 388
*Voltag PN 386
Voltagessen 385
Voltasßen 385
Volzum 386
Vorder- 211
Vorder Haus 177

Vorderhusum 210
Vorling 165, 205
vorst mnd. 144
vörste mnd. 144
Vorstenhagen 143
Vorwerk Holtensen 200
Vppensen 218
VRAC 421
vrede mhd. 390
vrēde mnd. 141, 390
Vredelsen 140
vrēden mnd. 390f.
Vrederkeshusen 142
Vredeslerhagen 139
Vredewolt 390, 436
vride mhd. 390
Vrilighehusen 383
vrit mhd. 390
vrīthof mnd. 390
Vslare 377
Vssihausen 379
Vssinghausen 187
Vßlerr 377
Vulburg PN 418
VULFA 418
vürste mhd. 144
vürste mnd. 144

-W-

*u̯ā- idg. 397
Waake 395, 407
Wacco PN 396
wāch mnd. 394
Wachenbach 393
Wachendorf 394
Wachendorphe 394
Wachenfeld 393
Wachenfurt 393
Wachenhausen 393, 431
Wacho PN 393
Wackenhusen 395
Wackenrode 141, 394ff, 407, 433
Wackenrore 394
Wackenstedt 396
Wackerwinkel 395, 407
Wacko PN 395f.
Waco PN 396
wad mnd. 407

waden mnd. 407
*u̯ādh- idg. 407
Wadirshusen 400
Waetzhusen 412
WAG 393
wāg asä. 394ff.
wagan-lēsa asä. 241
wāge mnd. 394
Wagenhusen 393
Waggenhosen 393, 395, 431
Waggo PN 395f.
waghe mnd. 394
Wago PN 393ff.
wāh asä. 394
*Wah-ana 394
Wahco PN 396
Wahho PN 393
wāhi ahd. 393
Wahlshausen 398
Wahmbeck 396ff., 424
wak nl. 407
wak nnl. 395
*wak- germ. 395
*Wakana 395
wake engl. 395, 407
Wakenstide 396
*Wakinithi 395
*Wakin-ithi 407
*Wakisa 407
*Wak-isa 407
Wakkenstide 396
Wakko PN 393
Wal PN 398
wǣl aengl. 437
Walbechtehusen 416
Walborch PN 418
Walburch PN 418
Walburg PN 418
Walcrimheshusun 402
wald afries. 436
wald ahd. 436
wald asä. 390, 436
-wald 39, 153f., 436
-wald PN 43, 52, 202, 264
Wald- PN 403, 418
waldan asä. 43, 52, 184, 202, 264, 402f., 416, 418
*Waldburg PN 418

-walde 266
Waldgrim PN 402
Waldisbecchi 246
Wald(a)rik PN 403
Waleshusen 398, 431
Walesrode 398
walh aengl. 398
walla afries. 437
wallen nhd. 437
Walliehausen 12
Walpresteshusen 417
Walshausen 398
walt mhd. 436
Walt- PN 416
Waltbrecht PN 416
Waltbrechteshusen 416f.
Waltbrecteshusen 416f.
*Waltburg PN 418
Wambach 397f.
Wambeln 399
Wambke 396
Wameke 396
wan ahd. 397, 399
wan asä. 397, 399
wān ahd. 345
wān asä. 345
-*wan* PN 345
*wan- germ. 398
*wana- germ. 397
Wanabach 397
wānam asä. 399
Wanbiche 396
wande mnd. 397
Wanebieke 396f.
Wanemaghere 398
Wanemala 399
Wanemangere 398, 423
wang asä. 396
wanga asä. 396
Wangenser Wiesen 395
Wanne 399
Wannebach 397
Wannebecq 397
wānom asä. 399
Wanomanha 399
wānum asä. 399
Wanumelon 399
ward asä. 32, 54, 83, 186, 190, 237, 239, 260, 266, 308, 314, 388, 400
ward nengl. 437
-*ward* PN 32, 186, 190, 237, 242f., 260, 266, 295, 308, 388
warda asä. 437
warde mnd. 170, 437
-warde 170, 437
wa(e)rde mnl. 437
Wardher(i) PN 400
Wardishusen 399
Warkterode 394
Warneckenfeld 11
Warnshausen 404
Warnshusen 405
-*wart* PN 54
warta ahd. 170, 437
warte mhd. 437
-warte 169
Wartensleben 385
Wartshausen 399, 431
wasal ahd. 378
wase mnd. 378, 420
wasem mnd. 420
waso ahd. 378
waso asä. 378, 420
wasser mhd. 437
Wasser nhd. 437
-wasser 437
Waßhusen 399
wat mnd. 407
watar asä. 407, 437
wætar aengl. 437
water mnd. 407
water afries. 437
water nengl. 437
water nnl. 437
-water 324, 401f.
wāter mnd. 437
wāter mnl. 437
Waterdal 246
Wäterling 165, 205
*Watisa 407
*Wat-isa 407
watō got. 407
Wattenscheid 434
wazzar ahd. 437
Wazzeresdal 246
weald aengl. 436
weard aengl. 437

Wecce 406
Weccze 406
Weddehagen 400f., 411, 428
wede mnd. 401
Wedem 401
Wederoldeshusen 412
Wedeshusen 406
*u̯édōr idg. 407
Weetzen 395, 406f.
wēg asä. 396
wegan ahd. 393
*u̯egʰ- idg. 395, 407
Weinhausen 410
Weisewasser 401
weiß nhd. 437
Weißenborn 402
Weißenhorn 41
Weissenwasser 401, 437
Weißes Wasser 401
*u̯ek- idg. 394
wel nnl. 105, 437
Welderekeshusen 403, 413
*Welderic PN 413
Welderickeshusen 402, 412
Welderik PN 403
Welderkesen 402
Weleric PN 413
well engl. 105, 437
wella aengl. 105
Wellbeck 12
welle mnl. 437
Welle nhd. 437
-welle 105, 437
Wellersen 402, 413, 431
Wellingsen 398
welo asä. 413
welsch mnd. 398
Wembach 397
*u̯en- idg. 398f.
Wendefeldt 414
Wendeleveshusen 84, 194, 247, 308, 320, 325
Wendessen 403
Wendhausen 404, 415
u̯enə- idg. 399
Wenefelde 414

Wenethusen 403
*wēnuma- germ. 399
Wenzen 403, 410, 414f., 431
Weper 47
WER 421
wer asä. 421
Werchingeroth 420
-werd PN 296
Werdheri PN 400
Werik(o) PN 421
*Werikingerode 421
Werin- PN 405
Weringhusen 412
Werinheri PN 405
**Werk-* PN 421
Werleshausen 412
Werlesse 406
Werner PN 405
Wernershusen 404, 431
Wernshusen 404
Wersigerode 421
Wertbold PN 400
Wertereshusen 400
werth asä. 400
Werth- PN 400
Werther PN 400
Werthereshuson 399
Werthheri PN 400
Wertzingerode 420
**ues-* idg. 378, 420
westar asä. 405
wester mnd. 405
Wester nhd. 430
Westerhof 34, 405, 430
Westerhofe 405
Westerhove 405
Westerling 165, 205
Westfalen 381
Wetche 406
Wetenborn 402
Wetenbornen 402
*Weteshusen 407
Wethrik PN 400
Wettensen 406
Wettesen 406
Wettigehusen 415
Wetze 134, 169, 191, 394f., 406, 423
Wetzede 134, 169
Wetzende 134, 169, 406

Wetzenedhe 407
Wetzleben 407, 412
Wibbernshusane 409
Wic- PN 410
Wicberensusen 409
Wicberingshusen 409
Wicbern PN 410
Wicberneshusen 410
Wicberneshusun 409
Wichard PN 408
Wichardeshusen 407
Wickerdeshusen 408
Wickershausen 407, 411, 431
wīd asä. 416
Widechindeshusen 408, 431
Widekind PN 408
Widerceshuson 408
Widershagen 400
Wideshusen 411
*Widi PN 407, 412
Wido PN 412, 415f.
widu asä. 401, 407, 409, 412, 416
Widu- PN 409
Widukind PN 408
Wiebrechtshausen 409, 431
Wiedewiesen 399
wiell(a) aengl. 437
Wiensen 410, 431
Wiershagen 400, 408, 411, 428
Wiershausen 407, 411f., 416, 431
Wiershausen, Klein *siehe* Klein Wiershausen
Wiesenfeld 344
Wiesenwasser 401
Wieter 47
Wieterviertel 11
Wig- PN 408, 411
wīg asä. 408, 410f.
Wigbertus PN 218
Wigbrahterode 372
Wigenchusen 410
Wigenhusen 410
Wigerdeshagen 411
Wighard PN 408, 411

Wigo PN 411
-wik 117
Wikbrundeshusen 409
Wilderekeshusen 412
*Wilderic PN 413
Wilderich PN 413
*Wilderik PN 413
Wilderkeshusen 412
Wildershusen 412
wildi ahd. 413
wildi asä. 413
Wildrih PN 413
Wildulf PN 413
Wildung PN 413
Wilihereshusen 413
WILJA 413
will(a) aengl. 437
*Willeric PN 413
*Willericus PN 413
Willershausen 412, 431
Willershusen 402
willio asä. 413
Wilrec PN 413
Wilrik PN 413
Wind nhd. 415
windan asä. 404
Windefelde 414
Windegge 415
Windelage 415
Winden 415
winden nhd. 415
Windhausen 404, 415
Windhof 415
Winedahusun 410
Winehdvelde 414
Winenfelde 404, 415
Winenvelde 414, 427
Winetho PN 404
*Winetvelt 415
wini PN 127, 345
*winid asä. 404
Winidun 403
Winisson 403
*winithi 404, 415
*Winithihusen 404
*Winithun 404
Winithusen 403, 410
winja got. 404
-winkel 232
winne mnd. 404
Winnefeld 414

wint mnd. 415
Winthusen 403f., 415
Wintvelt 404, 414, 427
Wipperode 372
Wiseveld 344
wit mnd. 401f.
wit(t) nd. 401
Witenkehusen 415
Witeshusen 411
Withagen 400
Withenwatere 401
Withighusen 412, 415, 431
*Witi PN 407, 412, 416
Wito PN 412, 415f.
Wittenwatere 401
Wittihusen 415
Wittingehusen 415
Wittmar 402
Wlferhusen 421
Wlfershusen 421
Wlferus PN 422
*u̯ódōr idg. 407
Woesecker Kirche 419
*u̯ogu̯- idg. 395, 407
wōh aengl. 394
WOHL 418
Wohnbach 397
wol ahd. 418
wol mnd. 387, 418
WOLA 387
wola asä. 387, 418
Wolbechteshusen 29, 193, 322, 342, 416f., 431
Wolbercherode 418
Wolberneshusen 417
Wȯlberneshusen 410, 417
Wolbernneshusen 417
Wolborcheroden 418
Wolbrechtshausen 322, 410, 416f., 431
Wolbreteshusen 322, 417
*Wolburg PN 418f.
Wolc- PN 387
wold nengl. 436
-wold PN 194
Wolderikessen 402
Wölderßem 402

Wolekesfelde 386
wolf asä. 41, 289, 418
Wolfburg PN 418
Wolfenbüttel 422
Wollbrandshausen 410, 417
Wollershaussische Feld 416
wolo ahd. 418
Wolpenrodt 418
Wolperode 418, 433
wolt mnd. 436
-wolt 390
Woltassen 385
Woltbrechteshusen 416f.
*Woluk PN 387
*u̯on- idg. 398
*u̯onko- idg. 394
Wonomanha 399
-word PN 32, 260, 296, 308
wōrd westf. 419
wort mnd. 170, 419
Worthusen 419, 431
*Worthusen 419
wōs aengl. 420
wōs mnd. 420
wōse mnd. 420
Wosebeke 419, 424
Wosemke 419
wosen mnd. 420
wösen mnd. 420
woud nnl. 436
Woüseke 419
wout mnl. 436
Woysebeck 419
wræc aengl. 421
Wracchio PN 421
Wrachard PN 421
Wracheri PN 421
wrak- PN 421
wrāka asä. 421
*Wrakingerode 421
wraks got. 421
wrak-sīð asä. 421
wrecca aengl. 421
Wrechingeroth 420
Wreckio PN 421
*Wrek- PN 421
wrēkei got. 421

*Wrekingerode 421
wrekkio asä. 421
Wrescherode 379, 420, 433
Wressing PN 421
Wreßingerode 420
Wressirode 420
Wrexen 308
Writtshingerode 420
Wualbrechteshusen 417
Wubbernshusen 409
Wubbramßhausen 409
Wübbrungeßhusen 409
wulf asä. 26, 41, 84, 90, 126, 194, 247, 289, 307, 418, 422
-wulf PN 26, 126, 289
Wulf- PN 422
Wulfburg PN 418
Wulfer PN 422
Wülferode 422
Wulfershusen 421, 431
Wulfheri PN 422
Wulften 280
Wünnefeld 414
wurð asä. 419
Wuringererhusun 412
wurt mnd. 170, 419
Wyckleveshusen 84, 194, 247, 308, 320, 325
Wydershagen 411
Wydisleue 407
Wyghardeshusen 408
Wynethahus 414
Wynhusen 410
Wynthage 415
Wyntsyffen, Up den 415

-Y-

Ybrun 215
Yerleveshen 150
Yfeld 215
Ymmanhusun 217
Ymmid PN 216
Ympteshusen 216
Ypo PN 218
Yppenhosen 217
Yppenhuson 218

Yppo PN 218
ȳr anord. 215
Yresheim 218
Yrugge 215
ysja anord. 378
ysle aengl. 378
Yssel 378

-Z-

zaal nnl. 434
Zebbexsen 341
Zebeldeshusen 342
Zeitung nhd. 438
Zoße 351
zoun mhd. 436

Zulbeke 361
zūn ahd. 436
zūn mhd. 436
Zuza 351
Zwalm 363
Zwalve 363

Die Ortsnamen des Landkreises Northeim
Übersichtskarte